江西省交通基本情况图

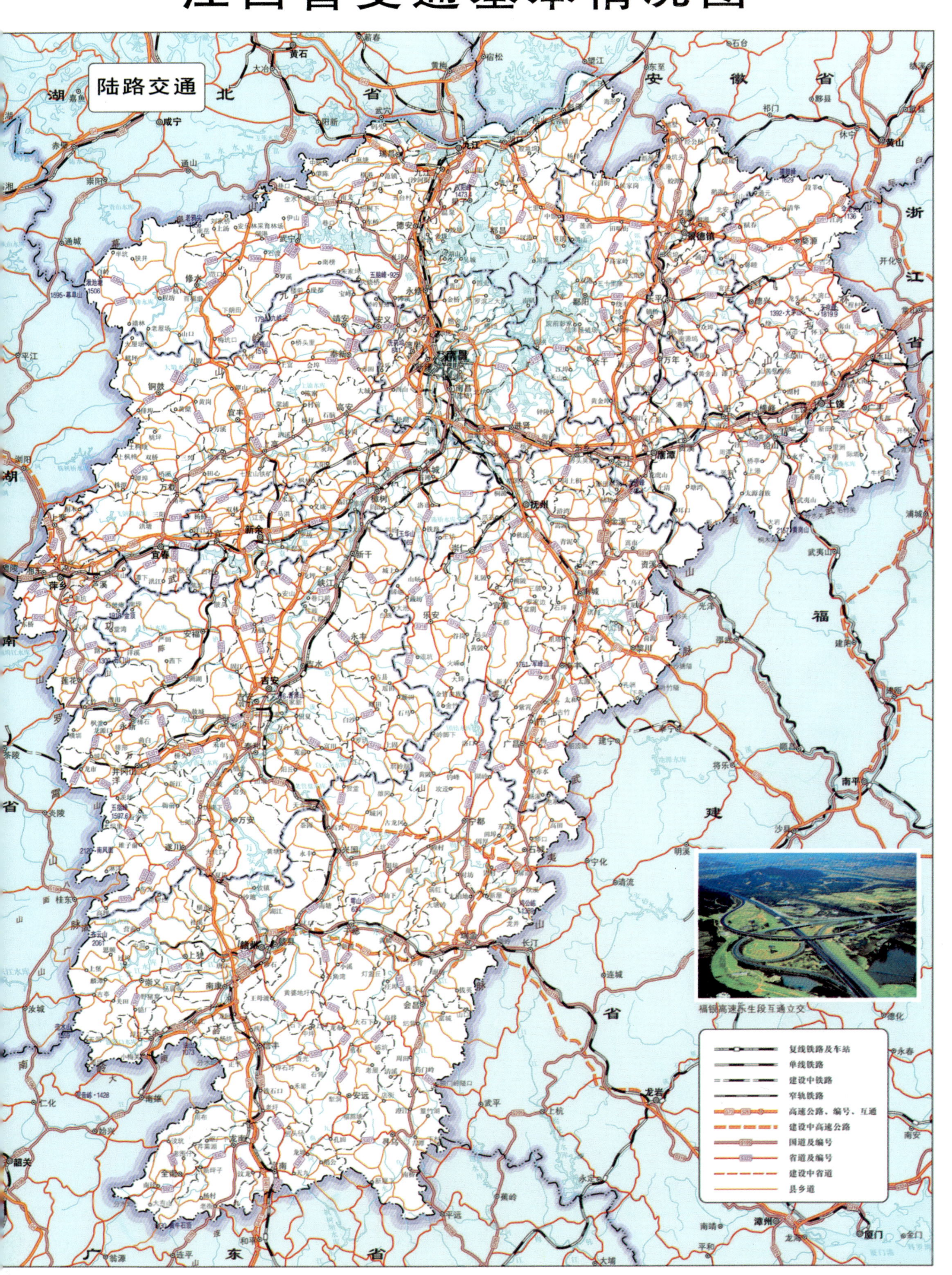

陆路交通
南昌
九江
景德镇
上饶
鹰潭
抚州
宜春
新余
萍乡
吉安
赣州
湖北省
安徽省
浙江省
福建省
广东省
湖南省
复线铁路及车站
单线铁路
建设中铁路
窄轨铁路
高速公路、编号、互通
建设中高速公路
国道及编号
省道及编号
建设中省道
县乡道

JIANGXIJIAOTONGNIANJIAN

江西交通年鉴

2016

江西省交通运输厅交通史志编审委员会

图书在版编目(CIP)数据

江西交通年鉴. 2016 / 江西省交通运输厅交通史志编审委员会编. --北京: 方志出版社, 2016.12
ISBN 978-7-5144-2320-4

Ⅰ.①江… Ⅱ.①江… Ⅲ.①交通运输业-江西省-2016-年鉴 Ⅳ.①F512.756-54

中国版本图书馆 CIP 数据核字(2016)第 320212 号

江西交通年鉴(2016)

编　　者:江西省交通运输厅交通史志编审委员会
责任编辑:刘方圆

出 版 人:冀祥德
出 版 者:方 志 出 版 社
地址　北京市朝阳区潘家园东里 9 号(国家方志馆 4 层)
邮编　100021
网址　http://www.fzph.org
发　　行:方志出版社发行中心
电话(010)67110500
经　　销:各地新华书店
印　　刷:江西龙莹印务有限公司

开　　本:889×1194　1/16
印　　张:37
字　　数:1131 千字
版　　次:2016 年 12 月第 1 版　2016 年 12 月第 1 次印刷
印　　数:0001~1200 册

ISBN 978-7-5144-2320-4　定价:200.00 元

交通管理

2015 年 1 月 12 日，省长鹿心社察看南昌龙头岗码头一期工程建设现场

2015 年是“十二五”的收官之年，全省交通运输系统认真落实“发展升级、小康提速、绿色崛起、实干兴赣”十六字方针，全面加快交通运输事业升级提速步伐，圆满完成全年各项目标任务。

高速公路建设取得的突出成绩，得到省领导的高度肯定，得到省政府的通令嘉奖。

时任省长鹿心社在视察昌宁高速公路时指出：“十二五”以来，省交通运输厅认真贯彻落实省委、省政府决策部署，着力推进以高速公路为重点的交通基础设施建设，取得辉煌成就，进一步提升该省区位优势，优化投资环境，有力促进经济社会发展。

省委常委、常务副省长毛伟明用了“可喜可贺、可嘉可奖”八个字对高速公路突破 5000 千米进行充分肯定。

2015 年 7 月 16 日，全省重大交通基础设施建设推进会在南昌召开

2015 年 1 月 25 日，全省交通运输工作会议在南昌召开

2015年11月30日，省人大财经委、省人大法制委、省人大常委会法工委、省政府法制办、省交通运输厅在南昌联合召开宣传贯彻《江西省公路条例》电视电话会议

11月18日至20日，省交通运输厅全面深化交通运输改革暨《江西省公路条例》宣贯研讨会在省交通干部学院举办

省交通运输厅大力推进权责清单工作

法治交通部门建设扎实推进。行业立法取得重大进展，《江西省公路条例》于2015年12月1日正式颁布实施，对提高该省公路建管养和保护的整体水平，具有里程碑的意义。《江西省交通建设工程质量安全监督管理条例》列入省政府2016年立法工作计划。行政审批制度改革继续深化，承接交通运输部下放的审批事项12项，取消和下放审批事项17项，仅保留省本级行政许可23项。大力推进权责清单工作，保留省本级行政权力178项，对省市县三级交通运输部门均享有的148项行政权力一律下放，建立交通运输权力属地管理清单。

11月6日，南昌至樟树高速公路改扩建、金溪至抚州高速公路建成通车新闻发布会暨南昌至九江高速公路改扩建、新干航电枢纽项目建设动员会在南昌召开

高速公路建设体制改革正式启动。争取省政府同意对高速公路建设体制进行改革。一方面严格执行《江西省高速公路网规划（2013—2030年）》，对规划内建设项目（不含远期展望线），省交通运输厅按现行建设模式组织实施；另一方面充分尊重地方政府为促进地方经济社会发展提出新建高速公路的意愿，按照“谁提出、谁主导”的原则，对规划外市县提出需增加的建设项目，按程序报经省政府批复后，由项目沿线地方政府负责项目筹资、建设和营运，项目建成后纳入全省高速公路联网收费系统统一管理。

高速公路建设管理体制改革试点深入开展。作为全国3个公路建设管理体制改革试点省份之一，在4个高速项目开展“自管模式”“代建＋监理一体化模式”“改进的传统模式”3种建设管理模式和“机电工程设计、施工、维护总承包模式”“房建工程设计＋施工监理一体化模式”2种承发包方式的改革试点，取得项目建设管理更加有力、参建各方职责更加清晰、项目管理机构更加精简等初步成效。

都昌至九江高速公路项目试点自管模式

宁都至安远高速公路项目试点“代建＋监理一体化”模式和“房建工程设计＋施工监理一体化”模式

高速公路建设及风貌

全省高速公路通车里程达 5088 千米

高速公路密度达每百平方千米 3.1 千米，为全国平均水平的 2.4 倍

高速公路隧道施工

高速公路 5000 千米目标圆满实现。面对雨水偏多、有效施工期短的不利因素，通过强化调度、狠抓攻坚，顺利建成南昌至宁都、南昌至上栗、金溪至抚州、寻全高速寻乌至安远段、昌樟“四改八”、昌九改扩建通远试验段 6 个项目 668 千米高速公路，全省高速公路通车里程突破 5000 千米，达到 5088 千米，打通 24 个出省通道。高速公路通车里程继续位居全国前列，占全国总里程的 4.2%，超过全省经济总量、人口及土地面积占全国的比重，高速公路密度达每百平方千米 3.1 千米，为全国平均水平的 2.4 倍，全省每万人平均拥有高速公路里程达 1.1 千米，为全国平均水平的 1.3 倍。

续建项目和计划开工项目进展顺利。上饶至万年、东乡至昌傅、修水至平江、铜鼓至万载等 13 个续建项目稳步推进，累计完成总投资的 41%。昌九高速全线“四改八”项目审批手续全部完成，项目征地拆迁、招投标等工作顺利启动。广昌至吉安高速公路可行性研究报告得到国家发改委批复。

南昌至樟树高速在保障四车道通行的情况下，圆满实现“保安全、保畅通、保施工”的目标

建设管理水平明显提升。昌樟“四改八”项目作为该省第一个高速公路改扩建工程，全国首创“边通行、边施工”先例，在车道不封闭、车辆不分流，保障四车道通行的情况下，圆满实现“保安全、保畅通、保施工”，为该省今后实施高速公路扩容改造积累有益经验。大力推进建设管理标准化，强化项目建设科技攻关，涌现出一批精品工程，九江长江二桥项目获“中国建设工程鲁班奖”，南昌至宁都高速公路建设项目成为全国第四批创建“平安工地”示范路。

九江长江二桥项目获“中国建设工程鲁班奖”

南昌至宁都高速公路建设项目成为全国第四批创建“平安工地”示范路

南昌至宁都高速公路

南昌至上栗高速公路

金溪至抚州高速公路

寻乌至全南高速公路

南昌至樟树高速“四改八”工程

南昌至九江高速通远段

普通公路建设及风貌

2015年5月15日，省交通运输厅在宜春召开全省普通国省干线公路建设现场会暨迎国检工作推进会

普通国省道建设养护全面加强。以迎“迎接全国干线公路养护管理检查”为契机，厅里通过银行贷款、争取省财政补助资金以及盘活结余资金等手段，采取以奖代补方式提高省级补助标准，支持各地开展普通国省道升级改造攻坚活动。全年完成升级改造428千米、路面改造及养护大中修3309千米、灾毁恢复重建837千米、危桥改造395座、安保工程2188千米。按照“国检”规范化检查要求，持续开展路域环境集中整治活动，统一规范养护管理内业资料和养护道班外观、标志，彰显江西公路新形象。普通国省道公路路况路貌得到提高，受到交通运输部的通报表扬，部“国检”检查组从12个方面对江西省干线公路养护管理工作给予肯定。

农村公路“建管养运”强力推进。基本完成全省县乡道网规划调整，加快推进农村公路改造建设、通自然村水泥路建设，自筹资金12.5亿元用于全省25户以上自然村通水泥路建设，全年完成农村公路新改建里程1.45万千米，超额完成交通运输部下达的建设任务，其中建成通自然村水泥路1.1万千米。召开全省农村公路危桥改造工程实施动员大会，全面启动实施农村公路危桥改造民生工程，完成农村公路危桥改造265座。大力推广石城县农村公路管理养护先进经验，进一步落实县级政府农村公路建管养主体责任。不断拓展农村客运通达深度，全省行政村通班车率94.8%。

普通国省道建设养护全面加强

2015年7月8日，全省农村公路管理养护年活动总结暨危桥改造民生工程建设动员会在赣州市石城县召开

南昌境内国道

新余干线公路

S306 上饶至玉山段

石城农村公路

吉安县农村公路

运输场站建设及风貌

九江港

南昌龙头岗综合码头一期工程基本建成

水运建设力度明显加大。赣江新干航电枢纽、龙头山水电枢纽顺利开工建设，建国以来投资规模最大的现代化综合码头南昌龙头岗综合码头一期工程基本建成。全省高等级航道614千米，港口吞吐能力2亿吨、59万标箱。完成《九江港总体规划（修订）》省部联合审查，启动修编《南昌港总体规划》，赣江石虎塘至神岗山三级航道整治工程、九江港彭泽港区红光作业区综合枢纽码头一期工程等项目前期工作加快推进，信江高等级航道项目前期工作正式启动。

南昌龙头山水电枢纽顺利开工建设

全省高等级航道达614千米

新余仙女湖客运码头

大力推行甩挂运输

国家一级客运站南昌徐坊客运站

吉安市河西综合物流园

建设一批多种运输方式有效衔接的综合枢纽。建成南昌、南昌西、宜春等3个综合客运枢纽，开展全省二级以上客运站标准化建设；继续推进吉安河西综合物流园等4个货运枢纽建设，新增2个国家甩挂运输试点项目。推进普通客运站点、农村公路综合服务站、农村候车亭的建设。开展全省二级以上客运站标准化建设，修订客运站形象标识，制作车站规范化服务宣传片，促使客运站规范管理。截至2015年底，全省共有等级客运站978个，货运站56个，初步形成以枢纽站场为中心、以县级客货运站为节点、以农村客运站为基础，连接城乡、辐射全省的站场网络体系。

发展迅速的高安货运业

道路运输管理

2015年12月8日至9日，全省加快推进城市公共交通优先发展工作会议在南昌召开

公路服务保障能力不断增强。推动落实公交优先发展战略，省政府召开加快推进公交优先发展工作会，南昌市轨道交通1号线正式开通试运营，实现轨道交通“零”的突破；启动镇村公交发展试点，省财政每年列出3000万元专项资金用于镇村公交试点奖补，樟树市在全省率先实现城乡客运一票制，全市城乡客运无论距离远近一律实行1元票价；贯彻实施驾培行业两项新国标，对434所驾校进行升级改造。

截至2015年底，全省开通客运线路6890条，其中省际线路1169条，100%的乡镇和94.8%的行政村通客运班车，形成城乡一体、干支相连的公路客运网络，公路快速客运、城乡客运、旅游运输、集装箱运输、特种及专用运输等发展迅速，为旅客和货主提供安全、便捷、多样化的服务，适应社会不同层次的运输需求，推动结构调整和产业升级。公路运输在全省综合运输体系中继续处于主体地位。

2015年9月9日，全省汽车客运站服务规范化现场推进会召开

试点发展镇村公交

铅山县开通农村巴士

2015年12月26日，南昌地铁1号线正式开通试运营，英雄城从此驶入“地铁时代”

水路运输管理

南昌港集装箱吞吐量首次突破 10 万标箱

全省通航总里程 5716 千米，其中一级航道 156 千米（长江江西段），二级航道 175 千米，三级航道 206 千米，四级航道 87 千米，五级航道 238 千米，六级航道 405 千米，七级航道 1160 千米，等外航道 3289 千米。加快港航工程建设步伐，一大批水运工程项目建成或开建，全省现有内河港口生产用码头泊位 1841 个，年吞吐量万吨以上的港口有 57 个，基本形成大中小结合、内外沟通的港口群体。2015 年水路运输货运量、港口货物吞吐量、集装箱吞吐量同比分别增长 2.6%、5.5% 和 12.9%。九江港完成货物吞吐量 1.04 亿吨，正式迈入亿吨大港行列，南昌港集装箱吞吐量首次突破 10 万标箱。

全省共有民用运输船舶 3000 多艘

大量淘汰老旧船舶

全省通航总里程为 5716 千米

行政执法

2015 年 7 月 21 日至 24 日，省交通运输厅举办全省交通运输行政执法人员培训班

路政执法人员开展法律宣传

推动法治政府部门建设。加快交通运输立法进程，深化交通运输行政执法体制改革，继续推进政府部门简政放权。深入推动“三基三化”（基层执法队伍的职业化、基层执法站所的标准化、基层管理制度的规范化）建设，对 13 个“三基三化”建设试点单位进行督导。各试点单位成立专门的工作机构，并将“三基三化”工作纳入年度工作计划。举办执法人员培训班 6 期、执法师资培训班 1 期，培训人数约 1000 人次。结合十八届四中全会精神宣贯、“六五”普法规划、《江西省公路条例》宣贯等，通过中心组学习、宣传栏展示、培训班、研讨班等多种形式，开展全方位、多层次的法治宣传教育活动，增强广大干部职工法治观念，努力营造决策办事依法、解决问题用法的良好法治氛围。

“三基三化”试点单位上高公路分局路政大队向学生宣传公路法律法规

海事执法人员开展水上交通安全宣传

路政人员清除公路晒粮

养护保通

实施高速公路大中修工程

高速公路总体技术状况良好

“畅安舒美”示范路省道 S306 线

完善公路标志标线

路况水平明显提升。该省高速公路总体技术状况(MQI)和平均路面使用性能指数(PQI)每年均达到95以上，路网通达能力、路况水平、路域环境显著提升。强化公路养护行业管理，建立和完善60多项涉及养护、路政、收费、资金管理等规章制度。打造普通部、省级国省道“畅、安、舒、美”示范路905千米，建成投产集养护、应急和服务“三位一体”的市级综合养护中心20个、县级综合养护中心28个，公路通行能力和服务水平大幅提高。以迎全国干线公路养护管理检查为契机，全面整理、完善、收集养护管理规范化资料，按照汇编资料蓝本、评分资料、5年规范化档案资料三大类全面梳理，组织人员进行3次集中审查，推进全省公路养护管理水平的大幅度提升。

实施普通公路生命安全防护工程

应急管理

建成省交通监控指挥中心

赣江水域救援实战演习在赣江南昌富大有堤段举行

安全应急能力全面提高。落实安全生产“党政同责、一岗双责、失职追责”，稳步推进“平安交通、事故隐患排查治理体系、安全生产标准化”三项建设，逐步推行安全生产风险管理和企业安全生产诚信管理模式，开展安全生产约谈，着力夯实安全生产基层基础。对重点领域、重点环节始终保持高压严管态势，组织开展道路运输平安年、水上非法运输、“打非治违”、公路水运工程落实施工方案、危险化学品和易燃易爆品等专项整治行动，全省交通运输安全生产保持平稳态势。应急能力建设全面加强，建成省交通监控指挥中心，成立国家级的公路战略投送专业保障队伍。

南昌至宁都高速公路建设项目开展应急救援演练

井冈山公路部门举行水毁抢修应急演练

南昌至上栗高速公路建设项目开展安全演练

收费服务

对持有赣通卡的货运车辆通行费优惠

开展高速公路服务区文明服务创建

"12328"交通运输服务监督电话建成并全省开通运行

开展高速公路服务区文明服务创建，5对服务区被评为"全国百佳示范服务区"、19对服务区被评为"全国优秀服务区"；"12328"交通运输服务监督电话建成并全省开通运行，有效服务百姓出行。落实省政府"促进经济平稳健康发展22条"，对持有赣通卡的货运车辆通行费优惠标准在原有基础上提高2个百分点，对合法装载的国际集装箱运输车辆通行费优惠28%，优惠幅度远超周边省份。大力推进电子不停车收费系统建设，累计建成ETC车道618条，实现主线收费站全覆盖，顺利加入全国ETC联网，赣通卡"一卡通行29个省（区、市）"，用户突破100万。

省高速公路集团泰和管理中心举行收费技能竞赛

累计建成高速公路ETC车道618条

绿色交通

省交通科研院设立院士工作站

智慧绿色交通加快建设。公路长大桥梁建设国家行业研发中心、省级院士工作站、江西省道路路面材料与结构工程技术研究中心获批建设，省交通设计院成为全省首批博士后人才创新实践基地，2 个项目获省科技进步奖，5 个项目获中国公路学会科技进步奖，发布实施 8 项地方标准，推广应用 11 项科研成果。组织开展首届江西公路优秀工程师等三项科技奖励评选工作，在行业内营造尊重知识、尊重人才的良好氛围。省公路学会获“全国先进学会组织”称号。加强行业教育培训工作，交通职业技术学院国家骨干高职院校建设项目顺利通过教育部、财政部验收，省交通干部学院成为全省干部教育培训的重要基地。扎实推进行业节能减排工作，新增新能源和混合动力车 1034 辆，淘汰老旧营运车辆和“黄标车”2.8 万辆。

江西交通职业技术学院与华东交通大学联合举办应用技术型本科班

采用环氧沥青技术摊铺路面

省航道工程局举行节能竞赛活动

党建工作

2015年5月29日，省交通运输厅召开"三严三实"专题教育动员部署会

认真抓好党建工作。扎实开展"三严三实"专题教育，全厅各级领导干部带头讲党课，深入组织学习习近平总书记关于党员领导干部践行"三严三实"的新思想新观点新要求，深入组织学习党章和"一准则、两条例"，有效提振各级干部干事创业的精气神。各级领导班子和领导干部深入基层一线，收集听取意见建议，深刻查摆"不严不实"问题，切实抓好整改落实。扎实开展"连心、强基、模范"三大工程，全力对口帮扶支援安远县和铅山县篁碧畲族乡，认真抓好上饶县湖村乡西龙岗村定点扶贫工作。全面深化基层党支部规范化建设，着力提高基层党组织的凝聚力和战斗力。

2015年12月7日，省委第二巡视组巡视省交通运输厅工作动员会召开

全力对口帮扶支援安远县和铅山县篁碧畲族乡

严格落实"两个责任"。坚持把党风廉政建设与交通运输工作同部署，逐级签订党风廉政建设责任书，层层传导压力、层层压实责任。深入开展重点工程建设项目巡查、领导干部违规插手工程项目专项治理，一刻不松的抓紧抓好工程建设领域反腐倡廉工作。坚持抓早抓小抓好预防，扎实推进"把纪律挺在前面"先行先试工作，开展函询18人次、提醒谈话34人次、诫勉谈话80人次。切实发挥审计监督作用，全年完成64项审计，发现整改问题130余个。严格抓好中央八项规定精神的贯彻落实，严肃查办领导干部违纪违法行为，全年共立案20件，处理26人，其中县处级干部7人。

行业文明建设

2015年12月30日至31日，全省交通行业宣传工作会议在南昌召开

树立行业良好形象。扎实做好综治维稳工作，及时排查化解各类矛盾纠纷，有效维护行业和谐稳定。组织开展文明单位、文明示范窗口等文明创建活动，11家单位获全国文明单位等国家级先进荣誉称号，涌现出“12328”交通热线、“善行天下·学雷锋车队”等窗口服务品牌，省高速集团获交通运输文化建设示范单位，“微笑映山红”获交通运输十大文化品牌，“高速公路通车里程突破5000千米、江西形成‘大交通’格局”入选“2015江西十大新闻”。

“微笑映山红”获交通运输十大文化品牌

农民工工资支付管理成为江西综治工作的“亮点”

全省道路运输系统“我为党旗添光彩”书画摄影比赛举办

2015 年 6 月 2 日至 4 日，省交通运输厅组织搜救队伍参与“东方之星”号沉没客轮搜救

搜救现场

培树典型弘扬新风。先后集中挖掘宣传敖志凡、柯胜锋、何水标、吴雄生等一大批先进典型。持续开展“中国好人”“我推荐、我评议身边好人”推介评议活动，不断挖掘具有行业特色和时代精神的先进典型。2015 年 6 月 1 日，一艘从南京驶往重庆的客船“东方之星”在长江中游湖北监利水域沉没后，省交通运输厅立即组织搜救队赶赴现场开展救援，圆满完成搜救任务，受到交通运输部和省领导的高度称赞。

2015 年 7 月 3 日，省公路管理局举办全省公路系统劳模先进事迹报告会

2015 年 10 月 23 日，省运管局召开全国劳动模范柯胜锋先进事迹报告会

江西省交通运输厅交通史志编审委员会

主任委员　朱　希

常务副主任　王爱和

副主任委员　谢元银　于钦民　王圣义　王江军　朱隆亮
　　熊华武

委　　员　黄伟钢　曾云谋　罗志明　邝宏柱　吴相金
　　刘维文　刘盖群　雷茂锦　来栋萍(女)　黄　矩
　　蔡建新　朱　晗　王继东　王亲勇　陈玉书
　　席文良　秦小辉　彭　瑜(女)　易宗发　贺一军
　　糜向荣　胡建强　秦炜婷(女)　熊昌军　杜一峰
　　李　旷　曾　敏　王林水　邓振胜　黄自强

《江西交通年鉴》编辑部

主　　编　熊华武

副 主 编　王林水　邓振胜

主　　任　王林水

副 主 任　邓振胜　黄自强

编　　辑　(按姓名笔画排序)
　　邓振胜　何战鏖　陈海明　黄自强　游小荣(女)
　　彭益民

《江西交通年鉴(2016)》编辑分工

特　　载	邓振胜
专　　记	何战鏖
便　　览	陈明中
大 事 记	彭益民
交通基础设施建设	陈海明
运输生产	邓振胜
科技　教育　卫生	彭益民
交通管理	黄自强
党群工作	何战鏖
市、县交通	游小荣(女)
交通统计资料	黄自强
人物、先进集体	陈明中
文献文件	彭益民
附　　录	何战鏖
彩色图片	王林水　游小荣(女)
索　　引	游小荣(女)
发　　行	游小荣(女)　王小旭

《江西交通年鉴(2016)》提供资料单位主审名单

(以姓氏笔画为序)

丁国华　王江军　王继东　龙　骏　邝宏柱
刘维文　朱洪波　朱　晗　朱隆亮　吴伟明
吴步高　李　奇　李　坪　李星勇　来栋萍(女)
陈玉书　陆　萍(女)　邹记根　邹建福　张　洪
张建明　郭　昌　钟家毅　贺一军　胡建强
徐华德　谢元银　聂复生　黄　炬　黄伟钢
秦小辉　秦炜婷(女)　彭　瑜(女)　曾云谋　蔡建新
熊华武　熊昌军　廖　辉　糜向荣

《江西交通年鉴(2016)》提供资料单位主笔

(以姓氏笔画为序)

万海飙　万庭慧　王　硕(女)　王丽琴(女)　云　丽(女)
邓清华　叶　勇　艾年宗　刘　婷(女)　刘　晔
刘　晖　刘　勤　刘　仁　朱国英　江涛达
李　丹(女)　李发淳　李青峰　任金平　陈志光
陈　菁(女)　陈雪玲　陈根玲　吴　琛　吴泽水
余明华　杨　曦　杨淑芬(女)　周国祥　张建明
罗新民　钟恢万　赵　宇　胡金明　洪耀祖
饶品涵　饶梅香(女)　聂玉洁(女)　徐勇新　高　梅(女)
龚仁平　龚莉萍(女)　崔建林　黄　云(女)　彭　磊
韩晓艺(女)　鲁德彪　蒋少全　蒋护纹　虞德军
廖晓锋　颜卫民

编 辑 说 明

一、《江西交通年鉴(2016)》是江西省交通运输厅交通史志编审委员会主持编修的第20卷省级交通年鉴。载录江西交通系统2015年1月1日至12月31日的资料。出版年鉴的宗旨是为江西交通建设服务,为社会了解江西交通提供信息。

二、本年鉴以马列主义、毛泽东思想、邓小平理论、“三个代表”重要思想、科学发展观和习近平系列指示为指导,坚持实事求是的撰编原则。在充分反映成绩、经验的同时,对工作中的困难、问题和缺点也作了如实记述;同时注意时代特征、地方特色、行业特点;力求全面准确地展示交通系统广大干部职工在物质文明、精神文明、政治文明和生态文明建设中的成果和风貌;充分发挥信息密集、多功能的作用,满足多方面、多层次读者的需要。

三、本年鉴的体例采用分类条目法,以交通专业分工立目,内容由特载、专记、便览、大事记、交通基础设施建设、运输生产、科技教育卫生、交通管理、党群工作、市县交通、交通统计资料、人物及先进集体、文献文件、附录和索引组成,并设置彩页。

四、本年鉴文稿由省交通运输厅机关各处室、厅直属各单位、各设区市及县交通运输局提供,并经领导审核。条目文后括号内的人名或单位名为撰稿者。

五、本年鉴选录的统计资料,主要依据江西省交通运输厅规划处编印的《2014年江西省交通统计年鉴》,部分由交通运输厅直属单位和设区市交通运输局提供,统计口径不一的以厅规划处统计数字为准。

六、本年鉴对获省、部级以上奖励的先进个人设简介;对厅级以上的先进集体、先进个人列表记述。

七、本年鉴的计量单位、数字用法、语言文字等均依照国家现行有关规定执行。

目　　录

特　　载

专　　记

便　　览

大事记

交通基础设施建设

公路建设

高速公路建设

普通公路建设

国道

省道

城市路桥

县乡公路

公路桥梁建设

公路养护

公路绿化

灾害防治

港航建设

规划与勘察设计

站场(厂)房屋建设

运输生产

道路运输

运输企业

运输线路

运输站点

运输工具

道路运价

道路旅客运输

道路货物运输

城市公共交通

水路运输

水路运输企业

水路运输线路

港口码头

水路运输船舶

水路旅客运输

水路货物运输

交通附属工业

道路运输附属工业

水路运输附属工业

节能环保

道路运输节能减排

水路运输节能减排

科技 教育 卫生

科 技

信息工程

教　育

卫 生

学会 协会

交通管理

行政管理

政务管理

组织人事

财务管理

交通内部审计

法治建设

城市客运管理

公路路政管理

交通基本建设管理

高速公路管理

安全与应急管理

水路运输管理

水路安全管理

港口管理

船舶检验

党群工作

党建工作

纪检监察工作

精神文明

工会工作

扶贫救灾工作

文史工作

市、县交通运输

交通统计资料

人物 先进集体

人物简介

2015 年度全省交通运输系统先进个人

2015 年度全省交通运输系统先进集体

文件 文献

附 录

铁 路

民用航空

索 引

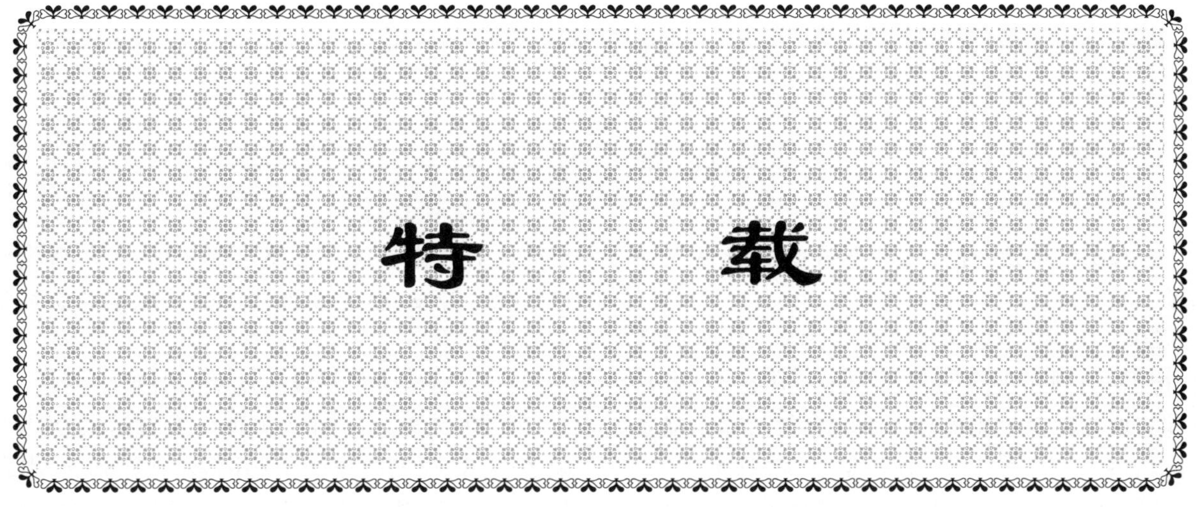

中国共产党江西省委员会

批　示

全省高速公路里程突破5000公里，交通运输战线的同志们功不可没。希望你们再接再厉，继续保持真抓实干、狠抓落实的工作作风，按照省委、省政府的统一部署，大力实施基础设施提升战略，加快推进高速公路等重大交通项目建设，全面建成“布局合理、内外畅通、功能完善、衔接高效”的现代综合交通运输体系，为实现我省“十三五”各项目标任务提供强有力的支撑。

2016年1月12日

贯彻五大发展理念　加快提质提速步伐[*] 确保实现“十三五”交通运输事业发展良好开局

朱　希

(2016 年 1 月 20 日)

一、2015 年及“十二五”全省交通运输工作回顾

2015 年是“十二五”的收官之年,是我们适应、把握、引领新常态的重要一年。在省委、省政府和交通运输部的正确领导下。全省交通运输系统认真落实“发展升级、小康提速、绿色崛起、实干兴赣”十六字方针,全面加快交通运输事业升级提速步伐,圆满完成了全年各项目标任务。

(一)交通建设投资再创历史新高

全年交通运输基础设施建设投资首次突破 700 亿元大关,达到 729 亿元,同比增长 60%。其中,高速公路建设完成 475 亿元。同比增长 75%;普通国省道建设完成 148 亿元,同比增长 58%;水运建设完成 10 亿元,同比增长 448%;农村公路建设完成 88 亿元,同比增长 14%。

围绕加快交通运输基础设施建设,交通运输部门千方百计筹措建设资金。争取到交通运输部补助资金 78 亿元,争取省财政安排地方政府债券 6 亿元,有效发挥了补助资金的“药引子”作用,带动全省交通建设投入。通过银团贷款、债券发行等方式,省高速集团全年融资总额达 609 亿元,同比增长 49%,是 2015 年全国发行债券最多的企业。支持省高速集团与中石化江西分公司合作签订了 120 亿元的融资协议,投资 40.7 亿元成为江西银行第一大股东。加强高速公路通行费堵漏增收和营销创收,完成通行费征收 147.3 亿元.同比增长 4.4%。省港投公司启动了新干航电枢纽 19 亿元的银团贷款、7 亿元的企业债发行。鼓励各地积极探索创新融资新模式,宜春市通过打造一家集投资、筹资为一体的大型公路企业集团,上饶市通过对公路项目与公路沿线土地、矿产等资源进行综合开发,有效破解普通公路取消收费后资金筹集难题。

(二)高速公路建设实现新的突破

5000 千米目标圆满实现。面对这两年雨水偏多、有效施工期短的不利因素,通过强化调度、狠抓攻坚,顺利建成了南昌至宁都、南昌至上栗、金溪至抚州、寻全高速寻乌至安远段、昌樟“四改八”、昌九改扩建通远试验段等 6 个项目 668 千米高速公路,全省高速公路通车里程突破 5000 千米,达到 5088 千米,打通 24 个出省通道。高速公路通车里程继续位居全国前列,占全国总里程的 4.2%,超过了全省经济总量、人口及土地面积占全国的比重,高速公路密度达到每百平方千米 3.1 千米,为全国平均水平的 2.4 倍.全省每万人平均拥有高速公路里程达到 1.1 千米,为全国平均水平的 1.3 倍。

续建项目和计划开工项目进展顺利。上饶至万年、东乡至昌傅、修水至平江、铜鼓至万载等 13 个续建项目稳步推进,累计完成总投资的 41%。昌九高速全线“四改八”项目审批手续全部完成,项目征地拆迁、招投标等工作顺利启动。广昌至吉安高速公路可行性研究报告得到国家发改委批复,为 2016 年开工建设奠定了坚实基础。

建设管理水平明显提升。昌樟“四改八”项目作为江西省第一个高速公路改扩建工程,全国首创“边通行、边施工”先例,在车道不封闭、车辆不分流,保障四车道通行的情况下,圆满实现“保安全、保畅通、保施工”,为全省今后实施高速公路扩容改造积累了有益经验。大力推进建设管理

[*] 这是江西省交通运输厅党委书记、厅长朱希在 2016 年全省交通工作会议上的讲话(摘录)

标准化,强化项目建设科技攻关,涌现出了一批精品工程,九江长江二桥项目荣获“中国建设工程鲁班奖”,昌宁项目成为全国第四批创建“平安工地”示范路。

高速公路建设取得的突出成绩,得到省领导的高度肯定,得到省政府的通令嘉奖。强卫书记在高速公路通车里程突破5000千米时作出批示:全省高速公路里程突破5000千米,交通运输战线的同志们功不可没。希望你们再接再厉,继续保持真抓实干、狠抓落实的工作作风,按照省委、省政府的统一部署,大力实施基础设施提升战略,加快推进高速公路等重大交通项目建设,全面建成“布局合理、内外畅通、功能完善、衔接高效”的现代综合交通运输体系,为实现我省“十三五”各项目标任务提供强有力的支撑。

鹿心社省长在视察昌宁高速公路时指出:“十二五”以来,省交通运输厅认真贯彻落实省委、省政府决策部署,着力推进以高速公路为重点的交通基础设施建设,取得了辉煌成就,进一步提升了我省区位优势,优化了投资环境,有力促进了经济社会发展。

毛伟明常务副省长用了“可喜可贺、可嘉可奖”八个字对高速公路突破5000千米进行了充分肯定。

(三)普通公路和水运建设发展显著加强

普通国省道建设养护全面加强。以迎“国检"为契机,厅里通过银行贷款、争取省财政补助资金以及盘活结余资金等手段,采取以奖代补方式提高省级补助标准,支持各地开展普通国省道升级改造攻坚活动。全年完成升级改造428千米、路面改造及养护大中修3309千米、灾毁恢复重建837千米、危桥改造395座、安保工程2188千米。按照“国检”规范化检查要求,持续开展路域环境集中整治活动,统一规范了养护管理内业资料和养护道班外观、标志,彰显了江西公路新形象。切实加强了普通国省道建设质量监督管理,启动市级、县级交通质监站标准化建设。公路体制下放后首次开展全省普通国省干线公路安全质量综合督查。普通国省道公路路况路貌得到极大提高,受到交通运输部的通报表扬,部“国检”检查组从12个方面对我省干线公路养护管理工作给予肯定。

农村公路“建管养运"强力推进。基本完成全省县乡道网规划调整,加快推进农村公路改造建设、通自然村水泥路建设,自筹资金12.5亿元用于全省25户以上自然村通水泥路建设,全年完成农村公路新改建里程1.45万千米,超额完成交通运输部下达的建设任务,其中建成通自然村水泥路1.1万千米。召开了全省农村公路危桥改造工程实施动员大会,全面启动实施农村公路危桥改造民生工程,完成农村公路危桥改造265座。大力推广石城县农村公路管理养护先进经验,进一步落实县级政府农村公路建管养主体责任。不断拓展农村客运通达深度,全省行政村通班车率达94.8%。

水运建设力度明显加大。赣江新干航电枢纽、龙头山水电枢纽顺利开工建设,建国以来投资规模最大的现代化综合码头南昌龙头岗综合码头一期工程基本建成。全省高等级航道达614千米,港口吞吐能力达2亿吨、59万标箱。完成《九江港总体规划(修订)》省部联合审查,启动修编《南昌港总体规划》,赣江石虎塘至神岗山三级航道整治工程、九江港彭泽港区红光作业区综合枢纽码头一期工程等项目前期工作加快推进,信江高等级航道项目前期工作正式启动。

(四)行业服务管理水平明显提升

服务保障能力不断增强。建成南昌、南昌西、宜春等3个综合客运枢纽,开展全省二级以上客运站标准化建设;推动落实公交优先发展战略,省政府首次召开加快推进公交优先发展工作会,南昌市轨道交通1号线正式开通试运营,实现轨道交通“零”的突破;启动了镇村公交发展试点,省财政每年拿出3000万元专项资金用于镇村公交试点奖补,樟树市在全省率先实现城乡客运一票制.全市城乡客运无论距离远近一律实行1元票价;深入贯彻实施驾培行业两项新国标,对434所驾校进行了升级改造。积极开展高速公路服务区文明服务创建,5对服务区被评为“全国百佳示范服务区”、19对服务区被评为“全国优秀服务区”;12328交通运输服务监督电话建成并全省开通运行,有效服务百姓出行。继续推进吉安河西综合物流园等4个货运枢纽建设,新增2个国家甩挂运输试点项目;认真落实省政府“促进经济平稳健康发展22条”,对持有赣通卡的货运车辆通行费优惠标准在原有基础上提高2个百分点,对合法装载的国际集装箱运输车辆通行费优惠28%,

优惠幅度远超周边省份。2015年公路运输客运量、货运量、水路运输货运量、港口货物吞吐量、集装箱吞吐量同比分别增长2.2%、7.3%、2.6%、5.5%和12.9%。九江港完成货物吞吐量1.04亿吨,迈入亿吨大港行列,南昌港集装箱吞吐量首次突破10万标箱。

智慧绿色交通加快建设。公路长大桥梁建设国家行业研发中心、省级院士工作站、江西省道路路面材料与结构工程技术研究中心获批建设,省交通设计院成为全省首批博士后人才创新实践基地,2个项目获省科技进步奖,5个项目获中国公路学会科技进步奖,发布实施8项地方标准,推广应用11项科研成果。组织开展首届江西公路优秀工程师等三项科技奖励评选工作,在行业内营造了尊重知识、尊重人才的良好氛围。省公路学会荣获"全国先进学会组织"称号。大力推进电子不停车收费系统建设,累计建成ETC车道618条,实现主线收费站全覆盖,顺利加入全国ETC联网,赣通卡"一卡通行29个省(区、市)",用户突破100万。加强了行业教育培训工作,交通职业技术学院国家骨干高职院校建设项目顺利通过教育部、财政部验收,省交通干部学院成为全省干部教育培训的重要基地。扎实推进行业节能减排工作,新增新能源和混合动力车1034辆,淘汰老旧营运车辆和"黄标车"2.8万辆。

安全应急能力全面提高。落实安全生产"党政同责、一岗双责、失职追责",稳步推进"平安交通、事故隐患排查治理体系、安全生产标准化"三项建设,逐步推行安全生产风险管理和企业安全生产诚信管理模式,积极开展安全生产约谈,着力夯实安全生产基层基础。对重点领域、重点环节始终保持高压严管态势,组织开展道路运输平安年、水上非法运输、"打非治违"、公路水运工程落实施工方案、危险化学品和易燃易爆品等专项整治行动,全省交通运输安全生产保持平稳态势。应急能力建设全面加强,建成省交通监控指挥中心,成立国家级的公路战略投送专业保障队伍。尤其是2015年6月1日"东方之星"号客轮翻沉事件发生后,根据交通运输部指令,按照省委省政府提出的"竭尽所能、全力以赴、支持救援"的要求,第一时间启动应急预案,半小时内组织31人(含15名潜水员)的搜救队伍携带专业设备,赶往事发现场投入搜救工作中,作为现场唯一一支下水潜入沉船船舱进行探摸搜救的地方搜救队伍,得到了交通运输部、省委省政府的高度肯定。

(五)交通运输重点领域改革不断深化

法治交通部门建设扎实推进。行业立法取得重大进展,《江西省公路条例》于2015年12月1日正式颁布实施,对提高全省公路建管养和保护的整体水平,具有里程碑的意义。《江西省交通建设工程质量安全监督管理条例》列入省政府2016年立法工作计划。行政审批制度改革继续深化,承接交通运输部下放的审批事项12项,取消和下放审批事项17项,仅保留省本级行政许可23项。大力推进权责清单工作,保留省本级行政权力178项,对省市县三级交通运输部门均享有的148项行政权力一律下放,建立了交通运输权力属地管理清单。

高速公路建设体制改革正式启动。争取省政府同意对高速公路建设体制进行改革。一方面严格执行《江西省高速公路网规划(2013—2030年)》,对规划内建设项目(不含远期展望线),省交通运输厅按现行建设模式组织实施;另一方面充分尊重地方政府为促进地方经济社会发展提出新建高速公路的意愿,按照"谁提出、谁主导"的原则,对规划外市县提出需增加的建设项目,按程序报经省政府批复后,由项目沿线地方政府负责项目筹资、建设和营运,项目建成后纳入全省高速公路联网收费系统统一管理。

高速公路建设管理体制改革试点深入开展。作为全国3个公路建设管理体制改革试点省份之一,在4个高速项目开展"自管模式""代建+监理一体化模式""改进的传统模式"3种建设管理模式和"机电工程设计、施工、维护总承包模式""房建工程设计+施工监理一体化模式"2种承发包方式的改革试点,取得了项目建设管理更加有力、参建各方职责更加清晰、项目管理机构更加精简等初步成效。

与此同时,积极谋划推动"走出去"战略,省交通工程集团公司加入江西省"走出去"企业战略合作联盟,与江西中煤集团达成合作协议,对赞比亚855千米PPP'收费公路项目、肯尼亚马赛马拉公路项目进行开发合作。

(六)全面从严治党和行业文明创建成效明显

认真抓好党建工作。扎实开展"三严三实"

专题教育，全厅各级领导干部带头讲党课，深入组织学习习总书记关于党员领导干部践行“三严三实”的新思想新观点新要求，深入组织学习党章和“一准则、两条例”，有效提振各级干部干事创业的精气神。各级领导班子和领导干部深入基层一线，收集听取意见建议，深刻查摆“不严不实”问题，切实抓好整改落实。扎实开展“连心、强基、模范”三大工程，全力对口帮扶支援安远县和铅山县篁碧畲族乡，认真抓好上饶县湖村乡西龙岗村定点扶贫工作。全面深化基层党支部规范化建设，着力提高基层党组织的凝聚力和战斗力。

打造一流干部队伍。始终坚持科学正确的选拔任用导向和严密规范的选拔任用程序，加大了任前审核工作力度，实行“凡提必核”。切实履行干部监督职责，开展了严禁超职数配备干部、领导干部个人有关事项报告抽查核实、干部人事档案专项审核等三项重点工作，发现并纠正了违规违纪问题。交通运输厅干部选拔任用工作总体评价满意度和新选拔任用干部总体评价满意度均高于省直单位平均水平。

严格落实“两个责任”。坚持把党风廉政建设与交通运输工作同部署，逐级签订党风廉政建设责任书，层层传导压力、层层压实责任。着力加强廉政警示教育的针对性，编印4000余册《江西省交通运输厅腐败案件警示录》，发放到全厅副科级以上干部，以身边事警示教育身边人。深入开展重点工程建设项目巡查、领导干部违规插手工程项目专项治理，一刻不松的抓紧抓好工程建设领域反腐倡廉工作。坚持抓早抓小抓好预防，扎实推进“把纪律挺在前面”先行先试工作，开展函询18人次、提醒谈话34人次、诫勉谈话80人次。切实发挥审计监督作用，全年完成64项审计，发现整改问题130余个。全力支持厅纪委实行“三转”，将精力聚焦执纪监督问责。严格抓好中央八项规定精神的贯彻落实，严肃查办领导干部违纪违法行为，全年共立案20件，处理26人，其中县处级干部7人。

树立行业良好形象。扎实做好综治维稳工作，及时排查化解各类矛盾纠纷，有效维护行业和谐稳定。深入组织开展文明单位、文明示范窗口等文明创建活动，11家单位获全国文明单位等国家级先进荣誉称号，涌现出“12328”交通热线、“善行天下.学雷锋车队”等窗口服务品牌，省高速集团荣获交通运输文化建设示范单位，泰和管理中心“微笑映山红”荣获交通运输十大文化品牌，“高速公路通车里程突破5000千米、江西形成‘大交通’格局”入选“2015江西十大新闻”。

2015年各项目标任务的全面完成，标志着“十二五”全省交通运输事业的圆满收官。2011年以来的5年，是全省交通运输发展进程中极不平凡的5年。5年来，全省交通运输系统认真贯彻落实“四个全面”战略部署，按照省委“十六字”方针、交通运输部建设“四个交通”的部署要求，解放思想、开拓创新，团结拼搏、攻坚克难，全力当好发展先行，全面推进升级提速，超额完成了“十二五”规划目标任务，全省交通运输事业发展站到了新的历史起点上。

这5年，是全省交通基础设施投资增幅最快的五年。5年来，全省交通运输基础设施建设累计完成总投资2239亿元，超出“十二五”规划总投资目标（1800亿元）439亿元，增长24.4%，是“十一五”期投资额（1098亿元）的两倍多，翻了一番。交通基础设施建设采购水泥约3600万吨、钢材约380万吨，提供就业岗位上百万人次，带动GDP增加约6600亿元。交通基础设施建设投资的大幅增长，为全省经济稳增长发挥了重要的支撑作用。

这5年，是全省高速公路建设实现重大突破的五年。5年来，全省高速公路建设总规模达3054千米，新建成通车2110千米，累计完成投资1439亿元，分别是“十一五”期的1.2倍、1.4倍、2倍。全省高速公路2012年突破4000千米，2014年实现县县通高速公路，2015年突破5000千米，五年实现三级跨越，“纵贯南北、横跨东西、覆盖全省、连接周边”的高速公路网基本形成，构建起省会南昌到各设区市省内3小时、到周边省会省际5小时经济圈，有力助推全省发展升级。

这5年，是全省公路水路事业统筹协调发展的五年。5年来，全省新增公路里程1.7万公里，公路总里程达15.7万千米，是“十一五”末的1.12倍。全省投入普通国省道建设养护资金240亿元，是“十一五”期的1.8倍，累计完成升级改造2700千米、路面改造及养护大中修7900千米、危桥改造659座。在国省道规划调整前路网中，全省普通国省道二级及以上比例由“十一五”末的75.1%提高至82.2%，普通国省道优良路率达

85%以上。随着国省道规划调整,实现了100%的县城通普通国道,82%以上的乡镇通普通国省道。全省累计完成水运建设投资30亿元,是“十一五”期的2.4倍。五年新增高等级航道290千米,新增港口货物吞吐能力4800万吨、24万标箱。

这5年,是全省交通运输服务民生成效明显的5年。5年来,江西交通运输厅在全国率先实现普通公路取消收费、免费通行,全面构建起普通公路免费和高速公路收费“两个公路体系”。江西交通运输厅在全国率先实施25户以上自然村通水泥路建设工程,农村公路建设实现从修通行政村到修通自然村的重大跨越。5年累计建成农村公路5.8万千米,其中建成通25户以上自然村水泥路3.6万千米.解决了4万多个自然村800多万农民兄弟出行问题。交通运输厅大力推动公交优先发展,5年新增公交场站面积24.5万平方米,新增公交线路226条,新增公交客运量1.2亿人次。继续加强高速公路服务区建设管理,新建服务区20对,改扩建服务区25对,高速公路服务区文明指数和群众满意指数得到极大提升。

这5年,是党风廉政建设和反腐败工作扎实推进的5年。2013年以来,厅党委深刻汲取许润龙、邓经国腐败案件的惨痛教训,以案为鉴、痛定思痛,下大力气整治工程建设领域存在的突出问题。在全国率先实行交通重点工程全程电子化招标,重大事项实行最严格的审签程序,制订出台20余项有关市场准入、招投标监管、项目管理等方面的制度,做到“管牢手脚、关住权力、重心下移、触角延伸”,让“权力在阳光下运行”,有效扭转交通重点工程建设领域腐败高发态势。扎实开展党的群众路线教育实践活动、“三严三实”专题教育,制定出台了一批加强作风建设的规章制度,从严落实管党治党责任,共立案查办违纪案件87件,处理126人,初步构建起“不敢腐、不能腐”的有效机制。在2015年厅党委“三严三实”专题民主生活会上,周泽民同志对交通运输厅在党风廉政建设和反腐败工作上所做的努力,给予了充分肯定。他指出:结合平时省纪委对交通厅这个班子的了解情况看,从一个侧面证明大家对自己的党性修养,世界观的改造,纪律观念的加强做得是好的。这是值得为你们感到高兴的事。这是对厅党委的鼓励,更是对厅党委的鞭策。

回顾“十二五”全省交通运输事业发展历程,我们深刻体会到:

一是必须把加快发展作为交通运输工作的第一要务,主动服务全省经济稳增长、重大战略实施等发展大局,争取部省支持,抢抓机遇,抢抓发展的主动权,用足用好交通运输发展的各项政策,全面加快江西省交通运输事业升级步伐。

二是必须坚持把规划引领项目、项目带动发展作为交通运输工作的着力点,狠抓以高速公路、国省干线公路、农村公路、水运等为重点的交通基础设施建设,以源源不断的项目带动交通运输的整体发展。

三是必须坚持改革创新,深入推进理念创新、制度创新、管理创新和融资创新,构建适应江西省交通运输发展需要的体制机制。

四是必须锻造一个精诚团结、善谋实干的领导班子,打造一支忠诚事业、攻坚克难的干部队伍,继承和发扬“特别能吃苦、特别能战斗、特别能奉献”的江西交通人精神,把加快交通发展的各项任务落到实处。

五是必须始终加强党风廉政建设和反腐败工作,严格落实“两个责任”,坚持党要管党、从严治党,为交通运输事业健康发展提供坚强保证。

在总结成绩的同时,也要清醒地认识到全省交通运输发展中还存在不少问题和薄弱环节。一是发展短板有待补齐。水运建设滞后于公路建设,高等级航道达标率低于全国平均水平9个百分点;普通公路建设滞后于高速公路建设,在调整后的国省道和县乡道网中,普通国省道中二级及以上比例为57.9%,县道中三级及以上比例为20%;高速公路南北、东西向“十字形”主通道车流量明显上升,有的路段通行能力已经趋于饱和,不能适应经济社会发展需要,急需扩容改造。二是资金压力不断加大。高速公路建设资本金缺口大,省高速集团负债额不断上升,严重制约了集团持续融资能力;燃油税改革后,各级财政对普通公路建设养护投入不足,资金缺口矛盾加剧,普通公路取消收费后新的筹融资机制尚在建立之中;水运建设项目融资难、吸引社会资本难的问题依然存在,虽然2015年起了步,有个好的开头,但任重道远。三是管理水平有待提升。货运车辆超限超载长期得不到根治、公路路况受损严重,社会各界对此反映强烈,特别是通过迎“国检”,普通公路路况水平有了明显改善,但如果不及时把治超工作抓起来,成果就将毁于一旦:安全生产基层基础工作相对薄弱,安全隐患和潜在风险仍然较多。四是交通建设难度持续加大。土地、环境、融资等刚性约束日益增强,征地拆迁难度不断加大,建设成本不断上升。对于这些困难和问题,交通运输厅要坚持问题导向,强化忧患意识,认真研究谋划,切实加以解决。

二、"十三五"全省交通运输发展形势和总体思路

党的十八届五中全会深刻分析了全面建成小康社会决胜阶段我国发展环境的基本特征,面对经济社会发展新趋势新机遇和新矛盾新挑战,提出了"创新、协调、绿色、开放、共享"五大发展理念。省委十三届十二次全会、全省经济工作会议在深刻把握中央精神的基础上,明确了"提前翻番、同步小康"的总目标,提出基础支撑要适度超前,在"十三五"打一场基础设施建设的攻坚战。全国交通运输工作会议提出要牢固树立和贯彻落实五大发展理念,更加注重补齐交通基础设施短板,更加注重提升运输服务品质,更加注重运输装备提档升级,更加注重各种运输方式协调发展,更加注重推进放权降费。

我们要深刻学习领会党的十八届五中全会、省委十三届十二次全会、全省经济工作会议和全国交通运输工作会议精神,牢牢把握省委、省政府对交通运输工作的新要求,牢牢把握人民群众对交通运输工作的新期盼,牢固树立和贯彻落实"创新、协调、绿色、开放、共享"的发展理念,在新的起点上推进"十三五"交通运输事业全面协调可持续发展。

"十三五"期全省交通运输发展的指导思想和总体目标是:全面贯彻落实党的十八大、十八届三中、四中、五中全会和省委十三届十二次全会精神,按照中央、全省经济工作会议和全国交通运输工作会议部署,聚焦全面建成小康社会奋斗目标,贯彻落实五大发展理念,加快完善综合交通基础设施网络,加快提升交通运输服务品质,加快建设"四个交通",在新的起点上推进交通运输全面协调可持续发展,到2020年基本建成"安全、高效、畅通、绿色"的交通运输体系,适应并适度超前于经济社会发展需求,为全省实现"提前翻番、同步小康"总目标提供坚实的交通运输保障。从2015年开始,交通运输厅启动了《江西省公路水路交通运输"十三五"发展规划》和各专项规划的编制工作,2016年将陆续颁布实施。"十三五"期,全省公路水路建设投资规模将突破3100亿元,这里,重点强调一下"十三五"期基本工作思路。

(一)加快提质升级步伐

高速公路提质升级。在全省高速公路通车里程突破6000千米、打通28个省际高速公路通道、基本建成"四纵六横八射十七联"高速公路网后,将高速公路建设的重点转为对国高网的重点瓶颈路段和出省大通道进行改造升级,突出重点,打造亮点,不断提升通行能力和服务水平。逐步对我省"十字形"高速公路主骨架(赣粤高速江西段、沪昆高速江西段)进行"四改八"改扩建,即"十三五"期间,计划完成梨温高速梨园(赣浙界)至东乡段、赣州至定南高速"四改八"工程,启动昌傅至金鱼石(赣湘界)、泰和至赣州高速"四改八"工程。

农村公路提质升级。加快实施1.2万千米农村公路改造工程,加快行政村优先通达路线3.5米宽及以下路面拓宽改造。加快实施25户以上自然村通水泥路建设,实现25户以上自然村全部通水泥路。加快实施农村公路危桥改造工程,力争2020年后,全省年度农村公路危桥改造数量与新产生的农村公路危桥总量保持动态平衡。加快实施农村公路安全生命防护工程,基本完成乡道及以上公路安全隐患治理。

(二)注重补齐发展短板

普通国省道建设提速。"十三五"期,全省普通国省干线公路将实施升级改造约4000千米、路面改造及大中修约16000千米。加强普通国省道危桥改造、安全生命防护工程和灾害防治工程建设,提高普通国省道服务水平。到"十三五"末,全省普通国道二级及以上比例达到95%、力争省道二级及以上比例达到65%,普通国省道公路优良率达到85%。

水运建设发展提速。大力推动长江中游6米深水航道建设,提高万吨级船舶通达九江港通航保证率。加快赣江高等级航道建设.重点建设新干航电枢纽、龙头山水电枢纽、井冈山航电枢纽,提高万安枢纽船闸通航能力。加快信江高等级航道建设,重点建设八字嘴航电枢纽、双港航运枢纽。加快九江港、南昌港两个主要港口建设,加快推进港口物流园、重要港区铁路专用线和疏港公路建设。力争到“十三五”末,实现赣江高等级航道606千米全线贯通.九江港打造成长江中下游的航运枢纽,南昌港建成亿吨大港。

(三)提高行业治理能力

全面推进法治部门建设。继续推进简政放权,基本建成职能科学、权责法定、执法严明、公开公正、廉洁高效、守法诚信的交通运输法治政府部门。

构建综合交通运输体系。把完善综合交通运输管理体制与运行机制、促进综合交通运输融合发展与协同发展,作为改革主攻方向,加快形成“大交通”工作机制。

深化投融资体制改革。跟上国家财税体制改革步伐,争取各级政府加大对交通运输投入,推进部门综合预算管理模式,推广政府与社会资本合作模式,防范和化解交通运输债务风险。

(四)提升服务保障水平

构建畅通便捷的出行服务体系。续建及新开工建设8个综合客运枢纽、8个普通客运枢纽。大力发展城市公共交通,启动省级层面“公交城市”创建工作。积极推动镇村公交发展,重点支持贫困地区农村客运站点建设,具备条件的行政村全部通班车。稳步推进出租汽车管理改革,鼓励移动互联网与出租汽车行业融合创新。继续推进ETC发展,实现高速公路收费站全覆盖。不断完善高速公路服务区功能设置,提升全省高速公路服务区品牌知名度。

构建集聚高效的物流服务体系。续建及新开工建设10个综合货运枢纽(物流园),开展多式联运示范工程建设,力争“十三五”期新增3~5家国家甩挂运输项目试点企业,启动省级层面甩挂运输试点工程。加快建立交通、农业、供销、邮政等部门共同推进农村物流发展的新机制,加强资源整合共享与合作开发,形成“场站共享、服务同网、货源集中、信息互通”的农村物流发展新格局。

(五)突出智慧绿色安全

加快建设智慧交通。加快互联网与交通运输的深度融合,强化云计算、大数据、物联网等技术在交通领域的推广运用;完善以路网运行监控为主的综合管理系统,建立智能交通云计算中心和智能交通系统检测中心。加快建设网上办事、网上售票等服务平台,基本建立较为完善的全省交通运行监测应急处置体系和惠民便民信息服务体系。

加快建设绿色交通。深入贯彻《江西省生态文明先行示范区建设实施方案》,继续组织实施一批绿色交通示范工程,力争营运车船单位运输能耗和二氧化碳排放明显下降,交通运输资源集约利用水平明显提高。

加快建设平安交通。建立和完善安全生产法规制度体系、安全责任体系、预防控制体系、宣传教育体系和支撑保障体系,强化道路运输、水上交通、工程建设、轨道交通运营等重点领域的安全监管,加强公路航道抢通保通、高速公路隧道应急救援、水上搜救等领域的应急能力建设,确保全省交通运输安全态势平稳。

邓振胜摄

南惹古道

位于宜春明月山风景区洪江乡,由宜春至安福,跨越明月山。古道保存完好,古道卵石、石板清晰、古树参天。民风古朴。本鉴特发表一组路照,以飨读者。

编者

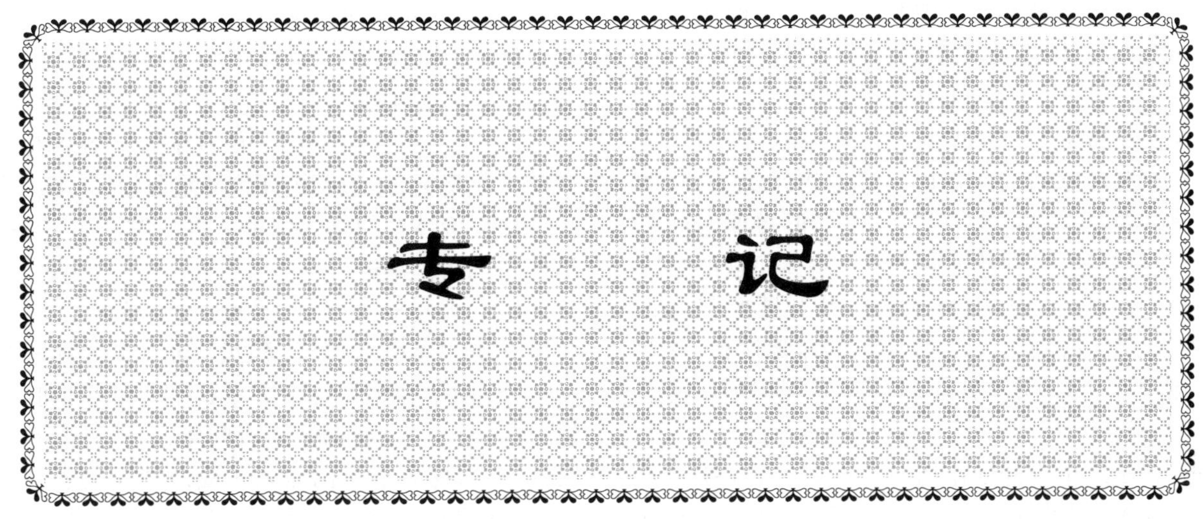

坚持监督执纪　忠诚履行职责
扎实推进新形势下交通运输反腐倡廉工作*

——2016年全省交通运输系统廉政工作报告

厅纪委

（2016年1月20日）

2015年，在省纪委和驻交通运输部纪检组的正确领导下，全省交通运输系统各级党组织和纪检监察部门，认真贯彻落实上级关于党风廉政建设和反腐败工作的决策部署，严格落实“两个责任”，坚持把纪律和规矩挺在前面，坚持依规依纪从严治党，坚持驰而不息纠正“四风”，坚持不断强化工程建设领域廉政监管，为加快推进全省交通运输升级提速，提供了坚强有力的政治保障。

（一）紧盯作风建设，严防“四风”反弹

省厅锲而不舍抓好作风建设，加大明察暗访

* 这是江西省交通运输厅副厅长梁必康在全省交通运输系统廉政工作会议上的讲话（摘录）

和问题查处力度,紧紧扭住“四风”不放,取得较好的成效。

一是学习教育正作风。组织全厅党员干部认真学习习近平总书记关于着力推进作风建设的重要指示,以及省委制定出台的《关于加强作风建设营造良好从政环境的意见》。在全厅范围内及时传达学习中纪委、省纪委13起关于“四风”典型问题的通报。通过加强学习教育,进一步提高了党员干部的作风意识。

二是明察暗访纠作风。通过作风督查、暗访检查和结合“违插”排查等方式,紧盯重要时间节点,强化对违反“中央八项规定”精神问题的监督检查。2015年省厅及直属单位共开展监督检查469次,暗访328次。通过密集的监督检查,有力督促全厅干部职工更加严格遵守“中央八项规定”精神。

三是严肃查处强作风。全年共查处违反“中央八项规定”精神的典型问题3个,有3人受到党纪政纪处分,对“四风”问题形成了震慑,全厅作风建设进一步强化。如,查实某高速路政支队原党委书记公车私用的行为,责令其上缴公车使用费9456元,并给予党内警告处分。

(二)积极先行先试,推进“纪挺在前”

作为“把纪律挺在前面”的试点单位,省厅积极谋划,扎实推进,试行工作积累了一些有益的经验。

宣传动员方面。统一思想认识,努力形成全厅开展试行工作的良好氛围。如,及时召开电视电话会议进行动员部署,600多人分别在各自会场参加会议;厅直16个单位纪委书记和分管领导在交通信息网公开撰文,谈对“把纪律挺在前面”和“三转”的认识及体会;邀请省纪委相关人员为60余名厅直属二级单位纪检监察干部讲授案件查办和先行先试工作,提高履职能力。

深化三转方面。试行工作期间,省厅所属9个设有纪委书记的单位全部完成“三转”,纪委书记不再分管纪检监察工作以外的业务工作;厅直属单位纪检监察部门共计退出85项议事机构,集中精力“种好自己的地”,努力“多打粮食”。

督查作风方面。省厅纪委对厅属基层单位开展了3次作风督查,督查单位18个,查纠公车未按规定停放到位等问题5起,发出督查建议书3份。

积案排查方面。全厅共梳理积案27件,其中厅本级排查积案21件,高速集团排查5件、交通设计院排查1件。所有积案现已全部了结。

形成合力和考核引导方面。各单位大力配合支持纪检监察部门开展工作。如,省路政总队党委制定出台了纪委监督同级党委及其成员的办法,以及纪委对同级班子成员进行廉政提醒的规定。同时,先行先试工作结束后,各单位纪检监察部门正在将全年反腐倡廉工作推进情况的相关数据,提供给组织人事部门。由其纳入对各单位考核的量化指标,作为考核评价的重要依据,努力发挥考核评价体系的导向作用。截至2015年年底,这两项工作仍在进行中。

(三)坚持守土尽责,压实“两个责任”

一是注重以上率下,积极担负“主体责任”。一年来,省厅主要领导始终做到重要工作亲自部署、重要环节亲自协调、重大问题亲自过问、重要案件亲自督办,全年出席相关廉政建设动员部署会、工作座谈会等会议5次,听取廉政工作汇报12次,作出批示21件。厅直属各单位党政主要负责人员也积极履行党风廉政建设“第一责任人”的责任,全年主持召开廉政建设工作会议58次,听取反腐倡廉工作汇报71次。

二是注重聚焦主业,严格履行“监督责任”。省厅纪委及各级纪检监察部门,把落实监督责任,聚焦于监督、执纪和问责,加强对各级党委特别是班子成员的监督,切实履行好监督责任。全年共组织开展领导干部任前廉政谈话111人次,领导干部述职述廉672人次,对下级领导班子成员和纪检监察部门负责人开展廉政约谈97人次。

三是注重突出重点,以考核促任务落实。省厅纪委在年终考核中,进一步优化考核指标,突出对“两个责任”落实情况等重点工作的考核,并将“把纪律挺在前面”和“领导干部违规插手干预项目建设问题专项治理”工作纳入考核范围,以检查考核的方式督促各单位落实好廉政工作任务。

(四)严肃纪律审查,强化执纪问责

省厅纪委加大纪律审查工作力度,转变执纪观念,坚持抓早抓小,违纪必究。

一是注重抓早抓小。2015年全厅共开展提醒谈话34人次,诫勉谈话80人次,函询18人次。如,对某企业下属管理中心涉嫌返还领导班子成员应缴纳的个人所得税,某单位班子成员和中层干部涉嫌利用职权为他人谋取利益等问题,分别对当事人进行了诫勉谈话或提醒谈话。

二是严肃纪律审查。2015 年,全厅纪检监察部门共接受信访举报 91 件,处置反映线索 73 件,立案 20 件,结案 25 件(含去年结转 5 件),给予党纪政纪处分 26 人。其中,处级干部 7 人,科级干部 15 人。如,针对某单位调研员和中层干部私设小金库的行为,给予该调研员党内警告和行政警告的处分,免去该中层干部职务,调离工作岗位,并给予党内严重警告和行政记过处分。

(五)强化监督检查,规范权力运行

一是推进项目巡查。上半年,省厅第一轮巡查圆满结束,共巡查项目 16 个,实现了对重点工程在建项目巡查的"全覆盖"。巡查发现某项目办监理人员"吃拿卡要"、收受"红包"等问题及线索,纪检监察部门及时进行处理。下半年,省厅新一轮巡查组已完成对昌宁、昌栗两个项目办的进驻巡查。巡查期间,聚焦领导干部违规干预插手工程的典型问题,收到关于某项目的群众举报,初步发现相关问题,调查后已形成专门工作报告。

二是严格治理"违插"。全厅共有 2866 名干部进行了自查自纠;厅建管处和驻厅监察室进行为期 14 天的专项巡查,全面排查重要环节和关键节点,发现问题 47 个。截至 2015 年年底,正由厅建管处对发现的问题进行梳理,已经先行梳理出线索 15 条,驻厅监察室正安排对线索逐一进行核实。

三是整改国企共性问题。自我加压积极抓好国有企业共性问题整改工作。结合省委巡视组发现国有企业共性问题的通报,省厅制定下发《关于开展省委专项巡视发现国有企业共性问题自查自纠工作的通知》;厅直属 4 家单位积极组织所属企业开展自查自纠,发现问题 76 个;厅纪委积极落实厅党委的工作部署,组织厅党办、厅运输处和驻厅监察室成立督查组,对厅直属 4 家单位的整改落实情况进行督查。截至 2015 年年底,各单位已整改完成问题 17 个,其他 59 个问题正在整改中。

(六)加强廉政教育,夯实思想防线

开展形式多样的廉政教育活动,努力筑牢全厅党员领导干部的思想道德防线。

一是强化法规学习。在厅门户网站刊登中央办公厅关于学习《中国共产党廉洁自律准则》和《中国共产党纪律处分条例》的通知,传达学习内容及重要意义;召开 2 次会议,组织厅领导和机关各处室负责人共 80 余人次,专题学习两项党内法规精神;邀请有关专家为全厅党员干部作《准则》和《条例》辅导讲座,进一步提升全厅党员领导干部的纪律意识。厅直属各单位组织学习 52 次,1205 人参加学习。

二是注重以案示教。省厅纪委对近年来发生在全省交通运输系统的腐败案件进行案例剖析,选取原副厅长许润龙、邓经国等 17 起较为典型的违纪违法案例,编印成《江西省交通运输厅腐败案件警示录》,发放给全厅副科级以上干部学习,共计发放 4000 余册。同时,组织厅直属单位党政主要负责人员和厅机关副处级以上干部 80 余人,集中观看原副厅长邓经国案件庭审录像. 做到以案说纪、以案示警。

三是紧密结合实际。各单位结合实际,开展一系列廉政教育活动。如,省高速集团开展廉政巡讲教育活动,深入 17 个单位和 13 个项目办开展巡讲,800 余名党员领导干部参与活动:交通职业技术学院利用科技校园办公网络平台,在节假日及时发布廉政信息 40 余篇,学习资料 20 余部,发出廉政短信 800 余条。

在肯定成绩的同时,省交通运输厅也要清醒地认识到,交通运输行业仍然是腐败问题滋生的高危行业,交通运输部门依然是腐败易发多发的高危部门。2016 年全省交通基础设施建设投资规模预计将突破 600 亿元,全系统党风廉政建设和反腐败工作仍将面临严峻复杂的形势。同时,省交通运输厅的工作也还存在着一些不容忽视的问题。如,在落实"两个责任"方面,有的单位对落实"主体责任"的认识依然不够,要求依然不高,措施依然不实,有的单位仍然习惯于等上级文件,看其他单位如何做,导致工作还是比较滞后、比较被动;又如,工程建设领域市场主体分散、诚信不足等管理难题没有得到根本上的解决. 交通行政执法领域也还存在着不够规范的现象;在"四风"方面,存在个别单位或个人发生违反中央八项规定精神的行为。对于这些问题,省交通运输厅要予以高度重视,认真研究,着力解决。

构建五大体系　严实安全监管 服务全省交通运输事业提质提速*

——在全省交通运输安全生产工作会议上的讲话

胡钊芳

(2016年1月20日)

"十二五"时期是全省交通运输发展进程中极不平凡的五年,也是安全生产形势较为严峻的五年。五年来,在省委、省政府、交通运输部的正确领导下,在全省交通运输系统广大干部职工的共同努力下,交通运输安全生产持续保持平稳态势。

过去五年。省交通运输厅严格事故防范。安全生产各项指标均控制在省安委会下达的考核控制指标以内。集中表现为:"三下降、三控制"。

一是水上交通安全事故大幅下降。在全省水路货运总量增长43.8%的背景下,共发生水上交通事故23起、死亡11人、沉船20艘,较"十一五"期间分别下降50%、77.1%、25.9%。水上交通死亡人数连续5年控制在5人以下。

二是道路客运安全事故大幅下降。在全省道路运输客运量逐年增长的情况下,共发生道路客运安全一般事故93起、较大事故16起、重大事故1起,较"十一五"期间分别下降60.66%、55%、50%。事故造成死亡203人、受伤374人,同比均下降55%。自2012年以来,事故死亡人数已连续4年控制在50人以内。

三是在建交通重点工程安全生产事故大幅下降。在全省建成高速公路2110千米,建设任务重、施工难度大、安全风险高的条件下,重点工程安全事故起数、死亡人数连续4年控制在5起以下和5人以内。

过去五年,省交通运输厅打牢一项基础,完善了规章制度。

"十二五"期间,省厅紧扣建章立制这一基础工作,建立健全安全生产"党政同责、一岗双责"制度,印发《江西省交通运输安全生产年度目标管理考核制度》等20多项管理制度,编制《江西省交通运输厅交通运输突发事件总体应急预案》等多项预案,使交通运输安全应急各项工作有章可循、有据可依,逐步走向规范。

过去五年,省交通运输厅构建两大体系,落实了安全责任。

首先是全力推动了企业落实主体责任体系。通过督促企业加强安全管理、加大安全投入、强化技术装备、严格安全监管、全面开展达标、严肃责任追究等有力措施,推动企业安全管理主体责任的进一步落实。

其次是建立健全了安全生产监管责任体系。各行业、各单位认真落实安全生产监督管理职责,配备安全监管专(兼)职机构、队伍、人员,形成了党政主要领导亲自抓、分管领导具体抓、班子成员合力抓的工作格局。全系统纵向到底、横向到边的安全监管责任网络体系得以进一步健全完善。

过去五年,省交通运输厅推进了三项建设,夯实了基层基础。

首先,大力推进了基地平台等建设。建成省交通监控指挥中心。建成12个高速公路区域应急储备基地,47个集养护、应急、服务"三位一体"普通国省干线公路养护中心。建成集高速公路、国省干线、国省道治超站、一级客运站、水上渡口、重点营运车辆监控等多个监控平台为一体的厅应急指挥监控平台系统,并实现与省政府及有关部

---

* 这是江西省交通运输厅总工程师胡钊芳全省交通运输安全生产工作会议上的讲话(摘录)

门平台对接。配置移动应急指挥平台系统,完善了水上 AIS 系统、高速公路智能化等系统。

其次,大力推进"平安交通"建设。研究制定"平安公路"、"平安工地"等七大项 21 类"平安交通"建设指南,并指导试点单位开展创建活动。宜春市交通运输局成为全国"平安交通"试点单位。九江长江二桥和井睦高速 2 个项目被交通运输部和国家安监总局联合冠名为公路水运建设项目"平安工程"。昌樟改扩建等 4 个项目被评为部级"平安工地"示范创建项目。

再次,大力推进交通运输企业安全生产标准化建设。制定印发交通运输企业安全生产标准化考评管理办法、达标考评指标以及与其相配套的标准化考评发证、考评机构管理、考评员管理三个实施细则,制定考评流程,编制 14 个类别的达标考评评分细则。确定 21 家二、三级考评机构。举办各类考评员培训班 16 期。全省 844 家规模企业完成达标建设。基本完成了客运企业和危货运输企业的达标考评。

过去五年,省交通运输厅推行四项创新,理顺了体制机制。

一是创新了体系建设。印发《关于推进安全生产体系建设工作及任务分工的意见》,对过去安全生产管理"零敲碎打"进行革新.促使安全生产管理朝着更加系统化、科学化、规范化方向发展。

二是创新了管理模式。逐步由传统管理模式向风险管理转变,出台《关于推进交通运输安全生产风险管理工作的意见》,推行安全管理由事后向事前、被动向主动、事故管理向风险管理转变,着力解决制约交通运输科学发展安全发展的薄弱环节和突出问题。

三是创新了方式方法。实现"四个转变",即由专职人员管安全为主向群防群治为主转变,由明查明访检查为主向暗访暗查检查为主转变,由以事故调查处理为主向事故预防为主转变,由以阶段性、突击性检查为主向以建章立制、完善长效机制为主转变。

四是创新了问责机制。按照"党政同责、一岗双责"的要求,制定了《江西省交通运输厅安全生产事故责任追究办法(试行)》。对连续发生生产安全事故、发生内部安全事故的单位进行约谈,对工程建设相关事故责任单位进行信用扣分。

过去五年,省交通运输厅开展了五项活动,提升了安全水平。

一是长年开展隐患治理取得明显成效。按照"全覆盖、零容忍、严执法、重实效"的总要求,既紧盯重点时段、更注重日常监管,采取基层单位全面自查与行业重点抽查、互查相结合,明察与暗访相结合,查找隐患与督导检查工作相结合,做到贯彻部署到位、检查标准到位、执法力度到位、隐患治理到位、宣传报道到位。省厅制定了 8 个重点领域的生产安全隐患排查实施指南,组织各类隐患排查活动 30 多次,派出督查检查组 100 多个。厅属各单位也纷纷派出检查组开展明察暗访,仅省交通建设工程质监局累计组织安全督查、巡查 500 余次。

二是连年开展了"打非治违",违规违法行为得到有效遏制。在全系统各行业始终保持高压态势,持续深入地开展"打非治违"专项行动。以强化企业安全生产主体责任为重点,秉着"四个一律"的原则,认真清查无资质、无照、超载、超限等各类非法违法经营、建设行为,切实解决了一批影响交通运输行业安全生产的突出问题。五年来,运管部门查处违法经营行为 1.3 万起,治超部门查处违法超限超载车辆 4 万余辆、卸载货物 11.2 万吨,港航部门查处超载船舶 1400 余艘、减载货物 9 万余吨,路政部门查处各类损坏路产行为 2.5 万起。

三是历年开展了各类专项整治,安全形势进一步稳定好转。组织开展"道路运输平安年"、"三无"船舶治理、公路水路超载治理、公路隧道整治、公路危桥险路治理、预防施工起重机械和支架脚手架坍塌事故整治等专项活动。严格推行"三不进站、六不出站"、非接驳运输客车凌晨 2 点到 5 点停车休息、液体危险货物运输罐车加装紧急切断装置等多种措施,组建由 41 家道路运输骨干企业共同参与的长途客运接驳运输联盟,将 930 艘"三无"船舶纳入规范管理等。通过开展系列的专项活动和采取有效的措施,进一步巩固了全省交通运输安全形势的稳定。

四是各年开展了突发事件应对处置,安全应急处置能力显著增强。首先是抵御自然灾害的能力显著增强。吸取 2008 年低温雨雪冰冻灾害的经验教训,全面加强公路部门应急能力建设,成功抗击了 2011 年和 2014 年两次雨雪冰冻灾害天气,夺取了历年汛期保畅通工作的胜利。2015 年赣南洪灾期间,宁安项目办紧急驰援地方抗洪救灾工作,得到了前来查看灾情的省委副书记、省长鹿心社等领导的亲切慰问和充分肯定。其次是地质灾害的处置能力显著增强。2011 年 9 月,昌金高速萍乡芦溪段突发路面沉陷地质灾害,造成交通阻断。厅领导靠前指挥,调集精兵强将抢修保通,平均每天组织分流车辆 22000 余辆,最终比预期提前 10 天完成抢通分流任务。2014 年 7 月福银高速德安乌石门路段发生山体滑坡,造成交通阻断。厅主要领导坐镇指挥,抢险救援队伍连续六昼夜奋战,及时抢通了福银高速“大动脉”。再次是工程施工领域抢险救援能力显著增强。2012 年 9 月 16 日,大广高速龙杨段在建隧道塌方,经过 66 小时的紧张救援,16 名受困人员全部安全救出。同年 11 月 11 日九江长江大桥公路桥钢梁裂缝事件,经专家会商,制定抢修方案和交通管制方案,保障了大桥的安全畅通。最后是专业搜救能力明显提高。2015 年 6 月 1 日,“东方之星”客船在长江监利段翻沉,按照交通运输部的指令,省厅在半小时内集结了一支含有 15 名经验丰富的潜水员组成的搜救队伍,由厅主要领导亲自带队,紧急赶赴现场。积极配合交通运输部开展水下搜救,几个昼夜不眠不休,圆满地完成了任务,受到交通运输部、省委省政府的高度肯定。

五是每年开展了素质提升活动,业务水平进一步提高。结合安全生产年、安全生产月活动,举办“安康杯”知识竞赛、“井冈山”安全论坛、“水上交通安全知识进校园”等活动。组织编印《交通运输安全生产案例解析》《江西省交通运输安全应急知识手册》《一线工人培训教材》《旅客乘车安全须知教育光盘》等 10 余种书籍册子光盘,印制了安全应急宣传用品 10 万多份,帮助基层提高依法履职尽责的意识和能力。先后举办各类安全应急培训班 10 余期,全系统举办各类安全生产和应急管理培训班数百次,培训安全应急管理人员和从业人员数万人。成功举办 2012、2014 年水上突发事件应急演练、2014 年高速公路隧道应急救援演练、2015 年高速公路建设项目隧道预防“坍塌事故”应急救援演练,提高了突发事件应对能力。

2015 年是“十二五”收官之年,也是安全生产形势复杂严峻、大事难事不断的一年。全省交通运输系统上下齐心,攻坚克难,主动担当作为,保持了基本稳定,成绩来之不易。一是强化“党政同责”。坚持首长负责原则,有效落实主要领导做到“五个一”。厅主要负责人带头做到主持召开第二次厅安委会专题会议;带队参加春运及春节期间的安全生产督查检查;牵头制定《江西省交通运输厅安全生产事故责任追究办法(试行)》;撰写一篇《抓好六个到位,保障交通运输安全》的署名文章并公开发表;“8·12”爆炸事故发生后,厅主要负责人当即对省港航局、省运管局等单位领导班子进行安全生产集体约谈,传达党中央、国务院、省委、省政府和交通运输部等领导关于加强安全生产工作的重要批示指示精神,通过约谈,层层传导压力。强调安全生产要常想常念常抓,安全生产理念要入耳入心入脑,通过各个方面、环节加以落实,做到“全覆盖、零容忍、严实狠”。二是把握工作重点。认真做好重要节假日和重点时期安全生产工作,在早安排、早部署、早落实的基础上,要求全系统进一步强化值班值守,强化应急准备,确保发生事故能够及时救援、妥善处置。三是注重基本功建设。积极推进了“平安交通”建设。在全系统遴选 11 家“平安交通”创建的试点单位,探索创建方法,以点带面进行推广。稳步推进安全生产标准化建设。年内全省共有 2 家企业实现一级达标,38 家企业实现二级达标,285 家企业实现三级达标。探索建立企业安全生产诚信体系,引进安全生产风险管理等现代管理体系。制定下发了《江西省交通运输企业安全生产诚信体系建设实施方案》《关于推进交通运输安全生产风险管理工作的意见》等方案,为省交通运输厅今后改进传统安全生产管理方式,维系交通运输长治久安打下了基础。四是强化日常监管。积极开展水上非法运输专项整治活动、落实施工方案专项行动、“打非治违”专项行动、危险化学品和易燃易爆品安全专项整治等活动。坚持以专项活动为抓手,对交通运输重点领域、重点环节的安全生产工作始终保持高压严管态势。五是强化教育培训。以学习宣贯新《安全生产法》为主线,加强了安全生产教育培训,举办培训班 2 期,培训人员 210 余人。开展“党政主要负责人谈安全”主题征文等活动。组织全省营运客车驾驶员开展“五不两确保”安全承诺宣誓。

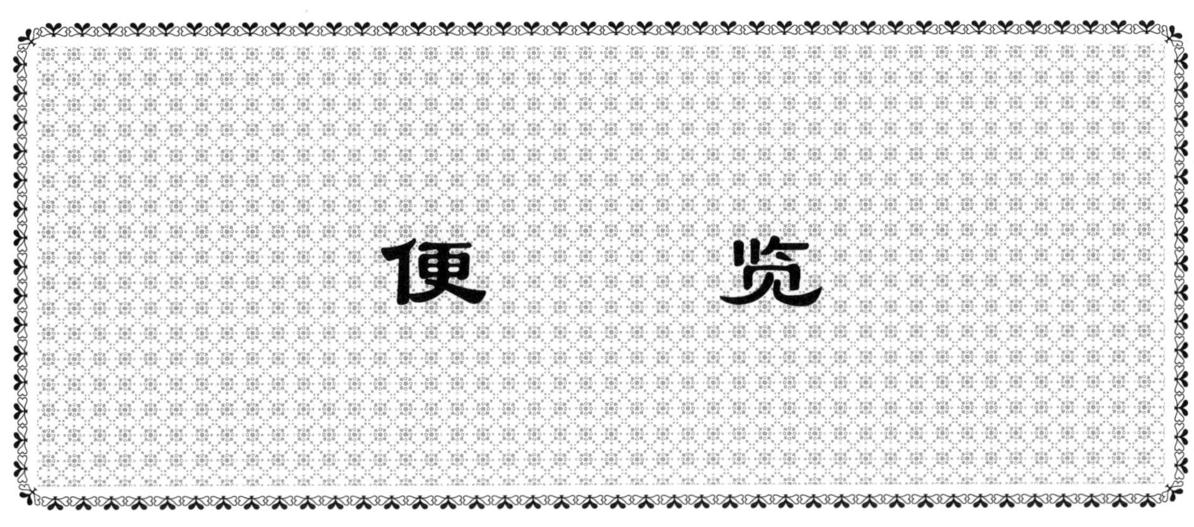

历 史

【抗战期间江西轮船航运成为军输民运重要工具】 早在1861年,九江被迫成为英国侵略者的首批内河通商口岸后,外国轮船运输企业开始进入九江开办轮船运输企业,而江西本土轮船运输业直到1895年清廷同意华商"内河行小轮,以杜洋人攘利"才出现转机。1896年7月29日,在九江创立长江流域内港中最早的一家华商轮船航运企业—福康商轮公司,并在一些大官吏与地方官员的支持下,商人蔡燕生和邹殿书凑集股金6.8万两白银,相继从上海购买"利济""飞渡""稳渡"3艘小火轮开始轮船运输。福康商轮公司等轮船运输企业是江西民族资本轮船运输业的先行者,开创江西近代轮船运输业的先河。

辛亥革命后,全省轮船数量达到100余艘,总吨位约4400吨,营运里程达1400余千米。航线也由最初的赣江主流与鄱阳湖扩大到江西内河各线,甚至延展到湘、鄂两省内河,达到发展的高峰,并成为之后抗日战争军输民运的重要工具。

1937年7月,抗日战争全面爆发。国民党政府为阻敌进犯,命令破坏南昌以西、以南公路2200余千米。随后,又拆卸南浔铁路和浙赣铁路邓家埠至株洲段铁轨。此时,军运任务繁重,并有大量伤员、难民、粮食、五金、百货、汽油、燃煤和军需物资急需全力投入抢运。招商局亦奉交通部命令,于1938年6月13日抽调"镇昌""三星"等5艘轮船开行南昌、九江间,另有客、驳拖船随轮行驶,每日2轮船双向开行参加抢运。由于轮船的全力抢运和招商局的有力支援,滞留在九江的伤员、难民得以退入安全地带。苏、浙、皖及赣北部分物资亦经九江、南昌转运后方。同年10月,江西省贸易事务处易名为战时贸易部,由江西省工商管理处领导。战时贸易部下设有运输组,其任务是负责购销及储运。另外,还经营赣江区间航线和定期客班,对促进物流运转起到一定作用。

1939年3月27日,南昌陷敌,国民党省政府迁泰和县。此后,日军虽一度进扰赣东,赣西和赣南,但不久,全省形势基本处于敌我相持阶段。地处浙、闽、湘、粤中心地带的江西水路轮运,在沪、汉、穗沦陷,长江中下游航线和粤汉、浙赣铁路受阻,赣际公路被毁情况下,就成为沟通东南前线与西南大后方的交通运输中枢。在此特定历史条件下,省政府为整顿战时水运秩序,以确保军运需要,将分散于各县、(市)轮船进行编组,实行集中管理,并先后设立军事委员会江西省船舶总队部(由时任省政府主席熊式辉兼任代总队长)、船舶运输司令部江西省船舶管理总所(后改为江西省驿运管理处)。1939 年 4 月至 1940 年 10 月,省船舶总队部及各分支机构为军公运输征拨轮船 277 艘/次,在军输民运上起到积极作用。为有效支援抗日前线,江西轮船运输与各邻省开辟 5 条省际联运航线:①赣湘联运线:始于赣南之筠门岭,顺湘水、贡水至赣州,经赣江至神岗转禾水抵潞江,再转陆程抵湖南省茶陵。②浙湘联运南线:东自浙江省安华车站至江西省邓家埠转浒湾,尔顺抚河、临水、恩江、赣江,经神岗山溯禾水抵潞江,再转陆程抵湖南省茶陵。③浙湘联运北线:自浙江省安华至江西省鹰潭转水运,顺信江、鄱阳湖入抚河,经小江口过挡入赣江至樟树转袁水至芦溪,再转陆程抵湘东入渌水达株洲。④鹰潭至长沙联运线:由鹰潭至樟树,溯袁水至芦溪,再陆程至萍乡转渌水经醴陵达长沙。⑤景德镇至温州联运线:由景德镇顺昌江、信江至玉山,转陆程至浙江常山入钱塘江。

自 1941 年起,战局较为稳定,全省轮船数量逐渐恢复。省驿运管理处先后新造轮船 5 艘,航商亦相继将旧轮加以改造。到 1942 年末,经登记注册的轮船共有 77 艘、2879 马力,虽未达到 1938 年艘数,但轮船结构性能亦有变化,其中,1939 年江西省建设厅以天河燃煤为动力原料倡导发展的蒸汽机轮船和以木炭为燃料的煤气机轮船,均因其功率大、吃水浅、操作灵便而得到迅速发展,大大改善抗日战争后 3 年的军输民运能力。1941 年 3 月,日军发动上高战役,在锦江石桥、凌江口激战中,省驿运管理处调派 10 艘轮船和 800 艘帆船驶往樟树,接运渡江部队和抢运军用物资。船工在上百架敌机的狂轰滥炸险境中,使国民党 2 个师的援军及时渡江,完成从侧面攻击日军的任务。据同年《江西省商业概況》载:江西省提供军粮年均 200 万担,并输往邻省 80 万担。同年,经龙南至小河口线、虔南至赣县线、筠门岭至南城经由轮船运入的闽、粤食盐为 58.77 万担;经鹰潭至乐平线、黎川至南城线运输的浙盐为 18.97 万担。除粮、煤、盐轮运外,战时其他物资的内输外调亦甚频繁,全省输出物资年均总值 8500 万元(不含粮食),输入物资年均总值 6000 万元(不含食盐),这些输入输出物资亦多以轮运为主。

抗日战争胜利后,江西轮船运输业得以恢复和发展。1941 年 1 月至 1943 年 9 月,由省驿运管理处承运的粮食共计 439250 担,占该处同期承运物资总量的 1/4。1942 年赣东战役中,为抢运临敌地区物资,共征船 5000 余船次,仅樟树、丰城两地抢运的粮食、煤炭就有 1.9 万余吨。至 1945 年,煤气机轮船达 39 艘,占全省轮船总数一半。

(钟铭铖)

地 理

【江西历史名山之高安华林山】 华林山是江西历史名山。华林山脉位于东经 115 度 9 分、北纬 28 度 38 分之间,其龙脉来自于黄山。华林山属于九岭华夏隆起带地形,为罗霄山脉东段余脉的延伸。山地面积占全境总面积的 80% 以上,多由加里东期花岗闪长岩组成。海拔 600 米以上地面土壤为黄红壤,肥力较高,且由于处亚热带气候地段,雨量充沛,气候湿润,适宜木本、草本植物生长,植被丰厚,储水充足,由此形成华林寨风景名胜区。秀丽的自然风光,主要特点有受地壳运动而分裂成奇形怪状的石群;有受气候和海拔高度、土壤条件下影响而生长的乔木、灌木、藤本和药草,且大都属珍稀植物;有经年不息的流水、瀑布等。最高峰华林寨海拔高 816 米,山势险峻、峰耸壁削、古木苍翠、绿屏浮岚、云烟袅袅,雾漫泉流。其浮云山中玄女秀峰附近有主岭南北岭、浮丘岭、三宝岭、冲霄山、风形山,仍保存着成片原始次森林,空气清新,气候宜人(经测定空气中负离子含量为 8 万/立方厘米);巨型象形石群丫口石,历经九亿年风雨,雄踞华林山巅,形成雄秀幽奇的楚地自然风光。早在一千多年前,唐宣宗李忱就曾赋诗称道:“爱此华林幽,穴居聊避世。”华林山区水系发达,地表水和地下水资源均比较丰富。锦河、肖江、潦河、袁河等 4 条河穿境而过,其中,锦河是最大河流,流经 12 个乡(镇)。全市地下水资源量在 4 亿立方米以上,水质良好。西南面连接江西省大型水库—上游水库(现称上游湖),蓄纳华林山脉流水,蓄水库容积 14 平方千米,该湖已成为国家水上体育运动培训基地。广义上的华林山位于江西省奉新县西南、高安市西北、宜丰县之北,是奉新、高安、宜丰 3 县(市)的交界山。其山在奉新县赤岸、会埠、罗市、上富 4 镇,高安市伍桥镇、华林垦殖场和宜丰县的花桥镇境内。华林山区总面积 137.8 平方千米,其中,山林山地面积 10.67 公顷,人口 1.3 万,主要产业是传统农业和林业,境内及周边乡(镇)均无任何污染源影响。

华林山历史上是宗教文化活动的风水宝地,是一座道教名山。自晋代开始,这里有二十多座道观、寺庙。如晋崇元观、唐浮云观、超果寺、李八百洞、浮丘石室等。其中,崇元观古称“仙都”,原名白鹤观,位于华林山的白鹤山下,原占地 6000 余平方米。该道观三面环水,一面依山,水面和白鹤山中多有白鹤栖息。四周古树参天,环境优美幽静。道观分为上殿、下殿,附建有丹井、药池等。诗人吴瑗赋诗赞道:“几年结袜访仙都,谁道梨云有六铢。为问松花瑶草处,胡麻曾许阮刘无。”有史记载:在崇元观修炼的道人先后有丁义、丁奎、丁秀英、吴猛、吴采鸾和张惠感等。丁义,又称“翠岩道人”,精通医术,《搜神记》称丁义为“至人”(意为至高无尚之人,因为净明道宗师许逊之师吴猛,也曾授秘于丁义)。丁义终生修炼于崇元观,并以毕生精力潜心钻研《易经》,写下《易山诗讲》6 卷、《仙人寄语》1 卷、《仪园诗稿》4 卷。东晋诗人陶渊明曾慕名到崇元观,拜读丁义诗稿真迹后写下五言诗 3 首,其中,在《题丁仙父子真迹》中称道:“高风肖山巅,义重笔笔镌:范把秋河水,道连晚霞天。凛矣犹蔚矣,苍然且昂然;问君诚几度,世得此真筌”。唐宣宗李忱也曾携仆僧胡恂(后为侍御史)到崇元观学道,作《翠岩道人诗评》称道丁义诗作。宋代诗人杨万里赞丁义之女丁秀英随父修炼道学,终身未嫁,得道后于东晋永和二年与吴猛之妹吴采鸾结伴乘鹤西去而赋诗《白鹤仙迹》曰:“仙徽立范示清操,白鹤鹏飞显志高。戏怪丹中存炼灶,笑称岭上著神毫。半间烟雨空尘土,一点风云毁诏毛。试问度秋诚几度,充霄精力不为劳。”唐代张惠感(中国道教祖师张道陵十四代孙)在崇元观修炼得道后,被唐后武则天召为国师。南后人为纪念丁义父女,在观后立有丁仙福地牌坊。20 世纪 50 年代,因修建上游水库,崇元观未及拆迁而被淹毁,今遗址处仍有断墙残壁和断碑。八百洞天晋为李八百晚期修炼于华林山而建,据《四川通志》载:“夏李八百,蜀人,初居筠阳之五龙岗(今高安城区),历夏、商、周,一云年八百岁,一云动则八百里,故时人称号李八百。或隐山林,或居尘市,又修炼于华林山石室。”;《辞源》载:“李八百,蜀中八仙之一,铁拐李原型”。华林山《洪城幸氏宗史》记载:“东横李岭插天,乔岳让高,相传李八百升腾之所”。“八百洞天”由无数巨石组成,位于华林山南面,内有原始森林,洞天一带古木参天,巨藤如莽,石洞奇特。超果寺原名浮楼寺。传说唐宣宗游江南时曾在此一宿,适逢大地微震,寺宇轻晃,宣宗脱口说出:“真乃浮楼也!”超果寺两兴两废,规模很大,占地 2 公顷,内有大雄宝殿、藏经阁、钟鼓楼、祖师堂等,是高安最早寺庙之一。

华林山是中华华夏书院的发祥地之一,历史人文积淀十分厚重。早在史前,华林山就有人类活动,历经数千年,留下丰富的文化遗产。据《高安县文物志》载:相传西王母第九子玄秀真人跨白鹤来华林山,筑醮坛山上,镌有“以祭灵仙”4 个大字。前人诗赞:“共说西王母,有子跨鹤来。山深藏窈霭,林静长莓苔。丹灶泥封旧,元坛劫水灰。莫云仙迹幻,咫尺有蓬莱”,这就是“华林灵迹”的由来。这里唐代中期就创办华夏首座私家书院桂岩书院,开一代重学兴教之先河。该书院创办于唐贞元时代(距今约 1200 年),据资料考证:它是中国历史上创办最早的招徒授业的私家书院(相当于今高等教育学院)。书院当年建筑规模宏伟,“环植桂三百株”“中植(置)书院,旁翼四斋”,附建有习武用的跑马场、观武用的“歇豪亭”和供休息用的“紫翠亭”,总面积 6.67 公顷。书院自唐至清,历经三兴三废,规模渐趋完善。有朝拜厅、授业堂、自修堂、习读斋、藏书室、花园、膳食房,其执教人均由创办人、重修人亲自担任,同时邀请名人志士来院讲学。“应桥车马驰逐,长途游客如织”(注:“应桥”指古桂岩书院一带的一座石桥),求学、讲学者络绎不绝。受桂岩书院办学影响,唐宋时期江西就先后办起华林、皇寮、义门、梧桐等书院,其中:北宋初期胡仲尧公创办影响最大、震惊文坛的华林书院,把教育推向社会。

华林山是历代兵家必争之地。有史记载:自隋末至明中叶,华林寨先后有 4 次屯兵,人数达 8

万余人/次。隋大业十二年(公元616年),应智项屯兵华林寨起义反隋,直至隋灭。至唐武德五年(公元622年)应智项受招安下山归唐,封为靖州刺史。山上曾建有将军庙(又名罗武庙),以纪念应智项。唐乾符四年(公元877年),钟传扎寨华林山,聚众万人,自称高安镇抚使。元至正十四年(公元1354年),红巾军将领李普成、王普敬领兵坚守华林寨。明正德四年(公元1510年),当地农民陈福一、罗光权、胡雪二举义华林,反抗朝廷。高安、奉新、靖安等县农民纷纷响应,组成华林山农民起义军,队伍很快扩大到1万多人。他们以华林寨为大本营,以仙女寨等地为副寨,分居重兵。从公元1511年4月开始向官府进攻,先后两次攻陷瑞州(今高安市区),攻占临江(今属樟树市)、新余、上高、分宜、奉新、靖安、建昌(今永修)、武宁等县,矛头直指南昌。起义军所到之处,开仓发粮救饥,杀富济贫,扩充队伍,并打出旗号称"华林军"。华林寨农民起义军的反抗斗争震动明王朝统治中心,公元1512年,明武宗朱厚照命大臣督军围剿、镇压华林寨农民起义军。先后遣江西省提刑按察司副史周宪、南昌知府李承勋等统领官兵,并调广西援兵协战,以几倍于起义军的兵力,将华林山寨团团围住。起义军凭借有利地形,居高临下英勇抵抗,并设计活捉周宪,将其处死,官兵大败。李承勋见强攻不行,便收买义军小头目王奇,与官军约定里应外合。同年8月1日晚,王奇趁起义军麻痹大意之机,拔开寨门引入官军,营内顿时大乱。起义军仓促应战,最终寡不敌众,损失惨重,余部逃匿山谷,陈福一战死,胡雪二下落不明。之后,罗光权又重整队伍,继续与官兵作战一年多,直至被左都御史陈金率重兵镇压,才最终失败疏散。明正德年间爆发的这场华林寨农民起义,历时4年之久,在中国农民战争史上写下悲壮的一页。华林寨上至今仍有当年起义军大本营建筑的残留物,义军将士用过的兵器和生活用具器吼等。

华林山距高安市50千米。高安素有"釉面砖王国"的盛誉和陶瓷之乡的美称,交通条件相当优越。高安市汽车运输业起步于90年代初,至2000年,全市有运输汽车3786辆,汽车运输公司58户,从业人员23000人。全市公路运输业共完成货运量659.48万吨,实现税金1050万元,占同期全市财政收入的5.1%,汽车运输业已成为高安市的支柱产业。2004年,江西省政府批准设立华林寨——上游湖风景名胜区。2005年6月,高安市政府将华林山镇政府改为华林山风景区管理委员会。管委会驻地距省会南昌市110千米,距320国道27千米。2008年,全市现有通车公路里程15429千米、全市通航水路617.9千米。国家"十一五"规划期中,新建的赣粤高速公路穿境而过,浙赣铁路和京九铁路支线连接南部6个乡(镇),在建的沪昆高速公路也将穿过高安,锦河、肖河水运贯穿东西同汇赣江,320国道横穿境内50千米,6条省道在市内联结成网,处于东北方向连"昌九"(昌九工业走廊)、东南方向接"京九"(京九铁路)的重要位置。以赣江、袁河、锦江为基础,突出航道疏浚和港口建设两个重点,因地制宜发展水路运输事业。规划对高安港实施改造工程、实施锦江航道疏浚工程,努力提高全市水路航运能力。为传承和提升华林山历史文化这张名片,大力开发全省旅游产业,促进江西经济文化持久全面发展,高安市委、市政府规划修建南昌—浏阳高速公路,紧贴华林山风景区。规划中的"华林寨军事文化旅游景区""桂岩书院文化娱乐景区""八百洞天仙风道骨探秘景区"等游览景点正在加速实施建设,其中,超果寺和八百洞天已经开发。

(陈以炎)

【经济】

2015年,全省实现生产总值(GDP)16723.8亿元,比上年增长9.1%。其中,第一产业增加值1773.0亿元,比上年增长3.9%;第二产业增加值8487.3亿元,比上年增长9.4%;第三产业增加值6463.5亿元,比上年增长10.0%。人均生产总值36724元,比上年增长8.5%,按年均汇率折算为5898美元。三大大业比重由上年的12.8∶54.2∶33.0调整为10.6∶50.8∶38.6,三大产业对GDP增长的贡献率分别为4.2%、60.7%和35.1%。财政总收入3021.5亿元,比上年增长12.7%;财政总收入占生产总值的比重为18.1%,比上年提高1.0个百分点。其中,一般公共预算收入2165.5亿元,同比增长15.1%;税收收入2373亿元,增长8.9%,占财政总收入的比重为78.5%。所有县(市、区)财政总收入突破6亿元,其中,财政总收入超10亿元的县(市、区)85个,比上年增加8个;超20亿元的36个,比上年增加7个;超30亿元的17个，比上年增加2个；超50亿元的5个，比上年增加2个；百亿县实现零突破。全年居民消费价格比上年上涨1.5%，其中，城市、农村均上涨1.5%。商品零售价格比上年上涨0.5%，农业生产资料价格指数比上年上涨1.4%，固定资产投资价格比上年下降1.8%，工业产品出厂价格比上年下降6.3%，工业产品购进价格比上年下降6.4%。全省社会消费品零售总额5896亿元，比上年增长11.4%；全省城镇居民人均可支配收入26500元，比上年增长9%；居民消费价格总水平上升1.5%。60个重点工业产业集群主营业务收入突破1万亿元，全省过千亿产业达到10个。全年实际利用外资94.7亿美元，比上年增长12.1%；引进省外2000万元以上项目资金5232.2亿元，比上年增长15.2%；对外直接投资比上年增长59.9%；外贸出口332.7亿美元，比上年增长3.9%。

加快现代农业强省建设，全年粮食总产量2148.7万吨，比上年增长0.2%，再创历史新高，实现“十二连丰”。其中，早稻8111.9万吨，比上年下降1.0%；中稻及一季晚稻279.1万吨，比上年增长2.4%；二季晚稻936.2万吨，比上年增长0.4%。全年油料产量124.0万吨，比上年增长1.9%，其中，油菜籽73.9万吨，比上年增长2.2%。棉花产量11.5万吨，比上年下降13.8%。烟叶产量5.5万吨，比上年下降7.3%。茶叶产量5.2万吨，比上年增长10.0%。园林水果产量450.3万吨，比上年增长8.6%。蔬菜产量1359.1万吨，比上年增长3.6%。全年肉类总产量355.1万吨，比上年下降0.1%。其中，猪肉产量253.5万吨，下降2.4%；牛肉产量13.6万吨，比上年增长3.7%；羊肉产量1.2万吨，比上年增长2.0%。禽蛋产量49.3万吨，比上年增长3.0%。牛奶产量13.0万吨，比上年增长1.2%。水产品产量264.2万吨，比上年增长4.2%。年末生猪存栏1693.4万头，比上年下降2.6%；生猪出栏3242。5万头，比上年下降2.5%。全年粮食种植面积3705.6千公顷，比上年增长0.2%，其中，谷物种植面积33932千公顷，比上年增长0.1%。油料种植面积739.9千公顷，比上年下降0.2%。蔬菜种植面积585.4千公顷，比上年增长2.3%。棉花种植面积81.1千公顷，比上年下降4.5%。糖料种植面积14.5千公顷，比上年增长1.1%。全省深入实施“百县百园”工程，规模以上农业龙头企业实力明显增强。农产品加工率达到53%，销售收入比上年增长9%。稳步推进农村集体产权制度改革试点，农村土地承包经营权确权登记颁证到户率93.5%，农村土地流转率33.7%。生态文明先行示范区建设开局良好，全年完成植树造林14.31公顷、森林抚育373.3公顷。积极推进新型城镇化，农村人口有序向城镇转移，全省城镇化率51.6%，提高1.4个百分点；实施农村危旧房改造31.2万户，完成农村公路建设改造1.4万千米，农村面貌进一步改善。农村居民人均可支配收入11139元，比上年增长10.1%。深入推进苏区振兴发展，累计争取到国家各类援助政策412项、项目165个、资金60多亿元。吉泰走廊发展活跃，赣东北深化区域开放合作加快，赣醒经济转型发展取得新成效。

全省社会固定资产投资17388.1亿元，比上年增长15.3%。500万元以上项目固定资产投资16993.9亿元，比上年增长16%。其中，固定资产投资（不含农户）16993.9亿元，比上年增长16.0%。按产业分，第一产业投资428.8亿元，比上年增长35.7%；第二产业投资9035.3亿元，比上年增长13.3%，其中，工业投资8918.3亿元，比上年增长12.8%；第三产业投资7529.8亿元，比上年增长18.4%。按投资主体分，国有投资3833亿元，比上年增长15.5%；非国有投资13160.9亿元，比上年增长16.2%，其中，民间投资12598.5亿元，比上年增长17.5%。全年规模以上工业增加值7268.9亿元，比上年增长9.2%。按轻重工业分，轻工业增加值2731.2亿元，比上年增长7.7%；重工业4537.7亿元，比上年增长10.1%。按经济类型分，国有企业增加值269.1亿元，比上年增长6.3%；集体企业19.3亿元，比上年下降5.7%；股份合作企业22.3亿元，比上年下降2.0%；股份制企业2847.6亿元，比上年增长9.6%；私营企业2992.2亿元，比上年增长11.7%；外商及港澳台商投资企业1112.5亿元，比上年增长6.9%。全年规模以上工业38个行业大类中，34个实现增长，占比近九成。其中，电子、电气机械、纺织、农副食品、医药和有色等六大重点行业表现突出，分别比上年增长16.5%、12.3%、12.3%、11.2%、10.4%、10.3%，合计实现增加值2707.0亿元，占规模以上工业的比重为37.2%,对规模以下工业增长的贡献率达46.8%。高新技术产业增加值1869.7亿元,比上年增长10.4%,占规模以上工业的比重为25.7%,比上年提高0.8个百分点。抚州、赣州、吉安高新区晋升国家级高新技术开发区,年末国家级高新技术开发区7家,居全国第6、中部第一;省级高新技术产业园区3家,比上年新增1家;国家高新技术产业孵化基地27个,居全国第一。全年规模以上工业350种主要工业品中207种实现增长,增长面达59.1%。主要工业品中:发电量843.4亿千瓦时,比上年增长7.0%;10种有色金属167.8万吨,比上年增长0.1%;房间空气调节器372.9万台,比上年增长13.5%。全年规模以上工业企业实现主营业务收入32459.4亿元,比上年增长4.3%;实现利税总额3543.8亿元,比上年增长3.8%,其中,利润总额2128.0亿元,比上年增长2.4%。主营业务收入超百亿元的企业10户。

大力推进重大项目建设,全年向社会发布102个PPP项目,鼓励引导民间资本进入基础设施、公共服务等领域,基础设施更趋完善。全省重点工程完成投资1566亿元。交通运输基础设施建设投资再创历史新高,首次突破700亿元大关,达到729亿元,同比增长60%。高速公路建设实现新的突破,建成6个项目668千米高速公路;全省高速公路通车里程突破5000千米,达5088千米,打通24个出省通道。年末公路通车里程15.7万千米,比上年增加1110千米,其中,高速公路通车里程5088千米,增加574千米。全省普通公路和水运建设发展显著加强,全年完成普通国省道升级改造428千米、路面改造及养护大中修3309千米;全年完成农村公路新改建里程1.45万千米,完成农村公路危桥改造265座,行政村通班车率达94.8%。全省铁路营运里程3872.3千米,比上年增加307.5千米。全年货物运输量16.1亿吨,比上年增长6.2%。货物运输周转量3904.4亿吨千米,比上年增长1.9%。其中,公路货运量14.8亿吨,比上年增长7.3%;水运货运量9400.7万吨,比上年增长2.6%。公路货物周转量3200.1亿吨千米,比上年增长4.1%;水运货物周转量207.4亿吨千米,比上年下降3.7%。全年旅客运输量7.0亿人,比上年增长3.0%,旅客周转量990.9亿人千米,比上年增长4.9%。其中,铁路客运量8458.3万人,比上年增长9.4%,铁路旅客周转量668.7亿人千米,比上年增长6.5%;公路客运量6.1亿人,比上年增长2.2%,公路旅客周转量321.8亿人千米,比上年增长1.7%;水运客运量273.9万人,比上年下降2.8%,水运旅客周转量0.3亿人千米,比上年下降6.4.%;机场旅客吞吐量985万人,比上年增长5.9%;其中,昌北机场旅客吞吐疑749万人,比上年增长3.5%。智慧绿色交通加快建设,累计建成ETC车道618条,赣通卡用户突破100万。全省水运建设力度明显加大,赣江新干航电枢纽、龙头山水电枢纽顺利开工建设,南昌龙头岗综合码头一期工程基本建成。全省高等级航道达614千米,港口吞吐能力达2亿吨、59万标箱。其中,九江港完成货物吞吐量10425万吨,比上年增长29.7%;完成集装箱吞吐量25.5万标箱,比上年增长13.8%,正式迈入亿吨大港行列。南昌港完成货物吞吐量3054.5万吨,比上年增长12.6%;集装箱吞吐量完成10.7万标箱,首次突破10万标箱,比上年增长11%。赣龙铁路扩能改造、合福客专江西段建成通车,铁路营运里程突破4000千米,达4031千米,其中,高速铁路达867千米。华能安源电厂与瑞金电厂二期、赣南红都变电站、大唐抚州电厂、峡江水利枢纽、新干航电枢纽等一批交通、能源、水利重大项目建成投运;丰电三期、大唐新余电厂二期等一批重点工程开工建设;北汽景德镇昌河汽车一期、九江石化800万吨油品质量升级、南昌地铁1号线等一批重大产业项目竣工投产营运。全年争取中央投资补助资金、专项建设基金、企业债发行等总额突破100亿元,创历史新高。开放平台和通道建设取得新进展,赣州综合保税区正式封关运行,九江城西港区正式对外开放,赣欧国际铁路货运班列正式开通,开放合作水平进一步提升。全省年末民用汽车保有量346.8万辆,比上年增长17.0%,民用轿车保有量187.1万辆,比上年增长21.2%,其中,私人轿车172.4万辆,比上年增长23.8%。

大力实施服务业发展提速三年行动计划,制定加快发展生产性服务业和促进文化创意、体育、旅游等产业发展的实施意见,旅游接待总人数和旅游总收入分别增长23.2%和37.3%。现代物流、电子商务、健康养老等产业快速发展,服务业增加值占 GDP 比重达到 38.6%，比上年提高 1.8 个百分点。新增瑞金共和国摇篮旅游区、宜春明月山旅游区两个国家 AAAAA 级景区；鹰潭获批首批国家级旅游业改革创新先行区。重组江西金控集团，新组建江西银行、江西省再担保公司、江西航空公司，引进东亚、广发银行；江西省金融租赁公司、江西联合股权交易中心成立营运。全省新增本外币各项贷款 2863 亿元，4 家企业在境内外上市；新增 49 家企业在“新三板”挂牌，企业直接融资 1522 亿元。昌九一体化取得新进展，社保、医疗、科教等公共服务同城化有序推进，现代装备、电子信息等重点产业进一步向昌九聚集，龙头昂起之势更显强劲。昌抚通信、金融同城化取得实质性进展。

安排 1000 亿元资金用于民生工程。城镇居民人均可支配收入比上年增长 9%，农利居民人均可支配收入比上年增长 10.1%。全省新增城镇就业 55.26 万人，就业形势保持稳定。城乡低保、农村五保、残疾人福利、城乡居民基本养老保险金、企业退休人员基本养老金等保障水平稳步提高。调整机关事业单位工作人员工资标准和增加离退休人员离退休金全部兑现到位，机关事业单位养老保险制度改革正式实施。在全省所有县（市）开展公立医院综合改革，大病保险实现城乡全覆盖。全年开工建设保障性安居工程 23.26 万套，基本建成 28.15 万套，分别达目标任务的 100% 和 178.2%，其中，棚改开工 16.54 万套，基本建成 12.45 万套，棚改货币化安置率达 31.9%；完成农村危房改造 31.2 万户，其中，国家下达任务 18.2 万户，省政府提前实施 13 万户，是完成农村危房改造任务最多的一年。完成扶贫移民搬迁 10.6 万人，减贫 72 万人。物价水平保持稳定，全年居民消费价格比上年上涨 1.5%，低于 3% 左右的控制目标。教育事业全面发展，农村义务教育学校标准化工程基本完成，职业教育校企合作持续深化，高等教育内涵建设加快推进。文化事业繁荣发展，南昌成功创建全国文明城市，瑞金列为国家级历史文化名城，南昌汉代海昏侯国遗址考古发掘取得重大成果。成功举办环鄱阳湖国际自行车大赛、江西国际女子网球公开赛、中式台球世锦赛和中华龙舟大赛。信访工作进一步改进，法治江西、平安江西建设深入推进，安全生产和食品药品安全形势良好。社会保持和谐稳定，50 件民生实事全面完成。

保护生态，强化治理，生态文明先行示范区建设稳步推进。全面启动生态文明先行示范区建设，完成生态红线、水资源红线划定，示范区建设各相关工作全面跟进。强化以工业废气、机动车尾气和城市扬尘污染治理为重点的“净空”行动，实现 PM2.5 监测设区（市）城区全覆盖，全省空气环境质蘼优良率 90.1%。强化以“五河一湖”及东江源头保护、工业及生活污水排放治理为重点的“净水”行动，全省地表水监测断面水质达标率 81%；城市生活污水集中处理率 85%。全省 11 个设区（市）城区空气质量（AQI）优良率 90.1%，森林覆盖率稳定在 63.1%，居全国第 2 位。完成植树造林 143.13 公顷、森林抚育 373.33 万公顷，森林蓄积量达到 4.45 亿立方米，居全国第 9 位。已建成国家级自然保护区 14 处、省级 38 处，国家森林公园 46 处、省级 120 处，拥有国家湿地公园 28 处、省级 56 处，湿地保有量 91 万公顷，占国土面积的 5.45%。强化以城乡生活垃圾、农村面源污染、重金属污染和矿区污染治理为重点的“净土”行动，土壤污染得到控制。南昌、宜春成功创建国家森林城市，吉安获批全国生态保护与建设示范区。在全国率先实行全境流域生态补偿，首期筹集补偿资金 20.91 亿元。创新河湖管理与保护制度，建立省、市、县三级“河长制”。加大生态文明考核指标的权重，绿色发展成为自觉行动。新增 5 个国家级园区循环化改造、光伏、风电建成双百万装机，节能减排全面完成国家下达的任务。全年全社会能源消费总量 8440.3 万吨标准煤，比上年增长 4.8%；万元 GDP 能耗 0.544 吨标准煤，比上年下降 3.9%，超额完成全年下降 2% 的目标任务。规模以上工业综合能源消耗 5104.3 万吨标准煤，比上年增长 1.9%；万元规模以上工业增加值能耗 0.681 吨标准煤，比上年下降 6.7%，超额完成下降 4% 的年度目标任务。

随着 2015 年主要目标任务的完成，标志着“十二五”顺利收官，“十二五”主要经济社会发展目标总体完成。全省经济年均增长 10.5%，人均 GDP 从 3133 美元提高到近 6000 美元。实现“四个总量翻番”：一般公共预算收入四年总量翻番，规模以上工业增加值四年总量翻番，固定资产投资四年总量翻番，外贸出口三年总量翻番。实现“七个突破”：财政总收入突破 3000 亿元，社会消费品零售总额突破5000亿元,外贸出口突破300亿美元,农村居民人均可支配收入突破1万元,城镇化率突破50%。生产总值在全国排位前移一位,一般公共预算收入由全国的第21位前移至第15位,城镇居民人均可支配收入由全国第22位前移至第15位,农村居民人均可支配收入由全国第14位前移至第12位。经过五年的发展,全省经济实力明显增强,产业结构进一步优化。全省生产总值由9451亿元提高到1.67万亿元,年均增长10.5%;一般公共预算收入年均增长22.7‰;千亿产业由4个增加到10个。基础设施逐步完善,城乡发展协调推进。高速公路通车里程突破5000千米,净增2000千米,实现县县通高速;铁路运营里程突破4000千米,净增1235千米;高速铁路从零到867千米;城市轨道交通实现零突破;统调电力装机达11800万千瓦,净增537万千瓦;4G移动电话和光纤宽带覆盖均突破1000万户;主电网输电线路长度突破3万千米,净增9300千米;城镇化率累计提高7.5个百分点,完成4.2万个新农村点建设,城乡生产生活条件显著改善。生产力布局更趋合理,区域经济发展活跃。龙头昂起、两翼齐飞、苏区振兴、绿色崛起展现勃勃生机。财政总收入过10亿元的县(市、区)由22个增加至85个,过50亿元的达到5个,南昌县率先突破100亿元,区域经济呈现多极支撑、多元发展新格局。环境建设扎实开展,生态优势稳步提升。全省空气环境质量保持优良,地表水监测断面水质达标率保持在80.6%以上,生态环境质量居全国前列。万元GDP能耗累计下降17%。全境纳入围家首批生态文明先行示范区建设,生态优势进一步凸显。社会事业全面发展,人民生活水平提高。社会保障能力增强,城乡居民养老保险、低保、医保实现全覆盖。累计新增城镇就业270.4万人,贫困人口由2011年的438万人下降到2015年末的204万人。覆盖城乡的医疗卫生服务体系基本建成。各类教育普及程度快速提升。全省城镇居民和农村居民人均可支配收入各由15660元、5987元提高到26500元、11139元,年均分别增长11.1%和13.2%。累计完成城镇保障性安居工程142.88万套,改造农村危房86万户,发展成果更多惠及广大群众。

(江统)

【人口】

2015年,全省常住人口4565.63万人,比上年净增人口23.47万人,同比增长0.52%,增幅比上年提高0.08个百分点,其中,男性人口2343.7万人,女性人口2221.93万人,全年出生人口60.1万人,出生率13.20‰,比上年下降0.04个千分点;出生率快速下降的趋势得到初步扭转。全省死亡人口28.4万人,死亡率6.24‰,下降0.02个千分点;自然增长率6.96‰,下降0.02个千分点。人口总量继续保持稳定增长,人口增速有所加快。①全省跨省外出人口584.58万人,比上年减少3.19万人,跨省外出人口回流趋势明显,说明江西的创业和就业环境得到进一步改善,人们出省打工的愿望减弱。②全省城乡人口结构中,城镇人口2356.78万人,占总人口的51.6%,同比增加75.71万人,同比提高1.4个百分点。乡村人口2208.85万人,同比减少52.24万人,农村地区人口向城镇地区转移规模进一步扩大。③全省60岁及以上、65岁以上人口占总人口比重分别为13.88%、9.44%,比上年分别提高0.43%、0.32%。60岁以上、65岁以上人口比重增速分别比上年回落0.05个百分点和0.02个百分点。全省老龄化程度继续加深。④劳动年龄人口规模持续增长。全省15岁~64岁劳动年龄人口达到3206.44万人,比上年增加7.85万人;人口比重为70.23%,比上年下降0.19个百分点。⑤全省初中及初中以下文化程度人口占6岁及6岁以上人口比重呈下降趋势,高中及高中以上文化程度人口占6岁及6岁以上人口比重呈上升趋势。幼儿园、小学、初中文化程度人口比重分别为3.39%、29.89%、42.07%,比上年分别下降0.05、0.4、0.21个百分点,而高中(含职业高中)、大专及大专以上文化程度人口比重则持续上升,分别达到了15.77%、8.88%,与上年相比分别提高0.41、0.25个百分点。全年研究生在校生2.9万人,毕业生0.9万人;普通高等教育在校生98.5万人,毕业生23.5万人;普通高中在校生92.9万人,毕业生28.7万人;中等职业教育在校生43.1万人,毕业生14万人;初中学校在校生176.4万人,毕业生55.7万人;普通小学在校生422.3万人,毕业生59.4万人;特殊教育在校生2.4万人。幼儿园11870所,在园幼儿166.3万人。各类民办学校10924所,其巾,独立设置民办高校18所;各类民办学校在校学生195.9万人,其中,独立设置民办高校在校学生17.4万人。学前教育毛入园率77.1%,小学净入学率99.9%,初中毛入学率98.3%。高中阶段教育毛入学率87%,普通高考录取率78.8%,高等教育毛入学率36.5%。⑥全省就业人员2615.8万人,比上年末增加12。5万人。全年城镇新增就业55.3万人,城镇登记失业人数30万人,城镇登记失业率3.35%,低于控制目标1.1个百分点。年末农民外出从业人员842万人,其中,省外务工561万人。⑦全年居民人均可支配收入18437元,比上年增长10.2%。其中,城镇居民人均可支配收入26500元,比上年增长9%;农村居民人均可支配收入11139元,比上年增长10.1%;居民人均生活消费支出12403元,比上年增长11.9%。其中,城镇属民人均生活消费支出16732元,比上年增长10.5%;农村居民人均生活消费支出8486元,比上年增长12.4%。居民消费价格总水平比上年提高1.5%。⑧全年就业困难人员实现就业6.9万人。共发放小额担保贷款121.8亿元,扶持个人创业9.4万人次,带动就业47.1万人次。年末参加城镇基本养老保险人数823.1万人,其中,职工587.9万人,离退休人员235.2万人。参加城镇职工医疗保险人数585万人,其中,职工383.7万人,退休人员201.3万人。参加农村新型合作医疗人数3450.9万人,新型农村合作医疗基金支出148亿元,农民参合率99.2%,参合县比例95%,统筹基金使用率90%。参加工伤保险人数500.6万人,其中,农民工126.1万人。参加失业保险人数281.5万人,参加生育保险人数251.3万人。向城市低保户发放低保金33.9亿元,月人均补差290元;向农村低保户发放低保金33.6亿元,月人均补差165元。城市居民得到政府最低生活保障人数97.6万人,农村居民得到政府最低生活保障人数169.6万人,农村居民得到政府五保救济人数22.7万人。义务教育阶段免费提供教科书的学生数598.7万名,得到政府资助的家庭生活困难学生数2.8万名。⑨全年安全生产事故2821起,比上年下降11.8%。其中,道路交通事故818起,工矿商贸事故132起,铁路交通事故57起,水上交通事故3起,火灾事故1799起,农业机械事故12起。安全生产事故死亡人数780人,比上年下降7.7%。其中,道路交通事故死亡559人,工矿商贸事故死亡166人,铁路交通事故死亡38人,水上交通事故死亡2人,火灾事故死亡10人,农业机械事故死亡5人。亿元生产总值安全生产事故死亡人数0.097人,比上年下降6.7%。

(方天之)

交通运输机构及领导人名录

【2015年江西省交通运输厅党组织领导成员】

中共江西省交通运输厅委员会

党委书记:朱　希

委　　员:王爱和　彭志先(12月免)
胡钊芳　成　松(9月免)
梁必康　谢德强　王昭春
杜继涛(12月任)

党委办公室主任:熊华武

党委办公室副主任:梁　波　曾　敏

中共江西省交通运输厅直属机关委员会(第一届)

书　　记:王爱和

专职副书记:熊华武

副 书 记:秦炜婷

委　　员:谢元银　王江军　严　允
熊华武　蔡建新　李建红
娄鸿雁　黄生平　秦炜婷
熊昌军

中共江西省交通运输厅纪律检查委员会(省监察厅驻省交通运输厅监察室)

纪委书记:成松(2015年9月免)

监察室主任:李　旷

副 主 任:郑　阳

委　　员:成　松　李　旷　蔡建新
陈玉书　秦炜婷　娄鸿雁
李建华　肖伦发

中共江西省交通运输厅直属机关纪律检查委员会(第三届)

纪委书记:熊华武

副 书 记:秦炜婷

委　　员:熊华武　李建红　李　旷　秦炜婷　郭　昌　黄绿光　邵立范　高东升　方汉芳

【2015 年江西省交通运输厅行政领导】

一、厅级领导

厅　　长:朱　希

副 厅 长:王爱和　彭志先　梁必康　谢德强　王昭春

总工程师:胡钊芳

副巡视员:夏太胜

二、处室领导

行政办公室主任:熊华武

副主任:梁　波　曾　敏

政策法规处处长:张建明

规划处处长:王继东

副处长:彭辉勇

财务处处长:陈玉书

副处长:彭　嵘

审计处处长:席文良

运输处处长:秦小辉

副处长:唐小兵

安全监督处处长:彭　瑜

副处长:谈　勇

组织人事处处长:蔡建新

副处长:毛　茂　张慧颖

科技教育处处长:胡建强

副处长:邹爱华　朱国英

路航管养处处长:糜向荣

省交通战备办公室副主任(正处):贺一军

离退休干部管理处处长:王亲勇

(王　硕　赵　晖)

2015 年江西省交通运输厅直属机构及党政领导班子成员

表 1

单位类别	单位名称	单位级别	党组织名称	党组织领导成员	行政领导成员
直属单位	省公路管理局	副厅	中共江西省公路管理局委员会	党委书记:谢元银 党委副书记:曾晓文、娄鸿雁(3.20 免) 委员:谢元银、曾晓文、吴铭汉、刘凌、娄鸿雁、冯义卿、黄伟钢、范年福(3.20 任) 纪委书记:范年福(3.20 任)	局长:曾晓文 副局长:吴铭汉、刘凌、娄鸿雁(3.20 任)、冯义卿、黄伟钢
直属单位	省港航管理局(省船舶检验局、省地方海事局)	副厅	中共江西省港航管理局委员会	党委书记:严允 党委副书记:于钦民、熊海清(10.3 免职退休) 委员:于钦民、严允、熊海清(10.3 免职退休)、曾云谋、杨礼生、李建华、乔文典、徐良、刘水生、刘贤明、熊慎文、郭生根(1.22 任) 纪委书记:李建华	局长:于钦民 副局长:曾云谋、杨礼生、乔文典、徐良(6.8 任)
直属单位	省公路运输管理局	副厅	中共江西省公路运输管理局委员会	党委书记:易宗发 党委副书记:王圣义 党委委员:易宗发、王圣义、肖伦发、唐晓鸣、罗志明、黄强、傅友华 纪委书记:黄强	局长:王圣义 副局长:肖伦发、唐晓鸣罗志明、傅友华

续表1

单位类别	单位名称	单位级别	党组织名称	党组织领导成员	行政领导成员
直属单位	省高速公路投资集团有限责任公司(省高等级公路管理局)	副厅	中共江西省高速公路投资集团有限责任公司委员会	党委书记:王江军 党委副书记:任东红、李建红 委员:王江军、任东红、李建红、姚光南、刘理、吴克海、邝宏柱、何闽、段卫党、俞文生、黄铮(1.22任)、陈立新(1.22任)、李占荣(1.22任) 纪委书记:李建红	董事长:王江军 总经理:任东红 副经理:姚光南、刘理、吴克海(1.22免)、何闽、段卫党、俞文生 总工程师:邝宏柱 总会计师:阙泳 总经理助理:李占荣(1.22任)
直属单位	江西交通职业技术学院	副厅	中共江西交通职业技术学院委员会	党委书记:吴克绍 委员:吴克绍、朱隆亮、丁青(1.22任)、张春晓、黄晓敏、舒小平(1.22免)、江志强、刘勇、张海平(12.22免职退休) 纪委书记:张海平(12.22免职退休)	院长:朱隆亮 副院长:丁青(1.22任)、张春晓、黄晓敏、舒小平(1.22免)、江志强、刘勇
直属单位	省交通建设工程质量监督管理局	正处	中共江西省交通建设工程质量监督管理局委员会	党委书记:项军 委员:项军、彭东领、刘学斌、蒲华、徐远明	局长:彭东领 副局长:刘学斌、蒲华、徐远明
直属单位	江西省高速公路联网管理中心	正处	中共江西省高速公路联网管理中心委员会	党委书记:雷毅 委员:雷茂锦、雷毅、郭昌、刘红生、何耀忠 纪委书记:郭昌	主任:雷茂锦 副主任:刘红生、何耀忠
直属单位	规划办公室(省交通工程造价管理站)	正处	中共江西省交通厅规划办公室支部委员会	党支部书记:刘维文(10.15任) 委员:刘维文、徐华兴、陈强	主任(站长):刘维文 副主任(副站长):徐华兴、陈强
直属单位	对外经济联络办公室	正处	中共江西省交通厅对外经济联系办公室支部委员会	党支部书记:傅晓驷 委员:王垒嘉(1.22免)、肖国华	副主任:王垒嘉(1.22免)
直属单位	省交通工会	正处	中共江西省交通工会支部委员会	党支部书记:刘盖群 委员:刘盖群、李坪、刘传跃(6.9任)、万铮宇(6.9任)、孙明(6.9任)	主席:刘盖群 副主席:李坪
直属单位	江西省交通干部学院	正处	中共江西省交通干部学院委员会	党委书记:刘晓兰 党委委员:李国峰、刘晓兰(女)、来栋萍(女)、方向	院长:李国峰 副院长:来栋萍(女)、方向
直属企业	江西省交通设计研究院有限责任公司	正处	中共江西省交通设计研究院有限责任公司委员会	党委书记:吴相金 党委副书记:王垒嘉(1.22任) 委员:聂复生、吴相金、陈秋华(女)、张小明、王垒嘉(1.22任)、邵立范(女)、方向明、王伟 纪委书记:邵立范(女)	董事长兼总经理:聂复生 副总经理:张小明、方向明 总工程师:王伟 工会主席:陈秋华(女)

续表1

单位类别	单位名称	单位级别	党组织名称	党组织领导成员	行政领导成员
直属单位	省交通科学研究院	正处	中共江西省交通科学研究院委员会	党委书记:舒小平(1.22任) 党委副书记:高东升 委员:江祥林、舒小平、高东升、罗强	院长:江祥林 副院长:罗强 工会主席:高东升
直属企业	江西交通工程咨询监理公司(与省交通工程咨询监理中心合署)	正处	中共江西交通工程咨询监理中心委员会	党委书记:刘云川 党委副书记:刘振宇 党委委员:刘云川、徐重财、徐义标、徐世田(12.22免职退休)、刘振宇、刁明星(2.15任) 纪委书记:刘振宇	总经理:徐重财 副经理:徐世田(12.22免职退休)、徐义标、刁明星(2.15任)
直属单位	厅信息中心(省交通运输厅应急指挥中心)	正处	中共江西省交通厅信启中心支部委员会	党支部书记:余力克 委员:余力克、颜庆华、莫宇蓉、王玉	主任:余力克 副主任:颜庆华、莫宇蓉、王玉
直管单位	厅机关后勤服务中心	正处	中共江西省交通厅机关后勤服务中心总支部委员会	党总支书记:杜一峰 委员:杜一峰、金明盛、万嘉庆、陈浩、胡文峰	主任:杜一峰 副主任:金明盛
直管单位	江西省交通运输工程档案馆副处	副处			馆长:袁细斌 副馆长:张正辉
	省公路路政管理总队	正处	中共江西省公路路政管理总队委员会	党委书记:黄生平 党委副书记:万杰兵(1.22任) 委员:黄生平、黄国标(12.22免职退休)、郭本星(2.15免)、李烨、万杰兵、黄炬 纪委书记:万杰兵(1.22任)	总队长:黄国标(12.22免职退休) 副总队长:郭本星(2.15免)、李烨、万杰兵(1.22免)、黄炬

(王　硕　赵　晖)

2015年各设区市交通运输机构及党政领导成员

表2

单位	党组织名称	党组织领导成员	行政领导成员
南昌市交通运输局	中共南昌市交通运输局	党委书记:陆萍(女) 委员:陆　萍(女)　吴久铭　黄振珠　车小琴(女)　严晓群　黄书林 纪委书记:黄书林	局长:陆　萍(女) 副局长:吴久铭　车小琴(女)　严晓群 总工程师:张　伟 调研员:彭孝福(12月免)　闵小平 副调研员:李东昇
景德镇市交通运输局	中共景德镇市交通运输局委员会	党委书记:龙骏 委员:龙　骏　叶宜民　陈景明　张金水　陈树生　黄　涛　方景萍　邵正东　宁足祥 纪工委书记:邵正东	局长:龙　骏 副局长:叶宜民　陈景明　张金水　陈树生　黄　涛　方景萍 调研员:周光镇

续表2

单位	党组织名称	党组织领导成员	行政领导成员
萍乡市市交通运输局	中共萍乡市交通运输局委员会	党委书记:曾念辉 党委委员:贺志勇 李小勇 朱小东 巴颜林(兼任萍乡市邮政管理局党组书记、局长) 曾宪许 徐卫华 凌小春 纪委书记:曾宪许	局长:曾念辉 副局长:李小勇 朱小东 巴颜林 总工程师:凌小春 调研员:贺志勇 吴耀华(10月退休) 毛惠明 副调研员:翟文新 刘安萍
九江市交通运输局	中共九江市交通运输局委员会	党委书记:王金初 委员:王金初 吴照新 喻小明 刘赛喜 朱汉练 曹达会 丁芳华 卢作林 周裔南	副局长:王金初(主持全局工作) 吴照新 喻小明 刘赛喜 朱汉练 曹达会 总工程师:丁芳华 调研员:黄 强 曹 辉(6月免) 胡梅记 副调研员:周裔南 胡民礼
新余市交通运输局	中共新余市交通运输局委员会	党委书记:何志勇(8月免) 邹建福(12月任) 副书记:邹建福(12月免) 艾绍平(3月任) 杜元生(8月免) 委员:何志勇(8月免) 邹建福 艾绍平(3月任) 杜元生(8月免) 潘会君 邱绍辉(3月任) 黄 昕 余接华 邓 柯(3月任) 陈 卓 樊国华 陈仕斌 廖根宝(3月任) 王慎刚 纪委书记:余接华	局长:邹建福 副局长:潘会君 黄 昕 陈 卓 樊国华(6月任) 总工程师:王慎刚 调研员:欧光宏 蔡晓颖 江 勇(12月退休) 罗志东 副调研员:陈仕斌
鹰潭市交通运输局	中共鹰潭市交通运输局委员会	党委书记:齐群策 党委委员:齐群策 白剑魁(11月任) 李星勇(9月免) 邱雪成 詹志平 阮亦彬 张爱民 许智先 纪委书记:邱雪成	局长:齐群策 副局长:徐文艺(12月免) 詹志平 阮亦彬 张爱民 调研员:李星勇 副调研员:廖乡兴
赣州市交通运输局	中共赣州市交通运输局委员会	党委书记:苏传辉 党委副书记:朱洪波 委员:苏传辉 朱洪波 罗宗祺 尹善奎 陈爱东 陈建生 宋冬如 彭炎明 周小勇 郭远昌 钟佩芳 何祖林 胡超星 纪委书记:宋冬如	局长:朱洪波 副局长:罗宗祺 陈爱东 陈建生 彭炎明 郭远昌 钟佩芳 何祖林 调研员:吴慧让(5月退休) 副调研员:傅广仁 章广麟 李干荣

续表 2

吉安市交通运输局	中共吉安市交通运输局委员会	党委书记:胡红英 党委副书记:邹记根 委员:胡红英　邹记根　龙林华　王跃平　赵夫发　黄坚勇　刘　勇　廖建洲　张志刚 纪委书记:赵夫发	局长:邹记根 副局长:龙林华　王跃平　黄坚勇　刘勇(兼任市邮政管理局局长)　廖建洲(兼任市道路运输管理处处长) 总工程师:张志刚
宜春市交通运输局	中共宜春市交通运输局党组	党组书记:李奇 党组副书记:朱宜民 党组成员:李　奇　朱宜民　曹幸军　陈宜林　梁荣斌　喻　军(12 月任)　晏国繁(12 月任,试用期 1 年)　王赣闽　曾义城　刘毅明 纪检组长:王赣闽	局长:朱宜民 副局长:曹幸军　陈宜林　梁荣斌　喻　军(12 月任) 晏国繁(12 月任,试用期 1 年) 总工程师:曾义城 调研员:梁　彦(2 月任) 副调研员:王玉洁(女)　梁益海(7 月免)
抚州市交通运输局	中共抚州市交通运输局委员会	党委书记:乐小红 党委副书记:丁国华(8 月任)　徐华德(8 月免)　华河辉 委员:乐小红　徐华德(8 月免)　丁国华(8 月任)　陈佐光　王爱民　华河辉　罗　维　陈　峰　胡　怡　徐相生　梁明昌 纪委书记:胡　怡	局长:丁国华(8 月任)　徐华德(8 月免) 副局长:陈佐光　王爱民　罗　维　陈　峰　梁明昌
上饶市交通运输局	中共上饶市交通运输局委员会	党组书记:吴步高 成员:吴步高　张晓峰(2015 年月免)　刘　建(2015 年 3 月)　赖　勇　周全行　方　扬　刘光锌　彭芳德　王少波　苏卫东(2015 年 7 月免)　程黎霞(女)　王淑琴(女) 市纪委驻局纪检组组长:程黎霞 市纪委驻局纪检组副县级纪检员:王淑琴	局长:吴步高 副局长:刘　建　赖　勇　周全行　刘光锌　彭芳德 总工程师:方　扬 调研员:姚佳水　徐泽民　刘秀明　钱达宏 副调研员:周建英(女)　常建新

【设区市级交通机构】 全省 11 个设区市交通运输局、公路管理局(其中赣州、上饶归交通局管理),归所在地市人民政府领导,业务受省交通运输厅指导。

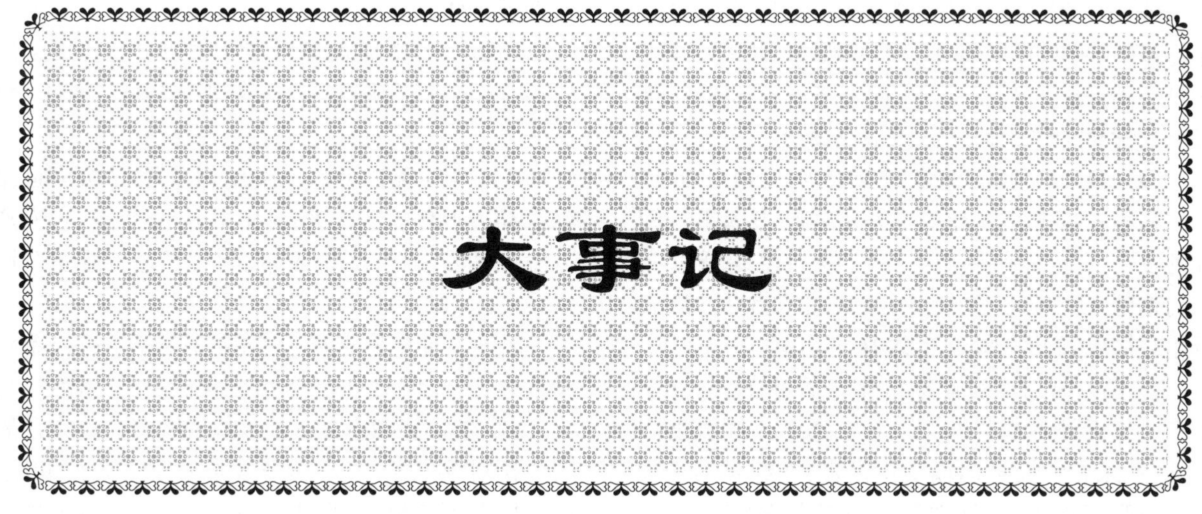

2015 年

1 月

8—9 日 省交通运输厅党委书记、厅长朱希和副厅长王昭春到昌栗高速、萍洪高速、昌宁高速、吉莲高速项目施工一线查看工程建设情况，慰问工程建设者。

9 日 泉(州)南(宁)高速公路江西境内吉莲(吉安至莲花)高速公路永新西至莲花湘赣界段建成通车。从此结束了莲花县不通高速公路的历史。

10 日—3 月 15 日 省运管局在全省范围内开展打击“黑车”等非法营运专项整治行动。全省共查处各类违法违规车辆 1777 辆“黑车”1054 辆，其中，异地出租车驻点经营的 82 辆，其他违法经营(含异地经营)车辆 723 辆。

12 日 省委副书记、省长鹿心社到南昌龙头岗综合码头一期工程建设施工现场，实地查看项目建设情况。省政府秘书长谭晓林，省交通运输厅党委书记、厅长朱希、副厅长梁必康等陪同考察。

同日 省政协副主席汤建人一行到福银高速公路温沙段察看高速公路交通标志整治工作。省政协提案委员会主任杨斌、省交通运输厅副厅长王昭春等陪同察看。

13 日 南昌至宁都、南昌至上栗高速公路建成通车暨全省高速公路通车里程突破 5000 公里新闻发布会在南昌召开。省委书记强卫作出批示，省委副书记、省长鹿心社在昌宁、昌栗高速公路通车前夕，实地看望慰问工程一线建设者。省委常委、常务副省长毛伟明出席新闻发布会并讲话。省政府副秘书长涂琼理主持会议并宣读省委、省政府主要领导批示和省政府对省交通运输厅及昌宁、昌栗高速公路建设项目办的嘉奖令,省交通运输厅党委书记、厅长朱希介绍项目有关情况。

16日 省交通运输厅党委书记、厅长朱希到省公路学会调研,了解学会科技服务成果及未来发展计划。副厅长王昭春,省公路学会理事长孙茂刚及学会全体工作人员参加座谈会。

16—21日 省高速集团2015年度第一期15亿元和第二期8亿元超短期融资卷在中国银行间市场发行。票面利率为4.6%,较同短期贷款基准利率低17.9%。此外,同年4月和5月,该集团还成协发行短期融资卷共16亿元。

25日 全省交通运输工作暨廉政工作、安全生产工作会议在南昌召开。省交通运输厅党委书记、厅长朱希作交通运输工作报告,厅纪委书记成松作廉政工作报告,厅总工程师胡钊芳作安全生产报告。会议总结了2014年全省交通运输工作,部署了2015年工作目标任务。

26日 《抚州市"十三五"综合运输体系规划》编制方案制定。

27日 2015年全省道路运输工作会暨春运工作、安全生产工作、廉政工作会在南昌召开。省交通运输厅党委书记、厅厅长朱希,副厅长谢德强在主会场出席会议。会议总结了上年度春运工作,表彰了上全省道路运输目标考核和安全生产先进单位,部署2015年春运工作、安全生产工作和廉政工作任务。

29日 萍乡高铁巴士2号线开通。

同日 国务院国资委秘书长阎晓峰率领的国务院安委会安全生产综合督查第一小组,冒雨到南昌港江西国际集装箱码头有限责任公司进行安全生产督查,对该公司的安全生产工作给予充分肯定。

2月

1日 昌樟高速公路一期改扩建工程药湖大桥至樟树枢纽段建成通车。全长72.34千米,双向八车道,设计日交通量6万~8万辆,最高日交通量为9万辆。该路段系全省第一条"四改八"高速公路,全线均实现ETC联网全覆盖和电子监控全覆盖。

2日 省高速集团召开2015年工作会议暨二届一次职工代表大会。省交通运输厅党委书记、厅长朱希出席会议讲话,并为该集团2014年度先进集体、劳动模范颁奖。

同日 省交通运输厅党委委员、纪委书记成松到省运管局调研党风廉政建设"两个责任"落实情况。

4日 副省长李贻煌到南昌长运徐坊客运站察看春运工作。省政府副秘书长张小平,省交通运输厅党委书记、厅长朱希、副厅长谢德强等陪同察看。

5日 省交通运输厅党委书记、厅长朱希代表省委、省政府到九江市浔阳区走访慰问困难群众、困难企业和敬老院、文具用品厂。先后走访慰问优抚对象刘美枝、蔡国华及城乡低保户张和鑫、桂冬株等困难群众,向他们转达省委、省政府的亲切关怀和新春祝福,并送去慰问金和慰问品。

同日 赣江吴城水域120艘船舶滞留,造成重大堵航事件。永修县地方海事处积极施救,加强现场疏导,经过3天的努力,滞留船舶全部顺利通过该航段。

6日 丰城至厚田交通枢纽一级公路通车,全长24.5千米,工程投资8亿元。

同日 赣景货0216船舶在赣江西支八一桥通航水域发生触礁险情。新建县地方海事处迅速派出海巡艇前往现场,经过5小时的积极施救,受困船只成功补漏,脱离险情。

9日 萍洪高速公路全线建成通车。

10日 省交通运输厅党委书记、厅长朱希在省运管局党委书记易宗发和厅机关相关处室负责人的陪同下,走访慰问省运管局退休困难党员张庆春。

同日 省交通运输厅副厅长王爱和一行到宜春市公交公司检查春运安全生产情况。

11日 省高速公路资产经营有限责任公司成立。

同日 省交通运输厅副厅长谢德强到该厅定点包扶的信丰县油山镇坑口村,走访慰问困难群众,与当地干部群众探讨扶贫思路,察看该厅扶贫项目。

12日 省交通运输厅党委书记、厅长朱希率领省港航局局长于钦民、省运管局党委书记易宗发及厅机关有关处室负责人到南昌市红谷滩公交配容中心、江西长运青山客运站等地督查指导春节及春运期间交通运输安全生产工作。

15 日　省交通运输厅召开《中国高速公路建设实录·江西分册》编撰工作启动会。厅党委书记、厅长朱希出席会议并讲话,副厅长王爱和主持会议,副厅长王昭春传达交通运输部《中国高速公路建设实录》编撰工作启动会精神,省高速集团党委书记、董事长王江军宣读《编撰工作方案(讨论稿)》。

17 日　上午,省委副书记、省长鹿心社来到南昌红谷客运配套中心看望慰问坚守岗位的公交一线员工,向他们致以新春的祝福。省政府党组成员、秘书长谭晓琳,省政府副秘书长犹蓬,南昌市市长郭安、省警卫局副局长朱文明等领导陪同慰问。

18 日　福银高速公路临川北互通工程建成通车。该工程于 2013 年 3 月正式开工,全长 20 千米,总投资 8000 万元。

是月　省交通运输厅分 8 个检查组,由厅领导朱希、王爱和、成松、胡钊芳、梁必康、谢德强、王昭春、夏大胜带队,厅机关有关处室和厅直有关单位参加,深入全省道路、水路运输和在建交通重点工程、公路运营部门督查、指导安全生产工作。

3 月

8 日　抚州市区外环路王安石大道至站前广场段高速公路建成通车。该路双向六车道,全长 2580 米,宽 55 米。

10 日　国家安全监管总局副局长孙华山一行到省运管局调研江西道路运输安全工作,省安监局局长龙卿吉、副局长汪少舟,省煤监局局长赵苏启,省交通运输厅副巡视员夏太胜等陪同调研。

同日　省交通运输厅全面启动高速公路服务区文明服务创建工作。此次创建活动立足基本服务和日常管理,重点围绕完善公共设施、整治环境卫生、规范经营秩序、提升文明服务等百姓最为关注的几大问题开展活动。

15 日　为期 40 天的 2015 年春运平安落幕。此次春运,全省道路旅客运输量为 4957.78 人次,与去年春运相比下降 0.33%。

16 日　宁都至安远高速公路开工建设。

19 日　省交通运输厅召开组织人事工作会议,副厅长谢德强出席会议并讲话。会议强调要坚持思想教育,把学习贯彻习近平总书记系列重要讲话精神引向深入;全面从严管理,切实做到选好干部、用好干部,管理好干部;践行“三严三实”,不断提高组织人事工作的境界和水平。

19—20 日　第十七届中国高速公路信息化研讨会在南昌举行。省交通运输厅总工程师胡钊芳、省公路学会理事长孙茂刚、中国公路学会秘书长刘文杰出席大会开幕式。全国交通运输主管部门,高速公路建设、运营管理单位和部门,高速公路信息化设计与施工等单位的 1300 余名代表参加会议。

20 日　省交通运输厅召开党委会,传达、学习、贯彻中共中央总书记习近平在第十二届全国人大三次会议江西代表团审议时的重要讲话精神暨全省领导干部会议精神。厅党委书记、厅长朱希主持会议。会议要求全厅上下迅速掀起学习总书记习近平的重要讲话和全国“两会”精神热潮。

25 日　省交通运输厅党委书记、厅长朱希,副厅长王昭春、省高速集团总经理任东红到江西公路开发总公司调研指导工作。

25—27 日　交通运输部政策研究室主任李刚一行 4 人到江西就交通运输系统深化改革情况进行调研。省交通运输厅党委书记、厅长朱希,纪委书记成松、总工程师胡钊芳出席在南昌召开的座谈会,副厅长梁必康陪同调研。

是月　莲花县罗霄山脉扶贫攻坚重点项目——六市至罗市公路(X141)升级改造工程正式启动建设。全长 15.7 千米,采用沥青混凝土路面,设计时速 30 千米/小时,总投资约 2645 万元。

4 月

2—3 日　以省直机关工委、省委宣传部部长、省文明办主任刘大胜为组长的省直第十一届文明单位考核组抽查省交通运输厅直属部分单位首次申报省直文明单位创建工作情况。省交通运输厅党委书记、厅长朱希,副厅长王爱和,副巡视员夏太胜出席汇报会。

3 日 省交通运输厅召开审计工作会议。厅党委书记、厅长朱希出席会议并讲话,副厅长谢德强主持会议。

8 日 省长鹿心社到东昌高速公路施工现场视察工程建设情况,慰问施工一线工程建设者。

8—9 日 省长鹿心社到吉安市、赣州市调研交通运输重大项目建设情况。省人大常委会副主任、赣州市委书记史文清,省政府秘书长、办公厅主任张勇,副秘书长犹瑝及省交通运输厅副厅长王昭春、省港航局局长于钦民、省高速集团总经理任东江等有关单位负责人陪同调研。

10 日 省交通运输厅、省公安厅、省安全生产监督管理局联合召开2015 年度“道路运输平安年”活动动员部署电视电话会议。省交通运输厅总工程师胡钊芳、省公安厅副厅长梁小康、省安监局副局长汪少舟出席会议并讲话,省公路运输管理局局长王圣义主持会议。

13—14 日 省发改委副主任陈一星、省交通运输厅副厅长梁必康一行实地调研赣江航道现状、建设及规划工作,先后考察了赣江上游储潭、大湖江、攸镇、万安库区和赣江石虎塘船闸所等状况。

15 日 省交通运输厅在省交通干部学院召开2015 年省人大代表建议、政协委员提案交办会议。与此同时,举办提案办理工作培训班。副厅长王爱和出席会议并讲话。

17 日 省交通运输厅与湖南省交通运输厅在南昌召开高速公路规划对接座谈会。江西省交通运输厅党委书记、厅长朱希,副厅长梁必康,湖南省交通运输厅党组书记、厅长刘明欣出席座谈会。

22 日 中国科学院院士、同济大学教授孙钧与中国工程院院士、中国人民解放军后勤工程学院教授郑颖人与省交通科研院在南昌举行院士专家工作站合作签约仪式。

29 日 蒙华铁路铜鼓段开工建设,县辖里程28 千米,工程造价30 亿余元。工期42 个月。由此,结束该县无铁路的历史。

30 日 全省交通运输依法行政工作视频会议在南昌召开。省交通运输厅党委书记、厅长朱希出席会议并讲话,副厅长谢德强主持会议并传达全国交通运输厅依法行政工作会议精神。会议部署了全省交通运输依法行政工作任务和下一步工作措施。

是月 省运管局在全省开展道路旅客运输、危险货物运输安全生产专项整治活动。此次整治活动分准备工作阶段(5 月中旬—5 月底)、自查自纠阶段(6 月初—6 月底)、督查整改阶段(7 月初—8 月中旬)、总结评估阶段(8 月下旬)四个阶段进行。

是月 省高速集团在中国银行间市场连续发行三期超短期融资券,发行总规模44 亿元,平均票面利率较同期贷款基准利率低12.87%,系同期限债券利率最低水平。

5 月

4 日 萍乡市运管处城客所对该市3000 名出租车驾驶员实施注册管理,建立从业人员退出机制,大力提升出租汽车客运服务质量和水平。

5 日 省交通运输厅副厅长王昭春到省公路局调研,要求切实加强普通国省干线公路建管养工作。

7 日 江西交通职业技术学院“E 通电商学生创业孵化基地”启动,省交通运输厅总工程师胡钊芳出席、省高等院校毕业生就业办有关负责人参加启动仪式。

同日 黎川县政府与高速公路投资集团签订福银高速公路黎川互通西移工程建设项目协议书,工程总投资1.82 亿元。

8 日 以新华社江西分社副社长刘箐为组长的采访组一行3 人到省港航局,就江西在融入长江经济带建设和长江中游城市群建设中涉及交通港航方面有关事项进行采访调研。省交通运输厅副厅长梁必康、省港航局局长于钦民参加座谈会。

12—13 日 省人大财经委立法调研组分别赴赣州市、鹰潭市开展《江西省公路条例(草案)》立法调研。省人大财经委主任委员谢碧联、省人大财经委副主任委员王曼萍、省交通运输厅副厅长谢德强等参加调研。

14 日 江西交通职业技术学院与省高速公路投资集团战略合作框架协议签字仪式举行。省交通运输厅总工程师胡钊芳出席仪式并致辞。省高速公路投资集团总经理任东红、江西交通职业技术学院院长朱隆亮分别代表各自单位在合作协议上签字。

15日　全省普通国省干线公路建设现场会暨迎国检工作推进会在宜春市召开。省交通运输厅党委书记、厅长朱希，副厅长王爱和出席会议并讲话。副厅长王昭春主持会议，宜春市市长蒋斌致辞，省公路管理局局长曾晓文布置普通国省干线公路建设和迎国检工作。

同日　省交通运输厅在省交通干部学院举办主题为“平安交通建设探讨之安全、资源与环境”的江西交通第三期科技大讲堂，推进交通科技向纵深发展。

18日　“中国梦·高速美”江西省第六届“赣粤高速”杯摄影艺术展览举办。省交通运输厅副厅长王爱和、省文联副主席鄢平原等出席开幕式并为获奖作者颁奖。

21日　省委常委、南昌市委书记龚建华，南昌市市长郭安一行到省交通运输厅调研指导。省交通运输厅党委书记、厅长朱希，总工程师胡钊芳、副厅长谢德强、副巡视员夏大胜出席座谈会。

27日　省人大召开联组会议，专题询问预防职务犯罪工作情况。省交通运输厅党委书记、厅长朱希参加会议，并回答咨询。

28日　省委副书记、常委副省长莫建成一行到赣江石虎塘航电枢纽、新干航电枢纽、东昌高速赣江特大桥等工程现场调研水运建设情况。省交通运输厅党委书记、厅长朱希汇报全省水运建设情况。省政府副秘书长涂琼理、吉安市委书记王萍、市委副书记肖洪波，副市长刘连根、王大胜，省发改委副主任李志刚、省财政厅副厅长王斌、省水利厅副厅长廖瑞钊、省国土资源厅总规划师军春祥等随同调研并参加协调推进会。

29日　省交通运输厅召开“三严三实”（严以修身、严以用权、严以律己，谋事要实、创业要实、做人要实）专题教育动员部署会，正式启动全厅处以上领导干部“三严三实”专题教育。会上，厅党委书记、厅长朱希作题为《自觉学习践行“三严三实”全面加快交通运输升级提速步伐》辅导报告。省直机关工委副书记李跃进到会指导。副厅长王爱和主持会议。厅机关及厅直南昌地区副处级以上党员领导干部260余人参加会议。

6月

2日　交通运输部科学研究院开始编制《萍乡市“十三五”综合交通规划》，8月中旬形成初稿，基本确定萍乡市“十三五”综合交通建设和发展目标。

4日　副省长朱虹到江西交通职业技术学院调研职业教育发展情况。省政府副秘书长宋雷鸣、省教育工委书记黄小华、省教育厅厅长叶仁荪，省交通运输厅副厅长王爱和、彭志光，厅纪委书记成松、总工程师胡钊芳，副厅长谢德强等陪同调研。

5日　18时45分，省委书记强卫，省委副书记、省长鹿心社，常委副省长莫建成，代表省委、省政府到省水上搜救中心迎接省交通运输厅搜救队全体队员完成“东方之星”搜救任务归来，向大家表示慰问。省交通运输厅党委书记、厅长朱希等参加接见活动。

11日　全国政协副主席、民革中央常务副主席齐续春到赣粤高速峡江服务区视察指导工作，对赣粤高速在全国率先推行高速公路服务区“同城同价”“卖场模式”及惠民便民措施给予高度评价。省人大常委会副主任马志武、省委统战部常务副部长刘金炎、省交通运输厅总工程师胡钊芳、民革省委会副主委陈春平等陪同视察。

9—16日　省交通集团、江西交通职业技术学院、省交通工程质量监督局、省高速公路联网中心、厅规划办、厅处经办、省交通工会、省交通干部学院、省交通设计研究院有限公司、省交通科研院、江西交通工程咨询监理中心、厅应急指挥中心、省路政总队等单位和部门先后召开深化“三严三实”教育向纵深展开，促进江西“综合交通、智慧交通、绿色交通、平安交通”建设，稳步推进全省交通运输事业又好又快发展。

11日　全省道路客运驾驶员安全宣誓承若活动启动仪式在南昌徐坊客运站举行。省交通运输厅副厅长谢德强、省安监局副局长汪少舟出席启动仪式并讲话，省公路运输管理局局长王圣义主持启动仪式。省安监局、省交通运输厅、省公安厅、省运管局及南昌市安监局、交管局、运管处、运输公司驾驶员及乘客等各方代表150余人参加启动仪式。

17日 抚州市委书记肖毅,市委副书记、市长张鸿星,市委常委、副市长周小平带队走访省交通运输厅并进行座谈。省交通运输厅党委书记、厅长朱希,厅领导王爱和、梁必康、谢德强、夏太胜出席座谈。

19日 全省高速公路“百姓满意服务区”总结暨服务区文明创建工作推进会在庐山西海服务区召开。省交通运输厅党委书记、厅长朱希出席会议并讲话,副厅长王爱和主持会议并宣读2014年度“百姓满意服务区”公告通知,省文明办有关负责人和各服务区负责人等参加会议。

同日 交通运输部召开交通运输系统防汛及防御台风等极端天气工作视频会议。省交通运输厅在南昌参加视频会议,厅总工程师胡钊芳出席会议。

24日 交通运输部召开贯彻落实“四个全面”战略布局、当好发展先行官动员部署电视电话会。省交通运输厅党委书记、厅长朱希,厅纪委书记成松、副厅长王昭春,厅直属各单位及厅机关各处室主要负责人在江西分会场参加会议。

同日 省交通运输厅召开迎国检领导小组第一次会议,总结前一阶段工作,对全厅迎国检冲刺阶段工作进行再动员再部署。厅党委书记、厅长、厅迎国检工作领导小组组长朱希出席会议并讲话,厅纪委书记、厅迎国检工作领导小组副组长成松出席会议,厅总工程师、厅迎国检工作领导小组副组长胡钊芳主持会议,副厅长、厅迎国检工作领导小组副组长王昭春作工作报告。

24—26日 由省人大财经委副主任林兴富、王曼萍和省交通运输厅副厅长王爱和一行7人组成调研组到贵州省开展公路立法调研。

30日 交通运输部召开全国ETC联网工作调度视频会议。省交通运输厅听过视频会议系统在南昌参加视频会议,副厅长王爱和出席会议。

7月

1日 景德镇到南昌西客站(高铁站)直通车正式开通,全程耗时约为3小时30分钟。

6日 南昌地跌一号线24个站点全线开工建设。

7日 昌宁高速公路项目重要控制性工程——位于永丰县境内、全长1183米的龙坊高架桥合龙。同月27日,该项目第二长隧道双溪岭特长隧道通贯。

8日 全省农村公路管理养护年活动总结暨危桥改造民生工程建设动员会在石城县召开。省交通运输厅党委书记、厅长朱希出席并讲话。

16日 全省重大交通基础设施建设推进会议在南昌召开。省委副书记、常务副省长莫建成出席并讲话。省政府秘书长涂琼理主持会议,省交通运输厅党委书记、厅长朱希介绍有关情况和下一步工作计划和目标任务。

24日 省交通运输厅在三清山服务区召开全省高速公路服务区服务质量等级评定工作协调会议,对《全国高速公路服务区服务质量等级评定记分细则》进行详细解读。

28日 全省交通运输重点工程建设项目巡查工作座谈会在南昌召开。会议全面总结巡查工作,部署进一步推进巡查工作任务。省交通运输厅厅党委书记、厅长朱希出席会议并讲话。厅纪委书记成松主持会议,副厅长王昭春、厅巡查组组长孙茂刚出席会议。

28—29日 省十二届人大常委会第十九次会议对《江西省公路条例(草案)》进行初审。省委书记、省人大常委会主任强卫主持会议。省人大常委会副主任洪礼和、魏小琴、谢亦森、马志武、冯桃莲,秘书长魏民出席会议。省交通运输厅党委书记、厅长朱希作关于《江西省公路条例(草案)》的说明,省人大财经委副主任高小琼作关于该草案的审查报告。会议认为,该草案基本成熟,并已面向社会公开征求意见。

29日 省长鹿心社主持召开专题会,听取全省水路运输建设及“十三五”规划编制情况汇报。省委副书记、常务副省长莫建成,副省长李贻煌出席并讲话。会议强调要抢抓机遇、科学规划、统筹推进,推动全省水运事业加快发展。

8月

1日 赣江新干航电枢纽主体工程一期围堰填筑工程开工建设。该工程是省和交通运输部“十二五”重点建设项目,枢纽位于吉安市新干线三湖镇上游约15千米处，上距峡江水利枢纽约56千米，是一座以航运为主，兼顾发电等综合利用功能的航电枢纽。

3日 江西省高速公路投资集团材料有限公司成立。

5日 省交通运输厅召开《收费公路管理条例(修订征求意见稿)》征求意见座谈会，厅总工程师胡钊芳主持会议。厅机关有关处室、厅直有关单位、省公路学会、江西华邦律师事务所及部分物流企业等相关单位负责人和代表参加座谈会。

8日 昌九高速公路改扩建通远试验段建成通车。省交通运输厅副厅长王昭春、省高速集团总经理任东红出席通车仪式。该项目起于九江县马回岭茶林场，终于九瑞枢纽互通南端分汇流点，全长10.4千米，由双向4车道扩建为双向8车道。

12日 省交通运输厅总工程师胡钊芳对南昌市城市客运远郊线路安全营运情况进行暗访检查，乘坐南昌至修水139路公交车至永修长途汽车站了解一线客运情况。

19日 副省长李贻煌到江西国际集装县码头有限责任公司、赣江航道、龙头岗码头、樵舍码头等考察、调研水运工作。省政府副秘书长张小平、省交通运输厅党委书记、厅长朱希，副厅长梁必康、王昭春，省工信委副主任王亦斌等陪同考察、调研。

21日 省交通运输厅召开2015年度综治工作会议。厅党委书记、厅长朱希出席会议并讲话。副厅长王爱和作综治工作报告，会议邀请了省综治办副主任蔡文龙到会指导。

28日 省交通运输厅党委书记、厅长朱希分别对省港航局、省运管局，对领导班子进行安全生产集体约谈，针对省港航局、省运管局的行业特点，分别提出安全生产工作具体要求。副厅长梁必康陪同约谈。

31日 全省道路安全生产专项整治情况通报视频会议在宜春市召开。

8月—12月 全省交通运输系统全面开展安全生产大检查，深化"打非治违"和专项政治工作，深入开展危险化学品和易燃易爆安全专项整治三项行动，进一步保障全省交通运输工作安全和有效防范与坚决遏制各种重大事故的发生，取得了显著成效。

9月

1日 省委常委毛伟明代表省委、省政府在南昌看望慰问省交通运输厅92岁的抗战老兵梁作善。省交通运输厅党委书记、厅长朱希及省工信委、省民政厅有关负责人陪同慰问。

6日 省交通运输厅召开学习会，专题集中学习"三严三实"精神和省委书记强卫在主持省委理论中心组集体学习时的讲话及相关文件精神。厅领导朱希、王爱和、成松、梁必康、王昭春、夏太胜及厅机关各处室主要负责人参加学习。

11日 昌宁高速公路全城最长隧道——雩山隧道贯通。

15日 省长鹿心社召开和主持专题会，听取全省公路建设发展情况和"十三五"规划期间公路建设方案汇报。省委副书记、常委副省长莫建成，副省长李贻煌出席会议并讲话。鹿心社强调，要以改革创新理念推进公路建设，为全省加快发展提供有力保障。

16日 省委、省政府督查调研组到省交通运输厅，对该厅贯彻落实省委、省政府发展升级重大决策部署情况进行督查。省交通运输厅党委书记、厅长朱希作工作汇报，厅领导王爱和、成松、梁必康、王昭春、夏太胜及厅直各单位、厅机关各处室负责人参加会议。

24日 省第十二届人大常委会第二十次会议通过《江西省公路条例》。全文共九章七十五条，经省人大常委会第76号公告，于2015年12月1日起正式施行。原《江西省高速公路管理条例》同时废止。

28日 省人大内司委副主任刘和平、段常来等一行9人到省交通运输厅专题调研高速公路限速调整实施情况。厅党委书记、厅长朱希，副厅长王昭春陪同调研。

10月

4日 抚州发电公司电气化高速客运铁路专线开通。该铁路专线设计时速超过200千米，接轨于向莆铁路，终点为临川区腾桥镇大唐抚州发电公司,全长10.478千米,工程总投资4.1亿元。

9日 省交通运输厅召开党的群团工作会议。厅党委书记、厅长朱希朱希出席会议并讲话。副厅长王爱和主持会议,副巡视员夏大胜出席会议。会议总结了该厅群团工作,部署了今后一个时期工作的目标任务。

11日 江西在丰城举行龙头山水电站枢纽开工建设仪式在丰城市举行。该工程概算投资35.7亿元,系集发电、航运、灌溉等大型综合航运工程于一体的宜春市历史上港航工程建设规模最大、项目投资最多的工程。省委常委、常委副省长毛伟明下达开工令并讲话。宜春市委书记邓保生,市委副书记、市长蒋斌,省交通运输厅党委书记、厅长朱希,省国土厅厅长刘定明等领导出席开工仪式。

12—13日 省交通运输厅党委书记、厅长朱希,副厅长梁必康、王昭春一行到南昌、抚州督查普通国省道干线公路迎"国检"工作。抚州市市长张鸿星,南昌市副市长刘家富、省公路党委书记谢无银、局长曾晓文等陪同督查。

13—14日 省教育厅、财政厅组织专家组对江西交通职业技术学院国家骨干高职院校建设项目进行省级验收。专家组通过对该院国家骨干高职院校建设项目完成程度、质量、成效等严格考评后,一致同意通过省级验收。

23日 省交通运输厅召开扶贫工作领导小组会议,明确帮扶工作任务,研究部署定点包扶上饶县湖村乡西龙岗村工作。省交通运输厅副厅长,厅扶贫领导小组副组长梁必康主持会议并讲话。厅机关相关处室、厅直属相关单位负责人参加会议。

26日 省交通运输厅召开2015年第三次安全生产工作例会,厅总工程师胡钊芳主持会议并讲话,会议总结了三季度安全生产情况,部署了四季度安全生产工作任务并通过了《江西省交通运输厅安委会工作规则》。

27日 赣粤高速温厚所收费班长高红艳、宜春管理中心信息分中心黄丽被省高速集团评为全国交通运输系统第二届"最美中国路姐";昌泰公司"金庐陵"综合援助服务班组、梨温公司鹰潭西收费站被评为"最美中国路姐团队";赣州管理中心"红高速·客家情"收费班和昌铜高速公路铜鼓收费所"红豆杉"示范班组获"最美中国路姐团队"入围奖。

是月 319国道江西境内萍乡段改造工程主体工程完成,恢复正常交通。

11月

2日 省交通运输厅召开党委扩大会议,学习贯彻中共十八届五中全会精神和总书记习近平的重要讲话精神与《中国共产党廉洁自律准则》《中国共产党纪律处分条例》和全省领导干部会议精神。厅党委书记、厅长朱希主持会议。厅领导和厅机关各处室主要负责人参加会议。

2—4日 交通运输部安全与质量监督管理司副司长潘海一行到赣江新干航电枢纽工程质量安全工作进行综合督查。省交通运输厅党委书记、厅长朱希出席座谈会并讲话,厅总工程师胡钊芳、副厅长王昭春及省港局党政主要负责人出席会议。

3日 省交通运输厅召开"把纪律挺在前面"先行先试工作座谈会。厅党委书记、厅长出席会议并讲话,厅纪委书记成松主持会议,厅直属各单位纪委书记、监察室主任参加会议。

5日 九江长江公路大桥荣获有关部门颁发的2015年度鲁班奖。该大桥建设项目已先后获国家级及省部级奖项共66次。

6日 南昌—樟树高速公路改扩建工程和金溪—抚州高速公路建成通车新闻发布会暨南昌—九江高速公路改扩建工程与新干航电枢纽项目建设动员会在南昌召开。省委副书记莫建成出席会议并宣布昌樟高速改扩建、金抚高速建成通。省委常委、常务副省长毛伟明出席会议并讲话。省政府副秘书长涂琼理主持会议并宣读省高速公路项目建设领导小组对省交通运输厅及昌樟高速改扩建、金抚高速项目办表扬通报。省交通运输厅党委书记、厅长朱希介绍项目基本情况。

16日 省"违插"专项治理排查工作督促组一行到省交通运输厅,对该厅贯彻落实全省领导干部违规插手干预工程项目问题专项治理排查工作情况进行督查。省交通运输厅党委书记、厅长朱希作工作汇报,厅纪委书记成松、厅总工程师胡钊芳出席会议。

17日 省政协常委、提案委员会副主任朱荣辉率领省委办公厅、省政府办公厅、省政协办公厅、省政协提案委员会有关处室负责人一行到省交通运输厅进行政协提案办理工作进行督查。省交通运输厅党委书记、厅长朱希，副厅长王爱和及厅机关有关处室负责人出席汇报会。

17—20日 省交通运输厅2015年度新任处级领导干部培训班在南昌举办。该厅副厅长谢德强出席结业式并讲话。

18—26日 省交通运输厅全面深化交通运输改革暨《江西省公路条例》宣贯研讨会在南昌召开。厅党委书记、厅长朱希，省人大常委会法工委副主任刘永亮出席会议并讲话。研讨会邀省委党校有关专家和交通运输部规划研讨院专家作专题学术报告。厅机关、厅直属单位等单位和部门人员参加研讨会。

20日 交通运输部投融资调研座谈会在南昌召开，交通运输部党组副书记、副部长冯正霖出席会议并考察江西公路建管养工作。省委书记强卫，省委副书记、省长鹿心社，省委常委、常务副省长毛伟民会见了冯正霖一行。交通运输部财政司司长许春风、规划司副司长张大为、水运局局长李天碧、部公路局副局长陈胜营，省交通运输厅党委书记、厅长朱希，副厅长王爱和、梁必康、王昭春等出席座谈会或陪同调研。

25日 省交通运输厅召开党委会议，传达学习贯彻省委十三届十二次全会精神。厅党委书记、厅长朱希主持会议，在南昌的厅领导出席会议。

27日 省公路学会九届三次理事会在南昌召开。省交通运输厅党委书记、厅长朱希，省民间组织管理局长刘石圣，省科协党组成员、副主席孙卫民出席会议并讲话。厅总工程师胡钊芳、副厅长梁必康、王昭春、副巡视员夏大胜出席会议。学会理事长孙茂刚作工作报告。会议审议通过九届三次理公会的工作报告和《关于理事、常务理事增补和变更3项的提议》，并对“首届江西公路优秀工程师”“首届江西公路科技进步奖”“首届江西公路优秀学术论文奖”获得者进行表彰。

30日 省人大财政委、法制委、法工委，省政府法制办、省交通运输厅在南昌联合召开宣传贯彻《江西省公路条例》电视电话会议。省人大法制委副主任委员陈春明主持会议。省交通运输厅党委书记、厅长朱希出席会议讲话。

12月

1日 万宜高速公路万载连接线A段一级公路建成通车。全长5.08千米，工程总投资1.2亿元。

同日 吉安市天工大道工程竣工通车。全长13.094千米，路宽50米，双向六车道，工程总投资2.79亿元。

4日 湘赣八市边界公路联合治超工作会议召开。两省共同签订《八市边界公路联合治超工作协议》。湖南省湘潭、长沙、娄底、株洲、益阳、岳阳市和江西省宜春、萍乡市八市携手共同打击车辆超限超载。

6日 昌樟高速公路四改八车道工程建成通车。该路途经宜春市的丰城、樟树和高安三市辖区内里程64千米，于2012年7月28开工建设，工程总投资4.5亿元。

7日 省委第二巡视组进驻省交通运输厅开展巡视工作，并召开动员大会。组长陈松远就开展巡视工作讲了话。省交通运输厅党委书记、厅长朱希主持会议并作表态讲话。厅党委班子全体人员、厅直属单位党政主要负责人，各设区市交通运输局主要党政负责人，厅机关副处以上干部等参加会议。

8日 昌宁高速公路宜春市丰城境内段建成通车。该工程于2013年8月27日开工建设，全长70千米，工程总投资49.02亿元。

8—9日 全省加快推进城市公共交通优先发展工作会议在南昌召开。副省长李贻煌、交通运输部运输服务司巡视员徐亚华出席会议并讲话。省交通运输厅党委书记、厅长朱希作工作报告，省政府副秘书长张小平主持会议，省交通运输厅副厅长梁必康、谢德强，省运管局局长王圣义、党委书记易宗发等出席会议。

9日 抚州市赣东大道环城南路至临川大道段改造工程建成通车，工程总投资8000万元。

10日 工业和信息化部党组成员、国家烟草专卖局局长、党组书记凌成兴，在副省长李贻煌、省交通运输厅副厅长王昭春陪同下，考察赣粤高速峡江、樟树服务区运营管理工作。

11日 江西长途客运接驳运输联盟正式

成立。

14 日 省交通运输厅、省高速集团相关负责人做客江西交通广播室,为公众解读《江西省公路条例》并现场解答热线听众关心问题。

18 日 昌栗高速上栗段及上栗连接线同步建成通车。

18—19 日 第九届中国高速公路服务区管理年会在江西南昌召开。中国公路学会理事长、原交通运输部副部长胡希捷致辞,省交通运输厅党委书记、厅长朱希,交通运输部公路局局长五太出席会议并讲话,省交通运输厅副厅长王爱和介绍江西高速公路服务区管理工作情况。会议评定江西庐山高速公路服务区、庐山西海、泰和东、南城、龙虎山服务区为全国百佳示范服务区。

24 日 省交通运输厅党委书记、厅长朱希,副厅长王昭春到昌宁高速公路项目建设一线,察看项目建设情况,慰问广大工程建设者。

同日 《"十三五"时期江西省交通运输发展融资机制研究》成果评审会在南昌召开。省交通运输厅副厅长王爱和出席会议并讲话。

24—26 日 省交通运输厅党委书记、厅长朱希先后到昌宁高速、宁安高速、安定高速和昌栗高速工程建设一线,察看项目建设情况,慰问广大工程建设人员。副厅长王昭春,省高速集团董事长、党委书记王江军,总经理任东红等陪同察看。

26 日 南昌地铁一线正式开通试运营,英雄城从此驶入"地铁时代"。当天下午,省委常委、南昌市委书记龚建华,副省长、省公安厅厅长郑为文专程察看试运营准备情况。

同日 吉安市文峰大桥(原名赣江二桥)建成通车,工程总投资5000万元。

28 日 昌栗高速公路竣工通车。改路途经宜春市的高安、上高、宜丰、万载、袁州五县(市、区),市辖区内里程177.3千米,于2013年8月27日开工建设,工程总投资89亿元。

30 日 省高速集团与中国石化销售有限公司江西石油分公司签署《合资合作协议》,共同组建合资企业油品公司。

南惹古道新貌

交通基础设施建设

公路建设

【概况】 2015 年全省交通运输基础设施建设投资首次突破 700 亿元大关，达到 729 亿元，同比增长 60%。其中，高速公路建设完成 475 亿元，同比增长 75%；普通国省道建设完成 148 亿元，同比增长 58%；农村公路建设完成 88 亿元，同比增长 14%。

5000 千米高速公路目标实现，达到 5088 千米，打通 24 个出省通道。2015 建成高速公路有①寻全高速寻乌至安远段，全长 61.473 千米，2012 年 10 月开工，2015 年 10 月完工，双向 4 车道；②南昌至九江高速改扩建工程通远段，全长 10.426 千米，2012 年 9 月开工，2015 年 8 月完工，双向 4 车道改 8 车道；③南昌至樟树高速改扩建，全长 86.545 千米，2012 年 11 月开工，2015 年 10 月完工，双向 4 车道改 8 车道；④金溪至抚州，全长 39.58 千米，2013 年 8 月开工，2015 年 10 月完工，双向 4 车道；⑤南昌至宁都，全长 248.6 千米，2013 年 11 月开工，2015 年 12 月完工，双向 4 车道；⑥南昌至上栗，223.09 千米，2013 年 12 月开工，2015 年 12 月完工，双向 4 车道。

普通国省道建设养护全面加强。通过银行贷款、争取省财政补助资金以及盘活结余资金等手段，采取以奖代补方式提高省级补助标准，支持各地开展普通国省道升级改造攻坚活动。全年完成升级改造 428 千米、路面改造及养护大中修 3309 千米、灾毁恢复重建 837 千米、危桥改造 395 座、安保工程 2188 千米。

农村公路“建管养运"强力推进。基本完成

全省县乡道网规划调整,加快推进农村公路改造建设、通自然村水泥路建设,自筹资金12.5亿元用于全省25户以上自然村通水泥路建设,全年完成农村公路新改建里程1.45万千米,其中建成通自然村水泥路1.1万千米。完成农村公路危桥改造265座。

高速公路建设

【朱希察看高速公路建设情况】 1月8日至9日,省交通运输厅党委书记、厅长朱希先后来到昌栗高速、萍洪高速、吉莲高速永莲隧道、昌宁高速项目一线,察看工程建设情况,看望慰问工程建设人员。

(省高速集团)

【药湖大桥至樟树枢纽段建成通车】 2月1日全长72.34千米、双向八车道昌樟高速一期改扩建工程药湖大桥至樟树枢纽段,建成通车。昌樟高速公路改扩建项目按八车道标准分二期建成,是省内第一条"四改八"高速公路,且全线实现ETC车道全覆盖和电子监控全覆盖。昌樟高速公路经改扩建后,设计达到6万至8万辆(最高承受近9万辆)的日交通量。

(省高速集团)

【东昌高速公路首根桩基开钻】 3月3日上午,东昌高速公路首根桩基开钻,该桩基位于新干县大洋洲镇境内的C6合同段赣江特大桥,标志着东昌高速公路项目建设开工。此次率先开工的C6合同段赣江特大桥全长2156米,由主桥、临时通航孔、跨堤孔及引桥4部分组成,其中主跨180米悬浇预应力混凝土连续钢构,是同类桥梁单跨长度的"江西第一",是整个东昌高速公路建设项目最重要的控制性工程。

(省高速集团)

【鹿心社察看东昌高速公路项目建设情况】 4月8日,省长鹿心社深入东昌高速公路施工现场,察看工程建设情况,看望慰问奋战在施工一线的工程建设者。

在详细了解东昌高速公路项目的规划设计、建设工期、重点控制性工程后,鹿心社询问项目建设目前还存在的困难和问题。他指出,东昌高速公路是实现全省高速公路通车里程达到6000千米目标的重要组成部分。要在确保质量和安全的前提下加快建设进度,各参建单位要创新工作思路和方式,精心组织,合理安排工期,采取更加有力的措施确保工程顺利进行。沿线地方政府和有关部门要密切配合,齐心协力破解难题,为实现项目2016年底建成通车营造良好的施工环境。

(省高速集团)

【昌宁高速公路项目首个特长隧道——石马隧道贯通】 4月15日,昌宁高速公路项目首个特长隧道——石马隧道顺利贯通。石马隧道位于永丰县境内,全长3200米,地处崇山峻岭之中,设计围岩以Ⅳ级、Ⅴ级为主,Ⅲ级围岩仅占10%左右。石马隧道地质、地形十分复杂,项目办提前谋划,专门就隧道进行了施工辅道招标,并采取永临结合的方案,提前协调电力进场,实现了"零事故"的预期目标。

(省高速集团)

【武吉高速北段沥青路面就地再生工程全面铺开】 5月,上高管理中心所属武吉高速北段沥青路面就地热再生工程全面铺开,此次开展就地热再生工程的路面面积达42.6万平方米,成为省内继昌九高速、乐温高速后第三条实行就地热再生工程的路段。

就地热再生是一种预防性养护技术,采用专用的就地热再生设备,对沥青路面进行加热、铣刨,就地掺入一定数量的新沥青、新沥青混合料、再生剂等,经热拌和、摊铺、碾压等工序,一次性实现对表面一定深度范围内的旧沥青混凝土路面再生的技术。就地热再生技术对废料的利用率达到90%以上,实现节能环保和废物利用。

(省高速集团)

【昌宁高速公路龙坊高架桥顺利合拢】 7月7日,昌宁高速公路项目重要控制性工程之一——龙坊高架桥顺利合拢。

龙坊高架桥位于永丰县境内,全长1183米。该桥由主桥和引桥两部分组成,其中引桥设计40

米预应力连续T梁，主桥设计为57米+3×100米+57米悬浇箱梁，采用挂篮悬臂浇筑法施工。全桥共8个“T”构，要求对称平衡悬臂逐段浇筑施工，是施工的重点难点所在。

由于该桥处于岩溶发育地带，溶洞、斜岩、孤石等复杂地质情况非常普遍，再加上桩基直径大（主桥桩基直径为2.8米），给施工带来了很大的困难。为此，项目办多次组织召开相关专题会，同时邀请专家现场指导施工，制订溶洞桩基处理方案和施工的手册，为施工提供坚强的技术保障。

（省高速集团）

【昌宁高速双溪岭隧道贯通】 7月27日，昌宁高速公路控制性工程、全线第二长隧道——双溪岭特长隧道贯通。

双溪岭隧道位于永丰县境内，左右洞全长共4500米，围岩总体情况较差，开挖难度较大，隧道洞口为碎石土、强风化砂岩，洞身为中风化凝灰质砂岩和断层破碎带，低山地貌，地形起伏较大，穿越多条破碎带，山势较陡施工难度非常大。采取质量可控、安全可控、进度可控的有效措施，成功实现了安全“零事故”贯通。

（省高速集团）

【昌九高速改扩建通远试验段建成通车暨昌九高速全线“四改八”改扩建项目启动】 8月8日，昌九高速公路改扩建通远试验段建成通车，省交通运输厅副厅长王昭春、省高速集团总经理任东红出席，厅宣传处、集团党委委员、赣粤公司、交通质监局、集团有关部门负责人，以及昌九高速通远试验段项目的业主、设计、施工、监理单位代表，共计100余人参加。会上，王昭春宣布昌九高速改扩建通远试验段建成通车及全线改扩建全面启动，任东红主持，昌九高速改扩建项目办负责人介绍项目建设基本情况。

昌九高速公路改扩建通远试验段项目起点位于九江县马回岭茶林场，终点位于九瑞枢纽互通南端分汇流点，路线全长10.4千米，由双向4车道扩建为双向8车道。项目2012年10月开工。

昌九高速全线四改八拓宽项目起点为昌北枢纽互通北端（K8+000），终点为七里湖枢纽互通南端（K103+602），除去通远试验段，路线全长87.882千米。全线主体采用两侧加宽的扩建方式，在地形困难地段修建分离式路基。

（省高速集团）

【昌宁高速最长隧道——雩山隧道顺利贯通】 9月11日凌晨，昌宁项目重点控制性中的控制性工程，全线最长隧道——雩山隧道顺利贯通，标志昌宁项目主线便道全部拉通，为年底全面建成通车奠定了坚实的基础。

雩山隧道是昌宁高速全线最长的特长分离式隧道，其中左洞长5110米，右洞长5118米，由C10标、D1标共同承建。隧道横穿雩山山脉，洞体最大埋深约750米，围岩多为砂岩和花岗岩相互夹杂的复杂结构，岩层破碎严重，地质条件极其复杂，施工难度大。采取质量可控、安全可控、进度可控的有效措施，完成隧道“零事故”贯通的目标。

（省高速集团）

【安定高速鹅公隧道顺利贯通】 10月20日上午11时18分，鹅公隧道左洞顺利贯通，这也成为安定高速全线第一个双洞贯通的隧道。

安定高速公路项目共有隧道2座，其中鹅公隧道位于赣州市定南县鹅公镇，为安定高速公路定南联络线上唯一一个小净距短隧道，左洞长428米，右洞长405米。2015年3月该隧道正式开挖进洞，双洞同时施工，采用单向方式由北向南掘进，出口和入口处为Ⅴ级围岩，设计有40千米长管棚，洞内以Ⅳ、Ⅴ级围岩为主，围岩主要为全、强风化花岗片麻岩，裂隙密集，开挖拱顶易坍塌，在施工过程中，施工单位精心组织，及时调整方案，有效保证了隧道掘进的顺利进行。

鹅公隧道右洞已于9月26日贯通。随着左洞的贯通，鹅公隧道全线贯通，为安定高速公路2016年通车奠定基础。

（省高速集团）

【昌樟高速改扩建、金抚高速建成通车新闻发布会暨昌九高速改扩建、新干航电枢纽项目建设动员会召开】 11月6日，南昌至樟树高速公路改扩建、金溪至抚州高速公路建成通车新闻发布会暨南昌至九江高速公路改扩建、新干航电枢纽项目建设动员会在南昌召开，省委副书记莫建成出席会议并宣布昌樟高速改扩建、金抚高速建成通车。

两个建成的高速公路项目总里程126.1千

米。南昌至樟树高速公路四改八改扩建项目是全省首例高速公路四改八改扩建工程。金溪至抚州高速公路项目是我省22条高速公路加密线之一。其中昌樟高速公路改扩建工程,在交通组织、农民工工资管理、建设施工三大领域实现突破创新。交通组织在全国首创"边通行、边施工"先例;农民工工资在全国首创全过程运行和监管机制,实现农民工工资"零拖欠"、民工"零投诉"、"零上访";建设施工成为全国绿色循环低碳公路主题性示范项目。

两个启动征拆工作项目总投资超100亿元。其中,南昌至九江高速公路四改八改扩建项目,由双向4车道拓展为双向8车道,标志着江西在周边省份中率先实施出省高速通道扩容升级。新干航电枢纽项目是一座以航运为主、兼顾发电等综合利用功能的Ⅲ级航电枢纽工程。

(省高速集团)

【凌成兴考察赣粤高速峡江、樟树服务区】 12月10日,工业和信息化部党组成员、国家烟草专卖局局长、党组书记凌成兴,在副省长李贻煌陪同下,考察赣粤高速峡江、樟树服务区运营管理工作。

在峡江服务区,凌成兴察看服务区常态化管理情况,详细了解经营情况。在樟树服务区,凌成兴考察樟树服务区改造后餐厅和超市的变化,在现场了解价格、保质期、品种等信息后,充分肯定赣粤高速服务区首推的"同城同价、平价经营"理念,对服务区推出的便民惠民服务举措高度赞赏。

凌成兴指出,近年来,江西通过服务区环境整治、"百姓满意服务区"评选及全省高速公路星级服务区创建和星级评定等举措,不断加强服务区的硬件和软件建设,大力提升服务质量,为服务社会公众出行,促进经济社会发展发挥了重要作用。下一步要不断创新机制,积极作为,继续为推动江西高速公路发展、打造江西名片贡献力量。

(省高速集团)

【推介"智慧收费站整体解决方案"】 12月21日上午,锦路科技公司KINGROAD品牌启用暨智慧收费站解决方案推介会在南昌红谷滩新区顺利召开。省交通运输厅副厅长王爱和出席本次推介会。

本次推介会的召开,是省公路开发公司加快推进下属企业市场化进程的重要成果,是锦路科技公司向市场迈出的又一大步。"智慧收费站整体解决方案"是锦路科技公司经过一年多的不懈努力,自主设计、开发的"智慧收费站管控平台"及一系列软硬件系统的集合,是集互联网+,云存储,智能控制、移动端APP技术于一体的系统解决方案,是未来智慧高速建设的重要组成部分。通过本次会议的讲解、推介和现场演示,KINGROAD品牌商标和智慧收费站产品,获得与会领导和专业人士的高度评价和肯定,为产品今后市场推广打下了良好的基础。

(省高速集团)

【昌栗高速公路项目通过交工验收】 12月24日上午,昌栗高速公路建设项目交工验收会在上高召开,会议听取和审议设计、施工、监理、业主等单位的工作情况报告,省交通质监局通报了昌栗高速公路项目交工验收检测情况并宣布昌栗项目通过交工验收。

(省高速集团)

【朱希察看昌宁、宁安、安定、昌栗高速公路建设情况】 12月24日至26日,省交通运输厅党委书记、厅长朱希察看昌宁高速、宁安高速、安定高速和昌栗高速工程建设一线,察看项目建设情况,慰问广大工程建设人员。

在昌宁、昌栗高速公路项目,朱希一行重点察看互通枢纽、服务区、收费站及安保设施等建设情况,询问工程进展情况。朱希指出,昌宁、昌栗高速公路项目是全省高速公路通车里程突破5000千米的收官项目,各参建单位要善始善终、善做善成,落实各项措施,全力做好高速公路通车各项准备工作;要加紧与地方沿线各部门沟通协调,妥善解决工程扫尾有关问题;要加强安全教育,不断完善安全设施,确保不发生重大交通事故。各相关运营单位要主动对接,强化联动、协调配合,圆满完成通车前各项工作任务。

在宁安、安定高速公路项目,朱希重点察看路面摊铺、边坡绿化带、分离立交及隧道岩洞等施工现场,听取项目建设情况汇报,仔细了解项目进展、安全施工、党风廉政建设等情况。朱希强调,宁安、安定等高速公路项目既是全省高速公路通车里程突破6000千米的关键项目,也是支持赣南等原中央苏区振兴发展的重点项目。参建各方要紧紧围绕目标任务,强化工作落实;要精心组织,紧锣密鼓推进项目建设;要咬住控制性工程和薄弱环节,对影响工程进展和形象的征地拆迁、连接线施工等重点、难点问题,加大督导力度,责任到人,逐一消化;要抓好安全生产,确保施工质量和安全;要切实关心广大参建人员的生产生活,扎实做好春节期间综合管理工作,维护项目建设和谐稳定。

(省高速集团)

【乐温高速公路瑶北互通立交工程通车试运营】 2015年12月26日,乐温高速公路瑶北互通立交工程通车试运营。

乐温高速公路瑶北互通立交工程位于南昌高新技术开发区昌东镇,在南昌东外环乐温高速(福银高速)公路上设置双喇叭式互通立交,连接天祥大道,为省、市重大重点项目,其中光伏太阳能发电和LED照明工程列入交通运输部"一城一港"建设低碳交通运输体系试点项目。该项目是南昌高新区与福银高速连接的交通枢纽,项目总用地24.67公顷。路基填筑(借砂填筑):85.24万立方米,铺设沥青混凝土面层63032平方米,建造匝道桥梁316米/2座,涵洞20道,通道6道。配套管理及服务设施有:交通安全(标志78块、标线6051平方米、护栏8706米)、房建(综合楼、宿舍楼、食堂、配电房、收费大棚,总建筑面积约4182.21平方米)、绿化(铺植草皮面积11.53万平方米、各类乔木6473株、园路铺装1391平方米)、机电(监控、通信、收费)以及光伏太阳能发电和LED照明工程等,总概算约2.99亿元。

(周国祥　刘卫)

【南昌绕城高速公路南外环开工建设】 2015年3月,列入国道主干线网之南昌市绕城高速公路(G6001)的最后一段——南外环正式开工建设。

南昌市绕城高速公路南外环起于南昌市东外环高速公路塔城互通,经南昌县塔城乡、武阳镇、八一乡、莲塘镇、富山乡、小蓝经济开发区和红谷滩新区生米镇,在过赣江后与昌樟高速公路交叉,终于南昌市西外环高速公路,全长约35.8千米。

道路主线共分高架、地面两种形式,设计车速为100千米/小时。道路主线采取双向6车道,分为整体式一块板及分离式两块板路基两种形式,其中整体式路基路幅宽33.5米,分离式路基单幅宽16.75米。全线设有桥梁26座,桥梁总长22508米,占公路总长度的61%。其中莲塘高架特大桥长度为16896米,赣江特大桥长度为3037米。设置塔城枢纽、武阳互通、莲塘互通、迎宾互通、金沙互通、昌宁枢纽、沿江互通、九龙互通、昌西南枢纽等9座互通。项目投资概算71.1亿元,占地296公顷,涉及房屋拆迁约22万平方米。

南外环工程施工预计2017年上半年全部完工。

(周国祥)

【修平高速公路全线开工】 总投资55.48亿元的修平高速公路项目进入全面开工建设阶段。

2015年3月18号,在大桥镇的修平高速公路B5标段,施工人员正在冒雨进行拌合站建设和桥梁桩基开挖。B5标段共有7.38千米,需要开挖土石方100万方,建设桥梁5座。通过项目方的主动作为和科学施工,目前B5标段完成土石方8000立方,施工进度较快。大桥镇已完成所有土地征收工作,拆迁房屋10栋,调处征迁矛盾纠纷80多起。

修平高速是一条新增的省际运输大通道,是我省北部地区重要的东西横向路线。项目起点位于庙岭乡棚塘附近,连接武吉高速,呈东西向走势,途径太阳升、四都、上杭、杭口、马坳、渣津、上衫、大桥等10个乡镇35个行政村,终于赣湘省界。线路全长80.1千米,采用双向四车道公路标准建设,全线共设4个互通(庙岭枢纽互通、杭口互通、渣津互通、大桥互通)、1个服务区(马坳服务区),计划2016年底建成通车。

(九江市交通运输局)

【昌栗、昌宁高速公路建成】 南昌至上栗高速公路是江西省规划的"四纵六横八射线"高速公路网主骨架的一横,东起南昌西外环高速公路,西接萍洪高速公路,线路总长223.09千米,工程投资114.2亿元。途经高安、上高、宜丰、万载、袁州五个县(市、区),14个乡镇(街道、场),在该市境内线路长约177千米。南昌至宁都高速公路是规划建设的"南昌—宁都—兴国—韶关"国家高速公路网的一部分,项目路线起点位于南昌市南昌县冈上镇,途经丰城市,在该市境内约70千米。

(柳承启　易　锋)

【黄德刚到昌栗高速公路C段督查征迁工作】 2015年2月5日,宜春市政府副市长黄德刚现场察看昌栗高速公路建设情况,就万载县和袁州区境内征地拆迁问题在万载县主持召开昌栗高速公路征地拆迁工作协调会。副市长黄德刚对下一步的昌栗高速公路征迁协调工作提出四点要求:①提升政治责任。②严格执行政策。③营造良好的施工环境。④确保按时完成任务。昌栗高速公路2015年底要建成通车,市征迁协调办要建立考核机制,督促沿线县(市、区)妥善处置好征地拆迁遗留问题,对征迁工作做得好的要给予奖励,差的要给予处罚。

(柳承启 易 锋)

【铜万高速宜丰联络线启动】 2015年11月18日,铜万高速宜丰联络线项目正式启动。铜鼓至万载高速公路宜丰联络线西起黄岗北至天宝,跨越大广高速,与昌铜高速相连,是一条江西省地方加密高速公路。项目全长25.741千米,工程投资30亿元,途经黄岗镇、双峰林场、潭山镇、黄岗山垦殖场、天宝乡等5个乡镇(场),20余个行政村。全线按全封闭、全立交双向4车道高速公路标准建设,路基宽24.5米,采用沥青混凝土路面,设计行车速度80千米/小时。在天宝床源设立天宝服务区,项目2016年1月开工建设,计划2017年底建成通车。

(柳承启 易 锋)

【丰城市昌樟高速一期改扩建工程基本建成通车】 全长72.34千米、双向8车道昌樟高速公路一期改扩建工程(药湖大桥至樟树枢纽段)于2月1日基本建成通车。这次改扩建后,昌樟高速拓展为双向8车道,设计达到6万至8万辆(最高承受近9万辆)的日交通量。昌樟高速公路改扩建项目全线实现了ETC车道全覆盖和电子监控全覆盖。新昌樟高速主线每2千米布设1对遥控摄像机,保证全天候无盲点监控,药湖特大桥新桥按450米间距布设固定激光夜视摄像机1套,有效提高了夜晚智能监控效果。

(沈壮华)

【昌栗高速高安段竣工试通车】 12月26日,历期3年多建设的南昌至上栗高速公路高安段竣工试通车。昌栗高速公路高安段起于高安市大城镇,止于杨圩镇,途经大城、祥符、瑞办、汪家等9个乡镇(街道),45个行政村,主线长53.78千米,在祥符设高安东、燕溪设高安、曾家桥水库设高安西三个出口,并在大城设服务区1个。加上3个出口互通总计68千米,总投资37.8亿元。昌栗高速高安段于2013年9月开始建设,该路的建成通车,让高安市实现东与鄱阳湖生态经济区相融,西与长株潭城市群相连,结束高安无高速公路的历史。标志着高安市东西向以沪昆高速、昌栗高速、国道320,南北向以高胡一级公路为主框架的工字形公路网已经全面形成,杭南长高铁高安境内全长80千米,形成高铁、高速连接线,国、省道和城市道路组成的纵横交错的南北局域路网。

(周世祥)

【昌栗高速高安出口收费站主体工程竣工】 12月28日,昌栗高速高安出口收费站主体工程竣工。站体占地面积1000平方米,主体宽64米、高22米。柱子采用仿真石抛光漆,青花瓷片镶边,蓝灰色琉璃瓦屋顶,檐线采用进口仿古木镶吊线,吊线下方分别为3米×16米正反各一块,3米×13米正反各两块,3米×11米正反各两块的铅铜片浮雕镶面。车道为“四进七出”,工程造价1200万元。

(周世祥)

【昌栗高速公路高安连接线与主线同步试通车】 12月28日,昌栗高速高安连接线工程与主线同步试通车。该线起于昌栗高速公路高安互通出口(桩号为K0+000,与互通A匝道终点AK0+900相接),全长5.177千米,其中:中小桥73.08米/2座,涵洞19道,平面交叉4处。该路为城市主干路,路宽48米,为双向8车道沥青混凝土路面,设计行车速度60K千米/H,桥梁设计荷载:公路—1级,设计洪水频率1/100(中桥)。工程投资1.77亿元。工程于2014年7月开工建设。

(周世祥)

【金抚高速公路通车】 11月6日10时,金溪至抚州高速公路通车。金溪至抚州高速公路是连接济南至广州高速公路和福州至银川高速公路的地方加密公路,也是江西省22条加密高速公路之一,地处抚州市境内,呈东西走向,东设金溪枢纽互通与济广高速相连,途经金溪县秀谷镇、琅琚镇、浒湾镇,临川区嵩湖乡、东馆镇,西至抚州至吉安高速公路起点,设置抚州南枢纽互通,按全封闭、全立交双向四车道高速公路标准建设,路基设计宽度为26米,沥青混凝土路面。工程于2013年8月开工建设。

(陈根玲)

【福银高速临川北互通建成通车】 经过近2年时间的建设,福银高速临川北互通工程顺利完成,于2月18日凌晨零点正式通车。福银高速临川北互通工程是经江西省交通运输厅批准立项,由临川区全额投资建设的重点工程。工程总投资约8000万元,于2013年3月正式开工。该互通距离临川互通及罗针互通各10千米,距离2014年新建的东昌高速与福银高速连接枢纽2千米。东昌高速建成后,大部分至抚州车辆都将从临川北互通分流。

(陈根玲)

普通公路建设

国道

【谢来发调研国道320绕城改建工程】 1月5日下午,宜春市人民政府常务副市长谢来发调研指导国道320绕宜春中心城区改建工程。谢来发一行现场察看改建工程全线,实地调研沙田广场、山背水库等征地拆迁问题,观摩路基、桥梁等工程标准化建设和规范化施工作业,听取工程项目概况,工程管理措施和工程进展相关情况汇报。国道320绕宜春中心城区改建工程,起点位于三阳镇天井村,终点位于西村镇沙田村,路线全长32.475千米。该工程按双向四车道一级公路标准建设,设计速度60千米/小时,路基宽度24.5米,项目估算总投资13.46亿元,建设工期24个月,预计2016年6月竣工通车。

(余 强)

【国道353五都至桐畈段沥青路面工程完工】 国道353(宁德至福贡)广丰境内五都至桐畈段沥青路面主体工程于7月18日完工。该项目属上饶市2014年普通国省道干线路面大中修工程,总投资约2250万元,全长12.129千米,该项目成功运用"就地冷再生"新工艺、新技术,在摊铺机上加装"36束平衡梁"新设备,运用"布敦岩改性沥青"新材料,取得良好的质量效果和社会效益。

(吴信斌)

【南昌县境内国道320、316沥青罩面工程已完成交工验收】 南昌县境内国道320、316沥青罩面工程起点位于南昌县银三角立交桥匝道,终点位于昌南大道口。本工程国道320全长8.154千米,总投资94.1万元。均属沥青混凝土路面,2014年10月正式开工建设,于2015年7月13日完成交工验收。

(姜国香)

【国道320横峰县城段沥青路面重建完工】 8月31日,横峰公路分局完成了国道320横峰县城廼垅至工业园区段4.24千米、16米宽沥青路面铺设工作,标志着国道320县城段沥青路面重建完工,共投入路面重建经费2000多万元。

(尹成军)

【国道105湾里区境内的路面改建工程完工】 8月31日,国道105湾里区境内的(K1672+181~K1680+705)路段路面改建工程顺利完工。该工程总投资3800万元,全长8.524千米,路基宽24米,路面宽21米,本项目为一级公路,设计速度80千米/小时。

(陈 萍)

【钟志生调研国道206改造项目工作】 11月19日下午,景德镇市委书记钟志生、市长颜赣辉实地调研景德镇市国道206沿线改造项目情况,并召开座谈会。钟志生强调,要科学规划,统筹协调,倒排时间节点,加快施工进度,力争项目早出形象早见成效。

钟志生、颜赣辉一行先后实地查看了国道206沿线唐英大道、北汽新基地路口、洪源立交、二亭村加油站及景鹰高速月亮湖出口等地,听取相关情况汇报,认真查看规划图纸和设计方案,详细了解工程建设情况及现阶段遇到的困难和问题,并现场予以协调部署。钟志生指出,要抢抓晴好天气,加大设备和人员投入,赶时间、赶进度,保质量、保安全,确保按时间节点完成各项目标任务。

在景鹰高速月亮湖出口处,钟志生、颜赣辉仔细询问在建月亮湖收费站目前项目进展情况,不时提出意见和建议。钟志生指出,月亮湖收费站,连接景鹰高速,与国道206形成大通道,建成后,将成为景德镇的南大门。沿线道路是否美观,将决定客人能否在景德镇留下美好第一印象。要认真做好绿化美化、环境整治、拆迁征地等工作,提升道路品质,塑造精致、干净、整洁的"城市门"形象。

(洪耀祖)

【国道320横峰段全线通车】 9月26日,国道320横峰段全线通车。完成国道320横峰县境内司铺乡的东流桥、枫树底桥2座危桥新建和笔架山桥面铺装,横峰县城至上饶县交界处12.21千米沥青路面重建工作。

(郑胜民 尹成军)

省道

【吴运波调研省道314樟排线工程建设】 1月6日,萍乡市委常委、副市长吴运波深入武功山管委会万龙山乡对省道314樟排线明月山至黄芽岭段(萍乡段)新建工程进行了调研指导。调研中,吴运波详细询问公路走向及工程进展情况,在听取相关部门的工作汇报后,对各部门所作的工作充分肯定,并要求继续按市政府的部署抓好落实。省道314樟排线明月山至黄芽岭段(萍乡段)新建工程,是省"十纵十横"国省干线网的重要组成部分,是省重点交通项目,设计标准为二级公路,设计速度40千米/小时,路基宽8.5米,路面宽7.5米,萍乡市境内长约10.3千米。

(童 理)

【王大胜调研省道322公路改建工程】 2015年1月9日,吉安市副市长王大胜一行到省道322遂川横店至高坪段改建工程视察调研,对2015年春节前的工作提出了具体要求。王大胜要求,项目建设单位在春节前一定要保障路面平整,安全畅通,确保沿线群众顺利出行;要倒排工期,进一步加快施工进度,确保2015年1月31日前横店至南江段完成沥青路面铺筑、南江至汤湖段全线形成垫层通车的目标顺利完成。同时,全部疏通沿线水沟、涵洞,确保来年春季灌溉用水通畅。

(周 亮 贺国求)

【省道203新东线(广丰路段)路面重建工程竣工】 5月4日上午,省道203新东线(广丰路段)K118+163～K125+000路面重建工程开工。

该省道是通往玉山县与国道320连接,是广丰县通往浙江重要出省通道。因受日益增多绕道超载车辆的影响,原有路面损坏严重,必须对其进行重建,才能恢复路面正常使用功能,现采用原有路面破碎后加铺水稳基层及沥青面层施工方案,投入资金800多万元,工程于11月中旬竣工。

(吴信斌 石建英)

城市路桥

【南昌象湖隧道建成通车】 南昌象湖隧道位于象湖景区中部,是南昌市东西向干线道路朝阳大桥—九洲大街—象湖隧道—广州路的重要组成部分,为九洲大街下穿象湖的东延伸工程,西起子羽路,东至迎宾大道,为城市主干道。隧道全长2700米,其中湖底暗埋段长度约为1725米,设计速度50千米/小时。隧道为双向六车道,机动车道净空4.5米。工程总投资约19.68亿元。工程建成后,将与九洲大街、朝阳大桥等构成一条完整的快速路。向西,可通过前湖大道快速路直通西外环;向东,可通过广州路直通东外环。除了建设隧道主线外,还辅以建设6条匝道,这在江西尚属首次。其中,隧道西端2条匝道,东端4条匝道。

南昌象湖隧道工程于2012年开工,实质性施工从2013年年初开始。隧道暗埋段主体工程由44个节段组成,每个节段长度约40米。象湖隧道全程仅设机动车道。2015年5月18日开通九洲大街至施尧路段,10月底实现全线开通。

(周国祥)

【南昌朝阳大桥通车】 2015年5月18日9时38分,南昌市区第六座跨赣江大桥——朝阳大桥正式通车,行人和非机车道于8月13日通行。

朝阳大桥位于南昌大桥与生米大桥之间,西起新建区的红角洲丰和南大道,东至西湖区朝阳新城抚生路,沿线接前湖大道、跨赣江南大道、沿江南大道、接九洲大街。朝阳大桥直接对接九州高架桥和象湖隧道，西岸可直达接枫生城市快速路，是一座跨区域的过江大桥。

朝阳大桥全长 3.6 千米，桥面宽 33.5 米至 40.5 米，朝阳大桥机动车道为双向八车道，时速为 60 千米。非机动车道宽 4 米，外侧设置有不锈钢安全护栏，内部空间采用暖色效果设计，在通道内密集分布照明灯，环境非常舒适，体现以人为本的理念。朝阳大桥人非通道除了具有交通功能外，在桥梁的中间，还建有两处观景平台，通过台阶与桥梁两侧的人非通道联通，市民可以漫步至赣江中心，在观景平台上一览赣江美景，也可以在观景平台完成转向。

朝阳大桥于 2012 年 10 月 18 日开工建设，主桥主跨采用六塔七孔单索面斜拉桥方案，大桥跨越赣江范围全长约 1560 米，分为主桥和引桥两部分。其中主桥长 720 米，桥跨度结合为 60 米 + 5×120 米 + 60 米，桥梁宽 38.5 米，塔高 35 米。作为一座特大城市桥梁，朝阳大桥的抗震设防裂度为 7 度。设计洪水频率为三百年一遇，设计基准期为 100 年。

（周国祥）

【南昌地铁 1 号线通车】 2015 年 12 月 26 日，南昌地铁 1 号线开通试运营，为南昌市首条开通运营的地铁线路，南昌成为国内第 25 和中部第 4 个开通地铁的省会城市。

南昌地铁 1 号线一期工程全长 28.84 千米，共 24 个车站，连接经开区、红谷滩新区、东湖区、青山湖区、高新区，起讫站分别为双港站和瑶湖西站，发车间隔为 6 分钟。识别色为红色，采用六节编组，列车车辆均为 B 型车，车厢宽 2.8 米，高 3.8 米，车体有效长度 19 米，单向每小时最大载客量 3 万至 5.5 万人次。1 号线初期配车 27 列。

南昌地铁 1 号线于 2009 年 7 月 29 日开工建设，项目建设工期为 5 年，工程总投资为 181.1 亿元。2015 年 9 月 10 日开通试运行，2015 年 12 月 26 日载客运营。

（周国祥）

【宜春市袁州区宜新公路新城段工程竣工】 11 月 23 日，宜新公路新城段顺利通过验收，标志着经过两年多奋战的宜新公路新城段建设工程竣工。宜新公路是该区城市建设重点工程之一，是一条城区通往宜春新火车站的城市主干道，对加快袁州新城建设、推动袁州新城周边开发、促进经济发展发挥着重要的纽带作用。该项目全长 4.88 千米，路宽 50 米，按双向 6 车道城市道路标准设计，采用沥青混凝土路面，工程总投资 15000 万元。于 2013 年 3 月开工建设，全线路基工程、路面铺设工程和大小桥梁建设及沿线绿化工作全面竣工。

（李　庆）

【樟树市沿江北路全线通车】 沿江北路为城市次干道，是 2015 年樟树市投资规模较大、沿途风景最好、拆迁、征地、杆线迁移涉及单位最多，协调难度最大的市政道路工程。工程起于共和西路，终于吴城路，全长 4 千米，主国道宽 19 米，按城市道路Ⅲ级标准建设。结构层为沥青混凝土路面，雨污分流，污水管采用 HDPE 缠绕增强管、雨水管采用砼圆管涵，人行道板采用花岗岩铺设，工程预算总造价约 1 亿元。主路于 2013 年 12 月开工，2015 年 11 月竣工通车。

（杨　波）

【樟树市四特大道延伸工程 PPP 项目获中央预算内投资 1500 万元】 8 月底，樟树市四特大道延伸工程 PPP 项目通过省发改委审批，获 2015 年深化县城基础设施投融资体制改革试点县城镇基础设施建设中央预算内投资计划 1500 万元。该项目总投资 1.42 亿元，新建道路 1.19 千米、跨龙溪湖桥梁 105 米，以及配套建设交通安全设施、绿化、照明、排水工程等。项目拟采用 DBFOT——即“设计、建设、融资、运营、移交”的模式推进。

（杨　波）

【高安市平安大道竣工通车】 高安平安大道，西至米州大道（环城西路），东至环城东路（龙工大道），全长 7546 米，宽 40.5 米，总投资约 1.33 亿元。2013 年 5 月 5 日动工建设，2015 年 1 月 16 日竣工通车，总工期为 20 个月。道路设计标准为城市主干路，道路采用三幅路型式，路幅总宽分为 58 千米，设计时速 40 千米/小时，采用投资建设—移交—回购的模式建设。

（周世祥）

【高安市东环路桥工程竣工通车】 高安东环路桥工程于1月16日竣工通车,该工程北至平安大道,经龙工大道,南至高胡一级公路,全长11.54千米,建有大桥3座,分别为跨新320国道桥、跨高安大道桥、跨锦江大桥,总投资约4.8亿元。道路设计标准为城市主干路,道路采用三幅路型式,路幅总宽分为48千米,3.5米(人行道)+5米(绿化分隔带)+3.5米(非机动车道)+24米(机动车道)+5米(绿化分隔带)+3.5米(非机动车道)+3.5米(人行道);路面结构为:上面层为4厘米细粒式沥青混凝土,中面层为5厘米中粒式沥青混凝土,下面层为7厘米粗粒式沥青混凝土;上基层为18厘米厚水泥稳定碎石(5%),中基层为18厘米厚水泥稳定碎石(5%),下基层为18厘米厚水泥稳定碎石(3.5%),垫层为18厘米级配碎石,人行道采用经济实用的吸水砖铺装。设计时速40千米/小时,采用投资建设—移交—回购的模式建设。

(周世祥)

【上高县启动新上高大桥建设】 2015年4月,上高县启动新上高大桥建设。全新的"上高大桥"项目选址在上高大桥原址,采用上下层结构桥,上层桥均采用30米标准跨径现浇连续箱梁,上层桥跨越锦江两岸河堤,上跨胜利路和沿江路,跨径布置为4×30米+3×(3×30)米,桥梁中心桩号为K0+442.2,桥梁长400米,桥宽16米,为双向四车道;下层桥跨越锦江与胜利路和沿江路平交,采用跨径布置为22米简支箱梁+5×30米先简支后连续箱梁+22米简支箱梁,桥梁中心桩号为K0+472.2,桥梁长195米,单幅桥桥宽13米(含每侧0.1米护栏滴水),总宽26米,为双向六车道。计划施工工期12个月,总投资8000万元。

(冷光明)

【抚州市赣东大道(环城南路——临川大道)通车】 12月9日上午,抚州市赣东大道(环城南路至临川大道段)改造工程建成通车。

(陈根玲)

【抚州市区外环路建成通车】 3月8日,抚州市区外环路(王安石大道——站前广场),宽阔的双向六车道道路正式通车,交通信号设施完备,车辆通行十分顺畅。该路是抚州市第二条通往抚州火车站的道路,道路全长2580米,宽55米,下穿隧道部分496米。

(陈根玲)

【南城县河东工业大道北延伸段竣工】 南城县河东工业大道北延伸段建设工程系该县南北走向的城市主干道,起点位于河东工业大道与济广高速南城东互通连接线平交口处,终点与拟建的南城新一中北侧规划道路相交,线路全长1430米,项目总投资为3000万元。道路按城市主干道标准建设,设计速度:40千米/小时,为水泥砼路面,路基宽42米,横断面布置形式为:5米人行道+4.5米非机动车道+4米绿化带+7.5×2米行车道+4米绿化带+4.5米非机动车道+5米人行道。

该工程于2014年6月动工,2015年12月竣工。

(王素红)

【崇仁县创造路新建工程竣工】 创造路新建工程是崇仁县2014年24个重点工程之一,位于城区西部、属城区道路。项目工程建设主要包括道路新建和防洪工程两部分。项目总预算2513万余元,其中道路工程为1834万余元、防洪工程679万余元。该项目工程于2014年12月17日动工,2015年12月26日峻工。

(余家军)

【崇仁县白陂乡至城下公路建成通车】 白陂至城下公路是白陂乡连接通往崇仁县城的主干道,起于白陂乡政府大街、终于白陂乡城下村,全长3千米,属2014年农村客运网络连通工程路面拓宽建设项目。项目工程主要建设技术等级为三级的公路,路面为水泥混凝土结构,路基宽7.5米、路面宽6.5米。预算总金额300万元。

项目工程于2015年4月动工,2015年10月20日建成通车。

(余家军)

【崇仁县白陂乡座陂至赵家公路完工】 白陂乡座陂至赵家公路,是白陂乡通往崇仁县城的主干道,起于白陂笔架、终于沙罗线,全长6.25千米,属2014年县道升级改造工程。项目工程主要是建设技术等级为三级的公路,路面为水泥混凝土结构,路基宽7.5米、路面宽6.5米。该项目中标价686.7117万元。工程于2015年4月动工,2015年10月30日工程完工。

(余家军)

征地拆迁等工作正在有序开展,该路的建设将省道与沧溪、严台两个国家历史文化名村衔接起来,为该县乡村旅游发展起到重要作用。

(郑卫华)

县乡公路

【景德镇市开展农村公路安全隐患排查及数据采集工作】 5月初,市交通运输局组织公路工程技术人员开展全市农村公路安全隐患排查及数据采集工作,旨在为下半年铺开的农村公路安全生命防护工程建设提供基础依据,逐步消除农村公路安全隐患,保障农村公路安全畅通,预防和减少农村公路交通事故的发生。

此次农村公路安全隐患排查及数据采集工作以交通运输部发布的《公路安全生命防护工程实施技术指南》为指导,按照《中华人民共和国公路法》“县道县管、乡道乡管、村道村管”原则,集中力量、集中时间、安排专人,对全市范围内县道、乡道、村道中急弯陡坡、临水靠崖、高填方路基、危险桥涵、平面交叉道口、交通事故多发路段、视距不良路段等可能存在的安全隐患进行全面排查,并依据排查及数据采集到的翔实材料建立全市农村公路安全隐患基础数据库,为今后全面加强农村公路安全生命防护工程建设奠定基础。

此次排查工作以实地踏勘、逐路段分析研究为主,排查重点为县道、乡道和通行客运班车、校车的村道。排查分两个阶段进行,第一阶段的任务是5月底前完成全市县、乡道的排查;第二阶段的任务是7月底前完成通行全市客运班车、校车的村道的排查。

(徐小明)

【浮梁县东流至朱溪、勒功至沧溪两条公路开工建设】 东流至朱溪公路改建工程起点位于湘湖镇东流村,与省道304相接,终点位于寿安镇朱溪村。该路全长12.9千米,计划投资2279万元,按三级公路标准建设,目前正在进行征地拆迁及路面清表工作。该路的建设将进一步优化湘湖与寿安两镇交通环境,对当地矿产资源外运、促进乡镇经济发展意义重大。

勒功至沧溪公路起点位于勒功沧溪村,终点与国道206支线(省道302)相接,全长4.7千米,计划投资约1000万元,三级公路标准改建,当前

【萍乡市湘东区交通运输局重点项目建设】 ①省道232陈家塘至东桥升级改建工程全面竣工。该项目按二级公路标准设计,全长25.5千米,项目预算投资为1.18亿元,目前项目已完工。②省道308万东线东桥至界头二级公路改建工程即将完工。该项目按二级公路标准设计,全长11.3千米,项目预算投资为3000万元。③S533流田至桐田公路改建工程全面启动。该项目按一级公路标准设计,路线全长17.3千米,项目预算投资为3.6亿元,计划在2017年建成通车。其中,桐田桥改造工程总投资850余万元,全长106米、宽17.5米,计划2016年全部完工并进行交工验收。④国道60沪昆挂线改建工程正式启动。该项目按一级公路标准设计,全长3.882千米,项目预算总投资为7500万元。计划2016年10月竣工通车。

(萍乡市交通运输局)

【萍乡市安源区农村公路进程快速增长】 ①县道升级改造项目:高坑至幕冲4千米已全部完工;青山至福田已完成6千米水泥路面建设;汪公潭至五陂下5.9千米已全面完成沥青路面拓宽改造。②客运网络化连通工程:青山至清泉4.7千米已全面完成拓宽改造;高坑至王家源2.8千米已完工;圆塘冲至黄毛冲5千米水泥路面拓宽改造全部完成;高坑至楠木已完成1千米路面改造,路基拓宽已全部完成;公交西站至略下已完成4千米沥青路面改造,剩余3.1千米正在施工。③通自然村项目:完成2014年省下达25户以上自然村通水泥路建设计划65.6千米。④国有农林场通沥青水泥路项目:完成38.1千米。

(萍乡市交通运输局)

【芦溪县交通运输局启动源南至宣风通达工程建设】 该项目全程约16千米,途径芦溪县源南乡、银河镇、宣风镇,芦溪境内,按二级公路建设,路基宽约10米,设计时速60千米/小时,总投资约1.67亿元。截至2015年12月31日,该项目已完成工程可行性研究报告评审、压覆矿调查、环

境评估、移民调查、水土保持方案、地质调查等前期工作,建设资金基本落实到位。

(萍乡市交通运输局)

【莲花县县道改造建设项目】 ①良坊至田东公路,全长10.3千米,已全面升级改造为三级公路;②罗市至界化垅公路檀树下至谭坊段,全长13千米,全线水稳层已完成并铺设了8千米水泥路面;③六市经高洲至罗市公路,全长15.3千米,高洲至罗市段沥青路面铺设已完成,高洲至六市段已完成水稳层铺设和2千米的混凝土路面;④琴亭至潞江公路(外资路),全长10千米,已全面升级改造为三级公路;⑤浯塘至神泉公路,全长9.6千米,已全面升级改造为三级公路。

(萍乡市交通运输局)

【莲花县农村公路建设稳步推进】 莲花县交通运输局继续实行以奖代补的办法建设农村水泥路建设,全年共完成农村公路建设120千米,在实现100%的行政村通水泥路的基础上加快推进通自然村特别是新农村建设点和扶贫村自然村通水泥路进程,推进了莲花县农村交通发展。

(萍乡市交通运输局)

【新余市首条林区三级公路完成交(竣)工验收】 1月24日,新余市首条林区三级公路(丁家山至石坑)完成交(竣)工验收。该公路按三级公路标准建设,路基宽7.5米,路面宽6.5米,设计速度30千米/小时,设计荷载为公路Ⅱ级,路面结构采用20厘米厚级配碎石底基层、20厘米厚水泥稳定碎石基层、9厘米厚沥青混凝土面层,全程10.5千米。

(刘振忠)

【宜春市鼓励建设村组公路可获12万元/千米补助】 2015年,宜春市政府办出台《关于加快全市村组公路民生工程建设的实施意见》(下简称“意见”),明确建设村组公路每千米可获政府补助12万元。《意见》规定,在实施过程中,将根据村组公路现状、辐射人群、布局规划和当地农民生活水平等,统筹安排村组公路建设的先后顺序和建设标准;路面结构要因地制宜,可建设沥青表外路面或水泥路砼路面。同时,充分利用老路,最大限度地减少对耕地的占用和对植被的破坏。《意见》明确,至2020年底,全市25户以上的自然村要基本实现通水泥路,完成12202个自然村通水泥路,建设里程9639千米。村组公路原则上按四级公路标准建设,路基宽度不小于4.5米,路面宽度达到3.5米,每隔200~300米建一处错车台。从2014年起,凡列入省计划的通自然村水泥路建设项目,在省每千米补助8万元的基础上,市本级按2万元/千米的标准给予补助,县(市、区)按2万元/千米的标准给予补助。县级补助资金未到位的县(市、区),将不予安排市级补助资金。允许各地通过拍卖山地、林木和从沿线土地增值、资源开发收益中,根据自愿原则提取一定比例资金投入村组公路建设;可按照农村公益事业“一事一议”政策,筹集村组公路建设资金;鼓励社会各界捐款捐物,支持村组公路建设。鼓励村组公路建设项目业主采取包工不包料的方式进行项目管理,提高工程质量,降低工程造价;村组公路建设的招投标代理费和其他招投标费用要予以取消,监理费和其他收费要予以减免;县(市、区)政府对本级交通运输部门承担的项目管理和技术服务工作,应统一安排相应的工作经费,不得向项目业主收取任何费用。

(杨 萍)

【宜春市袁州区洞村至宜春公路(袁州段)改建工程项目竣工通车】 洞村至宜春公路是袁州区通往新余市的一条主要县道,全长16.841千米,起止桩号为K42+925~K59+766.14,途径石背村、石湾村、白沙村、渥江村、凌家里、胡家里、罗家坊、保塘、洲源,完成投资3700万元。此次改造路线主要走向不变,对路基进行加宽、降坡,部分地段裁弯取直,其中K42+925~K48+325段为水泥路面段,采用三级公路技术标准,设计速度:30K千米/h,路基设计宽度为7.5米,路面宽度为6.5米;K48+325~K50+275段为宜渥大道城市道路沥青路面段;K50+275~K53+800段为沥青路面罩面维修;K53+800- K59+766.14段为水泥路面大中修。该工程于2015年1月开工建设,2015年7月完工。

(李 庆)

【丰城至厚田枢纽一级公路通车】 丰城至厚田

枢纽一级公路从2012年10月开工建设，于2015年2月6日正式通车。丰厚一级公路按照高速公路标准打造，双向四车道，总投资8亿元，是丰城市对接省会南昌的一条快速通道。全长24.5千米，起点为龙津大道北端，终点为沪昆高速厚田枢纽，其中丰城境内21千米，南昌市新建县境内3.5千米，途经丰城的曲江、上塘、同田及新建县厚田4个乡镇，辐射沿线人口超20万。该路北与沪昆高速直接相连，西经丰城市新梅一级公路与赣粤高速对接，南与105国道、丰乐公路、丰抚公路连接，是丰城境内公路的重要连接线。

（沈壮华）

【靖安县加大农村村组公路建设举措】 靖安县人民政府制定出台《村组公路民生工程建设和农村公路危桥改造民生工程建设的实施意见》，县、乡财政每年安排专项资金对村组公路和危桥改造项目进行扶持，推动全县农村公路和桥梁建设。2015年，该县积极向上级申报农村水泥路建设计划98条，计72千米；独立桥梁2座，计84延米；危桥改造项目2座，计373.18延米，已获得上级交通部门批准。水口哲里—骆家坪景区—宝峰镇42千米旅游公路，其中34.5千米列入立项计划。

（刘 斌）

【奉新县新增138个自然村通水泥路】 2015年，奉新在年初制订了建设60千米上水泥路的农村通组公路建设工作目标。通过积极争取和各方共同努力，至年底，完成建设计划任务的100%，新增25户以上，通水泥路自然村138个。通过2013、2014、2015年3年的努力，共新增通水泥路的25户以上自然村366个，从而使不通水泥路的25户以上自然村由2013年初步的725个下降到359个，为2020年全面实现25户以上自然村通水泥路目标。

（魏振宇）

【奉新县天工大道连接线工程建设已竣工通车】

天工大道属昌铜高速与奉新冯田工业园区的连接线，是省道222奉新县城段绕城改造项目，工程总投资约2.79亿元，起点为昌铜高速连接线，终点接园区七路，全长13.04千米，设计路基总宽50米，路面结构为水泥砼和沥青路面。工程分两期建设，自2009年9月动工建设以来，先后克服工程征地拆迁难，地形复杂，地表水多，天气久雨等诸多不利因素的干扰，在奉新县委县政府的大力支持和沿途乡镇干部群众积极配合下，经过6年多的施工，于2015年12月全面竣工通车。

（魏振宇）

【高安市鼓楼高邮大桥公路改造完工通车】 1月31日，鼓楼—高邮大桥公路改造完成并正式通车。工程总投资438万元。该公路位于大城镇，起于鼓楼舒家连接320国道，途经鼓楼、高溪、高邮三村委会，终于高邮大桥，全长6.6千米，为四级公路，设计车速20KM/H，路宽6.5米：0.75米土路肩+5米行车道+0.75米土路肩，路面为水泥砼路面；桥涵荷载设计为公路二级，设计洪水频率1/25。

（欧阳朝霞）

【高安市八景庄头三级公路改造完工】 12月31日，八景—庄头三级公路改造完工。工程总投资191.8万元。该公路位于八景镇，是八景工业园区北区至江子上公路的一段，全长1.5千米，为三级公路，设计车速20KM/H，路宽6.5米：0.75米土路肩+5米行车道+0.75米土路肩，路面为水泥砼路面。

（欧阳朝霞）

【上高县袁南公路（袁家至水口段）县道升级改造工程竣工】 12月，袁南公路（袁家至水口段）县道升级改造工程竣工通车。该路线位于上高县蒙山镇，路线编号为X556360923，起点桩号为K0+000，终点桩号为K13+200。路线起于抗头桥，途经月星村、芦家田村、钓石塘村、坑头村，终于蒙山集镇，全长13.2千米。公路等级标准为三级公路，桥涵设计荷载为公路-Ⅱ级，小桥涵设计洪水频率1/25，路基7.5米，路面宽6.5米。工程投资为1060万元。

（冷光明）

【宜丰县双峰骆家槽至天宝横岭公路改造竣工通车】 该项目路线编号为Y404360924，起点桩号为K7+305，终点桩号为K13+417，系2013年农村客运网络项目，全长6.1千米，路面宽5米，总投资400万元。于2014年5月开工建设,2015年1月建成通车。

(漆志勇)

【万载县首条高速公路连接线建成通车】 12月1日上午10时,万载第一条高速公路连接线建成通车。万宜高速公路万载南互通连接线为万宜高速公路与国道320和万载竹山洞旅游景区县道相贯通的主干道,该路全长6.67千米,项目总投资约1.2亿元,分A、B两段设计施工。万载南互通出口与国道320相连处为A段5.08千米,按二级公路标准建设,设2车道,途经马步乡布城、银田、宝石、寨下、泉塘5个行政村。

(辛慧民)

【铅山县虹桥乡桥亭至邓村公路竣工通车】 2015年1月26日,铅山县虹桥乡桥亭至邓村公路竣工通车。该路全长8千米,路基宽6米,路面宽5米,项目总投资552万元。这条路的建成通车实现虹桥、葛仙山、湖坊三个乡镇的互连互通,打通断头路,修通致富路、连心路。

(铅山县交通运输局)

【婺源首条一级公路建成通车】 2015年1月,全长10.11千米的国道237婺源外环一级公路建成通车。

建成后的该段公路为双向4车道,路面宽23米,设计时速每小时80千米。该公路建成后,外环线内婺源县城的区域总面积可拓展到75个平方千米,不仅拉开城市发展框架,同时对优化婺源旅游、交通具有重大意义。

(高庆)

【铅山公路分局运用路面施工新工艺】 铅山公路分局在2015年的水泥路面改建沥青路面施工中,采用水泥路面破碎化施工新工艺。

该分局承建的国道320弋阳龟峰路段13.47千米路面工程,属迎接"十二五"全国干线公路养护管理检查项目。在该项目进行原水泥路面上改建为沥青路面的施工中,采用多垂头破碎机对原水泥路面破碎,在破碎后的原路面上喷洒乳化沥青和铺筑沥青路面层。该工艺属路面施工新工艺,施工技术人员克服一无经验二无标准的施工困难,摸着石头过河,多次到外地参观学习取经,严格施工工艺,强化施工管理,确保项目建设进行。

(祝晓东 陈精华)

【玉山县道横双线全面竣工】 玉山县道"横双线"于12月17日全面竣工。依山傍水的"横双线"是一条玉山县横街至三清山风景区外双溪的四级公路,也是通往三清山景区南山景点的重要旅游公路,全线长37.428千米。

此次横双线改造工程,兼顾群众出行和旅游发展的需要,路面按照自行车运动道路要求设计。该工程采用分期分段施工,2012年至2013年,已完成路面改造17千米,2015年完成剩余20多千米改造。

(许箫梅)

【万安县首条公路隧道贯通】 10月10日,万安县首条公路隧道—双坑隧道实现全面贯通。双坑隧道位于五丰镇双坑村阿弥陀佛山,全长440米,总投资2300万元,是S225坎夏线万安至夏造段公路全线关键性、控制性工程,也是该县唯一一条隧道。

(吉安市交通运输局)

【青原区文开线公路竣工】 6月,文开线公路竣工。该路是青原区文陂镇的一条乡道,2014年列入了农村客运网络化连通工程建设项目。路线全长0.7千米,按四级公路标准建设,路基宽6.5米,路面宽5米,采用水泥混凝土面层。设计行车速度30千米/小时,行车荷载采用公路Ⅱ级。项目于2015年4月开工建设,总投资约42万元。

(吉安市交通运输局)

【峡江县现代农业产业园公路建成通车】 现代农业产业园公路于3月建成通车。该工程总造价360万元,路线全长3922.67米。其中沥青路面长3437.67米,宽6米;水泥路面长485米,加宽2.5米;80厘米圆管涵10道;净跨5米小桥1座;净跨2米盖板涵1座。

(吉安市交通运输局)

【凤凰至高塘公路通车】 该公路起于凤凰镇105国道,途经横江镇,终于高塘大广高速吉安县出口，并与319省道相接，建设里程8.78千米，其中新横江大桥368米，按一级公路标准设计，路基宽17米，路面宽15.5米，桥面宽19米，设计时速60千米/小时，沥青混凝土路面，双向四车道，项目总投资约13500万元。该工程于2015年底完成路基通车。

（吉安市交通运输局）

【泰和县新建通25户以上自然村水泥路190千米】 2015年，泰和县新建通25户以上自然村水泥路190千米，涉及全县22个乡镇，直接受益群众达4万多人，总投资4750万元，其中省级补助资金1900万元。

（吉安市交通运输局）

【临川嵩湖农民争相捐款建新路】 12月3日，临川区嵩湖乡嵩电公路开工建设。

2015年8月，该乡向全乡的能人志士发出倡议，很快得到积极响应。嵩湖乡在外的成功人士和在家创业的能人非常关注家乡公益事业，纷纷慷慨解囊，在短短的3个月时间内，该乡共收到捐助款140多万元。罗斌，一直在广州创业，创办了一家电子厂，他听说家乡要建路，毫不犹豫捐了6万元。许多爱心人士主动回到家乡捐款，一些人实在走不开，将钱直接汇到家乡。捐款红榜上，罗国林捐款58000元，谢友福捐款50000元，王春荣捐款26000元，董复兴捐款20000元，黄国文捐款20000元。该乡乡干部高俊得知乡里要修路，一口气捐出1万元。一名70多岁的大爷得知修路的消息后，步行10余里路专程来乡政府捐款100元。嵩电公路全长6.5千米，宽6米，是嵩湖乡通往抚州市区的主要通道。由于年久失修，道路破烂不堪。2015年，嵩湖乡将改造嵩电公路作为重要的民生工程之一，计划投资300万元修建新路。除上级项目补助资金外，修路还缺150万元，该乡遂动员各界人士捐资建新路。

（陈根玲）

【南丰观必上旅游公路竣工】 南丰县观必上乐园是江西省乡村旅游示范点，距离南丰县城3.5千米。该景区旅游资源丰富，自然、人文景观汇集，不仅有气势宏大的连片万亩橘园、赏心悦目的连绵丹霞地貌、历史悠久的仙人古观，还有秀美无比的军湖风光、充满乡情的橘园人家。观必上旅游公路全长2.975千米，路面宽9米（含硬路肩），混凝土结构。于2014年7月29日动工兴建，2015年12月31日竣工验收。公路造价1190万元。

（黄文斌）

南葱古道新景

公路桥梁建设

【概况】 全省普通公路桥梁累计为1,434,655.80延米/26,794座(含危桥199,842.15延米/5,348座),共计有永久性桥梁1,400,078.83延米/25,060座。全省特大桥109,862.10延米/61座、大桥702,306.64延米/2,928座、中桥372,576.34延米/6,948座、小桥249,910.72延米/16,857座;一类桥678086.74延米/6521座、二类桥369057.9延米/6546座、三类桥187669.01延米/8379座、危桥199842.15延米/5348座,一、二类桥所占比例为48.77%。与2014年数据相比,桥梁增加546座,其中特大桥增加3座,大桥增加195座,中桥增加260座,小桥增加88座。与2014年相比,全省普通公路危桥数总体减少108座。

省政府办公厅出台《关于进一步加强"十二五"后两年普通国省干线公路建设与养护管理工作的通知》,明确补助政策,按照"先国道,后省道""先大桥,后中小桥""先五类,后四类"的原则,全年完成危桥改造395座,实施安保工程2188.22公里、灾害防治工程110.27公里。省政府办公厅还出台《关于加快全省农村公路危桥改造民生工程建设的实施意见》,统筹安排农村公路新产生的危桥改造建设,实现农村公路危桥数量、比率逐年逐步下降的目标。

(省公路管理局)

【新干赣江大桥首次中修工程竣工】 1月30日,新干县连接"一江两岸"的唯一陆路通道——新干赣江大桥首次中修加固工程圆满完成。据悉,此次中修工程历时三个半月,共投入资金200余万元完成主桥3个桥墩10根桩基的桩顶混凝土加固;全桥顶升更换橡胶支座1000个;修补桥墩裂缝1000余米;更换全桥橡胶止水带225.4米;维修检查井5座;更换大桥栏杆30米;回填土方1000余立方米等项目。

(胡咏梅 谢林儿)

【国道320芦溪段更田中桥右幅桥面梁板吊装完成】 4月9日中午12时30分,随着第8片梁板缓缓吊起、稳稳地安放在桥梁支座上,国道320芦溪段更田中桥右幅桥面梁板吊装顺利完成。

(粟泽河)

【国道320绕宜春中心城区改建工程横坑大桥跨越万宜高速】 4月14日,随着最后一片梁板的架设完成,国道320绕宜春中心城区改建工程横坑大桥成功完成跨越万宜高速的梁板架设。国道320绕宜春中心城区改建工程横坑大桥位于K986+660处,全长228米,净宽23.5米,大桥横跨万宜高速,为了有效推进工程建设,减少横跨高速作业难度,该桥的施工人员抓时抢刻,放弃节假日,克服溶洞众多,地质复杂等不利因素,顺利完成跨越高速的梁片架设。

(余 强)

【罗锦线四方岗铁路立交桥通车】 5月,万年县四方岗铁路立交桥通车。此桥原桥长7米8,桥面宽9米,新建桥梁在原桥的基础上拓宽至12米,长约21米,加高近2米。该桥改造工程造价800余万元。

(俞祖旺 杨 琴)

【赣东大桥建设工程通过竣工验收】 5月12日,赣东大桥建设工程竣工验收小组对赣东大桥建设项目现场和内业资料进行检查,质量合格,通过竣工验收。

赣东大桥始建于2009年11月25日,2012年7月30日正式竣工通车。该桥位于抚河文昌桥下游约1公里处,路线起自赣东大道与环城北路交叉口,跨沿河路、抚河、中洲堤,终于临川区孝桥镇与昌抚公路(国道316桩号K515+800)相接,路线全长2.57千米,其中大桥桥长560米、桥宽26米,双向四车道。主桥为2×132米独塔双索面斜拉桥，主塔为人字，塔顶装饰蕴涵临川文化的笔尖造型，整体造型寓意“光照临川之笔”。

（刘文华）

【国道105遂川大桥危桥改建工程开工建设】 5月26日，国道105遂川大桥危桥改建工程正式开工建设。旧桥拆除后，将在原址建设新桥。据规划，新桥全长176.52米，设计载荷为公路等级－Ⅰ级，设计洪水频率为1/100，桥梁宽度为9.5米，项目总工期为18个月，预算总经费为829万元。

（黄青华　叶小荣）

【广丰区桐畈甲桥危桥重建工程完工】 桐畈甲桥（原大二线K250＋429）危桥重建工程，作为广丰区重点关注项目，于6月19日完工。

（谢建国　姜利华）

【龙南县红卫桥新桥竣工通车】 7月20日，龙南县最重要的“咽喉要道”红卫桥老桥完成重建工作，正式通车。

（谢　茜）

【分宜樟排线袁河新大桥开工建设】 7月25日，分宜袁河大桥新桥建设工程正式开工。新桥桥长357.2米，引道长431.5米，预计项目总投资约四千万元。工期控制在18个月内完工。

（郭义民）

【龙南县演教寺桥新桥竣工通车】 9月16日，龙南县演教寺桥老桥完成重建工程正式竣工通车。重建后的新桥由原来的拱桥变为梁桥，方便群众出行。

（曾　颖）

【兴国启动10座国省干线公路危桥改造】 年初启动了国道319线老营盘跨铁路公路桥、华埠桥、金鸡桥，省道S223线石角塘桥、塘背桥、廖溪桥，县道X794线西岭桥、大获三桥、大获五桥、方太桥共10座被鉴定为四、五类危桥的危桥改造工程。危桥改造项目中包括：小型桥梁拆除重建6座，维修加固4座，工程总投资600余万元。金鸡桥、塘背桥、廖溪桥、西岭桥改造工程已完工，其余危桥于11月底前完工，其中老营盘跨铁路桥危改工程预计2016年1月底完工。

（刘厚锋　李燕明）

【萍乡万龙山大桥开工建设】 万龙山大桥是省道314樟排线明月山至黄芽岭萍乡段旅游公路建设项目中的一项控制性工程，是目前萍乡境内最高大桥。该桥全长332米，主跨墩柱高分别为48米和42米，桥墩最大跨径150米，桥面宽为12米，设计车速40公里/小时，采用悬臂浇筑施工技术，设计工期18个月，工程总投资3000万元。

（童　理　彭　明）

【省道224上吉线安福湛田桥危桥重建工程竣工】 11月5日，省道224上吉线安福湛田桥危桥改造重建工程顺利竣工。重建后的湛田桥全长82米，左右双幅，下部构造采用扩大基础加墩柱，上部构造采用3跨25米先简支后连续箱梁，桥面铺设10厘米水泥加8厘米沥青油面。

（刘中文）

【南昌市完成“十二五”农村公路危桥改造】 截至2015年12月，全市完成危桥改造项目98座，在建项目23座，开展前期工作23座。其中，2015年是全市农村公路危桥改造强攻计划的最后一年，全年启动危桥改造43座，完工21座。全市农村公路桥梁在册914座共计2.12万延米，其中危桥65座共计2978.4延米，危桥占比7.34%。四类、五类危桥总数量同比下降125座，下降率达65.1%，危桥占比同比下降14.55%，总长度占比同比下降58.19%。预计到2016年，危桥占比下降到3%，基本达到危桥动态监管的平衡水平。大幅度降低农村公路桥梁结构安全隐患，较好地保障农村公路路网的有效使用和通达能力。

全市“十二五”危桥改造项目中，114座批复施工图总投资1.52亿元，争取省级危桥改造计划62座，占比43.06%，列入市级危桥改造计划116座，占比80.56%。争取省级资金支持3909.5万元，占比25.68%，市政府补助4559.86万元，占比29.96%，省、市补助资金共8469.36万元，占比55.64%，其余资金由县区自筹，其中南昌县、新建区政府对农村公路危桥改造实行政府兜底。南昌县政府补助资金3073.91万元，新建县政府补助资金2226.48万元。

(周国祥 华叙涵)

【国道319萍栗段危桥改造工程稳步推进】 项目包括国道319萍栗段五座危桥改建项目,含杨岐桥、南源桥、金鸡一桥、栗水河桥、孔壁河桥共计5座桥梁,除孔壁河桥为加固改造外其他4座危桥需拆除重建,项目总投资约为1300万元。该项目于2015年8月18日开工建设,计划2016年2月6日完成主体工程竣工通车。

(萍乡市交通运输局)

【莲花县农村危桥改造成效明显】 2015年,莲花县交通运输局与乡村联动,多方筹资,齐心协力,新建或重建改造小江桥、下布桥、砚溪、茅店、金家桥等12座桥梁,使农村群众的通行安全得到有效保障。

(萍乡市交通运输局)

【省道208石宁线余干段红星桥拆除重建】 2015年3月,省道208石宁线余干段K165+519处的红星桥拆除重建。

红星桥位于省道208石门街至宁都公路余干县境内,建于1971年,桥长34.02米,属石拱结构;由于近年来该路段交通量急增,导致该桥负荷过重,归属于“问题”较多的病害桥,为交通安全,管养单位余干公路分局请示公路主管部门批复后,决定进行拆除重建,结构设计为钢筋混凝土U形桥台构造。该项目于3月份开工,2015年8月结束。

(朱军女)

【宜春市交通运输局老科协分会组织开展农村公路桥梁情况调查】 9月14日至18日,局老科协分会组织五名老科技工作者,到靖安、高安、樟树、宜丰和铜鼓五县(市)、采取听、谈、查、看的方法,对农村公路桥梁情况进行调查,并将情况呈报给局领导对工作决策参考。提出六点建议:①增加计划。从五县(市)调查,年省里下达危桥改造计划12~13座,20年方可完成计划任务,计划与省府提出危桥改造目标任务不同步,省里要加大对危桥改造投资力度,增加改造危桥项目计划,争取早日完成农村公路危桥改造任务。②多方筹资。危桥改造要采取国家拨一点,地方财政补一点,村民自愿筹一点,组织动员在外企业老板为家乡建桥自愿捐一点的办法。利用江河丰富的资源,把承包沙场、水产养殖场等收入用于建桥,确保农村公路危桥改造经费需求。③从严把关。树立改造质量第一的思想,严把设计、招标、开工、队伍、材料、验收五关,强化工程质量、资金、安全管理,实行工程质量终身追究制,吸收村民代表参加工程监督管理,交通部门要对工程进行技术指导,加强督查,把危桥改造成为群众放心、满意工程。④开展培训。以县(市区)为单位,举办危桥改造建设单位法人代表,承建企业负责人和质管人员参加培训,请桥梁、法学专家讲桥梁建设、法律基本知识课。通过学习提高工程质量和法规意识。⑤加强领导。市县(市区)成立农村公路危桥改造领导小组,加强领导,制定举措,实行统一领导,统一组织,统一部署,统一时间,统一标准,统一验收,做到一月一调度,一月一分析,一月一通报,采取县(市区)领导包乡(镇),乡镇领导包村,村干部包桥的办法,形成一级抓一级,层层抓落实工作机制。年终要对任务情况进行考评,对完成任务给予奖励,对没有完成任务的要进行问责,通报批评,追究领导责任。

(宜春市交通运输局老年科协分会)

【宜春市袁州区竹亭镇上车桥危桥改造项目竣工通车】 竹亭镇上车桥主桥上部结构采用3孔16米预应力钢筋混凝土简支空心板,下部结构采用柱式墩、扩大基础,桥台采用U形台、扩大基础。桥梁长度为53.04米,桥面宽度6.0米,即0.25米(栏杆+安全带)+5.5米(行车道)+0.25米(栏杆+安全带);主要技术标准:设计荷载公路II级,设计洪水频率为1/50,核定工程总概(预)算120.21万元。项目于2014年11月开工,2015年2月完工,合同价92.57万元。随着桥头连接线的完成,该桥于2015年8月竣工通车。

(刘良生)

【樟树市阁山镇木坑中桥竣工通车】 木坑中桥是樟树市2015年新建的一座独立桥梁,位于樟树市阁山镇陈家—官桥公路上,桥梁中心桩号为K2+545。建设规模为:桥梁全长31.44米,桥面净6+2×0.5(防撞护栏),全宽7米。桥梁上部结构采用1孔20米预应力砼空心板,下部结构采用U形桥台,扩大基础。建设标准:汽车荷载等级为公路Ⅱ级,设计洪水频率1/50,不通航。其余技术指标按交通部颁发的《公路工程技术标准》(JTC B01—2014)等现行技术标准、规范执行。项目总投资90万元,其中上级补助资金24.8万元,地方自筹65.2万元。2015年5月开工建设,2015年10月建成通车。

(李嘉瑜)

【靖安县高湖镇汤家大桥竣工】 汤家大桥位于靖安县高湖镇汤家南潦河,全长207.1米,桥面宽度为7.5米(桥面净宽6.5米+2×0.5米安全带及防撞栏)。主桥上部采用5×20米预应力钢筋混凝土T梁,下部为钻孔灌注桩基础。双柱式墩台,设计荷载为公路II级。引道路基宽7.5米,水泥混凝土路面宽6.5米。抗洪能力为100年一遇。河道无通航能力。工程造价为437.3万元。桥梁2014年11月20日开工,于2015年11月竣工。

(刘 斌)

【靖安县仁首镇肖家桥竣工】 肖家桥位于靖安县仁首镇大团村南潦河,是新农村建设项目之一,该桥全长90米,桥面宽度为5.5米行车道+0.5米栏杆及安全带。主桥上部采用4孔×20米预应力钢筋混凝土空心板,下部为柱式墩台扩大基础。设计荷载为公路II级,抗洪能力为100年一遇。河道无通航能力。工程造价为270万元。桥梁2014年8月19日开工,2015年6月竣工。

(刘 斌)

【靖安县白云大桥工程完工】 白云大桥位于双溪镇大桥村泥涡组,全长160.804延米,桥面宽度23.5米(1.75米人行道+20米行车道+1.75米人行道=23.5米),采用5孔跨径30米预应力混凝土连续小箱梁、柱式墩、U形桥台和肋板式桥台、扩大基础和钻孔灌注桩基础。投资额983.4元。

2013年11月10日开工建设,于2015年8月底完工。

(刘 斌)

【高安市新街江渡桥竣工】 4月16日,江渡桥竣工。该桥位于高安市新街镇江都村,桥梁全长92米,桥宽7米,即0.5米(安全带+栏杆)+6米(行车道)+0.5米(安全带+栏杆);主桥上部结构采用4跨20米预应力混凝土空心板;下部结构采用实体墩身、U形桥台,墩台基础均为重力式扩大基础;汽车荷载等级为公路Ⅱ级,设计洪水频率1/50。工程为危桥重建项目,总投资179万元。

(欧阳朝霞)

【高安市龙潭仓溪公路桥梁建设竣工】 12月31日,仓溪桥竣工。该桥位于高安市龙潭镇仓溪村,桥梁全长45.08米,桥宽6.5米,即0.5米(栏杆)+5.5米(行车道)+0.5米(栏杆);主桥上部结构采用2孔16米后张法预应力砼空心板;下部结构采用柱式桥墩、扩大基础;桥台采用U形桥台,扩大基础;汽车荷载等级为公路Ⅱ级,设计洪水频率1/50,不通航。工程为新建独立桥梁,总投资106.89万元。

(欧阳朝霞)

【上高县有源桥危桥改造工程竣工】 7月,上高县有源桥危桥改造工程竣工。有源桥位于上高县翰堂镇有源村,为乡道Y353360923(坎头至石溪)公路上的一座四类危桥,桥梁中心桩号为K11+345,全长47.04米。桥面宽度为净7+2×0.5米(防撞栏),全宽8米,汽车荷载等级为公路Ⅱ级,设计洪水频率1/50,不通航。

(冷光明)

【宜丰县花桥义源桥危桥改造完工】 该桥位于花桥义源村,为村道C003360924(棉花地—山口)公路上的一座五类危桥,跨越棠浦河。新桥全长45.08米,宽6米,上部为2孔20米后张法预应力空心板、下部扩大基础、柱式墩、U形桥台,荷载等级为公路Ⅱ级,设计洪水频率1/50。项目于2015年1月开工建设,2015年12月完工,工程总造价为90万元。

(漆志勇)

【宜丰县天宝藤桥危桥改造完工】 该桥位于天宝乡藤桥村,为乡道Y405360924(谢家垴—大桥头)公路上的一座五类危桥,跨越耶溪河。新桥全长50.8米,宽6.5米,上部为2孔20米后张法预应力空心板、下部为扩大基础、柱式墩、U形桥台,荷载等级为公路Ⅱ级,设计洪水频率1/50。项目于2015年8月开工建设,2015年12月完工,工程总造价为109.045万元。

(漆志勇)

【宜丰县潭山镇皂田中桥危桥改造完工】 该桥位于潭山镇店上村,为村道C090360924(店上—曾家)公路上的一座五类危桥,跨越小河,修建于上世纪70年代,是潭山镇和黄岗山垦殖场100余户400余人出行的必经之路,桥被暴雨冲垮后,附近居民只能靠简易搭建的木板桥通行。新桥全长41.04米,宽5米,上部为2孔16米预应力空心板、下部为桩基础、双柱墩、U形桥台,荷载等级为公路Ⅱ级,设计洪水频率1/50。项目于2015年3月开工建设,2015年8月完工,工程总造价为91.7057万元。

(漆志勇)

【吉安澧田大桥竣工通车】 该桥长187米,引道长578米,下部结构为柱式墩、肋式台接桩基础,上部结构为6×30米预应力混凝土先简支后连续箱梁,桥面宽度为净9+2×1.5米人行道,设计荷载为公路Ⅱ级。大桥坐落于县道尚官线澧田镇沂塘村附近泸水河上,为2015年农村公路危桥改造民生工程项目,总投资960万元。工程于2014年7月动工,2015年12月竣工通车。

(吉安市交通运输局)

【吉安新街桥通车】 该桥长40.04米,引道长101.94米,下部结构为柱式墩、U形台接明挖扩大基础,上部结构为2×16米预应力混凝土空心板,桥面宽度为净6米+2×0.5米防撞护栏,设计荷载为公路Ⅱ级,桥梁位于村道指阳至老居指阳乡新街村附近小溪上,为2015年农村公路危桥改造民生工程项目,总投资80万元。工程于2014年11月动工,2015年12月竣工通车。

(吉安市交通运输局)

【吉安横巷桥竣工通车】 桥长43.04米,下部结构为柱式墩、U形台接桩基础,上部结构为2×16米预应力混凝土空心板,桥面宽度为净5.5米+2×0.5米防撞护栏,设计荷载为公路Ⅱ级,桥梁位于村道大洲至冻上横江镇横巷村小溪上,为2015年农村公路危桥改造民生工程项目,总投资86万元。工程于2014年8月动工,2015年3月竣工通车。

(吉安市交通运输局)

【吉安文峰大桥建成通车】 原名恩江二桥,于2015年12月26日建成通车,完成投资5000万元。

(吉安市交通运输局)

【南城县千年太平桥结束60年通车史】 10月13日,因城市防洪景观改造和太平胜揽廊桥工程建设的需要,南城县千年古桥太平桥正式封闭施工。在太平桥现有基础上改建而成的太平胜揽廊桥,将成为步行观光桥梁,机动车辆不再从此桥通过,因此结束了该桥60年的通车历史,成为该县继万年古桥后,又一座被保护的古代桥梁。

太平桥始建于唐代乾符年间(874—878),初为浮桥。南宋嘉定五年(1212),时任建昌知军的知军事丰有俊才创建石墩桥,始名“万寿桥”,后毁于水患。元代至元二十九年(1292),建昌路总管赵仁政创导重新修建,于至元三十一年(1294)修复竣工,命名为“太平桥”。直至清康熙元年(1662),改木架桥为石拱桥。太平桥长205米,高10米,有单曲大拱12孔,每拱跨度为14米。太平桥已成为江西省保存最为完整的古代桥梁之一,被列为国家级重点文物保护单位。

(抚州市交通运输局)

【南城县渭水桥重建工程竣工】 南城县渭水桥坐落于国道206至郑家村道上、渭水战役旧址边,是座长20米的单跨板式拱桥,为徐家乡五帝郑家村与外界联系的重要桥梁。该桥建于1981年,已不能承受日益加大的车辆载荷,存在安全隐患,威胁着群众出行安全,于2014年被列入全省农村公路危桥改造计划。新桥紧靠原桥,桥梁设计宽度为7.5米,设计荷载汽Ⅱ级,下部构造为扩大基础接U形桥台,上部构造为1×20米预应力空心板,桥梁长度30米。2015年1月开工建设,7月竣工,项目总投资83.5万元。

(王素红)

【宜黄县梨溪老桥建设竣工】 该桥位于梨溪镇,全长68.82米,桥宽7米,强应力砼空心板简支架结构,公路Ⅱ级。总投资130万元,8月开工,12

月竣工。

（李华荣）

【南丰县白舍镇罗家桥竣工通车】 南丰县白舍镇罗家桥位于该镇罗家村，全长25.92米，桥面宽度7米，钢筋混凝土结构。于6月26日开工，总投资60.5万元，由县财政拨款。10月8日竣工通车。

（王文斌）

【南丰县白舍镇白叶桥建成通车】 南丰县白舍镇白叶桥全长30米，桥面宽度6.5米，钢筋混凝土结构。于2014年11月1日开工，造价67.6225万元，由财政拨款。2015年2月1日竣工通车。

（王文斌）

【南丰县桑田镇九联桥建成通车】 南丰县桑田镇九联桥全长64.92米，桥面宽度7米，于7月26日开工，中标价192.0159万元，财政拨款。11月26日竣工通车。

（王文斌）

【东乡县王桥镇倪家桥竣工】 东乡县王桥镇倪家桥全长33.04米，宽5.5米，总投资35.91万元。2014年11月22日开工，2015年2月19日竣工验收交付使用。

（姚金国）

【东乡县小璜黄花岗桥竣工通车】 东乡县小璜镇黄花岗大桥长29.58米，宽8米，投资64万元，于2014年11月28日开工，2015年2月27日竣工通车。

（姚金国）

【东乡县岗上积顺桥竣工】 东乡县岗上积镇顺桥全长69.22米，宽5.5米，于2014年12月10日开工，2015年5月26日按期竣工交付使用。该桥总投资127.52万元。

（姚金国）

【崇仁县汀桥竣工】 汀桥位于崇仁县白路乡汀桥村，所在路线为白露—喻家，路线编码为Y376361024。汀桥属2014年度危桥改造重建项目工程。桥梁总长84.92米，桥面宽度6米+2×0.5米，上部4＊20米，后张预应力空心板简支架，下部结构双柱式桥墩台，钻孔灌注柱基础，设计荷载为公路Ⅱ级，两桥台处采用60型伸缩缝。引道总长275米。预算总投资249万元。该项目工程于3月26日动工建设，12月27竣工。

（余家军）

公路养护

【概况】 2015年，全省公路养护工作紧紧围绕目标任务，加大养护力度，强化组织领导，细化工作内容，取得明显成果和成效。

一、高速公路。

（一）抓住重点，着力实现迎国检目标。

按照省交通运输厅提出的“保六争五”迎检目标任务，紧紧围绕迎国检工作，强化组织领导，细化工作内容，全力做好了各项准备工作，①努力打造一流高速公路路况水平。集团从迎检工作开始，外业工作紧紧围绕路况水平这一重点，抓住路面平整度和破损率两大主要指标，认真抓好路面完善整治工程的组织实施，实现路况水平达优的目标。②对照标准、查缺补漏，全面系统规范内业资料，集团以迎国检契机，全面梳理养护内业资料和档案，进一步完善和补充内业规范化资料，确保内业资料的完整性和系统性，编制重点资料汇编、典型经验材料等资料，充分展示了全省“十二五”高速公路养护工作取得的成果和成效。

（二）强攻难点，着力实现路况目标。

省高投集团所辖高速公路MQI（公路技术状

况指数)为长期保持在95以上,MQI优良路率长期保持在98%以上,高速公路整体基本实现了畅、安、舒、美的行车环境。2015年,全集团养护投入33亿元,其中大中修工程投入约30亿元,全面完成2014年已开工的梨温、昌泰、温厚、泰赣、昌金、温沙等6条共896千米的路面大修养护工程;全面完成瑞赣、鹰瑞、乐温、武吉、景婺黄、永武、九景、景鹰等14条1445千米高速公路实施中修和预防性养护工程,主要包括路面局部病害挖补112车道千米,罩面20千米、超薄罩面38万平方米、微表处926万平方米、就地热再生31万平方米、路面裂缝焊接1.5万米。

(三)突破盲点,着力推进全面养护。

除了路面、桥隧构造物外,着重加强路基、交通设施、绿化等的管养整治力度,①抓好路容路貌的整治工作,要将集中整治化整为零,做好日常小修保养的养护工作,坚持开展一区三带(互通区、中分带、两侧边坡带)的治理工作,确保良好的路容路貌,②抓好交通设施的整治工作,集团积极开展高速公路限速调整和隧道隐患整治工作,共投入6000多万元,对集团所辖高速限速标志标线、隧道标志等进行了专项治理,其中全省隧道治理工作得到部的通报表扬。

(四)争创亮点,着力推进绿色养护。

集团加大养护新技术、新工艺、新材料和新设备的吸收和研究,努力促进高速公路养护科技的创新发展,实现绿色生态养护。①推广应用乳化沥青厂拌冷再生技术,将路面铣刨后的沥青混合料循环利用,大量节省石料、沥青等不可再生资源,在泰赣、昌金等高速公路大修改造工程中累计节约工程造价约5.1亿元;②首次引进使用基层就地冷再生技术,100%利用原路面材料,今年在泰赣等高速公路大修改造工程中成功应用,累计里程长120千米;③首次引进使用就地风热再生技术,100%利用旧路面材料,2015年在乐温、武吉等高速公路预防性养护工程中成功应用约104万平方米,累计里程长277千米。

二、普通公路

(一)普通国省干线公路。2015年度加大普通国省干线公路大中修投入,完成路面改造498.7千米,总投资19.8亿元;完成养护大中修2810千米,总投资64亿元:完成灾毁工程836.7千米,总投资22.8亿元:完成危桥改造395座,安保工程改造2188千米,灾害防治计划110千米。全省普通国省干线公路通行条件明显改善,公路优良路率达86.8%较2014年提高12.1%。路面整体性能PQI达86.1,极大地改善了道路的通行能力,缓解了道路路面不可逆损坏对日常公路养护的巨大压力。

开展"畅安舒美"示范公路创建和路面排水综合整治工程,共建成1409.3千米示范路,完成整治4321.8千米。继续推进综合养护中心建设,完成20个市级综合养护中心和27个县级综合养护中心建设。设置7个省级应急保障基地。积极探索普通公路服务区、休息区建设。基本建成了普通国省干线路网运行监测与应急处置平台项目,建成省级路网管理中心1个、市级路网管理分中心11个、外场固定综合监测点138个、移动监测点128个,逐步形成"可视、可测、可控"的普通公路路网监测平台,并同步开展江西省国省道交通情况调查采集与服务系统工程(一期)建设。在原"96122"交通服务电话基础上全国首批并线开通了江西交通"12328"服务监督电话。

尽全力做好迎国检工作。配合部路网中心完成2015年度国家干线公路路网运行监测重点桥隧抽检和巡查工作,7月18日至7月22日,交通运输部路网监测和应急处置中心组织的检查组对南昌市辖区内国道105K1722+456处跨京九铁路的墨山公铁立交桥进行抽检和巡查。做好交通运输部国家干线公路养护管理规范化管理迎检工作,10月25日—11月9日,交通部"十二五"干线公路路况抽查组在全省进行为期16天的路况抽查,共检测国省道里程为813.152千米。11月8日—11月17日,交通部"十二五"干线公路养护管理规范化检查组在全省进行了为期9天的检查南昌、宜春、吉安和抚州四个地市的养护管理工作进行全面的考核。启动路面排水综合治理工作,下发《江西省普通国省干线公路排水系统综合整治工作方案》和《普通国省干线公路排水系统综合整治技术指南》。根据省政府办公厅《关于印发抚八公路跨铁路维修以及全省公路跨铁路立交桥移交协调会议纪要的通知》要求,在全省普通公路跨铁路立交桥进行摸底排查。

(二)农村公路。按照"四好农村公路"建设和精准扶贫精神,全年完成农村公路新建和改造14001千米(其中县道470千米,乡道250千米,通自然村 13281 千米），完成危桥改造 260 座/11001 延米，完成总投资 80 亿元。

2015 年底，全省农村公路总里程为 139773 千米，县道三级以上公路约占县道总里程 50%，乡道四级以上公路约占乡道总里程 87%全省乡镇客车通达率达 100%，行政村通班车率达 94.8%。全省农村公路养护覆盖率达 100%，经常性养护率达 72.8%以上农村公路技术状况（PQI）由 2010 年的 72.17 提升到 2015 年的 76.10。

省政府办公厅印发《关于加强公路安全生命防护工程建设的实施意见》，明确要求各级政府要把实施公路安全生命防护工程作为一项重要指标纳入工作目标考核范围，将农村公路建设、养护作为 2015 年贴近民生 10 件实事列入省政府对各设区市的年度考核指标。2015 年 9 月 24 日，江西省第十二届人民代表大会常务委员会第二十次会议通过的《江西省公路条例》，对农村公路规划、建设、养护和管理工作进行特别规定，对促进我省农村公路发展具有“里程碑”意义。全面推行“七公开”制度（建设计划、补助政策、招投标、施工管理、质量监督、资金使用、工程验收公开），主动接受社会监督，努力把农村公路修成群众对政府信任的“放心路”，修成密切党群关系的“连心路”。印发《关于推进“四好农村路”建设的实施方案》，成立“四好农村路”建设领导小组，明确“四好农村路”建设工作目标和任务，建立保障措施和激励机制。开展“美丽乡村路”评选活动。

（省高投集团公司　省公路管理局）

养护工程

【全省农村公路管理养护年活动总结暨危桥改造民生工程建设动员会召开】　7 月 8 日，全省农村公路管理养护年活动总结暨危桥改造民生工程建设动员会在赣州市石城县召开。会议总结三年全省农村公路管理养护年活动成效，分析形势，对全省农村公路危桥改造民生工程建设和完成全年农村公路建设任务进行动员部署。省交通运输厅党委书记、厅长朱希出席会议并讲话。讲话中充分肯定赣州市、石城县在农村公路管养方面取得的成效，认为经验做法值得学习推广。

朱希要求，要全面完成今年我省农村公路建设发展任务。①要完成规划建设任务。根据规划，到 2015 年底要实现县道三级以上比例达到 50%、乡道四级以上比例达到 80%目标。希望各地紧急动员起来，加强调度，倒排工期，加快进度，按时完成建设目标任务。②要提升建设管理水平。要严格建设标准、严格质量监督、严格建设程序、严格推行“七公开”，提升农村公路建设质量。③要建立长效养护机制。各县级人民政府要建立以公共财政为主的养护资金保障体系，因地制宜选择农村公路养护生产组织模式，建立农村公路管理养护长效机制。④强化安全防护保障。要开展农村公路生命防护工程调研和建设规划编制工作。加大农村公路、桥梁、隧道隐患排查、整治力度，推进农村公路生命防护工程建设；健全应急抢险体系，提高农村公路灾害防范及处置能力，保障农村公路安全畅通。他强调，各地要系统总结评估本地区“十二五”农村公路发展经验，围绕全面建成小康社会的总目标，深刻剖析当前农村公路发展面临的主要、薄弱环节及制约因素，分析“十三五”期农村公路的需求特征，提出“十三五”期农村公路发展思路、发展目标，明确“十三五”期农村公路的建设任务以及有关支持政策。

会上，宣读《江西省交通运输厅关于表彰全省农村公路管理养护年活动先进集体、先进个人的通报》。下发《关于进一步做好农村公路养护工程省级补助资金申请和使用工作有关规定的通知》等文件。会上，赣州市、吉安市、上饶市交通运输局，铅山县、遂川县、石城县交通运输局作了经验介绍。

各县（市、区）、省直管县人民政府分管领导、市交通运输局，省交通运输厅、省公路管理局有关处室负责人参加会议。

（省公路管理局）

【省道 203 新东线（广丰路段）路面重建工程完开】　5 月 4 日上午，省道 203 新东线（广丰路段）K118 + 163 ~ K125 + 000 路面重建工程开工。该省道是通往玉山县与国道 320 国道连接，是广丰县通往浙江重要出省通道。因受日益增多绕道超载车辆的影响，原有路面损坏严重，必须对其进行重建，才能恢复路面正常使用功能，现采用原有路面破碎后加铺水稳基层及沥青面层施工方案，投入资金 800 多万元，工程 11 月中旬完工。

（吴信斌　石建英）

【省道306乐平市袁家至鸣山段路面改造工程开工】 5月7日,省道306乐平市袁家至鸣山段路面改造工程开工。此项目在原路面采用水稳就地冷再生后,铺筑18厘米水稳碎石上基层+5厘米中粒式沥青混凝土+4厘米细粒式沥青混凝土,该工程总造价近800万元。景德镇地区是第一次采用沥青路面水稳就地冷再生技术,通过冷再生后,可以使其重新满足路用性能要求,既可节省大量材料资源和资金,也可避免环境污染,实现循环经济发展模式和可持续发展。

(洪满英 刘志兵)

【国道319南溪段养护大中修完工】 国道319南溪段养护大中修工程起止桩号为K664+448~K671+002,总计里程6.55千米,共投入建设资金1400余万元,于6月24日本工程的主要施工项目已全线完工。

(甘玉梅 陶小芬)

【省道224上吉线斜口至儒里段公路大中修工程完工】 7月24日,省道224上吉线上高县斜口至儒里段公路大中修工程开工建设。省道224上吉线上高县斜口至儒里段(桩号K0+000~K6+000)是上高县城通往分宜县的交通主干道路段,也是沪瑞高速、武吉高速进出上高的主要通道之一和上高境内重要经济发展公路线。该路段共计6千米,路基宽12米,路面宽9米,该工程采用20厘米水稳双基层施工和冷再生新技术施工相结合的施工方法进行,旨在保障道路施工质量的同时提高路用材料的循环利用率,路面采用5厘米沥青混凝土铺筑,工程9月下旬完工。

(石爱赣 李 勇)

【国道105和乐至潭东路段改建工程完成】 赣州市公路管理局直属分局养护大中修A6标工程国道105黄金大桥至潭东路段,全长5.6千米,路基宽12米,路面宽9米,该路段是赣州市高校区重要通道,原水泥路面,破碎严重,改用碎石机破碎方法,对原路面病害进行挖补处理,加铺水稳基层+沥青砼基层+中面层+上面层(白改黑),改建规模为二级公路。改建工程8月18日全面完成。

(蔡 斌)

【国道320上高段大中修工程竣工】 8月14日,国道320大万一级公路上高段大中修工程竣工。国道320大万一级公路上高段大中修工程全长59.38千米,设计荷载为公路一级,设计车速80千米/小时,路基、路面宽均为24.5米,为沥青混凝土路面。

(李 勇)

【省道304婺桃线路面养护大中修工程完工】 8月23日,九江公路分局管养的省道304婺桃线路面养护大中修工程正式开工建设,此次实施的大中修里程为16.132千米,起点位于碧桂园,桩号为K247+014,终点瑞昌安定桥,桩号为K263+146。此次大中修采用将原破损水泥路面挖除,并对软基进行处理,改建结构为34厘米厚混凝土层修补+26厘米水泥混凝土面层,总工程量30341平方米,工程总造价约645万元。9月30日全部完工。

(吴菊花 廖 方)

【国道105吉水至泰和一级公路路面大中修工程竣工】 10月29日,井冈路桥国道105吉水至泰和一级公路路面大中修工程全面竣工。国道105吉水至泰和一级公路路面大中修工程,长约22千米,工程造价1.35亿元。

(刘中文)

【省道304婺桃线路面养护大中修工程竣工】 10月11日,九江公路分局管养的省道304婺桃线路面养护大中修工程全部完工。此次实施的大中修工程项目为砼路面修复,起点位于碧桂园,终点瑞昌安定桥,总里程16.132千米(共完成32000平方米混凝土浇筑)。

(吴菊花)

【省道308东华线奉新至上富段大中修工程施工完成】 10月10日,省道308东华线奉新至上富段公路大中修工程施工顺利完成。

(熊 勇 余 强)

【省道303双黄线路面养护大中修工程完工】 省道303双黄线路面养护大中修工程于11月14日完成。该项工程起点位于九江县狮子镇附近,终点位于九江县与瑞昌市交界处，全长17.412千米。

（吴菊花）

【浮梁公路分局多条线路养护大中修工程开工】 景德镇市浮梁公路分局国道351婺桃线、国道206、省道501白经线、省道205汪乌线养护大中修工程开工。该工程总里程93.887千米，工程总投资约2996万元，预计2016年9月30日全部完工。

（鲍建琴）

【萍乡市安源区交通运输局管养工作新举措】 该局建立了农村公路养护管理长效机制，推行“五个到位”的管理模式即：管理责任落实到位，机构人员配备到位，制度制订执行到位，资金筹措管理到位，监督检查考核到位。并抓具体落实，①安源区政府出台文件安府字[2015]025号《安源区加强农村公路养护管理实施意见》。②从2010年开始每年区财政配套全区农村公路养护资金100万元，涉农镇街管委会各配套10万元。计农村公路养护经费170万元。③区交通运输局成立农村公路养护站，各镇街、管委会有专人负责农村公路养护工作，实行县道县养、乡道乡养、村道村养。④签订了农村公路养护责任合同，每条路落实了养护负责人。⑤制定农村公路养护各项制度和考核制度并加强考核，每季度进行了一次考核并将情况进行通报，考核结果与资金拨付挂钩，取得了良好的效果。

（萍乡市交通运输局）

【萍乡市湘东区交通运输局管养工作稳步开展】 ①养护管理工作更加常态化开展。以县乡主干道为重点，努力做到养护经费、人员及考核到位，尤其值得一提的是，湘东、老关综合服务站的正式运行，成立专业养护队，直接负责县道管养工作，有效确保日常养护工作常态化开展。同时，设法筹措资金，创新养护模式，鼓励群众投工投劳进行养护。②养护管理工作更加规范化开展。完善出台《湘东区人民政府办公室关于印发湘东区进一步加强养护管理工作的通知》《湘东区农村公路日常养护管理制度》《农村公路桥梁管理工作制度》《湘东区农村公路日常养护管理考核办法》等制度，加强巡查和季度考核，有力提高养护基础水平。建立运行高效的工作机构和奖惩机制，定期不定期进行巡查，对养护不力的单位，在减免停拨养护资金的同时，减少其第二年度养护及建设计划申报。③养护管理工作更加实效化开展。坚持基础性养护、预防性养护及工程性养护相结合，争取省级227.3万元对长平至白竺、排上至三角池等路面进行大中修，投入100万元对X126萍乡至龙头公路苏坊至船形段、五峰至凤凰段路面进行改造，投资120万元对腊市镇庙岭村、老关镇二鲤村等行政村主干道破损路面进行了中小修，面积达到近万平方。投资80万元处置水毁塌方40多处，投资300万元建设磨头至塘溪等道路生命安全防护工程约10个。创建麻龙公路、磨头至塘溪等文明样板公路36千米。

（萍乡市交通运输局）

【芦溪县农村公路养护工作扎实有序】 该县农村公路养护总里程为1066.66千米，其中：县道134.46千米、乡道178.5千米、村道753.7千米，各管养线段分工明确。该县建立了长效机制，出台了《芦溪县农村公路养护管理实施细则》（芦发办发〔2010〕6号），日常农村公路养护资金筹措落实到位100%、资金拨付100%直接用于公路，农村公路养护管理到位。农村公路沿线补种树苗200余棵，全县好路率达到90%以上、绿化率达到85%以上，农村公路养护和绿化取得良好效果。

（萍乡市交通运输局）

【上栗县农村公路养护成效明显】 全年县本级共投入农村公路养护资金420万元。坚持以日常养护为主，大力推进精细化养护管理工作：①对全县1066.243千米农村公路开展了养护，每月进行一次养护检查，投入恢复资金175万元开展“5·28”灾后重建，清理塌方34处，清理土石方1842立方米，处置危桥8座（新建6座），设置挡土墙2367立方米，修复破损路面579平方米，安装减速带795米，安装各类标识标牌213块。②投入133万元，对30条共计40千米长的通市际客运班线完善了安保工程。③对78千米农村公路进行了绿化。

（萍乡市交通运输局）

【莲花县农村公路管养更趋规范】 莲花县交通运输局加大力度，重点对县乡公路主干道进行了养护,着力抓紧了雨季汛期水毁公路的预防和维护,根据制定的全年农村公路养护计划,重点对高洲至张佳坊、高洲至黄沙、九曲山至山斗岭等公路进行了水毁修复和大中修,组织人员加大了对公路的巡查力度,及时掌握路况,对检查中发现的问题和存在安全隐患路段,及时采取相应措施,基本做到了"有路必养、烂路必修、有草必除、有障必清",保持了全县道路的畅通,确保通行安全。在县道和主要乡道养护上继续实行"四定两保"的养护模式,并着力打造了罗市至荷塘、良坊至田东等20千米养护管理文明示范样板路。

(萍乡市交通运输局)

【武功山风景名胜区交通运输局探索日常养护新机制】 武功山风景名胜区交通运输局探索建立全时段巡查制度,主要针对交通量大、建制村主要道路、隐患严重、偏远地区等存在巨大巡查压力的隐患路段,巡查人员由危桥险路隐患附近建制村的村干部担任,视实际情况也可由县、乡、村级共同出资聘请附近村民担任专职巡查人员,巡查人员需做好日常养护、隐患发展记录,并定时向县、乡交通主管部门上报。

(萍乡市交通运输局)

【宜春市农村公路管理养护体制改革落实到位】 2015年,宜春市全面开展农村公路养护工程建设,改造县乡公路中的老旧油(水泥)路和农村危桥改造(含新建独立桥),养护里程15563.287千米,好路率达64%。该市对农村公路管理统筹规划,落实专业养护队伍;制定政策,提供服务,加强资金监管,加强养护质量检查监督,健全农村公路养护管理制度体系,保证农村公路的及时养护,确保农村公路养护工程顺利实施。

(杨 萍)

【宜春市袁州区加强农村公路养护见成效】 全区农村公路好路率达65%,比上年提高2%。①政府高度重视。区政府召开常务会议,专题研究农村公路养护问题;制定下发《袁州区农村公路建设管理养护实施办法》,明确农村公路养护为乡镇全年工作考核重要内容,设置奖励资金及问责制度。②加大经费投入。除省、市下拨的农村公路养护经费外,区政府从财政预算中单列农村公路管养经费支出,明确县、乡、村、组各级农村公路养护经费标准。今年,区财政共拨款960.48万元农村公路养护配套资金。③开展安全隐患排查。区交通运输局组织3个工作组分赴各乡镇,利用一周时间,对全区农村公路路况进行排查汇总,并将情况上报区政府,有力督促各乡镇、村加大农村公路养护力度。

(李 庆)

【樟树市将农村公路养护资金纳入财政预算】 樟树市专门印发了《樟树农村公路养护管理办法(试行)的通知》,并将农村公路养护管理资金纳入财政预算,实行"多方筹集,分级管理,专款专用"的筹集管理办法。①县道按3000元/年·千米的标准,由财政统筹安排。②乡道按2500/元·千米的标准由市财政补助和乡镇(街道、场)等自筹。③村道按1000元/年。千米的标准,由"一事一议"、群众捐资和市财政奖补等渠道筹集。农村公路养护管理资金拨付由市交通运输局依据考评情况拨至各相关单位。分别为:县道由交通运输局考核,月度综合考评达优良的全额拨付,达合格的按比例拨付,不合格的不予拨付;乡道根据市交通运输局对各乡(镇)的季度综合考评结果将上季度乡道公路养护资金拨至各乡(镇、街道、场),各乡(镇、街道、场)再拨至养护承包单位或承包人。季度综合考评达优良的乡(镇)全额拨付,达合格的按比例拨付,不合格的不予拨付;村道依据市交通运输局对村道的年度综合考评结果,将上年度村道养护奖补资金拨付至各乡镇(街道、场),各乡镇(街道、场)再拨付年度综合考评达优良的村(居)委会。截至12月底,市财政安排农村公路养护资金193.2万元。

(杨 波)

【靖安县多措并举助推农村公路养护】 靖安县多措并举助力农村公路养护,2015年好路率达65%。①全面启动全县农村公路养护管理工作。坚持农村公路建养并举的方针,转变重建轻养思想,全面启动全县农村公路养护管理工作。制定出台全县农村公路养护管理办法,建立养护管理机构,落实养护资金和人员,建立养护考核、补助机制,探索一套养护模式和操作方法,使农村公路养护管理走上日常化、规范化轨道。②管养责任落实到位。采取干部包组、小组包段等形式,明确各村、小组道路养护范围;建立健全巡查抢修、日常考勤、质量考核等农村公路养护制度,每月对养护员工作进行考核;依照"畅、洁、安"目标,按照属地养护管理的原则,与各乡镇签订了道路养护责任状。③监督检查考核到位。县委、县政府将各乡(镇)农村公路好路率的高低作为2015年度全县科学发展综合考核评价内容之一,并占总比分的3%。作为考核乡镇党政主要领导提拔任用的依据。将农村公路养护管理工作纳入年度目标管理考核内容,按照"每季一检查,半年一调度,年终总体考核"的原则,组织有关人员对农村公路养护工作进行督导,并将督导结果纳入年终目标考核,严格奖惩。对于管养工作落实不到位、养护路段不合格的,及时通报批评,限期整改。四是宣传营造氛围到位。宣传爱路护路的重要性和紧迫性,使农村公路养护管理工作深入人心,有效提高群众的爱路、护路、养路意识,营造良好的养护管理氛围。

(刘 斌)

【奉新县农村公路管养"三到位"】 2015年8月29日,奉新县人民政府出台《奉新县农村公路养护管理办法》(奉府发〔2015〕17号)明确了各级政府的养护职责、管理模式、管理要求、资金筹措和考核办法等,实行管养"三到位"。"一到位",核实养护里程。根据"办法"中乡(镇)养公路一览表的基础数据,对本乡(镇)养护路段、养护里程进行确认,经乡(镇)长签字、加盖乡(镇)人民政府公章后在9月6日前交到县交通运输局公路养护站,汇总至有关县领导和财政局。"二到位",成立管理机构。组建乡(镇)农村公路建设养护管理站,设立办公地点和配备办公设备,配齐站长和1~2名交通干事,负责本乡(镇)辖区内农村公路养护管理和建设(包括组织、协调、沟通、检查、考核等)工作,并将机构人员的基本情况报县交通运输局公路养护站。"三到位",落实养护人员。确定乡(镇)养公路养护模式,配足配强养护人员,增强养护责任,接受群众监督,同时,对村养公路的路线长度及里程予以确认,确定养护模式,筹集养护资金,确定养护人员,并上报县交通运输局公路养护站。

(魏振宇)

【高安市"三项措施"确保农村公路养护质量】 三项措施:①统一领导,分级管理。根据市情,出台《高安市农村公路管理养护管理办法》,按照"谁受益、谁养护"的原则,建立了市乡村三级负责的农村公路养护体制,明确了市、乡、村三级在农村公路养护管理中的责任和义务,各乡镇组建乡镇养路队,按县道每人2米~3千米、乡道每人3米~5千米的标准承包给养护工进行日常养护。②严格养护资金监管,确保专款专用。全市养护工程按县道每年每千米7000元、乡道3500元、村道1000元进行配套,养护工程计划根据各地的实际情况、需求及积极性来统筹安排,特事特办,不搞平均分配,实际工程费用由公路管理所按养护工程定额和养护工程量计算核定,依据养护工程承包合同拨付,不足部分由项目所在乡镇兜底;另外市政府按县道每千米3000元、乡道1500元、村道500元的标准列入财政预算。③加强工作督查,确保养护质量。市交通运输局采取日常巡查和县道月查、乡道季查、村道半年查相结合的办法,加强养护巡查考核力度。按照考核办法进行评分,并按照检查结果下拨日常养护费市级补助资金,实行以奖代补,调动各乡镇的工作积极性,实现农村公路管理养护的常态化。

(余小琴)

【万载县交通运输局"四举措"管护农村公路】 2015年,万载县交通运输局加大农村公路的管养力度,确保优质的通行环境。①开展道路平安大排查,对管养路段进行一次全面检查,尤其是对仙源、茭湖等地的山区道路加强维护,及时消除平安隐患。②合理制订养护计划,加强公路养护力度。把握养护施工时间,及时处理公路"病害",整修路肩,培护边坡,确保道路平整、畅通。③完善道路平安设施,及时增补弯道镜、护栏、里程碑等设施,提高公路平安通行能力。④加强日常养护巡查,密切联系乡镇交通工作分管领导及村书记,及时掌握道路通行情况,并成立公路应急抢险分队,及时处置突发事件,确保公路通行无碍。

(胡爱仙)

【吉安市青原区农村公路管理所养护工作经费落实到位】 青原区财政安排500万养护资金对全区乡、村道,大中修、水毁、安保、绿化等工程全面进行多样化养护及安全管理。

(吉安市交通运输局)

【吉安市养护工作迎来新变化】 2015年,吉安市农村公路养护管理工作主要通过“一示范一落实”的方式推进,全市共投入创建资金750万元,创建养护示范路12条82千米。

(吉安市交通运输局)

【安福县农村公路管养成效明显】 2015年,安福县切实加强农村公路管养工作,取得成效。①落实了日常养护责任,编制了养护生产计划,健全和规范了养护内业资料,按照养护标准与公路沿线乡镇签订了县道养护合同60余份,乡、村道养护合同1000余份,及时添置了养护设备,有效地保障了农村公路管养质量。②实施了派员挂点乡镇公路建、管、养服务协调工作机制,安排了19名专职人员到19个乡镇挂点工作,协调乡镇农村公路建、管、养工作,提高了全县农村公路建、管、养工作效率。③抓好了公路养护示范工程建设。投入57万元资金,实施了赤谷至马石公路7.8千米养护示范路工程。同时指导各乡镇开展了打造一条2千米以上乡村公路养护示范路活动,并于2015年8月、11月召开了两次乡镇农村公路养护管理示范工程现场会,以点带面,进一步提升了全县农村公路养护质量。④认真抓好公路重点维修改造工程。完成了竹洋公路竹江至甘洛段,柘石线路面等维修工程,共计52.3千米47438.2平方米,投入资金492.4万元;对柘田至石溪公路群英桥、官田至横屋公路花垅桥进行维修加固和拆除重建,共投入资金53.39万元。

(吉安市交通运输局)

【泰和县建设永昌至万合公路养护示范公路】 2015年,泰和县建设了永昌至万合公路万合段K4+300~K11+300养护里程7千米养护示范公路试点工程,投入资金18万元。增设道口桩24根、里程桩7块、百米桩63根,修复路面碎板480立方米、裂缝115米、培补路肩7千米4500平方米,清理塌方300米,削边坡800米、清挖水沟3千米,划标中线7千米。目前公路路面平整,路肩、边沟标准,安全设施完备,公路绿化完好,路容路貌整洁。 (吉安市交通运输局)

【井冈山市夯实养护管理基础建设】 ①井冈山管理局、市人民政府重新修订出台《井冈山农村公路养护管理实施办法》,争取到市财政按照县道不低于每年每千米3000元、乡道每年每千米不低于1500元、村道不低于每年每千米500元纳入财政预算;同时市交通运输局出台附《井冈山农村公路养护管理检查考评方案》及《井冈山农村公路养护资金管理办法》,为进一步加强农村公路养护管理奠定了坚实基础;②完成了井冈山市农村公路“十三五”规划(初稿)编制工作;③完成了农村公路养护工程省级补助资金申报工作,并已经吉安市交通运输局和省公路局审核上报省交通运输厅审批;④完成了乡、村道养护责任主体的确定工作;⑤完成了县、乡、村道路网调整工作,调整后全山农村公路总里程726.951(其中井冈山市管养707.375千米,井冈山市公路分局管养19.576千米),其中县道152.257千米(其中井冈山市管养132.681千米,井冈山市公路分局管养19.576千米),乡道260.061千米,村道314.633千米;⑥县道日常养护责任得到落实,县道养护水平得到提升。

(吉安市交通运输局)

【井冈山市完成养护示范路建设】 10月,大陇至团山养护示范路建设工程全面完成,共修补路面1140平方米,培路肩7005平方米,开挖疏通水沟6千米,绿化15000株,划设标线11310米,震荡线260平方米,设置各类标志、标牌、广角镜共52块,栽设里程桩、百米桩71块,设置安全柱286根。

(吉安市交通运输局)

公路绿化

【景德镇交通运输部门为“创森”添绿】 4月14日,景德镇市交通运输局机关及所属事业单位、浮梁县交通运输局机关及所属事业单位百余名工作人员,来到位于浮梁县勒功乡沧溪村连接勒功、江村两乡的乡道沧(溪)诰(峰)公路(编号:Y055)植树,为景德镇市创建国家森林城市添绿。

乡道沧(溪)诰(峰)公路全长7.5千米,是连接沧溪、严台2个国家历史文化名村的重要旅游景点公路,浮梁县交通运输局按三级公路标准对其进行改造(长约5.7千米)并于3月中旬竣工,为今年景德镇市总长计97.74千米的农村公路重点绿化项目之一。

经过一上午的劳动,共为乡道沧(溪)诰(峰)公路改造工程段两侧共种植公路行道树1120株(樱花树苗)。

(涂 强)

【高安市掀起春季绿化高潮】 3月,市交通运输局抓住绿化补植大好时机,全面铺开春季道路绿化工作。共绿化新建农村公路108.4千米,栽植苗木30000株。

(周世祥)

【上高县交通运输局采取“四措施”抓好农村公路绿化工作】 上高县交通运输局采取四个有力措施狠抓农村公路绿化工作。①加强组织领导。从年初开始精心谋划绿化美化工作,成立了农村公路绿化工作小组,对全年绿化工作目标进行分解,制定工作计划,实施方案。②部门互动。采取向上争取一点、县里出一点、乡镇凑一点、群众投工投劳一点,共同出资的办法,加大绿化工程逐步完善。同时对养护绿化工作实行奖惩制度。③加大宣传力度,在路线沿途乡镇村广泛宣传,提高百姓的爱绿护绿意识,减少破坏路树的事件发生。同时用水车对各条线路栽植的树木进行浇灌,确保了苗木成活率。对已完成绿化的路段及时进行巡查,对枯枝、垃圾和路面泥土进行及时清理,对缺损苗木路段及时进行补植。④强化管理。将农村公路绿化工作纳入养护考核范畴。实行定线路、定人员、定标准、定时间、定责任全面加强路树管理。2015年,种植白杨树50000多株,完成绿化里程859.884千米,绿化率达64%,完成投资215.31万元。

(潘泓羽)

【铜鼓县交通运输局注重农村公路绿化】 铜鼓县交通运输局2015年完成公路植树45千米,绿化面积450余亩。

(黄祖芳)

【万载县公路绿化常态化】 万载县交通运输局以建设“生态万载”为目标,大力推进公路绿化。要求2015年度县乡道升级、客运网络、通组公路等项目全部进行道路绿化,并将绿化作为公路验收项目之一。绿化主体为各项目业主,县道升级由交通运输局负责,客运网络公路及通组公路由各乡镇、村负责,由交通运输局负责监督。绿化树种以杨树、湿地松、苦楝、喜树为主。2015年,全县农村公路新增绿化里程约15千米。县境万宜、昌栗高速连接线实现竣工通车,沿线公路绿化工作正在进行。其中万宜连接线绿化费201万元,该线绿化正在引进桂花树种,即将种植。昌栗高速连接线绿化共种植桂花树384株,其中7~8厘米194株,9~10厘米190颗,工程决算30万元。其他草皮绿化将在2016年春季种植。

(辛鹏远)

【上饶玉山公路分局打造“园林化”文明道班】 打造“园林化”道班,玉山公路分局对所辖道班十七都大道班进行植树种草。

按照“春有花、夏有荫、秋有果、冬有青”的总体规划,采取整体绿化与庭院绿化并举,开展“小花园、小林园、小菜园”建设,投资30余万元,扩大绿化面积,进行树木补植、除草、外墙粉刷、场地硬化等。该项工程于2015年11月完工。

(许箫梅 周安军)

【南丰县紫霄造林绿化添景藏富】 2013年以来,该镇大力实施绿化添景和经济林种植工程,在主要公路沿线可视范围内,加密种植桂花、香樟、银杏、广玉兰、枫香等阔叶树、风景树,构造优美、和谐、独特的人居环境;该镇采取以奖代补的形式,把广玉兰、香樟、桂花、银杏、枫香等苗木免费送给农户种植,使之成为农民增收致富的“绿色银行”。2015年,这些苗木种植面积已达6万余亩。

(陈根玲)

灾害防治

【浮梁县交通运输局积极开展水毁旅游公路抢修工作】 6月22日傍晚时分至23日凌晨,由于局部地方出现强降水,造成景德镇市浮梁县瑶里镇通往婺源的寺白公路(寺前至白降岭)路段发生大面积塌方,致使交通受阻。为确保群众出行安全,浮梁县交通运输局全力开展水毁公路抢修工作,坚决防止道路中断、人员滞留情况出现。

浮梁县交通运输局负责人第一时间带着总工和相关技术人员赶赴现场,与瑶里镇分管领导、交管站的工作人员现场办公，按照应急预案，立即让施工人员和机械进场疏通。同时，在塌方路段两头设置警示标志，提醒群众注意安全，特别是要注意再次塌方或零星山石滚落。经过四个多小时的紧张施工，塌方路段上石块泥土完成清理清运，在险情发生后仅用12小时就恢复了通车。

（徐耿华）

【袁州区积极抢修水毁道路确保道路通畅】 5月至6月，该区遭遇多次暴雨，河水猛涨，出现了严重的洪涝灾害，农村公路和桥梁遭到很大破坏。路基塌方、路面毁损、桥涵冲毁及护坡塌陷等非常严重，致使公路中断11条38处。全区农村公路累计损毁桥梁8座，冲毁路基31千米、水泥路面16千米、砂石路面12千米，毁坏涵洞316道、护坡92处、挡墙35处，坍塌方321处，直接经济损失2929万元。为尽快修复全区农村公路，区交通运输局领导高度重视，积极组织抗洪抢灾。启动应急预案，成立抗洪救灾工作组，局领导带队，分别到各乡镇逐一了解、察看实情，制定具体的处理办法。安排10辆货车、10辆客车和5台挖机组成防汛应急车辆组，并安排3部货车、1部客车、2台挖机24小时待命。在救援抢险中，领导带队第一时间赶赴现场，组织人员，调集力量、物资、设备，全力抢修受损公路桥梁。共清理塌方320处，投入机械作业2560台班，修复中断的公路36处，投入资金1160万元。农村公路水毁设施及时得到修复，确保了道路畅通。

（李　庆）

【樟树市奋力抢修樟芦线水毁公路】 5月以来，樟树市遭受大到暴雨袭击，此次暴雨持续时间长，雨量分布集中，造成樟芦线店下镇大汗村委段发生山体滑坡，4000余立方的泥土淹没了100多米长的道路，导致交通堵塞，给当地群众的生产生活造成了严重的影响。险情就是命令，灾情发生后市交通运输局领导高度重视：①立即派专业技术人员以最快的速度奔赴现场查看，及时设置安全警示标志及道路绕行标志。②是协同当地镇政府安排作业机械对塌方道路进行清理恢复。③进一步排查存在的安全隐患，核实具体的受灾情况，做好受灾损失情况上报工作。此次救灾投入资金10余万元，人力100多人次，沙石一千余立方，确保了公路的安全畅通。

（李嘉瑜）

【靖安县抢修水毁保旅游公路畅通】 5月1日下午4点开始，一场突如其来的暴雨袭击靖安大地，致使境内宋水线、安璪线、石镇线等干线旅游公路上出现20多处山体塌方，特别是晚上的倾盆大雨致使山洪暴发，宝峰镇神仙谷路段（38+700）发生大规模山体滑坡导致交通中断。险情出现后，县交通运输局一方面向上级相关部门报告灾情。另一方面启动应急预案，组织干部职工和机械设备分头赶往塌方现场开展抢修。从凌晨3点奋战至早上8点，塌方路段恢复单边通行，抢修人员才稍事休息，吃上送来现场的馒头矿泉水。然而就在8点30分许，该地点再次出现山体滑坡，致使刚刚抢通的道路再次被山石掩埋，交通再度中断。全体抢修人员再次投入到紧张的抢险工作中，至上午10点，中断交通才再次恢复单边通行。

（刘　斌）

【宜丰县全力抓好水毁公路抢修】 全年累计修复水毁公路路基46.4千米，路面86.3千米，涵洞39道，护坡41处2103立方米，挡土墙6处1557.1立方米，塌方134处52315立方米，水毁修复共投入资金911.56万元。

（漆志勇）

【万载县紧急抢修受阻山区公路】 6月19日，因受连日暴雨天气影响，万载三兴至铜鼓排埠县道线K9+500处突然出现大面积山体滑坡，造成万载三排线部分路段进出车辆通行受阻，严重影响当地群众的生产生活和安全出行。接到群众反映后，万载县立即启动应急预案，迅速派员现场勘察，召开专业会议研究部署，组织相关工作人员，并调集挖土机、装载机、运输车辆等十余台设备赶赴现场进行处置。经过4个多小时紧急抢修，共清理山坡塌方600余立方米，该县道线路即恢复正常通行。

（辛慧民）

港航建设

【概况】 2015年,省发改委、省交通运输厅下达港航部门基本建设项目投资计划99807万元,款源为:中央预算内资金12500万元,交通运输部补助26000万元,厅统筹资金2000万元,项目法人贷款25285万元,地方自筹或单位自筹资金34022万元。

2015年加紧实施赣江、信江高等级航道建设和九江、南昌两大国家级主要港口及鄱阳湖生态经济区重要港口群建设,全年完成水运投资10.85亿元。基本建成南昌龙头岗综合码头(一期)、万年港综合码头、九江水上应急指挥中心。开工建设新干航电枢纽、龙头山航电枢纽。推进界牌航电枢纽技术改造工程、吴城航道海事码头、信丰海事处等港航基础设施建设。投资总规模12.2亿元的7个社会投资港口建设项目推进有序。抓好规划引领,主动融入“长江经济带建设”“加快内河水运发展”“建设鄱阳湖生态经济区”“振兴发展赣南原中央苏区”等重大国家战略实施,《九江港总体规划(修订)》通过省部联合审查,完成《江西省水运多式联运发展研究》课题研究和《江西省水运“十三五”发展规划》初稿,启动《南昌港总体规划》修编工作。推动项目前期工作。加快推进赣江石虎塘—神岗山三级航道整治工程、樵舍货运码头、九江港彭泽港区红光作业区综合枢纽工程等项目前期工作,启动信江高等级航道前期研究工作。

(胡丽华 符 俊)

【南昌龙头岗综合码头完成第三单元上部结构梁板混凝土浇筑】 1月4日7时30分至1月5日1时30分,省重点工程南昌龙头岗综合码头主体水工建筑第三单元上部结构梁板混凝土浇筑施工顺利完成,共浇筑混凝土近600方。

(胡友昌)

【南昌龙头岗综合码头候工楼主体封顶】 1月8日上午,综合码头候工楼主体圆满封顶。该候工楼于2014年10月开工建设,建筑面积5347.49平方米,高20.1米,共有6层。候工楼主体的封顶,为改善码头一线装卸、维修作业人员休息提供良好环境,并为给排水、电气安装和装饰装修施工打下良好的基础。

(刘江舟)

【鹿心社考察南昌龙头岗综合码头一期工程】 1月12日,省委副书记、省长鹿心社考察南昌龙头岗综合码头项目建设情况。

鹿心社指出:龙头岗码头是全省内河建设规模最大、靠泊能力最强的现代化综合码头,它的建成将与现有的南昌国际集装箱码头形成优势互补,有利于把南昌港打造成为运转高效、功能完善的现代化港口,也有利于发挥赣江黄金水道的作用,形成集全省公路、水路、铁路和航空等各种运输方式于一体的综合交通物流基地。

鹿心社要求项目广大参建人员:①切实增强使命感和紧迫感,规范管理,严格施工,确保工程质量;②统筹规划,精心组织,紧紧抓住国家打造长江“黄金水道”、推动长江经济带发展的重大机遇,大力发展全省水运能力;③加快推进水运基础设施建设,为着力构建综合立体交通运输体系,促进昌九一体化融合,推动全省区域经济升级发展提供有力支撑。

该项目一期工程为2个件杂货泊位和2个集装箱泊位。

(倪 磊)

【赣江新干航电枢纽工程初步设计评审会召开】 1月27日至29日,交通运输部水运局组织有关专家对赣江新干航电枢纽工程初步设计进行评审。交通运输部、省发改委、省财政厅、省水利厅、省环保厅、省住建厅、省国土厅、省扶贫和移民办、省安监局、项目所在地政府有关人员以及省港投公司、新干项目办和设计单位有关负责人、特邀专家等共50余人参加会议。

与会代表及专家在工程现场进行考察,并听取建设单位和设计单位的汇报,查阅航电枢纽初步设计文件。经过认真评审,会议基本肯定初步设计编制文件的内容和深度,并提出进一步修改和完善的专家组意见。

新干航电枢纽项目是列入国务院办公厅《贯彻实施〈国务院关于依托黄金水道推动长江经济带发展的指导意见〉重点任务分工方案(2014-2015)》(国办函〔2014〕75号)重点项目之一。

(新干枢纽　省港投)

【南昌龙头岗综合码头水工建筑前沿作业平台梁板混凝土完成】 3月27日,省重点工程南昌龙头岗综合码头一期项目主要控制性工程—码头水工建筑前沿作业平台梁板砼施工顺利完成。该码头前沿平台共分11个单元,整个平台长408米,面积11098平方米。1月初开始首个单元平台浇筑,累计完成梁板砼浇筑约8240立方米。

(胡友昌　倪　磊)

【泰和县建造年吞吐量55万吨港口】 3月31日,吉安港泰和港区沿溪渡作业区控制性详细规划编制已完成。泰和沿溪综合货运码头项目总投资11548.43万元,将建成1000吨级散件泊位和件杂泊位各1个,设计年吞吐量为55万吨,设计船型为1000吨级货船,将成为吉安市重要港口之一。

(邱永军)

【九江湖口港区公用码头二期项目主体工程完工】 5月21日,湖口港区金砂港务公用码头二期项目主体工程完工,陆续开始设备安装。

该码头是湖口港区唯一的公用码头,二期项目投资约2000万元,连接一期工程,码头面标高20.52米,河底标高0.6米,采用高桩梁板式结构,新增104.3米高桩直立作业平台1座,自制溜槽、装船皮带机系统各1套,配套建设消防、电力、照明等设施项目,并上移原趸船硬化斜坡及轨道。

(周阳泽　范钦云)

【九江湖口港区公用锚地工程获得立项】 6月12日,从九江市港口局获悉,九江港湖口港区永和州锚地工程获得九江市发改委立项批复,标志着该锚地建设的前期报批工作基本完成,下一步将进入锚地建设实施阶段。

湖口港区是九江港各港区中开发利用程度最高的港区,随着沿江经济和港口的快速发展,到港船舶以及过境候泊船舶数量大量增加。为提高港口公用基础设施配套水平,适应港口发展,保障船舶通航安全,建设湖口港区永和州锚地十分和迫切。该锚地面积约45万平方米,可满足3000~5000吨级船舶组合锚泊需要,兼顾10000吨级船舶锚泊。锚地分成上下两段,上段为普货船锚地,长1600米,宽225米;下段为危险品船锚地,长350米,宽225米,两段间距200米,项目估算总投资503.34万元。

九江港湖口港区永和州锚地工程是近年来九江市港口局实施首个水上港口公共配套设施,自筹资金。本工程既要满足普通货物船舶的停泊,还要兼顾危货船舶的停泊需要,锚地建成后,将可有效保证湖口港区的通航和码头生产水域的安全。

(丁本领)

【中交建设股份有限公司海西总部来赣调研商洽水运建设合作事宜】 6月17日,中交建设股份有限公司海西总部一行来赣调研商洽水运建设合作事宜。省港航局以及港投公司和相关处室负责人出席座谈会。

省港航局对中交建设股份有限公司海西总部一行来赣调研商洽水运建设合作表示欢迎,并对江西水运整体情况进行简单的介绍。当前,全省水运部门正认真落实省委、省政府关于对接"一路一带""长江经济带"国家战略,提升区域经济发展水平的决策部署,以落实"长江经济带综合立体交通走廊规划"为抓手,以提高江西内河通航能力为目标,加快推进干支流网络衔接,优化港口功能布局,加强集疏运体系建设,着力打造畅通、高效、平安、绿色的现代化内河水运体系。中国交通建设股份有限公司是交通建设的龙头企业,具有资金、设备、管理等方面的优势,希望通过这次互动,加强双方的合作,促进我省水运发展更上新台阶。

其间,双方还就项目合作、融资模式等方面进行深入交流,并就成立水运合作工作小组进行商洽。(张　黎　邱志勇)

【泰和县沿溪综合货运码头工程获批】 6月18日，泰和县沿溪综合货运码头工程正式获吉安市发改委批复。

该项目位于吉安港泰和港区沿溪渡作业区，项目建设内容和规模为建设1000吨级多用途泊位、件杂货泊位各1个及其配套工程。货场年吞吐量55万吨/年，其中散货吞吐量35万吨/年，件杂货吞吐量20万吨/年，码头采用高桩梁板直立式结构，平台长195米，宽21米。码头长195米，港区后方纵深457米，占用土地约9.3公顷。项目投资1.45亿元。

（邱永军）

【江西神华国华九江电厂码头开工建设】 11月28日，经水利、港口等部门批准，江西神华国华九江电厂配套码头开始施工建设。

江西神华国华九江电厂码头工程是神华国华九江发电有限责任公司新建工程的配套工程，该码头工程经国家发改委征求交通运输部同意，在江西九江湖口港区内利用长江港口岸线409米，建设规模为2个5000吨级卸船泊位和1个5000吨级装船泊位的高桩梁板式结构码头，年设计吞吐量为730万吨/年（其中进口煤炭580万吨/年，出口煤炭150万吨/年），码头建设工期为20个月。

（方　武）

【九江港2个码头项目获交通运输部批复港口岸线】 2015年末，彭泽港区矶山作业区公用码头工程使用港口岸线获交通部批复。该项目的岸线批复是九江港彭泽港区第三家部批项目，岸线长370米，建设2个5000吨级液体化工品泊位和1个5000吨级固体化工品泊位，设计年通过能力386万吨。城区港区江西新立基沥青有限公司石化码头工程使用长江港口岸线也获得交通运输部批复。该工程位于城区港区，拟建1个3000吨级石油及化工品泊位，使用长江岸线124米，设计年通过能力92万吨。两个项目合计新增年通过能力478万吨。

（汪兰香）

【《九江港彭泽港区红光作业区综合枢纽码头一期工程可行性研究报告》审查会在昌召开】 8月11日，江西省交通运输厅在南昌市主持召开《九江港彭泽港区红光作业区综合枢纽码头一期工程可行性研究报告》（以下简称《报告》）审查会。省交通运输厅副厅长梁必康出席会议。参加会议的有江西省港航管理局、九江市港口管理局、九江市港口管理局彭泽分局、江西省港航建设投资有限公司等相关单位及特邀专家。

会议认为，九江港是承接长江中上游和中下游的重要水运中转枢纽港，是江西省连接国际、国内市场和实现省内资源优化配置的重要依托。彭泽港区是九江港“一港五区”的重要港区，是江西省沿江开发的两翼之一，红光作业区是彭泽港区的重中之重。为落实省政府提出将昌九区域打造成为对接融入长江经济带和长江中游城市群的核心板块，实施鄱阳湖生态经济区发展战略，支持南昌带动全省经济发展的核心增长极，充分发挥省内“两横一纵”高等级航道货运通江达海和红光作业区水水联运、水铁联运等多式联运优势，将红光作业区建设成为江西省“北大门”的综合枢纽作业区，为全省和腹地经济发展服务。本工程的建设是融入长江经济带、建设鄱阳湖生态经济圈、推动昌九联动发展、促进九江沿江开发开放和建设江西内河枢纽母港的需要。

（魏　涛）

【南昌龙头岗码头前沿两台门机总装完成】 12月8日，省重点工程南昌龙头岗综合码头一期工程码头前沿两台门座起重机（1台40吨、1台10吨）顺利完成总装，即将进入调试阶段，为年内码头主体工程交付验收打下坚实基础。

（胡友昌　黄文平）

【强卫视察南昌龙头岗码头一期工程】 8月10日下午，省委书记强冒雨来到南昌龙头岗综合码头一期工程建设工地，亲切看望一线建设职工，仔细察看项目建设情况。他指出，要加快建成南昌龙头岗综合码头一期工程，推进南昌港、九江港一体化，着力构建通江达海综合交通运输体系，为对接国家战略，迈出发展升级新步伐提供交通运输保障。

（省港航局）

【赣江新干航电枢纽船闸及左侧9.5孔闸坝工程围堰合龙】 9月12日，赣江新干航电枢纽船闸及左侧 9.5 孔闸坝工程顺利完成围堰合龙。

赣江新干航电枢纽工程 W3 标合同金额 4.95 亿元,工期 27 个月,工程任务包括施工导流、9.5 孔泄水闸、船闸主体、上下游引航道、左岸土坝及改线提防、连接公路、坝顶公路桥、大坝防渗及其他附属设施。围堰总长度 2864 米,顶宽 11 米,填筑高程 28.5 ~ 29 米,围堰回填土石方总量 22.3 万立方米,其中船闸主体围堰长 1279 米,设计高程 35.5.0 ~ 36.4 米;泄水闸一期围堰 823 米,设计高程 31.8 ~ 33.5 米;下游引航道围堰 762 米,设计高程 30.9 米。

项目于 8 月 1 日开工,采用基坑范围内岸侧开挖砂砾料沿围堰轴线从岸侧进占,上下游同时施工,仅用一个半月即完成围堰合龙。

(张会龙)

【赣江新干航电枢纽工程建设启动】 8 月 1 日,赣江新干航电枢纽主体工程一期围堰填筑开工,标志着该项目工程建设正式启动。

赣江新干航电枢纽是江西省和交通运输部“十二五”重点建设项目,枢纽位于吉安市新干县三湖镇上游约 1.5 公里处,上距峡江水利枢纽约 56 公里,是一座以航运为主,兼顾发电等综合利用功能的航电枢纽工程。工程建设规模及主要建设内容为:水库正常蓄水位 32.50 米(黄海高程);渠化航道 56 千米,通航标准为内河Ⅲ级,1000 吨级船闸一座,船闸有效尺度为 230 米 ×23 米 ×3.5 米(长 × 宽 × 槛上水深),设计单向年通过能力 1802 万吨,并预留二线船闸位置;24 孔泄水闸,总净宽 480 米;装机容量 112 兆瓦发电站 1 座,年平均发电量 5.34 亿千瓦·时;左、右岸土坝及混凝土坝顶宽 9.0 米,坝顶高程 39.50 米,枢纽布置沿坝轴线全长 1080.27 米;右岸连接重力坝、鱼道、坝顶交通桥、库区防护等。

根据施工总体进度安排,该枢纽工程分两期施工,一期工程主要完成左岸船闸及相邻 9.5 孔泄水闸,右岸电站及相邻 1.5 孔泄水闸的施工;二期工程主要完成其余 13 孔泄水闸的施工。

(新干项目办)

【赣江新干航电枢纽右岸一期电站厂房围堰合龙】 8 月 25 日,赣江新干航电枢纽工程右岸一期电站厂房围堰顺利合龙。

新干航电枢纽电站与右侧 14.5 孔闸坝工程施工单位(以下简称:W2 标项目部)自 6 月上旬进场以来,以“快进场、快开工、快速进入施工状态”为目标,已完成项目的施工总体布置、施工临时电源和部分施工道路建设;完成项目部生活营地建设,并于 8 月 8 日正式入住;组织满足施工现场需要以及招投标文件要求的各类型施工设备共计 60 台(套)和部分物资材料等进场。根据招投标文件和一期电站厂房导截流施工组织设计,电站厂房全年围堰设计洪水标准按全年 10 年一遇洪水,相应设计流量为 17800 立方米/秒,围堰顶高程为▽ 37.4 米,轴线长度 1150 米,分为戗堤进占、高喷平台填筑、全年围堰填筑和护坡施工等四大部分。一期电站厂房围堰于 8 月 1 日开始进占以来,围堰戗堤共填筑土石方约 10 万立方米;高喷防渗墙也跟进施工,共计 1436 个高喷孔,已完成 352 个,占总数的 24.5%。

(何 毅)

【凰岗航运枢纽大修及技改工程完工】 凰岗航运枢纽大修及技改工程经过前期电气系统的调试和船闸试运行,于 8 月 20 日正式全面完工,泄水闸落闸蓄水,船闸正式启用通航。

(饶荣生)

【界牌电站开关站改造Ⅰ期工程通过交工验收】 11 月 20 日,界牌航电枢纽电站开关站及配套电气设备改造Ⅰ期工程交工验收会在鹰潭召开。会议由界牌航电枢纽技改项目办主持,设计、监理、项目施工单位、运行管理单位及鹰潭电力公司等单位代表参加验收会。验收委员会听取各参建单位的工作报告,对工程现场进行实地查验,对交工工程内业资料进行审查,认为该改造工程各项指标满足设计要求,运行状态良好,工程质量合格,同意该项目交工验收。

(董 彤 吴有树)

【丰城市赣江龙头山水电枢纽工程建设项目获省发改委批准】 丰城市赣江龙头山水电站枢纽建设获省发改委批准。该枢纽坐落于丰城、樟树市境内,坝址位于丰城市剑邑大桥下游 2.9 千米处,是一座集发电、航运等水运大型建设工程,也是宜春市水路运输历史上一次投资最多、工程最大的工程建设项目,工程建设项目主要有航道、船闸、码头等设施,工程建设总投资35.73亿元,距新干枢纽坝址60.7千米。流域面积7810平方千米,于2015年底开工建设,2019年建成投入营运。

(周青兰)

【吉安市仁和渡口标准化建设完工】 2015年,仁和渡口标准化建设基本竣工,该渡口的建成使用,将极大改善学生上学及两岸群众出行安全。

(吉安市交通运输局)

【新干港河西综合码头附属工程开工建设】 2015年,吉安市交通运输局投入资金800万元,开始建设新干港河西综合码头的附属工程项目,标志着该工程项目建设进入最后冲刺阶段。此举是在码头主体设施、供配电设施、进港道路、堆场垫层和道路等项目建设阶段已经完成后,开始综合楼、仓库、生活配套等附属工程项目建设阶段。年内已经完成勘察设计、招投标等工作,并确定施工单位,工程项目各标段排定施工进度计划,预计2016年内完成施工任务。新干港河西综合码头项目完全建成后,是继吉安港石溪头货运码头之后的又一座投入运营的大型化、专业化、现代化的货物码头,该码头会成为该市北部1个"铁、公、水"多式联运物流运输的重要节点,会有力促进地方经济社会的发展。(相关链接:新干港河西综合码头项目概算总投资9650万元,新建3个500吨级泊位,设计年吞吐能力为110万吨,配备固定吊机6台,设计堆场面积13950平方米、仓库3888平方米、办公楼1680平方米、40吨/19米起重机1台、5吨和10吨固吊各1台,港区占地面积8.3公顷。)

(吉安市交通运输局)

【南丰白舍镇杨村渡口标准化改造完成】 南丰县共有三处渡口,分别是白舍镇杨村渡口、桥头柏树村渡口和洽湾镇加津渡口。按照标准化渡口建设对白舍镇杨村渡口进行了改建,于4月22日开工建设,12月竣工验收。投资金额为12.32万元。

(黄文斌)

【崇仁港河水库渡标准化建设竣工】 港河水库渡位于崇仁县河上镇西北部的中型水库——港河水库,水库水面312.2公顷。库区内上游有1个村委会、自然村4个,常住人口1360人。渡运是库区内上游村庄与外界联系的主要交通通道,渡口距镇政府所在地4千米。渡运水面为南北走向,常年水面航程达1.5千米,最大水深10米、平均水深6米,汛期水面航程可达2千米左右。该渡口日常渡运10趟次、日客运量50余人次,清明等节日高峰时客流量可在200余人次,年客运量达0.8万人次。港河水库渡是崇仁县载客量最大、渡运航程最长、日摆渡次最多、安全监管压力最大的渡口。为了保障该渡口安全正常渡运,方便群众乘渡过往,2014年获批新建渡口南北风雨亭2座等设施。工程于2015年按标准化渡口建设,至12月底建设竣工。

(余家军)

规划与勘察设计

【省规划工作概况】 2015年紧紧围绕工作目标,主动服务大局,积极开展调研,认真科学谋划,服务发展需求,结合五大发展理念,重点开展"十三五"交通运输规划工作,开展《江西省公路水路交通运输"十三五"发展规划》编制工作,编制完成《江西省国防公路水路"十三五"规划》。开展编制《江西省交通运输安全生产与应急体系"十三五"规划》。完成《江西省旅游公路建设规划(2015-2020年)》和《安远县交通运输发展规划(2014—2020年)》。开展《昌抚大道路线规划方案》的研究工作。

(省交通运输厅规划办)

【《江西省旅游公路建设规划(2015－2020年)》】 依据省委、省政府《关于推进旅游强省建设的意见》,结合《江西省旅游业发展"十二五"规划纲要》《江西省旅游精品线路建设规划纲要》《江西省"十二五"公路水路交通运输发展规划》及相关的行业规划,省交通运输厅会同省发改委、省旅游发展委员会编制了《江西省旅游公路建设规划(2015—2020年)》。规划期限为2015年至2020年,重点解决全省重点旅游景区的连接和通达问题。

一、旅游公路路线遵循以下原则

(1)通往国家AAAA级及以上景区的公路;

(2)通往国家级风景名胜区和省级风景名胜区的公路;

(3)通往国家级森林公园、省级森林公园和国家级自然保护区,且2013年底游客流量达10万人以上或者2020年底游客量预测为30万人以上景区的公路;

(4)通往具有独特旅游资源,开发潜力大的景区公路;

(5)地方积极性较高且配套资金能够落实到位的公路。

二、建设效果

(1)完善旅游公路网络,更大范围的提供旅游公路服务,为建设旅游强省提供道路保障。结合景区的分布位置和特点,在原有旅游路线的基础上,规划实施后将改善4个AAAAA级旅游景区景点、13个AAAA级旅游景区景点、11个国家级和省级风景名胜区、自然保护区、森林公园、具有独特开发价值旅游资源的外接公路交通条件。有利于旅游资源和旅游产品的整合,更加适应江西旅游产业发展趋势。

(2)提高旅游公路的技术等级配置,提升交通服务水平,形成"通畅、绿色"的旅游公路网络,实现省内旅游精品线路各节点间的快速连接和高效循环。

三、建设标准

根据全省各旅游景点的游客数量的预测,以及国家对景区外部交通要求的相关规范,规划的旅游公路建设项目主要采取二级或三级公路标准,特殊困难路段(如确有建设必要)可建设少量四级公路。

四、建设规模

总规模为398.3千米,其中新建里程135.8千米、改建里程262.5千米。按技术标准分:一级公路11.8千米、二级公路107.6千米、三级公路272.4千米、四级公路6.5千米。投资总估算为18.54亿元,按照本规划中省级补助政策,省级将需安排补助5.1846亿元,其中省级补助资金4.2751亿元、省级奖励资金9095万元。

五、主要项目

江西省旅游公路建设规划项目28个:张家坊至高州环武功山旅游公路,技术等级三级,长约25千米;明月山温汤至洪江环武功山旅游公路,技术等级二级,长约21千米;泰山至洋溪环武功山旅游公路,技术等级二级、三级,长约22千米;湾里区太平镇红枫旅游公路,技术等级三级,长约14千米;新建县象山森林公园至昌九大道旅游公路,技术等级二级,长约16千米;永修县城至吴城旅游公路,技术等级二级,长约20千米;靖安县骆家坪景区至宝峰镇旅游公路,技术等级三级,长约17.5千米;奉新县九仙至百丈旅游公路,技术等级三级,长约30.8千米;铜鼓县永丰至浏阳大围山旅游公路,技术等级三级,长约19.5千米;上饶县吉阳湖至灵山大道旅游公路,技术等级二级,长约14千米;婺源县港口至中平旅游公路,技术等级三级,长约22千米;三清山马岭底至玉灵观旅游公路,技术等级三级,长约15千米;遂川热水洲至井冈山下七旅游公路,技术等级三级,长约30千米;青原区青东公路至富田景区旅游公路,技术等级三级,长约15千米。

(省交通运输厅规划办)

【安远县交通运输发展规划(2014—2020年)】 规划范围:安远县行政区域,包括下辖18个乡镇。同时,充分考虑赣南原中央苏区与海西经济区、珠三角等周边区域的交通联系。规划基准年为2013年,特征年为2015年、2020年。2013—2020期间,全力推进宁都定南(安远段)高速公路、赣州至安远一级公路、鹰瑞梅铁路途经安远建设,共同构筑安远大交通蓝图,打通安远南上北下的社会、政治和经济"生命线",纳入"大赣州一小时经济圈"。

一、规划目标

至2020年,基本形成安远县境内高速和铁路通道,90%国省道达二级公路以上标准,基本实现县道达三级公路以上标准,基本实现乡道达四级公路以上标准,100%(25户以上)自然村通水泥路。100%的乡镇建有等级客运站;80%以上的建制村建有汽车停靠点(招呼站或候车亭牌),100%建制村通达客车;200亩以上果园基地公路硬化建设基本完成。公路建管养运一体化、全县客运和交通应急体系建设全面完成。

二、路网布局方案

1. 主骨架网方案:为"一纵一横"十字型布局。一纵:宁都至定南高速公路安远段。一横:寻乌至全南高速公路安远段。

2. 干线公路布局方案,形成"一环四横一纵"网络型布局,为总里程长286千米。

一环:规划建设外环线绕城公路,路线途经新龙黎洞(与G238相接)、长坜、欣山园墩、碛角、修田(与G238相接)、金石、教头、古田。

第一横:S453、S226。经过浮槎乡、龙布镇、双芜乡,与赣县、于都县相联系。

第二横:G357。经过天心镇、重石乡、版石镇,与信丰县、会昌县相联系。

第三横:S317。经过高云山镇、安远县城、新龙乡,与寻乌县、信丰县相联系。

第四横:G358。经过三百山镇、孔田镇、鹤子镇,与寻乌县、定南县相联系。

一纵:G238。经过塘村乡、龙布镇、版石镇、车头镇、安远县城、凤山乡、镇岗乡、孔田镇,从北往南纵贯安远县全境,与于都县、定南县相联系。

三、客货运枢纽布局方案

1. 客运枢纽。规划安远客运站为新建一级站,承担安远县长途对外客运服务及县内中短途运输功能;规划安远县三百山车站(安远县三百山游客集散中心)为新建二级站,承担来安远县景区旅游的游客集散功能及长途对外客运服务。

2. 货运枢纽(物流园区)。规划安远县农副产品物流园区,占地约66公顷以上,建成后使之成为国内最大的农副产品物流交易中心之一;规划安远新龙综合物流中心,占地约100公顷以上,建成后使之成为与县城商业、生产、生活相配套的物流中心;规划版石工商贸物流中心,占地约13公顷,集生产、生活、流通、仓储、运输、配送为一体的综合性物流园区。

四、铁路布局

根据"江西省铁路网规划",安远县规划一条纵向铁路(即鹰潭—瑞金—梅州),按Ⅰ级标准建设,设计行车速度160千米/小时,预留220千米/小时,全长552千米,其中安远境内长约65千米。远期,韶关至梅州铁路作为2030年规划,联通赣南与珠三角区域,争取在安远境内布局一个火车站点,并与安远县三百山游客集散中心充分对接,发展综合运输优势。

五、通用机场

规划建设一个跑道800—1200米通用机场,并规划2020年前建成。

(省交通运输厅规划办)

【《昌抚大道路线规划方案》】《昌抚大道路线规划方案》的研究与编制。

一、方案总体思路

昌抚大道是南昌至抚州城市之间的快速通道,其功能主要是服务两个城市经济社会发展的融和与对接,其布局规划受两市经济板块对接及交通发展影响。

对接路径一:昌南组团沿现有国道316、国道320与抚州经济板块对接。依托小蓝工业园区,以打造现代汽车城为目标,加强分工协作,抚州经济板块主动接受昌南组团的辐射,重点发展汽车零部件配套产业、电动车制造产业、化工建材产业。

对接路径二:瑶湖组团、乐化组团沿福银高速与抚州经济板块对接。依托南昌空港城建设,以发展高科技研发、总部经济和文化创意产业为契机,重点发展现代物流业、纺织服装业、生物制药研发基地,大力发展商贸,促进昌抚两地交流。

二、推荐方案路线主要控制点

本项目主要控制点为国道105、港口大道、赣江、天祥大道、昌东镇、武阳镇、南昌市绕城高速南外环、抚河、杭南长铁路、浙赣铁路、国道320、泉岭乡、温圳镇、沪昆高速公路、文港镇、福银高速公路、长山晏乡、云山镇、唱凯镇、罗湖镇、东昌高速公路、孝桥镇、湖南乡、东临大道、抚州市瑶山。路线全长120.235千米。

三、实施效果

昌抚大道方案实施后,南昌至抚州将实现4车道高速公路和4车道一级公路共同组成的收费与不收费两个相辅相成的城际公路交通系统,极大地提高昌抚通道内的公路服务水平,串联起昌抚间沿线产业对接,充分满足直达或区间交流的不同便捷交通需求,可有力支撑和提升两地大交通、大物流、大产业深度融合、高效发展。有力促进南昌、抚州两大经济板块融合发展,形成较大规模的产业集聚区和互动互补的城市群,进而实现联动发展。

(省交通运输厅规划办)

【赣湘两省推进高速公路规划建设对接】 4月17日,江西省交通运输厅与湖南省交通运输厅在南昌召开高速公路规划对接座谈会。江西省交通运输厅党委书记、厅长朱希,副厅长梁必康,省高速集团董事长、党委书记王江军,总经理任东红,湖南省交通运输厅党组书记、厅长刘明欣出席座谈会。

朱希对刘明欣一行的到来表示欢迎,他说,江西和湖南是一衣带水的近邻,希望双方进一步加强省界高速公路项目规划建设对接,推进两省交通基础设施互联互通,共同推动区域开放融合、创新发展。

刘明欣表示,湖南将继续加强与江西的沟通联系,把对接江西高速公路方案继续完善好,把各项相关工作落实好,全力支持项目建设,争取项目尽快开工。

座谈会上,双方就修水至平江、G60复线萍乡至娄底高速公路的路线方案、技术标准、建设资金等问题进行了讨论。

(省高速集团)

【启动普通国省干线公路"十三五"规划编制工作】 省公路管理局开展部署"十三五"发展规划研究编制工作,全力推进"综合交通、智慧交通、绿色交通、平安交通"建设,加快完善现代公路运输体系,着力提升行业管理水平,为全面建成小康社会提供强有力的支撑和保障。本次规划按照加强规划衔接、认真研判形势、坚持集思广益、坚持可操作性的原则,以科学发展、可持续发展为指导,紧紧围绕"工业强省、旅游强省"的战略目标,将在全面总结"十二五"期间取得的成效和经验基础上,科学分析当前公路发展面临的新形势、新问题,尤其针对新形势下如何解决普通国省道公路投融资、建设用地、养护市场化等系列影响公路可持续发展的制约性问题,进而提出"十三五"发展目标、重点任务、重大项目、构建项目库,从而总体分析普通国省干线公路"十三五"期间公路发展建设、养护规模。初步确定"十三五"江西省普通国省道规划总目标:到2020年底,普通国道二级以上比例达到90%;普通省道二级及以上比例达到60%~65%。力争十三五末建成"功能清晰、集约高效、管理现代、城乡统筹、安全绿色"的普通国省干线公路交通网络,基本实现交通基础设施服务能力充分、衔接顺畅,为促进经济转型发展、构建现代产业体系提供有力支撑,为促进新型城镇化和建设长江中游城市群发挥引领作用。

(曹祖席)

【《九江港总体规划(修订)》审查会在九江召开】 6月1日至2日,交通运输部综合规划司和江西省交通运输厅在九江联合组织召开《九江港总体规划(修订)》(以下简称《规划》)审查会议。江西省交通运输厅副厅长梁必康、九江市政府副市长石荣国、江西省港航管理局局长于钦民出席会议。交通运输部综合规划司、长江航务管理局、长江航道局、长江海事局、驻长江航务军事代表处,江西省人民政府办公厅,江西省发展改革委、国土资源厅、环境保护厅、住房和城乡建设厅、水利厅、渔业局,江西省港航管理局,九江市人民政府及市直有关部门,《规划》编制单位交通运输部规划研究院等单位的代表及特邀专家共40余人参加会议。

与会代表和专家勘察九江港瑞昌港区和城西港区,听取《规划》编制单位交通运输部规划研究院关于《规划》主要内容的汇报,本着科学、求实的精神对《规划》文本中十个方面的内容及文本格式进行了认真审议,并提出具体意见和建议,会议形成《九江港总体规划(修订)》审查意见。

(汪兰香)

【《南昌县港口发展控制规划》评审会在昌召开】 5月15日,南昌县人民政府在南昌县组织召开《南昌县港口发展控制规划》以下简称《规划》评审会。南昌市交通运输局、省港航管理局南昌分局、南昌市港航管理处、南昌县发改委、县财政局、县城建局、县国土局、县环保局、县水务局、县城管局、县审计局、县交通运输局、南昌县小蓝经开区管委会、东新乡、富山乡、南新乡、冈上镇、向塘镇、蒋巷镇等单位代表及特邀专家参加会议。

会议听取该《规划》编制单位江西省港航设

计院的工作汇报，经充分讨论，该《规划》所采用的基础资料基本翔实，规划方法、内容和深度基本符合交通部《港区详细规划编制内容及文本格式》《南昌港总体规划》《江西省南昌县总体规划》的要求；会议同意该《规划》提出的港口吞吐量预测、到港船型预测、岸线利用布局及港区总体布置。专家组原则同意通过该《规划》。

（魏 涛）

【鹿心社专题听取全省水运建设发展情况和“十三五”水运建设方案汇报】 7月29日，省委副书记、省长鹿心社主持召开专题会议，听取全省水运建设发展情况和“十三五”水运建设方案汇报，并作重要讲话。省委副书记、省政府常务副省长莫建成，省政府副省长李贻煌出席会议并讲话。

鹿心社在肯定全省水运发展成绩的同时，要求抓住国家依托长江黄金水道、打造立体交通运输体系的千载难逢的机会和机遇，科学统筹谋划、科学精心组织，加快推进全省水运建设。

①做好与国家长江黄金水道综合立体交通体系的精心对接。已列入国家规划的项目，要对接好，争取早日实施。对没有列入国家规划的项目，认真研究，加强沟通，争取列入交通运输部“十三五”规划。②搞好水运与公路、铁路、航空大交通的对接。要从构建综合交通运输体系的角度，考虑好水运规划和铁路、公路、航空规划的有效衔接，把水运与多式联运结合起来，充分发挥水路、港口码头的作用。③港口航道的建设与其他相关工程统筹考虑，做好衔接。水运建设涉及水利防洪，涉及农业灌溉，涉及发电，要统筹规划，做好衔接。④港口的建设和布局与城市衔接好。港口码头的建设，要从它未来的发展需要，和城市的总体功能衔接在一起。⑤水运工程建设自下而上，按时序安排，按时点推进。把工程建设规划好，把工程的时点时序安排好。⑥拿出科学安排资金筹措方案。积极争取中央资金支持，省财政资金给予大力支持，抓住国家发行债券的机会，把融资做活。⑦省直有关单位要给予保障支持。环保、用地包括前期审批等等，各有关单位都要大力支持，能早干的早干。⑧明确责任，按时限按时点保质保量完成。工程谁管、业主是谁、相关部门怎么支持，都要梳理清楚，对照责任表抓好落实。

“十三五”期间，全省将围绕2020年建成795千米高等级航道，赣江、信江等水运主通道达到三级以上航道标准，形成通江达海，干支畅达的高等级航道网络目标，大力推动长江中游6米深水航道建设，加快赣江高等级航道建设，重点建设井冈山水电枢纽、新干航电枢纽、龙头山水电枢纽等项目，提高万安枢纽船闸通航能力。加快信江高等级航道建设，重点建设八字嘴航电枢纽、双港航运枢纽、双港至褚溪河口湖区航道整治工程、界牌至双港渠化航道配套整治工程等项目。积极推进鄱阳湖水利枢纽工程，改善提高鄱阳湖湖区和五河尾闾等航道通航条件。同时，加快九江港、南昌港两个主要港口建设，加快推进两个港口一体化进程。抓好港口物流和集疏运体系建设，加快重要港区铁路专用线和疏港公路建设。

（省港航局）

【景德镇市42个站点列入全省国省道交通情况调查站布局规划】 3月26日，省交通运输厅发布《江西省国省道交通情况调查站布局规划（2014—2030）》，景德镇市共有42个站点列入这一规划，其中境内高速公路14个、普通公路（国省干线）28个。

该规划分近期（2014年至2015年）、中期（2015年至2020年）、远期（2020年至2030年）三个阶段实施，景德镇市42个站点中有5个站点列入近期规划、37个站点列入中期规划。

景德镇市列入近期规划的5个站点均为普通公路站点，其中国道威（海）汕（头）公路（编号：G206，原烟台至汕头公路）自北向南规划有白泥塘（赣皖交界处）、浮梁三龙、乐平塔山共3个，国道台（州）小（金）公路（编号：G351，原省道婺源至桃树公路为其一段）规划浮梁湘湖1个，省道仙（岩）莲（湖）公路（编号：S306，原德兴至乐平公路）规划乐平梅岩1个。

景德镇市列入中期规划的37个站点中，有14个布局在高速公路上、23个布局在普通公路（国省干线）上。布局在高速公路上的14个站点中，济（南）广（州）高速公路（编号：G35）自北向南规划桃墅岭（赣皖交界处）、桃树林里、洪家坂、焦家岭、林家嘴、珠山共6个；杭（州）瑞（丽）高速公路（编号：G56）向东自西规划黄金潭（景德镇市与上饶市婺源县交界处）、辽源、禾杆、西河大桥、善仁共5个；沪（上海）昆（明）高速北复线（编号：

G60N,德兴至南昌高速公路与其重叠)规划乐平1个;祁(门)浮(梁)高速公路(编号:S29)规划浮梁西溪大桥1个;永(修)武(宁)高速公路(编号:S30,向东延伸与祁门至浮梁高速公路连接)规划浮梁西湖互通1个。布局在普通公路(国省干线)上的23个站点中,国道上有3个,其中国道威(海)汕(头)公路(编号:G206)自北向南规划浮梁蛟潭、昌江沙嘴头大桥2个,国道台(州)小(金)公路(编号:G351)规划浮梁洪源1个。布局在省道上的20个站点中,省道瑶(里)鹅(湖)公路(编号:S205,浮梁瑶里至赣闽交界处)自北向南规划浮梁汪湖、浮梁藏湾、浮梁半路港、乐平龙珠、乐平袁家亭5个,省道蛟(潭)洵(口)公路(编号:S207,浮梁蛟潭至赣闽交界处)自北向南规划浮梁县城、昌江吕蒙2个,省道紫(阳)曲(阿里)公路(编号:S302)自东向西规划浮梁鹅湖、浮梁峙滩2个,省道浙(源)临(港)公路(编号:S303,与安徽交界处浙源经婺源至乐平)规划乐平临港1个,省道仙(岩)莲(湖)公路(编号:S306,与浙江交界处仙岩经玉山、德兴至乐平)自东向西规划乐平金鹅山、乐平袁家2个,省道黄(坛)三(龙)公路(编号:S404)规划浮梁黄坛1个,省道涌(山)众(埠)公路(编号:S409)规划乐平众埠1个,省道石(门街)洪(源)公路(编号:S410)规划浮梁洗马村1个,省道镇(桥)乐(港)公路(编号:S411)规划乐平韩家渡1个,省道勒(功)西(湖)公路(编号:S501)自西向东规划浮梁经公桥、浮梁西湖2个,省道江(村)储(田)公路(编号:S502)规划浮梁储田1个,省道竟(成)吕(蒙)公路(编号:S507)规划昌江陈湾1个。

交通情况调查站的功能定位是以反映路网、路线级的宏观交通流特征和道路运行特征为主,兼顾路段级的微观特征,能为宏观决策提供支撑。其调查内容有车型识别、车类识别、流量统计、地点车速、车头时距、跟车百分比、时间占有率等,主要分析指示有车辆流量、构成、车速、时间变化、分布方向等,兼顾分析道路适应程度、出行信息等。上述42个站点建成后,可形成覆盖景德镇市境内所有高速公路、普通公路(国省干线)的交通情况调查采集与服务系统,实现不停车采集相关数据,有助于提高景德镇市路网运行管理和协同能力,满足景德镇市交通经济运行分析、公众出行信息服务、路网运行监测及公路养护等工作需求。(涂　强)

【九江市港航局召开九江港口疏港公路规划汇编会】 4月7日,九江市港航局召开九江港口疏港公路规划编制会,参加会议的有市交通运输局、各相关县市(区)交通运输局以及公路局的领导和工作人员,会议主要对各港区港口集疏运体系现状、"十三五"疏港公路建设、港口吞吐量及集疏运量和2030年疏港公路路线布局规划进行现场汇总,保质保量及时为省局收集各项数据资料。

随着我市加大工业化进程,水运的需求也逐渐增加,对港口集疏运有着很大的影响。近年来,九江市内河港口的建设及经营发展由市域经济腹地,逐步向周边港区扩散发展,同时港口市场经营类型也逐渐多型化,由以前单一经营模式逐渐多样化发展,基本适应市场运行的需求,但随之而来的是港口集疏运系统矛盾日益突出。目前,我市内河港口主要以工业园区业主码头和一些规模较小的货运码头为主,主要为企业自身和城区货运服务,其疏港道路仅为单一的道路运输方式,主要以市政和城乡规划道路连接高速、国道为主,加之原有设计通过量基本不能满足港区货运通过量,无法形成规模的集疏运体系。如果仅仅依托市政道路和各乡村道路,而不具备港口疏港运输能力,没有形成铁路、公路和水路运输的协调体系格局,对以后港区的发展势必会带来阻碍。此次交通运输部综合规划司组织对规划港口疏浚公路,将有效解决和避免九江市内河各港口日益突显的集疏运拥堵等问题,提高港口集疏运的保障性。

(九江市交通运输局)

【萍乡市规划建设邵吉高速】 邵吉高速公路东起江西省吉安市,经萍乡市莲花县,湖南攸县、衡阳,终点位于邵阳市,全长430千米,其中新建吉安北至衡阳县金兰段,全长约380千米,其中萍乡境内里程约38千米,拟按双向四车道全封闭高速公路建设,萍乡市正积极与相关地市对接路线规划工作。邵吉高速的建设将成为沪昆高速公路重要的分流通道,该项目对加强湘赣两省区域经济协作和互联互通、加快长株潭城市群区域经济发展和两型社会建设、加快湘赣两省腹地苏区振兴、加快罗霄山片区扶贫开发和沿线旅游开发、推动区域经济协调融合发展都具有重大的意义。

(萍乡市交通运输局)

【芦溪县编制“十三五”综合交通运输规划(2016年—2020年)】 该规划阐明了公路发展战略目标、明确了重点工作任务、制定了公共资源配置方案,包括公路建设、养护及运输等领域。该规划是综合交通运输规划在农村公路领域的具体体现,是指导“十三五”时期芦溪地区农村公路发展的纲领性文件,是交通运输部门依法履行政职责的重要依据。年底前已完成第二次修改。

(萍乡市交通运输局)

【宜春市水运“十三五”规划编制完成】 宜春市水运“十三五”规划于11月19日编制完成。规划提出建设通江达海、干支畅达的水运大通道;重点推进“樟树—永泰”赣江三级航道建设,上游通往吉安、赣州,下经南昌、九江,汇入长江直达大海,常年可通千吨级船舶;着力加强樟树、丰城等港口建设,实现公、铁、水联运,打造现代港口物流综合枢纽。

(周亚萍)

【樟树市完成“十三五”农村公路建设项目库规划工作】 樟树市交通运输局科学谋划,合理规划,精心安排专门人员,认真组织规划编制工作,圆满完成农村公路建设“十三五”规划工作。本次规划的目标为:一、到2020年底全市乡镇100%实现通三级及以上技术等级公路,大幅提升乡道四级双车道标准及以上公路的比例。二、到2020年底实现全市县道技术标准三级及以上比例达80%以上。截至2015年底,全市有地方管养县道21条共计276.695千米,其中现有三级及以上等级公路131.708千米;有乡道156条,共计554.815千米。

(李嘉瑜)

【《樟树市河东港区发展规划》通过论证】 樟树港航管理处牵头负责的《樟树市河东港区发展规划》,于2月3日顺利通过专家组论证。该规划明确了河东港区泊位设置、岸线功能、场地预留等具体布置,奠定了樟树市港口建设发展的坚实基础。

(杜 甫)

【奉新县交通运输发展“十三五”规划】 2015年至2020年,奉新拟建设的重大项目有:①靖安—奉新—高安—樟树(昌傅)高速公路。该项目起于昌铜高速公路奉新(靖安)互通,经靖安、奉新、高安、樟树,终于赣粤高速樟树枢纽,路线全长约98千米,拟按省一般高速公路标准建设,设计时速100千米/小时,路基宽26米,双向四车道,投资估算约59亿元。②九仙至上富公路升级改造。该段公路属省道石镇线(省道223),全长18.3千米,设计速度80千米/千米,路基宽12米,沥青路面宽10.5米,总投资约1.83亿元。③对接南昌城市轻轨。从奉新至南昌轻轨2号线望城站,最近33千米,造价约82.5亿元,如经大城方向,距离约44千米,造价约110亿元。④积极跟进九江至长沙铁路项目;⑤建设南昌—靖安(奉新)—修水城际铁路,加快奉新融入南昌1小时经济圈的步伐。2015年至2020年,奉新还将全面完成其全县25户以上人口自然村水泥路建设,涉及自然村497个,里程419.2千米。改造完成县农村公路上的48座危桥,至2020年,实现农村公路危桥动态平衡。完成农村公路客运网络工程(预计全长100千米);农村公路县乡道升级改造(预计全长60千米);农村公路危桥连建(改建农村危桥50座);农村安保工程(预计全长350千米)。

(魏振宇)

【高安市编制“十三五”交通运输发展规划】 5月21日,高安市“十三五”交通运输发展规划编制工作完成。“十三五”期间,全市交通基础设施建设总投资约64.86亿元,高速公路建设投资42亿元,新建高速公路1条,改扩建高速公路1条;高铁火车站投资3000万元,城市交通建设投资17亿元,新建桥梁2座,城市道路8条45.83千米;农村公路建设总投资约5.03亿元,实施危桥重建改造9座440.48延米1039万元、新建独立桥13座510延米1319万元、县乡公路升级改造工程32个122.4千米1.38亿元、客运网络连通工程91个195.7千米1.54亿元、通村公路建设工程695.925千米约1.8亿元、农村公路安保工程5个98.761千米730万元;农村公路综合服务站建设总投资2256.13万元,新建服务站4个,新建汽车站1个,改建客运站2个;水运设施建设总投资343万元,新建码头1个,标准改造渡运码头4个。高安进入高速公路、高速铁路时代。

(周世祥)

【靖安—奉新—高安—樟树(昌傅)加密高速公路建设规划】 靖安、奉新、高安、樟树共同拟定靖安—奉新—高安—樟树(昌傅)加密高速公路建设规划。该项目起于昌铜高速公路奉新(靖安)互通,经靖安、奉新、高安(与昌栗高速相连)、樟树,终于赣粤高速樟树枢纽,路线全长约98千米,按省一般高速公路标准建设,设计时速为100千米/小时,路基总宽26米,双向4车道,投资估算约59亿元。

(周世祥)

【上高县完成“十三五”地方交通运输发展规划编制】 上高县交通运输局编制完成“十三五”地方交通运输发展规划。其中,公路升级规划建设:新增省道2条,太上线、袁南线,总里程25.6千米;新增县道6条,总里程61.092千米,乡道新增23条,总里程91.242千米。专用公路规划建设:共3条。黄抗线25.2千米;上八线18.1千米;东风桥至下坑线12.4千米。农村公路规划建设339.1千米,25户以上自然村水泥路通畅率达100%。危桥改造规划建设45座。站场规划建设:农村公路综合服务站2个(墨山、蒙山)、县级客运总站1个、公交总站1个、商贸物流园3个、公路货运枢纽1个、游客服务中心2个、农村客运站4个、农村候车亭25个、招呼站20个。

(冷光明)

【宜丰县完成“十三五”综合交通运输发展规划编制】 11月,宜丰交通运输局完成“十三五”综合交通运输发展规划编制工作。规划从建设“五高一铁”、完善进出境通道、改善农村交通条件以及运输经济飞速发展等四个方面总结回顾“十二五”期间宜丰交通运输工作取得的成效。深入“十三五”期间面临的客观形势进行分析,确定“十三五”工作总体思路,即坚持稳中求进工作总基调,主动适应经济发展新常态,以发展现代交通运输业为主线,进一步加快交通基础设施建设,加快转变交通运输发展方式和结构,提高交通运输增长质量和效益,努力提升体制创新、管理创新和科技创新水平,提高交通运输发展的速度、质量和效益,全面建设综合交通、智慧交通、绿色交通、平安交通,着力推进综合交通运输体系升级发展。

(漆志勇)

【铜鼓县“大交通”快速发展规划】 铜鼓经济发展立足“大交通”格局,以大广高速、昌铜高速、铜万高速、蒙华铁路,国道220东深线、国道354昌光线及省道为骨干,县乡道为骨架,通村道路为支脉的交通公路网络,逐步形成“铁路南北畅、高速国道两两交、二横一纵纵横连,二大环线绕县城”的“大交通”格局,实现长途客运、城乡客运、城市公交一体化发展,货运集团华、信息化、物流化发展,场站紧密衔接,功能互补,布局合理、高效便捷的现代综合交通运输体系。按照“大交通”战略规划,铜鼓县力争到“十三五”末规划建设铜万高速延伸到修平高速连络线项目1个,干线公路建设项目3个,建设规模88千米;加快农村路网调整升级改造力度、规划改建农村公路项目50条/185千米,完成旅游公路项目建设3条/50千米,危桥改造88座/2700延米。培育建设大型综合物流中心站一个,中型物流企业2个。建成县城停车场6个和160个公交站点,实现公交站与长途客运站、社会客运站的无缝对接。

(黄　亮)

【《昌抚合作示范区总体规划(2015—2025年)》发布】 12月21日,江西省发改委发布《昌抚合作示范区总体规划(2015—2025年)》。昌抚合作示范区位于抚州市临川区与南昌市交界地带,是南昌连接海西经济区的必经之道。2015年底,该区域有向莆铁路、福银高速、国道316穿境而过,到福州港和莆田湄洲湾码头只需要2小时车程,交通运输网络初步形成。到2025年,昌抚合作示范区范围内将完善交通路网,尤其是铁路方面,将规划建设昌抚轻轨,贯通南昌市中心城区、向塘、云山、抚州市中心城区,策应沪昆高铁、向莆铁路、鹰梅铁路骨干网,形成通海西、连沪杭“两横两纵”铁路交通网络,把合作示范区打造成连接昌抚、通达海西的重要交通枢纽。公路网络则以316国道南段为基础,规划建设南昌至抚州的城际道路昌抚大道,连接抚州市中心和南昌市。加强昌抚区域内国省道升级改造;加强城区道路建设、城区主通道建设及大运量地面公交系统建设。

(陈根玲)

站场(厂)房屋建设

【2015 年汽运站场建设概况】 2015 年度,汽运场站基本建设计划补助资金 1.9 亿元(车购税 1.93 亿万元)。用于综合客运枢纽、公路货运枢纽(物流园)和罗霄山集中连片扶贫县级客运站和候车亭(牌)建设,已下达计划数与去年(车购税 2.22 万元)相比减少 12.8%。

2015 年累计完成投资 7.7 亿元,与去年同比减少 34%。其中,三级以上客运站场完成投资 4.19 元(其中国家公路客枢纽完成投资 3.86 万元,普通客运站完成投资 3350 万元),农村客运站、候车亭(牌)完成投资 3540 万元,物流园区完成投资 3.15 元,三级以上客运站、物流园区和农村客运站与上年同期相比分别减少 36.3%、29.2%、54.4%,下达计划及完成投资减少主要原因是今年为“十二五”收官之年,新开工项目较少,基本为续建项目。

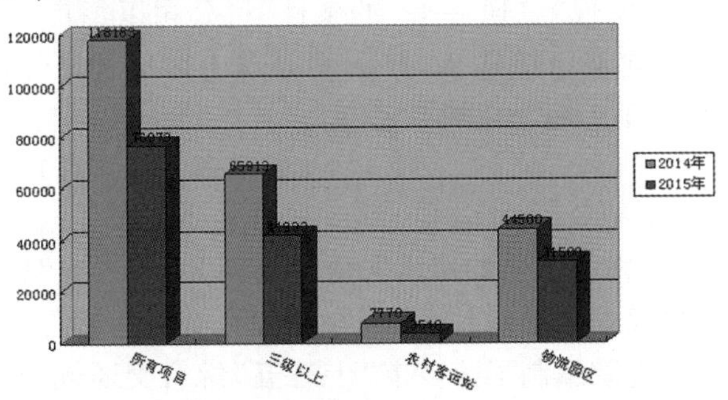

图 1:与去年同期相比

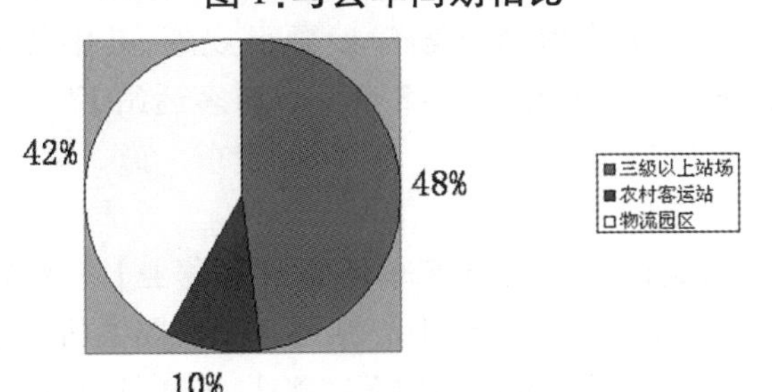

图 2:本年完成投资比例

2015 年,全省汽车客货运站场建设累计新增固定资产 8443 万元,竣工房屋建筑面积 15 万平方米,其中:宜春综合客运枢纽站已完工,累计新增固定资产 4.14 亿元,新增房屋建筑面积 6.93 万平方米。本年度,新开工建设萍乡综合客运枢纽站、井冈山旅游客运站项目,累计建成 1 个综合客运枢纽站、17 个罗霄山集中连片地区农村客运站和 500 个候车亭(牌)。

(李 杰)

【公路客货运枢纽建设】 2015 年全省公路客货运枢纽完成投资 70083 万元,同比减少 20.4%。2015 年继续推进南昌、南昌西、上饶、抚州、宜春 5 个综合客运枢纽,吉安河西、井冈山经开区、宜春物流中心和萍乡赣湘国际物流港 4 个货运枢纽续建项目。新开工建设萍乡综合客运枢纽站和井冈山旅游客运站,其中南昌综合客运枢纽、南昌西综合客运枢纽、宜春综合客运枢纽建设完工并投入试运行。新余综合客运枢纽站和鹰潭综合客运枢纽站启动方案设计,其中新余综合客运枢纽站土方工程开工。

(李 杰)

【县级客运站建设】 2015 年完成投资 3350 万元,继续项目推进乐安、于都、莲花、兴国、寻乌等罗霄山县级客运站建设进度。乐安县客运站基本完工并投入试运营;遂川县客运站站房装修工程基本完工;莲花县客运站基本完成开工前准备工作;瑞金市汽车客运站工可已完成省厅评审,正在方案修改阶段。同时加大星子县、共青城市、武宁县、信丰县和余江县客运站前期工作指导力度,力争早日开工建设。

(李 杰)

【农村客运站建设】 2015 年度完成投资 3540 万元,累计建成 17 个罗霄山农村客运站、500 个农村候车亭(牌)。

(李 杰)

【南昌长途汽车西站建成投入运行】 南昌长途汽车西站隶属江西长运股份有限公司,地处江西省省会南昌西大门,位于南昌火车西客站北广场西侧。该项目设计为一级客运站,是南昌公路客运主枢纽的重点站场,占地面积约4公顷,建筑面积9.7万平方米,主站房分为地下一层、地上为三层站务楼及24层综合楼,集社会停车、旅客出行、休息购物、餐饮等旅客配套服务于一体。设计客车停车位104个,客车发车位29个、客车到站位8个,客车备用发车到站位3个;设置售票窗口24个(地上12个、地下12个),同时设置自助售票机若干台;候车大厅面积2446平方米,是南昌地区最大的公路客运站,平均日旅客发送能力2.5万人次。总投资为38393万元,其中申请交通运输部补助资金5000万元,其余资金采用BT方式组织筹集。

该项目于2013年3月启动建设,2015年春运前夕基本建成,于2月4日投入试运行。车站开启1000余平方米站房供旅客购票候车,为旅客提供中转换乘服务,车站与高铁西站换乘通道也已完全打通,高铁到达旅客可经过换乘通道直接进入汽车西站售票大厅。车站已开通宜春、九江、修水、高安、上高、奉新、丰矿、余干、景德镇等方向100余个班次。

(周国祥)

【新南昌长途汽车站基本建成】 新南昌长途汽车站,位于南昌火车站东广场北侧,为南昌市公路客运综合枢纽。占地面积1.43公顷,主楼呈7字形状,建筑面积3.58万平方米,分地下一层、地上六层,地下一层可同时停放机动车辆222辆,客流高峰期将同时开启13个人工售票窗口。设计客车落客位8个,客车发车位24个,设计发送能力1万人/日。项目总投资约2.29亿元,其中申请交通运输部补助资金4000万元,其余由项目法人江西长运股份有限公司自筹。2015年1月,该项目竣工,开始办理工程相关竣工验收,并于2015年9月取得南昌市建设工程竣工验收备案表,已取得客运站一级资质。

新站改变以往旅客心中的传统形象,将实现全新智能化管理,加大硬件设施的投入,完善室内外标识内容、制作并悬挂崭新的导向标识灯箱、购买多种先进的智能化设备,有自助检票设备、自助售取票设备、自助寄存柜、先进的安检设备、全方位的监控设备以及社会停车场智能化停车收费设备等,实现了智能化管理。车站西面售票大厅与火车站东广场站务大楼下客通道相连,旅客下站后可直接从通道进入西侧售票大厅购票中转,真正实现无缝接驳换乘。

新站运行初期经营班线81条,其中省际班线40条,主要为广州、深圳、东莞、珠海、郑州、南阳、西安、石狮等;省内班线41条,主要为铜鼓、景德镇、修水、武宁、丰城、宁都、分宜、靖安、奉新等。客运日均发送班次可达260次以上,日均发送旅客可达6000多人,春运最高峰每日预计可运送旅客2万多人。

(周国祥)

【萍乡市交通运输局推进公交西站(水口)项目建设】 公交西站(水口)建设项目是2011年市政府批准同意立项建设的重要项目,为解决车站建设存在的难题,经过协调,市公交总公司与青山镇、村二级政府多次协商,确定调整西站建设方案,计划缩小用地面积(由67亩缩小到35亩),以选址北向平地为基础,在保留南向山岭的条件下建设车站。该方案车站用地面积可以达到35亩,在实现“三通一平”的条件下,公司以每亩30万元向青山镇购买,并由其办理土地房管证件,2015年土地选址基本定位。

(晏卫东 彭 森)

【萍乡市交通运输局将客货站场纳入“十三五”综合交通规划编制】 该局今年配合交通运输部科学研究院编制了萍乡市“十三五”综合交通规划。按照“十三五”交通运输规划要求,编报了“十三五”交通运输客货站场建设项目规划,其中货运站场12个,客运站场15个及农村客运站17个。

(晏卫东 彭 森)

【宜春地区首个立体停车场九月底营业】 海济立体停车场位于宜春中心城区袁州公路大桥北端桥下,三月开工建设,历经七个月,于9月30日建成投入运营,由私人筹资700余万元,经报市场物价部门的批准,实行停车收费(包括保险费)。

(吴泽水)

【宜春汽车客运总站投入使用】 2月5日,该站投入使用。坐落在宜春市锦绣大道168号宜春汽车客运总站占地面积90.75亩,建筑面积60497平方米,主站房建筑面积12370平方米,停车场面积9809平方米,地下停车场4541平方米;候车厅面积1400平方米,售票厅面积340平方米,站前广场面积3323平方米。该站设有发车位20个,开通4个售票窗口,6个检票口(其中2个为自动检票口)。候车大厅内有360个候车座位。配有车站便利店、行李托运、综合服务处、医疗救护室、饮水室、盥洗室等服务设施和区域一应俱全。该站还在售票大厅入口处设置专为残疾人服务的无障碍通道;日最高接待客流量1.7万人次,日发班次600多个;该站班线方向包括省内:南昌、九江、赣州、抚州、萍乡、新余、万载、宜丰、铜鼓、高安、上高、奉新、靖安、樟树、丰城等;省外:宁波、石狮、温岭、温州、路桥、宝安、东莞、武汉。

(陈维民)

【宜春汽运股份有限公司总部9月迁址新办公大楼】 2015年9月28日9时08分,公司总部新办公大楼正式揭牌启用。该公司新办公大楼位于宜春市锦绣大道168号宜春汽车总站4楼,内设29个办公室、大中小三个会议室以及员工食堂;集办公、多媒体会议、员工用餐等功能于一体,完善的功能配置。

(陈维民)

【宜春公交总公司经开区公交场站投入使用】 2014年8月18日,经宜春公交总公司开区公交办公楼正式开工建设,于2015年12月初竣工并投入使用。

(何　清)

【丰城市道路运输管理局积极发展城市公交基础设施建设】 丰城市2015年开工建设候车亭、公交站台42个,已全部竣工。11月安装完成23个招呼牌,12月完工26个的士停靠点。候车亭、站台总计长426.72米,招呼牌总计长105米,的士停靠点总长约60米,建设总额约220万元。

(沈壮华　黎建刚)

【丰城市秀市客运站建成完工】 秀市客运站,2015年建成完工。秀市客运站主体为两层,建筑面积为620.09平方米,工程造价为383157.31元。

(沈壮华　黎建刚)

【丰城市首个电动汽车充电站建设正式启动】 12月21日,丰城电动汽车充电站建设工作正式启动。国网公司计划于2016年在江西境内建设36座高速快充站,共设置72台120千瓦整车直流充电机,其中公司管辖的沪昆高速丰城服务区名列其中,将投资326万元在道路左右两侧的服务区各建设1个快速充电站。

(沈壮华)

【高安市汽车东站正式启用】 7月1日,高安汽车东站正式投入使用。高安汽车东站位于高安市高安大道南浦段,该站按客运二级公路客运站标准设计,占地20000平方米,站前广场3500平方米,停车场5000平方米,可同时停靠100辆客车;站内设发车位12个,日发送旅客最高可达3000人。该车站不仅候车、售票、行包托运、综合服务等功能一应俱全,同时配备了先进的智能化办公设施、全方位安全视频监控系统、消防系统以及先进的安全检测仪器,为旅客提供全方位、便利舒适的购票候车条件。汽车东站客运线路通达高安村前、伍桥、华林、杨圩、龙潭、石脑、丁家、柏树等多个乡镇,也是市内城市1路、5路、6路公交起始发站点。市民可乘坐1路、5路、6路公交车到达该车站。

(张绍芳)

【高安市杨圩农村公路综合服务站竣工】 12月3日,杨圩农村公路综合服务站竣工运行。服务站位于杨圩镇320国道北侧,紧靠杨圩公路养路段。总占地面积0.67公顷,分三个功能区:综合楼、食堂及活动中心、汽车检修及设备仓库。总建筑面积1697.12平方米其中:综合楼1090.12平方米,食堂及活动中心256平方米,汽车检修及设备仓,351平方米,停车场面积1725平方米,养护材料堆料场1025平方米,绿地率18%。建筑设计使用年限年限50年;结构安全等级二级;抗震等级四级;建筑耐火等级二级;屋面防水等级二级;按建筑节能标准75%;场地等级:三级(简易场地)。2014年2月开工,总工期10个月。工程总耗资450.56万元。

(周世祥)

【宜丰县天宝农村公路综合服务站竣工】 该站占地面积为0.72公顷,建筑面积1200平方米,总投资390万元,2013年11月开工建设,2014年6月主体工程竣工。2015年10月,附属工程和整修工程竣工。

(漆志勇)

【遂川建成5个农村公路综合服务站】 12月16日,遂川县农村公路综合服务站建设工作现场会在遂川县左安镇圩镇举行,标志着我省近几年推行农村公路综合服务站建设工作,在遂川这个试点性的县区,完成了合理规划中的五站建设任务,遂川第一个在全省范围实现农村公路建管养运服务新体系的全县覆盖。

(吉安市交通运输局)

南慈古道边上的店铺

道路运输

【概况】 2015 年是“十二五”计划的收官之年。全年交通运输基础设施建设投资首次突破 700 亿元大关，达到 729 亿元，同比增长 60%。其中，高速公路建设完成 475 亿元，增长 75%；普通国省道建设完成 148 亿元，增长 58%；农村公路建设完成 88 亿元，增长 14%。

2015 年全省完成公路客运量 5.37 亿人次、旅客周转量 284.74 亿人千米，同比分别减少 10.01% 和 10.02%；完成货运量 11.54 亿吨、货物周转量 3022.72 亿吨千米，分别下降 16.2%、1.6%。全省公交车辆达 9472 辆，年客运量突破 15 亿人次。南昌轨道交通 1 号线正式开通试运行，开启江西地铁时代。圆满完成春运、国庆黄金周、省运会、全国药交会、抢险救灾等重点时段、重大活动和煤炭、粮油、烟花等重要物资的运输任务。在全省综合运输体系中，道路运输始终保持基础性地位，服务保障经济社会发展的作用日益凸显。以综合枢纽建设为重点，站场建设取得实效。2015 年争取到部补助资金 19344 万元，其中综合客运枢纽 8000 万元，货运枢纽 11500 万元。重点推进综合客货运枢纽建设，南昌综合客运枢纽、南昌西综合客运枢纽、宜春综合客运枢纽等 3 个综合客运枢纽已投入试运行；继续推进宜春开发区物流中心等 4 个货运枢纽建设。罗霄山县级站建设积极推进，乐安县客运站已于 2014 年底投入使用。

省运管局大力支持南昌市开展“公交都市”建设示范工程，将 2015 年道路运输发展专项资金

2000万全部用于推动和支持南昌市创建“公交都市”,充分发挥专项资金的引导和示范效用。指导南昌轨道交通1号线开通及运营工作,2015年底正式开通地铁1号线28.9千米,24个站点,开启了江西地铁时代,南昌市专门开通了12条微公交专线与地铁站进行无缝接驳。《南昌市轨道交通条例》出台并于2016年1月1日起正式施行,规范轨道交通管理。省财政厅、省交通运输厅联合出台了《2015年江西省镇村公交发展试点工作方案(试行)》及补助资金使用管理办法。省财政厅设立3000万元专项资金在全省范围内选择了5个县(市、区)开展镇村公交试点工作。2015年年底已经省交通运输厅考核验收合格。试点地区全年共新开通农村公交线路10条,优化调整14条,除上犹县(92%)外,南昌县、丰城市、樟树市、吉安市青原区镇村公交开通率均达100%,基本建成“出行便捷、经营规范、服务优质、安全可靠、保障有力”的镇村公交发展模式,为推动城乡客运一体化发展积累了经验。

2015年全省共有道路旅客运输经营业户(不含公交和出租)563户,户均拥有车辆数29.8辆,较“十一五”末分别减少53.5%、增加104.1%。全省高级客车占总营运客车比例达28%,高于全国平均水平3个百分点。大型载货汽车达16.4万辆、304.8万吨位,占总营运货车比例由2010年的38.5%提高至2015年的45.2%,平均载重吨位较“十一五”末增加85.8%。推行接驳运输、甩挂运输、多式联运等先进组织方式,全省共争取国家“公交都市”示范城市1个、国家甩挂运输试点项目6个,开通接驳线路7条,多式联运线路4条。推广应用新能源和清洁能源,截至2015年底全省共有新能源和清洁能源车辆达1.15万辆。

安全应急能力全面提高。落实安全生产“党政同责、一岗双责、失职追责”,稳步推进“平安交通、事故隐患排查治理体系、安全生产标准化”三项建设,逐步推行安全生产风险管理和企业安全生产诚信管理模式,积极开展安全生产约谈,着力夯实安全生产基础。对重点领域、重点环节始终保持高压严管态势,组织开展道路运输安全车、公路工程落实施工方案、危险化学品和易燃易爆品等专项整治行动,全省交通运输安全生产保持平稳态势。

(省运管局)

运输企业

【全国长途客运接驳运输联盟成立】 2014年年底,江西长运股份有限公司作为“全国长途客运接驳运输联盟”的8家创始成员单位之一,在北京全国长途客运接驳运输联盟成立大会上接受中国交通运输部运输司的授牌,宣告接驳运输联盟的成立,标志着长途客运在全国范围内开展接驳运输正式起航。全国长途客运接驳运输联盟是由江西长运股份有限公司、新国线运输集团有限公司、重庆市交通运输控股(集团)有限公司、山西省汽车运输集团有限公司、湖南龙骧交通发展集团有限责任公司、江苏长运股份有限公司、深圳运发集团股份有限公司、杭州长运运输集团有限公司等八家骨干运输单位于2014年8月联合倡议发起的。

(周卫国)

【江西长运车辆卫星定位监控系统再上新台阶】

江西长运2014年9月开始推广使用通过部标检测、公告的G-BOS智慧运营系统。相比较之前使用的其他监控平台系统,G-BOS系统客户端,更加突出对营运车辆的安全管理和报表统计管理功能,具有地图信息更加完整、报警功能更加齐全、操作更加便捷、轨迹回放功能更加完善等特点。通过G-BOS平台系统的应用,可随时了解到车辆运行状态和车辆运行过程,对预防交通安全事故的发生、企业节能降耗及提升行业服务水平有着积极的促进意义。

（谭彦军）

【南昌长运客服中心恢复车票电话预订服务】 4月起，南昌长运顾客服务中心恢复电话预订车票服务，设置三个接听电话，安装售票系统，为旅客预定从徐坊、青山、洪城客运站发车的车票，方便外地中转、不方便网上支付订票的旅客通过电话进行班次、票价的查询和车票的预定。

电话预订车票服务开通后，该订票系统经受住“五一”客流小高峰的考验。仅4月27日至5月3日，该中心共接受25个订票电话，订票46张. 实际出票26张，出票率56.52%。而徐坊、洪城和青山这3个客运站共接受电话订票248张，乘客取票96张，订票旅客主要是前往长沙、苏州、常熟、南通和修水、彭泽、庐山、九江、婺源等旅游地。

从乘客电话咨询次数来看，大多数乘客是咨询景德镇、吉安、赣州、鄱阳、新余、上饶、黎川等高客班线，合肥、深圳、武汉、长沙、杭州、昆明、厦门等省际班线和婺源、万年、修水、遂川、永丰、万载、铜鼓等省内班线的情况，特别是对节日期间车票预订与取票流程，余票查询，加班车次与购退票细则及车站位置、市内交通等情况较为关注。

（谭　菲　程小红）

【南昌市旅客运输企业加入全省道路客运接驳运输联盟】 江西省长途客运接驳运输联盟于2015年12月11日正式成立。该联盟是根据全省长途客运班线的实际情况，由省运管局牵头，省道路运输协会组织，省内道路运输骨干企业按照交通运输部的要求，共同组建。全省道路客运企业自愿加入的开放式、非营利性联合组织。目的在于通过政策引导，以企业运作为平台、以资源共享为纽带，通过组建全省性的长途客运接驳联盟，实现全省长途客运资源的抱团，实施全省长途客运统一接驳运输，使全省长途客运的运输效率和质量得到进一步提升。

根据联盟的要求，南昌市运管处2015年12月份组织南昌长运有限公司、江西南昌港汽车运输有限公司、安义汽运公司加入该联盟，并且将上述三家企业所属运距在500千米以上且有接驳运输需求的客运班线及车辆上报省运管局和接驳联盟申请接驳运输资质。参加接驳运输点、班线及车辆的接驳运输资质需要确定和通过审批。

（唐洪斌　周国祥）

【萍乡市公路运输简况】 萍乡市共有货运企业177户，其中危货运输企业17户，现有营运车辆15686辆（其中客车1015辆，货车14671辆），从业人员数量约32397人。有客运企业30户，各类客运车辆2166辆。有机动车维修企业772户，从业人员2238人；有驾驶员培训学校16所，从业人员688人。普货运输市场发展活跃，危货运输市场更加规范。在客运市场竞争中，尽管出现一些社会矛盾，但整个萍乡客运市场还是保持相对稳定，农村客运由点到面全面铺“网”，全市行政村通车率达98%以上。道路运输安全生产保持平稳态势，交通安全事故防控能力明显提升，未发生一起站场安全责任事故。

（萍乡交通运输局）

【九江长运集团公司再获“九江市优秀企业”称号】2015年11月19日，九江市工业和信息化委员会、九江市企业家协会在浔联合召开了2014年度九江市优秀企业、优秀厂长（经理）表彰大会，对35家优秀企业、43名优秀厂长（经理）进行了表彰。九江长运集团公司及长运集团公司董事长、党委书记、总经理刘凤林分别获得“九江市优秀企业”和“九江市优秀厂长（经理）”称号。

2015年，九江市长运集团公司面对严峻复杂的经营环境及经济下行压力持续加大的重重困扰，坚持稳中求进、改革创新，积极应对挑战，奋力攻坚克难，较好地完成了年度主要目标任务。同时，公司重点项目和站场建设取得新进展，完成了永修新汽车站所有项目工程建设并开业运营，着力推进了星子旅游客运枢纽站、共青城市公交客运综合枢纽和武宁新汽车站建设，重点推进了与江西长运股份公司的资产重组项目，为企业做大做强和持续发展奠定了坚实基础。

（九江市长运集团公司）

【新余市泰安物流公司成功申报国家AAAA级企业】 10月，在全国第20批A级物流资质企业评审活动中，新余市泰安物流公司顺利通过专家组的评审，成功申报为国家AAAA级物流资质企业，这是目前新余市唯一获此荣誉的物流企业。

该公司于2013年12月注册成立，现有货运车辆400余辆，从业人员800余人，是新余市物流行业中极具发展潜力的规模物流品牌企业。该公司的成功申报，对进一步提升公司市场综合竞争能力，扩大知名度，促进企业做大做强，影响和带动其他物流企业的快速发展发挥积极作用。

（郭　辉）

【鹰潭长运公司在贵溪实现了城乡客运一体化】 2015年春运刚过，鹰潭长运公司与政府、行管部门联系，并实地考察丰城、樟树城乡客运一体化的实施经验，加快公司城乡客运一体化的实施步伐。贵溪长运于10月1日成功开通了贵彭、贵塘二线城乡客运一体化。

（艾年宗）

【鹰潭长运公司成功摘取余江校车经营权】 在余江县政府出台《余江校车招标方案》后，公司积极主动参加报名，并成功夺标。7月27日余江长运公司与余江教体局签订了校车服务协议，并成立了余江县长运校车服务有限公司，目前校车公司运营良好各方面都已步入正轨，填补了余江校车市场的空白。

（艾年宗）

【鹰潭长运公司成立鹰潭至尚国际旅行社有限公司】 12月，公司成立了鹰潭至尚国际旅行社有限公司，以期旅游业及客运业齐头并进。

（艾年宗）

【鹰潭长运公司在鹰潭高铁建立汽车售票窗口】 经多次沟通，鹰潭长运与鹰潭火车站合作，在鹰潭高铁，实施了公铁联运，在高铁出站口设置了客运售票处。乘客可以直接在高铁站购买汽车票了，这种模式在全省还是首例。

（艾年宗）

【鹰潭长运公司不断强化安全生产管理力度】 ①严格按照公司安全生产管理制度对各单位、子公司进行了月度、季度安全生产隐患排查，对存在的安全隐患及时下发了“隐患整改通知书”并按规定时间整改到位。同时，为了深入宣传贯彻安全生产一系列重要指示精神，进一步加强安全生产宣传教育工作，按照全国安全生产工作会议的部署，组织下属各基层单位开展“安全生产月”活动。②开展道路旅客运输专项整治活动，一是落实了凌晨2时—5时停车休息制度，现公司所有班线车均杜绝了2时—5时车辆营运现象；二是规范了包车牌证的管理；三是严格了安全带的配备和使用管理。③充分利用GPS车载视频监控，SD卡管理系统等科技设备，加强对营运车辆的动态监控管理，实行24小时不间断监控。各车属单位作为重点监管对象，加强教育，并派专人进行监督管理，使安全生产工作落到实处。④2015年公司购置运营车辆42辆，其中客运公司更新购置班线5辆，贵溪长运更新购置6辆，余江长运18辆。

（艾年宗）

【赣州市客货运输服务能力平稳增长】 全市营运货车33440辆，平均吨位4.14吨，完成货运量18338万吨，货运周转量1853789万吨千米，同比分别增长12.37%和2.33%；全市营运客车2711辆，平均客位30.51座，完成客运量8454万人，客运周转量541739万人千米，同比分别增长2.24%和1.70%，客货运输总量平稳增长，在综合运输体系中的地位和作用进一步巩固。城乡客运一体化进程进一步加快。赣州市上犹、南康、于都等地积极开展镇村公交试点工作，全市实行公交化运行的农村客运班线达到101条，车辆211辆。全市拥有跨省班线315条，跨设区市班线44条，跨县班线151条，县内班线611条，形成了大中小齐全、高中低配套、长中短结合的道路旅客运输服务经营格局。全市共开通高速客运班线25条，投入高二级以上客车63辆，至港澳、上海、浙江、广东、湖北、湖南及省内设区市的高速客运网络已基本形成，实现了400至500千米以内当日往返，800千米以上朝发夕至，全市城乡客运服务水平显著提升，城乡客运一体化进一步发展。城市客运水平进一步提升。截至2015年底，全市拥有客运出租车1801辆、城市公交车1168辆，公交营运线路157条，总长3371.4千米，建成公共场站5处，在建4处，公共交通站点500米覆盖率达80%，较好地满足了城区人民群众的出行需要。驾培市场逐步规范。全市114所驾校进行改造升级，110所驾校通过验收，4所未完成资格条件改造工作的驾校已整改到位；对教练车进行监测，

2015年共计查处违规教学车辆65起,查处异地培训、乱设点挂靠教练车辆50辆,驾培市场进一步净化。安全生产形势明显好转。全市道路运输企业共发生一般安全行车事故5起,死亡4人,与上年同期相比,死亡人数下降50%,安全形势明显好转。稽查力度不断加大。2015年全年全市共出动道路运政执法人员51506人次,检查、服务车辆47706辆次,查处各类违法违章车辆3215辆次(其中非法营运车辆435辆次、出租车违章1440辆次),严厉打击了非法营运的猖獗势头,有效净化了道路运输市场。宣传报道助推发展。截至12月上旬,该局在全国行业媒体及省级以上媒体刊用的稿件总数为59篇,在全省行业媒体和市级媒体刊用的稿件总数为98篇,还开通了“赣州运管”微信公众号,利用人们喜闻乐见的宣传方式进行行业宣传,通过多种方式营造良好的行业宣传氛围。

(李发淳)

【赤湾东方物流有限公司落户峡江县】 3月27日,峡江县人民政府与央企深圳赤湾东方物流有限公司召开双方物流业战略合作会议,赤湾东方物流有限公司于5月4日在该县落户,注册分公司。

(吉安交通运输局)

【上海远成物流公司落户峡江县】 5月23日,全国50强大型民营企业,上海远成物流公司落户峡江县,注册分公司。

(吉安交通运输局)

【四川宏达物流有限公司与峡江企业合作】 11月10日,上市公司四川宏达物流有限公司与峡江平安汽车运输有限公司强强联合,在峡江注册江西宏达龙腾物流有限公司。

(吉安交通运输局)

【袁州区道路运输发展迈上新台阶】 为加快推进全区道路运输产业发展,实现区政府预定目标,区道路运输管理部门多举措促进道路运输产业发展。一是高度重视。将道路运输发展作为重中之重,通过转变政府职能,提高服务水平,创新管理制度,提升管理手段,抓改革、抓服务、抓管理,全力推进全区道路运输大发展。二是加大打非治违力度,强化对非法营运黑的、摩的、三(四)轮电动车、非法改装货车、无牌无证客货车等的源头整治,为道路运输发展提供良好环境。三是提供优惠政策,放低准入门槛,引导、扶持产业发展。2015年,完成客运量1594.56万人次,旅客周转量12718.0818万人千米,同比分别均增长2.3%;完成货运量2628万吨,货物周转量128302万吨千米,同比分别增长0.69%和9.09%。

(李　庆)

【靖安县客货运输生产稳定增长】 2015年,该县新增营运普通货车107辆,新增危货车辆45辆,全县营运普通货车994辆,危货车辆162辆,新增货运企业4户。全县共有货运企业65户,危货运输企业5户,新增三类汽车维修企业5户,全县各类汽车维修企业32户;机动车驾驶员培训学校3家。全年完成货运量193万吨,货运周转量38828.5万吨千米,同比增长7.8%和9.7%,完成客运量68.7万人,客运周转量7522.4万人千米,同比增长3.3%和2.9%。该县交通运输局一是坚持“发展为第一要务”理念,鼓励和指导货运企业整合资源,优化管理模式,不断提升竞争力,帮助解决发展中的困难和问题。二是倡导“绿色交通”,坚持改善群众出行条件。继续支持客运企业更新高档节能客车,进一步提高农村班车通村率,加强候车亭的建设和日常维护,完善出行标志标牌设施。坚持绿色低碳运输,提高营运市场准入门槛,优先扶持和发展技术先进、高效低碳、环保清洁的新型运力。

(刘　斌)

【奉新县发展城乡道路客运一体化】 奉新县积极出台农运相关政策,在资金、运营、安全等方面给予有力支持,对农村客运场站设施建设、车辆更新等方面予以补助。取得良好成效。一是建制村公路通畅率100%。该县城乡道路交通基础设施建设经过长期累积发展,已取得长足进步。现有行政区域内有建制村146个,已全部实现通公路,建制村公路通畅率达100%,2014年该县先后投入资金3499.86万元,完成农村公路硬化120.8千米;公路配套设施方面,建成“村村通客车”候车亭130个、张贴客车告示牌96处。在此基础上,积极稳妥地推进“村村通客车”工程,引导农村客运规范发展,采取“以乡镇为中心、向建制村延伸、辐射”的开通模式。二是建制村通客车进展顺利。通过鼓励运营组织创业,全行业积极推广片区经营、预约服务等模式,灵活地开通周末班车、假日班车等;鼓励运输企业新增、改线或延伸现有的客运班线,让班车跑得更远,逐步完善村村通工程,通客运车辆的建制村数为116个,建制村通客车率达到80%。三是初步实现城乡公交对接。县交通运输部门鼓励城市公交向县城周边延伸覆盖、农村客运线路和城市公交线路对接,提高农村客运通达深度、广度和服务质量,提高农村客运通达率。该县已开通3路公交车,方便了乘客出行需要。

(江德胜)

【宜丰县运输产业税收超亿元】 该县积极应对经济下行压力,全年实现客运量240万人,客运周转量9380万人千米;货运量8828万吨,货运周转量502474万吨千米,货运产业快速发展。引导运输企业优化运力结构,积极向标准化、专业化、集团化方向的营运市场发展。截至12月,全县新增货运公司13家,新增营运车辆1055辆18443吨,全县货运公司达154家,货运车辆8808辆,117715吨,客运、公交及出租车增至400余辆,汽车修理厂、配件厂达38家,驾校4家,道路运输业从业人员已超过1.5万人,运输产业税收已超过亿元。

(漆志勇)

【万载县大力发展道路运输业】 万载县交通运输局按照经济社会要发展“交通要先行”的理念,近年来加速了公路交通等基础设施建设。至2015年底,全县公路通车里程达3062.3千米,路网密度达178千米/百平方千米,100%乡(镇)、96%的行政村通客运班车。随着基础设施不断完善和行业服务水平的提高,促进了运输企业的发展,繁荣了运输市场。2015年,辖区共有客车145辆,4830座位,比上年分别增长4.3%和4.5%,班线68条,从业人员783人,全年旅客运输量392万人次,旅客周转量18274万人/千米,分别较上年增加0.77%和4.3%。有公交车47辆,比上年新增7辆。货运企业继续稳定增加,全县新增货运公司82家,公司总数达267家,货运车辆13349辆,161850个吨位,增长率分别为26%、27.5%,货运物流业连续数年居全市10县市(区)第二位。货运量、货物周转量,同比分别增长4.3%和6.4%。相关维修业2015年新增三类汽车维修企业5户,全县汽车维修业达444户,其中一类企业3户,二类9户,三类154户,摩托车维修业户278户。新增驾校1所,全县共有11所。道路运输及相关从业人员达27049人,比上年增加4635人。

(王松州)

【抚州公路运输企业】 至2015年底,该市道路客运经营业户42户,客运车辆1460辆,33005客位,客运线路709条,跨省80条,跨地(市)118条,跨县83条,县内428条。全市客运线路平均日发班次5979班次。拥有等级客运站60个,一级站1个,二级站13个,三级站2个,四级站1个,五级站43个。年完成客运量4738万人次,旅客周转量184288万人千米。货运站8个,均为四级站。道路货物运输业户10048户,货运车辆39117辆,426130吨位,年完成货运量13324万吨,货物周转量4194997万吨千米。拥有机动车维修业户535户,汽车综合性能检测站7个,机动车驾驶员培训业户31户,其中一级6户,二级19户,三级6户。拥有农村客运站1182个,151个乡镇的1713个建制村通了班车。年完成农村客运量2259万人次,旅客周转量88929万人千米。

(抚州市交通运输局)

【抚州长运公司生产经营保持平稳】 2015年,抚州长运公司拥有车辆460辆(更新车辆60辆)。抚州至东乡城际公交12辆,金溪公交20辆,其中2辆12.7米长的柴油双层豪华巴士,资溪公交3辆,运行班线更新25辆、线路212条、班次895班,客运班线通达粤、琼、闽、浙、鄂、沪、苏、湘七省一市和省内所有地级市,区乡班线已基本覆盖了抚州市所有乡镇。跨省线路64条、跨市区线路95条、县内线路53条、里程总长8.14万千米。公司拥有员工679人,其中全日制用工514人,非全日制用工69人,派遣制用工138人。

全年完成客运量612万人次,比上年减少5.39%;完成客运周转量66158万人千米,比上年减少9.56%;实现营业收入19200万元,完成预算的98.43%,比上年同期减少258万元,减幅为1.33%。

(梅钟林)

【黎川县道路运输提质增速服务百姓】 一是运力增长。2015年,公路营运车辆达到2244辆,其中客运车辆73辆,货运车辆2082辆,出租车45辆、公交车44辆,其中为解决该县公交运力紧张问题,提升公交服务水平,2015年5月,黎川县公交公司购进5辆宇通牌中型公交车。二是结构优化。中、高档客车占客运运力总量的41.7%。三是农村公路通班车率提高。客运班线通达14个乡镇场,拥有班线50条,全县108个建制村中102个通客车,为方便人民群众生产生活,百姓脱贫致富提供了良好服务。

(黄建国 徐高宗 邹 峰)

【上饶汽运集团公司完成2015年春运各项工作任务】 2015年春运(2月4日—3月15日)结束,上饶汽运集团圆满完成各项任务,实现客运量111.5585万人;周转量1687.3840万人千米;加班(包车)2909班次;站务营收3796.7311万元。2015年春运,上饶汽运集团加强春运工作人员的安全教育,投资20余万元全面升级营运客车监控系统,全面加强安全监控手段。密切配合当地公安、运管部门,对区域内"黑车"等非法营运车辆进行打击和整顿。重点抓好节前春运,节前组织集团车辆到浙江等地加班58班次,节后接待协作单位公车加班13班,取得平衡运输的预期业绩。2015年春运特点:一、由于受到节后出行的高峰时期连绵细雨天气制约,春运节前没有持续高峰客流,节后客流增幅平缓,整体经济效益受到一定影响;二、铁路实行60天网络售票预售期,杭南长高铁全线于春运前正式开通,对公路客运造成较强冲击,高铁沿线中长途班线客运量锐减;三、燃料价格相比往年下浮较大,节约不小的运营成本;四、邮政代售票系统运作稳定,取得较好的客票销售业绩。

【德兴汽运公司与德兴爱心公益协会携手开展"爱在暖冬、情满旅途"活动】 2015年2月8日,德兴汽运公司与德兴爱心公益协会携手在德兴汽车站开展"爱在暖冬、情满旅途"活动,为异地务工返乡旅客送去温暖和关怀。参与该活动的志愿者来至德兴市各行各业,在售票厅、候车室、进站口、下客区开展清理垃圾、派发文明安全出行宣传资料、引导乘客到正确地点上车、帮助老、弱、病、残、孕乘客提拿行李,送乘客安全上车。所有志愿者都想办法尽自己的力量,帮助需要帮助的人,充分体现乐观的人生价值。

运输线路

【南昌至庐山西海旅游直通车开通】 9月10日,江西长运旅游直通车在庐山西海柘林湖司马码头成功举行,标志着江西长运旅游直通车正式开通运营,解决南昌散客到庐山西海景区的交通便利问题,拉动更多游客到庐山西海,感受生态美景和更好地了解江西文化。

当日8时许,五辆大巴满载近200名游客、媒体记者组成的首发团从南昌总站出发,赴西海生态园、西海温泉、桃花溪漂流和柘林湖进行了首发体验之旅。

9月期间,游客朋友赴西海泡温泉(免费送水世界竹排游柘林湖)乘直通车可享受仅需128元的优惠。活动推出后,预订超过300人次,首发期间共接待游客量达1000余人次。直通班车每日7:20从八一大道原汽车总站发车,16:00沿途返程,约18:00到达南昌。

(谭 菲 周卫国)

【南昌—田畈街高速客运班线开通】 8月25日8:30分,由南昌开往田畈街的首班高速客运班车从南昌青山客运站发出,标志着由南昌长运、鄱阳长运共同开发的一条客运班线正式开通。

田畈街镇位于(南)昌九(九江)景(景德镇)"金三角"腹地,系江西省重点建设示范镇,是省六个试点省直管县之一鄱阳县下辖的第二大镇,被县委、县政府定位为"第二县城",人流往来密集,"南昌—田畈街"班线的开通,满足旅客出行的需求,增强该公司中短途客运市场的发展。

该班线为对开班线,先期每天一个往返,南昌、田畈街发班时间分别为8:30、7:30、13:30分返回,路线为“南昌—鄱阳—田畈街”,全程历时 2 小时 50 分钟左右,车上配备乘务员提供途中服务。班线开通后,南昌长运高客分公司积极与鄱阳高客协商巩固和发展该条班线的举措,派员随车追踪班线运行情况,调查分析旅客流量流向,努力提升班线实载率,力争成为公司新的经济增长点。

(万　颖)

【景德镇长运公司新增直通南昌高铁站班线】 6 月 27 日,景德镇长运公司在长途汽车客运站站前广场隆重举行租赁公司新型汽车、南昌高铁站直通车推介会。景德镇长运公司从 7 月 1 日起面向汽车租赁市场推出豪华房车、商务车、电动中巴等新型车,进一步完善汽车租赁市场。

本次新增的景德镇直通南昌高铁站直通车将于 7 月 1 日正式开通,全程约为 3 小时 30 分钟,每天四班,发车时间分别为 7:30、12:00、15:00 和 19:00,让景德镇市民今后搭乘南昌高铁更加便捷。

(张顺发)

2015 年萍乡市公路运输线路、站点一览

表 3

序号	许可机关	线路名称	班线类型	日发班次	线路里程(千米)	起点	终点	途径点
1	萍乡市运管处	安源至萍钢	县际	6	18	安源	萍钢	峡石、大城、河洲、湘东
2	萍乡市运管处	赤山至上栗	县内	4	33	赤山	上栗	韶陂、彭高、沙子陂、杨岐
3	萍乡市运管处	莲花至萍乡	县际	3	79	莲花	萍乡	南岭、坊楼、罗市、六市、白竺、源并、五陂下、安源
4	萍乡市运管处	萍乡(安源)北站至赤山	县际	6	15	北站	赤山	三田、彭高、华源、韶陂
5	萍乡市运管处	萍乡(安源)北站至焦源	县际	2	23	北站	焦源	硖石、福田、长平、南岸、焦源
6	萍乡市运管处	萍乡(安源)北站至莲花	县际	3	79	北站	莲花	安源、五陂下、源并、白竺、六市、罗市、坊楼、南岭
7	萍乡市运管处	萍乡(安源)北站至柳源	县际	10	24	北站	柳源	秋收广场、北桥、金山角、硖石桥、山田煤、矿、上柳源、下柳源、大城、青山、水口
8	萍乡市运管处	萍乡(安源)北站至马岭	县际	6	18	北站	马岭	三田、彭高、洁塘、坛华、神岭、江岭
9	萍乡市运管处	萍乡(安源)北站至民主	县际	4	26	北站	民主	峡石、田中、莲陂、福田、边塘、水东坡、清溪、马棚、东源、小枧
10	萍乡市运管处	萍乡(安源)北站至泉江	县际	6	18	北站	泉江	金三角、白源、新路口、福田
11	萍乡市运管处	萍乡(安源)北站至上栗	县际	3	38	西站	青云	硖石、田中、莲陂、福田、长平、流江、庙岭、永红
12	萍乡市运管处	萍乡(安源)北站至石岭	县际	4	27	北站	石岭	峡石、田中、莲陂、福田、边塘、水东坡、清溪、马棚、东源、小枧
13	萍乡市运管处	萍乡(安源)北站至石溪	县际	3	26	北站	石溪	硖石、田中、莲陂、福田、凹口、长平、杉木、淡塘
14	萍乡市运管处	萍乡(安源)北站至石源	县际	4	26	北站	石源	峡石、田中、莲陂、福田、边塘、水东坡、清溪、马棚、东源、小枧
15	萍乡市运管处	萍乡(安源)北站至塘上	县际	2	27	北站	塘上	硖石、福田、长平、流江、佛溪

续表3

序号	许可机关	线路名称	班线类型	日发班次	线路里程（千米）	起点	终点	途径点
16	萍乡市运管处	萍乡（安源）北站至天井	县际	4	29	北站	天井	峡石、田中、莲陂、福田、边塘、水东坡、清溪、马棚、东源、小枧、石源
17	萍乡市运管处	萍乡（安源）北站至田心	县际	4	27	北站	田心	峡石、田中、莲陂、福田、边塘、水东坡、清溪、马棚、东源、小枧
18	萍乡市运管处	萍乡（安源）北站至小枧	县际	4	24	北站	小枧	峡石、田中、莲陂、福田、边塘、水东坡、清溪、马棚、东源
19	萍乡市运管处	萍乡（安源）北站至星亮水库	县际	2	24	北站	星亮水库	硖石、福田、长平、狮形村
20	萍乡市运管处	萍乡（安源）东站至宫江	县际	3	25	东站	宫江	赤山、桥头、沙塘、上埠
21	萍乡市运管处	萍乡（安源）东站至江北	县际	4	34	东站	江北	赤山、桥头、沙口塘、羊子
22	萍乡市运管处	萍乡（安源）东站至镜山	县际	4	28	东站	镜山	横板、赤山、耿塘、桥头、逢源、摇拦窝、沙口塘、坛头、镜山
23	萍乡市运管处	萍乡（安源）东站至楼下	县际	4	24	东站	楼下	赤山、桥头、沙口塘
24	萍乡市运管处	萍乡（安源）东站至上栗	县际	3	33	东站	上栗	彭高、沽塘、石背台、义龙口、沙子陂、文岐、关下、杨岐、火工桥、斑竹桥
25	萍乡市运管处	萍乡（安源）公交西站至温盘	县际	7	34	西站	温盘	水口中、青山、大城、柳源、杨梅岭、高枧、温盘、双源、福田、三田、峡石、萍乡北站
26	萍乡市运管处	萍乡（安源）南站至白竺	县际	3	37	南站	白竺	桐田、三山、源并、壁湖、红星、山口
27	萍乡市运管处	萍乡（安源）南站至茶园村	县际	2	35	南站	茶园村	高坑、沙湾、阪埠桥、上埠
28	萍乡市运管处	萍乡（安源）南站至长坑	县际	1	42	南站	长坑	三山、源并、白竺
29	萍乡市运管处	萍乡（安源）南站至崇源	县际	2	26	南站	崇源	三山、源并
30	萍乡市运管处	萍乡（安源）南站至东江	县际	2	55	南站	东江	五里牌、十里铺、茶亭里、高坑、路行、新田、沙湾、聂家店、新泉
31	萍乡市运管处	萍乡（安源）南站至锅底潭	县际	2	41	南站	锅底潭	丹江、五陂下、王坑、沙园、大岭、南坑、
32	萍乡市运管处	萍乡（安源）南站至河口	县际	5	23	南站	河口	丹江、王坑、大岭
33	萍乡市运管处	萍乡（安源）南站至横岗	县际	8	16	南站	横岗	井冲、桐田、麻山、景新、株木桥、
34	萍乡市运管处	萍乡（安源）南站至横岭村	县际	2	46	南站	横岭村	高坑、沙湾、珠亭山、宣风、横岭村
35	萍乡市运管处	萍乡（安源）南站至华云	县际	2	59	南站	华云	五里牌、十里铺、茶亭里、高坑、路行、沙湾、田心阁、江机、道口、黄洲、万龙山

续表3

序号	许可机关	线路名称	班线类型	日发班次	线路里程(千米)	起点	终点	途径点
36	萍乡市运管处	萍乡(安源)南站至黄堂	县际	6	16	北站	黄堂	井冲、善洲桥、桐田、诗源、上洲、
37	萍乡市运管处	萍乡(安源)南站至江口	县际	6	16	南站	江口	桐田、麻山、津源
38	萍乡市运管处	萍乡(安源)南站至腊市	县际	6	19	南站	腊市	井冲、善洲桥、桐田、麻山、庙岭、黄土坳
39	萍乡市运管处	萍乡(安源)南站至林家坊	县际	5	30	南站	林家坊	五里牌、十里铺、茶亭里、高坑、路行、新田、沙湾、芦溪、快活岭
40	萍乡市运管处	萍乡(安源)南站至浏市	县际	7	37	南站	浏市	桐田、麻山、浏市、大江边、湘东、青山、公交西站
41	萍乡市运管处	萍乡(安源)南站至六市	县际	2	46	南站	六市	丹江、五陂下、王坑、沙园、大岭、南坑、28公桩、长丰、磨头
42	萍乡市运管处	萍乡(安源)南站至龙台	县际	2	31	南站	龙台	井冲、桐田、麻山、船形、塘口
43	萍乡市运管处	萍乡(安源)南站至芦溪	县际	8	24	南站	芦溪	五里牌、十里铺、茶亭里、高坑、路行、新田、沙湾、田心阁
44	萍乡市运管处	萍乡(安源)南站至麻山	县际	10	10	南站	麻山	井冲、善洲桥、桐田、
45	萍乡市运管处	萍乡(安源)南站至马塘村	县际	2	44	南站	马塘村	高坑、沙湾、宣风、盘田村、京口村、里山村
46	萍乡市运管处	萍乡(安源)南站至茅布岭村	县际	2	35	南站	茅布岭村	高坑、沙湾、上埠、下源村、茅布岭村
47	萍乡市运管处	萍乡(安源)南站至南坑	县际	6	20	南站	南坑	丹江、五陂下、王坑、沙园、大岭
48	萍乡市运管处	萍乡(安源)南站至南岭村	县际	赶集班	68	南站	南岭村	高坑、沙湾、宣风、万龙山、长岭村
49	萍乡市运管处	萍乡(安源)南站至坪村	县际	4	31	南站	坪村	丹江、五陂下、王坑、沙园、大岭村、南坑窑下、株村下
50	萍乡市运管处	萍乡(安源)南站至桥岭	县际	2	53	南站	桥岭	五里牌、十里铺、茶亭里、高坑、路行、新田、沙湾、聂家店、新泉
51	萍乡市运管处	萍乡(安源)南站至青龙	县际	2	64	南站	青龙	五里牌、十里铺、茶亭里、高坑、路行、新田、沙湾、聂家店、新泉、华云、黄江
52	萍乡市运管处	萍乡(安源)南站至三星村	县际	7	68	南站	三星村	高坑、沙湾、宣风、万龙山、陇上村
53	萍乡市运管处	萍乡(安源)南站至上埠	县际	2	32	南站	上埠	高坑、工程学院、焕山、聂家店、上埠
54	萍乡市运管处	萍乡(安源)南站至石灰岭	县际	2	22	南站	石灰岭	丹江、五陂下、王坑、大岭、南坑
55	萍乡市运管处	萍乡(安源)南站至水洋	县际	2	31	南站	水洋	井冲、桐国、麻山、船形、塘口
56	萍乡市运管处	萍乡(安源)南站至桃源	县际	6	17	北站	桃源	井冲、善洲桥、桐田、幸福村、汶泉、斜塘
57	萍乡市运管处	萍乡(安源)南站至吐下村	县际	2	41	南站	吐下村	高坑、沙湾、田心阁、珠亭山、宣风

续表 3

序号	许可机关	线路名称	班线类型	日发班次	线路里程（千米）	起点	终点	途径点
58	萍乡市运管处	萍乡（安源）南站至万龙山	县际	2	51	南站	万龙山	五里牌、十里铺、茶亭里、高坑、路行、沙湾、田心阁、江机、珠亭山、道口、龙洞、青苔、桥头、沂源、黄洲
59	萍乡市运管处	萍乡（安源）南站至万龙山	县际	2	61	南站	万龙山	五里牌、十里铺、茶亭里、高坑、路行、新田、沙湾、聂家店、新泉、华云
60	萍乡市运管处	萍乡（安源）南站至乌岗	县际	6	20	北站	乌岗	井冲、桐田、麻山
61	萍乡市运管处	萍乡（安源）南站至武功山	县际	2	59	南站	武功山	五里牌、十里铺、茶亭里、高坑、路行、新田、沙湾、聂家店、坑口、新泉、麻田、大江边
62	萍乡市运管处	萍乡（安源）南站至湘东	县际	3	21	南站	湘东	桐田
63	萍乡市运管处	萍乡（安源）南站至新湄	县际	6	22	南站	新湄	桐田、黄堂
64	萍乡市运管处	萍乡（安源）南站至新塘	县际	10	12	南站	新塘	桐田、日马
65	萍乡市运管处	萍乡（安源）南站至新下村	县际	2	33	南站	新下村	高坑、新田、芦溪、石北、南溪
66	萍乡市运管处	萍乡（安源）南站至宣风	县际	4	36	南站	宣风	五里牌、十里铺、茶亭里、高坑、路行、新田、沙湾、田心阁、江机、珠亭山
67	萍乡市运管处	萍乡（安源）南站至杨家岭	县际	2	66	南站	杨家岭	五里牌、十里铺、茶亭里、高坑、路行、沙湾、田心阁、江机、道口、黄洲、万龙山、下村、槽下、乌下
68	萍乡市运管处	萍乡（安源）南站至源南	县际	4	27	南站	源南	五里牌、十里铺、茶亭里、高坑、路行、新田、沙湾、石北
69	萍乡市运管处	萍乡（安源）南站至源溪村	县际	2	29	南站	源溪村	高坑、新田、芦溪、源南
70	萍乡市运管处	萍乡（安源）南站至张家坊	县际	3	44	南站	张家坊	五里牌、十里铺、茶亭里、高坑、路行、新田、沙湾、聂家店、坑口、三江口
71	萍乡市运管处	萍乡（安源）南站至柘村	县际	3	44	南站	柘村	桐田、三山、源并、大古坳、红星、白竺
72	萍乡市运管处	萍乡（安源）南站至中村	县际	3	47	北站	中村	桐田、三山、平台源、源并、壁湖、莱坑、红星、白竺路口、山口、白竺乡政府、黄岗
73	萍乡市运管处	萍乡（安源）南站至竺园	县际	6	18	南站	竺园	井冲、桐田、麻山、救塘、竺园

续表3

序号	许可机关	线路名称	班线类型	日发班次	线路里程(千米)	起点	终点	途径点
74	萍乡市运管处	萍乡(安源)西站至陂头	县际	4	29	西站	陂头	水口中、青山、大城、湘东、河洲、火烧桥、前进、仁村
75	萍乡市运管处	萍乡(安源)西站至登官	县际	4	33	西站	登官	水口、青山、大城、沙里塘、河洲、黄花、长春埠、灯芯桥、油塘埠、渡口
76	萍乡市运管处	萍乡(安源)西站至东桥	县际	3	48	西站	东桥	水口、青山、大城、峡山口、陈家塘、大路里、排上
77	萍乡市运管处	萍乡(安源)西站至二里	县际	8	32	西站	二里	水口、青山、大城、五里亭、新村、峡山口、陈家塘、下埠、栗塘
78	萍乡市运管处	萍乡(安源)西站至凫田	县际	2	48	西站	凫田	西站、青山、大城、峡山口、凤凰、大路里、排上、上珠、沸水
79	萍乡市运管处	萍乡(安源)西站至官陂	县际	2	56	西站	官陂	西站、青山、峡山口、陈家塘、凤凰、大路里、排上、东桥、官陂
80	萍乡市运管处	萍乡(安源)西站至官桥	县际	2	45	西站	官桥	西站、青山、泉湖垅、峡山口、陈家塘、虎山、东洲、凤凰、大路里、排上、毛园、官桥
81	萍乡市运管处	萍乡(安源)西站至官溪	县际	2	56	西站	官溪	西站、青山、大城、峡山口、陈家塘、凤凰、大路里、排上、东桥、官陂、官溪
82	萍乡市运管处	萍乡(安源)西站至官溪	县际	2	56	西站	官溪	东桥(直达)
83	萍乡市运管处	萍乡(安源)西站至横溪	县际	8	32	西站	横溪	水口、大城、峡山口、下埠、光华、马已坳、江萍瓷厂、横溪
84	萍乡市运管处	萍乡(安源)西站至厚田	县际	2	56	西站	厚田	东桥(直达)
85	萍乡市运管处	萍乡(安源)西站至黄土岗	县际	2	59	西站	黄土岗	西站、青山、大城、峡山口、陈家塘、凤凰、大路里、排上、东桥、官陂、黄土岗
86	萍乡市运管处	萍乡(安源)西站至江边	县际	2	56	西站	江边	西站、青山、大城、峡山口、陈家塘、凤凰、大路里、排上、东桥、沿塘、江边
87	萍乡市运管处	萍乡(安源)西站至郊溪	县际	2	56	西站	郊溪	西站、青山、峡山口、凤凰、大路里、排上、东桥、塘溪、郊溪
88	萍乡市运管处	萍乡(安源)西站至界头	县际	2	56	西站	界头	西站、青山、大城、峡山口、凤凰、大路里、排上、东桥、边山、界头
89	萍乡市运管处	萍乡(安源)西站至金鱼石	县际	4	26	西站	金鱼石	水口、青山、大城、湘东、河州、火烧桥、大义口、金鱼石
90	萍乡市运管处	萍乡(安源)西站至巨源	县际	4	22	西站	巨源	西环路、水口、青山、大城、五里亭、新村、峡山口、泉塘

续表 3

序号	许可机关	线路名称	班线类型	日发班次	线路里程（千米）	起点	终点	途径点
91	萍乡市运管处	萍乡（安源）西站至老关	县际	4	29	西站	老关	水口、青山、大城、沙里塘、河洲、黄花、长春埠、灯芯桥、油塘埠
92	萍乡市运管处	萍乡（安源）西站至梅林	县际	2	45	西站	梅林	西站、青山、泉湖垅、峡山口、陈家塘、虎山、凤凰、大路里、排上、毛园、梅林
93	萍乡市运管处	萍乡（安源）西站至桥头	县际	2	45	西站	桥头	萍乡（安源）西站至（排上）桥头
94	萍乡市运管处	萍乡（安源）西站至桥头	县际	2	45	西站	桥头	东桥（直达）
95	萍乡市运管处	萍乡（安源）西站至青云	县际	4	27	西站	青云	水口、青山、大城、湘东、河州、火烧桥、荷尧
96	萍乡市运管处	萍乡（安源）西站至泉陂	县际	4	33	西站	泉陂	西站、青山、大城、五里亭、湘东、河州、美建、火烧桥、荷尧、青云、泉陂
97	萍乡市运管处	萍乡（安源）西站至上云	县际	4	25	西站	上云	西站、青山、大城、湘东、裕升、福溪、横江、马冲
98	萍乡市运管处	萍乡（安源）西站至檀梓	县际	2	25	西站	檀梓	西站、水口、青山、大城、五里亭、湘东、河州、黄花、长春埠、檀梓
99	萍乡市运管处	萍乡（安源）西站至温盘	县际	7	34	西站	温盘	水口、青山、大城、柳源、杨梅岭、高枧、温盘、双源、福田、三田、峡石、萍乡北站
100	萍乡市运管处	萍乡（安源）西站至五峰	县际	2	56	西站	五峰	西站、青山、大城、峡山口、陈家塘、凤凰、大路里、排上、东桥、鸭路、五峰
101	萍乡市运管处	萍乡（安源）西站至小坑	县际	2	56	西站	小坑	西站、青山、大城、峡山口、陈家塘、凤凰、大路里、排上、东桥、鸭路、小坑
102	萍乡市运管处	萍乡（安源）西站至新华	县际	4	31	西站	新华	水口中、青山、大城、沙里墉、河洲、火烧桥、前进、仁村、红星
103	萍乡市运管处	萍乡（安源）西站至沿塘	县际	2	55	西站	沿塘	萍乡（安源）西站至（排上）沿塘
104	萍乡市运管处	萍乡（安源）西站至沿塘	县际	2	56	西站	沿塘	东桥（直达）
105	萍乡市运管处	上栗至湘东	县际	2	43	上栗	湘东	长平、芭蕉塘、福寿、青云、萍洲、荷尧、火烧桥、河洲
106	萍乡市运管处	峡山口至白源	县际	6	26	峡山口	白源	峡石、大城、河洲、湘东
107	芦溪运管所	南坑－高田	县内	12	8	南坑	高田	南坑－大岭－新尤－七宝－高田

续表3

序号	许可机关	线路名称	班线类型	日发班次	线路里程（千米）	起点	终点	途径点
108	芦溪运管所	南坑至上埠	县内	7	15	南坑	上埠	南坑、团丰村、团群村、阪田村、妙泉村、山田村、石上村、许家坊村、茶园村、上埠
109	芦溪运管所	银河至长竹	县内	9	11	银河	长竹	银河、文家、陇田、长布、长柱
110	芦溪运管所	银河至金鸡岭	县内	11	9	银河	金鸡岭	银河、乌石、思古塘、邓家田、金鸡岭
111	芦溪运管所	芦溪至乾村	县内	4	28	芦溪	乾村	芦溪、坪里、上埠、河口、阪田、南坑、乾村
112	芦溪运管所	芦溪至南坑	县内	5	23	芦溪	南坑	芦溪、沙湾、聂家店、上埠、大岭、南坑
113	上栗运管所	上栗至黄冲	县内	5	9	上栗镇	黄冲	石上、卯田、火石桥
114	上栗运管所	桐木至湖塘	县内	5	8	桐木镇	湖塘	小埠、丹桂
115	上栗运管所	桐木至湖塘	县内	6	14	桐木镇	湖塘	桐木、雅溪、城冲、小埠
116	上栗运管所	赤山至大院	县内	6	4	赤山村	大院村	赤山中学、大院
117	上栗运管所	桐木至跃进	县内	6	9	桐木镇	跃进村	周田、杨坊
118	上栗运管所	上栗至鸡冠山	县内	5	9	上栗镇	鸡冠山	三境、横下
119	上栗运管所	湖塘至桐木	县内	4	12	湖塘	桐木	湖塘、楚山、枧冲、桐木
120	上栗运管所	上栗至东风界	县内	6	8	上栗镇	东风界	金山、简村
121	上栗运管所	上栗至凤亭	县内	4	25	上栗镇	凤亭村	金山、简村、横水
122	上栗运管所	上栗县至宫江	县内	2	39	上栗镇	宫江	杨岐、清溪、东源
123	上栗运管所	上栗县至田心	县内	6	32	上栗镇	田心	杨岐、青溪、东源、小枧
124	上栗运管所	上栗镇至鸡冠山村	县内	4	16	上栗镇	鸡冠山村	上栗镇、鸡冠山、庙背、鸡冠山村
125	上栗运管所	上栗镇至鸡冠山乡	县内	6	12	上栗镇	鸡冠山乡	上栗、四海、卯田、火烧桥、黄冲
126	上栗运管所	上栗镇至砖岭村	县内	4	13.5	上栗镇	砖岭村	鸡冠山公路
127	上栗运管所	桐木镇至东源村	县内	6	12	桐木镇	东源村	桐木、跃进、东源村
128	上栗运管所	桐木镇至莲台	县内	6	11	桐木镇	莲台村	万上线
129	上栗运管所	上栗县至湖塘	县内	4	18	上栗	湖塘	山口、白鹤、龙泉
130	上栗运管所	上栗县至麻石	县内	5	12	上栗	麻石	金水公路
131	上栗运管所	上栗县至石溪	县内	4	20	上栗	石溪	四海、万石、妙岭、马良、杉木、明星、淡塘
132	上栗运管所	上栗镇至枧冲	县内	4	20	上栗	枧冲	上栗、丰龙、南华、楚山、枧冲
133	上栗运管所	上栗镇至樟坊	县内	2	12.5	上栗	枧冲	上栗、石涧、金山
134	上栗运管所	上栗县至桐木镇	县内	3	18.5	上栗	桐木	横下、豆田、洪田、雅溪
135	上栗运管所	桐木镇至湖塘	县内	5	8	桐木镇	湖塘	小埠、丹桂

续表3

序号	许可机关	线路名称	班线类型	日发班次	线路里程（千米）	起点	终点	途径点
136	上栗运管所	桐木镇至莲台	县内	6	11	桐木镇	莲台	万上线
137	上栗运管所	汽车站至杨岐寺	县内	4	19	上栗镇	杨岐寺	319 国道
138	湘东运管所	二里至下埠工业园	县内	5/1	13	二里	下埠工业园	潭塘、栗塘、下埠、镇中、光华
139	湘东运管所	横塘至下埠工业园	县内	5/1	11	横塘	下埠工业园	潘塘、下埠、大陂
140	湘东运管所	东桥至高仑	县内	2/1	15	东桥	高仑	官陂
141	莲花运管所	高洲至莲花县	四类	四次	37	琴亭镇	高洲	罗市、坊楼、南岭、长埠
142	莲花运管所	湖上至坊楼	四类	四次	21	湖上	坊楼	闪石、暖水、屋场、洋桥
143	莲花运管所	莲花至仓下	四类	四次	46	莲花	仓下	南岭、坊楼、高洲、江畔
144	莲花运管所	莲花至荷塘	四类	四次	20	莲花	荷塘	垒里冲、超村、楼下
145	莲花运管所	莲花至红光	四类	四次	40	莲花	红光	南岭、坊楼、罗市、红源
146	莲花运管所	莲花至江山	四类	四次	27	莲花	江山	南岭、坊楼、沿背
147	莲花运管所	莲花至蕉叶冲	四类	四次	40	莲花	蕉叶冲	南岭、坊楼、罗市、红源
148	莲花运管所	莲花至界化垅	四类	四次	17	莲花	界化垅	升坊、坪里、井头、段家坊
149	莲花运管所	莲花至桥头	四类	四次	25	莲花	三板桥	升坊、坪里、珊田、镇背
150	莲花运管所	莲花至三板桥	四类	四次	25	莲花	三板桥	升坊、坪里、珊田、清水
151	莲花运管所	莲花至闪石	四类	四次	27	琴亭镇	闪石	良坊、湖上
152	莲花运管所	莲花至神泉	四类	四次	19	莲花	神泉	升坊、桃岭
153	莲花运管所	莲花至文塘	四类	四次	19	莲花	文塘	垒里冲、超村、庙下、上文塘
154	莲花运管所	莲花县至坊楼	四类	四次	25	琴亭镇	坊楼	南岭、坊楼
155	莲花运管所	莲花县至高洲	四类	四次	37	琴亭镇	高洲	南岭、坊楼、上塘、下湾
156	莲花运管所	莲花县至六市	四类	四次	38	琴亭镇	六市	南岭、坊楼、海潭
157	莲花运管所	莲花县至路口	四类	四次	25	莲花	路口	下坊、良坊、湖上
158	莲花运管所	莲花县至千坊	四类	四次	25	琴亭镇	千坊	南岭、砚溪
159	莲花运管所	莲花县至闪石	四类	四次	27	琴亭镇	闪石	良坊、湖上
160	莲花运管所	莲花至洋桥	四类	四次	30	莲花	洋桥	长埠、南岭、坊楼
161	莲花运管所	三板桥至莲花	四类	四次	25	三板桥	莲花	清水、珊田、坪里、升坊
162	莲花运管所	升坊至莲花	四类	四次	17	升坊	莲花	沙屋、升坊、漫坊
163	莲花运管所	洋桥至莲花县	四类	四次	25	洋桥	琴亭镇	南岭、坊楼、沿背

【九江往返昌北机场大巴增至每日 18 班】 九江长运与东方航空公司携手推出的“空巴通”受到市民广泛关注和欢迎，旅客只需提前 2 天在指定售票点购买东航南昌始发到达的航班，并同时提出需要乘坐两地往返大巴，就可享受“空巴通”产品的免费乘坐大巴服务。但目前通过网络购买机票的乘客无法享受免费优惠。

自 2015 年 10 月 25 日起，九江至昌北机场的往返班线由原来的每日对开 15 班增至每日对开 18 班，同时时间上也有所调整，票价也更加优惠。调整后，由九江汽车站发车的最早班次从 06:10 提前至 05:50，最晚班次时间由 18:50 延长至 19:

30。从南昌机场发车的最早班次由09:40提前至9:00,最晚班次由21:30延长至22:30。每隔40~60分钟都会有一趟班车从九江及昌北机场开出,极大程度地方便了市民出行需求。

(九江市长运集团公司)

【新余首条城区直达山村的班线开通】 7月9日,新余首条城区直达山村的班线——新余至仙女湖河下镇洋田村委班线正式开通。洋田村委距城区35千米,共有8个村小组、1078人。长期以来,村民进城要么乘坐袁河渡船到江口电厂转车,要么得步行到环湖路1千米外的圣集寺或凤凰湾站点周转,费时费力,交通出行十分不便。

为打通服务山民最后一千米,由新余长运公司配备的崭新班车正式投运。该班线自新余火车站出发,途经仙女湖区管委会、东坑直达凤凰湾,再绕道至圣集寺、洋田村返城,完成大循环,一天开通上午下午两个班次。自此,老人们进城可以方便地在家门口上车,学生乘坐免费。

(邓清华)

【鹰潭长运公司增加客运班线】 2015年,公司向省、市运管门申报了鹰潭—邵武、万年、桐庐、乐平、昌北,贵溪—南昌,锦江—永康等7条客运班线,其中鹰潭—邵武、万年、桐庐、建宁、锦江—永康班线,省运管局已下发争取意见函到鹰潭运管处,公司已多次到处、所两级行业部门进行沟通,鹰潭运管已同意新增上述线路。鹰潭—建宁班线已经在省局进行公示,年前可以许可下来。

公司申请开通了运行贵溪车站至鹰北高铁站的线路。6月份余江公司新增了⑤路公交线;并着手将原有18台公交改为客运公交性质,对春涛、杨溪线路进行变更,由原来的农村班线变更为公交线⑥路、⑦路,为余江城乡客运一体化工作提前打下基础。

(艾年宗)

【鹰潭市内25路公交车线路调整】 25路公交车经过三个月的试运营,得到广大乘客一致好评,为更加方便市民出行,根据市民的建议和意见,公交公司对25路公交线路再次进行调整,并从10月8日起开始运行。25路改线后的线路走向:信江南大道、环城东路、梅枫路、府前路、梅园大道、鹰潭大桥、信江大道。沿途停靠站点:起始站四小、民盟驾校、机修厂、东四村、265队、261队、公安局、四中、九一二队、城管局、防腐厂、市一中后门、信江新区管委会、市经济大厦(原路返回)。该条线路原早上和晚上接送一中学生的时间和走向不变。

(彭　霞)

【鹰潭公交开通25、26路公交车】 为配合市委、市政府搬迁至市经济大厦办公的工作,鹰潭公交将于2015年6月6日开通25、26路公交车。本着企业“安全第一、乘客至上、服务为重、大众优先”的服务宗旨,以及“为人们的出行,提供满意、温馨、全方位服务”为使命的服务理念。鹰潭公交根据多次实地勘察,同时尊重市民的合理述求和建议,25、26路公交线路走向分别为:25路公交车由信江一路公交线路更名为25路,在现有车辆的基础上增加至6~7辆公交车,始发站设在湖西路(办证中心旁)。沿途停靠站点:办证中心、交通局宿舍、东一村、东二村、民盟驾校、机修厂、东四村、二六五大队、四中、九一二大队、城管局、防腐厂、新一中、市经济大厦,原路返回经湖东路到办证中心。票价一元。首班时间为6:40分(发至一中),末班时间为22:20分(在新一中发车)。

由于环城东路机务段路段正在修路,尚未贯通,民盟驾校至东四村三叉路口路段暂时无法通行,待该路段贯通后通行。26路公交车由信江二路公交线路更名为26路,在现有车辆的基础上增加至6~7辆公交车,始发站设湖西路(办证中心)。沿途停靠站点:办证中心、电大、中医院、金山弄、财苑宾馆(农商银行大厦)、火车站、沃尔玛、化工厂宿舍、市民公园(百盛名仕府)、一中前门、恒大绿洲、市经济大厦、纬二路、信江区管委会、夏埠乡派出所、职业中学、市民公园(百盛名仕府)、化工厂宿舍、原路返回。实行一票制,即全程单趟票价每人一元。高峰期5~7分钟一趟,平峰期10~15分钟一趟。为方便到新一中就学的学生乘车,在学生上下课时间段暂时按现在信江二路线路走向运营。首班时间为6:40分(发至一中),末班时间为22:20分(在市一中发车),以后根据客流情况对车辆及发车间隔时间进行调整。25路公交车沿途停靠站点:办证中心、交通局宿舍、东一村、东二村、民盟驾校、机修厂、东四村、二六五大队、四中、九一二大队、城管局、防腐厂、新一中、市经济大厦，原路返回经湖东路到办证中心。由于环城东路机务段路段正在修路，民盟驾校至东四村三叉路口路段暂时无法通行，待该路段贯通后通行。26路公交车沿途停靠站点：办证中心、电大、中医院、金山弄、财苑宾馆（农商银行大厦）、火车站、沃尔玛、化工厂宿舍、市民公园（百盛名仕府）、一中前门、恒大绿洲、市经济大厦、纬二路、信江新区管委会、夏埠派出所、职业中学、市民公园（百盛名仕府）、化工厂宿舍，之后原路返回。在学生上下课时间段暂时按现在信江二路线路走向运营。25、26路首班时间为6:40分（发至一中），末班时间为22:20分（在市一中发车），票价一元。

（艾年宗）

【鹰潭市开通高铁北站至贵溪、余江、龙虎山城际公交】 为满足快速发展的城市化建设需要，更好地优化居民出行环境，5月1日起，鹰潭市开通高铁北站至贵溪、余江、龙虎山城际公交，开行时间以高铁开行时间为准。除余江城际公交外，贵溪、龙虎山城际公交运行途中不停车上下客，按照“一票直达”的模式运营，到贵溪票价5元、余江8元、龙虎山10元，最大限度地满足全市居民出行需求。

（徐时敏）

【赣州市推进城乡道路客运一体化，优化城乡居民出行环境】 赣州市运管局对道路条件较好、人口较密集的线路实行公司化经营、公交化改造。上犹县依托营前农村公路综合服务站平台，率先试点在偏远中心乡镇开通镇村公交，共开通了营前镇至平富乡平富村、营前镇至蕉里村、营前镇至五指峰乡黄沙坑村3条镇村公交线路。加快城市公交与农村客运的衔接。积极推进农村客运线路公交化改造，大力发展乡镇至行政村、行政村至行政村客运班线，符合公交车通行条件的镇村积极发展镇村公交。鼓励农村客运经营者对县城至城郊20千米范围内农村客运班线和道路条件符合通公交车且人口相对集中的大乡镇进行公交化改造。赣县、于都、会昌、南康、定南等地积极开展城乡道路公交一体化试点，将部分农村客运“热线”进行公交化改造，增加班次，降低票价，实惠百姓，提高群众出行质量。实行“一线一片区一公司”的经营模式。大部分县（区）将县内农村客运班线按行政区域划分几个片区，由不同的公司经营，避免经营者之间的恶性竞争，保障经营者的利益，杜绝经营者之间为争抢客源互相追逐、你追我赶的行车情况，消除事故隐患，确保道路安全。对农村班线实行“冷热线”捆绑经营运行模式。由于冷线客源少，效益低，几乎无利可图，甚至亏本，经营者往往不愿经营，有些县（区）在班线招投标时，进行优化，实行捆绑经营，由热养冷，确保线路“开得通、留得住”，保障群众的出行需求。全面实施全市二级以上客运站联网售票。为实现全市所有二级以上客运站与全省二级以上客运站之间的数据交换和共享，使企业资源得到充分有效利用，增强客运企业软实力，2015年10月，全市21家二级以上客运站实现互联网与车站售票的无缝对接，缓解了车站购票拥挤的压力，满足了群众多样化的购票需求。

（李发淳）

【青原区镇村公交正式开通】 12月18日，青原区举行镇村公交启动仪式，20辆崭新的新能源公交车正式运营。这标志着青原区城乡道路客运一体化发展迈上了新台阶。

镇村公交青原至新圩、新圩至富田主线投入20辆新能源车，富滩至井头、值夏至七姑岭、东固至峰岭支线各投入2辆原营运车况好、符合通行条件等规范的车辆运行。青原区2015年底前先行完成青东公路青原至富田段农村客运班线及沿线部分乡镇通达行政村线路的镇村公交改造，力争通过2～3年逐步完成农村客运班线公交化改造工作。

（吉安交通运输局）

【宜春市城乡客运一体化成绩斐然】 该市现有客运企业5户，宜春汽车运输股份有限公司（一级企业）和宜春市公交公司及部分股份制企业和私营责任企业，有道路客运车辆1490辆，客运班线762条。其中农村客运车辆896辆，客运线路557条，日发2620个班次，年客运量7280万人，客运周转量66102万千米。2005年开始客运班线公司化改造，推行公车公营。截至2014年12月底，宜春汽运公司通过现金收购等形式，出资近2亿多元现金，对516条客运班线实行了公司化改造,陆续收购原挂靠经营车辆1300余辆,其中农村客运班线公司化改造527条,农村班线公车公营车辆达98%,为推行城乡客运一体化奠定了基础条件。全市有综合枢纽站一个、一级客运站二个、二级客运站11个、三级客运站1个、综合服务站19个、农村客运站92个、候车亭1905个。2010年4月,丰城在全省率先开展城乡道路客运公交一体化改造,逐步形成了城乡客运公交一体化的"丰城模式"。丰城城乡客运公交一体化实行定点、定线、定班次、低票价公交化组织运营模式,实质仍是道路客运,它是宜春汽运公司通过收购、整合丰城市原有农村客运班线而建立起来的。即城乡客运公交一体化,打破了城乡客运"二元化"管理体制和运行机制,以市县汽车站为中心、以乡镇客运站为依托,城乡交通资源共享,并按照公交化运作,实现城市与乡、村客运一体公交化运作。樟树和高安分别在2012年12月和2014年7月,参考丰城模式,全面推开城乡客运公交一体化工作。樟树在2015年3月开始,率先在全省推行"一元城乡公交",无论远近票价一律1元。樟树城乡客运公交一体化的经验做法,报送给省委、省政府领导参阅,得到充分肯定。樟树市、丰城市分别获得了省财政厅、省交通运输厅镇村公交试点工程补贴600万元(全省5家)。全市全面推开城乡客运一体化建设,争取在全省率先实现城乡客运一体化市域全覆盖。

(周文明)

【宜春市行政村客运班车通达率达95.45%】 "十二五"计划以来,宜春市道路运输管理局紧紧围绕党和政府的新农村建设目标要求,截至2015年12月底,全市通客车建制村数量1698个,占总建制村1779个的95.45%,超过省运管局93.8%的通达要求。初步建成了以各县市为中心,乡镇为枢纽,行政村为结点,辐射合理、快捷畅通、安全舒适、经济实惠的农村客运网络,同时对尚未通班车的行政村按照"路通车通"的客运通达要求,因地制宜、因路制宜,制定通达规划,大力推行城乡客运一体化建设。

(徐 炜)

【宜丰县行政村通班车率达95.85%】 12月1日,宜丰县延伸楠树村、新安村、上塘村、将候村、溪浒村5个行政村通班车,至此,宜丰县所辖区行政村217个,已通达208个,通达率为95.85%,共有农村客运班线19条,投入车辆56辆,全县未通达行政村9个,分别为澄塘镇柏树村、沙湾村,潭山镇茜槽村,双峰林场龙袍村、严湖村、斜港村,黄岗镇黄樂村,芳溪镇万丰村。

(漆志勇)

【万载县新开通一条苏区农村客运班线】 2015年,为解决群众出行"最后一千米"的问题,万载县运管所大力推进"村村通"工程,始终把人民群众安全方便快捷出行作为工作的出发点和落脚点,着力解决群众出行难、出行不便的问题。4月18日,又新开通了地处湘鄂赣苏区中心地带仙源乡乐平村客运班线,至此,全乡实现了村村通客运班车。该村共辖13个村民小组1500余人,耕地面积73.6公顷,土地肥沃,物产丰富。班线沿途4个行政村,全长16千米,每天2个班次。该线运行可为沿线数千苏区民众的出行更加方便、快捷。全县行政村通班车率达到96%。

(丁发扬)

【万载县开通万载至宜春高铁站直达班线】 2015年11月宜汽总公司万载分公司经批准正式开通万载至宜春高铁站直达班线。班线运行由万载和袁州各配3辆高档客车,班车从7:00至22:20对开,每隔一小时至一个半小时一趟,日发24班次,每人直达票价15元。满足了旅客乘车多层次需求,进一步提高客运服务质量,实现高铁与道路客运无缝对接。

(丁发扬)

【丰城市林安商贸物流城免费专线购物车开通运行】 12月6日,丰城市林安商贸物流城免费专线购物车线路正式开通运行,4辆专线车已经启动,两条线路分别为新城区和老城区专线。1号线:林安—丰城中学东校区—剑邑大桥—沿江路—老党校—华润万家—沿江路—剑光电影院—沃尔玛(供电局门口)—人民路口—金马装饰城二期—老客运站—电厂生活区—龙润—同创—豪翰—林安;2号线:龙润—人民法院—人民医院—丰跃名城—粤客隆—君留苑—洪州大酒店侧门—洪熙酒店—龙润—同创—豪翰—林安—丰中东校区—龙润。两条线路运行时间为8:00到12:00,14:00到18:00。此次投入运行的购物专车全部是宇通纯电动车,续航里程达130千米,噪音小,行驶稳定性高,并且实现零排放。

(沈壮华)

【抚州至南丰开通高速班线】 2015年9月21日抚州长运正式开通公车抚州至南丰高速班线,由原每日发8个班次增至10个班次。抚州至南丰高速班线在抚州长运客运总站发车,全程高速。

(梅钟林)

【抚州市区至抚州东站公交班线开通】 备受广大市民瞩目的抚州市城区至抚州东站(东乡高铁站)公交班线,4月18日正式开通运营,20辆高级豪华大巴、每天100个班次为该市城区架起对接沪昆高铁的桥梁。

2014年12月10日,沪昆高铁南昌至杭州段正式开通运营,位于东乡县城的抚州东站带领抚州人民跨入高铁新时代。从抚州东站出发,2小时至杭州,3小时至上海成为现实。抚州东站是沪昆高铁在抚州市境内设立的唯一一个高铁站点,位于东乡县城新区北侧亭子上,距离抚州市区中心39千米,2015年,该站每天有23趟高铁停靠。为更好满足市区和抚州东站人员往返两地的需要,该市决定开通公交班线,由抚州长运和临川运输公司合作经营。

市区至抚州东站公交班线全程58千米,耗时约80分钟,实行一票制,票价为10元/人,刷卡8元。线路全程共设置6个站点,分别是起始站市区五皇殿汽车站、贸易广场站、南昌大学抚州医学分院新校区站、东乡县新体育馆站、东乡火车站和抚州东站(东乡),除此之外,其他地方不能上客。该线路途经市区河滨路、文昌大道,再沿东临公路,经东乡工业园区到达东乡火车站,直至终点站抚州东站。

从市区出发,最早的一班是每天早上6时30分,最晚的一班是18时30分;从东乡出发,最早的一班是凌晨4时30分从东乡火车站开出,第二班6时从抚州东站(高铁)开出,最晚的一班是21时。视客流量每10分钟至15分钟发一班车,其他时间对接火车和高铁到站时间自行调整。

(陈根玲)

【黎川县建制村通班车率达94.4%】 2015年,黎川县大力发展农村客运取得新成效,全建制村总数108个,其中通客车建制村102个,占总建制村数量的94.4%。

(黄建国　徐高宗　邹　峰)

【抚州市区7路、29路公交线路调整】 从11月1日起,抚州市公交总公司调整市区7路、29路公交线路,7路车经抚州高新区金巢大道原利群机械厂后不再左拐入迎宾大道,而是一直往南改走金巢大道南延伸段、钟岭大道、伍塘路南段,再走原路到瀚海龙蟠;29路车起点站不再是市区赣东大道北延伸段莱肴故事,而改为临川大道梦湖合家欢游乐园。调整后的7路(瀚海龙蟠至晏殊大道外滩公馆)公交线,从市区晏殊大道外滩公馆至金巢大道原利群机械厂按原线路运行,随后不再左拐往迎宾大道,而是一直往南改走抚州高新区金巢大道南延伸段经市实验学校圆盘左拐进钟岭大道再左拐进伍塘路南段,随后走原路到瀚海龙蟠;7路车平均6分钟至8分钟一趟。29路(从梦湖合家欢游乐园至拟岘台)公交线,具体走向为:市区临川大道(从梦湖合家欢游乐园经临川大道梦湖商务宾馆左拐进梦湖东路)—梦园(右拐进晏殊大道)—抚北东路西门口—大公路临川三小(经河滨路)—临川区人民医院后门—中辉国际银河城—昌抚加油站(经金巢大道)—瑶坪湖花园—轻纺城—大润发—金巢花园(从原三纺圆盘左拐进南门路)—临川区人民法院—金巢学前教育中心—公元懿品(经汝水大道)—汝水森林公园东门(拟岘台),回程按原线路返回。29路每隔8分钟至10分钟发一班,每天最早一班为早上6点40分从梦湖合家欢游乐园发出,最晚一班为晚上6点40分从拟岘台发出。

(陈根玲)

【抚州市开通清明扫墓免费公交专线】 为了方便市民乘车到回归园扫墓,抚州市公交总公司加密各条通往墓区的公交线路,开往上顿渡的2路车、展坪乡的3路、湖南乡的18、19、20路公交车均加密发车班次,在经过回归园的1路、21路公交车在原线路正常运行的基础上,再投入四辆公交车加密两条线的班次。清明当天(4月5日),该市公交总公司投放10辆免费公交车往返回归园,免费扫墓专线车辆上均设置了醒目标志,以方便市民乘坐。具体线路是:上顿渡临川第一人民医院—临川一中老校区—区政府—金山大道—王安石大道—回归园;华润万家(赣东大道店)—市新华书店—市长途汽车站—市体育休闲广场—市行政中心—王安石大道—回归园。

(陈根玲)

【德兴车站恢复德兴至南昌、九江、抚州客运班车】 2015年3月1日6时30分,德兴汽车站发往南昌方向的12063068次班车,缓缓从车库开出,标志着德兴汽车站完全恢复德兴发往南昌方向班次,同时恢复发往九江、抚州等地班次。为做好南昌、九江和抚州等班线恢复在德兴汽车站的发班工作,德兴汽车站充分做好设备调试工作,抽调业务骨干组成精干小组,确保班线恢复发班工作顺利进行,完善车站配套功能,保证旅客改站接驳等配套服务。

(韩晓艺)

【德兴至高铁站开通仪式在德兴汽车站举行】 2015年6月28日,合福高铁正式通车试运营,德兴市针对高铁到站时间,开通高铁直通车,2015年6月30日上午9时,德兴汽车站隆重举行高铁站直通车开班仪式。上饶汽运集团有限公司抓住这一契机,进一步拓展城乡一体化进程,推进汽车旅游租赁业发展,经营好高铁站直通班线,使旅客"到站有车走、离站有车送、租车有车行",实现"零换乘"。在合福高铁的德兴站,德兴至高铁站直通车、至天龙山站、三清山景区旅游直通车有序停靠德兴站站前广场指定车位,喜迎八方游客。

(韩晓艺)

运输站点

【江西省安检仪知识实操竞赛在徐坊客运站举行】 9月21日,江西省汽车客运站"三品"安检员安检仪知识培训和竞赛在南昌举行,全省一二级汽车客运站选派的120名"三品防查"安检员参加。经过理论知识考试,选出30名选手参加22日晚上7点,在徐坊客运站举行的实际操作竞赛。本次竞赛是由江西省道路运输协会主办。通过培训和竞赛,完善和统一全省汽车客运站行包安检仪的操作规程,进一步检验和提升安检员的理论知识和实际操作能力,带动提高"三品"防查能力。

经综合评定,评出一、二、三等奖共9人,来自于都汽车客运站的刘祈获得一等奖,南昌长运昌南客运站雷雪梅、徐坊客运站戴明、德兴汽车站周连玉获得二等奖,抚州客运总站吴海、吉安长运中心站王超云、宁都县汽车站肖冬亮、南昌长运洪城客运站涂文娟、南丰汽车站廖金莲获得三等奖。

南昌长运昌南客运站、徐坊客运站、洪城客运站、青山客运站、进贤客运站和安义客运站共派出7名选手参赛。

(周卫国)

【南昌市推动货运站场现代化物流园区建设】 随着南昌市加速物流园区的转型升级,2015年年初,江西三志物流有限公司和华南城(南昌)乾龙物流有限公司自筹资金,在该市规划筹建两处社会化综合服务型货运枢纽项目。将主要为中小物流企业、长途货运车辆提供配载、停车、货运交易、仓储、企业办公、信息服务、车辆服务、休息餐饮等场所,并具有满足园区设计吞吐能力的配套仓储、堆场、停车场、装卸搬运等设施设备及货物中转组织功能,将在区域内形成一定的辐射能力,项目建成后将提供具有社会化服务性质的现代化流运营平台。两物流企业已分别取得16.7公顷以上建设规划用地。

经南昌市运管处初步审核,认定上述两家物流企业规划用地面积及规划园区周边的道路通行条件,基本符合交通运输部"公路货运枢纽项目"

的技术要求，准予上报。该处已按照相关条件，积极地帮助这四家企业申报交通部给予“货运枢纽”建设的资金支持，鼓励带动全市物流园区项目规模化发展。

深圳国际控股有限公司、普洛斯投资公司也与南昌市经济技术开发区积极合作，落实物流园区用地，推动现代货运枢纽项目的进展。

（张　平　周国祥）

【鹰潭长运公司客运站场情况】 鹰潭长运公司在2014年就已取得鹰潭综合客运枢纽站、鹰西短途客运站、余江客运总站、余江公交总站的建设及经营权。

2015年该公司基本完成了余江客运站前期的报建手续申办。通过招投标确定站场设计、施工图设计单位，并通过县招标办确定了余江客运站的承建单位。余江客运站的工程建设是项目部2016年度的工作重心，公司要求相关部门各事项均需按流程办理，严格把关，确保工程质量。鹰西、鹰北客运站，完成了初步设计规划，已通过专家评审会议，设计方案即将提上规划委员会。这两站的后续报建及相关建设事宜也是公司下一年度的基建工作的重点。

【吉安市交通运输局扎实推进物流集聚区建设】 2015年，井开区物流中心、吉安市河西综合物流园成功列入交通运输部公路货运枢纽投资计划，争取建设资金7000万元。积极扶持物流信息公共平台建设。万吉物流信息平台与昆明、南昌、赣州、峡江等70多家省内外物流园区实现了无缝对接，拥有22万注册用户，日成交货运量10万吨，通过该平台成交的物流运输费用达30亿元，省内市场占有率达到40%；协同市工信委建设市工业园区物流配送服务平台，已开通零担配送专线18条，全市工业园区零担货运成本可降低15%以上。

（吉安交通运输局）

【峡江县现代物流园启动建设】 3月28日，峡江县现代物流园启动建设，该项目坐落于峡江县巴邱镇高速公路互通口附近，总规划面积100公顷。已划出了一期66.67公顷土地红线图，完成了整个园区路网初步规划，新增征地33.33公顷，并启动清表工作。

（吉安交通运输局）

【吉安市河西综合物流园区公路货运枢纽二期开工建设】 1月18日，吉安市河西综合物流园区公路货运枢纽二期正式开工建设。二期总建筑面积约21万平方米（计容面积18万平方米，由三地块组成，1号地块建筑面积4.2万平方米、2号地块建筑面积10.6万平方米、3号地块建筑面积6.3万平方米），其中：交易仓储6.5万平方米，城市配送3.5万平方米，公共服务配套3万平方米，电商物流大厦2万平方米，综合办公楼1.5万平方米，甩挂中心1.8万平方米，冷库0.3万平方米，停车位1800个。完成1.8万平方米仓储主体工程建设，建筑面积6.3万平方米配送、甩挂等工程正在进行地基建设。

（吉安交通运输局）

【上饶客运中心站开展“一路平安、让爱回家”主题活动】 2015年2月4日上午，上饶客运中心站在候车大厅举行“一路平安、让爱回家”主题活动。候车厅设台摆放春运指南、上饶站班次信息、收费项目表、“旅途100”和“12308”网上购票宣传册以及旅客乘车须知，向乘客和驾乘人员发放宣传。活动中，汽车站工作人员耐心地解答旅客们的各种疑问，给旅客们演示如何在“旅途100”和“12308”网站上购票，旅客们对车站的活动表示赞许。

（韩晓艺）

【上饶客运中心站积极营销应对高铁冲击】 为应对高铁对道路旅客运输的冲击，上饶客运中心站积极营销，派出工作人员到上饶县、信州区各乡镇邮政代售点以拉横幅、广发宣传册等形式开展营销，拓宽渠道。

春运前夕，上饶客运中心站制作20条横幅和万余份宣传册，于2015年元月30日，到信州区和上饶县客源集中的乡镇悬挂、分发。这种直接到乡镇设窗口销售的模式，可以帮助未能网上购票的乘客省去到市里购票的时间和费用，实实在在方便乘客。

（韩晓艺）

【德兴车站与邮储银行联合开展便民服务岗活动】 2015年2月11日,德兴车站与邮储银行联合开展便民活动,在下客区设置便民服务岗,安排8名服务人员帮助旅客搬运行李。

便民岗服务人员热情为旅客乘车提供各种服务,主要包括"为乘客提供班次、票价、发车时间、途经站点服务指南,为老、弱、病、残、孕等行动不便的重点旅客免费提供饮水、搬运行李等服务,为有需求的旅客免费提供晕车药,便民岗服务人员还在现场提供公交车线路咨询、赠送春联、维护公共环境秩序、对旅客进行文明出行和环境卫生爱护知识宣传,及时劝阻旅客的不文明行为,树立良好的文明城市服务形象。

(韩晓艺)

运输工具

【南昌市重型载货汽车和半挂牵引车安装卫星定位装置】 2015年年初,南昌市交通运输局组织对全市总质量12吨及以上的半挂牵引车和重型载货汽车必须安装卫星定位装置工作进行全面部署。决定从2015年1月起,凡12吨以上普通货运车辆(半挂牵引车)在新车上户及在用车辆年审时,必须预先安装车辆卫星定位设备,业户凭"已接入政府监控平台的GPRS运营商"的相关证明方可办理新车营运手续。对已建立自用卫星定位设备监控平台的企业,要及时与已接入政府监控平台的GPRS运营商联系,将企业平台相关数据与政府平台对接。

市运管处、各县(区)运管部门按照车辆属地管理原则,利用营运车辆年审契机,组织全市12吨以上普通货运车辆(半挂牵引车)的卫星定位设备安装工作,加强道路运输车辆动态监督管理,预防和减少道路交通事故。截至年底,全市共有7803辆12吨以上普通货运车辆(半挂牵引车)的安装卫星定位设备,确保2015年底前100%完成安装工作任务,其中,市运管处完成3011辆,各县(区)运管部门完成4792辆。

(张 平 周国祥)

【吉安市营运客车接受春运前"体检"】 1月下旬,按照省运管局的统一部署,为确保春运期间道路运输安全,吉安市运管处组织全市参加2015年春运旅客运输的1841辆客车进行了综合性能检测,重点检测车辆安全技术性能情况,对春检不合格和未参加春检的车辆一律不准参加春运。

(吉安交通运输局)

【宜春市袁州区新增货车1077辆】 2015年,全区货运产业发展迅速,运输企业品质不断提高,传统货物运输企业逐步向现代物流集团发展。共拥有道路货运企业136户,营运货车4984辆,吨位37189.33吨,新增营运货车1077辆,吨位65483.21吨。一是落实优惠政策。区交通运输部门认真落实区政府关于加快发展现代物流的有关精神,充分利用政府提供的有利政策,积极引导传统货运企业向现代物流企业发展。二是简政优化服务。简化审批环节,缩短审批时间,成立交通综合服务窗口,实行"一站式"服务,对符合条件的业主做到随到随批。成立基层服务小分队,深入各企业上门办理业务。三是争取政策倾斜。为满足现行货运发展需求,区政府及运输管理部门积极向市级争取政策倾斜,为重点货运企业争取到发展大吨位车辆适度放开的有利条件。

(李 庆)

【上饶市注销未安装紧急切断装置的在用液体危险货物罐车】 根据《国家安全监管总局工业和信息化部公安部交通运输部国家质检总局关于在用液体危险货物罐车加装紧急切断装置有关事项的通知》(安监总管三〔2014〕74号)的通知要求,在用液体危险货物罐车应于2014年12月31日前完成紧急切断装置加装工作,2015年1月1日起,没有加装紧急切断装置且无安全技术检验合格证明的液体危险货物罐车,一律注销其道路运输证。上饶市运管局按照《通知》要求,对全市203台在用液体危险货物罐体车辆紧急切断装置安装情况进行全面审核,通过此次审核,上饶市注销25台未加装紧急切断装置的液体危险货物罐车车辆道路运输证。

(余娅萍)

道路运价

【萍乡市公路运价】 客运运价:县际班线票价计算方式:千米×0.204+燃油附加费(31千米以下1元,31千米以上1.5元),出租车票价计算方式:起租价6元/2千米,车千米单价为1.60元/千米,单程超过6千米的超出部分按车千米租价加收50%的空驶费;夜间23时至次日凌晨5时加收20%,低速等候费按时速低于12千米/小时每累计5分钟加收1千米租价。货运运价:根据对选定的萍乡市主要货物采集样品长达一年的跟踪调查,2015年度萍乡市主要货种道路货运运价平均水平为:煤炭0.4元/吨千米,成品油0.6元/吨千米,钢铁0.24/吨千米,水泥0.42/吨千米,危化品0.6/吨千米,零担0.5/吨千米。

(萍乡交通运输局)

【江西长运鹰潭公交公司调整新能源公交票价保效益】 为进一步改善市民的乘车环境、提高市区的空气质量、提升该市的城市品位,结合企业运营实际,经总部采购办集中招标采购,2015年内购置了30台油电混合新能源公交车。公司以此为契机,通过向市委、市政府的积极争取和沟通协商,以及大量前期准备工作,12月21日鹰潭市发展和改革委员会举行了鹰潭公交新能源公交票价定价听证会,包括市人大代表、市政协委员、市直有关部门代表及消费者代表的20名代表参加了此次听证会并同意了此次票价定价方案:成人票价2元/人次(刷卡为1.8元/人次),学生票价1元/人次(刷卡为0.8元/人次)。该方案顺利通过,标志着鹰潭公交一元一票制成为一个过去式。鹰潭公交也将以此为契机,进一步提高驾驶员的服务质量,做到优质优价,保障市民体面出行,提高市民幸福指数。

(艾年宗)

【宜春市区乘坐公交车每次只需0.5元】 11月30日,上饶银行宜春分行明月山卡首发暨公交行业应用启动仪式在宜春市文化艺术中心隆重举行,这是上饶银行金融产品不断与社会民生服务进行融合而迈出的重要一步。上饶银行宜春分行与市公交总公司共同打造的宜春最大公交金融IC卡行业应用,将为宜春市民提供最便捷的出行服务,使互联网金融的便利深入到居民心中。为进一步贴近市民,融入宜春,上饶银行宜春分行为宜春市民量身打造的专属金融IC卡“明月山卡”全面取消银行卡工本费、年费、跨行取现收费、汇兑手续费等。为配合本次公交IC卡系统启动,回馈市民,凡持专属金融IC卡“明月山卡”乘坐公交的市民每次只花0.5元,剩余部分全由上饶银行宜春分行补贴。该行的服务需要做的是不仅仅免费,还有补贴。坚信通过多样化的金融产品和服务,一定能够在宜春养成良好的用卡环境、用卡文化,将为宜春打造成为全国金融IC卡行业应用示范城市做出应有的贡献。

(吴泽水)

【宜春市城区空调公交车取消季节性票价】 根据宜市价费〔2005〕73号文件规定及相关精神,空调公交车6月—9月实行季节性票价,为减轻市民出行成本,接市政府指示,经公司研究,报主管局同意,自8月10日起,空调公交车取消季节性票价,具体收费标准为:市内无人售票空调公交车1元/人次标准投币乘坐;IC卡(普通卡、月票卡、学生卡)刷卡按普通公交车票价有关收费标准执行;116路、118路旅游专线按普通公交车票价标准,不再加收1元/人次。

(何　清)

【樟树市率先在全省实行城乡公交一元票价】 3月6日,樟树市开始在全市全面推行城乡客运1元票价制度,67.9千米,票价1元。百姓坐客运班车进出城,无论远近,一律票价1元,刷卡9角。这是该市继2012年在全市实行城乡客运1至3元票价措施后,2015年3月,票价再次调降,城乡客运无论远近一律1元,群众对此拍手叫好。2014年,该市投入4402万元对农村公路进行全面大中修,翻修了每一条城乡客运通道,还开通23条城乡客运班线,加密班次135个,实现了全市城乡客运一体化全覆盖。为让群众坐上好车,樟树客运企业淘汰破旧车辆,新增16辆城乡客运班车,全部安装了GPS、行车记录仪,还新建了GPS监控指挥中心、安全例检房、自动洗车设备等。为方便百姓候车,该市还新建农村客运站9个、农村公路综合服务站1个,改造农村候车亭151个,并在城区新设10个公交停靠点,让城乡客运与城市公交无缝衔接。实行1元票价后,城乡客运首发班车比原来提前20分钟,末班车推迟20分钟,让老百姓坐车更从容。全面实现城乡客运1元票价政策,该市财政从2013年起对客运企业每年补贴1050万元;2014年8月新增4辆客车、加密23个班次后,增加财政补贴66万元。据统计,樟树全市城乡客运近两年累计运送旅客近2000万人次,为城乡居民节约出行支出4800万元。

(杨　波)

【抚州市城区出租车起步价调整为6元/2千米】 11月1日起,抚州市政府正式批复市城区出租车运价调整方案,市城区出租车执行新的运价方案。即起步价统一调整为6元/2千米,基础运价统一调整为1.8元/千米,夜间23时至次日凌晨5时,基础运价加20%;单程超过7千米的,7千米以外部分每千米运价加收50%返程费。新运价方案执行后,原定的价格方案同时废止。

抚州市区有6家出租车公司,共有出租车409辆,现行市区出租车起步价、运价是2010年4月1日调整执行的。当时起步价为5元/2千米,夜间11点至次日凌晨5点,起步价为6元/2千米。排气量1.6升以上(含1.6升)的出租车运价为1.5元/千米,排气量1.6升以下的出租车运价为1.3元/千米。为广泛听取社会各界意见,提高政府价格决策的民主性、科学性和透明度,根据市出租车行业协会申请报告和运输主管部门建议,依据有关规定,以成本监审为基础,9月24日市发改委召开了市城区出租车运价调整听证会。综合各方建议,市发改委形成最终调价方案,报市政府批准后执行。

与2010年相比,抚州市平均居民生活价格指数上涨了14.4%,而此次运价方案调整,起步价和千米运价上涨幅度均达到20%。运价调整方案既满足了出租车经营者的合理利益诉求,也充分考虑了该市的经济社会发展水平和城乡居民的承受能力,统筹兼顾了社会各方面的利益。

(陈根玲)

【上饶举行出租车运价调整听证会】 6月18日下午,备受市民和出租车司机关注的中心城区客运出租车运价调整听证会举行,拟对起步价、车千米价和免费等候时间进行调整。参加听证会的有消费者代表、经营者代表、专家代表及其他各界代表共22人,代表们就出租车运价调整的必要性和可行性,出租车行业的监管服务等相关问题提出意见和建议。

据分析,上饶作为旅游城市与周边省市旅游城市出租车运价调整前相比明显偏低。按市民乘坐出租车平均为3千米左右计算,原本应付运费6.6元,调价后与周边旅游城市出租车运价基本持平,应付运费9元,实际多支出2.4元,对市民影响不大,对社会消费价格指数也影响不大。出租车调价可建立各类交通工具之间的合理比价关系,引导一部分乘客选择公交出行,使出租车更好地满足市民个性化出行需求。出租车运价调整也可以使出租车经营者的经营成本压力有所缓解,一定程度上改善出租车驾驶员生活质量。

听证会上,来自消费者群体、社会组织、政府部门、经营企业以及出租车行业的听证参加人对此次出租车运价调整表示理解并同意。他们认为调价能保障出租车司机提高收入,调价幅度有利于客源分流,让可坐可不坐的市民选择公共交通,让最需要的人能搭上出租车。调价后,市民可能会选择其他交通方式出行,这就要求出租车司机提高服务质量,严禁不打表、拒载和脏乱差现象,能有效推动出租车行业健康、协调、有序发展。

代表们同时也提出,调价的目的之一是整治饶城出租车乱象,仅靠出租车调价这一杠杆是不能完全解决乘车供需矛盾的,更重要的是相关部门加大执法监管力度,各出租车公司提高管理水平,出租车司机提高服务质量,所以调价幅度必须要兼顾各方的利益,寻找一个合理的平衡点。调价后除要进一步提高服务质量,其他配套管理制度也要跟上。另外有听证人提出,在提高出租车服务质量的同时尽快出台出租车行业的管理方案,从实际解决饶城出租车乱象。

(章定成)

【上饶市中心城区出租汽车执行新运价】 上饶市物价局正式下发《关于调整上饶中心城区出租汽车运价的通知》(饶价费字〔2015〕15号)文件精神,自2015年8月1日起执行。

1. 起步价：白天由 5 元/2 千米调整为 7 元/2 千米，夜间（晚上 11:00 至次日 5:00）调整为 8 元/2 千米；

2. 车千米价：白天由 1.6 元/千米调整为 2.00 元/千米，夜间（晚上 11:00 至次日 5:00）调整为 2.4 元/千米；

3. 等候费：同一运输过程中等候费由免费等候 5 分钟，调整为免费等候 3 分钟。

本次出租汽车运价是继 2005 年调整之后再次调整。10 年间因车辆燃油、配件、维修及从业人员工资的不断上涨，经营成本显著增加，利润空间很薄。为维护中心城区出租汽车行业市场秩序，确保出租汽车行业稳定和发展，策应上饶打造优秀旅游城市的需要，市物价局在对出租汽车营运成本进行监审的基础上，制定上饶市中心城区客运出租汽车运价调整方案，经过价格听证、集体审议，经上饶市政府第 43 次常务会议研究同意。

（夏水敏）

【饶城公交免费 Wi－Fi 实现全覆盖】 公交是市民出行的主要交通工具，为给乘客营造更舒适、便捷、时尚的乘车环境，让无聊的上班乘车变得有趣。6 月 29 日，上饶公交车载免费 Wi－Fi 启用仪式在步行街隆重举行，这就意味着从 6 月 29 日开始，公交免费 Wi－Fi 已全面覆盖上饶市中心城区 26 条公交线路的 218 台公交车，市民乘坐公交的同时可享受免费快速的 Wi－Fi 上网服务。下一步，上饶市公交公司还将在中公交站台设置免费 WiFi，供候车的市民使用。

（上饶市公交公司）

道路旅客运输

【2015 年全省春节运输简况】 2015 年 3 月 15 日，为期 40 天的 2015 年春运平安落幕。2015 年春运期间，全省道路旅客运输量达 4957.78 万人次，与上年春运相比下降 0.33%。全省道路运输企业日均投入运力 17279 辆，与上年同比下降 0.03%；全省加班达 11423 班次，包车达 16749 趟次。春运期间，全省各级道路运输管理机构和道路运输企业始终坚持“安全第一，预防为主”的方针，按照“抓源头、抓预防、抓监督”的指导思想开展春运安全生产和安全管理工作。在全省道路运输系统广大干部职工的共同努力下，春运期间未发生一起道路运输安全死亡事故，近年来首次实现春运零死亡。

春运期间，省运管局自 2015 年 1 月 10 日起至 3 月 15 日止，在全省范围内组织开展了打击“黑车”等非法营运专项整治行动，全省共查处各类违法违规车辆 1777 辆。其中，“黑车”1054 辆，异地出租汽车驻点经营的 82 辆，其他违法经营车辆 723 辆，切实有效地规范了运输市场秩序。为进一步方便群众出行，全省各级道路运输管理机构和道路运输企业以“便民利民”为工作准则，通过加强出行信息服务、拓展客运售票渠道、加强与其他运输方式的衔接、开展“情满旅途”“务工人员平安还乡”活动等多种措施，不断创新服务方式，展示了道路运输行业的良好精神风貌。

（省运管局）

【南昌市交通运输局圆满完成 2015 年道路春运工作】 从 2015 年 2 月 4 日开始，为期 40 天的春运工作于 3 月 15 日圆满结束，通过全市交通运输从业人员的共同努力，确保全行业春运期间安全稳定，未发生一起交通运输安全生产责任事故、没有发生一起亡人事故。春运期间，全市道路客运日均投入运力 2280 辆，累计发送客人数达 233.24 万人次，比上年下降 10.3%。

市交通运输局在春运工作中，按照“以客为主、安全第一、服务至上、保障有力”的总体要求，坚持早动员、早部署。加强组织领导，强化春运组织管理，督促运输企业按要求严格执行各项安全生产制度，落实企业安全生产主体责任。行业管理机构不定期地开展春运安全生产大检查，深入企业一线严把参与春运工作人员思想、车辆技术状况关，督促企业在提升道路、水路春运服务水平的同时，加强安全生产应急处置能力，落实 24 小时值班和领导带班制度，保持信息畅通，确保春运期间旅客走得了、走得安全，未发生旅客滞留现象、未发生重大服务质量投诉事件。

（周国祥）

【景德镇市 2015 年公路春运顺利实现安全有序目标】 为期 40 天的 2015 年春节运输工作于 3 月

15 日 24 时结束,景德镇市公路春运期间共投入客车 597 辆(含旅游包车及外调车辆),各汽车客运站共发 51892 个班次、发送旅客 196.77 万人(次),同比分别下降 6.28% 和 9.07%,未发生本市籍客车致人死亡的交通事故,未出现旅客滞留现象,顺利实现安全、便捷、舒适、有序目标。

据相关专业人士分析,铁路运力的增长、私家车的增多及春节期间高速公路免费通行政策(7 座及以下客车)的持续实行,分流了部分客源,加上春节后景德镇市持续低温阴雨天气抑制了部分人群的出行需求,综合因素导致 2015 年公路春运客流量出现明显下滑。

春运工作启动前,市交通运输局在认真调研认证公路旅客流量流的基础上,按照“三个提前、一个及时”(提前做好防范工作、提前制订和完善应急预案、提前备足应急物资和队伍,及时启动应急响应)的要求,精心制定工作方案。加强与发改、公安、安监、气象等部门的信息沟通和资源共享,及时协商解决春运期间道路客运运输组织、车辆通行、应急运输等方面的问题。进入春运后,全市各级公路运输管理部门充分运用 GPS 监控平台和汽车客运站视频监控系统,监督长途客运车辆凌晨 2 点至 5 点强制停运休息制度的落实。道路运输企业认真落实“三不进站、五不出站”规定,做好“三危品”查堵工作。坚持车辆安全例检、旅客登记和售票检票制度,切实杜绝车辆“带病”运行、超载车辆出站。

为打击道路客运非法经营等行为,维护道路客运市场秩序,保障从业人员和广大群众的合法权益,为春运工作的平稳有序开展营造良好的环境,景德镇市交通运输局会同宣传、公安、工信、工商、质监五部门于 1 月初在全市范围内开展的为期一个半月的打击“黑车”等非法营运专项整治行动,重点整治非法营运的私家车、摩托车、客货两用车、电动车(含三轮、四轮电动车)、驻点营运的异地出租汽车及客运车辆非法营运行为,共查处各类非法营运车辆 24 辆(次)。此后,景德镇市交通运输局又按照省公路运输管理局的统一部署,将打击“黑车”等非法营运专项整治行动延长至春运结束之日,组织道路运政执法人员采取驻点稽查与巡逻稽查、定时稽查与不定时稽查、属地稽查与交叉稽查、单独稽查与联动稽查相结合的方式,重点整治汽车站、火车站、飞机场、医院、商品集贸市场、旅游风景区和城乡接合部等地的“黑车”非法经营行为,共查处各类非法营运车辆 31 辆(次)。

春运期间,景德镇市公路春运一线的干部职工积极参与“情满旅途”“务工人员平安返乡”活动,强化服务理念,拓展服务内容,改进服务举措,切实改善汽车客运站候车服务,引导旅客购票乘车,解答旅客咨询,维护好客运站秩序。增加售票窗口、延长售票时间,提供电话订票,网上订售票和预售返程票等服务,让群众出行更便捷、更顺畅、更温馨、更满意。

(涂　强)

【萍乡市公路运输有条不紊】 2015 年,萍乡市公路运输完成客运量 6361 万人次,旅客周转量 111674 万人千米。

(萍乡交通运输局)

【萍乡市各部门配合协调完成春运工作】 3 月 15 日,2015 年萍乡春运圆满顺利结束。春运期间,客运投放运力 26768 辆次,完成客运量 350 余万人次,签发包车牌 673 块,加班牌 445 块,其间,还多渠道组织包车到深圳等地接送务工人员 834 人次。整个春运期间实现了广大人民群众出行放心、舒心,未发生旅客滞留及死亡安全责任事故,保证了居民生活必需品,重要物资运输。

(晏卫东　彭　淼)

【萍乡市交通运输局大力支持本市旅游客运事业工作】 为支持萍乡市客运企业向游客提供安全、便捷、舒适的旅游客运服务,提升萍乡城市品位,该局在旅游客运事业工作中大力支持客运企业发展旅游客运、包车客运,为游客提供安全、便捷、舒适的旅游客运服务,并积极引导规范专业旅游客运服务企业发展。2015 年萍乡市开出旅游客运、旅游包车 5036 趟次,运送游客 25.13 万人次。同时,在全市范围内持续开展打击“黑车”专项整治活动,有效地净化了萍乡市旅游客运市场。

(晏卫东　彭　淼)

【新余市春运期间完成旅客运输量 553 万人】 春运期间,新余市共组织客运运力 1078 辆,其中班车客运 396 辆,旅游包车客运 46 辆,城市公交客运

316 辆，出租车 636 辆。道路客运累计发送旅客 13147 趟次，包车客运 654 趟次，加班 117 趟次。整个春运全市共完成旅客运输量 553.5807 万人，其中道路客运 90.6232 万人，同比下降 4.16%；公交客运 462.9575 万人，同比下降 7.46%。

（刘 蕾）

【贵溪市 2015 年春运安全平稳有序】 在 2015 年春运工作中，贵溪市运管所按照“安全优质、平稳有序、以客为主、安全第一”的总体要求，加强组织领导，周密部署、强化监管。春运期间，贵溪共投入班线客车 106 辆，共发送 15700 班次，完成道路旅客运输 120 万人次，客运量与去年同比上涨 5.1%。整个春运期间无任何重大旅客投诉和安全事故的发生。

为了确保完成春运工作任务，贵溪市运管所成立了春运领导小组，制定工作方案，对全市道路运输行业的春运准备和安全工作进行了多次检查。督促各运输企业做好客流高峰时期的应对措施，保障旅客出行及时、走的舒心，并加大运输市场巡查力度，对无证经营、超范围（类别）经营和站外组客、甩客、宰客等扰乱市场秩序和损害广大旅客合法权益的违法行为进行了严厉打击，有效预防了安全事故和违法违规现象的发生，实现了安全优质、平稳有序的总体目标。

（戴丽萍）

【赣州道路春运客运量达 592.96 万人次】 截至 2 月 15 日，为期 40 天的春运落幕。该市道路春运以安全输送旅客 592.96 万人次之业绩，又实现了一个春运安全年。在道路春运中，全市各级运政管理部门、汽运企业认真贯彻落实了省、市制定的春运工作方案，加强了客运市场管理、科学安排了车辆运力、重视了车辆场站安全、提升了服务质量水平。日均投入车辆 2897 辆次。春运期间，汽车站在保证正班运行的基础上，还提供了包车 1227 辆次、加班 9101 辆次的运输服务，已安全输送来往旅客 592.96 万人次。不仅保证了远赴外省、市，本市区内出行旅客的乘车需要，而且还杜绝了重大安全事故的发生。

（淳 朴）

【赣州市道路运输国庆期间安送旅客 91.5 万人】 在 2015 年国庆假日的道路客运生产中，全市道路运输企业（未含瑞金市）出动客车 1026 辆、安全输送旅客 91.5 万人次。汽运企业重视了安全管理工作，包车 147 辆次、加班 1201 辆次，没有出现安全事故。

（淳 朴）

【吉安市采取六项措施保障群众春运出行】 随着经济社会的发展，吉安市围绕“安全、顺畅、平稳、有序”的总体目标，把方便乘客出行、满足乘客需求放在重要位置，开展多种形式的便民服务活动，创造文明温馨的旅行环境，让广大旅客放心满意。一是提前售票时间。吉安火车站将车票预售期调整为临客提前 20 天，互联网、电话订票提前 60 天，火车站窗口、代售点、自动售票机提前 58 天；江西吉安长运有限公司窗口购票与网上订票提前 15 天；井冈山机场只要放票即可订票。二是多种渠道售票。井冈山机场开通电话订票和客服电话；吉安火车站增加手机订票及支付宝支付项目，提供农民工团体购票业务；吉安长运公司与“旅途 100”网站、“12308”网站提供网上售票，与市邮政局联合开展便民送票上门活动，与全省 18 个一级站开展联网售票服务。三是改善乘车环境。吉安火车站在候车室设立“亲情服务台”，提供轮椅、旅客遗失物品招领等服务，增设 16 个实名制验证口，分别在火车站上、下广场搭建临时候车棚；吉安长运公司在所有车站为旅客提供免费开水，全市所有二级以上车站均为旅客开放空调暖气；吉安公交公司在火车站及有关站点设立乘客临时候车便民点；井冈山机场增设引导和志愿者岗，增加邮寄和寄存服务，在客流高峰期增加值机柜台、增开安检通道。四是提供免费食（药）品。吉安长运公司对所乘班次误点旅客在用餐时段为旅客提供免费简易食品，在所有营运客车上免费为旅客提供晕车药。五是加密班次延长运营时间。吉安长运公司、吉安公交公司在客流高峰期，适度加密班次，延长运营时间，保证不滞留旅客。六是加强出行信息宣传。井冈山机场、吉安火车站、吉安长运公司分别通过广播、电子显示屏轮流播报航班、列（客）车信息，在售票大厅和候车大厅公布航班列（客）车信息。井冈山机场印制《机场使用指南》宣传册，方便乘客了解乘机知识。

（吉安交通运输局）

【做好第二届中国(宜春)锂电新能源产业国际高峰论坛暨江西(宜春)锂电新能源产业合作推进会交通运输保障】 2015年11月26日至28日,宜春市交通运输局主要承担第二届中国(宜春)锂电新能源产业国际高峰论坛暨江西(宜春)锂电新能源产业合作推进会期间交通车辆运输保障工作任务。宜春市交通运输局领导高度重视,注意协调沟通,加强调度指挥,确保了交通运输保障无一差错,无一投诉,无一安全事故,圆满地完成了交通运输保障任务。主要工作:一是召开了专门会议。该局专门召开了动员会议,主要领导亲自进行了动员,就交通运输保障工作进行了周密部署。二是成立了组织机构。由该局局长任交通保障组长,下设办公室和车辆调度室,明确了各自职责和分工,做到分工明确,责任到位。三是拟制了车辆保障工作方案。根据综合协调部提供的用车安排,制订出了具体工作方案,确定了调用车辆数量和类型,明确了车辆和驾驶员管理方法。四是制定了交通运输保障措施。根据活动用车需求,宜春市交通运输局专门组织人员对所需车辆进行了初步调查,针对有些特殊的保障任务,周密安排、严密掌控、灵活分配、积极协调,及时调整和细化保障措施,切实做到万无一失。五是圆满完成了交通运输保障任务。在整个保障过程中,该局主要领导多次调度保障进展情况,并亲自协调部署;联络员和车辆调度员不辞辛劳,加班加点,有时通宵连轴转工作;带头服从服务于交通车辆保障需求,把本单位能调用的车辆尽数提供保障;共调配大中巴客车9辆,小车23辆。活动期间共运输4000余人次,车辆出行100余车次,圆满完成了整个第二届中国(宜春)锂电新能源产业国际高峰论坛暨江西(宜春)锂电新能源产业合作推进会的交通运输保障任务,并做到了零事故、零失误、零迟误。

(郑　健)

【做好第十三届赣台(宜春)经贸文化合作交流大会交通运输保障】 2015年8月18日至21日,宜春市交通运输局主要承担第十三届赣台会期间交通车辆运输保障工作任务。为保障第十三届赣台会活动用车,确保车辆供应和安全运行,该局高度重视,注重协调沟通,加强调度指挥,圆满地完成了交通运输保障任务。一是坚持高标准认识,思想上不懈怠。此次参加第十三届赣台会的嘉宾有中央、省、市各级领导和台湾知名人士和客商,为确保车辆保障顺利完成,立足新要求,力求高标准,专门召开了第十三届赣台会交通保障动员会议,就交通运输保障工作进行了周密部署。二是坚持高标准保障,措施上不懈怠。专门成立了第十三届赣台会交通运输保障小组,设立了车辆调度室,明确了专人负责车辆调度,制订了具体工作方案、车辆和驾驶员管理方法等,确定了调用车辆储备数量和类型。三是坚持高标准服务,安全上不懈怠。印发了驾驶员文明服务指南和安全行车准则,切实做到驾驶员人手一份,并对大中巴车辆驾驶员进行了安全教育培训,统一着装。同时要求所有调用车辆保障前一律要进行安全性能检测,做到每车安全可靠;一律要进行清洗,做到车容车貌干净卫生,努力确保交通运输保障无一差错,无一投诉,无一安全事故。为保障第十三届赣台会参会嘉宾接送任务及活动期间的用车安排,市交通运输局共调用大巴车辆39辆完成接送任务5000余人次,考斯特14辆完成接送1000余人次,小轿车33辆完成接送800余人次,公交车12辆完成接送任务3000余人次,共计第十三届赣台会近万余人次的运量。主要保障方式:①定点保障:根据第十三届赣台会重要性和特殊性,许多嘉宾来宜行程不能及时收集到,果断采取分点待客接(机)站方式,在各机场和高铁站放置足够的运力全天等候嘉宾的到来,确保了迎接的所有嘉宾安全舒适地到达宜春。②定组保障:按照第十三届赣台会的各项活动的具体情况,为保障省台办、记者、台湾大学生、高僧大师和志愿者的用车需求,针对每个组分配足够车辆运力,全天全程跟踪确保各组的用车,确保各个活动各个环节顺利进行。③定人保障:为保障省级以上领导和台湾重点嘉宾的用车,特抽调市委、市政府及各县市区人民政府的考斯特,定人定车全程服务省级以上领导的用车安排,确保了各领导安全、舒适用车服务。④机动保障:该局在机场、车站、会场和场外都安排了10辆大巴车、12辆小车等机动运力,驾驶员二十四小时待命,准备应对突发情况和紧急用车安排,确保了随时有车保障任务。

(郑　健)

【做好第九届月亮文化节暨经贸活动周交通运输

保障】 8月17日至10月11日，宜春市交通运输局主要承担第九届月亮文化节期间交通车辆运输保障工作任务。为保障月亮文化节各项活动用车，确保车辆供应和安全运行，宜春市交通运输局领导高度重视，注意协调沟通，加强调度指挥，圆满地完成了交通运输保障任务。坚持做到“三个高标准、三个不懈怠”。一是坚持高标准认识，思想上不懈怠。克服“月亮文化节年年搞，年年交通运输保障一个样”的麻痹思想，立足新要求，力求高标准。宜春市交通运输局专门召开了月亮文化节交通保障动员会议，传达月亮文化节组委会有关会议精神，强调月亮文化节的重要意义，并就交通运输保障工作进行周密部署。二是坚持高标准保障，措施上不懈怠。专门成立月亮文化节交通运输保障小组，设立车辆调度室，明确了专人负责车辆调度，制订具体工作方案、车辆和驾驶员管理方法等，确定调用车辆储备数量和类型。三是坚持高标准服务，安全上不懈怠。印发驾驶员文明服务指南和安全行车准则，切实做到人手一份，并对大中巴车辆驾驶员进行培训。同时要求所有调用车辆保障前一律要进行安全性能检测，做到每车安全可靠；一律要进行清洗，做到车容车貌干净卫生，努力确保交通运输保障无一差错，无一投诉，无一安全事故。由于这次第九届月亮文化活动项目多，时间拉锯长，群众参与人数众多，影响大，按照组委会的安排和部署，市交通运输局共调用大中巴车辆14辆完成接送任务2000余人次，公交车车辆38辆完成接送任务4000余人次，小车9辆完成接送任务100余人次，总共节日期间运输7000余人次，较好地完成整个月亮文化节暨经贸活动周的交通运输保障任务，并实现了零投诉、零滞留、零事故。

（郑 健）

【宜春市综合交通枢纽营运管理有限公司圆满完成首个春运任务】 为确保春运期间宜春火车站综合交通枢纽安全、有序，圆满完成枢纽春运旅客运输任务，自1月中旬以来，枢纽公司全力备战首个春运，做好春运期间工作。一是开展前期调查摸底，就火车站的旅客流量、流向、高峰期进行了解，做好对接。同时对道路客运、公交的客流量和运力投放进行摸底，以备足运力。二是拟草春运工作方案。制定工作目标和要求，提出具体的工作举措，并将各部门的春运工作和职责进行明确，使春运各项工作有序推进。三是加强协调，形成合力。公司和各入驻单位进行多次协调，分析和处理亟待解决的相关问题，同时提前协调与水、电、网络经营单位的问题，确保供应正常。四是做好预案。增设了4个火车票临时购票窗口，预防购票难题，增设了汽车东站一楼和地下出站口空置地为临时候车点，以解决雨雪天气旅客候车问题；协调准备了100余辆客车为春运的机动运力；启用A停车场，增加200多个停车位，确保停车需要；制定了消防事故处置预案，并进行消防设施使用预演。春运期间列车停靠达127列，其中高铁51列，普铁76列，汽车车站开通长途及区内班线170班次，公交线路6条，路过线路2条。春节长假期间，宜春火车站共发送旅客52247人次，比上年同期增长8.7%。日均出发7464人，日均到达6825人，圆满地完成了春运运输工作，旅客满意率达95%以上。

（张 怡）

【宜春市袁州区道路客运量稳中增长2.3%】 随着经济发展，居民收入水平不断提高，私家车早已进入千家万户，面临客源锐减问题，袁州区通过采取各种手段，保持了全区全年道路客运量稳中增长2.3%的成绩，完成客运量1594.56万人次，旅客周转量12718.0818万人千米。一是培育、壮大客运市场。全年新增客运班线2条，更新客车8台。二是发放燃油补贴，化解农客经营风险。2015年又为116辆农村客运车辆发放2015年度的燃油补贴，让广大农村客运经营者享受到国家优惠政策，让农村客运持续稳步增长。三是引导运输企业牵头向下，发展农村客运、农村客运班车通过率继续提高。2015年新增2个行政村通车，累计实现311个行政村通班车，初步形成以区为中心，辐射周边中心乡镇的半小时城镇圈。彬江、三阳居民出行实现公交化。

（李 庆）

【樟树市圆满完成第46届全国药材药品交易会运输保障任务】 10月16日至18日，樟树第46届全国药材药品交易会在“中国药都”樟树市举行。本届药交会共吸引参会医药厂商1万余家，参展品种1万余种，参会代表超过10万人，在为期3天的会期中共安排了11项活动。面对运输保障任务繁重、交通保障压力大等客观因素,市交通运输局周密部署、积极应对,科学调配小车63辆、大巴27辆,安全、有序运送各级参会领导及嘉宾1500人次,确保参会领导和嘉宾及时乘车往返活动会场,圆满完成了大会运输保障任务。为高质量完成第46届全国药材药品交易会运输保障任务,该局在10月初就根据历届药交会的交通和大会活动的特点,制定了《第46届药交会交通组工作安排》及相关应急保障预案,对人员分工、工作职责、工作要求都作了详细周密的安排部署。同时到局各所、科(室)抽调了17名参加多届药交会交通保障任务的人员到樟树宾馆、航天国际酒店、艺格酒店、维多利亚酒店、药都宾馆等住地乘车点参与运输接待任务。在运力保障方面进一步强化了对司机人员和车辆管理,所有司乘人员全部提前报到就位,所有参与运输车辆做到每天一次安全例检,并保持车辆干净整洁,确保为大会提供安全、优质的运输保障。在大会期间,所有参与运输调配人员都做到纪律严明、听从指挥,24小时在岗待命,都为大会的成功召开贡献自己的一分力量而感到自豪。

(杨　波)

【丰城市道路春运实现"以客为主、安全第一、服务至上、保障有力"目标】 2月5日至3月15日,为期40天的道路春运工作顺利结束,共投放客车218辆,运送旅客75.4945万人次,与2014年比较减少0.11%。全市实现了以客为主、安全第一、服务至上、保障有力的春运工作目标。取得以上成效的得力措施:一是加强领导。为备战春运,成立了以运管局局长熊清林为组长的春运工作领导小组,下设一办六组。各客运企业、车站及危货企业相应成立了春运领导小组,形成上下衔接、政令畅通、反应灵敏的春运指挥组织体系,提前对春运客流流量、流向、流时以及可能出现的情况进行摸底调查,制定春运工作预案,并提前做好运力部署安排。二是责任落实。交通运输部门与各客运企业、客运站及相应从业人员层层签订春运工作责任书,确保春运工作人人有责、环环紧扣、层层落实。按照"政府统一领导、部门依法监督、企业全面负责、社会监督支持"的安全管理指导原则,召集道路运输企业法人、旅行社负责人、管理人员及驾驶员召开道路运输春运工作动员会议和专题会议三次,传达省市有关道路春运工作的精神和要求。三是督查指导。春运前组成检查组对客货企业、汽车客运站、维修厂、出租车公司、公交公司及驾校的春运准备工作进行检查。严格履行"三关一监督"职责,突出抓安全检查和路检路查,有效遏制各类事故苗头。四是强化监管。坚持"安全第一、预防为主"的原则,强化驻站监督工作,严格执行"三不进站、六不出站"制度。积极开展客运市场秩序整治行动,严厉打击非法营运活动。春运期间,出动运政稽查执法人员640人次,查处违章车辆203辆,其中非法营运车辆161辆、旅游客车违章30辆、出租车12辆,确保了节日期间群众出行安全和运输市场秩序良好,实现羊年道路运输工作开门红。

(沈壮华)

【宜丰县崇文中学学生接送有力有序】 2015年新建成的崇文中学位于宜丰县城南新区,由天宝乡、同安乡、花桥乡、棠浦镇、澄塘镇、新昌镇(原敖桥乡)、桥西乡、芳溪镇、双峰林场9个乡镇场中学合并而成,每周需接送学生约3700人。9月,该县制订了《崇文中学学生交通接送方案》,县汽运公司投入35辆专用校车,安排8条农村班线,专门用于接送该校学生,学校负责确定每名学生的乘车车次,组织学生乘车。具体由各班班主任、年级组、值日老师和学校领导有组织有秩序地送学生上车,学生到家,向班主任报平安,学生到校,向家长报平安。公安、交警、教育、交通和相关乡镇(场)派驻专人进行现场监督和维护秩序。与此同时,县财政每年补助汽运公司约200万元,县汽运公司对学生按票价50%标准售票,确保了学生接送和谐稳定。

(漆志勇)

【铜鼓县交通运输部门圆满完成春运工作】 2015年春运,铜鼓县交通运输部门按照"科学组织、安全第一、以客为主、优质服务"的宗旨,紧紧围绕"人、车、站、路"关键环节,严格落实"三关一监督"职责,在运力组织、安全管理、优质服务、市场监管、宣传报道等各方面采取各种有力措施,圆满完成了安全、畅通、有序的春运工作目标,实现平安春运、和谐春运。这期间,共投入营运车辆

78 辆，包车 54 次，加班车 96 车次，完成客运量 11.8 万人，投入出租车 39 辆，运送旅客 6.3 万人次。共检查客运车辆 43 辆，查处营运车辆违章 17 次，暂扣车辆 5 辆。践行以客为主，服务至上的理念，维护旅客和经营者的合法权益，保证正常的道路运输市场秩序，道路春运工作平稳有序、安全畅通，无旅客滞留和重特大道路运输安全责任事故发生。

（温　俊）

【铜鼓县抓好“十一”黄金周交通运输保障】 铜鼓县运管所在“十一”黄金周道路保障工作中，精心组织，保证了“十一”黄金周运输市场稳定有序。一是加强客运站场现场安全监管，派专人进驻客运站现场指导。每天安排两名领导带班、2 名执法人员进驻车站，负责车站日常管理和安全督查，及时组织应急运力，确保旅客及时疏运。二是强化应急运力调度，提前安排客运企业储备运力 20 辆，确保不发生旅客滞留。三是加大客运市场的动态巡查，每天安排 5～6 名执法人员维护车站周边及城区客运市场秩序，打击非法营运，查处违规经营。四是督促客运企业、客运站强化安全生产主体责任落实，排查安全隐患，增设售票窗口、设立宣传咨询平台，为群众提供便捷优质服务。五是认真做好运政监督电话值守和投诉接待工作，切实维护广大乘客及经营者的合法权益。六是加强信息沟通，及时通报“黄金周”期间运输情况和工作亮点，进一步增强运政管理和行政执法工作的透明度。

（李　洪）

道路货物运输

【“十二五”时期江西省货运行业发展概况】 截至 2015 年底，全省道路货运量达 147870 万吨，货运周转量达 32000687 万吨千米，与“十一五”期相比，分别增长了 67% 和 73%。全省共有营运货车达 363444 辆，与“十一五”期相比，增长了 54%。

集约化程度进一步提升。截至 2015 年底，全省共有道路货物运输经营业务 153774 户，与“十一五”期相比，增长了 20%。“十一五”期末，平均每户拥有车辆数为 1.84 辆。“十二五”期末，平均每户拥有车辆数为 2.36 辆，与“十一五”期相比，增长了 28%，集约化经营程度进一步提升。

运输组织方式更加优化。随着信息化技术的蓬勃发展，使得甩挂运输、集装箱运输等先进运输组织方式在全省快速发展。“十二五”期间，交通运输部加大对甩挂运输、多式联运等运输方式的支持力度。全省共有 6 家道路货运企业获得国家公路甩挂运输试点项目，并引领更多的传统货运企业正在朝现代物流企业转型发展。

（省运管局）

【赣州市物流经济指标情况】 ①物流经济保持平稳适度增长。2015 年全市社会物流总额 5383.12 亿元，同比增长 2.96%；物流业增加值 150.24 亿元，增长 10.94%；社会物流总费用 365.28 亿元，同比增长 10.95%。②物流项目投资持续增长。2015 年上报国家发改委的“十三五”重大物流项目有 101 个，在建项目 39 个，2016 年可开工项目 22 个，2020 年前开工项目 40 个，总投资近 700 亿元。截至 2015 年年底，赣州综合保税区顺利完成验收并封关运作；赣州综合商贸物流园区完成一期工程并投入运营，进驻 40 余家物流商户，园区内一期交付使用仓储面积 5 万平方米，二期工程已开工。石城县物流中心完成总投资 7500 余万元。定南公路港项目完成投资 4530 万元。章贡区沙河物流中心和赣州阛寰冷链农产品交易园项目完成工可报告、立项、土地平整等前期工作。赣州金属物流中心、崇义物流中心、安远农产品物流园区、石城县物流中心等物流项目建设工作顺利进行。③物流企业培育工作成效显著。2015 年全市 A 级物流企业达 30 户，其中：AAAA 级物流企业 1 户，AAA 级物流企业 11 户，AA 级物流企业 14 户，A 级物流企业 4 户，特别是赣州利友食品有限公司成为全国首批星级冷链物流企业，也是江西省第一家三星级冷链物流企业。A 级物流企业将进一步促进和引导全市物流业转型升级。

（李发淳）

【赣州市 2015 年度 A 级物流企业名单】 AAAA 级物流企业 1 户：赣州国盛铁路实业有限公司。

AAA 级物流企业 11 户:南康洪鑫物流有限公司、江西松畅宝物流有限公司、南康市荣宝正泰物流有限公司、赣州雁达货运有限公司、南康小松兴轩物流有限公司、赣州万吉物流有限公司、赣州灵通物流有限责任公司、定南县永立物流有限公司、江西红土地物流有限公司、赣州三志物流有限公司、赣州通力物流有限公司。AA 级物流企业 14 户:瑞金市瑞泰物流有限公司、瑞金市贵隆物流有限公司、会昌县锦程物流有限公司、赣州市南康区鑫顺达物流有限公司、赣州市南康区赣峰物流有限公司、赣州市南康区正印物流有限公司、赣州利友食品有限公司、龙南宏金达汽车运输有限公司、赣州凯达物流有限公司、兴国金莹物流有限公司、寻乌县通成物流有限公司、赣州骏达物流有限公司、赣州市友好物流有限公司、赣州市赣鑫物流有限公司。A 级物流企业 4 户:江西裕民药业有限公司、龙南县天祥果品有限公司、江西普特物流有限公司、赣州市众诚物流有限公司。三星级冷链企业 1 户:赣州利友食品有限公司。

(李发淳)

【吉水货运取得新突破】 2015 年,吉水县新增货运车辆 426 辆、3249 吨位,累计达 6981 辆/64375 吨位,分别同比增长 7.3%、7.8%;完成货运量 1860 万吨、货运周转量 748884 万吨千米。全年货运物流产业完成税收突破 1 个亿,比上年同期增长 18%。

(吉安市交通运输)

【泰和货运产业突飞猛进】 2015 年,泰和县运管所继续落实了县政府有关货运发展的优惠政策,加强企业帮扶,全力促进规模企业的做大做强。重点培育企业车辆数量及吨位的增加,以增强辖区总体货物运输量的吞吐能力。鼓励企业调整运力结构,全力发展大型的集装箱及长挂汽车列车运输。全年新增货运(物流)企业 40 户,现全县有货运企业 70 多户,货运税收达 1 亿多元;新增货运车辆 495 辆,计 4228 个吨位(其中低速货车 87 辆,计 86 个吨位),比上年分别增长 9% 和 16%,现全县货运车辆达 4015 辆,计 25211 个吨位。

(吉安市交通运输局)

【宜春市货运企业快速发展】 2015 年,宜春市货运产业得到较快发展,全市拥有货运企业 2141 户,货车 55130 辆,748661 吨;其中重型货车 27303 辆,559711 吨。牵引车 13233 辆,挂车 12239 辆。全市完成货运量 18915 万吨,货运周转量 6217840 万吨千米。高安市是全国有名的货运大市,货运公司 500 家,货车达 26000 辆,年缴交税收近 2 亿元;万载县货运业发展迅猛,货车从前几年的数百辆增加到 15000 辆;高安兴海、樟树华正道、丰城通达等骨干货运企业顺应发展形势,转变经营理念,继续做强做大。

(项广生)

【宜春市扶持危货运输企业做强做大】 宜春市交通运输部门,严格要求道路运输企业担当安全主体责任,鼓励和扶持企业实行规模化、专业化、公车公营经营。通过培养集约化龙头危货运输企业。现有 100 台以上危货企业 5 户。兴海公司由 2013 年前 28 台危货车,总吨位 280 吨,至 2015 年 9 月底,快速发展至 839 台,总吨位 22380 吨骨干危货企业。为适应市场需求,顺应发展形势,在运管部门大力扶持下,该企业继续做大做强。

(项广生)

【宜春汽运公司拓展城乡物流市场】 宜春汽运公司利用客运网络辐射广、班次密集、运输快速高效的优势,依托客运车站以及开设在乡(镇)、村的宜运超市直通店,与有关企业合作形成优势互补,受理行包、货物、快件、批量货物的运输以及货物中转、市内配送等业务,为企业开发城乡物流市场带来新的机遇。为加快小件快运发展,在随行就市的基础上,对起讫点相同的同类货物价格做到内部相对统一,外部具有竞争力;加快建立乡镇点 - 县(市)受理处—南昌物流中心的小件快运网络体系。加强与江西省乐乐快运合作,建立通达省内及国内部分省份的网络,推动小件快运向现代快递业转变。依托品牌快递公司的优势做好快递业务的延伸,承接邮包、快件下乡业务。已和顺丰、优速以及宜春电子商务城、高安乡村优品电子商务等 15 家物流公司合作,在 10 个县市区的 156 个乡镇设立物流快递点 136 个,为乡(镇)、村百姓提供更优质、快捷的货物运输服务。与国家重大助农项目阿里巴巴农村淘宝正式开展合作经营,全面承接了万载农村淘宝服务中心 50 个村级服务站的商品流转运输业。两家企业的此次成功合作,充分发挥电子网络营运和“村村通”运输等方面的优势,切实为农村商品经济的发展发挥好“纽带和桥梁”作用,实现农村快递的对点运输、直通到户,为广大农村居民提供最快捷的电子商务流转途径。另外,与省重点建设工程——六星汽车产业园达成汽车配件配送承运合作意向,由宜春汽运公司负责该园区发往宜春各县市区各乡镇的运输业务。

(李 明 李 煊)

【江西华正道物流有限公司被国家列为公路甩挂运输第四批试点项目】 为推进宜春市道路货运行业转型升级,做大做强货运产业,市交通运管部门抢抓住国家“甩挂运输”试点政策的机遇,靠前服务,积极引导大型物流企业推进甩挂运输试点,经过多方面努力,交通部、财政部发文确定江西华正道物流有限公司为公路甩挂运输第四批试点企业,试点起止时间为2015年9月至2017年9月,项目建成后,可争取国家补助资金1000万元。

(何文斌 陈琦云)

【宜春汽运股份有限公司万载分公司“牵手”淘宝网络造福村民】 8月31日,万载县农村淘宝服务中心隆重开业,50个村级服务站于当日同时启动。宜春汽车运输股份有限公司万载分公司全面承接了50个村级服务站的商品流转运输业务,标志着宜春汽运公司与国家重大助农项目阿里巴巴农村淘宝正式“牵手联姻”。两个企业此次成功“牵手”,可以分别发挥电子网络营运和“村村通”运输等方面的优势,切实为农村商品经济的发展发挥好“纽带和桥梁”作用,实现农村快递的对点运输、直通到户,为广大农村村民提供最快捷的电子商务流转途径,同时也为企业开发农村物流市场带来新的机遇。

(陈维民)

【宜春市吉马实业(六合物流)有限公司落户袁州】 经过积极洽谈,2015年8月成功签约,宜春市吉马实业(六合物流)有限公司,落户袁州区工业园(彬江园)。宜春市吉马实业(六合物流)有限公司集存储、包装、运输于一体,工程投资10000万元,分两期投入。前期投资5000万元已到位,现进入试投产运营,上缴税收46.65万元,实现了当年签约、入园、开工、试投产、纳税“吉马速度”。该项目二期投资启动,建设仓库3.6万平米,其中室内1.6万平方米,室外2万平方米;配料、烘干、自动化包装车间1.2万平方米。建成后将实现年产值8000万元,创税400万元。该公司现配有各种运输车辆及物流装卸设备22台,承担公司的铁路整库,集装箱及公路运输业务,拥有3条铁路专线,一条“特需专列”,末端配送网络辐射全国46个城市,年运输吞吐能力100万吨。

(李 庆)

【袁州区四家物流企业申报列入袁州区“十三五”物流园区项目】 为切实发挥交通运输在物流发展中的基层和主体作用,推进该区物流园健康可持续发展,根据交通运输部规函综〔2015〕138号及国务院国发〔2014〕42号文件要求,经请示区政府同意,申报花城物流园、冷链物流、郑铁物流园、西村物流园等4家物流企业,列为袁州区“十三五”物流园区项目。此4个项目设计吞吐能力共计1396万吨,均已纳入省、市级规划及规划名称,用地指标落实到位,前期工作已开展。

(李 庆)

【樟树市大力发展医药物流产业】 樟树市积极搭建承载平台、整合企业资源、创新经营模式,着力构建“大产业、大品牌、大物流、大市场”的现代医药物流产业体系。该市通过GSP认证的医药流通企业达24户,其中7户企业跻身全省医药流通行业十强。2015年全市医药流通企业总销售额达亿元。樟树是全国传统医药集散中心,享有“中国药都”之称,全市中药材种植面积达1.2万公顷,医药企业总数有108户。该市在大力发展药业生产的基础上,抓住国家新医改政策出台和省政府建设中医药强省的有利时机,积极延伸产业链条,搭建标准化引资平台,规划建设规模化、集约化的大型医药物流中心,增强地方对医药流通项目的吸引力与承载力。针对医药流通企业规模化、集约化不够的现状,该市积极引导医药流通企业以资产重组、管理重组、技术重组等方式形成联合体,走专业化分工、合作化发展之路,实现物流、信息流、资金流三合一,铺就一张通达全国的药品现代物流配送网络。同时,积极搭建财园信贷通、仓单质押贷款、小额担保贷款等融资平台,鼓励扶持医药企业做大做强,仅财园信贷通就为信德等10家医药流通企业发放信贷4730余万元。该市规模以上医药流通企业达18家,其中仁翔药业、九州医药、五洲医药等7家医药流通企业跻身全省十强,销售网络覆盖全国。为适应信息化时代发展需求,该市创新经营模式,配套建设先进的电子信息网络化工程,构建医药电子商务平台,实现企业间的互联互通,使商家足不出户就能查阅药品信息,掌握行业动态,并能通过网络咨询、网络订单、网络竞拍、网络开票、网上支付等一条龙操作,打造医药流通行业的新一代“阿里巴巴”。

(杨　波)

【樟树市签约3亿元物流仓储项目】 在5月19日召开的江西省昌九地区扩大开放合作(武汉)推介会上,总投资3亿元的物流仓储项目与樟树市正式签约,该项目占地面积6.67公顷,项目达产达标后,年销售收入可达3亿元人民币,年利税可达3000万元,税收可达500万元以上。

(聂慧芬)

【樟树市积极推进货运产业转型升级】 为积极推进樟树货运企业向专业化、规模化、集约化方向发展,鼓励发展封闭式、环保型货物运输,特别是大力培育发展甩挂运输。通过两年多努力,2015年该市江西华正道物流公司被交通运输部批准为2015年第四批甩挂运输试点企业,樟树市交通运输局积极帮扶企业按交通运输试点项目实施方案要求,充分利用华正道集团的物流网络,围绕樟树和广州两大中心节点,以樟树、广州、南昌、郑州和天津为甩挂节点具体开展甩挂运输作业,实行试点项目的订单管理系统、仓储管理系统、甩挂运输调度系统、结算管理系统建设,形成甩挂运输智能化、可视化管理系统的科技智能管理。江西华正道物流公司投入1400多万元,已新购13辆100多万元价位的以瑞典进口的斯坦尼亚货车、3辆40余万元价位的欧曼、东风货车吨陆畅牌挂车。

(王志勇)

【万载县货运产业保持不断发展态势】 万载县货运产业经过万载交通运输部门多年的共同努力,已培育具备了一定的基础,好的发展环境转化为强大的动力,继续推动了货运产业发展。2015年货运产业仍然保持平稳发展态势,全县新增货运公司82家,公司总数达267家,新上户货车2770辆、34902吨,货运车辆由上年的10579辆、126948吨增加为13349辆,161850个吨位,增长率分别为26%、27.5%。稳居全市10个县市(区)第二位。当年完成的税收因实施营业税改增值税,较上年有所减少。但全年仍完成税收1.03亿元。

(朱林生)

【高安市再添2家AAAA级物流企业】 9月22日至23日,中国物流与采购联合会第二十批A级物流企业授牌大会在江苏连云港市举行,高安市江西江龙集团全胜汽运有限公司、江西省高安汽运集团诚迅汽运有限公司2家企业获得全国AAAA级物流企业称号。至此,该市共有16户物流企业进入全国AAAA级物流行业,位居全国县(市、区)前列。作为享誉全国的汽运大市,快速发展物流产业,加快物流品牌建设,不断推进产业转型升级发展。通过招大引强、苦练内功,着眼于以专业化市场、品牌化经营、总部式营运的方式,推动“轮子产业”的转型升级、绿色发展,真正实现“汽运大市”向“汽运强市”迈进。

(周世祥)

【铜鼓县捷一物流快速发展】 “快递到村难、物流下乡慢”一直困扰着铜鼓农村物流发展,近几年,铜鼓县通过整合快递,大幅降低县域物流成本,使“工业品下乡、农产品进城”齐头并进。捷一物流公司总经理罗芳之前在铜鼓开了一家淘宝网店,但由于物流不给力,导致接单量总上不去。2013年初,罗芳以收购、入股等方式整合了申通、国通等5农快递公司,采取“电商+快递”的模式,成立捷一商务服务有限公司。此后,又陆续整合了天天、优速等快递企业,现在扩容到了10家。捷一建立覆盖全县所有乡镇的20个城乡电商快递网点,其中9个在集镇,11个在村级,提供快递收发,网上代购,收集农副产品信息,同城服务等“一条龙服务”,并实现快递统一管理、统一网点、统一服务等制度。捷一的“集束”模式落地后,实现了网点重复建设、运营成本做减法,企业效益、服务质量做加法,县内快递业务成倍增长,快件及收件量从过去的1000件/日到如今的5000件/日公司运输和运营成本都下降50%，而且快递时效性大幅提高。依据20个网点，捷一还从农民手中收购蜂蜜、大米、香菇等农产品网上销售，年销售额达1000多万元。同时，捷一提供的快递物流和仓储服务，带动一批当地企业从传统销量向网络销量转型。2015年底，全县有电商企业35户，个人网店200多家，直接从业人员1000余人，高效的物流给农产品上市打开了通道，也给电商企业带来效益。

（黄祖芳）

【抚州市加快农村现代物流网络建设】 抚州市2015年在构建物流体系、降低运输成本上寻求突破，积极发展农村现代物流，加快形成以乡镇为主体、以村组为网点、以信息平台为支撑，连接货源、采购、运输、仓储、加工、配送为一体的农村现代物流网络。

农村物流对于活跃农村经济、方便农民群众的生产和生活、推进社会主义新农村建设发挥着重要作用。“十二五”以来，抚州市交通运输局积极扶持、科学引导，大力发展农村现代物流业，不仅有效拉动了农村消费需求，还促进了经济增长和农民增收。2014年，以农村班线为资源、小件快运为主要形式的农村物流在全市各县（区）得到蓬勃发展，实现产值500多万元。

2015年，全市继续加快运输结构调整，积极发展现代物流业，按照“先试点、后推广”的思路，引导货运业向现代物流业转型。在发展城区物流的同时，积极发展农村现代物流。根据各县农工产品的特点，广昌县以白莲、南丰县以蜜橘、南城县以农禽水产品、金溪县以香料加工业、东乡县以畜禽养殖为纽带，以农资农贸市场、货运站、客运站、综合服务站等为依托，建立货源集散中心，通过客运车辆结构调整，积极推行连锁经营、快速配送和专用运输，加快形成以乡镇为主体、以村组为网点、以信息平台为支撑，连接货源、采购、运输、仓储、加工、配送为一体的农村现代物流网络，惠农便民，助农增收。

（陈根玲）

【广昌“物流航母”引领产业升级】 2015年4月，广昌县利用本土籍物流人士清明回乡祭祖之机，在县行政中心召开物流企业正广通集团加盟发布会，吸引了700多名广昌籍物流人士参会。该县物流企业负责人纷纷表示，将加盟正广通集团，实现抱团发展的梦想。而扶持正广通集团这样一家物流产业“航空母舰”发展壮大，正是广昌县打造物流总部经济、推动现代物流业发展升级迈出的一大步。

广昌物流产业经过近30年的发展，现代物流的产业框架已初具雏形。至2015年底，由广昌人创办的5000余户物流企业遍布北京、上海、广州、南京等全国100多个主要城市，物流从业人员达5万余人，年产值逾300亿元，年缴交国家税金逾10亿元，形成了“网络覆盖全国，物流通渠各地”的物流产业格局，在全国具有较高知名度。2006年7月，中国物流行业协会和中国物流诚信联盟授予广昌“中国物流第一县”荣誉称号。

然而，由于广昌的物流产业人员“两头在外”，许多中小微物流企业存在资质低、管理粗放、运作疏散、资金不足等问题，面对国内经济增速放缓、物流业重新洗牌、竞争风险大的压力与挑战，广昌县委、县政府审时度势，通过引导企业走规模化、集约化、品牌化转型升级之路，努力将其培育成县域经济发展新的增长点。

该县以构建物流总部经济为目标，对物流公司在办证、登记、注册、税收、信贷等方面制定了一系列优惠措施，引导物流公司将注册地设在广昌，经营分公司设在全国各地，使税收回到广昌，变“广昌人的物流”为“广昌县的物流”，重点培育较大规模和较强竞争力的龙头物流企业。正广通集团正是由该县物流企业与江西正邦集团“强强联合”，投资1亿元注册成立的物流龙头企业，2015年6月已在广昌设立分公司。该公司采取统一形象、统一管理、统一信息、统一结算、统一服务标准“五统一”模式，整合广昌乃至江西籍在全国各地众多的中小微物流企业，建立和共享“正广通”全国性物流网络体系，最大限度地降低物流成本、提高效率，让加盟成员获得持续、快速、健康发展。2015年底，正广通集团加盟成员已达300多户，公司的目标是用三年时间实现“123”工程：1万家加盟商、2万辆货运车辆、3百亿年产值的目标，跻身全国物流业十强行列，打造中国公路运输的“物流王国”。

正广通集团作为第三方物流企业平台，为广昌在外的物流企业提供金融支持、IT服务等多方面的平台支持,让广昌县的中小微物流企业迎来新一轮发展的春天。县委、县政府一直以来都高度重视扶持物流产业发展。该县组织县委党校、县职业技术学校开展了物流人才培训班,每年培训人员达500多人次,有效地提高了物流从业人员的素质。近几年来,该县借助国家支持原中央苏区振兴发展历史机遇,已成功争取将广昌物流仓储配送中心项目列为《国务院关于支持赣南等原中央苏区振兴发展的若干意见》明确支持项目,争取到省发改委批准广昌作为全省物流总部经济基地,在项目规划、用地、资金等方面予以支持。该县采取措施吸引了更多的广昌籍在外物流企业回流加盟龙头企业。年末,在广昌注册的物流公司达200余家,取得一般纳税人资格的有64家。

(陈根玲)

【"一体化"助推南城物流"高台起跳"】 南城是物流大县,2015年有物流企业138户,纳税上100万元的有36户。这些企业拥有大小货运车辆5200辆,总吨位81000吨,从业人员2万多人,年营业额40多亿元。但除了吉成物流、大飞物流、洪门物流等为数不多的集仓储、运输、配送于一体的"大块头"外,大多数物流企业由于规模相对较小,只能提供仓储、运输和配送等单项或分段的物流服务,无法开展"一体化"的仓储、运输、搬运、包装、配送、信息处理等新兴物流服务,与真正意义上的现代物流企业相比还有较大差距。对此,南城县加大支持力度,鼓励物流企业进一步做大做强。

继续实行财政扶持政策。对物流企业拥有的车辆实现的税收,实行财政奖励:年每吨运力实现税收2600元以上,按每吨30元计奖;年每吨运力实现税收2000元以上,按每吨20元计奖;年每吨运力实现税收1500元以上,按每吨15元计奖。对企业实现的车船税,按实缴税额的30%给予财政奖励。实行"营改增"过渡期的财政扶持政策,使物流企业"营改增"后税负不增加。

扶持物流企业组建企业集团。该县实行重点扶持政策,引导物流企业进行整合实行兼并重组,组建企业集团,扩展物流经营链条,使物流企业走供应链经营模式。规定:达200台车辆以上的企业,经江西省交通运输部门批准,其车辆通行路桥费可以给予优惠;企业集团车辆的上牌、年检等服务给予优先;对企业集团所发展的车辆,按每吨运力一次性给予100元的财政奖励;金融部门要对企业集团给予信贷上的支持,并纳入中小企业贷款财政担保范畴。

筹建"大物流基地"。南城地处长三角、珠三角中间位置,地理条件得天独厚,如能将长三角、珠三角的货物集中到该县中转分送,必将给该县物流基地建设带来充足的货源,从根本上解决有园无市的问题。2015年,该县规划建设海西物流园区项目建设。这一项目占地33.33公顷,集货运分拨中心、车辆展销、车辆维修、零配件销售、车辆集装箱制造、车辆检测、二手车交易、仓储、加油站、物流大楼、信息平台、物流调配中心、结算中心、司机住宿、餐饮、特色产品展销为一体。努力使该县大物流功能更具完善,物流产业链条配套成龙。

(陈根玲)

城市公共交通

【"十二五"期间全省公交车辆装备水平得到新提升】 全省各地加快老旧车辆更新,大力推广使用清洁能源和新能源公交车辆,进一步提高车辆装备整体水平,全省公交车达到9472辆(10452标台),其中清洁能源(LNG、CNG)公交车1354辆、新能源公交车654辆,清洁能源、新能源公交车比重达到21%。南昌市对大部分公交车辆进行更新,公交车平均车龄不超过3年,并且城区公交车100%安装了空调。赣州市、九江市连续多年每年新购置100辆大型环保公交车,车辆更新力度比较大。宜春市公交车辆100%安装了3G视频监控系统。抚州市淘汰了一大批老旧和超期服役车辆,车容车貌有了明显改观。景德镇市新购置了36辆空调公交车,开通了首条瓷都精品公交线路。萍乡市、新余市清洁能源、新能源公交车比重超过45%。

(省运管局)

【南昌地铁1号线正式开通试运营】 2015年12月26日,南昌地铁1号线正式开通试运营。从

2012年7月6日南昌地铁1号线24个站点全线开工建设至今,历经3年半的时间,500万南昌人民的地铁梦终于实现,南昌“老表”迈进了地铁时代。地铁作为重要的交通枢纽,它将大大增强南昌的城市运力,为豫章城的交通注入了一剂强心剂;同时,作为城市的又一文化展厅,它将融合南昌大众的审美意识与进步的时代精神,为这座英雄城古老的文化注入新鲜的血液。

2009年7月,国务院批准《南昌市城市快速轨道交通1、2号线一期建设规划》。1号线一期工程始于双港,终于瑶湖。1号线一期工程全长28.8千米,设站24座,途径6个城区,全部采用地下形式敷设,其中规划换乘站5座,总投资210亿元。2011年1月1日秋水广场站的开工,拉开了1号线建设的序幕。2012年7月6日房屋征收工作的完成,吹响了1号线全线开工建设的号角。2013年12月12日,“千里赣江第一隧”顺利贯通。2014年12月26日,南昌地铁1号线实现全线“洞通”。2015年4月8日,南昌地铁1号线实现全线“轨通”。2015年5月4日,南昌地铁1号线实现全线“电通”。2015年7月31日,南昌地铁1号线实现全线“车通”。2015年9月9日,南昌地铁1号线全线试运行。2015年12月20日,南昌地铁1号线邀请社会各界和广大市民试乘体验。2015年12月26日上午10:58,全线对外售票,接受广大市民的检验。

南昌地铁1号线最长车站为珠江路站,长度为466米,最短车站为中山西路站,长度为143米。最长站间距3080米,为孔目湖至长江路区间,最短站间距为585米,为万寿宫站至八一馆站区间。南昌地铁1号线采用国标钢轮钢轨制式B型车,共计27列162辆,每列车6节车厢。每列编组全长约120米、宽2.8米、高3.8米,设计额定满载为2062人,最高运行速度为80km/h。列车具备自动驾驶模式和人工驾驶模式,并且具有故障自动诊断功能。列车两端都设有司机室,列车头部采用流线型设计,车头外观设计主题为“南昌笑脸”,象征着南昌市民以灿烂微笑迎接八方来客。列车内装设计方案选择“青花瓷”方案,同时融入南昌红色革命文化因素。1号线试运营行车间隔约8分钟,单趟运行时间约54分钟,1号线票价依照“分级递进、递远递减”的原则,起步价为2元,起步6千米,每增1元可乘里程分别为6、8、8、10、10千米(每10千米增加1元)。

南昌地铁建设处处彰显人性化,蕴含高科技,1号线在每个车站都安装了环控系统装置,以便空气自然流通。为确保安全,在地铁车厢内,每列车还安装了16个高清摄像头,28个报警探头、14个灭火器。在出现紧急情况时,车厢内乘客可通过车门上的紧急开门装置对车辆实施人为紧急制动,并在车辆停稳后自主打开车门逃生。此外,在每列车上还安装了48个紧急开门装置,设置了紧急呼叫装置,乘客可以通过这个系统直接和乘务员联系,以应对乘客出现突然昏厥、心梗等紧急情况。

为了保障残障人民的安全出行,地铁站点的进出口楼梯、站厅层和站台层都设有盲道,站台层都安装了座椅,同时在站台内还设置了无障碍厕所。在入口处,设有可直接到站台层乘车的无障碍电梯,从而方便残疾人、老年人等特殊人群。在站厅、站台和列车上还配有采用双语播报的语音广播及播报人员。

地铁站厅层均安装了自动售票机,方便乘客自助买票,同时自助售票机可实现线路查寻,自动找零。特别值得一提的是很多城市的自助售票机在使用硬币时,只能一枚一枚投币,南昌地铁自助售票机可以实现多枚硬币同时投放,大大缩短了乘客买票的时间。

在很多城市乘坐地铁时手机信号成为头疼的问题,为给南昌乘客带来稳定快速的4G信号体验,提升市民乘坐的舒适度,南昌轨道交通集团将移动、联通和电信三大运营商的包含中国移动TDD-LTE系统、GSM系统,中国电信CDMA系统、FDD-LTE系统,中国联通WCDMA系统、FDD-LTE系统共计6种制式的通信系统全部引入地铁覆盖,这意味着南昌将成为继大连地铁之后,全国第二家4G信号全覆盖的地铁城市。届时,下载一部2G大小的电影,只要几分钟,市民可以在快速行驶的列车上实时收看重大新闻、观看画面清晰流畅的足球赛事,体验到4G无线通信系统带来的精彩地铁生活。

(省运管局)

【南昌市发展公共交通,助力“公交都市”创建工作】 自2013年11月南昌市被交通运输部确定为国家第二批“公交都市”创建示范城市以来,市政府认真实施《南昌市公交都市创建工作实施方案》,以推进重点项目建设为抓手,以公交路权优先为突破口,促进创建工作整体推进。

截至2015年10月,全市公交从业人员1.5万人,拥有公交车辆3200辆,营运线路214条,线路总长度4053.5千米,公交线网已全面覆盖南昌市行政区范围,并辐射至周边城市,城市中心区线网站点覆盖率为90%,日发班次12000余班,日客运量170余万人次,公交机动化出行分担率51%,万人拥有公交车16.15标台。

按照“三横三纵”公交专用道和“二横二纵”BRT规划,南昌市首条快速公交BRT1号线率先投入建设,该BRT北起老福山,南至莲塘银三角,全长16.5千米。至11月,一期工程老福山—广州路段建成投入试运行。全市现有公交专用道长度达到37.26千米。

南昌市轨道交通1号线一期工程全长28.8千米,设24座车站,已于2015年年底开通试运营。

(南昌市交通运输局)

【南昌公交开通微公交线路】 南昌公交运输集团公司本着“常规公交送到站,微型公交送到家”的理念,大力推行微公交线路,对现有的公交线网体系进行一次有益的补充,不仅填补常规公交线路在社区覆盖不足的短板,还为南昌地铁一号线和南昌市道路网络体系进行完善和优化。

8月10日,南昌公交开通首批两条微公交线路——815路(起凤路—八一桥)和816路(起凤路—八一广场)。10月30日,又开通两条朝阳新城微公交线路——818路(喜盈门—抚生南路)、819路(喜盈门—朝阳经济适用房)。先期各投放5辆,均为空调车,后续将根据实际客源情况及时调增车辆配置,尽最大程度满足市民出行。11月中旬,原在高新区已开通的801路(保利东湾—高新停车场)、811路(金圣路—生物药园)更换新的车辆,采用9座高品质CNG新能源车。

随着南昌地铁一号线正式运行,微公交凭借机动灵活、温馨时尚、经济舒适、外观讨巧的优势,进一步提升公共交通的吸引率、分担率,向市民提供的无缝接驳服务会使客运量仍将不断上涨,不断吸引更多老百姓乘坐公交出行。

(陈 迪 万荣辉 周国祥)

【南昌首条全部采用纯电动公交车的线路】 南昌公交于10月20日起开通并试运行50路公交线路,以进一步健全南昌西客站的公交配套建设,增加红谷滩新区新修道路红谷南大道、卧龙路的公交覆盖面,践行南昌市“公交都市”创建示范城市、打造红谷滩低碳示范区。该条线路共配备10辆车,均为纯电动公交车。

50路的线路走向为:红谷配套中心—春晖路西口—鼎峰中央—红谷中大道南口—南昌展演中心—前湖大道口—岭北路—省行政中心—西客站西广场(上、下行)。与普通燃油、气公交车相比,这批高品质纯电动公交车单价为60余万元,车身长为8米,车厢内共有23个座位,外观大气美观。在运营方面,则具有噪音小、低碳环保、安全性高、零排放等优点。同时,车内设有IC卡刷卡机、GPS语音报站系统、3G监控等配套设施,为乘客带来良好的乘车体验。

(周国祥)

【南昌市在全省率先开通“95128”出租汽车约车服务电话】 “95128”电话是用于全国出租汽车电话约车服务的统一接入号码,主要功能是24小时向乘客提供电话约车登记服务,向出租汽车驾驶员提供电召调度、应急报警、安全登记、信息咨询等服务。

经过5个多月建设、调试、测试,南昌市“95128”电话号码的整合和切换改造于7月开始投入使用,全市电信、移动、联通用户均能拨打“95128”热线。市客管处在建设交通运输部公布统一“95128”电话招车平台过程中,注重资源整合。以该市原有的“968968”招车电话为基础,统筹确定“95128”电话服务内容,规范服务标准和流程,建立健全“95128”电话服务长效运营机制。在建设实施阶段,南昌市客管处积极与通信运营商进行相关开通事宜的对接工作,保证了在正式运行的通信全覆盖。为保证信道畅通,客管处还增招话务员,并做好新老话务员的培训工作,以便“95128”开通后能及时进入工作状态。原有的“968968”将并行一年之后关闭。原有的“968968”服务全部转至“95128”进行,包括7月开始的预约出租汽车服务。

(周国祥)

【南昌市组成出租车预约车队】 7月,南昌市首次尝试现有招车平台结合南昌本土实际情况,进行预约出租汽车的试验,挑选40辆出租汽车组成预约车队,预约车队是市客管处应对出租汽车改革的一个新的尝试,让驾驶员适应新常态下的竞争并参与竞争的新思维。组建预约车队是客管处在为乘客提供多样化出行、合理调配运力资源的前提兼顾驾驶员的利益,同时让行业逐步接受市场竞争并参与竞争的重要步骤。南昌市民通过微信公众平台、拨打省城招车电话“968968”进行预约招车。同时,为了体现车队的服务理念,客管处、驾驶员和招车平台开始为车队设计车标,最终选定了一只小海豚“萌萌”作为车队LOGO。10月29日,南昌市出租车预约车队LOGO张贴完毕。

经过几个月的运行,预约车队共接受预约631人次(7月117个订单,8月161个,9月180个,10月169个),实际完成预约627起。从乘客的回访记录来看,仅有两名乘客不满意服务。

(市客管处)

【黄金周期间景德镇市公交安全无事故】 “十一”黄金周,景德镇市公交共投放营运车辆423辆,发放近2万个班次,完成客流量约150万人次,客运秩序良好,未发生客伤事故,无重大服务投诉和乘客滞站现象,保证了广大乘客安全有序、方便快捷的出行。

节日期间,该公司对城区主干线路和通往AAAA级以上景区线路进行了加密,增加了加班班次,保证广大乘客对公交的需求。充分发挥GPS公交智能调度系统的作用,对重要线路进行全程监控,发现运力脱节或乘客滞站情况,及时投放车辆解决。组织了近200人次的值班人员驻站服务,加强现场服务管理,严防易燃易爆物品上车。维修作业人员全天候待命,确保车辆安全上线。各线路司机在安全驾驶的同时,注重热情服务、微笑服务,他们帮助走失的老人和小孩回家;协助乘客捉拿小偷;将在车上拾到的现金、银行卡、手机等贵重物品,及时联系失主,传递了瓷都公交温馨社会的正能量。

(巢喜生)

【萍乡市城市公共交通发展简况】 2015年度公共交通经营收入完成5757.19万元,其中主营业务收入5215.1万元,广告及三产业务对外收入542.19万元。客运周转量完成6374.96万人次。运营行驶总里程完成2276.38万千米。安全事故间隔里程29万千米。百千米事故费用为3.3元。油气材胎消耗总值3585万元,比上年度减少296万元。IC卡发行、销售总量达到23.58万张,刷卡消费量为1901万人次、全年充值总额为1955.9万元。年度职工工资发放总额3011.3万元,比上年度增长15.7%。上缴职工“三金”1977万元,比上年度增长39%。

(晏卫东 彭 淼)

【萍乡市交通运输局优化调整公交线路方便市民出行】 2015年萍乡市调整优化了3条公交线路,一条是公交2路线,在原有的2路线基础上增设2路B线,延伸到银三角,解决了市医院搬迁后市民的出行问题。二条是15路B线,将15路B线从幸福里调整到联洪管理处,解决了联洪及蓝盾驾校地段市民的乘车难问题。三条是17路线,将17路调整延伸到萍乡实验学校国际部,解决了该校师生上下课交通不便的问题。优化线路的同时,还新开通了公交61路线。线路新开和优化调整,使市民乘坐公交更方便、快捷,社会反响较好。

(晏卫东 彭 淼)

【萍乡市公交服务品质进一步提升】 一是优化线网结构。出台了《萍乡市公交线路网络规划方案(2015—2020)》,确定了近五年城区公交线路发展目标和新增公交线路计划和调整公交线路计划。二是规范运行方案。为减少和缩短市民候车时间,提高生产运行效率,萍乡市公共交通总公司规范了各线路运行方案。运行方案全天候实施到位,提高了生产运行效率,提高了市民出行选择公交的吸引力。三是改善服务设施。城区主要线路站牌升级改造基本完成,电子智能站牌为广大乘客提供实时服务的同时,也为萍城增添了一道亮丽风景。城区跃进路站台候车亭改造也已竣工,并通过验收,改造后的公交站台候车亭同样成为城市的一大亮点。四是强化服务培训。上年萍乡市公共交通总公司组织了驾驶员岗位服务、调度员现场管理、线路队长管理等专项培训,坚持了外聘人员岗前职业道德和服务行为规范教育。五是严格星级评审。为切实加强“星级驾驶、星级线路”评审工作,成立了星级管理办公室,具体负责各生产单位星级线路和星级驾驶员申报复核、抽查考核、评定审核工作,从而使星级管理更加严格、规范。六是强化监察力度。2015 年,萍乡市公共交通总公司先后开展了安全、运营、票务等三项专项整治,从源头上治理和整顿了影响安全服务的因素。重大节假日萍乡市公共交通总公司还坚持组织机关管理人员上线,维护和监督服务,从而扩大了生产一线服务监督覆盖面。与此同时,注重网络回复机制,降低网络恶意曝光率,提高服务热线的处理效能,强化服务投诉的跟踪处理。七是营造“创建效应”。2015 年是萍乡市创建第五届全国文明城市的首战年。萍乡市公共交通总公司充分利用创建契机,营造“创建效应”,提升服务品质。在时间紧、任务重的情况下,围绕创建任务,落实创建责任,全员参与、全力以赴。萍乡市公共交通总公司上至领导班子、下至普通员工,满怀热心和信心,打好每一场创建攻坚战。

(晏卫东 彭 森)

【萍乡市公交总公司规范线路运行方案增加运行班次】 为减少和缩短市民候车时间,提高生产运行效率,该司规范了各线路运行方案。规定各线路每天根据客流分布和客流密度情况计划安排班次,其中高峰时段主要城区线路发车间隔时间为每趟 3 分钟,全日运行班次计划为 2386 趟。运行方案全天候实施到位,提高了市民出行优先选择公交的吸引力。2015 年城区主要线路站牌升级改造基本完成,电子智能站牌为广大乘客提供实时服务的同时,也为萍城增添了一道亮丽风景。

(晏卫东 彭 森)

【华能安源电厂铁路项目专用线竣工启用】 该专用线从安源区高坑镇至泉江车站接轨,途经高坑镇泉江村、彭泉村、茶园村,至芦溪县葛溪流村接入电厂站,在安源区境内用地面积为 12.46 公顷,投入资金约 5000 余万元。该项目于 2015 年竣工启用。

(晏卫东 彭 森)

【安源区公共交通发展良好】 安源区隶属萍乡主城区,实际在册公交车辆为 593 辆,折算标台数为 629.6 标台。万人公交车保有量 12.6 标台,达到省交通运输厅要求的不低于 12 标台的标准。全区建制村“村村通”客车已达 100%,比例超过了省交通运输厅要求的 93.8%。

(晏卫东 彭 森)

2015 年萍乡城市公交企业一览

表 4

序号	业户名称	车辆数
1	萍乡市公共交通总公司	347
2	芦溪县公共交通有限公司	34
3	上栗县城市公共交通有限公司	13
4	莲花县公共交通汽车运输有限公司	10
合计	4 家	404

(晏卫东 彭 森)

2015 年萍乡市城市出租企业一览

表 5

序号	业户名称	车辆数
1	萍乡市运发汽车出租有限公司	50
2	萍乡市交通出租汽车有限公司	346
3	萍乡市大众出租汽车服务有限公司	96

续表 5

序号	业户名称	车辆数
4	萍乡市汽车运输有限责任公司	208
5	莲花县公共交通汽车运输有限公司	70
合计	5 家	770

（晏卫东　彭　森）

【九江:Wi－Fi 与公交同行】 从 2015 年 4 月 1 日起,九江市主干线上的 200 辆公交车率先安装联通 3G 无线网。这 200 辆车每套设备需 2000 元左右,加上控制中心的建设,公交公司此次投入无线网络建设的费用达到 100 万元;后期公交公司还将陆续为 100 辆公交车装上 Wi－Fi,使主城区的 300 辆公交车全部覆盖无线网。Wi－Fi 与公交同行,标志着九江公交的信息化建设驶入“快车道”,同时受到市民的广泛好评。

（九江市公交集团公司）

【九江将大幅更新公交站台】 九江市公交公司,针对城区部分公交站台设施老化、破旧不堪的现状,分期分批更新改造破旧公交站台。对市区现有的 201 座候车亭、395 个灯箱全部进行更新改造。全部采用不锈钢的顶棚,提高其防雨、防晒能力。新候车亭将采用全新的“通透式”设计理念,既美观实用,又不影响附近商户的正常经营活动。

（九江市交通运输局）

【八里湖新区新开通 8 条公交线路】 2015 年 4 月 20 日,九江市公交集团公司新开通了往八里湖方向的 4 条(37 路、38 路、51 路、52 路)公交线和 4 条点对点公交快线。加上之前已经开通的 9 路、24 路、26 路公交线,市区往八里湖新区方向的公交线路达到 11 条,较好地为市民前往九江市市民服务中心办事和工作人员办公提供了交通出行保障。

（九江市公交集团公司）

【九江公交卡加入全国城市一卡通平台】 2015 全国城市一卡通发展年会在珠海开幕。来自全国 200 多个城市一卡通运营机构的代表、业内专家以及智能卡产业链百余家企业代表参加了此次大会。在本次年会上,同期举行了“全国城市一卡通互联互通第五批城市接入仪式”,九江、珠海、澳门等 22 个城市作为第五批城市,加入互联互通平台。第五批城市接入后,已实现全国城市一卡通互联互通的城市达 72 座,九江市民一张公交 IC 卡在手,可遍刷国内 72 座城市。

全国城市一卡通互联互通由住建部相关部门主导,自 2008 年开始筹备,2012 年第一批 8 个城市正式加入互联互通,发展至今已有 72 个城市已实现互联互通。

（九江市公交集团公司）

【九江市全力打造绿色平安和谐优秀公交】 九江市公交集团公司新购的 20 辆插电式气电混合动力空调公交车抵达浔城。至此,该公司 2015 年新增新能源公交车达 90 辆。

绿色公交低碳出行。九江市大力发展绿色公交,在前两年更新 102 辆 LNG 清洁能源公交车的基础上,公交集团公司 2015 年又购进 90 辆性能更优的插电式气电混合动力新能源公交车,它们采用 LNG 燃料和电力混合动力,达到国五尾气排放标准,PM2.5 排放量比汽、柴油降低 90% 以上,而燃料成本却可节约 20%～30%。

优化线网便民出行。随着九江市从“两湖时代”走向“八里湖时代”,公交 2015 年新增老城区通往八里湖新区的公交线路 5 条(37 路、38 路、51 路、52 路、53 路)。按照“公交覆盖无盲区”的目标,对多条公交线路进行了调整和延伸:将 9 路公交线起始站由火车站延伸到花果园停车场,32 路公交改走青年南路、德化路、九连北路,30 路公交改走沿浔小区;17 路跨省公交改走长江二桥后,开通了 2 条 17 路公交免费接驳专线,为方便市民换乘;开通了 29 路、105 路晚班线,33 路首末班时间分别提前和延迟 10 分钟;加密了 5 路、16 路、30 路、101 路、105 路、108 路的公交班次密度。在九江市委市政府和浔阳区、庐山区、开发区政府

(管委会)的大力支持下,公交场站建设提速,公交浔东综合场站、浔南枢纽场站及城东港、海韵沙滩、观澜盛世、花果园、炼油厂等首末站和停车场先后建成并启用。2015年底公司共有各类公交场站、停车场11个,为提升公交线网功能提供有力支撑。九江公交线路达52条,线路长度770千米,线网长度260千米,线网密度每平方千米2.88千米,城区站点300米覆盖率85%,公交线网功能日臻完善,市民出行越来越便利了。

安全服务同步提升。九江市公交集团公司将安全和服务视为企业的两大"生命线",通过多措并举,保证安全和服务工作得到同步提升。2015年,公司深入开展"安全生产月"活动,先后12次集中对驾驶员进行了交通安全法规、机务技术、营运规范、服务技能、新能源车操作规程、重大节假日专项教育培训和考核;通过了江西省"安全生产标准化"二级达标评审,修订了8项安全管理制度,完善了14项应急救援预案;投入资金60万元增设和完善了场站监控及消防安全设施;加强了对安全及服务两项指标的考核;坚持日常检查和专项检查的联动稽查制度,切实把安全工作落在实处。公交公司还组织全体员工开展向身边的先进典型、省劳动模范、25路优秀公交驾驶员张海荣学习的活动,增强员工爱岗敬业精神和服务意识;加强与市委民声通道、市政府民声直通车和交通运输局服务热线的沟通,认真收集、倾听社会各界人士的意见和建议。与上年相比,市公交集团公司的服务投诉率下降21.5%,服务投诉回复满意率达98%以上,获评服务高星级的公交驾驶员人数增加了34%,公交车的趟次执行率、准班准点率均大幅提高,乘客的满意度持续提升。

(九江市公交集团公司)

【新余公交公司调整202路公交车走向】 为优化202路公交车线路结构,方便大多数市民出行,新余公交公司从2015年2月1日起,对202路公交车线路走向进行优化调整。具体调整如下:同创生态城—仙来西大道—仙来中大道(部分路段)—长青北路—仰天大道(部分路段)—劳动北路—钟灵大道—新余北站(原路返回)。

(邓清华)

【新余公交春运期间运载460余万人次】 为缓解春运期间客流量大、恶劣天气多、交通安全形势严峻和运力紧张的局面,满足市民的出行需求,新余公交按照"以客为主、安全第一、服务至上、保障有力"的指导原则,结合春运客流高峰实际,多措并举,全力以赴备战春运。

2015年春运,新余公交运载人次462.96万人次;发行班次1.81万班次;发行趟次7.77万趟次;行驶里程154.37万千米;发车准点率97%,站点准点率96%,卫生合格率98%。

春运期间,为保证市民安全方便出行,该公司对所有参加春运的车辆进行了一次全面二级维护保养,严禁技术性能不合格、安全无保障的营运车辆投入春运。同时,针对学生流、务工流及节前购物高峰时段客流增加情况,有计划、有重点地安排加班车投入营运,增加班次趟次密度,延长末班车发车时间,最大限度地满足乘客出行需求。

(邓清华)

【新余公交开通4条清明祭扫专线】 清明期间,新余公交公司开通4条公交祭扫专线,方便清明小长假市民出行需要。

清明期间,新余公交公司新增渝工和北村两条专线。线路具体安排为:渝工学院—长安陵园专线车首班发车时间为8:00,末班发车时间为16:30,发车间隔时间15~20分钟,线路走向为:渝工三校园—市委—市广播电视台—第四医院—长途汽车站—长安陵园(原路返回)。

公园北村—长安陵园专线车首班发车时间为7:10,末班发车时间为16:30,发车间隔时间10~15分钟,线路走向为:公园北村—市妇幼保健院—人民银行—第四医院—长途汽车站—长安陵园(原路返回)。

此外,该公司对308路、802路两条公交线路进行了延伸,具体安排为:308路公交途经渝工学院—北湖路—暨阳城—孔目江—鲜活农产品批发市场;802路公交途经市三中—肯德基—火车站—桥北—沙土—四医院—长途汽车站—鲜活农产品批发市场。

(朱 容)

【新余公交公司对106路公交线路延伸】 为方便群众出行,新余公交公司自4月25日起,将106路公交线路延伸至凯光亚热带植物园,具体

安排如下:

106 线路(凯光亚热带植物园—新余学院):起点站为凯光植物园,由现行同创生态城延伸至凯光亚热带植物园始发。延伸后途经龙盘大道,其他与原线路仙来大道、新欣北大道、赛维大道、东兴路运行线路和终点站不变。该线路全长 24.5 千米,延伸后增设了河下部队、龙盘隧道、凯光亚热带植物园 3 个(双向)公交停靠站点,首班 09:00、末班 17:20。

(朱 容)

【新余市第一个新农村示范村开通城乡公交】 6 月 17 日新余至昌坊城乡公交正式开通。此举是新余市交通运输局局落实 2015 年新余市政府工作报告列入 30 件民生实事之一,该线路全程 23.5 千米,实行分段计票价 1 元进制,新余到昌坊度假村票价由原来 6 元下降为 3 元,下降幅度 50%。该线路共投入运行车辆 18 辆,每天运行班次 95 个,将积极促进昌坊度假村的旅游发展。

(曾国陵)

【新余市开通两条免费麻纺博览会公交专线】 为满足广大市民前往中国(江西)麻纺博览会现场参观游览,11 月 6 日—8 日,新余公交公司投放 12 台新能源公交车,免费开通两条城区至麻博会抱石创意园公交专线。每条专线车起点站首班发车时间为 07:30,终点站末班发车时间为 17:00,发车间隔时间 30 分钟,班次趟次根据客流量增减调整。

(曾国陵)

【上犹县"上太线"农村客运实现公交化改造】 12 月 10 日,上犹县"上太线"农村客运完成公交化改造并开通社溪片镇村公交。2015 年 8 月,上犹被列为全省五个镇村公交试点之一,围绕"2015 年全县 92% 乡镇开通镇村公交,基本实现城乡客运一体化"的目标,按"班次提高、票价降低"的原则,上犹县在巩固营前片镇村公交的基础上,2015 年重点实施了"上太线"4 个乡镇(安和乡、寺下镇、紫阳乡、双溪乡)的农村班线公交化改造并开通社溪至大安、社溪至兰田、社溪至石崇三条镇村公交。改造完成后,"上太线"最偏远的紫阳乡日班次将达到 9 趟,全县客运票价全部降低至 0.17 元/千米以下,县城至社溪由 6 元下降至 3 元。镇村公交的开通,给该县农村群众带来了实实在在的好处,农村群众出行将更为安全、便捷、实惠。至此,上犹县农村道路客运已全部实现公交化改造,已初步建立起覆盖镇村、布局合理、安全便捷、富有活力的城乡公交网络和运营机制。

(上犹运管所)

【吉安市政府领导督导春运工作】 1 月 30 日,吉安市副市长王大胜带领交通运输、公安交警等部门相关负责人,对吉安火车站、市中心汽车站进行春运工作督导。在火车站,王大胜了解了铁路运力调度、旅客流量、安全检查、应急准备及火车站下广场秩序维持等情况,对火车站的工作表示肯定。在中心汽车站,察看了进出口安检、车辆例检、GPS 监控等现场,对一线工作人员致以新年的问候,并嘱咐要科学合理调度运力,树立"安全第一"的理念,加强督促检查,确保春运工作万无一失。

(吉安市交通运输局)

【吉安市春运期间强化不同运输方式衔接服务】

春运期间,为更好方便旅客出行,吉安市切实做好铁路、道路、民航、城市公交等不同运输方式衔接服务。一是加强道路与铁路运输衔接。青原区车站在春运期间成立了"红杜鹃"服务班组,并在火车站下广场设置班线客运车辆临时发车服务点,直接面对旅客售票,对接客运线路有 5 条,投入客运班车 33 辆,日发班次 80 班,乘坐火车到吉安的旅客能够直接乘坐班车输送到县(市、区)。二是加强道路与民航运输衔接。吉安长运公司已开通至泰和机场直达班车,投入 3 辆车,日发 3 班,乘坐航班的旅客能够及时通过班车到达机场方便旅客乘坐民航班机,到达机场旅客通过班车直接到达目的地。三是加强城市公交与铁路运输衔接。吉安市城市公交与吉安火车站进行对接,开通专线 3 条线路,投入公交车辆 28 辆,日发班次 425 个班次。春运期间,吉安公交公司为满足旅客需求,加密了班次,增加公交车 5 辆,日发增开 94 个班次,并延长运营时间,从早上 6:15 分至 22:30 分,保证旅客不滞留在火车站。

(吉安市交通运输局)

【吉安市中心城区开展 2015 年第一季度单车考核

工作】 为规范出租汽车经营,提倡行业文明新风,促进行业服务规范,提升服务水平。吉安市城市客运管理所开展中心城区出租汽车车辆2015第一季度单车考核工作。此次考核工作严格按照《江西省出租汽车单车考核办法(试行)》规定逐项进行考核,对出租汽车车辆2015年第一季度的经营行为、安全生产、车容车貌、服务信誉、好人好事等各个方面进行综合考核评分。

(吉安市交通运输局)

【省春运督导组督导吉安市春运工作】 3月3日—4日,由省人社厅万庆华副巡视员带队的省春运第二督导组到吉安市督导检查春运工作。督导组一行首先听取了该市春运工作开展情况汇报,详细了解了春运期间的运力部署、安全监管、春运活动开展等情况并查阅了春运工作资料,市政府王大胜副市长参加了汇报会。随后,督导组到城南交警春运服务点、中心车站、吉安大桥下公交停车场、火车站对各项安全措施落实情况、客运场站“三品”查堵情况、重点车辆源头安全隐患排查整治情况和道路通行秩序管控情况进行了现场督导检查。督导期间,万庆华副巡视员对吉安市春运工作高度评价。他认为,吉安的春运工作抓得早、抓得实、打击“黑车”整治有力、隐患排查整改到位。特别强调,春运涉及大量的外出务工人员安全返乡返岗,人社部门要积极履行春运工作领导小组成员单位的职责,一方面以外出务工人员“安全出行,文明出行”为重点,结合“情满旅途”活动,集中开展交通安全常识、法律常识方面的宣传教育;另一方面,要加强与春运办的沟通配合,准确掌握外出务工人员流量流向,实现运力科学配置和外出引导相结合,保障外出务工人员出行需求的同时,为春运减压降温。

(吉安市交通运输局)

【泰和县城乡客运快速发展】 2015年,泰和县根据县域农村客运网络化建设进度,结合省、市“十二五”规划要求,对已修通水泥路且符合通车条件的线路进行了勘察核实,鼓励相关班线进行线路的开通,重点督促班线新增偏远山区新修线路客车,并将农村客运班线与城区公交线路进行了有效衔接,促使惠农政策的不断扩大化、具体化和实践化。按照公交优先的原则,对全县公交车运行线路和停靠站点进行重新优化,鼓励县城周边农村客运班线实行公交化运营改造。全年更新农村客车8辆,更新出租车20辆,新增(更新)公交车8辆,进一步改善了城乡客运条件,提升了服务能力。

(吉安市交通运输局)

【泰和县伤残军人可免费乘坐公交车】 经泰和县交通运输局积极与相关单位协调,从2015年1月1日起,该县的伤残军人可凭军人伤残证免费乘坐公交车。此项政策将惠及全县伤残军人159人。为更好地落实该政策,县财政每年额外补助县公交公司10多万元,同时,县交通运输局督促县公交公司善待伤残军人,做到文明礼貌,优质服务;司乘人员操作规范,做到起步慢、停车稳,防止意外事故发生。

(吉安市交通运输局)

【泰和县政府拨付伤残军人乘坐公交车意外保险】 1月15日,泰和县人民政府同意由县财政按照县交通运输局与县公交公司签订的合同金额据实拨付给县交通运输局,并按每人12元的标准办理伤残军人乘坐公交车意外险。

(吉安市交通运输局)

【遂川新能源公交投入运营】 12月,遂川县首批4辆新能源纯电动空调公交车正式投入运营。该公交车车身6.2米,荷载30人,每台满容量充电约需6小时,理论续驶里程为140千米,与燃油型公交车相比,具有噪音小、零排放、零污染运营成本低等优点。保障了市民出行需求,实现了绿色交通出行的目标。

(吉安市交通运输局)

【宜春市袁州区逐步实行城乡公交一体化】 为进一步改善农村出行条件,缩小城乡差距,让农村老百姓同城市居民一样坐上公交车,区委、区政府本着为民、惠民,2015年4月,推出城乡公交一体化建设这一重大民生工程。成立袁州区公共交通运输有限责任公司,借鉴丰樟高城乡客运一体化的改造模式,按运行里程近、中、远分别实行1元、2元、3元的分段票价,差额部分由政府财政补贴。根据现行规划,先逐步开通1元票价线路进行试运行,再根据划定的里程范围,依次开通2元、3元票价线路,全面实现城乡公交一体化。现已开通宜春至石湖,宜春至三阳两条公交线路,票价1元,每10分钟一班,运行时间为6:00—18:00,投放公交车8辆。彬江、西村、新坊、南庙五条城乡客运班线也将实行公交一体化改造。

(李　庆)

【丰城市大力发展镇村公交试点卓有成效】 按江西省交通运输厅、江西省财政厅《2015年江西省镇村公交发展试点工作方案(试行)》《关于2015年江西省镇村公交发展试点县(市、区)的批复》文件精神,丰城市委、市政府高度重视,把发展镇村公交事业放在保障民生、促进和谐的重要位置,大力实施镇村公交发展战略,创新体制机制。在深入调研,科学规划的基础上,该市下发了〔2015〕84号《丰城市镇村公交发展工作方案》,成立了丰城市镇村公共交通有限公司,将所有农村客运车辆陆续更新为公交车型,共设置24条镇村公交线路,其中客运班线转为镇村公交线21条,免费公交线路1条,新开公交线路2条,共投放运力143辆,日发班942班,全程票价3元,年客运量700多万人/次。全市镇村公交(符合通行条件公路)开通率为94%,最大限度地解决群众乘坐公交难题。公司化机制的创新,成效明显:一是企业具有车辆的所有权和经营权,车辆不再有其他车主或经营人;二是司乘人员是企业依照《中华人民共和国劳动法》聘用和管理的职工,劳动报酬不与单车营收挂钩;三是企业不以承包、租赁、合作、联营等任何方式转让或变相转让经营权;四是企业统一经营管理车辆,承担各项经营管理责任,承担全部经营风险和经济、法律责任等问题。因此,镇村公交“五定四统一”(定线路、定班次、定时间、定票价、定站点,统一排班、统一调度、统一管理、统一结算)的服务标准得到了有效落实。2015年投资8000万元新建丰城公交客运总站,投资260万元新建镇村公交候车亭82个,招呼站牌40个。该市共建镇村公交候车亭378个,区域内公交分担率达到60%以上,公交站点500米半径人口覆盖率达到80%。

(沈壮华)

【昌抚城际公交开通事宜在昌协商座谈】 4月29日,抚州市交通运输局局长徐华德,副局长陈峰,市公交总公司总经理万培良一行,就开通昌抚城际公交等相关事宜到南昌市公交总公司进行协商座谈。南昌市公交总公司总经理李明,书记刘南生,常务副总涂鹏参加座谈。南昌市公交总公司对开通昌抚城际公交工作表示全力支持,愿意为抚州的经济社会发展尽心尽力。双方就开通昌抚城际公交达成初步意向:开通昌抚城际公交是昌抚交通一体化的重要组成部分,在双方市政府的大力支持下,争取早日实现。双方在开通前各自做好准备工作,调查研究,提出初步意见。双方就开通昌抚城际公交的站场建设、停靠点、线路和票价等相关问题形成共识。

(陈根玲)

【抚州市城区开通29路公交车】 为积极应对日益繁忙的城市客流,抚州市公交总公司采取增加车辆、调整线路、加密班次等举措,以满足广大市民出行需求。从2015年2月1日起新增一条公交线路——29路,至此,该市中心城区运营的公交线路达到22条。

29路始发站为赣东大桥,终点站为汝水森林公园东门(拟岘台),每天首班时间为6:50,末班时间为18:30,安排8辆车辆投入运营,每隔8~10分钟一班。具体走向为:赣东大桥—临川三小—临川人民医院—中辉国际银河城—昌抚加油站—瑶坪湖花园—轻纺城—大润发超市—金巢花园—临川区人民法院—金巢学前教育中心—公园懿品—汝水森林公园东门(拟岘台),回程按原路线返回。此外,9路公交车的走向也进行了调整,不再驶进荆公路沿线站台,经停赣东大道沿线站台。

至2015年12月底,市中心城区共有296辆公交车投入使用,当年采购的20辆新能源公交车于2月1日投入运营,分批替换1路、2路、7路、36路等线路的现有公交车,是该公司第四批新能源公交车替换运营。

(陈根玲)

【抚州公交生产保持安全平稳态势】 抚州市公交总公司坚持寓安全于服务之中理念,运输生产保持平稳发展态势。新购置了40辆油电混合动力公交车,淘汰108辆高污染排放的黄标车,减少因排放不达标造成的大气污染,使该市公交车质量和环保节能方面上了一个新的台阶。开通从拟岘台经金巢大道、沿河路、赣东大道、大公路、晏殊大道、梦湖东路的29路公交新线,落实市人大代表、政协委员的意见和建议。延伸1路、7路、优化9路公交线。将高铁1路公交线改道至象山大道,方便市保育院新园区学生、家长和沿途群众。面向社会招聘37名公交车驾驶员,有效解决了驾驶员短缺问题。赣东大桥北与316国道公交首末站(1.33公顷)、文昌大道公交首末站(1.13公顷)选址获政府批准。至2015年底,该公司共有公交车289辆、公交线路21条、出租车50辆、标准公交站台247座,公交场站面积11.2公顷(四处:长岭、抚北东路、上顿渡、新火车站),线路总长342千米,全年营运里程2350万千米,营运收入4131.22万元,上缴税利155.15万元,总资产12000万元,净资产6700万元。全年未发生重大安全责任事故,城市总体规划区所有乡镇及抚北工业园均开通公交车。

(抚州市公交总公司)

【金溪县城区12辆新公交车上线运营】 6月15日,由江西抚州长运有限公司全额投资的抚州金溪长运交通有限公司正式开业。该公司新购进的12辆公交车亦在金溪县城区1路、2路公交线上开始运营。

抚州金溪长运交通有限公司于2015年5月注册成立,主营城市公共汽车客运。金溪县城区共布局5条公交线路,首批的2条公交线路1路线、2路线有12辆公交车上线运营。随着客流量的增加还将启动7路、8路、9路线公交运营,5条公交线路总计投入30辆公交车运行。

为优惠百姓,该公司先实行3个月的免费乘坐,优惠期过后,票价暂定每人一元。夏冬开放空调期间暂定每人两元,年满70周岁的老人凭老年卡、现役军人凭军官证、士兵证等有效证件免费乘坐,金溪县城区在校学生凭学生卡减半优惠。票价实行全程一票制,采取无人售票模式。

(陈根玲)

【宜黄县城市公共交通顺利发展】 宜黄县认真落实优先发展城市公共交通政策,扎实做好工作,城市公共交通得到顺利发展。一是完成21辆公交车建档工作,做到一车一档,信息完整齐全。二是完成城市公交车的诚信考核,经上级部门抽验合格。三是完成公交车的办证工作,所有信息及资料配备齐全。四是与有关部门密切配合,对城市交通秩序进行整顿,查处非法营运“黑车”,收到良好的效果。五是更新5辆公交车,购买1辆长河梅花汽车有限公司生产,型号为TX6610A3型客车,4辆型号为TX6660CT3客车。六是建设公交站台24个,投资46万元。2015年宜黄县旺安城市公交公司拥有公交车辆21辆,392座位,线路5条,里程85.5千米,年客运量达20万人次。

(李华荣)

【上饶市公交公司25台新车正式上线营运】 3月1日,25辆10.5米插电式混合动力公交车正式投入上饶中心城区使用,其中20辆用于更新1路公交线、5辆投放到22路公交线。随着这25辆新车的全面到位,圆满完成2014年90台新车的采购工作。

自公交国有化改革以来,上饶市公交事业得到市委市政府、市交通运输局、市城市投资集团及相关主管单位的鼎力支持,取得较快发展,公交出行分担率从原来的8%提升至现在的12%。2013年新增新能源公交车60辆,2014年新增新能源插电式混合动力公交车90辆,逐步淘汰老旧的柴油公交车,2015年,市公交公司共有312辆公交车,其中有78辆为待下线的公交车,线上营运的234辆公交车车龄均在5年以内,新能源公交车占营运车辆数的64%。

通过线网优化后,中心城区公交线路数从原来的19条增加至现在的26条,单向线路总里程从原来的243.6千米增加到309.5千米。

(邓　康　韩晓艺)

【上饶市公交公司由交通运输局移交城投集团公司】 5月11日下午,上饶市公共交通有限责任公司移接交仪式在市公交公司六楼会议室举行,副市长朱寅健、市委副秘书长滕琪、市交通运输局局长吴步高、市城投集团公司总经理张平出席仪式。此举标志市公交公司从市交通运输局全面划入市城投集团公司,成为城投公司下属全资子公司。

市公交公司划为市城投集团公司全资子公司,是上饶市委、市政府落实公交优先战略、加快公交改革、提升中心城市公交服务功能、保障城市公共交通优先发展的重要举措，也是市委、市政府为解决公交投入不足、基础设施匮乏、服务水平不高等制约因素所作出的大胆探索。移交后，市公交行业将由市城投集团公司履行经营主体职责，确保公交基础设施建设资金足额投放到位，市交通运输局负责对其进行行业指导和服务。

（韩晓艺）

【上饶城区公交4路车覆盖免费Wi－Fi信号】 2015年1月24日起，乘坐上饶城区4路公交车，手机搜索出一个名为“公交免费Wi－fi”的无线网络，可以连接上网。点开无线网络用户名后，手机页面跳转至新的网页，然后点击“免费上网”“直接连接”，大约10秒后网络连接成功。

上饶市“智慧城市”的公交车免费网络从1月24日开始在4路公交线路的15台车上试用3G车载网络，供市民免费试用，网速相当于4～6兆的宽带网络，可满足20～30人同时上网。目前还处于测试阶段，公司正安排工作人员不定期对网络进行测试和调节。

从测试情况来看，一般手机用户连通网络大概需要10到30秒的连接时间。同时，车载网络不同于家用网络，每次连接都需要重新点击连接，不能依靠历史纪录自动连接。

随着公交车免费Wi－Fi的推广，上饶离“智慧城市”更近一步，下一步上饶市还将在更多线路的公交车上架设免费WiFi网络。

（邓　康　韩晓艺）

【上饶公交驾驶员统一着装】 2月7日起，公交驾驶员们身着印有“上饶公交”logo的工作服上岗迎接春运工作，此次市公交公司为全体驾驶员统一采购全新的工作服，共3款，分别为春秋装、夏装和冬装。公交驾驶员们将以整洁干练的形象展示良好的精神风貌，并把文明、热情的服务风尚传递给乘客。

下一步，市公交公司将进一步做好运营管理和规范化服务工作，不定期检查着装穿戴，进一步提升公交服务的社会认可度。

（邓　康　韩晓艺）

【上饶市公交公司开通清明扫墓专线】 为方便市民祭祀扫墓，市公交公司开通清明扫墓公交专线，具体情况如下：①线路主要走向：老火车站—军供站—宝泽楼—雷锋像—市中心广场—房地产大厦—劳动路口—市交通局—花大门—黄金水岸—广丰路口—刘家坞路口—福山陵园。②运行时间：上午8：00－11：30时，下午13：30－16：30时，间隔时间每趟20分钟。③投放运力：3辆公交车。④运行方式：双向循环运行，无人售票。⑤运营期限：自2015年4月4日至2015年4月7日止，为期4天。

（上饶市公交公司）

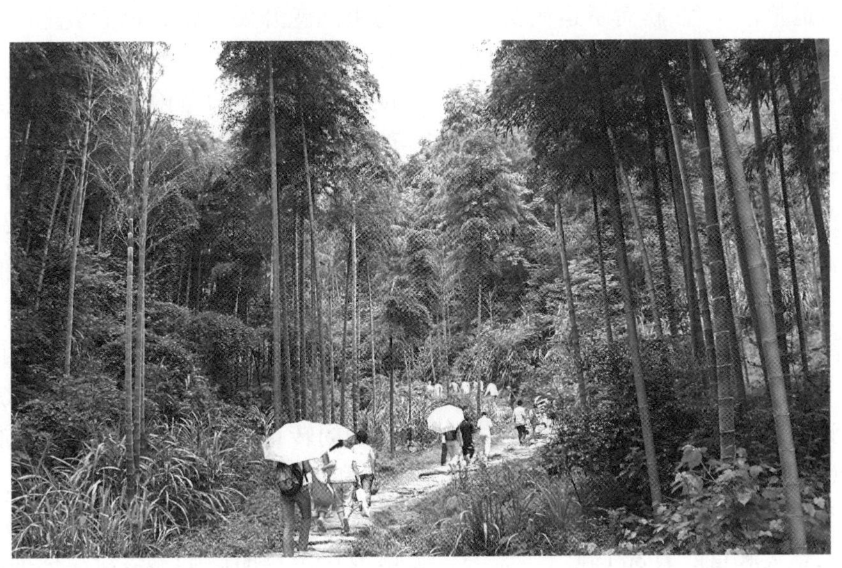

南昌市湾里风景区

水路运输

【概况】 港航建设有序推进。2015年，省发改委、省交通运输厅下达港航部门基本建设项目投资计划9980万元，款源为中央预算内资金12500万元，交通运输部补助26000万元，厅统筹资金2000万元，项目法人贷款25285万元，地方自筹或单位自筹资金34022万元。

2015年加紧实施赣江、信江高等级航道建设和九江、南昌两大国家级主要港口及鄱阳湖生态经济区重要港口群建设，全年完成水运投资10.85亿元。基本建成南昌龙头岗综合码头（一期）、万年港综合码头、九江水上应急指挥中心。开工建设新干航电枢纽、龙头山航电枢纽。推进界牌航电枢纽技术改造工程、吴城航道海事码头、信丰海事处等港航基础设施建设。投资总规模12.2亿元的7个社会投资港口建设项目推进有序。抓好规划引领，《对接长江经济带、策应昌九一体化》等重大发展战略，《九江港总体规划（修订）》完成省部联合审查，完成《江西省水运多式联运发展研究》课题研究和《江西省水运“十三五”发展规划》初稿，启动《南昌港总体规划》修编工作。推动项目前期工作。加快推进赣江石虎塘—神岗山三级航道整治工程、樵舍货运码头、九江港彭泽港区红光作业区综合枢纽工程等项目前期工作，启动信江高等级航道前期研究工作。

港口码头功能得到发挥。2015年，全省拥有港口59个，港区71个，生产性码头泊位1765个，泊位总长度69802米。非生产用泊位74个，泊位总长3725米。千吨级以上泊位157个，最大靠泊能力5000吨级。港口生产性仓库面积252703平方米，生产用仓库容积430605立方米、堆场面积1119665平方米。铁路专用线总长10327米，其中装卸线3336米。港口装卸机械2875台（套），其中起重机械1465台（套）、装卸搬运机械700台（套）、输送机械497台（套）、专用作业机械24台（套）、其他装卸机械189台，最大起重能力800吨。

该年度全省港口完成货物吞吐量3.27亿吨，其中出口1.96亿吨，进口1.31亿吨，分别比上年同期增长5.5%、1%、12.9%；旅客吞吐量为344.66万人次，比上年同期下降3.7%，其中出港181.13万人次，进港163.53人次；集装箱吞吐量为36.2万TEU、498.6万吨，比上年分别增长12.8%和26.4%。

优化港口功能。在建成九江港城西港物流园区、南昌保税物流中心的基础上，启动南昌龙头岗综合物流园和彭泽红光综合物流园前期工作。推动港口发展由传统的装卸、转运向仓储、加工、贸易、配送、信息服务等综合物流服务功能延伸。

强化岸线管理与保护。严格规范岸线审批，完成九江港赣电集团泓达物流公用码头等6个项目的岸线审批工作。加强岸线使用的监督管理，认真查处违法违规使用港口岸线现象，对2个未批先建项目进行处罚。

加强港口危险货物装卸作业企业的监管，认真清理非法港口危险化学品经营行为。为认真吸取天津“8·12”爆炸事故教训，消除港口危险化学品安全生产隐患，保障港口生产安全，组织对全省14个从事港口危险化学品码头督查，针对安全隐患问题开展暗访，并将督查和暗访情况通报所在地政府、交通主管部门、港口行政管理部门，督促违规经营港口危险化学品企业严格按照要求整改，相关企业按要求整改到位。

水路运输量有增有降。2015年，全省完成水路货运量10893.9万吨、货物周转量233.6亿吨千米、集装箱吞吐量36.2万标箱。旅客运输量273.3万人，旅客周转量3466万人千米。其中：内河完成货物运量10416.9万吨，货物周转量1825577万吨千米；沿海完成货物运量477万吨，货物周转量510040万吨千米，同比分别下降4.2%和下降15.2%。

推进运输结构调整。确定船型标准化船舶拆解改造定点船厂11家，新建标准示范船定点船厂5家。全省共核准老旧运输船舶拆解52艘17956

总吨,核准生活污水防污染改造船舶 481 艘 437232 总吨。实际拆解完工船舶 47 艘 16330 总吨,实际生活污水防污染改造船舶完工 178 艘 163278 总吨。运力结构进一步优化,航运企业规模化、专业化、集约化水平大幅提升。

2015 年末,江西省内河拥有各类运输船舶 3468 艘,同比减少 262 艘;船舶净载重量 2192210 吨位,同比增加 38968 吨位;载客量 10697 客位,同比增加 821 客位;船舶总功率 660308 千瓦,同比增加 2149 千瓦。沿海运输船舶 40 艘,同比减少 5 艘;总载重量 213029 吨位,比去年末减少 14550 吨位,功率 61224 千瓦,比上年减少 2881 千瓦。

对客运实行公司化管理,客运船舶继续向安全性、舒适性和便捷性方向发展。

水路运输市场秩序规范。2015 年,全省通过核查的水路运输经营业户和船舶 274 户、2010 艘,同“十一五”末相比分别减少 28.5%、29.3%,船舶总载重吨和平均载重吨达 209 万吨、1041 吨,同比分别增长 29%、82.3%,其中危险品船舶 190 艘、客船 302 艘(10110 客位)、集装箱船 28 艘(3691 标箱)。

强化行业监管与服务。规范市场秩序。严格水路运输市场准入和退出制度,加强船舶运输企业和船舶市场准入管理,严格执行运力调控政策。2014 年 3 月 1 日以后申请开业的省际普货企业自有运力均达到 5000 总吨以上,全省危险品运输企业由 31 户减少至 17 户。运力结构进一步优化,企业规模化、专业化、集约化水平大幅提升。

加大全省水路客运市场经营秩序整顿力度,打击非客船非法运输行为,淘汰弱、小、散客船个体经营户,整合现有资源,实行公司化管理。对高安上游湖、上高神山湖、玉山“七一”水库个体非法从事水上旅客运输行为进行集中整治,下达停航整改通知书;对江西省龙虎山美丽目的地文化旅游发展有限公司下达停航整改通知书并收回水路运输经营许可证。组建 7 家水路客运公司,建立组织机构和安全管理制度,配备专职管理人员,落实安全生产责任制,加大安全经费投入。同时按国家规定核发燃油补贴 193 万元,规范水路客运经营秩序,保障水路客运安全。

针对全省大部分区间短途砂船未办理船舶营业运输证,长期从事非法运输的情况,开展整治区间砂船非法从事营业运输专项活动,消除砂石船舶非法运输现象,有效规范区间短途砂船经营秩序,保障砂船运输安全。

进一步简政放权。根据国务院深化行政审批改革要求,将省际普通货船营业运输证注销登记业务委托设区市港航管理部门负责办理,减少中间环节,缩短办结期限,方便服务对象,提高办事效率。

(凌景坡)

水路运输企业

【概况】 为贯彻落实国务院、交通运输部关于国内水路运输及辅助业管理有关规定和《交通运输部关于开展 2015 年国内水路运输及其辅助业核查工作的通知》,省港航局集中开展本辖区水路运输及其辅助业核查工作。

截至 2015 年 5 月 30 日,全省应核查的水路运输经营业户 251 户(企业 185 户、个体经营户 66 户),实际参加的水路运输经营业户为 243 户(企业 177 户、个体经营户 66 户),较上年减少 61 户,减幅 20.1%。其中,通过年度核查的水路运输企业 132 户、限期整改 37 户、未通过核查 8 户;个体经营业户全部通过核查;应核查的水路运输辅助业 51 户,实际参加核查数为 49 户,比上年减 19 户,减幅 27.9%,全部通过核查;应核查的营运船舶 2010 艘、1413791 总吨,实际参加核查的营运船舶 2002 艘、1406068 总吨,比上年减少 133 艘、58880 总吨,减幅分别为 6.3% 和 4%,其中通过核查数为 1971 艘、1405435 总吨,限期整改数为 31 艘、633 总吨。

全省水路运输经营业户和船舶运力变化情况呈现以下特点:(1)继续加大推进省内个体经营业户实现公司化经营并取得了较大成效。2015 全省水路运输个体经营业户较上年减少了 61 户,减幅达 20.1%。(2)全省营运船舶艘数继续下降。主要原因:一是近年来根据交通部有关要求本省加快推进老旧船舶拆解;二是部分水运业户经济效益不理想,船舶过户频繁;三是受宏观调控政策影响,严格控制危险品船舶运力,而本省普货水运企业大部分为中小规模企业,受资金限制要建造标准型船舶发展新运力比较困难。(3)船舶继续向大型化发展。2015 年全省船舶平均吨位由 2014 年的 1016 吨增加至 1041 吨,增幅为 2.5%。

6 月中下旬,省局检查组对南昌、宜春、吉安地区的 7 户企业经营资质保持情况进行现场抽查,重点加大对液货危险品及客运企业经营资质条件的检查力度,检查组对抽查中发现的问题,要求当地港航管理部门督促企业限期整改,并加强对企业的动态监管,严把企业经营资质审核关。

核查期间,省局根据《长航局关于换发〈船舶营业运输证〉的通知》,对全省 167 条省际内河危险品船舶的换证工作。

(吴萃萃)

【江西国际集装箱码头有限责任公司顺利通过质量管理体系年审】 9 月 10 日,江西国际集装箱码头有限公司在南昌接受中国检验认证集团对公司进行的质量管理体系再认证审核工作。通过严格、细致、认真的现场审核,审核组认为,公司自取得 ISO 9001:2008GB/T19001 - 2008 质量管理体系认证以来,能够严格按照管理体系文件要求运行,规范各项管理,审核未发现严重不符合项,公司质量管理体系年审获得顺利通过。

(邵 雯)

【南昌全面开展港口经营、水路运输企业资质核查工作】 南昌市港航管理处于 4 月 1 日至 4 月 30 日在南昌港辖区内全面开展港口经营、水路运输企业资质核查工作。此次核查是重点核查港口经营、水路运输企业的资质保持情况,超经营范围从事经营活动情况,企业安全管理人员持证上岗情况。同时检查企业的码头设施是否符合规范要求,是否建立并严格执行港口安全生产管理制度,是否制定生产安全事故应急预案。企业是否存在恶性竞争、强装强卸行为,不按规定收取装卸费用或不使用规定的港口经营票据的行为。核查过程中,对于未达到规定资质条件或存在违规经营行为的企业,将责令限期整改,整改后仍不能满足规定要求的,责令停止经营活动,直至吊销经营许可。通过核查促进辖区内港口经营企业健康有序发展,保障港口经营生产安全形势稳定。加强水路运输市场的监管,加强对船舶的管理,对委托经营的普通货船严格落实安全管理责任。规范从业者经营行为,有效维护水运市场秩序,为促进水运业健康、有序发展奠定基础。截至 5 月底,南昌地区共有 18 户港口企业、23 户水运企业和 11 户水路运输辅助业通过企业资质核查。

(徐 刚 涂春如 刘 洁)

【南昌市 2 户水运企业被评为省 AAA 级诚信水运企业】 4 月,根据省港航管理局制定的《江西省水运企业诚信评价办法》要求,南昌市辖区内有 2 户水路运输企业被评为江西省 AAA 级诚信水运企业。

南昌市辖区内的液货危险品运输企业——江西通达航运有限公司和省际普通货船运输企业——江西远洋集装箱运输有限公司,在水路运输经营活动中,注重诚信守法,不断树立诚信企业良好形象,积极参加诚信企业评选活动,按照水运企业诚信评价办法规定,经过市港航处的初审,向省港航管理局提出参评诚信水运企业申请并提交申报材料,经省港航管理局水运企业诚信评价小组对企业申报材料逐一进行初评打分,并根据企业整体情况进行综合评价,然后将综合评价情况报省港航管理局进行等级评定。最终 2 家企业被评定为江西省 AAA 级诚信水运企业。

(涂春如 刘 洁)

【九江市 2 户水运企业被评为 2014 年度诚信水运企业】 2015 年 4 月江西省港航管理局公布全省诚信水运企业评审结果,全省共有 8 户水运企业获得 2014 年度“江西省 AAA 级诚信水运企业”称号,九江市武宁县西海船舶运输有限公司和江西省远舟物流有限公司 2 户企业榜上有名。

全省水运企业诚信评价,是根据交通运输部长江航务管理局有关建立水路运输业诚信体系的要求和《江西省水运企业诚信评价办法》的规定,经水运企业申报,市港航管理部门审核后,再由省港航局诚信水运企业评审小组评价评审决定的。诚信评价内容涉及公司基本素质、经营行为、运输安全、服务质量和社会责任等五个方面,有 40 个具体评分项目。

自 2013 年评审诚信水运企业以来,九江市共有 6 户获得“江西省 AAA 级诚信水运企业”称号,5 户获得“江西省 AA 级诚信水运企业”称号。

(九江市交通运输局)

【赣州市水路运输】 2015 年,赣州市港航处紧紧抓住长江经济带和赣南苏区振兴发展等重大历史机遇,以推动水运事业振兴发展为主线,以项目建设和港航管理为双翼,不断加快全市水运事业振兴发展,港航管理工作迈上新水平。全市水运企业 65 户,总共拥有经营船舶 176 艘。其中沿海油船 1 艘,总吨位 2188 吨,载货吨位 3570 吨;省际运输船舶 51 艘,总吨位 19213 吨,载货吨位 30575;市区内普通货物运输 42 艘,载重吨位 3921 吨;市区内客运船舶 82 艘,2241 个客位。全年水路运输完成货运量 1605.5 万吨,货运周转量 50520 万吨千米;完成客运量 129.1 万人次,客运周转量 1316 万人千米。是年,该处获得全省港航工作目标管理先进单位、全省港航安全生产工作先进单位、赣州市第八届文明单位等称号。

(市港航处)

【又一货运"航母"入驻峡江】 4 月 29 日,国有大型物流企业深圳赤湾东方物流有限公司正式在峡江注册峡江赤湾东方物流有限公司,这是该县大力实施"物流央企入峡"战略的又一重大成果。

近年来,峡江县充分发挥区位交通和产业优势,大力实施"物流央企入峡"战略,通过开展"一把手招商""百日招商"等活动,积极引进国企、央企物流企业、国内 100 强物流企业等与现代物流相关配套产业实体物流企业。同时,对引进的企业实行乡镇责任帮扶、涉运部门行业帮扶、县直单位结对帮扶等多项帮扶举措,帮扶人员定期深入企业调研、办公、现场协调解决企业发展中存在的困难和问题,为货运物流企业提供"一条龙"帮扶服务。该县已吸引招商物流集团、一汽 4S 店、通途物流等多个大型实体物流企业落户峡江。

(吉安市交通运输局)

【吉安港航助力水运企业诚信建设】 2015 年,吉安市港航管理处积极组织辖区内水运企业申报省级诚信企业,峡江县赣荣航运有限公司已经获得"江西省 AA 级诚信水运企业"称号,其他 4 户企业的申报资料正在整理当中。助力水运企业在诚信建设中成为行业的"先行官"。

(吉安市交通运输局)

【吉安推进水运企业安全生产标准化达标工作】

2015 年,吉安市港航处继续推动诚信水运企业安全生产标准化达标工作,获得了丰硕成果。峡江县赣荣航运公司申报成功二级安全生产标准化达标资格水运企业,该企业是目前吉安市唯一一家获得最高等级诚信水运企业,而且也是该市唯一一家获得二级安全生产标准化达标资格水运企业。18 户水运企业申报三级安全生产标准化达标资格水运企业,另有 5 户水运企业已上报考评资料进入网上申评。

(吉安市交通运输局)

【宜春市水路运输量增长 2.6%】 宜春市共有运输船舶 1114 艘,722107 载重吨,位列全省第一。运输船舶主要有普通散货船和化学危险品船两种,化学危险品船常年在长江沿线一带从事水路运输,运量和航线基本稳定,普通货船主要在省内运砂为主。随着区内砂石资源日趋紧张,散货船生存存在一定的困难。为打破这种局面,另谋出路,宜春市港航管理处积极引导企业走出困境,走出赣江,各企业组织人员到省外组货,签订运输合同,一步一步帮助运输船舶解决货源问题,将单一的砂石运输发展为向其他货源运输发展。2015 年,宜春市水运完成货运量 2473.3 万吨,周转量完成 335931 万吨千米,与上年同期相比增长 2.6%。

(周青兰)

【高安市撤销上游湖旅游船服务中心经营资质】
根据《国内水路运输管理规定》的规定,3 月 25 日,市港航所依法撤销了上游湖旅游船船务中心经营许可,收回水路运输许可证和船舶营业运输证。至此,高安无经营性客运船舶。究其原因:①资质达不到经营要求。市上游湖旅游船船务中心原有旅游快艇 6 艘,44 载客位,经营性质是个体联户。根据《国内水路运输管理规定》的规定,个体户不可经营客运,必须公司化经营;且服务中心自有运力未达到成立公司的最低要求 100 个客位;安全生产标准化也未达标。②政府环境保护需要。由于上游水库是高安城区乡镇居民生活用水的水源地,为保水质,政府明令全面退出湖内旅游,湖区内除保留山水风光游览旅游项目外,禁止其他旅游项目,将湖内原有的旅游景点及娱乐设施全部拆除。鉴此,上游湖旅游船服务中心被撤销。 (张 淼)

【抚州市完成水路运输量195万吨】 2015年,抚州市港航管理处积极开展水路运输企业核查,努力为水运企业提供全天候服务,促进了全市水运企业的发展。全市22户企业沿海8户,内河14户,拥有船舶147艘,212509载重57949.25千瓦,年完成运量195万吨,周转量152800万吨千米。

(陈根玲)

水路运输线路

【都九高速鄱阳湖特大桥通航办对承建方交通船“立规矩”】 “赣九江渡0086”由老爷庙大桥承建方四川公路桥梁建设集团有限公司租赁,作为施工现场交通船使用,以解决施工人员交通难题。11月8日,承建方为追赶工期进度延长工作时间,导致“赣九江渡0086”未能在天黑之前返航回港;个别包工头甚至要求该船装运氧气瓶和柴油等危险货物。

接到船员反映后,都九高速鄱阳湖特大桥通航办立即进行调查了解,情况核实后向承建方负责人反馈,要求承建方科学安排施工作业时间、加强内部安全教育;同时,大桥通航办结合工作实际,规范对该客渡船的管理,为该客渡船立下“六条规矩”,即严禁超载;严禁载运货物及车辆;严禁载运危险品;严禁夜航;严禁五级风力以上航行;作息时间为5:40—17:40,并张贴在醒目位置,警示这类安全隐患的发生,进一步保障人员生命和财产安全。

(贾胜银 向昌宇)

港口码头

【概况】 2015年,全省拥有港口59个,港区71个,生产性码头泊位1765个,泊位总长度69802米,。非生产用泊位74个,泊位总长3725米。千吨级以上泊位157个,最大靠泊能力5000吨级。港口生产性仓库面积252703平方米,生产用仓库容积430605立方米、堆场面积1119665平方米。铁路专用线总长10327米,其中装卸线3336米。港口装卸机械2875台(套),其中起重机械1465台(套)、装卸搬运机械700台(套)、输送机械497台(套)、专用作业机械24台(套)、其他装卸机械189台,最大起重能力800吨。

该年度全省港口完成货物吞吐量3.27亿吨,其中出口1.96亿吨,进口1.31亿吨,分别比去年同期增长5.5%、1%、12.9%;旅客吞吐量为344.66万人次,比上年同期下降3.7%,其中出港181.13万人次,进港163.53人次;集装箱吞吐量为36.2万TEU、498.6万吨,与去年分别增长12.8%和26.4%。

优化港口功能。在建成九江港城西港物流园区、南昌保税物流中心的基础上,启动南昌龙头岗综合物流园和彭泽红光综合物流园前期工作。推动港口发展由传统的装卸、转运向仓储、加工、贸易、配送、信息服务等综合物流服务功能延伸。

强化岸线管理与保护。严格规范岸线审批,完成九江港赣电集团泓达物流公用码头等6个项目的岸线审批工作。加强岸线使用的监督管理,认真查处违法违规使用港口岸线现象,对2个未批先建项目进行处罚。

加强港口危险货物装卸作业企业的监管,认真清理非法港口危险化学品经营行为。为认真吸取天津“8·12”爆炸事故教训,消除港口危险化学品安全生产隐患,保障港口生产安全,组织对全省14个从事港口危险化学品码头督查,针对安全隐患问题开展暗访,并将督查和暗访情况通报所在地政府、交通主管部门、港口行政管理部门,督促违规经营港口危险化学品企业严格按照要求整改,相关企业按要求整改到位。

(胡丽华 纪彩云)

2015 年分货类吞吐量统计表

表 6

货物吞吐量(万吨)				装箱吞吐量(万 TEU)	汽车吞吐量(万量)	旅客吞吐量(万人次)
合计(万吨)	矿石	煤炭	油品			
32675	1698	2076	391	36.2	—	344.66

2015 年泊位数统计表

表 7

泊位长度(米)		泊位个数(个)	泊位年通过能力						
			货物(万吨)				集装箱(万 TEU)	旅客(万人次)	汽车(万辆)
			合计	矿石	煤炭	油品			
生产用	69802	1765	16279	—	—	—	60	770	—
非生产用	3725	74	—	—	—	—	—	—	—

(胡丽华　纪彩云)

【南昌推进港口和航运企业安全生产标准化达标】 该市港航管理处重视企业安全生产达标工作,结合南昌市港口和航运企业实际情况,制定全市港航企业安全生产标准化达标考评申报推进表。同时加大企业安全生产标准化达标工作宣传力度,逐户登记进行宣传,并进行相关申报工作指导。对已提交申报的企业,做好达标评定的跟踪管理。经过努力全市危险货物港口经营企业和危险货物水路运输企业均已通过安全生产标准化达标考核,全市已有 18 户港口企业,21 户水运企业通过达标评定考核。

(涂春如)

【南昌港江西龙达石油化工有限公司码头工程港口岸线使用获批】 6 月,南昌港樵舍港区江西龙达石油化工有限公司码头工程港口岸线使用获得交通运输部批复。

该工程建设规模为 1 个 2000 吨级成品油泊位和 1 个 2000 吨级液体化工品泊位,设计年通过能力 162 万吨。批复指出,该项目符合南昌港总体规划,同意可行性研究报告推荐的总平面布置方案一,按 230 米泊位长度使用所对应的港口深水岸线。由于赣江航道区域基本没有规范的石油化工码头,该项目的建成,打通一条强有力的石油化工运输通道,解决了现有港口危险品在运输、装卸过程中的极大安全隐患问题,将为江西交通运输业及相关工、农业的发展提供支持。

(刘　敏　吴　琪)

【江西煤炭储备中心通用码头正式投入运行】 7 月 31 日,江西省煤炭储备中心城东通用码头举行首次船舶靠泊装卸作业,标志着省煤通用码头正式投入运行。该项目是省重点建设工程,总投资 12.16 亿元,分为城东通用码头、储配煤场、铁路专用线三个工程,使用岸线长度 400 米,包括三个 5000 吨级泊位(兼顾 10000 吨)年吞吐量 820 万吨,主要从事煤炭、铁矿石、矿粉等货种的装卸储存等,整个项目于 2015 年 12 月完工。

(宁庆华)

【湖口港区吞吐量创历史新高】 截至 8 月底,九江港湖口港区完成货物吞吐量 2202.7 万吨,同比增长 34.7%,创下历史同期新高。湖口港区是九江港五大组合港之一,湖口港区结构不断优化,极大促进港口经济的繁荣发展。主要出口货物为钢材、矿建材料等,进口货物为煤炭、成品油、化工原料等。2015 年前 8 个月,金属矿石进口 754.8 万吨,同比增长 54%;煤炭进口 274 万吨,同比减少 24.7%;钢材出口 368.4 万吨,同比增长 60.5%;矿建材料出口 428.7 万吨,同比增长 13.6%。

湖口县紧紧抓住国家建设长江经济带重大机遇,科学规划利用境内 24 千米的长江岸线资源,以发展港口经济为引擎、举全县之力决战沿江工业,主攻项目建设,加大港口基础设施建设力度。随着江西金砂港务、长江炉料、龙达化纤等码头相继投入运营,创新港口经营模式,增强港口疏运集散能力更强。

(李学华　周阳泽　范钦云)

【九江港2个码头项目获交通运输部批复港口岸线】 2015年岁末,彭泽港区矶山作业区公用码头工程使用港口岸线获交通部批复。该项目的岸线批复是九江港彭泽港区第三家部批项目,岸线长370米,建设2个5000吨级液体化工品泊位和1个5000吨级固体化工品泊位,设计年通过能力386万吨。城区港区江西新立基沥青有限公司石化码头工程使用长江港口岸线也获得交通运输部批复。该工程位于城区港区,拟建1个3000吨级石油及化工品泊位,使用长江岸线124米,设计年通过能力92万吨。两个项目合计新增年通过能力478万吨。

两个项目的获批进一步完善彭泽港区、城区港区的港口设施建设,从而进一步提升港口的服务水平,对于加快九江沿江深水岸线的开发,对接"一带一路"融入"长江经济带"等国家战略等都有着重要意义。

(汪兰香)

【九江港瑞昌港区货物吞吐量创历史新高】 2015年1月至10月,瑞昌港区累计完成港口货物吞吐量3335.73万吨,同比增长36%,创历史新高,位居九江沿江五大港区之首。

近年来,瑞昌市抢抓长江经济带发展机遇,大力推进沿江港口码头建设,沿江发展势头强劲。如今,理文公用码头、理文物流码头、亚泥专用码头已建成或完成改造,长江公用码头、新洋丰专用码头、海底电缆专用码头也在加紧建设。新洋丰专用码头水工部分基本完成,门座机正在安装之中,12月可正式投用;长江公用码头已安装2座门座机,2号可吊装16吨的门座机已经在试运行,1号可吊装25吨的门座机也将试运行。随着这些码头的正式启用,将成为瑞昌港区吞吐量增长的新亮点,对当地经济发展起到更大促进作用。

(吴瑞武)

【赣州市港口分布情况】 全市15个县(市、区)设有港口,即:赣州港、会昌港、赣县港、兴国港、于都港、上犹港、南康港、信丰港、龙南港、石城港、宁都港、瑞金港、寻乌港、崇义港、定南港,港口码头399座,泊位509个,总延长15869米,最大靠泊能力300吨级。

(市港航处基建科)

【高安市高邮码头货运量稳定增长】 高安港高邮码头充分发挥自身优势,整合经营方式,货运量持续稳定增长。全年完成货运量27.6万吨,同比上年增长14.2%。①区位优势。高邮码头位于高安大城,毗邻新建、丰城,是高安中型船舶唯一能进出赣江的码头。渡改桥的实施,码头上游的高邮大桥建成,为货物的转运提供了交通便利。通过水运到高安及新建、丰城沿河乡镇的货物大多在这里转运。②经营需求。随着城市建设的加快,河沙需求旺盛,由于高安严禁锦河采砂,上游的挖沙船纷纷转移至新建采砂,为节省运输成本,砂石基本运至高邮码头转运。来自南昌、新建、丰城的河沙也大多水运至此转运到城区。③部门便利。从4月1日起,市港航管理所取消了货物港务费的征收。经营业主的经营成本降低,负担减轻。一些从事河沙贩运的经营业主自购船只收购河沙。全年高邮码头就增加船舶近10艘,直立式吊机2台。

(周世祥)

水路运输船舶

【概况】 2015年末,江西省内河拥有各类运输船舶3468艘,同比减少262艘;船舶净载重量2192210吨位,同比增加38968吨位;载客量10697客位,同比增加821客位;船舶总功率660308千瓦,同比增加2149千瓦。沿海运输船舶40艘,同比减少5艘;总载重量213029吨位,比上年末减少14550吨位,功率61224千瓦,比上年减少2881千瓦。

推进运输结构调整。确定船型标准化船舶拆解改造定点船厂11家,新建标准示范船定点船厂5家。全省共核准老旧运输船舶拆解52艘17956

总吨，核准生活污水防污染改造船舶 481 艘 437232 总吨。实际拆解完工船舶 47 艘 16330 总吨，实际生活污水防污染改造船舶完工 178 艘 163278 总吨。船舶总载重吨和平均载重吨达 209 万吨、1041 吨，同比分别增长 29%、82.3%，运力结构进一步优化，航运企业规模化、专业化、集约化水平大幅提升。

对客运实行公司化管理，客运船舶继续向安全性、舒适性和便捷性方向发展。

（胡丽华　纪彩云）

【庐山西海新型环保客船下水迎客】 2015 年 10 月 26 日庐山西海风景区两艘改造完成的新型节能环保客船西海 3 号和西海 5 号正式下水迎客，并以其靓丽的外形和舒适的乘坐环境受到游客好评。

两艘客船由西海旅游股份有限公司投资改造，共投入改造费用 30 万元，船体材料为纤维增强塑料，航区 B 级，座席布局为上、下客舱，客位分别为 72 客位和 69 客位。通过改造翻新，主要对动力系统和内部环境进行全面翻新，特别是采用新型 LPG（液化石油气作）发动机作为动力输出，大幅度降低了污染排放指标。

作为国家级 AAAA 风景区的庐山西海一直秉承“开发中保护，保护中开发”的发展理念，近年来，景区启动船舶改造计划，并先后新建、购置多艘客船，在收获经济效益的同时，有效地保护了景。

（黄友坚）

赣州市 2015 年度营运船舶数量 176 艘

表 8

船舶分类	船舶用途	数量（艘）	总吨位	载货吨位
货船	沿海油船	1	2188	3570
	省际货船	51	19213	30575
	市内普通货船	42	3921	—
客船	内河普通客船	82	2241（客位）	—

（九江市港航处港航管理科）

【宜春市已全部淘汰老旧及不符合要求的运输船舶】 为贯彻落实交通运输部有关文件精神，淘汰老旧及不符合要求的运输船舶，提高水上交通安全、环保水平，促进节能减排，提高运输效能和调整内河水运结构、转变发展方式。2015 年，宜春市共有运输船舶 1124 艘，其中 15 年以上老旧船舶 8 艘，这 8 艘老旧运输船舶都已拆解；需要加装生活污水处理装置的船舶 31 艘，2015 年共争取国家、省、市三级财政补助资金 464.47 万元。主要做法：一是广泛宣传。为让广大船主、企业知道国家对老旧运输船舶拆解补贴政策，宜春市港航管理处通过网络、文件，宣传手册等方式进行大力宣传，鼓励船主淘汰老旧运输船舶。二是帮助船主申报补贴计划。从引导船主准备申报材料到上报市交通运输局、市财政局审核，再上报到省港航管理局、省财政厅审批，把好了材料申报关。三是协助船主领取补贴资金。通过向宜春市政府请示，争取地方补贴配套资金，经过努力，各级补贴资金已落实到位。至 2015 年底，全市已全部淘汰 15 年以上老旧运输船舶和单壳化学危险品船。

（周青兰）

【樟树市积极开展老旧船舶拆解工作】 为推动樟树港区运输船舶结构转型升级，着力推进樟树市水运事业科学、和谐、可持续发展，樟树港航管理处认真贯彻落实《江西省内河船型标准化补贴资金使用管理办法》，稳定快速推进内河老旧船舶拆解工作。2015 年共拆解老旧船舶 4 艘，累计发放补贴资金 120 余万元，有效落实了惠民政策。通过淘汰老旧船舶，鼓励建造新规范、新公约、新标准要求的新型船舶，改善运力结构，一是解决了企业经营的后顾之忧，盘活了资金，提高了水运企业的市场竞争力；二是通过提前淘汰能耗高、污染风险大的老旧运输船舶，有助于降低船舶能耗和排放，减少安全事故的发生；三是保护了水上环境，对构建绿色内河航运体系以及促进相关涉水行业的绿色发展有着重要意义。

（徐招红）

【丰城市加快农村渡运渡船改造步伐】 农村渡运是交通运输部门重要惠民窗口之一。为深入贯彻习近平总书记关于安全生产一系列重要指示，确保全市农村渡运安全，市交通运输局组织人员，由领导带队，到有农村渡运的乡镇对渡运船舶技术状况进行了全面检查。通过检查发现少数船舶因运输时间长，存在漏水安全隐患，及时下达了停运通知书，并向市政府呈报农村渡运船舶改造计划。全年改造渡运船舶6艘，工程投资18.72万元，其中：市补贴8.9万元，乡镇配套9.37万元。及时消除了隐患，确保全市农村渡运安全。一是多方筹资。船舶改造资金，实行市政府和乡（镇）村各补贴50%，凡需改造渡船须经有资质造船设计部门绘出图纸，核准工程造价，与市造船厂签订维修船舶合同，船舶维修工程竣工后，需经船检部门验收，发合格证书后，市政府方拨款到乡（镇）。二是加强领导。渡船改造乡（镇）长要亲自过问，分管交通工作的副乡（镇）长具体抓，做到项目、资金、举措和造船厂四落实，实现项目化、时间表、责任人，高质量完成船舶改造任务。三是确保质量。为确保渡船改造质量，市境内凡列入农村渡船改造计划的一律到市造船厂进行维修，做到价格合理，保证质量，不准到无资质船厂改造，否则市政府不拨款，船检部门不准船检，不办合格证书，把渡船改造打造成群众放心工程。四是强化监管。渡船维修期间由各乡（镇）和交通运输局指定专人按照设计图纸对维修质量进行现场监管，船舶维修完工后由乡（镇）、市交通运输局、海事处负责检测验收，乡镇签字。

（沈壮华）

水路旅客运输

【概况】 2015年，全省水路运输旅客运输量273.3万人，旅客周转量3466万人千米。

（省港航局）

【“五一”期间仙女湖景区接待游客3.05万人次】 “五一”期间，仙女湖景区共投入船舶62艘，客位数2454个，完成水路旅游客运量3.05万人次、旅客周转量61万人千米，分别比上年同期增长8.9%和8.8%。“五一”期间，新余港航部门积极采取措施，加强安全监管，全市未发生水路旅客滞留景点的现象，也未发生水上安全责任事故。

（廖　艳）

【“十一”期间仙女湖景区水路旅客运输平稳有序】 为确保“十一”期间仙女湖景区水路运输安全、畅通、有序，新余市交通运输局根据往年“十一”期间旅客流量、流向、流时，制定周密的运输组织方案。“十一”期间，仙女湖景区共投入船舶42艘，客位数2198个，运送旅客37810人次；客运周转量756200人千米，水路运输秩序良好，未发生旅客积压、滞留现象及安全责任事故。

（廖　艳）

【吉安港旅游客运服务项目正式投入运营】 1月17日上午10时，吉安港吉水港区旅游客运码头彩旗飘飘、鼓炮齐鸣，社会各界人员汇聚，9艘大小不同的白色游艇满载游客离开码头向赣江出发，它标志着吉安港旅游客运服务项目正式投入运营。

吉安港旅游客运服务项目从2014年10月15日启动，到2015年元月17日正式投入运营总共才用了3个月时间。该项目是吉安市两山（井冈山、武功山）一带（赣江）旅游开发重要项目，得到市、县两级政府的大力支持。在行政审批和客运码头的落实上给予了全方位的指导和协助。

吉水县水上客运有限责任公司首期投资2500万元，购置2艘58客位游船，3艘24客位游船，1艘21客位游船，3艘12客位交通船，3艘趸船投入运营。随着项目的推进和赣江两岸旅游资源的开发，还将开通吉安至吉水、吉水至峡江、吉安至泰和航线。

（于　燕　陈明中）

【吉安推出赣江水上旅游新亮点】 3月20日，吉安首家赣江水上旅游公司吉水县水上客运有限责任公司正式投入水上旅客运营，为赣江水上旅游新增亮点。

吉安市港航管理处根据吉安市委、市政府“三山一江”旅游开发战略部署,积极培育赣江水运市场,大力推动赣江水上旅游发展,引导吉水县水上客运有限责任公司新增旅游客船6艘,209客位,开通吉水至峡江水利枢纽和吉安中心城区的旅游客运航线。自1月17日试运营以来,共接待游客2000余人次。同时,吉安港航部门积极督促该公司落实安全主体责任,安装AIS船舶自动识别系统和实时监控系统,对客运站点和客船进行实时监控,有效保障旅客和船舶的安全,促使水上旅游在安全管控的状态下稳步发展。

(于 燕 陈明中)

【铜鼓县大塅水库水上客运发展迅速】 铜鼓县大塅水库风景秀美,吸引着省内外游客,水上游览项目更是受到广大游客的青睐。大塅水库2015年共有客船5艘,180客位,水上客运量完成5.2万人,比上年同期增长41%,运力比上年同期增加了62客位,水上客运前景看好。水上客运大幅增长的原因主要有三个:一是向外宣传。引导水运企业在周边省、市做现场宣传,通过与旅行社合作,请外地旅行社人员到景区现场游览,并在中央电视台做宣传等方式大力宣传大塅水库的风景。二是提高码头及游客中心的软件设施。通过增设风雨棚,休息椅、码头的安全设施设备、应急设备等来满足游客的需求。三是提高服务水平。通过务业培训,安全知识讲座,文明礼仪及应变能力等一系列培训,进一步提高管理人员及船员的服务水平。水上客运的迅速发展,为当地其他经济发展起到了促进作用。

(周青兰)

【铜鼓县水上客运量创新高】 铜鼓县水上客运量在上年12万人次的基础上,2015年又增3万人次,达到15万人次,净增率达到25%。他们的具体做法是:一是政府重视,该县政府极为重视旅游事业,落实一县委常委抓水上旅游项目,不仅在政策上倾斜,同时在资金上予以支持。8月、9月间,由县长董晓明开展水上旅游专项调研,协调解决有关重大问题,推动全县水上旅游事业发展。二是加大宣传力度,着力提升知名度。通过走出去,请进来的办法,邀请知名人士到景区参观指导,提出改进意见。与此同时,通过制作专题片、宣传广告片等形式,宣传库区,提升知名度。三是强化水上安全监管,7—9月期间,县安监局、公安局、旅游局、县地方海事处、交通运输局等部门开展水上运输联合整治活动,打击水上非法营运,净化了水上运输市场。四是督查企业完善基础设施,强化日常安全管理。国庆前期,天柱峰景区有限公司根据安全管理需要,完善了主码头、瀑布码头安全设施,增派了安全管理人员,完善了安全管理措施,强化了日常安全管理,从而使国庆期间水上客运井然有序,7天时间客运量近1万人次,最高日客运量超1500人次。

(黄祖芳)

【万载县九龙沟原始森林漂流】 万载九龙沟原始森林漂流区,位于万载罗城九龙垦殖场,距县城30千米,平均海拔500米左右。两岸青山对峙,山高林密,有国家和省级保护的南方红豆杉、白鹇、苍鹰、鸳鸯等林木及野生动物近80余种。漂流地段全长8.8千米,落差高达十几米,弯多路窄,时而波澜起伏,美丽如画,时而浪高水急,险象环长,是极佳的旅游漂流地。最佳季节是盛夏仲秋。由于旅游漂流配套设施更新缓慢而票价渐长等因素影响,游客比往年略有减少。2015年接待游客5000人次。

(肖一强)

水路货物运输

【概况】 2015年,全省完成水路货运量10893.9万吨、货物周转量233.6亿吨千米、集装箱吞吐量36.2万标箱。其中:内河完成货物运量10416.9万吨,货物周转量1825577万吨千米;沿海完成货物运量477万吨,货物周转量510040万吨千米,同比分别下降4.2%和下降15.2%。

(省港航局)

【高安市水运货运量下滑】 2015年,受水运发展瓶颈制约,水路货运持续下滑,全市拥有短途砂石运输船舶302艘,15808载重吨,14177.2千瓦;年审换发港口经营许可证71份,共112台吊机;全年完成水路货物运输量53.4万吨,货物周转量

534 万吨千米，同比分别下降 4.64%、4.64%。①自然条件制约。锦河航道等级过低，枯水期高安大桥上游为七级航道，下游为六级航道，根本不能实现赣江干支流之间直达运输，明显不能适应现代物流业发展需求。②设施滞后。港口码头泊位设计低，区域内全部是 100 吨级以下的直立式吊装码头，公用泊位、深水泊位、专业码头基本没有，机械化作业程度低，船舶装卸效率低。③运力单一。全市 100% 的运力从事砂石运输。船舶技术状况落后、运力吨位低，没有标准船型，专业化运输程度低，运输效益低，不能满足区域内煤炭、水泥、陶瓷、粮食的运输需求。④集约化程度低。经营主体弱小，且大多分散经营，产业集中度不高，影响水路运输的发展。

（张 淼）

【江西大仓物流有限公司正式落户樟树市】 2015 年，樟树港航管理处大力优化服务环境，积极引进扶持水运企业，促进樟树水运产业发展。其中：总注册金额 1000 万元的江西大仓物流有限公司于 4 月 20 日正式落户樟树。该公司主要经营项目为市内水路运输货物及船舶代理业务；道路普通货物运输、装卸、搬运等。正式运营后樟树港区将形成“水铁公”三位一体化的物流网络，樟树市各产业的水运物流成本将进一步降低，极大地促进樟树市社会经济发展。

（杜 甫）

【九江至高安市水铁联运正式开通】 8 月 13 日，由上港集团九江港务有限公司与南昌铁路局、中远集团、江西华茂物流运输有限公司联合推出了“九江至高安集装箱水铁联运”业务。这一业务的开通，有效解决了建陶基地陶瓷产品走水运成本过高以及枯水季节南昌赣江码头无法通航的问题，为建陶基地陶瓷产品的销售开通了一条快捷、高效、安全、经济的物流新通道。过去，高安的建筑陶瓷产品走水路，必须用拖车运至南昌，从赣江装船下水到九江，然后换大船出去，一方面拖车费用过高，经过了多次搬运，瓷砖的破损率增大；另一方面，遇到枯水季节，赣江水位不够，产品就无法及时装船运出，物流时间长。“水铁联运”的开通，具有运量大、成本低，货物搬迁次数少等优势，而且每个集装箱可以节省 300 元左右的物流成本，建陶基地的陶瓷产品可通过九江港走水运通道，在全国各个沿海港口登岸然后运至销售地点。同时，基地大北农、漓源等饲料加工企业所需的东北玉米等原料，也可以走这条“水铁联运”路线运至基地。此趟水铁联运班列的开行，为高安对接长江经济带，融入“一带一路”的发展战略开通了一条新通道，建陶基地每月有 600 多个集装箱的建筑陶瓷产品，通过“九江至高安集装箱水铁联运”走向全国各地。

（周世祥）

南惹古道

交通附属工业

道路运输附属工业

【概况】 截至2015年底,江西省机动车维修业共有10966户,其中,一类机动车维修326户,二类机动车维修1652户,三类机动车维修7129户,摩托车维修1859户。全省机动车维修从业人员66880人,其中技术负责人6708人,质量检验员5093人。全省完成主要工作量3677752(台次),比上年增长了2.32%,其中,整车维修78649辆次,总成修理242727台次,二级维护1152277辆次,专项修理2211829辆次,维修救援45265辆次。全省机动车综合性能检测机构共有81个,其中南昌市4个,景德镇3个,萍乡市4个,九江市14个,新余市2个,鹰潭市3个,赣州市16个,吉安市10个,宜春市7个,抚州市7个,上饶市11个。全省完成检测量合计463338辆次,其中,维修竣工检测207464辆次,等级评定检测224481辆次,维修质量监督检测12906辆次,其他检测17981辆次。这些维修和检测不仅保证了全省机动车正常行驶,而且是道路运输安全的有力保障。全省顺利完成了2014年度机动车维修质量信誉考核工作,共有92户维修企业被评为"质量信誉AAA级企业"。积极开展道路运输节能减排专项资金的申报工作,全省共有江西宜春汽车运输股份有限公司和新干县锋联物流有限公司2户企业获得69万元补助资金。6月10日,在南昌举办了第七届全国交通运输行业"PPG杯"汽车维修车身涂装竞赛江西分赛区选拔赛,积极推广水性漆;并组织人员参加了全国总决赛,获得了"最佳组织奖",有效推动了维修行业喷涂绿色化、维修低碳化。

(省运管局)

【省运管局多举措加强道路运输车辆技术管理】 一是制定了《江西省公路运输管理局关于加强道路运输车辆档案管理的通知》,对车辆管理档案、技术档案和检测档案的具体内容及保存时间进行了详细的规范。二是组织开展为期2个月的全省道路运输车辆档案管理工作大检查活动,各级运管机构以规范车辆档案为抓手,督促企业有效执行维护、检测等车辆技术管理制度,并加强综检机构经营行为的监督检查。三是组织全省道路运输车辆档案管理工作督查,共督查了21个运管机构、22户运输企业和15个机动车综检机构。四是加强综检机构的资质管理,对综检机构春运检测情况进行了暗访。五是举办全省机动车综合性能检测机构检测人员培训班,强化综检人员素质。

(省运管局)

【省运管局推动全省汽车维修行业转型升级】 一是争取省厅出台了《江西省交通运输厅关于促进汽车维修业转型升级提升服务质量的实施意见》,并明确了深化维修业结构调整、提升维修服务水平、健全行业诚信体系、强化维修质量管理和促进行业可持续发展等方面的重点工作,为推动全省汽车维修业转型升级指明了方向。二是开展汽车维修行业诚信企业创建活动,共有32户维修企业和1家综检机构被中国汽车维修行业协会评为诚信企业;10年来江西省共有103户维修企业获得国家诚信企业,其中江西广甸宝德汽车销售服务有限公司、江西宜春汽车运输股份有限公司宜春汽车维修总厂、萍乡经济开发区蓝盾汽车修理厂、江西铜业集团(贵溪)物流有限公司等4户企业连续4届获得诚信表彰,在全国40户连续四届评选为全国汽车维修诚信企业中占1/10。三是做好2015年全国机动车检测维修职称考试工作,全省共有约50余人通过报名审核。

(省运管局)

【**省运管局规范江西省驻外道路货物运输车辆维护管理工作**】　为规范江西省驻外道路货物运输车辆(危险货物运输车辆除外)的车辆维护管理工作,江西省明确异地经营3个月以上的道路货物运输车辆,道路运输经营者应到驻在地县(市、区)道路运输管理机构备案,并纳入驻在地道路运输管理机构的管理。驻外期满后,申请人应携带驻在地县(市、区)道路运输管理机构出具的车辆维护管理证明文件,回车籍地参加车辆年度审验。外省籍道路货物运输车辆驻江西省从事货物运输的,应按江西省要求进行二级维护和备案,纳入江西省道路运输车辆维护管理。

(省运管局)

【**省运管局推动营运客车类型划分工作标准化**】一是出台了《关于加强全省营运客车类型划分及等级评定工作的实施意见》,明确要求严把营运客车类型划分及等级评定和复核关、加强中、高级客车评定表动态管理。二是组织宣贯交通行业标准《营运客车类型划分及等级评定》(JT/T325－2013),规范各设区市运管机构、综检机构对营运客车类型划分及等级评定的工作流程和相关表格的规范性填写。三是实施客车类型划分监督通报机制,2014年对4个设区市11辆客车类型划分存在问题的车辆进行通报整改,严把车辆的准入关。

(省运管局)

【**省运管局积极推动维修行业诚信体系建设**】一是开展机动车维修质量信誉考核工作,构建奖优罚劣的机制。二是开展"3·15"机动车维修服务质量月活动,组织维修企业做好现场宣传活动。三是开展全省汽车维修行业诚信企业创建活动,"十二五"期间共有30户企业得到了中国维修协会的表彰。四是开展品牌龙头企业的评比活动。与大江网站联合开展了"优质修车树品牌优良服务创效益——江西省首届十大'双优'汽车维修企业(品牌)"评选活动,参选企业质量信誉连续5年均荣获AAA;与省消费者协会和省汽车流通行业协会共同联合举办,围绕"消费与安全年"为主题,在南昌地区的4S店中评选出20家汽车销售维修服务示范单位。五是做好典型维修企业的宣传。江西华宏集团和广甸集团的维修行业品牌创建案例在全国机动车维修工作会议上进行宣传,并收入到中国汽车维修行业协会《汽车维修企业转型发展典型案例》,得到了部运输司的认可。江西铜业集团修理公司的绿色维修理念在全国绿色维修现场交流会上进行推广。

(省运管局)

【**省运管局加快培育和发展汽车快修连锁网络**】省运管局加大了"江西快修"品牌的推广力度,对汽车维修快修连锁业态贯彻"扶植品牌、改善环境、培育市场、有序推进"的思路:一是组织行业管理部门和维修企业共同参与制定了省地方标准《汽车快修业开业条件》(DB36/T540－2008)。二是下发了一系列推进汽车快修业发展的文件和规范:《关于推进我省汽车快修业发展的指导意见》、《关于推进我省汽车快修业发展的通知》、《关于印发<"江西快修"品牌认定办法(试行)>的通知》等,并在大江网与广大网友开展了在线访谈节目。三是组织开展了"江西快修"品牌创建活动,截至2015年年底,全省评审了3批共计116户"江西快修"品牌企业,提升了汽车维修行业的公共服务能力。四是积极支持汽车快修项目,鼓励特约维修企业开发快修站,为国内外知名集团进入江西省汽车快修市场提供便利,培育一批有实力的品牌快修连锁企业。五是引导网点布局相对合理,引导车辆相对集中的加油站、大卖场及汽车美容装潢等连锁经营商,向汽车技术服务市场拓展。六是加大宣传力度,推介"连锁快修"的理念,引导车主消费观念改变和车辆消费群体流向。

(省运管局)

【**全省运管机构加强对汽车维修市场的监督力度**】　各地运管机构注重质量控制,督促维修企业实行竣工出厂质量保证期制度,建立健全维修企业质量保证体系。一是组织开展全省机动车维修市场专项治理工作,加强市场管理,清理无证经营,打击超范围经营行为,保护合法经营业户。二是开展了全省高速公路服务区维修市场专项整治活动,2012年,全省从经营资质、组织管理、公示信息、质量管理和经营行为等方面部署开展了长达六个月的整治活动,重点解决在高速公路服务区汽车维修市场存在的无证无照、乱收费、超范围经营、维修质量差等突出问题。三是积极开展机动车安全隐患大检查。2013 至 2014 年,全省开展了为期 3 个月的大检查,全省共检查机动车维修企业 3701 户,检查用于车辆维修的主要零部件 28136 个,没收假冒伪劣配件 156 个,吊销经营许可 5 户,依法处以查封维修企业 9 户。

(省运管局)

【省运管局开展维修服务规范创建活动】 一是组织人员制定过了省地方标准《机动车维修服务质量规范》(DB36/T594 - 2010),并开展了全省维修服务质量规范达标示范创建工作。二是结合行业标准《机动车维修服务规范》宣贯,以培育“服务龙头企业”为载体,以点带面,发挥示范效应,大力推进服务规范达标工作。三是构建“企业达标作为质量信誉等级基础,信誉等级作为品牌建设依据”的互动机制,“十二五”期间全省 AAA 级企业维修服务规范全部达标,AA 级企业达标率达 50%,引导维修行业逐步形成规范化服务常态。

(省运管局)

【九江市选手在全省汽车维修职业技能竞赛中取得好成绩】 该市参赛选手九江中顺宝汽车销售服务有限公司(宝马)户葆华、九江英之杰九星汽车销售服务有限公司(奔驰)梁益平,在省运管局举办的“第七届全国交通运输行业‘PPG 杯’汽车维修车身涂装(水性漆)竞赛江西分赛区选拔赛”上分别获得一等奖和三等奖。

此次竞赛是为推动汽车维修行业高技能人才队伍建设,促进维修企业发展,宣传绿色汽修、节能环保理念,推广新工艺、新材料而组织的全国一级赛事。全省共 100 余名选手参加了此次竞赛,获一等奖的选手将代表江西省参加全国竞赛。

(九江市交通运输局)

【九江城区维修行业正式启用车辆技术信息管理系统】 深入贯彻落实中共十八大、十八届二中、三中全会以及《国务院安委会关于深入开展企业安全生产标准化建设的指导意见》精神,落实道路运输“三关一监督”安全监管职责要求,进一步加强营运车辆技术管理,经过为期半年的试用磨合,九江城区维修行业正式启用九江市营运车辆技术管理服务信息系统。

九江市营运车辆技术管理服务信息系统的启用将进一步规范、简化车辆综合性能检测、二级维护备案流程,提高行业管理工作效率和管理水平。运管部门通过建立该系统,推行网络化管理,车辆检测维护过程中的每个环节将通过系统进行监控。假检测、假维护、检测维护减项漏项、标准要求不落实等现象将得到有效的遏制和杜绝。营运车辆业主自主选择检测、维护更为方便,企业的主体责任得到更有效落实,车辆技术管理将更加规范。

(九江市交通运输局)

【新余市选手在第七届全国交通运输行业“PPG杯”汽车维修车身涂装(水性漆)竞赛中获佳绩】 6 月,由新余市道路运输管理处选送的刘青保等 5 名选手在 2015 年中国技能大赛第七届全国交通运输行业“PPG 杯”汽车维修车身涂装(水性漆)竞赛江西分赛区中获佳绩,新余深业丰田汽车销售服务有限公司刘青保获得全省二等奖,新余市利泰销售服务有限公司李铭获优秀选手奖,新余市道路运输管理处获得最佳组织奖。

(张 芳)

【吉安市促进优质维修行业建设】 一是积极开展“维修质量月”活动,充分利用网络、报纸等传媒大力宣传质量服务月的意义和要求,倡议汽车维修企业向社会各界汽车消费者作出优质服务承诺,在整个维修行业形成“安全、诚信、满意”的和谐氛围;二是于 10 月 15 日在新干县召开了新《机动车维修管理规定》宣贯会,向广大维修业户宣传机动车维修的最新法规制度;三是从 4 月开始,通过机动车维修企业自检自查、各县市运管所初审、市处进行交叉现场评审、吉安运政网公示的方式,对全市 151 户一、二类机动车维修企业开展了 2014 年度质量信誉考核和服务规范达标评审,评审出 AAA 级机动车维修企业 5 户、AA 级机动车维修企业 102 户、A 级机动车维修企业 44 户。

(吉安市交通运输局)

【宜春市机动车维修企业质量信誉考核工作全面结束】 2015 年 3 月至 5 月,市运管局车技科根据《关于认真做好 2014 年度全市机动车维修企业质量信誉考核工作的通知》的要求和市局的统一安排,完成全市 223 户一、二类维修企业的信誉考核工作。宜春市机动车维修企业在2014年度质量信誉考核中获得AAA、AA、A级称号的企业分别为6户、21户和177户。新增19户。为抓好2014年度机动车维修企业质量信誉考核工作,车技科做到认真组织,合理安排,突出重点。考评重点检查各维修业户是否持之以恒执行相关维修管理制度和规定。其次,强化基础管理,对企业反映强烈的重点内容进行重点检查。如车辆维修竣工出厂合格证制度、车辆维修合同制度等进行责任落实,确保维修质量。重点把关企业完善维修质量管理,要求企业建立齐全的二级维护档案,一车一档,及时上报维修台账,规范企业自身制度管理。认真总结质量信誉考核工作,通过考核工作不断增强维修企业的法律意识、管理意识、质量意识和服务意识,促进全市机动车维修行业健康和谐发展。

(车辆技术管理科)

【袁州区汽车维修业发展迅速】 随着交通运输业的迅猛发展,私家车的家普及,社会对维修服务的需求也在日益增长,企业维修业已经发展成为一个独立健全的新生行业。2015年,全区共有3类以上汽车维修企业155户,其中一类33户,增加3户,二类59户,增加8户,三类62户,增加2户,全年新增13户。一是转变职能,提升服务。为促进汽车维修业健康快速发展,区运管部门创新管理办法,改革管理体制,转变身份位置,全力为维修业主提供政策支持帮扶。二是加强管理,整顿秩序。组织运管执法人员加强市场监管,开展维修市场综合整治,维护良好市场秩序,优化行业发展环境。三是定期培训,提高质量。每年组织维修企业定期举办培训班,加强从业人员业务素质与服务意识培训,不断提高维修行业服务质量,满足社会需求。

(李　庆)

【樟树市培育维修行业做大做强】 近年来,樟树市交通运输局积极支持引导维修企业上规模上档次,严格维修市场准入关,按新国标实施维修经营许可,带动提升该市汽车维修行业发展和服务水平。该市中天汽车销售有限公司上半年投入上千万元新建改造,并加大维修设施设备投入,打造升级为一类大型货车整车维修企业汽车4S店。该市佳和汽车贸易有限公司投入大量资金,打造为上规模的轿车型含汽车销售、维修、配件、信息服务为一体的企业,也升级为一类小车整车维修企业。

(杨　波)

【靖安县强化汽车维修行业管理提升服务水平】

该县共有三类以上维修企业32户,县运管所加强对维修企业行业管理,促进机动车维修行业发展上新水平。一是在全县范围内开展了"汽车维修企业安全隐患排查治理专项行动",对该县部分维修企业存在安全主体责任落实不到位,安全生产制度不健全,从业人员没有按照要求规定取得相应的从业资格证书等问题,深入企业逐项进行整改。二是开展讲座培训。组织企业人员对机械事故与汽车维修方面的内容进行了讲座培训。通过大量具有操作性的理论讲解和实例,进一步提高参训人员对车辆技术维修管理工作重要性的认识,增强车辆技术维修管理的能力。三是加强维修环境整治。对技术标准和操作规范落实不到位,没有严格按照国家标准和技术规范进行车辆维修,进厂检验、过程检验和竣工检验以及竣工出厂合格证"三单一证"制度执行不到位,维修中存在漏项、减项等问题及环境脏、乱、差和占道经营现象反弹较为严重的维修业户送达了《整改通知书》,要求限期整改,对整改不合格并存在安全隐患的修理企业,采取停业整顿,直至取消其经营资质的做法。其间出动执法车辆12台次,出动人员42人次,查处占道修车4户,暂扣经营许可证件1户,取缔无证经营2户。通过开展整治,使全县机动车维修市场的环境得到了明显好转。

(刘　斌)

【靖安县做好车辆检测工作促进审验全部达标】

该县认真做好客货车辆检测工作,为运输安全生产打下扎实基础。2015年,客车道路运输证和经营许可证年审率为100%,出租汽车审验率为100%。年度审验车辆综合性能检测客车达100%,货车96%以上,参检车辆建档建卡率、合同维修签订率均为100%,强制维护率达98%。县运管所认真履职,大力宣传、提供服务、严格把关,保证了年审工作顺利开展。一是下发了《关于2015年度道路运输车辆年审工作的通知》,从年审范围、年审时间、年审方法、年审要求等四方面做出了明确的规定。二是做好宣传动员。召开运输业户及相关企业年审工作会,通过各种形式对年度审验工作进行宣传,让广大客、货运输经营业户家喻户晓,人人皆知。三是提供优质服务,按照“窗口受理、内部流转、限时办结”的业务流程,采取“公开、公正、阳光”操作的审验方法,使年审及换证工作实现服务程序便捷化、服务过程公开化、服务方式人性化、服务效能优质化。四是严把车辆技术性能关。要求综检站严格执行营运车辆技术检测标准,科学管理,严格把关,对出具的检测报告的真实性、准确性负责,承担相关的法律责任,确保检测数据的准确性。对检测不合格的车辆,一律不准参加营运。五是强化沟通。车辆年审工作政策性强、涉及面广、工作量大,各相关股室相互协作,形成合力,建立有效沟通机制,及时反馈经营业主相关信息,确保年审顺利进行。

(刘　斌)

【奉新县规范机动车维修市场管理】 受利益的驱动和运政执法力度不够等原因,该县机动车维修市场仍存在超范围经营,不按规定程序进行维修等情形均不同程度存在。针对上述情况,该县交通运政部门采取以下几项措施。一是严格把好维修市场资质准入关,对辖区内机动车维修经营业户进行一次检查。通过检查,吊销2户维修企业的经营资质,并对一些相应企业进行降类处理。二是加强对维修企业的日常监管,规范企业经营行为,引导维修企业自觉提高维修质量和服务水平。三是定期召开维修企业例会,落实和完善全县维修协会成员例会制度,组织维修企业学习中央、省、市关于汽车维修的部门规章和规范性文件,加强行业自律意识。四是加大打击力度,组织力量对辖区内维修企业进行清查,查处无证经营维修业户36户,取缔无证经营户17户,越级维修业户12户。

(刘　强　周　强)

【宜丰县积极组织宣传贯彻《汽车维修业开业条件》】 3月,组织召开辖区三类机动车维修企业座谈会,宣贯《汽车维修业开业条件》新国标,督促企业尽快改造达标,引导企业合法、规范经营。会上,工作人员发放相关宣传材料,对《汽车维修业开业条件》新国标进行解读,对当前的维修市场状况进行分析,并举例说明合法经营、诚实守信、优质服务对企业生存发展的重要性。还对新国标实施后三类维修企业应具备的场地、从业人员等条件,机动车维修经营许可证到期换证程序,从业技术人员持证上岗等相关规定内容进行了详细介绍。此外,与会人员还就维修行业自律、先进经营管理理念、企业面临的机遇等问题进行了座谈,并就维修从业人员资格证办理、审验、继续教育等问题向运管工作人员进行了咨询。

(漆志勇)

【万载县首家道路施救服务公司开业】 2015年11月万载县成立了首家道路施救服务公司(万载县万途道路施救服务有限公司)。该公司是一家集道路运输、道路维修救援、代驾服务、代理车辆保险理赔、汽车修理、停车服务、汽车美容、轮胎、汽车零配件销售为一体的责任有限公司,公司地处万载县康乐街道里泉村,公司占地总面积1.3万多平方米,该公司内配有办公大楼,消防设施、公司场地全方位监控摄像头,实施24小时不间断值班和监控。该公司的成立还填补了万载无大型停车场地的一项空白。

(王小刚)

【南城汽配产业集群崛起】 6月20日,落户南城县的江西舒马赫汽车电器有限公司正式开工建设。该项目固定资产总投资1.2亿元,主要产品为缸体缸盖总成、发电机、点火线圈、分电器、传感器、启动马达等汽车配件。项目全部建成投产后,预计年生产10万件缸体缸盖总成,实现年销售收入3亿元,上缴税金800万元。与此同时,落户该县的江西冠志实业有限公司也举行了开工仪式。该项目固定资产总投资2.6亿元,主要产品为通机系列。项目全部建成投产后,预计年生产5000万套通机系列产品,实现年销售收入7亿元,上缴税金2000万元。

这些汽配大项目、好项目之所以纷至沓来,看中的是南城县物流产业发展带来的巨大商机。2015年,该县抢抓抚州与莆田规划建设“无水港”的机遇,整合汽运办、运输协会和物流供应链协会功能,建立铁海联运、陆海联运等多种联运模式,形成现代物流服务体系,至年底,全县拥有物流企业238户、货运车辆4250辆,实现营业收入45亿元、税收1.6亿元。物流产业的强劲发展,使发展汽配产业有了得天独厚的优势。为此,该县按照产品档次全、品牌类型全、产业链条全的“三全”发展思路,规划100公顷土地建设汽配产业园,高标准打造集汽配生产、加工、销售为一体的汽配产业基地。同时,主动与江铃、昌河等知名厂家开展合作,吸引更多汽配项目前来落户。为让更多汽配企业“进得来、留得住、有发展”,该县还出台了一系列优惠政策,对产业带动性强、资金技术密集的汽配上下游企业进行重点扶持,提供一站式、保姆式服务。几年间,该县汽配产业集群已经初步形成,已拥有华兴车业配件、佳城汽配、上金科技等汽配企业10多户,年创产值5亿多元。

(陈根玲)

水路运输附属工业

【省航道工程局两艘新建工程船顺利下水】 2015年4月14日,省航道工程局机修所承建的440千瓦拖轮和220千瓦起锚艇完成建造,并顺利下水。

该局机修所于2014年11月中标这两艘船舶的建造工程后,立即精心组织、积极调配、统筹安排,并于11月底顺利开工建造。经过3个多月精心作业,顺利完成建造任务顺利下水。剩余电气、装饰工程及各项试验工作,于2015年5月中旬完成正式交付使用。

(万宝莲郭亚庆陈明中)

【全省首艘16米铝合金海巡艇在上饶交付使用】 5月15日,由鄱阳江海船舶修造厂研发建造的全省首艘16米全铝合金海巡艇在上饶市信江河畔三江公园码头正式交付使用。该艇总长16米,型宽3.57米,型深1.80米,设计吃水0.61米,采用原装进口美国水星柴油舷内外机,主机功率130HP×2,装配雷达、甚高频等先进的通讯导航设备。由于铝合金船舶具有船体自重小、快速、节能、耐锈蚀、单船续航能力大等优点,可大大提高上饶信江水域水上交通安全监管、快速反应和巡航救助能力,提升上饶海事执法队伍形象和执法保障。

鄱阳江海船舶修造厂在6.8米铝合金高速海事执法艇批量建造取得成功基础上,筹资并协同设计部门着手研发各类铝合金材质船型,本次交付16米全铝合金海事指挥艇是该单位研制的船型之一,另1艘在建的16.8米全铝合金海事指挥艇预计6月底可交付使用。

(上饶地方海事处)

节能环保

道路运输节能减排

【省运管局推进道路运输车辆燃料消耗量核查工作】 一是建立《道路运输证》配发与车辆燃料消耗量核查、车辆综合性能检测紧密结合的工作机制,要求运管机构和综检机构严格执行《燃料核查工作细则》和《核查工作规范》,做到“五个一律”。二是健全道路运输车辆监督管理责任追究制度和道路运输证发放责任制度,对不符合燃料消耗量达标车型要求和达不到道路运输车辆综合性能技术要求的车辆,不得进入道路运输市场。“十二五”期间全省共有2356辆营运车辆燃料核查不合格不得进入运输市场。三是强化工作考核制度。将燃料核查工作列入了年度道路运输管理目标考核内容,签订了目标责任状,通过运管机构一级抓一级,层层抓落实,确保进入道路运输市场的车辆达到燃料消耗量标准限值要求。 (省运管局)

【省运管局积极推动道路运输全行业节能减排工作】 一是积极组织开展节能竞赛活动。2011 年组织雪弗兰克鲁兹、大众宝来、比亚迪 F3 三种车型共 30 辆车开展“节能节电、全民行动”节能驾驶体验活动。与大江网倾力协作,通过网上在线答题,组织开展节能知识竞赛活动,历时 12 天,共有江西、江苏、山东等社会公众踊跃参加,共计 6.7 万人次关注竞赛,4.2 万人参与竞赛。承办了两届“宇通杯”节能竞赛和 4 个工种的检测维修技能竞赛。“十二五”期间,共有 3 名选手获得全国交通运输行业技能能手荣誉称号。二是开展丰富的节能科普活动。联合大江网,邀请行业领导、省内知名专家和私家车主一同做客大江网直播室,与网友们就“节能我行动、低碳新生活”进行畅聊;编印与分发汽车“绿色驾驶”手册。总结驾驶节能能手经验,在行业内分发手册共计 1800 余册,让节能宣传普及广大驾驶员和旅客;举办全国道路客运安全节能科技知识大讲堂江西站巡讲活动,积极推广 G－BOS 运营系统,提升道路客运节能减排水平。

（省运管局）

【省运管局积极推动营运黄标车淘汰】 一是下发了《关于加快推进全省营运黄标车淘汰工作的通知》,要求各级运管机构从加强组织领导、建立信息台账、严把准入和年审关、强化部门联动、广泛宣传动员、加强信息报送及考核等多项措施推进黄标车淘汰工作。二是建立信息报送月报表制度和考核通报制度。三是下发了《关于进一步做好 2005 年底前注册营运黄标车淘汰工作的通知》,督促积极开展运政系统数据清理工作,截至 2015 年 12 月底,全省共淘汰约 2.8 万辆 2005 年底前注册的营运黄标车。

（省运管局）

【景德镇长运公司举行节油技能竞赛】 12 月 16 日,为进一步提升交通行业节能减排“软实力”,景德镇长运公司举办了“2015 年度驾驶员节油技能竞赛”。竞赛分为客车组和轿车组两个组进行,景德镇各地区长运分公司推荐的营运客车驾驶员和轿车驾驶员共计 30 余人参加了比赛。

此次节油技能大赛共分为综合理论及技能考核两部分。综合理论主要考核驾驶员职业道德和道路交通安全法规、节能减排法律法规、节油驾驶知识等。技能比赛的场地是过往车辆较多的浮梁 206 国道地段路段,考核项目为节油技能、驾驶操作技能两项,比赛采取裁判员跟车考核、终点实时测量油耗方式进行。本次竞赛还对驾驶员的规范性和节油技术进行了重点考核。

（张顺发）

【萍乡市加快淘汰污染严重超标的公交车和出租车】 萍乡市公交车 2015 年有天然气 157 辆,油气混合动力 39 辆,占公交车总数的 45.69%。出租车有 563 辆为原装“油气混合”清洁能源车辆,另外油改气有 96 辆,双燃料车占总的出租车 85.58%。淘汰高能耗、污染重的老旧车辆,鼓励提前报废,加快高油耗客、货车退出道路运输市场进度,2015 年淘汰黄标车 2081 辆客货运车辆,其中老旧车辆 1903 辆。

（晏卫东　彭　森）

【萍乡市交通运输局加强环境保护增加绿色新能源车】 萍乡市交通运输局积极构建“绿色、低碳、高效”的交通运输体系,推进全市交通运输领域污染减排工作,严格按照省、市政府的要求,全面实施营运车辆燃料消耗量准入制度,切实推进行业节能减排工作,禁止高耗能客、货车辆进入道路运输市场。淘汰污染严重超标的公交车和出租车,推进公交车和出租车使用节能与新能源车辆的比重。公交车现有 405 辆,计 430.5 标台,其中绿色新能源和清洁能源公交车 257 辆,占公交车总数的 63.5%。萍乡市中心城区 700 辆出租车中,有 563 辆为“油气混合”清洁能源车辆,占比为 80.43%。为实现道路运输行业更安全、更经济、更环保的目标做出了努力。

（晏卫东　彭　森）

【吉安市优化行业低碳环保建设】 2015 年,吉安市以江西吉安长运有限公司为试点,重点推进天然气道路长途客运工作的贯彻落实,以点带面,推动混合动力、纯电动、天然气等新能源和清洁燃料车辆在公共交通行业的示范和应用,提升城市公交和出租车推广使用节能与新能源车辆的比重,为广大市民创造更好的乘车环境,为全面推进道路运输行业的低碳环保建设打下良好基础。中心城区已有40辆大型油电混合公交车、32辆油气混合出租车投入使用,各县(市)新增12辆新能源公交车,提高了市民乘坐的舒适性,提升了城市公交形象。

(吉安市交通运输局)

【峡江县通途汽车运输有限公司获交通运输部节能减排专项资金补助】 2015年,峡江县通途汽车运输有限公司《LNG天然气半挂车在道路运输中的应用》项目获得交通运输部补助资金113万元,成为吉安市首家获得国家交通运输节能减排专项资金支持项目。峡江县通途汽车运输有限公司于2013年投资2011.6万元,购置50辆压缩天然气(LNG)车辆,在江西、山西、内蒙古等地从事货物物流运输。该项目LNG天然气半挂车投入使用后,相比老旧柴油车节能减排效果十分明显,不仅为企业节约营运成本,而且还大幅度降低了车辆尾气排放,全年替代燃料量4446吨标油。交通运输部节能减排专项资金补助是为鼓励运输企业使用清洁能源运输车辆,提升行业节能减排水平而设立的专项资金补助。该项目的申报成功,为吉安市推进LNG项目建设、发展绿色运输、降低物流成本起到积极的示范作用。

(吉安市交通运输局)

水路运输节能减排

【鄱阳湖区航道首次使用太阳能环保航标灯】 1月16日,由鄱阳县江海船舶修造厂承建的的太阳能一体化新型智能环保航标灯,首次在鄱阳至龙口11号过河岸标(钢结构灯塔航标)安装使用,经过实测,各项技术参数均符合相关规范要求。

本次投入使用的太阳能一体化新型智能环保航标灯,既能替代原来使用干电池电源,从而解决原先需频繁更换电池的支出成本和废旧电池带来的环境污染问题,又能通过航标灯远程管理系统,实现在电脑、手机等移动端对航标灯参数(航标位移报警、航标灯灯色等)进行调整航标设置、航标灯状态参数监控。可在第一时间内显示航标位置位移及标灯故障现象,彻底改变传统无针对性巡航排查模式,大大提高航道管理部门的工作效率。

太阳能一体化新型智能环保航标灯具有高效节能、简单人性化、远程监控、覆盖广、高精度、易维护等特点。该航标灯采用太阳能作为光源和GPS定位以及GMS网络信息自动传输相结合,利用先进的物联网技术,高效的人机交换,友好的软件界面,方便建立监控指挥中心,航道管理人员可通过电脑、手机对辖区范围内所属标灯进行同步远程监督管理。

智能环保航标灯的使用,可解决传统的通过大范围的巡航查找标灯故障问题,其所有工作数据、物理位置、故障现象都同步显示在远程管理软件的界面上,出现问题能第一时间发现,并且能有针对性地进行检修、方便快捷,从而确保辖区内的航标标位准确、标灯的发光率,安全无误的引导过往船舶在航道上的行驶。南昌港航分局、宜春港航分局将在赣江上批量使用太阳能一体化智能型环保航标灯。

(付知拾　邓爱寿　陈明中)

【南昌航道处更换桥区水域22座新型太阳能航标】 4月3日,南昌航道处为积极响应上级“节能减排、低碳发展,打造绿色交通”的要求,先行对管辖航道内向莆铁路大桥、生米大桥、南昌大桥等桥区水域更换新材料太阳能航标灯共22座。

新材料太阳能航标标身由塑料制成,航标上端装有新型太阳能航标灯。与铁制航标相比,新材料太阳能航标具有标身轻、耐锈蚀、避碰受损性较好,无须安装电池,灯光明亮等特点。新材料太阳能航标灯的使用不仅节约维护成本,更重要的是能减少由船舶刮碰带来的航标移位、沉没等情况的发生,对于准确标识航道,保障通航水域特别是桥区通航安全,起到重要的作用。

该处还将根据新材料太阳航标灯的使用情况,适时对管辖其他水域开展新材料太阳航标灯的普及与更换。

(汪　莹　胡　翔　陈明中)

【赣江石虎塘航电枢纽通过蓄水阶段环境保护验收】 5月28、29日,受国家环保部委托,江西省环境保护厅会同江西省交通运输厅、吉安市环境保护局等单位对赣江石虎塘航电枢纽工程蓄水阶段环境保护建设情况进行现场验收。参加验收会的有省港航管理局、省交通工程质监站、泰和县环境保护局、石虎塘项目办、泰和县石虎塘工程协调办、省港投公司和省港航局吉安分局及设计、监理、施工、环评、验收报告编制等单位代表和专家，共计50余人。

会议成立验收组，验收组成员和与会代表实地勘察了工程建设和试蓄水情况，听取石虎塘航电枢纽工程建设办公室关于工程建设情况、环保执行情况的报告和江西省环境保护科学研究院关于工程蓄水阶段环境保护验收调查报告的汇报，结合现场检查该项目：生态环境保护、水土保持措施、水环境保护、声环境保护、空气环境保护、固体废物污染防治、环境风险事故防范与应急等各项环保措施的落实情况，审阅并核实有关资料。

经认真讨论，验收组认为：石虎塘航电枢纽工程项目基本落实环评及批复蓄水阶段的各项环保措施，最大限度地减缓了项目的施工建设、试蓄水给环境带来的影响，基本符合建设项目蓄水阶段环境保护验收条件。会议原则同意该项目通过蓄水阶段环境保护验收。

（吕一琦　陈明中）

【吉安顺利完成“十二五”内河船舶拆解改造工作】 2015年，为保障内河水上交通安全、提高运输效能和调整水运结构，吉安市加快完成“十二五”内河船舶拆解改造工作。截至2015年底，完成25艘（4807载重吨、2534.24千瓦）的内河运输船舶的拆解、改造，加装生活污水收集处理装置111艘，发放补贴资金336.92万元。为做好船舶拆解改造工作。一是加大宣传力度。下发文件、张贴通告、群发港航短信等途径，广泛宣传发动，鼓励符合老旧小吨位、生活污水防污染改造的船舶尽早拆解、改造。二是主动服务。积极与船户沟通联系，说明国家补助政策期限到2015年底，超过期限国家不予补贴。同时，主动联系水运企业、水运业户并指导填报审批材料，确保此项惠航政策的贯彻落实到位。

（吉安市交通运输局）

【吉安港着力推进节能减排效果显著】 2015年，吉安市港航管理处继续着力推进水运行业的节能减排工作，取得了良好效果。目前，吉安市全市货运船舶平均载重吨由2014年的832吨增至890吨，增幅7%。该处一是以开展船舶拆解和技术改造为抓手，推进全市运输船型标准化建设，不折不扣的将政府予以财政补贴鼓励拆解老旧船舶的惠民政策落实到位。而水运业户得到了实惠，也积极用新船取代老船，提升船舶技术含量，使运输船舶单位能耗显著下降，节能减排成效明显。该处2015年对符合拆解条件的老旧运输船舶10艘进行了核准，年底已完成拆解8艘，其中普通货船7艘、客船1艘；符合加装生活污水处理装置的船舶111艘。以上船舶合计可获政府补贴近510万元，全部按程序完成初审后上报市交通运输局及市财政局审定。二是为保护赣江生态环境，打造绿色低碳港口。针对赣江支流河道采砂量越来越大，采、挖砂船存在污染破坏环境的危险，必须在支流河道采砂业推广高效、节能、安全的传输装卸机械，而运用输送带驳运砂石上岸，每套输送带可以比一台吊机节约能耗36%，且输送效率和安全系数都更高。为此，港航管理人员深入港口经营业户、船舶运输公司，动员、指导并组织他们去外地参观学习，积极引进更为先进的河道采砂技术设备。截至2015年，全市共淘汰、拆解高耗低效砂场吊机55台，更新高效、节能、安全的传输装卸机械53套。

（吉安市交通运输局）

科技 教育 卫生

科 技

【概况】 2015年,省交通运输科技工作围绕“五大发展理念”和“四个交通”建设需要,制定计划规划,明确主要任务,营造“双创”环境。一年来,始终坚持以科技项目为抓手,以服务全省交通现代化建设为宗旨,着力抓好科技项目申报与管理工作。强化与提升创新能力和节能减排水平。着力推进行业标准与信息化建设,科技成果转化和新技术推广应用取得显著成效。全年共确定省交通运输科技项目66项,其中,重点工程科技项目27项,开展招投标科技项目4个,组织申报省部级科技项目13个。全年全省交通运输行业取得科技成果35项,其中,获得省科技进步奖2项,获得中国公路学会科技进步奖5项。颁布和实施省地方标准4项。与此同时,做好《高速公路施工质量控制要点规程》等地方标准审定工作,出色完成既定科技工作任务,为全省交通运输行业转型升级、又好又快发展提供有力支撑。

1. 健全交通科技管理机制体制,推进创新能力建设。①完善科技管理机制体制。重新修订了《江西省交通运输厅科技项目管理办法》,明确招投标、重点工程项目立项、成果验收结题等内容。全面启用“江西交通科技信息管理系统”,实现科技项目网上申报办理。提升科技项目管理信息化水平,已建成江西交通科技信息资源共享平台,初步实现与交通运输部科技信息互联互通。科技计划项目申报与科技项目管理工作更加有序、规范。②强化创新能力建设。依托省交通科研院试验检测中心启动交通科技园建设,推进科技园前期规划编制工作;依托省交通工程质量检测中心申报的“公路长大桥梁建设技术及装备交通运输行业研发中心”正式获批组建,这是全省首个全国交通运输行业的研发条件平台;依托省交通科学研究院,组建省级院士工作站,成立国家智能交通系统工程技术研究中心和部公路交通安全工程研究中心两个江西分中心,开启部省合作新模式;依托江西方兴科技有限公司建立了江西省公路机电工程技术研究中心,这是交通运输系统第4个省级科技条件平台;省交通设计院成为全省首批博士后人才创新实践基地,有效提升江西交通运输行业的创新能力。③注重科技创新研究。完成了赣粤高速公路股份公司承担的“高速公路运行管理与应急处置关键技术研究与应用”西部交通科技项目成果验收工作;已做好37科技项目结题工作,部分科研成果达到国际先进水平。获省科技进步奖和中国公路学会科技进步奖多项,其中,庐山西海高速公路安全绿色交通关键技术研究及工程示范获中国公路学会科技进步奖一等奖。

2. 优化节能减排结构,促进行业绿色发展。优化运输装备运力结构,构建节能高效运输组织体系。印发《关于加快推进全省营运黄标车淘汰工作的通知》,淘汰老旧营运车辆和“黄标车”2.8万辆,完成了全年淘汰全省2005年底前注册营运的黄标车任务,为2017年淘汰全省黄标车的硬性目标任务奠定了基础。全省全年新增新能源和混合动力车1034辆,核准拆解改造老旧运输船舶47艘16612总载重吨位,其中,单壳化学品船及600载重吨位以上单壳油船19艘,6692总载重吨位,实际拆解完工12艘,3113总载重吨位,其中,单壳化学品船、600载重吨以上单壳油船6艘,1592总载重吨位,结构性节能成效显著。与此同时,做好天然气营运车辆主题性项目的申报工作。江西鹏泰物流有限责任公司、江西宜春汽车运输股份有限公司两家企业通过了专家评审,共获69万元补助资金。

3. 加大标准化建设力度,提升行业技术水平。审议通过2015年度省地方标准申报计划和省交通运输行业标准计划。《高速公路计重收费整车式称重系统技术规范》《公路隧道LED照明设计规范》《公路隧道LED照明灯技术条件》《公路隧道LED照明施工验收规范》4项省地方标准颁布实施,《高速公路机电系统维护技术规范第4部分:收费设施》《高速公路机电维护技术指南5部分:低压配电设施》《高速公路机电维护技术指南6部分:照明设施》《高速公路机电维护技术指南7部分:隧道机电设施》4项地方行业技术指南发布实施;同时做好《高速公路施工质量控制要点规程》等地方标准的审定工作。组织开展2期地方技术标准的培训及宣贯会议,全省130余人参加培训。

4. 大力推遥信息化建设,强化信息资源共享。加强总体信息化建设部署。开展省交通运输行业重要信息资源共享和整合应用需求调研,完成了少交通运输厅“十三五”交通运输发展规划信息化专项课题研究工作,制定了《江西省交通运输厅2015年信息化工作要点》。①严把信息化工程建设验收关。组织开展省交通运输统计分析监测和投资计划管理信息系统工程、全省普通干线路网运行监测与应急处置平台、省交通运输厅智能交通管理与路网监控系统、省交通运输综合地理信息平台项目、江西交通科技信息资料共享平台系统、省公路路政管理总队路政信息化项目部分子系统6个信息化建设项目的竣工验收,完成了省交通运输厅公众出行信息服务系统二期建设工作。完成改版全新电子地图、出行策划及交通综合服务查询等信息建设任务,公众出行更加便捷、更加人性化。②切实保障网络、信息安全。全面部署行业网络与信息业务系统安全自检自查任务,督办6项信息漏洞整改工作,积极做好网络网站各项安全迎检工作,提高网站运行质量;全力推进软件正版化工作,成立了厅软件正版化工作领导小组,全年安排17.2万元资金,用于推进机关软件正版化建设,确保3年内机关软件正版化率达到100%。

5. 多方联动做好规划编制,提高软科学研究水平。积极做好《“十三五”时期江西省绿色交通发展对策研究》课题研究工作,完成《江西省公路水路交通运输“十三五”教育与培训发展规划》《江西省交通运输科技“十三五”发展规划》《江西省交通运输节能环保“十三五”发展规划》3个规划初稿,确保各项规划编制工作既定任务落到实处。

6. 突出科技成果推广应用。全年推广应用科研成果11项,发布1期新技术推广应用目录,“桥梁工程清水混凝土制备与施工技术”等10项成果列入引导性推广项目。充分发挥科技中介的媒介作用,依托省公路学会,举办 2015 年省公路交通科技创新发展报告暨科技成果推介会。联合中国公路学会举办第七届全国公路改扩建技术交流会,并在省内组织了技术推广交流会 2 场。其他各项科技工作均快速发展、卓有成效。

(潘婷)

南惹古道小桥流水

2015 年全省交通运输行业科技成果一览

表 9

项目编号	项目名称	承担单位	负责人	成果编号	备注	鉴定时间
2012C0029	江西省高速公路监控平台前端设备控制与访问接口技术规范研究	抚州至吉安高速公路项目建设办公室、省交通运输厅应急指挥中心、长安大学	孙宏	赣交科验字〔2015〕第 01 号		2015.1.12
2010H0024	沪昆高速公路江西昌傅至金鱼石段编坡滑塌病害处治技术研究	省交通科研院、省高速集团宜春管理中心	肖武光	赣交科验字〔2015〕第 02 号	国内先进水平	2015.1.14
2010H0026	土袋技术在公路填土路基和边坡处治中的应用研究	省交通科研院、南昌航空大学	彭明	赣交科验字〔2015〕第 03 号		2015.1.14
2011T0033	高速公路服务区污水处理集成技术研究	省交通研究院、南昌航空大学、江西公路开发总公司	徐颖	赣交科验字〔2015〕第 04 号		2015.1.14
2009X0049	桥隧三维地质成图系统研究与开发	省交通设计院有限责任公司	朱海涛	赣交科验字〔2015〕第 05 号	2009X0049 和 20130002 两个项目分别获软件著作权证书 2 份、专利证书 2 份、推广应用证书 1 份。均处于国内领先水平	2015.1.16
2013C0002	桥隧三维地质成图系统在万载至宜春高速公路项目的应用	省交通设计院有限责任公司、省高速集团万载至宜春高速公路项目建设办公室	张红宇	赣交科验字〔2015〕第 06 号		2015.1.16
2012C0008	高速公路代建与监理合并管理模式(即监管一体化)研究	井冈山厦坪至睦村高速公路项目建设办公室、江西交通咨询公司、中国公路学会	王昭春	赣交科验字〔2015〕第 07 号		2015.1.16
2012C0009	旧混凝土路面面板材料再生利用关键技术及其应用	九江市公路管理局、长沙理工大学	黄伟	赣交科验字〔2015〕第 08 号		2015.1.23
2011C0053	高速公路安全保障与突发事件处置技术研究	省高速公路投资集团有限责任公司德兴至上饶高速公路项目建设办公室、华中科技大学	胡文华	赣交科验字〔2015〕第 09 号	国际先进水平	2015.1.26
2012C0020	深厚湖积淤泥质土地基抛石填方路基关键技术研究	省赣北公路勘察设计院、同济大学	宁建根	赣交科验字〔2015〕第 10 号	国际先进水平	2015.2.4
2011C0011	装配式混凝土空心板梁铰缝施工技术及质量控制方法	吉莲高速公路建设项目办、东南大学	韩根生	赣交科验字〔2015〕第 11 号	国际先进水平	2015.2.6
2012T0053	江西省道路运输行政执法模式研究	省公路运输管理局、南昌大学	唐晓鸣	赣交科验字〔2015〕第 12 号		2015.2.12
2012X0064	江西省道路运输行业诚信信息系统研究与开发	省公路运输管理局、省交通运输厅信息中心	唐晓鸣	赣交科验字〔2015〕第 13 号		2015.2.13
2011H0017	常温速强沥青面层材料的研究	省公路管理局物资储运总站、南通福伦利新材料有限公司	赖文华	赣交科验字〔2015〕第 14 号		2015.5.13

续表 9

项目编号	项目名称	承担单位	负责人	成果编号	备注	鉴定时间
2012C0015	基于振动压实的基层材料设计方法及力学强度标准研究	江西交通咨询公司、省高速集团抚州至吉安高速公路项目建设办公室、江西省交通科学研究院、长安大学	樊文胜	赣交科验字〔2015〕第15号	国际先进水平	2015.5.25
2012C0027	环氧乳化沥青在桥面粘层中的应用研究	省高速集团抚州至吉安高速公路项目建设办公室、江西省交通科学研究院、长安大学	张伟联	赣交科验字〔2015〕第16号		2015.5.25
2010W0034	环鄱阳湖区港口建设污染防治技术与对策研究	省港航设计院、省环境保护科学研究院	胡玉明	赣交科验字〔2015〕第17号		2015.5.25
2012C0013	混凝土结构全寿命可靠度随机过程演化研究	赣州到崇义高速公路项目建设办公室、江西省公路桥梁工程局、武汉理工大学	邹志强	赣交科鉴字〔2015〕第18号		2015.7.14
2012H0046	预应力混凝土桥梁开裂后的力学性能研究与工程应用	江西省交通科学研究院、武汉理工大学	彭明	赣交科鉴字〔2015〕第19号	软件著作权证书1份。国内领先水平	2015.7.28
2012C0019	路基路面压实度自动连续检测新技术研究	江西交通咨询公司、省高速集团抚州至吉安高速公路项目建设办公室、重庆交通大学	樊文胜	赣交科鉴字〔2015〕第20号	国际先进水平	2015.5.16
2012C0024	高韧性与优良耐久性混凝土桥面铺装极似乎研究	江西交通咨询公司、省高速集团抚州至吉安高速公路项目建设办公室、重庆交通大学	舒小清	赣交科鉴字〔2015〕第21号	取得专利12项,国际先进水平	2015.8.27
2012C0025	高模量耐久性沥青路面应用技术研究	江西交通咨询公司、省高速集团抚州至吉安高速公路项目建设办公室、重庆交通大学	徐重财	赣交科鉴字〔2015〕第22号	国际先进水平	2015.8.27
2012C0022	基于CT技术的沥青路面施工质量数字化控制	江西交通咨询公司、省高速集团抚州至吉安高速公路项目建设办公室、南昌工程学院	樊文胜	赣交科鉴字〔2015〕第23号	申请专利2项,国际先进水平	2015.8.27
2010X0045	“江西公路机电维护技术规范研究”变更为“高速公路交通机电系统维护技术规范研究”	江西路通科技有限公司	秦小明	赣交科验字〔2015〕第5号	已出行标	2015.1.15
2012H0039	等级公路减速设施设置技术研究	省公路管理局、省公路工程检测中心、重庆交通大学、泰和县交通局		赣交科鉴字〔2015〕第6号		2015.11.26
2013C0001	高速公路建设项目廉政监管效力后评估指标体系研究及应用科技项目	抚州至吉安高速公路项目建设办公室、交通科学研究院		赣交科软评字〔2015〕第7号		2015.11.24
2013R0003	高速公路后评价指标体系研究	江西交通咨询公司		赣交科软评字〔2015〕第28号		2015.11.24

续表 9

项目编号	项目名称	承担单位	负责人	成果编号	备注	鉴定时间
2009C0007	异形知乎结构围岩压力在线温测与分析技术研究	省高速公路投资集团有限责任公司、石城至吉安高速公路项目建设办公室、中南大学	仰建岗	赣交科验字〔2015〕第 29 号	验收	2015.11.24
2009C0014	基于路面非均匀性特征的沥青路面施工质量控制技术研究	省高速公路投资集团有限责任公司、石城至吉安高速公路项目建设办公室、长安大学	廖良生	赣交科验字〔2015〕第 30 号	验收	2015.12.11
2009C0010	高边破施工期安全控制技术研究	省高速集团、石城至吉安项目办、同济大学	李文华	赣交科验字〔2015〕第 31 号	验收	2015.12.11
2009C0009	山区高速公路安全体系建设与管理综合技术研究	省高速集团、石城至吉安项目办、省交通科研院	谢来发	赣交科验字〔2015〕第 33 号	验收	2015.12.11
2009C0015	应用生物防护技术实现红砂岩路堑边坡植被的研究	省高速集团、石城至吉安项目办、中铁第四勘察设计院集团公司	李文华	赣交科验字〔2015〕第 32 号	验收	2015.12.11
2009C0013	长大纵坡路段沥青路面修筑关键技术研究	省高速公路投资集团有限责任公司、石城至吉安高速公路项目建设办公室、长安大学	彭发根	赣交科验字〔2015〕第 34 号	验收	2015.12.11
2014B0005	江西省道路运输企业安全生产标准化达标考评指标实施细则	江西交通职业技术学院	黄盈盈	赣交科验字〔2015〕第 35 号	验收	2015.12
2012C0016	高速公路低碳交通系统构建与预控技术研究	省高速集团抚吉高速公路项目办,省交通科研院、长安大学	徐重财	赣交科验字〔2015〕第 17 号		2015.5.25

2015 重点工程科技项目计划一览

表 10

编号	项目名称	承担单位	合作单位	总经费(万元)	起止年限	经费来源
2015C0001	基于原道路结构加铺的高速公路改扩建工程路面技术研究	省高速集团南昌至九江高速公路改扩建通远试验段建设项目办公室	省交通运输技术创新中心	45	2015.1—2016.12	项目建设研究试验费
2015C0002	江西省高速公路项目一体化筹融资研究	省高速集团南昌至上栗高速公路建设项目办公室		40	2014.9—2015.12	项目建设研究试验费
2015C0003	高速公路大中型桥梁桥面沥青铺装结构及其材料组成优化研究	江西省高速集团南昌至上栗高速公路建设项目办公室	南昌工程学院	40	2014.7—2016.12	项目建设研究试验费
2015C0004	基于 GIS 的公路平面纵断面关联优化技术研究与应用	省高速集团南昌至上栗高速公路建设项目办公室	省交通设计研究院有限责任公司	35	2015.1—2016.12	项目建设研究试验费
2015C0005	爆破荷载作用下煤系地层边坡的稳定性分析	省高速集团南昌至上栗高速公路建设项目办公室	省交通运输技术创新中心	45	2015.1—2016.12	项目建设研究试验费
2015C0006	生态型土工格栅加筋土挡墙关键技术研究	省高速集团南昌至宁都高速公路建设项目办公室	省高速公路投资集团有限责任公司、长沙理工大学	45	2014.7—2016.6	项目建设研究试验费
2015C0007	湿热环境下 SBS 改性沥青抗老化性能研究与工程示范	省高速集团南昌至宁都高速公路建设项目办公室	省交通运输技术创新中心	48	2014.9—2016.6	项目建设研究试验费
2015C0008	基于汽车碰撞特性的新型高速公路防护栏开发及其安全性能研究	省高速集团南昌至宁都高速公路建设项目办公室	省科学院应用物理研究所、同济大学	48	2014.7—2016.6	项目建设研究试验费
2015C0009	公路三维地理信息智能选线与选线优化系统	省高速集团南昌至宁都高速公路建设项目办公室	省交通设计研究院有限责任公司	33	2014.7—2016.3	项目建设研究试验费
2015C0010	PC 连续箱梁 0 号段空间弹塑性分析及参数设计研究	省高速集团南昌至宁都高速公路建设项目办公室	昌大创新科技发展有限公司	44	2014.6—2016.6	项目建设研究试验费
2015C0011	隧道分离式湿喷混凝土技术应用研究	省高速集团南昌至宁都高速公路建设项目办公室	山东大学	46.8	2014.7—2016.3	项目建设研究试验费
2015C0012	高速公路隧道交通安全保障技术与应急交通组织研究	省高速集团南昌至宁都高速公路建设项目办公室	省交通运输技术创新中心	45	2014.7—2016.6	项目建设研究试验费
2015C0013	昌樟‘智慧高速’公路关键技术研究与示范应用	南昌至樟树高速公路改扩建项目建设办公室、赣粤高速公路股份有限公司	省交通科学研究院、交通运输部公路科学研究院	120	2015.3—2016.12	项目建设研究试验费
2015C0014	富水软弱围岩隧道衬砌裂缝产生机理及处置技术研究	省交通运输厅吉安至莲花高速公路项目建设办公室	山东大学	20	2015.1—2015.10	项目建设研究试验费
2015C0015	隧道不良地质地段物理场特性研究	省高速集团船顶隘至广昌高速公路建设项目办公室	省交通科研院	37	2015.1—2016.12	项目建设研究试验费

续表 10

编号	项目名称	承担单位	合作单位	总经费(万元)	起止年限	经费来源
2015C0016	不良地质地段公路隧道超前预报方法的优化组合技术研究	省高速集团船顶隘至广昌高速公路建设项目办公室	省交通科研院	47	2015.1—2016.12	项目建设研究试验费
2015C0017	寻全高速隧道区域地下水运移规律研究	省寻全高速公路有限责任公司	省交通科研院	48	2015.1—2016.12	项目建设研究试验费
2015C0018	寻全高速隧道开挖涌水预测预报技术研究	省寻全高速公路有限责任公司	省交通科研院	48	2015.1—2016.12	项目建设研究试验费
2015C0019	山岭隧道防排水技术研究	省寻全高速公路有限责任公司	省交通科研院	48	2015.1—2016.6	项目建设研究试验费
2015C0020	隧道掘进面快速检测技术研究	省高速集团南昌至宁都高速公路建设项目办公室	省交通科研院	179.85	2014.10—2016.6	项目建设研究试验费
2015C0021	高速公路边坡综合生态防护技术研究——昌栗高速特殊路段生态技术应用	省高速集团南昌至上栗高速公路建设项目办公室	交通运输部规划研究院	118.5	2015.1—2016.6	项目建设研究试验费
2015C0022	高速公路岩溶及下伏洞穴路基安全评价与处治关键技术研究——以江西省昌栗高速公路“浅埋薄顶”岩溶路基为例	省高速集团南昌至上栗高速公路建设项目办公室	省交通科研院、江西省交通设计院有限责任公司	138.8	2014.9—2016.12	项目建设研究试验费
2015C0023	红粘土路基的工作机制及设计理论研究——昌栗高速公路路基修筑理论与实践	省高速集团南昌至上栗高速公路建设项目办公室	省交通科研院	79.6	2015.1—2016.13	项目建设研究试验费
2015C0024	山区生态与智慧型高速公路建养一体化关键技术研究	省高速集团安远至定南高速公路建设项目办公室	中国公路学会、同济大学、中国地质大学、北京中路汇技术咨询有限公司、中交一公司桥隧工程有限公司	129.5	2015.8—2018.4	项目建设研究试验费
2015C0025	山区花岗岩残积土路基智能建养技术	省高速集团安远至定南高速公路建设项目办公室	同济大学、中国公路学会、中交一公局桥隧工程有限公司、上海同科交通科技有限公司	149.2	2015.3—2017.4	项目建设研究试验费
2015C0026	赣南山区高速公路深切高填边坡防护与恢复治理技术研究及工程应用	省高速集团安远至定南高速公路建设项目办公室	中国地质大学、江西省地质工程集团公司、中国瑞林工程技术有限公司	99.6	2015.3—2017.4	项目建设研究试验费
2015C0067	软弱岩土体与结构相互作用效应研究	铜鼓至万载高速公路建设项目办公室	省交通科学研究院	259	2015.10—2018.12	项目建设研究试验费

【省交通运输厅四项成果获江西省科学技术奖励】 7月27日,省委、省政府在南昌召开科学技术奖励大会,表彰获得2014度省科学技术奖的单位和个人。省交通运输厅选送的四项成果获得江西省科学技术奖励,其中"公路三维地理信息选线技术""提高大跨度混合梁斜拉桥耐久性的理论与方法"获省科技进步奖二等奖;"福银高速公路九江长江公路大桥176lt双壁整体式钢吊箱设计与施工关键技术""沥青路面耐久抗裂结构研究"获省科技进步奖三等奖。

(厅科教处)

【"沥青路面耐久抗裂结构研究"获省科技进步奖】 2015年,省交通科学研究院科研项目"沥青路面耐久抗裂结构研究"获省科技进步奖三等奖。

该项目通过大量室内外试验和理论分析,并结合鹰瑞高速公路工程试验段的铺筑,对沥青路面耐久抗裂结构的材料组成与路用性能和刚性基层沥青路面结构设计、施工技术及经济分析等方面开展对沥青路面耐久性不足的现状进行全面系统研究,全面完成技术开发合同书规定的科研任务。

该科研成果应用于工程建设后,显著改善了沥青路面的使用性能,对江西甚至全国沥青路面耐久抗裂的设计与施工将起到积极的推动作用。

(省交通科研院)

【省交通科研院两项科技成果获江西省科技进步奖】 7月27日,2014年度省科学技术奖励大会在南昌召开。会上,省交通科研院两项科技成果获江西省科技进步奖,其中,省交通科研院与省公路机械工程局联合承担的"沥青路面耐久抗裂结构研究"成果获省科技进步奖三等奖;省交通科研院与省高速公路投资集团有限公司等单位联合完成的"提高大跨度混合梁斜拉桥耐久性的理论与方法"科研成果获省科技进步奖二等奖。该项目围绕提高大跨度混合梁斜拉桥耐久性的理论与方法开展系统研究,提出大跨度混合梁斜拉桥耐久性失效风险性与评估方法,建立结构性能退化分析数学模型,并基于此研发提出耐久性的系列方法,对同类桥梁耐久性的提高具有重要意义。

(省交通科研院)

【省交通设计研究院有限责任公司科研技术成果丰硕】 2015年,省交通设计研究院有限责任公司被省人力资源和社会保障厅批准为博士后创新实践基地,成为全省首批具有博士后人才创新实践平台的企业,进一步夯实该公司科技创新的基础,提高业内知名度,对其与高等院校"产、学、研"合作产生影响。同年,该公司新增省交通科技计划项目2项,新取得原创发明专利3项,实用新型专利3项,年内新增专利数创历史新高。该公司自主研究开发的交通科技项目"公路三维地理信息选线技术"成果获省技术发明奖二等奖。此外,还获得中国公路勘察设计行业优秀设计一等奖2项、二等奖3项;获省城乡建设优秀市政工程勘察设计和软件奖7项;获全省交通行业科学技术进步奖二等奖3项,获奖数量名列全国省级交通(公路)设计院前列。并实现该公司成立以来获省技术发明奖零的突破,所获专利与获项奖具体情况是:

1. 原创发明专利3项:一种防止斜拉桥在地震作用下发生碰撞的方法;一种基于VRML模型的涵洞可视化设计施工的控制方法;一种路桥隧安全综合检测监控预警装置的安装和使用方法。

2. 实用新型专利3项:环刀及渗透仪;一种剪切波速仪;一种新型黏性土渗透仪。

3. 省技术发明二等奖1项:公路三维地理信息选线技术。

4. 中国公路勘察设计行业优秀设计一等奖2项:九江长江公路大桥设计、永修至武宁高速公路交通工程设计。

5. 省交通行业科学技术进步奖二等奖3项:原地浸矿后稀土矿区土的工程性质及工程应用的研究、桥隧地质三维成图系统研发与应用、斜拉一连续协作桥π型梁与箱梁的衔接结构研究。

(省交通设计研究院有限责任公司)

【科研成果"一种防止斜拉桥在地震作用下发生碰撞的方法"获国家专利】 6月11日,省交通设计研究院有限责任公司李程华发明的"一种防止斜拉桥在地震作用下发生碰撞的方法"获国家专利,专利号为ZL201310300701.2。

本发明把防止斜拉桥在地震作用下发生碰撞与斜拉桥的体系选择结合起来,变现有技术的被动防碰撞为主动防碰撞。现有技术对斜拉桥的抗震研究,在一般基于斜拉桥的体系确定和总体结构尺寸基本确定的基础上，对斜拉桥的结构进行抗震验算，属于事后被动抗震设计。

该发明在斜拉桥的初步设计甚至概念设计阶段就介入抗震设计的理念，全过程贯穿抗震设计，对斜拉桥的体系选择以及与引桥的体系组合、斜拉桥减震措施及防止主副孔碰撞的措施，全过程提供指导，全面提升斜拉桥的抗震性能，系主动抗震、防碰撞的方法。

（省交通设计研究院有限责任公司）

【科研成果“一种基于 VRML 模型的涵洞可视化设计施工的控制方法”获国家专利】 10 月 21 日，省交通设计研究院有限责任公司陈国发明的“一种基于 VRML 模型的涵洞可视化设计施工的控制方法”获国家专利，专利号为 ZL201310022036.5。

本发明把涵洞设计和施工模拟紧密结合，将涵洞二位数字化设计技术和 VRML 三维实体建模技术充分运用到涵洞的施工控制当中，采用 MRML 建立的三维实体模型来进行涵洞设计并模拟施工现场，可在施工前通过三维显示设备发现设计和实际施工的不符，从而避免设计误差或人为失误等多种因素产生的返工。并能在三维施工模拟中，通过场景漫游、交互式操作方式寻找最佳设计方案。使用该方法不但能提高设计效率和设计精度，而且能缩短施工周期，降低工程造价。

（省交通设计研究院有限责任公司）

【科研成果“一种路桥隧安全综合检测监控预警装置的安装和使用方法”获国家专利】 11 月 26 日，省交通设计研究院有限责任公司朱海涛发明的“一种路桥隧安全综合检测监控预警装置的安装和使用方法”获国家专利，专利号为 ZL201210481586.9。

本发明涉及一种公路桥梁隧道安全综合检测监控预警装置的布置安装和使用方法。现有的公路、桥梁、隧道检测和监控设备落后，检测监控工作存在周期过长，操作烦琐，采样不准，因为没有同一部位长期的检测监控数据积累和分析，短期内获取的数据难以界定。现有的公路、桥梁、隧道的运营过程中缺乏实时的检测监控，在出现安全隐患的情况下缺乏对行驶车辆的警示提醒。对公路、桥梁、隧道运营过程中的检测监控数据没有存储备份，在事故发生以后，现场遭到破坏，难以确认事故发生的根源。公路管理养护中心对公路、桥梁、隧道运营过程的管理养护检测监控工作缺乏统一的系统管理，无法进行实时检测监控。无法对可能发生的事故的准确位置进行预警。

该发明所述的系统可全方位、全时段的对路桥隧等设施进行检测、监控和预警，将数据存储至管理养护中心进行分析，在路桥隧模型对应桩号位置上进行警示，并实现网络数据共享，在网络任意节点对设施检测、监控与管理。便于对安全事故进行分析，及时处理潜在危险，减少事故发生。具有实现智能交通、智能管理、智能养护等功能。

（省交通设计研究院有限责任公司）

【科研成果“环刀及渗透仪”获国家专利】 6 月 17 日，省交通设计研究院有限责任公司稽其伟发明的“环刀及渗透仪”获国家专利，专利号为：ZL201520107135.8

本实用新型专利公开了一种 55 型渗透仪用环刀，属于土工试验技术领域。所述环刀包括两片半圆形环刀和橡胶垫片；所述半圆形环刀的高度和外径 D 等于 55 型渗透仪套座的高度和内径，内径 d 等于试样直径，环刀外壁下端设为斜面，环刀口的厚度小于其壁厚，上端设有水平环状边；所述橡胶垫片设在其中一个半圆形环刀两侧面和边的侧面，并与之黏结在一起。环刀及渗透仪可以有效防止环刀与试样之间出现空隙，有利于提高试验结果准确度，同时，具有结构简单、容易操作、造价低廉等优点，适合于工业生产。

（省交通设计研究院有限责任公司）

【科研成果“一种剪切波速仪”获国家专利】 9 月 2 日，省交通设计研究院有限责任公司稽其伟发明的“一种剪切波速仪”获国家专利，专利号为 ZL201520348418.1。

本实用新型专利“一种剪切波速仪”公开了一种剪切波速仪，它包括主机、电缆线，刹车线，探头、弹片和弹开系统，其特征在于，所述弹开系统包括设置在主机端电缆线上的控制装置、刹车线和设置在探头端的弹片松紧装置，所述探头上设有凹槽，弹片松紧装置设于凹槽内，控制装置通过刹车线与松紧装置连接。

“一种剪切波速仪”结构简单，操作方便快

捷,状态稳定,采用机械装置控制探头弹片,可确保探头一次性下放到预定深度,提高了工作效率,且探头弹开过程不需要电源,有效减少主机电量消耗或格外携带蓄电池,不受电压等影响,延长野外测试工作时间。

(省交通设计研究院有限责任公司)

【科研成果"一种新型黏性土渗透仪"获国家专利】 10月21日,省交通设计研究院有限责任公司稽其伟发明的"一种新型黏性土渗透仪"获国家专利,专利号为:ZL201520180747.8

本实用新型专利公开一种新型黏性土渗透仪,它包括底座、套筒、上盖、门式固定框架和加压螺杆,所述套筒的两端分别置于底座和上盖内部,其特征在于,所述套筒内壁涂有一层凡士林薄层,套筒是由对称的两个半圆筒组成,两个半圆筒对应连接处分别设有带螺纹孔的耳片,两片耳片通过螺栓固定连接成圆筒形套筒,两片耳片对接处设有密封橡胶垫圈。本实用新型有效避免了渗透水流"侧漏"或"水流短路"现象,提高试验结果准确度。

(省交通设计研究院有限责任公司)

【乐温高速公路瑶北互通立交采用太阳能光伏发电系统与LED照明】 乐温高速公路瑶北互通立交光伏太阳能发电和LED照明工程列入交通运输部"一城一港"建设低碳交通运输体系试点项目,工程总预算1343万元。

该项目采用并网型太阳能光伏发电系统、LED照明,即以市电和太阳能光伏发电为互通立交提供道路、收费广场照明和景观照明提供用电保障。系统由太阳能电池组件PV阵列、太阳能充放电控制器、并网型逆变器等部件组成。当太阳能光伏发电系统供电不足时,则由公用电网接替供电。照明均采用LED光源,互通立交匝道照明采用护栏路灯照明和护栏景观灯照明相结合,收费广场设置的25米升降式高杆灯柱,配置4组6×185瓦LED灯。

瑶北互通立交采用太阳能光伏发电系统和LED照明。与传统照明方式相比,每年节约用电量达34.1千瓦·时,节约标准煤112.50吨,节约纯净水1363.69吨,减少CO_2排放265.92吨,减少SO排放3.07吨,减少氮氧化物NO排放0.68吨,减少总悬浮物颗粒(TSP)排放1.14吨。

(周国祥 刘 卫)

【省高速集团一批科技项目成果获奖 8位工程师被授予优秀工程师荣誉称号】 2015年,省高速公路投资集团有限责任公司共有10项科技项目成果获省公路学会科技进步奖,分别是:江西交通咨询公司的"高速公路沿线水环境安全保障关键技术研究"和"高速公路代毒与监理合并管理模式(即监管一体化)研究"2个项目获一等奖;万宜项目办"桥隧地质三维成图系统研发与应用"、赣粤高速公路股份有限公司"公路梁桥车桥耦合振动试验对比研究"、方兴科技有限公司"高速公路全路段气象检测与交通信息实时提示系统"和"高速公路便携式移动收费机"、德上项目办"高速公路安全保障与突发事件处置技术研究"、吉莲项目办"装配式混凝土空心板铰缝新材料与施工质量控制研究"6个项目获二等奖;公路并发总公司"公路用车载式螺旋搅拌振动融雪剂撒布机"、赣粤高速公路股份有限公司"高速公路桥高墩结构型式分析研究"2个科技项目成果获三等奖。

省高速集团胡曙光、费伦林、李秋平、毛学军、刘伟胜、樊友伟、吴革森、严绍洋8位工程师被省公路学会授予"江西公路优秀工程师"称号。

(省高速集团)

【省交通科研院"长大桥梁建设技术及装备交通运输行业研发中心"成立】 2015年,交通运输部批准省交通科研院省交通科研院设立"长大桥梁建设技术及装备交通运输行业研发中心"。

该中心是全省第一家全国交通运输行业研发中心。将在公铁两用特大桥梁安全状态评估技术与装备、公路超大跨混合梁结构桥梁施工控制技术与装备、桥梁水损恢复建设技术与装备领域开展相关研究。并依托现有研发工作的基础上,在未来几年内突破一系列关键支撑技术、研发成果技术装备和产品,完善产品的产业链,逐步完成长大桥梁建设技术及装备行业研发中心技术创新的任务。该中心的成立对搭建科技公共平台、攻克关键技术、提高自主创新能力、培养人才队伍、促进"产学研用"、实现科技成果转化与科技成果产业化具有重要意义。

(省交通科研院)

【"高大跨度混合梁斜拉桥耐久性的理论与方法"获省科技进步奖】 2015年,省交通科研院科技成果"高大跨度混合梁斜拉桥耐久性的理论与方法"获省科技进步奖二等奖。

该项目围绕提高大跨度混合梁斜拉桥耐久性的理论与方法展开系统研究,提出大跨度混合梁斜拉桥耐久性失效风险性与评估方法,建立结构性能退化分析数学模型,并基于此研发了提高耐久性的系列方法。该科研成果对提高同类桥梁耐久性具有重要的推广应用前景。

（省交通科研院）

【省交通科学研究院建立省级院士工作站】 2015年,经省委组织部、省科学技术协会组织专家评审、实地考察和终评研究后,批准建立省交通科研院院士工作站。

省交通科研院院士工作站,是推动和实施全省交通运输行业高层次人才引进培养、创新驱动发展、集聚优质智力资源、提高科技创新能力与协同创新效率、加快产业升级发展提供人才保障和智力支持的一大举措,也是省交通科研院继成立省级企业技术中心、省级重点实验室、博士后科研工作站、交通部行业研发中心等科技和人才平台后的又一重要突破,由此逐步形成全省交通运输行业高层次人才引进和培养的孵化基地。

省交通科研院院士工作站坚持以"项目为核心,实效为根本"的原则,落实配套条件和保障措施,加强项目的实施管理和网络平台建设;创新运行模式,强化激励机制,大力促进科技成果产业化;大力引进、培养急需紧缺人才,加强高层次人才队伍建设,充分发挥引进院士专家的作用,协同创新,促进产业升级发展。

省交通科研院院士工作站已引进院士2名,即中国科学院院士、同济大教授学孙钧和中国工程院院士、中国人民解放军后勤工程学院教授郑颖人。与此同时,引进业内知名专家、教授白云和教授郑明新等涉及岩土、隧道及地下工程等多个领域的知名专家、教授。

（省交通科研院）

【省交通设计研究院有限责任公司成为省博士后创新实践基地】 2015年,省交通设计研究院有限责任公司由省人力资源和社会保障厅批准,成为省博士后创新实践基地。该公司成为全省首批博士后人才创新实践的平台企业。由此进一步夯实省交通设计研究院有限责任公司科技创新基础,对该公司与高等院校"产、学、研"合作奠定了坚实的基础,促进和加快江西交通科技工作"产、学、研"一体化进程。

（省交通设计研究院有限责任公司）

【宜春市交通运输局应用高科技提升道路客运监管水平】 2015年,宜春市交通运输局应用高科技提升道路客运监管水平。全年建成59个监控平台,643辆县际以上班线客运车辆和3930辆危货车辆均安装GPS卫星定位系统,实行24小时监控,并安排专人,每个工作日对各运管所和客、危货运输企业使用GPS平台的情况及车载终端上线情况进行监管。与此同时,市运管局通过暗访、GPS监控系统等方式对强制落实休息制度情况进行了跟踪监,确保凌晨2点至5点没有宜春籍客车在路上运行。全年对因超速、GPS上线率达不到要求等原因的78辆次违规车辆、12辆违反凌晨2点至5点规定班线客车和4家危货企业下发整改通知书,建立"黑名单"制度,对整改不到位的企业予以吊销经营认可证,责令退出运输市场,有效防止了重特大交通事故的发生。

（彭　娟）

【吉安市交通工程质量监督管理站标准化建设通过验收】 12月28日,省交通运输厅质量监督机构标准化建设达标验收考核组一行对吉安市交通工程质晕监督管理机构标准化建设工终进行考核验收。

省交通质监局考核组对该市交通工程质量监督管理机构标准化建设办公场所、档案室、检测中心进行实地查看,随后召开市级交通质监站达标验收会。考核组认真听取了该站组建、制度建设、监督工作开展情况和下一步工作思路汇报,一致认为吉安市交通运输局圆满完成标准化建设机构人员、基础设施、制度与管理、经费保障,4个部分13项考核指标任务,同意通过考核验收。

（张丽琴）

【江西嘉和工程咨询监理公司通过实验室资质认定换证评审】 11月6日至11月7日,省质量技术监督局组织资质认定评审组对该公司进行换证复查评审。本次评审依据《实验室资质认定评审准则》的要求及评审程序,评审组通过“听、看、查、考、问”等方式开展现场评审工作,听取工作介绍,并考察本次申请的检测参数设备配置情况和环境条件等。

评审组通过为期2天对试验检测的现场抽样评审,一致认为该公司具备第三方监测的公正性,人员、环境条件及设备配备均满足所有参数的监测工作开展要求、使用的标准、规范等均做到现行有效,检验报告符合要求,本次现场试验考核结果合格,同意该公司实验室资质认定换证通过复查评审。

(廖林平)

【南昌地铁1号线运营基本条件通过评审】 12月7—10日,南昌轨道交通1号线一期工程试运营基本条件专家评审会召开。会议邀请了26名来自天津、广州、武汉、成都等城市的轨道交通专家对地铁1号线一期工程试运营基本条件进行评审。

会议期间,专家组听取了南昌轨道交通1号线一期工程建设、试运营筹备、公交配套等情况汇报,并分成总体、土建、设备、试运营准备等5个小组对1号线15座车站、部分区间、地铁控制中心、孔目湖和彭家桥主变电所等进行了实地勘查。同时,还对列车运行安全防护、车辆安全防护、区间火灾工况、站台火灾工况联动、低压供电系统自投自复等14项系统进行了测试检验。

经过为期4天的评审,专家组一致认为:南昌轨道交通1号线一期工程试运营评审工作准备充分,资料齐全,车站、区间、机电设备、装饰装修完成工程验收,符合国家相关规定,并宣布南昌轨道交通1号线一期工程具备试运营基本条件,同意通过评审。

(南昌市交通运输局)

【“基于振动压实的基层材料设计方法及力学强度标准研究”通过鉴定】 2015年,省高速公路投资集团有限责任公司抚州至吉安高速公路项目建设办公室、省交通科学研究院、长安大学共同完成的该科研项目通过省交通运输厅技术鉴定。

该科研课题的主要内容是:①振动压实机理分析。以振动压实机理分析为基础,建立振动压实的数学模型,研究表面振动仪的动态响应,为合理选择表面振动仪的工作参数提供依据。②振动压实标准和成型方法研。通过工作参数对压实效果的影响分析,优化振动工作参数,确定振动压实标准,研究振动压实试验方法。③基于振动压实的集料级配研。以级配设计理论和方法为基础,采用试验研究和理论计算相结合的方法,研究基于振动压实的多级嵌挤骨架密实级配。④水泥稳定碎石路用性能研。以室内试验为手段,通过与静力成型法、规范级配对比分析,系统研究振动成型的多级嵌挤骨架密实级配水泥稳定碎石的无侧限抗压强度、劈裂强度、回弹模量、稳定性(水稳定性和冻稳定性)、冲刷性等路用性能,重点研究收缩性能(干燥收缩和温度收缩)和疲劳性能。⑤水泥稳定碎石强度控制标准研。以水泥稳定碎石抗拉强度结构系数为基础,通过力学强度指标分析和水泥稳定碎石基层层底拉应力水平分析,研究水泥稳定碎石强度控制指标和标准。⑥级配碎石力学特性研。通过室内试验,系统研究级配碎石的CBR值、无侧限抗压强度、回弹模量和变形特性等,进而研究级配碎石的静态模量和动态模量以及两者的关系,推荐设计模量值。⑦级配碎石颗粒流模拟试验研。借助先进的现代分析测试手段,开展级配碎石力学特性的颗粒流模拟试验方法的研究,揭示室内试验所无法观测到的材料内部物质的细观力学机制和非线性的力学性状,进而对级配优化结果进行验证。⑧级配碎石材料强度标准与设计方法研。以循环荷载作用下的级配碎石永久变形试验为基础,研究级配碎石永久变形累积破坏方程,进而研究级配碎石抗剪强度结构系数,由此建立级配碎石材料强度标准。同时以前文研究成果为基础,研究级配碎石材料设计方法。⑨施工技术研究及试验工程应用效果分。以抚吉高速公路为工程依托,结合试验工程分别研究水泥稳定碎石和级配碎石施工技术;并通过试验工程检验应用效果。

(省交通科研院)

【省交通科研院与中国科学院院士孙钧和中国工程院院士郑颖人签约】 4月22日,省交通科研院与中国科学院院士、同济大学教授孙钧和中国工程院院士、中国人民解放军后勤工程学院教授郑颖人在南昌举行院士专家工作站合作签约仪式。省交通运输厅总工程师胡钊芳出席签约仪式，并为孙钧院士、郑颖人院士、白云教授、郑明新教授等颁发江西省交通科学研究院岩土、隧道及地下工程领域特聘专家聘书。

省交通科学研究院在已建省级重点实验室、部级行业研发中心、省级企业技术中心、博士后科研工作站等平台的基础上，通过签约，又一个更高水平的科技创新平台正式起步建设。这对提高该院在该领域的科技创新水平、培养创新人才队伍、增强自主创新能力和促进科技成果产业化方面具有重要的推动和促进作用

（省交通科研院）

【省交通科学研究院首获国家自然科学基金项目资助】　2015年，省交通科究院科研项目“重复荷载作用下基于安全理论和棘轮效应的沥青路面车辙形成机理及其演化行为研究”获国家自然科学基金项目资助。这是该院首次获得国家自然科学基金项目立项资助，实现该院在获得国家级科研项目自然科学基金项目资助零的突破。

“重复荷载作用下基于安全理论和棘轮效应的沥青路面车辙形成机理及其演化行为研究”，旨在对车辙形成机理和行为演化进行描述和建模为目的，引入安定理论和棘轮效应对沥青混合料在重复荷载作用下进行描述，选择可控条件下室内三轴试验获取力学行为模型参数，通过数值计算方法对力学模型进行路面结构力学计算，实现对重复荷载作用下路面车辙行为的准确描述和预估。该项目有助于完善车辙的机理阐述，并为车辙的控制指标和预估模型提出新的解决措施。

（省交通科研院）

【省高速集团一项科技成果获国家科学技术进步奖二等奖】　1月，在2014年度国家科学技术奖励大会上，省高速集团参与完成的科技项目“隧道与地下工程重大突涌水灾害治理关键技术及工程应用”获2014年度国家科学技术进步奖二等奖。该奖项的获得，是江西交通工程建设坚持产、学、研一体化发展的丰硕成果，由此填补了全省交通工程建设灾害防治科研领域获国家科技进步奖的空白。

【省交通科研院与交通运输部公路科学研究院签订战略合作协议】　8月8日，省交通科研院与交通运输部公路科学研究院在北京签订战略合作协议。

本次合作协议的签署，旨在贯彻交通运输部关于深化改革、务实创新、加快推进“四个交通”发展的工作精神，促进科技创新和科技服务能力的提升，加快公路交通应用技术研发、提高科技成果应用与拓展技术服务深度和广度。签约双方按照“优势互补、互利共赢，产研结合、共同发展”的原则，合作建立应用技术研发和科技转化推广的产业联盟，开展多层次、多形式的科技创新与科技服务活动，发掘地方公路交通发展需求，推动科技成果应用转化推广、加强科技服务地方交通建设、联合申报科技项目，共同推动江西交通科技的进步与交通建设事业的发展，展开全方位、实质性合作。

（省交通科研院）

【“山区高速公路安全体系建设与管理综合技术研究"通过鉴定】　2015年，由石城至吉安高速公路项目建设办公室、省交通科研院共同完成该项科研任务，已通过省交通运输厅评审鉴定。

该课题研究内容：①基于乳化机理和改性机理，分析了环氧乳化沥青形成机理，配制环氧乳化沥青；通过试验，研究了环氧乳化沥青固化条件，即在120℃温度的条件下，环氧乳化沥青的固化反应时间为6小时。进而以针入度、软化点和延度为指标，分析了环氧树脂和固化剂掺量对乳化沥青性能的影响规律，确定环氧乳化沥青的基本配方。②以沥青路面层间病害特征和成因分析为基础，从抗剪、抗拔和防水等方面分析了沥青路面黏层的功能，提出了沥青路面黏层的基本技术要求。在此基础上，考虑目前的检测条件以及相应的测试设备和测试方法，提出了沥青路面黏层性能评价指标，具体评价指标为抗剪强度和抗拔强度。并建立了相应的性能控制标准，即沥青路面层间剪应力^{t}max应小于等于黏层的疲劳抗剪强度（容许剪应力）^{t}R，而拉拔应力σb应小于等于黏层的疲劳抗拔强度（即容许拉拔应力）σR。③开发了可以施加法向力的新型剪切试验仪，通过剪切和拉拔试验，系统研究了环氧乳化沥青黏层的技术性能，确定了不同温度条件下的抗剪强度指标c和ϕ值，根据不同配方和不同洒布量与环氧乳化沥青黏层性能的关系，确定了环氧乳化沥青黏层的最佳配方和最佳洒布量，其中最佳配方为A（环氧树脂）：B（固化剂）：C（乳化

沥青)=16:4:80,沥青路面黏层的最佳洒布量为0.8千克/平方米,水泥混凝土桥面沥青铺装黏层的最佳洒布量为0.6~0.8千克/平方米。④通过性能对比试验和性能控制标准检验,结果表明环氧乳化沥青黏层具有优良的抗剪性能和抗拔性能,远比目前高速公路沥青路面广泛使用的SBS改性沥青黏层好,而且满足抗剪强度和抗拔强度的控制标准,沥青上中面层既不会产生疲劳剪切破坏和极限剪切破坏,也不会出现层间剥离,或上面层脱落的现象。

(省交通科研院)

【省交通工程质量检测中心通过综甲资质换证复核评审】 3月16—17日,交通运输部工程质量监督局组织评审专家对省交通工程质量检测中心公路工程综合甲级资质换证复核评审。

交通运输部工程质量监督局专家组通过听汇报、察看现场、查阅文件资料档案以及现场考核等方法,对该中心公路综合甲级试验室的十九大类参数及参数涵盖的人员、试验检测设备及环境条件、管理情况、水平测试、工作业绩等内容进行了认真考评。一致认为,该中心各项考核指标达到了换证复核的标准和要求,同意通过复核评审。

(省交通科研院)

【江西交通职业技术学院成为"全国首批公路科普教育基地"】 9月21日,在"国际道路联盟中国研讨会暨2015中国公路学会年会"上,江西交通职业技术学院被授予首批教育科研类"全国公路科普教育基地"称号并授牌,这是全国唯一一所被授予"全国公路科普教育基地"牌匾的高职院校。

(江西交通信息网)

【鄱阳航道处推广太阳能智能环保航标灯】 2015年,鄱阳航道处推广太阳能智能环保航标灯。

该智能环保航标灯采用太阳能作为光源,GPS定位与GMS网络信息自动传输相结合的航标灯。利用先进的物联网技术、高效的人机交换、友好的软件界面,航道管理人员可通过电脑、手机对辖区范围内所属标灯进行同步远程监督管理。

智能环保航标灯的使用,可解决传统的通过大范围的巡航查找标灯故障问题,其所有工作数据、物理位置、故障现象都同步显示在远程管理软件的界面上,出现问题能第一时间发现,并且能有针对性地进行检修、方便快捷,从而确保辖区内的航标标位准确、标灯的发光率,安全无误的引导过往船舶在航道上的行驶。

(胡冬泉)

【"沪昆高速公路江西昌傅至金鱼石段边坡滑塌病害处治技术"等3个科技项目通过审查验收】 1月14日,省交通运输厅在南昌召开"沪昆高速公路江西昌傅至金鱼石段边坡滑塌病害处治技术""土袋技术在公路填土路基和边坡处治中的应用""高速公路服务区污水处理集成技术"3个科技项目的验收会。验收专家听取项目组的汇报,审阅相关文件后认为,沪昆高速公路江西昌傅至金鱼石段边坡滑塌病害处治技术等3个科技项目资料齐全、数据翔实、内容丰富、技术成熟,项目成果具有创新性,具有推广应用价值,一致同意以上3个科技项目通过验收。

(省交通科研院)

【"高速公路运行管理与应急处置关键技术研究及应用"科技成果通过鉴定】 12月11日,赣粤高速与交通运输部规划研究院承担的交通运输部信息化技术研究项目"高速公路运行管理与应急处置关键技术研究及应用"成果验收会召开。

由交通运输部路网中心、中国人民大学、四川省交通运输厅等单位的9位行业内外资深专家组成鉴定委员会对项目成果进行细致、严谨的质询和讨论后一致该认为,该课题立足理论研究成果的创新性应用,研究成果以赣粤高速信息化建设工程为依托,进行模型实证研究,并研发路网监测和应急处置系统、掌上视频监控移动应用(APP)等软件系统,实现了监控监测、道路养护、收费管理、应急管理等业务动态的适时掌握,路网管理和决策的智能化水平明显提升。专家们肯定该项目课题组创新能力、项目研究成果在高速公路交通运行状态判别、高速公路收费站排队的短时预测、高速公路分流指数及计算方法、高速公路应急资源部署、高速公路一体化框架等方面取得突破性创新成果,能为缓解高速公路交通拥堵提供集管理和技术与一体化的解决方案。已在高速公路运行管理和应急处置工作中发挥重要作用,取得良好的社会经济效益,具有较好的应用推广价值。一致同意该项科技成果通过技术鉴定。

（黎　凯）

【安定高速用科技手段预防拖欠民工工资】 2015年,安定高速在施工队伍进场后,立即着手引进民工工资管理信息系统,通过系统对农民工个人信息、劳动合同、工资发放情况进行动态监管。每个月施工单位必须通过系统提供农民工明细表,并经过总监办、项目办核实确认后,民工工资专户资金转入民工工资个人账户,实现专款专用。对部分流动性较大的民工,项目办要求各施工单位对农民工工资管理系统进行动态管理,对于新增的人员信息及时进行补录,保障民工的实际利益不受侵害,预防拖欠民工工资的各项措施落地生根。

（陈敏舟）

【九江公交首批太阳能站台“亮相”】 2015年,九江公交充分运用太阳能公交站台无须外接电源的实况,用太阳能电池板和蓄电池提供电能,既节能又环保。每座公交站台安装8个USB接口,可同时为手机、平板电脑、充电宝等免费充电,还可以在晚上提供照明。每个站台安装五块255瓦的太阳能板块,充电站通过太阳能电池板吸收阳光给蓄电池充电,再利用控制器控制电流、电压,并能循环使用不断电,由太阳能转化而成的电能和日常用电一样,充电的速度也完全相同。

（刘伍刚）

【省交通科研院举行院士专家工作站合作签约仪式】 4月22日,中国科学院院士、同济大学教授孙钧和中国工程院院士、中国人民解放军后勤工程学院教授郑颖人与省交通科研院在南昌举行院士专家工作站合作签约仪式。

院士专家工作站合作签约仪式的举办标志着该院在已建省级重点实验室、部级行业研发中心、省级企业技术中心、博士后科研工作站等平台的基础上,又一个高水平科技创新平台创立。对提高该院的科技创新水平、培养创新人才队伍、增强自主创新能力和促进科技成果产业化方面起到非常重要的推动作用。签约仪式结束时,省交通运输厅总工程师胡钊芳为孙钧院士、郑颖人院士、白云教授、郑明新教授等颁发受聘江西省交通科学研究院岩土、隧道及地下工程领域特聘专家聘书。

（省交通科研院）

【新建区公路分局推广应用水温现场冷再生技术】 2015年,新建区公路分局应用水稳现场冷再生技术养护工路取得成效。水稳现场冷再生技术施工工艺相对简单,原堕基、路面材料得到了充分利用,就地平整再生实现了对废旧沥青路面材料的循环利用,对交通干扰低、环境污染少。高峰时期1天可以完成6000平方米工作量,工期短效率高,具有节约施工时间、降低施工成本、节约能源消耗等特点。

（段　家）

【“高速公路低碳交通评估体系与预控技术”通过鉴定】 2015年,省高速公路投资集团抚吉高速公路项目办、省交通科研院、长安大学共同完成的科研项目“高速公路低碳交通评估体系与预控技术”通过鉴定。

该课题研究内容是:通过分析高速公路影响交通流碳排放的各种因素,在保证道路行驶安全、便捷、舒适的情况下确定各种低碳评估指标,对高速公路低碳情况进行合理的评估,提出相应的预控方案以供相关单位进行参考,并对低能耗、低污染、低排放的设施技术进行研究,已在对国内外低碳公路交通建设理论研究和分析的基础上,对高速公路运营设施能源消耗和碳排放量进行调查分析,在此基础上建立碳排放量统计方法、碳排放量评估模型,低碳模式评价标准;构建低碳交通统计监测指标体系;最后进行高速公路低碳交通预控方案研究,包括交通流低碳运行结构研究及优化改善、综合交通运输系统结构优化、低碳交通运输管理策略制定和交通管理控制新技术,建设示范工程,并对示范工程应用效果进行绩效评价。

（省交通科研院）

【“氧乳化沥青研发及其在黏(结)层中的应用”通过鉴定】 2015年,省高速公路投资集团抚吉高速公路项目办、省交通科研院、长安大学共同完成该项科研任务,通过省交通运输厅评审鉴定。

该课题围绕沥青路面黏结材料性能差,易产生层间滑移破坏的现实,开发和应用环氧乳化沥青黏层材料,开展在沥青路面黏层中的应用研究。主要是:通过沥青路面层间病害调查,分析其成因和影响因素;通过黏层功能和技术要求分析,研究沥青路面黏层的评价指标和标准;以乳化机理和改性机理分析为基础,研发环氧乳化沥青,确定环氧乳化沥青合理配方;通过剪切试验和拉拔试验,研究环氧乳化沥青黏层的黏结性能,确定环氧乳化沥青的合理洒布量;结合试验工程,研究环氧乳化沥青黏层的施工技术的同时,检验室内研究成果,取得良好效果。

(省交通科研院)

【省交通科研院举办隧道与岩土工程技术研讨会】 4月22日,省交通科研院举办隧道与岩土工程技术研讨会。省交通运输厅总工程师胡钊芳等80余人参加研讨会。

研讨会邀请中国科学院院士、同济大学教授孙钧和中国工程院院士、中国人民解放军后勤工程学院教授郑颖人出席。两位院士分别作题为“隧道技术进步”“岩土边坡抗滑与稳定问题”的学术演讲。他们站在国际先进技术的前沿,结合全国实际工程情况,对隧道、岩土及地下结构工程领域先进理论与应用技术进行详细讲解。

通过研讨会,与会人员一致致反映受益匪浅,对解决隧道与岩土工程领域很多技术难题有了新办法、新举措。

(省交通科研院)

【江西高速资产经营公司光伏试点项目动工建设】 7月24日,江西高速资产经营公司光伏试点项目工程开工建设。该试点项目分平面屋顶、鞋面屋顶、光伏车棚三种光伏应用类型,分别由2家公司进行工程项目EPC总承包建设,工程预计2015年8月份竣工。

该项目是资产经营公司充分利用新能源在高速公路应用的首次尝试,有助于公司全面掌握光伏项目的建设模式、运营模式、补贴申领模式等情况,为后期项目推广提供项目经验及相关数据支撑。

(省高速集团)

【福州大学土木学院院长陈宝春到省交通科研院讲座】 4月14日,省交通科研院举办学术讲座。

本次讲座由教授陈宝春、庄一舟分别作题为“2000年以来国际拱桥的发展与技术创新”“无伸缩缝桥梁的概念与应用”的学术报告。陈宝春就2000年以来新建的大跨径拱桥、国内三种拱桥的发展、技术创新与发展趋势、拱桥造型与美学和国际拱桥大会等几个方面进行详细讲解。庄一舟则对整体无缝桥、半整体无缝桥、滑动延伸桥面板无缝桥的三种结构形式及相关应用进行授课,并对无缝化桥梁的应用效果进行讲解。两位教授讲座结合大量的工程背景案例讲解,深入浅出,使参会人员受益匪浅。

【省交通科研院与省交通职业技术学院蓝河联合举办学术讲座】 4月14日,省交通科研院与江西省交通职业技术学院在南昌共同举办桥梁专业知识学术讲座。300余名师生到场参加讲座。

本次讲座的主题为“混凝土桥梁的常见病害及分析”。省交通科研院桥梁研究所博士俞博运用了大量桥梁病害的照片、实例和动画,形象生动地为师生仍讲解混凝土桥梁常见病害的形态,深入浅出分析其产生原因。省交通职业技术学院专家教授也作了学术演讲。

通过讲座,充分发挥青年科技人才的示范带头作用,提高青年学生对桥梁的感性认知和学习兴趣,对引领未来越来越多优秀的青年专业人才投身于交通事业有一定的促进作用。

【陈齐平受邀在江西交通职业技术学院做学术报告】 5月28日,省交通科研院博士陈齐平受邀在江西交通职业技术学院作题为“电动汽车技术”学术报告。江西交通职业技术学院汽车工程系全体教师及学生代表参加讲座。

陈齐平围绕为什么要发展电动汽车、电动汽车国内外发展战略、电动汽车的分类与特点、电动汽车关键技术、电动汽车安全技术、电动汽车的发展建议等六个方面授课。讲座在互动环节时,他对师生们提出的一些疑问和感兴趣的问题,一一做了详尽解答,受到师生们一致赞许。

通过讲座,学员们普遍反映受益匪浅。

【省交通科学研究院举办隧道与岩土工程技术研讨会】 4月22日,应省交通科研院邀请,中国科学院院士、同济大学教授孙钧和中国工程院院士、中国人民解放军后勤工程学院教授郑颖人到赣参加省交通科研院隧道与岩土工程技术研讨会。

研讨会上，孙钧、郑颖人两位院士分别作了题为"隧道技术的进步""岩土边坡抗滑与稳定问题"的学术报告。两位院士分别站在国际先进技术的前沿，结合本国实际工程情况，对隧道、岩土及地下结构工程领域先进理论与应用技术进行详细讲解。

通过本次技术研讨，80余名与会人员均表示，不仅对该领域很多技术难题得以释疑，而且开阔了视野，拓展了思路，受益匪浅。

【省交科院与交通运输部公科院开展战略合作】 8月8日，省交通科研院与交通运输部公科院战略合作协议在北京签约。

本次合作协议旨在贯彻交通运输部关于深化改革、务实创新、加快推进"四个交通"发展要求，促进科技创新和科技服务能力的提升，加快公路交通应用技术研发、提高科技成果应用水平。双发将展开全方位、实质性合作，按照"优势互补、互利共赢，产研结合、共同发展"的原则，合作建立应用技术研发和科技转化推广的产业联盟。开展多层次、多形式的科技创新与科技服务活动，发掘地方公路交通发展需求，推动科技成果应用转化推广、加强科技服务地方互通建设、联合申报科技项目，共同推动江西交通科技的进步与交通建设事业的发展。

（龚仁平）

【省交通科研院与省交通工程集团公司举办科技服务座谈会】 3月17日，省交通科研院与省交通工程集团公司举办科技服务座谈会。省交通工程集团公司公司机关、所属公司分管科技负责人、重点工程建设项目的技术负责人等13人，就"科技＋建造"工程创新需求方向条条块块等问题与省交通科研院党委书记舒小平、院长江祥林、副院长罗强进行深入细致的探讨与交流。双方一致认为在集团公司特级施工企业技术中心合作的基础上，找准切入点，充分利用双方平台，完成具有国内同行业领先水平的科技项目，实现团结、合作、共赢的愿景。省交通运输厅总工程师胡钊芳到会并讲话，厅科技教育处和院总工办、财务审计部和各技术领域的研发团队负责人参加座谈会。

【"环鄱阳湖区港口建设污染防治对策"科技项目通过验收】 7月14日，省交通运输厅在南昌组织"鄱阳湖区港口建设污染防治对策"科技项目验收与评审。

专家组认为，该项目通过收集环鄱阳湖区港口及环境现状资料，选取典型港口开展环境影响及污染防治措旋分析，总结目前环鄱阳湖区港口在污染防治方面存在的关键问题，提出的针对性污染防治对策与建议。项目研究成果具有前瞻性、针对性和实用性，对鄱阳湖生态经济区的港口规划建设和环境保护具有一定的指导意义，一致通过该项目验收。

（徐莹莹　魏　涛）

【省运管局开展道路运输行业课题研究和管理工作】 2015年，省运管局加强对科技项目的管理和研究工作：一是向省厅交通运输报送"江西省道路运输行业诚信信息系统研究"成果，并顺利通过省交通运输厅课题验收。二是继续开展《江西省机动车维修行业管理信息系统技术规范研编》课题的研究工作，已组织相关研究人员进行课题成果的编制，并向省厅申请结题验收。三是做好了相关科技项目的管理工作，包括组织向省交通运输厅申报科技课题研究项目，宣传科技相关政策，推进科技创新工作。

（李　为）

【公路三维地理信息选线技术】 省交通设计研究院有限责任公司的科研成果"公路三维地理信息选线技术"系在公路三维建模技术、公路三维地理信息技术三项课题研究技术的基础上，提出并成功开发出一种适时互动的公路选线技术。

该技术开创全新的三维设计理念，创造性地提出了"一种公路三维选线方法"，通过平面初步定线、三维平纵定线、立体模型定线等步骤，将高分辨率卫星影像和DEM数模直接用于公路定线，改变了传统公路选线费时费力、精确度低的状况，能在工可选线中优化设计方案，最大节省项目投资。

设计人员应用该技术能够在真实的三维地理信息环境下，模拟人的左右眼视觉，在接近真实的场景中完成平面初步定线、三维平纵定线、立体模型定线等步骤，并充分利用计算机处理海量数据的能力，实时计算出全线工程数量，及时对比方案、优化方案,使得公路选线更加合理。已在瑞金至寻乌高速公路、南昌至上栗高速公路、南昌至宁都高速公路等项目得到了成功应用。仅在省交通设计研究院,将该技术运用在公路选线上已产生节支效益累计达16620万元。该技术已经在国内多家设计单位得到运用,并产生良好的经济效益。

(省交通设计研究院有限责任公司)

【桥隧地质三维成图系统】 2015年,科研成果"桥隧地质三维成图系统"相关技术获国家三项发明专利,三项软件著作权。

本系统有效地将地质三维建模与桥梁、隧道三维建模、桥梁隧道设计系统集成,使之无缝对接,提高设计准确度和设计效率。具体创新亮点有:可以由测绘数据、钻孔数据、物探数据、地质报告等原始数据生成三维地质实体及曲面模型。将桥隧模型融入三维地质模型之中。可获得任意桥隧构造物断面的地质情况,使桥隧分析建立在三维数字空间中直观考虑。通过对已有数据的插值与拟合并建立三维地质模型,可以推断和预测未知区域的地质信息参数的分布趋势,从而为减少勘探工作量,提供科学依据。增加了对地质错层、岩溶、地下水等复杂地质体三维建模与可视化技术。将建模与设计融为一体。三维建模与三维设计可同步进行,在建模的同时完成图纸的设计。三维地质模型剖面动态浏览,可以熟悉整个构造物任意部位地质情况。在施工过程中及时对构造物变更的模型进行调整,使施工人员及时了解项目动态。

(省交通设计研究院有限责任公司)

【山区高速公路特殊小桥涵设计集成系统】 2015年,生交通设计研究院有限责任公司的科研成果"山区高速公路特殊小桥涵设计集成系统"获国家发明专利。

山区高速公路特殊小桥涵设计集成系统,系通过研究特殊地段小桥涵设计技术、三维实时可视化技术,解决复杂地形、不良地质、高填土、大跨径的桥涵设计问题,针对这些问题开发计算机软件实现特殊设计,弥补国内现有桥涵设计软件在山区高速公路设计中存在的不足,提出了一套基于VKML技术的三维实体模拟小桥涵施工方法,将三维模型转化为二维图纸,采用模拟施工的方式来进行设计,并将小桥涵的三维模型、三维地质实体模型、三维地质曲面模型叠加,在复杂地形和特殊设计中发挥了二维设计无法替代的作用,提高了山区高速公路的设计效率、设计精度和设计安全,课题被鉴定为整体达到国际先进水平。

(省交通设计研究院有限责任公司)

信息工程

【概况】 2015年,全省交通运输系统信息化建设,坚持以科技创新为动力,以服务公众出行为宗旨,创新工作机制体制,整合信息资源,着力推进信息化事业发展,取得显著成效。

一、拓展应急信息发布渠道,提升为公众出行服务水平

1. 建立健全值守体系,做好应急值守工作。2015年,省交通运输厅应急指挥中心(信息中心)进一步建立和完善值班人员24小时五班三运转、科长值班、主任带班的三级应急值守工作机制,确保技术人员、信息采编员随时在岗和应急指挥平台软件、设备运行良好。同时,配合厅运输处、安监处、路航管养处等职能部门做好节假日、特殊天气及敏感时期的全厅应急值班工作。全力做好各类应急信息汇集处理,加强对苗头性、倾向性、预警性信息收集、汇总和分析研判工作。全年共接报路况信息6759条与39起应急事件信息,无一漏接、无一错报。通过省公众出行服务网发布信息8676条,通过交通运输部路况信息管理系统上报信息1668条,发送安全应急专报14期,发送省政府专报21期,发送省安委办专报15期,发送交通运输部专报9期,为做好应急指挥和协调调度及信息工作奠定了坚实基础。

2. 依托政务微博,保障公众出行安全、便捷。2015年,省交通运输厅应急指挥中心(信息中心)依托省交通运输厅官方微博"江西交通"直播路况信息,同时积极参与江西日报联动全省50余个官方微博组织的"随手拍 · 国庆假期不文明现象"活动,发布信息26502条,依托政务微博,保障公众出行安全、便捷需要。

3. 提升信息报送舆数据分析水平。通过每月编发《江西交通运输应急信息》月报,对各单位的

信息报送情况进行通报，充分调动各类息报送单位报送路况信息敷摅的准确性及做好信息数据分析工作的主动性和积极性，大幅提升全省公路水路路况信息报送、对接、统计和分析路阻事件一般规律的水平。

4. 依靠科技手段，提高应急工作效能。定期开展应急指挥车双车与应急指挥大厅的联调联训，提高应急指挥和信息通讯快速反应能力，实现应急指挥车双车联调及移动4G传输功能，升级视频图像接入平台；应用科技手段扩大交通监控视频图像上传范围、确保画面清晰，并将国省道道路监控原网页登陆监控客户端整合成监控软件客户端；升级智能交通掌上平台，使其能与各类手机系统版本兼容，手机信令采集与分析系统更加完善。同时，通过外网点播方式为省军区提供了全省高速公路视频图像；按照突发事件分类和职能分工，设立不同类别的群发组，预设了不同类型的短信模板；通过短信快速报告应急信息，完善短信群发系统，提升应急工作效率。

二、科学组织、精心部署，做好"迎国检"工作

2015年，该中心抢抓时间、科学组织、精心部署、积极推进省交通运输厅赋予其迎接交通运输部"十二五"全国干线公路养护管理检查的信息工作进程。制定《江西省交通运输厅应急指挥中心迎接"十二五"全国干线公路养护管理检查工作实施方案》，成立信息中心迎国检工作小组，下发厅应急指挥中心对照2015年"国检"责任任务分工表及全厅干线公路迎国检工作目标责任分解表，及时提交评分情况分析表、迎国检情况月进展统计表和对国检《评分细则》的意见及建议，整理各项迎国检材料。全力做好"迎国检"有关会议的现场音视频信号等技术保障工作。该中心的路网服务、应急指挥、信息化建设等规范化内业资料，受到国检检查组赞许。

三、推进电子政务与公众出行服务体系建设

1. 网络信息安全保障工作常抓不懈。制定信息与网络安全等多项工作制度；协调网络与安全设备厂商，巡检与优化了省交通运输厅机关网络与安全设备；配合厅信息安全主管部门完成交通部、省保密局、省工信委对全厅网络与信息安全检查；配合省厅对全厅保密工作进行专项检查，安排专业技术人员，配合交通运输厅保密办对各直属单位和机关各处室完成保密检查，针对泄密和失密等行为进行第一时间处理，常抓不懈、扎实做好全厅信息安全、网络安全指导与安全检查工作，有效避免了泄密事件的发生。

2. 进一步加强电子政务服务体系建设。①完善江西省交通运输厅办公自动化系统。主要包含公文流转、公文交换、会议通知、后勤管理、电子监察、人事管理、系统管理与移动办公系统及纵向连接厅直属单位办公系统，经过多次升级与改造使用情况良好，保障了厅机关日常办公的正常使用和公文流转。②着力开展省交通运输厅新版网站群平台（政府信息公开、网上办事、互动交流核心栏目）建设。同时，拓展整合微信、微博、移动APP，移动终端自适应、智能搜索、智能机器人、网络教育、电子期刊、无障碍浏览、交通图库、多媒体音视频等基于互联网+的新技术应用、特色创新栏目和便捷实用的功能，建成整体统一的"江西省交通运输厅门户网站群综合应用、管理和服务平台"。12月4日，江西交通综合信息服务系统（一期网站群）建设项目已通过专家验收。③开展江西省交通运输厅公众出行信息服务系统二期建设。项目建设坚持以公众服务为主线，加强对外服务的实用性，整合了交通出行的相关数据资源，进一步完善公众交通出行信息服务功能。改版后的全新由子地图，为全省公众出行和服务提供更为便捷和人性化的服务。此项目已通过竣工验收。④做好省交通运输厅科技共享平台建设与维护工作，为省交通运输厅科技项目与科技成果编制、上报、审核与发布提供全过程电子化服务。已开发完成厅科技共享平台，年底已通过专家验收。⑤做好江西交通信息网信息发布与网站运维护工作。网站群整合全厅15个业务单位（部门）的服务系统，为广大公众办事提供了便捷、高效的网上服务渠道。同时，提供"在线办理"服务、"投诉信箱"受理。全年受理群众反映或投诉的各类问题4320多件。通过发布13期"在线访谈"栏目信息，拓展服务面和影响力。全年江西交通信息网共发布各类图文信息近3000条，其中，厅网站进行全国交通信息联播800条；厅网站政务公告、人事公告、通知公告、招标公告、中标公告、处罚公告等栏目信息320条；交通运输部江西子站工作动态栏目内容更新信息680条，交通新闻栏目内容更新460条；省政府政务公开信息网站政务动态栏目内容更新500条。⑥开设"江西省干

线公路养护管理工作”“江西省高速公路服务区文明服务创建活动”“江西省各社区市公交满意度调查”“江西省公路建设市场秩序专项整治行动”“2015 年春运”“路政执法信息公示”“身边好人榜”“‘东方之星’事件救援”等专题专栏,提升舆论引导水平。⑦积极建议厅领导和相关主管处室制定长期网站普查整改工作规划,开展网站普查整改工作。制定网站普查整改和各项管理制度,落实专项工作机构、工作人员和工作经费,有效保障了厅网站各项普查工作达标。⑧抓好省交通运输厅办公室交流论坛系统项目建设。建立省交通运输系统办公室文秘人员内部交流论坛,为全省交通运输系统办公室文秘人员提供良好的工作探讨、资源共享等内部交流平台。

3. 完成省交通运输厅机关、厅直属各单位信息化建设赋予的相关工作:①完成省交通运输厅网站管理制度修订工作。11 月,通过厅务会后,予以发布。绩效考核管理、信息安全管理等制度,也已陆续颁布试行。②完成省路政总队 0A 系统及移动 0A 系统建设,其网站改版升级已竣工验收。③完成省交通运输厅搬迁新大楼、机房搬迁有关的信息工作任务。④完成了相关省交通运输厅直单位和项目办的办公自动化系统、网站系统升级改造、网站备案与托管等日常维护与巡检工作。并协助厅档案室对建设数字档案系统提出意见和建议。协助厅战备办完成军事应急演练,为其提供设备和人员进行技术保障。配合省交通运输厅财务与中心财务完成公路局、运管局、路政总队与该中心相关信息化系统被财政收回资金的申请拨回资料整理与汇总。

四、科学推动交通运输信息化项目建设与管理

1. 统筹安排、科学规划信息化项目的建设。①协助省厅做好信息化项目方案审查、经费拨付、实施管理工作。涉及的项目有:路政综合业务管理系统、路政监控指挥调度系统、路政网络平台、路政数据中心系统、高速集团信息化系统及监控、网络升级改造、赣江(樟树一湖口)安全监管系统等。②完成全年全厅信息化工作要点编制和省厅“‘十三五’江西交通信息化对策研究”专项课题研究任务。③承担《江西省交通运输信息化“十三五”发展规划》编制。四是参与编制《江西省公路水路交通运输“十三五”发展规划》,并协助省厅开展“江西交通运输行业重要信息资源共享和整合应用需求调研”。

2. 继续加大厅本级信息化项目建设力度。一是完成交通运输统计分析监测和投资计划管理信息系统工程建设,构建统计分析监测与投资计划管理联网作业体系,形成全省交通统一的统计、投资计划业务平台。二是完成省交通运输综合地理信息平台建设。三是协助开展并完成省交通运输厅新大楼智能化系统、智能交通管理与路网监控系统、交通综合信息服务系统(网站群)、江西公众出行服务网(改版)等系统建设工作任。

五、构建“智慧交通”网络,提升路网运行监管水平

1. 完善省交通运输厅交通运行监测信息资源平台。通过数据整合与交换平台,实现与交通运输部、省厅内部(含二级业务局)相关系统的数据交换与共享。本系统与行业外部单位(如省政府、公安厅、气象局等)的数据交换经由“公路交通信息资源整合与服务系统”工程所建设的数据交换平台实现。

2. 开展“公路水路安全畅通与应急处置系统建设工程”建设任务,建设省交通运输厅智能交通管理与路网监控系统,完善江西交通行业各部门监测监控信息的接入和展示。全厅智能交通路网监控系统(软件总平台)于年底完成省交通运输厅层面的建设,待各业务局(司)相涉的监控子系统建设完成且数据成常态化的接入后,全省交通信息化情况将以“交通一张图”的形式完全展示在 GIS 平台。

六、全省各设区市信息化工程建设进程加快,信息化建设成果丰硕

2015 年,全省交通运输系统创新信息化建设模式,开发新产品,开拓新领域。省交通运输厅及其所属各单位、各部门和各设区市交通运输行业信息化建设进程进一步加快。全省全年 60 万持有赣通卡用户可在全国高速公路刷卡通行。全省半挂牵引车和重型载货车卫星定位装置安装率达 98% 以上。省高速集团泰和管理中心收费站自动发卡机实现全覆盖。新余市和赣州市均已启用普通干线公路网应急处置平台。景德镇市 36 个公交站免费 wiFi 投入使用。上饶市微信公众号正式上线开通。南昌市在全省率先开通“95128”出租汽车预约服务电话。

2015 年,全省信息化建设成果丰硕,成效显著。省高速集团微信公众号位居江西政务微信排名第 7 名,全年已有 3 次排名位居江西政务微信排名榜前 10 名:省交通运输厅信息中心荣获中国信息协会颁发的“2015 年度应急管理信息化管理创新奖”;“江西交通”微博被有关部门授予“江西十大政务微博”“2014 年度江西最具影响力政务微博”称号;该中心“泛长三角区域高速公路应急保障体系研究”项目获得“上海市公路学会科学技术奖一等奖”;并获得“2014—2015 年江西省信息系统优良工程”和“2014—2015 年江西省信息技术应用优秀成果”奖;在交通运输部办公厅对 2014 年交通运输行业政府网站绩效评估结果通报中,省交通运输厅网站在 32 个地方交通运输主管部门政府网站绩效评估中获得第 5 名,为历年来的最高名次,为江西综合交通、智慧交通、绿色交通、平安交通建设做出了积极贡献。

（省交通运输厅信息中心）

【“‘十三五’江西交通信息化对策”通过终审】 8 月 18 日,“‘十三五’江西交通信息化对策”科研课题通过省交通运输厅组织的专家组终审。

该课题是规划前期研究,旨在通过梳理国内外信息化发展路线和经验启示,结合全省交通运输信息化现状和发展需求,明确“十三五”江西省交通运输信息化发展方向、主要内容、对策措施,进一步推动交通运输信息化整体、协调、良好发展。

【萍乡市公路建设实现了项目招投标电子化】 2015 年,萍乡市交通运输局推进项目招投标电子化建设,积极推广使用市交通工程公共资源网上交易系统,实现项目招投标电子化监管,对 319 国道萍栗段养护大中修工程及 319 国道萍栗段危桥改建工程实施招标全过程监督,提高了招投标工作管理水平和效率。

（萍乡市交通运输局）

【安源区全面推行交通运输服务智能化建设】 2015 年,安源区依托智慧安源行政服务平台,开发“交通运输业务端口”,设立“网上办事大厅”,提供面向社会的全面“智慧服务”,基本实现常规业务网上办理自动化,使各部门业务信息互联互通,建成交通运输大数据中心,提供数据服务共享,实现业务办理流程化管理,大幅提升业务办理的效率和准确性,取得很好效果。

（萍乡市交通运输局）

【南昌市在全省率先开通“95128”出租汽车约车服务电话】 12 月 8 日,南昌市完成“95128”电话号码的整合和切换改造,在全省率先开通“95128”出租汽车约车服务电话。

“95128”电话是用于全国出租汽车电话约车服务的统一接入号码,主要功能是 24 小时向乘客提供电话约车登记服务,向出租汽车驾驶员提供电召调度、应急报警、安全登记、信息咨询等服务。

南昌市客管处以该市原有的“968968”招车电话为基础,统筹确定“95128”电话服务内容,规范服务标准和流程,建立健全“95128”电话服务长效运营机制。并积极与通信运营商进行相关开通事宜的对接工作,保证在正式运行的通信全覆盖,原有的“968968”服务及 7 月开始的预约出租汽车服务全部转至“95128”系统。市民随时可拨打“95128”热线,就可获得电话约车等服务。

（南昌市客管处）

【江西交通信息网在 2014 年政府网站绩效评估中成绩优秀】 4 月,交通运输部办公厅对 2014 年交通运输行业政府网站绩效评估结果发布通报。由江西省交通运输厅主办、厅信息中心承办的江西交通信息网在全国 32 个地方交通运输主管部门门户网站综合排名名列第 5 位,是该中心在历年全国交通运输行业政府网站绩效评估结果中取得最好名次。

江西交通信息网系全省交通运输系统信息公开、在线办事、互动交流、服务和联系群众的重要窗口。2014 年,省交通运输厅信息中心积极会同厅办公室、科教处、宣传处及厅直有关单位,为扎实做好江西交通运输门户网站群建设工作,精心组织网站群方案调研,认真梳理框架栏目,仔细对比交通运输部和省政府网站绩效评估相关要求,全面系统地对网站进行了改版升级。改版后的江西交通信息网遵循政府网站最新发展趋势,结合江西交通实际,着重加强了政务公开、便民服务、新闻宣传等栏目页面策划。同时,新设置的“交通服务”“交通数据”和“江西交通”栏目,重点面向受众需求的转变,努力打造“整合 + 服务 + 创新+绩效”的智能化交通运输电子政务综合资源平台。

江西交通信息网已从最初的单一交通信息发布网站逐步发展成一个综合性的交通政务服务平台。遵循“统筹规划、协同建设、分级管理、资源共享”的原则,已加大网站群建设力度,实现了对厅直属各单位网站进行动态考核,形成一整套完善的政务网站群日常监测考核评价体系,进一步增强了江西交通运输门户网站群的整体效能和影响力。

(王　茜)

【省运管局切实规范信息化项目建设流程】 2015年,省运管局严格按照在法规和规范的范围内开展信息化建设。在信息化项目的建设过程中,委托第三方的方案咨询编制单位、招标代理机构、项目监理单位、项目检测单位、决算审计单位等独立开展项目的方案编制、招标、监理、检测和审计等工作,规范项目的建设,确保工程符合国家、交通运输部以及省厅相关信息化项目建设要求,特别是严格参照《江西省交通运输厅信息化项目管理暂行办法》,使信息化项目更具科学性、合理性、专业性,为建设优良项目工程奠定基础。

(李　为)

【江西60万户赣通卡用户可在全国高速公路刷卡通行】 9月28日,交通运输部召开全国ETC(电子不停车收费)联网电视电话会议。部长杨传堂宣布内蒙古、黑龙江、广西、新疆四省作为最后一批省份成功并入全国ETC联网区域,2100余万用户实现一卡畅行全国。至此,江西累计建成ETC专用车道547条,赣通卡用户近60万户,建成自营网点20个,覆盖全省市、县、区的全业务代理网点共552个,覆盖自营网点、服务区自助充值终端96个。近期正在开展空中充值APP、互联网OBU、货车ETC研究等工作,采取有效措施、着力提升路网管理能力和服务水平。

(周绍芹)

【上栗县交通运输企业车辆安装GPS定位系统】 2015年,上栗县辖区内企业车辆全部完成安装GPS定位系统任务。上栗运管所负责人每天登陆省道路运输车辆卫星定位系统监控平台监督车辆动态,警醒车辆安全驾驶,大幅提升安全运输生产水平。

(萍乡市交通运输局)

【省交通运输厅交通重点工程实行电子招投标】 2015年,在交通重点工程招投标工作中,省交通运输厅全过程运用电子招投标交易系统,从源头上规范工作流程。运用电子招投标的交通重点工程项目超过500个,交易额突破1000亿元。另外,省交通运输厅研究制定《关于进一步深化“三转”落实“把纪律挺在前面”要求试行工作方案》,通过敲响警钟、完善制度、强化监督、严肃问责等手段,促使干部员工敬畏纪律、遵守纪律。

(廖晓峰)

【江西交通运输综合地理信息平台项目通过验收】 11月24日,省交通运输厅信息中心组织建设的“江西省交通运输综合地理信息平台”项目通过专家组竣工验收。

该项目为省交通运输厅“十二五”信息化建设的重点工程,项目通过统筹整合全省交通运输行业的地理信息资源,构建统一的交通运输地理信息共享平台,目的是形成“全省交通一张图”,为江西省交通运输行业业务管理、应急保障、出行服务提供统一的地理信息基础支撑。

该项目已通过竣工验收,标志着江西省交通运输地理信息服务体系初步形成,行业信息系统建设有了统一的地理信息资源支撑,进一步推进了江西省交通运输信息化资源的整合,使全省交通运输信息化水平迈上新台阶。

(厅信息中心)

【景德镇市首批36个公交站点免费WiFi投入使用】 11月27日,景德镇市首批36个公交站点免费WiFi投入使用。用户只要安装了一款APP,走进这些站点,无需缴纳任何费用,就能连接免费WiFi,畅游互联网。

全城WiFi项目是“智慧瓷都”建设的重要组成部分,也是一项惠民工程。涵盖公交站台、居民小区、商业街区、宾馆酒店、旅游景点、机场车站等,为广大市民搭建起一全天候、全覆盖、立体化的信息互动平台,有力推动景德镇城市管理和城市生活向智能化方向发展。

全城 WuFi 项目实施共分三个阶段：第一阶段主要覆盖公交站台、居民小区、商业街区和部分旅游景点；第二阶段覆盖机场、火车站、长途汽车站等交通枢纽；第三阶段实现 WiFi 覆盖全城。项目建成后，到千年瓷都景德镇，无需缴纳任何费用，只要安装一款 APP，就可以在全市范围内免费“蹭网”。

（景德镇市交通运输局）

【江西交通 4 个信息化项目通过验收】 12 月，省交通运输厅信息中心组织建设的省交通运输统计分析监测和投资计划管理信息系统、省交通运输综合地理信息平台、江西省交通运输厅交通综合信息服务系统（一期网站群）、江西交通科技信息资源共享平台 4 个项目通过专家验收。

交通运输统计分析监测和投资计划管理信息系统作为交通行业统计与计划工作的综合性基础平台的建成进一步增强了统计与投资计划业务数据的综合分析能力，有利于提升动态监测和辅助决策能力；省交通运输综合地理信息平台通过统筹整合全省茭通运输行业的地理信息资源，构建统一的交通运输地理信息共享平台，形成“全省交通一张图”，为全省交通运输行业业务管理、应急保障和出行服务等提供统一的地理信息基础支撑；省交通运输厅交通综合信息服务系统（一期网站群）主要利用门户网站、热线电话、短信、广播、情报板等多种渠道，面向社会公众、交通从业人员提供各类综合性信息服务，服务内容包括出行信息查询、政务信息公开、网上办事系统、交通诱导信息及赣通卡客户服务等；江西交通科技信息资源共享平台是实现交通科技信息资源共享的重要载体，为交通行业科技管理、科学研究、技术开发、学术交流等提供数字化、便捷化的信息服务。

4 个项目作为全省交通行业“十二五”信息化建设的重要内容竣工验收后，进一步提升了全省交通运输信息化保障和服务能力，真正使江西交通运输信息化工作迈上新台阶。

（钟　平　胡军胜　王　茜）

【省运管局构建虚拟化平台，实现资源利用最大化】 2015 年，省运管局在“十二五”早期开展虚拟化平台建设的基础，利用虚拟化平台实现底层物理硬件的透明化。通过虚拟化技术的应用，不仅提高了信息化支撑硬件系统的敏捷性、灵活性和可扩展性，同时，还简化设备管理，降低运维成本。对“江西省道路运输车辆卫星定位系统政府平监管平台”“江西省公路客运联网售票系统”“江西省道路运政管理信息系统”在内的所有核心业务系统均依托省运管局的虚拟化硬件平台进行承载构建。

通过构建虚拟化平台，进一步适应信息技术的发展趋势，提升信息化建设和应用水平，实现资源最大化利用。

（李　为）

【省运管局倡导全省道路运输信息系统数据大集中模式】 2015 年，省运管局在信息系统的建设过程中，全面倡导数据大集中模式。此举较好地解决了由于客观原因导致全省道路运输信息化的建设工作呈现了倒三角的形式，即无论是项目建设资金投入、信息化专业人才、建设及维护水平等方面，省运管局的基础条件都比设区市、县（市、区）运管机构好，实行系统数据信息集中式管理、存储和数据共享，节省了建设及运维费用，为基层运管机构数据的挖掘、利用、共享奠定基础。

（李　为）

【省运管局推进信息化建设】 2015 年，省运管局积极开展政务信息、行业监管和公众信息服务系统等信息化项目建设：一是开展全省道路客运联网售票系统（二期）项目建设和路客运联网售票系统（二期）项目建设，为旅客提供全省二级以上客运站的联网售票服务，包括电话售票、互联网售票、代理点售票和自助售票等方式，并为行业管理部门提供真实、实时和准确的行业数据，为行业管理部门的决策提供科学依据。二是开展局行政服务中心业务网上办理系统建设。通过该系统的建设，不仅实现了业务管理流程的网络化、信息化、标准化，还进一步提升了业务人员的工作效率，杜绝了业务管理的人为干扰因素，实现了留痕管理。三是开展省驾驶员培训管理信息系统项目的建设。四是开展道路运政移动执法子系统（二期）项目实施工作。该系统的建设应用，规范了执法人员的行为、语言和执法流程，为一线执法人员的取证、保护执法人员的安全提供保障，同时也为全省道路运输应急指挥调度提供技术支撑。（李　为）

【江西省级路网中心与应用软件开发项目通过验收】 9月16日,省普通干线路网运行监测与应急处置平台省级路网中心及应用软件开发项目交工验收会在省公路管理局召开。

项目交工验收专家组到省级路网中心大厅、会商室和机房,观看各系统功能演示,听取了省级路网中心项目和全省路网平台应用软件开发项目的招投标、建设实施、试运行以及第三方检测情况介绍,对省级路网中心各系统和内业资料整理情况进行现场排查,审核了交通运输通信信息工程质量检测中心提交的“省级路网中心交工验收检测报告”,审阅报告内容涉及的12个分项工程130余项功能和技术参数指标及工程资料和施工工艺等方面内容,查阅项目文档资料。由软件公司逐一演示全省路网平台应用软件各业务功能展示。

专家们认为,省普通干线路网运行监测与应急处置平台省级路网中心及应用软件开发项目各项技术指标和系统功能符合相关技术标准、规范和设计要求,达到了预期目标,一致同意该项目交工验收。

(林茂森)

【吉安市智慧交通项目建设联系会召开】 8月13日,吉安市交通运输局邀请吉安市公路局、省港航局吉安分局、吉安市交通警察支队、吉安长运有限公司等11家单位参加该局举办的吉安市智慧交通项目建设联系会。

会议听取了吉安银江股份公司、赣州泊远信息科技有限公司、江西至融软件有限公司等三家科技公司对吉安市智慧交通综合信息服务平台建设的规划设计及国内外先进城市智慧交通项目建设运用的成功经验的有关PPT介绍,交流了各单位目前信息化管理的应用及未来信息化建设的规划情况。通过了吉安智慧交通综合信息服务平台筹备小组人员组成名单,明确了相互分工与配合的工作职责。与会人员就智慧交通综合信息服务平台建设和满足群众对出行信息的需求达成共识。一致表示,要加强行业间紧密配合协作,营造智慧交通建设的良好氛围,共同为构建符合各行业信息建设、贴近于人民群众出行需求的智慧交通综合信息服务平台做贡献。

(吉安市交通运输局)

【吉安市整合营运车辆卫星定位系统】 2015年,吉安市交通运输局根据交通运输部标准,以市场为导向和全市营运车辆卫星定位系统资源,整合营运车辆卫星定位系统,建立全市统一的监控平台。此举使车辆卫星定位营运商们,进一步推进该市交通运输业为广大用户提供更佳服务。

(吉安市交通运输局)

【吉安市开通“12328”监督电话】 2015年,吉安市交通运输局按照交通运输部和省交通运输厅要求,建设开通交通运输服务监督电话“12328”,以方便人民群众享受交通运输服务,提升交通运输行业治理能力和公共服务水平。

(吉安市交通运输局)

【省公路局电子地图让路网可视可测可控】 2015年,省公路局在完成国省道、农村公路专项调查的基础上,建立全省公路基础数据库,编制全省公路电子地图,制定完备、稳定的公路数据报送、审核、汇总程序,形成了规范的公路地理信息服务体系,实现了对全省公路地理信息的采集、储存和管理。并以公路地理信息数据库中更新的最新数据为基础,常态化每年编制《江西省公路统计资料摘要》。

全省普通干线路网运行监测与应急处置平台初步完成,重点建设了138个固定监测点、128个移动监测点及1个省级路网运行监测与应急处置中心和11个市级路网运行监测与应急处置分中心,通过适时的交通量、视频、超载预检等监测,逐步建立“可视、可测、可控”的路网运行监测与应急处置平台体系。并结合全省国省道交通情况调查数据采集与服务系统工程,建设192个国家级交调站点,丰富了江西路网运行监测体系。

(赵　晖)

【上饶市运管局微信公众号正式开通】 7月1日,上饶市运管局“上饶运政”微倍公众服务平台正式开通。

该服务平台具有运政信息、投诉举报、便民服务等多项功能。并根据道路运输经营业户及人民群众的实际需求,对公众服务平台的功能进行了调整和完善,扩大了道路运输服务涵盖面,能为社会公众提供更为全面快捷的服务。

微信平台参与方式是，可以打开手机微信“扫一扫”功能，扫描下方二维码即可，也可打开手机微信“添加朋友”功能。查找公众号“上饶运政”后添加关注，便可了解相关信息，获取相关服务。由此拓宽与人民群众沟通交流渠道，加强网络问政能力，提升上饶道路运输服务品质。

（官兴炜）

【全省半挂牵引车和重型载货汽车卫星定位装置安装率达98%】 2015年，省运管局为加强全省道路运输车辆动态监管，预防和减少道路交通事故发生，根据《道路运输车辆动态监督管理办法》，全省所有半挂牵引车和重型载货汽车必须安装卫星定位装置对未安装的，2016年将不予年审。截至2015年底，全省半挂牵引车和重型载货汽车安装率达98%。

（章华平）

【《高速公路机电系统维护技术指南》通过评审】 1月15—16日，由省交通运输厅主办，省路通科技有限公司协办的《高速公路机电系统维护技术指南（第4～7部分）》评审会在南昌召开。

由江西财经大学与省交通系统行业业内的五位专家组成的评审委员会组听取了编著方江西路通科技有限公司关于《高速公路机电系统维护技术指南（第4～7部分）》的编著报告后，对编著的具体内容进行全方位的评审。专家们认为，该指南依据国家、交通行业相关标准和法规，紧密结合江西高速公路机电系统维护实际，内容完整、描述规范，符合相关要求。指南的出台完善了全省高速公路机电系统维护标准体系，具有良好的操作性，为全省高速公路机电系统维护提供必要、完整的技术支撑。一致同意指南通过评审，并由省质量监督局颁布为江西省地方标准。

（王　敬　熊亚君）

【北京和江西的交通信息专家到九江路网平台建设现场指导】 2015年，北京交通运输通信信息工程质检中心专家赵立刚，省交通信息专家、高级工程师莫宇蓉一行到九江路网平台建设现场指导工作。

九江路网平台建设系江西路网运行监测与应急处置平台工程的重要组成部分，主要负责辖区范围内普通干线公路运行监测、日常管理和应急处置。项目建成后将通过监测点的交调、视频采集等设备，加强对九江市普通干线公路的重点路段、重要桥隧等监管对象的日常监测，全面提高普通干线公路交通信息服务水平。

专家们对九江公路管理局路网平台项目的建设给予肯定，并就加快建成、建好该平台进行具体指导。

（王朝辉）

【江西高速微信公众号位居全省政务微信第7名】 11月16日，人民网江西频道发布江西政务微信排名榜。江西高速微信公众号以综合评分得分指数955.66分，位居江西政务微信榜（11月8日至14日）第七名，这是江西高速微信公众号连续三周进入江西政务微信榜前十名。

人民网江西频道根据微信公众号所发表的文章总阅读量、总点赞数、头条阅读数、最高阅读数等数值的综合评分中，每周评选出江西政委微信50强，其中，江西高速微信公众号发布的《江西最美路评选：这十二条高速公路太美，你走过哪几条》一文，以44005次阅读量名列热门文章榜排行第4名。

江西共有政务微信公众号1590个。“江西高速”微信公众号自开通以来，共吸引粉丝37万余人，在做好公众出行服务、舆论引导、服务监督等工作的同时，积极开展线上线下互动活动，深受广大网友的好评。

（夏睿德）

【“微信导游”引车上路】 6月，赣粤高速公路股份有限公司推出“引车上路”服务项目，加强与沿线政府合作。通过公司、政府等相关网站对沿线风景旅游区和地方特色进行宣传，在收费所站和服务区为过往车辆提供风景区行车路线、道路通阻、气象信息等出行服务。与此同时，延伸服务内涵，开展“微信导游”策略，以实用、便捷、贴心的微导服务，引车上路。微信平台不仅适时播报天气、路况，宣传高速公路沿线的特色旅游资源。此外，还采取互联网＋“引车上路”模式，在打造赣湘引车上路模式的基础上，不断扩大与湖南、湖北等邻省的合作交流，整合资源、优势互补，建立联勤联动、信息互通的跨省联动协作机制，打造整体联合营销体系,吸引车流量,热心为司乘人员和广大公众提供方便快捷服务。

(李　欣　曹　坎　胡艳梅)

【赣州市启用普通干线公路网应急处置平台】 2015 年,赣州市普通干线公路路网运行监测与应急处置平台建成启用,标志着赣州市初步建立起覆盖全市普通国省道的道路运行监测体系。

该平台由赣州市公路管理局公路路网中心负责运行,建成 24 个外场综合监测点、19 个移动监测点、6 套可变信息标志、1 套超载动态检测终端和 1 个市级路网管理中心。外场综合监测点可以实现交通流量采集、图像监控、信息发布;外场移动监测点可以把实时的现场图像传递回中心;超载动态检测终端可以对超载车辆进行不停车的称重和抓拍。该平台还可调取外场综合监测点和移动点公路实时监控视频信息,对采集的数据进行科学分析,为公路养护、建设和治超工作提供科学的决策依据。

(黄　金　廖宁华)

【全省路网平台项目推进会召开】 3 月 13—14 日,全省普通干线路网运行监测与应急处置平台项百工作推进会在抚州召开。省公路局与全省各设区市公路局及相关单位分管领导和项目负责人共计 70 多人参加会议。

会议总结了自 2014 年 10 月 31 日全省路网平台项目推进会以来的工作,部署了下一阶段全省路网平台项目建设工作目标任务:一是提高认识,高度重视,切实增强紧迫感与责任感,为平台的建设和管理创造良好的条件。二是科学调度、严格管理,做到安全保质按时保量完成路网平台项目建设工作。三是精心统筹、充分落实,确保平台持续正常运行,攻坚克难,把全省路网平台项目建成为全国一流的精品示范工程,把全省路网平台打造成为全国一流的路网管理平台。

(刘文华　戴燕萍　邹国厚)

【全省路网平台可变情报板在抚州率先安装】 2015 年,抚州市路网运行监测与应急处置平台工程项目可变情报板在金溪陆坊正式安装。这也是全省路网运行监测与应急处置平台工程项目中可变情报板在抚州率先安装。本次抚州市路网运行监测与应急处置平台工程项目一共有 12 个外场点,其中,包括 10 套普通门架、1 套可变情报板龙门架与 1 套 F 型门架,各外场点分布在市辖区各个县(区)车流量比较大的国省道线路。

(刘文华)

【省交通运输环境监测信息管理平台建设座谈会召开】 11 月 23 日,省交通科研院举办省交通运输环境监测信息管理平台建设座谈会。省环境监测与评估中心、东软集团股份有限公司等单位负责人参加座谈。

会上,省交通科研院境监测与评估中心人员针对数据中心管理、数据监测、GIS 信息展示、实验室系统、系统设置等方面建设江西交通运输环境监测信息管理平台向东软集团股份有限公司代表提出了相关需求及建议,经过座谈达成初步建设方案。该平台的建成将实现江西交通环境监测数据管理的信息化和网络化,掌握江西省交通环境质量和污染状况,科学预测交通沿线环境质量变化,满足新形势下环境管理和公共服务的需求。并最终实现基于 GIS 系统的数据统计、分析、共享等服务和交通行业监测数据统一集成、统一管理。

(省交通科研院)

【泰和管理中心所辖收费站自动发卡机实现全覆盖】 2015 年,泰和管理中心新增 15 台自动发卡机安装调试工作全部完成,至此,该中心所辖收费站自动发卡机实现全覆盖。

泰和管理中心新增的自动发卡机,集车型自动分类、车牌自动识别、车道智能控制等系统功能于一体,设计有高低位机箱,能够自动测距并整体伸缩滑动,方便货车和小车司乘人员取卡。配以“映山红欢迎您”的语音提示,能更好地传播“映山红”文化品牌价值。

(吴　鉴)

【新余市普通干线公路路网运行监测与应急处置平台正式启动运行】 2015 年,经过近 4 个月的建设和 2 个月的试运行,新余公路普通干线路网运行监测与应急处置平台正式启动,标志着新余市普通干线公路养护管理、路政执法和治超管理步入信息化时代。

该平台承担着全市国省干线公路的路网管

理、应急指挥、出行信息服务职能，外场建设有5个固定监测点、1个超载预检点、2个综合养护中心监测点、3辆移动监测车以及袁河大桥、罗坊大桥、丹江大桥、天工大桥等四座大桥计16个重要部位监点。实现了对全市国省道重点路段和大桥每天24小时不间断采集视频、交调和超载信息，大幅提升了公路交通运行管理分析和决策能力。

该平台正在拓展交凋、超载等信息的运用，一是与养护部门一起对交调信息进行整理、分析，实现资源共享；二是将超载信息经专线传输到治超站点，提高治超工作的针对性；三是与地方“天网”工程对接，扩充对道路“热点”的实时监控，进一步提升该市背通干线路网运行监测和应急处置能力和服务公路交通建设与公众出行水平。

（简水珍　黄　豪）

【省运管局着力做好信息化保障和维护工作】 2015年，省运管局积极开展信息化保障和维护工作：一是开展包括网络、机房、硬件设备、信息系统、办公设备在内的相关信息化维护工作，对局中心机房、信息系统和局机关办公网络进行全面而科学的维护。二是开展了现有信息系统日常技术维护，包括运政信息系统、OA办公系统、联网售票系统、网站群、客运站视频监控系统、楼层广播系统等。三是开展了办公室设备配件的采购、保管、发放等工作，确保了全局广大干部职工的办公需要。四是做好了局机关视频会议系统和一般性会议的技术保障工作，确保视频会议需要。五是开展了信息系统的安全等保评测工作，确保信息系统和网络的安全可靠，有效保障该局机关和全省各级运管机构的办公自动化、信息化应用需要。

（李　为）

【省运管局加强卫星定位系统企业监控平台运营商备案管理】 2015年，省运管局积极做好全省的卫星定位系统企业监控平台运营商备案工作：一是制定并下发《江西省道路运输车辆卫星定位系统企业监控平台运营商备案办法（试行）》，为全省车辆营运企业监控平台运营商备案工作提供依据和指导。二是严格开展全省的企业监控平台运营商备案工作，包括组织审核组审核备案资料、在江西道路运输网上公示备案资料和向部交通通信信息中心报送备案运营商名单等。全年已完成54家企业监控平台运营商的备案，其中新增21家备案运营商。三是完善平台运营商管理制度。制定和出台江西省卫星定位系统企业监控平台运营商通报制度，进一步加强对运营商的日常管理，使车辆卫星定位系统相关指标得到大幅提升，车辆上线率已从2015年8月份的96.09%上升至12月份的98.65%，平台断线率从4.78%下降到0.81%，数据不合格率从0.86%下降到0.10%，有效保障了全省道路运输安全稳定。

（李　为）

【丰城市汽车总站完成站务终端系统升级改造】 6月8日，丰城市汽车总站全面完成了站务终端系统升级改造。该市车站按标准设置了自助售票终端机，旅客可以凭车票信息，根据自动语音广播系统，到指定检票窗口进行自动检票上车；原人工控制道闸的起降和车辆进站替换成了智能自动道闸；站场的车辆管理、进站发班时间等数据实现了实时系统化；车辆安全例检项目进行了网络化操作；售票系统包括全省联网售票、乡村点售票、网上售票、移动购票、电话订票等均实现看能化运作。

与此同时，车站在“五证一牌”的检查、临时加班、停班、并班、减班、班次票价调整、出站检查等集中在一个办公场所进行集中调度，实现了站务智能化、网络化操作运行，满足了旅客快捷购票、方便取票、舒适候车和便捷乘车的需要

（沈壮华）

【省交通运输统计与分析监测和投资计划管理信息系统工程项目通过验收】 11月25日，省交通运输厅在南昌组织召开“江西省交通运输统计分析监测和投资计划管理信息系统工程项目”验收会。

“江西省交通运输统计分析监测和投资计划管理信息系统工程”项目是全省交通行业“十二五”建设的重要内容，也是交通行业统计与计划工作的综合性的基础平台。工程于2014年8月始建，于2015年7月上线试运行。该项目的建成增强了统计与投资计划业务数据的综合分析能力，提升了动态监测和辅助决策能力，提高了内部查询共享和对外公众服务能力，使江西交通统计与计划管理工作迈入网络化、规范化的新阶段。

验收专家组和与会代表听取了该系统建设单位、监理单位、用户代表及承建单位相关情况报

告,观看了系统演示,审查了验收材料,进行详尽的质询和讨论,一致认为该项目合同规定的建设任务均已完成,达到了系统设计要求,同意通过竣工验收。

(钟　平)

【省高速联网中心赣通卡业务培训班在交通干部学院举办】 5 月 22 日,省高速联网中心在交通干部学院举行赣通卡一站式业务系统培训班。各联网分中心、各业务合作银行近 200 人参加培训。

2014 年,该中心与中国建设银行江西省分行、中国邮政储蓄银行江西省分行、中国邮政江西分公司、中国光大银行江西省分行、南昌银行等金融机构开展赣通卡一站式便民服务的业务合作。通过合作,赣通卡用户发展迅猛,用户累计达到 37.2 万户。为统一 ETC 配套服务工作的规范和标准,进一步提高合作银行和联网中心业务人员的水平,举办本期培训班。

培训班采用模拟 + 授课的模式,从赣通卡客户服务管理规范、系统安装调试、系统业务操作及异常处理、稽核管理等多个方面进行了全面深入的讲解,取得很好的培训效果。

(录自省高速信息网)

【南昌—湖口 CCTV 视频监控项目(二期)通过竣工验收】 6 月 29 日 ,赣江(南昌—湖口)航道整治工程项目办在昌召开南昌—湖口 CCTV 视频监控项目(二期)竣工验收会。

由 5 名信息化专家组成的验收专家组,通过听取竣工汇报、审阅验收资料、调看平台图像资料的方式,经过认真审查和充分讨论后,一致认为,该项目符合设计要求,设备运行稳定,资料齐全,同意通过验收。

(陈　晓　陈明中)

【宜春火车站站前道路违停抓拍系统启用】 3 月,宜春火车站为规范站前道路交通秩序管理,治理车辆乱停违停现象,宜春交警在火车站站前道路 700 米范围内安装了自动违停抓拍系统。自宜春新火车站启用以来,站前道路的违停问题一直难以得到根本性治理,既影响过往车辆通行,也严重影响火车站的交通秩序,群众反映强烈。针对这一情况,宜春交警在加强警力维持秩序的同时,安装了这套抓拍系统。该系统能自动拍照上传,减轻了值勤民警的劳动强度,治理效果也非常不错,大大地降低了车辆违停,解决该路段车辆乱停乱放问题。

(江西交通信息网)

【吉安港航分局实现办公大楼 WiFi 无线网络全覆盖】 7 月初,吉安港航分局在办公大楼、井冈山海事宾馆开通 WiFi 无线网络。船员可利用自带的笔记本电脑、平板电脑、智能手机等在分局各个危落免费上网,查询相关政策、实用生活资讯等信息,有效缓解办事高峰期船员因等待产生的焦躁情绪,使前来办理业务的船员享受到更贴心、更周到、更人性化的服务。

(余　超)

【省港航局统一数据交换平台项匿顺利通过验收】 11 月 20 日,省港航管理局统一数据交换平台项目验收会议召开。

省港航管理局统一数据交换平台项目依托该二级数据中心的建设,进行运政管理系统、港口管理系统、水路客渡运愿油系统、主题数据综合展现与分析系统及数据管理系统等系统的全新开发。该项目通过运政管理系统和港口管理系统建设进一步提高业务管理工作的规范性和精细化管理水平,通过数据交换平台建设和主数据库建设可以实现对全省船舶、航运企业、港口信息进行全面整合,从而能够更好地实现信息共享,促进港航局各业务领域、各级管理部门之间的协作能力,同时也为港航局未来数据中心建设奠定良好的基础。

由海事局、上海海事局、安徽海事局及省内信息化专家组成的验收专家委员会听取该平台项目设计、建设、施工等单位的工作汇报,认真审查项目竣工资料,并对设备和系统运行情况提出质询和相关建议。经过认真审查和充分讨论,专家委员会一致认为该项目符合设计要求,设备运行稳定,资料齐全,同意通过验收。

(倪　磊　罗云海)

【江西首套航道自动水位监测采集系统投入使用】 4 月 1 日,江西首套航道自动水位监测采集系统通过测试、验收,正式投入使用。

该系统是采用 GSM 无线通讯方式实时遥测

水位变化的一种智能监测系统。运行时，设在龙王庙大桥、八一大桥、昌邑山大桥3处观测点的分站可以连续或定时自动记录（水位、温度）传感器发送的水位等数据变化情况，通过CSM无线通讯模块将所测数据传送至监控中心主站，利用主站内的“多参数水文处理软件”进行数据处理，生成各种报表，绘制水位（水压）温度变化图等。该系统主要特点是功耗小、测量范围大、操作简单、无人值守。传感器能在河道水流不稳定的情况下正常工作，仪器适应在多变环境下全天候自动工作，能够满足南昌港航分局对赣江主要河段水位监测要求。该系统的使用，为做好日常航道养护管理工作，摸清水位变化特征，制定航道养护方案和及时掌握航道水情的动态管理奠定扎实基础。

（汪　莹　曾　界　陈明中）

【省运管局构建虚拟化平台，实现资源利用最大化】　2015年，省运管局在“十二五”早期开展虚拟化平台建设工作，利用虚拟化平台实现了底层物理硬件的透明化，最大化地利用物理硬件。通过虚拟化技术的应用，不仅提高了信息化支撑硬件系统的敏捷性、灵活性和可扩展性，还简化了设备管理，降低了运维成本，包括“江西省道路运输车辆卫星定位系统政府平监管平台”“江西省公路客运联网售票系统”“江西省道路运政管理信息系统”在内的所有核心业务系统，均依托省运管局的虚拟化硬件平台进行承载构建。从而更加适应信息技术的发展趋势，提升信息化建设和应用的水平，实现资源最大化利用。

（李　为）

【省运管局倡导全省道路运输信息系统数据大集中模式】　由于客观原因，全省道路运输信息化的建设工作呈现了倒三角的形式，即无论是项目建设资金投入、信息化专业人才、建设及维护水平等方面，省局的基础条件都比地市和县市运管机构好，基于此，省局在信息系统的建设过程中，全面倡导数据大集中模式。通过数据大集中方式，不仅解决了基层运管机构信息化资金和人才的不足困难，节省了建设及运维费用，实现了系统数据信息的集中式管理、存储和数据共享。

（李　为）

【省运管局着力开展信息化项目建设】　2015年，省运管局积极开展政务信息、行业监管和公众信息服务系统等信息化项目建设工作：一是积极开展全省道路客运联网售票系统（二期）项目建设工作。切实提升道路运输行业的公众信息服务水平，实现旅客便捷、科学和舒适出行，2015年启动全省道路客运联网售票系统（二期）项目建设，依托该系统，可为旅客提供全省二级以上客运站的联网售票服务，具体包括电话售票、互联网售票、代理点售票和自助售票等方式，也可为行业管理部门提供真实、实时和准确的行业数据，为行业管理部门的决策提供科学依据。二是开展局行政服务中心业务网上办理系统建设。通过该系统的建设，不仅实现业务管理流程的网络化、信息化、标准化，还进一步提升业务人员的工作效率，杜绝了业务管理的人为干扰因素，实现留痕管理。三是开展省驾培员培训管理信息系统的建设工作。为适应全省道路运输行业科学管理的要求，特别是满足全省驾驶员培训管理工作的需要，开展省驾驶员培训管理信息系统项目的建设。四是开展道路运政移动执法子系统（二期）项目实施工作。该系统的建设应用，规范执法人员的行为、语言和流程，为一线执法人员的取证、保护执法人员的安全提，供了保障，同时也为全省道路运输应急指挥调度提供技术支撑。

（李　为）

【省运管局加强卫星定位系统企业监控平台运营商备案管理】　2015年，省运管局积极做好全省的卫星定位系统企业监控平台运营商备案工作。一是依据《道路运输车辆动态监督管理办法》，制定并下发《江西省道路运输车辆卫星定位系统企业监控平台运营商备案办法（试行）》（简称《备案办法》），这为我省的企业监控平台运营商备案工作提供了依据和指导。二是严格按照《备案办法》开展全省企业监控平台运营商备案工作，包括组织审核组审核备案资料、在江西道路运输网上公示备案资料和向部交通通信信息中心报送备案运营商名单等。截至2015年底，已完成54家企业监控平台运营商的备案，其中今年新增21家备案运营商。三是完善平台运营商管理制度。依据《交通运输部关于印发〈全国重点营运车辆联网联控系统考核管理办法〉的通知》的要求，制定和出台江西省卫星定位系统企业监控平台运营商通报制度,进一步加强对现有运营商的日常管理。2015 年,召开约谈会 4 次,约谈企业 24 家(次)。通过实施通报约谈制度,车辆卫星定位系统相关指标得到了较大提升,其中,车辆上线率已从 2015 年 8 月份的 96.09% 上升至 12 月份的 98.65%,平台断线率从 4.78% 下降到 0.81%,数据不合格率从 0.86% 下降到 0.10%,进一步保障了全省道路运输安全稳定。

(李　为)

【省运管局大力做好信息化保障和维护工作】 2015 年,省运管局为确保全省道路运输信息系统的稳定运行,保障省局机关和全省各级运管机构的办公自动化和信息化应用需要,积极开展信息化保障和维护工作。一是开展包括网络、机房、硬件设备、信息系统、办公设备在内的相关信息化维护工作,对局中心机房、信息系统和局机关办公网络进行了全面而科学的维护。二是开展现有信息系统日常技术维护,包括运政信息系统、OA 办公系统、联网售票系统、网站群、客运站视频监控系统、楼层广播系统等等。三是开展办公室设备配件的采购、保管、发放等工作,确保了全局广大干部职工的办公需要。四是做好局机关视频会议系统和一般性会议的技术保障工作,确保会议工作的顺利进行。五是开展信息系统的安全等保证,确保信息系统和网络的安全可靠。

(李　为)

【省运管局切实规范信息化项目建设流程】 2015 年,省运管局严格按照国家、交通运输部以及省厅相关信息化项目建设要求,特别是严格参照省厅的《江西省交通运输厅信息化项目管理暂行办法》,在法规和规范的范围内积极开展信息化建设工作。在信息化项目的建设过程中,该局均委托第三方的方案咨询编制单位、招标代理机构、项目监理单位、项目检测单位、决算审计单位等独立开展项目的方案编制、招标、监理、检测和审计等工作。这不仅规范了项目的建设,还确保了项目的科学性、合理性、专业性,为建设优良的项目工程奠定了坚实的基础。

(李　为)

【江海造船厂应用网络信息平台采购建船设备】 11 月 3 日,鄱阳县江海船舶修造厂(江海船厂)成功地借用网络信息平台进行了新建船舶的设备采购。江海船厂中标承接的九江、南昌 2 艘 40 米长的水泥趸船建造项目,根据工程项目廉政建设和本厂制定的《工程项目管理体系》的要求,借用网络信息平台对 2 艘 40M 水泥趸船的锚、锚链及配件采取询价报价方式进行供应商的甄选。

(付知拾　方超群)

【省高速公路联网中心开展 ETC“一站式”专场咨询】 10 月 21 日,省高速公路联网管理中心联合江西广播电台、建设银行铁路支行开展 ETC“一站式”专场咨询会和 ETC 宣传活动。

专场活动内容主要包括:①派发 ETC 及赣通卡宣传折页,针对电子不停车收费、赣通卡种类、业务办理、便民优势及有关优惠政策进行了大力宣传,并接受过往群众的直接咨询,现场解答群众的问题。②江西交通广播现场招募 1054 汽车俱乐部的车友参与 ETC 专场活动,由建设银行铁路支行为省广电职工和车友会会员现场办理 ETC 业务。③充分发挥江西交通广播电台的作用,为广大车主提供全方位的咨询服务。

本次活动气氛非常热烈,广大车主积极参与,活动当天就接待咨询人员上百人,办理数十份业务合同和赣通卡,活动取得良好效果。

(省高速联网管理中心)

【南昌公路分局全面完善公路路政信息管理系统】 2015 年,南昌公路分局在省公路路政信息管理系统平台时所辖路段案件管理、审批管理、路产管理、查询统计等有关信息内容进行全面完善和更新。该局路政人员以迎国检为契机,克服牵涉范围广、工作量大,信息完善任务非常繁重等困难。强化责任意识,对路产、案卷等档案资料进行集中梳理,确保信息完善、录入规范,圆满完成全部录入任务。通过全面完善公路路政信息管理系统有关内容,进一步推动基层路政执法工作迈上新台阶,为迎接全国公路大检查打下坚实基础。

(裴菊生)

江西省交通干部学院

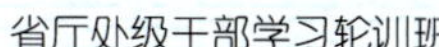
省厅处级干部学习轮训班

市县两级纪委书记培训班

省厅学习宣讲报告会

江西省交通干部学院系江西省交通运输厅直属正处级差额拨款事业单位，成立于1984年5月，原名江西省交通干部学校。2010年12月，更名为江西省交通干部学院，成为全国交通运输行业第一家更名的省级干部学院。与中共江西省交通运输厅委员会党校、江西省交通职工中专、北京交通大学现代远程教育江西交通教学中心、武汉理工大学网络教育南昌学习中心合署办公。

学院内设办公室、党委办公室、监察室、教务处、培训处、后勤处、财务处、工会等8个处室。目前在职干部职工30人，其中高级职称3人，中级职称7人。中共党员23名。

学院新校区位于红谷滩凤凰洲，占地面积50亩，2011年11月全面建成投入使用。建筑总面积为25430平方米，由教学楼、学术交流中心A、B、学员公寓A、B、食堂等六栋单体建筑组成。配有420人会议厅1个，120人会议室1个，100人会议室1个，70人会议室2个，40人会议室2个，会议接待能力800人;168人阶梯教室1个，普通教室10个，图书室1个，40人计算机室2个，室内恒温游泳池1个，室内羽毛球场1个，网球场2个，篮球场1个。配有按四星级标准建设的单人间122个，标间88个，套间12个，可容纳500人就餐食堂1个,接待能力800人。学院设施完善，功能齐全，是一个集教学、培训、会议、住宿、餐饮等功能为一体的现代化干部教育培训基地。

120人会议室

江西省青年干部培训班班羽毛球比赛

学院大门

1月20日至21日，刘小明司长检查江西春运

2月2日，副省长李贻煌检查春运安全

省运管局开展“干群心连心 点亮微心愿”活动

省运管局“弘扬井冈精神 传承红色基因”主题党日活动

2016年，是实施“十三五”规划的开局之年。一年来，在省委、省政府、省交通运输厅的坚强领导下，省运管局紧扣年初确定的“筑牢两个基础、推进四项发展、抓好四大工程”的十大目标任务，扎实推进行业深化改革、优化结构，全力提升服务保障能力，突出抓好行业安全监管，圆满完成了年度目标任务，实现了“开门红”。

一年来的成绩主要概括为“六个有提升”：一是支撑经济社会发展能力有提升。预计今年全省客货运站场建设累计完成投资约4.4亿元。启动了普通县级客运站“提档升级”工程，开工建设了5个县级客运站，建成296个农村候车亭牌。圆满完成春运、汛期、全国综治工作会议等重点时段、重大活动和煤炭、烟花等重要物资的运输任务。全省完成公路客运量6.06亿人次，旅客周转量318亿人千米，同比分别下降0.5%、1%；完成公路货运量15.5亿吨，货物周转量335亿吨千米，同比分别增长5.8%、4.3%。二是服务保障民生能力有提升。圆满完成交通运输部6件2016年更贴近民生实事和信息化工作任务。新增通客车建制村152个，建制村通班车率已达到96%，继续开展镇村公交试点，提升农村客运通达水平；道路客运联网售票系统覆盖全省113个客运站，其中二级以上客运站实现全覆盖；推进公交优先发展，南昌、赣州基本完成一卡通互联互通工作，南昌“公交都市”和赣州、上饶“公交城市”试点创建活动，试点期间均取得了明显成效。加强轨道交通运营指导，完善地铁站点附近公交、自行车等接驳换乘系统，南昌地铁1号线累计运行里程314万千米，运送乘客近8000万人次，轨道交通已成为城市公共交通系统的重要组成部分；推行驾培服务新模式，全省有77%的驾校提供了“按学时收费、先培训后付费”的培训服务新模式；重点营运车辆联网联控实现全覆盖，“两客一危”车辆周均上线率达90%以上，多次获得交通运输部肯定和表扬；全国首批完成道路运政管理信息系统互联互通工作，实现部、省、市、县四级运政系统业务的全面协调联动。三是行业转型发展有提升。长途接驳运输加快发展，开通接驳了长途客运线路58条，拥有接驳车辆96辆，接驳点7个，为深化行业改革，激发市场活力积极探索，选择九江至昌北机场线路率先开展“定制客运”试点，拉开了“互联网＋道路客运”模式转型发展的大幕。继续指导甩挂运输试点项目建设，4个试点项目已验收完毕，启动电子运单制度和无车承运人试点工作。出租汽车行业改革稳步推进，提请省政府出台了《全省深化改革推进出租汽车行业健康发展的实施方案》，各地在抓紧制定本地的实施细则。积极做好《道路运输车辆技术管理规定》宣贯和落实工作，并结合我省实际出台了贯彻落实意见，及时做好车辆等级评定和年度审验等工作衔接，制定了全省统一的“车辆技术等级评定专用章”，严把车辆技术关。四是行业治理能力和水平有提升。落实放管服要求，取消了营运车辆二级维护备案和挂车综合性能检测，取消了三项审批事项，下放了一项审批权限。在春运、节假日等特殊时段开

运输管理局

2016年全省道路运输工作会

全省运管系统处级干部集中学习十八届六中全会精神

展集中打非治违专项整治行动，全省各地共立案查处案件13479件，前三季度全省共有161人因违反相关规定被列入“黑名单”并进行公示，有效地净化了道路运输市场秩序。五是行业安全监管能力有提升。贯彻落实安全生产“党政同责、一岗双责”的工作机制，加强对重点营运车辆联网联控，并与公安交警部门建立了联动机制，对监控中发现的超速行驶和违反凌晨2-5时停车休息制度客车进行严肃处理。加大明查暗访力度，省运管局共派出督查组40个，采取“四不两直”的方式检查了123家运输企业、70个客运站场，排查出安全隐患109个并全部整改到位，安全形势继续保持平稳态势。六是党风廉洁建设有提升。扎实开展“两学一做”学习教育活动，认真学习习近平总书记系列讲话精神，切实补足全局党员干部精神上的“钙”。抓实作风建设，着力加强党风廉洁和反腐败工作，持续深化“三转”，用好监督执纪“四种形态”，继续开展领导干部“违插”、“红包”问题专项治理和“集中整治”工作，深挖细查问题线索，进一步整治行业内的不正之风和腐败问题，提高群众的满意度。

2016年“安全生产月”宣传咨询日活动

江西推广镇村公交试点经验，让农民村口坐上“暖心车”

火车上卖汽车票 江西铁路公路“联盟”助力农民工返乡

抗洪，我们严阵以待——江西运管部门抗洪救灾不缺位

驾培行业推行“按学时收费、先培训后付费”服务模式

开展“公交城市”创建试点

江西省高速公路投资

省委书记鹿心社察看高速公路项目建设

省交通运输厅党委书记、厅长朱希察看高速公路建设情况

昌九高速通远试验段通车暨全线改扩建项目启动仪式

省高速集团领导走访上海相关金融机构

省高速集团是在省高管局基础上，整合交通厅原有三家高速公路管理单位基础上组建成立的国有独资公司，于 2009 年 11 月 28 日挂牌成立，2010 年 1 月 1 日开始运作，由省交通运输厅作为出资人代表进行管理，集团不设股东会，设立了董事会、监事会、经理层。集团的主要特点可以概括为三个方面：

企业发展有声有色。2015 年底全省高速公路通车里程为 4616 千米，其中省高速集团经营管理 3932 千米（其中经营性路 1959 千米，政府还贷路 1973 千米），占全省通车里程的 86%；集团注册资本 95 亿，资产总额 2287 亿元，资产规模位居全省第一，资产负债 1358 亿元，净资产 929 亿元，资产负债率为 59%；旗下直接管理 9 个经营性子公司、12 个路段管理单位、10 个参股子公司，共有 574 个所属单位、14000 多名员工；集团主要经营业务除高速公路投资、建设、经营、管理外，还涉足工程施工、监理咨询、物流仓储、核电投资、房地产、酒店旅游、能源开发等领域。

项目建设又快又好。江西高速公路起步于上世纪 80 年代末，1993 年全省第一条高速公路昌九高速建成通车，拉开了高速公路大发展的序幕。从零到 1000 千米用了 15 年，从 1000 到 2000 千米用了 4 年，从 2000 到 3000 千米、从 3000 到 4000

昌宁高速公路龙坊高架桥顺利合拢

集团有限责任公司

项目新闻发布会

江西高速集团材料公司运营

千米都用了2年。特别是“十一五”以来，集团共投入1200多亿元建成了24条、2500千米高速公路，助推全省高速公路通车里程连续跨越了2000千米、3000千米、4000千米三个历史性台阶，使江西省一跃成为全国高速公路建设速度最快的省份之一。目前全省高速公路通车里程名列全国第9位，是继辽宁、河南后全国第三个实现全省县县通高速的省份，创造了令人瞩目的“江西速度”。在建设速度快的同时，也确保了工程质量，集团投资建设的景婺黄（常）高速公路荣获了工程建设领域最高奖项——詹天佑奖；九江长江公路二桥列居世界斜拉桥第7位，获得中国建设工程鲁班奖（国家优质工程）；永武高速公路是全国“十二五”首个交通科技示范工程；有着“江西第一难隧”之称的吉莲高速永莲隧道的处治技术获得了国家科技进步二等奖。

运营管理可圈可点。道路养护领域，在“十一五”的全国干线公路养护管理大检查中，创造了高速公路排名全国第六的好成绩；收费运营领域，ETC是全国首批华东六省一市联网的省份之一，涌现了映山红、熊文清班组、鹰西女子站、龚全珍班组等一批窗口品牌;服务区领域，打造了庐山、西海、三清山等一批标杆服务区，集团共有5对服务区被评为“全国百佳示范服务区”,18对服务区被评为“全国优秀服务区”，40对服务区被评为“全国达标服务区”，达标率100%；行业文明领域，集团先后被评为全国交通运输文化建设示范单位、江西省文明单位、江西省企业文化建设示范单位、省直（属）定点扶贫先进单位，并被授予全国五一劳动奖状、江西省五一劳动奖状，集团职工敖志凡荣获第四届全国道德模范提名奖、“感动全国交通年度人物”，职工何水标被评为全国劳动模范，集团各单位累计荣获省部级以上荣誉600 余项。

映山红杯养护风采摄影大赛

星级收费站表彰

江西高速“紫荆花”义务支教启动仪式

昌宁项目首个特长隧道——石马隧道顺利贯通

江西省高速公路服务区质量等级评定现场汇报会

省高速集团召开全省迎国检收费管理规范化工作交流推进会

江 西 交 通

省委书记鹿心社看望公司代建的昌宁高速建设者代表

向于都重石乡中心小学生赠送学习用品

八一大桥—公司代建的江西省第一座斜拉桥

南昌国际集装箱码头—公司监理的江西吞吐能力最大的现代化集装箱专用码头

江西交通咨询公司前身为江西交通工程监理公司，创建于 1989 年 7 月，具有全民所有制独立法人资格，是一个集公路、水运工程的综合性咨询监理企业，公司注册资金 1200 万元。经过多年的发展，公司目前具有公路工程监理甲级、水运工程监理甲级、工程咨询甲级、试验检测乙级、公路工程设计丙级、特殊独立大桥、特殊独立隧道和公路机电监理专项和交通安全设施施工专项等资质，获得了对外经营许可权，能承担国内外各种公路水运工程施工监理、咨询、代建、检测和交通安全设施工程施工任务。

江西交通咨询公司通过了质量、环境和职业健康安全“三合一”管理体系认证，确立了以资源配置为先导、控制为本、质量至上、为业主提供满意的交通咨询监理服务的质量方针，累计完成 2600 余千米高速公路、38 座特大桥、12 座特长隧道、700 余千米航道整治、3 处水利枢纽和 7 个大型码头工程的施工监理，所监理的项目均被评为优良工程。近年来，江西交通咨询公司积极开拓更为广阔的咨询市场，开展了招标代理、项目代建、工程可研和项目后评价等业务，完成招标咨询和招标代理业务项目近 20 个，施工图设计审查项目近 30 个，重点项目代建 5 个、可研和项目后评价项目 6 个。

公司树立“科技兴企”的理念，坚持“产学研”相结合，不断加大科技投入，加强科技创新能力。先后主持完成了省交通重点科技攻关项目 12 个，其中获省科技进步二等奖 1 项、

景婺黄高速—公司承接的江西省第一个后评价项目

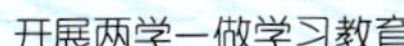

党员宣誓：践诺于行

中国公路科技进步二等奖1项、三等奖3项，省优秀咨询成果一等奖1项、二等奖1项。正在主持研究的省部联合科技攻关项目2个、全国交通科技示范工程1项，省科技支撑计划项目1个、省交通重点科技攻关项目15个。

通过多元化经营，公司为从业人员提供了更多的锻炼、实践机会，吸引了高端人才，目前有教授级高工8人，高级工程师68人，工程师95人，注册监理工程师130人、注册咨询师16人、试验检测工程师58人、项目管理与招标工程师22人等。这些优秀人才在有效保障工程项目安全高效的同时，也赢得了社会的广泛认可，获得了多项荣誉，其中有1人获得“中国公路百名优秀工程师”，7人获得“交通运输部优秀监理监理工程师”，163人次获得省高速公路领导小组“劳动模范或先进个人”。

“育人才，升资质，拓市场，多元发展，诚信经营”，是江西交通咨询公司的经营思路；“信誉是市场、质量是生命”是江西交通咨询公司的经营理念。她求真务实，团结拼搏，不断开拓进取，创新质量理念，在打造监理品牌、全面提升单位的核心竞争力、创新经营机制中前进，在开展交流合作、拓宽业务范围中开创了咨询监理工作的新局面，正逐步向一个集工程监理、项目代建、工程咨询、工程设计和试验检测于一体的综合型、智力密集型现代化咨询公司迈进。

中心大楼

质量背后是监管

昌宁高速－公司代建的江西高速建设史上一次性投资最大的项目

永武高速—公司代建的江西省第一条科技示范路

不忘初心

江西畅行高速公路服务区开发经营有限公司

"十一"黄金周繁忙的服务区

服务区消防联合演习

服务区环保小卫士宣传活动

江西畅行高速公路服务区开发经营有限公司是经江西省交通运输厅批准，由江西省高速公路投资集团有限责任公司出资组建的法人独资有限责任公司，于2009年1月16日注册成立，隶属于江西省高速公路投资集团有限责任公司。公司的主要经营范围是省内高速公路服务区投资、建设与经营管理；物业管理；物流；高速公路排障；高速公路广告策划设计与媒体发布；百货及预包装食品（限下属分公司经营）零售，运动场馆经营。公司本部设9个部门，现有管理人员280余人。

自公司成立以来，在省交通运输厅和省高速集团的正确领导下，紧紧围绕省厅"四个统一"（统一品牌、统一经营、统一管理、统一资源），以及省高速集团提出的"把畅行公司打造成为'产权明晰、管理科学'的现代股份制公司"战略目标，按照"产权和经营权分离"的原则，秉承"畅行天下、驿站如家"、"温馨驿站、用心服务"的宗旨，按照股份制公司框架来设计，按照现代企业制度来管理，按照集团发展模式来经营，做强做大（服务区）产业集群，推动实施服务区可持续发展，取得了社会效益与经济效益的双赢。

近年来，公司先后荣获"全国交通运输文化建设优秀单位"、"全国交通运输行业诚信建设十佳示范单位"、"第一、二届中国高速公路优秀服务区管理公司"、"江西省第十四届文明单位"等荣誉称号。

"畅行"志愿者礼仪服务队

畅行"驿购"品牌连锁超市

温馨服务 微笑服务

风景优美的泰和东服务区

江西省赣南公路勘察设计院

赣州绕城高速公路

寻全高速公路

江西省赣南公路勘察设计院（原赣州公路分局科研设计室）创建于 1962 年。经过半个多世纪的艰苦创业，现已发展成一家具有国家工程勘察甲级、工程设计甲级、工程咨询甲级、工程招投标代理乙级的勘察设计单位。主行业为公路、市政道路和桥隧的勘察设计与工程咨询。

本院人才济济，技术设备先进，业务水平精良。拥有 GPS 全球定位仪，全站仪、数字化彩色工程复印机、大型彩色扫描仪、数字化仪等数字化配套设备。还拥有土工材料实验、工程地质钻探、物探等设备，配有公路、桥隧、岩土工程等专业勘察设计 CAD 软件。

本院注重勘察设计质量，重视科技进步。在 2001 年就通过了 ISO9001:2000 国际质量体系认证。业务范围立足江西，并进入广东、福建、湖南、河南、新疆等外省市场，取得了良好的经济效益和社会效益。近几年来，荣获交通运输部勘察设计奖一项、省级优秀勘察设计奖八项、厅（市）级勘察设计奖十多项、科研项目奖十多项。优质高效地完成了赣州至大余高速公路（三益～梅关段）、赣州绕城高速公路、大广高速公路龙南里仁至杨村段（赣粤界）、寻乌至全南高速公路（寻乌至信丰段）、宁都至定南（赣粤界）高速公路定南联络线等一大批重大项目工程的勘察设计。重质量、守信誉的承诺得到了业主的满意，获得了交通系统及地方各界的一致好评。

展望未来的美好前程，我们将本着“一流的勘察，一流的设计，一流的服务”理念，立足赣州，面向全国，服务于交通建设，努力为国内外交通基础建设作出新的更大的贡献。

职工拔河比赛

赣州市西河大桥

绕城高速公路赣州东互通

赣县梅林大桥

赣州市章江北大道

赣州至大余高速公路

江西省公路路政管理总队

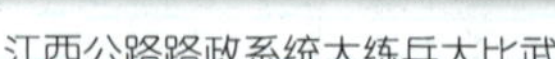
江西公路路政系统大练兵大比武

打造高速路政铁军

清障施救

随着国务院成品油价格和税费改革，江西省公路路政管理总队在原省交通稽查征费局、原省高速路政管理一、二支队的基础上于2009年5月组建成立，为正处级全额拨款事业单位，内设10个机关科室，按设区市划分设立11个副处级高速路政管理支队，72个高速路政大队，昌九高速公路白水湖、梨温高速公路梨园、九景高速公路罗家滩等3个超限超载车辆检查站，以及路政总队井冈山培训中心，全系统核定编制数为1650人。

总队目前主要承担着全省近4600千米高速公路的保护路产、维护路权和清障施救监督管理工作，负责组织实施高速公路机动车辆超限超载运输治理工作等。

总队组建以来，在省厅的直接领导下，始终坚持“紧抓一个中心，突出四项重点，协调八大关系”原则，即坚持以保畅通、保平安、保稳定、保形象为中心，突出专项整治、培训教育、舆论宣传、规范管理四项重点工作，协调好路政与省厅各处室、路政与经营管理单位、路政与高速交警、路政与沿线地方政府、执法与服务、发展与民生、整体与局部、日常工作与基本建设等八个方面的关系。通过大力开展各类教育培训、大练兵大比武活动、路域环境综合整治、标准化信息化建设、党风廉政建设等工作，努力打造一支文明执法、规范管理的高速路政铁军，较好地保护了路产、维护了路权，保障了高速公路安全畅通，为江西省交通运输事业改革发展做出了应有的贡献。

6年来，总队荣获全国交通运输依法行政先进集体，省直机关文明单位，全省交通运输目标管理、“十一五”“抓养护、迎国检”、安全生产、综合治理、节能减排、交通战备先进单位，以及江西交通工人先锋号、创先争优先进单位、党风廉政先进集体、工会重点工作先进单位等一系列荣誉。部分支队和大队还荣获全国交通运输行政执法评议考核优秀单位、全国交通运输行业“文明示范窗口”、省级和市级文明单位、全省交通运输系统“廉政文化建设示范点”等荣誉，并收到大量司机车主赠送的锦旗和感谢信，文明执法和优质服务得到了社会各界的赞许和肯定。

暴雪中为司乘人员服务　　业务技能大比拼　　奋战在抗洪抢险一线

江西公路开发总公司

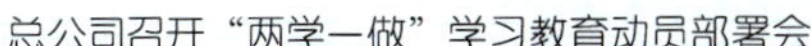
总公司召开"两学一做"学习教育动员部署会

第二届最美中国路姐团队——鹰西女子收费站

江西公路开发总公司隶属于江西省高速集团投资有限责任公司，经过近25年的潜心经营，公司已经成长为一家拥有9家直属单位、近2500名干部员工的创新型企业，已经做强为一家建设管养1040千米高速公路、约440亿资产的大型国有交通企业。

公路建设的"开拓者"。成立初期，江西公路开发总公司北上南下，大力开展招商引资工作，先后合作投资建设了新八一大桥等4座跨赣江大桥；合作开发了320国道、105国道江西段等近10条省内国省道。自2000年起，江西公路开发总公司把投资建设重心转向全省的高速公路建设。全长245千米的江西第一条出省大通道——梨温高速，是江西公路开发总公司作为企业法人自筹资金建设的第一条高速公路。从2005年开始，公司又先后自筹资金建设了景德镇至鹰潭、德兴至南昌、祁门至浮梁、都昌至九江、九江绕城、上饶至万年、船顶隘至广昌7条高速公路共630千米，并于2016年接管了东乡至昌傅高速、昌宁高速南昌连接线，为全省6000千米高速建设做出巨大贡献。至此，总公司投资建设、管养里程将达到1040千米，走出了一条欣欣向荣的崛起之路。

集约经营的"创新者"。面对全新的格局，江西公路开发总公司强力突围，敢闯敢试，积极探索一条多元化、市场化、创新型道路。在经营结构上，江西公路开发总公司努力突破"单一化格局"的瓶颈，实行"两条腿走路"，在以高速公路投资建设、管理、养护、收费为主业的基础上，积极向路桥施工与养护、公路机电施工与维护、地产开发建设、物业管理等行业进军，扩展经营领域，多元产业经营收入每年以20%以上速度增长。

文明形象的"表率者"。江西公路开发总公司致力推动高速公路事业发展、实现做大做强的同时，积极履行社会责任，努力提升企业形象。荣获"中国服务企业500强"、"全国交通行业文明单位"、"全国青年文明号"等多项国家和省部级荣誉。其中2016年，共有10家下属单位获江西省第十四届文明单位，文明创建硕果累累，企业形象逐步攀升。

面向未来，江西公路开发总公司站在一个新的历史起点上，将继续坚持"做大、做强、做活"经营理念，谋划新蓝图，力求新突破，奋力推进江西公路开发总公司快速创新可持续发展，为服务建设"富裕、美丽、幸福"江西加码发力。

都九鄱阳湖二桥——争创"鲁班奖"

省青年文明号—瑞洪女子收费站

梨温高速公路路面技改施工现场

上饶至万年高速公路

直属单位锦路公司自主研发的"智慧岗亭"

江西省高速公路联网管理中心

第十七届中国高速公路信息化研讨会

全国 ETC 联网运营与服务工作推进会

全省高速公路 ETC 车道建设工作推进会

江西省高速公路联网管理中心成立于 2002 年 5 月，为交通运输厅直属二级事业单位，经过十余年的积累和发展，创新与突破，在业内已具有较高的知名度。在深化交通运输改革和大力推进信息类事业单位改革的大背景下，2016 年 5 月，江西省高速公路联网管理中心和厅应急指挥中心（信息中心）作为信息类事业单位的两大主力军，成功实现了合署办公，形成了一个集高速联网、应急指挥、路网监测和公众出行服务等为一体的交通信息化综合体系。

合署办公后，中心机关内设 10 个部门，另设工会、团委；下设 11 个分中心和一个直属单位（慧通科技公司）。中心体制、机制的形成，为江西今后进一步以信息化、智能化推动“四个交通”的发展奠定了坚实基础。

近年来，中心紧密结合行业转型升级发展要求，加快信息技术与行业管理、服务的深度融合，把政府履职要求和服务百姓出行需求，作为信息化工作的着力点和出发点，铺设“完善一个网络、构建一个平台、形成两级中心、健全三大体系、建设四类系统”的重点建设任务框架。

中心各项工作得到了交通运输部路网中心等上级机关、广大车主和路网单位的充分肯定，先后多次荣获“全省交通运输系统先进单位”、省厅“目标管理先进单位”、“社会治安综合治理先进单位”等，连续几年荣获市级“文明单位”；在全国交通、江西交通、春运、服务、团委和工会等工作中，都多次荣获优秀先进表彰，其中 1 人先后被评为“全国交通运输行业文明职工标兵”和“全国交通运输行业先进工作者”，多人先后被评为全省春运工作先进个人。满含着 4500 万江西人的深情厚望一路前行，更在未来“四个交通”（综合、智慧、绿色、平安交通）发展的方向持续发挥影响。

江西高速电子收费自助服务系统开通新闻发布会

江西高速“赣通卡”推广新闻发布会

ETC“一站式”专场咨询会

全国第一个 ETC 联云充值及车主服务云平台项目启动仪式

江西高速绿色通道车辆成像检查系统顺利通过验收

江西赣鄂皖路桥投资有限公司

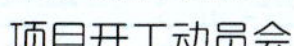
项目开工动员会

加固改造施工环境协调有序

九江长江大桥公路桥（九江一桥）加固改造项目是经江西、湖北两省发展改革委正式核准并审查通过，是目前国内最大的桥梁类加固改造项目，具有技术难度大、安全风险高、协调任务重等特点。

九江长江大桥公路桥（以下简称“九江一桥”）加固改造工程在江西、湖北两省政府及有关部门的大力支持下，2015年6月23日对九江一桥实行交通管制，加固改造涉铁工程正式开工建设。加固改造期内，预留5米通道允许行人、非机动车、摩托车、三轮小型货车通行，过江机动车辆分流九江二桥通行，对九江市浔阳区、庐山区、经济开发区、八里湖新区和黄梅县、龙感湖管理区范围内的部分车辆通行九江二桥实行年卡优惠：过江17路跨省公交车免费通行，公交票价维持不变；7座（含）以下小型客车300元/年辆；固定班线客车、出租车给予减半优惠。

2015年九江一桥加固改造内容主要是利用铁路“天窗点”开展铁路防护棚架搭设，当年完成投资计划12400万元，累计完成投资14500万元，占投资总额的13.17%。

施工人员、设备进场

施工期内开展交通安全整治

交通安全整治

武警执勤巡查

天窗点施工

铁路防护棚架托架安装施工

全国政协副主席齐续春视察赣粤高速峡江服务区

交通运输部党组副书记、副部长冯正霖考察昌樟高速改扩建项目

公司召开 2014 年工作会议暨二届五次职工代表大会、廉政工作会议、安全生产与社会管理综合治理工作会

公司举办 2015 年首期中层管理人员培训班

江西赣粤高速公路股份有限公司成立于 1998 年 3 月 31 日，2000 年 5 月 18 日在上交所上市，股票简称“赣粤高速”，股票代码“600269”，是江西省省唯一一家公路类上市公司。上市以来，赣粤高速始终秉承“义利共赢，和谐创新”的核心价值理念，坚守“路畅人和，提升价值”的企业使命，以促进江西交通和区域经济发展为己任，不断强化以董事会为核心的法人治理结构，通过理念创新、融资创新、科技创新、管理创新、文化创新，开创了赣粤高速持续健康发展的良好局面。公司总资产由 17.26 亿元增加至 310.59 亿元；净资产由 11.97 亿元增加至 128.34 亿元，总股本由 3.53 亿股增加到 23.35 亿股；公司股票先后入选沪深 300 指数、上证 180 指数、上证 50 指数、上证 380 指数、中证 100 指数和上证治理指数样本股，公司董事会 10 次荣获上市公司优秀董事会“金圆桌奖”，在全国同行业和全省上市公司中系唯一一家；先后荣获“全国企业文化优秀奖”、“全国企业创新文化优秀案例奖”、“全国交通行业文明单位”、“全国交通行业精神文明建设先进单位”、“全国交通行业文明示范窗口”、“交通部首批交通文化建设示范单位”、“全国交通企业文化建设优秀单位”、“中国最具社会责任感企业”、“千家企业低碳交通运输专项行动

昌樟高速公路一期改扩建工程建成通车

路股份有限公司

省高速集团董事长、党委书记王江军和公司董事长、党委书记吴克海深入昌九、九景、彭湖等高速公路一线，督查指导应对冰雪恶劣天气工作，看望慰问坚守一线的干部员工

赣粤高速再次荣获中国上市公司优秀董事会"金圆桌奖"

先进企业"、"江西最具影响力企业"，"省级服务业龙头企业"，并连续12年入选中国服务业企业500强、连续10年获"江西省优秀企业"荣誉称号。

公司经营范围为：项目融资、建设、管理、经营；公路、桥梁和其他交通基础设施的投资、建设、管理、收费、养护管理以及公路、桥梁和其他交通基础设施的附属设施（汽车维修、加油站、餐饮、广告等）的开发和经营；高等级公路通讯、监控、收费系统及其设备、交通配套设施的生产、加工、销售及施工；交通工程咨询；苗圃和园林绿化；筑路材料加工和经营。公司拥有控股子公司8家，参股公司5家；公司经营管理昌九、昌樟、昌泰、九景、温厚、彭湖、昌奉、奉铜等800千米高速公路。

九江市政府与赣粤高速公司战略合作协议书签约仪式

赣粤高速与九江市人民政府本着互相支持、互利互惠的原则在九江签署《战略合作协议书》，结成战略合作伙伴

"最美服务区"江西高速公路服务区摄影比赛评选结果揭晓特等奖：庐山西海之夜

赣粤高速服务区"驿家人"服务品牌、西海康龙游客中心暨西海景泰酒店推介会在庐山西海服务区隆重召开

赣粤高速"两学一做"党员轮训结业典礼，全司近800名党员分12期参加了培训

赣州高速公路

省交通运输厅党委书记、厅长朱希调研大广高速公路南康南互通项目

公司党委扎实开展“两学一做”学习教育

公司优服务、树形象，全面推进“橙乡”服务品牌建设

赣州高速公路有限责任公司成立于2001年4月6日，是赣州市委、市政府批准成立、由市国资委监管的国有控股公司。公司注册资本金11亿元，总资产210亿元，现有员工1300多人。公司全资、控股及参股高速公路通车里程488千米；在建项目里程72千米，总里程达560千米，是江西省内三大高速公路建设投融资平台之一，也是赣州唯一的高速公路建设投融资平台，为赣州交通基础设施建设发挥了重要作用。

赣州高速建立了现代化企业制度，注重内部管理创新。公司现有股东4个，即赣州发展投资控股集团有限责任公司（国企、股权比例98.22%）、赣州市基本建设投资公司（国企、股权比例1.09%）、定南县恒顺公路设备有限公司（私企、股权比例0.46%）、赣州市国有资产经营有限责任公司（国企、控股比例0.23%）。公司设立了董事会和经营层，内设10个部门，包括办公室、党群工作部、监察审计部、人力资源部、投资发展部、风险控制部、财务部、总工办、安监办、合约部，同时，成立了公司党委、工会、团委等党群组织。

公司下设5家全资或控股子公司，即赣州高速和畅运营管理公司、赣州高速和通公路工程有限责任公司、赣州高速和顺实业有限责任公司、赣康高速公路有限责任公司（控股70%）、江西省寻全高速公路有限责任公司（控股55%）；投资参股6家公司，即：赣崇高速公路有限公司（参股40%）、赣州康大高速公路有限公司（参股19%）、江西江钨钴业有限公司（参股11.25%）、赣州市林业投资公司（参股16%）、赣州银行（参股4.89%）、赣州农商银行（参股0.8%）。

公司已投资建成的项目有8个：赣定高速公路、赣州至大余高速公路（三益—梅关段）、赣州绕城高速公路、

2015年2月，昌樟高速公路改扩建工程建成通车

有 限 责 任 公 司

公司总经理赖才丁深入精准扶贫点开展结对帮扶工作

为纪念建党 95 周年，公司党委开展形式多样的活动为党庆生

大广高速公路龙南里仁至杨村段（赣粤界）、厦门至成都国家高速公路赣州至崇义（赣湘界）、寻乌（赣闽界）至全南高速公路项目、赣州大桥、赣州和谐钟塔；正在投资建设的项目有 2 个：兴国（宁都）至赣县高速公路项目、赣定高速公路新增互通项目（南康南、信丰北互通）。

公司成立十五年以来，在项目建设、运营管理、养护拓展、企业综治、党建群团建设，以及财税缴交，绿通、节假日费收减免，公益捐赠等方面作出了突出的成绩，并先后获得了全省重点工程建设、高速公路联网系统，全市综合治理、精准扶贫，市属国企综合绩效考核和党建、纪检工作等先进单位，全省“五四红旗团委”等 100 多项省、市级荣誉和表彰，涌现出全省高速公路收费状元、“江西省青年岗位能手”彭小丽等先进个人，为推动苏区振兴发展作出了积极的贡献。

目前，公司正紧抓苏区振兴发展和国企改革历史机遇，坚持五大发展理念，按照市委“解放思想、内外兼修、北上南下，打好六大攻坚战”的战略部署和公司“坚持发展壮大主业、实施多元化经营、优化资产财务结构、强化资本运作”的发展思路，抓项目、强品牌、保费收、促拓展，力争通过 5 年的努力，将公司打造成为资产超 500 亿元的主业突出、产业多元、赢利能力强、可持续发展的现代化企业。

公司“橙乡”志愿服务队为司乘提供便民服务

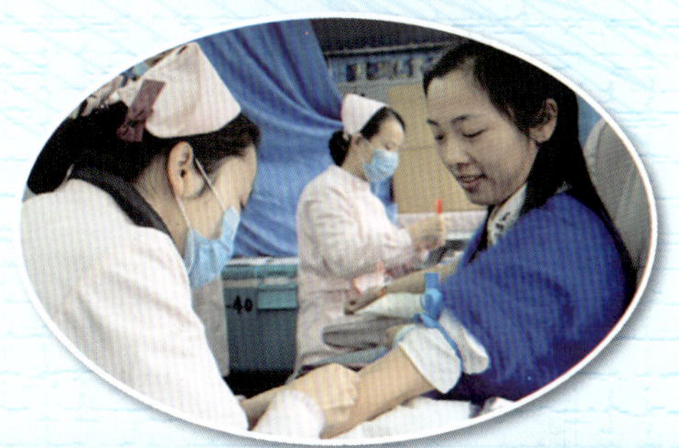

公司团员青年积极参加义务献血活动

江西省公路桥梁

公司承建的吉水恩江二桥工程项目

公司承建的寻全高速公路路面工程 LM1 项目

公司代建武吉高速公路田莆特大桥

证　书

江西景德镇至婺源(塔岭)高速公路

荣获第十一届中国土木工程詹天佑奖

获奖单位：江西省公路桥梁工程局

公司承建的景德镇至婺源（塔岭）高速公路获第十一届中国土木工程詹天佑奖

江西省公路桥梁工程有限公司始建于1962年，前身是江西省交通建设系统历史最悠久的国有公路工程专业化施工企业——江西省公路桥梁工程局。公司具有公路工程施工总承包一级资质，公路路基路面、桥梁、隧道工程专业承包一级资质以及交安、市政、养护等多项专业施工资质，并已通过质量、环境、职业健康安全三大管理体系认证，形成了以高等级公路、桥梁、隧道、交通工程、公路养护施工、公路工程试验检测、机械设备租赁等多种经营格局。

公司自成立以来，始终秉承“责任创精品，诚信筑丰碑”的理念，立足本省当主力，走出省外拓市场，建设足迹遍及大江南北，建设成果铸就路桥品牌，为国家公路基础设施建设作出了应有贡献。作为江西最早的公路建设单位、目前主要的公路专业施工企业，江西路桥建设了江西境内大江大河上的大部分桥梁、早期主要国省道公路，代建了南昌至樟树、胡家坊至昌傅、温家圳至厚田、武宁至吉安等4个高速公路项目，参与建设赣粤高速公路、昌金高速公路、景婺黄（常）高速公路、南昌东西外环高速公路、鹰瑞高速公路、赣崇高速公路、寻全高速公路、昌栗高速公路、昌宁高速公路等省内高速公路项目二十多条，广东、安徽、河南、福建、湖北、黑龙江、贵州、甘肃、河北、陕西、内蒙古等省、区高速公路项目二十多个，完成了江西省支援新疆阿克陶县江西二大道项目的建设任务。同时，承建了伊拉克科梅特大桥、科威特法希尔高速公路、菲律宾潘丹大桥等国外工程项目。五十余年来，江西路桥累计承建公路3286千米、100米以上各类型桥梁55000米/102座。

公司承建昌宁高速公路路面P标四管理段工程

工 程 有 限 公 司

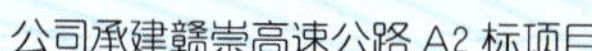
公司承建赣崇高速公路 A2 标项目

公司承建的江西省支援新疆阿克陶县江西二大道项目

辛勤耕耘，成果丰硕，企业实现了持续快速发展。江西路桥公司已发展成为注册资金 3.1 亿元，年施工能力超 20 亿元的大型公路桥梁施工企业，现有员工 399 人，高、中级职称人员 142 人，一、二级建造师 31 人，检测工程师 11 人。公司先后获得省级“先进施工企业”、“江西省优秀企业”、“江西省十五、十一五重点工程建设先进施工单位”、“对口援疆项目建设工作先进集体”等省部级荣誉，并跻身“全国交通百强企业”、“中国建筑业 AAA 信用企业”，所承建的景婺黄（常）高速公路获得了第十一届“中国土木工程詹天佑奖”。 公司拥有全省十个交通行业创新团队之一的“桥梁隧道施工关键技术创新团队”，已完成的科技项目共获得省科技进步二、三等奖各 1 项、省自然基金优秀奖 1 项、省公路学会二等奖 2 项、三等奖 1 项，拥有软件著作权 1 项、国家专利 1 项、交通运输部行业标准 1 部、江西省地方标准 2 部、全国优秀质量管理 QC 成果 1 项、交通行业优秀 QC 成果 6 项、省级工法 5 项。

我们将始终恪守“重质量、守信誉、兴科技、创精品”的经营宗旨，以诚信、守约竭诚与各方朋友携手并进，共创辉煌，为江西乃至全国的经济建设和交通腾飞作出更大贡献。

公司昌栗高速路面 P 标一分部路面摊铺施工

5000 型拌合站

公司承建宁安高速公路 A2 标项目

公司代建的武吉高速公路九岭山隧道——当时江西第一长大隧道

公司代建武吉高速公路——木瓜塘枢纽互通

公路工程施工总承包特级企业

江西省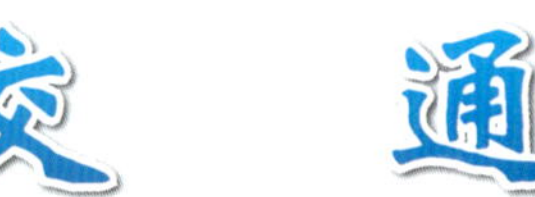

江西省交通工程集团公司成立于1997年，现有注册资本117543万元，资产规模近百亿元，系江西唯一具一定投融资实力，以公路施工为主，涵括市政、房建、园林绿化、地产开发和对外承包工程经营等领域，集施工、科研、设计和投融资等于一体的国有交通综合性企业。

公司先后以商业模式和施工模式创新，在高速公路标准化建设、安保工程建设实施、设计施工总承包和普通公路投融资模式等方面，创造了江西公路建设史上的“五个第一”，并以优秀业绩在四川、内蒙、安徽、福建、浙江等省内外建筑市场获得良好声誉，先后荣膺首届江西最具影响力企业、全国首批公路建设百家诚信企业、全省先进建筑业企业、江西省“十一五”重点工程建设先进单位等称号。

站在新起点，谋求新发展，实现新跨越。江西交通工程集团正以做大做强做优为目标，坚持以市场为导向，以项目为龙头，以管理为基础，以技术为支撑，以效益为中心，以文化为凝聚，致力于打造跨行业跨领域并集投资、设计、开发、施工、运营于一体的综合建筑区域龙头企业而努力奋斗。

公司愿与社会各界朋友一起，增进了解，加强合作，实现共同发展。

企业精神：团结、拼搏、高效、创新

公司地址：江西省南昌市红谷滩新区赣江中大道1426号泓德新厦四层

Http://www.jxjtjt.com

Tel/Fax：0086-0791-86243301

全省双优工程——济广高速公路鹰瑞段

全国开创性管理模式——井冈山至睦村高速公路（业主+PMC+DB新型管理模式）

项目路面施工总承包——南昌至宁都高速公路

江西省交通工程集团公司参建的景婺黄高速公路项目荣获第十一届中国土木工程詹天佑奖

工程集团公司

企业荣誉

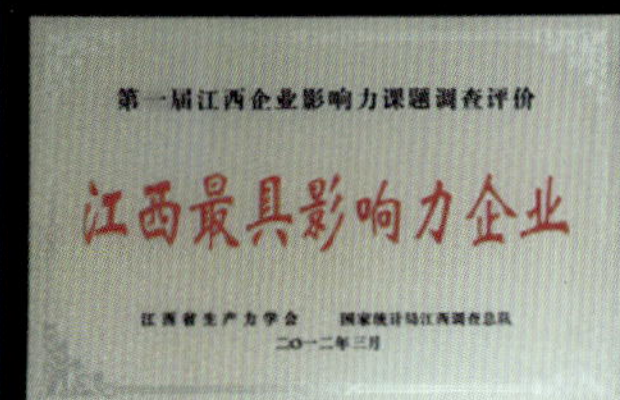

项目路面施工总承包——南昌至上栗高速公路

国省道投资、运营项目——三清山环山公路

国省道投资、运营项目——大万一级公路

国省道投资、运营项目——宜安公路

江西省首个代建制项目——大广高速公路武吉段

泓德新厦

江西省公路工程

施工技术观摩

入党宣誓

和谐工程

瑞金互通

江西省公路工程有限责任公司于2014年正式注册成立（原江西省公路机械工程局成立于1994年），是江西省交通系统首家通过ISO9002国际质量标准认证（现已升级到ISO9001:2000版）的国家公路工程施工一级总承包企业，具有市政公用工程施工总承包一级，路基、路面、桥梁、隧道专业承包一级，公路交通工程（公路安全设施）专业承包一级等资质。企业注册资本金为3亿元，现有正式员工381人，各类专业技术人员258人。

公司始终坚持“立足行业、多元发展、超越自我、追求卓越”的宗旨，大力加强企业文化建设，深化机制改革，强化内部管理，紧扣市场脉搏，在开拓创新、和谐创业中不断发展壮大，现已发展成为集公路、桥梁、隧道、交通工程、公路养护、市政建设、水利水电等工程建设及工程勘察设计、设备租赁、招投标咨询代理、园林绿化、软件开发、对外贸易、沥青改性等业务为一体、多元化发展的现代化集团式施工企业。

近年来，公司积极参与省内外重点工程建设，取得令人瞩目的可喜成绩，施工队伍日益壮大、施工能力和施工水平进一步提高，先后参建江西省内外20多条高等级公路的工程建设，足迹遍及全国20多个省市（自治区）。2008年公司代建了迄今为止国内一次性开工建设里程最长高速

高速大桥

有 限 责 任 公 司

路面摊铺

架梁施工

公路建设项目——鹰瑞高速公路；2016年承接的G322宜黄黄陂至乐安鳌溪段新建工程项目是江西省交通系统首个正式开工建设的PPP模式项目，也是该公司在PPP模式业务方向的里程碑项目，对今后开展PPP模式业务、拓宽公路建设市场都具有极其重要的意义。

大路当歌，大气无形，大音希声。江西省公路工程有限责任公司每位员工将以“修筑完美之路，构建和谐企业，优质回馈社会”为使命，励精图治，锐意进取，并愿与社会各界携手奋进，共创美好未来，为交通、公路事业的跨越式发展而不懈奋斗！

高速互通

高速隧道

优质工程

生态高速

江西国际集装箱码头有限责任公司

办公大楼

码头货场

轨道式门机作业

集装箱到港装卸

江西国际集装箱码头有限责任公司是由江西远洋运输公司和江西水运集团有限公司共同出资组建的港口物流企业。2003年开工建设，2005年7月开始试运营，主要从事集装箱货物的装卸、仓储、中转、拆装箱和港口服务等业务，是一座现代化港口物流服务企业。

南昌港国际集装箱码头是省内首座内河最大的一流现代化集装箱专用码头，服务范围辐射南昌市及其周边各市县，它的建成填补了江西省水上专业集装箱装卸运输的空白。项目总投资1.6亿，设计年吞吐量能力为5万TEU，公司港区内建有码头生产指挥、调度、监控、管理和服务为一体的综合办公楼，配备了45吨轨道式集装箱门式起重机3台、45吨进口集装箱正面吊1台，另有中小型叉车等设备，集装箱装卸设施先进、齐全。2009年公司取得了ISO9001质量管理体系认证证书。

近几年来，经过不懈的努力，公司已构成了“管理标准化、功能现代化、技术专业化、经营市场化”的管理发展模式。企业安全生产形势稳定，集装箱吞吐量每年保持两位数的增长，公司社会效益、经济效益取得了较好的成绩，为江西省地方经济的发展和招商引资工作发挥了十分重要的作用。

码头全景

教　　育

【概况】 2015年,江西交通教育工作按照全省交通运输会议部署,结合行业特点和建设“四个交通”需要,在强化思想政治教育,确保党和国家方针政策在交通运输行业落地生根的同时,大力开展干部职工继续教育、学历学位教育和职业培训。投入教育培训专项经费120万元,并将教育培训经费列入部门预算。下发了2015年度省交通运输厅举办干部培训班计划,积极开展干部教育培训工作。落实部办调训计划,安排38名设区市、县(区、市)交通运输局长和40名行业管理干部及专业技术人员参加培训。与西培办对接,完成送培任务14批次、40余名专业技术人员参加相关专题培训。大力开展行业专业技术人员的继续教育和行业技能劳动者的职业培训。分类别、分层次举办培训班45期、培训5579余人次。组织收听收看部科技大讲堂2次,100余人次参加讲座。举办厅科技大讲堂1次200余人参加。江西交通职业技术学院国家骨干高职院校建设项目顺利通过教育部、财政部验收,省交通干部学院成为全省干部教育培训的重要基地。全省各设区市、县(市、区)交通运输系统制订职工教育培训计划,建立健全教育工作机制,完善各项举措,狠抓落实,培养和造就了一支政治强、业务精、作风正、勇于担当和无私奉献的高素质的干部职工队伍,为提升行业整体素质水平和江西交通运输又好又快发展创造良好条件,奠定坚实基础。

(厅科教处)

【江西交通职业技术学院快速发展、成果丰硕】 2015年,该在校生10223人,其中,招收三年制大专生2857人,五年一贯制学生277人,本科学生94人;大专毕业生1698人,初次就业率87.81%。46人次职称获得晋升,新增2名高职教授、14名高职副教授;9月,交通工程中心实训基地和建筑园实训基地竣工投入使用,新增校舍建筑面积10952.48平方米。

2015年,该院各项工作又好又快向前迈进,成果丰硕:1月,该院获批2014年度新增建筑装饰工程技术和铁道通信信号高职高专教育专业。其“高职物流管理专业‘点、线、面、体’递进式实践教学体系的探索与建设”获第十四批高校省级教学成果一等奖。“汽车技术服务与营销专业‘校企联合、课岗融合、赛训结合’人才培养模式的创新实践”与“高职轮机专业“校船交替”人才培养模式的探索与实践”获第十四批高校省级教学成果二等奖。与此同时,被省交通运输厅评为目标管理工作先进单位。3月,该院“汽车技术类企业顶岗培训”和“物流管理专业教学与资源库建设培训”获批2015年度高等职业学校专业骨干教师国家级培训项目。4月,其“城市轨道交通控制技术实训中心”获批2015年度江西省高等职业教育专业技能实训中心。5月,该院2个基层团组织、2名团干、4名团员分别被共青团江西省交通运输厅直属机关委员会授予2014年度厅直机关“先进基层团组织”、“优秀共青团干部”和“优秀共青团员”荣誉称号。6月,该院获省直机关第十一届文明单位。7月,该院获江西省交通运输厅2014年度公共结构节能工作第一名。同时,该院管理系党总支被江西省交通运输厅直属机关委员会评为先进基层党组。王敏军、张和平、徐林林被评为“优秀共产党员”,徐佩英被评为“优秀党务工作者”。8月,该院获2014年度社会治安综合治理目标管理先进单位。吴克绍、朱隆亮、舒小平获省交通运输厅2014年度社会治安综合治理目标管理综治先进责任人。秦吴获省交通运输厅2014年度社会治安综合治理工作先进个人。宋金博获第二届江西省教书育人楷模。9月,该院被认定为首批全国公路科普教育基地。刘晓冰获2013—2014年度全省交通运输行业精神文明先进工作者。12月,该院国际货运代理实务、国际物流、汽车零件数控加工、SolidWorks三维建模与装配、城市轨道交通信息系统应用与管理、基础工程6门课程被评为2015年度江西省高等学校省级精品资源共享课。同年，江西交通职业技术学院启动“E通电商学生创业孵化基地”；江西交通职业技术学院章程获核准通过；江西交通职业技术学院通过国家骨干高职院校项目省级验收。

与此同时，该院教师和学生在各类竞赛中屡创佳绩。1月，教师宋庆获2014年全省高校思想政治理论课优秀教案一等奖。3月，教师宣滨作品获全国交通运输职业教育教学指导委员会2014年课程单元教学设计大赛三等奖。5月，辅导员陈丽丽获第三届全省高校辅导员职业能力大赛二等奖。该院的作品《基于大数据的桥梁日常养护巡检系统》获第十四届“挑战杯”全国大学生课外学术科技作品竞赛江西赛区一等奖。6月，该院代表队获2015年江西省大学生科技创新与职业技能竞赛大学数学赛2个一等奖，1个二等奖。10月，该院代表队获全国交通运输职业教育学生测绘技能大赛二等奖4项。12月，辅导员胡雄杰获第一届全国交通职业院校辅导员职业能力大赛二等奖。同时，该院代表队获省大学生数学建模竞赛奖一等奖3项、省二等奖2项；获全国大学生数学建模竞赛国家一等奖1项、二等奖1项。

（刘　婷）

【省交通干部学院干部培训再上新台阶】 2015年，该院全年承办干部培训班102期，培训干部14291人次，其中，承办系统内干部培训49期次，培训6468人次。在积极承接系统内干部教育培训任务的同时，承办系统外干部教育培训53期次，培训7823人次，培训人数比上年增长26%。

1.完成省交通运输厅万达的干部培训任务。该院积极组织实施省交通运输厅下达的年度干部培训计划。认真安排培训日程，精心选配培训师资，组织编印培训手册。培训内容突出形势任务和党性修养要求、突出江西交通运输发展需求，突出能力素质和专业技术水平的培养提高。不断改进和完善培训教学举措。全年实施省交通运输厅下达的干部培训计划19期，培训2231人次，培训对象涵盖厅新任处级领导干部、组织人事干部、财务审计干部、纪检监察干部、基层党支部书记、新党员、团干、办公室行政管理人员、宣传业务骨干、基建管理人员、行政执法师资、普通公路建管人员等领导干部、交通管理干部、专业技术人。通过培训，为全省交通运输事业又好又快发展，提供人才和智力保障。

2.实施重点培训项目。该院继续实施交通行政执法人员培训，及时组织召开各有关单位联络员座谈会，签订交通行政执法人员委托培训协议，有计划组织调训，合理设置培训课程，精心组织培训教学，严格实施班务管理，认真做好考试考评和培训后评估工作。全年轮训交通行政执法人员6期，共计849人。大力实施职业资格继续教育培训。与长沙理工大学合作举办5期公路水路工程安全生产三类人员培训班，培训959人次。与江西交通职业技术学院合作举办6期公路水路试验检测人员培训班，培训1286人次。与部交通质监局、厅质监局合作举办第一期安全生产环境保护监理培训班。启动实施公路专业二级建造师必修课培训，通过积极争取，学院被确定为二级注册建造师继续教育必修课培训机构。学院及时组织网上报名、现场报到，精心安排授课教师、培训日程，严格执行培训纪律，严肃培训考风考纪，圆满完成了第1期培训任务，培训人数195人，培训效果良好。

3.完善培训资源体系建设。该院积极开展入学主题教育。培训班开班前，组织召开主题班会，宣贯学员管理规定，强化学员培训纪律。完善师资库建设。及时将一批优秀领导干部、专家学者充实到学院培训师资库。推进学员档案建设。及时收集学员意见和建议，认真汇总教学信息反馈情况，对学员反馈的教学管理、后勤保障等信息及时总结研判，并协调相关处室不断改进工作。

4.加强培训保障体系建设。该院优化培训流程，认真做好培训实施前、中、后的分工协作，全程做好服务保障协调工作。完善培训处工作人员每日日工作安排表。大力推行班主任负责制，认真落实跟班老师工作规程和会场服务保障规程，切实提高培训服务保障质量。组织有关人员赴井冈山干部培训基地、浙江省交通干部学校考察学习。山西省交通干部学校、青海省交通培训中心、重庆市交通干部学校、四川省交通管理学校先后来学院参观交流。通过“请进来”“走出去”，汲取培训管理先进经验，提高培训组织管理、服务保障工作水平。

（钟恢万）

【江西交通技校一部提升办学实力成效好】

2015 年,江西交通技校一部坚持“以人为本、全面育人、科学育人,培养企业和社会急需高素质人才”的办学理念,开拓创新,攻坚克难,提升办学实力,各项工作跃上新台阶。

通过省交通运输厅《江西省技工学校办学质量评估》。该院按照“统筹规划、总体控制、分步实施”原则,委托南昌大学设计研究院对校园 19.25 公顷占地面积进行统筹规划,编制完成《江西省交通技工学校一部校园总体规划》。在积极筹办全日制教育的同时,认真发展和做好培训工作。上半年该校共举办各类培训班 26 期,培训 4600 余人。全年共承接教练员理论无纸化考试 71 场,考试人数达 5984 人次,取得良好的社会效益和经济效益。

强化制度建设和管理。该院累计修订和出台建立教务工作例会和学生管理工作例会制度,教学和学生管理制度、值班管理制度等 20 余项管理制度。推广使用办公自动化 OA 系统,实现了办文办事、资料查询、信息传递电子化和网络化。修改完善《考勤管理办法》,建立健全每月考勤公示制度;推进用人制度改革,初步形成在编人员、人事代理、合同工并存的用工模式。补充招聘 13 名年轻教职工,有效改善了教职工队伍的年龄结构和知识结构。强化综治管理,组织消防培训和演练,开展全校师生《校规校纪》知识竞赛. 积极创建平安校园。

根据市场发展趋势,优化专业设置,成功申报现代物流专业。该院选拔优秀教师积极参加全市教学能力大赛,其中,教师游永首次参加南昌市“洪城杯”职业技能大赛荣获三等奖,首开该校在市级以上技能比赛中获奖的先河。加大实训设施投入,优化实训场所布局,更新实训设备设施,升级改造了汽车维修专业的基础发动机、电控发动机、基础底盘、电控底盘、基础电器、整车实训六个实训室,学校办学能力明显提升。承接了南昌公交总公司员工全员轮训任务,共培训 4500 人。组织教练员理论无纸化考试 71 场,考试人数达 5984 人次。全年招生 100 人,有效破解了长达 10 余年的招生困局。

做好毕业生就业工作。该院全年毕业生 18 人,100% 实现就业,就业满意率达 90% 以上。

（江西交通技校一部）

【江西交通职业技术学院通过国家骨干高职院校项目省级验收】 10 月 13—14 日,省教育厅组织由江西省内、外教育、交通行业的专家学者组成的专家验收组对江西交通职业技术学院国家骨干高职院校项目进行省级验收。省教育厅厅长叶仁荪,交通运输厅党委书记、厅长朱希与厅总工程师胡钊芳、副厅长王昭春,省教育厅副巡视员吕玉琪出席验收汇报会。专家组通过现场考察、听取汇报、询问座谈后,一致同意该院国家骨干高职院校项目通过省级验收。

（刘　婷）

【江西交通职业技术学院章程获核准通过】 12 月,省教育厅发布第 40 号高等学校章程核准书,正式核准《江西交通职业技术学院章程》。

该院 2012 年启动章程制定工作。章程制定先后经教职工代表大会讨论和院长办公会和党委会审定,省交通运输厅同意,于 2015 年 5 月报江西省教育厅核准。

《江西交通职业技术学院章程》是该院办学理念、办学宗旨、办学目标的集中体现,章程获核准通过后,为该院今后依法办学、自主管理提供重要依据。

（刘　婷）

【江西交通职业技术学院启动“E 通电商学生创业孵化基地”】 5 月 7 日,江西交通职业技术学院举行“E 通电商学生创业孵化基地”启动仪式。该孵化基地是为该院学生量身定做的培训平台、020 实体店体验销售平台、E 通交院第一销售平台、电商平台、微店平台、快递服务平台、物流服务平台、企业支持平台等八大平台集一体的校内实训基地,为学生提供创业项目、创业机会、创业资讯、创业指导、创业交流等创业需求服务和创业资源。

（刘　婷）

【省交通运输厅举办 2015 年新任处级领导干部培训班】 11 月 17—20 日,省交通运输厅 2015 年新任处级领导干部培训班在省交通干部学院举行。

培训班开设中共十八届五中全会精神专题辅导、台海形势报告、突发事件的处置及与媒体的沟通、领导干部心理健康与调适等课程。邀请省委组织部、省直工委、省委党校、江西财大等专家授课。组织观看《党政领导干部选拔任用工作条例》辅导报告实况录像,并开展分组讨论。全厅2014年以来新提拔的49名副处级领导干部参加培训。

(钟恢万)

【全省公路系统安全生产及应急工作培训班在交通干部学院举行】 12月15日,全省公路系统安全生产及应急工作培训班在省交通干部学院举办。各设区市公路局和路局直属各单位分管领导、安全应急处室负责人和具体业务人员近70人参加培训。

培训班邀请省政府应急办、省安监局、省交通质监局专家分别就应急预案的编制管理内容、新安全生产法、施工安全隐患等进行专题讲座。专家们结合自身经历、心得体会,运用大量翔实的事例,围绕公路系统安全生产和应急管理知识等进行了深入浅出、精彩生动的讲授,使学员们受益匪浅。

(录自《江西公路网》)

【省运管局开展2015年度汽车驾驶教练员从业资格考试】 2015年,省运管局严把汽车驾驶教练员从业资格准入关,多措并举,认真开展度全省教练员从业资格考试工作。一是严格审查申请人考试资格,对不具备教练员报考条件或申报材料不齐全的一律不予受理。二是建立了考核员库。采取处室推荐和考试相结合的方式。选拔了局机关38名在职运管干部作为教练员从业资格考试考核员,核发了考核员证,建立了考核员档案,开展岗前培训。三是规范考试程序。用计算机随机抽取的方式确定考核员,并在考前分组,保证考试的公开与公正。四是进一步完善考试内容,细化评分标准,使教练员从业资格考试工作更加严谨、规范。全省共有5952人参加2015年度教练员从业资格考试。通过考试,进一步提升了汽车驾驶教练员队伍综合素质。

(张　玮)

【首期全省公路工程专照二级注册建造师继续教育培训班开班】 12月26日,全省公路工程专业二级注册建造师继续教育必修课第一期培训班在交通干部学院开班。

此次培训班是交通干部学院根据省住房和城乡建设厅、省交通运输厅关于举办公路工程专业二级建造师继续教育必修课培训班的通知精神,首次由交通干部学院承办的建造师继续教育必修课培训班。

本次必修课程培训采取全脱产集中授课的形式,为期4天,开设有工程项目管理案例分析、二级注册建造师管理制度的相关规定、公路工程建设政策法规、注册建造师执业道德和诚信制度、公路工程施工管理签章文件填表示范等课程。

培训结束后进行考试,经考核合格的学员,交通干部学院报江西省建筑业协会确认学时后,核发全省统一的二级注册建造师继续教育合格证书。近200名二级注册建造师参加本次继续教育必修课培训。

(钟恢万)

【省高速集团举办首届星级收费站站长培训班】 12月15—16日,省高速集团在永武高速西海服务区成功举办首届星级收费站站长培训班,该集团2015年度"星级收费站"站长以及择优推荐的收费站长,共计60余人参加了培训。

(省高速集团)

【省交通运输厅举行干部人事档案专项审核工作暨业务培训会】 1月9日,省交通运输厅干部人事档案专项审核工作暨业务培训会在省交通干部学院举行。厅直属各单位分管领导、组织人事部门负责人及干部人事档案管理人员,厅属三级单位组织人事部门负责人及干部人事档案管理人员共计150余人参加培训。

培训班授课教师详细讲解了《全省干部人事档案专项审核工作实施办法》《全厅干部人事档案专项审核工作实施方案》、干部人事档案问题查核和处理、干部人事档案审核有关政策以及干部人事档案审核工作流程和操作方法。

通过培训,学员们进一步准确把握干部人事档案专项审核工作的任务要求,提高了做好干部人事档案专项审核工作认识,一致反映,要以高度的政治责任感和使命感,以严肃认真的态度、严谨细致的作风、严于律己的要求,扎实推进全厅干部人事档案专项审核工作和干部人事档案规范化建设,全面提升干部人事档案工作整体水平,圆满完成干部人事档案专项审核各项工作任务。　(钟恢万)

【全省交通运输安全应急管理人员培训班开班】 10月20—21日，省交通运输厅为加强全省交通运输安全应急“三基”（基层、基础、基本功）能力建设，提高安全应急人员综合素质，在省交通干部学院进行基层交通运输应急管理人员第一期集中陪训。

本次陪训采取专家学者专题辅导讲座方式进行。邀请省政府应急办、省安监局、省港航局、省运管局、省交通质监局有关专家分别围绕新《安全生产法》、道路运输安全管理及检查要点、水上交通安全管理及检查要点、公路水运工程建设安全管理及检查要点、安全应急管理、应急信息报送等专题进行辅导。

通过培训，学员们安全意识进一步增强，一致反映：搞好安全生产工作，责任重大，使命光荣。而做好安全生产工作的当务之急就是加强基层、夯实基础、练好基本功。要从建设和谐平安交通运输、加快交通运输发展的高度，切实加强组织领导，强化安全责任落实，明确工作方向，夯实管理基础，保障全省交通运输系统安全发展，为全面推动我省交通运输发展升级提速保驾护航。

（录自江西交通信息网）

【省交通运输厅举办预算绩效管理培训班】 4月23日，省交通运输厅为进一步做好全厅今年的预算绩效管理工作，在学院举办预算绩效管理培训班。省交通运输厅厅直属事业单位财务部门负责人和预算绩效管理人员70余人参加培训。

培训班邀请省财政厅绩效管理局两位专家授课。他们从预算绩效管理的提出背景及概念、为什么要开展预算绩效管理、如何开展绩效目标管理三个方面对预算绩效管理进行了全面、深刻、系统的讲解；结合工作实践选取优秀案例对部门项目支出绩效评价进行了深入探讨，对省厅下一步开展预算绩效管理工作具有很强的指导意义。

培训班还通报了厅直各事业单位一季度预算执行情况，对各单位强化预算执行、按时报送预算执行情况分析材料等方面提出更高要求，明确下一阶段工作目标任务。

（廖　磊）

【全省高速路政系统掀起《江西省公路条例》宣传热潮】 2015年，全省高速路政部门以宣传《江西省公路条例》为契机，进一步强化理论学习，创新宣传方式，努力营造爱路护路的深厚氛围。

一是深入学习研讨，夯实理论基础。该条例发布伊始，全省高速路政部门便把学习《条例》纳入年度学习计划和“六五”普法计划，以集中学习和自学、部门研讨与交流等形式，深入学习《条例》各项规定。

二是拓宽宣传渠道，丰富宣传形式。各级高速路政部门通过各收费所站、办公场所的宣传栏、黑板报、宣传横幅、宣传彩车等形式，广泛张贴条例的宣传资料，发布宣传际语、散发宣传单，利用高速公路LED们执法车辆的显示屏，滚动宣传条例，形战人人关心公路发展的良好氛围。

三是及时与媒体沟通，切实强化对外宣传。按照总队有关条例宣传工作的部署，各级高速路政部门不断加强与当地交通广播、电视、报纸等新闻媒体的联系，加大对外宣传条例力度，做到宣传有声、有图、有字，使条例家喻户晓，人人皆知。

（省路政总队）

【全省第二届机动车驾培教练员规范化教学职业技能竞赛在南昌举办】 11月13—14日，省公路运输管理局为全面贯彻落实教练员素质提升工程，检阅教学水平、交流教学技能，举办第二届江西省机动车教练员规范化教学职业技能竞赛。全省11个地市和4个省直管县的15支教练员队伍参加了比赛。

本次竞赛分理论知识、安全文明纠驶科目示范讲解御实际操作技能三个项目进行。经过激烈角逐，鹰潭综职驾校教练员谢建国获得冠军，南昌白云驾校袁辉辉等5人荣获第二名，婺源广信驾校叶澄鑫等8人荣获第三名。团体一、二、三等奖分别由萍乡代表队、南昌代表队、抚州代表队获得。

（涂序东　省驾培协会）

【省运管局举办《中国共产党廉洁自律准则》《中国共产党纪律处分条例》专题辅导讲座】 11月23日，省运管局举办了2015年度第六期“道路运输知识大讲堂”，邀请省委党校潘教授作学习、贯彻《中国共产党廉洁自律准则》《中国共产党纪律处分条例》专题辅导讲座。

潘教授从《中国共产党廉洁自律准则》《中国共产党纪律处分条例》两部党内法规的修订和出

台背景、特点和创新内容、学习和遵守贯彻三个方面作了学习辅导。通过引证举例,深刻阐述修订出台的《中国共产党廉洁自律准则》《中国共产党纪律处分条例》是全面从严治党的必然要求,是严格依规治党的具体体现,是党纪严于国法的内在要求,是从严管党治党的实践总结,具有主题鲜明性、内容创新性、规定操作性、制度衔接性。学习贯彻两部党内法规,要坚持高线,守住底线,要树立规矩意识,提高学习力,把握准则、条例精神实质;树立监督意识,提高执行力,遵守贯彻维护条例;抓住关键少数,提高推动力,发挥示范带动作用。

讲座内容丰富,融学术性、实用性、指导性于一体,对树立党章党规党纪意识,自觉在廉洁自律上追求高标准,在严守党纪上远离猬集纪红线具有很强的指导意义。

(胡　晨　朱　熹)

【省地方海事局首次船员考试考官和评估员培训班在浔开班】 12月2日,江西省地方海事局船员考试考官和评估员培训班在九江召开。全省地方海事系统从事船员管理工作人员61人参加培训。

此次培训系省地方海事系统首次针对船员考试考宫和评估员而进行的专门培训。参培人员只有通过培训考试合格取得相关证件后,才能从事船员考试工作。此举进一步规范全省船员管理工作,确保船员考试工作人员持证上岗,并推进全省船员管理工作迈上新台阶。

(陈雪峰　吴广漪)

【界牌航电枢纽管理处全力打造航电高素质人才队伍】 2015年,界牌航电枢纽管理处把推进职工素质提升,促进岗位培训作为枢纽重要工作来抓,制订规划,采取措施,创新培训方式,全面提升职工操作技能和业务能力。一是加强各级转岗人员的岗前技能培训。由水电厂、水工所、船闸所、处安监科分别牵头,先后进行电网调度、倒闸操作、闸门维护与检修、计算机监控系统、界牌新水轮发电机组主要部件的结构原理、"两票三制"等技术培训,进一步提高生产一线人员的安全技能,确保枢纽安全稳定运行。二是结合设备技改,安排部分检修人员全程参与机组安装,着力培养锻炼一支高素质技术检修队伍,为枢纽可持续发震储备专业技术人才。三是加强枢技术资料管理。由业务彩窒牵头,各基层单位及相关业务部门要根据自身设备状况,制定技术规程、规范等必备工具书的购买计划,购买工具书籍100余套。

通过培训和实际工作锻造,为该处建设一支知识型、技能型、职工队伍奠定了一定的基础。

(董　彤)

【省运管局开展道路运输、城市客运类安全生产标准化考评员培训】 2015年,省运管局举办道路运输、城市客运类各一期安全生产标准化考评员培训班。

培训班邀请交通行业的8名专家授课。他们分别对企业安全生产标准化建设的意义、考评指标、考评程序、考评实务等内容进行了详细讲解。

全省参加道路运输类培训学员共123人,经考试合格的有96人,合格率为78%;参加城市客运类培训学员共57人,经考试合格45人,合格率为79%。

通过培训,进一步促进了全省道路运输行业安全标准化建设,优化了考评员结构、提升考评员素质,对全省道路运输全企业安全生产标准化建设工作创造了条件。

(马　健)

【梨温高速公路公司组织党员开展爱国主义教育活动】 12月17日,梨温公司组织党员赴上饶集中营、弋阳方志敏革命烈士纪念馆敬献花圈、参观瞻仰,重温入党誓词,开展爱国主义教育活动。

党员们神情专注地听取讲解员的讲解,仿佛重回了烽火连天的革命斗争岁月,体会到革命先烈身处的腥风血雨般的残酷环境,胸怀满腔的爱国主义壮志豪情,尤其在方志敏事迹陈列馆,当党员们听到讲解员描述在狱中写下《清贫》《可爱的中国》等不朽名著时,好多同志眼睛里都含着泪水,继续认真听着讲解,深情缅怀革命先烈爱国救国甘舍头颅抛热血的英雄气概。

通过此次活动,党员们纷纷表示,受到一次触动心灵的教育,今后要先烈为榜样,继承先烈遗志,热爱祖国、牢记宗旨、全心全意为人民服务,化一腔爱国主义情怀于做好本职工作的点点滴滴中,为交通运输事业奉献一切力量。

(梅春华　胡　丹)

【省交通科研院环境监测中心参加交通运输部环境保护中心上岗培训】　12月4—9日，省交通科研院环境监测中心派出5名员工参加交通运输部环境保护中心在北京举办的“2015年第一期交通运输行业环境监测人员上岗培训班”培训。

培训内容主要包括：环境监测概论、环境空气监测、水环境监测、噪声与振动监测和环境监测质量保证与控制等环境监测理论知识。

通过培训，5名员工完成理论考试和实验操作考试，进一步提升了实验分析理论知识和实验操作技能，提升了环境监测能力与实验操作水平，为做好该中心环境监测工作奠定一定基础。

【省交通科学研究院勘察设计中心举办消防安全知识讲座】　8月17日，省交通科研院勘察设计中心举办以“关爱生命　关注消防”为主题的消防安全知识讲座。

专门邀请南昌市消防安全防火中心的张干警为大家讲解消防安全知识。张干警首先用很多实例为大家展示火灾的危害，然后为大家普及火灾的预防、发生火情后如何报警、火场如何自救与安全及逃生等消防安全基本常识，并在现场演示了灭火器及消防栓的正确操作使用方法。

通过讲座，进一步增强了该中心全体员工的消防安全意识和技能，为创建平安和谐的工作生活环境打下了良好的基础。

【省港航局举办消防知识讲座】　11月11日，省港航局举行消防安全知识讲座。

讲座邀请省安居防火服务中心教官授课，授课教官以增强全体人员消防安全防护能力为主，引用了实际生活中的大量真实案例和具体数字，对火灾的危害、逃生与自救、家庭防火以及工作生活遇到突发事件的处理方法等方面进行详细、生动的讲解，并现场演示了各种消防器具的使用方法，使在场人员对消防知识和自护自救措施有了系统的了解。

该局干部职工就日常生活中遇到的诸多消防安全问题和处置方法与教官进行交流和互动。大家纷纷表示，火灾事故猛于虎，日常应多关注消防安全，关爱生命，为生命加一道安全防线。

（屈　圆）

【省地方海事局举办船员考试官和评估员培训班】　12月2日，省地方海事局船员考试考官和评估员培训班在九江召开。全省地方海事系统从事船员管理工作人员61人参加培训，参培人员只有通过培训考试合格取得相关证件后，才能从事船员考试工作。培训取得良好效果。

（江西交通网）

【省交通干部学院教育培训求“量”更重“质”】
2015年，省交通干部学院不断强化培训软件资源、培训保障硬件建设，提升干部培训质量。

1. 在强化培训资源软件建设上做足文章。全面完成培训项目库、课程库、教材库、师资库建设，将具有代表性的课程、培训教材纳入学院培训课程库、教材库。课程库已收录10个精品课程、47个普通课程。师资库专（兼）职教师队伍更新扩大至90余名。强化班主任负责制，优化教学组织管理。教学内容设置紧密结合江西交通发展任务、培训对象工作实际和岗位需要，理论教学、视频教学、现场教学等多种教学安排灵活、合理、紧凑，力争让学员在最短的培训时间实现学习效果最优。

2. 在完善培训保障硬件建设上下狠功夫。该院完成了智慧校园平台建设，构建校园信息化管理模式，不断完善校园各类设施设备，推进教育2. 培训管理、后勤服务保障水平提升，为学员营造良好的学习生活条件，让学员在校园里静下心生活、沉下心学习，避免“走马观花”式的培训。

3. 全力推进交通行业管理干部队伍培训平台建设，打造“线上线下培训相统一、校内校外学习相结合”的干部培训新模式。

通过上述培训方式方法，使该院教育培训工作既 重视“量”更注重“质”，培训效果显著提升。

（钟恢万）

【省交通运输厅赴浙江学习调研运营高速公路隧道安全管理经验】　11月18—20日，省交通运输厅组织厅安监处、路航处、省高速集团等单位和部门的有关人员，赴浙江省学习调研运营高速公路隧道安全管理经验。

此次参加学习调研人员紧扣运营高速公路隧道安全管理体制、机制建设主题，以座谈交流、现场观摩等方式，先后到杭州绕城高速公司、台金高

速公司、台金高速苍岭特长隧道、台州高速公路应急救援中心等单位与浙江同行深入交流、认真探讨运营高速公路隧道安全管理做法和经验。

此次学习调研活动行程数千公里,时间虽短,却收获颇丰,既开阔了视野,又启迪了思路,对进一步提高我省运营高速公路隧道的安全管理水平起到积极推动和借鉴作用。

(明长春)

【省运管局大力开展全省驾培市场清理整治工作】 2015 年 9 月—12 月,省运管局在全省开展为期 4 个月的驾培市场专项整治工作。全省共取缔非法培训点 161 处,查处违规报名点 17 处,查处违规教练车 446 辆,查处违规教练员 79 人,查处不规范计时培训行为 90 起,受理、查处学员投诉 44 起。通过市场整治工作的开展,有效遏制了驾培市场存在的违法、违规行为,进一步规范驾培机构的经营行为,驾培市场环境得到明显改善。

(张 玮)

【省运管局开展"教练员素质提升年"活动】 2015 年,省运管局积极开展"教练员素质提升年"活动。一是组织开展了全省教练员素质提升全员培训和考试工作;二是根据交通运输部的统一部署,9 月 19 日,在江西交通职业技术学院举行全省二级机动车驾驶教练员职业资格统一鉴定,全省共有 218 名符合条件的教练员参加鉴定考试;三是联合省驾培协会,在江西蓝天驾校举办第二届全省教练员规范化教学职业技能竞赛,全省 11 个设区市和 4 个省直管县的 70 名教练员参加了此次竞赛。通过一系列活动的开展,强化全省教练员队伍建设,全面提升教练员教学服务水平和职业素质,对提高机动车驾驶员培训质量起到较大的推动和促进作用。

(张 玮)

【省运管局全面完成驾培机构两项国标达标改造验收工作】 2015 年,省运管局为抓好驾培行业两项国家标准的贯彻执行,认真组织开展全省驾培机构两项国标达标改造验收工作。一是下发《关于认真做好驾培机构资格条件达标改造验收和培训能力核定工作的通知》,督促各设区市运管处(局)及时对辖区内完成资格条件和教练场地改造的驾校开展达标验收和培训能力核定工作,并明确了两项工作的时间节点和相关要求;二是对各设区市上报的驾校达标改造验收和培训能力核定结果进行了整理和汇总,并通报省公安厅交警总队;三是联合省公安厅交警总队、省驾培协会等部门,对部分设区市驾校达标改造验收情况进行抽查;四是下发《关于对全省驾培机构资格条件达标改造验收和培训能力核定情况的通报》。

截至 9 月底,全省共有 494 所驾培机构进开展了达标改造工作,其中,通过验收并核定培训能力的驾校有 434 所,另有 60 所驾校因验收不合格被责令限期整改。随着全省驾培机构达标改造验收工作的全面完成,各地驾培机构的整体面貌焕然一新,教练场的科目设置更加合理,教学设施设备更加完善,规模档次明显提升。

(张 玮)

【全省普通公路建设管理培训班在省交通干部学院举办】 12 月 8 日,全省普通公路建设管理培训班在省交通干部学院举办。

培训班为期两天。培训旨在进一步提升全省普通公路建设管理工作水平。培训内容有公路工程基本建设法律法规、公路工程招投标案例、公路工程质量监管、公路工程安全监管、新版《公路工程技术标准》在普通公路设计中的运用、省公路工程电子招标标准文件、解读电子招标软件实例操作等。

各设区市交通运输局、公路局工程建设分管负责人、工程建设管理科室负责人,各设区市交通工程质监站负责人,各设区市公路局设计院相关人员等 110 余人参加培训。

(钟恢万)

【省交通质监局组织专业技术人员赴港珠澳大桥施工现场观摩】 11 月 21—22 日,省交通建设工程质量监督管理局为开拓质监人员眼界,增强对现代工程管理的直观感受,组织专业技术人员赴港珠澳大桥施工现场观摩。

港珠澳大桥是世界上最大的桥隧结合工程,海中桥隧工程全长约 85.6 千米,约 6.7 千米采用隧道方案,其余路段采用桥梁方案。岛隧工程是项目最为重要的控制性工程,连接大桥东、西人工岛的沉管部分是国内首条于外海建设的超大型沉管隧道，海底隧道由33个巨型沉管组成，每节沉管长180米，宽88米，高11.4米，单节重约8万吨，是世界尺寸最大的隧道沉管管节。学习观摩组一行参观了牛头岛隧道沉管预制厂和东人工岛桥梁施工现场，并详细了解项目先进的设计理念和"大型化、工厂化、装配化、标准化"的管理模式，仔细观摩了预制厂大临设施建设、海底隧道沉管管节钢筋加工及混凝土浇筑、水中桩、墩柱施工、桥隧构件现场拼接施工，认真学习项目先进的施工工艺和质量与安全控制方法。

通过现场观摩和交流，学习观摩组成员深受启迪一致认为，港珠澳大桥无论从设计、施工、管理等方面都代表了当今桥梁建设国际先进水平和未来发展方向。通过这次学习观摩，大家对港珠澳大桥施工工艺、设计理念、管理模式有了深刻认识和体会，是一次难得的学习机会，对今后从事桥隧工程质量监督工作具有较大地促进和帮助。

【"畅行杯"首届高速公路服务区服务技能竞赛举行】　8月12日，"畅行杯"江西省首届高速公路服务区服务技能竞赛在庐山服务区举行。省交通运输厅副厅长王爱和亲临现场观摩和指导。江西公路开发公司、赣粤高速公司、畅行公司和南昌、赣州、赣康、康大、瑞寻、九瑞高速公路公司9家单位的127名选手参加比赛。

本次竞赛分理论基础和实践操作两个环节，涵盖了管理人员基础知识竞答、痕迹化管理材料检查，以及保洁员、疏导员、水电工、收银员、服务员技能竞赛项目，共计200分。各竞赛项目由现场裁判员现场打分。

经过一天的激烈角逐，畅行公司庐山服务区荣获一等奖；畅行公司泰和东中心服务区、宜春中心服务区荣获二等奖；赣粤高速公司一组、公路开发公司龙虎山服务区、畅行公司南城中心服务区荣获三等奖；赣粤公司二组、公路开发总公司军山湖服务区、地方高速公司代表队获入围奖。

（省高速集团）

【鄱阳管理处举办档案管理培训】　5月7日，景鹰高速鄱阳管理处为进一步规范档案管理工作，举办档案管理培训。该处副站级以上管理干部及行政岗位人员参加。

培训由该处综合部文秘结合管理处2014年度归档文件的整理，现场一一示范归档文件收集、整理、编制归档文件目录到装盒的全过程。并针对日常工作中各种档案资料收集重点和注意事项进行详细讲解。

通过此次培训，促进了该处档案管理的统一性，对规范迎国检内业资料起到启迪和示范作用。

（柳　静）

【省嘉和工程咨询监理公司举办第五届试验技术比武大赛】　11月26—27日，省嘉和工程咨询监理公司举办第五届试验技术比武大赛。本次参加比武的团体代表队有：昌宁高速驻地办、昌栗高速驻地办、安定高速总监办、修平高速总监办、铜万高速驻地办共5个项目监理工地实验室的20名试验检测人员参加比赛。

本次大赛分理论知识考核及操作技能考核两部分。理论知识考核以实验室评审准则及路面规程、规范为重点。操作技能项目为水泥剂量滴定和细集料砂当量两项试验操作。为保证比武大赛取得预期效果，公司精心组织筹备，制定比赛规则，细化各项评分标准，并邀请江西天驰公司及江西交通职业技术学院2名专家担任评委依据比赛规则和评分标准，对实操比武的过程、结果进行全面客观的评判和评价。在大赛过程中，各代表队都充分发扬了团体协作精神，配合密切，每个参赛选手都沉着冷静、各显身手，严谨地对待每一项实验操作项目，充分展示试验检测人员的精神风貌和技术水平。经过了一天激烈、紧张的拼搏角逐，各试验检测人员代表队赛出了水平、赛出了友谊。最终铜万RJ3驻地办、昌栗R4驻地办获得了一、二名。

通过大赛，给该公司试验检测人员提供了一个展示风采、切磋技艺、交流学习的平台，选手们通过技能比武，既增加了自信心，展现了自己的才华，也发现了自己的不足，进一步调动了广大试验检测人员学习专业知识的积极性和主动性。

（邵正彬）

【省交通科研院环境监测中心参加全国交通运输行业环境监理培训班】　8月11—13日，省交通科研院环境监测中心7名员工参加环境保护部环境工程评估中心与交通运输部环境保护中心在北京联合举办“2015 年第一期交通运输行业环境监理培训班”培训。集中学习环境监理基础知识、铁路建设项目、油气管道行业、公路建设与港口行业环境监理实例分析,以及交通运输行业公路水路环境监测相关内容,经过刻苦努力,7 名员工全部通过了考试并取得了环境监理证书。

【省公路桥梁工程公司举办党务、宣传、文秘与摄影培训班】 2015 年,省公路桥梁工程公司为进一步规范办文办事程,提高宣传摄影能力,举办为期 3 天的党务、宣传、文秘及摄影培训班。公司直属各单位、各项目党支部书记、党务宣传干事、文秘人员及摄影爱好者共 30 余人参加培训。

培训班邀请省公路局行家曹耀东等授课,授课行家围绕党务工作、宣传摄影和办公文秘等方面内容给大家讲解主题鲜明、内容充实的基础知识。并与大家就自己日常工作中遇到的问题进行沟通和交流。

通过培训,受培人员进一步深化了对党务工作、宣传摄影工作和文秘工作重要性的认识,进一步增强了责任感和事业心,提升了业务技艺和水平。

(王　洪)

【江西交通职业技术学院工会图书馆成为国家级“职工书屋”】 2015 年,江西交通职业技术学院工会图书室被全国总工会授予“全国职工书屋”称号,并收到全国总工会赠送的千余册图书,总价值 3 万多元,为职工的精神文化生活增添新的“佳肴”。

创建职工书屋是职工之家建设的一项基础性工程,是深化“创建学习型组织、争做知识型职工”活动的重要平台,是维护职工文化权益的重要举措。该院工会努力架构职工学习所模式,广泛开展职工读书活动,为教职工学习知识、获取信息、提高素养、丰富文化生活提供便利,以共同促进校园文化建设,助推学院发展。

(张和平)

【省高速集团举办纪检监察工作培训班】 2015 年,省高速集团举办纪检监察干部业务培训班,集团直属各单位、重点工程项目办的纪委书记、监察室主任(纪检处长)、基层纪检员等共 90 余人参加培训。

此次纪检监察工作培训班为期两天,重点学习了案件查办、信访举报受理处理程序、谈话调查技巧及有关公文写作知识。培训期间学员重点围绕深化“三转”国有企业纪怆监察人员如何正确履彳亍纪检监察工作职责、重点工程建设项目如何开展纪检监察工作 2 个主题进行了分组讨论,取得了较好效果。

(方文涛)

【省交通干院举办“践行‘三严三实’、提高专业化能力”培训】 2015 年,省交通干院在井冈山江西干部学院举办“践行‘三严三实’、提高专业化能力”培训班。该院全体干部职工参加培训。

培训班为期四天,开设的课程包括追忆前辈人牛坐标(访谈教学)、井冈山精神代代传(互动教学)、革命历史是共产党人最好的营养剂(情景教学)、坚定信念、矢志不渝(现场教学)、观摩“破冰组队”(激情教学)等。

培训班学员在全方位全身心体验感受江西干部学院在干部教育培训策划、组织、管理、教研、服务保障等方面的特色做法和成功经验外,还到中国井冈山干部学院、井冈山干部教育学院(井冈山市委党校)实地参观学习。

此次培训旨任深入推进“三严三实”专题教育工作,进一步提高干部职工综合素质和专业化能力,推动学院各项事业升级发展。学院全体教职员工分两期进行,开展座谈讨论,每人提交一篇培训学习体会。培训达到了预期目的。

(省交通干院)

【江西公路开发总公司开展腐败案件警示教育系列活动】 4 月中旬至 6 月底,江西公路开发总公司党委、纪委为提升全体干部职工廉洁自律意识和拒腐防变能力,在全司范围内开展黄朝有等腐败案件警示教育系列活动。

此次警示教育系列活动主要包括三项内容:①座谈讨论活动。由备基层党支部为单位,组织干部员工围绕从腐败案件中吸取教训、加强本单位员工的反腐倡廉教育、本单位制度建设存在的漏洞及对策、加强对干部职工,尤其是工程建设等重点岗位的干部员工的廉政监督、如何提高自身拒腐防变和抵御风险的能力等方面进行深入讨论，副站级以上干部还将结合讨论内容撰写心得体会。总公司将派领导参加备支部的座谈讨论会。②廉政谈心活动。重点围绕落实党风廉政建设“两个责任”、“一岗双责”和廉洁自律等内容，采取党政主要领导与班子成员谈、分管领导与分管单位(部门)主要负责人谈、部门(站所)主要负责人与本部门(站所)员工谈的方式进行“一对一、面对面”的廉政谈心活动。③廉政征文活动。结合省纪委开展“建设风清气正的政治生态”征文活动，在全司征集以“清廉之路——记录身边的人和事”为主题的文章。号召广大干部员工积极地发掘、撰写和讴歌身边的清廉典型。

通过警示教育活动，该公司全体干部职工，强化了抗腐防变意识和能力，为做好反贪防腐工作奠定了基础。

(何　芳)

【赣粤高速公路公司举办2015 年首期中层管理人员培训班】　4 月 22—24 日，赣粤高速公路公司2015 年首期中层管理人员培训班在赣粤高速职工培训学校举办。该公司本部、路段管理单位、子公司和直属单位的95 名中层管理人员参加培训。

根据公司年初培训计划，2015 年中层管理人员培训共三期，每期培训人员 100 人。本期培训主内容是：以政治理论学习为基础，包括《中共中央总书记习近平关于中共中央“四个全面”的重要论述》《创新思维与问题分析解决能力》《传统文化与现代管理》等，内容涉及政治理论、人文素养和管理技能等知识。

培训班邀请省直内知名教授和财智名家授课。老师们通过旁征博引，层层递进，举案说法，把课程内容演绎的精彩生动，取得了良好的学习效果。在培训效果测评中，学员们个个成绩良好。

(张　慧)

【省嘉和工程咨询监理有限公司举办消防安全知识培训】　9 月 15 日，省嘉和工程咨询监理有限公司从“8・12”事故中吸取教训，进一步增强全员的安全知识，保障生命安全、特邀请了南昌市消安防火服务中心副指导员徐平进行消防安全知识讲座，公司机关全体人员参加本次培训。

培训中，徐教官运用图片及视频资料展示近年来身边发生的典型火灾事故及案例，用血的教训剖析了消防事故产生的原因和惨痛教训，警示大家要高度重视消防安全，养成良好的用火、用电习惯，筑牢消防安全“防火墙”，最大限度地预防和减少火灾事故的发生。同时还就消防器材的正确使用方法，火灾现场如何逃生自救、如何灭火等问题与大家进行交流互动，及时对错误的操作和应对办法进行修正。

通过培训，全体参训人员再次认识到消防安全的重要性，并正确掌握报警、扑救、疏散、自救和逃生等方法，切实增强了全员体抵御火灾的意识和能力。大家纷纷表示，在今后的工作生活中，一定严格按照工作流程和工作纪律操作，严禁违规操作，绝不粗心大意，更不会侥幸敷衍，埋下安全隐患，切实做到“人人都是安全员”，把安保工作落实到工作生活中的方方面面，确保安全生产工作无事故。

(傅　滨)

【省运管局开展2014 年度全省驾培机构质量信誉考核】　8 月，省运管局在经过驾培机构自评、县级运管机构初评、市级运管机构复评、省运管局抽查复核以及考核结果网上公示等几个阶段后，全省 2014 年度驾培机构质量信誉考核工作全面结束。全省共有 467 所驾培机构参加了考核，其中，评定 AAA 级驾培机构 53 所，占参评总数的11%；AA 级驾培机构 278 所，占参评总数的59%；A 级驾培机构 125 所，占参评总数的 27%；B 级驾培机构 11 所，占参评总数的 3%。省运管局对 AAA 级驾培机构进行了表彰授牌，同时要求市级运管机构对 B 级驾培机构责令限期整改。通过质量信誉考核工作的全面深入开展，有效促进了全省驾培机构诚信意识的全面提升，各项管理制度进一步健全，驾驶员培训质量和培训能力明显著提升。

(张　玮)

【南昌市举行农村公路突发灾害应急演练】　9 月 2 日，南昌市交通运输局农村公路管理所在湾里进行农村公路突发灾害应急演练。本次演练按农村公路突发灾害 Ⅳ 预警响应设置。演练科目有：①农村公路突发灾害信息报送流程；②农村公路突发灾害人员到位情况；③农村公路突发灾害抢修物资到位情况；④农村公路突发灾害协调组织情况。湾里区公路管理站参加演,分4个组进行并完成演练科目。市交通运输局领导、局安全监督处、局规划建管处、市安监局安全生产应急救援中心、安义县、经开区、桑海区公路管理站参加观摩。

通过农村公路突发灾害应急演练,进一步提高了应对全市农村公路突发灾害有处置能力,为市县区公路部门协同应对、迅速、有序、有效地开展应急处置工作奠定了良好基础。

(录自《江西交通信息网》)

【南昌市港航管理处开展节能宣传周活动】 6月13—19日,为全国节能宣传周;6月15日为全国低碳日。其间,南昌市港航管理处,以"节能有道、节俭有德"为主题,大力开展节能宣传周活动。该处结合水运实际制作节能宣传板报,张贴宣传标语横幅,给船员发放节能减排宣传单,使用公共信息平台发送节能环保宣传信息,提醒船员时刻注意环境保护的相关事宜。并安排工作人员给水运作业人员普及机械节能知识,有效降低运输船油耗。同时在执法趸船上设置污水污油回收点,引导船员将机舱污油按要求排入污油回收桶,并要求船员不得将污水污油和生活垃圾倾倒入江内,防止造成江水污染。活动取得了明显效果。

(裴文奇)

【南昌市交通运输系统参加全市领导干部网上法律知识考试】 12月7—8日,南昌市交通运输局为了贯彻落实党的十八届四中全会精神,切实提高领导干部运用法治思维和法治方式深化交通运输各项改革,组织南昌市交通运输系统副科级领导干部参加2015年全省领导干部网上法律知识学习和考试。参加2015年全省领导干部,网上法律知识学习和考试的8名县级和66名科级领导干部全部通过考试,取得优异成绩。

【景德镇长运公司举办"安康杯"安全知识竞赛】 7月1日,景德镇市长运公司举办2015年度"安康杯·安全月·安全生产标准化"安全知识竞赛。

自2007年以来,该公司坚持每年开展"安康杯"安全生产竞赛,已连续7年荣获全国安康杯安全生产竞赛优胜单位。该公司各项安全指标连续13年低于国家一级道路运输企业控制标准,所属高客分公司连续13年未发生一起死亡事故。

本次"安康杯·安全月·安全生产标准化"安全知识竞赛。由该公司所属各分公司、子公司以及公司机关的15支代表队参加。经过四轮紧张激烈的比赛,最终出租车分公司代表队获得了第一名,弘鑫公司代表队、机关代表队获得第二名,乐平长运公司代表队、汽车总站分公司一队和二队获得了第三名。

(张顺发)

【景德镇市交通运输局举办综治等部培训班】 10月22日,景德镇市交通运输局举办2015年度综治干部培训班系统各企事业单位综治工作分管领导、综治办主任和综瀚专干共30余人参加。

培训班邀请请市综治办矛排科科长余小兰、市综治办综合协调科剐科长刘慢就如何做好综治工作为学员授课。余小兰结合自身矛盾纠纷排查工作情况,讲述了综治工作的艰巨性和重要性,并对市综治办年底对市直单位综治工作考评内容进行详尽的阐述。刘强则对综治干部提出三点要求,要有大局意识,以系统小安积社会大安。要有协调意识,只有大家分工协作,才能更好地做好综治工作。要有规范意识,把综治工作规范化,工作才能井井有条。要求每个综治干部有大局意识,对公众安全感调查作出公正的评价。

通过培训,系统综治干部充分认识综治工作的重要性,进一步提高了综治干部素质和工作能力,对系统综治干部做好下一步工作有一定帮助和促进作用。

(吴小红　洪辉祖)

【景德镇市公共交通公司举办反恐防暴培训班】 8月14—15日,景德镇市公共交通公司举办反恐防暴培训班。公司干部职工及近500名公交车驾驶员参加培训。

培训班邀请公安部门反恐专家和公安特警支队警官授课。在为期2天的培训中,反恐专家和警官围绕当前国内外反恐怖斗争形势及安全防范措施这一主题,向参训人员阐述恐怖主义概述和当代恐怖活动特征、交通运输行业反恐斗争形势及反恐防暴手段措施等内容。并利用视频及多媒体技术,用实例、案例说话,讲课深入浅出,具有很强的教育意义和实用效果。培训班结束时,该公司保卫稽查人员还为参训人员进行灭火器和安全锤正确使用演练。

通过培训，切实提高了学员的反恐防暴意识，了解掌握一定的反恐防暴知识技能，并对保障公共交通安全具有较大的推动促进作用。

（景德镇公交公司）

【景德镇长运公司举行节油技能竞赛】　12月15日，景德镇长运公司举办“2015年度驾驶员节油技能竞赛”。景德镇长运公司所属分公司推荐的营运客车驾驶员和轿车驾驶员共计30余人参加比赛。

此次节油技能竞赛分为客车组和轿车组两个组进行。竞赛内容分为综合理论及技能考核两部分。综合理论主要考核驾驶员职业道德和道路交通安全法规、节能减排法律法规、节油驾驶知识等。技能比赛考核项目为节油技能、驾驶操作技能两项。比赛采取裁判员跟车考核、终点实时测量油耗的方式进行。本次竞赛对驾驶员的操作规范性和节油技术进行重点考核。

（张顺发）

【景德镇汽车运输集团开展防汛演练】　5月15—16日，景德镇市汽车运输集团开艘展防汛演练。此次防汛演练主要内容是对辖内重点水库、内涝点和抗洪抢险物教仓库进行防汛模拟演练。通过演练，市汽运集团防汛预备役进一步提高了专业抢险队伍业务水平和应急处置能力，增强了防汛巡堤查险、抢险救援的能力，为应对全市连续强降水可能引发市内河流、大坝、水库等地段的安全风险，全面做好防汛抗洪准备，打得赢”奠定坚实基础。

【上饶市交通运输局召开《江西省公路条例》宣贯会】　12月23日，上饶市交通运输局召开《江西省公路条例》宣贯会，采取以会代训的形式对条例进行宣贯和培训。市局班子成员、上武高速收费管理处、市农路处、市交通质监局主要领导及分管领导、各县（市、区）交通运输局主要领导、分管领导及法制股股长、路政大队负责人、农路所所长等共80余人参加宣贯会；接受培训。

宣贯会邀请省交通运输厅政策法规处副调研员聂小萍对条例进行深入解读。她从条例的起草、修改、补充、完善及出台过程作了详细介绍，重点就公路建设的征地补偿、加强公路建筑控制区管理、公路安全设施设置、公路超限超载治理等方面进行了深入浅出的讲解。市交通运输局局长吴步高宣讲条例颁布的重要意义和《条例》的内涵以及依法行政的必要性。他说：《条例》的颁布实施标志着全省公路建设和养护管理进入新的法制化发展轨道，突出了责任划分、突出了资金落实、突出“以人为本”、和“事权一致”原则、突出了执法严肃性，立法“接地气”，针对性很强，为全省公路事业发展提供了强有力的制度保障。

通过《江西省公路条例》宣贯会，上饶市交通运输系统上下全面掀起大宣传、大培训、大检查《条例》执行情况的热潮，已使《条例》内容深入人心，为进一步学习好，贯彻落实为条例奠定基础。

（何　婷）

【上饶市出租汽车驾驶员管理办法培训班开班】　7月21日，上饶市运管局举办出租汽车驾驶员从业资格培训班。144名出租车驾驶员参加首批培训。

培训班由市运管局工作人员就《上饶市出租汽车驾驶员管理办法》内容逐项做了详细讲解和辅导，随后组织144名参训人员进行了驾驶员从业资格考试。除全国通用的以国家出租汽车法律法规、职业道德、服务规范、安全运营等具有普遍规范要求的考试科目外，增设了区域科目，内容包括上饶地方出租汽车政策法规、上饶人文地理和交通路线等具有区域服务特征的知识。新增区域科目考试加强出租车驾驶员对旅游城市上饶应有的历史、文化和旅游知识储备，有效提高上饶出租的驾驶员整体素质，提升上饶出租车城市“窗口形象”。

运管局还利用一周时间，分13期对中心城市全部1400名出租车驾驶员进行培训。其他各县（市、区）培训则由车籍地运管机构和出租车管理公司牵头组织。市本级出租车驾驶员培训、考核及换证工作规定在8月1日前完成。

（何　婷）

【上饶市运管局组织学习收看新《中华人民共和国行政诉讼法》视频讲座】　8月7日，上饶市运管局组织机关全体干部职工和市城客处干部职工共60余人学习收看新《中华人民共和国行政诉讼法》视频讲座。

该讲座邀请南昌大学法学院教授、博士宁立成主讲。宁立成结合道路运输行政执法特点来解读新中华人民共和国行政诉讼法,对此次行政诉讼法修改幅度、进一步拓宽“民告官”的法律渠道、扩大,行政诉讼受案范围、完善行政诉讼立案、管辖、审理、执行和行政机关负责人出庭应诉等重要内容进行详尽讲解。

通过讲座,市运管局及城客处与会执法人员充分领会新行政诉讼法修订的目的、意义及对进一步规范行政行为、严格文明规范执法提出的更高要求的具体内容。一致反映,要依法行政、规范执法,提高服务水平,提高监督管理能力,切实保障广大乘客和出租车驾驶员的权益,创建良好发展的出租车营运市场环境和氛围。

(官兴炜)

【上饶市千名“的哥”集中培训】 10月28—31日,上饶市城客处分期分批对全市1200名“的哥”进行集中培训。

此次培训,城客处负责人重点讲解《出租汽车经营服务管理规定》《江西省道路运输条例》《上饶市出程汽车驾驶员管理办法》《上饶市出租汽车单车考核办法》和《出租汽车客运驾驴员诚信考核标准》等内容,详尽介绍出程车乘客投诉处理流程和出租车被投诉相关案例,提醒的哥杜绝“拒载、绕道、议阶、甩客、讨价器提前跳价”等行为,对“司机无意、乘客留意”的有争议行为做好解释说明和提前告知,鼓励广大的哥按照《出租汽车客运驾驶员诚信考核标准》规定争创“星级驾驶员”。

通过培训,促进了全市出租车单车及驾驶员“双考核”措施的落实,进一步强化了出租车驾驶员安全意识经营行为、服务标准和行为准则,推进了上饶市出租车行业健康发展。

(何 婷)

【吉安市交通运输系统行政执法人员首期培训班结业】 2015年,吉安市交通运输局决定今明两年对全市750余名未参加省交通运输厅培训的交通运输行政执法人员分10期进行培训。

11月23—25日,该市交通运输系统行政执法人员第一期培训班在吉安市公路局职工培训中心举办。

培训班共设行政执法基础知识、行政执法程序解析、行政执法文书制作、行政执法证据收集与应用、行政执法案例分析五门课程。全市道路运政、公路路政、港航行政和交通建设工程质量安全监督等交通运输行政执法类人员计76人参加培训。

通过培训,增强了行政执法人员依法行政意识、执法履职能力、执法监督水平。

(吉安市交通运输局)

【宜春市各级运管部门大力开展安全培训】 2015年,宜春市各级运管部门把安全生产培训教育作为搞好安全生产重要举措,市县两级成立以局(所)长为组长,相关职能科室主要负责人为成员的培训领导小组,制定培训实施方案,聘请专家授课和由市局领导带队,深入各县(市区)了解培训工作进展情况、总结推广培训典型经验、及时加以解决存在问题等方式加强培训工作。

此次培训采取统一计划,统一领导,统一教材,统一时间,分级培训办法,全年共培训道路运输从业人员14000余人。通过培训,受培学员进一步增长安全知识,增强安全意识,为搞好安全生产创造了良好条件、奠定了坚实基础。

(彭 娟)

【万年东服务区开展消防安全知识培训】 1月21日,德昌高速万年东服务区组织开展消防安全知识培训。此次培训主要针对常用消防器材使用方法、逃生技能进行了详细讲解。培训结束后,该服务区组织参训人员对灭火器、消防栓使用与消防水管连接固定等进行模拟练习。通过培训暨演练,该服务区干部职工进一步提高服务区人员消防安全意识和防火自救能力。

(恒辉公司万年东服务区)

【吉安市交通运输局举办法律讲座】 8月21日,吉安市交通运输局举办《中华人民共和国宪法》及有关法律法规专题讲座。

讲座特邀江西智桥律师事务所律师法律张小兵、黄节涛分别就宪法基本理论和行政处罚流程进行辅导讲解。黄节涛结合全市交通运输系统依法行政实际,就如何推进交通运输法治部门建设和依法行政，讲了5个方面的重要工作：一是要强化领导，建立健全法治建设工作机构；二是要完善制度，严格依法依规办事，确保“法定职责必须为、法无受权不可为”；三是要加强执法队伍管理，全面推进基层执法站所“三基三化”建设；四是要加强行政执法管理和监督，规范执法行为，提升执法案件办理质量；五是要加强宣传，面向社会开展形式多样的交通运输专业法律法规宣传教育。

通过讲座，增强该局领导干部法治思维、法治意识，提高交通运输系统依法行政水平。

（吉安市交通运输局）

【吉安市交通运输局举办“交通大讲堂”讲座】 2015年，吉安市交通运输局举办“交通大讲堂”讲座。

讲座的主要内容是，宣讲中共中央总书记习近平在参加十二届全国人大三次会议江西代表团审议时的重要讲话等系列重要讲话精神和党的方针政策与交通运输事业面临的形势和和任务。

讲座邀请交通运输部、市委讲师团与市委党校的专家学者授课。专家们就上述内容深入浅出的作了详尽讲解。同时，以“互联网＋道路运输转型升级思考”等为题，宣讲交通专业知识和面临热点难点问题及其解决方法、措施。

通过讲座，参会人员深受教育，提升了综合素质，增长了业务知识。

（吉安市交通运输局）

【袁州区运管所举办道路运输从业人员培训班】 1月—10月，袁州区运管所先后举办培训班15期，共培训3441人，其中，举办安全管理人员“两客一危”、维修企业、驾校从业人员安全负责人等各类培训5期，培训人数达到1241人；举办普货运输驾驶员安全教育培训10期，培训2200多人。

培训内容主要有：道路运输安全条例、道路运输法律法规、驾校驾驶员培训与教学规范、道路旅客运输企业安全管理规范、道路运输驾驶员的社会责任与职业道德；紧急情况应急处治知识。

通过培训，进一步增强了道路运输从业人员的安全意识和法律意识，提高业务素质和职业道德水平，道路运输安全生产发展已在全区落地生根。

（李　庆）

【樟树市交通运输局举办消防应急演练和培训】 9月1日，樟树市交通运输局组织开展全市道路运输安全消防应急演练和培训。全市客运、危货运输及各道路运输企业安全生产管理人员、从业人员等100余名参加培训和演练。通过培训和演练，进一步提高了全市客运、危货运输、道路运输安全生产管理人员、从业人员的安全意识和安全消防技艺与水平。

（局史志办）

【万载县运管所加强出租车驾驶员职业培训】 8月中旬，万载县运管所举办出租车驾驶员职业培训。全县具有从业资格证的出租车驾驶员126人参加培训。

培训班邀请县公安交警、文明办、恒通出租车公司和市道路运输管理局出租车管理科负责人授课。公安交警负责人通过身边的实例详细讲解交通陋习与行车不文明现象；运管所负责人主要解读有关出租车管理最新的法律、法规和政策；文明办主任图文并茂深入浅出地为司机朋友们讲解出租车司机礼仪与修养，并宣读“创文明城市，树行业新风，评选‘最美司机’的活动方案”；恒通出租车公司经理主要讲解公司的奖惩考核办法（讨论稿）；市道路运输管理局出租车管理科负责人以平等、谈心的方式与驾驶员分享他多年与出租车司机交往的心得体会，并殷切希望他们能树立正确的人生观和价值观。

通过培训，进一步提升了驾驶员文明素养和优质服务意识，使出租车驾驶员更全面、准确地掌握行业政策法规，全面提升了行业整体服务能力和水平，进一步强化全县出租车驾驶员的法制意识、安全意识、责任意识、服务意识和文明意识。

（丁发扬　郭　郁）

【高安市开展普货运输、维修企业安全标准化培训】 6月18日，该市交通运输局组织举办为期2天的普货运输、维修企业安全标准化达标培训班。全市共有200多家普货到家输公司、5家一类维修企业的相关人员参加培训。

培训的主要内容为：安全标准化相关知识介绍和考评操作实务。培训紧密围绕安全标准管理机构、人员、装备设施、应急救援、安全技术管理等方面进行。培训班由局的相关专业人员授课。培训对象为100辆以上普货运输企业、一类维修企业安全标准化自评员。

通过培训,学员们充分认识到安全标准生产的重要性,进一步规范了企业日常生产行为,使各生产环节中的人、机、物处于安全状态,对普货运输企业、一类维修企业的安全达标准、生产安全和安全事故防范起到重要的推动和促进作用。

(周世祥)

【铜鼓县交通运输局开展水上安全及消防知识培训】 9月5日,铜鼓县交通运输局开展交通系统水上客运和消防知识培训。局机关全体干职工,天柱峰景区有限公司部分船员、宜春汽有限公司铜鼓分公司安全管理人员、司乘人员共70余人参加培训。

培训班邀请县消防大队消防教练及水上急救专家授课。授课专家就灭火器种类,灭火器操作规范,防火基本观念,家庭用火防火基本要求,高楼防火注意事项及上下船要求、水上航行注意事项、水上遇险安全常识,救生衣、救生圈使用常识等方面内容深入践出地做全面、系统地讲解。

通过培训,提高了参训人员消防和水上安全意识,为做好水上安全和消防工作奠定了良好基础。

(黄祖芳)

【樟树市举办道路运输安全消防应急演练和培训】 9月1日,樟树市交通运输局组织开展全市道路运输安全和消防应急演练培训。

培训班邀请市安监局和市消防大队安全消防工作专家授课。专家们从新安全生产法律法规、安全生产事故典型案例、安全生产不良记录"黑名单"制度、危险化学品运输安全防患及安全事故应急处理、安全火灾事故救助和求生方法、灭火设备的正确使用等作了详尽讲解。

全市客运、危货运输及各道路运输企业100余名安全生产管理人员、从业人员参加此次培训和实战演练。

通过培训和演练,进一步提升了全市道路运输企业的安全生产意识,强化安全事故应急处理能力,规范了全市各道路运输企业安全生产工作。

(王志勇 郭 勇)

【宜丰县交通运输局启用县乡商用密码公文通讯系统】 11月,该局根据全县关于加强计算机加密通信网络建设的部署,正式启用县乡商用密码通信系统。该系统具有信道加密、传输加密和信息加密功能,在全县建立了一条安全、便捷的内部信息传输渠道,提高了应对紧急突发事件的能力,能较好地满足党政机关非涉密内部信息、文件的安全传输需要。该系统的正式启用,提高机关办公效率,节约通信经费,为该局构建安全、便捷的计算机通信网络,实现机关无纸化办公奠定了良好的基础。

(漆志勇)

【宜春汽运公司举办交通安全知识法律和财务技能规范管理培训班】 8月17—19日,该公司组织宜春片区会计及新聘大学生进行为期三天的金蝶财务软件操作培训。培训工作采取老师课堂知识讲解与学员现场实际操作和考核有机结合的方式进行。通过培训学员较好地掌握了软件操作技巧。

9月7日,宜春汽运股份公司举办交通安全知识法律培训。该公司袁州片区120多名驾驶员及安全管理人员参加培训。培训以"加强重点车辆及驾驶员管理教育,杜绝安全隐患发生"为主题,旨在进一步加强重点车辆及驾驶员管理,清除交通安全隐患,严防重特大道路交通事故发生。培训班特邀请宜春市车管所教导员熊晓军现场为大家讲解。并播放了安全警示教育片,通报了近期江西发生的多起交通事故典型案例,详细讲解了如何安全驾驶客运车辆和驾驶证管理相关知识,并列举超员、超速、酒驾、疲劳驾驶的危害及处罚规定,耐心解答驾驶员关注的一些热点问题。

通过培训,广大驾驶员从思想上更加绷紧安全行车这根弦,进一步提高驾驶员的安全驾驶意识。

(陈维民)

【奉新县交通运输局注重干部职工在职继续教育】 2015年,奉新县交通运输局采取提质量、强管理、抓基础、求实效的方式方法,积极组织在职干部参加继续教育培训。一是制定继续教育方案,积极部署干部培训工作,做到"四有",即有规划、有重点、有经费、有效果,并纳入年终工作目标考核内容。二是鼓励干职工利用业余时间不断自我充电,参加各种函授学习和专业技术考试,获得相关证书的单位给予奖励,营造在职教育浓厚氛围。三是统一安排,组织干部职工参加有关部门举办、的各种业务培训班。全年共组织干部职工参加各种继续教育培训 102 人次,水路、公路、运证等交通执法培训 23 人次,专业技术人员继续教育学习 34 人次。

与此同时,该县交通运输局按照从 2014 年至 2016 年利用 3 年时间对全县 49 名交通运输行政执法人贾进行系统的交通运输行政执法理论知识培训的既定计划。组织执法人员重点学习和掌握行政处罚法、行政强制法、行政许可法、行政复议法、行政诉讼法、交通运输行政执法程序规定和公路法、道路交通安全法、公路安全保护条例、道路运输条例及江西省道路运输管理条例、江西省路政管理条例等法律知识,以及学习执法取证技巧、手段、注重事项以及证件种类等。通过现场模拟,让执法人员更为直观了解掌握如何合法、有效取证。2015 年,该县交通运输局还分 5 批次、共组织 16 名交通行政执法人员参加了省交通厅运输主办的全省交通运输行政执法理论知识培训。

通过培训,为全县交通运置系统进一步打造学习型干部职工队伍奠定坚实基础,造就了一支高素质的干部队伍,提高一线执法人员的执法水平和能力,提升他们严格执法、尊重程序、注重证据、客观公正的意识,增强他们的实际操作技能,有效地满足全县现代交通运输事业跨越式发展需求。

（魏振宇）

【宜丰县交通运输局加强法律法规培训和宣传教育工作】 2015 年,宜丰县交通运输局加强法律法规培训和宣传教育工作。通过执法检查、巡查、法律咨询途径和开展“平安交通”创建、“道路客运安全年”等专项活动。进行交通运输法律法规宣传教育,为服务对象和面向社会重点宣传《中华人民共和国公路法》《道路运输条例》《公路安全保护条例》、新《中华人民共和国安全生产法》《江西省道路运输管理条例》等与交通运输企业生产经营和安全生产等方面密切相关的法律法规,重点加强从业人员对有关社会主义市场经济法律法规知识的学习培训。

通过培训和学习活动,增强全县交通运输从业人员诚信守法观念和社会责任意识,提高了依法经营、依法管理、依法参与市场竞争和安全发展能力,提高了依法经营管理水平,促进宜丰交通运输业健康发展。

（漆志勇）

【奉新县运管所对机动车驾驶教练员进行集中培训】 12 月 22—26 日,该县运管所分 2 批组织机动车驾驶教练员进行集体培训。该县 9 所驾校的校长与 156 名机动车驾驶教练员参加培训。

培训班邀请省内公认的机动车驾驶培训行业和省道路运输协会驾驶员工作委员会教学权威授课。培训围绕“如何当一名合格的机动车驾驶教练员”为主题,着重从“重责任、善服务、精教学、会沟通”等方面向广大驾培从业人员讲解机动车驾驶培训相关业务知识。

通过培训,该县机动车驾驶培训、教练员、学员规范管理和驾培机构、驾培市场秩序维护等得到全面强化和提升,机动车驾驶教练员队伍素质和驾培教学质量明显提升。

（周　鹏）

【铜鼓县运管所开展机动车教练员素质培训】 7 月开始,铜鼓县运管所在全县范围内组织开展教练员素质提升培训。

县运管所特邀宜春市运管局领导到铜鼓指导,培养教练员牢记安全驾驶理念、提高职业道德修养、规范教学行为、学会应用现代教学技术等。

通过培训,该县在岗教练员教学服务水平和职业素质明显提升。10 月 15 日,县运管所对辖区内所有参训的 48 名教练员进行统一考试,考试合格率为 100% 。

（李　江）

【省港航局赣州分局开展《准则》和《条例》知识竞赛活动】 11 月 9 日,省港航局赣州为做好新修订的《中国共产党廉洁自律准则》(以下简称《准则》)和《中国共产党纪律处分条例》(以下简称《条例》)的学习宣贯工作,分局组织干部职工开展《准则》《条例》百题知识竞赛活动。

与此同时,该局专门开设学习宣传专栏,组织开展学习《准则》和《条例》,要求全体党员及副科级以上干部结合自身思想和工作实际撰写学习体会文章,积极参加市直机关工委举办的知识竞赛,由此进一步调动了广大党员干部廉洁自律的主动性和积极性。

（赖宗良）

【抚州市运管处举办出租车驾驶员素质教育培训班】 9月6—8日,抚州市运管处在抚州职业技术学院举办为期三天的出租车驾驶员从业素质提升教育培训班,市城区6家出租汽车企业700多名出租汽车从业人员参加培训。通过培训,为该市出租汽车行业文明、健康、有序发展奠定了基础。

(抚州市运管处)

【抚州市交通运输局举办新《安全生产法》宣传咨询活动】 6月16日抚州市交通运输局举办以“加强安全法治、保障安全生产”为主题,以新《安全生产法》学习教育重点,以强化企业安全生产主体责任的安全知识宣传咨询活动。当天市交通运输局机关、运管处、港航处、渡口所和江西抚州长运、市公交总公司、出租车公司、危货企业等100余名干部职工顶着烈日散发宣传毛巾、标语、资料6000多份。64名驾驶员组成的方队向市民庄严承诺“五不一确保”(不超速、不超员、不疲劳驾驶、不接打手机、不关闭动态监控系统,确保乘客生命安全)安全行车措施,受到广大群众一致好评。

(陈根玲)

【抚州组织驾校教练员技能大比武】 10月上旬,抚州市交通运输局在抚州职院驾校训练基地,组织全市31所驾校的38名汽车教练员参与教练员驾考技能大比武。

本次教练员驾考技能大比武是该局通过多种形式的汽车教练员技能竞赛、使教练员的思想意识和专业知识不断得到充实和提高的举措之一。

经严格挑选,最终选拔了5名教练员代表抚州参加全省教练员技术竞赛。11月,在全省教练员技术竞赛中,抚州代表队团结拼搏,取得了全省团体第三名的好成绩,为抚州驾培行业赢得了荣誉。

通过这次比赛,进一步规范了教缘员教学行为,提高了教练员综合素质,为不断提升各驾校的培训水平起到一定的推动和促进作用。

(陈根玲)

【抚州市交通运输局举办《江西省公路条例》培训班】 12月16日,抚州市交通运输局在梦湖商务酒店举办《江西省公路条例》培训班。

培训班邀请省交通运输厅法规处副处长聂小萍专程到场进行翔实讲解。通过讲解,帮助全市交通运输系统干部职工领会、把握条例精神和内涵,提高社会爱路护路意识。

全市各县(区)交通运输局局长、分管副局长和公路站站长与抚州交通运输局其他干部职工和所辖各单位负责人等共计120余人参加培训。

(陈根玲)

【黎川县交通运输局开展公交车驾驶员资质培训】 3月,黎川县公交公司继2014年10月公交车驾驶员资质培训后,连继对全县38名公交车驾驶员全部进行培训。该县达到资质要求即持A1、A3证的驾驶员仅有14人,不符合资质要求的驾驶员多达24名。据此,该县政府安排专项培训经费,对资质要求不达标的驾驶员再分期分批进行培训。通过继续培训,全县公交车驾驶员驾驶技能和整体素质大幅提升,整体达标,使全县市民乘上了出行安全车、放心车。

(黄建国　徐高宗　邹　峰)

【军山湖收费站员工自发组织星级考试读书学习活动】 2015年11月,军山湖收费站的员工为争取在即将到来的星级考试中能取得好成绩,自发组织,在每天的19点至20点30分业余时间齐聚阅览室进行以星级考试为主要内容的读书学习活动。此次读书学习活动的主要内容是,围绕收费业务知识、政策法规、文明服务等几大块,由员工自行推举出各有所长的收费员工为大家进行深入浅出的讲解及分析。“老师”讲的认真,大家听得仔细。这种取别人之长补己之短的学习方法更加有利于知识的获取,在营造良好学习环境的同时,也为此次星级考试的复习工作打下扎实的基础。

(杨湉茜)

【上饶运管局举办新《安全生产法》培训班】 6月4日,上饶市道路运输管理局举办新《安全生产法》宣贯培训班。市运管局主要领导及各科室负责人、12个县(市、区)运管所长、副所长、重点运输企业的负责人等共计60余人参加培训。

培训班邀请上饶市安监局高级工程师彭玉陌授课。他通过对多起安全生产事故案例的深入剖析,逐一列举了新《安全生产法》的诸多亮点,全面分析当前安全生产面临的形势和存在的主要问题，重点阐明了如何落发行业安全的监管责任及企业安全生产的主体责任。

通过培训，进一步强化全市运管系统和道路运输企业安全管理人员“履职负责、失职追责、尽职免责”的安全管理意识，对他们深入贯彻落实新《安全生产法》进一步做好安全生产管理工作，营造依法治理安全生产的浓厚氛围奠定了坚实基础。

（周　琼）

【乐平南收费站举行国际禁毒日防毒主题教育活动】　6月24日，在“6·26”国际禁毒日来临之际，为提高员工防毒拒毒的能力，树立远离毒品的意识，乐平南收费站与众埠镇派出所举行了一场“远离毒品、珍爱生命、拥抱美好人生”的禁毒知识讲座。

讲座内容包括：什么是毒品？毒品家族有哪些成员？毒品的基本特征是什么？它们都有哪些危害性？并通过观看禁毒宣传短片，各类通俗易懂、生动形象的禁毒图片展示，为全站员工上了一堂生动的禁毒课。同时，乐平南站与员工签订了禁毒承诺书。

此次禁毒集中宣传活动，散发禁毒宣传册60份、悬挂横幅1条，签订禁毒承诺书30份，达到了提高员工们禁毒意识和防毒能力，收到了很好的教育效果。

（伍迪欢）

【德昌高速瑞洪收费站对新进员工进行业务知识考试】　1月20日，德昌高速瑞洪收费站组织新进收费员进行业务知识考试。

此次业务考试采取闭卷形式进行。考试内容灵活多样，涉及高速常识、收费操作、绿通政策、文明服务、非正常情况处理、各类车型的收费标准等内容，考题分为填空、单项选择、判断、简答、论述等题型，整个考试过程秩序良好。

通过业务知识考试，检验了每位员工的真实成绩和箭期的业务培训的学习效果，提高了收费人员的业务知及文明服务水平。

（汤　媛）

【上武高速管理处举办2015年第二次岗位技能大比武】　11月20日，上武高速管囊处举办2015年第22次岗位技能大比武活动。

本次技能大比武做到全员覆盖，对办事员、收费员、系管吴、票管员、稽核员、后勤管理员和驾驶员等岗位均设置了考核项目。比武过程中，全体参赛员工严谨认真，精细操作，赛出了风格，赛出了水平。经过激烈比拼，铅山南所荣获团体第一名，黄岗由收费所杨建晓荣获收费韭务综合第一名。

通过岗位技能大比武活动进一步营造“比学赶帮超”的学习氛围，为打造一支高技能、高素质的职工队伍奠定基础。

（潘婷婷　龚政豪）

【景德镇高速路政支队举办安全应急培训班】

11月11日—13日，为加强支队综治安全应急工作，提高综治安全应急人员综合素质，景德镇高速路政支队举办2015年综治安全应急工作培训班，各单位分管综治安全领导、综治办主任、综治干事、安全员共20余人参加培训。

（英正景）

【九江地区内河船员三类驾驶员考试在柘林湖举行】　12月8日，经过19天的紧张培训后，九江地区2015年度第二期内河船员三类驾驶员考试于在柘林湖地方海事处如期举行，参加此次考试的船员共有91人。

考试分3天进行。8日为理论考试，9日、10日为实际操作考试。在12月10日实操考试过程中，天气骤然变化，柘林湖库区风浪较大，给实操考试增加了难度。现场考官和评估员经过充分详细的评估，认为考试可以正常进行。在海事机构、船员培训机构、船方三方面做好防风浪措施的基础上，实操考试正常进行并于10日中午顺利结束。

（陈雪峰　吴广漪）

【安远县运管所举办出租车驾驶员规范经营培训班】　8月7日，安远县运管所举办出租车驾驶员规范经营培训班。出租车经营者和出租车驾驶员近45人参加培训。

培训的内容主要有：组织宣讲、学习驾驶员规范经营相募法律法规、经营规范、文明服务、礼仪道德以及加强市场监篱，对乘客投诉举报及对查处，从严查处出租车拒裁、拼客、甩客、不打表等违法行为的查处等内容。

通过学习和培训，促进全县出租车规范经营，提高了出租车驾驶员经营服务水平和服务水平。

(严金辉)

【龙南县交通运输局开展行政执法培训】 8月24日,龙南县交通运输局举办行政执法专题学习培训班。全局干部职工参加培训。

培训班邀请法律顾问、律师钟明辉对全体干职工进行培训。系统地就行政执法的概念与特点、行政法的基本原则、行政主体、行政行为、行政立法、行政处罚、行政强制、行政许可等内容授课。

通过学习,全局干部职工、特别是行政执法人员法律意识明显提高,进一步掌握了行政法的基本内容、执法方法、范围和途径,强化了依法行政意识,为依法办事奠定了坚实基础。

(赖玫芳)

【九江市交通运输系统举办基层党组织书记培训班】 5月27—28日,九江市交通运输系统举办基层党组织书记培训班。九江市交通运输局局属各单位(含运管、港航基层分局)专(兼)职支部书记、党办主任及专职党务干部50余人参加培训。

培训的主要内容为:深入学习中共中央总书记习近平系列重要讲话及十八届三中、四中全会精神;邀请相关专家学者对十八大新党章、全面从严治党具体要求、基层组织建设、发展党员工作细则等内容进行讲授、解读。

培训班上,各参训支部书记能迅速完成从领导到学员的角色转换,严格自我约束,真正做到了耐心听讲课、细心做笔记。展现交通运输系统纪律严明、作风严谨的良好形象。

通过培训,提升了全系统各基层党支部书记及党务工作者的综合素质和业务能力,促进了各基层党建工作的有效开展、对圆满完成全年交通运输工作任务发挥了积极的作用。

(九江市交通运输局)

【省运管局组织开展2014年度驾培机构质量信誉考核】 2015年,在经过驾培机构自评、县级运管机构初评、市级运管机构复评、省运管局抽查复核以及考核结果网上公示等几个阶段后,全省2014年度驾培机构质量信誉考核工作于2015年8月全面结束。全省共有467所驾培机构参加考核,其中,评定AAA级驾培机构53所,占参评总数的11%;AA级驾培机构278、所,占参评总数的59%;A级驾培机构125所,占参评总数的27%;B级驾培机构11所,占参评总数的3%。省运管局对AAA级驾培机构进行了表彰授牌,同时要求市级运管机构对B级驾培机构责令限期整改。通过质量信誉考核工作的全面深入开展,有效促进了全省驾培机构诚信意识的全面提升,各项管理制度进一步健全,驾驶员培训质量和培训能力有了显著提高。

(张　玮)

【省港航局党委举办党支部书记培训班】 12月7日至9日,省港航局党委在省交通干部学院举办全省港航系统党支部书记培训班。局属各单位80名党支部书记参加培训学习。

培训班紧紧围绕学习贯彻中共十八大和十八届三中、四中、五中全会及中共中央总书记习近平系列重要讲话精神进行。邀请省直工委的专家型党务干部和江西财大、省委党校的知名教授,开设《加强党性修养,做合格的基层党支部书记》《学党章、重品行、守纪律》《基层党支部工作方法与领导艺术》《用"四个全面"战略布局引领民族伟大复兴》等课程。参训学员普遍表示这次培训的任课教师水平高、专业精,讲课生动精彩,深受启发,受益匪浅。

(倪　磊)

【寻乌公路分局举办新《安全生产法》知识培训班】 6月16日,寻乌公路分局举办新《中华人民共和国安全生产法》知识培训班。局机关、机修站、养路队长等人员参加培训。

培训班特邀本县安峨局安伞生产专家授课。授课专家从新《安全生产法》修改背景、修改思路、修改的必要性以及修改内容等进行解读,着重讲解了修改后的新《安全生产法》主要特点:必须进一步贯彻落实"安全第一,预防为主,综合治理"的方针,坚持"管行业必须管安全、管业务必须管安全、管生产必须管安全"和"党政同责、一岗双责"的原则;必须强化和落实生产经营单位安全主体责任,完善政府监管措施、加大监管力度;必须强化安全生产的责任追究,加重对违法行为特别是责任人的处罚力发;必须进一步增强法律规范的可执行性和可操作性。并列举本县近几年发生的典型事故案例深入剖析警示。

通过培训,新《中华人民共和国安全生产法》进一步为全局干部职工所掌握,安全生产法律法规及安全知识,深入人心推进了该局安全文化建设。

(陈治忠)

【崇义公路分局举办法律知识讲座】 5月22日,崇义公路分局举办法律知识讲座,全局干部职工参加讲座。

本次讲座邀请赣州市阳明律师事务所律师蔡明讲授《中华人民共和国公路法》和《公路安全保护条例》等法律法规。他通过生动翔实的典型案例,对侵犯公路路产的行为及路政人员执法过程中遇到的一些难点和疑点进行了详细解答。

通过讲座,该局路政执法人员法律知识得到增强,执法意识得到提升。为运用法律知识来保护公路的路产路权、提高路政执法效率、更加规范执法和确保公开、公平、公正执法奠定了良好基础。

(赖忠桂 卢 盛)

【安远公路分局开展保密法制宣传月活动】 9月,安远公路分局开展为期一个月的保密法制宣传月活动。

该分局借助宣传橱窗、电子显示屏等媒介,开设保密宣传专栏,悬挂保密宣传横幅,向干部职工广泛宣传保密法律法规和保密工作知识;采用集中学和自学等方式全面推进《中华人民共和国保守国家秘密法》《中华人民共和国保守国家秘密法实施条例》学习教育,从中学习保密工作的基本知识和防范泄密的基本技能,明确保密责任,筑牢保密思想防线,增强广大干部职工自觉维护国家安全和利益的意识;加强保密管理工作,对涉密的文件,统一由专人负责文件的接收、开封、登记、传阅、保管、清退、监销工作,对涉密文件的复印件视刚正式文本编号、登记、清退,并按规定保管和销毁。对涉密计算机杜绝在外网(非涉密网络)连接处理涉密公文,对涉密存储介质进行标明密级并实行统一编号和专人专柜上锁管理;政务信息公开,做到"涉密信息不上网,上网信息不涉密"严格臆行信息发布审批程序,未经批准不自行在网上和媒体发布信息。

通过此次活动,该局增强了领导干部、涉密人员和广大干部职工的保密意识和做好保密工作责任感和紧迫感,取得了实实在在的效果。

(郭文明)

【兴国县交通运输局举办消防安全知识讲座】 8月4日,兴国县交通运输局举办以"珍爱生命,安全第一"为主题的消防安全知识讲座。

邀请赣州市居安防火宣传中心教官温林辉专题授课。温林辉结合火灾案例,就消防日常检查、疏散逃生的基本常识、消防器材的正确使用方法等进行了深入浅出的讲解。

通过讲座,全局干部职工消防安全意识进一步提升,防火安全知识和自救能力明显增强,纷纷表示要从现在做起,从点滴开始,强化安全意识,落实安全措施,消除安全隐患,防止火灾发生。

(肖 斌)

【江西港航职教工作扎实稳步推进】 2015年,省港航局举办各类业务知识培训班8个,培训300多人。通过举办各类培训班,港航系统职工的知识面不仅得到更新,而且还广泛交流了工作经验,并着力解决了日常工作中出现的疑难问题。2015年10月,省港航局配合部海事局完成海事执法干部5年轮训工作,部法制司从全省海事执法人员中随机抽选60人进行公共法律法规知识书面考核,全部通过考核合格率达100%。

(吴少华)

【金省农村水路客渡运船舶补助用油量报送统计系统操作使用业务培训班在井冈山举办】 9月24日,省港航局在井冈山举办全省农村水路客渡运船舶补助用油量报送统计系统操作使用业务培训班。各设区市、省直管试点县(市)交通运输局、各分局从事客渡运燃油补助工作人员共40余人参加。此次培训由交通运输部水运科学研究院系统开发专家授课。通过采取学员课堂操作,现场提问与解答互动的形式,每位学员熟练掌握了此系统的操作与使用,为下一步做好本省农村水路客渡运船舶补助用油量核定、统计、报送工作,及时更新数据,确保数据的严谨性和准确性,切实提高全省水路客渡运船舵补助用油量申报效率奠定基础。

(冯雪辉 熊 芬 陈毅春)

【九江港航分局百余各执法人员集中考试】 9月19日上午,九江港航分局组织执法人员集中考试。全局45周岁以下取得行政执法证的105名执法人员齐聚九江船校参加考试。

此次考试采取统一时间、单人单桌、AB分卷、闭卷考试的形式,考试内容主要有行政处罚法、行政强制法、行政许可法、航道法等,重在考核行政执法基本知识和基本技能。

本次考试是对该局执法人员能力和素质的一次大检验。通过考试,增强执法人员法律意识,进一步提升全局依法行政能力和文明服务水平。

(王小东)

【崇义公路分局开展消防安全知识讲座】 6月15日,崇义公路分局邀请赣州市消防培训中心张老师为全体机关干部上了一堂生动的消防安全知识讲座。张老师联系实际,用诙谐幽默的演讲方式详细讲解了火灾的危害、逃生自救指南、消防器材的使用等消防安全的基本知识,着重谈到了火灾现场如何正确地自救和逃生的方法。他结合全国案例解说,使与会人员对火灾给人类和社会带来的严重危害交流互动。

通过讲座,大家受益匪浅,学员们深切感受到"消防安全,人人有责"的重要性。

(崇义公路分局)

【勘察设计中心实地开展GPS测量培训】 3月25日,省交通科研院勘察设计中心组织员工开展了新一代RTK—GPS现场测量培训。

本次培训邀请南方测绘堡器有限公司仪器测量测绘方面的专家,从GPS系统认知、GPS测量原理及使用方法、实地测量操作、测量数据的处理等四个方面进行了培训。并采取理论与工程实地测量相结合的方式,让员工对GPS的地形测量作业和测量放样进行实地操作。

通过培训,进一步提高了该院工程测量精度和工作效率,为实现工程测量快速化、智能化奠定了一定的基础。

(省交通科研究院)

【赣州市公路局开展工勤人员职业技能培训】 3月11日,赣州市公路局机关事业单位工勤人员公路养护工人和图书资料业务人员职业技能培训在职工学校开班。全市凡符合晋升等级条件的筑路养护工初、中、高级和图书资料业务人员初、中、高级人员共1778人参加培训。

培训班共分14期进行。根据江西机关事业单位公路养护工和图书资料业务人员岗位等级考核培训的要求,安排职业道德、筑路养护工和图书资料业务人员基本知识和专业知识等课程。

通过培训,公路养护工人和图书资料业务人员补充、更新、拓展了相关专业知识和技能,提高公路养护工人和图书资料业务人员队伍的整体素质。

(职工学校 王冬萍)

【九江市地方海事局首期高速船特殊培训教育结束】 6月12日,九江市地方海事局组织开展的2015年第一期高速船特殊培训教育。该市水警、港口等相关执法人员,共72人参加培训。培训内容更加丰富,特点突出,从理论和实践上丰富了水上驾驶的相关知识。

通过历时5天的培训,九江市地方海事局进一步为水上执法单位船艇做好"船员适任,船舶适航"、持证上岗,安全营运奠定了基础。

(陈雪峰 陈明中)

【赣州市运管局举办机动车维修企业安全生产标准化达标考评培训班】 12月22日,赣州市道路运输管理局、市道路运输协会联合举办机动车维修企业安全生产标准化达标考评自考评员培训班。全市机动车维修企业的法人、安全管理负责人共116人参加培训。

培训班邀请赣州市运管局维修科、市道路运输协会、市道路运输协会负责人授课,分别作题为"交通运输企业安全标准化达标""关于机动车维修企业安全生产标准化达标考评"等专题讲座。

通过培训,赣州市机动车维修企业安全生产标准化达标考评自评员进一步了解和掌握了交通运输企业安全标准化和机动车维修食业安全生产标准化达标考评知识与标准,为今后做好此项工作奠定基础。

(赣州市运管局)

【萍乡市交通质监站加强市县质量监督队伍建设,提高履职能力】 2015年,萍乡市交通质监站针对市县质监队伍技术力量薄弱,专业专业知识更新滞后等问题制定专项培训措施。组织员工参加省公路局和自行组织市县质监人员的共4批次业务培训。培训以座谈讨论的形式，和大家一道解决监督工作中的重点、难点问题。由此大幅提高了该站员工的履职能力，年内便完成了年初省交通运输厅下达的市级质监机构标准化建设任务。12月10日，市级质监机构标准化建设，已通过省交通运输厅验收，并取得全省质监机构年度优胜单位第二名的好成绩。该站党支部创建基层党组织“规范化、标准化、特色化”建设成果也通过了市机关工委的考核验收。

（熊　婧）

【安源区交通运输局加强执法人员业务学习，提升依法行政水平】 2015年，安源区交通运输局紧紧结合“十三五”交通运输行业任务，狠抓干部职工队伍文化水平的提高，鼓励员工通过自考、函授等方式参加全国高等学历教育。全局23个干部职工中，大专以上学历达20人。与此同时，强化交通法律法规学习。除各科室、各部门每周五的集中学习时间外，该局还专门就法规方面学习明确规定每个干部职工每周学习法律法规时间、规定《中华人民共和国公路法》《道路运输管理条例》《中华人民共和国行政处罚法》等有关知识的学习（自学）不得少于1小时。通过学习，提高了全局交通执法人员素质和依法行政水平，为全面推进依法治交工作奠定基础。

（萍乡市交通运输局）

【省港航局举办“119”消防宣传月知识讲座】 11月11日，省港航局为贯彻推动“119”消防宣传月活动，邀请江西省安居防火服务中心教官在省局26楼会谈室举行消防安全知识讲座。

授课教官以增强消防安全防护能力为主讲，引用大量现实生活中的真实案例和具体数字，对火灾的危害、逃生与自救、家庭防火以及我们工作生活遇到突发事件的处理方法进行详细、生动的讲解，并现场演示各种消防器具的使用方法，使在场人员对消防知识和自护自救措施有了系统的了解。座讲结束时现场干部职工还就日常生活中遇到的诸多消防安全问题和处置方法与教官进行交流和互动。

通过讲座，切实提高港航局干部职工的消防安全意识和技能。

（屈　圆）

【兴国县交通运输局举办消防安全知识讲座】 8月4日，兴国县交通运输局举办以“珍爱生命，安全第一”为主题的消防安全知识讲座。全局干部职工参加讲座。

本次讲座邀请赣州市居安防火宣传中心教官温林辉授课。他结合火灾案例，就消防日常检查、疏散逃生的基本常识、消防器材的正确使用方法等进行了深入浅出的讲解。

通过讲座，干部职工消防安全意识进一步提升，防火安全知识和自救能力明显增强，纷纷表示今后要从现在做起，从点滴开始，强化安全意识，落实安全措施，消除安全隐患，杜绝火灾发生。

（肖　斌）

【上栗县交通运输局全面加强干部职工业务培训】 2015年，上栗县交通运输局全面加强干部职工业务培训：①通过“走出去，请进来”等方式，全面加强交通系统干部职工的业务培训。全年组织职工共参加省交通建设理论培训4人次，参加市组织的行政执法和公路建设业务培训4人次，局机关内部组织培训7人次，参加县财政局组织的财务知识学习6人次，参加全县组织的信访综治培训3人次。②加强了政治理论学习。对学习内容制定专门的学习计划，整理下发专门的学习资料，根据上级要求组织全体机关干部进行集中学习，还采取集中授课、观看先进典型影像、参观教育基地、读书看报等方式加强理论学习教育，特别是加强了对党的十八届系列全会及中共中央总书记习近平系列重要讲话精神的学习。安排专门学习情况测试，调动干部职工学习积极性。③组织干部职工参加省级业务培训。全年共组织干部职工参加参加省级6类业务培训，培训21人。

（萍乡市交通运输局）

【芦溪县交通运输局干部教育工作常抓不懈】 2015年，芦溪县交通运输局干部教育工作措施有力，工作到位。一是制定详细的教育培训计划，结合全县党的群众路线教育实践活动学习教育环节，组织全体机关干部展开集中学习，全面系统的学习中共中央总书记习近平重要系列讲话精神。

二是领导带头学,一般干部自觉学。坚持每周五集中学习制度,认真学习邓小平理论和“三个代表”重要思想,学习十八大会议精神、习总书记重要讲话精神等。三是积极开展“书香交通”活动,丰富机关文化生活,营造团结、向上、活泼的机关氛围。组织相关业务股室人员参加2014年全省交通运输行政执法人员培训、2014年全市农村公路管理业务培训等20余次,全年参加干部教育培训合计参训人数为200人次。

通过学习培训,提高了全局干部职工素质和从业能力。

(萍乡市交通运输局)

【萍乡市交通运输系统职工参观抗日战争胜利七十周年专题展览】 9月11日,萍乡交通运输局组织全体干部职工到安源纪念馆参观《伟大贡献——中国与世界反法西斯战争》专题展览和萍乡人民抗战图片展览。一件件珍贵的照片再现了中国人民同日本侵略者进行英勇斗争的光辉历程,突出表现了中国共产党在抗日战争中的中流砥柱作用,全面展现了中华民族为世界反法西斯战争的胜利做出的重要贡献。通过参观,大家纷纷表示,国耻不堪回首,但只有铭记历史,才能警钟长鸣;只有国家强盛,才能彻底避免任人宰割的命运。要以史为鉴,奋发图强,振兴中华,为中华民族的崛起,为实现中国梦贡献自己的一份力量。

(张 翼)

【上饶市运管局举办《上饶市出租汽车驾驶员管理办法》培训】 7月13日,上饶市运管局采取以会代训的形式对《上饶市出租汽车驾驶员管理办法》进行宣贯培训。全市各运管所分管出租车业务的副所长、相关股室负责人与出租车企业负责人等共50余人接受培训。

培训班由市运管局副局长程旺少对《上饶市出租汽车驾驶员管理办法》进行逐条逐项地讲解,重点介绍办法出台的背景、意义,办法条文解释和《办法》实际操作需注意的事项。并详细介绍《上饶市出租汽车驾驶员管理办法》新增加四项内容,即在出租车驾驶员从业资格考试中,除全国公共科目外,增加区域科目考试;增加驾驶员注册内容;对出租车驾驶员的考核更加细致全面。考核分为四个等级,对出程汽车驾驶员中具有普遍性的违规行为都采取相应处罚措施,并特另4规定驾驶员好人好事的加分项;突出继续教育的作用,坚持教育为主、处罚为辅的原则,除原有的驾驶员岗前培训外,对驾驶员一般违规及严重违规等不同情况,将开展时长不同的脱产培训及考核,内容包括出租汽车客运法规、职业道德和安全知识等。

2015年,该局还利用一个月时间对全市3000余名出租车驾驶员进行轮训及考核,开展出租汽车驾驶员从业资格证核(换)发及注册工作,以确保办法入耳、入脑、入心,真正发挥办法的指导、促进作用,提升上饶出租车行业整体服务水平。

(何 婷)

卫 生

【省交通医院做好公共卫生工作获好评】 2015年,该院全院干部职工,开拓创新,与时俱进,创造性地开展工作,以“四个努力”,即努力提高医疗质量、努力控制医疗费用、努力改进卫生行业作风、努力建好平安卫生院为重要举措,全面加强“人民群众满意医院”建设力度。在医务人员不足的情况下,承担并出色完成省交通运输厅、省公路局广大干部、职工和江西交通职业技术学院师学及家属的医疗保健服务工作。与此同时,承担并完成省交通运输厅及其所辖各单位的各种会务保健、船员体检、学生体检等工作,在创造了良好的社会效应的同时,也给医院带来相应的经济效益。

继续积极开展“医院质量管理年”活动。着力强化全院职工的服务意识,品牌意识。始终坚持“以病人为中心”的服务理念，建立健全“层次分明、职责清晰、功能到位”的质量管理机制、体制，进一步完善各项医疗制度并形成严格的督查奖惩机制和问责制。实施了一系列保证医疗质量的措施和方法，医疗质量明显提高，医院业务量较快增长，年门诊人次比上年增长15%。

全意全意为病人提供最温馨的人性化服务。该院把服务态度优劣作为一项重要的“实事工程”来抓，贯穿“以病人为中心”的服务理念。引导医护人员换位思考，把自己置身于病人的角度，以心换心。倡导医患之间零距离接触，千方百计为患者提供康复和健康指导，促进患者心理和身体康复。先后推出各种便民利民措施，每季度进行一次服务质量调查，广泛了解病友及家属的要求和意见，自觉接受社会监督，获得上级和广大患者的赞誉。

降低药品价格，让利于患者。该院严格执行《处方管理办法》和《抗菌药物临床应用指导原则》，规范药械进货渠道，遵循“合理检查、合理用药、合理治疗”原则。在用药结构方面提倡成本低、效果好的“朴素治疗”，为纠正可能存在或出现的滥开检查、开大处方的行为，制定了以常用药物为主的《基本用药目录》，并对临床用药进行指导和控制，建立临床用药分级管理制度，加强处方规范化管理，做到合理使用抗菌药物等措施，有效控制药品费用的不合理增长，使患者以最低的费用享受到最优质的服务。

进一步完善医德医风考评制度，把医德医风建设作为立院之本。坚持考评结果与医务人员工资、职称晋升和评先评优挂钩，加大对违规违纪行为的查处力度，对患者反映医德医风不好者，经调查落实后，实行“一次投诉待岗”制举措，使院医德医风进一步提升。

进一步加强“平安医院”创建工作。教育和引导全院职工时刻绷紧安全生产工作这根弦，提高医疗质量和医疗服务技术水平。同时，加强医院内部的防火、防盗工作，建立医疗纠纷预警机制，把医疗纠纷消灭在萌芽状态中。

进一步强化领导干部廉政廉洁自律建设。首先是抓好了班子的廉政廉洁自律建设，院领导始终严格自律，注重人格修养，不滥用职权，发挥表率作用，凡是要求别人做到的，自己带头做到，凡是要求别人不做的，自己坚决不做。与此同时，对重大决策、重要项目安排、大额资金使用必须经领导班子集体讨论决定。全院所有设备的购置，均先由使用科室申请并附可行性报告，由院务会审核批准后，仍需经有关科室进行论证考察，听取群众意见后方可实行采购招标。一年来，该院各项工作均出色完成任务，成效显著，深得各级、各部门领导的好评。

（李延诚）

【宜丰县交通运输局开展“讲卫生、讲秩序、讲公德”教育活动】 2015年，宜丰县交通运输局积极开展“讲卫生、讲秩序、讲公德”教育活动。一是集中开展卫生秩序整治行动。组织全体机关干部对本单位监管路段进行卫生秩序专项整治，确保责任区卫生环境整洁，无任何卫生死角；确保交通秩序良好，车辆摆放有序，无占道经营、乱停乱放等现象，定期组织志愿者督查、清理、值守监管路段。二是开展“1+1”牵手共建文明店铺活动。每名机关干部主动对口联系本单位监管路段的一家店铺店主，在店铺门前张贴宜丰县“门前三包”责任牌，严格落实包卫生、包绿化、包秩序责任，即做到门前无垃圾杂物，无污水污垢，店面干净整洁；爱护门前花草树木和公共设施，不在树上钉钉子和乱挂杂物等；门前无乱搭建、乱占道、乱堆放、乱张贴等行为，对影响市容的行为有监督、劝阻和举报的责任。三是组织开展“公德进街巷”活动。采取发放资料、召开座谈会、制作展板、入户宣讲等形式，在监管路段精心组织开展公德进街巷“五个一”活动，即发一份市民文明教育倡议书、清理一次小广告和牛皮癣、设置一批“遵德守礼”提示牌，组织开展一场不文明行为劝导、定期进行一次卫生大扫除。通过活动，在全县交通运输系统职工面貌焕然一新，而且进一步加快了宜丰全国文明城市创建步伐。

（漆志勇）

【景德镇市运管处组织开展无偿献血活动】 9月6日，景德镇市运管处组织干部职工开展无偿献血活动，30余人参无偿献血。历来该处十分重视此次无偿献血工作，积极开展宣传、发动，组织动员工作，得到全处上下积极响应。通过组织义务献血活动，加强了干部职工对社会公益事业的了解，增加了他们的社会责任感，为进一步保障景德镇市临床急救用血的安全和需要做出积极贡献，同时展现现代交通人良好的精神风貌。

（江　毅　刘巧英）

【**江西交通咨询公司为职工投保职工互助保险**】 2015年，江西交通咨询公司以关心职工生活，维护职工切身利益为出发点，全面落实职工参保中华全国总工会职工互助保险暨特种重病团体互助医疗保障计划和女职工幸福互助保障计划，全面做好职工互助保险续保工作，努力提高职工抵御风险的能力，营造"无病我帮人，有病人帮我"的职工互助互济氛围，达到了"补助一个、温暖一家、影响一片"的社会效果。

（徐春红）

【**樟树市交通运输局开展第27个爱国卫生月活动**】 2015年4月，是第27个全国爱国卫生月。樟树市交通运输局以此为契机，认真落实国务院《关于进一步加强新时期爱国卫生工作的意见》，进一步创建优美整治的交通卫生环境，积极开展卫生教育宣传工作。

该局利用印发宣传资料、制作宣传栏、电子显示屏滚动播放等方式介绍爱国卫生运动的历史成就，宣传新时期爱国卫生运动的重要意义和重点任务。大力开展环境卫生整治，重点对局卫生包干区、办公楼、家属区等卫生死角进行清理、绿化、美化。积极开展病毒生物消杀。倡导健康生活方式，鼓励广大干职工多参加户外运动，如参加健步走、登山、健身操等活动，并邀请养生专家为职工进行健康知识讲座，宣传健康生活方式，努力提高身体素质。

该局学雷锋志愿者服务队一行9人到樟树京九汽车站开展卫生清扫志愿活动。他们主动放弃周末休息时间自费购买乳胶漆、刷子，自带扫把、垃圾斗，统一着印有"樟树市交通运输局志愿者"的黄色马甲到京九汽车站周边清扫垃圾场地1000多平方米，清除墙上小广告2000余条。该市城市客运车辆、公交车、出租汽车每天清洗1次，保持车容车貌整洁卫生，为人民群众营造舒适出行环境，为加快推进樟树文明城市建设做贡献。

（杨　波　王志勇）

【**省运管局组织开展干部职工无偿献血活动**】 3月17日，省运管局积极组织干部职工开展无偿献血活动，得到局机关和局直属单位干部职工积极响应。广大干部职工弘扬无私奉献、乐于助人的崇高精神，踊跃参与，展现了运管干部职工关爱生命、奉献社会的良好风尚。据统计，此次运管干部职工19人参与献血，献血总量达5500cc。

【**袁州区交通运输局深入社区开展"环境卫生日"活动**】 12月2日，袁州区交通运输局组织干部职工群众共计110多人到街道、社区和其他联创联建单位干部、临街店面业主及群众一同到湛郎街道主战场泗州寺路参加区委、区政府组织开展的"环境卫生日"活动。共清扫道路1000余米，清除卫生死角8处，消除牛皮廯广告110余条，清理垃圾25车约30吨。通过活动，改善居民生活环境，支持宜居幸福袁州建设。

（李　庆）

【**奉新县交通运输局开展生态文明县创建活动**】 2015年，奉新县交通运输局组织开展以实际行动参与"文明城、省级森林城市"创建和强化城市市容和环境卫生管理，开展城区"门前五包"管理联创联建活动。成立由局长任组长的领导小组，设立"门前五包"管理办公室，印发"创生态文明县"宣传单700份，落实环卫清洁、保洁责任制，与责任路段的店主及户主签订"门前五包"责任状80份。开展秋季爱国卫生整治行动有效预防和控制秋季传染病的发生与流行。开展"六个一"活动，即组织一次义务劳动、一次咨询、一次秋季灭鼠、一次检查、一次测验、一次评比等一系列的环境卫生大整治活动和健康教育活动。

通过活动，较好地解决了乱停乱放和"脏、乱、差"问题，出色完成了该县交付创建生态文明县的各项任务，提高了全局干部职工的文明意识、卫生意识和环境意识，营造人人"讲卫生、守公德、促健康"的良好风尚。

（魏振宇）

【**玉山管理处开展全员运动健身活动**】 4月22日，梨温高速玉山管理处为进一步丰富员工的业余文化生活，组织全员参与健身，开展了"魅力单车运动健身"户外骑行活动。来自收费、行政等各岗员工，利用业余时间参与此项活动。当天下午在历时两个小时的骑行活动中，员工们一路沐浴惬意的夕阳，欣赏着沿途的风光，感受着结队骑行带来的乐趣，一路欢声笑语，舒缓工作压力，愉悦身心。

通过此次活动，大家切身感受到户外骑行的快乐，既锻炼了身体，又加强了员工间的沟通与相处，大家一起运动、一起健身，把“我运动我健康”的生活理念传播给每一个人，使健康、快乐时时伴随在每一个员工身边。

（熊姗萍）

【袁州区交通运输局开展计划生育服务活动】　9月10日至10月20日，袁州区交通运输局在全区交通运输系统开展秋季计划生育服务活动。一是开展基础信息数据核查与摸底。对原有基础信息再次进行核查，重点解决漏管妇女、漏报出生、电话号码空、缺项等问题，确保年报时各项数据指标达到上级要求。二是做好环孕检工作。组织符合条件的局育龄女干部职工及男干部（职工）家属及时到区计生服务站参加环孕检，费用由局统一交纳。三是抓好宣传动员工作。召开宣传动员会议，组织学习计生相关政策及上级文件精神，认真贯彻计生政策。由于工作扎实、措施到位，全区交通运输行业未发生一例违反计划生育现象。

（李　庆）

【昌泰高速公路公司开展卫生专项整治活动】　12月8日，江西昌泰高速公路公司针对小医院内存在卫生死角多、清扫难度大、持续时间长的特点，昌泰物业公司开展为期一周的院内卫生专项整治活动。一是成立了活动领导小组，分组分工，按考评标准及考评方式的要求做好整治工作；二是及时清除单元门、楼栋墙体广告、标语等张贴物，每天一上班就清扫包干区域内的白色垃圾，杂物，随时保持区域内卫生整洁；三造督促保洁人员及时打扫道路卫生，随时清扫落叶，白色垃圾等，做到随时保持卫生干净、整洁。

通过院内卫生专项整治活动的开展，进一步提升“赢街区”小区院内环境卫生、绿化保洁质量，提高昌泰物业公司服务管理水平，展现良好服务形象。

（陈　珍）

【铜鼓县交通运输局积极参加县城卫生环境整治】　2015年，铜鼓县交通运输局积极参与县城环境整治，多措并举，落实责任区环境卫生“门前五包”。一是加强领导、明确任务。成立了由局长任组长，分管局长及系统各单位负责人为副组长，相关股室负责人为成员的创卫领导机构，召开创建省级生态文明城市工作专题会议，部署创卫工作目标任务。局领导小组，下设办公室，具体负责该项工作日常调度、督查，形成主要领导亲自抓，分管领导具体抓，一级抓一级，层层抓落实的工作机制。二是强化宣传，营造好活动氛围。县交通运输系统各单位分别召开专题会议，将县委、县政府有关创造生态文明城市活动的要求、工作部署传达到干职工，提高认识，统一思想，形成人人参与，齐抓共管的浓厚活动氛围。三是完善机制，落实责任。根据各自责任区域，系统各单位落实每日值守领导和责任人员，确保“门前五包”定时、定点、定人，形成上下联动，不留死角和盲目的落实机制。四是加强督查，强化指导。领导小组（或办公室）对全系统责任区进行定期不定期督查，发现问题通知责任单位及时整改，确保责任区环境卫生干净整洁。

（黄祖芳）

【宜春市综合交通枢纽营运管理有限公司强化保洁服务】　2015年，宜春市综合交通枢纽公司把卫生工作列入重要议事日程，在加强清扫保洁和垃圾清运，增购环卫设备的同时，进一步强化保洁服务工作：一是责任落实。加大巡查力度与日常卫生动态检查，将部门人员划分片区，同时增派保洁人员加强对负一层换乘大厅地面处理。二是增加设备储备。共配置10台吹风机、100个尘推、2台全自动洗地机、2台吸水机用于回潮地面吸水处理，同时在火车站出站口铺设两卷1.5米宽、50米长的防滑垫，以防旅客滑跤。强化卫生管理，有效提升了服务水平，确保各项保洁工作落地生根。

（张　怡）

【德昌高速珠湖收费站多项措施促进食堂规范化管理】　2015年1月，德昌高速珠湖收费站采取多项措施促进食堂规范化管理：一是每月定期组织员工召开食堂膳食委员会，并下发食堂民意调查表，就食堂的采购、卫生程度、菜式的搭配、饭菜的可口程度征求意见和建议,针对提出的问题,明确责任人并及时整改;二是认真执行食堂“三人行”采购制度,制定了采购人员排班表,要求由收费人员轮流参加采购,负责监督,做到食堂账目清晰、透明,有账可查;三是定时对食堂消毒、卫生、采购、库有等情况进行检查,有效防控食品中毒事件的发生,进一步提升食堂安全卫生管理整体水平。

(熊淑萍)

【梨温高速上饶服务区开展食品安全知识培训】 梨温高速上饶服务区组为进一步加强服务区食品安全监管,规范餐饮服务及食品安全操作行为,织相关人员开展食品安全知识培训。

此次培训的主要内容涵盖了常见食品安全注意3项、操作规程及原料采购要求、厨房加工过程食品安全要求、食物中毒的预防、食品安全制备10大原则等。培训结束后,参训人员纷纷表示,将严格按照餐饮操作流程规范管理,积极开展自查自纠,对存在的问题和隐患及时进行整改,确保食品安全。

【省交通工会赴抚州交通基层单位开展“送清凉”活动】 2015年,省交通工会到抚州市交通系统基层单位,走访慰问高温酷暑下坚守工作岗位的一线职工,送去矿泉水、凉茶、绿豆、冰糖等防暑降温物品。

慰问组先后走访慰问抚州市公路局上帧渡养路队、直属分局孝桥道班,抚州港航分局趸船,抚州长运崇仁、宜黄汽车站,每到一处,慰问组都叮嘱他们要注意防暑降温,保障安全健康。

(高　梅)

【上饶市市公交公司组织开展清理公交站台(亭)卫生活动】 12月81日,上饶市市公交公司将全体机关员工分成六组开展“清理市中心城区公交站台(亭)卫生的活动”。该公司干部职工统一乘坐相关线路的公交车辆、手持相关的劳动二具、佩戴印有上饶公交字样的小红帽分别对赣东北大道、带湖路、庆丰路、五三大道、中山路、茶圣路、广信大道、凤凰大道、叶挺大道、志敏大道、滨江路、水南街、三清山大道、上饶大道的公交站点的卫生进行集中的清理。此外,1月1—4日市公交公司活动稽查组人员会前往市中心城区各个公交站点验收站点卫生情况,发现有路段卫生工作不到位的公交站台,立即通知负责站台的广告公司整改到位。

(上饶市公交公司)

学会　协会

【江西交通会计学会扎实推进学会工作成效好】 2015年,江西交通会计学会坚持以“三个服务”为宗旨,加强学会自身组织建设,充分发挥学会服务职能,提高服务意识和水平。深入开展学术交流活动,扎实推进财会人员继续教育。全面提高《江西交通财会》会刊质量,出色完成省交通运输厅财务处赋予学会的各项任务,成果丰硕。

1. 召开会计学会第五届三次理事会。5月12日,江西交通会计学会第五届四次理事会议在井冈山召开。会议开展学术交流活动,推选、增补学会副会长和秘书长,全面总结2014年度江西交通会计学会工作,部署2015年学会工作的目标任务。

2. 办好《江西交通财会》会刊,提高会刊质量。2015年,该会把办好《江西交通财会》会刊,发挥财务会计和财会信息服务交通改革的作用作为一项重要工作来做。调整、更新栏目内容,使其贴近交通运输行业改革和发展实际,贴近读者。围绕交通运输财会中心工作和行业面临的难点和热点问题制订投稿内容进行重点组稿,动员和组织全省广大交通财会人员踊跃投稿。出版《江西交通财会》会刊一期,登载实用性强和质量高的交通财会理论研究论文16篇,共7.2万字,其中,资金管理论著3篇,问题思考与探讨5篇,管理与控制3篇,学会文稿5篇。采取“会刊”直接从邮局寄送各单位方法，确保会刊及时发到读者手中，不仅提高了会刊时效性和准确性，而且更好地发挥了《江西交通财会》会刊的交流经验、指导工作、开展学术理论研究的平台作用。

3. 做好中国交通会计学会会刊《交通财会》的组织征订工作。10 月 21 日，学会转发“中国交通会计学会关于做好《交通财会》杂志 2016 年征订工作的通知”，为保证征订工作落到实处，学会秘书处多次电话催办订阅，订阅数达 102 份。

4. 抓好交通运输财会专业培训，提高财会人员素质与技能。5 月 5 日，中国交通会计学会会同省级交通会计学会在全国 11 省（市、区）开办财会知识培训班。江西交通会计学会及时以赣交会字〔2015〕3 号通知转发了中国交通会计学会《关于举办 2015 年交通系统财会人员培训班的通知》，并督促各单位积极组织财会人员出省学习。与此同时，采取以会代培方式组织财会人员学习交流、更新充实专业知识，收到较好效果。

5. 完成行政委托的核查任务。2015 年 5 月，江西交通会计学会协助体省交通运输厅财务处搞好财务管理有关的电子化信息档案工作；7 月参加厅组织的关于预算管理、资产管理和会计基础工作的《财务专项检查》活动，赴抚州、鹰潭、景德镇市港航管理局和路政支队，进行财务专项检查；8—9 月，参加省交通运输厅组织的《江西省公路建设市场秩序专项整治活动》工作。核查昌樟高速改扩建工程项目办、东乡至昌傅高速公路项目办、金溪至抚州高速公路项目办、资溪花山界至里木高速公路项目办、资洵线长兴岭隧道工程项目办、铜鼓至万载高速公路项目办、南昌至上粟高速公路项目办、修水至平江高速公路项目办、船顶隘至广昌高速公路项目办、兴国至赣县高速公路兴国至赣县段建设项目办、宁都至安远高速公路项目办、寻乌（赣闽界）至全南高速公路项目办、安远至定南高速公路项目办等 13 个项目办资金管理、财务制度、工程计量与资金支付、项目经理部账户资金进出情况，完成既定工作任务；11 月—12 月，参加厅里组织的《关于开展领导干部违规插手干预工程项目问题专项治理全面排查活动》，收集整理汇总厅机关、厅直属事业单位及其所属单位《采购项目自查自纠基础情况表》和《江西省政府采购项目自查自纠情况汇总表》，检查厅直属 14 个事业单位 2013 年 1 月 1 日—2015 年 10 月 31 日期间政府采购情况，完成省交通运输厅赋予该会的各项工作任务。

（江西交通会计学会）

【省公路学会推荐江西交通 5 项科技成果获 2015 年度中国公路学会科技奖】　“中国公路学会科技进步奖”是由国家科学技术奖励工作办公室批准设立、面向全国公路交通行业的权威科技奖项。2015 年由江西省公路学会推荐的全省公路交通系统参评科技成果中有 5 个项目获中国公路学会科技进步奖，分别是：

一等奖 1 项。系庐山西海高速公路安全绿色交通关键技术研究及工程示范，其主要完成单位是省交通运输厅、交通运输部公路科学研究所、省高速公路投资集团有限责任公司、江西交通咨询公司、省交通运输厅永修至武宁高速公路项目建设办公室、省交通设计研究院有限责任公司、省交通科学研究院。

主要完成人：胡钊芳、张劲泉、王昭春、高海龙、易宗发、沈毅、俞文生、邵社刚、徐世田、张东、樊友伟、李长城、张伟联、张海林、严邵洋。

二等奖 1 项，系高速公路代建与监理合并管理模式（即监管一体化）研究。主要完成单位：江西交通咨询公司、省高速公路投资集团有限责任公司井冈山厦坪至睦村高速公路项目建设办公室主要完成人有：王昭春、俞文生、刁明星、杨志峰、丁彦听、游汉波、敖志凡、徐春红、邹辉杰、肖东华

二等奖 3 项：①乡桥梁基桩旋工质量的超声波 CT 检测技术及应用研究。主要完成单位有江西省公路桥梁工程局、江西省交通运输厅赣州至崇义高速公路项目建设办公室、重庆交通大学、江西农业大学。主要完成人有：彭爱红、赵明阶、邱三月、荣耀、龚国清。

②装配式混凝土空心板铰缝新材料与施工质量控制研究。主要完成单位是省交通运输厅吉安至莲花高速公路项目建设办公室、东南大学。主要完成人：韩根生、张娟秀、蔡爱萍、叶见曙、李山。

③箩桥隧地质三维成图系统研发及应用。主要完成单位是江西省交通设计研究院有限责任公司、江西省高速公路投资集团有限责任公司万宜高速项目办。主要完成人：朱海涛、张红宇、吴文清、陈强、张小明。

【赣州市公路学会举办桥梁快速施工技术研讨会】 11月12日,赣州市公路学会在兴国县召开“赣州市桥梁快速施工技术研讨会”。会议主要内容有:实地观摩、听取介绍、专家授课及技术研讨、交流。会议邀请兴国梁板厂总工程师黄绍军讲授关于梁场布局及梁板快速施工法等有关知识。此次研讨会组织与会人员到赣州欣祥建设工程有限公司兴国梁板厂预制现场实地观摩考察,了解梁场预制的箱梁全部工作流程,听取该梁场预制介绍。与会人员对做好桥梁快速施工进行交流探讨。一致反映,受益匪浅。

(赣州市公路学会)

【省高速集团与省公路学会联合举办路面技术专题讲座】 9月19日,省高速集团与省公路学会联合举办路面技术专题讲座。省交通工程建设质量监督管理局、省高速集团及其所属各直属单位、各重点工程项目办、重点工程项目路面施工单位和监理单位的工程技术人员等共260余人参加讲座。

讲座邀请交通运输部公路科学研究院路面专业方向首席研究员、《公路路面基层施工技术细则》主编、博士王旭东作路面技术专题演讲。他对《公路路面基层施工技术细则》进行全面宣讲,并就提高基层施工质量均匀性,修建耐久性路面基层、新老规范的差异做了重点解读,就沥青路面混凝土设计方法、施工质量如何达到设计要求、设计施工一体化的关键环节、修建长寿命路面进行深入浅出的讲解。讲座还对相关新技术、新工艺、新成果、新材料进行推广介绍,具有很强的针对性和实用性。

通过讲座,进一步提高了与会人员的高速公路建管养水平和广大技术人员的技术能力。

(尹夏明　李文华)

【省公路学会初步建立专家库】 3月中旬,省公路学会专家库已经初步建立,专家库专家议主要从学会会员中依据技术职称遴选。专家库对入库专家进行专业分类:一类为建设、管理、养护类;二类以工作性质划分,如设计、施工、监理等;三类为专业属性类,比如路基、路面、桥梁等进行专业划分。专家库共有工程、经济、管理类高级职称人员657名。专家库依托省公路学会服务与支持系统相关功能,由专家本人完善和丰富个人信息。专家库由省公路学会咨询部负责建设,实行动态管理及时进行维护和更新。

【江西交通会计学会召开会第五届四次理事会议】 5月12日,江西交通会计学会第五届四次理事会议在井冈山召开。省交通运输厅总工程师胡钊芳、厅财务处处长陈玉龙出席会议并讲。江西交通会计学会会长刘长根代表学会作题为“积极努力把学会工作做得更好”的工作报告。126名学会理事代表参加会议。

会议全面总结了2014年度江西交通会计学工作。积极争取政策支持与多渠道筹集建设资金,强化国有资产管理,促进国有资产保值增值,提高和推进绩效预算管理,发挥学会平台作用、参谋作用、培训作用,提升全省交通财会人员素质与业务技能,做好中国交通会计学会会刊《交通财会》的组织征订和办好《江西交通财会》会刊,提高会刊质量,以及开展学会活动,进行学术交流,完成行政委托的核查任务等方面的工作。部署了2015年度加强学会组织机构建设和交通财会理论研究,召开交通财会学术研讨会,开展学术研讨与业务培训、做好中国交通会计学会会刊《交通财会》的组织征订和办好《江西交通财会》会刊,提高会刊质量,出色完成行政委托交办的财务财务检查等方面工作的目标任务。

会议推选、增补江西公路开发总公司叶香春和江西省公路管理局吴小欢为江西交通会计学会副会长,推选、增补省交通运输厅财务处彭嵘为学会秘书长。

会上收到财会专业人员论文16篇,在会上交流3篇,并开展财务理论研究和交流活动,取得圆满成功。

(江西交通会计学会)

【省公路交通科技创新发展报告暨科技成果推介会召开】 6月16—17日,省公路学会在南昌召开省公路交通科技创新发展报告暨科技成果推介会。全省交通运输行业的240余位工程科技人员代表参加会议。

会上,中国智能交通协会常务理事、副秘书长、国家智能交通产业技术创新战略联盟理事长、教授关积珍,中国公路学会养护分会副理事长、教授级高工、博士张良奇,郑州大学交通水利安全防护中心副主任、博士张红春，浪潮集团江西公司首席技术官、高工余畅，省交通科学研究院副总工程师、副研究员彭明5位专家，结合各自研究领域作学术报告。专家们的学术报告，主题突出、内容丰富、观点鲜明、眼界前瞻，给与会者留下深刻印象。

通过本次推介会，为江西公路交通科技创新的发展提供良好的导向作用，已成为特色鲜明、成效显著、水平一流的全省性品牌学术活动。

（李文华　丁　静）

【省公路学会贯彻落实省委党的群团工作会议精神】　2015年，省公路学会召开专题会议，传达学习贯彻省委党的群团工作会议精神，研究部署贯彻落实意见。学会全体干部职工参加学习讨论。一年来，学会以多种形式传达学习省委党的群团工作会议精神，以“严”“实”的作风投入到工作中去；结合学会当前实际贯彻落实会议精神，围绕中心、服务全省交通运输事业发展大局，切实服务好公路科技工作者和广大会员，作为落实省委党的群团工作会议精神的具体体现，让群团工作更接地气、更有生气、更聚人气。

（省公路学会）

【省科协科普直通车暨省公路学会专家下基层服务活动举行】　11月17—18日，省公路学会组织公路交通领域专家服务团一行10人，深入广丰公路交通基层一线开展科技服务活动。专家团一行到广丰公路分局管养的军潭山、萧村岭隧道，新小线k20+500高挡土墙塌陷地段现场察看安全隐患，并在广丰公路分局召开咨询座谈会，省公路学会、上饶市交通运输局、上饶市公路管理局等单位领导及科技人员代表与专家服务团进行了交流抓讨，专家们为上饶公路交通建设提出了许多建设性意见。其间，省公路学会与上饶市交通局签订了战略合作协议，就今后决策咨询、信息资源共享、成果推广合作、学术交流合作达成共识，为今后服务基层工作建立了长效机制。

（丁　静　李文华）

【省公路学会与上饶市公路学会会员日活动在上饶举行】　11月18日，省公路学会第五届会员日暨上饶市公路学会2015年会员日活动在上饶举行。本次活动以“关注会阅成长，共建美好学会”为主题.省公路学会理事长孙茂刚、上饶市科协相关负责人分别讲话，上饶市交通局相关负责人致辞。会上，对做出努力和贡献的上饶市公路学会优秀会员进行了颁奖表彰，并举办了专题技术讲座。50余名基层科技人员参加了学习。其间，公路学会还召开了优秀会员座谈会，大家对学会发展献计献策，发言积极踊跃，对改进学会工作提出许多宝贵的意见。

（丁　静）

【省公路学会2015年学术年会在南昌召开】　1月25日，省公路学会2015年学术年会在南昌召开。省交通运输厅党委委员、总工程师胡钊芳，省科协党组成员、副主席孙卫民出席会议并讲话。省公路学会理事长孙茂刚主持会议。会议邀请了中国工程院院士、桥梁与地下结构工程专家孙钧作学术演讲，全省公路交通科技工作者代表200余人参加会议。

学术年会是公路学会的品牌活动，举办年会是省公路学会要以学术年会等品牌活动为载体，创新学术活动方式，拓宽学术交流的领域，提高学术活动的水平，成为展示交通科技成果的平台，创新技术的平台。为广大科技工作者搭建一个相互交流、相互学习、相互协作、相互提高的有限平台。

年会还邀请孙钧作题为《超千米特大跨斜拉桥的技术优势及对若干设计关键的思考》学术演讲。孙钧介绍了中国大跨度桥梁建设的现状及发展趋势、兴建超千米公铁两用斜拉桥的技术特点与难点、可以有效增强特大跨斜拉桥刚度并对大变形过度实施作控制策略的有效途径以及对大桥运营管理、政策与展望等。孙院士的报告由国外讲到国内，深入浅出，对超千米特大跨斜拉桥的技术优势及设计关键作了深入的阐述，让与会公路交通科技工作者受益匪浅。

（刘玉明）

【宜春市公路学会汽运专业委员会开展会员交流活动】　9月21日、宜春市公路学会汽运专业委员会组织单位参加由省道路运输协会举办的全省汽车客运站安检知识培训和竞赛。宜春汽车总站刘荣磊和上高汽车西站郭文俊凭借扎实的基本功和稳定的发挥进入决赛，并以优异的成绩获得“优胜奖”。

8月上旬至10月下旬,汽运专业委员会在宜春汽运股份有限公司组织开展了“一岗多能”及信息化操作培训。培训重点是各岗位工作职责与流程。GPS动态监控、稽查管理、火灾消防及信息化操作等。培训以班组为单位,力求做到人人了解、人人参与、人人熟悉、人人实践。

通过理论讲授和实践操作,与会员工的工作能力得到有效提升,并能基本熟练应用信息化系统。培训进一步强化了员工的岗位意识,对员工熟悉各岗位的工作职责与操作流程起到促进作用,奠定了坚实的基础。

(张　虹)

【省公路学会专家开展下基层服务活动】 11月17—18日,省公路学会组织公路交通领域专家服务团一行10人,到广丰公路交通基层一线开展科技服务活动。

专家服务团一行到广丰公路分局管养的军潭山、萧村岭隧道、新小线k20+500高挡土墙塌陷地段现场察看安全隐患,并在广丰公路分局召开咨询座谈会。省公路学会、上饶市交通运输局、上饶市公路管理局等单位领导及科技人员代表与专家服务团进行了交流探讨,专家们为上饶公路交通建设提出了许多建设性意见。

其间,省公路学会与上饶市交通局共同签订战略合作协议。协议就今后决策咨询、信息资源共享、成果推广合作、学术交流合作达成共识,为下一步服务基层工作建立长效机制。

(丁　静　李文华)

【宜丰县交通运输局老科协分会为“四个”交通发展精准发力】 2015年,宜丰县交通运输局老科协分会围绕“四个交通”(综合交通、智慧交通、绿色交通、平安交通)发展目标,抓活动,抓宣传,抓调研,抓服务。开展加快全县农村公路建设、加强全县农村管养、加快全县道路货运运输发展调查和多次开展科普宣传活动,散发宣传单500多张。并利用他们一技之长,为交通建设、交通管理和现代物流业发展服务,先后多次组织会员进企业、学校,到农村走门串户,开展交通安全、交通法规宣传,进行调查研究,掌握第一手资料,撰写有情况,有问题,有意见的调查报告为推动交通发展,强化交通管理,保护平安交通建设,建立开放、畅通、有序交通运输市场发挥积极作用,为进一步推动全县经济社会发展发挥余热,受到各级党委、政府、运输业户和广大人民群众的一致好评。

(吴泽水)

【省公路学会举办两期大学生科普讲座】 6月,省公路学会与江西交通职业技术学院在江西交通职业技术学院联合举办省公路学会2015年年第一期和第二期大学生科普讲座。

第一期大学生科普讲座主题为公路桥梁病害产生主要原因及加固技术,主讲嘉宾为省政府特殊津贴专家、江西省交通科学研究院院长、长安大学兼职教授硕士生导师、研究员江祥林,省公路学会副秘书长余为干主持讲座,200名路桥专业的学生和教师参加讲座。

第二期大学生科普讲座主题为道路交通事故车速鉴定方法。主讲嘉宾为华东交通大学教授、硕士生导师、博士李骏,江西交通职业技术学院100余名汽运专业的学生们参加讲座。

本次两期科普讲座,专业突出,通俗易懂、气氛热烈。专家的精彩演讲、学生们的积极发问、互动式的交流探讨,为大学生们送上了一份丰富的学术大餐,学生们普遍反映收获匪浅。

(李文华)

【省公路学会召开首届江西公路优秀工程师等三项科技奖励表彰大会】 12月27日,“首届江西公路优秀工程师”“首届江西公路科技进步奖”“首届江西公路优秀学术论文奖”三项科技奖励表彰大会在南昌召开。省交通运输厅党委书记、厅长朱希,省科协党组成员、副主席孙卫民,省民间组织管理局局长刘石呈,省交通运输厅总工程师胡钊芳,副厅长梁必康、王昭春,副巡视员夏太胜等领导出席会议,省交通运输厅、省科协、省民间组织管理局等单位部门领导及学会副理事长、常务理事、理事、乐基代表共计200余人参加会议。

省公路学会理事长孙茂刚主持表彰大会,学会副理事长、省高速集团总经理任东红宣读了表彰决定。全体与会代表观看了“首届江西公路优秀工程师”颁奖短片,朱希、孙卫民等领导为25名“首届江西公路优秀工程师”“首届江西公路科技进步奖”“首届江西公路学术进步奖”的获奖代表授奖。

开展“江西公路优秀工程师”“江西公路科技进步奖”“江西公路优秀学术论文奖”三项奖励评比活动，是省公路学会根据省交通运输厅《赣交科教字〔2014〕12号文件》进行的，在江西尚属首次。充分体现了省交通运输厅对广大公路科技人才的重视、关心和爱护，是省公路学会为广大公路科技工作者提供科技服务的土体行动。

通过表彰活动，进一步促进了全省交通系统涌现出更多、更优秀的科技创新人才，推进了全省科技强交、科技兴路事业向前发展。

（丁　静　李文华）

【宜春市交通运输局老科协分会开展农村公路桥梁状况调查】　9月14—18日，该局老科协分会组织老科技工作者到靖安、高安、樟树、宜丰和铜鼓5个县（市）对农村公路桥梁情况进行调查。

调研组通过听、谈、查、看，掌握了5县（市）农村公路桥梁由于投资少，标准比较低，通行时间长，破损严重，有时中断交通，制约农村经济发展的基本情况。提出了增加建设计划，多方筹措资金，从严把好质量关，开展技术培训，成立农村公路危桥改造领导小组，加强领导，以及采取县（市、区）领导包乡（镇），乡镇领导包村，村干部包农村公路桥梁桥的方法，实现统一领导，统一组织，统一部署，统一时间，统一标准，统一验收，做到一月一调度，一月一分析，一月一通报和一级抓一级，层层抓落的工作机制的意见和建议，呈报局领导后受赞许，一致认为具有较好的决策参考价值。

（吴泽水）

【省公路学会成功开发科技项目立项咨询系统】　5月15日，省公路学会利用计算机和网络技术，开发自主知识产权的“江西交通重点工程科技项目立项咨询系统”。该系统具上传下载有便捷、评价查询直观、统计分析智能化的几大特点。

该系统的成功开发评审专家可以利用系统分配的评审账号，密码登录系统远程独立评审交通重点工程科技项目，对于专业相近的科研项目，一名专家可以评审2项及以上项目，减轻评审的工作强度，提升了工作效能，填补交通科技项目管理信息化建设的一项空白

（省公路学会）

【赣州市公路学会组织理事赴港珠澳大桥考察学习】　11月5—20日，赣州市公路学会组织学会理事47人分两批到珠海考察学习港珠澳大桥建设先进技术和经验。

港珠澳大桥跨越珠江口伶仃洋海域，是连接香港特别行政区、广东省珠海市、澳门特别行政区的大型跨海通道，也是国家高速公路网规划中珠江三角洲地区环线的组成部分和跨越伶仃洋海域的关键性工程，是国家继三峡工程、青藏铁路之后的又一重大基础设施项目。

港珠澳大桥包括三项内容：一是海中桥隧工程；二是香港、珠海和澳门三地口岸；三是香港、珠海、澳门三地连接线。海中桥隧主体工程总长约35.6千米，粤港分界线至珠澳口岸之间的海中桥隧主体工程长约29.6千米。大桥主体工程按照高速公路等级设计，双向六车道，设计时速100千米/小时，设计使用寿命为120年。港珠澳大桥建设目标是：“建设世界级跨海通道、为用户提供优质服务、成为地标性建筑”。为实现该目标，港珠澳大桥推行大型化、工厂化、标准化及装配化的建设理念，提升大桥整体建设水平，确保该桥梁使用寿命120年。

通过实地考察学习，大家深受启迪，开阔了视野。一致认为，推行施工设备大型化、预制场工厂化、施工作业标准化、水上作业装配化的建设理念是确保桥梁建设质量与安全的重要保证，为今后赣州市公路桥梁建设提高质量水平，提供很好的示范和借鉴。

（林秉峰　蔡桂连）

【省公路学会举办江西《公路路面基层施工技术细则》标准宣贯会】　12月，省公路学会道路专业委员会在南昌举办全省公路系统《公路路面基层施工技术细则》标准宣贯会。省公路管理局、省公路学会、各设区市公路局和省公路管理局所属设计、施工、监理单位技术部门负责人和相关工程技术人员70余人参加会议。

会议邀请《公路路面基层施工技术细则》主要参编人员、享受国务院政府特殊津贴专家、长安大学公路学院教授、博士胡力群及中国公路学会养护与管理分会副理事长、工学博士、河南万里路桥集团有限公司董事长张良奇宣讲《公路路面基层施工技术细则》，并就提高基层施工质量均匀

性,修建耐久性路面基层、新老规范的差异、实现搅拌均匀及混凝土振动搅拌理论和关键技术的研究及在 lm3/h 设备的应用进行深入讲解。与会人员就做好江西《公路路面基层施工技术细则》标准宣贯工作进行了互动交流。

通过会议,为全省公路系统全面落实《公路路面基层施工技术细则》奠定了扎实基础,进一步推动了新技术、新材料务养护中的推广运用和公路养护科技含量和质量提高,促进了公路全省的持续稳定健康发展。

(陈　翔　刘玉明)

【省交通审计学会开展审计及财务人员业务培训】 9 月 15 日—16 日,省交通审计学会与省内部审计师协会在省交通干部学院联合举办为期 2 天的审计及财务人员业务培训班。

培训班邀请行业内的专家授课。专家们分别讲解了全面深化财税体制改革视野下中国《中华人民共和国预算法》的修订与完善、内部审计新准则的讲解、经济责任审计及行政事业单位内部控制等内容。

通过培训,大家对新的《中华人民共和国预算法》、内部控制制度及经济责任审计有了进一步的认识,为强化今后的内审工作奠定了坚实基础。

(付　琴)

【宜春市公路学会道路专业委员会开展学术交流活动】 4 月 23 日,道路专业委员会组织会员到靖安县,实地参观考察靖安公路分局日常道路管养及道班建设情况,学习交流道路养护管理工作经验。通过实地考察,会员对靖安分局在打造景观路方面付出的努力和取得的成绩有了更加全面深刻的了解,很多好的经验做法值得学习借鉴。大家纷纷表示,要拓宽思维,创新工作方式,取长补短,做好道路管养工作。

(张　虹)

【省公路学会与宁波交委、交通工程质监站交流项目代建工作】 10 月 22 日,省公路学会监理专业委员会与由宁波交委、交通工程质量监督站组织的宁波交通行业管理、质监与监理单位的 16 位负责人考察团在南昌开展代建业务交流。监理专业委员会挂靠单位交通咨询公司介绍了江西代建业务发展过程、经验做法及"监理十代建一体化"模式的实施情况,并对宁波开展交通工程项目代建提出了建议,就宁波交通监理企业往代建业务转型谈了具体的意见,并就代建费用组成进行讨论和交流,还实地调研项目建设现场情况。宁波交委、交通工程质量监督站考察团对江西交通咨询公司发展转型和开展代建业务和成功实施、推广"监理 + 代建一体化"模式完全认同,并表示将借鉴江西的成功经验,提升宁波交通建设的管理水平。

(习明星)

【省公路学会举办"冷再生"技术现场交流会】 7 月 3 日,省公路学会道路工程专业委员会举办水泥就地冷再生基层、泡沫沥青厂拌柔性基层冷再生现场施工技术交流会。与会人员先后参观了南昌新祺周 105 国道泡沫沥青冷料搅拌站、泡沫沥青厂拌柔性基层冷再生技术施工现场和高安至胡家坊一级公路水泥就地冷再生基层施工现场,深入了解冷再生技术的施工工艺流程及施工控制要点。实地观摩结束后有关单位和代表就冷再生发展趋势、技术应用、施工设备、施工工艺、应用实例和综合效益等方面的技术问题,进行了深入交流和探讨,交流活动的举办,有力地推动了"冷再生"技术在全省公路养护中的应用。

(刘玉明)

【江西长途客运接驳运输联盟正式成立】 12 月 11 日,江西省长途客运接驳运输联盟成立大会在南昌召开。

省长途客运接驳运输联盟是由省运管局牵头,省道协组织、省内道路运输骨干企业共同组建的全省道路客运企业自愿加入的开放式的业务和资源型合作组织。

大会表决通过《江西长途客运接驳运输联盟章程》和接驳运输联盟理事单位。在联盟第一届理事会第一次会议上,选举联盟理事长、联盟秘书长。会议选举江西长运股份有限公司总经理助理任卫东为联盟理事长、省道协副会长、江西抚州长运有限公司原董事长罗鼎斌为联盟秘书长。

该联盟成立后以通过政策引导,以企业运作为平台、以资源共享为纽带,组建全省性的长途客运接驳联盟,实现全省长途客运资源的抱团,实施全省长途客运统一接驳运输。进一步提升全省长途客运的运输效率和质量,为江西经济和社会发展提供优质服务。

（马洁态）

【省汽车维修协会培训竞赛技艺成效显著】 6月,省公路运输管理局主办、省汽车维修行业协会承办的“2015年中国技能大赛·第七届全国交通运输行业‘PPG杯’汽车维修车身涂装(水性漆)竞赛江西省选拔赛”。

省汽车维修行业协会和全省11个设区市与5个省管县一线企业的99名选手参加该会开展的选拔赛和技艺培训,切磋技艺、提高技能活动。在本次技能大赛理论知识考试和技能操作考核比赛中全省共有10名选手获得了一、二、三等奖。江西东维汽车销售公司选手欧阳玉寿和九江中顺宝销售服务有限公司选手户葆华获得本次竞赛一等奖。获得前2名选手代表江西省参加了10月在北京举行的总决赛。江西赛区获得大赛组委会颁发的最佳组织奖。江西赛区第1名欧阳玉寿被交通运输部、中华全国总工会授予“爱岗敬业驾驶员、汽修工楷模”称号。

（左盛强）

【全省数十家汽车维修服务企业受到中国汽车维修创业协会表彰】 2015年,全省有32家一、二类汽车维修企业和1家机动车综合性能检测企业被中国汽车维修行业协会评为“2013—2014年度全国汽车维修诚信企业”,受到的表彰;全省累计有113家汽车维修企业先后被评选为全国汽车维修诚信企业,其中,江西广甸宝德汽车销售服务有限公司、江西宜春汽车运输股份有限公司宜春汽车维修总厂、萍乡经济开发区蓝盾汽车修理厂、江西铜业集团(贵溪)物流有限公司等4家企业连续4届获得诚信表彰,占全国40家连续四届评选为全国汽车维修诚信企业中占1/10;江西省翔笛汽车服务有限公司也连续3届获得此项荣誉;全省汽车维修行业在参与全国汽车维修行业诚信企业创建表彰活动中,把诚信企业评比工作与企业品牌创建活动有机结合起来,培育出一批省内有实力、讲质量、守诚信的全省性和区域性的知名汽车维修品牌企业。

（左盛强）

【2015年度全省汽车维修行业发展高峰论坛在南昌举办】 9月17日,2015年江西省汽车维修行业发展高峰论坛在南昌举行。

本次高峰论坛由江西省汽车维修行业协会和江西交通职业技术学院共同举办。省公路运输管理局、江西交通职业技术学院、省汽车维修行业协会领导及全省自各设区市运管机构、汽车维修行业协会、维修企业代表等共200余人参加论坛。

本次论坛邀请国内和省内著名专家学者对汽车维修行业发展政策进行解读和分析行业发展变化,剖析未来发展趋势,专家们就人才培养和教育以及汽车维修企业转型升级问题,与大家进行交流互动。

通过论坛,对推动全省汽车维修行业的转型升级、提升服务质量和汽车维修职业技能教育发展具有重要意义,与会者一致反映受益匪浅。

（左盛强）

【宜丰县道路运输协会拓展服务领域】 2015年,该会进一步拓展新的服务领域,开辟新的服务项目:一是配合行业管理部门推进公交优先战略的实施,提升城市客运服务水平。积极组织会员开展“公交优先”调研和恳谈,开展“公交”调研活动,为加快公交事业的发展献计献策。二是搞好出租汽车驾驶员岗前培训和继续教育,落实出租汽车服务规范,推进城区出租汽车行业信息化工作,努力方便群众乘车。三是配合行业管理部门推进货运业转型升级,加快发展现代物流运输。开办物流知识讲座,提高道路运输企业转型发展能力,帮扶一批龙头骨干企业,支持道路运输企业向现代物流企业转型发展。

（漆志勇）

【省驾培协会召开第二届会员代表大会暨二届一次理事大会】 11月6日,省机动车驾驶员培训行业协会第二届会员代表大会暨二届一次理事大会在南昌召开。中国道路运输协会汽车驾驶员工作委员会副主任范立、省民政厅社会组织党工委副书记王永,省公路运输管理局、省公安厅交通管理局有关负责人出席会议。全省各设区市运管部门领导和200余名会员代表参加会议。

会议总结协会第一届理事会工作。经与会代表投票,选举产生第二届理事会。江西蓝天驾校校长林素君再次当选为第二届理事会会长,宜春阳光驾校等18家驾校当选为第二届理事会副会长单位,南昌交院驾校等93家单位当选为第二届理事会理事单位。

会议表彰了53家荣获2014年度质量信誉考核Ⅳ认优秀驾校。范立代表中国道路运输协会汽车驾驶员工作委员会在会上致辞,并就围绕“当前机动车驾驶人培训考试制度改革给驾校带来的挑战和机遇”做了专题讲座。

(闵　婕)

【省维修协会深入开展调查研究真实反映企业诉求】 2015年,江西省汽车维修行业协会深入开展调查研究,收集全省汽车维修企业诉求向中国汽车维修行业协会专题报告收集整理的“江西省汽车维修企业有关调整汽车维修企业税赋政策意见和对税负改革的建议”,与此同时,会同本行业56家社会团体,于8月17日共同向全国人民代表大会常务委员会法制工作委员会递交了《关于建议调整汽车维修企业增值税税负的报告》,受到有关部门的高度重视和关注。

(左盛强)

【省汽车维修协会积极开展“汽车维修质量服务月”活动】 “3·15”国际消费者权益日的当天,省公路运输管理局、省汽车维修行业协会与广甸宝德汽车销售服务有限公司积极开展“汽车维修质量服务月”活动,这是一次创建全省汽车维修行业诚信企业活动,也是一次引导和促进汽车维修企业依法经营、诚信守信、公平竞争、优质服务,加快汽车维修行业诚信体系建设的重要活动。

此次活动主题是:以“诚信为奉、保证质量、规范服务、创建品牌”。

活动的内容主要有:为广大车主进行现场答疑和新车知识讲解,宣讲真假配件的辨别和假件的危害知识,并为社会公众提供车辆义诊和技术咨询服务。

活动月期间,省汽车维修行业协会积极组织、深入动员全省汽车维修行业广泛参与、扎实推进,并与南昌市汽车维修检测协会与南昌市公路运输管理处在南昌市青山湖麦德龙商场停车场组织开展南昌市2015年“汽车维修质量服务月活动”。参加此次活动有南昌市2011—2012年度被授予全国及全省“汽车维修诚信企业”称号的企业和2013年度维修质量信誉考核AAA等级的维修企业共有22家。各地汽车维修行业协会及其会员单位积极响应,相继开展了形式多样的“汽车维修质量服务月”活动。在活动现场设立咨询台,省运营局、省汽车维修协会和维修企业代表共同在咨询台前接受市民对汽车销售、维修保养及相关政策等内容的咨询解答。与此同时,还设置,汽车配件对比展示台,为市民提供车辆义诊和技术咨询服务。省汽车维修协会还在全省汽车维修行业中开展2015年“汽车维修质壁服务月”活动。全省广人汽车维修企业通过各种优质便民服务,营造安全、诚信、健康、和谐的消费环境。各地维修行业协会及其会员单位积极响应,相继开展形式多样的汽车维修质量服务活动。

通过活动,相关汽车维修常识、安全行车知识、消费者维权知识、汽车故障义诊及咨询等知识进一步被群众掌握,并就广天军圭提出的有关维修质量保证、维修合同签订、维修结算清单费用组成等问题提供了法律法规和维修技术咨询服务,进一步消费者普及了车辆检测和维修常识、安全行车知识、汽车故障诊断知识,并提供了有针对性的帮助和指导,各种优质便民服务措施落地生根,营造“诚信修车、放心消费”的汽车维修市场环境良好氛围,进一步树立汽车维修行业良好形象。交通运输部网站、中国汽车维修行业协会网站和江西省交通运输厅网站纷纷报道和转载本次活动盛况。

(左盛强　陈　晨)

【省驾培协会举办《关于推进机动车驾驶人培训考试制度改革的意见》宣贯座谈会】 12月18日,省驾培协会举办的宣贯公安部、交通部《关于推进机动车驾驶人培训考试制度改革的意见》座谈会在南昌召开。省驾培协会会长、副会长单位,各地市驾校代表出席座谈会。

会议组织与会人员认真学习公安部、交通部《关于推进机动车驾驶人培训考试制度改革的意见》。省驾培协会及时与省运管局和省公安厅交通管理局就相关意见的落实进行沟通。

座谈会讨论热烈,各抒己见。与会人员一致认为,驾考改革是行业大事,既是机遇也是挑战,驾考改革,自学考试、先学后付和计时收费是大势所趋,驾培行业要坚持“以人为本”的理念,驾培机构应尽快熟悉落实驾考改革意见,直面改革,迎接挑,顺势而为,积极面对,不断提高服务水平和管理质量。驾培行业各位参与者应充分研读改革精神,以改革为契机加强行业自律和内涵建设,把江西驾培行业提升到一个新高度。

(闵　婕)

【省维修协会开展行业自律活动加强诚信品牌建设】 2015 年,江西省汽车维修行业协会围绕加强行业自律规范,积极组织汽车维修企业开展服务质量公约、服务质量标准承诺、阳光维修服务等活动,结合消费者权益保护日、节能宣传周和质量月等公益主题载体,组织开展形式多样的公益服务活动,使汽车维修常识、安全行车知识、消费者维权知识、汽车故障义诊及咨询等公益服务真正走进群众。

(左盛强)

【高安市老科协交通运输分会开展“汽车义务维修”活动】 2015 年,高安市货运汽车保有量达 2.3 万辆,平均每 40 人拥有一辆。汽车维修行业作为汽车后市场的重要支撑,已经成为民生行业。3 月 25 日,为进一步推动汽车维修知识的普及,健全诚信服务体系,满足广大车主汽车方面的综合诉求,强化维修行业诚信品牌建设,高安市老科协交通运输分会联合市运管所、市振兴汽车维修厂等单位共同举办了的“汽车义务维修活动”。旨在倡议广大机动车维修企业守法经营、减信为本、尊重用户、优质服务保证质量、公平竞争、文明生产、开拓创新。通过义务修车活动能真正托近车主与维修企业的距离,进一步提升彼此的信任度。活动遵循“投诉无缝对接、无碍畅通”的思路.充分发挥承办方高安市振兴修理厂专业的故障诊断技师团队的技术优势,以第三方平台为切入点.立足广大车主需求,破除行业信息不对称的矛盾,现场通过技术指导与服务、车辆现场检测与宣传、车主疑问解答,防微杜渐、防患未然。活动现场,大运汽车 4S 店新车选购知识、机油品质辨别、汽车保养知识以及真假配件辨别知识的普及更让广大车丰朋友受益匪浅。会员况齐堂、邹会然与振兴修理厂的技术人员进行了汽车维修交流活动,并一起为车主朋友现场免费做保养。来自灰埠的陈先生表示:“这样的活动对高安汽运产业和维修行业的发展很仃意义,如果以后还有这类活动,会推荐亲戚朋友们都来看看”,活动达到了预期目的,取得了良好效果。

(周世祥)

【省驾培协会举办全省机动车驾驶培训教练员师资培训班】 7 月 22 日,省驾培协会在南昌举办了全省教练员素质提升师资培训班,全省近 300 家驾校的相关管理人员和二级教练员参加培训。

培训班邀请驾培行业资深专家授课。专家们从教练员应具备什么样的素质、需要树立哪些意识、需要掌握哪些专业知识、需要掌握哪些教学原则与方法、怎样培训学员的安全文明意识、怎样进行规范化教学、驾驶培训有哪些新趋势七个方面进行了授课和多媒体讲解。

此次培训是全省贯彻落实“教练员素质提升年”活动的一项重要内容,对贯彻落实《交通运输部关于印发“机动车驾驶培训教练员素质提升工程”实施方案的通知》《江西省公路运输管理局关于开展全省机动车驾驶培训教练员素质提升全员培训的通知》要求和提升全省教练员的综合素质,确保全省驾培机构在 2015 年 9 月 3019 前圆满完成在岗教练员素质提升全员培训工作有着重要意义。

(闵　婕)

【全省第二届机动车驾驶培训教练员规范化教学职业技能竞赛开赛】 11 月 12—13 日,省驾培协会承办的江西省第二届机动车驾驶培训教练员规范化教学职业技能竞赛在南昌举行。全省 11 个设区市和 4 个省直管县的 15 支代表队共 70 名选手参赛。

经过两天紧张激烈的角逐,萍乡代表队勇夺团体一等奖,南昌代表队荣获二等奖,抚州代表队荣获三等奖。其间,鹰潭综职驾校教练员谢建国在众多选手中脱颖而出,勇夺桂冠。宜春天宇驾校张绍涛等 5 人荣获二等奖,婺源广信驾校叶澄鑫等 8 人荣获三等奖。

本次竞赛不仅是检阅教学水平、交流教学技能、展示行业风采的一次重要活动,也是教练员们共同学习、促进交流、增长见识的平台。通过竞赛,进一步调动广大教练员钻研技能、创新教学形式的积极性和主动性,提高教练员队伍整体素质和提高驾驶员培训质量起到了积极的推动作用。

(闵　婕)

【省交通审计学会开展审计人员业务培训】 近日,省交通审计学会在南昌举办审计人员培训班,全省交通系统各会员名单的财务及内审骨干近100人此次会议。

培训内容包括:在"十三五"规划开局之年的大环境下,如何做好2016年内审工作,使审计人员在工作管理中让风险得于控制,提供一个良好的内容控制环境,促进审计工作健康课持续发展。

通过培训,使各位参训人员对2016年的工作及公路基础知识有了全面的认识。

(省交通审计学会)

【江西交通审计学会业务培训班在南昌举办】 4月24日,江西省交通审计学会举业务培训班在江西交通干部学院开班。交通审计学会会员单位财务审计人员150余人参加了培训。

培训班邀请省公安厅、省审计厅、江西财经大学专家授课。专家们就内部审计准则与审计流程、内部控制的流程规范、信息化工程项目审计等方面内容,结合自身的工作经验和工作案例,进行全面、深入、系统的讲解,令大家受益匪浅,为进一步做好交通审计工作提供丰富的知识储备工作。

通过培训,参培人员一致反映,受益匪浅。

(厅审计处付琴)

【省驾培协会举办2015年度教练员从业资格培训】 2015年,省驾培训协会先后举办25期教练员从业资格培训班,共对全省5952名申请教练员从业资格人员进行了培训。

省驾培协会为确保培训质量,专门邀请省交通职业技术学院、省警察学院、省红十字会、江西蓝天驾校等单位专家、教授从道路交通安全和道路运输法律法规、教练员素质培养、交通意外救护常识、操作示范讲解、教学礼仪、模拟驾驶教学方面对培训班学员进行系统培训。

通过培训,学员不仅掌握了相关法律法规和安全知识,还学到了教学方法和技艺,提高了教学水平,并向社会输送了一批高素质、高水平的教练员人才。

(闵　婕)

【赣州市物流协会成立物流企业综合评估工作办公室和物流师培训中心】 5月,经中国物流与采购联合会批准,赣州市物流协会成立了物流企业综合评估工作办公室和物流师培训中心。这是中物联与赣州签署框架合作协议以来又一次重大合作事项。此次批准赣州市成立物流企业综合评估工作办公室,为加快摊进赣南苏区振兴发展工作注入,新的强劲动力,全市物流行业将引来新的更大的发展机遇。

赣州市物流协会聘请高校、行业协会、企业和政府主管部门物流有关专业人士组建了物流企业综合评估工作办公室,对全市物流企业开展A级评估工作。物流企业A级评估是由中物联组织对物流企业服务要求与能力开展的评估工作,A级物流企业评估主要是评估机构依据《物流企业分类与评估指标》国家标准评估认定A级物流企业,以此引领物流行业沿着标准化、现代化、规模化方向发展。A级物流企业评估主要分为运输型、仓储型、综合服务型三种类型,分别依据各自的评估指标体系,针对企业经营状况、资产情况、设备设施、管理及服务、人员素质、信息化水平等六个方面,16~18个指标及项目,按照规范、标准的流程进行的物流企业综合评估认证。A级物流企业有运输型、仓储型、综合服务型三种类型,划分为A、AA、AAA、AAAA、AAAAA五个等级。除己开展全市物流企业开展A级评估工作外,还开展了星级冷链物流企业、货物担保及质押监管企业等评估活动。

与此同时,赣州市物流协会还获得中物联和全国物流技术标准化委员会授权,开展了对该市物流师教育培训、组织考试及职业资格认证工作。

(赣州市物流协会)

【省驾培协会开展2015年度教练员从业资格培训】 2015年,省驾培训协会组织25期教练员从业资格培训班,共对全省5952名申请教练员从业资格人员进行培训。

培训班专门邀请了省交通职业技术学院、省警察学院、省红十字会、江西蓝天驾校等单位的专家、教授讲授道路交通安全和道路运输法律法规、教练员素质培养、交通意外救护常识、操作示范讲解、教学礼仪、模拟驾驶教学等方面知识,对培训班学员进行系统培训。

通过培训,学员们不仅掌握了相关法律法规和安全知识,还学到了教学方法,提高了教学水平。

（闵　婕）

【省驾培协会积极开展驾培行业调研和竞赛活动】 2015年3月,省驾培协会在全省11个地市开展了驾培行业调研工作。深入了解了全省各地驾驶人培训与考试开展情况,梳理了各地驾培机构在两项国标达标改造验收工作存在的问题和意见,掌握了驾培机构办学需求。11月12日—13日,省培协会举办江西省第二届机动车驾驶培训教练员规范化教学职业技能竞赛在全省11个地市和4个直管县的15支代表队共70名选手参加竞赛。经过两天紧张激烈的角逐,萍乡代表队勇夺团体一等奖,南昌代表队荣获二等奖,抚州代表队荣获三等奖。鹰潭综职驾校教练员谢建国在众多选手中脱颖而出,勇夺桂冠,宜春天宇驾校张绍涛等5人荣获二等奖,婺源广信驾校叶澄鑫等8人荣获三等奖。本次竞赛不仅是检阅教学水平、交流教学技能、展示行业风采的一次重要活动,同时也是教练员们共同学习、促进交流、增长见识的平台。此次竞赛的成功举办,对于调动广大教练员钻研技能、创新教学形式的积极性和主动性,形成"勤奋好学,爱岗敬业、文明服务、规范教学"的良好风气,提高教练员队伍整体素质和提高驾驶员培训质量都起到了积极的推动作用。

（闵　婕）

【省驾培协会胜利召开第二届会员代表大会暨二届一次理事大会】 2015年11月6日,江西省机动车驾驶员培训行业协会第二届会员代表大会暨二届一次理事大会在南昌召开。中国道路运输协会汽车驾驶员工作委员会副主任范立、江西省民政厅社会组织党工委副书记王永、江西省公路运输管理局调研员刘海生、驾培处处长曹伟、江西省公安厅交通对,不断提高服务水平和管理质量。会议强调,驾考改革是行业大事,既是机遇也是挑战,我们要直面改革,迎接挑战。会议希望,驾培行业各位参与者应充分研读改革精神,以改革为契机,加强行业自律和内涵建设,把江西驾培行业提升到一个新高度。会后,省驾培协会及时与省运管局和省公安厅交通管理局就相关意见的落实进行沟通。

（省驾培协会:闵婕）

【赣州市公路学会举办"公路领域PPP前景与应用"学术讲座】 6月26日上午九时许,赣州市公路学会为使广大会员单位了解和掌握政府和社会资本合作模式(PPP)的内涵和意义,提高交通工程建设管理水平,特邀请交通运输部专家池璐到赣州主讲以"公路领域PPP前景与应用"为主题的业务知识专题讲座。池璐主任首先讲解了什么叫公路领域三个PPP? 他说PPP模式是由Public—PrivatePartnership的字母缩写,(是指政府与私人组织之间,为了提供某种公共物品和服务,通过签署合同来明确双方的权利和义务,彼此之间形成的一种伙伴式合作关系,最终使合作各方达到比预期单独行动更为有利的结果),因此有了缩写的PPP(第一P;公共部门、第二P;私营部门、第三P;合作关系),接着讲解了PPP公路行业的前景与应用等四个方面内容。深入浅出、系统阐述了公路系统PPP前景与应用规模、项目流程,还重点讲解了公路行业的前景,以及如何运用PPP的规则模式为公路行业打造更好的良好环境等几个方面的热点问题。

赣州市交通运输局、公路局领导和市公路学会理事长、专业委员会主任,各县(市、区)交通局领导,学会会员单位及市交通运输局、市公路局业务科室负责人、技术骨干等共计100多人参加讲座。

（林秉峰　蔡桂连）

行政管理

政务管理

【概况】 2015 年,省交通运输厅办公室围绕中心、服务大局,统筹协调、狠抓落实,较好地完成了各项工作任务,为促进全省交通运输事业升级提速做出了积极贡献。

有效提升公文办理效率。通过大力推进 OA 网上办公,设置网上红黄绿灯,实行限时办结制,对一些重要、紧急的文件开辟绿色通道,做到即收即办,有效解决了公文运转缓慢、办事拖沓等问题,亮红灯起数较上年下降了 60%。

认真做好会务组织协调。充分利用公文传输网和短信平台,加快会议通知进程,提高办会效率。注重会前精心准备、会中严肃纪律、会后跟踪督办,提高了会议质量。一年来,优质高效地完成全省高速公路通车里程突破 5000 千米新闻发布会、全省重点交通基础设施建设推进会、全省加快推进城市公共交通优先发展工作会、全省普通国省干线公路建设现场会暨迎国检工作推进会、全省农村公路养护管理年活动总结暨危桥改造民生工程建设动员会等一大批重大会议,圆满完成省委省政府、交通运输部等省部级领导视察指导交通工作活动的安排衔接。

切实加强信息报送工作。聚焦交通运输发展的重点、难点、焦点问题,积极收集报送信息。全年编发专报信息24期,送省四套班子领导和各位厅领导,其中跑项争资的信息,得到省委原副书记莫建成的批示;交通职业学院走特色办学之路的信息,得到省委常委、省委秘书长朱虹的批示;淘汰“黄标车”的信息,得到省政府副省长、省公安厅厅长郑为文的批示。同时,还通过网络报送系统向省委、省政府和交通运输部报送信息600余条,采用100余条,被省委办公厅评为2015年度信息报送工作先进单位。

不断强化督查督办工作。对省委、省政府、交通运输部领导同志以及厅领导重要批示、交办事项列入必督项目,按照分工,由对口秘书进行专项督办,做到反应迅速、协调有力、落实到位、反馈及时。2015年,督办领导批示件56件,办结56件。指定专人限时督办人大代表建议、政协委员提案。2015年,全厅办结省人大代表建议94件,省政协提案33件,办结率达到100%。

积极做好文稿起草、档案、政府信息公开、保密、信访、民声通道办理等工作。2015年,厅机关档案室新增档案1584件,接待公众查阅103人次;江西交通信息网新增政务公开信息5259条,向江西省政务公开平台报送信息705条,受理依申请公开信息4例,均已由相关部门受理答复;组织开展保密工作检查和保密警示教育,全年未发生失泄密事件;受理信访案件798件次,初信初访办结率达100%;办理省委民声通道工作室转办件6件,均做到按时回复。

（崔建林）

【省交通运输厅信访秩序总体稳定】 2015年,省交通运输厅信访总量与上年基本持平。其中:受理群众来信下降45.5%;受理群众网上信访(包括省长手机、省政府信箱、省投诉受理中心网上转办、交办信访件以及厅长信箱、厅电子邮件等网上受理信件)上升35.6%;接待群众来访批次下降,人数基本持平。初信初访办结率100%,停访息诉率达96%以上,信访秩序总体稳定。

1.完善网上信访机制,推进信访工作一体化。根据省信访局推进“可查询、可跟踪、可监督、可评价”“受理、交办、督办、回复一站式服务”和“网下办理、网上流转”的网上信访工作改革要求,厅将省长手机、政府信箱、省信访局网上信访及群众来信来访网上交办以及厅长信箱、厅长手机(厅长热线)、厅网上信访等资源有机整合一起,对群众来电、上网、发短信反映诉求问题全部进行网上交办,进一步推进了“信、访、网、电”四位一体化,让群众少跑路,让数据多跑腿。同时,减少群众上访成本,转变群众走访习惯,由走访方式向上网、打电话方式转变,摆脱多头访、重复访缠身的局面,使网上信访真正成为群众表达信访诉求的主渠道。

2.进一步加大办信工作力度,提高办信工作成效。一是认真办好群众给部、省、厅领导的转办信。对上级部门转来群众给部、省领导的信件和群众写给厅领导的信件(经厅信访部门筛选后),及时呈报有关厅领导阅示,并根据厅领导签批意见,迅速转交承办单位办理,同时落实责任单位、责任领导和责任人,限期办结并报送结果。2015年,对上级部门转交办群众给部、省领导的5件来信和群众给厅领导的7件来信,及时妥善处理和回复,信访人均表示满意。二是注重办好重要的初次来信和重复来信。收到重要的群众初次来信后,直接转交给责任单位承办,并责成责任单位在规定的时间内办结,决不允许在系统内搞程序空转。对反映集中、问题突出的重复来信,适时开展了专项治理或集中攻坚,切实减少信件存量。三是注重办好扬言信和联名信。收到扬言采取极端方式行为或群体聚集的信件,厅立即向上级报告,并通过电话、传真等方式迅速交办给责任单位妥善处置,做到不过夜、不出事,及时把矛盾隐患消除在萌芽状态和始发阶段。对于联名信特别是人数较多的联名来信,督促承办单位及时回应群众诉求,防止敷衍了事、推诿不办,确保案结事了。四是把好跟踪督查关。采取电话、发函、派人等方式,坚持个案督办与集中督办、部门督办与领导督办、定期督办与不定期督办相结合的原则,重点督办到期未办结的、交办处理效果不够好的、反复催促仍未落实处理意见的群众来信,督办情况在一定范围内通报,压实责任,督促提高信件办结率和停访息诉率,及时解决群众合理诉求,密切党群关系。五是把好结案审核关。对群众来信办理意见回复之前,承办单位的办结报告由本单位负责人签署意见报厅,经厅审查无误方可回复来信人或上报有关部门后再结案,确保件件有着落,事事有回音。对回复工作不重视、未在规定期限内告知来信人等违反《信访条例》规定的,信访部门责令其尽快纠正,并视情况给予通报或追究相关责任。

3. 坚持矛盾纠纷排查化解常态化。把着力解决交通运输信访突出问题作为工作重点,坚持集中排查与经常性排查相结合,全面排查与重点排查相结合的常态化排查化解工作机制,切实推行首办责任制,把问题妥善处理在本单位,把矛盾解决在基层,化解在萌芽状态,绝不允许将矛盾和问题推给上级、推向社会。

4. 进一步规范信访事项受理办理程序,引导来访人依法逐级上访。针对近年来交通信访工作中出现的新情况和新问题,省交通运输厅积极引导来访人逐级上访,进一步明确基层和有权处理信访事项部门的程序性、实体性办理上访事项工作责任,规范工作程序,同时加强案件督导检查工作,形成一级抓一级、层层抓落实的工作格局,将交通运输上访问题化解在基层,促进群众上访问题得到及时就地解决,确保来省、进京上访问题不反弹,有效减少越级重访量。全年接待群众来访批次和人数与去年相比批次下降7.4%,人数持平。

5. 深入落实党政领导干部包案工作制。对重大疑难复杂和群众反映强烈的信访突出问题以及上级部门和省、部领导交办的信访案件,严格按照"四定""五包"原则,实行厅领导包案工作制,直接推动了问题的彻底化解。2015年,厅领导包案21件,办结21件,办结率100%;停访息诉21件,停访息诉率100%。

6. 严格落实领导干部接待群众来访工作制度。制定了《江西省交通厅领导干部定期接待群众来访办法》。厅领导坚持在岗接访和定期轮流到厅信访接待室接待上访群众的做法。同时,根据省信访局的安排,厅领导还定期参加省政府(省人民接访中心)接访工作。厅领导在接待群众来访工作中,不仅是做到开门接访,深入基层下访,同时又有针对性约访,集中解决好群众反映突出的热点难点问题。

7. 深化民工工资管理,从源头上预防民工工资拖欠。全面推广民工工资管理创新经验,将交通项目工程款12%作为民工工资支付保证金、每个月按时将工资打入到民工的工资卡里,确保民工的工资及时足额发放,连续三年实现新建、在建项目农民工工资"零拖欠",农民工"零投诉、零上访"。省交通运输厅创新民工工资管理的做法,得到省委书记强卫同志的充分肯定,称之为"是推动依法治省工作一个行之有效的实招、高招",同时,还得到中央综治办的充分肯定。

(罗安生)

【省运管局行政服务中心工作有成效】 该局行政服务中心积极开展以"政策界限不突破、工作细心不出错、履行承诺不失信、纪律保障不懈怠"为主题的塑造窗口新形象活动,进一步转变服务观念,创新服务方式,提高服务质量,圆满完成了各项工作任务。2015年度,局行政服务中心共受理17469件业务,办结17653件,其中即时办结11908件,限时办结5745件,未办结17件,及时办结率100%,未出现一件错办漏办事项。该中心自成立以来,按照"一个窗口受理,一个柜台办结,一条龙办理"的服务模式,将所有省局本级行政许可事项全部纳入中心统一受理办结,制定权力清单,公开权力运行流程,自觉主动接受群众的监督。并自创式地推出了邮寄服务、绿色通道等特色性服务,获得业户的肯定。行政服务中心被省交通运输厅授予"2013—2014年度全省交通运输行业文明示范窗口"称号。

(袁　科)

【江西省第一个普通公路服务区试营业】 经过近一年的建设和开业筹备,分宜公路分局凤阳服务区正式挂牌试营业。司机朋友可以在这个服务区加油、免费加水、休息、如厕,查询公路信息等,乘客朋友可享受到亚高速公路服务区优质服务,同时该局凤阳路政中队同时进驻,负责服务区的管理,标志着第一个江西省国省道干线公路服务区正式投入使用。

分宜公路分局面对建设资金少、用地指标紧和加油站审批手续复杂等难题,创造性地提出联合社会资源共同建设公路服务区构想,率先建成并迅速试营业。该局与中石化分宜支公司、凤阳交警中队、凤阳乡卫生院、凤阳金生饭店等七家单位共同组成凤阳服务区成员单位,各自承担相应服务职能。该局建成服务区后,在做好服务区基本功能外,还将建设公路信息服务平台,完善拖车、救援、医疗救助、中式简餐等配套服务项目。该局安排专人收集公路信息,及时发布,完善公路指路标志牌,为司乘和旅游人员提供多层次服务。

【景德镇市首批“四位一体”公交综合调度站投入使用】 6月,景德镇市首批3座公交综合调度站正式投入使用。该批公交综合调度站集公交指挥调度、交警巡逻执勤、出租汽车停泊、城市管理监等四项功能于一体,为江西省城市公关交通行业首创。

公交调度站是公交运营管理的前线指挥所。作为重要的公交基础设施之一,公交调度站布局是否完善、功能是否齐备,直接关系着公交事业的长远发展。为进一步优化城市公交线网布局,满足广大市民乘车需求,景德锁市公共交通公司依据城市公交总体规划的安排,在主城区合理位置高起点规划、高标准建设18座公交综合调度站,首批恒大名都、中国陶瓷城、新枫园3座公交综合调度站全面竣工并于7月30日正式投入使用。

此次投入使用的公交综合调度站面积最大的超过70平方米,面积最小的也有近50平方米,内设公交调度室、乘客候车室、公交驾驶员休息室、洗舆室、配餐室等,集公交指挥调度、交警巡逻执勤、出租汽车停泊、城市管理监督四项功能于一体,可在提升城市服务功能、美化城市景观、方便市民出行等方面发挥积极作用。

景德镇市新建“四位一体”公交综合调度站是江西省城市公共交通行业中的首创。2015、2016两年,该市公共交通公司还将建设15座此类公交综合调度站。

(涂　强)

【新余市普通干线公路路网运行监测与应急处置平台正式运行】 经过近4个月的建设和2个月的试运行,新余普通干线公路路网运行监测与应急处置平台正式启动,标志着新余市普通干线公路养护管理、路政执法和治超管理步入信息化时代。

该平台承担着全市国省干线公路的路网管理、应急指挥、出行信息服务职能,目前外场建设有5个固定监测点、1个超载预检点、2个综合养护中心监测点、3辆移动监测车,以及袁河大桥、罗坊大桥、丹江大桥、天工大桥等四座大桥计16个重要部位监测点。实现了对全市国省道重点路段和大桥每天24小时不间断采集视频、交通和超载信息,将大大提升公路交通运行管理分析和决策能力。

该平台正在拓展交通、超载等信息的运用,一是与养护部门一起对交通信息进行整理、分析,实现资源共享;二是将超载信息经专线传输到治超站点,提高治超工作的针对性;三是与地方“天网”工程对接,扩充对道路“热点”的实时监控。这将进一步提升该市普通干线路网运行监测和应急处置能力,更好地服务公路交通和公众出行。

(李　明)

【江西近60万赣通卡用户可在全国高速公路刷卡通行】 9月28日上午,交通运输部召开全国ETC(电子不停车收费)联网电视电话会议,杨传堂部长宣布内蒙古、黑龙江、广西、新疆四省作为最后一批省份成功并入全国ETC联网区域,2100余万用户实现一卡畅行全国。

江西累计建成ETC专用车道547条,赣通卡用户近60万,建成自营网点20个,覆盖全省市县区的全业务代理网点共552个,覆盖自营网点、服务区自助充值终端96个。近期正在开展空中充值APP互联网OBU,货车ETC研究等工作,采取有效措施,着力提高路网管理能力和服务水平。

(李　明)

【赣州市2015年新建一批农村客运站】 3月20日,赣州市召开2015年道路运输工作会议,该市将继续推进城乡客运一体化工作,进一步完善农村客运基础设施,为城乡旅客提供更为方便的出行保障。

为了加快农村客运,2015年将确保符合通行条件的行政村客车通达率达100%。加快城市公交与农村客运的衔接,积极推进县域20千米范围内农村客运线路公交化改造。紧紧抓住全省开展镇村公交发展试点的契机,开展镇村公交发展试点工作。积极争取当地政府出台有利于农村客运发展的扶持政策,在财政补贴、税费减免、土地费用减免等方面给予支持,建立政府主导、企业运作、财政补贴、协会支持的良性运行机制,将推进城乡道路客运一体化工作由行业行为转变为政府行为和社会行为,2015年赣州市完成6个农村客运站、200个新式候车亭建设任务。

(淳　朴)

【景德镇市交通运输建设发展紧盯民生改善】 2015年景德镇市交通运输发展的目标任务,在重点工程方面,力争景南高速出口(济广高速公路月亮湖收费站)尽早开通运营;做好206国道境内大中修项目沟通衔接及服务工作,确保按期完工;启动景德镇长运物流园项目建设,推动景德镇市物流业的更快发展;加快综合交通枢纽项目研究论证、规划设计、立项审批等前期工作,确保这一集长途客运、公交、出租为一体的综合交通枢纽项目年内开工建设。

在民生工程方面,计划建设改造不少于100千米的县、乡公路,不少于260千米农村通村(组)公路;对全市现有尚未改造的农村渡口(不含改渡建桥的渡口)分期分批进行"四个一"标准化建设,切实改善乘渡环境,提高渡运安全性;建设并开通交通运输服务监督电话"12328",依托科技和信息化手段,受理社会各界服务监督、投诉举报、咨询服务等业务,更好地服务人民群众安全便捷出行。

在城市公交方面,购置100辆空调公交车或新能源空调公交车;完成100座公交候车亭建设;优化公交线路布局和场站设置,新增、调整、优化公交线路;新增100辆出租汽车(2014年计划)并全部实行公车公营,提高出租汽车服务供应量。

在运输经济方面,实现全年全市道路运输(不含公共交通及出租汽车)客运量、旅客周转量、货运量、货物周转量的增长高于全市经济发展水平。在企业改制方面,确保上半年完成市公共交通公司改革改制。在发展规划方面,坚持适度超前,科学设定规划目标指标,精心组织"十三五"规划编制规划编制工作,按时保质完成编制任务。

(涂　强)

【芦溪县交通运输局建立健全管理机制】 该局2015年进一步完善机关管理制度,建立健全首问责任制、车辆管理等制度。按照"账单式工作法"要求,强力推进工作作风转变,认真开展"三单两制"等工作,完成便民服务事项编制和权力清单的清理及流程再造等,加大创建力度,确保创建工作取得明显成效。

(芦溪县交通运输局)

【上栗县交通运输局行政管理积极稳妥】 2015年该局一是将行政审批事项和行政事业性收费工作机构全部进驻县行政服务中心,同时对运转流程进行规范、公开,对全年行政审批事项、程序、时间进行精减。二是以"三严三实"主体教育活动为契机,建章立制,进一步规范局日常事务及行政管理,新制定"政治制度""工作记录、限时结办制"等7项管理制度,并按制度严格执行、定期督查,做到工作分工有人管、落实有人干。

(上栗县交通运输局)

【新余市委书记刘捷调研交通运输工作】 5月26日,新余市委书记刘捷一行调研交通运输工作。刘捷在听取了交通运输工作情况汇报后,并与大家座谈,了解交通运输工作中遇到的困难和问题,共商交通运输发展大计。就如何促进新余市交通运输发展,刘捷指出,交通运输发展要把握大的方向,重点探索适合新余工业发展最佳交通运输发展方式。要对全市交通运输的发展有一个全面的评估。

刘捷强调,要重点抓好物流业发展、出租车行业改革、重点交通项目建设、"三单一网"落实工作、"十三五"交通运输发展规划编制、交通运输综合执法改革和"三严三实"专题教育活动等工作。

(邓清华)

【省交通设计研究院有限责任公司转变经营方式见成效】 2015年,在新建高速公路主导产业下滑的情况下,江西省交通设计院强化经营激励机制,在"全员工经营、全方位经营、全力量经营"的经营理念指导下,全年实现财务营收逾3.1亿元,经济效益保持平稳态势。与往年比较,实现了新产业和辅助产业的提升,体现在:

1. 承揽6条高速公路沿线房建设计,并且全面完成了南昌至上栗高速全线的服务区、管理区及收费站的全部房建施工图设计。

2. 咨询审查项目远超历史。全年完成梁家渡大桥、南昌市G353路面改造、G105银三角至广福段、新建县2条二级公路、南丰县南建大桥、G320进贤大道、X020程扬线等9个项目的施工图咨询审查。此外,还承接全省3100千米已通车和800千米在建的高速公路的提速咨询报告编制工作。

3. 承接机电系统的改造设计。全年完成了十余处已通车的高速公路服务区、管理区和收费站的升级改造设计。

4. 子公司——江西交通建设工程监理所新签订合同5142.02万元,为历史之最。其中福建监理项目签约3737.65万元,首次实现了省外业务量高于省内的目标。

5. 子公司——江西省交院路桥工程有限公司于年内正式开始独立经营,当年即产生经济效益,签订并全部完成合同额345万元。

6. 继续探索海外市场。进行了孟加拉国某国道升级改造的设计施工总承包投标策划工作。承接并完成了加纳首都某城市道路改造的工可编制工作。

(交通设计院有限公司)

组织人事

【概况】 2015年,省交通运输厅各级组织人事部门紧紧围绕全省交通运输建设需要,各项工作取得了新的成效。

1. 认真开展"三严三实"教育。坚持把开展"三严三实"专题教育作为重大政治任务,突出干部思想作风建设,聚焦严守党的政治纪律和政治规矩,由厅党委书记带头,示范带动厅属各级领导干部带头讲党课、开展专题学习、开好民主生活会、整改立规立纪等四个环节工作,推动专题教育扎实深入开展。这次专题教育使领导干部在思想、作风、党性上进行了一次集中"补钙""加油"。

2. 提升领导班子和干部队伍素质。按照厅党委确定的"小步走、常流水、不断线"的工作思路,科学的选配不同年龄段、不同学历和不同经历的干部,提高干部工作的民主质量。2015年共进行4批次,提任处级干部59人(其中正处级14人,副处级45人)。

3. 持续加大干部管理监督力度。坚持落实从严治吏要求,积极强化干部日常监督管理。开展选人用人工作自查,迎接省委第四轮巡视选人用人工作专项检查。按照《干部任前档案审核暂行办法》,重点加大了厅直属各单位提拔副科级以上领导干部任前档案审核工作,重点审查干部的"三龄两历",实行"谁审核、谁负责",确保干部基本信息真实、准确。重点审核处级领导干部和厅机关公务员共计412名。2015年底厅党委召开党委会对412名干部的基本情况做出了认定,并对13名审核认定已到龄退休干部集中办理了退休手续。加大了对厅直单位干部人事档案指导检查力度,涉及17个单位(其中3个参公单位),审核对象共计2593名。严格执行年度领导干部报告个人有关事项报告制度,对领导干部个人事项报告表进行收集、审核、录入、汇总,累计完成了厅管领导干部399人信息的新增录入和相关数据汇总统计上报工作。2015年共核实71位领导干部填报的个人事项,对5名漏报情节严重的领导干部进行诫勉谈话。开展违规办理和持有因私出国(境)证件专项治理工作。进一步完善登记备案人员信息库,做到应备尽备,一个不漏。

4. 优化人才发展环境。加速人才孵化平台建设。全年全厅新增院士专家工作站1个,省级博士后创新实践基地1个。现有赣粤和科研院两个博士后科研工作站顺利通过人社部和博士后管委综合评估。加快现有人才培养。先后推荐4名同志参选省百千万人才工程,1人入选。推荐1人成功当选世界道路协会技术委员,推荐评审新增10名教授级高级工程师、99名高级工程师、226名工程师,新增其他中级专业技术人员110余名。鼓励职工通过继续教育方式,新增博士(含在读)5名。多方统筹引进优秀人才。通过努力以遴选方式为省公路管理局、港航管理局、运输管理局等3家参公单位引进29名优秀基层公务员。组织高速集团参加省人社厅组织的浙江大学、复旦大学、长安大学、厦门大学等20多所学校毕业生双选会和招聘宣讲会,共向各大院校招聘优秀硕士研究生28人,优秀本科生7人。推进行业先进单位及人员表彰工作。全省交通系统4家单位被授予"全国交通运输系统先进集体"称号;5人被授予"全国交通运输系统先进工作者"称号;8人被授予"全国交通运输系统劳动模范"称号。

5. 推进人事制度改革。扎实推进省公路路政管理总队、省联网管理中心事业单位岗位设置工作,全厅所有事业单位均完成了岗位设置及聘任工作。完成省交通工程质量监督站更名为江西省交通建设工程质量监督局,做好部分事业单位内设机构调整及新增高速公路路政大队的设立和增编材料报送事项,完成了高速公路隧道应急救援中心、高速资产经营有限公司等机构的组建工作推进高速公路区域管理调整工作。积极落实好

2015年职称改革的新政策,2015年职称中高级通过率继续保持稳中有降的态势,职称评审工作得到省人社厅领导的肯定和好评。

6.强化服务保障水平。加大企事业单位工资审查力度。做好厅直单位年度各类人员的正常调资、增资审批工作,做好2015年绩效工资标准的确定工作。严格按十八届三中全会关于合理规范国有企业管理人员薪酬水平精神,建立符合厅属企业负责人特点的薪酬制度,起草了《江西省交通运输厅关于深化厅属企业负责人薪酬制度改革意见》,并向省深化国有企业负责人薪酬制度改革工作领导小组办公室报送。统筹完成全厅2015年度绩效管理方案的制定,材料的收集整理,系统录入及年终总结上报。先后组织"三严三实"专题学习、处级领导干部网上学习等教育培训工作,累计参加培训处级干部460余人次,选派副高以上专业技术干部参加人社部知识更新工程15人次,通过组织专门业务培训、选派培训等形式,全年累计培训组织人事干部300余人次。指导扶贫组制定了《厅定点包扶西龙岗村三年扶贫工作规划》,促进扶贫资源的整合与共享,持续为定点包扶贫困村提供有力的政策、项目和资金支持。出台《省交通运输厅组织"连心"小分队开展机关干部集中下基层活动实施意见》,并积极开展连心小分队深入赣州、上饶等扶贫点开展基层实践活动。

(赵　晖)

财务管理

【概况】 厅财务部门围绕交通建设的中心工作,落实本年度各项目标任务,创新筹资机制,规范资产管理,推进财务工作信息化建设。

1.做好2015年预算人大重点审查各项工作。及时按照预算审查意见,修改和完善了2015年预算草案,实现全厅2015年部门预算草案审查顺利通过。配合省人大预工委,开展全省农村公路建设养护资金筹集管理使用情况调研。及时向省人大预工委报送了预算执行情况和分析报告,保持与省财政厅、省人大的主动对接。

2.提高预算管理水平。以人大重点审查为契机,进一步完善了预算编制程序。强化厅直事业单位预算管理。下发《江西省交通运输厅办公室关于开展财务专项检查的通知》,通过单位自查和厅重点检查,全面梳理在预算编制和执行过程中以及单位国有资产和会计基础工作中存在的问题,通过对问题的整改,提升全厅财务管理水平。强化预算执行约束,厅属单位预算调整事项较往年大幅减少,提高预算执行准确性。2015年公开的2014年部门决算和2015年部门预算信息科目更细化,并增加了预决算编制和增减情况比较等必要的文字说明。预决算信息在"江西交通信息网"长期公开。

3.切实减少和压缩结余结转资金规模。定期按年度、资金来源统计项目资金结余结转金额,分类分项提出处理意见和建议,提交相关项目管理部门和单位,推动项目实施,加快年度预算执行。积极与财政部门沟通,加快了75.53亿元车购税资金、1.6亿元港建费,1亿元水运建设资金、0.2亿元道路运输场站建设资金等专项资金和6亿元地方政府债券资金到位时效,为项目推进提供了资金保障。对缴存财政的各项通行费收入,也加快了申请进度。至2015年年底,项目结余结转资金同比下降23%。主动对接各用款单位,科学合理统筹资金,优化贷款资金提款时间,确保贷款资金效益最大化。2015年向省财政厅提交了申请,争取2012年以前年度车购税资金6329万元继续由厅用于原项目建设。

4.全面有序开展项目绩效评价。部门预算项目支出绩效评价范围,由2014年占项目支出总金额的40%扩大到2015年占项目支出总金额的60%,各单位已按此要求完成了自评价工作。完成2015年支出金额超过200万元项目的绩效目标申报工作,并通过省财政厅的评审。

5.稳步做好撤销普通公路收费站后续工作。为切实做好撤销普通公路收费站的后续工作,加强与省审计厅的配合,积极推进取消普通公路后债务核定工作,完成南昌市南安一级公路等22条普通公路债务审计。

6.贯彻落实省委、省政府关于促进经济平稳健康发展的重要举措。自2015年6月1日零时起,对持有赣通卡的货运车辆通行江西高速公路,车辆通行费优惠标准在原有基础上再增加2个百分点(储值卡7%、记账卡4%),已累计增加优惠

942.1 万元。推广落实江西省国际标准集装箱优惠政策，即对通行本省高速公路合法装载的国际标准集装箱车辆，计费标准由每车每千米 1.6 元降至 1.15 元，优惠幅度为周边省份最高，有利于鼓励发展国际标准集装箱运输方式，推动道路运输结构调整，已累计优惠 2324 万元。

7. 积极做好厅属企业国有资本收益申报。根据《江西省人民政府关于试行国有资本经营预算的意见》等文件要求，组织 31 家厅属企业进行了国有资本收益申报工作。

8. 强力推进全国 ETC 联网。全省已建成 ETC 专用车道 547 条，省界主线站 ETC 覆盖率 100%，ETC 专用车道均为“两入两出”，匝道站 ETC 覆盖率 98%。完善 ETC 网点布局，全省共有 20 个专营服务网点；银行代理服务网点 552 个；自助充值终端 84 个，服务区覆盖率达 57%，月充值额达 1.2 亿元；同时在自营网点设置了 12 套自助充值终端，以解决客户的自助充值需求。全省 ETC 非现金支付率占总通行费收入的 22%。逐步扩大 ETC 用户群体，采取自主营销、计划营销、第三方营销等模式，借助市场平台、资源、手段，快速提升 ETC 用户群体。截至 2015 年 9 月，全省赣通卡用户 65 万，占比 23%。

（管婧湉）

【省人大预工委开展农村公路建设和养护资金专题调研】 10 月 20 日，省人大常委会预算工委主任、财经委副主任委员周山印，省交通运输厅副厅长王爱和率省市人大及交通部门的调研组人员 20 余人到上饶市铅山县开展农村公路建设和养护资金筹集管理使用情况的专题调研。

调研组听取铅山县交通运输局、公路分局关于铅山农村公路建设和养护资金管理使用情况的汇报，并对相关的公路建设政策和资金管理情况进行广泛的讨论。调研组一行还实地查看农村公路建设、危桥改造、公路养护管理情况，并在汪二镇镇政府召开基层乡镇府代表、村委会代表及普通农户代表参加的座谈会，与会代表积极发言，畅谈历年来农村公路建设所带来农村的翻天覆地变化以及当前和今后一个时期农村公路建设发展需求和困难。

调研组在广泛听取当地群众的意见和建议，深感近年来公路建设给当地群众所带来的巨大变化，也从切身的感受中体会到铅山近年来交通基础设施发生的巨大变化，对推动铅山的经济快速发展起到主导作用。调研组一行要求上饶各级交通部门要着力解决当前及今后制约交通建设的瓶颈问题，要根据相关政策，出台更加适应当前及今后一个时期农村公路建设发展需要的措施，调整资金拨付管理程序，更好地推动新一轮交通基础设施的发展，促进地区经济全面协调发展。

（铅山县交通运输局）

【景德镇市督查涉农资金整治工作】 11 月 5 日，景德镇市民生资金考核组组长徐家和一行对景德镇市交通运输局涉农资金整改落实情况进行督导考核。考核组认真审查了景德镇市交通运输局专项整治行动相关材料，对景德镇市交通运输局涉农资金使用情况进行了考核，并在景德镇市交通运输局八楼会议室召开考核反馈专题会。局党委委员、副局长方景萍，局党委委员、纪工委书记邵正东参加会议。

考核组一行对景德镇市交通运输局涉农资金专项整治行动给予了充分肯定。徐家和指出，市交通运输局在此次专项整治行动中，态度积极、分工明确、重点突出、机制健全，有效地完成了自查自纠、重点检查、整改落实、总结提升工作。特别是对自查发现的问题，按照问题性质进行了分门别类，明确了整改措施和时间节点，保质保量地完成了整治工作，将各项政策措施落实到了实处。

（黄标欣）

【吉安市推行专项资金项目化管理】 2015 年，吉安市政府从市本级安排的农村公路养护专项资金中，拿出 450 万元，帮助基层解决农村公路危桥改造及村村通公路建设资金筹措困难的问题。此次项目扶持的范围主要包括公路危桥改造项目和村村通公路（桥梁）新建、大中修项目。申请市级专项补助的农村公路危桥改造项目必须是 2014—2015 年建成或在建项目，村村通公路（桥梁）新建、大中修项目必须是 2015 年建成的项目，且未享受中央、省补助的项目，优先考虑全市定点扶贫村、美丽乡村建设点项目。按照自下而上逐级申报项目，市交通运输局会同市财政局进行项目评审，建立年度专项资金项目备选库。对农村公路危桥改造项目：拆除重建类桥梁按 300 元/平方米标准补助;加固类桥梁按200元/平方米标准补助。村村通公路(桥梁)项目:每个项目补助2万~5万元,每个县(市、区)限报10个。

(吉安市交通运输局)

【宜春市交通运输局陪同交通运输部检查涉农资金】 宜春市交通运输局根据宜春市财政局的文件要求,结合本部门本单位实际情况,布置开展自查和检查工作,陪同交通运输部检查奉新县、袁州区交通运输局涉农资金管理使用情况。一是宜春市交通运输局积极布置交通运输部专项检查工作。局主要领导非常重视,亲自做出批示,分管财务领导及时组织相关人员认真学习领会中央、省、市部门的文件精神,统一思想,进一步增强对做好涉农资金管理工作重要意义的认识。2015年5月26下发《关于做好涉农资金自查自纠工作的通知》,要求各县(市、区)交通运输局认真对待,明确责任分工,各尽其责、相互配合,做好部级检查前自查工作。二是强化监督,重点检查。6月初,該局由分管财务的副局长带队,派出检查组,对照自查自纠情况,重点对2013年、2014年涉农资金的申请、分配、拨付、管理和使用过程中容易发生的六个问题进行检查。三是2015年6月9日至11日,市交通运输局陈宜林副局长,陪同交通运输部、市财政局涉农资金检查组,检查了奉新县、袁州区交通运输局2013年、2014年农村公路水路建设项目中,是否存在利用资金、项目管理权,涉嫌贪污、受贿,谋取私利;是否存在项目申报弄虚作假,套取和骗取财政资金;是否存在截留、挪用财政专项资金;是否存在违反政府采购投标、民办公助、村民自建管理规定;是否存在资金拨付不足额、不及时,滞留、延压项目资金;是否存在未按规定时间启动项目、未按期完成项目建设任务等六个方面问题。通过检查,进一步完善了对涉农资金的管理监督和使用程序,达到了检查预期效果。建立涉农专项资金管理使用长效机制继续加大宣传力度,提高厉行节约意义的认识。完善措施,注重源头治腐,规范财务制度,严肃财经纪律。严格执行涉农专项资金拨付程序,加强资金使用监督,使涉农专项资金充分发挥效益。进一步执行涉农专项资金规定,充分依靠群众监督,不断完善财务管理制度,积极探索建立涉农专项资金管理使用长效机制。 (张小平)

【宜春市港航规费管理征收政策发生重大变化】

2015年,宜春市港航规费管理政策发生重大变化。一是按照2014年5月江西省委办公厅、省政府办公厅印发的《关于开展省直接管理县(市)体制改革试点工作的意见》,丰城市列入省直管县试点县级市。丰城市的规划直接上报、计划指标直接单列、统计数据直接报送、证照直接发放、政策直接享有、财政体制执行省直管财政体制。2015年4月1日起,丰城市征收的货物港务费正式归江西省交通运输厅下属单位江西省港管理局统管,丰城市交通部门不再向宜春市交通部门报送货物港务费数据。二是为进一步减轻水路运输企业特别是小微企业负担,宜春市交通部门根据江西省财政厅、江西省发展和改革委员会印发的《关于清理规范取消停征和免征一批行政事业性收费的通知》,自2015年4月1日起,对小微企业免征货物港务费。对"收费许可证"进行年审备案。2015年高安市基本取消征收小微企业货物港务费。由于货物港务费征收政策的变化,2015年宜春市货物港务费征收管理工作和统计工作发生变化。

(张小平)

交通内部审计

【概况】 2015年内部审计工作紧紧围绕厅重大决策部署,强化对重点工程、重点项目、重点资金、重点领域的全方位审计监督,科学安排审计项目,推进审计全覆盖。圆满完成年度各项审计工作。

1. 全面推进基本建设项目审计全覆盖。2015年底全省高速公路通车里程已突破5000千米,2015年底在建的高速公路项目15个、2个在建的水运建设项目,加上尚未完成竣工决算的高速公路项目总数近30个,高速公路建设项目跟踪审计和决算审计是年度审计工作重点。2015年按照审计全覆盖的原则,坚持每个项目至少一年审计一次,年度内对所有的在建项目进行了跟踪审计,已出具19个高速公路项目的跟踪审计结果,已完成4个项目的竣工决算审计。通过审计核减项目投资1187万元,查出漏缴税金1640.5万元,提出审计意见建议80余条,有效地提升了项目管理水平,减少了项目投资。

为推进已完工的高速公路建设项目的竣工决算审计,经厅务会审议通过,制定了《江西省高速公路建设项目竣工决算审计管理暂行办法》,为高速公路决算审计提供操作规程。通过召开两次项目竣工决算审计推进会,督促各高速公路项目办抓紧做好竣工决算审计前期准备工作。经协调省审计厅已完成对鹰瑞、永武高速公路项目的竣工决算审计。省厅授权省高速集团公司正在开展对九江二桥、隘瑞高速公路项目竣工决算审计,正在开展对瑞寻、德昌、彭湖、祁浮等4个高速公路项目竣工决算审计招投标工作。省厅本级已完成交通干部学院搬迁改建工程项目、石吉项目尾工工程竣工决算审计,正在实施赣江东河航道整治项目的竣工决算审计工作。

2. 推进领导干部的经济责任审计全覆盖。按干部管理权限,坚持谁主管谁负责的原则,有效推进领导干部经济责任审计。年内完成对省高速投资集团抚州管理中心原总经理余为干等10位事业单位领导干部的离任经济责任审计和5位企业干部的离任经济责任审计,提出审计意见和建议50余条,促进增收节支80余万元。还开展对省交通工程集团公司原总经理刘仁达、省公路工程公司原总经理张诚的经济责任审计工作。

3. 开展交通运输专项审计调查。根据厅年度审计工作计划安排,结合部财审司对安全保障资金审计要求,2015年开展了对全省交通运输专项资金的审计检查,重点对省厅安排的国省道建养及升级改造、农村公路建设、道路运输场站建设等专项资金进行审计,完成对全省11个设区市交通运输局、公路管理局22个单位及延伸部分县(市、区)交通运输局、公路管理局的车购税、燃油税补助专项资金审计调查。

审计发现部分县市的专项资金管理不规范,会计核算不规范,资金滞留严重,存在先建后批、擅自变更计划,项目建设停滞,配套资金不能及时到位等问题。针对专项资金管理、使用、项目建设中存在的问题,提出了意见建议,要求省公路管理局、省运管局等行业管理部门切实加强对专项资金使用管理情况的监督检查,完善专项资金违规使用的责任追究机制,确保专项资金专款专用,发挥专项资金应有的效益。

4. 督查落实审计结果,强化审计整改。2015年将审计整改作为一项重点工作,努力做到审计一项、规范一块、促进一片,推进审计成果运用,提升行业内部控制和整体风险防范能力。专门召开会议对2014年资产清查中发现的问题进行整改落实,相关单位已上报整改落实资料;下发审计结果整改落实的通知,要求被审计单位对审计提出的意见建议落实情况上报结果,对审计发现的问题整改情况报送整改结果,对于整改不到位的,整改拖延的单位进行审计整改回头看,切实做到审计整改全覆盖,形成审计整改结果报告,同时把近几年的审计档案进行归档,并将整改结果并入审计工作档案。

5. 建立规范管理的长效机制。2015年厅出台了《江西省高速公路建设项目竣工决算审计管理暂行办法》,明确了高速公路项目竣工决算审计职责、依据、程序等,为全省高速公路竣工决算提供制度保障。同时在引入社会审计力量,规范中介机构管理,中介机构的选择等方面起草《江西省交通运输厅审计中介结构库管理暂行办法》,已征求相关单位意见,待经厅务会讨论通过后执行。

6. 努力提高审计人员业务水平。为进一步提高审计人员的业务水平,强化行业引领作用,在总结以前年度审计培训的基础上,2015年有针对性地开展行政事业单位内部控制、工程项目管理、施工企业内部控制、领导干部经济责任审计、内部审计规范和内部审计准则等内容的审计业务培训,收到较好的效果,提高交通内审人员的业务水平。

(沈国华)

法治建设

【概况】 2015年,按照《中共江西省委全面推进法治江西建设的意见》和《江西省2015年法治政府建设工作要点》,结合工作实际,制定了《江西省交通运输厅2015年法制工作要点》,围绕推动法治政府部门建设,加快交通运输立法进程,深化交通运输行政执法体制改革,继续推进政府部门简政放权,深入推动“三基三化”建设。

1. 推动重点工作纳入法制化轨道。《江西省公路条例》被列入江西省人民政府2015年立法工作计划的确保项目。2015 年 6 月经省政府第 44 次常务会原则通过,9 月经省人大常委会第二十次会议审议通过,现已于 2015 年 12 月 1 日正式实施。该条例的实施对在新的历史时期提高全省公路建管养和保护的整体水平,具有里程碑的意义。厅制定了《江西省交通运输厅 2015—2020 年立法规划》,将《江西省交通建设工程质量安全监督管理条例》《江西省治理货物运输车辆超限超载条例》《江西省航道管理条例》《江西省城市公共交通管理条例》等多部条例的制定纳入到立法规划当中。

2. 进一步落实法治江西建设规划纲要工作任务。针对《江西省交通运输厅关于落实〈法治江西建设规划纲要(2014—2020 年)〉工作任务的实施方案》和《2015 年法制工作要点》,对分解了任务的相关单位和处室进行督导,并且建立相应的交通运输法治政府部门建设考评指标体系,制定考评办法,把方案规定的目标、任务细化和量化为具体指标,准确评估交通运输法治政府部门建设的状况和水平。

3. 稳步推进"三基三化"工作。按照交通运输部办公厅《关于开展交通运输基层执法站所"三基三化"建设试点工作的通知》和《"三基三化"建设试点工作实施方案》,进一步明确细化"三基三化"建设试点工作的主要目标、试点内容、进度安排、预期成果等。5 月 7 日至 15 日组织 4 个督导组,分赴赣州高速路政支队一大队、九江公路局瑞昌分局路政大队等 13 个"三基三化"建设试点单位进行督导。

4. 组织开展行政执法人员培训。根据《交通运输部关于加强交通运输行政执法队伍建设的指导意见》和省委组织部、省财政厅、省公务员局《关于印发〈江西省省直机关培训费管理办法〉的通知》,厅下发《组织开展 2015 年度全省交通运输行政执法人员培训工作的通知》,以省交通干部学院为依托,举办执法人员培训班 6 期、执法师资培训班 1 期,培训人数约 1000 人次,加强对全省交通运输行政执法人员培训工作的指导、推进和监督,组织对执法培训师资、执法工作骨干以及拟申领执法证件的人员培训。

5. 积极推进行政审批制度改革。按照省政府的部署,省厅积极推进行政审批制度改革。在简政放权方面,厅分六批承接交通运输部下放的审批事项 12 项,分五批取消和下放审批事项 17 项,分两批调整工商登记前置审批事项 5 项,一次性调整非行政许可审批事项 4 项,保留省本级行政许可 23 项,不再保留工商登记前置审批事项,不再保留非行政许可审批事项。深入开展权责清单制度改革,除行政许可外,保留省本级行政权力 178 项,含行政处罚 93 项、行政强制 14 项、行政征收 9 项、行政确认 3 项、行政奖励 1 项,其他权力 58 项,一次性调整为属地管理的行政权力 148 项。在规范管理方面,厅重点采取以下措施:在江西交通信息网公布行政审批项目目录清单,严格做到目录外无审批,清单之外的事项完全由社会主体自主决定。制定《江西省交通运输厅省本级行政审批项目办事指南》,并在江西交通信息网设置网上办事专栏,公布办理主体、办理条件、申请材料及程序、法定时限和承诺时限等,切实保障公众知情权。优化审批流程,一方面要求精简申报材料,缩减审批环节,绘制审批流程图;另一方面要求按审批环节定岗定责,明确各自办理时限,实行责任制管理和限时管理。积极推进"三单一网"工作,印发了《江西省交通运输厅省本级权责清单》。按照省政府的部署要求,强化组织实施、分工协作和沟通协调,取得一定的实效。

6,进一步推进法律顾问制度。为全面贯彻中共十八届三中全会关于"普遍建立法律顾问制度"的精神,按照《中共江西省委办公厅江西省人民政府办公厅关于在全省普遍建立法律顾问制度的意见》要求,厅下发了《关于在全厅普遍建立法律顾问制度的通知》,并从江西华邦律师事务所选聘律师担任省厅法律顾问。厅属的省公路管理局、省港航管理局、省公路运输管理局及省公路路政管理总队等相关单位均建立法律顾问制度、聘请相应的律师。

7. 进一步加大行政应诉工作力度。新修订的《中华人民共和国行政诉讼法》已于 2015 年 5 月 1 日施行,厅及时下发了《关于贯彻实施〈中华人民共和国行政诉讼法〉的通知》,新法的出台施行对行政机关依法行政和应诉工作,提出更高的要求。厅草拟《江西省交通运输厅涉诉案件应诉工作规则(草案)》,为提高全厅案件应诉工作质量和依法行政水平奠定基础。2015 年,厅共发生 5 件涉诉案件(其中 2 件行政案件,3 件民事案件)。对于每个涉诉案件,会同相关业务处室、法律顾问,进行全面分析研判,以案件的重要证据、焦点和"胜诉点"为抓手,综合权衡法规的适用,提出依法、有理、有据的抗辩。

8.大力开展行业法制宣传教育。结合十八届四中全会精神宣贯、"六五"普法规划、《江西省公路条例》宣贯等,通过中心组学习、宣传栏展示、培训班、研讨班等多种形式,开展了全方位、多层次的法治宣传教育活动,增强广大干部职工法治观念,努力营造决策办事依法、解决问题用法的良好法治氛围。5月份开展"路政宣传月"活动,全省交通运输系统共在报刊杂志发表宣传文章52篇,网站发布宣传月活动报道335余篇,在电视台播出宣传视频313分钟,在广播播出宣传音频2958分钟,发放宣传册和宣传资料8.5万余份,手机短信17万余条,组织现场咨询活动296场次,接受咨询人数7万余人,召开宣传座谈会73场次,悬挂宣传横幅900余条,黏贴宣传标语、宣传画13000余张。

(赵 宇)

【交通运输部调研法治政府部门建设】 11月25日,交通运输部科研院发展中心政策法规部主任、副研究员周艾燕一行4人在省公路运输管理局有关人员陪同下,对上饶市交通运输法治政府部门建设情况展开调研,局党组成员、纪检组长程黎霞、部分县(市、区)交通运输局主要领导、局属单位分管领导和法制科(室)负责人参加座谈。

会上,调研组一行听取该局关于交通运输法治政府部门建设情况的汇报,会议还就《加强交通运输法治政府部门建设研究》和《交通运输法治政府部门评价指标体系研究》两个项目的研究工作展开热烈的讨论。调研组对该局在法治建设方面做出的努力和取得的成绩表示充分肯定,并就下一阶段交通运输法治政府部门建设提出具体的工作要求。

(李铮文)

【省交通运输厅考评组考核上饶市交通运输行政执法】 8月11日至12日,由省公路路政管理总队副总队长黄炬任组长的省交通运输行政执法评议考核组对上饶市交通运输行政执法工作进行考评。局党组成员、纪检组长程黎霞带队迎检。

考核组先后检查市局、铅山县运管所、万年县交通运输局行政执法工作。听取迎检单位有关行政执法工作情况汇报;现场检查指导铅山县运管所和万年县农村质监站"三基三化"试点建设情况,并查阅相关资料和台账,抽取执法案卷,开展执法案件评查。省考核组组长黄炬对上饶市交通运输行政执法工作给予充分的肯定,同时,对上饶市交通运输系统如何进一步规范执法行为、强化执法监督、提高执法水平提出建议。一是进一步完善制度、程序和机制,以制度保障执法质量和实施效果;二是加大监督检查力度,以监督检查促进执法评议工作落到实处;三是加大培训和轮训力度,以培训考核促学习,提高交通行业执法人员的法律素质和执法水平。

(上饶市交通运输局)

【省交通运输厅督导调研组到上饶督导检查】 5月12日至13日,省交通运输厅"三基三化"建设工作督导调研组傅友华一行到上饶市铅山县运管所、万年县农村公路质量监督站现场督导调研。上饶市交通运输局、市交通质监局、铅山县交通运输局、万年县交通运输局有关人员陪同。

督导调研组实地察看铅山县运管所、万年县农村公路质监站办公场所标准化建设,并通过查看资料、听取汇报和座谈讨论对运管所和质监站的"三基三化"建设开展情况进行深入解。

督导调研组分别听取运管所、质监站"三基三化"建设试点工作汇报后指出,上饶市交通部门在"三基三化"建设推进过程中有思路、有手段、有特色,也取得一定实效。并对今后的工作提出要求,一是要持之以恒地重视该项工作,继续完善标准化建设制度设施,并形成常态;二是要对试点工作认真梳理总结可复制、推广的经验;三是把握特色重点不断提升执法队伍综合素质和服务水平,树立运管、质监执法的良好社会形象。

(李铮文)

【南昌市轨道交通条例获得批准执行】 针对南昌市轨道交通的建设、开通、运营,《南昌市轨道交通条例》于2015年10月29同南昌市第十四届人民代表大会常务委员会第三十二次会议通过,2015年11月20日江西省第十二届人民代表大会常务委员会第二十一次会议批准。条例自2016年1月1日起施行。

这是南昌市首个轨道交通条例,设总则、规划与建设、运营服务、安全管理、法律责任、附则等六章共六十条。明确轨道交通是指地铁、轻轨等城市轨道公共客运系统,本市行政区域内轨道交通的规划、建设、运营及其相关的管理活动,适用本条例。市建设主管部门负责本市轨道交通建设的监督管理工作,市政府有关部门按照各自职责,沿线区(县)人民政府按照属地管理原则,协助市人民政府及其有关部门做好轨道交通的相关管理工作。

条例明确市交通运输主管部门负责本市轨道交通运营的监督管理工作,参与轨道交通与铁路、航空、公路和城市其他公共交通工具之间的换乘衔接;制定轨道交通服务规范和乘客守则,并向社会公布;根据轨道交通规划和运营情况,设置、调整公共汽车线路,实现公共汽车客运与轨道交通的有机衔接和功能互适;对轨道交通运营安全实施监督检查,提出整改意见;加强对轨道交通经营单位加收票款的监督;受理乘客投诉等。条例明确禁止乘客在轨道交通设施范围内的十六条行为,同时禁止五条危害轨道交通设施安全的行为,并承担相应的法律责任。

(周国祥)

【南昌市完成行政执法证及行政监督证换证工作】 从2015年5月起,市交通运输局按照全市统一部署,组织进行交通运输系统行政执法及执法监督人员的统一换证,这是五年一次重新核发行政执法证的工作。该局通过对全系统执法人员的信息采集录入、资格审核、甄别鉴定,确保全部执法人员均为在编在岗人员后,再对需办证人员进行培训、网上考试,通过确认后,获得全省统一颁发的行政执法证和行政监督证。2015年,该局共有247人办理相关证件,其中办理行政执法证为232人,办理行政监督证为15人,此两证均在2016年统一开始使用。

(周国祥)

【新余市开展交通运输行政执法年度评议考核】 根据《江西省交通运输厅关于组织开展2015年全省交通运输行政执法评议考核工作的通知》精神,7月中旬,新余市组织开展了全市交通运输行政执法评议考核工作,主要考评市、县(区)交通运输主管部门依法行政能力建设、执法队伍管理和执法监督、“三基三化”(基层执法队伍职业化、基层执法站所标准化、基层管理制度规范化)建设落实情况和执法案卷评查工作等,有效提升全市交通运输行政执法整体水平和能力。

(张国平)

【九江市交通运输局行政权力清单上网正式公布】 九江市政府部门权力清单经2015年6月29日第28次市政府常务会讨论通过,在九江市人民政府门户网站——中国九江网正式向社会公布。市交通运输局“晒出”的行政权力计238项。标志着交通运输部门转变职能、简政放权和规范权力运行工作迈出了重要一步。

(九江市交通运输局)

【宜春市交通运输局开展全市行政执法情况专项检查】 2015年1月至6月,对全市交通运输系统行政执法情况开展了专项检查工作:一是加强组织领导,建立健全法制工作制度。市交通运输局年初制定了《关于对全市交通运输系统行政执法情况开展专项检查的工作方案》,在执法队伍内部建立了稽查案情通报制度,加强稽查的力度和规范化程度。同时对自由裁量的行使进行了规范,避免了执法随意性.使案件处理有统一标准,增加透明度,办案质量明显提高。二是抓违法违章案件查处,不断探索新形势下交通行政执法新路子。认真组织开展了治理超限运输专项整治行动、开展打击非法营运专项整治行动、开展对危险品运输专项整治行动、开展清理整顿驾驶培训市场行动、开展清理整顿汽车维修市场行动和开展在公路沿线非法设置标志、标牌专项整治等行动,专项整治工作取得阶段性成果。三是落实执法监督检查,不断完善交通行政执法监督体系。坚持开展了层级监查工作,该局依法行政领导小组成员和行政执法大队领导坚持定期和不定期(每月不少于一次)进行明察暗访。特别加强对整治货运超限、打击非法营运工作过程中的执法行为进行监督,重点对行政行为的合法性和合理性进行监督。四是深入开展法制宣传教育活动和交通执法人员的法律法规知识培训。狠抓一线执法人员的教育培训工作,落实好交通运输部和省统一部署的关于交通运输行政执法人员专业化的轮训工作。通过专题培训、专家讲座等形式,着力提高领导干部依法行政理论水平和执政能力。

（游雅琴）

【宜春市道路运输管理局稽查支队综合执法取得较好效果】 2015 年，宜春市道路运输管理局稽查支队，为规范中心城区道路运输市场秩序起到了关健性的作用，对比往年成效明显。全年稽查支队整治行动共出动执法车辆 8000 余次，执法人员出勤次数 12080 人次，排查各类车辆 12900 辆次。查处非法营运车辆 379 辆（其中非法营运面的 228 辆. 非法载客摩的 100 辆，非法载客电动三轮车 51 辆），出租车违法违规 126 辆，危险品运输违规车辆 52 辆，违法违规大客车 82 辆，其他各类违规车辆 376 辆：与 2014 年相比查处案件增长 32%，稽查案件投诉、申诉 5 起，调解案件 5 起，案件复议、诉讼 0 起，比往年有明显的改变。局稽查支队主要做法是：一是加强法律法规业务知识学习，每周组织学习一次. 每月组织知识考评一次，支队执法人员的学习氛围有所提高。在 2015 年宜春市道路运输管理局稽查支队代表宜春市道路运输管理局参加全省道路运输依法行政知识竞赛中，获得全省第一，实现了历史性的突破。二是履行依法行政，深入学习中共十八精神，贯彻“依法治国”理念，修订了稽查支队制度和各职岗位职责，形成以制度管人，按制度办理好每件工作。全年无一起“公路三乱”行为，无一起违法乱纪行为。三是广泛宣传整治成效，全年参与各类新闻媒体报道 12 次，使整治工作深入群众中，宜春运政执法得到了人民群众的广泛好评。

（周文亮）

【宜春市交通运输局开展法律知识竞赛】 为深入贯彻十八大四中全会“全面推进依法治国”精神，进一步加强全市交通系统执法队伍建设，提高全市交通系统行政执法人员的法律素质，推进法制政府部门建设进程，更好地宣传、学习、适用交通运输法律，市交通运输局于 2015 年 9 月—10 月在市交通运输部门举办了一次法律知识竞赛活动，参赛队伍有市局机关、市运管局、公交公司、交通枢纽、各县（市、区）交通运输局，每队参赛队伍由领队 1 人和选手 3 人组成。竞赛内容包括行政许可法、行政复议法、公路法、港口法、国内水路运输条例、道路运输条例等交通系统相关法律法规。通过预赛和决赛两个阶段，宜丰县交通运输局代表队获得第一名，上高县交通运输局代表队第二名，市局机关代表队获得第三名。

（游雅琴）

交通战备

【概况】 2015 年，全省交通战备系统加紧推进保障方案、战场交通、专业力量、信息化建设和重难点攻关，不断提升交通战备现代化建设水平。

1. 拓展深化军事斗争交通保障准备。一是组织交通重点目标保障方案修订。5 月 13 日，省交战办组织各设区市交战办召开交通重点目标保障方案修订工作部署会，部署全省公路重点目标保障方案修订工作。本次方案修订主要根据交通基础设施建设发展、交通专业保障队伍整组、国防交通储备物资调整情况和战时交通保障任务需求，采取文字和图表相结合的方式进行，修订全省公路重点目标。二是组织国防交通基础数据更新。组织各设区市交战办和厅直有关单位，更新了业务基础、业务支撑、业务工作三大类数据，提高了数据的准确性和实效性。三是组织参加国防动员方案对接修订。5 月 28 日至 29 日，组织人员参加国防动员方案修订工作。四是参加“红土地 2015”战时国防动员演练导评工作。10 月，参加省指挥部导演部交通运输导评组，指导全省国防动员的演练。

2. 大力推进国防交通基础设施建设。一是督促进度滞后国防公路项目建设。省交战办组织各设区市交战办，分别于 3 月和 10 月两次对全省进度滞后的国防公路建设项目进行了互查、督查。12 月，省交通运输厅、省发改委和省交战办联合对相关设区市政府发函督办，并采取对项目进度严重滞后的县市，今后该地区除民生工程外，其新增公路建设项目计划要与国防公路建设进度挂钩等措施。二是争取年度国防公路项目建设计划。江西省共争取国防公路建设中央预算内投资项目和部队进出口道路建设项目。三是编报“十三五”国防公路、水路战备建设规划。编制完成了《江西省“十三五”国防公路、水路战备建设规划》。四是协调高速公路项目建设征用军用土地。XXX 高速公路新建工程是江西省交通重点建设项目,具有改善江西区域交通条件,提高部队入浙入闽机动效率,促进沿线经济社会发展和国防建设的重要意义。为加快该项目建设用地报批和建设进度,1 月,报请省政府致函省军区,协调解决该项目征用土地相关事宜。五是参加军民融合深度发展调研座谈。5 月 5 日,梁必康副厅长参加座谈会,从全省国防战略位置和交通运输建设情况、交通建设军民融合深度发展情况等方面,对江西交通运输领域军民融合深度发展情况作了汇报,并提出相关建议。

3. 扎实抓好交通保障力量建设。一是组建公路战略投送八大队。根据总后勤部要求,按照战略投送支援队伍的建设管理规定,明确职能分工、运行机制、装备建设、使用程序、训练组织和激励补偿方式,会同省运管局,依托省内优秀运输企业,组建了"公路战略投送八大队",编制大队部、中队。二是加强国防交通物资储备管理。根据交通运输部办公厅通知,以全国公路水路国防交通物资储备规范化管理检查为契机,完善制度、落实责任、规范管理,对储备器材进行全面维护和保养,提升了仓库和物资的管理水平。省高速公路物资有限公司被南京军区交战办评为国防交通储备物资管理工作先进单位,该公司卢金龙和省交战办田闻 2 名同志被评为先进个人。三是推进交通战备训练保障基地建设。2 月 2 日至 3 日,到山东省交通战备(滨州)训练基地考察,充分学习借鉴外省基地建设和管理的先进经验。6 月 2 日,项目初步设计获省发改委批复。目前,项目已开工建设,力争 2016 年 10 月完工。四是强化交通战备教育训练。4 月 12 日至 1 7 日,参加国家交战办组织的国防交通储备物资管理干部培训;4 月 20 日至 24 日,组织人员参加交通运输部交战办举办的国防交通物资储备仓库主任培训;6 月 16 日至 18 日,参加了国家交战办、公安部交通管理局组织的部队机动交通保障专题集训。8 月 24 日至 28 日,省交通战备办会同省运管局组织南昌、九江、鹰潭市部分国防交通专业保障队伍,各设区市交通战备办和厅直有关单位共 70 余人进行国防交通专业保障队伍点验、整备训练暨授旗活动。

4. 持续深化交通战备信息化建设。一是推进省级交通战备应急指挥中心建设。协调省专用通信管理局,对新建成的交通战备应急指挥中心进行设备搬迁、信号接入和信息系统联调联试。二是利用"红网"系统,2 月 28 日协调省交通建设贯彻国防要求协商制度成员单位,参加国家交通建设贯彻国防要求协商制度暨国家交通战备办公室主任视频会议。

5. 着力抓好重难点问题研究攻关。一是深化重点难点问题研究。围绕加强国防交通建设为主线,以"在军民融合深度发展中实现保障力建设转型升级"为主要研究方向,以提高国防交通保障能力为落脚点,研究加强我省国防交通建设的对策和措施。在《国防交通》和《东南国防交通》发表理论研究文章和宣传报道 28 篇。省交战办被南京战区国防交协评为 2015 年度通讯报道先进单位。南昌市交通运输局局长陆萍等 3 人被南京军区交战办评为优秀论文作者。二是推进年度国防交通理论研究工作。4 月 16 日,组织参加南京军区国防交通协会召开的 2015 年秘书长扩大会议暨通讯报道工作座谈会,研究落实年度工作,并以"讲好身边故事、弘扬时代精神"为主题,座谈通讯报道工作。

6. 切实做好服务保障工作。一是做好部队机动交通保障工作。组织省高速集团,有关设区市交战办,完成了某部摩托化机动、上海警备区某部、南空某部在江西境内的交通保障任务。省交战办贺一军同志被南京军区国动委评为"国防先锋"。省高速集团、南昌市交战办 2 个单位被南京军区交战办评为 2015 年度部队行动交通保障工作先进单位;南昌市交战办韩银燕、抚州市交战办许良清、鹰潭市交战办徐仁新和省交战办饶品涵 4 名同志被评为先进个人。二是引接江西高速公路监控视频。根据省军区司令部《关于引接全省高速公路监控视频事》要求,5 月,厅交战办协调厅应急指挥中心将监控视频引接至省军区司令部,为及时、准确、高效掌握处置突发敏感情况,提供平战信息支撑和保障能力。

(饶品涵)

【宜丰县强化战备保障队伍建设】 该县 2015 年一是结合县人武部组织的分队接口训练,提高分队人员的基本素质,增强命令意项工作落实,努力提高交通战备工作质量。二是完善交通战备各种预案。加强制度机制建设是深入推进交通战备工作的重要保障。该县交通运输局战备办在全面掌握全县交通运力、交通枢纽的基础上,按照军地结合、系统配套、科学合理的原则,制定了统一、衔接、配套、可操作性强的立体多路运输方案,制定交通运输应急预案,明确应急征用的程序、方法,提高交通战备行动的针对性和实效性。三是抓好交通战备队伍建设。认真抓好民兵员额的出入转队登记和编组配干、员额补充工作,及时把复员军人及训练有素的人员吸收到民兵组织中来,充实壮大民兵队伍。同时对全部战备人员、设备进行了建档立册和备案.确定联系方式.以确保国防交通战备队伍落到实处。四是加强应急演练。按照"实用、管用、够用"的要求,结合各预案,有计划地组织开展紧急征用、紧急集结、远程输送等内容的演练,强化战备意识,检验保障预案,明确应急和战时保障任务落到具体单位和每支队伍,保证平时按方案落实、应急情况下按方案指挥,提高军地之间联合行动的针对性和实效性。2015 年,该局交战办主动顺应上级工作要求,积极参与各类应急工作,在防汛救灾、抗冰雪等方面做出积极贡献,共征集调用抢险救灾运输保障车辆 20 余台次,出动民兵 200 余人次。

(潘泓羽)

【樟树市举行 2015 年度民兵整组点验大会】 5 月 16 日下午,在雄壮的《中国人民解放军军歌》歌声中,樟树市交通运输局在八偻大会议室召开汽车运输分队整组点验大会。这支年轻专业、富有朝气的汽车运输分队民兵全部来自全市交通各条战线,他们平时都奋战在各自的工作岗位上,只要祖国需要,他们做到招之即来、来之能战、战之能胜。直人武部、市政府办和市交通运输局有关负责人参加了此次点验大会。大会首先介绍市交通运输局民兵整组情况,并宣读汽车运输分队干部任职命令。随后,新入队民兵在指导员的带领下进行宣誓并作表态发言。最后.与会领导对市交通运输局 36 名民兵进行逐人呼点,民兵们个个着装整齐、精神饱满、士气振奋地接受点验。

(邓杨飞)

【吉安市交通战备理论研究获表彰】 1 月 5 日,江西省国防动员委员会交通战备办公室表彰 2014 年度国防交通理论研究先进单位和优秀论文、优秀宣传报道作者。其中,泰和县交通战备办公室荣获先进单位,朱圣根所写的《关于军民融合应急物流体系建设的思考》《关于加快国防交通应急应战一体化建设的思考》,肖油盛所写的《如何加强交通战备档案资料的管理》荣获优秀理论研究论文。

(吉安市交通运输局)

【赣州市国防交通理论研究工作有成效】 2015 年,赣州市交通战备办公室执笔撰写的《强化江西省高速公路国防功能之思考》(贺一军　朱洪波　李发淳)一文,分别被国家、南京军区、江西省交通备战办公室授予优秀论文证书。同年,该办已有 9 篇国防交通备战文稿在军区外刊物发表。理论宣传骨干李发淳再次被南京战区评为国防交通理论宣传工作先进个人。

(赣州市交通运输局)

社会综合治理

【概况】 2015 年,全省综治工作坚持依法化解矛盾纠纷的原则,全面推进综治工作常态化运行,保障了交通系统平安稳定。全年没有发生一起安全责任事故和群体性事件。

1. 从源头预防和减少矛盾纠纷。一是全面推进依法行政。一年来,全厅各单位普遍建立了法律顾问制度,基本落实了法律顾问参与重大决策、重大行政行为与重要规范性文件的法律审查。省公路局、省运管局、省港航局、省路政总队等执法部门加强执法人员培训,规范执法行为,防止执法不当引发事端。二是认真落实行政调解制度。近年来,省厅相继制定了行政调解联席会议制度,建立健全调解组织,组建调解队伍,设置调解工作场所,保障调解经费。厅直各基层行政单位普遍建立了行政调解工作制度。三是强化法制宣传教育。通过中心组学习、宣传栏展示、培训班等多种形式,开展了全方位、多层次的法治宣传教育活动,增强广大干部职工法治观念,努力营造了遇到事情找法、决策办事依法、解决问题用法、化解矛盾靠法的良好法治氛围。

2. 千方百计创特色树品牌。在扎实推进综治日常工作基础上,进一步推进机制创新,努力建设平安交通。一是扎实推进民工工资管理创新工作。认真总结民工工资管理创新试点工作经验,做好在建高速公路项目与各设区市养护管理工程创新民工工资管理的推广应用。2015 年新注册民工人数累计 2.4461 万人,开通信息系统以来累计 6.9891 万人;2015 年新发放工资 3.3269 亿元,开通信息系统以来累计 17.0616 亿元,实现了民工工资“零拖欠”,民工“零投诉”“零上访”。全国综治工作(平安建设)考评,江西以 96.61 的高分位居榜首,其中,交通系统创新民工工资管理八大机制属于最重要的加分项目之一。二是创新稳定风险评估机制。2015 年,参考九江一桥社会稳定风险评估经验,对全厅在建重点项目进行了重大事项社会稳定风险评估,从源头上消除了各种涉稳隐患,为项目顺利开工建设提供了良好的建设环境。9 月,湖南省有关方面实施 G320 湘赣边界湖南段道路改扩建工程,擅自封闭部分路段,引发赣湘两省民众大面积群访事件,厅及时召集湖南省交通运输厅、萍乡市交通运输局、萍乡市公路管理局、萍乡市湘东区人民政府、湘东区维稳办、老关镇人民政府有关负责同志,紧急召开协商会,及时采取补救措施,比较圆满平息该事件。三是创新行业平安创建机制。2015 年,厅综治办调整全省公路水路安全联防工作领导小组,在全省全面推开“平安公路”“平安车站”“平安航道”“平安港口”四个平安创建工作,充分借助成员单位的维稳资源,共同做好公路水路安全联防工作。

3. 夯实综治工作基层基础。为确保综治工作取得实效,各级综治部门做到了统筹兼顾、共同推进。一是实现综治工作网络全覆盖。根据“交通运输工作开展到哪里,综治维稳工作就延伸到哪里”的理念,注重从源头上防范,从治本上下功夫。2015 年,增加了 6 个厅管高速公路新项目,项目管理机构成立第一时间,就相应成立了综治维稳机构,确保综治工作有机构、有人员、有经费,实现综治工作无盲区、全覆盖。当前,全厅共有 72 家厅属综治责任单位。二是矛盾纠纷排查调处常态化。制定了重点地区排查实施方案,隐患排查工作实施规范化常态化管理,特别是在春运、“两会”和中共十八届五中全会以及其他重要节假日期间,进一步强化矛盾纠纷排查力度,对可能出现的因职工薪酬改革、单位改制、转岗分流安置等问题逐一分析研究,提出化解和整治措施。三是积极开展“扫黄打非”工作。集中在道路运输(物流、仓储)、水路运输、高速公路服务区零售超市、交通系统网站、收费站口等重点部位,认真落实“固边”“净网"“清源”等专项行动。同时,各级交通运输部门与当地文化广播电视新闻机构建立“扫黄打非”联动机制,将所销售的图书、音像制品目录进行统计归档后在线传给当地文化广播新闻机构,由专业机构进行审查判断。四是有效推进安全防范工作。根据单位内部治安防范工作要求,加强了重大政治活动和重大节假日期间的安全防控工作,重点强化车站、码头、高速公路基层所站和厅属单位安全联防,严密防范危险品进站上车,加强办公机构、集中居住场所安全保卫,各类车站、港口、码头、服务区治安秩序明显好转。五是深入推进平安创建帮扶工作。根据省综治委的统一部署,交通运输厅对口帮扶萍乡市安源区平安创建工作。为使平安帮扶落到实处,厅综治办先后六次赴安源区与相关部门进行联系对接,商议开展具体对口帮扶。结合行业优势,省公路局、省运管局、省港航局、省高速集团、省路政总队等单位积极对接,分别从公路养护、航道维护、公路运输、水路运输以及工程建设领域等方面入手,实施对口平安创建帮扶,做了大量富有成效的工作。六是扎实推进预防职务犯罪。坚持将纪律和规矩挺在前面,加大源头预防职务犯罪工作力度,不断促进党员干部健康成长。组织开展 400 余场次“守纪律、正规矩”党规党纪专题学习活动;组织了 80 余名直属单位党政主要负责同志和厅机关副处以上干部集中观看了原副厅长邓经国职务犯罪案件庭审录像,以案示教;继续推进交通工程建设项目巡察工作,2015 年巡察组完成对厅属在建的 14 个高速公路项目及 1 个水运项目(龙头岗综合码头)的进驻巡察,实现对在建重点工程项目巡查的全覆盖;同时,在 50 个在建和新开工的高速公路、普通国省道建设项目中开展为期 5 个月的公路建设市场秩序专项整治活动。

(胡晋谊)

【省运管局整合资源调解矛盾纠纷】 该局在机关内部,实行矛盾纠纷综合调处“五统一”,即统一受理、统一分解、统一协调、统一督办、统一归档。局信访办从单一的接访变为咨询、接访、督办和服务为一体的综合性服务，2015 年，省局信访办共受理 364 件信访件和网上留言，回复率 100%。局综治办还协助相关处室维持信访秩序，解答来访人员提出的问题，2015 年，省局信访办共接待 61 人 14 次上访人员，较好地处理矛盾，使来访者当天返回；在行业矛盾上，集中时间、集中精力、集中资源，坚持依法处置和综合处置相结合，从实际出发，针对不同具体情况分类抓好信访问题的化解。

（刘　亮）

【全省运管机构妥善处置矛盾维护出租行业稳定】 近年来，各地出租汽车行业陆续发生停运、到省城上访事件，行业稳定形势严峻，引起社会广泛关注。依据交通运输部相关文件精神和江西省道路运输管理条例，积极指导相关地区处置矛盾，抑制了事态蔓延，并认真查找、深刻分析行业不稳定的根源，针对出租汽车经营权不规范屡次引发不稳定的情况，一是严格实施“经营权不得有偿出让”的规定，对新增经营权无条件实行无偿出让、公司化经营，不得授予个人；二是制定《关于加强已实行有偿出让出租汽车客运经营权管理的指导意见》，加强有偿使用经营权到期后的指导，对到期需延续有偿出让经营权的，报省政府审批并明确延长时间，时间一到必须转为无偿；三是实行了《江西省城市客运行业专家评审管理办法》，对出租企业的设立、出租运力的投放实行专家评审制度，避免行政干预和暗箱操作；四是实行招投标制度，引入竞争机制。针对汽车租赁行业法规规定不明确，容易被钻空子的情况，修改了《汽车租赁许可规范》，并颁布《汽车租赁合同》文本，对进入租赁行业的车型进行规定，避免了租赁行业与旅游客运相互冲击的现象，用规范促进了行业稳定。五是专门在昌北机场、西客站组织开展了出租车与市场专属整治督查工作。根据省交通运输厅和省公安厅有关精神要求，省运管局立即派出工作人员与省公安厅人员组成联合督查组，通过明察暗访、座谈共商、即督即改、跟踪整改等方式，对南昌市西客站、昌北机场出租车市场进行了为期一个月的专项督查。通过督查，南昌市西客站、昌北机场出租车拒载、强行拼客、议价不打表、非法营运等行为得到较好遏制，市场秩序得到有效改善。六是按照交通运输部统一部署，开展出租汽车行业和谐劳动关系创建活动。九江市出租车驾驶员柯胜峰获全国“五一”劳动奖章。

（万晓全）

【全省燃油补助工作平稳】 省运管局建立燃油消耗量每月网上申报制度，同时配套建立工作规范、定期督查制度、三级运管机构与企业权责关系，以及确保燃油消耗量信息采集客观真实的制度要求，自 2009 年以来，为国家转移支付的 65 亿燃油补助资金的分配提供了相对客观真实的燃油消耗量信息，基本做到了公开、公平、公正，未发生由于工作过失而引起的经营者上访事件，确保了国家政策正确实施。

（万晓全）

公路交通管理

治理车辆超限超载

【概况】 2015年,各地、各有关部门认真落实治超工作各项政策措施,通过不断加大源头和路面治理力度,治理工作稳步推进,逐渐深入。治理成果不断得到巩固,严重违法超限车辆所占比例继续控制在5%以内。交通安全形势继续好转,因货车违法超限超载运输引起的道路交通事故呈逐年递减趋势。物资运输市场基本稳定,鲜活农产品、重点物质和人民生活必需品得到及时运输,市场秩序呈良性发展态势。公路基础设施进一步得到有效保护,全省干线公路路况明显改善,公路基础设施完好率进一步提高。

1. 加大路面治理力度。按照《江西省公路超限超载车辆检查站布局规划方案》《江西省公路治理超限超载车辆检查站标准化建设指南》的有关要求,省交通运输厅组织人员对新增的普通公路治超站场站进行了验收,保证新增治超站功能设施符合要求,执法规范。各级交通运输部门联合公安部门在经省政府批准的治超站按照全国统一的超限超载认定标准和规定,对非法超限超载车辆进行了严格查处。有的设区市还通过联合城管及工商等部门,经相关的设区市政府批准,对本区域内的超限超载车辆进行了不定期的专项综合治理,车货总重超过55吨的违法超限超载车辆得到有效治理。2015年,全省累计共检查车辆2328561辆,处罚车辆52368辆,除车主自行转运外,检查站卸载货物约84231吨。

2. 加强货物运输源头监管。各地交通运输部门积极向当地政府及有关部门汇报源头治超工作情况,一些地方在当地政府及有关部门的大力支持下,研究制定对本地区的一些大型货运源头装载企业实行运政人员派驻和巡查的相关制度。同时,依照道路运输经营许可要求以及国家相关检测标准,各级交通运管部门对在运货车进行全面排查,对已经取得道路运输从业资格但不符合国家有关政策规定和技术标准的车辆,坚决取消其道路运输从业资格,吊销其道路运输从业资格证,并将违法车辆进行登记并抄送相关单位依法处理。有些地方交通运管部门还联合工商部门对承修报废车辆或私自改装车辆的黑修理点进行了排查,清理和规范了汽车维修市场。

3. 严格治超执法管理。在现有治理工作的基础,各地、各有关部门加快推进新增治超检查站场站设施规范化建设。对场站设施建设未达到交通运输部有关要求的新增治超站,督促其进一步予以完善;未建完的,督促其抓紧时间建设。进一步完善治超检查站规章制度,加强对治超执法人员的培训教育,规范工作程序,切实提高执法队伍整体素质,增强一线执法人员的工作责任心和依法办事的自觉性。各地进一步建立健全治超考核机制,认真落实治超工作“五不准”和“十条禁令”,严格执行江西省交通行政处罚自由裁量权的相关标准,对查处的违法超限超载车辆严格按照有关规定,依照有关程序进行卸载处理,治超执法行为进一步规范。

4. 加快推进科技治超。加快推进路政、运政与公安交通信息系统数据的交换和共享工作,促进路面执法和源头监督相互衔接和密切配合。加快推进不停车检测工作,对一些地区交通流量较大、治理工作任务较重的治超站,在公路主线上设置了不停车预检设施,对超限运输车辆进行预先识别,对确认为超限的车辆将引导到治超站进行处理,保证车辆通行畅通。协调公安等有关部门加快推广高速公路入口称重阻截管理,省交通运输厅8月出台《关于在高速公路路口对超限超载货运车辆实行阻截管理的办法》,保证科技治超工作的全面推进。

5. 全力做好迎接“十二五”全国干线公路养护

检查。根据省交通运输厅《关于印发迎接“十二五”全国干线公路养护管理检查工作实施方案的通知》及有关会议要求，积极协调各治超相关单位做好迎接检查相关方案的制定工作，并按照此次国检的评分标准编制资料目录，督促有关部门做好有关迎检资料自查自纠、查缺补漏工作，确保迎检资料完整、齐全。同时，按照省厅迎接检查的有关要求，督促各有关单位按计划、分阶段做好相关迎接全国干线公路养护管理检查的各项工作。

6. 加强治超执法监督检查。各设区市治超办加强对所属治超站执法工作的监管力度，组织人员对治超执法工作情况进行监督检查，并形成有效的执法监督管理机制，实行台账管理，严格查处违法违纪行为。厅治超办组织人员对各地进行两次明察暗访，发现问题及时予以纠正。同时，妥善处理各类投诉案件。对所有投诉事件及时进行调查处理，并按时进行反馈。

（万海飚）

【新余下村治超站加强夜间治超力度】 针对白天超限运输车辆少，夜间超限运输车辆多的特点，下村治超站及时调整工作思路，加强夜间治超检查，对违法违规车辆进行整治。该站变被动等待为主动出击，自2015年8月开始选择夜间超限超载车辆较集中的石镇线作为重要治超点，加大治超力度。采取定点、定人、24小时循环运转的方式，及时纠正违法违规行为。

（艾　琦）

【湘赣八市启动边界联动治超】 12月4日，湘赣八市边界公路联合治超工作会议在湖南省长沙市召开，湖南省长沙、株洲、湘潭、娄底、益阳、岳阳和江西省宜春、萍乡就开展区域联动治超工作签订了《八市边界公路联动治超工作合作协议》，将共同打击超限超载。

10月份以来，长沙市全面开展“史上最严治超”百日专项行动，战立高规格治超领导小组，出台最严考核办法，采取“严管源头、严查路面、严控边界”的最硬工作措施，推出一趟四究、科技治超、微信治超等全新治理手段，取得了阶段性成效。但在工作实际中. 也出现了边界区域治超执法难、跨区追查源头难、跨境追逃难等问题。

为有效解决这些难题，长沙市发起八市边界公路联动治超，积极主动与株洲、湘潭、益阳、娄底、岳阳、宜春、萍乡等市友好协商，牵头起草制定《长沙市边界公路联动治超工作合作协议》，召开八市边界公路联合治超工作会议。按照《合作协议》，八市将建立定期联席会议制度，在相关的国道、湖南省道、江西省道等湘赣省级边界，以及G106线、G107线等市级边界，开展区域联合治超专项行动。

会议要求，一是各市保持工作互动，二是执法互助，三是标准互认，四是信息互通。通过开展区域联动治超. 建立八市无边界、无缝隙治超网络，努力实现区域内公路超限超载车辆检测率100%、卸载率100%（不含不可解体货物），无车货总量超过55吨的非法超限超载车辆上路行驶，确保区域内超限超载率控制化1%以下，运输砂石料车辆一律遮盖帆布，无遗漏、抛洒、污染公路等现象。

（李　明）

道路运输管理

【概况】 2015年，全省运管系统按照“加强行业治理、提升行业服务、保障行业安全、实现行业稳定”的总体要求，出实招、创实效，较好地完成全年的目标任务。

1. 推进站场建设管理。2015年争取到交通运输部补助资金19344万元，其中综合客运枢纽8000万元，货运枢纽11500万元。重点推进综合客货运枢纽建设，南昌综合客运枢纽、南昌西综合客运枢纽、宜春综合客运枢纽等3个综合客运枢纽已投入试运行；继续推进宜春开发区物流中心等4个货运枢纽建设。罗霄山县级站建设积极推进，乐安县客运站已于2015年底投入使用。规范客运站管理，召开全省汽车客运站服务规范化现场会，进一步推进全省汽车客运站规范化管理工作。

2. 促进绿色交通发展。鼓励多式联运发展，继续推动江西省甩挂运输发展，新增2个第四批国家甩挂运输试点项目，对第二批和第三批试点项目进行跟踪管理，认真落实甩挂运输试点项目三级督查制度。推动建立全省长途客运接驳运输联盟。严格控制800千米以上长途客运班线，整合现有800千米以土长途客运班线及运力过剩班线。继续深化营运车辆燃料消耗量准入制度,积极推动营运黄标车淘汰工作,全年共淘汰2.8万辆营运黄标车。推广应用新能源和清洁能源汽车,全年新增清洁能源、新能源公交车485辆、出租汽车549辆。倡导绿色驾培,推广驾驶员培训计时管理系统,全面推进驾校达标改造验收工作,全省共有494所驾校开展达标改造工作,其中434所驾校通过验收。

3. 推动城乡客运一体化。召开全省加快推进城市公共交通优先发展工作会议,城市公交优先发展理念成为城市政府发展理念,成为全省各级政府的共识和行动。大力支持南昌市开展"公交都市"建设示范工程,将2015年道路运输发展专项资金2000万全部用于推动和支持南昌市创建"公交都市"。指导南昌轨道交通1号线开通及运营工作,年底正式开通地铁1号线28.9千米,24个站点,开启了江西地铁时代,南昌市专门开通12条微公交专线与地铁站进行无缝接驳。《南昌市轨道交通条例》出台并于2016年1月1日起正式施行,规范轨道交通管理。省财政厅、省交通运输厅联合出台《2015年江西省镇村公交发展试点工作方案(试行)》及补助资金使用管理办法,省财政厅设立3000万专项资金在全省范围内选择5个县(市、区)开展镇村公交试点工作,年底已经省厅考核验收合格,试点地区全年共新开通农村公交线路10条,优化调整14条,除上犹县(92%)外,南昌县、丰城市、樟树市、吉安市青原区镇村公交开通率均达100%,基本建成"出行便捷、经营规范、服务优质、安全可靠、保障有力"的镇村公交发展模式。

4. 提升科技兴安水平。一是信息化建设稳步推进。实现了与部道路运政管理信息系统互联互通,积极推动全省道路客运联网售票系统项目相关建设工作,开展全省交通运输公共物流信息平台、江西省驾驶员培训计时管理信息系统、局行政服务中心业务网上办理系统建设工作,全力配合省交通运输厅和省联网中心做好赣通运政卡发行系统、道路运输市场信用信息子系统的建设工作。二是深入推进重点营运车辆联网联控,严格执行《车辆动态监控管理办法》,建立约谈、逐级考核、定期通报制度,每月定期通报超速报警前十名的车辆和企业,并全部调查核实和处理,重点营运车辆("两客一危")入网率、上线率和政府监管平台上线率均有大幅度提升,其中11个设区市的政府监管平台月上线率均超过90%。

5. 规范运输市场监管。一是规范运致执法。重新修订了《道路运输行政处罚裁量权标准》,增加27项处罚项目的裁量权标准。经省政府法制办审核同意,印发《江西省道路运输行政处罚文书样本》。修订完善《江西省道路运输行政执法人员着装规定》。二是完善市场准入退出机制。制定《江西省道路运输行业诚信考核管理办法(试行)》,建立了运输企业、从业人员信用评价机制、信息诚信公开机制以及奖惩机制。严格执行"黑名单"制度。2015年,260人因违反相关规定被列入"黑名单"并进行公示。三是加大执法力度。联合公安、工商、质监等部门集中开展一次打击"黑车"等非法营运专项整治行动,开展为期5个月的全省运管机构跨区域联合执法行动,通过两次行动,全省共查处违法案件3189起。积极参与跨省联合执法活动,协助广东、福建、浙江等省的运管部门查处案件10起,依法处置各类执法投诉案件23起。

6. 推进行业深化改革。一是加大简政放权力度。取消了省际市际道路客运企业设立分公司备案事项,下放了二级客运站核定权限,将道路运输经理人资格认定、机动车维修企业价格结算员及业务接待员资格考试组织等2项权力转移至行业协会,将客货运输及场站经营、出租车客运经营等7项行政许可前置审批调整为后置审批。完成省直单位赋予6个试点县(市)18项管理权限的下放工作。调整油补工作流程,简化申报环节,从2015年1月开始,城乡道路客运经营者新增、变更和车辆异动的申请报告及相关材料不再由省局办理。二是规范权力运行。建立省级及属地管理权力清单和省级责任清单并已对外公布,其中省级权力17项、属地(市、县)管理权力38项。对51件规范性文件进行全面清理,确认废止6件、修订5件,继续有效40件。对省局13项行政审批事项进行梳理,明确审批范围、审批流程和审批责任,并全部纳入局行致服务中心窗口集中受理和办结。

(黄　云)

【全省道路运输完成"十二五"期目标任务】 "十

二五”时期，全省行业服务保障能力显著提升。2015 年完成公路客运量 6.1 亿人次、货运量 14.8 亿吨、旅客周转量 322 亿人千米、货物周转量 3200 亿吨千米，分别较“十一五”末增长了 19.6%、67.2%、5.2%、73%。全省公交车辆达 9472 辆，年客运量突破 15 亿人次。南昌轨道交通 I 号线正式开通试运行，开启江西地铁时代。基础设施投资水平显著提升。站场建设累计完成投资 35.93 亿元，与“十一五”相比翻了 4 番。建成南昌、南昌西、宜春等 3 个综合客运枢纽并投入使用。建成 107 个农村综合服务站、2000 个农村候车亭和罗霄山集中连片区域 17 个农村客运站、500 个候车亭（牌）。行业治理能力显著提升。《江西省道路运输条例》于 2011 年 1 月 1 日起正式实施，标志江西省道路运输行业治理步入了法制化轨道。以此为契机，制定出台与条例相配套的 37 项规章制度。理顺了全省城市客运管理体制。行业安全监管水平显著提升。组织开展“道路客运安全年”“隐患排查治理”“打非治违”等专项整治活动，安全监管水平显著提升，安全生产各项指标大幅下降。“十二五”期间，共发生道路客运安全重大事故 1 起、较大事故 16 起、一般事故 93 起，与“十一五”相比分别下降 50%、53%、60.6%；死亡人数 203 人、受伤人数 374 人，同比均下降 55%。行业发展动力显著提升。“十二五”期间，累计争取部、省信息化专项资金超过 6000 万元。整合完善了中心机房、运政专网等信息化基础设施，建设并推广应用了江西省道路运政管理信息系统、公路客运联网售票系统、车辆卫星定位系统政府监管平台、OA 办公系统、道路运输监控指挥中心等 12 个主要信息系统。行业集约化发展能力显著提升。2015 年，全省共有道路旅客运输经营业户（不含公交和出租）563 户，户均拥有车辆数 29.8 辆，较“十一五”末分别减少 53.5%、增加 104.1%。全省高级客车占总营运客车比例达 28%，高于全国平均水平 3 个百分点。大型载货汽车达 16.4 万辆、304.8 万吨位，占总营运货车比例由 2010 年的 38.5% 提高至 2015 年的 45.2%，平均载重吨位较“十一五"末增加 85.8%。推行接驳运输、甩挂运输、多式联运等先进组织方式，全省共争取国家“公交都市”示范城市 1 个、国家甩挂运输试点项目 6 个，开通接驳线路 7 条，多式联运线路 4 条。（黄　云）

【省运管局打击运输市场违法违规行为】 省运管局 2015 年从三个方面强化执法力量，一是规范行政执法文书，统一规范全省运政执法文书。二是开展执法人员培训。组织开展省局机关“强作风、提素质、树形象”培训活动，通过全封闭半军事化的方式，对干部职工的执法风纪、执法形象进行了集中训练。三是规范执法队伍形象。修订完善《江西省道路运行政执法人员着装规定》，进一步规范执法着装的具体标准和执法礼仪，严格执法风纪。按照省政府统一部署，在全省范围内联合公安、工商、质监等部门集中开展一次打击“黑车”等非法营运专项整治行动。开展为期 5 个月的全省运管机构跨区域联合执法行动。通过两次行动，全省共查处违法案件 3189 起，为建立跨区域、跨部门执法工作机制积累了经验。积极开展与外省的联动执法活动。商请泛长三角有关省级运管机构协助查处 3 家本省客运企共计 43 辆非法营运车辆，同时协助广东、福建、浙江等省运管部门查处案件 10 起。

（陈　晨）

【省运管局组织开展“十三五”道路运输发展调研活动】 为了解掌握全省道路运输行业“十二五”期间各项工作的完成情况，科学谋划“十三五”的工作思路，省运管局王圣义局长带队，分管副局长、机关各业务处室负责人组成调研组，于 10 月 12 日至 23 日分别前往上饶市、赣州市、南昌市等地进行调研。调研和座谈主要围绕“服务小康提速、全面深化改革、创新行业发展，建设一批带动行业结构调整的重大工程、谋划一批推动行业深化改革的重点工作、研究一批提升行业服务质量的政策标准”等内容进行，广泛听取基层运管部门和道路运输企业的意见和建议，使道路运输行业“十三五”规划科学合理、更有操作性。

（黄　云）

【省运管局积极提供行业服务与支持】 该局一是切实减轻企业负担。7 月，根据省政府《关于开展涉企收费专项清理规范工作的通知》要求，组织机关各业务处室、道路运输相关行业协会，深入自查自纠行政审批前置、涉及市场监管和准入以及其他具有强制垄断性的涉企经营服务性收费，行业协会涉企收费等情况。2015 年 10 月，及时发文部署全省运管系统落实省政府取消行业三项证照工本费行政事业性收费,并同步要求落实取消收费后的预算保障工作。二是落实公平税赋。11月,根据省政府《关于开展全省综合治税工作》的部署,组织局机关客货处、城客处、信息处等相关处室,对接上级部门,收集整理、归口统计相关行业企业基础数据并对口上报,建立健全了信息上报机制。

(刘春艳)

【全省汽车客运站实行规范化管理】 全省现有等级客运站1030个,其中一级站19个,二级站88个,其他等级客运站923个。南昌、萍乡、抚州、上饶等地的城市综合客运枢纽站建设顺利。罗霄山脉地区农村客运站点建设正在稳步推进。在加强建设的同时,运管部门进一步提升客运场站的管理水平。按照汽车客运站质量信誉考核的要求,加强对汽车客运站的日常监管,建立了一套行之有效的客运站管理制度。各汽车客运站按照“三不进站、六不出站”等有关规定,结合实际制定较为完善的运营制度。大部分客运站都能按照公平、公正原则进行日常经营。

(金紫骏)

【全省两家货运企业获得第四批国家公路甩挂运输试点资格】 交通运输部为进一步推进甩挂运输发展,在全国范围内继续开展公路甩挂运输试点工作。在相关道路运输行业管理部门以及运输企业的共同努力下,江西华正道物流有限公司、新余市新博贸易汽车运输有限公司,以网络型甩挂为申报主体,获得第四批国家公路甩挂运输试点资格。全省共有六家货运企业获得国家公路甩挂运输试点资格。

(章华平)

【全省半挂牵引车和重型载货汽车卫星定位装置安装率达98%】 根据《道路运输车辆动态监督管理办法》,江西省要求所有半挂牵引车和重型载货汽车必须安装卫星定位装置。截至2015年底,全省半挂牵引车和重型载货汽车安装率达98%。对未安装的2016年将不予年审。

(章华平)

【南昌市开展驾培市场清理整治】 2015年8月,南昌市运管处组织开展全市驾培市场清理整治工作,以加强全市机动车驾培行业监管,规范全市驾校经营行为和教学秩序,保护学员合法权益,改进和提升机动车驾驶培训服务水平。治理整治工作的重点有四项内容,即打击非法培训活动,依法取缔非法驾校、非法培训点;遏制学时造假行为,依法查处伪造、变造培训记录;规范教练员教学行为,依法整顿教练员队伍;加强教学车辆管理,依法确保教学安全。在各驾校自查整改后,10月起,该处及三县两区运管所分别组织执法人员对辖区驾校进行集中整治,采取明察暗访形式,不固定时间,不打招呼地对驾校检查。对在整治过程中查处的违规经营行为。该处向涉事驾校下达“责令整改通知书”“违章行为通知书”各12份,查处“非法驾校”3家,暂扣“教练车”5辆。

(何　宾　周国祥)

【南昌市启动道路客货运输驾驶员“黑名单”公告】 南昌市运管处加强道路运输从业人员动态管理,预防和减少在道路运输安全生产环节中因驾驶员责任而造成的道路交通事故,提高道路运输服务质量,启动道路客货运输驾驶员“黑名单”工作。3月底,该处根据全市道路运输驾驶员从业资格信息并结合市公安交通管理部门提供的涉及酒驾、违章扣满12分、发生重大交通事故的驾驶人违章信息,对全市道路运输驾驶员进行全面排查,一季度共排查出有交通违法行为且达到“黑名单”条件的道路运输驾驶员32名,截至三季度末,共排查3期将127名从业人员纳入“黑名单”,并在市运管处网站进行公告。

被列入“黑名单”的道路运输驾驶员按照《江西省道路客货运输驾驶员“黑名单”公告制度》的规定,在公告期限内不得驾驶道路运输车辆从事道路运输活动,并接受不少于18学时的道路运输法规、职业道德、安全知识等相关知识的学习教育,不得转籍。经考试合格且公告期满,方可撤销其黑名单,恢复道路运输从业资格。

该处把“黑名单”公告制度纳入道路运输驾驶员从业资格常态化管理,加强与公安交管部门的沟通,首先将排查公示情况行文抄送市公安交通管理局,请求交警部门按季度反馈通报道路运输驾驶员交通违法信息情况,进行交流信息共享,共同做好交通运输安全工作，并得到交警部门的大力支持。

（市运管处　周国祥）

【南昌市开展危险化学品道路安全专项整治】 8月中旬，南昌市开展对全市危险化学品道路安全专项整治工作，迅速贯彻落实党中央、国务院领导重要指示批示精神，认真吸取天津港“8.12”危险品仓库特别重大火灾爆炸事故教训。市交通运输局联合市交管局对全市614辆危化品车辆进行认真排查，共排查出85辆逾期未年检车辆、交通违法未处理499起。

市交通运输部门积极协助市交管部门从三个方面做好对危化品车辆交通安全管理工作。①危货运输企业对照通知梳理未年检车辆信息，凡逾期未年检车辆按照要求立即停运，及时送车年检；②车辆有交通违法记录的，责令企业及驾驶员及时到公安交管部门处理交通违法记录；③针对交通违法的情况，要求各企业认真总结，立即开展一次普法教育培训，着重加强对《中华人民共和国道路交通安全法》的学习。

（南昌市交通运输局）

【省委第三督导组到景德镇市交通运输局督查】 1月6日，以省政协提案委员会副主任陈智祥为组长的省委第三督导组，就出租汽车拒载、不打表、乱要价、随意拼车等问题的整改到景德镇市交通运输局督查。局党委书记、局长龙骏向督导组作专题汇报。局领导周光镇、陈景明、邵正东、宁足祥参加汇报。

在听取相关工作汇报后，陈智祥对景德镇市交通运输局在党的群众路线教育实践活动中，以人民群众关切的城市公共交通和出租汽车服务质量为整改重点，标本兼治出租汽车市场乱象的做法及取得的初步成效给予肯定。他指出，出租汽车是城市的“窗口”，与人们的生产生活息息相关。作为政府部门要积极回应群众关切，树立法治理念，依法依规处理出租汽车违法违规经营行为；要推动出租汽车管理体制、经营体制创新，从根本上解决市场乱象问题；要深化行业文明创建活动，为人民群众提供安全、优质、高效的运输服务。

陈智祥等督查组一行还实地察看了景德镇长运出租汽车公司监控调度平台运行情况。

（涂　强）

【景德镇市第二届机动车驾驶培训教练员技能竞赛结束】 为进一步提高景德镇市教练员职业技能和教学水平，提升教练员队伍整体素质，10月16日，由景德镇市公路运输管理处主办，乐平公路运输管理所、浮梁公路运输管理所、昌江公路运输管理所承办，乐平市机动车驾驶员培训学校协办的景德镇市第二届机动车驾驶培训教练员规范化教学职业技能竞赛在乐平市机动车驾驶员培训学校隆重举行。全市7所驾校各选送2名教练员参赛，共14名选手参加此次竞赛。

此次竞赛内容包括理论考试、示范讲解和操作技能3项内容。理论考试有100道试题；示范讲解包括上车动作讲解、侧方停车讲解和侧方停车动作示范；操作技能包括倒车入库、侧方停车、曲线行驶、曲线倒车等内容，每一项内容都有详细的评分标准。经过激烈角逐，按照3项总成绩评出结果，最终教练员陈勇夺得竞赛第一名，此次竞赛共评出前5名，并颁发荣誉证书和相应的物质奖励。他们将作为景德镇市向省里输送的优秀选手，参加11月份全省第二届机动车驾驶培训教练员规范化教学职业技能竞赛。

（俞　绘）

【景德镇市打击“黑车”等非法营运行动成效明显】 景德镇市交通、公安、宣传、工信、工商、质监六部门在全市范围内开展的为期2个月的打击“黑车”等非法营运专项整治行动于2月中旬结束。专项整治行动共查处各类非法营运车辆20辆（次）、非法营运摩托车103辆（次），责令电动自行车无照经营者7户予以整改，完成1家助力车生产企业产品生产许可证的证后监管工作，整治成效明显。

此次专项整治行动将非法营运的“瓷都手驾”（残疾人驾驶的代步轿车）、摩托车、客货两用车等列为重点整治对象，同时对电动车（含三轮、四轮电动车）、驻点营运的异地出租汽车、客运车辆非法营运等开展整治。专项整治期间，景德镇市交通、公安、宣传、工信、工商、质监部门按照分工，各司其职，通力协作。报纸、广播、有线电视等新闻媒体等宣传部门针对打击非法营运工作的长期性、艰巨性。交通、公安部门强化路面稽查和车站源头堵截,共联合查处各类非法营运车辆20辆,其中客运包车未持有效的包车客运标志牌进行经营、不按照包车客运标志牌载明事项运行、线路两端均不在车籍所在地、按班车模式定点定线运输、招揽包车合同以外的旅客乘车的非法营运客车12辆;查处客运班车不按批准的客运站点停靠或者不按规定线路、班次行驶的非法营运客车5辆;查处客运经营者以欺骗、暴力等手段招揽旅客,在旅客运输途中擅自变更运输车辆或将旅客移交他人运输的非法营运客车1辆;查处其他严重危害"春运"安全的非法、违法经营行为2辆。交通部门查处非法营运"瓷都手驾"4辆。工商部门强化流通市场监管,依法对道路客运企业的经营状况进行审查,确认道路客运行业的市场主体资格;对城区电动自行车市场进行全面检查,共检查经营户38户、品牌26个,发现无照经营者7户,责令改正7户;对全市摩托车经营者进行检查,共检查经营户11户、品牌13个,经营户全部办理营业执照,所有所售摩托车具有合法手续,合格证齐全。质监部门按照《江西省企业产品标准备案管理办法》的有关要求,切实做好机动三轮摩托车等"五车"企业产品标准备案管理工作,对全市"五车"生产企业进行摸底和检查,有1家汽车生产企业和1家电动车生产企业均进行标准备案。

(涂 强)

【景德镇市客运处重拳出击查处"黑车"】 6月11日上午,市客运处稽查大队在例行上路稽查的过程中,发现一辆私自安装违规装置涉嫌营运的私家车正从事客运出租活动,稽查大队立即出击,及时阻止该车的营运行为,并将该车的违规营运装置予以收缴,进一步维护城市客运市场的秩序。

2015年以来,市客运处稽查大队加密上路稽查的密度,特别是对人口较为密集的客运场所、娱乐场所和主要路段进行定点不定时巡查。在上路稽查的过程中,对于不具备营运资格的私家车(即黑车)进行严控,针对黑车、克隆车采取一系列针对性稽查手段,维护广大群众及出租汽车从业者的利益。市城市客运管理处还将加大管理力度,营造正规、安全的出租汽车环境。

(黄定海)

【上栗县运管所加强运政管理】 该所一是加强维修行业管理工作。①加强对维修企业的监督检查,于3月对辖区内的一、二类维修企业进行了质量信誉考核,通过考核有效地引导维修企业不断提高维修质量和服务质量;②加强行业例会制度,定期召开维修行业例会,组织维修业户学习上级部门文件和维修行业法律法规;③加强日常监督管理,规范企业经营行为;④组织开展好三类维修企业的质量信誉考核工作并对三类维修企业进行了调查摸底,将许可系统上有挂名但已过期的企业进行了清理;⑤继续抓好机动车维修竣工出厂合格证查验初审工作,使不规范使用竣工出厂合格证等行为得到有效遏制。二是加强驾培行业管理工作。①对辖区内的驾培学校开展了质量信誉考核,通过从资格条件、经营行为、教学管理、培训质量、诚信服务这五个方面进行考核评分,通过考核发扬优良、改正不足;②督促、检查驾校计时培训系统的使用情况,2015年,该所辖区范围内驾校已全部按要求使用计时培训系统对学员进行培训,规范驾校培训行为,并通过计时培训系统终端加大对驾校日常教学监管,提高培训质量;③认真开展辖区内驾培机构教练员的换证及新申请教练证的资质审查工作;④经常性对驾校教练员进行监督,旨在规范驾校教练员教学服务行为,坚决遏制教练员索拿卡要及教学态度粗暴等现象的发生,倡导良好的教学风气,督促其自觉做好机动车驾驶员培训工作;⑤开展打击驾培市场违法经营现象;⑥督促各驾校开展二项新国标的达标活动。组织各驾校到南昌参加二项新国标达标的工作会议、到已达标驾校实地观摩,多次现场督查、指导驾校的达标工作。三是质量信誉考核工作。2015年,为不断促进各个行业的安全管理、信誉质量和服务水平都能大幅提升,积极开展质量信誉考核工作。辖区内质量信誉考核的结果是:长运汽车站评定为3级;4家客运企业评定为AA级;货运企业评定AAA级(达金物流)1家;AA级5家;维修企业评定一、二类企业的情况是:AA级1家,A级4家,B级3家;三类企业:AA级6家,A级4家、B级22家;驾培企业A级4家。

(上栗县运管所)

【莲花县交通运输局开展"打非治违"行动力度不减】 为给合法经营业户提供公平竞争的环境,保障运输市场安全稳定有序,莲花县交通运输局积极组织力量打击非法营运,惩治违法经营者,严厉查处各类违法违规行为,禁止“黑车”违法经营、扰乱市场正常秩序。2015 年,莲花县交通运输局运管所开展了多次专项行动,共出动执法人员近千人次,实行日夜监管和突击检查,并与交警、城管等相关部门协作配合,查处各类非法违规经营 300 多起,其中“黑车”48 辆。同时,实行“惩教并举、改错从轻”的原则,对运输市场中的违规行为予以查处并备案,推行诚信经营,进一步规范运输市场。

(莲花县交通运输局)

【莲花县交通运输局推进农村客运有序发展】 为提高农村客运通达深度和广度,加快推进农村客运村村通工程进程,莲花县交通运输局在改善通村公路通行条件的基础上,大力促进农村客运健康发展。全县拥有农村客运车辆 89 辆 1708 个座位。全县 13 个乡镇,乡镇通班车率 100% ,159 个行政村有 156 个已通达班车,行政村通班率达 98.1% 。县城及县城周边 10 个行政村,2015 年 8 月开通了公交汽车。

(莲花县交通运输局)

【九江长运集团公司再次获“江西省优秀企业”称号】 2016 年 1 月 16 日,江西省企业联合会、江西省企业家协会在南昌组织召开了 2014 年年会暨表彰大会。会议对被评定的 145 家“江西省优秀企业”、78 位“江西省优秀创业企业家”和 112 位“江西省优秀厂长(经理)”进行了表彰。九江长运集团公司获“江西省优秀企业”称号,集团公司董事长、党委书记、总经理刘凤林获“江西省优秀创业企业家”称号。自 1998 年以来,九江长运集团公司已 13 次获“江西省优秀企业”称号,刘凤林已连续 9 年获“江西省优秀厂长(经理)”称号,连续 7 年获“江西省优秀创业企业家”称号。

(九江市长运集团)

【九江城区联合开展打击“黑车”等非法营运专项整治行动】 为了进一步规范客运市场秩序,保障人民群众生命财产安全,九江市政府决定在市城区联合开展打击“黑车”等非法营运专项整治行动。此次行动为期 30 天,至 1 月 20 日起,2 月 20 日结束。目的是清除非法营运的轿车、摩托车、电动三轮车、残疾人专用车以及无营运证照、伪造营运证照客运车辆。重点治理汽车客运站、火车站、荷花垅路口、西二路口和汽车南站等区域扰乱客运市场经营秩序的违法行为。

(九江市交通运输局)

【抚州市运管处到九江开展跨区域联动执法】 根据省运管局跨区域联动执法活动的要求,9 月 25 日抚州市运政稽查支队一行 5 人到九江市参加道路运输整治工作。在浔期间,抚州市运政稽查支队与九江运政稽查支队一道,积极进行了打击非法营运、参加长江一桥集中整治及长途汽车站秩序整治,黑车、摩拐的、残疾人车辆整治等活动。

按照全面排查、重点监管、协作联动、务求实效的要求,在此次跨区域联动执法中,抚州市运政稽查支队与九江运政稽查支队重点参加长江一桥集中整治工作。6 月底,九江一桥正式封桥维修,往返于九江至小池的所有机动车全部改道由长江二桥通行。可是公交车走二桥要花近两小时到小池,坐出租车则要花贵出几倍的价格。于是,很多市民嫌路远不方便,而选择乘坐“拐的”“摩的”等各类二、三轮非法运营车辆从九江一桥过江。跨区域联动执法期间,抚州市运政稽查支队与九江市公安等部门组成的联合整治行动小组一道,根据二、三轮车非法营运的特点现场进行了打击、查处。

(九江市交通运输局)

【九江长运联合景德镇长运打造新的线路经营模式】 九江至景德镇客运班线是九江市长运及景德镇市长运两家公司的支柱班线之一。但近年来,大量“黑车”和过境车辆在此班线上从事非法运营活动,私自揽客、带客现象严重,两地交通、运管、交警等部门采取大量措施,开展了多次打击行动。但受利益驱使,此类非法运营行为屡禁不止。

九江长运与景德镇长运积极探索新的经营模式,经过多次协商,自 2 月 15 日起,联合成立“九景线路车队”,进行班线经营统筹管理。两家公司在保留公车公营的基础上,分别对两市该线路 9 台责任经营车辆进行整合。整合后,两家公司各投入 4 台 53 座大型高二级车辆,参与每日各自 8 个往返班次的运行。统一的车型、统一的票价、合理的班次安排、规范的管理和良好的服务,不仅节约总体运营成本,同时也提升了该线路的整体社会形象。此外,9 台责任经营车辆停驶后,每年油料费、路桥费、人员工资等费用预计节支 230 余万元。为规范经营,车队还安排专职线路队长负责各方协调、线路管理及各项考核工作,实行统一管理、统一调度、统一核算。与此同时,双方成立了专职稽查队伍,加大稽查管理力度,打击班车站外带客行为,并积极配合相关部门,加强对“黑车”等非法营运行为的整治力度,共同为企业和广大旅客营造一个安全、有序的经营环境和出行环境。

(九江市长运集团公司)

【九江市运管局开展道路运输安全大检查暨深化危化品运输安全专项整治】 2015 年,九江市道路运输管理局开展全市道路运输安全大检查暨深化危化品运输安全专项整治工作。一是重点检查运输企业安全生产和岗位责任制、安全生产操作规程、安全生产监督检查制度、车辆调度制度、从业人员安全学习教育制度、车辆、设施、设备安全管理制度、事故处理应急预案等制度的落实情况。二是严格按照例检作业项目和作业内容实施例检,班车出站检查过程中,严格执行“六不出站”的规定,发班前进行 GPS 检查,严禁不符合规定的班车出站营运。三是对危化品运输企业资质条件进行复查,严格检查危化品企业停车场、危化品运输车辆技术情况、驾驶员及押运员从业资格证、液体危险货物罐车紧急切断装置安装及使用情况。四是详细检查“两客一危”车辆 GPS 安装使用情况,落实运输企业 GPS 监控室 24 小时值班制度,并在 22 时后做到每 30 分钟进行一次记录。五是检查运输企业安全隐患排查治理情况,是否每月至少开展一次安全生产自查自纠工作,发现安全隐患及时排除,检查及处理情况记录在案建立台账,对各种安全检查所查出的隐患进行分析,制定有效的控制措施及时消除安全隐患,落实隐患排查治理销号制度。六是强化突发事件应急处置。健全完善应急预案,细化具体处置措施和应对方法,明确责任分工和相关专业组织和人员联系方式,确保预案具有较强的操作性。

(九江市交通运输局)

【九江市运管局启动道路危险货物运输从业资格无纸化考试】 经九江市交通运输局委托并报请省运管局同意,2015 年 7 月 7 日,市道路运输管理局考务中心正式启动道路危险货物运输从业资格证无纸化考试。

市运管局考务中心为启动道路危险货物运输从业资格证无纸化考试,精心组织,严格内部管理,在硬件软件上按照部、省有关要求抓实抓细,为启动无纸化考试奠定良好基础。无纸化考试系统可满足 60 人同时进行考试,试题从交通部、省运政系统的题库中随机抽取,考试采用滚动模式,电脑答题、电脑阅卷、电脑评分。

九江市运管局考务中心实行道路危险货物运输从业资格证无纸化考试,是该市从业资格证考试模式的一大改进,更加有效地确保考试的客观性、公正性、实时性、保密性,具有提高管理工作效率、节约考试资源、规范考试管理、方便考生应考等传统考试不可替代的优势,能够有效防止泄题、漏题。全市从业资格证考试全部实现无纸化考试。

(九江市交通运输局)

【九江市对火车站联合整治】 针对火车站广场宰客、欺客、揽客以及不按规定经营等脏乱差现象,市运政稽查支队联合市执法局、特警、交警、车站派出所、民生物业公司等责任单位进行联合执法,取得良好效果。

火车站是城市的窗口之一,周边的治安、交通秩序等直接影响到城市的形象。为此,市运政稽查支队紧密联合公安等部门形成执法合力,建立长效管理机制,通过近 60 天的整治,共查处非法营运车辆近 50 辆,严厉地打击九江火车站附近的非法营运车辆,规范客运市场秩序。在此期间,所有稽查、公安人员放弃休假,除经常性地开展火车站广场营运市场稽查巡逻外,还在凌晨或晚上进行突击检查,重点打击非法营运、规范出租车营运等。

(九江市交通运输局)

【新余“12328”交通运输服务监督电话进入试运行】 12 月 22 日,新余“12328”交通服务监督电话进入试运行。“12328”电话系统将集中受理公路、道路运输、城市公交、出租车、水路运输等交通运输业务范围服务的监督、咨询和投诉举报,实现服务监督、投诉举报、咨询服务“一号通”,以进一步提升交通运输服务范围、服务能力、服务水平,提高群众认可度和满意度。

该市公路局、运管处、港航处、公交公司、汽车总站、出租车公司等单位都设有自己的咨询投诉热线,“12328”开通后前期会与之前的投诉电话并线运行,逐渐实现统一服务。“12328”实行24小时工作制,在全市直接拨打“12328”就能呼叫本地业务,异地用户需加拨区号呼叫本地业务,市民致电“12328”后,话务员若能直接处理的,将直接回复;若需要调查、核实、处理的情况,将做好登记,并转达业务部门处理。业务部门及时将处理结果反馈给举报人。

(钟　磊)

【新余市交通运输局瞄准“黑车”抓整改】 11月,新余市交通运输局专项整治小组针对该市非法营运车辆的活动规律及特点,克服时间及天气影响,采取错时上班、夜间蹲守、不定时巡查等方式,对高铁站、火车站、汽车客运中心前期摸排的重点车辆进行重点打击,取得初步成效。11月底,共出动执法车辆83辆次,执法人员378人次,查获非法营运“黑车”4辆,四轮电动车1辆。同时,对市民反映的残疾人助力车问题,对驾驶员进行宣传告知,并对其身份信息进行采录。对于火车站的周边环境联合和城管市容管理部门进行清理,共清理乱停乱放车辆40余辆,对30余人进行劝解和告知。对于新余高铁站的出租车候车行为进行规范,候车秩序得到较好的改善。

(邓清华)

【鹰潭市运管处加快黄标车淘汰】 为贯彻落实国家和省关于淘汰营运黄标车淘汰相关工作要求,市运管处积极谋划,多措并举,积极推进全市营运黄标车淘汰工作,确保2015年淘汰全市2005年底前注册营运的黄标车、2017年基本淘汰全市范围注册营运的黄标车。全市共有营运黄标车1068辆,已淘汰439辆,为抓好剩余黄标车淘汰工作,市运管部门将重点抓好以下几项工作:一是建立信息台账。认真对已办理了道路运输证的营运车辆进行甄别,掌握本市营运黄标车情况,建立信息台账,重点监管,逐步淘汰。二是层层分解任务。根据营运黄标车的分布情况,要求各运管机构及时掌握好辖区内的营运黄标车淘汰工作,并制定时间倒排表,将任务按月逐步分解,力争年底前完成全年淘汰任务。三是严把准入和年审关。对未取得绿色环保检验合格标志和安全技术检验合格标志的营运车辆,不得申领道路运输证,不得办理营运黄标车转入手续。四是强化工作合力。及时与公安交警部门信息共享,对公安交警部门办理注销登记的营运车辆,及时注销道路运输证;对已注销道路运输证的车辆,及时将相关信息与公安交警部门共享。五是做好宣传工作。及时在报刊及网站上公布相关信息,在车辆综合性能检测站和运政服务窗口张贴相关的文件和通告,对已年审的2005年底前注册营运的黄标车,书面通知企业和车主主动办理注销手续。

(程　静)

【鹰潭市交通运输局圆满完成体育赛事的交通保障】 “一汽丰田”2015年全国竞走大奖赛(鹰潭站)于2015年5月22日—23日在鹰潭市龙虎山风景名胜区举行。为确保赛事顺利进行,做好贵宾、技术官员、运动队员、裁判员、工作人员和媒体记者的交通保障工作,市交通运输局按照组委会的统一部署,高标准、高质量做好交通保障工作,期间未发生一起漏乘和延误事件,确保了各项工作任务的圆满完成。2015年全国乒乓球俱乐部超级联赛八一乒乓球俱乐部女队九场常规赛事于2015年5月至8月在鹰潭市体育中心体育馆举行。根据组委会的工作安排,市交通运输局制定周密的工作方案,大赛各项交通保障工作圆满完成。

(杨小平)

【鹰潭市道路运输市场培育稳步增长】 2015年,道路运输行业特别客运行业受高铁、私家车、外业务工人员减少等因素的影响和冲击,企业的主营业务有所萎缩,虽然道路运输行业面临严峻的生存压力,但在行业主管部门的努力下,全市道路运输行业仍有序发展。全市道路运输企业共611家,其中客运企业13家,出租车企业6家,城市公交5家,货运企业446家(其中普货企业433家,危货企业13家),机动车维修企业118家,驾驶员培训学校18家,汽车租赁企业5家:全市道路营运车辆26217辆,其中客车420辆,公交车361辆,出租车450辆,营运货车24986辆(其中普货24799辆,危货187辆),教练车640辆;全市道路运输从业人要429674人。

(鹰潭市交通运输局)

【鹰潭市三部门大力整治市区交通秩序】 近年来,市区机动车辆快速增加,交通状况随之不断恶化,时常在高峰时段通行缓慢,甚至造成堵车。其中两轮摩托车、三轮摩托车、三轮电动车、四轮电动车泛滥成灾,有的乱停乱放堵塞交通,影响市容环境,有的非法载客扰乱营运秩序,造成安全隐患。因城区扩大,对大货车限行区域也需要进行调整。为此,市交通运输局联合公安、城管部门自2月10日起对上述车辆实行限行。一是对大货车24小时限制进入城区包括信江新区北至余信贵快速路区域以内,需要进城的大货车必须按规定办理通行证。二是对两轮摩托车24小时禁止在四海路(东至交通路,西至龙虎山大道路段)、站江路(南至火车站,北至环城路路段)行驶。三是对三轮摩托车、三轮电动车、四轮电动车禁止在老城区域和信江新区的鹰潭北站站前广场区域行驶,限制时段为7:00—21:00,对残疾人专用车凭通行证给予通行。限行之后,三部门联勤联动,形成合力,并长抓不懈,以取得良好效果。

(周永同)

【鹰潭市运管处创新驾培行业管理】 该处一是落实上级部门简政放权工作,将驾培机构审批权下放至各县所,并引导新增驾培机构上等级、上规模。二是将"营业性道路运输驾驶员从业资格考试收费"归并到中央立项的"专业技术人员职业资格考试考务费"中,同时取消"营业性道路运输驾驶员培训",符合报考条件的个人可以直接凭相关材料直接报名申请道路客货运输驾驶员从业资格证。三是一次性取消道路运输经营许可费、中华人民共和国道路运输证费和从业资格证工本费,降低业户成本,减轻业户负担。

(鹰潭市运管处)

【贵溪交通运输局确保端午节划平安船】 端午节期间,贵溪市交通运输局多管齐下切实加强水上安全管理,确保节目划平安船。该局成立端午节水上安全工作领导小组,要求小组成员一旦遇到紧急情况需反应迅速,措施果断,确保在突发事件发生时能够第一时间处理;水上安全组切实维护龙舟赛现场秩序,对沿岸渡口、码头、桥涵进行安全检查,排除事故隐患;交通疏导组在划龙舟期间对重点地段实行交通疏导以保交通畅通;从农历五月初一至农历五月十三日,在信江河、金沙港等水域实行定人定位定责值班,负责水上交通安全的监督管理,值岗人员于当天12时之前到岗到位直至最后一只龙舟安全上岸后方能离开。

(戴丽萍)

【贵溪市交通稽查大队夜间稽查成效显著】 10月份以来,贵溪市交通稽查大队采取夜间稽查等有效措施,有力地打击各种违法经营行为。针对超限运输车辆车主与执法人员打时间差的现象,执法人员打破正常检查规律,有时在夜间六七点,有时在深夜十一二点,有时在凌晨四五点赶到执法现场进行检查。5月11日凌晨,为了查处群众举报的违法车辆,稽查一、二大队执法人员从凌晨12点一直坚守到中午12点多,最终将违法车辆依法查扣。针对汽车站、火车站、市中心、及铜都大桥入口处一带违章经营业户非法从事客运较为严重现象,执法人员在早晚上下班高峰期的时间段,分阶段、有重点地在这些区域进行监督检查,执法人员早、中、晚时间轮流上岗,不间断满负荷进行检查,对群众反映强烈的业户进行有针对性的监控,较好地遏制了违法经营行为。10月以来,大队共查处无证经营"黑车"7辆次,超限超载车30辆次,擅自改型车28辆次,违法经营得到有效遏制,道路运输市场秩序得到有效好转。

(戴丽萍)

【贵溪市运管所排查整治危险品运输市场】 为深刻汲取"8·12"天津港瑞海公司危险品仓库特别重大火灾事故教训,进一步规范危险品运输市场,全力消除安全隐患,9月11日下午,贵溪市运管所组织召开该市危险品运输市场专项整治行动动员会。会上,通报近期对全市危险品运输市场的安全排查情况,传达《贵溪市危险品运输市场专项整治行动方案》,安排部署全市危险品市场的专项整治工作。这次专项整治的重点是对危险品车辆的技术状况、人员条件、车辆运营、货物装载、监控平台等方面进行全面排查,做到不放过一个环节、不漏掉一项内容,对排查出的问题和隐患责令企业限期予以整改消除。在整治中,对危险品市场出现的违规行为从严从重进行查处。

(戴丽萍)

【贵溪市运管所再出重拳打击“黑车”】 为强力推进打击“黑车”进度,净化运输市场,7月21日,贵溪市运管所再次抽调精兵强将,组成2个“打黑”行动小组,集中对广场和车站片区非法营运车辆进行严厉打击。各小组执法人员坚持文明执法,依法行政,一方面调查取证,一方面积极向群众宣传乘坐“黑车”的危害性,并针对“黑车”活动规律,打破常规集中稽查,效果明显。仅7月21日一天就依法查扣非法营运“黑车”6辆,有力地震慑了“黑车”嚣张气焰。

(何　伟)

【赣州市道路运输行业向绿色安全转型】 2015年全市道路运输行业要积极围绕绿色安全运输这一主题,推进行业向绿色转型,提升安全服务水平,以适应全社会道路运输发展新常态。全年市道路运输管理局规范减排项目专项资金的申报和初审工作,全力推动道路运输市场运力低碳化发展,使混合动力、纯电动、天然化等新能源和清洁燃料车辆在公共交通行业得以推广和应用。在提升中心城区公交车和出租车使用节能与新能源车辆比重的同时,提高营运车辆驾驶员节油意识和技能,使绿色的驾驶、维修理念在行业内蔚然成风。以安全促进长途班线客运车辆提质增效,不再审批800千米以上的客运班线,并重点解决运行此类长途客运班线车辆所存在的安全效益问题。对合法经营的“两客一危”车辆推行二维码电子身份管理,以方便执法人员、乘客、货主可以通过手机等移动通讯工具获取该车辆的全部信息,以强化对营运车辆的安全服务监管力度。

(淳　朴)

【赣州市开展道路危险货物运输安全生产专项整治】 12月3日,为进一步强化全市道路危险货物运输安全监管工作,严厉打击非法运输危险化学物品和民用爆炸物品的违法行为,赣州市开展道路危险货物运输安全生产专项整治工作。这次专项整治工作由各县(市、区)交通运输局联合当地公安交警、安全监理部门共同组成整治工作小组,在当地政府的统一领导下有序进行。在对非法运输危险化学物品和民用爆炸物品的车辆、危货车辆未悬挂或者喷涂警示标志和安全告知、不配备押运员、无从业资格上路运输、非法生产或改装危货车辆等违法行为予以严厉打击的同时,还要对辖区内道路危险货物运输企业的安全生产责任、管理制度、技术标准、操作规程、安全培训、事故应急救援、司乘人员持证上岗、GPS系统运行等落实情况进行集中排查。通过整治,全市已有两个危货运输企业的36辆危货车辆办理了1类危险货物营运手续。

(淳　朴)

【赣州市进行安全生产大检查】 8月17日至21日,赣州市道路运输管理局在辖区内开展道路旅客及危险货物运输安全生产专项整治工作验收暨安全生产大检查。天津港爆炸事故发生后,赣州市运管局领导组织相关人员分成了三个检查小组,深入到各县运管所、83户客运企业、20户危货运输企业、21个二级以上客运站进行安全生产大检查。寻乌、石城、崇义、章贡区、会昌、赣县、于都等县(市、区)运管所安全生产管理工作较为扎实。有部分汽运企业(汽车站)安全生产工作有待进一步加强。有少数货运和危货运输企业安全生产措施不够落实。针对上述情况,市道路运输管理局下发了隐患整改通知书25份。并严肃要求道路运输系统的运政管理部门、汽运企业一定要吸取天津港爆炸事故的沉痛教训,对存在的问题限时认真整改,确保道路运输生产安全顺利进行。

(淳　朴)

【石城县客运企业联合开展道路运输安全应急演练活动】 6月23日上午9时,石城县5家道路旅客运输企业在县中心汽车客运站联合开展2015年“道路运输平安年”及年度道路运输安全应急演练活动,主要开展预防“三品”上车的安全排查检查、防恐防暴反扒现场的紧急应对、意外突发事件时的疏散逃生和急救等项目。县内各道路旅客运输企业的安全生产管理人员和站场安保人员及司乘人员等30余人参加此次演练活动,县交通运输局、县安监局派人进行现场指导。通过此次现场演练活动,广大司乘人员安全防范意识进一步强化,应急处置能力进一步增强,确保道路运输市场持续平安稳定。

(李　政)

【赣县公路分局部署安全生产大排查】 8月17

日上午,在赣县公路分局三楼会议召开安全生产紧急会议,传达全国、省、市、县安全生产电视电话会议精神,重点学习了习近平总书记习近平对天津港“8·12”瑞海公司危险品仓库特别重大火灾爆炸事故作出的重要指示和李克强总理就救援和应急处置工作作出的重要批示。传达市局关于加强当前公路系统安全生产工作的紧急通知。会议就当前安全生产工作进行部署,成立两个安全隐患排查组,从下午开始由副局长带队,对管养公路和桥隧、在建工程、拌合场站、机械设备、办公场所、道班房等进行一次地毯式摸排,重点是临崖临水、危桥险路、急弯陡坡等事故多发、易发路段及桥梁、涵洞和安全管理基础薄弱的部位,占道经营、乱堆乱放以及养护及施工作业是否规范,对发现的安全生产隐患明确整改责任人和整改时限,立即进行整改,确保整改到位。

(江赣林)

【全南县提升客运车辆 GPS 监管平台上线率】 10 月下旬,为切实加强道路客运车辆的 GPS 定位监管工作,确保道路旅客运输的安全稳定,全南县运管所对全县客运企业 GPS 监控平台使用情况进行全面检查。此次工作的重点是检查客运企业是否为所属全部车辆安装符合标准的 GPS 终端、是否将所有安装 GPS 终端的车辆接入政府监管平台、是否定期检查 GPS 终端的使用情况、是否配套相关人员和制度来确保客运车辆全程在线、是否及时纠正和处理违章行为等落实情况。同时,要求各客运运输企业对所有车辆及驾驶员实行全面的动态监管,切实采取有效措施确保 GPS 车载终端的正常运行,确保客运车辆 GPS 政府监管平台上线率达到 100%,对发现的超员、超速和疲劳驾驶等行为,将及时警告及纠正,并对违章车辆所属企业及人员作出严肃处理,确保道路旅客运输的安全有序发展。

(全南县运管所)

【寻乌县运管所召开企业安全生产约谈会】 9 月 18 日,该县运管所在组织开展道路行业安全生产大排查工作同时,对企业法人代表、分管安全领导及安全员进行安全生约谈,对排查出的企业安全隐患和存在问题作出通报并提出明确的整改要求:①对存在安全隐患的企业,各检查组要跟踪督办,现场验收,经验收合格后方可销号,彻底把安全隐患整改到位,不留死角。②整改企业要深刻认识安全的重要性和必要性,按照安全生产管理制度狠抓落实,采取有效安全措施,把安全隐患消除在萌芽状态。③要认真建立安全隐患整改台账,实行隐患销号制度。凡检查出的安全隐患必须录入台账,建立档案,杜绝安全生产检查走过场的不良现象,确保各项安全隐患整改到位。

(寻乌县运管所)

【宜春市开展“道路运输平安年”活动】 根据省交通运输厅、省公安厅和省安监局三部门联合下发的《关于印发 2015 年“道路运输平安年”活动方案的通知》要求,结合本市实际,该市认真组织开展“道路运输平安年”活动,成得了较好成效。一是建立机构,成立活动领导小组。制定《宜春市 2015 年“道路运输平安年”活动实施方案》,明确任务,落实责任。二是加强宣传。充分利用各种媒介向社会进行广泛宣传,大张旗鼓地宣传“道路运输平安年”活动的意义、目标、任务。组织开展安全生产月及安全咨询日活动,会同公安交警部门在客运总站举办道路客运驾驶员安全宣誓签名启动仪式,开展安全生产承诺活动。要求客运司机在发车前向乘客承诺做到“五不、两确保”;三是强化监管。加强源头监管,狠抓“三不进站、六不出站”制度的落实,开展“打非治违”“危货运输”“易燃易爆”寄递等专项整治。活动期间,查处电动三轮摩托车、电动四轮车“黑的”63 辆次,查处手续不齐全危货运输车辆 6 辆,无道路运输证等违规货车 98 辆,查扣报废车 2 辆;加强“两客一危”动态监管和凌晨落地休息制度,“两客一危”车辆上线率达 95% 以上,规范道路运输行为。四是加强检查。市交通运输局联合市交警支队、市安监局开展联合检查,采取明察暗访等形式,检查 5 个县(市、区),查处一批违规行为和安全隐患,有力地保障全市道路运输的平安态势。

(高 强)

【宜春市运管局开展道路运输安全生产管理示范企业创建活动】 为促使全市道路运输安全生产管理制度和标准规基本健全,安全生产基础资料基本齐全. 从业人员综合素质整体提高,企业安全生产管理水平更上一个台阶,做到培育典型、示范引导,以点带面的目的。2015 年 8 月,市运管局在全市范围内组织开展了道路运输行业安全生产管理示范企业创建活动。此次创建经辖区内道路运输企业自评申请,各县(市区)运管所(局)择优推选的基础上,局审查决定,推荐宜春汽车总站、靖安县环宇运输有限公司为该市 2015 年全省道路运输安全生产管理示范企业。

(彭　娟)

【丰城市成为全省首个开办道路运输从业资格考试的省直管县(市)】 根据《道路运输从业人员管理规定》,凡从事经营性道路客货运输驾驶员、道路危险货物运输从业人员、机动车维修技术人员、机动车驾驶培训教练员、道路运输企业经理人和其他道路运输从业人员均应取得相应的从业资格证件,方可从事相应的道路运输经营活动。道路运输从业人员资格管理本属设区市运管机构权限。因丰城市定为省直管县试点,该市运管局按照《江西省道路客货运输驾驶员从业资格考试考务工作规范(试行)》文件的要求,投资 60 多万元兴建了丰城市道路运输驾驶员从业资格考试中心。8 月 27 日,该市运管局道路运输从业人员资格考场已经省运管局、宜春市运管局验收合格,这标志着丰城市现可直接办理道路运输从业人员资格考试业务,节省该市道路运输从业人员办理资格证件的时间和费用。此项管理权限的取得,意味着该市道路运输管理机构省直管县(市)扩大社会管理权限工作的全面到位,丰城市也成为全省首个可开办道路运输从业资格考试的省直管县(市)。该市运管局已开始受理道路运输从业人员资格考试、年度诚信考核等工作,9 月中下旬举行首期考试。

(沈壮华)

【宜丰县运管局加强重点营运车辆联网联控】 为加强全国重点营运车辆动态监管工作,规范道路运输车辆动态监督管理行为,落实运输企业监控主体责任,提升道路运输安全管理水平,依据交通运输部、公安部、国家安全监管总局 2014 年第 5 号令《道路运输车辆动态监督管理办法》规定,2015 年,该局切实加强动态监管平台建设,并将营运车辆动态临管与静态管理相结合,将车辆运营情况作为年度市验、信用考核、新车准人、班线审批的重要依据,强化车辆动态监管平台的应用,有效提升了行业监管能力。截至 12 月,辖区内备案政府监管平台账号月均上线率达 96%、“两客一危”车辆入网率达 98%、危货运输车辆周均上线率达 98%。

(漆志勇)

【高安市成功处置一起液化气槽罐车侧翻事故】 3 月 24 日上午 9 时 40 分许,一辆载有 24 吨液化气的槽罐车在行驶至 320 国道祥符转盘时发生侧翻。经过 11 小时的紧急救援,晚上 8 时许,槽罐车得到成功处置,事故未造成人员伤亡。事故发生后,市交通运输局迅速启动应急预案,联合公安、消防、公路、安监、质监等部门成立救援小组,对事故车辆进行救援。在救援过程中,消防官兵不间断向罐体喷射水雾,为罐体降温。但由于槽罐车体积较大.槽罐及车身的重量就达 40 多吨,现场一时找不到匹配的起重设备,通过联系相关的专业救援队伍,救援小组迅速调集到两台大吨位的起重设备,在现场指挥人员的统一调度下,先将损坏的槽罐车车头吊离事故现场,再将罐体和槽罐车车尾同时吊出路边的水沟,最后成功将侧翻的液化气槽罐车转移到安全地带。

(周世祥)

【宜春市运管局提高“两客一危”周上线率】 为落实省道路运输管理局关于“两客一危”周上线率必须达到 90% 以上的要求,解决宜春“两客一危”周上线率较低的问题,市运管局根据中华人民共和国交通运输部 2014 年第 5 号令《道路运输车辆动态监督管理办法》等有关法律法规,制定了一套针对性强的管理措施,取得明显成效。一是自 2015 年 10 月 8 日起,对于危货车辆周上线率低于 90% 的运输企业和客运车辆周上线率低于 95% 的运输企业.停止新车道路运输证的办理。二是卫星定位装置一周内未上传数据至“江西省道路运输车辆卫星定位系统政府监管平台”的车辆,不予审验道路运输证。三是对于道路运输企业未使用符合标准的监控平台、监控平台未接人联网联控系统、对驾驶员交通违法处理率低于 90% 的、未按规定配备专职监控人员的,处以 3000 元以上 8000 元以下罚款;对于卫星定位装置长期不上线的“两客一危”车辆(1 个月及以上),按每辆处以800元的罚款;对于破坏卫星定位装置以及恶意人为干扰、屏蔽卫星定位装置信号的,处2000元以上5000元以下罚款。四是道路运输企业每天检查卫星定位装置使用情况,对存在问题的要尽快进行修复,同时做好报修及修复记录。五是对于长时间(一月以上)无运输任务的车辆,及时办理报停手续。经大力整顿,车辆周上线率一改落后局面,排名位居全省前列。

(李　明　李　煊)

【宜春市运管部门强化管理维护危货运输安全】 市运管局在抓危险货物运输管理过程中,始终坚持"公平、公正、实事求是"的原则,实行企业质量信誉考核与安全考评相结合,专项整治与平常督查相结合,日常管理与年度审验相结合等形式,采取查阅资料、现场明察暗访、广泛征求意见和集中听取汇报等,强化危货车辆管理。每逢节假日,该局组织辖区危货运输企业进行彻底排查。一是查车辆是否具有相应经营项别、类别、品名;二是查运输爆炸,剧毒、强腐蚀性等物品是否办理相关准运手续等;三是查驾驶员、押运员是否到岗到位;四是严查"三超"一疲劳违规运输;五是建立"黑名单"制度,完善退出机制。对不符合要求的一律进行限期整改,整改仍不合格的吊销危货经营许可证,责令退出危货市场。10月,对万载泰运等5家危货食业整改到位,万载郑铁危货公司被吊销危货经营许可证。

(项广生)

【宜春公交总公司增加便民服务措施】 为更好地提升便民服务水平,宜春公交推出新举措。①总公司收回与原IC卡大厅相邻的店铺作为新公交便民服务大厅服务场所,将原公交IC卡大厅改名为公交便民服务大厅,于7月6日正式搬迁入新大厅办公。相比之下,新大厅面积较之前更为宽敞,经过重新装修,可同时为更多的市民提供服务,避免充值高峰期在大厅门口出现"长龙阵"现象。新大厅设有五个服务窗口,除公交IC卡业务办理窗口外,一起搬迁还有火车票代售窗口、燃气缴费窗口,服务时间依然保持不变。②中国旅行社总社宜春有限公司是由中国旅行社总社江西有限公司和宜春市公共交通总公司共同出资设立的有限责任公司,原由江西有限公司选派人员、负责经营管理,从2015年2月起公交总公司全权负责经营管理。为更好地提升便民服务水平,该司将原IC卡大厅重新装修用作旅行社日常办公场所,紧邻公交便民服务大厅,这是该公司继将公交IC卡服务大厅改造升级后,提升便民服务的又一新举措。

(何　清)

【抚州市长效开展道路运输市场整治】 2015年,抚州交通运输局为保障长效治理道路运输市场,采取多种形式开展整治活动。一是加强驾培市场整治。制定《抚州市机动车驾驶员培训市场整治工作实施方案》,同时成立领导小组和领导小组办公室,严格整治内容和工作要求。全年共查处异地培训3起,查扣非法培训车辆3辆,纠正违规经营行为6起,整治教练车46辆,下达整改通知书52张,有力地促进该市驾培行业健康有序发展。二是加强城市客运市场整治。加大出租车不使用计价器、乱收费、拒载、"拼客、喊客、拉客"及"黑车"等违规行为的打击查处力度,聘请40名社会监督员、邀请新闻媒体给予关注和报道。对违规经营行为严查快处,对违规车辆处罚做到公开、公正和公平。至12月底,出动执法人员3500人次,出动执法车辆1800台次,共检查车辆1204台次,教育驾驶员131名,立行立改315辆,依法处理违章出租车139起。三是落实客货运输驾驶员"黑名单"。制定《抚州市道路运输行业安全生产黑名单管理制度(试行)》,同时严格工作纪律要求。共上报2人列入客货运输驾驶员"黑名单",吊销了其从业资格证,并要求五年内不得重新申请道路运输从业资格证。

(陈根玲)

【南城县举办"五车"车主就业专场招聘会】 2015年9月23日,随着南城县"五车"(轿车、摩托车、电动车、残疾人专用车、三轮车)整治工作深入开展,该县县委、县政府根据广大车主的需求,在登高公园东门广场举办为期2天的南城县"五车"车主就业专场招聘会,为"五车"车主积极搭建求职平台,尽最大努力支持和帮助"五车"车主再就业。此次招聘会有永欣电子、阿颖金山、金盾保安等23家企业,提供就业岗位近900个。当天,该县各乡(镇)乡镇长、分管领导和村党支部书记带领辖区内的“五车”车主踊跃参加招聘会。初步达成意向协议150多人,受到社会各界好评。

（王素红）

【东乡县整治“五车”非法营运成效显著】 东乡县开展整治“五车”非法营运及交通秩序与市容环境工作是县委、县政府建设品质大东乡的一项重要内容,也是提升东乡县城市整体形象的重要举措。自2014年6月启动“五车”整治工作至2015年底,已历时一年半,在任务重、困难大、矛盾多的情况下,参与整治单位切实落实县委、县政府工作部署,采取政策宣传、源头治理、路面整治、政府回购、安置帮扶相结合,整治“五车”工作取得明显成效,社会反响良好。一是城市形象有明显提升。整治“五车”遏制“五车”非法营运和满街乱跑的现象,市容市貌、交通秩序均得到明显的改善,城区比以前更畅、更宽、更洁、更美了。二是整治效果显著。整治期间共查扣各类三轮、四轮车1262辆,报废销毁1206辆、协议补偿1150辆,申请“五车”补偿资金163万元余元。先后处理23起涉稳事件,帮助24户困难家庭解决生活困难,教育、劝导62名非法营运车主改行再就业,接待来人来访540余人次。整治占道经营流动摊点1118家、出店经营16户、清除“牛皮癣”垃圾广告4000余张、收缴打牌桌椅20张、清理人行道堆放垃圾杂物及自发性菜市场垃圾99皮卡车、拆除有碍市容遮阳伞9家、处罚违规运输砂石人员及车辆近百人次(辆)、查处各类乱停乱放车辆1800余辆、非法营运摩的105辆、黑(车)的60余辆、涉牌涉证违法行为55起、酒后驾车46起、拖离僵尸车26辆。

（姚金国）

【抚州市对城区交通环境进行全面治理】 按照《抚州市委市政府关于印发集中开展市中心城区“五车”整治工作方案的通知》文件要求,从8月14日开始,由公安牵头,市运管处与交警、城管、工商、质监等部门形成合力、联合执法,在抚州市中心城区集中开展以整治“五车”(轿车、摩托车、电动车、残疾人专用车、三轮车)为中心的交通环境治理。

此次整治时间从8月1日至11月30日共4个月,该市出台一系列措施规范中心城区交通运输秩序,采取多部门联合执法,坚持固定查缉和机动巡查相结合的方式,在路面定期或不定期地开展统一执法行动,形成严打重罚的强大震慑力。为配合“五车”整治,该市出台了相应的帮扶和收购补偿优惠政策,为“五车”人员解决后顾之忧。共封存三轮车1337辆,签订1326份一次性补偿协议,安排510万元收购补偿金,出动整治车辆3500车次,投入整治人员4500人次,查处非法经营车辆109起,异地经营出租车48起,查处其他案件70件;查处摩托车、电动车非法安装遮阳伞4867起;查处酒后驾驶1起,涉牌涉证违法行为112起,非法营运74起,出租车未打表行为67起,整治乱停乱放和占道行为512起,清理“僵尸车”134辆(拖离90辆、劝离44辆),其他交通违法行为161起。城区客运市场交通秩序明显好转,受到市民一致好评。

（陈根玲）

【南城县向“黑车”亮剑】 8月5日开始,南城在全县范围内开展为期3个月打击“黑车”等非法营运专项治理行动。

该县成立了集中联合开展打击“黑车”等非法营运专项整治工作领导小组,加强组织领导,落实各部门责任。同时,通过调查摸底、登记造册、加大宣传、集中整治、安排就业、帮助创业等环节,综合整治“黑车”非法营运行为。活动开展期间,该县先后组织100余人上门上户,对“黑车”车主的社会关系、从业愿望和非法改装、销售“黑车”车辆窝点进行调查摸底、登记造册,同时,通过向社会发布通告、印发宣传单、公布非法营运举报电话等多种形式,大力营造整治氛围。至活动结束,全县共出动执法人员860人次,执法车辆150台次,依法暂扣违法违规车辆162台,有效维护了该县道路运输市场秩序。

（陈根玲）

城市客运管理

【省运管局开展出租汽车从业资格考试】 4月,在宜春市、萍乡市两地开展出租汽车从业资格考试试点工作。7月,出租汽车从业资格考试工作在全省铺开,年底全省11个设区市均开展出租汽车从业资格考试工作。

按照交通运输部出租汽车驾驶员考试大纲要求,出租汽车驾驶员从业资格考试包括全国公共科目和区域科目两部分,理论考试采用计算机无纸化考试系统,区域科目包括基础知识考试和应用能力考核,考试试题由计算机随机抽取,试题注重测试出租汽车驾驶员的职业能力和道德规范。

(胡　晨)

【江西启动镇村公交发展试点工作】 5月22日,省交通运输厅、省财政厅联合下发《关于印发〈2015年江西省镇村公交发展试点工作方案(试行)〉的通知》,设立3000万元专项资金,用于支持镇村公交发展。经省运管局组织专家评审,筛选出南昌县、上犹县、吉安市青原区、樟树市及丰城市等5个县(市、区)进行首批试点。试点工作开始后,省公路运输管理局深入各试点县(市、区)进行督导,及时帮助解决遇到的问题和困难,督促各试点县(市、区)按要求完成相关工作。并根据省交通运输厅、省财政厅印发的《江西省镇村公交发展试点工作考核办法(试行)》的要求,组织专家于2015年12月14日至18日对各试点县(市、区)进行了验收。

(金紫骏)

【省运管局开展城乡客运一体化发展水平评价】 7月,省运管局根据《交通运输部关于开展城乡道路客运一体化发展水平评价有关工作》等有关文件的要求,部署开展了城乡道路客运一体化发展水平评价工作,据统计,全省城乡道路客运一体化发展综合分值为702.6分,各市县中,城乡道路客运一体化发展水平AAAAA级2个,AAAA级26个,AAA级48个。

(金紫骏)

【全省加快推进城市公共交通优先发展工作会议召开】 为深入贯彻落实公交优先发展战略,12月8日至9日,全省加快推进城市公共交通优先发展工作会议在南昌召开。副省长李贻煌、交通运输部运输服务司巡视员徐亚华出席会议并讲话,省交通运输厅党委书记、厅长朱希作工作报告,省政府副秘书长张小平主持会议,省交通运输厅副厅长梁必康、谢德强,省运管局局长王圣义、党委书记易宗发等出席会议。会议强调,各地、各有关部门及公交企业要按照创新、协调、绿色、开放、共享的发展理念,进一步提高思想认识,加大工作力度,努力开创全省城市公交优先发展的新局面。一要强化规划编制和法制建设,引领和保障城市公交发展。二要加大政策资金扶持力度,推动城市公交事业快速发展。三要加快公交基础设施建设,增强城市公交服务保障能力。四要加强公交运营服务管理,提升城市公交服务水平。五要强化公交安全应急管理,保障人民群众平安出行。

(游国候)

【全省城市客运管理法规框架基本构建】 2010年11月,省人大常委会颁布了《江西省道路运输条例》,自2011年1月起施行,专设"城市公共汽车客运经营"和"出租汽车客运经营"两章,为指导和规范城市客运发展奠定了法制基础。为配合条例实施,省运管局陆续制定了《城市公共汽车客运经营许可规范》《出租汽车客运经营许可规范》《汽车租赁经营许可规范》《城市公共汽车客运服务规范》《出租汽车客运服务规范》《公共汽车客运企业质量信誉考核办法》《出租汽车客运企业质量信誉考核办法》《汽车租赁企业质量信誉考核办法》《公共汽车客运驾驶员诚信考核办法》《出租汽车客运驾驶员诚信考核办法》等一批管理制度。

(游国候)

【全省城市客运管理体制逐步理顺】 省运管局积极指导各市按照大部制改革要求和省人民政府办公厅《关于进一步促进城市公共交通及出租汽车客运行业健康发展的通知》精神,接管城市客运管理职能。2012年,在省交通运输厅的高度重视和积极干预下,景德镇市城市客运管理职能回到了市交通运输局,实现设区市层面的体制统一,为城市客运管理法规政策的贯彻实施奠定基础。

另外,省委、省政府高度重视城市公交优先发展工作,将其上升为战略高度予以深入推进。2013年省政府专门下发《关于城市优先发展公共交通的实施意见》,制定实施一系列推动全省城市公交优先发展的政策措施。 (游国候)

【全省建立推动公交优先发展的厅际联席会议机制】 为进一步督促城市人民政府落实主体责任,经省人民政府同意,由省交通运输厅、省住房和城乡建设厅、省发展改革委员会、省财政厅、省国土资源厅、省公安厅、省人力资源和社会保障厅组成省优先发展城市公共交通工作厅际联席会议,省交通运输厅为联席会议制度牵头单位,并且从2012年开始,代表省人民政府每两年对设区市人民政府落实优先发展城市公共交通情况进行考核,通报考核结果,已经联合开展了2次考核工作,引起了当地政府较高程度的重视,大部分设区市人民政府随后出台推动公交优先发展的新举措,解决一些公交发展长期未能得到解决的实际问题,反响良好。同对,为确保考核评价指标有针对性,省运管局组织开展江西省城市公共交通发展水平考核评价指标体系课题研究,研究出一套相对比较科学管用、操作性强、切合江西实际的考核指标44个,并以省交通运输厅、省公安厅、省住建厅、省发改委、省财政厅、省国土资源厅、省人保厅联合发文的形式进行印发。委托江西省城市公共交通协会作为独立第三方开展各设区城市公交服务质量满意度市民调查,并形成长效机制。

(游国候)

【"十二五"期间全省公交基础设施建设取得新进展】 通过规划、项目和资金引导,各地加快了城市公交基础设施建设步伐,全省公交运营线路达到1098条,运营线路总长度达到1.9万千米,年运营里程达到7.5亿千米,年客运量突破15亿人次,日均客运量达到411万人次;全省公交停车场和保养场面积达到73.6万平方米,公交专用车道达到49千米。南昌市正在创建国家"公交都市",开工建设3条城市轨道交通线路和1条快速公交系统(BRT)线路,地铁1号线将于年底试运营。抚州市完成了快速公交系统(BRT)建设前期准备,吉安市完成快速公交系统(BRT)建设调查论证。南昌、宜春、上饶、萍乡、新余、鹰潭等一批集铁路运输、城市公交、出租车、班线客运等多种运输方式于一体的综合客运枢纽相继建成,方便群众零距离换乘。

(游国候)

【"十二五"期间全省公交行业服务水平迈上新台阶】 全省各地积极加快城市公交线网优化和设施建设,创新服务方式,提高服务品质,城市公交服务覆盖面不断扩大,全省公交IC卡发卡量达到184.7万张,南昌至安义、进贤、永修,赣州至南康,吉安至吉水、泰和,抚州至东乡,新余至分宜,鹰潭至贵溪、余江、龙虎山等跨区域的城市公交相继开通,丰城市、樟树市、高安市先后开通"城乡公交"并实行低票价。南昌、赣州等城市因地制宜地开通了上下班高峰通勤车、社区接驳微公交、学生专线公交等多种形式的公交服务。大部分设区市开通了"掌上公交"信息服务系统和电子站牌滚动播报车辆运营信息服务,得到了社会高度认可。南昌市公交车辆还实现了90分钟内免费换乘、无线Wi-Fi免费使用。积极开展公交行业优质文明服务活动,"星级服务"文明线路、"青年文明号"先进班组和模范个人不断涌现,南昌公交推行的"公交论语"进车厢等公交优质服务品牌赢得了社会广泛赞誉。全国劳模、南昌公交驾驶员喻春梅的优质服务先进事迹广为传播,展现了公交行业的新形象。

(游国候)

【"十二五"期间全省公交企业运营管理取得新成效】 全省各地积极推进经营主体结构调整,城市公交运营管理制度化、规范化程度显著提高。南昌市建立并实施了公交企业成本规章制度。宜春市将集体所有制公交企业改制为国有企业。吉安市、新余市、鹰潭市与江西长运股份有限公司合作组建了新的公交企业。上饶市投入资金2570万元收购了49%的民营股权,实现了公交企业国有国营,更好地体现城市公交的公益属性。

(游国候)

【南昌市客管处深入开展城市客运专项整治】 7月,市客管处开始对拒载、绕道以及违反站点管理等六项重大违章行为进行专项整治。同时还针对9月各大中专院校学生返校高峰的特殊时期非法运营行为猖獗的现象进行集中查处。

该客管处以稽查科为主,各出租车企业配合,同时联合公安交管、运管等多部门,以市内各大站点为中心,以场站周边为辐射,兼顾路面出租汽车违章运营行为查处,深入开展整治活动,为乘客营造良好的乘车环境。 (南昌市客管处)

【南昌市交通运输局加大对出租车营运秩序的整治力度】 针对部分出租车司机服务质量差、拒载、强行拼客,违规加装“跑得快”“打票机”,议价、乱收费等违法违规行为频发的不良现象,市交通运输局决定自9月起加大对出租车营运秩序的整治力度。

该局成立专项整治工作领导小组,由局长担任组长,局领导班子成员带队,组织市公路运输管理处、市港航处、市城市客运管理处等局属单位,抽调80名工作人员,在西客站、火车站、洪城大市场、徐坊客运站、庐山南大道、红谷滩及人流量较大地点集中开展整治活动。

为巩固整治成果,市客运管理处与出租车企业联动。对停业整顿3天以下(含3天)的出租车辆由所属出租车企业暂扣,违章司机进行集中教育与停车学习;对加装“跑得快”“打票机”等处以15天停业整顿处罚的严重违章违规行为,由客运管理处统一停业整顿,出租汽车指定地点停放,对司机进行集中教育与停车学习。

12月底,整治活动共查处出租汽车客运违规行为479起,其中停业整顿、集中再教育33辆次、异地营运4起;查扣黑车12辆,其中包含“克隆车”1辆;现场整改(含车容车貌不整)共525辆次。违法违规行为呈现下降趋势。

(周国祥)

【景德镇市城市客运管理处开展非法营运专项整治】 10月28日,市城市客运管理处在人民公园附近再次查处了一辆从事非法营运的私家车,也成为该处开展非法营运整治活动以来第三辆被查处的专车。

10月以来,景德镇市陆续出现私家车接入打车软件平台从事非法营运现象。市城市客运管理处及时依法依规进行了处理,通过约谈专车平台管理人等措施规范市场秩序。市城市客运处相关负责人表示,目前交通运输部的《网络预约出租汽车经营服务管理暂行办法(征求意见稿)》正在公开征求意见中,在正式法律法规未出台前,该处将坚决依法打击从事非法营运的车辆,维护景德镇市客运市场平稳有序。

(洪耀祖)

【景德镇市首批50辆公交出租汽车投入运营】 2月12日,由市公共交通公司中标获得2014年新增出租汽车(经营权)中首批50辆正式投入运营。市委常委、市政府副市长黄康明,北京汽车集团党委副书记赵锦伦,北京汽车集团昌河公司党委书记程冬久,北京汽车销售有限公司副总经理卜红升,市政府副秘书长程曙光,市交通运输局党委书记、局长龙骏,市交通运输局党委委员、副局长、公交通公司改革制工作组组长叶宜民,市财政局副局长吴黎明,珠山区副区长张英出席公交出租车首发式暨北京汽车交车仪式。黄康明宣布公交出租汽车正式投入运营。黄康明、程冬久向孙钟盛交付出租汽车车钥匙。卜红升致辞。程曙光主持仪式。叶宜民介绍公交出租车项目相关情况。

叶宜民在介绍公交出租车项目相关情况时说,首批50辆出租汽车投入运营,是改革创新、锐意进取的公交人献给瓷都市民的一份“新春大礼包”。市公共交通公司在2014年新增100辆出租汽车经营权公开招投标中脱颖而出,中标获得经营权。出租汽车车型由公交公司自主采购。为实现对采购车辆从质量、价格到售后服务的最佳选择,综合国内多地的出租汽车车型技术标准,结合本市情况及市场实际,统一制定了技术标准,并与所有参加投标的经销商进行了售后服务洽谈,按照公平、公正、公开的原则,经过评定,最终选定“北汽绅宝”D5OCNG版为此次出租汽车车型。此车为油气(汽油+压缩天然气)双燃料动力,节能环保优势明显。

叶宜民强调,公交公司各部门(单位)要主动配合,积极支持,出租汽车从业人员牢固树立优质服务意识,切实把“公交出租”打造成景德镇市新的亮点,为优化城市客运环境、提升城市形象、推动文明和谐城市建设做出新的更大的贡献。

(巢喜生)

【清明祭祀公交专线获点赞】 为方便广大市民前往南山公墓扫墓及祭祀活动,配合交警部门清明期间对岚山路实行临时交通管制,市公共交通公司开通2条临时清明祭祀公交专线。4月4日至6日,2条公交专线共发144个班(次),运送乘客1.25万人(次),未发生安全事故,获得社会的广泛好评。

为保证清明祭祀公交专线运营安全,该公司早计划、早安排,事先派出工作人员实地勘察、采线布站;专线运营期间,领导靠前指挥,安全保卫部负责安全,严禁乘客携带易燃易爆物品上车,严禁车内吸烟;营运管理部负责发班和车辆临时调度;各运营分公司各司其职,安排管理人员上线维护乘、候车秩序。针对清明节当天客流量骤然增多的情况,该公司迅速启动应急预案,及时增派公交车辆,保证前往南山公墓的市民进得去,出得来。

(巢喜生)

【景德镇市警企联手打造"公交无贼"】 3月30日上午,市公共交通公司、市公安局巡警支队联合召开公交反扒队成立大会。市交通运输局党委委员、副局长、推进公交公司改革改制工作小组组长叶宜民主持会议并讲话。市公安局党委委员、副局长蔡启彬,市公安局巡警支队支队长江期军出席会议并讲话。市巡警支队政委汪小毕、市巡警支队副支队长王文虎及巡警支队班子全体成员,市公共交通公司在家的班子成员出席成立大会。市巡警支队四大队全体民警和公交公司部门、单位主要负责人参加大会。大会结束后,叶宜民和蔡启彬、江期军等领导视察了反扒队的办公场地。公交反扒队已于此前的3月26日入驻市公共交通公司,当天便上车执行反扒窃行动,在公交车上擒获2名"三只手"。

公交反扒队由市巡警支队安排专门警力执行任务,市公共交通公司抽调精干的人员协助,公交反扒队驻扎在市公交公司,实行全天候办公、执勤、出警。警企联合成立公交反扒队,这在全省公共交通行业尚属首次。公交反扒队采取上车巡控与视频监控相结合的手段,保障公交车上乘客的财物安全。他们根据每条公交线路客流量大小、高峰与平峰特点,合理安排警务实施反扒,力争通过1~2年的持续反扒和打击,实现"公交无贼"目标。反扒队24小时由专人值班,接受社会求助。

(巢喜生)

【景德镇市公共交通公司春节期间服务"零"投诉】 景德镇市公共交通公司秉承乘客至上、服务第一的理念,做足服务社会、服务市民的大文章,温馨和人性化服务得到社会各界及广大乘客高度点赞,春节黄金周期间共收到乘客表扬信、电话表扬及网上点赞57封(次),实现服务"零"投诉。该公司一改往年大年三十当天公交车提前3小时歇班以便驾驶员及管理人员回家吃年夜饭的惯例,首次实施城区7条主干线公交车(1路、3路、4路、15路、16路、33路、35路)按正常收班时间运行。虽然有近百名驾驶人员在公交车上过年,却方便了南来北往的乘客回家团圆。此外,该公司年前投放运营的50辆新出租汽车,严格践行向社会作出的打表计价、不加价、不违法拼客、不拒载、不绕道、文明驾驶、诚信经营的服务承诺,树立了"公交出租"的良好形象。节日期间,该公司总值班室接到不少乘客丢失手机、包裹等物件求助电话,值班人员都在第一时间进行有效处置,帮助不少乘客找回遗失物品,受到社会及广大乘客的高度赞誉。

(巢喜生)

【景德镇市公交公司多形式开展"公交出行宣传周活动"】 9月16日至22日是全国"公交出行宣传周",市公交公司围绕"优选公交,绿色出行"的活动主题,开展丰富多彩的活动,大力宣传公交出行对社会发展和经济建设的益处。

为确保活动的顺利进行,该公司成立以公司常务副经理、法人为组长的活动领导小组,制定活动方案,通过报纸、广播、电视、网络、LED等媒介营造宣传氛围。工作人员走上街头开展公交企业文化宣传,通过摆放宣传台展示公交路线图,普及IC卡业务、公交乘车规则、乘车常识、安全应急等方面的知识,并发放《2015年"公交出行宣传周"倡议书》,向广大市民征询"公交服务满意度调查问卷",了解广大市民对公交出行的需求。帮助广大市民对公交的认识理解和支持,让公交优选深入人心,让广大市民了解公交、走进公交,选择公交。结合"中国城市无车日"活动,该公司还组织全体干部职工于"无车日"当天乘坐公交车上下班。

(巢喜生)

【景德镇市公交公司开展"城市无车日"活动】 9月22日,围绕"绿色交通——选择·改变·融合"的活动主题,市公交公司开展了丰富多彩的"中国城市无车日"活动。市交通运输局党委书记、局长龙骏,局党委委员、副局长、市公交公司推进改革改制工作小组组长叶宜民参加了该活动。龙骏还乘坐公交车向乘客发放倡议书,宣传绿色公交,低碳出行。

该公司结合正在开展的“公交出行宣传周”活动,在人民广场、豪德贸易广场等城区6个站点,搭台宣传“无车日”活动的目的和意义,以散发倡议书的形式,倡导大众优选公交出行,为推动城市道路空间分配优先次序转变,预防和缓解城市交通拥堵,提升城市人居环境质量,加快生态瓷都建设做贡献。“无车日”当天,该公司除执行必要的公务外,所有小车一律封库,不得上路行驶。拥有私家车的员工,让爱车“休假”一天,上下班乘公交车或选择自行车、步行等方式。组织人员进社区、进学校、进企业、进商铺、进公交车,发放《公交问卷调查表》,征询社会对公交的意见和建议,以更好地改进公交服务质量。为推动公交优选,该公司于“无车日”走入景德镇市大中专院校,向大学生发售7折优惠公交IC卡。

(巢喜生)

【景德镇市出租汽车更新车型遴选工作结束】 8月13日下午2时30分,景德镇市出租汽车更新车型遴选项目在市公共资源交易中心开标一室举行,60名各出租汽车企业推选出的遴选委员参与此次遴选活动。最终通过投票选出了桑塔纳·尚纳、东风标致301与北汽绅宝D50汽车一起上报市政府审定。共有桑塔纳·尚纳、全新捷达、北京现代伊兰特、东风标致301、东风风神S30及北汽绅宝D50六款车型参与遴选角逐,60名遴选委员首先倾听了车企做出的车型整体情况介绍、并对参选车型进行现场观摩,最终进行投票选举。整个选举过程公平、公正、公开、透明,在唱票环节,摄像机锁定每一张选票内容,主持人高声喊出选号号码及票选内容,其间还有遴选委员代表监票,确保票选结果公平公正。最终,桑塔纳·尚纳、东风标致301、北汽绅宝D50三款车型入围。

景德镇市595辆老出租汽车已运营多年,车况和车容车貌情况已经跟不上市民对高品质出行环境的追求,此次的出租汽车车型更新将极大提升景德镇市出租汽车形象,将在全市出租行业改革中推进景德镇市出租汽车行业走向良性、快速的发展轨道。

(黄定海)

【九江市公交集团公司签署公交车车身广告经营权租赁合同】 1月20日,九江市公交集团公司与江西新格广告发展有限公司正式签署公交车车身广告三年期经营权租赁合同。合同标的为九江市公交集团公司营运公交车辆的车身内广告、车身外广告和座位背椅广告等,不含车尾玻贴、语音播报、车内电视;租赁期限为2015年2月1日至2018年1月31日。

经过九江市政府和主管部门批准,2014年12月26日,市公交集团公司公交车车身广告三年期经营权拍卖会在市公共资源交易中心举行,经过100多轮的竞价争夺,最终由江西华赣文化旅游传媒集团旗下江西新格广告发展有限公司以3900万元的价格竞得经营权。

(九江市公交集团公司)

【九江市公交集团公司官博获新浪江西九江年度“最具影响力市直单位政务微博奖”】 2月8日下午,在新浪江西九江区域2014—2015九江互联网颁奖典礼上,九江市公交集团公司官方微博“@九江公交发布”获“九江年度最具影响力市直单位政务微博奖”。

根据工作需要,通过新浪“@九江公交发布”微博平台,在网上及时发布、回复各类涉及民生的服务信息,对于涉及本单位的重大事项,及时发布企业权威信息,广泛传播“公交优先”理念,一直获得广大网友的关注和爱护,经过网友投票与网络互动后台数据综合评选,获得“2014年度最具影响力市直单位政务微博奖”。新浪微博九江区域注册用户超过200万户,日活跃用户60万,日发微博量超45万条,是九江区域唯一具有百万级影响力的社交媒体平台。

(九江市公交集团公司)

【九江市召开出租车调价听证会】 12月28日,九江市城区出租车运价调整听证会如期举行,消费者代表、经营者代表、人大代表、政协委员、政府部门、社会组织听证代表共30余人参加了听证会。在综合考虑当地出租汽车经营成本、市民承受能力以及周边设区市运价等因素的基础上,拟适当上调出租车运价,具体调价方案为:出租车起步价5元/2千米调整为7元/2千米,车千米由现行的1.50元/千米调整为2.00元/千米,其他不变。在听证会上,大部分听证代表对调价方案表示赞同,也有个别代表提出,起步价和公里价同时上调,且调整幅度较大,应考虑市民的承受能力。听证会已综合听证代表的意见上报市政府,待市政府审批之后,再公布正式调价的时间。

九江城区出租车公司共8家,主要经营模式为挂靠经营,营运车辆数量1487辆,从业人员5000余人。调价后,对乘客增加一定的负担,但对群众必需的基本生活影响不大。

(九江市交通运输局)

【九江出租车行业推出年度红黑榜】 九江市城市客运管理处通报了2014年度市区出租车行业职业道德典型事例,以提高出租车司机的服务质量和行业的文明程度,进一步促进出租客运市场的健康发展。2014年,九江出租车行业涌现出大量崇尚社会公德、见义勇为、拾金不昧、热心助人的好人好事,被市民津津乐道的"十美"的哥的姐就是行业的优秀代表,他们分别是爱岗敬业的老党员袁国清、全城寻找的好心的哥李卫明、面对13万巨款不动心的驾驶员桑昌海、及时归还失主资料并婉拒酬谢的陶和生、想方设法归还失主贵重物品的桑昌进、古道热肠的驾驶员余家财、拾金不昧的驾驶员罗会清、爱管"闲事"的救命司机沈孝华、做好事不言谢的"好的哥"王能保、热心救助迷途老人的驾驶员黄明林。

九江城市客运管理处还对2014年出现的一些不诚信经营、不规范服务的丑陋现象也进行了通报。上黑榜的分别是:暴力抗法的赣GX7114出租车司机刘某、多收费用的赣GX8991出租车司机林某等10名驾驶员。

(九江市交通运输局)

【九江破获出租车司机被割喉案】 12月8日,九江市运管部门从公安机关获悉,备受社会关注的出租车司机被"割喉"案成功告破,犯罪嫌疑人吴某已被刑事拘留。

11月24日22时18分,出租车司机罗某电话报警,称其驾驶的出租车在开发区九江职业大学附近搭载一名20多岁的乘客,当行驶至国棉五厂路段时,这名乘客用刀刺伤司机喉咙后逃逸。接到报警后,八里湖公安分局立即组织刑侦民警赶往医院了解情况,运管部门和出租车行业协会负责人也在第一时间前往医院协助调查。经过公安机关全力侦破,犯罪嫌疑人吴某于12月8日11时许被抓获。

吴某交代,出事当晚,因家庭琐事心情不好,由于出租车司机不熟悉路况,绕了一些路,因费用问题与之发生口角,一气之下用随身携带的水果刀将司机刺伤后逃跑。后经司法鉴定,司机罗某的伤情为重伤。九江运管部门和出租车行业协会已将案件侦破情况通报到所属出租车企业,要求企业加强对出租车司机的安全教育,并呼吁出租车司机规范经营,尽力避免意外事件发生,确保人身安全。

(九江市交通运输局)

【九江市公交集团公司三大举措提升服务迎新年】 九江市公交集团公司牢固树立"让政府放心,使百姓满意"的工作目标不动摇,近期通过大力优化公交线路、整治车辆卫生、完善检查考核等三大举措,努力为市民提供更加舒适便捷的公交出行服务,以崭新的公交形象迎接新年。

此外,公交集中开展了营运车辆电子路牌专项整治活动,对全部营运公交车辆电子路牌的完好情况逐一进行了排查。维修部门集中力量对查出的69块"问题"电子路牌进行抢修,并加强与营运公司的信息沟通,便于及时发现和处理路牌故障,提高公交车电子路牌的完好率。

(九江市公交集团公司)

【九江市1487辆出租车车容车貌统一更新】 1月8日开始,在九江市区1487辆出租车车容车貌检查合格的基础上,陆续统一更换新的坐垫套和脚垫,一些出租车"脏、乱、差"的现象将得到明显改善。

在九江市大力开展的城市环境综合整治"百日大会战"中,作为城市"名片"的出租车行业结合实际,动员从业人员积极参加环境整治,全力打造行业文明;市运管部门及时向全体出租车司机发放《客运环境整治告知书》,组织开展出租车车容车貌专项整治,对260辆"有碍观瞻"的出租车下达了《整改通知书》;同时把"车容车貌干净整洁、遵章守纪规范经营、安全营运文明服务、树立形象展示风采"列为综合衡量出租车整治成效的标准;并要求在日常运营中保持出租车内外的干净整洁,努力提升乘客满意度,下大力气为"干干净净、整整齐齐、漂漂亮亮、规规矩矩、平平安安、宜居宜憩”的城市家园增光添彩,使出租车成为九江一道亮丽的流动风景线。

(李 明)

【新余市委常委、副市长吴隽一行到新余公交调研春运】 2月15日上午,新余市委常委、副市长吴隽一行先后到新余公交天工停车场调度中心及新余火车站广场公交首末站察看春运工作运行情况,与奋战在公交一线的员工亲切握手并表示新春的慰问。

新余公交公司就公司现状,以及春运期间公司在车辆保养、物资储备、后勤保障、运力配备、安全出行、应急响应、一线督导等方面出台的举措进行了汇报,并对3G智能调度系统的功能特性进行了现场操作演示。

吴隽通过听取汇报和实地察看了解公司在春运期间各项工作运行情况后,充分赞扬了公交职工为了保障市民出行,放弃与家人团聚、牺牲休息时间、坚守岗位的敬业奉献精神,对新余公交各项工作所取得的成绩,尤其是智能调度系统运用工作给予充分肯定。他指出,公交是市民出行的主要交通工具,事关市民的切身利益,特别在春节期间客流量剧增,春运期间应充分运用智能调度系统,科学合理安排运力,全方位防范和减少突发情况对公交安全服务、市民出行的不利影响,把便民利民工作放在首位,确保准点、安全、有序运营,保障春节期间公交畅通。

(陈延青)

【新余市交通运输局助推创建文明城市】 10月26日下午,新余市交通运输局领导走进新余广播电视台演播室,做客“问政新余—文明创建面对面”电视问政节目,就广大群众关心的问题、记者明察暗访发现的问题,以及市民反映的在文明城市创建中的突出问题进行面对面的交流。

节目通过记者明察暗访、市民现场提出问题、网友观众留言等方式提出10多个问题,内容涉及群众关心的公交车辆不按规定进出站台、出租车不按规定上下客、乘客没有系安全带乘坐长途大巴、出租车可不可以拼车、希望公交公司改善302路公交车乘车环境等具体问题,新余市交通运输局领导对群众提出的问题一一作答,不推诿、不回避,积极回应群众的诉求与期盼。

(文 华)

【新余市运管处整治出租车春运乱价现象】 针对春节时期出租车不打表等乱价现象,新余市运管处出组合拳,“三管齐下”整治出租车市场。一是加强稽查路查力度,抽调专门人员在客运站点、重点区域进行专项整治,查处违规车辆违规人员;二是强化出租车公司内部管理,要求出租车经营公司规范经营,加强教育学习力度,告诫出租车司机必须按规定文明经营,否则按公司管理规定从严处罚;三是加强舆论宣传,邀请新余电视台及新余交通广播电台联合进行宣传报道,呼吁广大市民主动投诉出租车违规现象,并将违规车辆在电台曝光,营造出良好的舆论氛围,使出租车成为规范方便的交通出行工具。

(刘 蕾 朱 容)

【新余市公交司机果断停车救人】 11月19日上午,在新余市赛维大道百乐大米加工厂附近的红绿灯处,一辆摩托车与一辆越野车相撞,造成摩托车驾驶员与车后搭载人员被卷入小车车底。

恰巧这一幕被306线路公交车司机与乘客目睹,情急之下,公交车司机邓师傅在确定路面安全并采取打开双闪灯等防范措施后,打开车门,与众乘客一起下车救人。

车上乘客在邓师傅打开车门后,一个接一个下车,跑向事发地合力帮忙抬车,人多力量大,顷刻间,那辆大型越野车被抬起,被压的伤者迅速被人从车底救出。受伤者无生命危险,在医院接受治疗。

(周晓梅)

【鹰潭市城区所加强出租车管理】 为创建第五届江西省文明城市,市城区所按照市局“迎创办”统一部署,从11月10日开始抽调内勤人员参与路面巡查和驻守。每天从早晨7:00至晚上22:00在高铁北站、长途汽车站、火车站共安排22名稽查人员,加强对出租车的管理工作。主要针对出租车市场管理中涉及的出租车车容车貌、出租车经营行为、出租车服务质量及非法从事客运经营的行为,重点打击无证经营的“黑车”、出租车无故绕道行驶、拒载,未按照规定使用计价器等违法违规行为。通过出租车公司的源头教育以及城区所路面监管的高压态势。火车站、长途汽车站及高铁北站站前区域内出租车停放有序,车容车貌整洁,出租车经营行为规范。为巩固出租车行业规范的成果,市城区所还积极与市公安交警支队、市城管综合执法支队协调配合,针对火车站、汽车站区域管理工作的复杂性,三家职能部门分工明确,各司其职。由市城区所负责出租车的管理;市交警部门负责道路秩序的管理;市城管部门负责摆摊设点的管理。通过三家部门的共同努力,齐抓共管,确保各站点交通秩序的规范有序。

(刘　琨)

【鹰潭市采用媒体曝光措施整治出租车“乱象”】　为进一步整治出租车不打表、拼客、倒客、拒载等违法“乱象”,规范出租车经营秩序,市交通运输局组织运管人员春运期间全天候在路面巡查监管出租车运营秩序,严厉处罚违法经营行为,同时在鹰潭日报刊登“致全体出租车驾驶员的一封信”,设立曝光台,公布整治行动中查处的违法出租车相关信息,公开告知市民,借助媒体传播面广、影响力大的优势,形成社会参与的合力,营造“守法经营为荣,违法经营为耻”的社会氛围。

(周永同)

【樟树率先在全省实行城乡客运1元行】　3月6日,樟树市城乡客运公交率先在全省实行城乡客运1元行,全市城乡客运无论远近一律票价1元。

这是继樟树市自2012年12月起全面开通城乡客运公交,在全市范围实行城乡客运1、2、3元票价政策后,樟树市委、市政府向全市60万人民送一份“大礼”。短短两年,全市在城乡客运一体化方面直接投入资金已达上亿元(其中,城乡客运补贴资金2127万元,道路大中修4612万元,客运站点950万元,城乡客运、城市公交、出租汽车车辆新增更新3S97万元,增加配套设施226万元,淘汰客运三轮车补助资金1200万元等),全市出行条件大为改观,已累计运送旅客近2000万人次,为全市城乡居民节约出行支出4800万元。从效果看,城乡客运一体化极大惠及了群众尤其是边远地区群众的出行,取得广泛的社会效应,企业效益也得到有力保障,同时对促进樟树城镇化发展带来深远影响。　(李　明)

【赣州市启动“优选公交绿色文明出行”活动仪式】　9月22日上午,该市在赣州火车站隆重举行“优选公交绿色文明出行”倡导活动启动仪式。市文明办、市交通运输局、市运管局、市公交总公司等单位负责人参加了活动启动仪式。按照国家交通运输部和江西省交通运输厅部署安排,该市从9月16日至22日开展“公交出行宣传周”活动。活动以全面提升全市公交服务水平和社会形象,倡导绿色出行、文明出行为目标,提高公众对城市公交的认识、理解和支持,鼓励公众优选公交或绿色出行,形成全社会支持公交优先发展的良好氛围。活动期间,该市在火车站、汽车站、中心城区各主要街道悬挂活动宣传标语,设置服务台,解答公众出行咨询;利用各公交站台及车辆的LED屏、微信平台等进行宣传。同时,发放出行宣传周宣传册、倡议书及公交乘车指南等;组织公交管理部门和人员深入到机关、社区、学校、商店等征求群众对公交线路运行和提升服务质量的意见;优惠办理公交卡;在9月22日全天,中心城区范围所有线路公交车免费乘坐。赣州市公交总公司总经理刘志怀介绍了本次活动的有关情况;市交通运输局党委书记苏传辉宣读2015年“公交出行宣传周”倡议书,并宣布活动启动。最后,市交通运输局副局长、市运管局局长郭远昌提议,请大家免费体验乘坐公交车。

(刘小刚)

【赣州市擦亮出租车运营窗口】　12月1日,赣州市城市客运管理处根据赣州市交通窗口创建文明城市(2015年版)工作任务安排,紧紧围绕规范城市客运市场工作秩序,自9月开始派出执法人员,以规范文明的执法行为,不断擦亮出租车运营窗口,为创建文明城市增添光彩。在中秋、国庆期间,该处专门制定了中心城区出租车市场稽查工作方案。有计划、有步骤的加强中心城区出租车市场的监督和管理。运政执法人员对汽车站、火车站、飞机场、医院、宾馆、大专院校等重点地段的出租车实行了24小时值班监控。坚决纠正和查处少数出租车司机不规范经营的行为。对经查实的非法营运车辆一律依据法律法规严肃处理。9月至11月间,该处已派出运政执法人员4362人次、检查出租车辆7280辆次,对违规运行的出租车立案361起、查扣非法营运车辆61辆次。在加强出租车运营管理过程中,该处始终以宣传教育工作为重点,在重要的工作场所悬挂醒目的宣传标语。通过组织开展向全国劳动模范、九江市东方出租车公司柯胜锋同志学习的活动,向广大出租车司机发放宣传材料等方式,有力地宣传城市出租车管理的法律法规常识,使广大出租车司机和乘客能够理解、支持、接受城市客运文明执法工作的开展。

(淳　朴)

【吉安市大力整顿驾培市场秩序】　2015年,吉安市促进"驾培市场放开"向"驾配市场放心"迈进。一是在严格贯彻落实驾培市场放开制度的同时,对全市新申办驾校的申请进行了严格审查,核实土地使用证明.实地查看场地设备设施建设情况,确保新增驾校素质过硬;二是强化驾培机构安全水平,要求各驾培机构配备安全隔离设施、标注人行道、行车道,从严处理教练员未随车执教或擅离执教现场等违规行为,从根本上杜绝人车交叉的混乱局面;三是组成联合检查组开展驾培市场联合整治工作,深入到各机动车驾驶培训机构中,走访驾培从业人员和相关群众,重点检查和打击未经备案同意的驾培报名点和非法培训点、未喷印投诉电话和没有统一张贴标识的教练车、教练员不规范行为和"吃、拿、卡、要"行为,对检查中发现的问题,立即下发整改通知,责令限期整改。

(吉安市道路运输管理处)

【吉安市多部门联合打击"黑车"等非法经营行为】　吉安市政府1月24日召开打击"黑车"等非法经营专项整治动员会之后.各部门联合主动出击,在全市形成了从源头至现场的"立体"打击网.有效打击"黑车"等非法经营行为。交通运管、公安交警、工商、质检、工信委、残联和三个区政府联动协作、共享信息,及时向各成员单位通报整治新动态,有效形成对"黑车"等非法经营的打击合力,出动稽查人员102人/次,不分昼夜,重点打击火车站、客运站等重点区域的非法经营车辆,摸底"摩的"268辆、"拐的"42辆,查处"黑车"6辆、异地经营出租车5辆、无从业资格证车辆1辆,劝离逗留异地出租车8辆,在全社会形成"打黑""除黑"浪潮。

(吉安市交通运输局)

【泰和县运管所强抓道路运输行业管理】　2015年,泰和县运管所开展了"黑车"非法经营专项整治活动,严厉打击了非法运输经营行为,重点查处非法"客运"经营的"黑车"100多辆,有效抑制非法运输经营者的嚣张气焰,促进县域道路运输市场的健康稳定发展。完成2014年道路运输行业质量信誉考核工作,客、货运企业、二类以上维修企业、驾校等规定的考核单位考核率均达100%。进一步推进运政管理信息系统的全面应用,加强"两客一危"营运车输的卫星定位系统终端与"江西省道路运输车辆卫星定位系统政府监管平台"的梳理和规范。完善燃油申报审核机制,加强对申报企业的监督与管理,并完成申报车辆GPS定位系统的安装,有效确保燃油申报数据的真实性。

(泰和县交通运输)

【上饶市实行出租车"双考核"措施】　为加强上饶市出租汽车客运市场管理,规范出租汽车客运经营行为,2015年上饶市出台《上饶市出租汽车单车考核办法》《出租汽车客运驾驶员诚信考核标准》。根据办法及标准,上饶市实行出租车单车考核及驾驶员诚信考核的"双考核"措施。

《上饶市出租汽车单车考核办法》对出租车经营行为、安全生产、车容车貌和服务信誉等方面作出规定,以计分的形式(基准分值为1000分,另有加分分值100分)对出租车进行考核,考核为一年一周期。在考核周期内得分在700分以下的、发生一次死亡3人及以上特大交通责任事故的、发生特大恶性服务质量事故的情形,将被列为B级考核等级。考核周期内为B级的,强制停运15至30天。连续两个年度考核为B级的,道路运输管理机构收回该车经营权。执行情况好的出租车,如考核等级评定为AAA级,或连续三年单车考核等级为AA级以上的,其车辆经营权期满后,在符合法定条件下,优先考虑延续。

此外,上饶还在单车考核的基础上,增加对出租车驾驶员的诚信考核,在法规、安全生产、经营行为、运营服务等方面进行管理。诚信考核实行20分的基准计分制,另有加分分值为10分,以一年为一个考核周期,共分为4个考核等级。在考核周期内综合得分为0分,不参加考核、超过规定时间,未申请延续注册和未签注诚信考核等级继续从业等行为,将被列入不良记录名单库,不予以注册,不得从事出租车经营。

（何　婷）

【上饶市运管局微信公众号正式上线开通】 7月1日,上饶市运管局正式开通“上饶运政”微信公众服务平台,旨在拓宽与人民群众沟通交流渠道,加强网络问政能力,更好地提升上饶道路运输服务品质。该服务平台初步构建运政信息、投诉举报、便民服务等功能。下一步将根据道路运输经营业户及人民群众的实际需求,对公众服务平台的功能进行调整和完善,扩大道路运输服务涵盖面,为社会公众提供更为全面的服务。微信平台参与方式:可以打开手机微信“扫一扫”功能,扫描下方二维码,也可打开手机微信“添加朋友”功能,查找公众号“上饶运政”后添加关注。

（官兴炜）

【上饶市运管局出台《上饶市道路运输从业资格考试工作制度》】 为进一步加强和规范上饶市道路运输从业资格考试考务工作,确保考务工作更加公平公正、科学合理,2015年上饶市运管局出台《上饶市道路运输从业资格考试工作制度》,对道路运输从业资格受理(考试)和发证监督、考核员队伍建设管理及信息保密等考试考务工作等内容作详细规定。

上饶市运管局负责组织实施全市道路运输从业资格的考试考务工作。考务工作人员由巡考员、主考人员、考核员和监督员组成。每个考点由局领导确定主考人员1名,理论考点主考人员由市运管局具有考核员资格的科室部门负责人担任,应用能力考核考点主考人员由考核员担任。每个考点考务人员不得少于2人,确认1名考核员作为主考人员,负责本考点的考试工作。

（官兴炜）

【上饶市运管局组织开展驾培机构两项“新国标”达标验收】 交通运输部新近出台《机动车驾驶员培训机构资格条件》和《机动车驾驶员培训教练场技术要求》两项国家标准,对驾校场地面积、教练车数量、理论与实操等100多项软硬件条件作出具体规定。与原先执行的国家标准相比,最主要变化是对驾校场地有明确分级和要求。以小型车辆驾驶员培训机构为例,“新国标”按照规模分为一、二、三级,要求场地面积最低限度为10000平方米。除场地面积,教练车数量的配备也需达标。国标要求,不提供B2以上车型驾驶培训服务的,一级驾校训练场地的面积要不低于3.3公顷,单车道总长度最低要达到3200米,教练车至少要达到80辆,并且一辆车至少要配备一名教练员。“新国标”还要求驾校要有交通安全警示教室、理论教室、模拟实训室等。

为更好贯彻执行新国标,上饶市运管局迅速行动,及时采取措施部署宣贯,对全市驾校开展全面整顿,联合市交警支队组成达标验收组,对经县级运管机构验收达标的驾培机构开展达标复核工作。针对此次验收不达标的驾培结构,市运管局将下达通知书限期整改。

（官兴炜）

【广丰区交通运输局以“倒查法”全力消除货运企业隐患】 2015年广丰交通运输局采取“倒查法”对辖区危运企业进行全面的安全专项检查。此次检查全面推行“倒查法”的方式进行突击抽查,即进行上路抽查货运车辆,所抽查到的每一辆车辆都假定为“车祸车辆”全面展开倒查。首先现场对该车辆企业危货运输车辆标志、灭火器、证件、驾驶员、押运员及装卸作业人员的从业资格等逐一进行排查;其次直奔该货运企业,针对该车辆的内业进行核查,同时对该企业的安全生产责任制度、安全规章制度、安全技术标准、安全操作规程、安全教育培训记录、司乘人员上岗培训记录及证件、车辆管理等进行集中检查,动态监控平台的值守、车辆运行动态、监控记录等进行现场抽查。

通过倒查,给危运企业敲响警钟,切实提高危运企业自身安全生产防范意识,企业负责人被倒查后感言“不查不知道,一查吓一跳”,纷纷表示立即召开全企业安全生产工作会议,精心布置、落实好企业安全生产主体责任。针对检查出的隐患问题,检查组要求企业立即整改,继续强化落实长效管理机制,确保危货运输的安全并要求从业人员按照国家道路危险货物运输管理规定进行规范运输。

（王卫标）

公路路政管理

【概况】 全省公路路政干部职工紧紧围绕路政中心工作,以“迎国检”为契机,着力在抓规范、强管理、促提高上下功夫,圆满完成年度目标管理任务。

1. 大力开展了路域环境整治。利用全国干线公路检查契机,对全省高速公路涉路设施进行全面摸底调查并分类统计,共查出违法涉路设施6727处,依法强制拆除违法户外广告牌172块、违法建筑物56座,清理取缔高速公路两侧、服务区内补胎加水设施132处,依法清除公路建筑控制区、桥涵通道内堆积物12156处。规范内业资料,按照国检评分细则,各支队制作内容翔实、数据准确、规范统一的路产路权电子档案和执法文书,同时,做到统一存放、专人管理,为今后路政管理规范化打下基础。

2. 增大路产路权保护力度。全年路面巡查里程共计约650万千米,全路段发生路产案件4265起,损失金额3613.6万元,赔偿金额3479.2万元,赔偿率96.28%。依法立案查处了2010年前未办理行政许可手续的电力通信线缆、燃油燃气管道等无法强制拆除的涉路设施,同时,进一步完善了相关内业档案资料,补办行政审批手续,全年共办理行政许可271项。

3. 规范车辆超载治理。梨园治超站充分利用超限预检拦截系统功能,坚持24小时不间断治超执法,共查处超限超载车辆1086辆,卸载货物吨位6325吨,超限超载率大幅下降。同时,根据“迎国检"要求,分别从“协作机制、治超站规范化建设、联动机制、不停车称重检测”等四个方面对治超站的相关资料进行整理与归档。

4. 推进清障施救监管。严格执行清障施救收费三级审核制度,制定并规范清障施救现场作业时间,加大明察暗访工作力度,严肃追究违规收费企业行为,投诉率同比下降了40%,较好地扭转清障施救投诉居高不下局面。根据部分高速路段重新划分情况,认真做好相关清障施救企业服务承揽合同签订、履约保证金办理等事宜。

5. 提升科技治路水平。完成11个支队、75个大队路政智能指挥调度系统的分中心建设,为各大队配发执法记录仪;实现高速公路固定视频、路政车载视频、手持终端视频深度融合,实现总队、支队、大队三级应急同步指挥,全面提升了路政应急保畅能力。开发移动办公系统,实现手机随时随地处理文件,加快公文处理速度,提高办文效率。

6. 加强管理保障能力。更新添置部分执法装备,进一步提升装备服务水平;跟踪落实昌栗、昌宁、金抚等新建和在建高速公路路政用房的规划和建设;严格执行预算管理,认真做好2015年部门预算重点审查前期工作;综治、安全生产形势总体稳定,节能减排工作有序推进,全年未发生安全责任事故、非正常上访事件。

(吴敏杰)

【全省普通公路服务保障能力有新提升】 江西省公路局公路路政部门开展“畅安舒美”示范公路创建和路面排水综合整治工程,共建成1409.3千米示范路,完成整治4321.8千米。继续推进综合养护中心建设,完成20个市级综合养护中心和27个县级综合养护中心建设。设置7个省级应急保障基地。积极探索普通公路服务区、休息区建设。宜春市公路管理局在G320国道建成集加油、餐饮、住宿等多功能的服务区和管理一体的开放式道班。九江市公路管理局因地制宜在S306利用原有道班建设集停车、加水功能的休息区。基本建成普通国省干线路网运行监测与应急处置平台项目,建成省级路网管理中心1个、市级路网管理分中心11个、外场固定综合监测点l38个、移动监测点128个,逐步形成“可视、可测、可控”的普通公路路网监测平台,并同步开展江西省国省道交通情况调查采集与服务系统工程(一期)建设。在原“96122”交通服务电话基础上,全国首批并线开通了江西交通“12328”服务监督电话,目前平均日接听电话1100多次,为公众提供全方位的出行服务。深入开展“平安公路”创建活动,切实维护公路安全生产秩序和人民群众生命财产安全。强化社会治安综合治理工作,健全矛盾纠纷排查调处机制,维护了行业和谐稳定发展环境。

(毛　涛)

【南昌市公路局组织开展“三看”活动】 2015

年，南昌市公路管理局组织开展“三看”活动，即看路况、看公认、看成绩。通过深入基层单位“察、看、评”，比出各分局谁的公路管养工作好、谁的群众公认度高、谁的工作业绩突出。1月12日至1月16日，南昌市公路管理局“三看”活动工作组在该局局领导班子带领下，利用五天时间，每天行程约300千米，抽样了解该局管养1003千米国省道干线公路及所有65个道班情况，并对查看情况进行现场打分。这是该局连续第三年组织开展“三看”活动。活动结束后，市公路局对情况进行排名和通报，对排名靠后、工作任务不到位的进行通报批评，并对单位主要领导进行诫勉谈话。

（段　家）

【萍乡市萍栗养护处多措并举加强公路交通管理】 该处一是坚持依法治路，保障路产路权不受侵害。二是做好路政宣传工作，提高广大群众爱路护路的意识。2015上半年共悬挂宣传横幅20条、制作宣传标牌5块，送“法”上门100余次，发放宣传资料500余份，为路政管理工作营造良好的舆论氛围。三是加大路政巡查力度，突出巡查实效。四是做好养护施工现场安全管理工作，配合全处养护施工安全进行监管，确保无安全责任事故发生。五是做好暴雨水毁应急抢险处置和保障公路畅通工作。六是坚持依法办案，按照程序执法、严格文明执法，杜绝乱收费乱罚款行为，全年无行政诉讼案件发生。七是加强与沿线政府、公安交警、企事业单位等部门的联系。积极参加上栗县路域环境综合整治并取得了较好的整治效果，公路环境管理水平得到明显提升。

（萍栗养护处）

【安源区提升执法水平】 安源区交通运输局不断加强路政管理队伍建设，按照交通执法“四统一"建设要求，进一步规范交通执法政务公开和执法监督相关内容，发挥其职能作用，同时提升执法队伍的执法水平，收效显著。2015年共依法查处涉路案件15起，其中：五陂3起、城郊1起、白源2起，丹江2起、安源2起、高坑3起、青山2起。督促业主及时清理乱堆乱放和临时占用公路现象。有效地保护路产，维护路权，保障辖区养管公路的安全畅通。

（安源区交通运输局）

【湘东区交通运输局切实加强路政管理】 该区交通运输局切实规范执法行为，对全区公路管理覆盖率和巡查率达95%以上。切实加强路产路权管理，共发放宣传单2万余份，联合区公路分局等部门有效整治“乱搭乱建”现象10余起，切实维护公路路产路权。

（湘东区交通运输局）

【上栗县公路管理成效明显】 一是主干线公路管理实现综合化。立足于优化境内公路的通行环境，提升对外形象和管理服务水平，努力营造“畅、安、舒、美"的行车条件和营运环境，按照“政府主导、部门联动、齐抓共管、综合治理、标本兼治”的工作方针，2015年，组织了公路路域环境综合整治队伍，针对公路两旁乱搭乱建、车辆货物遗洒、超载等开展联合整治。全年共对500余辆违章车辆进行了处理，签订整改承诺书550份，通过综合整治，进一步规范公路管理行为，全面改善全县公路的路容路貌和路域环境状况。二是县乡公路管理实现网络化。面对县乡公路点多面广，管理经费和人员不足等难题，该局整合资源，构建县、乡、村三级管理网络，县路政管理大队加强宏观层面的管理，主要是负责县道的巡查，乡村道的日常巡查由所在村安排村上养护员加强日常的巡查，遇到路政案件，先期介入，如果处理不了向乡镇交通办报告，再由乡镇交通办派人到现场处理，对案情复杂的，县路政管理大队到现场办案。这样从机制上解决了办案人员不足的问题，县路政管理大队每月要保障8次以上的经常性巡查，2015年，共纠正县乡公路上的各种违章行为120余次。并和土地、交警部门建立经常性的工作联系，遇到乱搭乱建行为，三家联合治理，从而有效地遏制在公路两侧乱建房屋等违章现象。确保了农村公路的平安畅通。

（上栗县交通运输局）

【莲花县交通运输局公路路政管理更趋规范】 该县一如既往地执行“管养”并重的方针，贯彻落实交通执法形象“四统一”（即：执法证件统一、执法标志标识统一、执法服饰统一和执法场所外观统一），加强了公路路政执法。2015年，莲花县交通运输局根据县政府新制定的《莲花县农村公路养护管理实施细则》进一步落实了“县道县管、乡道乡管、村道村管”的规定，发挥湖上和坊楼两个农村公路综合服务站的功能，提升了该县农村公路建、管、养、运综合管理水平，使全县农村公路管养工作得到创新发展。2015 年，公路站路政监察大队实行处罚与教育相结合的办法，做到公开、公正、文明执法，进一步加大了《中华人民共和国公路法》《江西省公路条例》的宣传，发放宣传资料 2000 余份，增强了群众爱路护路的意识；加大路政执法力度，打击了各种侵犯路产路权的违规行为，拆除、阻止违章建筑 16 处 842 平方米，清除障碍物 5864 立方米，清除非法标志广告牌 24 块，查处超载车辆 126 台次，卸载货物 656 吨，维护路产路权，遏制损害交通安全的行为，使农村群众的通行安全得到有效保障。

(莲花县交通运输局)

【景德镇市浮梁路政执法服务大厅正式启用】 浮梁公路分局路政执法服务大厅正式启用，这是该局不断规范路政执法工作、使群众办理路政许可事项更加方便快捷推出的一项新举措。路政办事窗口对外提供服务的平台，为规范路政行政许可，更好地体现交通部提出的“三个服务”要求，该服务大厅设有办理路政许可申请、路政案件处理等窗口，所有来访、举报、办理路政业务的群众均有专人负责，实行“一站式”接待服务。并将行政审批流程、公路路政管理行政处罚的标准和种类等法律、法规设置规范齐全，便于群众了解办理审批事项依据，并随时查阅咨询。服务大厅还设立路政管理人员社会监督台，公布了执法人员照片、工作证号及监督电话，便于接受社会监督。

(鲍建琴)

【武宁路政为创建部级文明示范路开展宣传整治工作】 武宁公路分局路政大队为配合创建部级文明示范路，迎接全国公路检查，在 S306 线沿线进行“深入开展路域环境整治，创建部级文明示范路”的宣传活动，为前期文明示范路的创建营造浓厚的宣传氛围。在此次宣传活动中，路政大队在 S306 线沿线乡镇设立宣传咨询台，采取发放宣传材料和口头宣传等形式，宣传《中华人民共和国公路法》及《江西省公路路政管理条例》等有关路政管理、路域环境整治的法律法规，与此同时对 S306 路域环境现状进行全面摸底调查，为下一步开展全线路域环境整治打好基础。

(唐燕宁)

【吉安市路政宣传力度不断加大】 吉安市公路处积极开展了路政宣传活动，将 5 月确定为路政宣传月，并通过与电信、移动等部门合作，发送了路政宣传短信 10 万条；还利用传统媒体大力宣传，5 月 31 日在《井冈山报》进行专版宣传，进一步加大向社会、向群众宣传力度。12 月，又开展《江西省公路条例》的宣贯，专门制定《江西省公路条例》宣贯方案，并组织人员进行专题学习，编印宣传单 2000 余份，同时还组织参加市里的“12·4”普法宣传。

(吉安市交通运输局)

【安福县维护路产路权】 安福县交通运输局扎实开展超限运输和占道违章的专项整治活动，制定了专项整治方案，出动宣传车 5 次，发放路政执法宣传单 200 余份，进一步增强群众的爱路护路意识。全年共查处违章建筑 8 起 8000 余平方米，清理路障 63 起，查处超限超载车辆 56 台，拆除非公路标志牌 3 块，清理违章侵占公路用地 32 处，保障农村公路安全畅通。

(安福县交通运输局)

【省人大开展《江西省公路条例(草案)》立法调研】 8 月 4 日，省人大组织人员到吉安市开展《江西省公路条例(草案)》立法调研。省人大调研组到达吉安后立即组织对吉安辖区内有关高速公路、农村公路进行视察，之后召集人大财经委、法院、市政府法制办、发改、财政、交通、公路、城建、环保、林业、水利、国土、公安、安监等部门进行座谈。8 月 5 日，省人大调研组又深入吉水县开展调研。

(吉安市交通运输局)

【泰和县加大路政执法力度】 2015 年，泰和县交通部门利用多种形式积极向人民群众宣传公路法律知识，使群众增强自觉爱路、护路意识。积极与各乡镇、县国土资源管理局加强联系和沟通，从源头上遏止农村公路两旁非法建筑。全年查处占用公路乱堆乱放沙石、乱晒稻谷等违法行为 24 次，整治超限超载 73 起、占道经营 14 处，特别是及时处理了万合至永昌公路竹山桥破坏桥梁限高安全设施、万合至永昌公路永昌路口连接处一新建加油站占用公路案案件，较好地遏制了公路违法行为的发生。

（泰和县交通运输局）

【宜春市袁州区加强农村公路路政管理】 为确保农村公路平安畅通，保障老百姓出行安全，区交通运输局抓好执法队伍建设.开展路政执法检查，走乡入村宣传教育，强化农村公路路政管理。一是充实执法队伍，9月，组织局后进人员21人参加全区行政执法人员培训班，并全部通过全省行政执法考试，获得执法资格证书。二是加强执法队伍学习教育每月组织一次集中学习《中华人民共和国公路法》《江西省公路管路条例》《交通运输部路政管理规定》《中华人民共和国行政处罚法》《中华人民共和国行政复议法》等交通法律法规和行政执法相关法律，不断提升队伍政治理论、业务水平和法律意识，确保依法执法.全年参加省、市、区级执法培训4期，培训人员46人次。三是开展公路隐患排查。处置农村公路安全隐患里程19.62千米，安装各类警示牌、标志牌、护栏等1000多个，保障公路安全。四是开展联合执法。区交通综合执法大队出动执法人员23人、执法车8辆，联合公安交警支队、公路局等单位，在芦村、柏木、水江镇，及三水线等开展超限，校车超载超限整治行动共查处违法行为100余起，有效维护路产路权，保障农村公路安全畅通。

（李　庆）

【铜鼓县交通运输局加强路政管理】 随着铜鼓县经济的快速发展，农村公路承载的客运、货运量不断增长，导致有些农村公路损坏严重。更有甚者，近一些村民在农村公路非法建筑，一些“黑车”超速超载。为加强路政管理，该县采取如下措施：一是加大宣传力度，向全县农村公路损坏较严重的乡（镇）共散发宣传资料500余份，努力提高群众爱路护路意识；二是强化农村公路日常养护管理，按照“县道县管、乡道乡管、村道村管”的属地管理原则，根据各乡镇辖区县乡道里程数，及时下拨日常养护资金到乡（镇），由乡（镇）负责日常养护工作；三是加大路政执法力度，打击各种侵犯路权的违规行为，全年共办理路政处理案件4起，拆除违章建筑3处、138平方米，消除障碍物2500立方米，查处超载车辆40余辆次。

（黄祖芳）

【周小平实地督查干线公路环境整治】 11月3日，抚州市委常委、副市长周小平率有关部门负责人深入该市境内G206国道，现场督查本市路域环境综合整治工作。

周小平一行先后督查了南城县、南丰县和广昌县辖区内迎“国检”（全国国省干线公路养护管理检查）线路沿线17个乡镇。每到一处重点整治路段，周小平与乡（镇）干部面对面交谈，现场指出存在的问题，并明确提出整改要求。

周小平指出，要充分认清开展全市国省干线公路路域环境综合整治工作的重要性和必要性，着力清理公路两旁乱搭乱建、乱堆乱放、乱丢乱弃、占地经营、非法广告等行为，全面完成路域环境综合整治工作各项目标任务。要做好开展路域环境综合整治上门宣传工作，发动群众共同维护路域环境，形成全员参与整治工作的良好局面。要以迎接“十二五”全国国省干线公路养护管理检查工作为契机，进一步加大整治力度，提高公路通行能力，优化公路沿线环境，以整洁的路容、优美的路貌迎检。

（陈根玲）

交通基本建设管理

【概况】 2015年，交通建设管理部门围绕中心、服务大局，坚持依法履行部门职责，不断提升监管服务能力,为促进全省重点交通项目高效、优质建设提供有力保障。

1. 加大建设项目服务工作。组织召开项目办班子成员培训会。全省各在建重点工程项目办班子成员共263人参加培训和考试。参训人员观摩昌宁项目规范化施工和金抚项目无污染路面施工现场,听取质量安全管理、施工标准化、"平安工地"建设、基本建设程序、环境保护、建设用地管理、廉政建设等讲座,并参加了闭卷考试。厅还召开了厅属设计、施工、监理、检测企业管理工作会议,要求厅属企业依法依规经营,为项目建设创造好的环境和条件。

2. 启动项目建设管理机构考核工作。按照《江西省高速公路项目建设管理机构考核评价办法》等规章制度印发《江西省交通运输厅关于开展2015年高速公路项目办考核评价的通知》。

3. 完善电子招投标工作。组织有关人员进一步完善电子招标标准文件和技术规范,已经由交通运输部出版发布《江西省公路工程电子招标标准施工招标文件》《江西省公路工程电子招标标准施工招标资格预审文件》。绿化工程、交通安全设施工程电子招标已经上线运行。房建工程、机电工程的电子化招标准备工作正在进行之中,标准文件、技术文件初稿已经拟定。

4. 积极推进公路建设管理体制改革试点工作。根据交通运输部的统一部署,江西省为全国开展公路建设管理体制改革试点的三个省份之一。省交通运输厅在年初制定了改革试点方案,确定了都九高速都昌至星子段项目试点"自管模式",宁都至安远项目试点"代建+监理一体化",上饶至万年项目试点"改进传统监理模式",都九高速都昌至星子段、宁都至安远、安远至定南高速公路及定南联络线项目试点"机电工程设计、施工、维护总承包",宁都至安远项目试点"房建工程设计+施工监理一体化模式"。上述方案获得了交通运输部、省政府的同意。厅已完成了改革试点的各项准备工作,各试点项目均在有序推进之中。2015年6月,省交通运输厅协助交通运输部公路局在江西召开公路建设管理体制改革工作调研会。

5. 加快推进项目后期管理。根据年初确定的工作安排,就各项目的竣工安排进行统一调度和部署,有针对性地对环保、水保、档案、审计等各单项验收工作进行分类指导。完成石吉、赣州绕城高速公路竣工验收工作。完成德昌环保验收工作,召开昌奉、奉铜、武吉、隘瑞、瑞赣、石虎塘、瑞寻项目环保验收现场会。完成了瑞寻、隘瑞水保验收工作。为解决项目后期环保验收存在的问题,专门组织召开在建及试运营期交通重点项目环保工作培训会,邀请省环保厅专家进行专题培训。

6. 进一步加强全省交通建设市场管理。年初以来,交通建设市场监管工作按照"宽准入、严监管、促廉政"的总体方针,深入转变监管思路,不断强化监管措施,重点抓了以下三项工作:一是准入从宽,激发市场活力。上半年累计审查交通建设市场从业资质119项,通过75项,通过率达63%,入门级资质通过率大幅提高是拉升整体通过率的主要因素。二是监管从严,净化市场环境。上半年顺利完成全省公路施工、设计等从业单位年度信用评价工作,被评价对象数量上升至235家,其中15家存在严重不良行为的从业单位被列入黑名单。5月部署启动了为期两年的全省公路建设市场秩序专项整治行动,重点整治公路施工领域资质挂靠、转包和违法分包行为。三是以惩促廉,筑牢防腐体系。3月份组织对近年来25起案件的93家涉案企业及103名涉案个人进行了集中处理,切实追究行贿人的责任,取消了部分涉案企业3个标段6.8亿元的中标资格,13家涉案企业在江西省交通建设市场的信用等级直接定为D级,17家涉案企业年度信用评价结果降一级,25家涉案企业信用得分扣5分并取消被评为AA级的资格,并对涉案个人和企业分别予以相应的市场准入限制。

(陈雪玲)

【省交通工程造价管理站编制造价管理】 2015年,省交通工程造价管理站(厅规划办)紧紧围绕交通运输发展大局,突出重点,创新理念,主要完成了三方面的工作。定额管理方面:编制完成《江西省高速公路养护工程(路面专项)补充预算定额》;启动高速公路机电工程安装补充预算定额的编制工作;按照交通运输部要求开展定额修订测算验证工作。工程变更工作方面:对德昌、隘瑞、彭湖、鹰瑞、金抚、石吉、赣崇、昌铜、德上、永武高速公路及石虎塘航电枢纽等10多个重点项目的变更及索赔进行审核,审核金额3.5亿元,核减金额3937万元;开展了高速公路在建项目设计变更专项督查工作。造价服务工作方面:完成2015年6期造价价格信息的发布工作;组织2015年全国公路工程造价人员过渡考试(江西考区)考试,337人参加考试,其中26人获得甲级资格;组织水运工程造价工程师考核认定工作,通过认定30人。

(省交通工程造价管理站)

【《江西省高速公路养护工程(路面专项)补充预算定额》重新修订】 为规范江西省高速公路养护建设管理,进一步完善公路养护工程定额,2015年省交通工程造价管理站联合省高速集团结合高速公路养护工程施工现场调查、测定,对《江西省公路养护工程(高速公路路面专项)补充预算定额》(以下简称《定额》进行研究及编制。该《定额》包括沥青路面铣刨、基层铣刨、沥青路面裂缝处理、沥青混凝土路面坑槽修补、沥青混凝土路面罩面、沥青路面厂拌冷再生、沥青路面厂拌热再生、沥青路面就地复拌热再生共8项27个子目。

该《定额》及时修订2004年版江西省公路养护工程预算定额不适宜的子目,补充部分2004年版江西省公路养护工程预算定额的缺项,为江西省分步修编养护预算定额积累丰富的基础资料,有利于全省高速公路养护工程的造价控制。

(省交通工程造价管理站)

【南昌市交通工程质量监督工作覆盖率达100%】 2015年,南昌市交通工程质量监督站开展“平安工地”“质量安全综合督查安全大检查”“打非治危”等专项检查、巡查,对25个新建交通工程项目进行施工安全监督检查,加强建设程序、建设资质、原材料质量和工程质量审核力度。该站针对全市检测机构进行全方位水泥检测能力检查,完成全市范围内20余家质量检测机构检测能力监督认证工作,对交通工程检测行业进行有效地规范监督管理。不断加强交通工程实体质量抽检,有效提升了交通工程质量安全监督效果。全市管辖范围内的交通项目监督覆盖率达到100%。

该站全年共监督续建、新建项目77个,其中:国省干线公路项目26个,里程313.464千米,投资额36.5亿元;县乡公路改造工程项目18个,里程147.985千米,投资额3.76亿元;独立桥梁项目33个,1439.45延米,投资额0.73亿元。进行现场质量监督检查106次,质量抽检23015点,出具抽查意见通知书55份,其中出具情况通报8份。

(任 征)

【南昌市开展质监机构标准化建设】 2015年,南昌市交通运输局启动全市交通工程质监机构标准化建设相关工作。1月29日,该局印发《南昌市交通工程质量监督机构标准化建设活动方案》,全面启动“市站标准化”达标工作。明确指导思想,成立局质监机构标准化建设领导小组,制定实施步骤,提出关于机构与人员、基础设施、制度与管理、经费保障四个方面共十三个建设达标事项具体要求,确定各项达标任务完成时间节点。该站明确责任分工,逐项对照,查找差距,完善不足。至年底检查,按方案建设标准中十三项达标的要求,十二项已完成,其中要求在编人员不少于12人的指标,市局决定在局系统内对人员编制进行调剂,并行文上报市编委批复。

(黄攀宇)

【南昌市抓紧国省干线迎“国检”项目质量监督】 南昌市交通质监站针对全市2015年度国省干线项目迎“国检”工作任务,有计划、有部署开展工程监督工作。一是制定监督方案,做足监督准备。该站于2014年底提前制定监督工作方案,成立监督工作领导小组。该站安排专人加大对整改项目的整改跟踪力度,严格要求整改到位,坚决杜绝工程质量隐患的存在。其中,进贤县320绕城、新建区320、坎揭线、安义县安燥线和南昌县昌万公路5个升级改造项目共13.2千米的路基、基层、面层存在严重问题路段已按要求进行了返修。三是及时召开会议,通报存在问题。针对监督过程中发现存在的问题,召集部分相关项目业主、施工、监理和设计单位召开专题会议,对监督过程中发现存在的问题进行通报,并就有关质量问题整改及强化后续施工质量及管理提出具体要求。四是落实督查要求,狠抓整改效果。该站针对省交通运输厅督查组所反馈的在建项目施工质量问题情况,及时认真逐一项目进行梳理归纳,逐个项目下发整改通知书,并要求各项目建设单位及各相关从业单位举一反三,逐个项目自查自纠,全面有效落实整改措施。 (任 征)

【南昌市质监站深夜开展现场“打非治违”专项检查】 2015年11月3日22点至次日凌晨2点，南昌市交通质监站对南昌市公路局枫生快速路工程项目进行专项检查。这是根据省交通运输厅、南昌市交通运输局关于“打非治违”专项整治工作部署而进行的。该项目属于昌九高速的连接线，是该市重要交通道路，白天不准封闭交通，只能在夜间施工。市站针对该项目施工特点，深夜赶到施工现场对项目是否存在分包、转包，是否超资质范围承揽工程情况及申报的内业资料同时进行现场复核。同时还对该项目的“风险源”和可能存在的安全隐患的地段、设备、设施及按规定设置的安全警示标识情况进行逐一检查，召集相关从业单位安全负责人和专职安全员，就施工现场的安全状况进行分析，对不符合安全规定的生产行为、设施设备下达了整改通知书并限期整改。通过深入开展“打非治违”专项检查，有效堵塞了项目建设单位安全管理漏洞，为确保项目建设安全生产提供保障和良好环境。

(单昌年)

【萍乡市交通运输局加强对全市在建交通工程质量监管】 2015年，该局监督在建公路工程项目共计758.73千米，分别是：全市升级改造项目40.9千米(湘东区232陈家塘至南岗口公路、莲花县S317省道改造工程、S231省道改造工程)、国省道工程项目17个262.83千米、芦万武公路水毁修复工程0.6千米、县道升级改造35条计223.4千米、客运网络连通工程40项计182.6千米、新建独立桥工程33座、林(农)垦公路22条计48.4千米。新办25个在建项目质监手续，对在建项目个共下发监督检查通知38份，对已完工的26项工程做好交工验收前的质量检测工作，其中有4个项目出具了交工检测意见。

(熊 婧)

【萍乡市实施质量安全管理平台信息化建设】 2015年，萍乡市交通质量监督站实施辖区内的重点项目纳入全省质量安全监管平台进行监管。从10月1日起正式对319国道上栗段栗水桥在建项目实施全过程的视频监管。

(熊 婧)

【萍乡市交通质监站落实质量安全责任登记制度】 该站一是落实责任制度。根据省交通运输厅《关于进一步加强公路水运工程质量和安全管理工作实施意见》的文件精神，从2015年起，新办理质量监督手续的建设单位按要求填报江西省公路水运工程质量和安全责任登记表，并经萍乡市交通质量监督站进行审核复查。已有20个项目进行了质量安全责任登记。二是实行信用评价。2015年萍乡市交通质量监督站将企业信用评价处罚和全市“三单二制一网一评价”工作进行有机结合，将属地从业单位的基本情况、业绩情况、信用评价等情况在市交通质监网进行公开和公式。全年依据上级要求对全市二级以上的公路在建项目的9家施工、监理、检测单位进行信用评价工作。5月还按省交通工程质监局要求对全市属地管理的两家公路工程监理企业进行业绩登记。

(熊 婧)

【萍乡市建立健全市、县两级质监网络体系】 2015年，萍乡市交通运输局下发《萍乡市农村公路建设的若干意见》，文件明确市、县两级质监机构的工作职责。市级交通质监站主要负责三级及以上公路工程和中桥以上的质量监督工作；县级交通质监站主要负责四级及以下农村公路和小桥的质量监督工作。同时，督促全市各县区成立内设质量监督机构并配备人员，开展辖区内的项目质量监督工作。

(熊 婧)

【芦溪县创新交通建设管理模式】 2015年该县投资约8492.5万元，完成在建农村公路项目里程152.58千米，其中农利公路客运网络改造项目26.78千米，自然村25户以上通水泥路125.8千米。正在新建独立桥3座(袁河桥、京陇桥、蔗棚桥)，总投资1573万元。全面推行农村公路建设项目“七公开”，及时报送工程进度和数据，做好电子地图更新、路况评定等。2015年投入363.4万元用于农村公路养护管理，其中：县、乡、村道日常养护142.83万元、大中修20.1万元、水毁41.87万元、危桥改造27万元、创建文明样板路11.6万元、安保120万元。已完成了S314(坪村水库至南坑段)、S314新泉段安防工程建设的前期工作，及时排查和处治了安全隐患。2015年下半年新争取到客运网络连通工程项目17个,里程36.8千米,总投资3158.3万元,计划2016年12月底全部完成。

(芦溪县交通运输局)

【鹰潭市开展在建公路质量安全监督综合检查】 为进一步做好公路工程质量安全管理工作,落实质量安全主体责任,提高工程建设质量和施工安全管理水平,10月21—23日,市交通工程质量监督站会同市局交通运输综合科、安全法制科、市公路管理所,对全市在建公路工程项目开展了质量安全监督综合检查。检查组重点对梨温连接线至泗沥公路、湖塘桥等7个农村公路项目和白鹤湖大道等3个市重点公路项目进行了检查。检查采取现场实地查看、查阅内业台账资料的方式,分别对合同履约、质量管理行为和质量保证体系执行情况、质量保证资料情况、原材料及实体质量、施工工艺及实体质量、安全保证体系执行情况、施工安全隐患排查治理情况等方面进行了督查。针对检查中发现的问题,检查组要求施工单位和监理单位根据检查意见和建议认真进行整改,以提高工程质量和施工安全,确保在建项目安全保质施工。

(徐志强)

【宜春市交通工程质量监督站对连接线新建工程进行综合检查】 3月17日,宜春市交通工程质量监督站对昌栗高速高安出口连接线新建工程进行综合检查,检查的主要内容有人员履约、质量管理行为、施工工艺、工程实体质量等。截至2015年3月17日:挖土石方累计完成约39万立方米、填方累计约完成35万立方米;②K5+054小桥基础、下部结构全部完成:K5+924中桥完成基础、下部结构墩柱、台身;③圆管涵共计完成8道、剩余3道没有开挖;7道钢筋盖板涵基础全部完成;④排水工程完成总量的40%;⑤小桥、巾桥共计完成空心板147片。

(张 虹)

【宜春市交通质监站开展全市公路工程检测机构比对试验】 为验证试验检测机构能力,进一步提升省公路工程试验检测机构技术能力和管理水平,按照省交通运输厅的要求,宜春市交通质监站于2015年9月7日—10月14日组织宜春通达路桥建设有限公司金侨检测中心、宜春市交通工程质量检测中心、江西省宜春公路工程检测中心开展了检测比对试验。比对试验的原材料为普通硅酸盐水泥,统一到省厅指定单位领取,试验内容包括:比表面积、凝结时间、胶砂强度3个参数。该站按照省厅要求,精心部署,对检测机构比对试验的现场派出技术人员进行全过程鉴证,有效保证比对试验的真实性、严肃性,圆满完成此次比对试验工作。

(张 虹)

【宜春市对320国道改建工程进行质量安全检查】 2015年8月4日至6日,宜春市交通质监站组织监督、检测人员组成安全质量综合检查组按照320国道宜春绕城工程项目监督计划和安排,根据《公路水运工程质量安全督查办法》,对该项目从质量管理行为、施工工艺、实体质量、安全生产现场情况进行了督查。检查组主要从内业资料、路基、桥涵三个方面进行检查。内业资料重点检查人员履约、工地实验室、检测报告、施工资料等。桥梁涵洞重点检查砼强度、主要结构尺寸、保护层厚度、施工工艺、安全措施、梁板检测等。路基重点抽查全线土方路的压实度。检查结束后,市质监站对情况进行了梳理,形成《关于G320国道绕宜春中心城区改建工程监督检查情况的通报》,发送至建设单位等相关单位。通报指出检查中发现的各个问题,提出整改要求、时限,并按照《江西省公路施工企业信用评价实施细则》和《公路水运监理信用评价办法》对参与该项目的施工、监理企业分别给予年度信用评价扣分。

(张 虹)

【黎川县制定农村公路养护管理试行办法】 为加强农村公路养护管理,提高农村公路养护管理水平,2015年5月,黎川县人民政府办公室印发《黎川县农村公路养护管理办法(试行)》。

办法明确,农村公路养护管理按照"以县为主、分级负责,因地制宜、注重实效、全面管养、保障畅通"的原则,落实"县道县养,乡道乡(镇)养、村道村养"的养护管理职责。县养公路由县人民政府负责养护管理,县交通主管部门具体组织实施,乡(镇)养公路由所在乡(镇)人民政府负责养护管理,村养公路由所在村委会负责养护管理。农村公路养护管理实行多样化的养护管理模式,县养公路由县人民政府以养护工程进行招标。

(黎川县公路分局)

【宜黄县交通建设管理成效显著】 2015 年,宜黄县交通部门在农村水泥路,公路养护等方面取得明显成效,共投入资金约 2.2 亿元,实现了全县乡、村通水泥路的目标,有 620 个自然村通水泥路,农村水泥路建设总里程达到 900 多千米。

在县政府的重视下,财政挤出资金 300 万元用于公路安保工程建设,以创建平安公路为目标,提高路容路貌整治标准,在农村公路两旁安装警示标志牌 4200 多块,安装广角镜 730 块,增加农村公路行车视距,确保车辆安全行驶。此外,县里还拨出资金 200 万元用于农村公路重建与养护,按照"县道县养、乡道乡养、村道村养"的原则,把公路养护任务分解到各乡(镇)、村,实行公路养护责任制,做到公路养护常态化,使全县农村公路好路率保持在 98% 以上。

【2015 年度全省市级交通工程质量监督机构标准化建设活动在上饶举行】 1 月 27 日,全省市级交通工程质量监督机构标准化建设活动观摩动员会在上饶举行,旨在提高当前和以后加快推进普通国省道干线公路和农村公路建设质量监督职责。

本次全省市级交通工程质量监督机构标准化建设活动时间为两年,从 2014 年 12 月至 2016 年 12 月。活动分为启动、建设达标和达标验收 3 个阶段。省交通运输厅将严格按照"达标一个、验收一个"的原则,对具备条件的市站,组织达标验收后按方案兑现资金奖励。对 2016 年 12 月底仍未通过达标验收的市站,将在全省范围内通报批评。要求所有交通质监部门进一步创新监督方法,提高普通国省道干线和农村公路质量监督的履职能力。同时,要求交通质监部门转变项目督查方式,改拉网式全面巡查为随机抽查和重点检查,以解决监督力量不足的问题。改明察为暗访,对所有在建项目做到及时"回头看"和杀"回马枪",对能够立即整改而未整改的单位予以重罚。

(上饶市交通运输局)

南蒽古道

高速公路管理

【概况】 2015 年,集团公司持续推进建设提速、管理提效、服务提质、产业提档,开创了事业发展的新局面。

1. 2015 年,集团承担在建、拟建项目 17 个 1600 千米。通过强化调度、全力攻坚,完成投资 413 亿元,同比增长 91%,顺利建成南昌至宁都、南昌至上栗、金溪至抚州、昌樟高速改扩建、昌九高速改扩建通远试验段 5 个项目,参股的寻全高速寻乌至安远段项目也如期建成;修水至平江等 10 个续建项目圆满实现年度目标,累计完成总投资的 54%;昌九高速改扩建项目审批手续全部完成,征迁、招标等工作顺利启动,广昌至吉安项目工可报告得到国家发改委批复。

2. 创新项目管理手段。推行建设统一化,实行项目前期、招投标、财务管理、纪检监察、工程技术管理“五个统一”,确保项目前期快速推进;进一步明确勘察设计、实施阶段、竣工验收等程序,强化对设计变更、造价管理等审核。推行管理信息化,广泛应用项目建设管理系统,实现远程计量支付、视频监控,加强对各项目、各标段的现场监管,全面掌控工程进度、目标完成情况。通过强化管理、狠抓质量,打造了一批精品工程,景婺黄(常)项目荣获“詹天佑奖",九江长江二桥项目荣获“中国建设工程鲁班奖”,吉莲高速永莲隧道科技项目获得国家科技进步二等奖。

3. 推行建管体制改革。一是积极推行“建管养”一体的业主模式。为分解项目建设压力,由开发公司、赣粤公司和六个路段单位承担建设任务,组建 11 个项目办,做到“谁建设、谁管养”,避免了建管养分离的弊端。二是积极试点建管模式改革。井睦项目在国内首次成功采用监管一体化和设计施工总承包模式,随着交通运输部深化公路建管体制改革试点工作的启动,集团在都九高速都昌至星子段、上饶至万年、宁都至安远等项目中,全国率先试点自管、改进传统监理、“代建 + 监理一体化”三种建管模式和机电工程设计施工维护总承包、房建工程设计监理一体化两种承发包模式。三是积极推动投资建设体制改革。2015 年促成省政府出台《全省公路建设发展和“十三五”规划工作专题会议纪要》,就“深化高速公路建设体制改革”作了明确,按照“谁提出、谁主导”的原则,对路网规划外市县提出需增加的建设项目,按程序报经省政府批复后,由沿线地方政府负责筹资、建设和营运,项目建成后纳入联网收费系统统一管理。

4. 提升融资能力,融资达到 1860 亿元。发挥 3A 信用评级优势融资 609 亿元,同比增长 49%,其中发行 29 支债券实现直接融资 338 亿元,通过银行信贷、组建银团等实现间接融资 271 亿元;争取到 5 亿元财政补贴,推动财务公司组建,融资能力持续提升。一是直接融资规模持续扩大。通过短期融资券、中期票据等方式直接融资 762 亿元,约占全省债券融资工具发行量的一半,创造了发债成本多次低于同期央企利率、国内年度发行债券数量最多等纪录。二是间接融资总额持续增长。加强与境内外各金融机构的合作,通过银团贷款、信托等方式间接融资 1100 亿元,省外资金年均占比 50% 以上,创造了国内首单外资银团尘路贷款、首单 LPR 贷款等纪录。三是融资品牌效应持续提升。实施“营销式融资”战略、“北上广”战略、“总部"战略,主动对接各金融机构和金融圈,获取更多资源;参与全国财会标准与制度的制订,开展公路“营改增”课题研究,得到监管部门的充分认可。

5. 收费突破 100 亿元。一是加大打逃力度。推广使用辐射成像“绿通”查验设备、电子监察等手段,组建路段收费稽查大队,开展“百日打逃”、收费联合稽查等活动,二是丰富营销举措。通过完善路线引导标志牌、走访客货运企业等措施吸引车流,利用主流媒体及微信、微博,广泛宣传路网优势,引导车辆通行。其中 2015 年收费总额突破 100 亿元,达到 103.7 亿元,同比增长 6%。

6.着力提升“两个效益”。一是精细管理提效益。加强规章制度建设,完善法人治理结构,建立现代企业管控体系,出台100多项制度,实现了以制度管人管事管权。深化路段薪酬改革,确定“基本薪酬+绩效薪酬+津补贴”的薪酬体系,解决各路段单位“同工不同酬”的问题,建立薪酬增长的良好机制。强化内控审计工作,设立内控审计部,加强财务例行审计、领导干部经济责任审计,通过公开招标引入社会审计机构进行项目决算审计。二是多元经营增效益。拓展产业发展空间。出资3000万元投资江西联合股权交易中心,并列成为第一大股东;投资40.79亿元完成江西银行的增资扩股,成为第一大股东,实现并表后可增加资产2000亿元、营业收入近60亿元、利润10亿元;推进加油站招商工作,与中石化签订合资合作协议和120亿元融资协议,启动油品公司组建工作,对提升集团营收和利润意义重大。增强子公司经营能力。成立资产经营公司,试点光伏项目实现并网发电,注册成立高速天然气公司,广告业务累计实现营业收入1.9亿元、净利润6016万元;赣粤工程公司完成资产划转,实现产值67.7亿元;高速物资公司销售中转沥青97万吨,完成产值28亿元;天驰公司立足试验检测市场,完成产值1.8亿元;嘉和公司拓展监理、咨询业务,完成产值2亿元。

7.全力打造“四个高速”。“智慧高速”初具规模。推进技术研发工作,建立养护、机电工程技术研究中心,大力开展科技攻关。推进信息化建设,组建信息化项目办,在搭建支撑平台、云计算中心等基础上,建成了财务、资产和办公、视频会议等系统,初步建成路网运行监测与服务系统,综合应用公众出行服务、“两客一危”等功能,为实现高速公路智能化管理奠定了基础。“文明高速”成果丰硕。推进企业文化建设,构建了核心价值观、企业使命等理念识别系统,编印《文化手册》,创作《大道如画》摄影长卷,做好企业文化宣贯,集团被评为全国交通运输和江西省“企业文化建设示范单位”。抓好精神文明创建,大力开展文明单位等创建活动,累计获得省部级以上荣誉近600项,集团获全国五一劳动奖状,员工何水标被评为“全国劳动模范”,敖志凡获第四届全国道德模范提名奖。广泛开展文体活动,通过文联、体协、笔墨论坛等载体,举行摄影、篮球等文体活动,举办两届职工运动会、五届交友联谊会,丰富了员工文化生活。“平安高速”成效明显。切实抓好安全生产,投入3.64亿元整治桥隧安全隐患,投入3500万元改造限速标志牌,重点做好重大节假日、重要时段的安全工作,突出抓好建设、养护、收费等重点领域的安全监管,特别是昌樟高速改扩建项目在全国首创“边通行、边施工”先例,圆满实现“保安全、保畅通”。切实抓好综治工作,强化内部防控体系建设,扎实开展矛盾纠纷排查调处,关注员工利益诉求,及时化解各类矛盾隐患;创新农民工工资管理模式,实现在建项目农民工工资“零拖欠、零上访”,得到中央综治办的充分肯定。切实抓好应急管理,健全应急预案体系,建成12个应急储备基地、12支应急队伍,储备62种应急物资、850台(套)应急设备,确保道路安全畅通。

(陈　菁)

【省高速集团携手金融机构积极应对降息】 6月27日晚间,中国人民银行宣布自6月28日起下调金融机构人民币贷款利率0.25个百分点。集团在消息发布的第一时间启动利率响应机制,联手南昌银行、交通银行等金融机构在周末时间进行申报调整,将原定6月29日发放的14亿元贷款利率成功置换为最新利率,当年节约财务费用约350万元。

省高速集团高度关注资本市场动态及利率市场化,并建立敏感的“利率响应机制”,利用对市场走向的预判,及时与众多金融机构的良好合作基础,多次踩住央行降息、降准的时间窗口,取得国内首单七折利率贷款、首单LPR半年期贷款,并多次创造债券市场最低利率。

(省高速集团)

【赣粤高速4项管理创新成果被评为第十六届江西省企业管理现代化创新成果】 6月26日,2015年全省企业管理创新大会在南昌召开,会议以“经济新常态下的企业管理变革”为主题,围绕全面深化改革形势下企业改革、发展的机遇和挑战进行了深入探讨和搴流,发布173项“江西省第十六届企业管理现代化创新成果”。赣粤高速共有4项管理创新成果被评为第十六届江西省企业管理现代化创新成果,并荣获组织奖。昌樟管理处围绕《交通建设项昌生主主导的民工工资管理》课题在会上作典型经验介绍。

此次获奖的4项成果分别为：赣粤高速选送的《高速企业通行服务人才培训管理的创新与实施》和昌樟管理处选送的《交通建设项目业主主导的民工工资管理》被评为一等创新成畏，昌樟管理处选送的《以“三率归零”为核心的高速公路收费业务管理》和方兴公司选送的《高速公路机电施工企业基于核心能力的转型发展》被评为二等创新成果。

（省高速集团）

【江西省高速集团成功注册200亿元超短期融资券】 6月，江西省高速集团收到中国银行间市场交易商协会“接受注册通知书”，交易商协会决定接受集团200亿元超短期融资券注册。本次200亿元超短期融资券，自通知书发出之日起2年内有效，由农业银行、国开行等19家银行作为主承销商。

200亿元超短期融资券的成功注册，使江西省高速集团成为同行业超短期融资券注册规模最大的企业，也同时成为首家获得交易商协会全部A类主承销银行全部授信的地方企业。由于此次注册的超短期融资券由农业银行、国开行等19家银行作为主承销商，其中广发银行、渤海银行、平安银行、恒丰银行、浙商银行、三海银行等6家在江西未设立分支机构的省外银行，通过注册超短巅融资券，进行跨省合作，有利于吸引其在赣设立分行，促进江西金融发展。此外，还提高了江西省高速集团直接融资比重，有利于节约省内信贷资源。

（省高速集团）

【省高速集团获5家外资行6亿元银团贷款】 4月2日，省高速集团成功在中国镜内筹组一项6亿人民币的一年期银团。这是全国高速公路行业的第一个全部由国内外资银行组成的境内外资银团组织。

此次银团贷款吸引了源于新加坡、日本和意大利等市场的5家外资行参与，分别为星展银行（中国）、三菱东京日联银行、大新银行、彰化商业银行和意大利西雅那银行。省高速集团将本次贷款用于偿还现有流动资金贷款等。此举标志着江西高速开拓境外融资迈出关键一步，为江西省企业和同行业树立扩大海外引资的成功范本。

（省高速集团）

【江西高速资产经营公司正式运营】 2月11日，江西省高速资产经营有限责任公司正式运营。江西省高速资产经营公司是经省交通运输厅批准，由江西省高速公路投资集团出资成立，集路域经济产业投资、运营于一体的国有独资企业。作为路域经济业务经营平台，高速资产公司主要负责实施集团多元化相关业务经营工作，同时负责新建高速沿线地方政府土地资产注入运作项目。

（省高速集团）

【省高速集团成功发行23亿元超短融】 1月16日和21日，省高速集团2015年度第一期15亿元和第二期8亿元超短期融资券在中国银行间市场成功发行，票面利率均为4.6%，较同期贷款基准利率低17.9%，发行利率明显低于同期发行的企业。

（省高速集团）

【省高速集团获全国交通企业管理现代化创新成果一等奖】 1月，2014年度全国交通企业管理现代化创新成果奖揭晓，省高速集团申报的高速公路养护工程廉政监管体系建设项目从全国交通行业143个参选项目中脱颖而出，获创新成果一等奖，填补了国内高速公路养护工程廉政监管制度上的空白。

（省高速集团）

【省高速集团逆势稳利率再创市场新低】 8月12日，省高速集团在中国银行间市场成功发行10亿元超短期融资券，票面利率为2.99%，较同期借款基准利率低38.35%，创同期限地方企业债券发行最低利率。

此次债券发行突遇人民币贬值事件，债券市场利率面临上行压力。面对此状况，集团事先启动预沟通机制，同时运用多次资本市场发债成功经验，积极参与发行各环节，并与市场参与方反复沟通，最终逆势稳住发行利率，创下新低。

（省高速集团）

【赣粤高速债券利率创新低】 10月22日，赣粤高速成功发行7亿元公司债券，期限5+2年，票面利率为3.85%,创同期限同级别公司债券最低水平。在承销商华融证券的大力支持下,赣粤高速首次在交易所市场复制了此前省高速集团在银行间市场创新的发行奖励条款等规则,为推动交易所体系市场化程度发挥重要作用。

(省高速集团)

【省高速集团投资江西银行成为其第一大股东】 根据省政府文件精神,省高速集团投资40.67亿元,持有江西银行19.98%股份。10月26日,作为拟成立的江西银行第一大股东,集团出资全部一次性到位,成为本次增资方中率先到位的股东,充分体现了集团参与金融投资的实力与信誉。

组建省级法人银行江西银行,是江西省全面深化金融改革的一项重要内容,对做大做强江西金融业、促进全省经济社会发展意义重大。省高速集团投资江西银行,是全省产业结合金融的大胆尝试和创新举措,将营造“政银企”三赢局面。

(省高速集团)

【省高速集团与中石化签署合资合作协议共同经建合资油品公司】 12月30日,省高速集团与中国石化销售有限公司江西石油分公司签署《合资合作协议》,共同组建合资油品公司。本次协议的签署,标志着集团历时一年多的加油站招商工作取得实质性进展,集团的多元化发展道路又走出坚实的一步。

(省高速集团)

【省高速集团多渠道引入境外资本借债务融资推进国际化】 省高速集团通过引入境外资本,不断适应国际化的市场规则、学习先进的管理理念,努力在国际资本市场上树立企业融资品牌。一是“走出去”缓解融资压力。近年来,省高速集团为克服省内融资资源短缺困境,缓解融资压力,“走出去”动作频频,累计引入境外银行贷款34亿元。尤其是2015年上半年,由星展银行担任独家簿记行、主要牵头安排行和协调安排行,与香港大新银行、三菱东京日联银行、意大利西雅那银行、台湾彰化商业银行共同组建外资银团,所有参团外资银行在中国境内发放的首笔公路行业贷款均投向江西,首批到位资金6亿元。二是筹建对外投资合作平台。省高速集团承担着1600多千米高速公路项目的建设任务。集团正在筹建对外投融资合作平台,已与摩根、星展、汇丰等金融机构多次商谈,筹备设立境外子公司,并积极研究在上海自贸区设立子公司,利用自贸区相关政策进行境外发债、境外贷款等。还会同省发展改革委人员赴国家发改委探讨赴港发行人民币债券(点心债)事宜,筹备引入境外低成本资本。此外,计划通过租赁等形式引入境外资本。

(省高速集团)

【赣粤高速再次获中国上市公司优秀董事会“金圆桌奖”】 12月28日,第十一届中国上市公司董事会“金圆桌论坛”暨“金圆桌奖”颁奖盛典在江苏南京举行。赣粤公司再次荣获优秀董事会“金圆桌奖”,这也是赣粤公司第十次获此殊荣。公司董事会秘书熊长水也再次荣获“杰出董秘”奖。赣粤高速自2000年上市以来,一直致力于现代企业制度和规范化董事会建设,不断提高董事会运作效率和公司治理水平,提升“三会”运作、信息披露和投资者关系管理水平。

(省高速集团)

【锦路科技倾力打造“智慧收费站整体解决方案”】 12月21日上午,锦路科技公司KINGROAD品牌启用暨智慧收费站解决方案推介会在南昌红谷滩新区顺利召开。省交通运输厅副厅长王爱和,省高速集团副总经理姚光南,集团党委委员、公路开发公司总经理陈立新、集团直属管理中心部分领导及行业领域的30多家单位应邀参加了本次推介会。

本次推介会的召开,是公路开发公司加快推进下属企业市场化进程的重要成果,是锦路科技公司向市场迈出的又一大步。“智慧收费站整体解决方案”是锦路科技公司经过一年多的不懈努力,自主设计、开发的“智慧收费站管控平台”及一系列软硬件系统的集合,是集互联网+,云存储,智能控制、移动端APP技术于一体的系统解决方案,是未来智慧高速建设的重要组成部分。通过本次会议的讲解、推介和现场演示,KINGROAD品牌商标和智慧收费站产品,获得了与会领导和专业人士的高度评价和肯定,为产品今后市场推广打下良好的基础。

(省高速集团)

【省高速集团材料有限公司正式运营】 8月3日,江西省高速公路投资集团材料有限公司正式运营。材料有限公司是省高速集团的全资子公司,经营范围主要有:道路沥青、钢材、水泥等建筑材料的批发、零售、仓储及中转业务,公路工程新材料开发与生产,高速公路快速修筑与维护技术、材料开发与供应。

(省高速集团)

【省高速集团多个课题获全国交通运输企业管理现代化创新成果荣誉】 12月,中国交通企业管理协会主办的2015年全国交通运输企业管理创新年会在成都召开,会上发布“2015年全国交通运输企业管理现代化创新成果”名单,以及首批“全国交通运输企业管理现代化创新成果示范单位”名单。省高速集团4个课题喜获全国交通运输企业管理现代化创新成果荣誉,2家下属单位荣获全国交通运输企业管理现代化创新成果示范单位称号。

(省高速集团)

【赣粤高速连续11年入选“中国服务业企业500强”】 8月22日至23日,“2015中国500强企业高峰论坛”在广西南宁召开,中国企业联合会、中国企业家协会发布2015中国服务业企业500强,赣粤高速以40.81亿元的营业收入位列420名,较2014年前进12位。这是自2005年中国服务业企业500强首次发布以来,赣粤高速连续11年榜上有名。“中国服务业企业500强”是由中国企业联合会、中国企业家协会发起,参照国际通行做法,以上年度企业营业收入为入围标准,经专家委员会审定发布。

(省高速集团)

【江西井睦高速公路获国家优质投资项目奖】 4月,在中国投资协会主办的2014—2015年度国家优质投资项目表彰会上获悉,江西井睦高速公路荣获该会评定的国家优质投资项目奖。

井睦高速公路路线全长43.574千米,项目于2011年6月正式动工、2013年10月28日建成通车。井睦项目作为全省首次采用设计施工总承包模式建设的高速公路和全国首次试行项目管理与工程监理合并管理模式的建设项目,开创了全国项目建设管理新模式,探索形成了“项目业主+监管一体化(PMC)+设计施工总承包(DB)”的全新现代工程管理方式。井睦高速“合二为一”的新模式得到了交通运输部的充分肯定,已列为中国交通建设监理协会推荐的全国监理企业转型升级重要新途径和监理行业改革发展新方向。

(省高速集团)

【“微笑映山红”荣膺交通运输十大文化品牌称号】 4月,交通运输行业十大文化品牌出炉,省高速集团的“微笑映山红”品牌荣膺“交通运输文化品牌”称号。这是全省唯一获此殊荣的文化品牌。

(省高速集团)

【江西高速集团债券利率再创市场新低】 5月12日,江西高速集团在中国银行间市场成功发行了10亿元短期融资券,票面利率为3.6%,低于同期中核、华能等央企发行利率,创2013年以来债券发行最低利率,与降息后的3年期存款率基本持平。

江西高速集团自成立以来,积极参与国内资本市场各类产品创新,在本期主承销商民生银行等金融机构支持下,债券市场上屡次创发行利率最低纪录。

【江西打造服务区+旅游新模式】 4月29日,赣粤高速服务区“驿家人”服务品牌、庐山西海康龙游客中心暨西海景泰酒店推介会在庐山西海服务区举行。省交通运输厅副厅长王爱和,省旅游发展委员会副主任李瑞峰,省高速集团董事长、党委书记王江军和九江市政府党组成员、庐山西海风景区管委会党委书记李甫勇出席推介会。

庐山西海康龙游客中心、西海景泰酒店的联合推介,标志着赣粤高速携手西海风景区,创造性地将交通与旅游进行融合、升级,打造服务区+旅游新模式,全省首推集交通中转、休闲度假为一体的特色高速旅游服务区。

(省高速集团)

【省高速集团成功发行44亿元债务融资工具】 4月,省高速集团在中国银行间市场连续发行三期超短期融资券,发行总规模44亿元,平均票面利率较同期贷款基准利率低12.87%,均为同期限债券利率最低水平,较同期发行的中国冶金、中国铝业、中国航空、南方水泥和同方股份五家央企业18~49个BP。

(省高速集哥)

【省高速集团召开全省高速公路星级收费站授牌暨创建工作推进会】 9月14日,省高速集团召开全省高速公路星级收费站授牌暨创建工作推进会。会议通报了2014年度星级收费站评定结果,对获得星级荣誉的17个收费站进行授牌表彰;泰和管理中心、景德镇管理中心以及鹰西收费站、昌西南收费站、赣州西收费站代表作了创建工作经验汇报。集团有关部门负责人和所属管理单位的主要负责人、分管收费工作人员、收费部门负责人,受表彰的星级收费站代表等80余人参加会议。

(省高速集团)

【省高速集团发布春季赏花线路】 3月12日,为进一步开展"引车上路"服务,探索收费营销新举譬,省高速集团团委、收费管理部以"沿着江西高速赏花去"为主题,联合制作了2015年春季版江西高速公路。

春季赏花路线,并通过省内主流媒体向社会公布。此次公布的春季赏花路线涵盖全省,涉及10个赏花点和8个高速公路收费站。为确保赏花自驾游车辆能够顺利到达景点,该路线通过图文的形式标出了所涉及的高速公路收费站图片,还对下高速后前往赏花点的路线走向进行说明,让从没去过该赏花点的人们也能根据路线图,引导车辆正确行驶。为了扩大影响力.除向信息日报、江南都市报、南昌日报等传统媒体发布赏花路线外,省高速集团还利用江西日报微信、江西发布微博、江西旅游微博等进行宣传推广。

(省高速集团)

【上武高速2015年度收费情况】 截止到2015年12月30日,上武高速上2015年度收取通行费4053万元,同比增加3.8%;实得2205万元,同比增长5%;入口车流量745338辆,出口车流量692203辆,日均3993辆,同比增长20.4%。

(上饶市交通运输局)

【上饶市配合上万高速项目办做好协调工作】 上饶市交通运输局积极配合上万高速项目办和沿线县征拆办,做好上万高速公路的征地拆迁及施工协调工作。2015年年底,上万项目上饶市境内(64.34千米)征地和房屋拆迁基本完成,通讯电力杆线,完成95%。累计完成投资19亿元,占总投资的44.7%。

(上饶市交通运输局)

【赣粤高速获4项第16届江西省企业管理现代化创新成果】 6月26日,由江西省企业联合会、江西省国有资产监督管理委员会、江西省工业和信息化委员会、江西省企业管理现代化委员会联合举办的2015年全省企业管理创新大会在南昌召开。会议以"经济新常态下的企业管理变革"为主题,围绕全面深化改革形势下企业改革、发展的机遇和挑战进行了深入探讨和交流,发布了173项"江西省第十六届企业管理现代化创新成果"。赣粤高速共有4项管理创新成果被评为第十六届江西省企业管理现代化创新成果,并荣获组织奖。昌樟管理处围绕《交通建设项目业主主导的民工工资管理》课题在会上作典型经验介绍。

此次获奖的4项成果分别是:赣粤高速选送的《高速企业通行服务人才培训管理的创新与实施》和昌樟管理处选送的《交通建设项目业主主导的民工工资管理》被评为一等创新成果,昌樟管理处选送的《以"三率归零"为核心的高速公路收费业务管理》和方兴公司选送的《高速公路机电施工企业基于核心能力的转型发展》被评为二等创新成果。

(李　明)

【江西交通咨询公司获2014年度交通建设优秀监理企业】 9月,江西交通咨询公司获"2014年度交通建设优秀监理企业",同时,该公司职工李玉生获"交通建设优秀监理工程师"。

近年来,江西交通咨询公司不断深化全面改革,加快推进发展转型。在做大做强项目代建、工程咨询等多元经营业务的同时,积极参与监理行业改革,承担了传统监理模式改革试点、代建+监理一体化改革试点任务和监理标准化课题等,努力探索交通建设监理行业发展转型新道路,取得了较好成绩。同时,该公司立足于省内高速公路新建项目市场,辐射周边省份市场;立足于高速公路施工监理,拓展水运工程、机电工程、独立桥梁隧道工程监理业务,为公司发展转型奠定坚实的基础。

此外,该公司始终坚持“信誉是市场、质量是生命”的经营准则,坚持以实际行动提倡诚信监理,严格合同履约,创优监理服务,实现“做一个项目,树一面旗帜,拓一方市场”。公司不仅信用等级评价一直维持在AA级,还获得“全省用户满意企业”“江西省文明单位”等荣誉称号。

(李　明)

【景德镇管理中心获2015年全国交通企业管理现代化创新成果和示范单位】 12月9日,经中国交通企业管理协会、交通行业优秀企业管理成果评审委员会审定,景德镇管理中心申报课题《基于塑造高速公路服务品牌的企业文化建设》荣获“2015年全国交通企业管理现代化创新成果二等奖”。同时,景德镇管理中心荣获全国交通运输行业首批“创新成果示范单位”称号,有效提升了高速品牌知名度及业界影响力。

(李　明)

安全与应急管理

【概况】 2015年是“十二五”收官之年,也是安全生产形势复杂严峻、大事难事不断的一年。全省交通运输系统上下齐心,攻坚克难,主动担当作为,保持了全省交通安全生产基本稳定。

1.强化“党政同责”。坚持首长负责原则,有效实行主要领导做到“五个一”。厅主要负责人带头做到主持召开第二次厅安委会专题会议;带队参加春运及春节期间的安全生产督查检查;牵头制定《江西省交通运输厅安全生产事故责任追究办法(试行)》;撰写一篇《抓好六个到位,保障交通运输安全》的署名文章并公开发表;“8·12”爆炸事故发生后,厅主要负责人当即对省港航局、省运管局等单位领导班子进行安全生产集体约谈,传达党中央、国务院、省委、省政府和交通运输部等领导同志关于加强安全生产工作的重要批示指示精神,通过约谈,层层传导压力。强调安全生产要常想常念常抓,安全生产理念要入耳入心入脑,通过各个方面、环节加以落实,做到“全覆盖、零容忍、严实狠”。

2.把握工作重点。认真做好重要节假日和重点时期安全生产工作,在早安排、早部署、早落实的基础上,要求全系统进一步强化值班值守,强化应急准备,确保发生事故能够及时救援、妥善处置。

3.注重基本功建设。积极推进“平安交通”建设。在全系统遴选11家“平安交通”创建的试点单位,探索创建方法,以点带面进行推广。稳步推进安全生产标准化建设。年内全省共有2家企业实现一级达标,38家企业实现二级达标,285家企业实现三级达标。探索建立企业安全生产诚信体系,引进安全生产风险管理等现代管理体系。制定下发《江西省交通运输企业安全生产诚信体系建设实施方案》《关于推进交通运输安全生产风险管理工作的意见》等方案,为今后改进传统安全生产管理方式,维系交通运输长治久安打下基础。

4.强化日常监管。积极开展水上非法运输专项整治活动、落实施工方案专项行动、“打非治违"专项行动、危险化学品和易燃易爆品安全专项整治等活动。坚持以专项活动为抓手,对交通运输重点领域、重点环节的安全生产工作始终保持高压严管态势。

5.强化教育培训。以学习宣贯新《中华人民共和国安全生产法》为主线,加强安全生产教育培训,举办培训班2期,培训人员210余人。开展“党政主要负责人谈安全”主题征文等活动。组织全省营运客车驾驶员开展“五不两确保”安全承诺宣誓。

“十二五”时期是全省交通运输发展进程中

极不平凡的五年,也是安全生产形势较为严峻的五年。过去五年,省交通运输厅严格事故防范,安全生产各项指标均控制在省安委会下达的考核控制指标以内。集中表现为:“三下降、三控制”。一是水上交通安全事故大幅下降。在全省水路货运总量增长43.8%的背景下,共发生水上交通事故23起、死亡11人、沉船20艘,较“十一五”期间分别下降50%、77.1%、25.9%。水上交通死亡人数连续5年控制在5人以下。二是道路客运安全事故大幅下降。在全省道路运输客运量逐年增长的情况下,共发生道路客运安全一般事故93起、较大事故16起、重大事故1起,较“十一五”期间分别下降60.66%、55%、50%。事故造成死亡203人、受伤374人,同比均下降55%。自2012年以来,事故死亡人数已连续4年控制在50人以内。三是在建交通重点工程安全生产事故大幅下降。在全省建成高速公路2110千米,建设任务重、施工难度大、安全风险高的条件下,重点工程安全事故起数、死亡人数连续4年控制在5起以下和5人以内。

过去五年,推进了三项建设,夯实了基层基础。首先,大力推进基地平台等建设:其次,大力推进“平安交通”建设;再次,大力推进交通运输企业安全生产标准化建设。推行了四项创新,理顺了体制机制。一是创新体系建设;二是创新管理模式;三是创新方式方法;四是创新问责机制。开展了四项活动,提升了安全水平。一是长年开展隐患排查整治,隐患治理取得明显成效。二是连年开展“打非治违”,违规违法行为得到有效遏制。三是历年开展各类专项整治,安全形势进一步稳定好转。四是各年开展突发事件应对处置,安全应急处置能力显著增强。

(刘　晔)

【2015年全省道路客运安全情况】 2015年底,全省营运客车共发生道路客运事故19起,其中一般事故16起,较大事故2起(鄱阳县长运的“4·5”事故、吉安长运的“5·1”事故),重大事故1起(南昌港运输公司的“9·11”事故),共计死亡40人,受伤51人,与上年同期相比,事故起数相同;死亡人数增加13人,上升了48.15%;受伤人数减少3人,下降了5%。

(马　健)

【省交通运输厅自编学习资料强化安全教育】 省交通运输厅安委会办公室组织相关行业管理人员编写了《交通运输安全生产案例解析》和《江西省公路工程施工安全隐患排查要点》等两本内部资料,以进一步强化全行业从业人员的安全生产教育。《解析》收录从2009年至2011年交通运输行业11起典型事故案例,内容涵括道路运输、水上交通和交通建设工程领域。《解析》在事故调查报告基础上,结合新修订的《安全生产法》以及相关的法规、规章,深入剖析相关交通运输管理部门及人员的安全生产管理职责以及履职存在的问题,并对事故防范以及进一步加强安全生产管理提出建议。《要点》共分5章、35张表格、450多条隐患,内容涵盖路基、路面、桥梁、隧道等方面,是工程现场通用的隐患排查要点清单。

(明长春)

【全省道路客运驾驶员安全宣誓承诺活动启动仪式举行】 6月11日上午,省交通运输厅联合省安监局、省公安厅在南昌市徐坊长途客运站举办全省道路客运驾驶员安全宣誓承诺活动启动仪式。这是江西省第14个“安全生产月”的一项重要活动,副厅长谢德强出席仪式并讲话。驾驶员、乘客和运政执法人员代表分别进行安全驾驶、文明乘车和严格执法倡议,来自江西长运等十家道路旅客运输企业近50名驾驶员集体宣誓,承诺在驾驶过程中不超速、不超员、不疲劳驾驶、不接打手机、不关闭动态监控系统,确保乘客系好安全带、确保乘客生命安全。

(明长春)

【部分《交通运输生产安全事故隐患排查分级实施指南》试行】 2015年,省交通运输厅组织省公路局、省港航管理局、省道路运输管理局、省高速公路投资集团有限责任公司、省交通工程质量监督管理局等单位开展《交通运输生产安全事故隐患排查分级实施指南》编写工作,出台并试行《江西省道路旅客运输生产安全事故隐患排查分级实施指南》《江西省道路货物运输生产安全事故隐患排查分级实施指南》《江西省高速公路服务区生产安全事故隐患排查分级实施指南》《江西省公路建设生产安全隐患排查分级实施指南》《江西省普通国省干线公路养护管理生产安全事故隐患排查分级实施指南》《江西省水路旅客运输生产安全隐患排查分级实施指南》《江西省水路货物运输生产安全隐患排查分级实施指南》。

（明长春）

【交通运输省厅开展安全应急基层领导干部轮训】 省交通运输厅从2015年开始分期分批对全省交通运输安全应急基层领导干部进行轮训。10月19日至21日，第一期轮训班在南昌举行。第一期培训班培训县、市区交通运输局、公路分局以及交通重点工程项目办的安全生产分管领导、处(科)室负责人共计140余人。

（明长春）

【省运管局开展道路安全生产专项整治活动】 2015年，省运管局下发了《江西省公路运输管理局关于印发江西省道路客运、危货运输安全生产专项整治工作方案的通知》，组织开展了全省道路客运、危货运输安全生产专项整治活动，并制定了专项整治工作方案和验收工作方案。为确保整治活动取得成效，省运管局组织四个验收小组对全省各地的整治活动进行实地验收。此次整治工作共检查道路客运企业429家，危货运输企业289家，汽车客运站107家，排查出安全生产检查不合格企业37家，发出整改通知书225份。

（金紫骏）

【省运管局落实安全生产约谈办法】 2015年，省运管局领导带队采取分片集中进行集体约谈或单独约谈的方式，在全省道路运输系统开展道路运输安全生产约谈工作。就“4·5”事故、“5·1”事故重点约谈了鄱阳县运管所、鄱阳县长运有限公司和吉安市运管处、吉安长运有限公司、江西长运股份公司。各设区市运管处也对辖区内运管机构和运输企业开展安全生产约谈，层层传导工作压力，将工作落实到基层、落到企业、落实到具体人员。据统计，全年共约谈40余家运输企业，17家运管机构和10家卫星定位系统企业平台运营商。

（马　健）

【省运管局加强车辆实时动态监控管理】 为严格落实交通运输部5号令，全省建立省、市、县运管部门逐级通报考核的常态机制。省运管局利用道路运输车辆卫星定位系统，实现对运营车辆的实时动态监控。据统计，2014年年底客运、危货车辆超速报警次数最多时分别为3299次、2074次，2015年年底下降到了447次、667次，分别下降了86.45%、64.84%。“两客一危”车辆周均上线率由2014年年底的78.18%上升到2015年年底的94.33%，政府监管平台平均上线率达93.2%，全省动态监控工作成效明显。

（马　健）

【省运管局开展隐患排查治理活动】 以“道路运输平安年”活动为契机，省运管局全面开展道路运输安全隐患排查治理工作。采取不发通知、不打招呼、不听汇报、不陪同接待，直奔基层、直插现场的“四不两直”安全检查方式，经常性地深入车站和企业进行安全检查，对检查中发现的问题及时下达整改通知书，督促其整改落实到位。据统计，在“春运”、“五一”、中秋、国庆节假日期间，省运管局共组成23个督查工作组和5个暗访组，出动督导人员137余人次，共分5批次在节假日期间对全省道路运输安全生产进行明察暗访，共排查、通报了道路运输安全隐患133个，已全部整改到位。并对重点隐患进行针对性督导，切实履行监管职责。

（马　健）

【省运管局开展全省道路运输车辆动态监控工作专项整治活动】 省运管局2015年第四季度开展了全省道路运输车辆动态监控工作专项整治活动。各地运管机构根据活动的要求，对车辆动态监控专项活动进行层层布置，明确整治范围、内容、方法和步骤，要求各企业按照时间节点和相关要求进行自查自纠。并认真督查整改，切实做到专项整治活动人员到位、认识到位、布置到位。据统计，全省共核对道路客运车辆16517辆，排查到年审过期的车辆400辆，未参加年审的车辆2705辆；核对危货车辆12940辆，排查到年审过期的车辆818辆，未参加年审的车辆796辆。通过专项整治工作，着力解决了全省道路运输车辆动态监控工作中存在的突出问题和薄弱环节，保障全省卫星定位系统数据生成和上传，制止道路运输车辆“三超”等违法违规行为，消除道路运输安全隐患,提高卫星定位系统的安装率和入网率。

(马 健)

【省运管局开展全省道路运输安全生产管理示范企业创建活动】 省运管制定了《开展2015全省道路运输安全生产管理示范企业创建活动的通知》,开展全省道路运输安全生产管理示范企业创建活动。从各地选取优秀企业,树立典型,示范引导,以点带面,全面推广,促使全省道路运输安全生产管理制度和标准规范基本健全,规范安全生产工作基础档案、统一台账,提高从业人员综合素质,提高企业安全生产管理水平,落实道路运输企业安全生产主体责任。

(马 健)

【省运管局推进安全生产标准化建设】 全省2015年完成规模以上普通货运企业达标95家,网上申报待考评102家、二级以上汽车客运站已达标45家,网上申报待考评17家、一类以上车辆维修企业已达标23家,网上申报待考评124家、公交企业已达标33家,网上申报待考评23家、出租汽车企业已达标89家,网上申报待考评27家。

(马 健)

【省运管局组建全省应急保障车队】 省运管局对全省道路运输应急运力储备和应急队伍的准备进行全面调查摸底工作,组建了战备应急车队,完成车站防雷电灾害工作的自查自纠工作,做好防汛道路运输应急准备工作。全省各地结合实际进行了相关工作的应急处置演练。其中,九江市运管局协助市政府应急办,会同有关部门联合进行火灾、事故和液体危险品泄漏等突发事件的应急处置实操演练;南昌市运管局、赣州市运管局、安福县运管所等运管机构根据工作计划安排进行因突发事件的应急演练工作。

(马 健)

【省运管局开展安全隐患排查分级实施指南编制工作】 根据《江西省交通运输厅关于推进交通运输生产安全隐患排查实施指南编制工作的通知》文件要求,江西省道路运输生产安全隐患排查分级实施指南编制工作自7月开始全面开展。省运管局成立了江西省道路运输生产安全隐患排查分级实施指南编制工作编审工作小组。涉及客运(含客运车站)、货运(危货)、机动车维修、机动车驾驶员培训、城市客运(公交和出租)五个行业。江西省道路运输生产安全隐患排查分级实施指南将具体明确道路运输生产安全隐患的种类、级别,具有较强的实用性和可操作性。

(马 健)

【厅机关干部刘晔同志获全国安全生产监管监察先进个人荣誉称号】 省交通运输厅安监处刘晔同志被国家安全生产监督管理总局、国家煤矿安全监察局联合授予"安全生产监管监察先进个人"荣誉称号。

刘晔同志自2005年走上安全监管岗位以来,起草安全工作汇报、总结等材料数百篇,参与起草制定的安全生产管理制度、办法30余项。参加撰写的《江西高速公路应对雨雪冰冻恶劣天气防治对策研究》入选交通运输部《公路、水路防抗极端天气应急管理与处置技术研讨会论文集》并被评为三等奖。

(李 明)

【芦溪县交通运输局紧抓农村公路隐患排查】 该县加强了危桥险路排查力度,加大对危桥、交通事故易发、复发地段,临水、急弯陡坡地段以及平交道口等重点排查力度,发现隐患立即排除,增设公路警示标志和桥梁公示牌。加强交通运输安全监管,上级挂牌督办的隐患整改率达到100%,未发生一次死亡10人以上的重大道路客运责任事故。切实加强了交通安全管理,联合县交警大队、芦溪镇人民政府、芦溪公路分局对320国道芦溪段所有县、乡、村道连接线路口及沿线加油站进行安全隐患摸底排查,增设了标志牌、警示牌、减速带等,积极防范一般和较大道路客运责任事故,全县交通系统安全生产形势持续稳定。

(芦溪县交通运输局)

【莲花县交通安全管理紧抓严管】 该局一是落实责任制度,即部门的管理责任、单位的领导责任、机构的岗位责任、企业的主体责任,将交通运输安全生产监督管理职责暨安全生产责任分级监督管理进一步明确。二是建立健全事前防范和安全监管体系。通过宣传教育,增强了系统职工、司乘人员、旅客及广大群众的安全综治意识和责任意识。三是强化了监查。采取正常与突击、例检与抽检相结合的办法,对交通系统各单位、交通运输企业、客货运输从业者、驾驶员培训机构等有关各方进行了监查,及时发现隐患和苗头,尽快有效地加以整改与排除,特别在春运、清明、"五一"、国庆等节假日运输高峰期更是注重安全防范,加大力量加强检查。四是加强汽车客运站的安全管理,保障车站的安全生产和稳定有序。五是加强工程建设安全保障。建立并严格执行公路桥梁等交通工程施工安全责任制。六是切实抓好工程质量管理。在重点工程质量监管上主动积极与市质监站衔接,工程覆盖率和工程质量合格率达100%。2015年,莲花县客、货运输行业没有发生重特大安全责任事故,交通系统无安全责任事故、无执法失误事件、无越级上访事件、无质量安全事故,安全稳定形势良好。在全市2015年交通安全单位和文明交通个人评选活动中莲花县汽车站喜获"全市2015年交通安全企业",莲花县长兴运输有限公司客车驾驶员杨小峰同志获"文明交通守法司机"称号。

（莲花县交通运输局）

【萍乡公交车安全管理责任进一步增强】 该公司一是落实责任主体。萍乡市公共交通总公司与各生产单位、各职能部门,各生产单位与各线路、驾驶员层层签订安全责任状,形成全司安全责任横向到边、纵向到底的立体格局;为凸显安全主体责任意识,建立完善安全管理奖惩机制,做到安全管理责任和绩效挂钩;二是强化制度建设。萍乡市公共交通总公司强化驾驶员档案和车辆技术档案管理工作,落实各运营分公司车辆出场前、收场后"三检"工作制度,还先后出台《萍乡市公共交通总公司2015年度安全管理目标及考核细则》《安全风险奖惩制度》《反恐防范应急处置预案》《外线股份车队安全管理规定》等一系列规章制度;除此之外,还狠抓安全痕迹管理专项工作,规范安全痕迹管理工作的流程,从而进一步推动企业安全管理标准化建设;三是开展安全教育。各运营生产单位坚持每周驾驶员安全教育例会,安全教育列入萍乡市公共交通总公司年度重点教育科目,2015年完成多轮次安全警示教育、安全知识讲座等全员培训,参训人数覆盖面达到100%;四是组织专项活动。一年来,萍乡市公共交通总公司做到一个季度开展一项安全专项主题活动,每项专项活动投入安全经费不少于10万元,先后组织开展"集中整治超速和不规范行车进站及行车违章违法行为专项整治""致灾因素百日排查整治专项行动""安全现场及痕迹管理专项活动"等;五是加强重点目标例检。萍乡市公共交通总公司8个由安委会副主任分别牵头组织的安检小组,每月定期对分项管理目标进行安全例检,对检查发现的问题及时向相关单位和部门下达整改通知,限期整改。

（萍乡市公共交通总公司）

【萍乡市安源区规范管理危桥险路】 该区建立了危桥险路台账,修复了桥台1座,安装桥梁信息牌10余块、危桥险路警示牌80余处,进一步消除公路安全隐患。县乡道总里程为284.6千米,其中隐患路段里程为23.1千米,隐患比例为8.1%。安装减速带165米、标志标牌58块、水沟160余延米、护栏230余米、反光镜46面等安防设施。

（安源区交通运输局）

【新余市仙女湖景区开展水上交通遇险应急演练活动】 为应对水上突发性事故的发生,保证旅客生命财产安全。8月5日,由新余市政府应急办,新余市港航管理处,新余市地方海事局、仙女湖交通运输局、仙女湖游船有限责任公司等多家单位在新余市仙女湖景区码头,举行了一场水上交通遇险应急演练活动。此次演练共投入救援快艇5艘,人员40多人,整个演练按照预定的科目顺利完成,达到预期的效果。通过此次应急演练,提高了工作人员应对突发事件的能力和水平,进一步加强了工作人员的安全生产意识,从而有效降低水上安全事故。

（廖兵俊）

【新余市交通运输局组织公路安全隐患排查】 根据交通运输部、省交通运输厅及省公路管理局关于开展公路安全生命防护工程的有关要求,新余市交通运输局从4月至7月,组织技术力量对该市农村公路安全隐患进行全面拉网式排查,建立了全市农村公路安全隐患基础数据库。排查该市农村公路安全隐患1599处,隐患里程1481.7

千米,隐患里程占全市农村公路比例38%。按照关于加强公路安全生命防护工程建设的实施意见,市交通运输局制定工作目标,安排各路段安防工程实施年份,确保到2020年底前,基本完成乡道及以上行政等级公路安全隐患治理,实现农村公路交通安全基础设施明显改善,安全防护水平显著提高。

(龚军保　何勤学)

【新余市开展营运车辆驾驶员安全宣誓承诺活动】 2015年6月24日,市交通运输局联合市安监局、市公安局,组织客、货运企业驾驶员开展了以"五不一确保"为主题的宣誓承诺活动。

随着"不超速、不超员、不疲劳驾驶、不接打手机、不关闭动态监控系统,确保乘客生命安全"的宣誓承诺,使全体驾驶员增强安全驾驶意识,规范安全驾驶行为,确保安全行驶。

(刘泰标)

【赣州市查处80辆超速违规客货运营车辆】 为了进一步强化暑期道路旅客货物运输安全监督管理,坚决遏制客货车辆超速行驶和违规运行的事故苗头,该局按照道路运输管理的有关法规,对80辆超速违规客货运营车辆进行了严肃处理。该局为了认真贯彻省政府.省公路运输管理局领导对近期道路运输安全事故作出的重要批示精神,切实做好炎热气候环境下道路运输安全工作,对2015年7月跨县以上长途客运车辆的GPS轨迹进行了核查。发现辖区内汽运企业部分客运车辆,无视安全超速违规运行。在32辆超速违规客车中,有16辆客车存在严重的超速行为,另有16辆客车在凌晨2时~5时仍然不执行停车休息的规定而疲劳行车。为了确保旅客安全,坚决杜绝客运车辆超速违规行为,该局视案情对上述超速违规客车分别作出了停运整顿70天、40天、30天、20天、10天处理。为了落实新制定的《道路危险货物运输管理规定》,现已注销3户不符合新规定要求的危货汽运企业,注销了48辆不符合危险货物运输要求的危货车辆《道路运输证》。

(淳　朴)

【赣州市推动道路运输健康发展】 全市运管部门加强道路运输车辆动态监管。一是落实道路运输企业动态监控主体责任,切实提高"两客一危"车辆周上线率,对道路运输企业车辆周上线率未达到95%的责令其整改,停办所有业务;二是加强日常监督,提高各县(区)运管所的"政府监管平台"上线率,对运管所的上线情况每月定期进行通报,并将此项工作与年终目标考核工作挂钩,确保各县(区)运管所政府监管平台上线率需达到100%;三是做好12吨以上重型载货汽车和半挂牵引车卫星定位装置安装工作,已安装并入网4283辆,100%安装到位并接入道路货运平台;四是严查道路运输企业车辆超速、疲劳驾驶、凌晨2时至5时违规运行等违法违规行为,2015年共抽查车辆1126辆次,查处违法违规车辆86台,下发抄告单32份,对违法违规车辆采取了停班、停办业务等处罚措施。认真履行"三关一监督"管理职责。运管部门加强对运输企业日常安全监管工作,围绕"三关一监督"工作职责,把客运企业的安全生产状况,作为完善道路运输市场准入和退出机制的核心内容和主要依据,将企业的安全生产动态考核结果与行政许可、线路招投标和质量信誉考核挂钩,把安全生产与企业生存发展结合起来,切实加强监督管理。大力开展安全生产工作专项整治活动。组织开展"道路运输平安年"、道路运输安全生产管理示范企业创建、道路危险货物与道路旅客运输大排查、客运安全隐患整治专项行动、客运市场暗访督查等专项整治活动,增强道路运输安全,保障道路运输有序进行,减少道路运输事故发生。创新车辆技术及安全监管模式。着手进行"赣州市道路运输智能服务平台"建设,建立事前把关、事中监管、事后处置的标准化管理模式,形成运输企业安全生产、运输行业监管服务两个标准化体系,拓展行业监管各项应用,实现行业管理部门与管理对象之间的"联网联动,职能管控",充分利用互联网推进车辆技术安全监管服务标准化。

(赣州市运管处)

【赣州市举办机动车维修企业考评自评员培训班】 12月17日,赣州市道路运输管理局、市道路运输协会联合举办机动车维修企业安全生产标准化达标考评自评员培训班。参加此次培训班的有全市机动车维修企业的法人、安全管理负责人共116人。市道路运输协会"交通运输企业安全标准化达标”考评机构专家刘洪同志在培训班上，作了“关于机动车维修企业安全生产标准化达标考评”的专项指导。

（赣州市道路运输协会）

【定南县取缔4所“黑驾校”】 11月以来，定南县公路运输管理所对全县驾培市场展开集中清理整顿。依法取缔了4所没有办理任何手续的“黑驾校”。这4所“黑驾校”分别位于县富田工业区、县粮食仓库、鹅公镇圩上和归美山镇圩上。运政执法人员立即关闭四个“黑驾校”培训点并暂扣3辆教练车。

（定南运管所）

【龙南县规范长途客车运行】 11月以来，龙南县运管所在全县范围内开展规范长途班车上下客、按核定线路行驶的治理工作。具体开展的工作包括：一是督促班线客车到县汽车站进站发车。发车后不再进滨江停车场及长运停车场、新兴超市后停车候客。确保做到“车进站、人归点”和“三不进站、七不出站”和“不误班、不滞留旅客”。二是加大稽查力度。对班车从车站发班后不按批准的客运站点停靠和上下客、不按规定的线路行驶等违规行为严格按照国家有关规定严肃处理。三是采取多种措施加强出租车管理，治理出租车不打表、拒载、服务态度差等问题，全年共接到出租车电话投诉8起、网络投诉3起，对违规出租车司机停班学习6人，批评教育10人。

（龙南县市运管所）

【吉安市运管处保障春运工作平稳有序】 2015年度春运全市累计投入客运班车21783辆次，其中加班车800辆次、包车175辆次，运送旅客62.6万人次，较2014年同比增长8.4%。

吉安市运管处从源头安全监管入手，切实履行行业监管职责，组织运管人员对辖区内的客运企业开展安全生产大检查，督促企业严格执行“三不进站、六不出站”等安全管理制度和安全操作规程，加强车站和车辆运行途中“三品”查堵力度，严防“三品”进站。以联合执法为手段，强化对道路运输市场的监管，采取与多部门联合执法的方式.从源头到现场打击非法经营。出动稽查人员230人/次，查处“黑车”15辆、异地经营出租车8辆，劝离逗留异地出租车17辆。以严格值守为保障，继续坚持春运值班制度和信息报送制度，在春运期间实行24小时值班制度，每天及时收集和上报旅客运输情况，公开投诉电话，值守人员耐心接受旅客的投诉、咨询，及时进行处理。

（吉安市交通运输局）

【泰和县交通部门加强安全管理】 2015年，泰和县交通运输局坚决贯彻“安全第一、预防为主、综合治理”方针，层层签订安全管理责任状，强化领导责任、部门责任和企业主体责任，健全工作机制，落实安全责任；加强车站的源头管理、严格履行“三关一监督”职责，严格执行“三不进站、六不出站”制度，加强了GPS监控系统的综合运用，督促客运企业和危货运输企业对车辆实行24小时跟踪管理，并借高速交警对超速行驶车辆通报处罚之机，加大对长途客运司机的安全教育、另外，对12吨以上货运车辆安装了北斗卫星导航系统；积极对全县农村公路桥梁排查，发现安全隐患，及时进行了处理：对富田至苑前公路公和桥、乐群桥以及乡村道中龙桥维修加固，对文陂至永昌公路江背桥设置限高2.8米、限载15吨通行设施，并安装监控探头和通告牌，对禁止通行的危桥，会同有关单位采取封闭桥梁、限制通行等措施进行处理；加大渡运安全检查，全面开展渡口安全检查8次，排查安全隐患5处，重点处理上圮乡老营盘渡口码头损毁事件，以确保渡运安全。

（泰和县交通运输局）

【遂川启动道路客运驾驶员安全宣誓承若活动】 8月10日，遂川县安监局、交通运输局、交警大队、车站、南方公司等单位和企业，在县车站启动“遂川县道路客运驾驶员安全宣誓承诺活动仪式”，参加人员共计120余人。在启动仪式里，交通运输局、安监局、驾驶员分别发言，驾驶员们作安全宣誓承诺。

（遂川县交通运输局）

【宜春市着力打造平安交通】 宜春市交通运输局水上交通、危货运输、交通工程设施建设保持零事故态势，渡口渡运实现连续28年未发生亡人事故；道路客运及城区公交未发生3人以上较大以上交通事故，连年被省厅及市政府授予安全生产先进单位。一是抓责任体系。落实“党政同责”“一岗双责”机制.落实企业主体责任和监管主体责任,层层签订了安全责任书,落实事故倒查责任机制。二是抓源头管理。严格“三关一监督”规定,严格市场准入,严格运管驻站现场监管,强化GPS动态监管.狠抓凌晨落地休息制度;加强水运安管体系和防堵保畅通机制建设,加强对老旧危桥的普查建档和加固改造,加强安保工程建设。三是抓专项整治。组织开展“打非治违”“道路运输平安年”“易燃易爆”等专项整治,查处各类违法违规车辆1129辆,其中非法营运面的239辆,非法载客摩的101辆,非法载客电动三(四)轮车110辆,出租车违法违规129辆,危险品运输违规车辆55辆,违法违规大客车82辆,其他各类违规车辆413辆,净化了市场、消除了隐患。组织“水上交通打非治违”联合行动2次,检查船舶80艘次,查处“三无”船15艘、农用船非法载客2起;开展危桥险段和交通工程设施的排查,下发停工整改通知书16份。四是抓隐患整改。组织由局领导带队的安全大检查3次,交叉检查1次,职能科室检查15次,共排查和整改大小事故隐患183个,对46个较大隐患实行了限期整改;暂扣危货驾驶员、押运员资格证2个,吊销客运从业资格证1个。五是抓安全双基。按时完成全部客运、城客和危货运输共83家企业三级安全达标考评工作。申报二级以上的20家企业也全部进行了申报和考评。并考评申报安全三级达标的水上客运1家、普货企业39家、二类以上维修企业81家,企业安全管理进一步规范。邹游、黄家渡口码头标准化顺利通过验收,其余10个渡口码头建设也已全面完工准备验收,樟树、上高、高安等大修了渡船3艘,安全基础进一步夯实。六是抓安全教育。召开安全工作会和例会、安全形势分析会5次.组织了对危货从业人员安全教育问题调研,聘请专家等培训安管干部及从业人员数千人;对渡工及渡管干部进行培训;组织4次3428名危货驾驶员和押运员培训和考试。开展安全宣传月和现场咨询活动,免费发放宣传册150本、宣传单300余份、张贴标语800条。七是抓应急保障。修订了《宜春市水上交通突发事件处置预案》等,组织市局机关、局属单位及企业安管近百人参加应急技能培训和消防讲座;指导市公交公司的消防培训和应急演练;督促客运企业和危货运输食业加强应急演练;督促各地建立应急运输保障队伍;落实领导带班、干部24小时值班制度。

(高　强)

【宜黄开展公路桥梁安全隐患大排查】 为确保地方道路桥梁安全畅通,保障群众生命财产安全。2015年,宜黄县组织各乡镇、安监局、交通运输局、公路分局等相关单位对全县公路桥梁进行一次安全隐患大排查。此次排查以县级公路和乡村公路上的桥梁及危桥为重点,并对桥梁安全隐患进行整治。经过认真排查,全县共查出公路桥梁安全隐患50余条,均及时制定了整治方案。对存在安全隐患的危桥设立警示标志,采取封闭措施;对五类桥明确专人看管,做好记录,设立标志,修建临时绕行便道,设置绕行路线等保障措施;对三、四类桥梁逐桥建立档案,确保桥梁运行安全。交通公路部门进一步加强了桥梁日常检查三作,同时加大治超工作力度,强化公路监督和巡查,杜绝超限超重车辆上桥行驶,确保桥梁安全,保障群众通行安全。

(李华荣)

【省运管局党委书记易宗发带队到上饶召开道路运输安全生产集中约谈工作会】 9月2日,省运管局党委书记易宗发带队到上饶市组织召开安全生产集中约谈会议,会议对“4·5”道路客运安全事故做通报,对上饶市、景德镇市、鹰潭市、鄱阳县的道路运输安全生产工作进行部署,就“4·5”道路客运安全事故重点约谈鄱阳县运管所和鄱阳县长运有限公司负责人。

易宗发在会上指出,各地各单位要认真吸取事故教训,组织座谈研讨,从思想上查找认识不到位的根源,从措施上查找落实不到位的情况,从制度上查找执行不到位的原因,从管理上查找不严不实的问题,要以约谈为契机把查找出来的问题解决好,对安全生产要更加重视,预防更加扎实,确保约谈取得实效。各单位要结合道路运输“平安年”建设,从强化责任意识、强化制度建设、强化重点工作、强化科技兴安、强化监督检查、强化问责追责六个方面着手,做好道路运输安全生产工作。

上饶市、景德镇市、鹰潭市、鄱阳县运管部门负责人在约谈会上分别作表态发言,表示将采取过硬的措施排查消除各类安全隐患，确保企业安全生产。

（官兴炜）

【上饶市交通运输局举办全市新《中华人民共和国安全生产法》培训班】 为切实抓好新《中华人民共和国安全生产法》（简称安全生产法）的宣传贯彻工作，提高安全生产管理水平，上饶市交通运输局于5月15日举办全市新《安全生产法》培训班，特邀请市安监局彭玉田高级工程师授课，各县（市、区），上饶经济技术开发区、三清山风景名胜区管委会交通运输局，局属各单位分管安全生产领导和安全科（股）长约50余人参加学习。

（吴　平）

水路运输管理

【概况】 2015，全省通过核查的水路运输经营业户和船舶274户、2010艘，同“十一五”末相比分别减少28.5%、29.3%，船舶总载重吨和平均载重吨达209万吨、1041吨，同比分别增长29%、82.3%，其中危险品船舶190艘、客船302艘（10110客位）、集装箱船28艘（3691标箱）。

严格水路运输市场准入和退出制度，加强船舶运输企业和船舶市场准入管理，严格执行运力调控政策。2014年3月1日以后申请开业的省际普货企业自有运力均达到5000总吨以上，全省危险品运输企业由31家减少至17家。

加大全省水路客运市场经营秩序整顿力度，打击非客船非法运输行为，淘汰弱、小、散客船个体经营户，整合现有资源，实行公司化管理。对高安上游湖、上高神山湖、玉山“七一”水库个体非法从事水上旅客运输行为进行集中整治，下达停航整改通知书；对江西省龙虎山美丽目的地文化旅游发展有限公司下达停航整改通知书并收回“水路运输经营许前证”。组建7家水路客运公司，建立组织机构和安全管理制度，配备专职管理人员，落实安全生产责任制，加大安全经费投入。同时按国家规定核发燃油补贴193万元。

针对全省大部分区间短途砂船未办理船舶营业运输证，长期从事非法运输的情况，开展整治区间砂船非法从事营业运输专项活动，消除砂石船舶非法运输现象，有效规范区间短途砂船经营秩序。

进一步简政放权。根据国务院深化行政审批改革要求，将省际普通货船营业运输证注销登记业务委托设区市港航管理部门负责办理，减少中同环节，缩短办结期限。

（胡丽华）

【李贻煌副省长调研水运工作】 8月19日，省政府副省长李贻煌调研水运工作。省政府副秘书长张小平，省交通运输厅厅长朱希，副厅长粱必康、王昭春，省工信委副主任王亦斌，省港航局局长于钦民、党委书记严允等陪同调研。

李贻煌现场考察江西国际集装箱码头有限责任公司，乘船考察了赣江航道、龙头岗码头、樵舍码头，听取了全省水运发展情况汇报。李贻煌指出，江西水系发达，水资源丰富，水运优势明显，国家长江发展战略给本省水运发展带来了难得的发展机遇。交通运输部门要紧紧抓住国家依托黄金水道构建现代化立体交通体系，推动长江经济带发展的重大机遇，以“一江两港”为中心，重点推进通江达海、干支直达的“两横一纵”国家高等级航道内河水运体系建设。要统筹安排，促进水运与公路、铁路、航空等运输方式有效连接，提升综合运输效率。合理规划，做好港口、港区和物流园区建设与城市总体功能的衔接，优化城市空间布局。拓宽水运建设投资渠道，构建投资主体多元化、融资方式多样的投入体系，积极筹措建设资金。强化规划引领，全力做好全省“十三五”水运发展规划编制工作。狠抓安全监督，切实加强危险化学品码头罐区和“三类重点船舶”的安全监管，确保全省水上交通安全平稳。

（航　宣）

【省交通运输厅副厅长谢德强到赣州港航分局调研指导】 2月11日,省交通运输厅副厅长谢德强前往赣州港航分局就水上交通安全监管、航道维护管理、船舶检验等工作进行调研。

调研中,赣州港航分局党政主要领导介绍了该局机构编制、干部职工队伍建设、水上交通安全监管、航道管养、船舶检验及稽查征费等情况和工作中所面临的问题。谢德强听完汇报后认为:赣州地处赣江上游,水网多,监管压力重,但工作做得不错,希望以后继续抓好每一项工作。他指出:3月1日《中华人民共和国航道法》正式实施,要认真做好《中华人民共和国航道法》的宣贯工作。

(罗 帅)

【省港航局简政放权再推新措】 自6月1日起,江西省省际普通货运船舶营运证注销登记手续,可直接在企业所在地各设区市及省直管(试点)县(市)港航管理部门办结。

省港航局下发通知,委托授权设区市港行管理处(局)、省直管试点县(市)港航管理所(处)办理省际普通货船营运证注销登记手续。省港航局统一编号发放"注销登记证明书",各被授权单位每季度将相关材料报省局备案。这是省港航局为贯彻落实国务院、交通运输部及省人民政府有关行政审批事项改革的精神,进一步简政放权,优化审批流程,减少审批环节,缩短办结期限,提高办事效率,推出的又一新举措。

(熊 芬 宗光辉)

【2014年度全省水运企业诚信评审工作圆满完成】 4月3日,2014年度全省水运企业诚信评审工作圆满落下帷幕。经省港航局诚信水运企业评定工作领导小组评定,全省共有8家企业获得"江西省AAA级诚信水运企业"称号,分别是:武宁县西海船舶运输有限公司、江西省远舟物流有限公司、上饶市龙翔航运有限公司、鄱阳县新兴航运有限公司、峡江县赣荣航运有限责任公司、江西荣顺航运有限公司、江西通达航运有限公司、江西远洋集装箱运输有限公司。

全省水运企业诚信评审工作已实施3年,共有19家企业获得该荣誉,其中,AAA级诚信水运企业14家,AA级诚信水运企业5家。参与评选的企业都是在江西水运行业遵守国家法律法规、诚信经营、无违规失信行为、效益较好的企业。

通过开展该项工作,积极引导全省水路运输企业诚实守信、合法经营,树立企业诚信经营品牌形象,提高水运企业市场竞争力,营造良好的水运经营环境,有效地促进江西水运市场的信用体系建设,维护全省水路运输市场秩序。

(熊 芬)

【龙头岗海关监管设施建设座谈会在昌召开】 5月21日,龙头岗海关监管设施建设座谈会在南昌召开。南昌海关、省港投公司、远洋运输公司以及码头公司有关同志参加会议。龙头岗项目办、省港航设计院相关人员列席会议。

座谈会上,双方就龙头岗建设的相关情况进行交流。南昌海关方面就龙头岗海关监管场所等设施的建设提出要切实迎合通关一体化,无纸化办公,三互大通关等标准,监管场所、查验平台等设立要符合集约化、信息化、规范化、智能化的新要求。

省港投公司对南昌海关一直对港投公司及下属公司工作的支持表示衷心感谢,表示下一步将加强与南昌海关相关业务处室的对接、汇报,结合南昌海关业务处提出的相关要求,做好相应调整。

(辛会珍)

【交通运输部水运局专家组到上饶调研】 3月4日至5日,交通运输部水运局陈盈、水运科学研究院汤震宇副总经济师一行五人到上饶调研集装箱海铁联运有关情况。

调研组先后深入上饶铁路货运站、无水港进行实地察看,在无水港召开座谈会听取专题汇报。5日上午,调研组与市交通运输局、市发改委、市商务局、市道路运输管理局、上饶铁路车务段、新华龙物流园等单位相关负责人进行座谈,就上饶及周边地区集装箱生成量现状、发展潜力、运输方式、路径及运量;场站基础设施现状、能力、存在问题及发展规划;集装箱公路铁路运输费用及构成;上饶到发宁波港集装箱铁路班列、运费、时间及上饶市支持集装箱海铁联运发展政策、宁德港上饶码头建设等方面情况作详细了解。

(上饶市交通运输局)

水路安全管理

【全省港航安全生产稳定】 2015年,全省港航安全生产继续保持平稳的态势。水上交通共发生一般等级以上事故4起,死亡2人,沉船3艘,直接经济损失247.5万元,死亡人数连续7年控制在个位数,且连续5年控制在5人以内。未发生渡运安全事故、船舶污染事故和港口安全生产事故,港航安全生产形势持续稳定。

联合安监、交通等部门开展全省水上非法运输专项整治活动,严厉打击"三无"船舶非法运输等六项非法违法行为。全省各级港航、海事部门共出动检(督)查组579个,执法人员7468人次,检查企业135家,船舶6631艘次,打击查处非法违法、违规违章行为481起。

天津港"8·12"危化品爆炸事故发生后,于钦民局长带队对全系统各单位领导班子就做好港口危化品作业安全管理和安全生产工作分片进行约谈,并对九江辖区危化品码头进行督查检查。同时各级港航管理部门对全省的危化品码头企业和危化品运输企业进行走访检查,对1家危化品运输企业违规挂靠和4家不具备安全条件的危化品码头企业责令停止作业整顿,全省水路危化品非法运输与作业行为得到有效遏制。

以普通客船、旅游客船(含高速客船)、客渡船三类船舶为重点,开展水上客(渡)运安全专项整治,共派出检查组143个,出动执法人员518人次,对全省29家水上客运企业、354艘旅游客船和普通客船以及412道渡口、400余艘渡船开展全覆盖、不留死角的专项检查,共查处27起非法载客行为。

积极依靠地方政府,坚持"疏堵结合,综合治理"原则,重点打击"三无"采运砂船。对排查出的159艘"三无"船舶,完成船舶检验、登记发证71艘。同时,推动地方政府实施采砂船拆解补贴政策,配合南昌市政府对85艘采砂船舶实施了拆解并发放拆解补贴近8000万元。开展船舶超载专项整治。建立反水上运输超载长效管理机制,加强对采区运砂船的源头管控。在鄱阳湖鞋山及星子水域集中组织执法力量,严厉打击超载运输等违法行为,重点加强对省内短途砂石运输船舶的整治,治超成效明显。

通过CCTV等信息化手段和现场巡航检查等方式加强船舶的监督检查,严厉查处无船舶标识、船舶标识不齐不清、故意遮挡船舶标识、套用船名号等违法违章行为。共查处证照不齐船舶81艘次,查处船名号标识不齐不清、故意遮挡及套用船名号船舶108艘次。

提高港行行政执法效能。启动海事执法风险防控课题研究。针对基层海事执法存在的风险开展课题研究。组织编写事故隐患排查分级实施指南。共举办8期业务学习培训班。狠抓港航管理基础工作。认真开展水运、港口经营企业的年度核查工作.共核查水路运输经营业243户,水路运输辅助业49户,港口经营业234户(其中危险货物港口经营业45户);强化航运公司日常监管,组织开展安全管理体系审核,全年共实施公司审核11次,船舶审核74艘次;加强船员适任培训考试,共有1327人参加各类船员培训考试;规范船舶登记工作,共办理船舶登记2986艘次,发放船舶IC卡88张;完成并通过部海事局对"船员管理质量体系"的审核工作。

(胡丽华)

【国务院安全生产督察组到湖口港区检查指导】 8月26日,环境保护部总工程师万本太率领国务院安全生产督察组来湖口港区检查指导安全生产工作。省安监局局长龙卿吉,九江市委常委、常务副市长熊永强及湖口县委县政府、九江市安监局、环保局、港口局等耗关单位负责人陪同检查。

督察组一行先后到湖口港区中石油湖口油库、赛得利(九江)纤维有限公司原料运输码头、天赐高新材料、力山环保、石钟山客运码头等地,对各企业单位安全生产责任体系建设、监管执法、安全投入、安全培训、值班记录、事故应急预案等情况进行检查。

督察组要求,湖口县要进一步推进安全生产责任体系建设,强化重点行业领域的安全监管,深化安全隐患源头排查治理,加大安全监管执法力度,推动湖口安全生产形势持续稳定。

(吴　江　周阳泽)

【交通运输部防汛检查组到龙头岗码头检查指导

工作】 5月7日上午,交通运输部应急办副主任、中国海上搜救中心副主任卓立率检查组来到龙头岗码头工地检查指导工作。

在工地现场,检查组一行认真听取项目办负责人对码头基本建设及防汛工作的情况汇报,详细了解汛情对施工的影响情况,并对项目办加强监管,全力做好防汛工作表示肯定。检查组要求:要按照防汛安全工作有关要求,结合工地实际,落实好防汛各项工作,加强汛期应急值守工作,防范各类险情的发生。

(黄文平)

【全省交通运输系统防御台风"杜鹃"】 2015年第21号台风"杜鹃"于9月29日夜间入境江西。全省交通运输系统认真贯彻落实交通运输部和省防总视频会商会精神,积极防御。一是加强预测预警。公路、港航、运管、建管等部门针对本行业的重点领域、重点环节加强巡查监管,落实各项安全监管措施,确保人民群众生命财产安全。二是加强值班值守。实行24小时值班值守,保持通讯畅通,做好各类突发事件的应急处置准备。三是加强协调联动。加强与气象、水利等部门的协调配合,根据各地防汛应急等级启动交通运输应急响应;交通系统内部各单位相互支援,相互配合,全省交通运输安全生产安全有序。

(明长春)

【省交通运输厅开展全省水上非法运输专项整治】 2015年,省交通运输厅组织开展全省水上非法运输专项整治。全省各地交通、安监部门积极行动,抓住重点,疏导结合,查打并举,累计出动检查、督查组322个,执法人员2033人次,检查企业87家,船舶2193艘次,查处证照不齐船舶81艘次,标识不齐不清、故意遮挡船舶标识、套用船名号船舶108艘次,纳入规范管理的"三无"船舶930余艘,排查出非法违法、违恐违章行为325起,行政处罚52.65万元。

(明长春)

【《江西省公路水运工程施工企业安全生产标准化达标考评细则》评审会召开】 6月10日,《江西省公路水运工程施工企业安全生产标准化达标考评细则》评审会在南昌召开,评审组认为,《细则》在部颁考评指标的基础上,结合江西实际,借鉴兄弟省市经验,逐一进行了细化,具有较强的针对性和操作性。

(明长春)

【省交通运输厅副厅长梁必康督查九江春运安全生产工作】 2月11日,省交通运输厅副厅长梁必康率厅春运安全生产第五督查组到九江督查2015年度检查春运安全生产工作。

梁必康首先前往昌九高速改扩建通远试验段项目办和庐山服务区进行检查。随后来到湖口客运码头和西门渡口,实地查看渡口实时监控情况,了解春运客运客流情况,并认真听取九江市交通运输局、港口管理局、地方海事局、港航管理局、运输管理局等有关管理单位关于春运安全生产工作情况汇报。梁必康要求各单位落实安全生产措施,切实担负起责任,全力做好春运各项工作,实现"平安春运"目标。

(闵熙民)

【省港航局多措并举保障安全生产稳定】 2015年,航局采取多项措施保障重点时段安全生产形势的稳定,一是落实安全值班,实行重点时段领导带班和24小时值班制度。二是未雨绸缪,早安排早部署。确保各项安全工作部署落实有效,落在实处。三是突出现场监管,以"三类重点"船舶、五区一线和水工建设为安全监管重点,重点加强对船舶开航前适航性检查,严禁客(渡)船冒险航行,严厉打击船舶超载、"三无"船舶非法营运和非客船载客行为。对高安市上游湖、上高县神山湖、玉山县"七一"水库非法从事旅客运输行为进行集中整治,下达停航通知书。收回龙虎山美丽目的地旅游发展有限公司"水路运输经营许可证",有效规范水路旅客运输经营秩序。通过加大巡航频次,强化水工作业现场监管,严格纠正违法违章行为,保障重点时段全省港航安全生产形势的稳定。

(胡丽华)

【九江港口局联合长江海事部门开展危险品泄漏应急救援演练】 9月15日,九江港口管理局湖口分局联合长江海事部门深入港区赛得利危险货物码头开展危化品泄漏应急救援演练。

演练前，该局对赛得利危货码头基本情况，包括管理作业人员持证上岗、趸船交接班管理制度、趸船酸碱管理制度、趸船巡回检查制度、防泄漏应急预案、设施设备状况进行细致的了解和查看。随后进行演练。9 时 30 分码头硫酸运输管道突然泄漏，作业人员发现后迅速穿戴防护用品，在现场进行警戒，对泄漏点用石灰粉进行围堵中和防止硫酸泄漏扩大；并且拨打电话向医疗救援部门求救，告知相关主管部门现场状况；与此同时，伤员救护组携带急救箱及时赶到泄露现场就位，防止抢险中发生的意外人员伤害，随时准备抢救伤员。在值班领导的带领下，10 时硫酸泄露得到控制，警戒解除。

（黄文涛）

【省港航局加强应急救助保障服务工作】 该局 2015 年加快水上应急救援机构建设，建成鄱阳湖水上搜救分中心。建成南昌至湖口二级航道、仙女湖 CCTV 视频监控系统，AIS 基站在赣江、信江、鄱阳湖、仙女湖及栖林湖等重点水域实现全覆盖。安全监管和应急救助装备水平大幅提升。2015 年，多次安排水上搜救志愿者队伍和社会救助力量骨干参与交通运输部和部海事局及相关单位组织的水上应急救援知识、技能培训。在上饶、九江等地组建 5 支水上搜救志愿者队伍。选派 5 名志愿者参加部海事局举办的志愿者培训。

2015 年，省港航局参与“6・1”客轮翻沉搜救打捞工作。第一时间集结 15 名潜水员赶赴“6・1”客轮翻沉事故现场参与搜救打捞工作，得到事故现场指挥部、交通运输部、省委省政府和省交通运输厅的赞扬。

（胡丽华）

【南昌地方海事局对红谷隧道工程疏浚麓工实行水上临时交通管制】 5 月 14—16 日，为确保南昌市红谷隧道工程浮运航道疏浚施工作业和过往船舶航行安全，南昌地方海事局对施工水域实行临时交通管制，并采取多项措施为工程顺利施工保驾护航。

该局通过布航行通告、电子政务显示屏、高频、发送短信等方式，将施工动态及时告知辖区各有船单位和船主。同时，在该工程疏浚作业期间的每天 9 点半至 15 点半实行水上交通管制，对水域范围内从生米大桥上游的红谷隧道干坞至八一大桥之间实行封航。该局派出海巡艇在实行管制的水域上下游进行警戒，禁止一切船舶在施工水域通行。

（汪　莹　涂洪文　夏　亮）

【南昌海事紧急处置抚河古道快艇非法营运】 5 月 20 日，南昌地方海事处接群众举报，经现场调查取证，在南昌县抚河古道谢埠大桥水域现场查扣 6 艘无驾船资质又未办理船舶证书的非法营运快艇，及时排清一起水上交通安全隐患。

南昌地方海事处通过走访周边群众，了解到谢埠大桥水域的非法营运快艇系附近某农庄私自开设一个经营项目。由于抚河古道部分水域水下密布暗礁，水情较复杂，高速行驶的快艇一旦触礁，极易酿成船毁人亡的惨祸。为确保水上交通安全和群众生命安全，该处执法人员立即将这一情况通报给南昌县交通局、南昌县水上公安分局、八一乡派出所，并联合相关单位组成联合检查组到该农庄进行实地检查。执法人员发现该农庄私有快艇、摩托艇、电瓶船共 6 艘，且现场未能提供该经营项目的相关审批手续及船舶法定文书等，实属非法营运。对此，海事执法人员立即对其下达“水上交通安全隐患整改通知书”，责令农庄所有的快艇、摩托艇在未办理取得相关船舶法定文书，驾驶人员未取得相应的适任证书前不得擅自航行。农场负责人表示将尽快把相关的手续办理齐全，在此之前该项目停止经营。

（汪　莹　夏　亮　陈明中）

【南昌市联合督查南昌滕王阁游轮客运安全生产】 7 月 15 日，南昌市地方海事局和南昌市港航管理处配合省港航管理局检查组对南昌滕王阁游轮客运有限公司进行安全生产监督检查。

检查组认真检查核对该公司海务、机务专职管理人员是否具有与所经营船舶种类和航区相对应的船长或轮机长任职资历，认真询问专职人员的操作规程。海务、机务专职管理人员是否在岗，检查公司安全管理制度和安全管理责任是否落实到各个部门。检查中发现该公司安全生产标准化未及时达标、台账不完善、安全例会不健全，船上放置救生衣位置不利于及时使用等问题。检查组要求企业限期改进，并给予具体的指导。通过检查使企业进一步明确并落实安全生产主体责任，提高企业安全生产管理水平。

(刘　洁)

【南昌市港航处执法指挥艇投入使用】 2015年9月，南昌市港航管理处新建的港航执法指挥艇完成竣工验收，由建造地嘉兴港开抵南昌港正式投入使用。

该处自筹资金建造的港航指挥艇项目，经公开招标，于2015年1月由中标单位嘉兴市锦佳船舶制造有限公司建造，经过几个月的紧张施工，指挥艇于8月建造完工。该处组织相关人员对新建的指挥艇项目进行了现场验收，验收人员认为项目交工资料齐全，工程质量合格，各项指标符合设计要求，同意竣工交付。该指挥艇上下两层，总长26米，型宽5米，吃水1.15米，航速约13千米/小时。指挥艇投入使用后可切实提高港航执法稽查现场指挥工作水平，为加强港航执法现场指挥管理发挥积极作用。

(涂春如　胡　婕)

【九江市地方海事局开展危险化学品和易燃易爆品安全专项整治】 8月底至12月，九江市地方海事局在辖区内开展危险化学品和易燃易爆品安全专项整治。本次整治以辖区内危货码头和危险品集装箱为重点，加强危险品运输船舶监督检查，确保船舶适运、人员适任、货物适装；突出船岸作业界面监管和危险品货物装卸现场检查，加强危险货物申报员、装箱员、申报单位和装箱单位的日常监管，强化申报管理和危险品集装箱开箱查验力度；强化水上加油站(船)备案管理，继续保持对危险品集装箱瞒报谎报、进出港口未按规定申报等船载危险货物违法高压严打态势，对发现的问题和隐患立即开展整改。专项整治的目的，旨在吸取天津港“8·12”火灾爆炸事故教训。通过专项整治，彻查安全隐患，堵塞管理漏洞，强化源头治理，有效防范和坚决遏制重特大事故发生，确保辖区水上交通安全形势持续稳定。

(徐延超　陶文昀)

【乐平市地方海事处重拳打击非法船舶】 8月下旬，乐平市地方海事处联合乐平市水务局、水上派出所对辖区船舶、码头、航运公司、砂石公司进行全面整治。

此次行动为贯彻落实国务院安全生产电视电话会议精神，汲取天津港“8.12”爆炸事故教训，进一步加强辖区安全管理，杜绝重特大事故发生。重点检查水上砂石运输、渡口渡船，严厉打击运输船舶超载、证照不齐、标识不全不清船舶非法运输、非法载客和非法从事渡船渡口运输、渔船农用船通航水域内非法占据航道作业和违章航行等行为。出动海巡艇6次，执法车12次，执法人员150人次。共检查渡船28艘次，运输船90艘次，采砂船15艘，码头4个，纠正违章10个，发现重大隐患5个，限期整改3个，无证驾驶拘留2人。

通过此次整治，乐平市水上交通秩序得到明显好转，为辖区内水上交通安全形势的持续稳定打下良好的基础。

(朱良海　黄文文)

【老爷庙大桥通航办制止渔船载客违法行为】 10月28日，都九高速老爷庙特大桥通航办巡航时发现在大桥施工水域有三艘渔船载客正欲离开施工现象。执法人员当即制止，对三艘违法渔船进行调查询问笔录，并采取滞留措施，及时化解这一重大安全隐患。

经查，非法载客渔船系大桥施工方四川公路桥梁建设集团有限公司从星子县租赁而来，用于载运施工现场工作人员往来。针对这一安全隐患，老爷庙大桥通航办立即组织召开现场办公会，专门约谈四川公路桥梁建设集团有限公司项目负责人和当事渔民，向项目负责人宣讲水上交通安全法律法规并下达“隐患整改通知书”。该项目负责人承诺，今后将严格遵守相关法律法规，加强内部安全管理并采取安全合法方式运送工作人员。

(贾胜银　向昌宇)

【德安县地方海事处联合多部门封存共青城水域“三无”游乐船艇】 7月26日，德安县地方海事处在日常巡航检查中发现共青城市南湖新增一游乐项目，该项目中包括玻璃钢快艇及脚踏船等用于水上游乐的船艇，这些游乐船艇未经检验合格、快艇驾驶人是未经培训、考核，一旦投入使用，将危及人员安全，存在重大安全隐患。该处立即以重大安全隐患报告共青城市政府。收到报告后，共青城市政府组织旅游、交通、海事、港航、公安等相关部门开展了联合检查，将5艘“三无”快艇封存。通过宣传教育，项目业主配合执法工作，表示船舶取得合格的检验证书和登记证书，并按要求配备符合国务院交通主管部门规定的船员后才会启封营运。

（陶文昀　陈雪蜂）

【都九高速老爷庙通航办及时制止货船载客违法行为】 9月22日，星子籍货船“明鑫217”轮靠泊在老爷庙丁字坝非法载客。老爷庙通航办发现后立即制止，及时化解重大安全隐患。

经查，“明鑫217”轮共载客22人，均系“星子县老年驴友骑行团”成员，平均年龄69岁。他们于9月19日从星子县出发进行环鄱阳湖骑行健身活动，途经新港镇、湖口县、都昌县，原计划在老爷庙搭载货船返回星子。

老爷庙通航办在货船离岸前将其截留，将全部乘客安全转移至“赣航趸610”；并对“明鑫217”轮船长及22名乘客进行批评教育，向他们宣讲水上交通安全法规知识，告诫货船非法载客的危害。船员和乘客均表示接受执法人员的批评教育并保证今后遵守相关的法律法规。为保障乘客安全，老爷庙通航办安排执法船将这些乘客运送至星子县。

（贾胜银　向昌宇）

【都九高速鄱阳湖特大桥通航办对承建方交通船“立规矩”】 “赣九江渡0086”由老爷庙大桥承建方四川公路桥梁建设集团有限公司租赁，作为施工现场交通船使用，以解决施工人员交通难题。11月8日，承建方为追赶工期进度延长工作时间，导致“赣九江渡0086”未能在天黑之前返航回港；个别包工头甚至要求该船装运氧气瓶和柴油等危险货物。

接到船员反映后，都九高速鄱阳湖特大桥通航办立即进行调查了解，情况核实后向承建方负责人反馈，要求承建方科学安排施工作业时间、加强内部安全教育；同时，大桥通航办结合工作实际，规范对该客渡船的管理，为该客渡船立下“六条规矩”，即严禁超载，严禁载运货物及车辆，严禁载运危险品，严禁夜航，严禁五级风力以上航行，作息时间为5:40—17:40，并张贴在醒目位置，警示这类安全隐患的发生，进一步保障人员生命和财产安全。

（贾胜银　向昌宇）

【赣江水域南昌段举行水上救援演习】 7月8日，由江西省应急救援总队组织实施，南昌市地方海事局等单位参与的江西省大型水上救援演习在赣江英雄大桥水域展开。

此次演习科目包括洪涝灾害事故救援，水上突发灾害处置（船舶失去动力，火灾爆炸、油品泄露）。为确保演习顺利和过往船舶的安全，海事部门进行间歇性封航，封航期间禁止一切与演习无关的船舶进入封航水域。

（李　明）

【赣州市联合开展河道非法采砂整治行动】 7月，赣州市水利局牵头，海事、港航、公安等相关职能部门组成联合执法行动小组针对无证采砂船在赣江违法偷采及禁采区滞留现象，开展为期一周的集中整治行动。

赣州地方海事处执法人员现场对采砂船舶和船主信息进行检查登记，对无证采砂船主进行相关法律法规的宣传，和参与联合执法的其他部门执法人员合作，依法查扣非法采砂及滞留的船舶6艘，对违法采砂船的动力设备进行查封，并对在禁采区违法滞留的采砂船业主下达相应的执法文书。

（李　明）

【吉安内13年无水上交通重大事故】 2015年，吉安市港航处继续不松懈对水运行业的安全监管，延续全市13年表无水上交通重大安全责任事故的记录。通过狠抓安全生产体系建设。以推进企业安全生产标准化达标为抓手，以落实企业主体责任为主线，以各类专项整治活动为重要载体，建立并完善安全生产责任体系，全面履行港航安全监管职责，切实做好各项安全生产工作。严格开展了各项专项整治活动。持续深入开展“打非治违”“水上非法运输”“三无船舶”治理、超载治理等水路交通安全专项整治行动，加大事故隐患排查和治理整改到位。

（吉安市港航管理处）

【万安县为211艘船舶“体检”】 2015年，万安县有重点、有计划地开展大规模水上安全整治工作。

该县组织交通、海事、港航、农业水产、水上公交、沙坪镇等涉水乡镇组成联合检查组，出动执法车8次，水上执法船10次，参加执法检查人员65次，对辖区内所有渡口、渡船和航道开展了为期30天的逐一检查，集中整治。在全面检查的基础上，对全县现有211艘各类船舶（渔业船158艘、渡船8艘、客班船4艘、吸沙运沙船舶33艘、库区生活用船8）进行了一次全面摸底排查，重点检查了船舶的“一牌三证”、救生消防设施、船舶状况，重拳整治库区灯光诱扑网鱼、阻碍主航道秩序、吸沙运沙船舶违规作业行为。在检查中发现存在问题和事故隐患20多起，下发限期整改通知书6份，下发行政处罚决定书6份，查处违法从事客运和客渡船超载等违章行为1起，查处无证采沙5起，落实整改意见20余条，查处违法人员2人，确保了全县水上交通安全形势稳定。

（万安县交通运输局）

【万安县多部门全力保障武术庙会水上交通安全】 4月6—8日，武术观音寺如期举办一年一度春季庙会，方圆数十里的香客从赣江水路乘船前往烧香祈福。为保障庙会顺利进行，确保水上交通安全，万安县交通、公安、港航、海事、农业等多部门联动，加大安保力度为香客保驾护航。一是协调指导客运企业增加了运力和加密发班航次，三天时间共发班10航次，运送旅客近千人次，有效避免出现旅客拥堵和滞留现象；二是加派工作人员跟船监督，并在各客运港站增设人员维护旅客上下船；三是加强安全隐患排查、水上交通安全巡逻，重点对客运码头安全秩序、违禁危险物品和消防设备、救援设施等工作进行监督检查。通过层层抓落实，有条不紊地推进各项工作，确保庙会期间安全稳定。

（万安县交通运输局）

【高安市开展水上非法运输专项整治】 5月至11月，市港航所在全市开展水上非法运输专项整治活动，出动人员70余人次，检查客渡船、砂石运输船等各类船舶200余艘，渡口码头等10余处，涉水工程60余处，排查治理各类非法运输和水上交通安全隐患10处。通过水上交通非法运输专项整治活动，有效打击了非法渡运、船舶超航区非法运输、“三无”船舶非法运输等各类非法运输行为，维护了全市水上交通安全形势持续稳定。①立足综合防控。以非法运输专项整治活动为主线，在不同时期、不同时节，陆续开展“船舶证书专项检查活动”“客（渡）船安全性能专项核查活动”“旅游客船、客渡船专项安全检查活动”“水路交通安全生产大检查深化‘打非治违’专项整治活动”等多个单项整治活动，点线结合，立体打击，综合防控，形成有效的整治合力，切实保照活动成效。②突出重点整治。明确渡口渡船、“三无”船舶、非法采砂运砂等整治重点，集中开展专项活动，依法取缔了两处私购渡船非法运输行为；成功拆除了2艘非法载客的“三无”人力渡船，从源头上消除了辖区安全隐患。联合海事处开展非法采砂打击行动，对锦河、肖江等水域非法采砂运砂行为进行了重点整治，取得明显成效。③着眼长效管理。加强机制、制度建设，力求将专项活动固化为协作工作机制。联合河道采砂管理部门以及海事相关部门，共同签订“关于在锦河、肖汀水域集中开展‘打非治违’专项行动合作协议书”。将打击非法运输行为与日常安全检查、隐患排查整治、重点时段安全监管工作有机结合，加强工作督查，现场检查，遏制和防范各类非法运输行为死灰复燃。

（鞠丽君）

【抚州市连续31年水上交通安全无事故】 抚州市港航管理部门切实贯彻安全生产责任制，结合当地实际，认真分析辖区水域特点，有针对性加强重点时段、重点水域和重点船舶的动态监管，按照“事前、事中、事后”的监管思路，连续31年水上交通安全无事故。

重视船员安全知识培训和船舶管理。全年共组织适任考试16人次，船员基本安全知识考试20人次，客船特殊培训26人次，散化船船员特殊培训54人次，整理船员档案100余宗。办理各类船舶登记226艘次，发放各类船舶登记证书210本、船舶IC卡46张，规范船舶登记档案38宗，对辖区97艘办理减免1000总吨以下干货船船舶最低安全配员进行及时调整。对新建渡船实施全过程监管，确保了渡船更新工作有效推进；建立预警信息平台，及时发布恶劣天气预警防控信息；积极开展“打击水上非法运输专项整治”活动，及时发现和消除水上交通安全隐患。全市出动执法人员

380 人次,海巡艇安全巡航 110 艘次,巡航 360 多小时,打击非法载人渔船、农用船 6 艘,排查安全隐患 4 项并进行跟踪整改。

依法依规对营运船舶进行检验。全年完成营运船舶检验 139 艘次,77866 总吨,37388.5 千瓦,整理船舶技术档案 199 卷宗,清理脱检船舶技术档案 56 卷宗,检验到位率、发证合格率、发证及时率均达到 100%,未发生一起船检质量安全责任事故;把好渡船更新改造质量关。2015 年,抚州市渡船更新改造项目涵盖辖区 15 个渡口,共计 15 艘渡船。积极推动符合条件的船舶早日回港申请拆解,完成船舶拆解 4 艘,2 艘 600 载重吨以上单壳油船成功报废拆解。

(抚州市港航局)

【抚州市开展国内水路运输业核查】 2015 年,抚州市港航管理处积极开展国内水路运输企业核查。全市共有水运企业 22 家,通过核查的企业 9 家(其中:沿海企业 2 家,内河企业 7 家),限期整改 10 家(其中:沿海企业 4 家,内河企业 6 家),未参加核查企业 3 家(其中:沿海企业 2 家,内河企业 1 家)。核查船舶数 147 艘,212509 载重吨,57949.25 千瓦,核查率达 99%。截至 2015 年 12 月完成运量 195 万吨,周转量 152800 万吨千米。

(饶国文)

【上饶地方海事局完成“中华龙舟赛(鄱阳站)”水上安全工作】 5 月 9—10 日,国内赛事级别最高、竞技水平最高、奖金总额最高的中华龙舟赛(鄱阳站)项级龙舟大赛在鄱阳胡国家湿地公园隆重举行。为确保龙舟大赛赛期水上交通安全,维护通航秩序,上饶地方海事局积极履职尽责,在前期精心准备的基础上,坚守现场,靠前指挥。先后出动执法人员 30 余人/次、海巡艇 6 艘/次,配合活动主办单位做好大赛前期及比赛期间赛事水域交通管制、应急救助等水上交通各项管制措施,顺利完成赛期水上交通安全维护任务。

(焦培忠　胡晓蕾　陈明中)

港口管理

【交通运输部开展九江港长江段港口深水岸线资源普查】 交通运输部在长江上选择九江港、岳阳港开展港口深水岸线资源普查工作。11 月日,九江市港口管理局严格按照《交通运输部关于开展全国港口深水岸线资源普查工作的通知》的要求,配合交通运输部普查项目组做好对九江港长江段港口深水岸线资源普查工作。

此次普查主要通过卫星遥感影像技术来确认港口岸线起讫点及码头泊位的具体位置,普查规划港口深水岸线的开发利用情况和未利用港口岸线资源情况、港口基础设施现状、港口生产经营情况,并复核相关岸线和码头泊位信息。通过普查,将建设“全国港口深水岸线资源普查地理信息系统”,建立岸线资源普查数据信息与港口规划电子图集、高分辨率遥感影像的对应关系,绘制港口深水岸线地理信息图,实现港口深水岸线资源信息可视化显示和分析功能,为加强港口规划与岸线管理提供辅助支持。

(丰伟鹏)

【国安委综合督查组第一小组到南昌港督察检查】 1 月 27 日上午,由国务院国资委秘书长阎晓峰带队的国务院安委会安全生产综合督查第一小组,冒雨来到南昌港江西国际集装箱码头有限责任公司,讲行安全生产督查。

督查组采取现场监督检查、与企业座谈、抽查企业台账的方法,深入细致地了解企业开展安全生产的情况。督查组肯定企业在保障安全生产方面的措施和做法,并针对企业的管理现状提出了相关合理性的建议,要求企业要继续严格按照安全生产标准化的相关要求运行,要居安思危,开拓视野,加强学习,提升管理能力,锻造好一支高素质、有能力、负责任的管理团队,为企业安全生产和稳健发展打下基础。南昌市政府、省市安监局及市交通运输局有关领导陪同参加检查。

(蒋　云　陈明中)

【赣州港水西综合货运码头使用港口岸线获批

复】 2015 年 6 月 3 日,交通运输部印发《交通运输部关于赣州港城区水西综合货运码头工程使用港口岸线的批复》。批复认为:为开发利用赣江水运资源,促进腹地经济社会发展,建设赣州港城区水西综合货运码头工程是必要的。拟建工程位于赣州市水西镇赣江左岸,储潭水位站下游约 3.2 千米,建设 3 个 1000 吨级集装箱泊位、2 个 1000 吨级杂货泊位。同意工程可行性研究报告提出的总平面图布置方案一,按 440 米泊位长度使用所对应的港口深水岸线。

(赣州市港航处)

【南昌市整治非法占用赣江两岸港口岸线行为】 2 月 15 日,南昌市委副书记、市长郭安主持召开关于加强赣江两岸岸线管理工作协调会,对赣江两岸岸线开发利用等方面存在的问题和加强岸线使用管理进行部署。

3 月起,市交通运输局会同赣江南昌段沿线南昌、新建和东湖区政府,及时就整治非法占用港口岸线行为进行调查研究,召开多次协调会议,在全面摸查的基础上,对非法占用港口岸线业户进行认定。5 月至 7 月,该局以市推进南昌港总体规划实施领导小组的名义分别向有关县区印发《关于征求加强安县管理意见的通知》和《关于对非法占用港口岸线行为进行整治的通知》。市港航处主动与有关县区部门研究解决对策,参与整治法案的制订,形成属地管理、行业协调、相关部门参与的行动格局,统一组织联合执法队伍,依法依规开展对非法占用港口岸线修建的码头设施进行整治工作,取得较好成效,南昌县已关闭非法占用港口岸线建设经营的码头 9 个,清理出非法占用岸线 1008 米;新建县已关闭非法占用港口岸线修建经营的码头 1 个,清理出非法占用岸线新建县 280 米。

(邓华民　涂春如)

【九江市开展港口危货企业、水路运输危货企业安全大检查】 为认真汲取天津港“8·12”爆炸事故的教训,加强全市港口危货码头、水路运输危货企业的安全管理,杜绝辖区内危货码头、水路运输危货企业的安全生产隐患,保障港口、水路运输危货企业的安全生安全。8 月 18 日至 21 日,市港航管理局组织人员对辖区内港口、水路运输危货运输企业进行安全大检查。

港航检查组主要对港口危货企业的安全管理人员及岸上作业人员持证情况、安全管理机构、安全生产责任制度、安全生产操作规程,以及对水路运输危货企业的安全管理规章制度的建立、专职管理人员的数量是否达到要求、是否存在转经营资格或危险品船挂靠经营,以及相关证照是否齐全等情况进行检查,对检查中发现的问题立即下达整改通知书要求企业立即整改。

(九江市交通运输局)

【上港集团九江港务有限公司首获水运企业安全生产标准化等级证书】 根据交通运输部关于《交通运输企业安全生产标准化建设实施方案》要求,城区 8 家水运企业必须在 2015 年底之前达标。辖区内上港集团九江港务有限公司在大力发展水运市场的同时,狠抓安全生产工作,开拓创新,全面深入推进安全生产标准化建设。2015 年 8 月下旬,通过长航局考评组考评,考评组充分肯定了该公司在安全标准化工作中做出的努力和成绩,表示该公司已基本满足长航局安全标准化三级达标要求,并获得九江市首家水路运输企业安全生产标准化 AAA 等级证书。

(九江市交通运输局)

【九江港“启运港退税政策第一单”签发】 4 月 20 日,九江海关为江西泰丰轮胎有限公司申报出口的一批子午胎顺利办理转关放行手续,并随即签发出口退税证明联,该票货物幸运地成为江西省享受启运港退税政策红利的“第一单”。

启运港退税,是指从启运港发往洋山保税港区中转至境外的出口货物,一经确认离开启运港口,即被视同出口并可办理退税。上年 8 月,九江城西港被国家列入扩大启运港退税政策试点范围,符合条件的出口货物,从城西港报关出口,从水路直航运输至上海洋山港出口,就可以享受启运港退税政策。

九江海关相关业务人员介绍,原来货物实际离境才能获得出口退税证明联,得等 1 个月的时间,现在货物只要一经确认离开九江港口就可以办理退税手续,加快企业资金周转速度。这项政策的落地,不仅为江西企业出口带来重大利好,对江西融入长江经济带建设也有重要的意义。

(陈　涛)

【南昌海事开展船载集装箱开箱查验行动】 为认真吸取天津港“8·12”爆炸事故教训,加强辖区集装箱载运危险品运输安全管理,预防此类事件发生,8月28日下午,南昌海事开展船载集装箱开箱查验行动,查找是否存在集装箱载运危险品谎报、瞒报等行为,排查安全隐患。

该局安监科会同新建县地方海事处执法人员来到南昌国际集装箱码头。执法人员根据集装箱的箱体外表、箱门密闭情况以及标牌标志状况进行初步检查,最终选定对江西远洋运输公司所承运的2个集装箱进行开箱抽查。在选定集装箱开箱后,执法人员对集装箱内部干燥清洁状况、货物积载、固定情况以及是否非法夹带危险品等进行详细检查。检查过程中执法人员对货主、代理以及港口码头等单位进行安全宣贯,督促有关单位加强对船舶载运危险货物集装箱的监控,防止事故发生,保障辖区人命财产安全。

(汪　莹)

【赣州市加快推进港航基础设施建设】 2015年,赣州市港航管理处一是加快推进赣州港水西综合货运码头建设,项目前期工作取得重大进展。项目工可获得批准,港口岸线取得交通运输部批复,防洪、水保、用地预审等批复工作全面完成,项目列入国家发改委及江西省首批PPP模式试点项目,正在开展项目招商。二是启动“赣州港总体规划”编制工作,正在开展编制单位政府采购。三是推进赣县乡镇客运船舶停靠码头、上犹陡水湖、南康章惠渠等一批旅游客运码头建设,全市水运码头体系日益完善。

(赣州市市港航处)

【赣州市强化责任意识提升港航管理水平】 2015年,该处一是规范行业管理,切实改变赣州港航企业小而散的现状,督促协调市个体客船加快组建公司,使全市港航客运企业全部实现公司化经营。二是规范水运市场秩序,严厉打击非法运输行为,全年共核查水运业户65户,船舶176艘。三是优化运力结构,积极推进船型标准化建设,切实做好老旧船舶拆解工作,全年已申报生活污水防污染改造船舶22艘,完成改造13艘;老旧运输船舶拆解1艘。四是加强管理,切实提升服务质量,为业户提供“一站式”服务。 (赣州市市港航处)

船舶检验

【概况】 2015年,各级船舶检部门继续做好新建及现有无证船舶等船舶的送审图纸审查工作,共组织集中审批各类船舶图纸56套。未发生因船检审图质量问题导致的水上交通事故,较好地完成船舶送审图纸审查工作。

按照部海事局《船检登记号授予办法》的要求,结合船舶吨位丈量复核专项活动,着重核查有关船舶的主尺度、船舶总吨位、主机功率等主要数据,共审核并授予新船船检登记号73艘(次)。全省船检系统完成检验船舶2457艘次,计1423979总吨。没有发现因检验责任而造成的水上交通安全事故。

开展好船舶吨位丈量专项活动。按照部海事局《船舶吨位丈量统一管理实施方案》《船舶吨位丈量统一管理实施细则》及《江西省港航管理局关于印发船舶吨位丈量复核发证等十项工作制度办法的通知》的各项要求,对辖区船长20米及以上船舶进行吨位丈量复核和新版临时吨位证书发证工作,并认真落实。更新船舶检验工作流程和相关软件,启用新版船舶吨位丈量管理系统,对新建船舶、转入船舶等实旋吨位丈量复核工作。结合检验及时对复核合格船舶换发新版临时吨位证书。发放新版临时吨位证书503份。5月15日省港航局船检处(分中心)在江西省船舶检验质量管理信息系统VIMS5.03模块公告栏上下发《关于督办发放船舶吨位证书有关工作的通知》,要求各分局船检科高度重视船舶吨位丈量复核发证工作,按规定及时办理有关船舶吨位丈量复核发证。

为贯彻落实国务院发布的《水污染防治行动计划》,全面推进船舶与港口污染防治工作,制定船舶与港口污染防治专项行动实施意见。凡是在2011年9月1日以后建造的、400总吨以上或核定载运船上人员超过15人的运输船舶,加装生活污水处理装置或改造生活污水贮存舱,经检验合格后按规定申报相应的改造补贴。

重视防止船舶造成空气污染防治工作,采取有力举措落实大气污染防治。认真学习贯彻《国内航行船舶法定检验技术规则(2011)》《内河船舶法定检验技术规则(2011)》《河船法定建造检验技术规程(2011)》和《河船法定营运检验技术规程(2011)》。船舶建造检验时查阅柴油机等船用产品证书并核对实物钢印,检查柴油机 NOx 排放、监测和记录的相关文件资料。

2015 年度,省港航局贯彻落实由两部十八省市人民政府联合发布的《“十二五”期全面推进全国内河船型标准化实施方案》和交通运输部、财政部《内河船型标准化补贴资金管理办法》,做好长江干线船型标准化的后期收尾工作。完成老旧运输船舶拆解改造中央补贴资金和省级财政配套补贴资金的结余清理和完善老旧运输船舶拆解档案工作。

(胡丽华)

南惹古道——石板路

党建工作

【概况】 2015 年,省交通运输厅党委"围绕中心抓党建、抓好党建促发展"的总体思路开拓创新、积极作为,在努力推进厅直党的思想建设、组织建设、作风建设、制度建设和反腐倡廉建设等方面动脑筋、下功夫,主要做了以下工作:

1. 统一思想、凝心聚力,深入学习宣传贯彻中共十八届四中、五中全会精神和习近平总书记系列重要讲话精神。省交通运输厅始终把理论武装工作作为强化基层党的思想建设的重要内容,着力在倡导学习理念、深化学习内容、创新学习方法、健全学习制度、增强学习实效上下功夫。

2. 夯实基础、强化责任,深入开展"五星创评",打造"强基"品牌。按照省委统一工作部署,结合交通运输工作实际,结合"三严三实"专题教育,结合"实干兴赣当先锋、为民服务作表率"主题实践活动等,及时下发《关于印发〈深入推进"连心、强基、模范"三大工程形成江西交通特色党建品牌的工作方案〉的通知》,对厅直各单位党组织深入推进"三大工程"作了具体工作安排,统筹谋划,狠抓落实,力争在夯实党建工作基础,落实党建责任制等方面取得新突破。

全面开展以基层党组织"评星定级、达标升级、争创五星"为主要内容的"五星创评"活动,推动基层党组织固本强基、晋位升级、全面过硬。在具体实施中,结合交通运输行业实际和厅直基层党组织点多、线长、面广的分布特点,按照 5 个星级等次,对党组织"五星创评"参考标准逐一进行了细化分解。在 2012 年开展基层党组织建设年调查摸底、分类定级的基础上,按照党组织隶属关系对 456 个基层党组织采取"基层党组织自评、厅直各单位党委审核、厅直机关党委评定"的办法,开展新一轮基层党组织星级评定。截至 9 月底,省交通运输厅共评定五星 43 个,四星 124 个,三星 222 个,二星 65 个,一星 2 个,严格按照文件要求控制比例。

3. 创先评优,激励各级党组织和广大党员为全面加快交通运输升级提速步伐而不懈奋斗。表彰先进、树立典型。在纪念建党 94 周年之际,表彰了一批先进基层党组织、优秀共产党员和优秀党务工作者。2015 年“七一”前夕,对 40 个基层党组织,90 名优秀共产党员和 40 名优秀党务工作者进行表彰,其中赣州高速路政支队十一大队大队长叶祖庆波省直工委授予“省直机关优秀共产党员”荣誉称号。二是积极参加省直工委开展的评选贯彻落实条例和省委实施办法典型案例活动,由厅直机关党委选报的《“五强化”“五提升”加强党员教育管理》被评为优秀案例,总结机关党组织贯彻落实《机关党组织工作条例》和《实施办法》取得的新鲜经验和创新做法,树立典型样板,进一步推动条例和实施办法贯彻到位。关爱党员、募捐基金。省交通运输厅广泛发动开展募捐工作,并把此次募捐活动作为全厅党员干部开展“三严三实”专题教育的一项重要内容。厅机关各支部、直属单位各级党组织和广大党员积极踊跃捐款,以实际行动践行“三严三实”,帮助省直机关困难党员走出困境。截至 6 月底,共募集爱心捐款 257494.5 元。

4. 围绕中心、服务大局,深入开展“实干兴赣当先锋、为民服务作表率”主题实践活动。根据省直机关工委统一部署,结合省交通运输厅工作实际,在全体机关党员干部继续组织开展“实干兴赣当先锋、为民服务作表率”主题实践活动。

5. 大力推行党建规范化工作,在夯实基础、强化责任上有新探索。①深化基层党支部规范化建设,积极打造示范点。自省直工委部署推进基层党建工作项目化发展以来,省交通运输厅紧密结合交通运输工作实际,厅直机关党委下发了《关于印发〈全面深化基层党支部规范化建设的工作方案〉的通知》和《关于统计党组织、党员基本情况的通知》等文件,要求各单位党组织认真贯彻执行,并对全省交通系统党组织党员情况进行摸底工作。在开展党支部规范化建设工作中,厅直各单位注重加强制度建设,在推动支部工作流程标准化上成效明显。进一步建立健全了基层党建工作相关制度,坚持和落实党支部组织生活制度、党员学习教育制度、党内帮扶制度、党员联系群众制度等,逐步形成了一套健全完整的基层党建工作制度体系;注重围绕中心工作,在提高办事效能和服务水平上成效明显。各基层党支部立足专业和岗位,实现了党支部规范化建设与单位中心工作的无缝对接、整体推进;注重加强活动阵地建设,在增强党组织凝聚力上成效明显。各单位按照规范、节俭、实用的原则,建造了标准化党员活动室、职工书屋、多功能活动室等硬件设施,并经常组织开展演讲、拔河、乒乓球、篮球等文体活动,丰富职工业余生活。灵活运用绘表制版、墙报板报、广播站、电子屏幕、网络平台等方式直观展示党建制度、党务公开、党建工作成果,开辟党员学习交流园地,吸引干部职工主动观看和浏览,营造党建工作良好氛围。

根据省直工委组织部《关于申报党支部规范化建设示范点的通知》要求,厅直机关党委积极申报,2014、2015 年度共有 4 个党支部被评为省直机关党支部规范化建设示范点。省直工委组织部先后两次组织省直有关单位 140 余人前往景德镇管理中心江湾管理所党支部和泰和管理中心井冈山机场收费所、井冈山收费站党小组进行学习调研,这些示范点的经验得到省直工委的肯定并在各省直单位推广。②认真做好机关党建在线考核,扎实开展党建工作检查。省直工委自 2015 年全面实行机关党建在线考核工作以来,省交通运输厅第一时间召开机关党委委员会议,专题研究在线考核工作, 指定 1 名专职党务干部为信息员,负责按时按质上传各项考核材料;指导和督促厅直各单位党委会每年至少听取一次基层党建工作专题汇报,研究解决领导体制、队伍建设、经费保障等方面的实际问题,建立健全主要领导亲自抓、一级抓一级、层层抓落实的党建工作格局。省厅被评为 2015 年度省直机关党的工作特别优秀单位。

(万庭慧)

【发挥领导干部示范带头作用】 11 月 2 日,省交通运输厅召开党委扩大会议,学习贯彻中共十八届五中全会精神和习近平总书记的重要讲话精神,学习《中国共产党廉洁自律准则》和《中国共产党纪律处分条例》精神,传达学习全省领导干部会议精神。把学习贯彻准则和条例与学习贯彻十八届五中全会精神结合起来,与推进“三严三实”专题教育结合起来,与立规执纪工作结合起来,多措并举、齐抓共管,确保各项规定落到实处,为交通运输发展营造良好政治生态、提供了坚强政治保障。

(万庭慧)

【深入开展“三严三实”专题教育活动】 5月29日，省交通运输厅召开“三严三实”专题教育动员部署会暨专题党课，正式启动全厅处级以上领导干部“三严三实”（既严以修身、严以用权、严以律己，又谋事要实、创业要实、做人要实）专题教育。会上，厅党委书记、厅长朱希以党课的形式，作题为《自觉学习践行“三严三实”，全面加快交通运输升级提速步伐》的辅导报告，并对全厅开展“三严三实”专题教育进行部署和安排。厅机关及厅直南昌地区副处级以上党员领导干部共260余人参加学习。其他7位厅党委委员分别都结合各自分管工作、结合各自生活学习实际，自己动手撰写专题党课讲稿，并在各自所属党支部讲一堂“三严三实”专题党课。

（万庭慧）

【发挥中心组学习表率作用】 2015年，省交通运输厅加强组织领导，发挥中心组学习表率作用。坚持制定年度党委中心组理论学习计划，编印有关学习材料，督促各单位党委中心组确保集中学习次数和集中学习时间，引导各级党员领导干部带头学习，做到先学一步，多学一点，学深一点，联系本部门本单位实际，用科学理论武装头脑、指导实践、推动工作。同时，通过专题辅导、座谈讨论、电化教育和“请进来，走出去”等多种形式，组织党员干部认真学习宣传中共十八届四中、五中全会精神和贯彻落实习近平总书记系列重要讲话精神，着力在倡导学习理念、深化学习内容、创新学习方法、健全学习制度、规范学习评价机制、增强学习实效上下功夫，提高党员干部破解难题、科学发展的执行力。

（万庭慧）

【加大培训力度，提升党员思想素质】 2015年，省交通运输厅加大对党员教育培训，一是创新学习载体。认真贯彻落实《2014—2018年全国党员教育培训工作规划》，坚持开展多渠道多层次培训工作，在江西交通信息网上开辟了党建园地专栏，经常更新有关重要文件、理论原著、视频音频等学习资料以供全厅党员干部职工随时在线学习。充分发挥交通干部学院在党员干部教育培训中主渠道、主阵地作用，先后组织了新党员培训班和多次不同形式的党课讲座。二是组织党课讲座。严格执行“三会一课”制度，开展“书记上党课”活动，举办不同形式的党课讲座多邀请有关专家为厅机关全体党员干部开展党课讲座；聘请省委党校教授开展了《如何做好群众工作》的专题辅导讲座。三是举办和组织各类培训。通过召开党建工作会议、党课讲座、举办新党员培训班、党支部书记培训班等形式积极开展党建骨干业务培训，同时，还积极组织和选送各级党员干部参加上级党委举办的心理健康培训、宣传骨干培训、处级干部培训等不同类型、不同层次的培训班、辅导讲座和专题报告会20余次，组织党员发展对象培训120人次，参与组织政工职称岗前培训124人次，完成省直机关工委党校调学任务8人次，完成省委党校（行政学院）调学任务11人次，大力提升党员队伍特别是党员领导干部的能力和素质。四是开展理论调研。积极参加省直机关党建研究会举办的“机关党建理论研讨征文活动”，组织专人开展了专题理论研究，撰写了题为《提高做好新形势下群众工作的能力研究》的调研报告获得优秀奖，同时还被评为江西省党的建设研究会2014年度课题和“三大工程”课题优秀成果二等奖。

（万庭慧）

【省直机关党支部规范化建设示范点书记培训班学员赴泰和管理中心调研党支部规范化建设工作】 10月14日，省直机关党支部规范化建设示范点书记培训班学员走到泰和管理中心，调研考察党支部规范化建设工作。省直机关工委委员、组织部长章官生，省交通运输厅副厅长、厅直属机关党委书记王爱和，省高速集团党委委员、副总经理段卫党，省交通运输厅直属机关党委副书记秦炜婷参加调研，集团党委办公室、泰和管理中心负责人员随同。

章官生、王爱和一行先后到省直机关党支部规范化建设示范点——井冈山机场管理所党支部和井冈山收费站党小组，在工作人员的带领下，参观两个党支部（党小组）的党（团）活动室、党建展示厅、党员学习园地、党员示范岗、党员示范区、党员之家等党建活动阵地。在绘有《映山红》《十送红军》等歌词歌谱的红色文化墙前，学员们一边驻足观赏，一边齐声唱起《映山红》。一路上，大家边看、边拍、边问，了解两个党支部（党小组）党建工作开展情况及基础设施建设、党员队伍建设、党组织活动、党员先锋模范作用发挥等工作开展情况,仔细查阅两个党支部(党小组)规范化建设工作的文字资料,观看党建工作宣传片和党支部规范化建设展板。

省直机关党支部规范化建设示范点书记培训班于10月12—15日举行,来自省直机关党支部规范化建设示范点的67个党支部负责人员共计110余人参加此次培训,集团荣获省直机关党支部规范建设示范点的景德镇管理中心江湾管理所党支部、泰和管理中窨井冈山机场管理所党支部和井冈山收费站党小组的负责人员也参加培训。

(省高速集团)

【省交通运输厅举办厅属基层党支部书记培训班】 8月10—12日,省交通运输厅直属机关基层党支部书记培训班在省交通干部学院举行。省直机关工委委员、组织部长章官生为培训班授课。

该次培训紧紧围绕学习贯彻党章、党的基本知识和党内有关纪律规定,邀请省委党校、省直机关工委专家学者授课,开设有“四个全面战略布局引领民族伟大复兴”“深化党支部规范化建设,夯实基层党建基础”“基层党支部工作方法与领导艺术”“学《党章》、守纪律、讲规矩”等专题课程。厅直各单位机关或基层党支部负责人近70人参加学习。

(钟恢万)

【省交通运输厅举办2015年新党员培训班】 7月15日,2015年新党员培训班在交通干部学院开班。

培训内容主要有:中共十八届四中全会精神、新党章、党员的权利和义务、加强党性修养、坚定理想信念等方面。

培训班邀请省直机关工委、江西师范大学的专家学者利用2天半的时间对新党员进行专题辅导。培训期间要求学员结合培训内容,围绕“坚定理想信念,为江西交通运输升级发展服务”撰写学习体会。为加强新党员的教育和管理,培养造就高素质的党员队伍奠定一定的基础。

2015年,省交通运输厅直属各级党组织发展的新党员50余人参加培训。

(程晓明)

【省公路局党委召开2014年度领导班子民主生活会】 1月13日,省公路局党委召开2014年度领导班子民主生活会,省交通运输厅厅长朱希、副厅长王昭春到会指导并作重要讲话,厅纪委、厅组织人事处、厅直机关党委有关负责人员出席会议。局领导班子成员参加并进行批评与自我批评。与会人员集中学习中共十八届四中全会精神和习近平系列重要讲话,反馈了民主生活会征求意见建议的情况,通报了2013年教育实践活动专题民主生活会整改措施落实情况。在下午的生活会上,宣读了省公路局领导班子对照检查材料,局领导班子成员逐一对照检查,开展批评和自我批评,认真查摆在贯彻执行民主集中制,遵守党的政治纪律、组织纪律、廉政纪律,落实中央“八项规定”精神、坚决反对“四风”,“三严三实”等方面存在的主要问题,并深刻剖析原因,提出整改措施。在听取与会人员发言后,厅长朱希指出,这次民主生活会,准备充分,主题鲜明,组织周密,达到了统一思想、总结经验、相互帮助、增进团结的目的,是一次高质量的民主生活会。同时,朱希肯定了省公路局2014年以来的工作,面对普通公路发展压力,克服不少困难,积极争取省委省政府对普通公路的政策支持,圆满完成普通公路各项建养指标,强化和创新行业和机关管理工作,加强党的各项建设和精神文明建设,推动全省普通公路不断发展。

(路 宣)

【省公路管理局党委中心组举行“三严三实”专题学习会】 7月13日,省公路局中心组举行“三严三实”专题教育学习研讨会,专题学习“坚定马克思主义信仰和中国特色主义信念,增强道路自信、理论自信、制度自信”。局领导出席及局机关各处室主要负责人员列席会议。会议集中学习《习近平谈治国理政》原文,重点学习《永葆清正廉洁的政治本色》之《增强精神之“钙”》和习近平在十八届中央政治局常委同中外记者见面时讲话的主要部分《人民对美好生活的向往,就是我们的奋斗目标》、习近平在参观《复兴之路》展览的讲话《实现中华民族伟大复兴是中华民族近代以来最伟大的梦想》、习近平在第十八届中央纪律检查委员会第二次全体会议上的讲话要点《把权力关进制度的笼子里》。

(罗剑华)

【省港航局党委书记严允出席赣州港航分局领导班子民主生活会】 1月22日，赣州港航分局召开领导班子专题民主生活会，省港航局党委书记严允出席会议并讲话。会上，围绕“严格党内生活，严守党的纪律，深化作风建设”会议主题，班子成员逐一进行认真对照检查，开诚布公进行批评和自我批评。会议达到了进一步统一思想、增进团结的目的。严允提出四点要求：一是要凝心聚力谋发展。在省局的统一部署下，推进航道建设工作，培育水运市场。二是要千方百计保安全。水上交通安全要引起高度重视，督促一线监管人员提高警惕。三是贯彻落实党风廉政建设“两个责任”。班子成员要率先垂范，严守红线和底线，营造风清气正的环境。四是抓好基层党建工作，坚持民主集中制，规范党内组织生活，加强干部队伍建设。

（赣 航 陈明中）

【省港航局党委组织开展“三严三实”专题调研督查】 10月底，省港航局党委对局属处级单位“三严三实”专题教育工作开展情况进行专项调研督查。该次调研督查共分四个组，督查内容主要包括开展学习研讨情况、“不严不实”问题查找和整改情况、取得的初步成效和存在的不足等。督查组深入各单位座谈、走访，详细听取各单位开展“三严三实”专题教育的情况报告、查阅“三严三实”有关原始资料，并就开展“三严三实”专题教育征求意见建议。调研督查发现，局属各单位均能按上级党委要求，深入开展“三严三实”专题学习研讨，认真查摆“不严不实”问题并制定整改措施，开展“为官不为、为官乱为”等5项专项整治活动，结合实际开展反面典型案例研讨活动，对“三严三实”专题教育下一步工作都作了具体安排。

（赖浩锋）

【省运管局努力推动党建工作上水平】 2015年，省运管局认真落实从严治党要求，结合“三严三实”专题教育，全力推进党的建设，为推动全省道路运输业现代化建设提供坚强政治保证。一是思想建党。局党委先后组织局领导讲党课10堂、局属党支部开展微型党课8堂，组织局副处以上干部开展集体学习14次、专题研讨9次、社会实践2次，邀请专家学者举办专题辅导2场，拧紧全局党员干部践行“三严三实”的思想和行动“总开关”。二是组织强党。以活动为载体提升党组织工作活力。扎实开展基层党组织“五星创评”活动，通过对照标准找差距、真整改，提升党组织的凝聚力和战斗力；积极推进党员“先锋创绩”活动，发挥党员干部表率作用，组织党员公开承诺、践诺，立足岗位创先争优，表彰一批优秀党务工作者和优秀党员。“七一”期间，组织开展了一系列庆祝活动，在全行业举办“我为党旗添光彩”书画摄影比赛，组织开展“缅怀革命先烈、坚定理想信念”主题党日活动。三是纪律立党。结合行业实际开展“把纪律挺在前面”先行先试工作，全力支持推动纪委深化“三转”，及时调整班子分工，清理退出议事机构16个；召开专题会议对党风廉政建设工作进行部署和年中推进，层层签订党风廉政责任书，细化32项责任分工，开展党风廉政建设工作约谈，促进“两个责任”的落实；认真执行领导干部个人有关事项报告、任前谈话、述职述廉等制度，开展学习党章、准则和条例活动，深化党风廉政教育；巩固“红包”专项治理成果，开展领导干部违规插手干预工程项目问题专项治理，及时约谈、诫勉存在苗头性问题的党员干部，逐步形成了不敢腐、不能腐、不想腐的政治生态。

（朱 熹）

【省运管局召开“三严三实”专题教育动员部署会暨专题党课】 6月12日，省运管局党委召开“三严三实”专题教育动员部署会暨专题党课，党委书记易宗发为全省运管干部职工作《践行“三严三实”，做忠诚、担当、干净的好干部》的专题党课。省交通运输厅宣传处负责人，省运管局机关全体党员，后勤服务中心、直属单位党政主要负责人在主会场听课，各设区市运管处（局）、城市客运管理机构机关干部及就近县区运管所负责人在分会场听课。

易宗发指出，此次党课标志着全局“三严三实”专题教育工作的全面启动。要扎实推进“三严三实”专题教育活动，就要做到“四个结合”，抓好“四个关键动作”，坚持“四个并重”，扎实推进“三严三实”专题教育活动。

（胡 晨）

【省运管局举行“三严三实”专题教育学习研讨】 2015年7月1日—10月30日,局党委理论学习中心组共举行了“三严三实”专题教育8次集中学习研讨。学习研讨由局党委书记易宗发主持,局党委理论学习中心组成员,局机关处以上领导干部,局直属单位党政负责人参加学习讨论。通过学习研讨,领导干部对为人民用好权、履好职,掌好权、负好责有更深的理解,明确努力方向。要时刻牢记党的宗旨,始终坚持“以民之所望为施政所向”,时时铭记、事事为民、处处践行,以人民高兴不高兴、满意不满意、赞成不赞成、答应不答应为最高标准,把“三严三实”根植于思想深处,把“三严三实”融入具体工作。

(胡 晨)

【省运管局召开领导班子“三严三实”专题民主生活会】 12月30日,省运管局党委召开领导班子“三严三实”专题民主生活会。省交通运输厅副厅长谢德强会指导并讲话,厅监察、办公室(党委办公室)、组织人事处及省公路运输管理局领导班子成员、调研员出席会议。为了开好此次民主生活会,省运管局党委严格按照省纪委、省委组织部和厅党委的通知要求,精心制定实施方案,认真组织会前学习讨论,广泛征求行业、机关和直属单位意见建议,党委主要负责人同班子成员之间、班子成员相互之间、班子成员和分管部门负责人之间逐一进行谈心谈话,相互之间都提了一条以上有内容、有质量的意见,局领导班子、班子成员和调研员撰写了对照检查材料。

会议集中学习《中国共产党章程》《中国共产党廉洁自律准则》《中国共产党纪律处分条例》等党规党纪、《江西省委关于加强作风建设营造良好从政环境的意见》和习近平总书记关于江西工作“一个希望、三个着力”的讲话精神,通报局领导班子2014年度民主生活会意见建议整改落实情况和此次专题民主生活会前征求意见建议情况。

(胡 晨)

【省运管局开展“缅怀革命先烈坚定理想信念”主题党日活动】 7月1日上午,为纪念建党94周年,省运管局机关全体党员干部走到方志敏烈士陵园,开展“缅怀革命先烈坚定理想信念"主题党日活动。省运管局在家局领导及局机关全体党员干部参加了活动。

在纪念馆方志敏烈士铜像前,面对鲜红的党旗,省运管局机关全体党员干部整齐排列,右手握拳,字字铿锵有力,庄严的读出了入党誓词。宣誓后,全体党员怀着无比崇敬的心情参观了方志敏烈士纪念馆,缅怀了先烈的丰功伟绩。全体党员被方志敏烈士的革命精神深深感染,大家纷纷表示深受教育,将会把先烈坚定信仰、甘于奉献、服从组织的精神贯彻到工作中去,以奋发进取的精神状态推动我省道路运输事业更好发展。

(朱 熹)

【厅规划办开展“四进社区”活动】 2015年7月10日,厅规划办认真落实“进社区”的要求,主动与单位所在地的上凤凰坡社区对接,统一组织办所有在职党员到社区报到,并确定今后分批组织办在职党员到社区开展党员志愿服务队活动。第一批的5人小组和社区工作人员一起对社区的死角进行大扫除。8月12日,党员志愿服务队第二批的5人小组来到社区指导社区中小学生开展社区“平安杯”作文比赛,之后与社区中小学生一起进行卫生大扫除。

(厅规划办)

【省交通工会召开“三严三实”专题教育动员部署会暨专题党课】 6月15日,省交通工会召开“三严三实”专题教育动员部署会,正式启动“三严三实”专题教育活动,党支部书记刘盖群讲专题党课,交通工会全体职工参加会议。

刘盖群在专题党课中重点阐述开展“三严三实”专题教育的重大意义,查找了交通工会“不严不实”方面存在的主要问题,要求全体干部职工要争做践行“三严三实”的模范 ,增强思想自觉、行动自觉,以“三严三实”专题教育为契机,将“严”的精神和“实”的要求转变为实际行动和具体举措,立足本职、深化认识,扎实推进各项工作的开展:一要做到政治坚强,恪守政治规矩。二要坚持实事求是,勇于担当实干。三要严守从政底线,始终做人干净。

(高 梅)

【省交通运输厅党委召开群团工作会议】 10月9日,省交通运输厅党委召开中共群团工作会议,厅党委书记、厅长朱希出席会议并讲话，副厅长王爱和主持会议，副巡视员夏太胜出席。

会议的主要任务是深入学习贯彻中央和省委中共群团工作会议精神，分析形势，安排部署工作，解决突出问题，推动交通运输改革创新，努力开创全厅中共群团工作新局面。会上，朱希指出，全厅各级群团组织坚持围绕交通运输中心工作，积极发挥各自特点和优势，认真履行职能，在推动交通运输升级提速发展，促进行业和谐稳定，服务基层和维护群众权益中发挥了重要作用，为全省交通运输发展做出重要贡献。

省高速集团党委书记王江军、省交通工会主席刘盖群、厅直机关团委书记陈志光分别作交流发言。厅直有关单位党组织主要负责人员和分管群团工作负责人员，厅直各单位工会、团委（支部）负责人员参加会议。

（黄　金　孙　明）

【省交通设计研究院有限责任公司开展“三严三实”专题教育活动】 2015 年，根据江西省交通运输厅“三严三实”专题教育的有关要求，该院迅速制定实施方案，认真制定学习计划，把“三严三实”专题教育融入党委中心组学习的全过程。党委书记带头讲党课 1 次、井冈山干部学院老师讲党课 1 次、中心组专题学习 8 次、8 位院班子成员做专题中心发言，学习总书记习近平一系列重要讲话原著 1 0 余篇。通过学习，院班子成员充分认识到“为官不正、为官不为、为官乱为”等 5 个突出问题对自身工作、班子建设乃至企业发展有可能带来的危害，院班子深入生产一线，收集听取意见建议，深刻查摆“不严不实”的问题，院党委以立台账的方式建立“问题清单”，明确责任领导、责任部门、整改时间。同时，坚持从实际出发、从维护职工群众根本利益出发，对“问题清单”中涉及的具体事项，分门别类进行整改，取得较好的效果。

（省交通设计研究院有限责任公司）

【景德镇市交通运输局学习习近平重要讲话精神】 3 月 19 日，景德镇市交通运输局党委书记、局长龙骏主持召开党委扩大会议，传达学习全国“两会”和总书记习近平在参加江西代表团审议时的重要讲话精神、省委常委（扩大）会议和市委第 8 3 次常委（扩大）会议精神，并进行座谈讨论，研究部署交通运输服务“三大战役”工作。局领导，景德镇汽车运输集团公司、景德镇长运公司、局属各企、事业单位主要负责人员，局机关各科（室）负责人参加会议。

通过座谈讨论，会议代表进一步认识到，贯彻落实总书记习近平重要讲话精神，最主要是紧紧围绕市委、市政府战略部署，牢固树立“勇作为、敢担当”的意识，主动服务“三大战役”（工业强攻战、招商引资大会战、城市建设攻坚战。），积极发挥交通运输支撑作用，以责任在心、担当在肩的精神风貌，进一步增强服务意识、深化服务内涵、改进服务质量、提高服务效率。一是要通过增加高速公路进出通道、降低企业物流成本，进一步优化工业发展所需的交通运输环境。二是通过公交车辆装备、出租汽车更新换代、改善城市公共交通基础设施、优化公交线路布局，提升出租汽车服务水平，进一步改善群众出行条件，完善城市公共服务功能。三是要通过建设综合交通枢纽、景德镇长运物流园项目，进一步优化招商引资环境。四是要通过简化行政审批事项，优化行政审批流程，积极营造行业发展的优良环境，为实现全面建成小康社会目标，为实现复兴千年古镇、重塑世界瓷都、建设生态之城提供有效的交通运输支撑。

（涂　强）

【景德镇市交通运输局召开第四次“三严三实”专题学习研讨会】 8 月 4 日下午，市交通运输局龙骏以“学习先进做政治上的明白人”为主题主持召开“三严三实”专题学习研讨会，这也是“三严三实”教育活动开展以来景德镇市交通运输局领导班子第四次开展专题学习研讨。会议集中学习习近平总书记在会见全国优秀县委书记时要求广大县委书记“做政治的明白人，发展的开路人，群众的贴心人，班子的带头人”讲话精神、省市委关于落实三严三实的通知精神，邵正东、宁足祥分别结合自身工作谈学习心得体会。通过学习，会议代表致认为，要以焦裕禄、杨善洲等优秀共产党员为榜样，不断锤炼自身党性修养，努力成为党和人民信赖的好干部。

（洪耀祖）

【景德镇市公共交通公司开展重温入党誓词党日活动】 4 月 12 日，市公共交通公司党委组织全体党务工作者、基层党员代表、班(组)长代表、职工代表以及司属各部门、单位主要负责人共计40余人,前往浮梁县瑶里新四军改编旧址,开展以“重温入党誓词、砥砺坚强党性”为主题的党日活动。

在瑶里新四军改编纪念碑前,参加活动的党员面对庄严的党旗,举起右手,再次重温入党誓词。随后,参加者来到陈毅旧居,参观陈毅在瑶里领导新四军改编的照片、文物资料。

参加者表示,在建设祖国、发展经济的征程中,一定要发挥共产党员吃苦在前、享乐在后的先锋模范作用。

(熊　洁　巢喜生)

【景德镇市交通运输局组织党员干部参观红十军建军旧址】 6月27日上午,市交通运输局组织机关党员干部来到乐平市众埠镇界界首村红十军建军旧址,缅怀老一辈无产阶级革命家的丰功伟绩,接受传统革命教育和爱国主义教育。通过观看展览图片和馆内陈列图表等珍贵的历史资料,学习红十军革命精神,接受了一次特殊的革命洗礼。

景德镇市交通运输局党员干部表示要继承革命前辈谦虚谨慎、艰苦奋斗和密切联系群众、紧紧联系群众的作风,发扬与时俱进、科学创新的革命精神,认真践行“三严三实”,扎实做好本职工作,争做忠诚、干净、担当的好干部,为推动景德镇市交通运输事业发展贡献力量。

(陈志华)

【萍乡市运管处党建工作有亮点】 萍乡市运管处党建工作有新亮点。一是7月30日,在江西省运管局召开2015年全省宣传思想工作暨精神文明建设会上,萍乡市运管处党委书记潘习生作运管文化典型经验发言。二是12月21日至2016年2月19日,萍乡市运管处开展第二届运管文化节活动,为期60天,期间有廉政法规知识竞赛、法制沙龙、书法摄影、各种球类、拔河比赛和元宵喜乐会等共十八项活动。

【萍乡市萍栗养护处务实开展联系群众工作】 2015年,处开展结对帮护工作,与联系点困难户结对帮护1人;走访慰问困难党员群众4人,慰问资金2500元;积极参与“助残一日捐”、“慈善一日捐”等各类捐助活动,捐助资金2010元;积极开展进农村、进企业活动,加强与该处驻地村镇和企业联系,帮助解决实际问题5个,为群众办实事1件,投入资金20余万元。切实加强人员和经费保障。一是保障党建工作人员,根据该处实际,配备专职党务人员1人,兼职2人。二是继续按人均120元的标准预算列支活动经费。三是加大党建工作投入,2015年按照阵地建设标准化的要求,投入资金15000元,完善办公设施和活动场所、建立党务宣传和党务公开栏,增购党员学习资料。

(徐勇新)

【萍乡市公交公司党建引领作用进一步凸显】 2015年,该公司一是开展“三严三实”专题教育。萍乡市公共交通总公司党委在专题教育中,严格按照“三严三实”的要求,围绕“讲好专题党课、深化学习教育、严格党内生活、强化整改落实、注重成果转化”等这五个教育步骤,着力解决工作中存在的“不严不实”问题。二是用制度规范基层党建工作。萍乡市公共交通总公司建立健全党组织监督管理机制、困难职工关爱帮扶机制、党员服务保障机制、党建工作经费保障机制等。三是认真落实党风廉政建设两个责任。萍乡市公共交通总公司党委制定《落实党风廉政建设两个责任实施办法》,并制定落实责任的保障机制,具体细化全年落实两个责任的具体内容和措施,以及相关的责任部门和责任人。四是积极开展主题活动。萍乡市公共交通总公司党委结合“三严三实”专题教育,积极开展“让党徽在岗位上闪光”“严党纪、正风气、抓落实”等主题活动,丰富企业党建工作形式和内容。

(徐勇新)

【九江市交通运输系统举办基层党组织书记培训班】 2015年5月27—28日,该市交通运输系统举办基层党组织书记培训班,局属各单位(含运管、港航基层分局)专(兼)职支部书记、党办主任及专职党务干部50余人参加培训。此次培训的主要内容为:深入学习习近平总书记系列讲话及中共十八届三中、四中全会精神;邀请相关专家学者对十八大新党章、全面从严治党具体要求、基层组织建设、发展党员工作细则等内容进行讲授、解读。

培训会上,各参训支部书记能迅速完成从领导到学员的角色转换,严格自我约束,真正做到耐心听讲课、细心做笔记。展现了交通运输系统纪律严明、作风严谨的良好形象。

通过这次培训,对全局系统各基层党支部书记及党务工作者的综合素质及业务能力的提高、促进基层党建工作有效开展、推动全年各项工作的圆满完成发挥积极的作用。

(九江市交通运输局)

【九江市交通运输局开展“进基层、转作风”活动】 2015 年,九江市交通运输局的群众路线教育实践活动,继续推进“三学三懂三提高”学理论、懂政策、提高协调沟通能力,学规范、懂程序、提高廉洁干事能力,学条例、懂业务、提高作文办公能力。岗位大练兵活动,贯彻践行“三严三实”的要求。九江市交通运输局开展践行“三严三实”开展“进基层、转作风”活动。

活动通过督查、检查、座谈、现场会等方式,由局领导班子带领业务科室组织定期与不定期、专题与自主相结合,走进基层、生产一线、车站码头等开展调研,听取意见建议。同时,要求建立“日登记、周通报、月汇总”工作机制。

(九江市交通运输局)

【九江市交通运输局在直属港航管理局开展党员“四助”工作试点】 3 月底,市交通运输局党委决定在港航系统开展党员“四助”试点工作,旨在以关心爱护高党龄党员、生活困难党员和流动党员等党员群体,帮助党员解决实际困难和问题为出发点,有效激励党员发挥先锋模范作用,切实增强港航系统党组织的亲和力、凝聚力和战斗力。

一是干部党员互助。局属各级党组织开展党组织结对共建、党员结对互助活动,建立完善局党总支委员与局属单位党组织班子结对互助工作机制、局属单位党组织班子成员与普通党员结对互助工作机制。通过设立干部党员互助基金、开展干部党员关怀活动、干部党员学习教育活动和开展干部党员谈心谈话等活动,有效增强党员的归属感,达到统一思想、凝聚人心、改进作风、促进工作的目的。

二是困难党员救助。建立困难党员登记制度,对局属各级党组织中家庭生活困难的党员、因自然灾害、突发事件或因病因残导致生活困难的党员分类建立台账,组织党员捐赠,设立困难党员救助基金,开展结对联系、扶贫帮困、生活救助等活动,确保困难党员始终处在党组织大家庭的关爱之中。

三是高党龄党员补助。建立高党龄党员补助制度,每年“七一”对局属各基层组织党龄满 30 周年、40 周年、50 周年和 60 周年的党员分别给予一定金额的补助。

四是流动党员帮助。明确基层党组织对流动党员的管理责任,加强流动党员(特别是企业改制后党员)的管理和帮助,建立流动党员帮助台账,对流动党员本人基本情况进行登记,确定党性强、有责任心的党员作为流动党员的联络员,对流动党员实行“一对一”定向帮助,从制度上把流动党员纳入本地党员教育管理的整体工作中。

(九江市交通运输局)

【彭泽公路分局党员开展集中访民情活动】 9 月 16—17 日,彭泽公路分局组织“双联双覆盖”活动的 18 名党员,1 名共青团员前往该局活动联系点定山镇棉洲村,集中进行一次访民情活动。在棉洲村,该局党员分别进入各自重点联系户上门走访,按照“四必问”要求,认真向每一个联系对象进行详细询问,辅导农户对“公众安全感调查问话”的理解和回答方式,确保每个受访对象都充分了解到“双联双覆盖”活动精神和提升公众安全感、满意度工作实际内容。为增加影响面,扩大活动效果,在棉洲村醒目位置悬挂宣传横幅 6 条,悬挂“双联双覆盖”活动联系点公示牌 40 个,公开亮明党员身份,便于农户与结对帮扶党员联系沟通,切实使农户在“双联双覆盖”活动中得到帮助,切实使公众安全感和满意度达到“双提升”。

(张　阳)

【新余市交通运输局举办中共十八届五中全会精神宣讲】 12 月上旬,新余市交通运输局举行中共十八届五中全会精神宣讲会。局机关和局属单位全体人员参加学习。

市交通运输局特邀市委党校副教授周飞然进行专题宣讲。在一个半小时的报告中,周飞然紧紧围绕对五大发展理念的部署,用深入浅出的语言对中共十八届五中全会精神作系统诠释和解读。周飞然的报告内容丰富,听众意犹未尽。听讲人员纷纷表示,通过这次宣讲,对坚持依法治国、坚持党的领导、坚持深化改革、坚持人民主体地位、坚持科学发展有了进一步了解,对以总书记习近平为核心的党中央务实、创新的执政理念有更客观感受。

市交通运输局相关负责人在宣讲会上强调,中共十八届五中全会是在全面建成小康社会进入决胜阶段召开的一次重要会议,全市交通运输系统党员干部要以这次宣讲会为契机,迅速掀起学习宣传贯彻中共十八届五中全会精神高潮,精心安排、深刻体会,把学习贯彻省委十三届十二次全会和市委七届十九次全会精神结合起来,作为当前一项重要政治任务切实抓实抓紧抓好。

(邓清华)

【新余市交通运输局组织参观“三严三实”专题教育展览】 11月上旬,新余市交通运输局组织局领导班子成员,到新余市城市规划展览馆参观“三严三实”专题教育展览。

在“三严三实”专题教育主题展区,认真参观‘三严三实’专题教育图片展。展览分为“中央精神”“省委要求”“先辈风范”“正面典型”“反面典型”“查摆问题”、“主要做法”“各地特色”“初步成效”“下步工作”部分,展列了100余块体现中央、省委和各地市开展“三严三实”专题教育活动的要求、成效和各地市特色的展板。

通过参观学习,参观者纷纷表示,这100余块展板图文并茂地展示中央和省委关于开展“三严三实”专题教育的部署要求,展示了全省县处级以上领导干部带头践行“三严三实”的初步成效。一定以最近全市正在开展的“解放思想找差距,优化环境抓发展”为主题的大讨论、大宣讲、大帮扶、大督查、大整改活动为契机,找差距、促整改、真帮扶、优环境、抓好发展,更加自觉践行“三严三实”要求,努力提高该市交通运输服务保障能力和水平。

(邓清华)

【鹰潭市交通运输局张爱民为下属单位讲党课】 6月30日下午,鹰潭市港航管理处召开“三严三实”专题教育党课会,市交通运输局张爱民在处七楼会议室为该处党员干部进行“三严三实”专题党课辅导。会上,张爱民围绕“三严三实”的重大意义和深刻内涵、“不严不实”的表现和危害以及践行“三严三实”的要求和努力方向对党员干部进行了专题辅导。张爱民指出党员干部要深入查摆“不严不实”的具体表现,结合自身实际下大力气践行“三严三实”要求。一要加强学习,筑牢理想信念,加强自身修养,提升自身免疫力。二要强化道德修养,做到以德自立、以德施政、以德服众。三要强化“规矩”意识,遵守政治规矩、纪律规矩、工作规矩,生活规矩,做到是非分明、讲原则、识大体。四要勇于担当、攻坚克难,把落实“三严三实”与做好交通工作紧密结合起来。强调参会人员按照“照镜子、正衣冠、洗洗澡、治治病”的总要求,树立群众观念,“一切为了群众,一切依靠群众”,真正在思想上解决“为了谁”、“依靠谁”的问题,努力查找“形式主义、官僚主义、享乐主义和奢靡之风”四风方面存在的问题,坚守好“四个底线”。

(李明华)

【余江县交通运输局开展庆“七一”活动】 7月1日,余江县交通运输局组织机关全体党员攀登马鞍岭,以此庆祝中国共产党成立94周年,全体学员在党旗下宣誓、合影,决心履职尽责,奉献交通,为全面建成小康社会、实现中国梦再立新功。该局老干部党支部召开庆“七一”座谈会,表彰优秀党员,全体老党员面对党旗重温入党誓词,表示坚定信念跟党走,甘洒余热支持全局工作。

(汪有根 吴小红)

【苏传辉在赣州出租汽车行业调研“两新”组织及党建精品示范点工作】 4月13日,赣州市交通运输局党委书记苏传辉等在出租汽车行业党总支调研“两新”组织及党建精品示范点工作,市交通运输局办公室、人事科负责人和市运管局副局长庄席有参与调研。调研组一行先后到市出租汽车行业党总支、金玮亿党支部进行实地调研,在市出租汽车行业党总支,听取总支书记龙敏就近期开展党建活动的情况汇报,对党员活动进行改造、规范和开放,软硬件设施都有进一步提升感到非常高兴,并鼓励出租汽车行业要充分发挥党员队伍先锋模范作用,加强党员的教育和管理,通过党员及时掌握出租汽车行业动态,把握行业稳定方面发挥重要作用。在金玮亿党支部党建精品示范点,调研组一行听取党支部书记杨志坚等创建精品示范点和“两新"组织党建工作汇报。对精品示范点党组织思想到位、党务工作开展到位、组织活动开展到位、"十个有"工作到位给予充分肯定。

（李发淳）

【赣州市交通运输局朱洪波主讲"三严三实"专题党课】 6月8日，赣州市交通运输局局长朱洪波作题为《学习践行"三严三实"，不断开创全市交通运输工作新局面》专题党课。党课从历史角度、现实需要、价值取向等3个方面深刻阐述"三严三实"的理论价值、实践意义和丰富内涵，并结合交通实际，重点围绕如何践行严以修身、严以用权、严以律己，谋事要实，创业要实，做人要实等6个方面的标进行精辟的论述和提出明确的要求。该次专题党课由市交通运输局副局长陈建生主持，局领导班子成员、局属各单位领导班子成员、局机关副科级以上党员干部参加学习。

（李发淳）

【"庆七一，聚力交通振兴发展"演讲比赛圆满结束】 7月1日，赣州市交通运输局直属机关党委在市交通局通信信息中心会议大厅开展"庆七一，聚力交通振兴发展"演讲比赛活动。该次比赛得到市局党委的高度重视，市局党政负责人莅临比赛现场指导，给参赛选手极大的鼓舞。在此次比赛中，局属各单位党组织积极配合、大力支持。每个党组织都推荐一位优秀选手参加比赛。每位选手紧紧围绕聚力交通振兴发展的这个主题并结合工作实际，用朴素真挚的言语表达作为赣南交通人对交通事业的那份热情和执着的追求，同时也展现出个人的实力和风采。经过激烈角逐，市局机关党委钟念希获一等奖；市公交集团公司应莎和市公路管理局黄英获二等奖；赣南公路勘察设计院彭孝旺、市高等级公路管理处王琴、赣州诚正监理肖为民荣获三等奖；江西新世纪汽运集团有限公司黄娜等11名选手荣获优秀奖。

（李发淳）

【赣州市交通运输系统学习总书记习近平在十二届全国人大三次会议江西代表团审议时的重要讲话精神】 3月24日，赣州市交通运输局党委召开党委中心组学习会。局党委委员、调研员、副调研员以及局属单位副县级以上领导干部参加会议。会议传达学习总书记习近平在参加十二届全国人大三次会议江西代表团审议时的重要讲话精神，以及市委书记史文清在市委常委扩大会议上贯彻习总书记重要的工作部署。会议要求，全市交通系统各级党组织要认真学习、贯彻落实好习近平总书记在参加十二届全国人大三次会议江西代表团审议时的重要讲话精神，把讲话精神传达到每个党员干部。从而进一步统一思想、凝心聚力，为着力打造大枢纽、建设大通道、繁荣大流通贡献一力量。各基层单位积极响应、立即行动，迅速掀起学习的高潮，通过宣讲、座谈交流等多种形式认真组织好习活动。

（李发淳）

【赣州市交通运输局坚持选好用好干部，进一步树立正确用人导向】 2015年，该局党委紧紧围绕选取好用好管好干部这条主线，高度重视干部选拔任用工作。坚持党管干部的原则，严格执行《党政领导干部选拔任用工作条例》，加强对干部选拔任用工作的监督管理。2015年，局党委共研究干部3批次，任免干部38人次，其中提拔20人，交流8人，重用6人，免职4人。强化对新提拔干部的廉政考察，开展任前廉政谈话，签订廉政承诺书，进行廉政知识测试，开好勤政廉政"第一课"。严格落实干部管理各项制度规定，加强干部常态化管理，2015年5月，开展干部人事档案专项审核工作，进一步规范干部人事档案。

（李发淳）

【南康公路分局党支部开展党员进社区志愿服务活动】 2015年，南康公路分局党支部组织开展党员进社区志愿服务活动。该局党支部组织14名在职在岗党员带着"在职党员参与社区服务志愿者报名登记表"到各自居住社区党支部或"三送"村党支部报到，8个党员作出"我自愿参加党员志愿服务活动，在本职工作8小时外、节假日或党员集中活动日力所能及为居民办实事、做好事、解难事，在服务居民、推动文明和谐社区建设中创先进、争优秀"的服务承诺。社区党组织对党员开展志愿服务活动进行派单、记录、跟踪问效，到年底填写"党员志愿者服务记录回执单"交给党员带回所在单位党支部，党支部根据每个党员在社区或"三送"村的表现作为党员"先锋创绩”的考核依据和党员干部德的考察的一项重要内容,有效促进党员宗旨意识的发挥,推动创先争优活动的深入开展。

(王庭珏)

【吉安市交通运输局扎实开展“三严三实”活动】 2015年,吉安市交通运输局紧紧围绕全市交通运输中心工作,以“三严三实”活动为抓手,以加强廉政建设、持续改进作风、建设服务型党组织为重点,全面加强和改进机关党的建设,不断夯实机关党建工作基础。全市“三严三实”专题教育活动开展以来,该局抓早动快,深入学习,周密部署,在全局党员干部中扎实开展“三严三实”专题教育活动,确保取得实效。按照中央和省委、市委统一署要求,聚焦对党忠诚、个人干净、取于担当,把思想教育、党性分析、整改落实、立规执纪结合起来,认真组织好专题党课、专题学习研讨、专题调研和专题民主生活会,着力整改“不严不实”问题,全力打造为民、务实、清廉的服务型法治型人民满意交通运输。

(吉安市交通运输局)

【吉安市交通运输局党委扎实推进基层党组织换届选举工作】 针对基层党组织2015年已经到期届满的实际情况,吉安市交通运输局党委从9月份开始,全面启动基层党组织换届选举工作。换届工作开展以来,局党委非常重视换届选举工作,多次听取准备工作情况汇报,建立领导包点责任制,党委委员每人联系指导一个基层党组织,帮助解决存在的问题。在换届选举过程中,各基层党组织最大限度地动员和组织党员、群众有序参与选举。在换届选举的各个环节都充分发扬民主,明确提出党组织成员标准条件,并广泛进行宣传。同时,加强对候选人资格条件的审查,切实从源头上把好“作口关”。

(吉安市交通运输局)

【吉安县交通运输局“三心”服务“三农”促发展】 在“三严三实”专题教育中,吉安县交通运输局紧紧围绕“全市领先、全省争先、全面创先”的目标,以“三心”服务三农,问计于民、问需于民促发展。

暖民心。该局班子成员深入交通一线接地气,定期到基层联系点走访调研交通重点项目、客运、货运、维修企业和驾培机构,为交通运输服务对象做实事、做好事。同时摸清行业“家底”,为谋划“十三五”交通运输业发展远景提供依据。

连民心。借助于“双基双带”(抓基层领导带头,抓基层党员带头)、“民事直通车、春风化积案”(民声直听、民情直达、民事直办,积案化解、情绪化开,矛盾化融)和“三进三解三促”(进农村、进社会、进企业,了解社情民意,化解矛盾纠纷、破解发展难题、促进干部作风转变、促进干群关系融洽、促进基层发展稳定。)活动搭建的良好平台,该局帮扶组与精准扶贫点、美丽乡村点保持密切联系。该局落实党员1+1结结帮扶措施。每个党员为结对户解决实际困难1~2个,架起交通运输人员与群众“惠民连心桥”。

赢民心。延伸服务触角,首批试点的5个农村公路综合服务站建好后,发挥农村综合服务站作用,将对该县农村公路水泥(油)路2025.907千米,实施“大道班”管养新理念,即1个“大道班”管理3个至4个“小道班”,大力推行机构化、集中化作业,从而有效地减少人工劳动强度,逐步向机械化迈进。

(彭惟彪)

【永新公路分局主动适应党建工作新常态】 5月13日,永新公路分局召开党建工作会,共60余人参会。会议要求,一是要打开思想认识的“总阀门”,主动适应党建工作新常态。要从思想上、行为上和作风上主动适应。二是要严守党风廉政“高压线”,努力构建风清气正政治生态。要全面落实“两个责任”“一岗双责”,加强制度建设和警示教育,把权力关进制度的“牢笼”,筑牢思想防线。三是要抓好组织建设“强肌体”,充分发挥党总支的战斗堡垒作用。要规范做好党员发展工作,不断为党组织输送新鲜血液;要协调推进工青妇工作,促进党群干群关系和谐。四是打好精神文明“形象牌”,促进党建工作再上新台阶。要加强社会主义核心价值观教育,抓好精神文明创建,充分调动干部职工工作热情。

(郑根平)

【宜春市交通运输局召开“三严三实”专题党课】 7月9日下午,宜春市交通运输局局长朱宜民为全体干部职工上了一堂专题党课。党课的题目是:践行“三严三实”,聚焦“法治民生”,全力推进宜春交通运输事业发展升级。局机关、运管局全体干部职工,市公交公司和市交通综合枢纽公司班子成员共100余人参加。

(肖文锋)

【宜春市交通运输局部署“三严三实”专题教育活动】 6月9日,宜春市交通运输局党组召开“三严三实”专题教育动员部署会议。会议主要三个议程:一是局长朱宜民作动员讲话。二是书记李奇上专题党课,题目是《深入推进党风廉政建设,着力打造四有担当干部》。三是观看廉政教育电教片《生日》。市交通运输局机关全体干部职工、市运管局、市公交公司、市综合枢纽班子成员等102人参加会议。

(肖文锋)

【宜春市交通运输局深入开展“走出去、请进来”系列活动践行“三严三实”专题教育】 2015年,宜春市交通运输局党组结合“三严三实”专题教育活动安排,深入开展严以律己,严守党的政治纪律和政治规矩,自觉做政治上的“明白人”专题学习。一是从“观”中洗涤灵魂。8月13日,该局组织市局副县级以上领导干部、各科室主要负责人、局属各单位主要负责人集体参观“上高会战抗日阵亡将士陵园”“湘鄂赣革命纪念馆”,并向烈士敬献花圈,重温入党誓词。二是从“行”中践行教育。该局党组派2位人员到村挂职“第一书记”,并成立了“连心”小分队,深入基层向群众宣传党委、政府惠民政策,同时拜群众为师,深入基层调研,得到群众的认可,密切了干群关系。三是从“听”中筑牢防线。8月14日,邀请省委第二巡视组副组长熊桂生到市局为党员干部讲廉政党课。该局机关、市运管局副科级以上干部、市公交公司和交通枢纽公司班子成员共60多人参加专题党课。

(游　犁　易成生　柳承启)

【宜春市交通运输局机关党委切实提高党员干部理论素养】 7月上旬,市交通运输局机关党委为各党支部发放一批最新党建读物。该局机关党委从中央党建读物出版社购买了6套共54册,有《党支部书记实用手册》(新编本)《党支部工作》(新编本)、《发展党员工作手册》(新编本)、《入党教材》(根据党的十八大精神修订)、《党的基本知识简明读本》《党的基层组织制度建设工作手册》(新编本)等。该局机关党委在建党94周年这个特殊的日子里把这些党建读物发放给下属的党支部,目的在于加强基层党组织的规范化建设,帮助广大党务干部更好地开展工作,提高党员发展质量,提升基层党组织的战斗堡垒作用。

(肖文锋)

【宜春汽运开展党员“常带头,做表率”主题活动见效】 5月份以来,宜春汽运股份公司党委所属28个党支部组织380多名党员和入党积极分子,开展党员“常带头,做表率”主题活动。活动以“充分发挥党员的模范带头作用,体现党员先进性”为主题,该次活动的主要形式的教育和引导党员、入党积极分子,每个月在自己的本职工作岗位上当一次实实在在的带头人,或做一件实实在在的先进事迹。活动要求,每个党员和入党积极分子自查自报,党支部了解核查、广泛听取群众反映等方式,梳理活动对象每月工作中的突出表现和发挥表率作用的具体事例,并在活动监督栏内公示,加强党员之间的交流学习,接受广大群众监督,活动的开展情况列入工作考核内容。活动开展期间有27名党员驾驶员安全行车无事故,12名修理工党员产值列前茅,21名乘务员站务员党员服务受到旅客表扬,近百名管理岗位党员带头出满勤等喜人现象。“七一”期间,该公司党委开展党员评比活动,37人被评为“优秀党员”。活动极大地增强了党组织的号召力和凝聚力,有12名员工积极向党组织递交入党申请书。

(陈维民)

【袁州区交通运输局推进“连心、强基、模范”三大工程党建品牌建设】 2015年,袁州区交通运输局不断推进“连心、强基、模范”三大工程党建品牌建设。①全面推行“四进四民四联”,打造“连心”品牌。按照《在全区开展“四进四民四联”进农村、进社区、进企业、进网络、访民情、改民忧、帮民富、保民安、联系基层干部、联系基层群众、联系服务对象、联系广大网民。活动深入推进“连心”工程的工作方案》要求,在巩固深化民情热线制度、“双十条”规定的基础上,7月初,区局以水江镇水江村作为“连心”组建由挂点领导为队长的5

人“连心”小分队进村开展工作,同时组织局机关37名在职党员到湛郎社区开展志愿服务,开展结对帮扶。其间,结对帮扶困难户47户,帮扶资金10000余元。②全面开展“五星”创评,打造“强基”品牌。强力推进“阳光选人”制度,严把发展党员入口关。按照《在全区基层党组织中全面开展“五星创评”活动深入推进“强基”工程的工作方案》要求,开展“五星创评”,经评定,“五星”级党支部1个,“四星”4个。③全面开展“最美袁州人”系列评选活动,打造“模范”品牌。通过“最美袁州人”系列评选活动,区局公路所赵山、运管所潘水根分别荣获“最美基层干部”“最美共产党员称号”。

(李　庆)

【樟树市交通运输局群众路线教育实践活动整改落实到位】 2015年,樟树市交通运输局继续抓好群众路线教育深化整改工作,确保各项整改任务全部落实到位,让群众满意。一是做好整改情况公告。按要求选择了一些涉及面较广、群众关注度较高、已整改到位的整改事项,召开“党的群众路线教育实践活动整改情况面对面”现场会,对整改的情况进行公布,发挥群众监督作用。二是召开整改落实盘点分析专题会议,对整改任务的落实情况逐项进行盘点分析,掌握整改落实的进展、效果和存在的问题。该局着重抓好6个方面12项任务的整改落实,主要开展9项专项整治,完成11个制度建设项目。三是围绕社会集中反映的突出问题不断深化整改。四是围绕群众反映强烈的民生问题不断抓实整改。五是抓住自身的问题,围绕“四风”不断深化整改。在整改过程中,该局始终聚焦“四风”,做到实打实、硬碰硬,不弄虚、不作假,有力地了机关作风建设。

(杨　波)

【万载县交通局党委认真强化基层党建工作】 万载县交通运输局党委共有4个党支部,79名党员。2015年,该局党委强化党要管党的政治责任,认真履行基层党建工作责任制,积极开展党建工作各项载体活动,切实做好党建工作,增强党组织的凝聚力和战斗力。大力加强基层班子和干部队伍建设。年初,调整充实部分基层班子成员,充分利用党校上党课等平台,对40多名党员干部进行学习培训。全年共召开8次民主生活会,12次支部党员大会,各级党组织书记亲自上党课。进一步完善党建带群建制度机制,大力支持鼓励工会、妇联等群团组织的“爬山”“广场舞”“徒步行”等健康有益的活动。严格发展党员和党员教育管理,培训了2名入党积极分子。“七一”前后开展评选优秀党员活动,每人给予500元慰问金。年底,对退休党员干部给予300元慰问金。积极组织20多名“在职党员进社区”“帮扶挂点”等党建工作载体活动。走访8户困难家庭,帮扶钱物4000元。为三兴挂点村修建2.4千米通组公路,帮扶资金6万元。积极发动60多名党员订阅使用共产党员微信群、共产党易信群、廉政手机报微信群等活动,传播正能量,激发基层党建工作创新与活力。

(胡爱仙　王松州)

【举行“三严三实”专题党课】 6月11日下午,抚州市工交系统“三严三实”专题教育动员部署会暨专题党课在市行政会议中心举行。市委常委、副市长周小平以《“三严三实”——永恒的从政准则》为题,结合全市工交系统的工作实际,围绕如何践行“三严三实”进行专题授课。

周小平指出,工交系统是推动经济社会发展的“先行官”,在建设幸福抚州的伟大征程中,担负着重要的历史使命。2015年,抚州市正处在弯道超车、跨越发展的关键时期,工交系统广大干部职工要抢抓机遇、真抓实干,不辱使命、勇挑重担,对照“三严三实”要求,着眼新常态,把握新常态,找准结合点和切入点,把“三严三实”专题教育融入本单位、本部门具体工作之中,不断激发干事创业的热情,争当推动抚州加快发展的“先行官”,为加快幸福抚州建设、全面建成小康社会做出新的更大贡献。

(陈根玲)

【德兴公路分局开展020服务型党组织创建活动】 3月份以来,德兴公路分局扎实推进020(即“online to offline”线上和线下)服务型党组织创建活动,旨在将“020”新型电子商务模式引入党建实践创新。将党建中联系服务群众的核心要求与网络相结合,让网络成为党建“线上”联系服务群众的前台,群众“线上”点单,干部“线下”服务，实现“双向”互动，相互融合。按照“硬件过硬、软件规范”的要求，该局建立和完善德兴公路微信群，开展调查摸底工作，使微信群成员“应入尽入”，不留遗漏。强化“线下”服务平台管理，严明岗位纪律要求，建立完善一系列制度和职责要求，规范“线上”服务平台工作秩序，提升“线下”服务水平，确保活动取得实效。

（路　宣）

纪检监察工作

【概况】 2015 年，省交通运输厅严格贯彻落实省纪委十三届五次全会精神，始终坚持把纪律和规矩挺在前面，坚持依规依纪从严治党，贯彻落实“两个责任”，驰而不息纠正“四风”，保持惩治腐败的高压态势，强化工程建设领域廉政监管，坚决遏制腐败蔓延势头，为加快推进全省交通运输升级提速，提供政治保障。

1. 坚持落实“两个责任”，进一步强化反腐倡廉建设。一年来，省交通运输厅严格按照落实“两个责任”的要求，始终坚持党要管党、从严治党，做到落实“两个责任”齐头并进、同向发力。一是厅党委全面履行主体责任。二是厅纪委切实履行监督责任。

2. 坚持开展廉政教育，进一步提升干部职工廉政意识。省交通运输厅始终将廉政教育作为加强党风廉政建设和反腐败工作的重要抓手，通过开展多种形式的学习教育活动，提升全体干部职工反腐倡廉意识。一是积极开展反腐倡廉警示教育。二是加强对党规党纪及相关政策的学习。

3. 坚持依规从严治党，进一步推进先行先试工作。作为省纪委确定的全省先行先试工作试点单位，省交通运输厅进一步深化“三转”，在交通信息网开辟了“纪委书记谈三转”专栏，厅直单位纪委书记及分管领导文章全部上稿，共计 16 篇。8 月底，省交通运输厅所属 9 个设有纪委书记的单位全部完成“三转”，纪委书记不再分管纪检监察工作以外的业务工作，纪检监察部门共计退出 85 项议事机构。

试行工作期间，驻厅监察室对厅属基层单位开展 3 次作风督查，督查单位 18 个，查纠工作纪律问题及公车未按规定停放到位问题 5 起，发出督查建议书 3 份，厅属各单位共开展暗访 43 次，发现问题 23 个，发出整改督办函 7 份；同时，对 2009 年以来的线索进行排查，厅本级排查积案 21 件，高速集团排查 5 件，交通设计院排查 1 件，截至年底，所有积案已了结。

4. 坚持强化执纪问责，进一步加大惩治腐败力度。一年来，省交通运输厅加强反腐倡廉工作力度，注重从严执纪，注重严肃问责，取得了良好的效果。一是正风肃纪，严防“四风”反弹。二是加强责任追究，保持高压态势。

5. 坚持以问题为导向，进一步规范权力运行。一是深入开展领导干部违规插手干预工程项目建设问题专项治理活动。省交通运输厅严格贯彻落实省动员部署会精神，统筹安排，深入开展专项治理活动。二是国有企业问题自查自纠工作有序开展。三是进一步加强全省交通建设市场管理。

（李青峰）

【深入推动党风廉政建设】 2015 年，省交通运输厅紧密结合交通运输工作实际，开展“抓监督、严党纪、正作风”专项“显微镜”活动。紧紧扭住贯彻落实中央“八项规定”精神和省委若干规定不放松，盯紧公款吃喝、公车私用、公款旅游、收送“红包”、利用红白喜事敛财等问题，加大明察暗访频率和力度，对发现的问题一查到底，及时曝光和处理。

建立并落实机关党组织约谈党员干部制度。及时准确掌握党员干部的思想动态和群众反映，发现党员干部存在不良思想与苗头时，机关党组织主动约谈涉及的党员干部进行提醒，进一步加强对党员干部的日常管理监督，推动廉政责任制延伸落实到每个支部、每名党员。深入开展了形式多样的反腐倡廉教育和廉政文化创建活动，引导机关党员熟悉掌握新时期党风廉政建设理论、方针、政策、及反腐倡廉法规制度，增强了党员干部拒腐防变的能力和廉洁从政的自觉性。坚持每月刊出一期廉政主题宣传期刊，努力营造风清气正的良好氛围。

（万庭慧）

【全面履行主体责任】 2015 年年初，省交通运输厅党委书记、厅长朱希与厅直属各单位和厅机关处室负责人签订了年度《党风廉政建设责任书》40 份,层层传导压力;同时,牵头研究部署反腐倡廉工作,出席相关廉政建设动员部署会、工作座谈会等会议 4 次并亲自讲话。全年共听取反腐倡廉工作汇报 12 次,做出批示 21 件。5 月 27 日,参加省人大职务犯罪预防工作专题质询会,回答人大代表咨询。在全年工作中,坚持做到重要工作亲自部署、重要环节亲自协调、重大问题亲自过问、重要案件亲自督办。

(李青峰)

【厅纪委切实履行监督责任】 2015 年以来,省交通运输厅纪委书记、驻厅纪检组组长成松 5 次带队赴多个项目和基层单位开展监督检查和调研,推进项目建设反腐倡廉工作。4 月 14 日,成松应邀参加省人大预防职务犯罪座谈会,就预防职务犯罪工作作专门汇报。同时,省交通运输厅纪检监察部门加大对廉政工作落实情况的监督力度。一年来,全厅及直属单位开展领导干部任前廉政谈话 111 人次,领导干部述职述廉 672 人次,对下级领导班子成员、纪检组织负责人开展党风廉政建设约谈 97 人次。

(李青峰)

【积极开展反腐倡廉警示教育】 3 月,省交通运输厅组织直属单位党政主要负责人员和厅机关副处以上干部共计 80 余人,集中观看原副厅长邓经国职务犯罪案件庭审录像,以案示警。7 月,编印《江西省交通运输厅腐败案件警示录》,发放给全厅副科级以上干部学习,共计 4000 册,以案示教。组织观看《正风肃纪在江西》《作风建设》等专题教育片共 400 余场,观看人数近万人。省港航局在重要节假日向全省港航系统副科以上干部 600 人编发廉政短信 3600 余条;省高速集团开展了廉政巡讲教育活动,由纪委领导带队深入 17 个单位和 13 个项目办开展巡讲,教育覆盖党员领导干部 800 余人。

(李青峰)

【国有企业共性问题自查自纠工作有序开展】 根据《关于 2015 省委第二轮专项巡视发现国有企业共性问题的通报》要求,9 月 2 日,省交通运输厅结合交通运输系统实际,制定下发《中共江西省交通运输厅委员会关于开展省委专项巡视发现国有企业共性问题自查自纠工作的通知》,厅直属 4 家单位积极开展自查自纠,发现问题 76 个。11 月 11 日至 13 日,厅纪委落实厅党委工作部署,组织厅党办、厅运输处和驻厅监察室成立督查组,对厅直属 4 家单位的整改落实情况进行督查,目前已整改完成 17 个问题,59 个问题正在整改过程中。

(李青峰)

【进一步加强全省交通建设市场管理】 2015 年年底,省交通运输厅纪委督促厅建管处加强市场监管,全面净化市场环境,将 15 家存在严重不良行为的从业单位列入黑名单,对近年来 25 起案件的 93 家涉案企业及 103 名涉案个人进行集中处理,切实追究行贿人的责任,取消部分涉案企业 3 个标段 6.8 亿元的中标资格,13 家涉案企业在全省交通建设市场的信用等级定为 D 级,17 家涉案企业年度信用结果评价降一级,25 家涉案企业信用得分扣 5 分并取消被评为 AA 级的资格,并对涉案个人和企业分别予以相应的市场准入限制。

(李青峰)

【严防“四风”反弹】 2015 年,省交通运输厅强化对违反中央八项规定精神问题的监督检查。注重抓住重要节点,深入开展明察暗访,坚决纠正违反作风建设问题,严防“四风”问题反弹。厅机关及直属单位共开展监督检查 226 次,暗访 192 次,查处违反“中央八项规定”精神问题 2 件,处理 2 人。另查处违反工作纪律问题 17 起,处理 30 人。先后查处省路政总队某大队党支部书记在办公室内玩电脑游戏、某大队路政员工工作期间擅自离岗和大队值班员值班期间脱岗等问题,给予相关人员扣除绩效工资处理,并予以通报。

(李青峰)

【加强责任追究,保持高压态势】 2015 年,省交通运输厅继续加大纪律审查工作力度,保持惩治腐败的高压态势,努力做到有案必查、有责必究。全厅共接受信访举报 189 件(其中上级转办 100 件),处置反映线索 62 件。立案 30 件,结案 29 件,给予党纪政纪处分 42 人,开展提醒谈话 34 人次,诫勉谈话 48 人次,函询 17 人次。先后对省路政总队某支队党委书记公车私用的违纪行为，给予其党内警告处分；对省港航局后勤中心车管员失职渎职行为，给予行政警告处分；严肃查处江西公路学会原副理事长兼秘书长、厅科教处原调研员失职渎职，玩忽职守的行为，给予党内严重警告处分。

（李青峰）

【重点工程建设第一轮巡查成效初显】 根据全省交通重点工程建设领域重大项目多，建设规模大，资金密集度高等特点，在省委常委、省纪委书记周泽民的亲自关心、指导和批准下，省交通运输厅立足抓早抓小，关口前移，2014 年 7 月，在厅属重点工程建设领域试行并推进巡查制度。2015 年 7 月，第一轮巡查顺利完成，巡查组完成对厅属在建 15 个高速公路建设项目及 1 个水运项目的进驻巡查，实现了对厅属在建重点工程建设项目巡查工作的全覆盖，取得较好的成效。通过巡查，接到群众举报邮件 6 封、群众来信 2 件、举报电话 6 次、接待群众来访 3 批次 9 人、核实举报 11 起，对发现的问题要求及时进行整改，严肃查处一批问题单位和个人。取消 2 家涉案企业中标资格，对质量安全行为不规范的 66 家监理企业、施工企业、工地试验室和 19 名监理、试验检测人员信用扣分等，有效地遏制了工程建设领域腐败蔓延的态势。

（李青峰）

【重点工程建设第二轮巡查深入推进】 在第一轮巡查工作基础上，10 月 8 日省交通运输厅第二轮巡查工作正式启动，已对昌宁、昌栗两个项目办进驻巡查。截至 11 月底，巡查组共张贴公告 160 余份，发放工作联系卡 70 余张；发放民主测评表 133 份，收回 133 份；先后与两个项目的业主、监理、施工单位、包工队伍的 110 余名相关人员进行了个别谈话，收到有关昌栗项目的群众举报 1 份，巡查组对有关问题线索进行核查。

（李青峰）

【省港航局动员部署开展领导干部违规插手干预工程项目问题专项治理活动】 9 月 21 日上午，省港航局召开电视电话会议，动员部署省委省政府、省厅开展领导干部违规插手干预工程项目专项治理工作。局属南昌地区各单位，各项目办班子成员，省水上搜救中心，局机关全体职工，局后勤服务中心副科级以上干部，局属单位班子成员及副科级以上干部，各项目办中层以上干部共 600 余人分别在主、分会场参加会议。

于钦民就开展专项治理活动提出三点要求：一是及时传达，严格贯彻落实会议精神。提高全体干部的思想认识。二是结合自身实际，尽快制定方案，成立组织机构，明确目标任务，特别是抓紧对中共十八大以来开始建设的工程项目以及物资采购进行摸底排查，为扎实开展本局治理工作夯实基础。三是落实责任，扎实推进治理工作开展。全局各级党组织切实履行好党委主体责任，各级纪检监察部门强化监督执纪问责。

严允在动员讲话中指出，各单位要领会精神、统一思想，深刻认识开展专项治理工作的重要意义，要把握重点、贯彻政策、惩防并举，扎实完成专项治理工作各项任务。要认真落实党委主体责任、纪委监督责任，加强宣传教育，全面履职，形成合力，努力将专项治理工作引向深入。

会前，局纪委还组织全体与会人员观看反腐倡廉警示教育片，干部职工在思想上受到一次深刻的警示教育。

（龚　平　倪　磊）

【省运管局深入推动党风廉政建设和反腐败工作】 2015 年，省运管局纪委认真贯彻省纪委十三届四次全会和省厅党风廉政建设年中工作部署，进一步深化“三转”、落实把纪律挺在前面要求先行先试工作推进会议精神，积极争取党委的重视支持，突出主责主业，强化监督执纪问责，在落实“三转”要求上进行了积极探索和创新，取得一定成效，全局党风廉政建设和反腐倡廉工作得到有效推进。一是把转思想作为前提，强化责任担当。制定了落实“两个责任”实施细则和“两个责任”工作责任分工表，党委主体责任细化为共 21 项，把“主体责任”工作落实到部门，到岗、到人，层层传导压力，让干部都把责任真正担当起来。明确纪委监督责任 11 项，把监督执纪问责的职责要求贯彻在其中，协助党委的主体责任落实，当好党委的参谋助手。二是把转职能作为核心，突出主责主业。三是把转方式作为关键，加强腐败预防。四是把转作风作为保障，把坚决贯彻落实中央八项规定和省委关于营造风清气正政治生态环境意见要求作为加强作风建设的重要抓手,制定《关于进一步加强机关作风建设的实施意见》,将涉及14项作风建设工作落实到相应的责任领导、责任处室,形成作风建设长效管理机制。

(陈 坚)

【省运管局积极开展领导干部违规插手干预工程项目问题专项治理工作】 2015年,根据省交通运输厅召开的关于开展领导干部违规插手干预工程项目问题专项治理动员部署电视电话会议上的讲话精神要求,省运管局高度重视,积极部署开展专项治理工作。一是统一思想,提高认识。局党委书记在党委会上及时传达了省厅动员部署电视电话会议上的讲话精神要求,在局党委中心组扩大会议上专题组织局副处级以上干部认真学习厅党委书记朱希的重要讲话精神和专项治理工作方案,全面提高全体干部的思想认识,将思想和行动统一到厅党委的统一部署上来。二是结合实际,制定方案。根据厅党委专项治理方案,局党委迅速部署专项治理工作。结合自身实际,制定该局专项治理工作方案,明确治理对象、重点工作内容、专项治理有关要求,按照局党委统一领导、党政齐抓共管、纪检监察部门牵头组织协调、部门各负其责的要求,推进专项治理工作。该方案传达到局机关处室和局直属单位,层层传导压力,一级抓一级,层层抓落实,做到对全局机关干部职工和局直属单位人员专项治理工作全覆盖。有效保障专项治理工作取得实效,有效落实省厅开展的把纪律挺在前面先行先试工作要求。三是强化监督,推进治理。专项治理工作从2015年9月份开始,至2016年3月后治理工作转入常态化。治理工作分动员部署、自查自纠、综合治理、建章立制和总结上报五个步骤进行。局纪委履行监督职责,督促专项治理工作按方案要求的工作时间节点推进。

(陈 坚)

【省运管局落实“把纪律挺在前面”先行先试工作】 2015年,在“把纪律挺在前面”先行先试工作中,省运管局党委抓实“挺”的内容,把试行工作要求落在实处。一是落实“两个责任”,明确谁来“挺”。制定了“两个责任”实施细则,将“两个责任”细分为党委领导班子集体责任、党委主要负责人的责任、党委班子其他成员的责任和纪委监督责任,将32项工作责任到部门、到人,层层传导压力。局党委书记与各处室、局直属各单位签订责任状,明责履职。二是认真研究部署,明确“挺”什么。一方面抓教育,把纪律意识立起来。根据局《关于进一步加强机关作风建设的实施意见》,制定完善作风建设制度17项内容,落实责任部门,形成作风建设长效机制。三是夯实廉政基础,明确“挺”在哪。抓审批权力的规范运行,全部审批事项必须纳入局行政服务中心窗口集中受理和办结,实现一个窗口对外,受理、审核、发证人员相分离的办理程序,从源头上抓好行权规矩。抓风险岗位廉能管理,对局13项行政审批事项进行了梳理,明确了审批流程、审批责任,每个流程定岗定人,做到权责一致、问责有据。四是严肃责任追究,注重“挺”成效。抓好作风制度落实并定期通报工作,使干部自觉形成遵章守纪、为民服务的良好作风。重视行政审批办理结果的监督检查,2015年在行政服务中心受理的行政审批15000多件,没有一例被省政府的电子监察系统亮红灯警示,没有接到办事群众的投诉反映。

(陈 坚)

【省运管局组织机关干部赴豫章监狱开展警示教育活动】 8月31日上午,省运管局机关处级以上领导干部、局直属单位领导班子成员28人到豫章监狱接受警示教育。参加人员参观了案例剖析展、观看了豫章监狱简介电教片,并聆听了两名职务犯罪服刑人员现身的说法。

在参观案例剖析展上,讲解员详细介绍了30余个典型案件,以案说理,警示每一位党员干部,尤其是领导干部必须始终坚持“八要八不能”:要坚定理想信念,决不能丧失灵魂;要坚持执政为民,决不能淡忘责任;要坚持艰苦奋斗,决不能贪图享乐;要坚持原则,决不能为情所累;要严格自律,决不能忽视“小节”;要加强学习,决不能放松世界观的改造;要自觉接受监督,决不能为所欲为;要警钟长鸣,决不能心存侥幸。在服刑人员现身说法会上,两位曾经是领导干部的职务犯罪服刑人员详细阐述了思想蜕变过程,痛心疾首地忏悔自己自毁前程和给家人所造成的痛苦和耻辱,给参加人员上了一堂生动的人生观、世界观、权力观课,极大地触动和教育了每一位党员干部,效果好、作用大。参加人员纷纷表示,要以反面典型案例为戒,自觉筑牢预防职务犯罪的坚固堤坝,时刻注意保持清醒的头脑,踏踏实实做事,清清白白做人。

(朱 熹)

【省运管局严格执行“黑名单”制度】 2015 年,省运管局强化全省道路运输安全生产源头监管,建立健全道路运输安全生产管理长效机制,加强道路运输从业人员动态管理,预防和减少在道路运输安全生产环节中因驾驶员责任而造成的道路交通事故,根据《江西省公路运输管理局关于印发〈江西省道路客货运输驾驶员“黑名单”公告管理制度(试行)〉的通知》(赣运从业资格字〔2014〕5 号)要求,各级运管机构要以季度为单位上报管辖区域的“黑名单”情况。根据各级运管机构的上报情况,2015 年共有 260 名经营性道路客货运输驾驶员进入“黑名单”。

(胡 晨)

【省运管局认真做好老干部信访工作】 2015 年,省运管局认真做好老干部信访工作。一是认真处理老干部来信,切实把老干部反映的问题落到实处。做好了厅老干处转办信访件的书面答复及解释工作。二是热情接待老干部来访,认真对待老干部利益诉求。三是主动收集离退休人员的意见和建议,及时化解其中隐含的矛盾和纠纷。在夏季最炎热的七八月份和冬季最寒冷的 12 月至次年一二月份的“双休日”开放老干部活动室,解决老人们诉求的问题。

(孙邦忠)

【省交通设计研究院有限责任公司落实廉政建设净党风】 2015 年,江西省交通设计研究院有限责任公司通过明确职责、调整分工、突出重点 3 个方面加强企业反腐倡廉工作,筑牢反腐倡廉高压防线。

1. 明确职责,落实“两个责任”。企业的党风廉政建设必须与生产经营融为一体,为进一步落实党风廉政建设“两个责任”,切实履行“一岗双责”,院与各部门签订党风廉政建设责任书,以“军令状”的形式把“两个责任”、“一岗双责”的要求落实到各部门负责人身上,层层传导压力、层层落实责任,为廉政建设“上紧发条”。做到把党风廉政建设与院经济工作齐头并进,同时发力。

2. 调整分工,认真厘清责任。在“把纪律挺在前面”先行先试工作中,院纪委积极探索职能转变工作,工作重点转向监督程序是否到位,转向执纪问责。院纪委修订完善了《廉政监督规定》,该规定内容涵盖干部选拔任用管理监督、基建项目管理监督、物资设备采购监督、工程勘察设计外委监督等 7 个方面,使院党风廉政建设工作责任更为明确,制度保障更为完善。

3. 突出重点,做好专项治理。开展“红包”和领导干部违规插手工程建设领域问题两项专项治理。制定专项治理活动方案,召开宣传动员大会。认真开展自查自纠、专项巡查和全面排查等工作,共有 8 名处级干部和 71 名科级干部提交自查自纠表,没有发现有关院领导干部违规插手干预工程项目问题的情况。

(江西省交通设计研究院有限责任公司)

【景德镇市交通运输局组织观看预防职务犯罪警示教育图片展】 1 月 20 日,景德镇市交通运输局组织机关全体工作人员观看预防职务犯罪警示教育图片展。图片展通过深入剖析腐败案例的发生,记录和揭示一些党员干部,因为价值扭曲、权力错位、贪欲不遏而导致身败名裂、身陷囹圄,深刻反映了腐败的危害性和预防职务犯罪的急迫性,对全体党员干部、职工进一步增强廉洁自律拒腐防变的意识,具有很强的针对性和警示教育意义。

观看结束后,全体干部职工纷纷表示要认真吸取腐败案例的教训,深入思考、引以为戒,牢固树立“权为民所赋,权为民所用”的思想观念,在今后工作中更加忠诚使命、尽职履责。

(李 达)

【萍乡市交通运输局廉政党课开讲】 该局组织开展廉政党课暨警示教育会议,萍乡市交通运输系统近百名党员干部参加此次会议。该局党委书记、局长曾念辉上了一堂题为《正风肃纪警钟长鸣主动适应反腐倡廉工作新常态》的廉政党课,与会人员还一同观看了电视专题片《作风建设永远在路上》。会上,该局主要负责人系统地分析当前反腐倡廉形势的五个方面新常态;深刻阐述高举反腐利剑、常抓作风转变的必要性,从个人和单位的角度分别提出廉洁从政和抓好党风廉政建设及反腐败斗争的具体要求;列举交通运输系统和全市的一些具有典型性和代表性的案件,指出这些案件所造成的危害性,强调领导干部要守住廉洁、良知、清白,严守纪律规矩,坚守廉洁底线,坚守道德底线,坚守平民心态,做明白人,珍惜幸福之本;强调各级党组织必须重责任敢担当做有为事,珍惜群众之托,认真贯彻中央全面从严治党要求,坚决把正风反腐抓到底,切实把干部作风正过来;着重提出了落实"两个责任"、严防"四风"反弹、严厉惩贪治腐、坚持从严治吏四方面要求。会后,该局广大干部纷纷表示,在今后工作中要切实落实廉政党课暨廉政教育会议主要精神和要求,主动适应反腐倡廉工作新常态,做明白人,做有为事,勇于担当,勇创佳绩,为实现全市交通运输事业科学发展做出更大的贡献。

(卢春媚　廖嵘峰)

【萍乡市交通运输局突出执纪监督,推动全年工作任务全面落实】 7月8日,该局纪检监察工作推进会议召开,会议学习中纪委网站《保持坚强政治定力落实全会任务部署》文章和全市纪检监察系统办公室主任暨信息工作会议精神,传达市有关通报,就全系统各单位纪检监察工作中存在的问题和困惑进行座谈,总结上半年纪检监察工作,对下半年工作进行部署。会议强调,全系统各级纪检监察组织要按照年初的工作思路和部署要求,突出主责主业,全面推进年度各项工作任务的落实。一是盯着职责,覆盖全面。加强学习,提高发现问题的能力,找到监督的着力点。二是盯牢关键,防痈成腐。要持续加强对工程建设、物资采购、行政活动等领域的再监督再检查力度,加强对八项规定落实情况和本单位各类权力事项的再监督再检查。三是盯紧纪律,执纪必严。各级纪检监察组织要认清自己的职责,善于发现问题,敢于执纪,敢于担当。四是盯住自己,以身作则。纪检监察干部队伍要比其他干部更加严格要求自己,主动把自己置身于监督之下。要以身作则,管住嘴、管住手、管住脚、廉洁从政,做好表率,充分发挥模范带头作用。

(廖嵘峰)

【莲花县交通运输局党风廉政建设常抓不懈】 莲花县交通运输局注重党风廉政建设,2015年着重抓以下几点:一是加强教育使党员干部牢固树立正确的世界观、人生观、价值观,增强了廉洁自律的能力,筑牢了拒腐防变的防线。二是开展集中整治,以干部作风突出问题为重点,着力解决"庸、懒、散、假、浮、蛮、私、奢、贪",加强机关作风建设和贯彻落实廉政责任制建设。三是坚决贯彻执行中央"八项规定""六条禁令"和反对"四风",改进工作作风,密切联系群众。四是强化"两个责任",确保党风廉政建设工作的落实。在认真落实党委要求的基础上,坚持"一把手"负总责制度,把全年的党风廉政建设和反腐败重点工作逐项分解落实到每名党委成员和相关责任单位,做到目标明确责任到人。五是健全制度,为党风廉政建设提供保障。坚决贯彻民主集中制原则,严格按照"集体领导、民主集中、个别酝酿、会议决定"的要求坚持按程序、按制度办事,凡涉及人事任免、工程建设资金安排等重大决策和全局性的重大问题,都由班子集体研究决定。六是强化措施,抓好重点部位的党风廉政建设。一抓工程招投标工作,二抓项目管理工作,三抓建设项目资金管理。

(徐勇新)

【芦溪县交通运输局推行"账单式工作法"】 2015年,芦溪县交通运输局推行"账单式工作法"。制订了推行账单工作方案,及时上报单位年、季、月账单,组织机关干部填写个人周账单并进行了公开晒账,强力推进工作作风转变。一是领导高度重视,加强组织领导。二是目标任务明确,制定了实施方案。三是科学建立账单,突出组织领导。四是公开晒出账单,亮出工作成果。五是动态督查账单,提升了工作效率。六是考核结算账单,转变工作作风。同时,认真开展"三单两制"等工作,完成便民服务事项编制和权力清单的清理及流程再造等。认真办理并按时答复党代表意见建议、人大代表和政协委员建议提案,办结率达100%,满意率达100%。对于收到的7件信访事项都认真进行的调查研究处理,并及时进行反馈,设立征求意见箱和举报电话,畅通监督渠道,广泛接受群众监督。

(徐勇新)

【九江市港航局全体党员干部和公职人员签订拒收不送“红包”承诺书】 2015年，九江市港航局组织全体党员干部和公职人员开展书写拒收不送“红包”承诺书活动。九江市港航局要求全局党员干部和公职人员结合学习贯彻中央、省、市全会精神，深刻领会专项治理工作要求，特别是领导干部和重要部门、关键岗位的工作人员要把自己摆进来，吸取他人教训，牢记违规收送“红包”一律先免职再处理的纪律规定，管好自己、爱护干部、带好队伍。每一位党员干部要克服侥幸心理，常怀戒惧之心，自觉抵御红包歪风，自觉养成拒收红包的常态习惯，自觉养成廉洁从政清风。

（九江市交通运输局）

【新余市交通运输局组织党员干部职工参观廉政教育展览馆】 6月13日，市交通运输局组织全体党员干部赴市委党校廉政教育展览馆参观，接受反腐倡廉教育。

2015年，该局根据市委反腐倡廉的总体部署和要求，在全系统开展纪委书记讲授一堂党纪条规专题党课活动、召开全系统党风廉政建设汇报会、组织参观廉政教育展览等一系列专项活动。

参观活动中，参观人员仔细观看每一块展板，认真听取工作人员讲解，还观看了《汤成奇腐败案》警示教育片。参观人员纷纷表示，要以此次参观学习为契机，以“三严三实”严格要求自己，不断加强自身党性锻炼，提高廉洁责任意识，筑牢反腐倡廉思想防线，始终保持共产党人清正廉洁本色。

（周春根）

【鹰潭市交通运输局多措施宣贯一准则二条例】 2015年，为适应全面从严治党的新的实践需要，党中央重新修订颁布《中国共产党廉洁自律准则》《中国共产党纪律处分条例》《中国共产党巡视工作条例》。鹰潭市交通运输局按照上级文件精神，积极采取措施，学习贯彻落实“一准则、二条例”。一是局党委高度重视，召开会议研究部署宣贯工作，制订文件传达至下属单位和基层党员，组织开展学习宣贯活动。二是向全体党员发放学习教材，开展多种形式的学习活动，如采取自学和集中学习相结合，笔记、心得与授课、讨论相结合，书本文字资料与视频案例相结合等，营造浓厚学习氛围，掀起自觉、积极、认真的学习热潮，将各项要求刻印在党员干部心上，时刻把纪律和规矩挺在前面。三是采编学习宣贯的活动信息，加强媒体宣传，在办公楼LED显示屏播放信息宣传资料，利用公交、出租、大客、站场等张贴标语，播放宣贯资料，向司机、乘客等交通参与人员进行广泛宣传。四是学习与实践相结合，立行立改，市交通运输局开展学习活动提高全局党员干部职工的思想认识和守纪自觉性，同时梳理分析现有管理制度，修改完善《关于进一步改进机关工作作风，提高办事效率的规定》并严格实行，领导干部严于律己，以身作则，带头模范遵守规章制度，加强作风建设，提高工作效率。

（艾年宗　周永同）

【鹰潭市交通运输局有序推进“三单一网”工作】 2015年，鹰潭市交通运输局大力推进“三单一网”工作，努力实现网上服务集中提供、数据资源集中共享，进一步规范职责权限，做到“清单之外无职权”、“法定职责必须为”“法无授权不可为”和“有权必有责”，为人民群众提供更加优质高效的服务。统一规划，分级建设。按照鹰潭市统一标准和架构规划“三单一网”工作，做好权力清单、责任清单、市场准入负面清单的梳理、编制工作。全面部署，有序推进。开展行政权力清理、便民服务事项梳理、行政权力运行流程的再造，实现该局行政审批、便民服务等事项的“一站式"服务。明确相关部门责任分工及完成时限，要求各负其责，协调联动，形成合力。明晰权责，透明规范。按照“职权法定、简政放权、权责一致”的原则，编制行政权责清单，并向社会公开，接受社会监督。科学设置行政权力的运行流程，明确各岗位在行政权力实施过程中的职责，对行政权力进行规范。

（余俊彦　周永同）

【余江县交通运输局举办“把纪律和规矩挺在前面”主题宣讲报告会】 9月7日，余江县交通运输局举办“把纪律和规矩挺在前面”主题报告会。邀请县纪委的有关室主任主讲。从“什么是纪律和规矩”“为什么要把纪律和规矩挺在前面”“怎样把纪律和规矩挺在前面”三个方面，并从历史的高度、理论的深度，紧密结合现实，用身边人、身边事来阐述深入开展“把纪律和规矩挺在前面”

活动的重要性。全局干部职工表示要认真自觉地参与活动,守纪律讲规矩,做到“知纪、畏纪、守纪”。该局将进一步加强教育、加强监督、规范制度,做好“把纪律和规矩挺在前面”的各项工作。

(汪有根　吴小红)

【赣州市交通运输局科级单位领导班子成员作风建设培训班开班】 9月2日,赣州市交通运输局科级单位领导班子成员作风建设培训班开班。市交通运输局纪检书记宋冬如主持开班式,党委书记苏传辉作重要讲话。局党委举办的这次培训班,是落实好党风廉政建设相关责任,贯彻落实省委《关于加强作风建设营造良好从政环境的意见》精神,深入推进市交通运输局风清气正政治生态建设的重要举措。该次培训聘请市委党校党史党建教研室主任刘笑添教授授课。

(局党政办)

【赣州市交通运输局坚持完善制度,进一步促进从严履责】 2015年,为推动党风廉政建设主体责任有效落实,结合实际建立完善了一系列制度,督促和保障责任履行到位。一是健全述德述责述廉制度。组织6个局属科级单位的行政主要负责人进行公开述德述责述廉。二是深化廉政约谈制度。局党政主要负责人对局机关和局属单位22名副县(处)级领导干部逐个进行廉政约谈;局纪委书记、副书记对局属29个科级单位的143名科级干部进行了廉政约谈。三是完善检查考核制度。2015年2月,派出6个督查组,对局属36个单位2014年度落实党风廉政建设责任制情况进行了督促检查。年终将对各单位2015年度落实主体责任情况进行检查考核,考核结果作为综合目标管理考核的重要组成部分,并以问题为导向,抓好督促整改工作,促进责任落实。

(局党政办)

【赣州市交通运输局加强党风廉政教育】 2015年,赣州市交通运输局坚持教育为先,进一步深化廉政意识。一是广泛开展反腐倡廉学习教育。2015年,先后组织8次党员干部集中学习《习近平同志关于党风廉政建设和反腐败斗争论述》《习近平谈治国理政》等重要论述;3次集中学习中共十八届中央纪委五次全会以及省市纪委全会精神;集中学习中央、省、市纪委关于违纪违规问题的通报和观看《中共十八大以来江西省省管干部违纪违法案件剖析》《家财莫为子孙谋》等警示教育共13次。二是以“三严三实”专题教育引领廉政教育深度推进。开展“三严三实”学习研讨11次,党政主要领导带头上廉政党课2次,举办专题学习培训班1期,邀请市委党校专家对落实党风廉政建设主体责任和省委《关于加强作风建设营造良好从政环境的意见》进行专题授课。三是举办“二十条”专题学习培训班1期,聘请党校教授对143名科级干部进行集中学习培训。四是大力开展廉政提醒。发送廉政提醒短信9000余条,及时更新赣州交通信息网廉政板块内容,增强廉洁自律意识。

【会昌公路分局廉政教育方式多元化】 2015年,会昌公路分局采取多种方式开展廉政教育活动,狠抓党风廉政建设和反腐倡廉教育,着力构建党风廉政教育长效机制。创新廉政教育方式。充分利用QQ群、手机微信等平台分享优秀的廉政文章及廉政影片,并组织干部职工展开讨论,职工随时随地可以受到廉政警示教育,改变以往聚集在会议室观看廉政电教片的固定模式。营造廉政文化氛围。该局在大厅、走廊、公路文化室等处悬挂廉政警示标语,营造良好的廉政文化氛围。组织撰写廉政学习心得。该局领导干部带头撰写廉政学习心得体会,时刻敲响廉政建设警钟。将廉政建设向基层延伸。分局领导班子与一线职工就工作作风、公路工作难点进行面对面宣传和交流。

(任　敏)

【信丰公路分局“四个严抓”促党风廉政建设】 2015年,信丰公路分局不断提高党员干部的廉政思想觉悟,加大党风廉政建设的力度,先后通过严抓廉洁自律、严抓作风建设、严抓纠风治乱、严抓责任追究等“四个严抓”,营造公路党风廉政建设的良好环境。

(陈建华)

【吉安市委对吉安市交通运输局落实党风廉政建设“两个责任”进行巡回督导】 4月10日上午,吉安市交通运输局召开巡回督导工作汇报会,这标志着吉安市委对该局落实“两个责任”加强党风廉政建设巡回督导工作正式启动。市委第二巡回督导组全体成员、局县级领导干部、局机关各科室主要负责人、局属单位班子成员、局属三级单位主要负责人参加会议。此次巡回督导为期一周左右,督导的主要内容是党委领导班子及其成员执行党风廉政建设责任制和廉洁自律规定的情况、落实主体责任和监督责任的情况、领导干部纪律执行情况、领导干部廉洁从政情况、领导干部作风建设情况、领导干部依法行政情况等,巡回督导将采取听取汇报、查阅资料、个别谈话、明察暗访、受理信访举报线索等方式进行。

(吉安市交通运输局)

【吉安市交通运输局切实开展违插治理工作】 2015年,吉安市交通运输局重点推进领导干部违规插手工程建设项目问题专项治理工作,该局已完成2个项目建设单位、8个项目和71名副科级以上干部的自查自纠工作;共发送180条手机工作信息,覆盖180人,谈心、谈话16人次。同时,组织全局党员干部认真、系统学习近两年反腐倡廉重点篇目,采取集中学习与自学相结合的方式,对当前党风廉政建设和反腐败工作所面临的新形势、新任务、新要求、新部署等知识进行深入学习。

(吉安市交通运输局)

【新干县运管所"三坚持、三强化"营造服务型政务环境】 2015年,新干县运管所按照"服务优、效率高、作风硬"的目标,把机关效能建设作为推进道路运输发展的新抓手,通过"三坚持、三强化",努力营造主动服务、规范服务、优质服务的政务环境,全力打造服务型运政品牌。

坚持"为民、更民、利民"理念,强化环境建设,打造优良服务环境。通过开展群众满意服务窗口创建活动,落实文明服务承诺制、限时办结制、首问责任制等服务制度,做到态度热情,语言文明;坚持"提速、提质、提效"目标,强化效能建设,打造优良好服务效率。实行一门受理、限时办结、一条龙服务、一站式办结运行模式,从业户申请、现场考察到办证每个工作节点都有对口股室接待,确保业户不因申办服务过程中产生拖拉现象而延迟投入运营时间;坚持"立制、立责、立限"制度,强化作风建设,打造优良服务队伍。完善所工作制度,强化制度约束力,确保有章可循、有规可约;实施挂牌上岗,强化行政执行力,确保日常交办事项立即办;实行行政问责,设立举报电话,对违反效能建设的人和事一律严肃查处。

(吉安市交通运输局)

【宜春市交通运输局加强廉政教育】 2015年初,市交通运输局制定《关于进一步加强局党组中心组理论学习的通知》《宜春市交通运输局机关党委2015年工作要点》,合理安排,扎实开展教育活动。一是充分运用好学习载体。该局征订《习近平关于党风廉政建设和反腐败斗争论述摘编》116本、《中国纪检监察报》3份;传达学习、转发7起各类违法通报;组织120名党员通过手机订阅"中央纪委监察部、廉政江西、清风宜春"等官方网站和微博、微信公众号,搭建了网络教育平台。二是开展"走出去、请进来"活动。该局党组结合"三严三实"专题教育活动安排,深入开展严以律己、严守党的政治纪律和政治规矩、自觉做政治上的"明白人"专题学习。三是开展廉政教育活动。积极组织开展"守纪律、讲规矩"主题教育活动,结合"三严三实"教育活动,局领导先后6次给全局党员干部职工上廉政党课.观看廉政微电影《生日》《反腐警示录(上、下)》《红色炸药包》等廉政教育片。四是深入开展"一准则""两条例"的学习。制作宣传栏,翻印150份《图解〈准则〉〈条例〉》,征订150本"一准两条例"单行本,发给每个党员,组织在职党员进行"一准则"、"两条例"测试。

(柳承启)

【宜春市交通运输局扎实做好人大建议办理工作】 2015年,宜春市交通运输局共收到人大建议共10件,其中8件为主办,另2件为协办。建议内容涉及农村公路建设、高速公路建设、城市公交网络完善、出租车经营管理等方面的问题。为认真做好建议办理工作,该局一是加强领导,认真落实办理责任。成立了以主要领导为组长的人大建议办理工作领导小组,明确了秘书科为协调部门、相关科室为具体承办部门,每个科室都落实了兼职办理人员,形成了"主要领导亲自抓、分管领导具体抓、相关责任科室抓落实"的工作机制。二是规范程序,切实提高办理质量。研究审定了《宜春市交通运输局人大代表建议政协委员提案工作制度》,该工作制度涵盖了目标管理考核责任制度、督办检查制度、与人大代表、政协委员联系制度、奖惩制度等5项制度,在完善建议受理、交办、催办、会办、查办、反馈等程序上,实行"五定"的管理责任制,即定领导、定人员、定时间、定任务、定责任,确保了办理工作的严肃性和规范性,形成了良好的办理人大建议工作机制。三是狠抓落实,努力增强办理实效。为提高建议的办成率,该局对收到的10件建议进行梳理,建立跟踪督办机制,对每件建议落实情况进行跟踪督查,确保建议事事有着落,件件有回音。

(晏小宜)

【靖安县交通运输局开展"违插"整治活动】 2015年,全省开展领导干部违规插手干预工程项目问题专项治理工作(简称"违插"专项治理)以来,靖安县交通运输局党组按照县委、县纪委的统一安排,从广泛动员、深入学习、自查自纠、督促检查等方面着手,分层分类狠抓落实,专项治理工作取得初步成效。"违插"专项治理启动后,该局立即召开"违插"问题专项治理动员大会和工作调度会,印发"违插"专项治理《工作问答》,充分开展专题教育活动。科级领导干部率先垂范进行自查自纠,实事求是填报自查自纠"两表一书",带动其他党员干部自觉参与专项治理,全局未发现违规插手干预工程项目问题的人和事。

(刘　斌)

【乐小红赴抚州市运管处调研】 12月17日下午,抚州市交通运输局党委书记乐小红在纪委书记胡怡的陪同下,赴该市运输管理处进行党风廉政建设主体责任落实情况调研。乐小红在听取该处情况汇报后指出,2015年以来,抚州市运管处党总支认真贯彻落实中央和省委、市委及局党委关于党风廉政建设工作部署和要求,在履行党风廉政建设主体责任方面取得的成绩明显,予以充分肯定。但也存在一些不容忽视的问题,主要是个别党员干部不作为现象仍然存在;行政执法中还有不够规范、文明、公正行为;干部作风建设仍有待加强和提高。对此,乐小红勉励运管处党总支要在党风廉政建设主体责任落实上狠下功夫,从讲党性、讲政治的高度,树立全局一盘棋的观念。进一步强化运管队伍建设,切实增强责任意识、担当意识,强化服务理念,继续转作风、正行风,全面加强法治工作队伍建设。要增强政治敏锐感,严守政治纪律,端正思想态度,认真贯彻落实上级决策部署,不断提升遵规守纪意识,加强党纪党规学习,抓早抓小,切实把纪律挺在前面,做到廉洁自律。要建立健全责任追究倒查问责机制,深化行政执法体制改革,坚持严格规范公正文明执法,强化对行政权力的制约和监督,确保道路运输管理科学规范,发挥行业窗口示范作用,树立交通部门良好形象。

(抚州市交通运输局)

【广昌县交通运输局抓好"三个到位"创廉政建设新格局】 2015年,广昌县交通运输局自始至终把党风廉政建设放在心上,抓在手上,切实做到宣传教育到位、制度执行到位、责任落实到位,取得无一例违规违纪行为的良好成效。一是宣传教育到位。多次组织党员干部认真学习一准则两条例和中央"八项规定"、省委20条和《抚州市党员干部行为规范(暂行)》,经常以腐败典型案例对广大党员干部进行警示教育,开设"纪律讲堂",突出抓好把"纪律挺在前面"活动,遴选代表参加全县"学党章,讲规矩,守纪律,践行三严三实"主题演讲比赛,并获二等奖。二是制度执行到位。该局十分注重廉政制度的建设完善和落地执行,建立并逐步完善了廉政警示约谈、敏感节点廉情预警、民生资金管理使用、工程项目招投标、干部职工纪律监管、领导干部遵规守纪"双月报"等一系列规章制度,织密制度笼子,将公权力、党员干部言行关进笼子,防止"任性"。三是责任落实到位。局党政一把手和纪委领导始终按照党风廉政建设责任制要求,自觉抓好主体责任和监督责任的落实,其他班子成员则按职责分工要求将各自责任放在心上,扛在肩上、抓在手上,形成齐抓共管、主动担当的党风廉政建设工作新格局。

(胡　刚)

【余干公路分局送新党章下基层推动党风廉政建设】 5月12日,余干公路分局党支部书记带着工作人员一行为基层党组织和党员送去中共十八大报告、新党章知识竞赛500题和新党章,签订2015年度党风廉政建设责任状。工作人员对党章重点章节进行解读,并且强调学习新党章要深入学习、抓住重点和维护党章、严守纪律,作为党员干部要遵守政治纪律、组织纪律、群众工作纪律、财经纪律和生活纪律等各项纪律,绝不容许上有政策、下有对策和有令不行、有禁不止,要求全体党员干部要结合当前的教育实践活动,学习好、遵守好、贯彻好、维护好新党章。基层党员代表表示:一线党员干部会重新武装头脑、开拓思维,在做好本职工作的同时,把党的先进性建设以行动落实到公路建设中,让人民群众出行更安全、更舒适,为余干公路事业的蓬勃发展,谱写新的篇章。

(章松青　朱军女)

【德兴公路分局多举措推进党风廉政建设社会评价工作】 2015 年,德兴公路分局通过机关工作例会、张贴发放宣传单等活动深入宣传开展党风廉政建设社会评价工作的背景和目的意义,讲明社会评价工作的调查方式、方法和注意事项,动员号召机关全体人员积极参与,主动配合正确回答好民调电话。针对基层一线人员,分局党支部组织人员深入各个道班,通过走访入户,让党风廉政建设社会评价工作家喻户晓,有力促进党风廉政建设社会评价工作扎实稳妥推进,提升社会评价满意度。

(叶树华)

【省公路工程监理公司深入基层开展廉政警示教育】 9 月 9 日,省公路工程监理公司来到昌宁高速连接线 NJ1 驻地办开展廉政警示教育。会上,全体人员观看《作风建设永远在路上》专题教育影视片,集中学习王岐山关于“全面从严治党要把纪律挺在前面”讲话精神,以及《江西省交通运输厅腐败案件警示录》《江西省高速集团纪委关于龚明等人违纪问题的处理通报》《南昌市东湖区人民法院对监理人员戴某、肖某的刑事判决书》等内容,为职工敲响廉政的警钟。

(吕　博)

精神文明

【概况】 2015 年,省交通运输厅精神文明建设注重示范引领,发挥道德典型在培育和践行社会主义核心价值观中的榜样力量。集中宣传全国劳动模范柯胜锋、何水标,全国先进工作者吴雄生等代表的先进典型事迹。继续开展“学先进、树新风、建体系、创一流”活动和“身边好人”推介评选活动,不断挖掘、培树具有行业特色和时代精神的先进典型,打造“模范”品牌。组织开展“传承红色基因、争当赣鄱先锋”活动和“学习敖志凡、积聚正能量”等专题大讨论,教育引导职工学习身边典型,树立行业良好社会形象。2015 年,江西交通运输行业 2 人获“全国劳动模范”,1 人获“全国先进工作者”,1 人获“全国巾帼建功标兵”,4 单位获“全国交通运输系统先进集体”,5 人获“全国交通运输系统先进工作”,8 人获“全国交通运输系统劳动模范”,2 人获“感动交通年度人物”称号。

省交通运输厅深入持久地组织开展文明单位、文明示范窗口等文明创建活动。省厅下属 6 个单位获第四届全国文明单位;5 个单位获全国交通运输行业文明单位,5 个单位获全国交通运输行业文明示范窗口;省厅机关和厅直属 26 个单位被评为第十一届省直文明单位。连续三年与省委宣传部、省文明办联合开展高速公路“百姓满意服务区”评选活动。通过评选活动,进一步提升星级服务区和特色服务品牌建设,江西庐山等 5 对服务区获评全国百佳示范服务区。通过深化文明创建,涌现出泰和管理中心“映山红”、宜春管理中心“春风”“善行天下 · 学雷锋车队”城市客运等一批内涵丰富、特点突出、体系完备、质量过硬的交通运输文化品牌,省高速集团获交通运输部“交通运输文化建设示范单位”称号,“微笑映山红”被评为交通运输十大文化品牌,有效地提升了江西交通行业形象。

(练崇田　黄　金)

【围绕中心营造舆论】 2015 年,省交通运输厅各级宣传部门坚持围绕中心、服务大局这个思路,积极开展宣传工作,组织实施了一系列有声势、有规模、有效果的宣传活动,在重点工程建设、公路养护管理、服务区文明创建、农村公路建管养运、黄金水道和内河航运建设、全面深化改革等方面,组织策划了大量的新闻报道,积极营造有利于交通运输发展的良好舆论氛围,在全社会引起广泛影响,形成了全社会关心交通、支持交通、参与交通的良好舆论氛围。2015 年,中央、省内和行业主流媒体刊登、播发全省交通运输相关报道3000余篇,头版或重要位置发稿400余篇。全省公路建设管理体制改革报道受到部领导的充分肯定,冯正霖副部长专门作出批示。“江西形成‘大交通’格局”入选“2015江西十大新闻”。

(练崇田 黄 金)

【服务社会提供信息】 2015年,省交通运输厅各单位利用网站、微博、微信等载体,及时宣传党和国家的交通运输工作方针政策,刊载该单位、该部门工作进展情况,“江西交通”微博被评为江西十大政务微博。全省交通建设领域创新农民工工资管理的做法,得到媒体的广泛关注,《人民日报》、新华社、中央新闻联播等中央和省内主流媒体多次进行了集中宣传。针对节假日小车免费通行、收费公路统计公报公开、抗灾保通、“东方之星”号客轮救援等热点,主动加强与业务部门的沟通协调,及时发布最新情况,营造了良好舆论氛围。切实加强舆情引导,实时动态监测行业舆情信息,编发《江西交通宣传参考》等专报,督促相关单位关注、应对敏感舆情。2015年度举办各种形式的新闻发布9场次,省交通运输厅被省委宣传部评为“十佳新闻发布单位”。

(练崇田 黄 金)

【全省公路系统劳模先进事迹报告会在南昌召开】 7月3日,全省公路系统劳模先进事迹报告会在南昌召开。报告会上,5位劳模先进代表结合各自经历,以朴实无华的语言,从不同角度、不同侧面讲述自己立足岗位顽强拼搏、甘于奉献报效社会的感人事迹。每一位劳模身上的感人故事,都蕴涵着一股催人奋进的力量。恪尽职守,创新管理,从事路政执法工作30余年的老路政人、荣获全国先进工作者、江西十大法制人物、宜春市公路管理局路政执法支队支队长吴雄生;曾先后两次获得全国交通运输系统先进集体殊荣、被广大司乘人员称为“情满旅途的爱心电波”的12328交通运输服务监督热线的代表、省交通通信总站运营办主任高纯;立足本职、爱岗敬业,坚守乡村公路17年的最美养路人,全国交通运输系统劳动模范、江西省“五一”劳动奖获得者吉安市公路管理局吉水分局乌江道班班长王斌;在养路道班坚守29年的基层干部,全国交通运输系统先进工作者、最美高安人、宜春市公路管理局高安分局珠湖道班班长谌小生;从父亲手里接班,坚守养路30年,全国交通运输系统劳动模范、最美莲乡人、抚州市公路管理局广昌分局养护中心职工吴广贤。劳模先进的事迹感人至深、催人奋进,生动地展现社会主义核心价值观的时代内涵,诠释了“服务、责任、价值”江西公路核心价值观,有力地弘扬了薪火相传、生生不息的“团结创新、务实奉献”的江西公路精神,使与会人员受到极大的心灵震撼和深刻的思想教育,现场不时响起掌声。

(路 宣)

【省公路局获全省交通运输工作和安全生产工作先进单位】 在2015年,召开的全省交通运输工作会议上,省交通运输厅通报表彰13个单位为“2014年度全省交通运输工作先进单位”,11个单位为“2014年度全省交通运输安全生产工作先进单位”,省公路局榜上有名。2014年,全省公路系统认真贯彻落实中共十八届三中、四中全会精神和省委十三届八次、九次、十次全会精神,坚持稳中求进、改革创新,统筹做好稳增长、促改革、调结构、惠民生、防风险等各项工作,圆满完成各项年度目标任务。同时,坚持“安全第一、预防为主、综合治理”的工作方针,以“平安交通”建设为主线,以集中整治安全生产问题为重点,以各项专项整治行动为抓手,全面落实安全生产责任制,保持全省公路系统安全生产平稳态势。

(路 宣)

【省公路管理局向职工子女高考状元颁发助学金】 6月29日,省公路管理局党委书记谢元银、局长曾晓文在局会议室接见省公路科研设计院职工虞峥全家,祝贺虞筱隽同学喜获今年江西省高考文科状元,并颁发6万元助学金。在家的局领导、省公路工程有限公司、省公路科研设计院等有关人员参加。这是一件大喜事,是公路系统的荣耀。

(路 宣)

【省港航局职工曾万荣获省第六届赣粤高速杯摄影艺术展银奖】 3月25日,由省交通运输厅、省文学艺术界联合会共同主办的江西省第六届赣粤高速杯摄影艺术展经专家评审,省港航局职工曾万荣的《鄱湖写意》《笑逐颜开》《开拓》《烟雨鄱湖》等4幅作品分别获得银奖、优秀奖和入选奖。

（倪　磊）

【涂胜利荣获全国海事系统“三化”好形象、好品牌先进个人】 4月2日，上饶地方海事局涂胜利获全国海事系统“三化”（革命化、正规化、现代化）好品牌、好形象先进个人荣誉称号，这是全省地方海事系统唯一获得这一殊荣的先进个人。

涂胜利从事海事执法工作20余载，各方面的突出表现赢得组织和同事们的高度肯定，先后获得各类表彰23次。涂胜利热爱并执着于海事工作，“诚实做人，认真做事”是涂胜利人生的真实写照，“开拓创新，奉献社会”是涂胜利所具备的优秀的品质。20年如一日，涂胜利用自己的一言一行努力践行海事事业，忠诚守卫着上饶辖区一方水上平安。

（王　莹）

【《江西水运转型四重奏》获江西形象宣传报刊好作品二等奖】 1月20日，由省新闻出版广电局举办的“风景这边独好”江西形象宣传报刊好作品好栏目推荐结果揭晓，由省港航局宣传部门策划实施并与中国交通报驻江西记者站一同撰写的反映全省水运面对发展升级、绿色崛起的战略机遇，全面吹响转型发展号角的《江西水运转型四重奏》一文获此次比赛二等奖。

（航　宣）

【省港投公司开展无偿献血活动】 3月19日，省港投公司组织开展一次“三地联动”（石虎塘管理处、石虎塘航电枢纽发电站、集装箱码头公司）无偿献血活动，公司机关及下属单位近50余人参加献血，献血总量达12900cc。

无偿献血志愿者们在现场积极认真填写献血相关信息，全力配合江西省血液中心医务人员完成必要的身体检查和血型化验。在献血现场，爱心在流淌，真情在传递，表现出极高的热情。志愿者们“关爱他人、关爱社会、关爱自然”的精神温暖着在场每一个人的心灵。

（李　雯）

【省港航局6个先进集体和2位先进个人荣获中国海员建设工会和交通运输部安委会表彰】 5月8日，中国海员建设工会和交通运输部安委会对在全国水运系统企事业单位开展的“平安水运”和“安全生产标准化建设”竞赛活动中涌现的先进集体和先进个人进行表彰。南昌港航分局“赣道政0009”号、吉安港航分局“赣海巡308”号、九江港航分局“赣海巡612”号、宜春港航分局“赣道政207”号获“2013年度全国水运系统安全优秀船舶”称号；景德镇地方海事处、江西远洋集装箱有限公司“赣远36”号获“2013年度全国水过系统安全优秀班组”称号；界牌航电枢纽处水工所所长吴有树、省航道工程局疏浚工程处处长助理树文斌获“2013年度全国水运系统安全先进个人”称号。

（黄文平）

【全省港航系统5个集体荣获省级青年文明号】 1月20日，江西省创建青年文明号活动组委会下发《关于命名2012—2013年度省级青年文明号的决定》，其中，全省港航系统共有5个集体被命名省级青年文明号。

名单如下：江西省港航管理局赣州分局赣州航道处、江西省港航管理局吉安分局办证服务中心、江西省港航管理局上饶分局行政政务中心、江西省港航管理局宜春分局赣道政27#轮、江西省港航设计院。

（邱志勇）

【张伦喜荣获“全国交通运输行业文明职工标兵”称号】 3月25日，从交通运输部传来喜讯，上饶港航分局职工张伦喜荣获“全国交通运输行业文明职工标兵”称号。

在交通运输部开展评选表彰“2012—2013年度全国交通运输行业精神文明建设先进集体和先进个人”活动中，江西省交通运输厅及江西省港航管理局采取公开透明、严谨有序、公平公正的原则，自下而上、逐级推荐、逐级审核、民主择优、好中选优的方式层层筛选。张伦喜作为江西港航系统唯一代表和交通系统其他4名代表被推荐申报，经交通运输部在全国主流媒体上进行为期7天的公示，最终被授予“2012—2013年度全国交通运输行业文明职工标兵”称号。

（罗　鑫　方超群）

【省港航局参加全省“核心价值观”工间操大赛荣获二等奖】 4月21日至22日,全省职工工间操大赛在南昌铁路体育馆举行,省港航局代表队代表省交通运输厅参加本届“核心价值观”工间操单项赛,经过21个队伍、600多名运动员的激烈角逐,省局代表队荣获二等奖。

比赛场上,省局队员们精神饱满、朝气蓬勃、队列整齐、娴熟默契,呈现出“核心价值观”工间操动作的力与美,充分展示交通人团结拼搏、开拓进取的良好精神风貌。俗话说,“台上一分钟,台下十年功”,由于“核心价值观”工间操具有健美操的韵律与动作,对于非专业队员来说,具有一定的难度。省局队员在短短20天的时间内,加班加点训练,吃透动作,熟练队形,有的队员膝盖肿痛,有的队员感冒发烧,但队员们坚持排练,体现团结向上的集体荣誉感。

(黄文平　曾万荣)

【全省道路运输宣传思想工作暨精神文明建设会召开】 7月30日,省运管局召开2015年全省宣传思想工作暨精神文明建设会。会议总结上半年全省道路运输行业宣传工作。九江市运管局、上饶市运管处、萍乡市运管处分别在会上作经验介绍。会议对全省道路运输行业宣传思想工作暨精神文明建设进行安排和部署。

各设区市运管处(局)城市客运管理机构、省直管县(市)运管所(局)分管宣传领导及负责宣传的工作人员30余人参加会议。

(朱　熹)

【五项内容激活运管文化活力】 2015年,省运管局加强文化建设,提升行业软实力。该局结合运管工作实际,提出建设包含精神文化、制度文化、行为文化、廉政文化和环境文化五项内容在内的14项目标任务,即建设凝心聚力的运管精神文化,提炼运管文化精神,深化运管文化熏陶;建设科学规范的运管制度文化,健全运管法治机制,加强运管队伍建设,推进运管改革创新;建设文明高效的运管行为文化,加强队伍行为规范,强化领导行为示范,弘扬先进典型行为;建设风清气正的运管廉政文化,强化运管廉政建设,深化廉政宣传教育,推进作风建设常态化;建设特色鲜明的运管环境文化,加强运管环境建设,丰富各类文化载体,加强运管文化塑造。省运管局在实践中不断充实丰富“五项文化”建设相关内容,增强运管文化建设的生机和活力,实现以文化的力量增进认同、引领发展。

(朱　熹)

【省运管局扎实推进宣传及文明创建工作】 2015年,省运管局紧紧围绕道路运输中心工作,唱响主旋律、传播正能量,凝聚共识,形成合力,为行业发展不断创优内外环境。

一是深化文化建设。加强顶层设计,制定《关于加强运管文化建设的意见》,为运管文化建设提供规范指南。组织召开全省道路运输宣传暨精神文明创建工作会,加强经验交流,促进交流提高。开展行业典型培树,围绕行业全国劳动模范—九江东方出租汽车公司驾驶员柯胜锋先进事迹,拍摄专题片,举办报告会,激励行业“学有标杆、赶有榜样”。深化文明创建活动,申报江西省第十四届文明单位,打造具有鲜明运管特色的“机关文化长廊”,开展全省道路运输依法行政知识竞赛,组织学习总书记习近平系列重要讲话精神“信用行作表率”主题演讲选拔赛。二是加强行业宣传。结合春运、黄金周等重点节点时段和全省加快推进城市公共交通优先发展工作会议、全省汽车客运站服务规范化现场推进会、客运驾驶员安全宣誓承诺活动、汽车维修车身涂漆竞赛、教练员规范化教学技能竞赛等重点工作,扎实开展丰富多样的主题宣传活动,与新浪江西合作开展“爱在路上”春运宣传活动,形成了强大的舆论氛围和声势。注重加强舆情监测,规范舆情处置程序,制定《江西省公路运输管理局舆情管理办法》,将每月的重要舆情编入《江西道路运输内参》供局领导和有关部门负责人参阅,助推工作改进。三是做好群众工作。组织送温暖活动,走访慰问困难群众、离退休老干部等,开展职工体检、生日慰问、节日集体慰问,组建机关文体兴趣小组,举办工间操、“道路运输杯”登山比赛、五四青年读书征文和节日群体性文体活动,传递组织的关心关怀,促进了和谐机关建设。

(朱　熹)

【省运管局召开全国劳动模范柯胜锋先进事迹报告会】 10月23日,省运管局召开全国劳动模范柯胜锋先进事迹报告会。省运管局党委书记易宗发，省交通运输厅运输处负责人、直属机关党委负责人、省交通工会负责人及在家领导班子成员到场聆听，省运管局副局长罗志明主持报告会。此次报告会通过视频方式向全省道路运输行业播放。报告会生动讲述了柯胜锋在道路运输系统工作15年来坚守信誉、勤勉敬业的先进事迹，体现了一名基层运输人干一行就要干好一行的职业追求和立足岗位脚踏实地的工作态度。报告团成员分别以《诚实做人用心做事》《平凡岗位演绎精彩人生》《他是我们的领头雁》《让平凡闪烁光芒》为题，用报告团成员的亲身经历和朴实无华的语言，从不同角度、不同侧面讲述柯胜锋“诚信经营、用心待客、热心助人、文明行车”的良好形象。

（朱　熹）

【省运管局开展“强作风、提素质、树形象”集训活动】 7月10日上午，省交通技校一部的操场上，省运管局“强作风、提素质、树形象”集训会操表演正在进行。只见省运管局机关干部职工们身着统一的运政制服，精神饱满，意气风发，跟随着教官的口令，立正、稍息、跨立、敬礼、齐步行进，唱运管之歌，做广播体操，步伐整齐、动作规范、歌声嘹亮、斗志昂扬，充分展示出运管干部职工团结拼搏、锐意进取、奋发向上的精神风貌。

（朱　熹）

【省运管局开展学雷锋志愿服务活动】 3月5日，为大力弘扬雷锋精神，普及志愿服务理念，省运管局10余名志愿者走进徐坊客运站，积极开展安全宣传、拎拿行李、免费送水等学雷锋志愿服务活动。

当天正是元宵佳节，徐坊客运站内人潮涌动，售票窗口前排起了长龙，候车大厅里也密密地坐满了旅客。见此情景，省运管局青年志愿者们简单迅速进行分工，在客运站相关人员的带领下，立即投入客运站志愿服务活动中去。

在服务过程中，志愿者奉献着自己的热情，以实际行动践行着雷锋精神。在进站口，志愿者们向过往的旅客散发春运指南，耐心地解答着旅客的询问；在安检处，志愿者们一刻不停地提醒帮助旅客将行包过安检；在候车大厅，推着“雷锋车”的志愿者们，为有需要的乘客送上热开水；在检票口，志愿者们协助车站人员组织旅客有序进站乘车，帮助旅客搬送行李；在发车区客车上，志愿者向旅客纷纷散发“安全带——生命带”宣传单及春运指南，提醒旅客注意安全，系好安全带，为旅客送上了一份关怀和温暖。

（朱　熹）

【全省一批爱岗敬业驾驶员、汽修工楷模受表彰】 2015年12月22日，交通运输部、中华全国总工会通报表扬一批爱岗敬业驾驶员、汽修工楷模，号召全国运输服务行业和广大运输从业者向先进集体、个人学习。

全省道路运输行业一批集体和个人榜上有名，具体如下：

爱岗敬业驾驶员楷模(7人)

周　利　江西长运股份有限公司道路客运驾驶员

周进旗　江西长运股份有限公司道路客运驾驶员

罗政民　萍乡市公共交通总公司城市公交驾驶员

张海荣(女)　九江市公共交通集团公司城市公交驾驶员

程　岗　九江长运运业股份有限公司高速客运分公司道路客运驾驶员

吴建生　新余市军安运输产业有限公司出租汽车驾驶员

朱俊杰　江西新世纪汽运集团有限公司道路客运驾驶员

爱岗敬业汽修工楷模名单(3人)

刘文狱　江西新世纪汽运集团有限公司汽修工、汽车维修质量检验员

刘富泉　萍乡经济开发区蓝盾汽车修理厂汽车维修质量检验员

欧阳玉寿　江西东维汽车销售有限公司汽车维修工

（胡　晨）

【九江长江公路大桥等工程获鲁班奖】 11月5日，2014—2015年度中国建设工程鲁班奖(国家优质工程)第二批入选工程名单公布，江西九江长江公路大桥榜上有名。

福银高速公路九江长江公路大桥为主跨818

米双塔混合梁斜拉桥,2009 年 9 月开工建设,2013 年 10 月建成通车。项目部获国家级及省部级奖项共 66 项。

(省高速集团)

【中国海员建设工会公路交通联委会四届二次全体会议代表莅临昌西南收费站指导】 5 月 28 日,中国海员建设工会公路交通联委会四届二次全体会议 100 余代表莅临昌樟高速昌西南收费站指导,省交通厅副厅长王爱和,省高速集团董事长、党委书记王江军,省交通工会主席刘盖群,集团有关领导人员随同。

与会代表们观看了高速职工摄影作品、赣粤高速职工培训学校历程宣传片,参观基层所站职工书屋,整齐干净的图书环境和良好的员工培训基地,就像一幅幅优秀的摄影作品一样,简单明了地透露出高速人生活及工作真实状态,代表们赞不绝口,尽情欣赏,纷纷拿出手机拍照留念。

文化展示内容丰富,精彩纷呈,既有概括讲述江西高速集团工会工作视频的短片、保护农民工权益的视频短片《江西省交通运输厅昌樟改扩建项目办创新农民工资管理工作纪实》,也有高速员工自拍自导的微电影《雨夜》。其中,还穿插了视觉与听觉震叹的职工才艺瓷乐表演展示、表现收费员坚守岗位而感动司乘人员的真实故事小品《幸福昌铜平安行》等。

(省高速集团)

【"畅行杯"首届高速公路服务区服务技能竞赛举行】 8 月 12 日,"畅行杯"江西省首届高速公路服务区服务技能竞赛在庐山服务区举行,省交通运输厅副厅长王爱和出席并讲话,省交通运输厅后勤中心主任杜一峰主持开幕式。公路开发公司、赣粤高速公司、畅行公司和南昌、赣州、赣康、康大、瑞寻、九瑞高速公路公司 9 家单位的 127 名选手参加比赛。

该次竞赛由省交通运输厅主办、省高速集团协办、畅行公司承办,竞赛分理论基础和实践操作两个环节,涵盖了管理人员基础知识竞答、痕迹化管理材料检查,以及保洁民、疏导员、水电工、收银员、服务员等五个竞赛项目,共计 200 分。各竞赛项目由现场裁判员现场打分。

经过一天的激烈比拼,畅行公司庐山服务区获一等奖;畅行公司泰和东中心服务区、宜春中心服务区获二等奖;赣粤高速公司一组、公路开发公司龙虎山服务区、畅行公司南城中心服务区获三等奖;赣粤公司二组、公路开发总公司军山湖服务区、地方高速公司代表队获入围奖。

(省高速集团)

【江西高速昌泰公司"金庐陵"综合援助服务指挥中心被命名为全国学雷锋活动示范点】 3 月 4 日,学雷锋日来临之际,中宣部向全社会公布全国第一批 50 个学雷锋活动示范点和 50 名全国岗位学雷锋标兵。江西高速昌泰公司"金庐陵"综合援助服务指挥中心被命名为全国学雷锋活动示范点,是江西省唯一获此殊荣的单位。江西省委宣传部向全社会公布的 5 个全省学雷锋活动示范点名单中,江西高速昌泰公司"金庐陵"综合援助服务指挥中心榜上有名。

(省高速集团)

【"微笑映山红"荣膺交通运输十大文化品牌称号】 4 月,交通运输行业十大文化品牌出炉,省高速集团的"微笑映山红"品牌荣膺"交通运输文化品牌"称号。这是全省唯一获此殊荣的文化品牌。

2015 年,在全国、全省交通运输文化和高速公路文化大发展大繁荣的大背景下,江西省高速集团以交通运输文化建设"十百千"工程为契机,大力推进文化品牌建设,把红色基因作为品牌名片,把行业价值作为品牌追求,把诚信友善作为品牌风尚,涌现出以交通运输十大文化品牌——"微笑映山红"为代表的一批知名品牌,展示江西高速文明形象、提升交通运输服务品质、弘扬了社会主义核心价值。

(省高速集团)

【昌樟高速等 10 条高速获评"最美江西路"】 10 月,由江西省交通运输厅、江西广播电视台联合主办的"最美江西路"结果正式揭晓,沪昆高速公路南昌至樟树段、杭瑞高速公路景婺黄段、南昌至铜鼓高速公路、沪昆高速公路昌金段、杭瑞高速公路九景段、南昌东外环高速公路、永修至武宁高速公路、泰和至井冈山高速公路、井冈山厦坪至睦村高速公路、福银高速公路温沙段、德兴至南昌高速公路、沪昆高速梨园至温圳段 10 条高速公路获评为江西“最美高速路”；庐山西海服务区、庐山服务区、泰和东服务区、樟树服务区、龙虎山服务区、彭泽服务区、宜春服务区、石城服务区、三清山服务区、军山湖服务区、奉新服务区、石钟山服务区、吉安服务区、南城服务区、萍乡服务区15对服务区获评为江西“最美服务区”

（省高速集团）

【全国道德模范、感动中国人物龚全珍为莲花所“龚全珍”班组授牌】 4月9日，“龚全珍”班组授牌仪式在江西高速集团泰和管理中心莲花管理所举行，全国道德模范、感动中国人物龚全珍出席仪式并为莲花所“龚全珍”班组授牌。

“龚全珍”班组的创建，得到龚全珍的倾力支持，龚全珍许可莲花所使用龚全珍的肖像权进行岗亭布置，并亲笔签名赠予班组。“龚全珍”班组的员工们表示，将以这次授牌为巨大荣耀、责任和担当，谨记老阿姨的谆谆教导，以最优的服务、最美的微笑迎接四方宾客。

（省高速集团）

【高红艳荣获“全国巾帼建功标兵”荣誉称号】 3月，中华全国妇女联合会下发《关于表彰全国三八红旗手标兵、全国三八红旗手、全国三八红旗集体和全国巾帼文明岗、全国巾帼建功标兵、全国巾帼建功先进集体的决定》，赣粤高速温厚收费所高红艳榜上有名，被全国妇联授予“全国巾帼建功标兵”荣誉称号。系江西交通唯一获得该项荣誉的代表。

（省高速集团）

【省高速集团多个团队和个人喜获第二届“最美中国路姐”殊荣】 8月，由中国公路学会组织的“第二届最美中国路姐专家评审会”在京举行。省高速集团共有2个团队被评为“最美中国路姐团队”，2名职工被评为“最美中国路姐”，分别是：梨温高速公路鹰潭西收费站巾帼鹰西团队，昌泰公司信息中心“金庐陵”综合援助信息服务班组，赣粤高速温厚所收费班长高红艳，宜春管理中心信息分中心稽核员黄丽。此外，赣州管理中心“红高速·客家情”收费班组，昌铜高速公路铜鼓收费所红豆杉示范班组获“最美中国路姐团队”入围奖。

第二届“最美中国路姐”活动自2015年5月开展以来，引起全行业的广泛关注。各地共推荐有效候选人91位，有效候选团队55个，最终确定“最美中国路姐”30名，“最美中国路姐团队”20名。“最美中国路姐”入围奖10名，“最美中国路姐团队”入围奖8名。

（省高速集团）

【江西高速首支志愿服务支教队成立】 9月23日，江西高速“紫荆花”志愿服务支教队在万年管理中心瑞洪收费站启动，标志着江西高速首支志愿服务支教队正式成立。仪式上，江西高速“紫荆花”志愿服务支教队成员进行集体宣誓，志愿者代表作表态发言，支教队为余干县瑞洪镇梁山村小学捐赠图书，同时，江西高速爱心服务站在该校挂牌。

梁山村小学在岗教师8名，在校学生93名，80%为留守儿童。为了让留守儿童有更多的关爱，2014年，万年管理中心瑞洪收费站开展“孩子的读书梦，瑞洪的中国梦”主题活动，深受师生朋友的欢迎。2015年，为了让社会上更多的人来关爱留守儿童，省高速集团团委支持瑞洪收费站成立江西高速“紫荆花”志愿者支教服务队，统筹高速公路青年志愿者的力量，开展支教活动。为促进义务支教活动的正式化、常态化，义务支教将每年坚持开展“六个一”活动，即：每年开展为期一个月的支教活动；每年添置一批图书和体育器材：每年开展一次家访，建立留守儿童档案；每年帮扶一批特困留守儿童；每年为孩子们拍一次生活学习照片。

（省高速集团）

【省交通运输系统16名、职工获2015年江西省劳动模范和先进工作者】 9月29日，省委、省政府在南昌隆重召开江西省劳动模范和先进工作者表彰大会，836名劳模和先进工作者受到表彰。其中，全省交通运输系统职工有12人获江西省劳动模范称号、4人获江西省先进工作者称号。

（孙　明）

【南昌运管勇救被困传销女】 6月16日下午5时许，南昌市运管处稽查科执法人员胡全根、成时桂在西客站正常巡查执勤时，突然看到一名年轻女子惊慌失措地跑来,经询问,该名女孩姓周,重庆人,今年 18 岁,到南昌是被她高中同学以能找到高薪工作为由骗来的。一到南昌就被带到市郊一处传销窝点,天天被人灌输传销的事情。已被限制人身自由 20 多天,手机、身份证、银行卡都被传销窝点扣押了,连银行卡密码都被强迫告诉传销窝点。

了解情况后,运管执法人员随即安抚女孩不要慌张,并立即报警拨打 110,110 警车来后,运管人员又向警察详细叙说事发的情况和追赶女孩的两个男人模样,并亲自把女孩送上警车。

(殷永坚)

【景德镇长运公司魏敏获全国交通运输系统劳动模范】 9 月 7 日,从省交通工会传来喜讯,景德镇长运公司员工魏敏荣获全国交通运输系统劳动模范称号。

魏敏现任景德镇长运公司汽车总站分公司副经理,分管汽车东站工作。从 2011 年任职以来,魏敏克服困难,勇挑重担,大胆管理,热心为旅客服务,团结和带领汽车东站广大员工,创造了良好的经营业绩,汽车东站效益屡创新高,安全管理再上新台阶,取得经济效益和精神文明建设的双丰收,受到领导和广大旅客的广泛好评。

(张顺发)

【萍乡市交通运输局召开创建第五届全国文明城市工作动员大会】 7 月 3 日上午,该局召开创建第五届全国文明城市工作动员大会,传达全市创建全国文明城市动员大会精神,研究部署创建全国文明城市工作。该局党委班子全体成员、局机关各科室工作人员、局属各企事业主要负责人、萍乡长运有限公司负责人等参加动员会。会议传达全市创建全国文明城市动员大会精神并宣读《萍乡市交通运输局 2015 年创建全国文明城市行动方案》,各创建责任单位在会上签订《2015 年度创建文明城市工作责任状》,市运管处、市公交总公司、萍乡长运有限公司等主要创建责任单位在会上作表态发言。该局党委书记、局长曾念辉在会上讲话。曾念辉强调:一是认清形势,统一思想,切实增强抓好文明城市创建的责任感、使命感和紧迫感。二是细化措施,狠抓落实,切实提高抓好文明城市创建的主动性、针对性和实效性;突出重点,奋力攻坚,切实增强抓好文明城市创建的执行力、推进力和攻坚力。

(张　翼)

【九江市出租车组建成立“胜锋车队”】 9 月 25 日,九江市首个以全国劳模柯胜锋名字命名的出租车“胜锋车队”正式组建成立。“胜锋车队”的成立对全市出租车行业健康发展具有重要意义,对弘扬行业正能量、树立行业标杆、提升服务水平与群众满意度将产生积极的促进作用。市区 20 名优秀出租车司机经层层“筛选”成为首批队员,队员们和“党员示范车”一道,成为全市出租车行业文明的领跑者。

2015 年 7 月 15 日,省运管局党委作出《关于开展向柯胜锋同志学习活动的决定》,号召全省道路运输行业深入开展向全国劳动模范柯胜锋学习活动。作为全市一名普通驾驶员,柯胜锋从业 15 年来,在平凡的岗位上,用点滴之举践行了“诚信经营、用心待客、热心助人、文明行车”的价值追求和“敬业、奉献”的精神内涵。柯胜锋坚持奉行“十个一点”(即仪表仪容整洁一点、车厢内外干净一点、迎来送往热情一点、驾车行驶安全一点、诚信经营自觉一点、好人好事多做一点、不良风气敢管一点、市容环境爱护一点、公益事业热心一点、行业形象维护一点)的行车经验和服务举措,在全省出租车行业得到宣扬和推广。

(九江市交通运输局)

【九江市交通运输局“爱岗敬业、乐于奉献、共筑中国梦”大讲堂开课】 4 月 30 日,市交通运输局开展以“爱岗敬业、乐于奉献、共筑中国梦”为主题“道德讲堂”教育活动。通过“身边人讲身边事、身边人讲自己事,身边事教身边人”的形式,弘扬真善美、传递正能量,充分发挥先进典型的示范引领作用,在交通运输局系统形成“崇德尚善”的浓厚氛围。

活动有三项内容:一是由先后荣获九江市“三八红旗手”、九江市直机关“党员创绩先锋”塞誉称号的市公交公司第四营运公司 25 路女子车队驾驶员张海荣作事迹报告。二是由全国五一劳动奖章获得者、江西省第二届道德模范、江西省劳动模范九江东方出租车公司司机柯胜锋作事迹报告。三是市委宣传部副部长陈则仁作题为《中国梦的文化解读》的专题宣讲。

（九江市交通运输局）

【新余市运管处开展净山净水文明旅游志愿者服务活动】 3月27日下午，新余市运管处志愿者在仰天岗国家森林公园开展净山净水文明旅游志愿者服务活动。志愿者们头戴小红帽，身穿“交通志愿者”红马夹，手拎火钳和垃圾袋，在绿树映衬下分外醒目。一到达目的地，志愿者们便四处分散开来，专注地盯着地面，沿途弯腰在石阶和绿树丛中认真地捡拾路人丢弃的碎纸屑、塑料袋、生活垃圾等；不一会，便清理出很多垃圾，每个志愿者的脸上都沁出汗滴。在沿途拾捡垃圾的过程中，不时引来过往群众的赞叹，有些路人被志愿者们的行为所感染，也加入到捡垃圾的行列中来。

（刘　蕾）

【新余公交公司推出爱心送高考活动】 新余公交公司推出爱心送高考活动，高考期间，该公司260余辆公交车为考生提供免费乘坐公交车服务，免费时间为2015年6月7日—9日，为期3天。所有考生在高考期间只要出具本人高考准考证，便可免费乘坐该公司正常营运的所有公交线路。

为确保免费乘车秩序和安全，给广大考生创造一个良好的乘车条件和应考环境，新余公交结合实际，制定方案，加大运能投入，加强现场管理，确保考生如期进出考场。一是加大投入，满足需求。新余公交增加高考考区的运力配备，尤其是加大考前及考后相关线路的发车班次，以良好的乘车条件，确保考生如期进出考场。二是及时处置，保障营运。要求司机做好车辆的例保工作，进一步加强维修、路救力量配备，提高应急能力，确保维修质量，对影响交通的故障及时处置，保证道路畅通。三是加强管理，确保秩序。公司所有管理人员将下沉一线，加强考区的现场管理，落实管理力量，迅速处理现场的突发问题，及时反馈各类信息，以确保线路的乘车需求和营运秩序。

（陈延青）

【新余市交通运输局深入帮扶社区调研创建文明城市工作】 12月1日，新余市交通运输局领导深入渝水区通洲办社区调研社区创建文明城市工作，听取通洲街道办关于社区创建文明城市工作汇报，实地察看社区创建文明城市工作情况，并就社区居民集中关心的通洲小学安全通道照明、超力社区“牛皮癣”和格林小区物业管理等问题进行开究，制定切实可行工作方案。

（邓清华）

【新余公交“送清凉”慰问公交一线驾驶员】 7月28日上午10时，新余公交公司领导带队组成慰问工作组，深入各主要站点，为驾驶员们送上冰冻绿豆沙、矿泉水等，为高温下持续奋战的一线员工们送去一片清凉。为保障夏季高温时期营运生产秩序，确保行车安全和员工身心健康，保障乘客快捷安全出行，用最充沛的精力、最好的状态展现出公交人的精神风貌，新余公交多措并举，积极应对高温酷暑天气。一是发放水果、人丹、风油精、花露水等大量防暑降温用品，在停车场站和主要站点设置了饮水点，供驾驶员饮水解暑，每周不少于2次管理人员下沉一线送冰冻绿豆沙和矿泉水。二是坚持运营，科学、合理调度，在坚持为乘客服好务的同时，合理安排班制，保证驾驶员休息。三是加强高温酷暑天气营运车辆安全检查，对电路系统、空调系统、散热系统、皮带、燃料油管等进行隐患排查，确保车辆安全营运。四是管理人员做好每天到各主要站点和驾驶员面对面沟通，及时了解掌握驾驶员的思想动态，及时发现驾驶员的不良情绪，消除安全隐患。五是做好高温防护宣传，提醒驾驶员夏季高温炎热，要克服和调节烦躁情绪，积极做好车厢防暑降温工作，开好安全车，做好优质服务。

（陈延青　赖文丽）

【新余市交通运输局开展全民卫生大扫除活动】 10月31日，市交通运输局局长带领全局86名干部职工在劳动北路北湖路至赣西大道之间开展全民卫生大扫除活动，全力助推全国文明城市创建工作。

此次活动的主要任务是清洗交通隔离栏，清除公交站台、街面、店面、电线杆、电话亭等处“牛皮癣”广告，清扫绿化带等卫生死角。为使此次活动取得实效，市交通运输局做到早动员、早部署，明确责任、分工到人，干部职工自带扫把、铁锹、铲子、水桶、清洁球等工具，冒着毛毛细雨，认真清扫街道，做到不留卫生死角，经过两个多小时的辛勤劳动,街道面貌焕然一新。同时,深入店户广泛宣传,提高市民环卫意识,让市民自觉投身于创建全国文明城市活动中来,努力营造“人人动手、净化环境、美化家园”的浓厚氛围。

(邓清华)

【新余公交公司积极参与文明城市创建】 2015年,在新余市创建全国文明城市活动中,新余公交公司多措并举扎实推进各项创建工作。该公司充分利用公交车公益广告、前挡、后挡、电子显示屏、车载电视、公交站台等公交媒体,制作车身广告,悬挂宣传横幅,播放创建文明城市宣传视频,把创建全国文明城市宣传活动开展到公交车上,让每辆公交车都成为宣传车,为全市开展创建文明城市活动发挥宣传作用。

在营运管理上,开展公交线网的优化调整,不断优化现有公交线路走向,利用新购置的3G智能调度系统,满足市民不断差异化的乘车需求。在安全行车上,加强对驾驶员文明服务和营运秩序的监管,杜绝“车辆超速、跳跃站、不二次进站停车”等违章行为,确保车辆运行安全。在车容车貌上,加强对车辆卫生环境管理,对缺损、乱张贴等情况进行及时整改。通过集中整治,完成车厢张贴乘坐规则、线路走向图、票价标识、禁烟标识等300余套,更换公交车厢垃圾桶221个,整治车辆达187台次。制定出台驾驶员公交车辆保洁制度,坚持12小时车辆一小扫,24小时车辆一大扫。完善基础设施、提升公交服务水平。为进一步推进公交车辆环保化改造,该公司新增空调公交车和新能源公交车达到135台,占全部运营车辆的60%,改善了乘车环境。

(陈延青)

【范军生获鹰潭市首届优秀志愿者荣誉称号】 2015年,余江县交通运输局副局长范军生被市文明办、市志愿者协会授予全市首届优秀志愿者光荣称号。范军生热心建立局志愿服务组织,并围绕“关爱他人、关爱社会、关爱自然”主题,积极组织开展形式多样的志愿服务活动,发挥弘扬“学习雷锋、奉献他人、提升自己”的志愿服务精神、带头践行社会主义核心价值观的示范引领作用。全局注册志愿服务组织1个,注册志愿者人数64人,注册志愿者人数占全局在职人数比例100%。范军生积极组织城区片区卫生清扫。主动下到局挂扶村小学开展学校安全、法制宣传,教育学生学会感恩、懂得感恩,学好知识,报效祖国。并以锦江镇范家村小学为联系点,开展关心下一代工作调研活动,给该镇铁山村、范家村等有关村小学校赠送办公桌椅、建立停车雨棚,改善学校教学条件和环境;为贫困学生送去书包、文具盒等办公用品。并与县航运公司一家三个孤儿开展对口帮扶,经常看望,送去党和政府的温暖,从帮助解决经济适用房、享受城镇低保、学校助学金等方面解决生活困难问题,局帮助解决三个孤儿完成从小学到高中学业所需的学习费用。“关爱孤儿三兄弟”也被市文明办、市志愿者协会评为优秀志愿服务项目。

(汪有根　吴小红)

【余江县交通运输局学雷锋活动形式多样】 2015年,余江县交通运输局积极开展立足岗位学雷锋活动,形式多样,树立了余江交通人的良好形象。一是积极开展交通志愿者服务。交通志愿者到锦江镇中心小学及其铁山村小学、范家村小学,开展法制安全教育、感恩教育;开展爱心辅导,为贫困学生送书包、送学习用品,受到师生好评。高考期间组建志愿者爱心服务车队,服务余江高考,服务余江莘莘学子。二是开展行业文明执法、窗口微笑服务常态化。以干净、整洁的环境留人,以微笑、热情服务迎人。运管所将道路运输证等营运证件办理和审验所需携带的资料和具备的程序张贴告知,让业主少走弯路,办理顺畅,满意而归。12项行政审批事项全部纳入行政服务中心窗口办理。办理人员做到礼貌用语、笑脸迎人,耐心解答,认真办理。审批道路货运经营许可88户,机动车道路经营许可5户,办理新增货车603辆。为群众拓宽绿色服务渠道,深受群众好评。三是开办道德讲堂,开展向交通运输系统和身边的先进典型人物学习活动,宣扬中华道德文明建设,弘扬雷锋精神,突显交通文明,服务于社会。

(汪有根　吴小红)

【畅通、丽华出租车公司开展创建省级文明城市工作】 2015年,为配合鹰潭市争创第五届江西省文明城市工作,畅通、丽华出租车公司认真按照创建要求积极行动,及时制定《创建省级文明城市工作实施方案》,建立健全驾驶员管理、投诉举报处置、车辆管理等各项规章制度,并分组对所有业主、驾驶员进行宣传动员,统一思想、提高认识。采取有效措施,强化内部管理,树立行业形象,以实际行动塑造城市流动窗口精美名片。

(周　明)

【赣州市交通运输局三个党支部和九名党员受表彰】 “七一”前夕,赣州市直机关工委表彰市直单位100个先进党支部、255名优秀共产党员、100名优秀党务工作者,经赣州市交通运输局层层推荐、好中选优的先进党支部、优秀共产党员和优秀党务工作者榜上均有名。市公共交通总公司一分公司党支部、江西新世纪汽运集团站务分公司党支部和赣州金玮亿出租车公司党支部等3个市局直属党组织被授予先进党支部称号;谢小明、陈莉萍、曾频频、陈建东、郭建忠、李薇、汪剑锋等7位被授予优秀共产党员称号;张慧、张键被授予优秀党务工作者称号。

(党政办)

【赣州市交通运输局进社区开展关爱少年儿童主题活动】 7月17日,赣州市交通运输局与营角上社区开展了关爱少年儿童“吸烟有害健康和安全游泳防溺水知识”主题活动。市交通运输局文明办主任谢小明向营角上社区少年儿童讲解吸烟对自己以及他人带来的危害,提醒小朋友告诉自己的长辈吸烟有害健康,要做到少吸烟、不吸烟。同时还向小朋友们宣传防溺水知识,强调学游泳必须要有老师教或者大人教、不能未经大人同意单独去游泳,不能末学会就逞强下水等游泳注意事项。从而提高社区少年儿童安全游泳知识。

(局文明办)

【赣州市交通运输局召开全国文明城市创建推进会】 11月3日,赣州市交通运输局召开中心城区交通口创建全国文明城市工作推进会。参加会议的有局属各单位创建全国文明城市分管领导及经办人,创建全国文明城市各工作组组长。会议要求,各责任单位、部门要进一步把创建工作引向深入,广泛深入地宣传创建文明城市的重大意义、总体要求和目标任务,大力营造全员参与的良好舆论氛围,把全系统干部职工的智慧和力量凝聚到创建全国文明城市工作上来。同时要吃透上级精神,咬定目标任务不打任何折扣,广泛开展党员进社区志愿服务活动,按时保质保量完成公益广告宣传、出租车、公交车市场整治等创建任务,确保每月的公共文明指数测评和最后的总评取得优异成绩,推动全系统精神文明建设和创建全国文明城市工作再上新台阶。

(文明办)

【赣州市交通运输高考爱心车队获赣州市“乐帮”优秀志愿服务项目称号】 11月15日,赣州市精神文明建设指导委员会办公室和赣州市志愿者联合会联合行文,表彰一批2015年度赣州市“乐帮”优秀志愿者、志愿者服务组织、志愿服务项目和志愿服务社区等个人和组织。其中,赣州市交通运输文明志愿者服务队高考爱心车队获得2015年赣州市“乐帮”优秀志愿服务项目称号。赣州市交通运输文明志愿者服务队高考爱心车队(出租汽车高考爱心车队)已连续11年在市中心城区高考期间为高考学子开展“学习雷锋.免费爱心送考”活动,获得广大考生、家长和社会的好评。

(城客处)

【赣州市交通运输局与营角上社区签订开展志愿服务工作协议书】 7月13日,赣州市交通运输局与营角上社区签订了结对开展志愿服务工作协议书,并开展对接帮扶活动。签订协议书前,市交通运输局副局长郭远昌详细了解营角上社区的基本情况,着重了解该社区面临的困难和急需解决的问题,并与该社区负责人就开展空巢老人、留守儿童、残疾人和农民工等困难群体开展“邻里守望”学雷锋志愿服务活动、围绕春节、清明、端午、中秋、重阳等“我们的节日”以及群众性文明创建、文体活动等内容进行专题研究并要求双方具体负责人拿出具体方案尽早开展工作,在开展志愿服务活动时相互帮助、共同提高,推动文明创建工作迈上新台阶。

(局文明办)

【赣州市交通运输局召开创建文明单位工作调度会】 7月28日,赣州市交通运输局召开创建文明单位工作调度会。会议由市交通运输局副局长郭远昌主持,市交通运输局文明办、局机关党委、局属各单位、江西新世纪汽运集团有限公司分管精神文咀建设工作领导和办公室主任参加会议。会议通报和布置创建文明单位相关工作,学习《赣州市交通运输局2015年文明单位创建责任书》,讨论研究抓好交通系统精神文明建设工作意见。会议要求,一是提高思想认识,加强组织领导。各单位要把文明单位创建工作摆在重要议事日程,将其贯穿全年工作的始终。二是结合工作实际,狠抓贯彻落实。各单位要根据《赣州市交通运输局巩固市级文明单位、力争省级文明单位任务分工明细表》制定和贯彻落实计划。三是注重宣传教育,提升交通形象。各单位要注重宣传教育,大力宣传该单位的好做法、好经验和好成效,积极营造文明单位创建良好氛围。

(局文明办)

【赣州市公路管理局两道班分别获全国“模范班组”和江西省“工人先锋号”称号】 12月25日,省交通工会通知,赣州市公路管理局赣县分局江口道班被中国海员建设工会评为全国公路交通系统“模范班组”,赣州市公路管理局瑞金分局沙子岗养护道班被江西省总工会授予江西省“工人先锋号”称号。这是全市公路系统忠实践行“三严三实”要求,扎实推进公路事业振兴发展的生动体现。

(市公路局)

【赣州市道路运管局组织干部职工收视全国劳动模范柯胜锋先进事迹报告会实况】 10月23日,赣州市道路运输管理局组织干部职工、出租车司机代表集体收视省运管局直播的全国劳动模范柯胜锋先进事迹报告会实况。柯胜锋是九江市东方出租车公司的一名普通驾驶员。自2000年1月从事出租车营运以来,坚持文明行车、诚信待客、周到服务、热心公益、搭乘过数万名乘客。被广大市民誉为“浔城好的哥”。柯胜锋先后荣获了江西省劳模、全国五一劳动奖章多项荣誉称号。2015年7月15日,江西省公路运输管理局党委作出决定,号召全省道路运输行业干部职工开展向柯胜锋学习的活动。郭远昌等局领导、局机关处、科、出租车企业负责人,出租车驾驶员代表、局干部职工收视了报告会实况。

(淳　朴)

【寻乌公路分局荣获县六项奖牌】 寻乌公路分局在县委、县政府2014年表彰工作会上捧回信访、计划生育、安全生产、争项争资、支持地方经济建设以及综合考评等六项奖牌,取得“一金三银二铜”的好成绩,充分体现县委政府对该局工作的肯定与认可。

(凌林泉)

【吕太清荣燕“吉安市经济技术创新竞赛先进个人”】 继2013年荣膺“吉安市最美劳动者”称号后,吕太清再获殊荣。在2014年吉安市群众性经济技术创新竞赛中,遂川分局沙田道班班长吕太清获“吉安市经济技术创新竞赛先进个人”荣誉称号。吕太清在公路养护工作中,立足本职、锐意进取、艰苦奋斗,在平凡的工作岗位上作出不平凡的业绩,成为吉安市爱岗敬业、勇于创新的先进典型。

(叶小荣)

【宜春汽运城西分公司驾驶员李建云获“江西省劳动模范”】 9月29日上手,2015年江西省劳动模范和先进工作者表彰大会在南昌举行,来自各行各业的836名省劳动模范和先进工作者接受了江西省委、省政府授予的崇高荣誉,受到了省委书记强卫和省长鹿心社的亲切接见。宜春汽运公司城西分公司驾驶员李建云获得“江西省劳动模范”称号。参加工作以来,李建云怀着一份对职业忠诚、对事业执着、对旅客负责的火热情怀,情系运输事业,汗洒平凡岗位,10多年来,创造连续安全行驶194万千米的骄人成绩;李建云热情对待旅客,服务周到细致,受到了广大旅客的普遍好评;李建云所驾驶的班车创造的效益名列前茅;李建云以集体利益为重,吃苦耐劳、任劳任怨、甘于奉献;李建云对车辆爱护有加,车容整洁车况优良。因为工作表现优秀、成绩突出,李建云多次受到该公司表彰,2011—2014年,连续4年被评为该公司“劳动模范”;2015年6月,荣获江西省道路运输系统“道路客运安全行车百万千米优秀驾驶员标兵”称号。

(陈维民)

【宜春公交7路外线获“全国巾帼文明岗”】 公交行业作为城市文明的窗口服务行业,为打造优秀的服务品稗,宜春市公交公司自2010年起在7

路外线开始创建“巾帼文明岗”活动。通过严格考核、层层挑选，从各条线路200多名驾驶员中认真挑选出15名女驾驶员，女驾驶员们在平时的出勤率、准点率、驾驶技术、安全意识、车容车貌，以及产值各方面一直名列各线前茅。女驾驶员们一直用诚实守信的品德，优秀的服务态度，端正的工作态度文明从业，弘扬行业新风，展示新一代女公交驾驶员锐意进取、蓬勃向上的精神风貌。该线路于2011年被评为“宜春市市巾帼文明岗”，2012年被评为第九届江西省“巾帼文明岗”，2015年2月，被全国妇联评为全国巾帼文明岗。

（何　清）

【万载县交通运输局积极开展抗战胜利70周年纪念活动】 7月，该局和运管所汽运公司万载分公司、永诚汽修厂组织129人组成交通系统演唱队伍参加全县纪念抗日战争暨世界反法西斯战争胜利70周年大合唱歌咏比赛，其演唱的《军民大生产》《走向复兴》歌曲，以歌声嘹亮、气势磅礴和整齐的服装赢得全体观众和评委的称赞，获二等奖。8月中旬，又以“铭记历史、珍爱和平建设维护好公路交通线——纪念中国人民抗日战争暨世界反法西斯战争胜利70周年”为主题，创办一期专栏，专栏共用3个版面组成。第一部分简述中国人民抗日战争胜利的伟大意义。第二部分“不可忘却身边的记忆”，包括“万载老区的抗日救亡活动”“以湘赣通道为战略目标的上高会战”“日军在万载的暴行”“人民自发反击日寇”。第三部分“发展交通，富民兴邦”。整个专栏图文并茂，运用多幅历史图片，不少历史资料，展现了抗战时期万载及周边县市人民遭受日军的残暴和奋起反抗的英勇斗争。阐述了交通无论是战时还是和平建设时期都是一条重要的生命线。

（胡爱仙　王松州）

【分宜公路分局再获全国“巾帼文明岗”荣誉称号】 2015年，分宜公路分局传来喜讯，该局机械物资管理站冷补车间再次被中华全国妇女联合会授予全国“巾帼文明岗”荣誉称号。该车间有女职工九人，多年开展“巾帼建功”活动，立足本职，勇挑重担，钻研公路施工、机械操作技术，发挥女职工半边天作用，树立了分宜公路人新形象。

（郭义民）

【抚州市区开通“爱心送考”公交】 为给广大考生营造方便快捷的出行环境，抚州市公交总公司在6月7—8日两天推出“爱心送考”免费搭乘公交车活动，考生只需持准考证便可免费乘坐抚州市城区所有公交车。这是该公司从2013年起连续第3年推出“爱心送考”免费搭乘公交车活动。

6月7日和8日两天，考生持准考证可免费乘坐的公交车为：高铁1路、高铁2路、1路、2路、3路、6路、7路、9路、11路、18路、21路、22路、31路、33路、36路。如考生前往考场途中，遇迟到等特殊情况，该公司还将根据考生的实际情况，在确保安全的前提下，提供就近下车服务。

高考期间，为方便考生，该公司还制定一系列措施，如增加途经高考考点线路的运力，重点加密上午7点至9点，下午1点30分至3点等时段的公交车车次，缩短车辆间隔时间，确保考生按时抵达考场。

此外，高考期间公交车驾驶员将严格遵守相关规定，特别是在考点周围禁鸣喇叭。坚持中速行驶，逢站必停，遇有特殊情况，首先保证考生转乘其他车辆。同时，该公司还对所有营运车辆进行检测维修，并加强车辆巡查，如拾到准考证等与考生有关的证件物品，将及时与考生取得联系。

（陈根玲）

【宜黄县交通运输局加强行业精神文明创建活动】 2015年，宜黄县交通运输局加强精神文明创建活动，一是成立“一把手”任组长、分管领导任副组长、各部门负责人为成员的创建工作领导小组，领导小组成员各负其责，认真抓好各项创建活动的开展。二是研究制定创建工作规划和奋斗目标，即成为市级文明单位。三是抓好各项创建活动的落实。把创建工作纳入年度工作目标，贯穿于各项工作之中。确立“各级领导重视，党政工团齐抓共管，干部职工积极参与”的创建格局，形成一个干部就是一个文明形象，一个岗位就是一个文明窗口的群体创建氛围，在全体干部职工中树立争先进、创一流、讲奉献的新风尚，形成比、学、赶、超的竞赛局面，全面提高社会服务水平，促进交通运输事业的持续、健康发展。

（李华荣）

【东乡县强化交通运输行业窗口文明建设】

2015 年,东乡县交通运输局在巩固窗口单位建设成果的基础上,大力加强窗口单位文明优质服务工作,组织开展“争创文明服务示范窗口”和“争做文明优质服务标兵”活动。

该局充分发挥“文明示范窗口”的带动辐射作用,开展“学、树、创”活动,树公正执法形象,创廉洁高效政务环境,创健康向上人文环境,创规范守信市场环境,规范服务行为,主动接受监督。开展客运站创建活动,坚持以人为本服务理念,打造客运优质服务品牌。县便民服务中心大厅交通窗口,加大规范化服务工作力度,认真履行文明用语、文明礼仪、标准化服务等措施。开展“出租车行业创建文明服务竞赛活动”,全面提升县城区内道路运输行业经营服务水平,推动了道路运输市场的统一、开放、竞争、有序。

(姚金国)

【抚州长运公司广泛开展文明单位创建活动】
2015 年,抚州长运公司紧紧围绕“提升长运形象,提高服务质量,优化发展环境”主题,以加强“窗口”服务建设为突破口,广泛开展文明单位创建活动。

1. 抚州客运总站“玉茗班组”在提供咨询服务的同时,设置免费便民箱,长期配备纸杯、晕车药、针线盒等应急物品以方便广大旅客乘车需要;在醒目位置公布投诉电话及设置投诉窗口,接受群众监督。

2. 针对车站环境卫生整治,车站采取评分制划分各科管理区域、各行其责,每周进行一次环境卫生监督检查,每次检查对各区域管理进行评分,并纳入绩效考核,形成齐抓共管的整治合力。

3. 车站及时对公厕残疾人马桶设置不合理进行改造,且在显著位置贴有无障碍标志。对站内各项不完备和陈旧设施进行及时购置翻新,使其完备、功能良好。

4. 严格执行“公共场所禁止吸烟规定”,制作警示牌,宣传牌,张贴警示标语,并配备控烟劝导员,对车站工作人员不文明吸烟行为进行劝导。

(梅钟林)

【上饶市交通运输局开展“唱国歌、诵读《可爱的中国》”活动】 10 月 22 日上午,上饶市交通运输局组织开展“唱国歌、诵读《可爱的中国》”活动。纪念中国人民抗日战争暨世界反法西斯战争胜利 70 周年、中华人民共和国成立 66 周年及方志敏烈士就义 80 周年。该市交通运输局在家的局领导、机关各科室、局属各单位党员干部 100 余人参加活动。雄壮的国歌声与《可爱的中国》诵读声在上饶市交通运输局一楼大厅久久回荡。歌词与文章中传递出的革命前辈反压迫,反侵略,艰苦奋斗,自强不息的爱国精神,对祖国母亲无比的热爱,使上饶交通人深受启发、倍受鼓舞。参加者表示,要更好地继承党的优良传统作风,高举伟大的爱国主义旗帜,弘扬爱国主义精神,把活动中激发的强烈民族自豪感和国家荣誉感,转化为干事创业的巨大精神动力,共同推进上饶交通事业建设持续发展。

(何 婷)

【上饶市交通运输局组织干部职工参观全省道德模范和“身边好人”先进事迹大型图片巡展】
2015 年,由江西省委宣传部、省文明办主办的全省道德模范与“身边好人”先进事迹大型图片巡展在上饶举行。为推进思想道德建设,营造学习、宣传道德模范和“身边好人”的浓厚氛围,12 月 25 日下午,上饶市交通运输局组织干部职工参观图片巡展。此次巡展通过图片形式大力宣传全省道德模范和“身边好人”见义勇为、诚实守信、助人为乐、孝老爱亲、敬业奉献的先进事迹,展示模范风采,彰显道德力量。尤其是上饶市道德模范张秀桃、郑冬花等人的先进事迹深深感染市交通运输局干部职工,干部职工表示要向道德模范们学习,在平凡的工作岗位上做出贡献,积极争当模范标兵。

(何 婷)

工会工作

【概况】 2015 年,全省交通基层工会深入学习贯彻中共十八届三中、四中、五中全会精神和习近平总书记系列重要讲话精神,紧紧抓住中央、省委和省厅加强和改进党的群团工作会议的重大机遇,围绕全省交通运输事业发展大局,重点做好“五心”(维护核心、服务中心、凝聚人心、常怀恒心、狠下决心),较好的完成各项工作任务,团结动员广大职工在推动交通运输升级提速贡献智慧和力量。

1. 维护核心,学习贯彻中共群团工作会议和总书记习近平系列重要讲话精神有力有效。

2. 服务中心,组织引导职工岗位建功立业影响广泛。一是大力开展劳动竞赛活动。开展春运"情满旅途"和"农民工平安返乡(岗)安全优质服务竞赛"活动。开展"安康杯"竞赛活动。全省公路部门以迎"国检"为契机,开展多项迎"国检"劳动竞赛。二是大力选树先进典型。在整个交通运输系统掀起学习、宣传、争当劳模的高潮。组织劳模疗休养活动。完善劳模档案。继续搭建劳模领军、职工参与的创新平台,完成"江祥林劳模创新工作室"创建申报任务。三是大力弘扬和践行社会主义核心价值观。

3. 凝聚人心,扶贫帮困工作成效明显。建立困难职工电子档案,并实行动态管理;开展"三送"活动,即:冬送温暖、夏送清凉、秋送助学,各基层单位也积极开展,推进了"三送"工作制度化、常态化、长效化;同时,积极做好突发性灾害的慰问、救助工作。

4. 常怀恒心,基层组织和职工队伍活力持续激发。一是与时俱进,职工之家建设日益深化。组织参加"争创模范职工之家、争做职工信赖娘家人"活动。推荐评选全国和省级模范职工之家、模范职工小家、优秀工会工作者。二是注重基础,班组建设日益加强。组织参加海总开展的在全国公路交通系统开展"模范班组"创建活动。三是文体活动,职工参与日益活跃。积极开展丰富多彩的群众性文体活动。

5. 狠下决心,工会工作整体水平不断提升。一是"三严三实",从严治会深入推进。二是学习培训,工作能力得到提升。加强工会财务规范化管理,开展财务大检查和经费审计工作。开展《中国高速公路建设实录·江西分册》高速公路文化篇章的编撰工作。三是女工工作,"半边天"作用不断加强。评选了全省交通女职工"五一巾帼"标兵岗和标兵。开展工会女职工工作调研和女职工读书征文活动。

(高　梅)

【省交通工会组织开展"两节"送温暖活动】 1月27日至2月28日,省交通工会负责人带队,赴各设区市公路、港航、汽运、水运等基层单位开展送温暖活动。该次送温暖活动,仍以建档困难职工为慰问帮扶主要对象。

每到一处,慰问组都与困难职工及家属亲切交谈,详细了解困难职工的身体状况、生产、生活及家庭情况,并鼓励困难职工树立信心,战胜困难和疾病。为做好2015年"两节"送温暖工作,1月初,省交通工会下发通知,要求各级工会通过调查研究有针对性地帮助困难职工,解决生活难题,积极筹集资金专款专用,对困难职工进行普遍走访,确保"送温暖"活动实现"全覆盖、不遗漏、无差错"。

省交通工会"送温暖"慰问组共走访28个基层单位,慰问困难职工87余人,召开困难职工座谈会6次。

(孙　明)

【省总工会经审工作调研检查组赴省交通工会检查指导工作】 3月27日,省总工会经审办主任一行,到交通工会调研检查工会经审工作规范化建设情况。交通工会经审会主任汇报了工会经审工作规范化建设情况,交通工会有关部室负责人、交通工会南昌地区部分经审委员参加了汇报会。

在听取汇报后,检查组查阅台账资料,对交通工会经审委员会组织建设、规章制度、审查审计、业务建设和经费设备等方面进行了细致考核,对交通工会经审工作,特别是制度建设、组织建设、软硬件配备等方面,表示充分的肯定,并对进一步规范经审工作提出指导意见,希望交通工会在创新工作思路方面继续积极探索。

(张旭芬)

【省交通代表队荣获全省职工核心价值观工间操大赛总成绩一等奖】 4月22日,经过2天激烈角逐,全省职工核心价值观工间操大赛闭幕。由省高速集团、省港航管理局、交通职业技术学院三个单位70余名运动员联合组成省交通代表队在比赛中取得优异成绩:江西省交通代表队获总成绩一等奖,省高速集团代表队获得排舞比赛一等奖,省港航管理局代表队获得工间操比赛二等奖,交通职业技术学院代表队获得健身舞比赛二等奖,省交通工会获得优秀组织奖。

(刘　健)

【江湾管理所茶艺队获省女职工茶艺技能大赛一等奖】 4月15日,由江西省总工会举办的2014年度“女职工茶艺技能大赛”决赛在南昌举行。省高速集团景德镇管理中心江湾管理所茶艺表演队代表省交通工会参赛,并取得团体“一等奖”、“优秀组织奖”和个人“二等奖”的好成绩。

江湾管理所茶艺表演队组建于2010年,为参加此次省总工会的比赛,该队把地方“书乡”、“茶乡”特色文化与高速文化相结合,把书法、插花融入到茶艺表演中,自编自创了《书香茶》和《江湾茶语》,从表演形式、服装、道具等方面力求新意,得到评委与观众的一致好评。

(孙　明)

【交通工会召开财务经审工作会议暨财务培训班】 5月8日,交通工会在南昌召开2015年财务经审工作会议,并举办财务软件培训班。各基层工会分管财务工作的主席或副主席及财务人员等共120余人参加会议。

会上,传达省总工会财务会议精神,总结2014年工会财务工作和报告工会经费审计情况,部署2015年度财务大检查和经费审计工作。对省总工会《关于贯彻落实全国总工会加强基层工会经费收支管理的若干意见》进行了政策解读,对基层工会经费收支管理规范进行了详细讲解。省总工会财务部会计师对财务软件进行了培训,并就会议代表对财务软件操作过程中遇到的问题答疑解惑。

(胡　莎)

【中国海员建设工会公路工作部谢观宇部长深入江西梨温高速公路公司指导工作】 5月7—8日,中国海员建设工会公路工作部部长谢观宇,深入江西梨温高速公路公司调研指导,重点察看熊文清班组“劳模创新工作室”创建工作和“巾帼鹰西”品牌创建工作。省交通工会负责人、梨温高速公路负责人及单位工会工作负责人陪同调研。

谢观宇对熊文清班组“劳模创新工作室”和“巾帼鹰西”品牌在服务创新、管理突破、技术引领、精神传承等方面的工作给予充分肯定。就今后梨温高速的文明创建工作,提出建议和期望。

(熊娅萍　俞妮艺　李冬盈)

【中国海员建设工会公路交通联委会四届二次全体会议在江西召开】 5月28日,中国海员建设工会公路交通联委会四届二次全体会议在江西南昌召开。中国海员建设工会全国委员会副主席魏薇,公路工作部部长谢观宇出席会议,江西省交通运输厅副厅长王爱和,省总工会副主席陈文明出席会议并致辞。四届公路交通联委会主任、副主任,各省、自治区、直辖市交通(公路运输)工会,中国交通建设集团有限公司工会联合会,有关公路交通企业工会负责人共100余人参加会议。

会上,通过了工作报告。表决通过增补、替补的联委会副主任。宣读联委会新会员单位名单。5个联委会成员单位作大会交流发言。与会代表赴江西省高速集团赣粤公司昌樟管理处昌西南收费所参观职工书屋和职工摄影展,观看省高速集团工会工作汇报及江西交通运输系统农民工工资支付短片,观摩高速职工文化才艺展示。中国海员建设工会公路交通联委会全体会议每年召开一次。

(高　梅)

【省交通运输职工(南昌地区)登山比赛成功举行】 6月5日上午,由省交通工会主办的2015年省交通运输职工(南昌地区)登山比赛在南昌梅岭举行。省交通运输厅总工胡钊芳,省公路局局长曾晓文,省港航局党委书记严允,省高速集团党委书记王江军、总经理任东红等参加厅级领导干部组比赛;来自厅直属单位、南昌市公路局、江西长运公司等16个单位的140余名运动员参加处级以下(含处级)干部职工组比赛。该次比赛赛道为梅岭樱花谷至团山道班,总里程约3千米。比赛设厅级领导干部男子、女子组和处级以下(含处级)干部职工男子甲组、男子乙组及女子甲组、女子乙组。

经过激烈比拼,胡钊芳、王江军、曾晓文、严允分别获得厅级领导干部组男子组前四名,任东红获得厅级领导干部组女子组第一名,同时角逐出男子甲组前三名,男子乙组前三名,女子甲组前三名,女子乙组前三名和团体前八名。

(张旭芬)

【省交通工会分赴基层开展交通基层困难职工调查】 2015年,省交通工会先后在赣州、吉安两市召开交通基层困难职工调查座谈会。其中,赣州片区座谈会于8月9日在江西新世纪汽运集团公司召开,来自基层的10名困难职工代表参加座谈;吉安片区座谈会于8月11日在吉安长运公司召开,来自基层的40余名困难职工代表参加座谈。

座谈会上,省交通工会发放"困难职工调查问卷",了解两地交通困难职工的基本情况。刘盖群就省交通工会基层困难职工的帮扶政策作详细解读,使与会的困难职工代表深刻感受到党和政府的关心、工会组织的关怀。与会代表在座谈中感谢组织上一直以来的帮扶,并提出有助于完善帮扶措施的建议。

(张旭芬)

【省交通工会组织劳模疗休养】 8月1日,省交通工会组织一批劳模和先进个人赴山东省青岛进行疗休养。此次活动为期8天,来自全省交通基层一线劳模和先进个人共21人参加休养活动。

8月4日,省交通工会负责人特意前往青岛,代表省交通工会亲切慰问劳模,并召开劳模座谈会。座谈会上,劳模代表结合各自工作岗位和成长经历,就继续发扬劳模精神,立足岗位,发挥才干,为推动交通运输发展,畅谈自己的切身感受。

(熊 微)

【省交通工会召开厅直单位互保工作会议】 8月28日,省交通运输厅直属单位职工互助保障工作会议暨职工互助保障业务培训会在新余召开。省交通工会主席刘盖群、副主席李坪、省总工会职工保障互助会直属办事处主任夏建伟出席会议,厅直属单位工会相关人员共计30人参加了会议。

会议通报2014年度厅直属单位互保任务完成情况,下达2015年度职工互保任务,举办职工互保险种知识讲座。2014年厅直单位职工参保人数达20313人次,投保金额677710元,赔付率达36%。

(孙 明)

【省交通运输职工象棋比赛圆满结束】 9月24日上午,由省交通工会主办的"201 5年省交通运输职工象棋比赛",在宜春市温汤镇省总工会工人疗养院落下帷幕。此次比赛设个人赛和团体赛,实行限时包干制,采用积分编排,进行9轮比赛,并按个人成绩计算各单位团体总分。该次比赛团体和个人名次录取前八名。

自9月21日上午开赛,来自全省交通基层18个单位的50名选手展开激烈比拼。赛场上,各单位选手个个精神抖擞,挥棋对垒时沉着冷静,深思熟虑中或出奇制胜,每轮比赛结束后,选取手们又三五成群,聚在一起热烈讨论,相互鼓励,既充分展示全省交通职工奋勇争先、顽强拼搏的精神,又展现全省交通职工以棋会友、输赢两欢的风格。经过9轮225场对决,最终角逐出团体前八名和个人赛前八名。

(张旭芬)

【第五届"爱在交通情结高速"交友联谊会举办】 9月28日,由省交通工会主办、省高速集团工会承办的第五届"爱在交通情结高速"交友联谊会,在省高速集团景德镇管理中心举行。厅直各单位单身男女青年职工130余人参加了联谊会。

活动中,青年职工本着"沟通、交流、牵手、友谊"的精神,积极参与,主动沟通,把握机遇,联络感情,增进友谊。展示个人魅力的才艺表演、轻松有趣的小游戏、情歌对唱等环节逐一上演,将在场的单身男女青年职工的热情一次次推向高潮,现场气氛非常浓厚。举办"爱在交通情结高速"交友联谊会旨在为交通运输系统单身职工提供一个相识、相知的平台,充分活跃广大青年文化生活。

(万庭慧)

【省交通系统一批省级模范职工之家、模范职工小家和优秀工会工作者受表彰】 2015年,江西省总工会下发《关于表彰全省模范职工之家、全省模范职工小家、全省优秀工会工作者的决定》,江西省交通系统一批单位、集体、个人获表彰,2个集体获全省模范职工之家、5个集体获全省模范职工小家、5人获全省优秀工会工作者。

(张旭芬)

【省交通三个基层单位代表省厅参加江西省第九届文明健康艺术周文艺会演】 10月20日晚上,由江西省文明办、省广播电台主办,江西交通广播承办的江西省第九届文明健康艺术活动周,在南昌市八一公园百花大舞台开演。在为期五晚的文艺会演中,省交通三个基层单位代表省交通运输厅共出演了五个精彩节目,受到现场观众的一致好评。其中，省高速集团畅行公司表演的礼仪服务展示《畅行礼赞》，省高速集团昌铜公司表演小品《幸福昌铜平安行》，省公路局冯志琦演唱《老阿姨》，省路政总队康志雄演唱《映山红》，二人合唱《中国之最》。该次演出，省交通各单位把参演作为全省交通运输系统向社会宣传和弘扬社会主义核心价值观的一次具体实践，紧紧围绕艺术活动周“践行核心价值观、共筑我的中国梦”的主题，以礼仪展示、小品和红歌的形式，展现江西交通人文明健康的精神风貌，发扬了交通人积极向上的风采，弘扬了交通人无私奉献的正能量，每个节目都赢得全场观众的热烈掌声和阵阵喝彩。

（张旭芬）

【省交通代表队参加江西省第二届职工网球大赛获佳绩】 11月10日，由江西省总工会、省体育局主办的全省第二届职工网球大赛在华东交通大学圆满结束，交通代表队取得该届网球大赛团体第二名、男子单打第一名、女子单打第二名的好成绩。

该届职工网球大赛设团体赛、单项赛、领导干部赛三个组别，团体赛分为男子单打、女子单打、男子双打、混和双打、领导干部双打五项。经过5天激烈的比赛，交通代表队获得省产业、省直基层工会组团体第二名。于钦民、夏友南获得领导干部组双打第五名，陈洁获得男子单打第一名，苏亮获得男子单打第六名，周榕获得女子单打第二名，汤媛获得女子单打第四名，方汉芳、孙力获得混合双打第四名。交通代表队还荣获了优秀组织奖和体育道德风尚奖。

（张旭芬）

【江西省女职工职业技能竞赛交通女职工喜获佳绩】 12月21—23日，江西省女职工职业技能竞赛在南昌举行，全省交通系统选派了7名选手参加了中式烹饪、酒店服务、美容项目的竞赛。省交通工会负责人为选手们鼓劲加油。经过3天紧张激烈的角逐，省高速集团畅行公司杨慧、省交通干部学院罗彩霞分获酒店服务二、三等奖，省交通工会获优秀组织奖。

（孙　明）

【省港航局参加全省交通运输系统（南昌地区）登山比赛】 6月5日，省交通运输厅、省交通工会在梅林樱花谷举行登山比赛，来自交通运输系统南昌地区单位的137名选手共16支代表队报名参赛。省港航局党委书记严允及10名职工代表参加比赛。

比赛中，港航队员齐心协力、你追我赶、奋勇向前，用实际行动践行“我快乐、我健康”的活动宗旨，最终在16支代表队中取得团体第五名的优异成绩。

（涂雅婷　倪　磊）

【交通港航代表队在全省第二届职工网球比赛中获佳绩】 11月6—10日，全省第二届职工网球比赛在南昌举行，代表省交通运输厅参加比赛的交通港航队在比赛中获得省产业、省直基层工会组团体亚军、男单冠军、女单第二名、第三名、混双第三名、领导干部双打第四名的优异成绩，充分展现交通运输系统职工良好的精神风貌。

该次比赛有省总工会、省体育局主办，设有设区市总工会、省产业工会、教育系统和社会组等四个竞赛组别，分团体赛、单项赛、领导干部赛三个组别进行。共38支队伍447名队员参加比赛。省交通运输厅重视本次比赛，从厅直单位抽调11名网球爱好者组成交通港航队代表省厅参加比赛，并在赛前固定时间和地点开展集训活动，为参加比赛奠定扎实基础。比赛中全体队员充分发挥特别能吃苦、特别能战斗的精神，最终取得优异成绩。

（倪　磊　张桂钦）

【省运管局开展“迎新春”职工文体活动】 2月15日下午，省运管局“两人三足”接力赛正在火热举行。只见参赛队员两人一组，绑住脚腕，齐喊着口号“一二、一二”快步向前，默契的协作、激烈的你争我夺让现场加油声、喝彩声、欢笑声不断。

此次“两人三足”接力赛是省运管局“迎新春”系列职工文体活动中的团体项目。省运管局“迎新春”职工文体活动从1月下旬开始，利用午休及下班后休息时间开展，还包括飞镖，乒乓球，跳绳，拖拉机等个人比赛项目。通过近半个月的角逐，决出了各个项目的一、二、三等奖。精彩多样的文体活动，既丰富了广大干部职工的业余文化生活，也增强了团队合作意识，营造了朝气蓬勃、健康向上的机关氛围。

（朱　熹）

【省运管局与省道协联合举办2015年“道路运输杯”登山比赛】 4月25日，省运管局工会和省道路运输协会在溪霞怪石岭联合举办2015年江西“道路运输杯”登山比赛。省运管局、省道路运输协会70余名选手共同参加竞赛。

比赛采取三人混合团体形式自由组队参赛，以各队最后一位队员到达终点的时间计成绩，需要三名队员互相照顾、互相帮助，共同完成1.2千米的小长城赛程。上午9:30，随着裁判员的发令声，比赛正式开始。参赛队员们争先恐后地向着既定的目标进发。一路上，队员相互鼓励、相互搀扶，你追我赶、奋勇争先、永不言弃，体现出了较强的团队精神。

赛后，省运管局党委书记易宗发对比赛进行点评并指出，此次登山比赛丰富了职工的业余生活，参赛队员们在比赛中互帮互助、团结协作，共同到达终点，展现了良好的团队精神。易宗发勉励所有参赛队员要加强锻炼，进一步增强身体素质，同时，将登山比赛中“勇攀高峰”的精神运用到实际工作中，努力为江西道路运输业又快又好发展做出积极贡献。

（朱　熹）

【省高速集团召开2015年工作会议暨二届一次职工代表大会】 2月2日上午，省高速集团召开2015年工作会议暨二届一次职工代表大会，同时套开廉政工作会议和安全生产工作会议。省交通运输厅党委书记、厅长朱希，副厅长王昭春出席会议并为集团2014年度先进集体、劳动模范代表颁奖。省高速集团董事长、党委书记王江军出席会议并讲话，总经理任东红作行政工作报告，厅办公室（党委办公室）主任熊华武、安监处处长彭瑜到会指导，集团党委副书记、纪委书记李建红作廉政工作报告，副总经理刘理作安全生产工作报告，副总经理段卫党作工会工作报告，集团相关领导出席会议。

（省高速集团）

【南昌市港航管理处开展赠书进校园活动】 11月4日，南昌市港航管理处义务帮扶小组一来到帮扶联系点湾里区梅岭学校开展赠书进校园活动，给孩子们送去各类书籍，送去暖暖的关怀。

该处此次赠书进校园活动，向梅岭学校捐赠100多本精美的儿童读物和图书，为孩子们带来珍贵的精神食粮，校领导组织人员对书籍进行分类、分发，尽快把书籍摆上书架，供学生们阅读，鼓励、帮助学生们开展课外阅读活动，营造良好的校园文化氛围。

（王　欢）

【景德镇市公路管理所召开第一届工会会员大会】 8月12日，景德镇市公路管理所工会召开第一次会员大会。来自“两所一站”的21名工会会员参加大会，会议选举产生第一届工会工作委员会及经费审查委员会，市交通运输局工会负责人参会并作指导。

景德镇市公路管理所工会工作委员会经景德镇市总工会批准同意组建，由市公路管理所、市渡口管理所和市交通工程质量监督站三家事业单位联合组成。

会议通过差额选举方式选举占燕平、周宏、徐小明、曹彬、彭国勇五位人员为第一届委员会委员，选举彭国勇为工会主席。通过等额选举方式，选举付刚、戎平、黄涛三位人员为经费审查委员会委员，选举戎平为经审会主任委员。

（徐小明）

【芦溪县交通运输局增强工会凝聚力】 2015年，芦溪县交通运输局增强工会凝聚力。一是积极为干部职工办好事办实事，增强工会凝聚力。二是积极开展法制宣传教育，进一步增强青少年法制观念，组织开展学法守法活动。三是征订《老友》《康乐寿》等杂志丰富老干部生活，积极开展送温暖活动，帮困解忧，开展老干部走访慰问、困难职工慰问等。四是积极组织干部职工开展爱心捐赠活动。

（徐勇新）

【省交通工会下基层走访慰问九江公路困难职工】 1月27日，省交通工会领导走访慰问九江公路部分特困职工，向特困职工致以节日的亲切问候和良好祝愿，并带去慰问金。在九江公路局直属分局，省交通工会为困难职工陈国华送上1200元慰问金，并与陈国华进行了亲切的交谈。当得知陈国华因患风湿性心脏病体弱多年，却仍坚守在机械设备生产前线，从不给单位增添任何麻烦的事情后,李坪深受感动,关切地询问陈国华平时的治疗情况、日常生活和子女就学就业情况,鼓励陈国华保持乐观心态、坚定治疗信心,积极战胜病魔、克服困难、渡过难关,争取早日康复,有困难及时向单位反映。随后省交通工会的慰问人员还冒着凛冽的寒风走访慰问其它几位困难职工,使特困职工感受到了组织的关怀和温暖,感受到生活的幸福,特困职工都表示今后将坚强面对困难,勇于战胜困难,决不辜负组织的期望和厚爱。

(余白婷)

【新余公交"巾帼女将"不输男】　在新余公交公司425位驾驶员中,女性驾驶员有172名,占近一半,可谓是撑起了新余公交的半边天。

902线路的线路长宋淑梅就是其中一位女性驾驶员,她之前是一名公交车售票员,2001年采用开始无人售票后,因此下岗,2008年,她考取A3驾照,再次进入公交公司,成为一名公交车驾驶员。宋淑梅工作认真负责,真诚对待乘客,多次被公司评为"先进个人"和"生产节能标兵"。

关于社会上对女司机的质疑,宋淑梅不以为然,她用自己的成绩给出了一份满意的答复:安全行驶19.43万千米连续三年没有发生安全责任事故,这并不输给任何男性驾驶员。而且认为女司机反而更适合公交车驾驶员这个岗位,因为女性性格更加温和,不容易急躁,碰到一些突发事件同样能很好地应对。

为保障乘客出行,一到节假日,宋淑梅和同事们反而更加忙碌,2015年春节期间,除了大年初一休息了一天,其他时间都在上班。2015年已经是宋淑梅在公交车驾驶员岗位上的第8年,她非常喜欢这份工作,虽然收入比不上在外面打工,但好歹离家近,方便照顾孩子。

(龚健美)

【新余公交开展庆"三八节"游艺竞赛活动】　3月6日上午,新余公交公司开展庆"三八"游艺竞赛泯动,来自机关和二级单位的40余名女职工参加活动。本次活动主要有巧投皮球、跑得快、抽奖等趣味活动。"跑得快"比赛大家开动脑筋,以智取胜;巧投皮球,眼疾手快,巧用劲,妙趣横生,充分展示女工敏捷的身手;"抽奖"环节激动人心,现场沸腾,快乐、和谐的氛围在笑声中传递。各参赛队员以"友谊第一,比赛第二"的心态,全身心投入到比赛之中,经过女职工团结、紧张、友好、公平的比赛,最后评选出每个项目的各个奖项。

(陈延青)

【鹰潭市交通运输局举办首届职工运动会】　市交通运输局工会在2015年春节期间举办首届职工运动会,其中组织拔河、象棋、扑克、掷飞镖、乒乓球等多项赛事,动静结合,益脑健身兼而有之。各位局领导身先士卒,带头参加,下属各单位也积极组队,踊跃参赛,掀起一波又一波比赛高潮。此次运动会进一步丰富职工的文体生活,展示干部职工健康文明、积极向上的精神风貌,激发干部职工开拓进取、干事创业的工作热情,增强干部职工的凝聚力和战斗力。

(吴　玮　周永同)

【赣州市交通运输局举行"交通杯"职工拔河比赛】　4月29日,赣州市交通工会组织全市交通系统干部职工在市体育中心广场举行了以"庆五一、展风采"为主题的系统职工拔河比赛。参赛队伍由来自交通系统15个单位的14支代表队组成,每队20人,比赛采取小组赛、半决赛、决赛三轮进行。比赛中,各支代表队齐心协力、顽强拼搏,始终保持激昂的斗志和饱满的热情。场外啦啦队更是铆足了劲,为参赛队员加油鼓劲。经过一番激烈的角逐,市公交总公司在全系统14支代表队伍中脱颖而出,获第一名的好成绩,而市公路局、航空公司也分别获得第二、三名的殊荣。此次比赛不仅加深机关广大职工的友谊,增强系统的凝聚力和向心力,同时也为全系统职工储备了"正能量",使"交通人"能以更加饱满的精神状态投身于交通建设的事业中去。

(局工委)

【赣州市交通运输局在市运会上斩获佳绩】　11月2日,赣州市第四届运动会落下帷幕,市交通运输局代表队团结协作、奋勇拼搏,最终荣获成人部市直(驻市)机关组团体总分二等奖、体育道德风尚奖代表团、体育道德风尚奖代表队的好成绩。该届运动会是全市历史上规模最大、综合性水平最高的一次体育盛会,共有来自18个县(市、区)及赣州经济技术开发区和50个市直(驻市)单位的3372名运动员参加比赛。自活动开展以来，市交通运输局强化组织领导，积极动员部署，先后组织28名职工参加篮球、羽毛球、乒乓球等三个大项的比赛。比赛中，全体参赛队员充分发挥顽强拼搏、团结协作的精神，在多个项目取得优异成绩。其中，男篮比赛荣获第二名；羽毛球女单荣获第二名；乒乓球男单荣获成人组第五、六名、县级领导组第五名的优异成绩，充分展示交通运输系统广大干部职工团结奋战、勇于拼搏的良好精神风貌。

（局文明办）

【峡江公路分局为职工营造舒适的“家”】 2015年，峡江公路分局又一所道班——安山道班改造修缮工作圆满完工，面貌焕然一新。该局本着为职工营造舒适的“家”的宗旨出发，采取向上争资与自筹资金相结合的办法，先后投资50余万元对所辖庙口、马埠、砚溪、安山等道班进行改造修缮。改造修缮包括改水改厕、屋顶防漏处理、院内规划绿化、栽种果树、围墙重建刷新以及职工单间宿舍建洗浴间等。在对道班进行改造修缮的同时，该局还为有条件的道班配备电脑上网、文体活动室、太阳能热水器、冰箱、洗衣机等，进一步改善一线养路职工的生产生活条件，丰富了养路工的业余生活，使全体养路工感受到“家”的温暖和舒适，激发了工作积极性。

（陈维宁　李　刚）

【宜春市交通运输局切实做好职工互助保障工作】 2月13日，按照市交通运输局《关于做好干部职工互助保障工作的通知》（宜直党字〔2015〔5号），在局领导的亲切关怀下，局机关党委为全局在职干部职工办理了2015年职工互助保障。全局共有66名干部职工参加团体人身意外、女职工幸福、特种重病、大病住院自负、住院津贴、意外大病团体综合6个保障种类，缴费金额共计27015元。12月18日，孙勇、彭云德领取疾病住院治疗有关补贴。职工互助保障是中华全国总工会从1993年起开始组织实施，是依靠工会在职工中自筹资金、自愿参加的基础上，开展与职工患病、意外伤害等特殊困难有关的互助合作保障活动，是国家法定保障的补充。建立职工互助保障制度是单一政府救助变为由政府救助与工会救助相结合，是救助机制的一种创新，是为职工增加一道新的保障，在一定程度上减轻职工因病或意外伤害造成的经济负担。

（肖文锋）

【宜春市交通运输局工会全力保障会员福利待遇】 9月下旬先后为局机关在职及退休人员发放了生日蛋糕券、电影票。工会给每人发放蛋糕券1张，共计91张，金额18200元，电影票每人10张，金额25480元。一份小小的生日蛋糕、电影票体现了单位对职工的关爱，使广大生产干部职工真正体会到单位大家庭的温暖，增强了沟通与互信，凝聚了职工的人心，鼓舞了职工的斗志，进一步激发了广大职工的工作的热情和干事创业的积极性，增进了对单位的责任感和使命感。

（肖文锋）

【宜春市交通运输局工会组织开展“秋游”活动】 11月1日，为缓解工作压力，丰富广大干部职工业余生活，体现组织的人文关怀，在该局机关党委指导下，局工会组织机关全体工会在职会员开展一次秋游活动。职工告别城市的喧嚣，抛开紧张的工作，来一次身心的彻底放松。上午9点30分，全体会员约40人统一乘坐大巴前往袁州区洪江乡南惹古村游览深秋的古村景色。走进村庄，就能看见山腰的云雾，翠绿的竹海，潺潺的流水，古老的民宅。特别是那两棵参天的千年银杏树，将整座山村点缀得神秘而古朴。会员们感叹空气的清新、泉水的清澈、古树的沧桑、村庄的美丽，纷纷拍照留念。下午，继续乘车抵达新康府庄园，开展一系列丰富多彩的文体活动。先后举行拔河、两面三刀人三足、团团抱、扑克等文体活动。无论年龄大小，水平高低，皆奋力拼搏，挥汗如雨，展现了会员们工作之外的积极生活画面，展现了工作之外的积极生活画面也体现了良好的团队协作和凝聚能力。

（肖文锋）

【抚州市交通运输局获本市第三届庆国庆大合唱比赛二等奖】 10月11日晚，抚州市文化广场歌声飞扬，由该市市委、市政府主办，市委宣传部、市文明办、市文化广电新闻出版局承办的以“永远跟党走，共筑中国梦”为主题的抚州市第三届庆国庆大合唱比赛在这里举行，来自市直各部门(单位)的12支代表队用歌声表达庆祝新中国成立66周年的喜悦心情和对幸福生活的赞美。

经过激烈角逐，抚州市交通运输系统代表队获得二等奖，同时获得组织工作奖。

(陈根玲)

【黎川县出让土地解决搬运公司职工社保】 2015年，黎川县搬运公司为该县交通运输局下属大集体企业，职工50名，公司倒闭多年，待改制。为解决企业职工社保资金困难问题，黎川县政府决定将县搬运公司一宗位于长坡地段、黎光公路东侧，面积为377.2平方米土地在网上公开挂牌出让(黎府办抄字〔2015〕323号)，土地出让金将全部用于企业职工社保，职工的后顾之忧得到有效解决。

(黄建国 徐高宗 邹 峰)

【抚州长运公司工会召开换届选举大会】 2015年10月6日，抚州长运公司工会进行换届选举，116名会员代表参加选举大会。选举大会采取无记名投票方式进行，胡学发当选为新一届工会副主席。胡学发、刘学民、金汝屏、梅钟林、江嫒5名人员为新一届工会委员会委员。刘学民：吴建明、罗毓、杨坚、梅钟林5名人员为工会新一届经费审查委员会委员。江嫒、周海燕、蒋群红、吕晶、罗慧贞为工会新一届女工委员会委员。

(梅钟林)

共青团工作

【概况】 2015年，江西省交通运输厅直属机关各级团组织坚持以中共十八大和十八届三中、四中、五中全会精神及习近平总书记系列讲话精神为指导，紧紧围绕全省交通运输工作大局和共青团中心工作，高举团旗跟党走，通过强化思想引导、服务青年发展、加强团的建设等一系列举措，有效组织引导广大团员青年立足本职建功立业，为推进全省交通运输事业升级提速做出积极贡献。

一是着力提升团员青年综合素质。深入开展“读书月”“书香换花香”等读书活动，大力倡导多读书、读好书的文明风尚，营造全团读书、终身学习的良好社会氛围。以重要纪念日、重大活动为契机，通过学习座谈、参观寻访、青春故事讲述、撰写网络日志、读书征文等多种方式，鼓励团员青年树立终身学习理念，拓宽知识面，改善知识结构，全面提高综合素质。二是充分发挥青年生力军作用。深入开展“实干兴赣当先锋、为民服务作表率”主题实践活动，组织动员广大团员青年深入基层单位、扶贫点开展多种形式的调研实践活动，接地气、强底气，以实际行动践行群众路线。以提高路网密度、提升线路等级为重点，以打造安全畅通、便捷高效的综合交通运输体系为目标开展一系列创新创优创效实践活动，激发了团员青年干事创业的热情。通过创评“青年岗位能手”，组建“青年突击队”等方式，组织动员团员青年在日常工作中、在应对各类抗灾保通等急难险重任务中充分发挥生力军和突击队作用，为交通运输事业发展做出积极贡献。三是深化“青年文明号”创建。以“青年文明号”创建为抓手，大力提升窗口服务水平和服务质量。组织开展“青年文明号”送温暖活动，近5年共捐赠爱心物资及金额达20余万元。以纪念青年文明号20周年为契机，开展“亮身份、亮职责、亮承诺”“青年文明号优质服务竞赛”“青年文明号志愿服务咨询”“青年文明号大手拉小手”“青年文明号诚信示范服务行动”等系列活动，展示了青年文明号集体的良好形象。强化青年文明号日常规范化管理和考评，青年文明号创建活动已逐步成为交通文明行业创建活动的重要载体。

(陈志光)

【省交通运输厅丰富团员青年文化生活】 2015年，省交通运输厅团员组织青年深入开展“炎夏送清凉”“青春暖冬”“青春志愿行共筑中国梦”等志愿服务，不断打造雷锋热线、雷锋班组、雷锋驿站和雷锋路，进一步提升了行业文明服务水平。广泛开展帮扶孤寡老人、关爱贫困学子、留守儿童等扶贫帮困活动，受到社会各界好评。省港航局团委持续关爱关注孤独症儿童，省运管局团委在客运站坚持开展“温馨旅程”志愿服务，省高速集团团委在服务区设立爱心服务站、成立“紫荆花”志愿服务支教队，江西交通职业技术学院组建志愿服务队伍，深入基层开展志愿服务活动，进一步提升交通运输行业服务形象。开展篮球、乒乓球、羽毛球、登山等一系列文体活动,扎实开展“重走红军长征路”的活动,“红色基因”在广大团员青年中得到有效传承。

(陈志光)

【省交通运输厅强化基层团组织建设】 2015年,省交通运输厅深入推进区域化团建工作,厅直机关团委及厅直单位团组织与所在驻地单位结成共建对子,实现团建资源共享。举办团干培训班,邀请省委党校、省行政学院、省团校老师和上级团委领导进行授课,讲授政治理论、团章团史和团的工作方法,不断提高团干部政治、业务素质和实际工作能力。创优团员青年活动空间,各级团组织均设立团员活动室、建立青年空间,为团员青年提供了良好的活动场所。探索新媒体在共青团和青年中的运用,以青年喜闻乐见的微博、微信、微群、微电影等“微”元素吸引和凝聚团员青年。

(陈志光)

【开展学雷锋志愿服务月活动】 自3月1日起,省交通运输厅组织厅直各单位开展为期一个月的学雷锋志愿活动。截至3月底,全省交通运输系统参加学雷锋活动3560人次,组织开展现场讲座、咨询服务、宣传103场次,为基层和群众办实事好事335件,受益群众5286人,先后发放慰问金43607元,赠送图书、资料慰问品等1070件,慰问困难残疾等特殊人群1559人。活动期间,省交通运输厅充分运用报刊、宣传栏、网站等媒体,全面加强宣传引导,积极发布志愿者或志愿服务团队典型事迹,弘扬典型、表扬先进。

(万庭慧)

【公路系统6个集体获省级青年文明号】 2015年,江西省创建青年文明号活动组委会下发《关于命名2012—2013年度省级青年文明号的决定》,命名395个青年集体为2012—2013年度省级青年文明号。公路系统共6个集体被命名,名单如下:江西路通房地产开发有限公司、江西省公路管理局交通工程公司、江西省公路机械工程局第一分公司、江西省公路机械工程局第二分公司、江西省公众出行交通服务热线96122、抚州赣东公路设计院。

(路　宣)

【省公路局团委组织志愿者开展公益环保活动】 11月4日,省公路局团委组织志愿者走进艾溪湖湿地公园开展公益环保活动,用爱心去保护环境,用热情去传播环保理念。志愿者们弯腰捡游客丢弃在绿地花田边的纸巾,果皮,食品袋等各种生活垃圾,不时地将捡满的垃圾一袋袋倒入路边的垃圾箱进行统一处理,当遇到游客踩踏绿地或采摘花朵时,志愿者主动上前制止,并向游客讲解保护绿色环境共建绿色家园的生活理念。志愿者们的公益环保行动,不时赢得过往游客的赞赏,有些游客也被志愿者的服务精神所感染,也纷纷地加入了环保捡垃圾的行动中来,通过此次的公益环保活动,省公路局志愿团队呼吁更多的人加入到环保队伍中来,热爱生态环境,共同来保护生态家园。

(邵新羚)

【省交通运输厅团干培训班在交通干部学院举行】 5月21日,省交通运输厅团干部培训班在交通干部学院举行。省交通运输厅党委委员、副厅长王爱和出席并讲话,同时为2014年度受表彰的五四红旗团组织负责人、优秀团员和优秀团干颁发荣誉证书。

本次培训为期两天,培训班邀请省委党校、团省委、华东交大等专家学者开设“全面推进依法治国,开创法制中国新天地”“共青团历史与章程概述”“心理素质拓展训练”等课程。省交通运输厅厅直各单位90名团组织负责人及部分下属单位团组织负责人参加学习。通过培训,为全面提高厅直机关团干部综合素质,加强团干部队伍建设具有较大的推动促进作用。

(钟恢万)

【省港航局团委开展义务献血活动】 3月26日,省港航局团委组织开展义务献血活动,局机关、局属南昌地区各单位共有60余名志愿者参加献血,献血总量达到16700cc。上午8点30分,义务献血活动在办公大楼一楼大厅启动,献血志愿者早早到献血点,接受献血站专业医护人员的口头询问、抽血检验。在献血队伍中,既有多次献血的老先进,也有初次献血的新人,志愿者有条不紊地排着队,显得轻松认真。当鲜红的血液从志愿者的臂膀里流出时,志愿者充满自豪感,志愿者不仅是用自己的热血在拯救同胞的生命,也是用自己的爱心之举诠释助人为乐的社会新风尚。志愿者纷纷表示:会将无偿献血继续下去,关爱他人,回报社会。

(黄文平　黄旭东　陈明中)

【省港航局团委获“省直五四红旗团委”称号】 6月30日,从省直团工委传来喜讯,省港航局团委荣获2013～2014年度“省直五四红旗团委”光荣称号。

省港航局团委始终紧紧围绕港航发展大局,服务中心工作,坚持“党建带团建”,大力加强团的思想、组织、作风建设,促进青年成长成才,为港航事业发展建功立业。同时,紧密结合港航系统特点,大力开展青年文明号创建活动,积极开展学雷锋青年志愿者服务活动,在全系统弘扬“奉献、友爱、互助、进步”的志愿者精神,组织开展义务献血、扶贫捐款、爱心助学、送温暖以及社区共建等公益活动,2013—2014年度,仅局属南昌地区各级团组织献血总量达2万多cc,爱心捐赠、扶贫助学款达2万余元。

2015年,全局有5个单位获“省级青年文明号”,比上届增加3个,充分展示港航青年和港航行业良好形象。

(邱志勇)

【省港航局团委组织团员青年赴龙头岗项目工地参观学习】 4月30日,局团委组织局机关及南昌地区单位部分团员青年到南昌龙头岗综合码头一期工程现场参观学习,实地了解水运工程建设情况。

通过这次参观学习,团员青年们不仅切身感受到龙头岗综合码头一期工程的宏伟和大气,感受到全省水运事业的蓬勃发展,更深深体会到广大工程建设人员扎根基层敬业奉献的不易,团员青年纷纷表示,要以更加奋发有为的姿态和开拓进取的精神,立足岗位、努力工作,进一步坚定心中践行青春使命,投身水运事业的信念,为全省水运事业发展贡献自己的青春和力量。

(陈志光)

【省运管局开展“畅游书海点亮梦想”青年读书征文活动】 4月30日,省运管局组织开展“畅游书海点亮梦想”青年读书征文活动,以倡导团员青年品读好书、撰写心得参与评选形式迎接“五四”青年节。

此次读书征文活动是局团委响应“实干兴赣当先锋、为民服务作表率”和“青春建功中国梦”主题教育实践活动之一,旨在培养广大团员青年崇尚阅读、自觉阅读的良好习惯,激发青年求知热情,营造多读书、读好书的书香氛围。

(朱　熹)

【省高速集团开展“沿着江西高速赏花去”主题营销活动】 3月12日,省高速集团团委、收费管理部以“沿着江西高速赏花去”为主题,联合制作2015年春季版江西高速公路春季赏花路线,并通过省内主流媒体向社会公布,让公众更加了解高速公路给出行带来的便利。

此次公布的春季赏花路线涵盖全省,涉及10个赏花点和8个高速公路收费站。为确保赏花自驾游车辆能够顺利到达景点,该路线通过图文的形式标出所涉及的高速公路收费站图片,还对下高速后前往赏花点的路线走向进行说明,让从没去过该赏花点的人们也能根据路线图一目了然,引导车辆正确行驶。

(巫过房)

【省高速集团团委举行“书香换花香”公益活动】 4月22日“世界读书日”下午,省高速集团团委联合凤凰879电台等单位举行“书香换花香”公益活动,把闲置的书籍捐赠出来给山区小学,一方面换领到绿色植物,更重要的是能让更多的孩子享受到阅读的快乐和成长的乐趣,传递“爱的正能量”。

(巫过房)

【省高速集团举行“奔跑吧,江西高速青年”主题团日活动】 在第96个五四青年节当天,省高速集团在南昌举行“奔跑吧,江西高速青年”主题团日活动,集团总部、嘉和公司、天驰公司、高速传媒公司和高速物资公司青年代表共计30余人参加此次活动。

参赛人员按单位划分成5支队伍,在大象转、投乒乓球、挤气球、撕名牌等环节中,各队成员齐心协力,不仅高水平完成了任务,更亲自体验了团队协作的力量。特别是在撕名牌环节,参赛人员斗智斗勇使出浑身解数,现场更是趣味横生,欢笑连连。经过一系列的紧张角逐,高速物资公司代表队最终问鼎冠军。

(巫过房)

【省高速集团团委开展“感恩江西高速珍惜工作岗位创造青春业绩”主题实践活动】 7月15日至8月15日,省高速集团团委在团员青年中开展为期一个月的“感恩江西高速珍惜工作岗位创造青春业绩”主题实践活动,集团所属1600余名团员青年参加活动。一是通过“三个对比”开展学习调研。分批组织团员青年就近参观企业车间70家,通过参观体验“现身说法”,对比工作环境、对比工作压力、对比工作差距,使广大团员青年重新审视自己的工作岗位,反思自身的思想问题,进一步端正工作态度。二是立足“三个问题”组织讨论交流。在调研、参观驻地企业的基础上,邀请领导作形势报告,并以“如何才能对得起自己的岗位”“如何珍惜自己的岗位”“如何尽职于自己的岗位”为主题开展72场(次)的座谈交流,谈感想、谈体会,使团员广大青年更加清晰自身肩负的责任,更加珍惜今天的工作。三是围绕“三个结合”撰写合理建议。在讨论交流的基础上,还组织团员青年结合自身工作岗位、结合创造青春业绩、结合企业发展开展“我为企业发展献一策”活动,收到了加大业务技能培训力度、开展先进典型人物事迹报告会、组织青年心理减压活动等合理化建议。

(巫过房)

【江西高速首支志愿服务支教队正式成立】 9月23日,江西高速“紫荆花”志愿服务支教队在万年管理中心瑞洪收费站启动,标志着江西高速首支志愿服务支教队正式成立。

(巫过房)

【省高速集团组织“向上向善高速好青年”青春故事分享活动】 10月8日—13日,省高速集团组织“向上向善高速好青年”青春故事分享团走进公路开发总公司、赣粤高速、宜春管理中心、泰和管理中心、赣州管理中心,以讲身边事、说身边人的形式讲述分享身边青年典型的青春故事,培育和践行社会主义核心价值观,宣贯和弘扬江西高速企业文化,向广大青年传递正能量。

分享活动中,8位成员分别讲述梨温高速鹰西收费站、泰和管理中心井冈山收费站、“献血达人”黄水清、“打逃勇士”李庚、“拾金不昧”张伟、省直青年五四奖章获得者谌菊辉、全省优秀共青团员高红艳和全国劳动模范何水标的青春故事。分享团成员用朴实的语言、感人的事迹和贴近青年的方式鼓励广大青年敢于有梦、勇于追梦、勤于圆梦,在平凡的工作岗位上创造不平凡的青春业绩。活动结束后,现场听众纷纷表达对此次活动的反响和好评,激发青年向上、向善的决心和激情。

(巫过房)

【省高速集团赣州管理中心团委开展“重走长征路”拓展活动】 11月26—27日,省高速集团赣州管理中心组织团员青年前往红色故都瑞金开展为期两天的“重走长征路”拓展训练活动,共有近30名基层团员青年踊跃参加。

(巫过房)

【省高速集团景德镇管理中心首个“江西高速爱心服务站”正式建立】 12月24日,省高速集团景德镇管理中心首个“江西高速爱心服务站”在江湾敬老院正式建立。景德镇管理中心将以此为依托,定期组织团员青年开展献爱心志愿服务活动,推进志愿服务常态化。

(巫过房)

【江西交通职业技术学院举办“共青团杯”足球、篮球赛】 4月,江西交通职业技术学院举办第十届“共青团杯”足球赛,获得本届足球赛冠、亚、季军的球队分别是:路桥工程系1队、汽车工程系队、信息工程系队。吉健和胡欣苗分获本届足球赛的“金球奖”和“金靴奖”荣誉称号。同期,举办第十二届“共青团杯”篮球赛,获得本届篮球赛冠、亚、季军的球队分别是汽车工程系队、管理工程系队、建筑工程系队。

(宋俊鸣)

【厅规划办深入老年公寓开展献爱心活动】 3月25日,厅规划办学雷锋志愿服务小队成员来到南昌市永泰老年公寓,为老人们送去棉被和毛毯等保暖用品。此次活动既树立单位党员示范引领作用,又关注老人所需,体现了“关爱他人、关爱社会、关爱自然”的利民惠民的学雷锋活动主题。

(厅规划办)

【厅信息中心青年志愿者开展春运“暖冬行动”】 通过在新浪、人民、腾讯微博平台注册的官方微博“江西交通”直播路况信息,及时更新的路况及路阻信息。春运期间,在公众出行网发布信息640条,官方微博发布信息3192条,短信平台发布信息3970人次,接受电视节目采访3次,与江西交通广播连线5次,编发《江西交通应急信息》10期,有效的保障广大出行人员的平安便捷出行。

(王嫄嫄)

【省路政总队举行首届全省高速路政系统登山比赛】 7月10日,总队团委和工会联合举办2015年全省高速路政系统首届登山比赛,全省高速路政系统81名运动员参赛,分别对男子青年组、女子青年组、男子中年组、女子中年组、处级领导干部组等5个组的前3名和总分优胜团队进行奖励,进一步推动全系统全民健身运动的开展,提升了干部职工身体素质,营造了团结向上、健康和谐的良好氛围。

(贾丙海)

【萍乡市交通运输局团委组织全系统团干赴莲花龚全珍工作室参观学习】 8月21日上午,该局团委组织全系统青年团干赴莲花县琴亭镇龚全珍工作室、甘祖昌龚全珍事迹展览馆进行参观学习。青年团干一行10余人先行到“龚全珍工作室”,工作室内,龚全珍先进事迹图文并茂,就像一副优美的画卷展现在眼前。作为开国将军甘祖昌的夫人,龚全珍坚持扎根农村,数十年如一日,在乡村教师的平凡岗位上,兢兢业业,教书育人。退休后,仍然倾力捐资助学、扶贫济困,心系群众,服务社会,从青春岁月到耄耋之年,风雨无阻,矢志不渝。龚全珍那种“坚守信念,淡泊名利、艰苦奋斗,无私奉献”的革命精神,彰显新时期优秀共产党员的时代风采,生动诠释了为民务实清廉的真正内涵。参观完工作室后,青年团干一行来到甘祖昌、龚全珍事迹展览馆,近百件实物、200余张图片、时长3小时的视音频、10余种书籍专刊等资料、真实、生动展示甘祖昌、龚全珍的崇高精神和先进事迹,展现两位楷模的闪光本色,诠释两位楷模坚持信仰所产生的巨大正能量,也展出后辈对精神事迹的传承弘扬。看着一张张珍贵的照片,听着一段段感人的事迹,青年团干深深地被龚老几十年如一日,对党忠诚、一心为民的朴素情怀所感动。

(李襟远　张　颖)

【九江市交通运输局开展“党建带团建,青年志愿者在行动”活动】 4月下旬,市公交公司新增8条开往八里湖新区的公交线路。2015年5月19日上午,为了让广大市民熟悉公交线路,交通青年志愿者举行派送公交线路宣传单的服务活动。60多人的志愿队伍顶着炎炎热日深入机关、社区、公交站点为广大市民发放10000余份《八里湖公交乘车指南》宣传单。这一活动既是提供优质、高效的公交服务举措之一,更是围绕年初局党委确定的认真做好党建带工建、带团建、带妇建工作要求开展的系列活动之一,通过这些活动的开展,切实提高党、群、团组织的吸引力、凝聚力和战斗力,有效地引导交通系统干部职工进一步增强责任感、使命感,自觉践行“三严三实”,立足岗位做表率,在服务于全市经济、社会发展过程中,展示出交通人良好的精神风貌!

(九江市交通运输局)

【新余公交志愿者学雷锋情暖敬老院】 3月5日,新余公交公司团支部组织20余名青年志愿者来到新余市城北敬老福利院看望孤寡老人,送上慰问品,为老人们送去关爱与温暖,共度元宵佳节。当天上午,志愿者们带着元宵和水饺等慰问品来到敬老院,现场为老人们煮好,并将热气腾腾的水饺和元宵送到每一位老人手中。期间,志愿者为老人们拍照留念,同老人们聊天、拉家常,详细询问老人们的日常生活情况和身体状况,扶老人起身活动,嘱咐老人们要保重身体。青年志愿者的到来,让整个敬老院充满欢声笑语,整个敬老院洋溢着温馨、祥和的气氛。

(陈延青　周小梅)

【樟树市交通运输局组织团员观看国防教育专题文艺晚会】 4月17日晚7时,在樟树药都影院举行《祖国在我心中》国防教育专题文艺晚会，樟树市交通运输局武装部积极响应樟树市国防教育办公室号召，组织全局青年干部、团员30人观看演出，观看演出的还有全市各单位领导干部职工、中小师生及市民群众。晚会现场气氛热烈，整台晚会用艺术的表现形式热情讴歌国防建设取得的辉煌成就，警示人们居安思危，进一步坚定爱国之情、强国之心、报国之志，共同为建设强大国防、实现“中国梦”而奋斗。

（杨 波）

【高安市交通运输局团委积极开展志愿者服务活动】 3月4日上午，市交通运输局团委组织20多名交通运输志愿者到长途汽车站、城南客运站等地开展志愿者服务活动。活动中，志愿者头戴红帽，身穿黄马甲，自带劳动工具，全面清理站前广场、候车厅等处杂物，剔除小广告，捡拾白色垃圾。同时引导广大乘客文明排队、有序乘车，劝导乘客不要乱扔垃圾等。通过此次活动，进一步亮化了交通“窗口”，为市民营造了一个优美的出行环境。

（周世祥）

【奉新县交通运输局团支部组织登山活动】 5月1日，奉新县交通运输局团支部组织青年职工26人举行登五梅山活动，得到广大青年职工的积极响应。登山活动中，青年职工充分体现了团结奋进、友爱互助、积极向上的精神风貌和集体主义精神，一路上欢歌笑语、亲切交谈。经过6个多小时的徒步，终于登上海拔1600多米的五梅主峰，领略到了一览众山小的意境和美景。

（周振江）

老龄工作

【省交通运输厅离退休干部情况】 省交通运输厅离退休干部1870人，其中离休干部52人，退休干部1818人。在离休干部中：享受副厅级待遇11人，享受正副处级待遇31人，享受科级及以下待遇10人；行政编制5人，事业编制39人，企业编制8人。厅机关离退休人员共有89人，其中离休干部5人，退休干部75人，工人9人。

（王丽琴）

【省交通运输厅领导走访慰问离退休人员】 2015年春节前夕，省交通运输厅领导分成三组，分别带队走访慰问离退休老干部（包括厅机关全体离退休人员、厅直属各单位副厅级以上离退休干部及全厅的老红军遗孀，共计109人），为离退休人员送上慰问金以及组织的问候和祝福。在陪同省委老干部局走访慰问特困离休干部和特困退休干部党员时，交通运输系统各单位做到了层层配送慰问金，把组织的关怀和温暖落到实处。

（王丽琴）

【省交通运输厅组织离退休人员参观昌樟改扩建项目】 2015年4月14日，厅离退休干部管理处组织厅机关离退休人员共计65人参观考察昌樟改扩建项目，让老干部深入了解全省交通发展新进展，宣传交通运输事业新成就、新变化，并充分发挥建言献策的作用。

（王丽琴）

【举办省交通运输系统第十七届老年门球赛】 2015年11月5—7日，全省交通运输系统第十七届老年门球赛在江西省政府门球场举行。省交通运输厅副巡视员夏太胜为获奖代表队颁奖。来自全省交通运输系统的12家单位共120余名老人们参加了本次比赛，展现全省交通运输系统老年人良好的精神风貌，经过55场比赛的激烈角逐，新余交通运输局、萍乡公路管理局、省交通运输厅机关、省公路运输管理局、宜春市公路管理局、省公路管理局等单位的代表队荣获优胜奖。

（王丽琴）

2014 年省交通运输厅老年体协主要体育活动安排表

表 11

序号	日期	内　　容	主办单位
1	元月	召开老年体协会,安排今年主要体育活动	厅老年体协　厅离退休干部管理处
2	2 月	交通老年合唱团,全年开展唱歌活动,每周训练一次	厅老年体协厅　离退休干部管理处
3	4 月	参加省直国家机关老年体协举办的门球赛。厅直单位南昌地区第一季度门球赛	厅机关
4	5 月上旬	厅直单位南昌地区上半年度钓鱼比赛	厅老年体协　厅机关
5	6 月—10 月	参加省老年体协举办的省直单位行业系统老年人门球赛	厅老年体协
6	6 月	厅直单位南昌地区第二季度门球赛	省运管局
7	10 月	厅直单位南昌地区第三季度门球赛	省公路局
8	10 月上旬	全省交通运输系统第十七届老年门球赛	厅老年体协　厅离退休干部管理处
9	10 月中旬	厅直单位南昌地区下半年度钓鱼比赛	厅老年体协　省运管局
10	7 月至 10 月	组队参加省直国家机关老年体协举办的有关赛事	厅老年体协　厅离退休干部管理处
11	11 月	厅直单位南昌地区第四季度门球赛	设计院
12	11 月	参加省直单位会员队门球赛	各会员单位
13	全年	加强老年体育科普宣传、学习科学健身体育运动的有关活动,加强对厅直单位的督导	厅老年体协

【省交通运输厅和省委老干部局领导慰问省港航局离休老人们】 2 月 3 日寒风凛冽,省交通运输厅纪委书记成松和省委老干部局副巡视员李维平一行在省港航局党委副书记熊海清的陪同下,看望慰问困难党员离休干部潘守海。

在潘守海家中,领导们详细询问潘守海的身体状况及生活情况,嘱咐潘守海要好好保养身体,并提前向潘守海拜年,衷心祝愿潘守海身体健康、家庭幸福,新春快乐。潘守海对组织上的关怀感到由衷高兴,并表达自己对交通港航发展的美好祝愿。

(章新明　倪　磊)

【省港航局领导春节前夕走访慰问离退休干部和困难职工】 2 月 17 日,省港航局领导于钦民、严允等人带着省局党委的关怀温暖、带着新春佳节的美好祝愿、带着对离退休老人们和困难职工及家属的挂念之情,深入局机关离退休老人、老红军遗孀和生活困难、身患重大疾病困难职工家中,走访慰问,为老人们送去节日的问候和新春的祝福。

每到一处,局领导都与老人亲切交谈,聊家常,话生活,问身体,真正把党的关怀与温暖送到离退休干部和困难职工的心中。并祝愿老人们新春愉快、身体健康、万事如意。受到慰问的离退休干部和困难职工万分感动,对组织的关怀倍感温暖并连声致谢。

(章新明　倪　磊)

【省运管局离退休干部管理制度进一步完善】 2015 年,省运管局离退休干部管理制度进一步完善。从离退休干部的服务管理、离退休干部党支部的建设管理和离退休干部处的自身建设等方面建立了 23 个管理制度和规定,如:离退休干部服务管理方面有:学习、情况通报、健康休养和参观考察、体检、经费管理、走访慰问、信访、丧事办理、活动室管理、车辆管理等 10 个制度。党支部建设管理方面有:《党支部主要职责》《组织生活》《支部学习》《报告工作》《联系党员》《党员管理》《党费收缴管理》《支部监督检查》等 8 个制度。离退休干部工作部门建设管理方面有:《离退休干部处工作例会制度》《离退休干部处工作人员文明礼貌规范》《活动中心管理规定》《离世老同志丧事办理规定》《离退休工作目标管理量化考核表》等5个管理制度。

（孙邦忠）

【省运管局关心老干部的健康和生活】 2015年，省运管局坚持以人为本，主动关心老干部的健康与生活。为局机关和后勤服务中心离退休人员购买了一份华平团体意外伤害保险，给每人提供了6万元的人身意外伤害保障。组织118名离退休人员健康体检。建立和完善离退休人员健康档案。举办老年人健康讲座2次、消防讲座1次。为20位老干部送生日蛋糕。探望23位生病住院的老人们。

（孙邦忠）

【省运管局加强离退休干部党支部建设】 2015年，省运管局离退休党支部坚持“三会一课”制度，组织党员学习、开展组织生活12次，召开党员大会、支委会和党小组长会5次，上党课2次。开展系列学习实践活动。举行离退休干部党支部换届选举工作，产生省运管局离退休干部党支部第十一届委员会。在支部和党员中开展“三严三实”专题教育、“创先争优”、向柯胜峰先进事迹学习、支部“五星创评”和党员“先锋创绩”活动，签订《党员公开承诺书》，建立《党员公开承诺》栏。2015年度，老干部党支部被省局评为先进基层党组织，袁维新被评为优秀共产党员、孙邦忠被评为优秀党务工作者。

（孙邦忠）

【省运管局坚持落实好领导干部走访慰问老干部的工作制度】 春节前夕，党委书记带队走访慰问离休干部、副厅退休干部、身患重大疾病人员、困难党员和长期生病、生活困难职工及红军遗孀等31人，同时对机关112名离退休人员都发放慰问金，共送慰问金12.22万元。陪同省委老干部局领导慰问特困党员代表魏运逢，陪同省交通运输厅领导慰问困难退休职工代表张庆春。重阳节慰问老干部112人，发慰问金1.12万元。2015年“9·3”纪念日前，党委书记带队走访慰问抗战期间参加革命工作的离休干部马青山、郑同杰。给二老分别送上了中组部统一编号的抗战纪念章和6000元慰问金。2015年10月份，由分管副局长傅友华带队走访慰问长期居住在上海市的省运管局离退休干部5人，开创了省运管局赴异地上门慰问老人们的先河。

（孙邦忠）

【鹰潭市公路局组织退休老人们参观工程建设】 6月16日，在端午节即将到来之际，该局以组织退休老干部参观的方式，组织局机关14名退休老干部、老职工参观在建的市环城东路、信江新区路网四期工程建设和已通车的信江新区路网二期、三期工程。因为7月4日市公路局办公楼将搬迁鹰潭市经济大厦C栋3楼上班，应老干部们的要求，带老人们参观市经济大厦的外围。让老干部们切身感受到新时期鹰潭公路建设所取得的新成就。

（路　宣）

【余江县交通运输局老干部党支部加强自身建设争先创优】 余江县交通运输局老干部党支部重视自身建设，年初被鹰潭市委组织部和市委老干部局评为2014年先进党支部。余江县交通运输局老干部党支部现有16名党员。局老干部党支部一是争取局党委的关心、重视，从办公条件、经费保障、自身建设等方面都得到支持，落实老干部老党员的政治生活待遇，每年组织一次老人们健康状况体检。并做到“三必访”：老人们生病住院时必访，婚丧大事、70岁以上生日的必访，特殊困难的必访。二是制定争创“五好”党支部的工作目标。三是加强制度建设，坚持“三会一课”。健全《党支部委员分工联系制度》《组织生活制度》《学习制度》。隔月开展一次集体活动，集中学习或传达会议、文件和领导讲话精神，或召开党员大会，评先评优，开展民主评议活动，过好组织生活。在学习方面做到了“四有”，即有学习计划、有学习制度、有学习记录、有学习心得，将以往“一人读、大家听”的学习方式，改变为以在家自学为主、会议以座谈讨论为主、理论学习以辅导为主的学习方法，取得了较好的效果。在活动方面，与老年体协、机关工委工作相结合，年初有计划有安排，建立活动制度，合理组织开展门球比赛、象棋、跳棋、钓鱼、健步行等有益于身心健康的各项文体活动，丰富了老年人生活，增进了友谊，促进了健康。

（汪有根　吴小红）

【宜春市交通运输局制订八项管理制度】 2015年,宜春市交通运输局对离退休人员的管理工作制订8项制度。一是学习制度。每月28日,离退休干部在局活动室,组织学习党的路线、方针、政策和党的重要决议等。二是三会一课制度。支委会每三个月召开一次,党员大会每半年一次,党课每年一次。三是通报制度。每半年一次,由局领导通报全市交通运输工作情况,听取意见建议,使老人们了解交通、关心交通、支持交通。四是请求报告制度。五是文体活动制度。六是参观制度。坚持自愿,组织离退休干部参观,一年到省外,一年到省内参观交通设施建设、交通运输发展变化。七是“三庆”制度。分别是生日庆、金婚庆、入党庆。以上分别由支部委员同局管理干部人员一起进行慰问和祝贺。八是支委包干制度。三个支委按三个片进行包干,了解党员和离退休干部思想情况,开展谈心活动,对存在的实际困难,及时向局领导反映帮助解决。

(吴泽水)

【宜春市交通运输局离退休干部开展形式多样活动】 该局老龄工作在局党政领导高度重视和大力支持下,围绕“四有”总目标,做到月有活动,季有比赛,组织开展形式多样活动。通过活动,使老干部心情愉悦,活跃了文体生活,有利于延年益寿,有力推动老干部工作扎实有效开展和全市“四个交通”发展。一是定期举办比赛活动。二是组织老干部疗养。三是举办门球邀请赛。四是组织参观。五是开展调研。六是参加省厅门球赛。七是举办全市交通部门门球赛。

(吴泽水)

【宜春市交通运输局组织离退休干部疗养】 5月25—28日,该局组织离退休干部赴明月山风景区温汤镇疗养,为老友聚集畅谈友谊提供平台。在疗养期间,这些为交通建设发展做出贡献的老干部,心情非常愉悦,相互问候,互相走访,谈形势,谈友谊,谈养生,谈教育子女经验和锻炼身体体会。并开展参观景点、玩扑克、打麻将、爬山、散步、游街道和泡富硒温泉澡等活动。在疗养期间,发扬互助互帮优良作风,年龄小的帮助年龄大的,身体好的帮助身体差的,相互帮助,互相照顾到处可见,使老人们深受感动,在老人们共同努力下,疗养达到了开心、平安、益寿延年的健康作用。

(吴泽水)

【袁州区获全市交通运输系统第十八届老年门球赛第四名】 2015年11月11—13日,区交通运输局积极组织本局身体健康状况良好、体力精力充足的老干部组成老年门球队,参加在上高举行的全市交通运输系统第十八届老年门球赛。经过三天的激烈角逐,该局老年门球队获比赛第四名。此次比赛不仅为局争得了荣誉,同时也丰富离退休人员的文体生活。通过交流球艺,以球会友,既锻炼身体,又增进友谊,老人们高兴而去,满意而归。

(李　庆)

扶贫救灾工作

【概况】 2015年,根据省委、省政府的统一安排部署,省交通运输厅新一轮定点帮扶上饶县湖村乡西龙岗村。省交通运输厅认真贯彻落实国家省里的精准扶贫有关政策和要求,切实做到精准识别、精准施策,为精准脱贫奠定坚实基础,帮扶工作取得实效。

1. 切实加强组织领导。省交通运输厅成立新一轮精准扶贫工作领导小组,厅长朱希任组长,厅领导王爱和、胡钊芳、梁必康、谢德强和王昭春为副组长,相关处室负责人及工作人员为成员。制定《省交通运输厅机关全面推行“四进四联”活动,打造“连心”工程品牌的实施方案》,明确5位厅领导分别带领一个扶贫小分队,分5批轮流进驻扶贫点,并对住到村庄、每月住村不少于20天及扶贫进度时间节点等提出具体要求。

2. 科学制定扶贫规划。在厅扶贫工作领导小组的关心和支持下,驻村工作队成员集中精力编制扶贫规划。一是深入调研,先后走访18个村民小组和部分贫困户,组织村两委会10次、村民讨论会5次,到附近乡镇典型扶贫点学习考察2次。二是现场勘察,通过实地丈量,查明所有需要建设的村内道路、灌溉渠道、饮水池及引水管道、便民服务点等项目的长度、规模和数量,并对山泉自来水质量进行取样检验。三是根据村民自愿和协商原则,确定油茶林升级改造、柠檬橙种植、肉牛养殖等村域经济扶持项目。其间,副厅长梁必康多次询问和听取扶贫规划编制情况,并对扶贫规划编制工作提出具体要求。经多次修改,11 月下旬,省厅出台《江西省交通运输厅定点包扶上饶县湖村乡西龙岗村三年扶贫工作规划(2015—2017 年)》。截至 2015 年年底,部分项目进入实施阶段。

3. 强化驻点村组织建设。西龙岗村新一届支部成员大多是 2015 年元月份首任新职,文化水平偏低,工作经验不足,村“两委”存在集中研究少、集体决策少、工作方法简单等问题,直接影响到村支部的凝聚力和带领群众脱贫致富能力。为强化村组织建设,驻村工作组首先把它列入《三年扶贫工作规划》之中,然后与村“两委”成员一道深入开展“三严三实”活动,以推进“三制一卡”(党建责任制、党员承诺制、考核评价制、承诺行动卡。)党建工作模式为抓手,进一步加强村干部队伍、基本制度建设。一是指导村党支部定期组织村两委班子和全体党员、干部学习党的路线、方针、政策和法律法规,努力提高村两委的政策水平和法律意识。二是加强两委班子和村组干部队伍建设,增强党员干部的宗旨意识,引导党员干部带领全村村民全力脱贫致富奔小康。三是切实加强党员队伍建设,通过“三培两带”(把农村优秀的致富能手培养成党员、把党员培养成致富能手、把党员中优秀的致富能手培养成村干部、造就一批带头致富、带领群众致富的先进典型。)活动,发展壮大党员队伍,指导村党支部培养入党积极分子 2 名。四是强化制度建设,建立健全村务公开等各项规章制度并将制度上墙。目前,西龙岗村新制作并上墙《党支部党员学习制度》《村委会工作制度》等制度牌 10 余块,考勤、学习、接访等登记本已经重新启用;“两委”会议走上正轨,原来一年难见一面的支委们,现在结合扶贫工作,几乎每周都参加“碰头会”进行议事决策;新成立西龙岗村村民理事会,以便有效监督村委重大工作事项。五是加强学习培训,指导村两委班子适时组织全村干部群众开展“三农”优惠政策、农村种养技术等学习培训活动,形成党员干部深入调研与村民积极沟通的氛围。为确保脱贫的精准性,反复就种养脱贫项目征求村民意见建议,群众认为村“两委”成员的工作态度和工作作风较之以前已大为转变。

4. 狠抓群众思想转变。扶贫工作组以习近平总书记精准扶贫重要论述和省委省政府有关精准扶贫实施意见为指导,围绕西龙岗村脱贫目标,致力提高群众思想素质,并着力转化干部群众滞后的思想观念。经过分析,村民致贫原因除因病、因残、因学、因缺乏劳动力致贫,因经验、技术、资金不足难以开展致富项目外,还存在不思进取“有吃有穿有住即可”的懒惰思想,存在依赖政府救助的“等、靠、要”思想。通过进村入户,与村民座谈,拉家常,了解村民实际需求,同时广泛宣传党的精准扶贫相关政策,鼓励村民特别是贫困户积极加入村级种养合作社,实施养殖或种植项目,通过勤学勤劳创收致富,提高村民参与扶贫计划的积极性。

(张建明)

【统筹协调扶贫资金】 2015 年,省交通运输厅定点帮扶上饶县湖村乡西龙岗村,除按计划拨付扶贫资金外,还多方筹集扶贫资金。一方面根据《江西省交通运输厅精准扶贫工作领导小组会议纪要》,要求下属单位省高速公路联网管理中心和省交通设计研究院有限责任公司每年给予部分资金支持。另一方面主动对接上饶县新农办、扶贫办、农业局、林业局、卫生局等单位和部门,充分利用相关扶贫政策争取资金。2015 年,统筹协调扶贫资金约 150 万元。主要用于完善交通、农田基础设施建设和油茶林升改、柠檬橙种植、肉牛养殖等项目。

(张建明)

【念好“山水经”提升发展生产后劲】 2015 年,在省交通运输厅的帮助下,铅山县篁碧乡确立了“山上办银行、工业兴畲乡、文化创特色、和谐促发展”的发展思路。念好山水经,大力发展毛竹、茶叶、食用菌和畜牧养殖等产业,与省级龙头企业天鑫含珠实业合作,采取“龙头企业 + 专业合作社 + 农户”模式,开发篁碧系列农产品。实施农业综合开发土地治理,使近 80 公顷的畲族村耕地变成旱涝保收、半机械化作业的良田;实施毛竹低改 2666.7 公顷,年产毛竹增至 80 多万根,办起 3 家毛竹深加工企业,使毛竹价格每根从 9 元提高到 14 元,农民人均年增收 1000 余元;实施“一村一品”工程,扶持畲民雷月身等成立畲农兔业合作社、土鸡养殖合作社、通福苗木合作社等,发展苦坑茶、油茶、黑木耳、香菇、银杏、红豆杉的规模种植,扶持以肉兔、黄羊、蜜蜂、竹林土鸡为主的特色养殖;实施创业工程,引导畲民下山发展第三产业,搞起经商和运输,开起餐饮住宿、服装百货、五金电器、山货店、网店,将篁碧优质的豆腐、土鸡、蜂蜜等绿色食品卖到城里。5年内该乡农民人均纯收入增加5178元,2015年,达10080元,比2010年增长103.4%。

在省交通运输厅的“点拨”下,该乡利用好铅山县委、县政府的政策,大力招商引资,把绿水青山留在自己的家乡,把金山银山放在工业园区。4年来,先后引进江西曙光建材、上饶正方实业、腾兴纺织、惠都轮胎等投资1000万元以上企业8家,总投资突破5亿元。2010年该乡财政总收入达到290万元,2015年财政总收入达到1024万元,增长353.1%。

(徐叶茂)

【打响“畲乡行”畲民迈入现代生活】 2015年,铅山县篁碧乡畲族村在省交通运输厅倾力帮扶下,以建设美丽畲乡为目标,依托畲乡文化和地理优势,大力发展畲乡行旅游,提高畲民生活质量。聘请中南民族大学完成《篁碧旅游及村镇建设总体规划》,建设篁碧畲族特色的集镇,打造篁碧畲族特色街,形成了7000米长的三纵两横主干道交通网。支持大岩村联合新村、畲族村十甲自然村等地的新农村建设,将深山、高山中偏远村寨的200多户近千名畲汉同胞搬迁至集镇,新建沿河新村、联合新村等移民小区。畲乡旧貌换新颜,集镇面积由原来的0.8平方千米拓展为现在的1.8平方千米,集镇人口由原来的1200多人发展为3000多人,人口聚集度超过80%。

该乡以畲乡行为旅游品牌,建设畲乡文化活动中心、畲族射弩基地和全民健身休闲广场,组建畲族女子腰鼓队、太极拳队、太极扇队,提升村民身体素质;组织专人对畲族古籍文献进行收集整理,民族学校专门开设畲族文化课,传唱畲族民歌;对雷家大院、祝氏宗祠、华氏祠堂、词臣牌坊、九思桥、水碓等古建筑物进行修缮保护,挖掘传统文化内涵,营造田园生态气息。该乡还利用全省十大高山有其二的优势,发展户外运动,独竖尖和过风坳被旅游者亲切地称为“五星级自虐线路”。来畲乡品苦坑茶、畲乡红,吃畲族饭,爬独竖尖,听畲族山歌,跳畲族舞蹈,成为畲乡旅游的一个必不可少的项目。

(徐叶茂)

【省公路局扶贫帮困安福县山庄乡中心小学】 1月30日,省公路局党委副书记、纪委书记娄鸿雁,调研员曹耀东和省公路科研设计院有关负责人员赴吉安市安福县山庄乡中心小学扶贫帮困,派送物资,参观中心小学的教学环境与教学设施。娄鸿雁指出,“再穷不能穷教育,再苦不能苦孩子”。在教学设施基础完善的情况下,应该拓宽孩子们视野,并提出新的帮扶计划,设立奖励机制,学校选出品学兼优的学生利用寒暑假时间由学校老师带队到南昌参观红色革命景点、博物馆等,不仅能激励学生好好学习,更能开阔学生视野,提高学生对一些新鲜事物的认识,促使学生德、智、体、美、劳全面发展。随后,由省公路科研设计院有关负责人员与山庄乡中心小学校长对帮扶物资进行交接,校长对该院的帮扶行动表达了最真挚的感谢。

(黄　菲)

【省港航局机关向定点帮扶村赠送电脑】 鄱阳县侯家岗乡永丰村是港航局定点扶贫村,当了解到该村村委会日常办公仍处于手工书写状态时,省港航局扶贫工作领导小组当即决定从机关调剂3台电脑赠送给该村,10月26日,局扶贫工作小分队将电脑全部送达该村村委会,安装妥当投入使用,此举大大提升该村办公自动化、信息化水平。省港航局机关为做好定点扶贫工作,专门派出扶贫工作小分队常驻该村开展工作,并针对该村实际情况制定详细的三年扶贫帮建规划,截至2015年年底,各项扶贫帮建工作正在稳步推进。

(杨　辉)

【省领导迎接参与“东方之星”事故搜救任务江西水上搜救队】 6月5日18时45分,在连续奋战三天三夜后,江西水上搜救队结束“东方之星”号客轮翻沉事件现场搜救工作返回南昌。省领导强卫、鹿心社、莫建成在省水上搜救中心迎接凯旋的省水上搜救队全体队员,并代表省委、省政府向参加水上搜救人员表示慰问、致以敬意。省交通运输厅党委书记、厅长朱希,在昌厅领导及省港航局党政主要负责人员参加。

（张　黎　邱志勇）

【景德镇市交通运输局迅速启动新一轮包村帮扶工作】　7月，景德镇市委关于新一轮包村帮扶文件下发后，市交通运输局党委以“三严三实”为指导，高度重视，迅速启动新一轮包村帮扶工作。8月7日，景德镇市交通运输局包村扶贫工作组和“第一书记”，由局领导陪送，到蛟潭镇石鼓村衔接帮扶工作。在实地查看、听取村干部汇报、详细了解村党员队伍和党组织建设以及该村经济社会发展情况后，市交通运输局与镇、村商议，提出帮扶工作要尽快到位。首先要科学制定出帮扶“三年规划”和“年度计划”。其次要以困难和问题为导向，迅速拿出项目解决的办法和意见。三是要紧密联系该村实际和特点，按照新农村建设的要求，广泛动员村民，充分发挥党员队伍和党支部引领带头以及工作组的帮扶作用，把石鼓村打造成新农村建设示范村。

市交通运输局在上一轮包村帮扶工作中，做到尽心尽责，被市委评为全市先进单位，所派驻村第一书记被评为“十佳第一书记”。

（于盛颖）

【萍乡市交通运输局开展贫困学生慰问活动】　8月20日，该局副局长曹砺白带领工作人员来到湘东区荷尧镇，在各村干部的带领下入户走访、调查申报2015年“为了孩子的明天”爱心助学活动的困难家庭。一共走访了7名困难学生家庭，并送去慰问品。每到一户，工作人员都与学生、家长进行交流，详细询问学生就读的学校、专业、学习成绩以及家里的生活情况等，鼓励学生们要好好读书、学好本领，将来为社会做贡献。与此同时，市局团委将此次“为了孩子的明天”爱心助学活动走访调查情况真实地反映给市团委，确保每位困难家庭都能得到助学帮助，竭尽所能让困难家庭得到政府的关爱。

（李襟远　刘霜蕾）

【上栗县交通运输局扎实开展扶贫工作】2015年，上栗县交通运输局扎实开展扶贫工作。一是开展了精准扶贫工作。积极派出工作队开展精准扶贫，通过会议座谈、上门走访农户等方式“送政策、送温暖、送服务”，对结对帮扶贫困村的帮扶工作进行具体落实，从局后备干部中选派优秀干部驻村帮扶。完善对荣德定、柳培旺等10名贫困户“一对一”帮扶对象的建档立卡，针对不同家庭贫困状况，积极探索帮扶路子，量身定制帮扶措施，稳定实现帮扶贫困对象“两不愁、三保障”（不愁吃、不愁穿，保障义务教育、保障医疗、保障住房），力促帮扶对象早脱贫。二是派出副局长邱陵为第一书记到长平乡流江村扶贫，帮助长平乡流江村完成村内3.2千米水泥道路建设，安装64盏路灯，解决村民长久以来的出行难问题，帮助引进一个20公顷油茶项目，一个老人休闲公寓场所，一个物流公司。三是投入恢复资金175万元开展“5·28”灾后重建。

（徐勇新）

【九江市港口管理局扎实开展精准扶贫工作】10月30日，九江市港口管理局机关扶贫工作队深入瑞昌市花园乡矛竹村和黄金乡金岭村开展扶贫调研工作，与乡村两级干部面对面交谈，倾听群众心声，共谋发展致富道路。

在花园乡矛竹村，该局扶贫工作队首先听取乡村两级干部的情况汇报，详细询问该村的人口、经济、产业发展、贫困现状等相关情况，重点了解关于实施精准扶贫工作的建议意见。该局扶贫工作队表示，精准扶贫要以促进贫困人口增收致富为核心；要突出“一户一策、因户制宜、分类指导”；要重点突出产业扶贫，把精准扶贫与新农村建设有机结合起来，统筹兼顾；分类研究扶贫对策，逐户落实帮扶措施，不断增加贫困农户收入，提高扶贫开发工作成效。

随后，扶贫工作队深入村里田间地头开展调查摸底工作，了解村里群众在农业生产、畜禽养殖等方面存在的问题，并鼓励群众要自力更生，努力学习技能，依靠自己双手勤劳致富，争取早日脱离贫困。在黄金乡金岭村，扶贫工作队成员同乡村干部进行座谈。金岭村支书介绍村里近期的状况，对村里在农业生产、公共基础设施及重点项目建设等方面存在的困难做专题汇报。该局扶贫工作队与乡村两级干部诚恳交心沟通，一起分析查找金岭村贫困群众致贫原因，共商精准脱贫良策。

（黄友谊）

【新余市交通运输局吹响冲刺扶贫脱贫集结号】 11月上旬,分宜县操场乡石塘村委扶贫工作领导小组在市交通运输局召开年终扶贫工作调度会,对扶贫攻坚工作最后冲刺进行再部署。市政协、市交通运输局、市信访局、太平洋财产保险新余分公司、分宜县操场乡和村委主要领导参加会议。

扶贫牵头单位新余市交通运输局对2015年扶贫工作进行小结、查验和讨论。明确三个必须:一是各帮扶单位的帮扶资金必须11月底前确保拨付到位。二是必须确保该村“资源枯竭项目''落实到位。要求乡、村和帮扶单位落实专人跟进“资源枯竭项目”,确保12月底前完成批复。三是必须确保在建各项任务年底前完成,以迎接全市达标验收。市政协副主席刘永斌作重要讲话,要求各帮扶单位和乡、村按照市委、市政府部署,充分发挥本单位的职能优势,想办法出措施帮助村委解决实际困难,全面完成该村的各项工作任务。这次调度会对该村扶贫攻坚吹响了冲刺号角。

(新余市交通运输局)

【赣州市交通运输局成立精准扶贫工作领导小组】 2015年,该局始终把精准扶贫工作作为一项重要工作来抓,坚持主要领导亲自抓,分管领导具体抓,抽调骨干人员蹲点长期抓的工作原则,成立局精准扶贫工作领导小组及办公室,由主要领导任组长,分管领导任副组长兼任办公室主任,相关责任单位(科室)为成员的工作机制。局党委对系统内挂点的宁都县小布村、徐会村、湖家边村各选派1名事业心强、富有农村工作经验的科级干部任第一书记长期驻村进行指导帮扶,安排1~2名驻村工作队员与第一书记一起常驻挂点村。同时,结合交通工作实际,有针对性地制定下发《赣州市交通运输精准扶贫工作实施方案》,细化措施,强化保障,并进行阶段性督查。制定《赣州市交通运输局精准扶贫工作任务分工安排》,确保精准扶贫工作责任落实到位。

(党政办)

【赣州市交通运输局推动交通就业扶贫】 2015年,赣州市交通运输局创新交通扶贫方式,着力增加贫困户经济收入。围绕交通行业特点,积极推动交通就业扶贫。全年在国省干线和农村公路养护中聘用贫困群众近1700人,为困难群众人均增加月收入600~1000元。在公交客运中,对符合公交驾驶员条件和标准的贫困群众及其子女优先聘用,市公交总公司优先聘用45名困难群众,解决11名残疾人就业,帮助困难群众解决就业难题,拓宽就业渠道,增加贫困群众收入。

(党政办)

【井冈山市交通运输局精准扶贫】 7月6日,井冈山市交通运输局召开以“牢记宗旨、精准扶贫”为课题项目的研讨班子成员会,就“党员干部进村户、精准扶贫大会战”,进行认真务实的研讨。依据走访调研及挂点村委的提议,局班子会上进行全面研讨部署,成立由党政主要领导担任的以“牢记宗旨、精准扶贫”为项目领导小组。一是要以加强党员干部的思想教育为抓手,牢记党的宗旨,全面提升党员干部为人民服务的思想意识。二是要认真排查挂点村的纠纷矛盾,及时调处好村里的不稳定因素,确保挂点村的团结和谐发展。三是发展以村民入股形式种植香菇,决定帮扶建大棚资金2.5万元,添置制茶叶机械设备2万元,年利可确保每户1000元。四是以人为本,改造通自然村两座危桥决定帮扶4万元,以确保交通安全。五是尚未通户水泥路面决定帮扶2万元,使该村户户通水泥路面。六是党员干部帮扶“18户”红卡户,每户1000元。以上资金均应在2015年底帮扶到位。

(吉安市交通运输局)

【抚州市交通运输局精准扶贫解民忧】 2015年6月,抚州市交通运输局第一“连心”小分队进驻金溪县浒湾镇中洲村以来,短短几个月的时间,走村串户,倾听民意,了解实情,为这个贫困村解忧排难,办了不少实事。最让当地老百姓竖大拇指啧啧称赞的是水利设施得到改造,缓解了一直困扰着百姓的用水烦恼。

中洲村凌云村小组住着63户村民,有农田20公顷,水稻灌溉一直依靠一口建于上世纪80年代的老井。由于年久失修,附近地面塌陷,水井破损严重,抽水量也越来越难以满足日常需要。村民想要重新挖一口井的愿望十分强烈,但苦于经费不足迟迟不能实现。小分队在了解到村民的这一需求后,积极向金溪县水利部门申请资金。2015年8月初,在小分队成员和村民的共同努力下,耗时20余天,终于在破旧的老井旁边挖出一口新水井。新水井的建成不仅解决凌云村小组20公顷农田的灌溉问题,还让该村小组家家户户用上自来水。

中洲村琉璃路口的抽水机站附近5个村小组的农田,是村民们的生计之源。2013年以来该抽水机的供水量越来越小,导致有一半的农田无法灌溉,村民迫切希望更新设备,加大供水量。小分队在经过实地考察后,赴鹰潭市一水泵厂联系设备更新事项,并向市农发办申请项目改造资金。通过多方筹措,2015年底改造工程所需的费用基本到位,小分队与村民小组商定,争取在来年春耕之前完工,确保满足村民农田播种用水需求。同时拨款16万元修建中洲村下付至赤桥水泥公路,拨付2万元用于村委基础建设。村民心中多年的期盼得以实现。

(陈根玲)

文史工作

【《江西省志·交通运输志(1991—2010)(初审稿)》审稿会召开】 11月24—25日,《江西省志·交通运输志(1991—2010)(初审稿)》审稿会在南昌赣江宾馆召开,副厅长王爱和到会并讲话、厅编纂室全体人员,省地方志办主任、《江西省志》总纂梅宏,省地方志办公室副主任、《江西省志》副总纂杨志华,省地方志办方志处等人员,及省交通运输厅老领导、老专家,设区市交通运输局分管领导、主撰人员,厅直属各单位分管领导、主撰人员,厅机关各处室主撰(或负责人)、厅史志办全体人员,共计100余人参加会议。

王爱和指出:公路建设方面,1991年高速公路建设起步,建成昌九高速公路。2010年全省高速公路突破3000千米,2012年突破4000千米,2015年计划突破5000千米;农村公路方面,在全国率先实现市、县自然村通公路,并以每年10000千米速度推进;水路建设方面,有一江两港建设巨大成绩。

《交通运输志》就是要充分肯定交通系统20年来的成绩,把全省交通人的努力记录下来,对于这项工作要高度重视。要本着对历史、对江西交通高度负责态度,认真做好志稿审核工作。

在随后进行的分组讨论中,与会专家们一致认为志书观点正确基本符合志书体例,具备了一定的出版基础,并从图片、概述撰写、大事记入选标准和写法、篇目设置、记述方法、资料取舍、表格设计、人物单独成篇和志稿篇幅等方面分别提出具体的修改意见。

25日上午,省方志办主任梅宏到会并指出:《江西省志·交通运输志(1991—2010)(初审稿)》170万字,见证了厅史志办人员的努力。交通运输厅是全省厅局中四个一直保持编纂室的厅局之一,十几年来修志成果斐然。二十多年来,交通的巨大变化使出行方便,也带来了经济的巨大发展,截至2014年,全省实现了县县通高速公路。修好交通志不仅是为交通人树碑立传,也是反映江西社会巨大变化。并且提出四点要求:一是要统一语言风格,做好统稿。二是要突出反映20年来江西交通巨大发展变化。三是要为有突出贡献的交通人树碑立传。四是要展示江西特色,突出江西交通建设和北方交通建设的不同之处,展示江西交通人开隧道架桥梁、迎难而上的精神。

最后,厅史志办副主任邓振胜指出修改将分两步走:第一步先改硬伤,包括语言、数字、表格、标题等进行修改,达到《江西省志(1991—2010年)编纂行文规范》的要求。第二步改篇目、补充资料等。将严格按照该次会议提出的意见,把初审稿修改好。

(游小荣)

【省公路管理局组织职工观看党史教育影片】 12月17日,省公路管理局组织观看中国共产党党史题材3D故事片《冲锋号》和历史文献纪录片《没有共产党就没有新中国》。通过观看影片,使干部职工再一次深入回顾中国共产党发展壮大的艰辛历程和所取得的辉煌成就,再次深刻领会社会主义核心价值观。职工一致认为,此次党性教育必将督促职工以更加饱满的热情践行“三严三实”,立足本职、脚踏实地,发挥共产党员的先进性,为江西公路发展做出更大的贡献。

(路　宣)

【全国政协调研组到上饶分局调研地方传统船业发展情况】 6月2日,全国政协文史和学习委员会地方船业史料征集调研综合组到上饶分局,就鄱阳县航道、航标设施管理情况及地方船舶工业发展进行史料征集调研。上饶分局有关领导及相关科室人员参加调研座谈会,并接受调研组专访。

调研组一行听取上饶分局关于航道、航标设施管理以及造船业发展情况汇报及有关具体建议,并对该局加强航道(航标)养护管理、创新船舶检验工作方式,保障水上交通安全,推动地方水运经济发展的做法给予充分肯定。调研组还从不同角度深入分析当前船业发展中存在的问题,并提出对策性意见建议。

(邓文俊)

【省运管局举办全省道路运输依法行政知识竞赛】 10月16日上午,省运管局举办全省道路运输依法行政知识竞赛。省运管局局长王圣义,党委书记易宗发,省交通运输厅政策法规处、立法处、直属机关党委负责人出席活动。省运管局把党委作为一个载体,以赛促学,充分调动全省运管干部职工厉行法治的积极性和主动性,不断提升依法行政能力,持续改进作风建设,在全系统营造办事依法、遇事找法、解决问题用法、化解矛盾靠法的良好氛围。整个竞赛活动分为三个阶段进行,9月中旬之前,各社区市运管机构陆续进行预赛。决出28支代表队进入省局笔试,10月15日,10支代表队从笔试中脱颖而出,打进决赛。

10月16日,全省道路运输依法行政知识竞赛决赛采取现场竞答的方式进行,内容涵盖法治理论、法律知识及道路运输法规政策等,分为个人必答题、团体必答题、抢答题、风险题、互选题等五个环节,并穿插进行了观众互动。比赛过程中,有备而来的参赛选手们个个争先恐后,踊跃答题,在应对个人必答题时从容自信,在应对团体必答题时精诚团结,在应对抢答题时反应敏捷,在应对风险题时沉着稳健,特别是在互选题环节有勇有谋,两两PK的对手们不断拨动着现场观众们的心弦,将气氛推向最高潮。

最后,经过激烈的角逐,宜春市运管局代表队夺的本次比赛一等奖,新余市运管处2队、萍乡市运管处1队荣获比赛二等奖,吉水县运管所代表队、萍乡市运管处2队、上饶市运管局代表队荣获比赛三等奖。

局机关部分干部职工、各参赛队领队等在现场观看比赛,各基层运管机构组织人员通过全省运管视频系统实时观看比赛。

(朱 熹)

【全省道路运输系统“我为党旗添光彩”书画摄影比赛落幕】 全省道路运输系统“我为党旗添光彩”书画摄影比赛自5月启动征稿以来,共收到全省道路运输系统干部职工创作的书画摄影作品167幅。经集中展评,综合公众投票和专家评审结果,共评出毛笔书法、硬笔书法、绘画、摄影四大类一等奖4个,二、三等奖各6个,优秀奖16个,优秀组织奖3个。

这些作品紧紧围绕“我为党旗添光彩”这一主题,以不同的艺术表现形式,多角度、多侧面地反映了道路运输文化建设成果,展现了江西道路运输人爱党、爱国、爱行业的真情实感和紧跟时代砥砺奋进的精神风貌。

(朱 熹)

【第六届赣粤高速杯摄影艺术展览开幕】 5月18日,“中国梦高速美”江西省第六届“赣粤高速”杯摄影艺术展览在南昌开幕。省交通运输厅党委委员、副厅长王爱和,省文联党组成员、副主席鄢平原,省高速集团董事长、党委书记王江军,省摄影家协会主席徐渊明,集团党委委员、赣粤高速董事长、党委书记吴克海,集团党委委员、副总经理段卫党出席开幕式并为获奖作者颁奖。省交通运输厅有关单位、部门负责人员和全省各地摄影爱好者、获奖作者等100多人参加开幕式。

此次展览共收到来自全省11个地市和省直相关单位的参赛作品近2000幅(组),从中评出入展作品200幅。其中高速公路风貌类金奖1幅、银奖2幅、铜奖4幅、优秀奖20幅、入选作品20幅:高速公路建设类金奖1幅、银奖2幅、铜奖4幅、优秀奖20幅、入选作品20幅;交通运输管理类金奖1幅、银奖2幅、铜奖4幅、优秀奖10幅、入选作品10幅:江西风光风情类设金奖1幅、银奖3幅、铜奖6幅、优秀奖35幅、入选作品34幅。参赛作品紧紧围绕“中国梦高速美”这一主题,以不同的摄影艺术表现手法,多角度多侧面地反映全省近年来交通建设取得的巨大成就及高速公路发展带来的社会发展、经济繁荣和秀美风光,展现了江西交通人团结拼搏、爱岗敬业、服务人民、奉献社会，以坚定的信念、宽广的胸怀、火热的激情投身高速公路事业，助推江西科学发展、绿色崛起的时代风采。

（省高速集团）

【省高速集团召开江西高速文化宣贯工作暨品牌建设推进会议】 6月18日，省高速集团在泰和管理中心召开江西高速文化宣贯工作暨品牌建设推进会议，交流探讨、研究部署企业文化和品牌建设工作。集团董事长、党委书记王江军出席会议并讲话，党委副书记、纪委书记李建红主持会议，党委委员、副总经理姚光南宣读《江西高速文化宣贯方案》，党委委员、副总经理段卫党宣读《江西高速服务品牌管理办法（征求意见稿）》。

会上，赣粤公司、泰和管理中心和梨温公司等单位作了交流发言。会议期间，与会人员实地参观泰和管理中心的企业文化和品牌建设情况。会议结束后，集团领导还为全国交通运输十大文化品牌一泰和管理中心"微笑映山红"品牌揭牌，与泰和管理中心机关职工合影留念。

集团总部有关部门负责人员，集团直属各单位和各路段管理单位党组织主要负责人员、企业文化建设分管负责人员以及企业文化建设部门负责人员共计60多人参加会议。

（省高速集团）

【厅规划办春节回乡调研文章获奖】 厅规划办王超撰写的调研文章《家乡交通运输发展的若干问题及思考》获得全省机关党员干部春节回乡调研报告优秀奖。

2015年春节前，按照《关于在全省机关组织党员干部开展春节回乡调研活动的通知》要求，厅规划办党支部精心组织，鼓励全办党员干部积极踊跃参与，收到职工撰写的多篇结合交通运输规划造价实际的调研文章，经办内组织评审，择优选送了2篇调研文章参加评选。

（厅规划办）

【省交通工会召开江西高速公路文化编撰工作会议】 为做好《江西省高速公路建设实录》高速公路文化篇章的编撰工作，4月23日上午，省交通工会召开江西高速公路文化编撰工作会议。省交通工会副主席李坪主持会议，省厅史志办责任编辑陈海明、陈明中，省交通工会主席刘盖群出席会议并讲话。

会议传达省厅领导在《中国高速公路建设实录·江西分册》编撰工作启动会议上的讲话精神，并对江西高速公路文化编撰方案进行说明。会上，厅史志办责任编辑讲授如何做好此次编撰工作，并解答与会人员提出的问题。

（高　梅）

【省交通干部学院李国峰调研报告获一等奖】 从省直机关工委传来喜讯，省交通干部学院院长李国峰撰写的春节回乡调研报告《"顽疾"是如何治愈的——横峰县整治非法三轮车调研报告》被评为全省机关党员干部春节回乡调研报告一等奖，为省交通运输厅唯一获一等奖的调研报告。

2015年春节前，根据省委主要领导倡议，省直机关工委下发《关于在全省机关组织党员干部开展春节回乡调研活动的通知》，并在全省机关党的工作会议上进行具体部署。根据调研报告评选工作方案，省直机关工委邀请有关领导、专家11人组成评委会进行认真评选，从中评选出一等奖10篇、二等奖20篇、三等奖40篇、优秀奖80篇；评出优秀组织奖35个。

（钟恢万）

【省交通设计研究院有限责任公司建院40周年系列活动】 2015年是江西省交通设计研究院有限责任公司建院40周年，为如实地记载发展历程，激发职工面向未来的信心，组织编撰《江西省交通设计研究院志（2006—2015）》；拍摄建院40周年纪念宣传片；出版40周年宣传板报；表彰了40年来为企业科技进步做出过突出贡献的科技工作者。12月30日，江西省交通设计院召开建院40周年庆祝表彰大会，会议既简朴又隆重热烈，激发职工对企业历史的荣誉感和使命感。

（冯俊竹）

【《细节决定成败》作者汪中求来九江交通系统讲学】 2015年5月12日上午，九江市交通运输局邀请中国精细化管理研究所所长、北京汪中求细节管理咨询公司首席咨询师、国资委商务职业资格认证委员会主任委员汪中求到九江市艺术中心为九江市交通系统干部职工讲课。全市交通系统干部职工共计400余人参加听讲。

汪中求授课的主题是《中国哪一年超越美国》,汪中求深入浅出,引经据典从中国历史上多次世界第一、美国二战后成为世界警察、美国引领全球优势所在、中国经济正快速赶超美国、中国全面超越美国非常难和中超美的压力在国民素质等层面展开阐述,两个多小时的授课让干部职工听得津津有味,特别是汪老师言简意赅、幽默风趣、见解独到的讲学不时引起干部职工的阵阵掌声。通过此次听讲拓展了干部职工的思维,更新了干部职工的观念,引起了干部职工的共鸣,参加听讲的职工一致表示受益匪浅,增长了见识。

(九江市交通运输局)

【宜春交通运输年鉴审稿暨工作会议在宜春召开】 5月14日至15日,《宜春市交通运输年鉴(2014)》审稿暨2015年交通运输年鉴工作会议在宜春召开。参加会议的有各县(市区)交通运输局、市局所属单位、局机关各科室。分管领导、编辑人员60多人。市局党组书记、宜春市交通运输年鉴编纂委员会主任委员李奇出席会议并讲话。省厅史志办工作组亲临会议指导,副主任邓振胜作辅导讲话。市局年鉴办主任颜卫民总结2014年工作,对2015年鉴工作任务进行全面部署。市局年鉴办主笔吴泽水宣读宜春市交通运输局《关于表彰全市交通运输年鉴工作先进单位和先进个人的决定》。宜丰县交通运输局和市港航处作典型发言。与会人员对《宜春市交通运输年鉴(2014)(送审稿)》进行认真审稿,畅谈年鉴编纂情况,交流经验,并提出许多好的意见建议,为年鉴升级发挥了积极作用。李奇讲话简要回顾启动第二轮《交通运输志》编纂工作以来,按照市政府、省厅统一部署,先后编修出版发行《宜春市交通运输志(1991—2007)》《宜春市交通运输资料长编(1991—2010)》《宜春市志·交通志》《宜春市交通运输年鉴(2008—2013)》等志鉴11本,共855册,文字达1260万余字,志鉴工作创造了“二纳入、五到位”(纳入议事日程、纳入年终目标考核,组织机构到位、编辑人员到位、办公条件到位、工作举措到位、经费到位)等工作运行机制,成为宜春模式和全省标杆,连续9年被省厅评为志鉴工作先进单位,是全市交通人共同努力结果。李奇说成绩属于过去,要把鼓励变压力,把压力为动力,未雨绸缪,增添举措,勇于创新,敢于担当,把志鉴工作推向新水平。

(吴泽水)

南惹古道上的寺院

市、县交通运输

南昌市

2015年,该市交通运输局按照产业发展、城市建管、辐射带动、作风建设“四个强起来”的要求,紧紧围绕“抢占制高点、聚焦增长极、提升首位度、共筑四强梦”的工作总任务,突出重点,破解难点,打造亮点。

提升运力,增强综合运输实力 强化公路运输、水上运输调度和管理,全年运力指标实现“两增长”。①路运增长。全市完成客运量3914万人,增长2.2%,完成客运周转量447179万人千米,增长1.7%;货运量12593万吨,增长7.3%,货运周转量2690163万吨千米,增长4.1%。②水运发力。全年完成内河水路货运量836.4万吨,增长6.24%,内河货物周转量190986万吨千米,增长6.26%;完成南昌港口吞吐量3054.5万吨,增长12.55%,集装箱吞吐量10.7万标准箱,增长11.47%。

力抓建设,夯实加速发展基础 突出抓好农村公路、危桥改造、综合服务站场、客运综合枢纽、港口码头、低碳试点、公交都市创建等一批重点项目建设及质量监督管理。2015年,全市100%行政村通水泥公路,9600个自然村公路实现硬化,占全市自然村总数的84%;全面完成3年危桥改造任务,危桥改造当年完成21座,累计完成98座,危桥比例从21.89%下降到6.88%,争取财政资金累计3841.59万元;新建桥梁11座,完工5座,其他全部进入建设阶段。重点工程助推发展。客运网络化项目6个13.5千米,完工2个项目5.3千米;瑶北互通立交工程历经3年建设,完成投资2.99亿元,于12月26日竣工投入试运营,破解昌东区域发展"瓶颈"。完成南昌老火车站及南昌西站综合客运枢纽项目建设。龙头岗综合码头项目工程进展顺利。樵舍货运码头项目完成环境评估工作,并于7月10日取得相关批复,正在进行码头选址。姚湾作业区综合码头项目取得航道、海事部门的批复,进入申报岸线使用审批。

低碳试点,惠及民生 于4月10日、5月26日向交通运输部进行汇报。南昌公交500辆天然气公交车项目投入使用429辆,完成望城公交枢纽站、节能环保烤漆房、七套汽车龙门式洗车台等公交绿色维修项目。瑶北互通立交光伏太阳能发电及LED照明工程完工。江西交远物流公司光伏电站项目一期工程完成。南昌市公众出行信息服务和管理系统项目实施方案获批准。

加快公交都市创建步伐 ①落实公交优先发展措施,推动公交路权优先,全市拥有公交车辆3200辆,营运线路216条,线路总长度4053.5千米,公交线网全面覆盖市行政区范围,并辐射至周边城市,城市中心区线网站点覆盖率90%,日发班次12000余班,日客运量170余万人次,公交机动化出行分担率51%,万人拥有公交车16.15标台。②该市首条快速公交BRT1号线(老福山—莲塘银三角)率先投入建设,线路全长16.5千米,一期工程老福山至广州路路段建成投入试运行。全市有公交专用道长度37.26千米。开通25条微循环公交线路,实施主次干道常规公交到点,小街小巷微循环公交到家的线网布局。③该市首条地铁轨道交通1号线于12月26日正式开通试运营。全程28.8千米,共设24个站。

交通行政与行政执法 重点开展打击客车非法营运、岸线规范管理整治行动。①打击非法客运。全年查处非法营运516起。调集运管、客管、港航执法人员80人,组成10个整治小组,开展对出租车营运的专项整治。全年查处出租车违章5072起,异地经营110起。②规范管理港口岸线。该局对全市10家非法占用港口岸线经营的业户进行关闭,清理出1288米岸线。新建区、南昌县、东湖区拆除非法占用港口岸线建设码头多处。市港航处与南昌地方海事局执法人员联合执法,检查普通货运船舶456艘、危险化学品运输船舶11艘。③监督续建、新建交通工程项目77个。进行现场质量安全监督检查106次,质量抽检23015个点,下达质量整改通知书55份;进行交(竣)工验收检测项目28个。加强全市国省干线迎"国检"项目的质量监督。④检查港区内危险化学品装卸企业。对2个安全隐患当即下发整改通知。市运管处成立6个督导组对全市范围内的"两客一危"企业进行安全生产、大检查,发现"两客一危"企业安全隐患37处,全部整改到位。⑤治理港口安全隐患2处。对全市所有续建和新建工程项目进行施工安全监督检查,出动人员163人次,下发整改通知书37份。全市农村渡口连续24年无死亡事故。农村公路专项巡查6次,巡查农村公路900余千米,桥梁100余座,下发农村公路安全监督管理通知、通报8份。

(凌 勇 王文翰 周国祥)

南昌县

2015年,该县交通运输局围绕全县经济社会发展的总体部署和要求,扎实推进基础设施建设,努力实现全县交通运输各项工作全面协调发展。

推进基础设施建设 ①推进南外环、昌宁高速、赣江东岸防洪堤南延工程土地征收和房屋拆迁工作。②启动地铁3号线征地拆迁工作。项目建设用地面积38.3公顷,拆迁面积6.06万平方米。③做好快速公交BRT1号线前期工作。④农村公路建设,完成120千米农村公路建设。启动总投资约1.5亿元的五沙线高田段(沙潭至崇溪段公路)大中修工程、新坊—荏港大中修工程等12条乡镇主干公路维修改造项目建设。⑤危桥改造。完成9座危桥改造项目,投资约2500万元启动新增19座危桥改造项目。⑥推进塔城、向塘农村公路综合服务站项目建设。⑦启动南昌县综合交通运输体系发展规划编制工作,形成征求意见稿。⑧《南昌县港口发展控制规划》通过专家评审,经规划编制单位修改形成报批稿。

稳步推进行业管理 ①路政管理。加大全县农村公路桥梁特别是四类、五类危桥及大桥巡查。历时2个月时间,调查乡镇15个,完成路牌路标安全标志设置调查摸底工作。②运政管理。全县开通镇村公交线路67条,线路总长度1337.8千米,投入客运车辆605辆,日运营班次2493班,线路日均班次36班,日均客运量27万人次。全县新增公交线路4条,优化调整公交线路18条。开展打击客车非法营运专项整治,出动执法车辆(拖车)275辆次,执法人员1048余人次,查扣非法营运车辆34辆。做好春运工作。投入春运营运车辆847辆,累计发班109925班,累计客运量1452.37万人次。同时准备客货应急车辆各10辆,统一调度,确保2015年春节运输组织充分到位。春运期间受理各类诉求26件,其中表彰件6件,咨询市内公交8件,长途线路12件,实现零投诉。③港政管理。全面调查摸底全县岸线占用及码头设施,配合港航管理处清除非法占用岸线2处,清除非法码头1个。针对非法占用港口岸线行为,联合执法队每天进行1~2次水上巡查、2次以上堤岸巡查,驱赶在非法码头上卸货的运输船400余艘次;全县9家非法码头,清理4家、关停5家。协同市地方海事部门督查各乡镇渡口、渡船,纠正违章渡运行为3起,下发违章通知书3份,全县未发生安全事故。

(章　纯　周国祥)

新建区

2015年,该区(2015年8月撤县改区)交通运输局工作主要为民生工程"三大亮点"、行业管理"三大突破"。

民生工程　1. 提升改造通乡公路。实施西圳线(西山至石岗)、乐饭线(江桥至昌邑)二级公路改造工程的边沟等附属工程;完成投资2200万元的庆黄线(义渡至石岗)三级公路改造,全长7.3千米,于8月通车;完成投资1725万元的义松线(义渡大桥至松湖老街段)三级公路改造,全长7.3千米,于11月通车;完成投资7500万元的淦丁线(梦山至流湖段)三级公路改造,全长25千米,于11月通车。

2. 实施危桥改造。2015年,该局40座危桥改造计划,至年底完成22座,在建18座。

3. 农村客运公交一体化改造。全区农村客运班线改造11条,完成10条,其中2015年开通长埁至西山、义渡、流湖、松湖4条公交班线,并完成长埁至昌邑农村客运班线改造。

行业管理　1. 春运工作。40天的春运未发生旅客严重滞留现象和重大以上的旅客运输安全事故,未发生旅客投诉。获得"南昌市春运工作先进单位"。

2. 开展运输市场专项整治。整治非法改装工程车辆,查处无证货运、非法改装货车140余辆;查处非法客运车辆130余辆,出租车异地经营20余辆,站外揽客行为20余次。

3. 提升为民服务水平。全年办理新增货运车辆420辆;规范行政审批,办理货运经营许可44户,驾培经营许可2户,维修经营许可6户。

(包中梅　周国祥)

进贤县

2015年,该县交通运输局认真贯彻落实"两年求突破"决策,实施"四强"推进措施,全力以赴抓基础设施建设,铁心硬手抓行业管理,因势利导抓体制改革,较好地完成年度目标任务。

推进基础设施建设　①在福银高速温沙段建设李渡互通工程。全面完成连接线、办公楼、收费站、食堂、机电安装工程,11月30日实现开通运行。②在沪昆线进贤火车站段完成下穿双向各16米宽的2条隧道,8月1日实现双向通车。③预算投资7.36亿元,建设20.6千米的G320绕城一级公路,截至年底完成工程总量75%,完成投资5.5亿元。其中张公至中山北大道11.2千米路段通车;进贤大桥、抚湖大桥下部结构建设全面完成。④预算投资2.23亿元,扩建11.3千米昌进一级公路,路基土方完成95%,路面工程完成30%。⑤农村公路建设和养护,全年建设任务200千米,至年底完成160千米。启动农村公路养护工程,修复混凝土面板3.5万平方米,维修小桥9座;拨付2013年—2014年通村公路补助资金3072万元。⑥危桥改造和渡改桥。启动危桥改造6座190延米建设,其中完成4座130延米、在建2座60延米;完成3个标准化渡口建设竣工验收,完成3座渡改桥竣工验收申报。⑦新建公交站台24个,县城标准公交站台133个、招呼站45个,合计178个公交站点。新增第10路公交线路,新投入12辆公营空调公交车。

客货运输市场 完成客运量1370.7万人次,客运周转量4.5亿人千米;完成货运量3350万吨,货运周转量8.2亿吨千米。①该局先后组织召开百名驾驶员整治动员大会4次,专门安排1个中队日常监管,出勤执法3000余人次,关扣和处理出租车36辆,有效遏止出租车不打表宰客等乱象。②控制农村班车不进站乱揽客问题。该局先后3次召开业主大会规范营运管理,派出1个中队流动稽查,查处违规班车62辆次。③重击货运车辆改装超载等违法乱象。该局专门安排5个中队全年在县域稽查整治,查处货车237辆次。⑤压住"五车"非法载客蔓延势头。"五车"整治列入县城管指挥部调度管理。全年查扣违法违规"五车"472辆,分3批次销毁262辆。

安全监管 启动卫星定位设备安装工作,全县12吨以上普货、危货车登记备案86辆,完成卫星定位设备安装61辆,安装率71%;全县245辆农村班线车完成卫星定位设备安装。

(胡进兴 周国祥)

安义县

2015年,该县交通运输工作成效明显,亮点纷呈,实现"站、车、路、桥"的"五大跨越"和"三先三前"。

"五大跨越":①公交枢纽站投入使用,安义客运站完成主体工程,在全省率先实现县级公交与班线客运无缝对接;②开通安义至南昌西客站公交巴士5线,开通安义至南昌公交双线;③古村大道、安黄公路连接线工程全面启动报建和实施,承接南昌至铜鼓加密高速及龙安大道项目;④潦河大桥拓宽工程;⑤对接省市交通运输部门及规划机构,落实南昌西外环外迁西移至安义县境内。"三先":公交枢纽站建成运营,率先在全省实现县级公交枢纽旅客出行零换乘;安义客运站建设,成为全市县区第一个县级的标准化二级公路客运站;农村公路建管养、"样板路"打造及危桥改造。"三前":潦河大桥拓宽通车;全年完成固定资产投资1.6亿余元,争取交通基础设施投资项目约160个,争取项目资金及引进社会资本投资8000万余元;完成客运量621万人次、客运周转量52381万人千米;货运量735万吨、货运周转量65776万吨千米。

工作成效。建设三站。①全面投入使用公交枢纽站。136路南昌安义公交车站于2015年元旦实现整体搬迁,可停放公交车200辆,成为全省第一个功能完备、设施齐全、旅客零换乘的县级公交枢纽站。②全面建设安义客运站。引进社会资本6000万余元投资建设,主体工程及商贸配套全面完工。③万埠农村公路综合服务站全面建成,待竣工验收。

推进三路:启动古村至龙安大道旅游公路报建程序。实施安黄公路连接线。实施2014年争取的全县农村公路建设项目98个54千米(其中88个项目49千米验收通车)、2015年争取的项目58个26.8千米(其中21个项目11.8千米完工通车),完成投资1974万元。完善农村公路和危桥及养护大、中修工程项目数据库,争取到上级管养资金144.7万元,完成万青线、红星公路等农村公路水毁大中修。

启动三桥:①启动潦河大桥加幅拓宽工程建设。潦河大桥加幅拓宽,总投资3005万元,新桥建成,老桥经检测仍保持原有设计标准,主体工程全面完工并通车。②启动戴坊大桥加幅拓宽工程建设。在建成的戴坊大桥上、下游分别增加一幅宽10.2米的新桥,与原桥拼接成为一个整体。前期报建完成,引道工程正式开工建设。③启动农村危桥改造项目。危桥改造项目9个,合计长200米,总投资435.58万元,全部完成施工图批复,其中4座开工,其他5座进入施工招投标程序。

规范运输市场。配合县交警大队开展"五车整治",扣押"五车"256辆,处罚、停运出租车10辆。

(徐正柱 章 东 周国祥)

南昌经济技术开发区

该区有农村公路355条,总里程393.35千米。硬化公路183条,硬化里程239.816千米,其中在册公路313条,里程358.262千米。县道3条20.26千米;乡道32条94.531千米;村道278条243.471千米。

该区完成农村公路改造2.1千米,投资84万元;完成农村公路大中养护工程7项,投资68.3万元,其中争取市级资金45万元;投入资金16.5万元,对6处水毁公路进行报修,确保农村公路畅通;投资26万元,对2处城乡接合部农村公路进行改造。

该区农村公路改造养护投资100.3万元(其中:市级资金45万元,区级资金23.3万元),对农大至蔡村等7个项目进行大中修,年底完成。完成2项2011年和2012年遗留未完成的联通工程2.1千米。投入21.5万元抢修水毁公路。

该区新增货运车辆152辆,新增业户8个,办理道路运输证152个,道路普通货运经营许可7个,机动车三类维修1个。全年开展交通联合整治行动4次,检查车辆230余次,查获"黑车"非法营运33余起,处理"黑车"37辆。

(周国祥)

湾里区

2015年,该区交通运输局遵循"深化改革,科学发展,建设法治交通"的思路,加快交通基础设施建设以及依法行政、优化投资环境和维护经济发展大局,坚持真抓实干,求真务实。先后获得交通运输部、省交通运输厅授予"全国农村公路养护与管理先进集体""江西省农村公路管理养护年活动先进集体"。

城乡公交一体化。该区在2014年实现城区公交覆盖基础上,2015年先后对222路、170路、507路运行班线和班次进行调整。并通过市场化运作,投入资金280万余元,对城区公交站台进行升级改造。其中新建公交站台10座,改造公交站台26座。

农村公路建设。该区投入资金470万元,实施通自然村公路建设和水毁公路抢修。①完成农村公路连通工程建设项目13个,里程4.7千米,实现区内通行政村道路水泥路通达率100%,自然村道路水泥路通达率89%。②投入资金95万元对境内罗梅公路、太珂公路、乔东公路3条县道进行养护维修。③完成农村公路水毁抢修工作。投入资金234万元,对全区农村公路水毁公路进行清障和抢修,确保通景点、通自然村农村公路安全畅通。④农村公路管理养护。投入各类机械设备300余台次,投入养护人员1800余人次,养护管理县乡公路90余千米。

运输管理。开展打击"黑车"非法客运专项整治活动12次,查处各类道路运输违法车辆79辆,行政处罚案件结案率、投诉举报案件结案率均达100%,未发生一起行政复议和诉讼案件。辖区2所驾校均按照2项新国标规定完成改造达标工作。营运黄标车淘汰工作顺利推进。全区交通运输行业未发生一起安全生产事故。

(周国祥)

南昌高新技术产业开发区

2015年,南昌高新技术产业开发区(以下简称高新区)交通办公室围绕公路工程建设与管养、道路运输行业管理重点,较好地完成各项目标工作。

交通基础设施建设 ①由高新区管委会出资,委托南昌市交通运输局代建管理,全权实施建设的乐温高速公路瑶北互通立交工程11月26日竣工,12月26日通车试运营。②城乡接合部之县道尤口至观田公路(尤氨公路)三处,县道新联至塘山一处的农村公路改善工程全部完工。③麻丘镇乡道升级改造工程项目谢埠至涂洲公路完成项目交工检测。2014年度农村公路计划项目8个,里程4.6千米,全部完工并通过区级验收。昌东镇长湖子—程家池公路5.2千米水毁恢复重建,于2015年5月完工。完成农村公路市级养护项目2个:吉南村新塘线至柳树河公路护坡工程和昌东镇乡道尤口至中尚公路路面维修工程。乡道规划调整完成,原乡道8条、计32.26千米,调整为8条、计43.3千米。

道路运输行业管理 ①做好机动车维修企业年审工作,严禁机动车维修企业承修报废的机动车和擅自改装机动车,并对辖区内机动车维修厂家进行监督检查。②行政审批工作进驻行政服务中心。10月,该办正式进驻区行政服务中心。③加强安全生产管理,开展安全生产大检查8次,促进交通运输事业和谐发展。 (周国祥)

景德镇市

2015 年,该市全年道路运输客运量 1939 万人,旅客周转量 112168 万人千米;货运量 2009 万吨,货物周转量 429507 万吨千米。

交通重点工程 全年新争取项目计划 342 个,新(改)建设公路里程 346.88 千米,资金 9757.42 万元。①红色旅游公路界文线建设项目完成 85%。②浮梁县程家山至盛莲塘红色旅游公路水泥路面施工完工。③国道 206 改线工程(大连路段)完成,其中市政工程完成 80%。④G206(乐平市大田至罗源段)公路改造工程路段完成清理与掘除、挖方、填方工作,63 根桥梁钻孔灌注桩全部完成,2 项工程计投资 1.5 亿元。⑤浯溪口库周公路项目中流口大桥建成通车,全长 10.59 千米。⑥总投资 3780 万元的峙滩至明溪公路完成路基土石方工程。⑦全长 12.59 千米,总投资 5082 万元的峙滩至龙潭公路完成路基土石方工程。⑧罗家滩风雨亭项目主体工程完成。

交通民生工程 随着南昌、婺源高铁站的先后投入运营,及时开通景德镇—南昌高铁站、景德镇—婺源高铁站直通车。8 月,与省长运有限公司合作购置 100 辆新能源空调公交车,使该市新公交车(2011 年及以后新增的公交车)总数达 270 辆。1 月 1 日开通三龙经浮梁县至市火车站、三龙经洪源至市西客站的公交班线。1 月 26 日,对公交旅游专线(39 路)进行改线,线路途经御窑厂、古窑、中国陶瓷城等 7 个景点。4 月 4 日至 6 日,首次开通 2 条临时清明祭祀公交专线,发 144 班次、运送乘客 1.25 万人次。5 月 1 日开通浮梁县城内外环公交专线,实现浮梁公交的新突破,结束浮梁县城内无公交历史。5 月 1 日,对 10 路、30 路公交线路走向进行调整。6 月 1 日,16 路公交线路终点由浮梁县粮食局延伸至古县衙,并连续第 2 年开展公交免费爱心送考活动。9 月 23 日,调整 29 路部分运行线路,并延伸至物流园。同时,购置 4 辆软座空调大客车,开通江西昌河汽车公司通勤车。2015 年"瓷博会"期间,开通 6 条直达"瓷博会"主场馆的公交专线,投入公交车 218 辆次,安全运送乘客 21 万人次。

城市客运管理 市公交公司新增 100 辆出租汽车投入运营,高考期间,出租汽车"爱心送考",全年查处并曝光违规经营车辆 217 辆,查处非法营运车辆 9 辆。7 月,经考核市汽运集团通达公司、景德镇长运出租汽车分公司、市公交公司出租汽车分公司为达标合格出租汽车公司。9 家出租汽车公司整合为 3 家。

行业发展 全年超额完成港航指令性计划 9 万元,并取消内河航运 100 吨以下运输船舶的货物港务费。其中,乐平水运市场呈抬头趋势,新增运力 917 吨,总运力达 2.85 万吨,完成货运量 41.5 万吨,运输周转量 12624 万吨千米。并争取上级老、旧船舶拆解补贴资金 31.5 万元。投入资金 200 万余元在乐平市、浮梁县、珠山区建设完成农村渡口标准化码头 6 个,并全部通过省级验收。开展安全生产规模性大检查 4 次,排除安全隐患 4 处。

安全生产 2015 年,全市在建项目计 22 个,合同价总计 4.68 亿元。①车购税农村公路路网改善工程项目 7 个,计 97.95 千米;②浯溪口水利枢纽库区公路新建项目 2 个,计 23.19 千米;③公路局管养的国省大中修工程项目 5 个,计 170.51 千米;④危桥加固与重建项目 6 个,计 493.24 延米;⑤陶瓷工业园与北汽基地项目各 1 个,共计 2.44 千米。印发检查情况通报 4 份,抽查意见通知书 34 份,工程质量现场检查记录 38 份。完成全市"两项新的国家标准"技术改造驾校 7 所;组织开展教练员培训、考试 668 名;培训、考核通过客货道路运输从业资格证 793 人次、出租车从业资格证 588 人次。5 月,景德镇市交通运输行政服务大厅正式挂牌成立,12 月 23 日,该市完成标准化建设的 4 个部分 13 项考核指标任务,通过省交通运输厅质量监督机构标准化建设达标验收考核组的考核验收。市港航管理处、市交通工程质量监督站纳入市财政预算，由原来的自收自支事业单位调整为全额拨款的事业单位，市运输管理处由全额拨款事业单位转为参照公务员管理单位。

全年办理信访、投诉289件，接待上访群众近200人次。5月至12月联合安监、海事开展“景德镇市水上非法运输专项整治活动”，先后出动执法人员127人次，检查51艘渡船、46艘货船、136艘采砂船、75艘运砂船，处理15艘“三无”船舶。全市连续27年渡运安全无事故。

（洪耀祖）

乐平市

2015年，该市交通运输局以服务民生为己任，狠抓交通重点工程建设，稳步推进农村公路建设，强化行业管理，着力提升交通服务质量，努力为该市经济社会发展提供有力的交通服务保障。

1. 抓重点工程建设，推进国道206改线改造工程建设。① 国道206（大连路段）改线工程。完成路基、路面结构、市政工程完成80%。② G206乐平市大田至罗源段公路改造工程。2项工程完成投资1.5亿元。

2. 抓民生工程，重点抓在建礼众、众篁、洺湾、官洪等公路建设。①其中众篁线完成95%，洺湾线完成85%，礼众线完成85%，官洪线完成75%，完成投资1.2亿元。②红色旅游公路界文线建设项目，完成该项目85%。③西渡线李家桥、吾徐线张家桥重建工作，2座桥完成投资112万元。④渡口码头标准化建设，投资20万元，完成接渡潭溪渡口码头标准化建设。

3. 抓公路养护，保障公路安全畅通。组织实施危桥、险段的改造及水毁汛息上报工作；组织资金120万余元，对鸣观线、吴乐秧挂线、镇杨线、新秧战备公路、景鹰连接线破损路面塌方进行修复及维修。完成新秧战备公路、吴乐秧挂线、镇杨线、梅枧线、西渡线、洺湾线挡土墙、塌方工程，完成塔科线防护设施及景鹰高速连接线沥青灌缝，投入资金55万元。

4. 抓管理工作，提升交通服务社会能力。组织开展对全市交通运输企业质量信誉考核，通过考核全市5家客运企业全部达AA级，5家危货运输企业和32家货运企业达A级以上，43家维修企业达A级以上；3所驾校升级改造工作全部通过上级主管部门的验收；1家出租车企业、1家公交企业和1家水运企业的测评考核工作，全部达AA级企业条件。同时，对企业1800名从业人员进行考核，合格率97%以上；全市3所驾校225名教练员全部通过年度质量信誉考核。全年完成客运量595万人次，货运量531.9万吨。水运市场呈抬头趋势，新增运力917吨，总运力达2.85万吨，完成货运量41.5万吨，运输周转量12624万吨千米。并争取上级老、旧船舶拆解补贴资金31.5万元。

5. 抓治堵，改善城市交通环境。查扣非法营运电动三轮车400余辆，处理违规出租车28起。

6. 抓企业，维护交通系统稳定。新世纪客运公司，完成全年工作计划98%，全年完成上缴税收100%，新增乐平至观峰班线运力一台，实现经济保持稳步增长态势；运输公司，扩大装卸货源（稻谷），利用地利优势，发展租赁经营业务，完成经济收入350万元，维护企业稳定；工贸公司，完成全年计划任务43万元，维修厂内设施。

7. 抓安全，保障群众安全出行。开展道路客运危货企业安全隐患排查专项整治工作。查处安全隐患16起，相应采取立即整改，限期整改的措施；开展水上安全检查6次，修复4艘渡船，消除安全隐患。对全市渡工进行一次安全培训，渡运28年安全无事故；加强路政管理工作，重点对景鹰挂线、新秧战备路、塔科线等公路进行巡查，处理超限超载等违章行为60余起。

8. 抓服务，为期40天的道路春运组织、运输、安全监督工作，安全运输旅客38万人次，无事故，获得第18个春运安全平安年。

（盛建国）

浮梁县

2015年，该县交通运输局以“建设富裕文明生态和谐幸福浮梁”为动力，扎实推进交通基础设施建设，不断加大农村公路养护工作力度，进一步规范运输行业管理,提升交通工作的服务质量和水平。

重点工程项目 1. 浯溪口库周公路项目:该项目为浯溪口水利枢纽工程库区道路恢复工程,分别为:

①峙滩至明溪公路:全长10.59千米,四级公路标准建设,总投资3780万元,完成路基土石方工程;峙滩大桥预制梁完成。

②峙滩至龙潭公路:全长12.59千米,三级公路标准建设,总投资5082万元,完成路基土石方工程;流口大桥建成通车。

③培龙至梅溪公路:全长8.78千米,四级公路标准建设,总投资3200万元,完成路面清表工作;路中的老屋大桥完成1根桩基。

④明溪至石牛滩至小沂港公路:全长5.7千米,四级公路标准建设,总投资1580万元。

⑤英溪至内赵坑公路:全长2.4千米,四级公路标准建设,总投资650万元,完成设计图纸及招投标准备工作。

⑥桑园至隐山公路:全长4.4千米,四级公路标准建设,总投资900万元。

⑦营里大桥、车陂大桥和红旗大桥复建项目:总投资约2000万元,其中营里大桥完成70%的桥梁桩基工程;车陂大桥完成施工图设计,12月开始施工;红旗大桥完成图纸设计。

2. 勒功至沧溪段公路改建项目:该项目起点与省道S302相接,终于沧溪村,全长4.7千米,三级公路标准改建,计划总投资约1000万元。

3. 青西公路青塘至蛟潭段改建项目:该项目沿昌江河连接县城至浯溪口水利枢纽,全长34.7千米,其中宝积寺至蛟潭建溪段18千米拟按二级公路标准改建,计划投资总金额10049万元。

4. 青西公路西湖至西溪段改建项目:项目全长约10.32千米,计划总投资3449万元。先期实施西湖桥至潘溪村4.5千米路段。

5. 东流至朱溪公路改建项目:项目全长12.9千米,三级公路标准建设,预算总投资4058万元。

6. 马墩口大桥危桥重建项目:该项目属危桥重建项目,计划总投资438万元,2014年12月开工建设,完成大桥桩基、墩柱建设。

农村公路建设与管养 完成通自然村项目50条53千米、通国有林场项目13条34.5千米、通国有农场项目8条15.8千米、县道路面改造2条9.2千米、乡道升级改造项目1条2.2千米计划申报并开工建设;完成危桥改造18座618延米、新建独立桥1座12延米、安保项目23.223千米的申报工作。打造沧溪至诰峰"森林城市绿色通道"项目。

道路运输行业管理 全年完成道路旅客运输量328.32万人次,旅客周转量9246.4万人千米;货物运输量1567.83万吨,货物周转量11.95亿吨千米;全县营运车辆拥有量2532辆,其中客车66辆、货车2126辆;县内公交线路8条,公交车28辆,农村客运班线18条,客车45辆;机动车维修企业111户,其中一类企业12户、二类企业22家;机动车驾驶员培训学校1家,全年完成机动车驾驶员教学培训7206人。

1月1日,开通三龙经县城至市火车站、三龙经洪源至市西客站的公交班线;5月1日,开通县城内外环公交专线。规范道路客运车辆燃油补贴申报工作。启动汽车维修GB16739－2014升级改造工作,推行汽车维修出厂合格证制度。

交通安全生产 渡运连续27年安全无事故。着力加强渡口、渡船安全管理,投入12万元维修樟树坑、杨村、峙滩、营里等8条渡船,年检渡船16艘,添置救生消防设备70件,并投入资金36万元完成镇埠、胜湖2座渡口标准化码头建设。

(郑卫华)

昌江区

2015年,该区交通运输局以项目为抓手,改进服务,抓整治、提效能、促发展,各项工作有序推进。

农村公路建设 实施农村公路改造和新农村公路建设项目13个,总里程9.4千米,总投资376.7万元,茶山至杨湾县道升级改造项目于6月底完工。金桥—鱼山公路县道升级改造项目开工,路段全长5.8千米,总投资580万元。开工建设桥梁2座,荷塘坞桥全长31延米,总投资100万元;茶山路铁路大桥全长60延米,总投资400万元。

为区域公路路网结构的升级,该局继续做好项目的前期工程设计、申报工程。完成童坊至仓下3千米、昌江大桥至官庄4.7千米县道升级改造项目申报工作,以及凤凰山至世茂公司2.9千米国有林场公路项目的工程设计和项目申报工作,争取上级资金540万元。

交通安全 该市交通运输局投入资金5万元对全区6条渡船进行换底、焊护栏、油漆维修,向渡工补助渡运燃油费2万,消除安全隐患。

该市交通运输局再次申报渡口标准化建设项目2个:鲇鱼山镇关山码头、丽阳镇港南码头。

加强对驾校的管理,督促两家区内驾校实现两评国标达标。营运车辆年检年审工作于6月全面铺开,完成全区客车年检年审率100%,货运车辆超过95%的目标。

(洪 涛)

萍乡市

2015年,市交通运输局紧紧围绕“惠民生、保平安、促发展”一个目标,紧扣“公路建管养”和“客货运输管理”两个重点,全面推进交通基础设施建设,加强客货运输市场管理,强化安全监管和质量监督,不断推动交通运输服务上水平、上台阶。

项目建设 2015年2月9日,萍洪高速公路正式通车。昌栗高速公路顺利通车。萍莲高速项目前期工作正在推进。上栗至芦溪宣风旅游公路项目前期工作完成。争取渝长厦客运专线长赣段经萍乡并进入国家“十三五”铁路网规划。完成国道319彭高至清溪段路面大中修工程。危桥改建工程于当年8月开工建设,农村公路年终目标任务完成。

交通民生工程 ①抓好安保设施建设和危桥改造工作。桥梁建设(含危桥重建加固项目)计划开工18座1246.54延米、竣工17座1153.54延米,完工5座,在建7座,未开工5座,申报取消1座。②落实公交优先。调整优化3条公交线路,新开通2条公交线路;市公交总公司采购10.5米级油电混合动力公交车20辆,8.5米纯电动公交车50辆,年初全部新车上线运营,提前1年取消黄标公交车。

运输行业管理 重点指导萍乡鑫联运输公司及赣湘国际物流园的建设,萍乡鑫联运输公司列入货运场站“十三五”规划并开工建设。赣湘国际物流园二期即将动工。危货从业资格证考试,实行无纸化考试,举办2期,申报人员700余人,考试合格并予发证人员460多人,合格率66%。整理危货从业资格证档案近1100套,纸质材料与电子文档同时存档。

(萍乡市交通运输局)

安源区

2015年,该区交通运输工作紧紧围绕交通工作对全区经济活动促进作用,认真完成农村公路建设、养护和管理各项工作任务。

1. 农村公路建设。抓好农村通25户以上自然村项目建设,争取客运网络新建项目1个计9千米,新建独立桥项目1个计53延米;农村公路通25户以上自然村项目65千米,客运网络连通工程和乡道路面改造计划9千米。路面改造工程13.6千米。完成安源区“十三五”交通运输规划工作。

2. 开展农村公路养护年活动,养护路线全覆盖所有乡镇、建制村、重要商品集散地、重要交通枢纽以及重要旅游景点,养护里程473.39千米,文明样板路(汪五公路)10千米。

3. 工程建设和道路运输督导检查。加强校车运行线路雨季和恶劣天气路面巡查和安全排查以及辖区危桥险段的监控工作,出动宣传人员50余人次,发放宣传单500余份,制作板报7块,出动宣传车辆13余次。

(安源区交通运输局)

湘东区

2015 年,湘东区交通运输局紧紧围绕全县经济社会发展整体目标,认真履职,抓重点,以点带动全县交通运输事业良好发展。

项目建设 投资 1.18 亿元的 S232 陈家塘至东桥桥头段公路改造工程和投资 3600 万元的 S308 东桥至界头公路改建工程完工,投资 3.6 亿元的 S533 流田至善洲公路改建工程和投资 7500 万元的 G60 沪昆挂线改建工程开工建设。同时,配合陶瓷工业园管委会做好工业南大道升级改造和栗油公路升级改造项目的相关工作。统筹抓好农村公路建设。完成县道升级改造项目 18.7 千米,完成客运网络化连通工程 16 千米,南岸大桥等 4 座桥已完工或即将完工,东桥大桥等 3 座桥正在抓紧施工,佳沙洲桥等 4 座桥即将启动;完成农林垦公路 20 千米,完成 2015 年省下达通自然村公路计划 160.8 千米。

养护工作 投入资金 867.3 万元进行大中修、路面改造、水毁塌方、危桥加固、安保工程等养护项目,创建文明样板公路 36 千米。同时,抓好路政与治超两个难点工作,发放各类宣传资料 4 万余份,与公路部门联合执法,有效整治“乱搭乱建”现象。与公路、安监、运管和交警部门一起,设立国道 320 老关点、国道 319 源湴站和 S232 陈广线排上点 3 个治超站点联合执法。

行业管理 完善公路和桥梁应急预案,重点抓好客运班线、校车道路、桥梁、东环路平交道口及道路工程建设的安全管理,及时整治危桥险路并建立危桥险路台账 80 多个,设置警示牌 100 多块。化解项目建设中的矛盾纠纷,信访件答复率 100%。

(湘东区交通运输局)

芦溪县

2015 年,该县交通运输局紧紧围绕“惠民生、保平安、促发展”的目标,全面推进交通基础设施建设,较好地完成各项工作任务。

争资金,争取交通口资金 9225.84 万元,到位资金 6611.48 万元,完成交通口争资目标任务 6500 万元。

争项目,争取到张佳坊至高洲环武功山旅游公路项目、自然村 25 户以上通水泥路项目 125.8 千米,客运网络连通工程项目 15 个、新建独立桥 3 座。

抢进度,积极启动县城北环路建设、源南至宣风通达工程、张家坊至高州旅游公路和芦溪汽车站项目前期工作,积极推进袁河大桥建设,协调处理杭南长客运专线涉农问题。

招商引资,完成招商引资 2 亿元目标任务,其中新开工项目 1 个、新签约项目 3 个。

农村公路建管养,投资约 8492.5 万元,完成在建农村公路项目里程 152.58 千米,新建独立桥 3 座,投资 1573 万元。投入 364 万元用于农村公路养护管理,及时排查和处治安全隐患,全年无交通安全责任事故。

发展公共交通,与芦溪运管所联合向县政府提出给予城市公交、城乡公交和农村客运补贴方案。有城区公交线路 3 条,城乡公交线路 15 条、农村客运线路 18 条。

(芦溪县交通运输局)

上栗县

2015 年,该县交通系统广大干群奋力拼搏,全面推进现代路网建设,高铁、高速及国、省、县、乡道 23 个 3000 万元以上交通建设项目全面铺开,10 个乡镇的县、乡公路改造项目及村级公路建设全面启动。

2 月 9 日零时,萍洪高速公路正式通车。昌栗高速 12 月 18 日零时正式通车;国道 G319、S231 公路、迎宾大道、福东公路、万上线、杨岐旅游公路等国省干线项目竣工通车;高铁站前东路、西路、中环北路正在施工。

全县“四纵七横”路网初显雏形,形成东面通过昌栗高速、上万线、福东延伸线,对接省城与宜春;南面通过萍洪、G319、S231、杨武旅游公路,对接萍乡城;西面通过四海至水源公路、长石公路,对接湖南醴陵;北面通过萍洪高速,国道 G319、桐九公路,对接长沙与浏阳的路网结构;在构建交通路网的同时,注重以路网建设带动产业和园区经济发展,在上栗县南部构建以杭长高铁、昌金高速彭高连接线、萍洪高速福田连接线、国道 G319、S231 公路、中环路、站前东路、站前西路、吴楚路、萍赤线等组成的局域网络,支撑起房地产、建材、冶金粉末基地、现代物流、服务业园区、汽配交易市场等产业和园区的发展;在北部构建以昌栗高速金山连接线、萍洪高速上栗连接线、国道 G319、S231 公路、上万线、四海至水源公路、国道 G319 绕城公路等组成的北向局域网络支撑起城区、花炮工业园区、建材、旅游产业的发展。

(上栗县交通运输局)

莲花县

2015 年,莲花县交通运输局,以深化交通领域改革为目标,积极实施“交通提升年”活动,勇于担当,有所作为,较好地完成年度工作目标任务。

工程建设 推进萍莲高速公路项目和国省道改造建设。做好坊楼(罗市)至蕉叶冲二级公路改造建设工作,该项目工程分两期实施,先期罗市至浏源段 10 千米,路基工程建设有序推进。

(莲花县交通运输局)

萍乡经济开发区

2015 年,该区交通运输局按照南扩北延的城市发展战略和城市建设发展目标,突出规划和项目建设两个中心,扎实推进交通运输发展。

编制完成“十三五规划” 该区抓住“十三五”规划发展的机遇,争取将更多的农村公路建设项目进入规划笼子。“十三五”期间力争到 2020 年,全区 15 个自然村全部通 3.5 米宽水泥公路,完成水泥公路建设 25.07 千米,硬化村内道路 252.74 千米。其中,列入“十三五”期间建设的干线公路有 9 条,里程 41.28 千米;农村公路 8 条,里程 17.45 千米。

农村公路改造 全年完成县道升级项目 3.2 千米,自然村通村路 5 千米,养护农村公路 256.56 千米,累计争取上级补助资金约 260 万元。完成自然村通村路建设项目 10.7 千米

项目申报工作 该局积极向市局申报县道升级项目。获得县道三田—东源升级项目全长 3.88 千米,拟投资 1600 万余元。申报田中桥危桥改建项目。

(萍乡经济开发区交通运输局)

九江市

2015 年,该市交通运输局围绕“做大九江、打造双核”战略目标,主动适应新常态,以服务民生、深化改革为基础,以加快推进交通运输重点工程、基础设施建设、运输市场发展为重点,取得六个新成效。

交通基础设施建设 全年交通固定资产投资首次突破 10 亿元大关,达到 10.8 亿元。全市新改建农村公路 2008.6 千米,完成新建桥梁 27 座,危桥改造 66 座,安保工程 111.92 千米。其中,马回岭至林泉国防战备公路竣工通车,修水县黪桃线竣工通车,彭泽县完成郭桥至张家湾县道升级改造。

城市公共交通 该市有公交线路 52 条,线路长度 770 千米,线网长度 260 千米,线网密度每平方千米 2.88 千米,城区站点 300 米覆盖率 85%。2015 年,购置 90 辆新能源公交车,新增 5 条公交

线路,调整2条公交线路,启动更新市区公交候车亭199个建设任务;完成花果园场站建设,开工建设城东港场站,做好3.07公顷浔中场站、1.67公顷浔南场站修理车间招标、报批等工作,推进开发区1.67公顷公交场地与省农业厅对接工作。九江公交IC卡系统全面升级改造,加入全国一卡通行列,九江公交卡可在全国城市公交车上刷卡。

交通重点工程建设 修平高速项目上年1月正式开工建设,项目进展顺利;昌九高速通远试验段全面建成通车;都九高速(都昌至星子段)完成征地拆迁并开工建设;协助相关部门做好城区高速公路收费站"拆四建二"前期工作。

运输市场监管 全年查处各类违法违规车辆4979辆,检查船舶16515艘次,补征规费1352万余元。接待来访群众60余批次,调处矛盾纠纷3起、化解重复访案件6起,处理信访件15件,受理行政复议案件37件,行政调解16件,通过市委、市政府民声通道处理诉求件56件,通过"12328"服务监督电话处理诉求件10369件,收到处理信访投诉件13件,做到事事有回复,件件有着落。

交通运输改革 支持九江长运联强做大,稳步推进长运集团公司与江西长运股份公司承载式收购,完成清产核资、资产审计、资产评估、重组方案制订等阶段性工作,待政府审批后,将进入产权交易实施阶段;全力推进"三单一网"工作,全面清理交通运输系统的行政权力,建立权力清单、责任清单,规范交通运输部门职能权限,梳理行政权力238项,保留许可项目七类19项,精简率48%,累计办理交通行政许可事项8596件,按期办结率、业户满意率均达100%。

推动交通运力发展 全市拥有客车2943辆(74090座)、货车38597辆(273294吨)、船舶443艘(59.12万载重吨)。完成公路客运周转量469060万人千米、货物周转量2677201万吨千米,同比增长1.70%、4.73%;完成水路客运周转量519万人千米、增长31.41%,货物周转量749820万吨千米、下降7.2%。

促进交通运输企业发展,长运集团公司实现营运收入4.86亿元,同比增长4.8%,上缴税收3863万元;公交集团公司实现营业收入5423.85万元,增长1.69%,企业平稳发展。

服务中心工作 积极做好部门帮百企活动,充分发挥职能部门优势,主动对接江西盛祥电子材料有限公司,协同相关部门研究解决实际问题,协助其成为该市首批进入"新三板"的企业。拓宽招商渠道,加大招商引资力度,完成招商引资项目3个,实际完成投资约1.7亿元。加大规费征收力度,市港航局完成规费征收1.28亿元。将星子县蓼花镇翻身村和永修少数民族梅棠新庄村作为定点扶贫村,全年投入帮扶资金25.7万元,修建800米长的村级公路,共建连心户10户,发放慰问金4.3万元。

(九江市交通运输局)

武宁县

2015年,该县交通运输局紧紧围绕年初制定的目标任务,牢固树立争创一流的工作定位,坚持发扬攻坚克难的工作作风,全力以赴抓好各项工作的推进和实施,全面高效完成预定目标。连续9年在全市交通运输系统综合目标考评中以第一名位列"先进单位"。

公路建设 县道升级改造工程．鲁溪至官莲二级公路。全长9.75千米,按二级公路标准建设。工程于2014年1月开工,2015年12月竣工通车,完成总投资4000万元。

客运网络连通工程 1. 株林至港北公路。该路是通至江西美术专修学院的唯一公路,项目全长3.7千米,按三级公路标准建设。工程于2014年9月开工,2015年10月竣工通车,完成总投资700万元。

2. 辽里至坎上公路。该路是该县重要的通乡公路,项目全长5千米,按四级公路标准建设。工程于2015年3月开工,2015年12月竣工通车,完成总投资376万元。

3. 新人民医院至修武线公路。项目全长11千米,按三级公路标准建设。工程于2014年3月开工,2015年11月竣工通车。

4. 罗坪至河头公路。项目全长5.7千米,按四级公路标准建设。工程于2015年3月开工,同年11月竣工通车。

通自然村公路建设 完成通自然村公路建设项目107个,174.6.3千米,按四级公路标准建设,总投资4854万元,投资方式为车购税。

昌九高速公路管理处

昌九管理处党委扩大会议

昌九高速公路 20 年庆祝活动

昌九高速是江西第一条高速公路，一路走来，昌九高速人流过汗、流过血、流过泪，也创造过辉煌的业绩，打造了“青年文明号”一条路，涌现了“全国工人先锋号”“全国巾帼标兵岗”“全国杰出青年文明号”“全国五一劳动奖状”等一大批国家级先进集体。

昌九管理处“一班人”痛下决心，以“不畏痛苦、义无反顾”的执着精神，举全处之力抓好文明服务，他们切合实际，因时、因地、因人制宜，推出了“五个一工作法”，走出了一条具有“昌九特色”的嬗变之路——

“一项制度定规矩”。制定《文明服务奖惩制度》，将文明服务的品质直接与收费员、总领班、分管领导，直至收费所站党政一把手的绩效挂钩。

“一把尺子论长短”。成立了考核小组，严格对仪容仪表、面部表情、文明用语、规范手势等进行打分，努力做到让当事人及所在班组、所站领导口服心服。

“一根标杆作示范”。发掘和树立窗口典型，营造“比学赶帮超”的浓厚氛围，将全体职工的思想和行为带到管理处所希望的轨道上来。

“一面镜子找差距”。安装“微笑镜”。既方便收费员随时检查仪容仪表，调整服务态度，又便于多角度加强对微笑服务的监管。

“一把钥匙开一把锁”。在推行文明服务的进程中，坚持具体问题具体分析，逐个加以解决。

如今，文明服务的理念已深入人心，微笑服务已成为一种良好的职业习惯，昌九高速的收费员真诚的服务、规范的手势、灿烂的微笑、良好的精神面貌、亲切自然的文明用语得到越来越多的认可，省内外前来参观学习者络绎不绝。

环境优美的昌九高速公路

兴国至赣县

省委书记鹿心社视察兴赣高速项目

江口隧道左线顺利贯通

兴国至赣县高速公路是泉南高速江西石吉段与厦蓉高速江西瑞赣段的纵向联络线，项目起点北接泉南高速石吉段兴国境内的兴国互通以枢纽互通形式相接，项目终点南接赣州绕城高速相交于厦蓉高速瑞赣段赣县境内的赣县东枢纽互通。项目途经兴国县鼎龙乡、长冈乡、江背镇、埠头乡、社富乡、杰村乡、龙口镇，赣县三溪乡、南塘镇、吉埠镇、江口镇、茅店镇共2个县12个乡（镇），路线全长约71.995千米，其中兴国县境内35.899千米、赣县境内36.096千米，采用双向四车道高速公路标准设计，设计速度120千米／小时，路基宽度28米。项目概算总投资约60.75亿元。全线共设置互通立交6处（其中枢纽互通2处），沿线设施12处（互通匝道收费站4处、管理所4处、服务区2处、管理中心1处、养护中心1处）。

兴赣高速建设项目受沿线复杂地形地质影响，高差较大，水系众多，外加上施工条件差、协调难度大，高填深挖路基多，土石方工程量巨大且清一色为红砂岩；路线交叉作业多，一跨国道、一跨激江，三跨平江，两跨京九铁路，两跨待建的昌吉赣客专，施工组织及交通维护难度较大。

特大桥架梁施工

2012年6月28日，国务院正式出台“国务院关于支持赣南等原中央苏区振兴发展的若干意见”，标志着支持赣南等原中央苏区振兴发展，已上升为国家重大战略，这是中央关心革命老区、着眼全面建设小康社会全局采取的一项重大战略举措，是加快江西省科学发展、绿色崛起的重大历史机遇。加快赣南等原中央苏区振兴发展，是牢记党的光辉历史、增进苏区人民福祉的迫切要求；是加快苏区脱贫致富、与全国同步进入全面小康的迫切要求；是打造全省发展战略支点、建设富裕和谐秀美江西的迫切要求。“若干意见”中明

高速公路

兴赣高速公路鸟瞰

预制梁自动喷淋养生

确提出了加强公路建设，支持大庆－广州高速公路赣州繁忙路段实施扩容改造工程，规划建设兴国—赣县等高速公路的想法，进一步加强赣南原中央苏区的交通基础设施建设。

兴赣高速公路项目的建设有利于将赣南革命老区、原中央苏区，连成一条“革命老区红色旅游线”。项目的建设，对加快江西省旅游事业发展、充分开发利用自然资源，促进地区旅游经济的发展，缓解江西省南北向通道的交通压力及完善江西高速公路网的建设均具有十分重要的意义。

江口铁路跨线桥施工

红砂岩强夯规范化施工

第一段级配碎石底基层摊铺施工

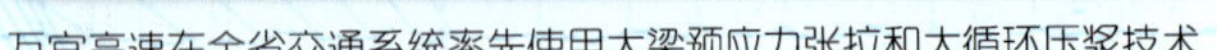
万宜高速在全省交通系统率先使用大梁预应力张拉和大循环压浆技术

雄伟壮观的棠梅村大桥

路面单位标准化拌合站

2014年12月26日，万宜高速公路建成通车。万载至宜春高速公路位于宜春市境内，是沟通沪昆高速与万载县的一条地方加密线。路线起点位于万载县马步乡，接省道万载至上栗公路，途经万载县马步乡、袁州区柏木乡、三阳镇、袁州工业园、湖田镇等1个县1个区5个乡镇，与沪昆高速公路昌金段相接后终于明月山机场路A线，项目总长约34千米，概算投资总额为19.87亿元。全线采用双向四车道高速公路标准，路基宽21.5米，设计行车速度80千米/小时。

梁场标准化建设，规范醒目的标识标牌、安全文明的施工

美观大气的万宜高速公路

万宜高速公路

路面施工切实把好原材料控制、配合比、运输、摊铺、碾压等关键环节，力求在每个细节上精益求精

全线土石方总量为351万立方米，共设大桥13座，分离式立交 5座、涵洞通道55道。

据初步统计，万载县至宜春高速公路万载段工程建设规模为：路基土石方87万立方米，中小桥6座，隧道1座约500米，在马步乡宝石村设单喇叭互通道口1个，共需征用土地约900亩、拆迁各类建筑物19270平方米、拆迁电力线杆90根、电讯线杆350根。建设万宜高速公路是全省100个县（市、区）实现“县县通高速公路”的收官项目，标志着万载县公路等级将得到进一步提升，路网布局更趋完善。

路面施工精益求精，质量一流

隧道掘进爆破、锚杆打设、砼喷射井然有序、规范文明

钢波纹管施工

万宜高速“带绿施工”，力求与沿途青山绿水融为一体

万宜高速取消中间绿化带，采用防撞墙及防眩板，大大节约了土地

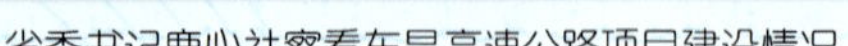

省委书记鹿心社察看东昌高速公路项目建设情况

省委副书记、省长刘奇察看东昌项目建设情况

樟树枢纽

东昌高速是江西省高速公路网“四纵六横八射”规划中的其中一横。项目路线大致呈东西走向，途经抚州市临川区、东乡县、宜春市丰城市、樟树市、吉安市新干县等3个设区市5个县区市26个乡镇2个垦殖场。路线起点位于东乡县境内的沪昆高速公路东乡互通以西约1.6千米处，途中依次与福银、昌宁等高速公路相交，并与沪昆高铁、向莆、京九、丰洛煤运专线、沪昆（浙赣）及昌吉赣（规划）等铁路交叉，终于沪昆高速与樟吉高速公路交汇处的樟树枢纽互通。全线共设东乡西、抚州东、抚州北（罗湖）、杜市、桥东、丽村、樟树东、新干北、昌傅等9处互通收费站和东乡、抚州北、丰城南、樟树等4处枢纽互通。路线全长约152.13千米，投资总额约99.7亿元。

东昌高速公路项目具有“一大两高一重”的特点。“一大”：协调难度大。项目位于江西省农业经济较为发达的区域，居住人口密集，既有水利、电力、通讯及交通等基础设施密布，全线9处穿越铁路，5处跨越国（省）道，设有4处枢纽互通，且在樟树市、新干县境内涉及1处军用地和多处军用光缆占用、改移事宜。在项目建设过程中，拆迁任务繁重，协调工作难度极大。“两高”：一是技术要求高。项目沿线有红砂岩、膨胀土、溶岩、采空区等地质复杂地带，跨越延河、南辽河、云山河、干港河、抚河、秀水河、赣江、袁河等多处河流，特别是跨越赣江的特大桥，主跨采用180米悬浇预应力砼连续钢构，是目前同类桥梁单跨长度的“江西第一”，工程建设具有较高的技术挑战性。二是环保要求高。项目8次跨越较大的河流，占用农田6100余亩，借土填方1260万m3，涉水工程作业和土方挖运施工过程中，从方案论证到具体施作，都要高度关注、最大限度降低项目建设对当地水土和生态环境的影响。“一重”：安全责任重。在枢纽互通跨线桥、跨铁路桥、国省道分离立交桥以及跨通航河流大桥的建设过程中，既有交通安全保畅的压力，又要保证工程施工安全，安

抚河特大桥

省交通运输厅党委书记、厅长朱希察看东昌高速公路项目建设情况

东昌高速公路边沟观摩会现场

全生产责任重。

东昌高速公路项目连接沪昆线、福银线、昌宁线、樟吉线等多条高速公路及320、316、238（南昌至惠来纵向线）、533（樟树至分宜联络线）、105等多条国省道，同时还便捷串联起东乡、抚州、丰城、樟树、新干等城市，路网和通道功能十分明显；未来将成为江西省连接周边省份、加强对外联系的高效公路。同时，本项目的建设既是服务国家战略和区域战略发展的需要，又是改善沿线地区东西交通运输状况，促进区域社会经济发展、提高城镇化水平的需要，也是开发沿线旅游资源，推动旅游事业发展的需要。

阁山特大桥

东昌高速公路项目土建工程施工总计划工期24个月，缺陷责任期24个月，保修期60个月。自2015年1月开工，于2016年12月底建成通车。在建设过程中，创新提出人文指路、科技引路、品质筑路、清廉正路、和谐兴路，安全发展、生态发展、低碳发展等“五路三发展”管理理念，制订“质效至优、安廉至善、生态至美”建设总目标，推广延伸“首件工程示范制”，相继开展了“大干九十天，抢抓构造物”、“开展百日会战 夺取阶段目标”、“决战六十天，誓夺总目标”等劳动竞赛专项活动，并通过开展各项专项整治活动，组织召开技术交底会、正反现场观摩会等，落实施工标准化、精细化、程序化管理要求，安全、质量与进度同向而行，确保了工程品质的综合提升。

丰城南枢纽

抚州北枢纽加宽段上面层摊铺

干港河特大桥

东昌高速公路赣江特大桥建设掠影

萍乡至洪口

省交通运输厅党委书记、厅长朱希视察萍洪高速公路建设

省重点办主任王前虎视察萍洪高速公路建设

萍乡至洪口界高速公路2014年12月26日建成通车。萍洪高速公路位于江西省萍乡市境内，是国家高速公路网中沪昆高速和泉南高速公路的重要联络线，是江西通往湖南的又一出省通道。路线起于萍乡市国家经济开发区叶家坳村与320国道相接，经安源区青山镇，上栗县长平乡、上栗镇、金山镇，终点位于穿越赣湘交界金山镇洪口界，与湖南省长沙至浏阳高速公路相接，路线全长约33.796千米。

2012年12月14日，江西省交通运输厅成立江西省交通运输厅萍乡至洪口界高速公路建设项目办公室，接手停工近6年的萍洪高速公路建设工作。从此，拉开了萍洪项目复工建设的序幕。

萍洪高速公路项目的领导班子可谓是“受命于困境之时，奋战在困难之间”。复工伊始，就面临着原有劳务队伍、民工全面讨薪和涉农受损赔偿等问题，全线施工经常遭遇不同程度的阻工。为快速解决问题，加大调度指挥的能力，萍洪高速公路项目办专门设立“协调安全处”，积极主动出击与沿线政府沟通，融洽地方关系，耐心细致地做好群众工作。面对复杂的局面，项目办主动担责任、想办法，为项目建设排除“三大拦路虎”，清欠了前期队伍、调查核定了涉农损失、解决征地拆迁拨付款项等问题，终于在2013年8月底基本解决了前期问题，为复工建设大干快上奠定了良好基础。

萍洪项目阶段总结表彰

萍洪高速由于停工近6年，原遗留的桥梁桩基挖孔、高边坡等已施工工程出现不同程度的病害和缺陷，未知风险多。在项目办进场之初，便组织人员对大临设施进行策划，尤其是拌和站、预制场，施工前绘制鸟瞰图，施工过程中严格按照标准化要求对现场进行布设，项目驻地、拌和站、预制场及钢筋加工场地均达到了标准化施工要求。

建成后的萍洪高速公路

省厅重点工程建设项目巡察组多次视察萍洪项目

省交通运输厅副厅长王昭春视察萍洪高速公路建设

项目办还根据现场实际情况，制订了完善的施工现场安全防护设计方案，方案对各施工现场标准化安全防护做了详细要求，施工过程中严格按照标准化要求进行安全防护，有效的保证了现场施工安全。通过定期开展“安全生产月”、“平安工地考核评价”、“标准化工地”“防坠落、防坍塌、反三违”专项整治、“隐患排查”等专项活动，深入开展“平安工地”达标验收工作。组织开展场站建设、临时用电、安全防护等观摩会，促进各单位安全管理水平的提升。

经过不懈努力，萍洪高速公路项目未发生一起安全事故，并在“平安工地”创建工作上取得了一定的成绩和效果，自评达到“示范”评级，最终在江西省平安工地考核评价中获得“示范”评级。

雨季防险安全会议

隧道掘进

桥墩施工安全爬梯

建成后的萍洪高速公路

都昌至九江高速公路

省委副书记、省长刘奇察看都九高速鄱阳湖特大桥建设情况

省交通运输厅党委书记、厅长朱希视察都九高速建设

省交通运输厅副巡视员吴铭汉察看都昌枢纽互通九景高速跨线桥建设

都九高速公路（都昌至星子）段在都昌县蔡岭镇附近接九景高速，路线由东向西经过都昌县和星子县，终于星子县华林镇附近，接九江绕城高速的华林枢纽互通，项目总长49.969千米，总投资概算为44.56亿元。全线按双向四车道高速公路标准建设，设计速度为每小时100千米，路基宽24.5米，汽车荷载等级为公路－Ⅰ级，设计洪水频率：特大桥为1/300，其他桥涵和路基为1/100。

都九高速公路鄱阳湖特大桥为继九江二桥后又一座高速公路标志性桥梁，为目前江西在建高速公路项目中跨径最大、长度最长的桥梁，是鄱阳湖上的第二座公路大桥。桥梁全长5589米，最大跨径为420米。主桥采用双塔五跨空间双索面组合梁斜拉桥方案，副孔采用50米的后张法预应力T梁，引桥采用35米跨的先张法预应力T梁，桥面标准宽度24.5米，主塔采用宝瓶型桥塔，塔高137.91米。

鄱阳湖特大桥于2015年10月开工建设，计划于2018年4月建成通车。具有以下特点：一是特殊的地理环境。地处内陆“百慕大”之称的老爷庙水域，水文及地质情况极为复杂，一年就有163个大风日，每三天就会发生一次8级狂风。二是水域通航船舶流量大。流域为赣江至长江的黄金水道，过往船只多，水上施工交通安全隐患大。三是设计上的创新。特大桥引桥使用折线配筋预应力混凝土35米先张法T梁，属国内首创。

都九高速公路项目为交通运输部“自管模式”的改革试点项目，没有社会监理，原来监理的工作全部由建设单位承担。本项目通过合理设置机构、回归承包人质量管理主体责任、强化承包人质保体系、加强第三方检测等手段，实现了项目自管模式简政高效运行，质量、进度、安全均处于受控状态。

路面上面层顺利完工

（都昌至星子段）项目

交通运输部驻厅纪检组组长陈兵一行查看特大桥主墩

省交通运输厅副厅长王昭春到都九项目检查指导工作

省公路开发总公司总经理陈立新检查都九高速鄱阳湖特大桥项目防汛工作

钢围堰承台施工

九景跨线桥

鄱阳湖二桥主墩绑扎钢筋

底基层碾压

天篁架桥

南昌至宁都

省交通运输厅党委书记、厅长朱希察看昌宁项目建设

交通运输部对昌宁项目进行质量安全综合督查

安全检查

南昌至宁都（冈上至宁都段）高速公路（以下简称昌宁项目）是规划建设的“南昌—宁都—兴国—韶关”国家高速公路网的一部分，是江西省“四纵六横八射线”高速公路网主骨架的重要路段。路线起点位于南昌市南昌县冈上镇，途经宜春市丰城市、抚州市乐安县、吉安市永丰县、赣州市宁都县等5个市、5个县（市）26个乡镇，终点位于宁都县赖村镇，与泉南高速公路石吉段相接。项目建成后，将南北贯穿江西中心地带，连通江西境内的三条东西向高速公路（沪昆线、抚吉线和泉南线），路网和通道功能十分明显。

双溪岭隧道二衬施工

钢筋施工

孟堂蔡大桥单幅贯通

高速公路

交通运输部专家对昌宁项目隧道进行检查

隧道施工应急救援演练

项目全线纵贯江西南北，地质情况复杂，分别经过平原水网密集区、微丘区、山岭重丘区，地形落差达到千米级。地质情况复杂，特别是永丰、宁都境内，工程总目标控制难度非常大。全线共有2座特大桥(清丰山河特大桥、龙坊高架桥)、2座钢构桥（龙坊高架桥、神龙高架四桥）和3座特长隧道（石马隧道、双溪岭隧道、雩山隧道)、5座长隧道，其中永丰和宁都境内有特长隧道群、桥隧相连群，是昌宁项目控制性工程中的控制性工程。

梁板架设

昌宁项目地处江西中部腹地，属江西的“中部地区”，沿线地区社会、经济发展水平差异极大（南昌县和丰城市为全国经济百强县，乐安县、宁都县为国家贫困县）。该项目的建设能够很好地协调国家战略和区域战略发展布局，完成江西省委省政府“龙头昂起、两翼齐飞、苏区振兴、绿色崛起”发展战略布局，促进江西省经济社会发展和国土均衡开发。昌宁高速公路项目全长248.601千米，概算总投资173.9亿元，开工时间为2013年11月，通车时间为2015年12月，建设工期26个月。项目建设成后，将成为江西省连接周边省份、加强对外联系高效公路，在江西及国家公路网中具有十分重要的地位和作用。

龙坊高架桥夜间施工

路面摊铺

薄壁高墩施工

昌栗项目领导班子

项目办开展领导干部插手干预工程专项治理动员部署

混凝土路面硬化

服务区房建工程

南昌至上栗高速公路东接南昌西外环高速、西连萍洪高速与湖南浏阳对接，是赣西地区第三条高速大通道，项目途经南昌市、宜春市和萍乡市共3个地级市8个县（市、区），路线全长223.09千米，投资估算约为114.2亿元。该项目是完善江西省高速公路路网，实现2015年全省高速公路通车里程突破5000千米宏伟目标的项目之一，对打造南昌核心增长极、增强南昌辐射功能、提升高安、上高、万载、上栗等赣西地区县域经济发展，促进沿线旅游资源开发具有重要意义。

在江西省交通运输厅、省高速集团的关心和支持下，昌栗高速公路项目办统筹规划，精心组织，科学安排，项目管理始终贯穿“一套制度、两个平台、三个转型、四个标准、五个严格、六个抓手”的建设要求及工作思路，强化质量为重，立足标准建设，健全制度体系，全面保证昌栗项目管理科学有序。

一套制度“统全局”。即“一纲五册”纲领性制度：项目管理大纲、安全管理手册、质量管理手册、文明施工管理手册、廉政工作手册、内部综合管理手册，作为项目管理的纲领性文件，明确各方权责，确保各项工作在标准化的制度框架下进行。

沥青上面层摊铺

高速公路

特大桥施工

上高西收费站

两个平台“提效率”。即《江西昌栗高速公路网》和昌栗OA系统，为项目搭建了一个综合信息管理平台，实现了工程建设动态、十二公开、信息实时发布、公文流转、工程计量和支付等网上管理，大大缩短了人工处理的时间，提高了效率。

三个转型“谋建设”。即突破固有思维，逐步建设创新型项目办；实现自我超越，努力营造学习型项目办；转变思想作风，坚持做好服务型项目办。

四个标准“树形象”。即在管理标准化上力求做好四项工作：大临设施标准化、小型构件集中预制、现场观摩会和新科技新工艺的运用，努力实现“标准成为习惯、习惯符合标准、结果达到标准”的目标。

五个严格“保质量”。即严格合同履约，强化队伍管理；严格材料准入，强化源头控制；严格首件示范，强化标准工法；严格施工工艺，强化质量标准；严格试验检测，强化过程监控。

六个抓手“定乾坤”。即以信息化为抓手，首创“明”的新型招标模式；以竞争谈判为抓手，跨越“难”迁改的藩篱；以安全生产为抓手，实现“零”事故的目标；以变更管理为抓手，夯实“理”的建设理念；以民工工资管理为抓手，确保“稳”的建设环境；以廉政建设为抓手，筑牢“廉”字思想防线。

夜以继日忙施工

标准化梁场建设

水稳下基层碾压

沥青面层碾压

昌樟高速改扩建

南昌至樟树高速公路是国家高速公路网中的上海至昆明国家高速公路的有机组成部分，是江西省连接周边省份、加强对外联系，对接长珠闽、融入全球化的跨省高速公路运输大通道的咽喉要道，在全国路网中具有显要的地位。

随着地区经济的快速发展，昌樟高速公路交通量逐年增长，为了提高昌樟高速公路服务水平，进一步适应和促进社会经济发展，迫切需要对其进行改扩建。

昌樟高速公路改扩建项目起于南昌市新建县生米镇附近的昌西南枢纽互通南端，与南昌西环线高速相接，南下经生米、厚田，设9.1千米药湖特大桥，跨越锦江及流湖、药湖低洼涝区，继续南下经丰城，在梅林及胡家坊两次上跨丰城支线铁路，采用桥梁跨越肖江后，经经楼、临江，终于樟树市昌傅镇樟树枢纽互通赣州端，与樟吉高速公路相接，路线全长86.545千米，双向8车道，药湖特大桥双向10车道，设计时速120千米／小时，批复概算约61.53亿元。

南昌至樟树高速公路改扩建工程主线采取“两侧整体拼接为主＋局部分离”的方式进行整体扩建，即药湖特大桥段和肖江大桥路段采用局部分离新建（药湖特大桥段路基宽16.75米，肖江大桥段路基宽20.75米），其余扩建路段为8车道整体式路基宽度42米。跨越的主要河流锦江、肖江河；交叉的主要公路及铁路：S321、S228、丰城支线铁路；主要控制点：起点昌西南枢纽、厚田、药湖、梅林、胡家坊和终点樟树枢纽。

2015年11月6日，在“边施工、边通车”的情况下，江西第一条全线“4改8”高速公路改扩建项目——昌樟高速公路改扩建工程建成通车。

俯瞰昌樟高速八车道

鸟瞰药湖特大桥

项目建设办公室

交通运输部绿色公路考核验收会

交通运输部副部长冯正霖调研项目建设

昌樟高速厚田互通

昌樟改扩建新貌

昼夜施工

路面摊铺

旧沥青路面冷再生

交通维护精细化

昌樟改扩建荣获全国“绿色公路”称号

铜 鼓 至 万 载

彭家高架桥

万载枢纽

特大桥施工

东边岸特大桥

铜万高速公路北连南昌至铜鼓高速公路、中连南昌至上栗高速公路、南连南昌至萍乡高速公路（上海至昆明国家高速公路一段），并通过铜鼓至万载高速公路宜丰联络线与大庆至广州国家高速公路相连，是江西省地方加密高速公路。路线起于江西省宜春市铜鼓县三都镇，终于万载县西北侧南昌至上栗高速公路与宜春至万载高速公路相交的枢纽互通处，途经宜春市宜丰县，路线全长 68.797 千米，于 2015 年 1 月 1 日开工建设，2016 年 12 月底建成通车。

铜万项目是《江西省高速公路网规划（2013—2030 年）》中 17 条联络线之一，其路网功能明显，可增强江西西北部各横线之间的相互联系和应急保障能力，分担沪昆国家高速公路和杭长国家高速公路共线段持续增长的交通压力。铜万项目的建设是完善江西省西北部高速公路网联通能力和相互保障的需要，也是促进江西省十二五经济与社会发展的重要措施。

铜万项目建成后成为宜春市与万载县、宜丰县、铜鼓县之间的快速通道，加快该区域与宜春市和省会及周边城市群的联系，也有利于其接受周边产业集群的辐射和带动、加快融入步伐。

铜万高速公路

高速公路

铜万高速公路鸟瞰

铜万高速公路

打造精品、追求卓越，永无止境。铜万高速建设者们要建的不仅是一项普普通通、实实在在的工程，而更是具有建设艺术、较高品质的示范之作。桥梁防撞墙混凝土外观质量难以控制，尤其以气泡多、线条不顺最难解决，铜万项目采用了桥梁防撞墙复合钢模板及整体折装台车，一次性可完成10m护栏的整体拆装，大幅度加快了拆装进度，模板安装接缝减少。为克服传统铺装工艺平整度和表面收缩缝等质量通病，铜万项目全线均采用三辊轴整体式振动整平梁和座架式抹光机。减少混凝土表面的收缩裂缝，节约了人工，降低了工人劳动强度，大幅提高施工效率。在路面施工过程中，铜万项目坚持运用新设备、新技术达到大型化、专业化、个性化、人性化的要求，着力提升路面防污染施工能力，为省内新型路面安全文明施工领域开拓了新的发展空间。

铜万项目还打造了边坡修整及客土干喷、路堑边沟、互通区微地形整理、桥台锥坡等14个亮点工程。

铜万高速穿过青山绿水

路基土方施工

东岸隧道施工

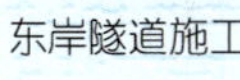

焊接施工

资 溪 花 山 界 至

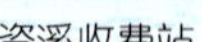

资溪收费站

资溪隧道建成

拌和站

资溪花山界（赣闽界）至里木高速公路（简称“资溪高速”）是江西省高速公路网中的一条地方加密高速，位于江西省抚州市资溪县境内，起于资溪县鹤城镇花山界与福建省光泽县古城镇铁关村交界处，接福建省在建邵武至光泽高速公路，途经鹤城镇、高阜林场、高阜镇、嵩市镇、高田乡，终于高田乡翁源村，与济广高速公路相接。

路线全长 38.578 千米，项目总投资 27.01 亿元。全线按双向四车道高速公路标准建设，设计速度 80 千米／小时，主线路基宽 24.5 米，采用沥青混凝土结构路面，路基设计洪水频率 1/100，沿线设置安全、监控、通讯、收费、供电照明及服务等附属设施。全线路基土石方 1224 万立方米，涵洞 103 道 /6262.82 米，沥青砼路面 84.8 万平方米，大、中桥 13 座，隧道 5 座 /3843 米（双洞），互通立交 3 处，分离立交 2 处。

资溪高速项目系由江西投资集团资溪高速公路投资开发有限公司（简称“项目公司”）投资建设，项目公司经江西省人民政府批准，于 2010 年注册成立的有限责任公司（国有控股），注册资本为 5 亿元，其中江西省投资集团公司控

路基三线法施工

资溪互通

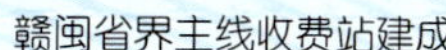
赣闽省界主线收费站建成

泸溪河大桥下部结构全部完成

股子公司——江西省江投路桥投资有限公司（简称江投路桥）持有 60% 的股份，资溪县投资发展有限责任公司持有 40% 的股份。

资溪高速项目与金溪至抚州、抚州至吉安两条地方加密高速公路共同组成江西省 S46 高速交通干线，贯穿江西中部东西向直通海峡西岸经济区，连接了江西境内的济广、福银、大广“三纵”国家高速公路，把福建邵光高速、济广高速、抚吉高速有机地连成一个整体，开辟出江西与海西经济区一条快速通道，对于促进沿线经济发展及产业结构调整、自然资源开发、特色产业升级具有重大意义。

亭子下 1 号大桥首片箱梁架设

贺源大桥墩柱施工

岭头上大桥矩形墩施工

甘家源隧道安全警示牌

泸溪河大桥建成

吉安至莲花

省高速集团总经理任东红看望永莲隧道建设者

国家专家组科研攻关

国家 973 专家组

吉安至莲花高速公路是国家“7918”高速公路网的第 15 横，也是江西省高速公路主骨架网的第 3 横，全长 106.661 千米，投资 52.5 亿元，途经吉安市的泰和、吉安、永新县和萍乡市的莲花县等 2 个设区市 4 个县 16 个乡镇。项目通过大打路基工程歼灭战、路面备料突击战、路面摊铺和钟家山隧道施工攻坚战，累计完成路基土石方 2031.32 万立方米，摊铺沥青混凝土上油面层 226.5 万平方米；建成大桥 29 座，中小桥 45 座，总长 15458 米，互通分离式立交 3 座；建成隧道 3 座，总长 3760 米；完成防护工程 16.6 万立方米，排水工程 26.7 万立方米。

路堑边坡带绿施工

龙田禾水河施工大桥

隧道二衬施工

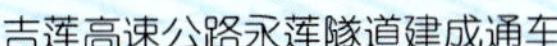
吉莲高速公路永莲隧道建成通车

桩基溶洞处理专家会议

吉莲项目是省交通运输厅确定的全省高速公路建设实行标准化管理的示范项目。项目办全力推进管理标准化、施工精细化，大力开展创建“典型示范合同段”活动，召开路基、桥梁、隧道等现场观摩会多达 15 次；推广应用“四新”，共引进新技术、新工艺、新设备各 3 项，改进工艺 10 余项，如路基采用“三次线控法”施工；桥梁钢筋笼制作使用“水平胎架法”，梁板预应力张拉采用智能张拉仪；隧道洞口首次在全省高速公路隧道工程建设中采用“零仰坡”进洞法；首次在国内高速公路服务区建立光伏发电及微电网示范工程；率先在全省高速公路建设中全路段设置及时提示和风光互补两大系统，首次在全省高速公路路面备料碎石加工时采用布袋除尘器除尘。项目于 2010 年 8 月 9 日奠基，2012 年 12 月底建成通车。

国家科学技术进步奖

证书

为表彰国家科学技术进步奖获得者，特颁发此证书。

项目名称：隧道与地下工程重大突涌水灾害治理关键技术及工程应用

奖励等级：二等

获奖者：江西省高速公路投资集团有限责任公司

2014年12月

证书号：2014-J-223-2-04-006

吉莲项目荣获国家科学技术进步奖

吉莲高速公路顺利建成通车

敖城高架薄壁墩施工

宁都至安远

优先实施附属工程，实现路面无污染施工

沥青 ATP 试验段施工一丝不苟

隧道施工不忘保护绿色生态

双幅贯通的“彩虹”在蓝天下熠熠生辉

宁都至安远高速公路是江西省“四纵、六横、八射”公路网主骨架中重要的南北向高速公路之一。路线起于泉南高速宁都南互通处，接南昌至宁都高速公路终点，途经赣州市宁都县、于都县和安远县的17个乡镇72个行政村，终于寻全高速公路安远服务区处枢纽互通，接宁都至定南（赣粤界）高速公路安远至定南段。路线全长163.87千米，桥隧比约15.5%，全线共设7个互通、3个枢纽互通和2个服务区，投资概算109.7745亿元。项目开工时间为2015年1月，计划施工总工期24个月。全线主体工程施工单位共18家，其中路基施工单位14家，路面单位4家。

全线采用双向四车道高速公路标准建设，路基宽24.5米，设计行车速度每小时80千米。全线主要工程量为：路基土石方4114.5万方（其中挖方3896.1万方，借方218.4万方），涵洞通道34183米/696座；桥梁24150米/122座（特大桥1013米/1座，大桥17165米/64座，中小桥5972米/57座），桩基3809根，梁板6345片；隧道4789.5米/2座（其中晓龙山隧道2221米，禾丰隧道2568.5米）。

宁都至安远高速公路项目的实施连通了江西境内的三条东西向高速公路（泉南高速、厦蓉高速和寻全高速），路网和通道功能十分明显。对于完善区域路网结构、改善区域交通

交验后平坦如砥的路床

高速公路

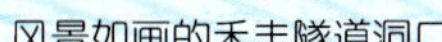
风景如画的禾丰隧道洞口

跨赣龙铁路的梓山贡江大桥全幅架通

条件，促进沿线经济社会发展，带动赣南原中央苏区振兴等方面具有重要意义。

项目的实施将有助于沿线区域资源优势转化为经济优势，推动沿线经济升级转型和产业结构优化，将成为沿线地区大力发展城镇化建设的“助推剂”和“孵化器”。

项目的建设将与南昌至宁都高速公路连成一体，有利于将南昌英雄城、赣南革命老区、原中央苏区，连成一条“革命老区红色旅游线”。有利于形成自然景观、人文景观、客家文化和革命老区为一体的奇特的旅游胜地。

2015 年 11 月 19 日，交通运输部副部长冯正霖亲临宁安项目施工现场，调研公路建设管理体制改革实施情况，对宁安项目“代建＋监理一体化”取得的成绩给予了充分肯定。

下边坡防护后绿草茵茵

互通区绿化防护及时跟进

A1 标赖村互通 M 匝道打格布土

平整美观的上边坡护面墙

风姿绰约的长岭大桥与当地环境和谐融为一体

交通运输部副部长戴东昌深入安定高速公路调研

省交通运输厅党委书记、厅长朱希察看安定项目建设情况

安定高速公路九龙隧道顺利贯通

安远至定南高速公路及定南联络线项目于2015月2月15日正式开工建设，于2016年12月顺利建成通车，是江西省2016年年底通车里程达到6000千米的省属重点项目，分安远至定南高速公路和定南联络线高速公路两个项目投、融资建设，由省高速集团安定项目办具体负责建设管理工作。

自开工建设以来，在省交通运输厅和省高速集团的正确领导下，安定项目办秉承“安定思忧 精益求卓”的建设理念，紧扣“争、创、营、建”的建设目标，提前谋划，重点突出，统筹兼顾，建设进度平稳可控，工程质量管控有力，安全生产形势稳定，项目建设各项工作稳步推进。在省厅和高速集团组织的多次专项和综合检查中，安定项目均名列前茅。

在项目管理过程中，安定项目办主动创新、科学管理、有序组织，坚持“早、严、动、齐”四字方针，布局时做到提早谋划、提早启动、提早决策，施工中坚持严格思路、严格要求、严格管理，管理上明确动态履约、动态调度、动态考核，协作时做到齐心协力、齐头并进、齐抓共管，有效调度了项目建设进展，项目

鹅公互通

定南联络线项目

交通运输部驻厅纪检组组长陈兵到安定项目调研

省交通运输厅副厅长王昭春察看安定项目建设情况

建设成效显著。为激发项目建设活力，项目办还先后组织开展了“大干100天”、“奋战2个月，实现半幅通”、“决战80天”劳动竞赛活动，打造了砼外观质量控制、“路面交通管制”、“植物纤维毯”和“桥梁临边防护”等一批特色和亮点。该项目还在全国首次运用机电设计、施工、维护总承包模式，在智慧高速公路建设上进行了积极的探索和实践，被交通运输部确定为智慧运营与服务提升交通科技示范工程，为全省乃至全国高速公路建设积累了较为丰富的建设经验。

全省交通重点工程工作会参会人员到安定项目观摩

AP1标S形交通管制

安定项目进行上面层施工

塘唇高架桥

修水至平江

省发改委副主任、省重点办主任王前虎视察修平项目

省交通运输厅厅长朱希视察修平项目

省交通运输厅吴铭汉副巡视员调研修平项目

修水至平江（赣湘界）高速公路（以下简称为“修平高速”）位于九江市修水县境内，东接G45大广高速武宁至吉安段，西与湖南省规划的龙门（湘赣界）至平江（伍市）高速公路对接，是一条新增的省际运输通道；在大路网中的整体走向是由浙江省－安徽省－江西省－湖南省的一个横向联系的高速公路大通道。

就地理特征而言，修平高速公路位于修水县境内，地形总体上呈东、西两头低，中间高的特点，由三都内陆断陷盆地过渡到剥蚀低丘高岗，最终再过渡到渣津—龙门内陆断陷盆地地貌。依据路线走廊带内地形、地貌特征，路线走廊主要有四种地貌单元：冲洪积河谷地貌单元，砂页岩类风化、剥蚀低丘高岗地貌单元，红层碎屑岩类剥蚀高岗地貌单元，石灰岩区溶蚀、剥蚀盆地地貌单元等。

本项目路线起于修水县庙岭乡埚塘附近，起点桩号K0+000，接武吉高速（G45桩号K2624+069.4），利用修水北互通位置设修水枢纽，向西于汪家坳跨G220，在杭口镇南面中高　村设修水西互通接G353。后沿G353及S510向西，经黄杨坪村在界上村西侧跨S510后，向西南方向于西尹村石下西侧省界接湖南省规划的龙门（湘赣界）至平江（伍市）高速公路。项目全线共设置修水枢纽互通、修水西互通、渣津互通和大桥互通4处互通立交，主线收费站1处，服务区1处。结合路段特点及工程规模，项目共分两个总监办、10个路

航拍图

省交通运输厅纪检组组长陈兵深入修平项目调研，督查惩治“微腐败”工作落实情况

省交通运输厅副厅长王昭春莅临修平项目进行考察

基施工合同段、2个路面施工合同段。路线全长约79.6千米，投资总额50.81亿元。

修平高速公路建设，对完善全省高速公路网、提升路网运行效率，适应区域交通量和通道交通量迅速增长具有重要意义；对加强鄱阳湖生态经济区与长株潭城市群联系、促进沿线综合资源开发、加快城市化、工业化进程具有重要意义；对圆满完成2016年全省高速公路通车里程突破6000千米具有重要意义。

路床弯沉检测

混凝土浇筑振捣

锚杆框格梁施工

沥青路面摊铺火热施工

架梁作业

左幅全部完成的张湾大桥

省发改委副主任、省重点办主任王前虎，省交通厅副厅长王昭春视察上万项目

省交通运输厅副巡视员吴铭汉莅临上万高速检查指导

防撞护栏施工

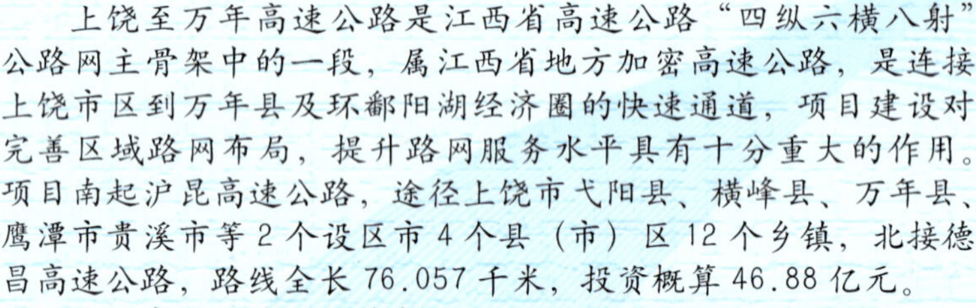

上饶至万年高速公路是江西省高速公路“四纵六横八射”公路网主骨架中的一段，属江西省地方加密高速公路，是连接上饶市区到万年县及环鄱阳湖经济圈的快速通道，项目建设对完善区域路网布局，提升路网服务水平具有十分重大的作用。项目南起沪昆高速公路，途径上饶市弋阳县、横峰县、万年县、鹰潭市贵溪市等 2 个设区市 4 个县（市）区 12 个乡镇，北接德昌高速公路，路线全长 76.057 千米，投资概算 46.88 亿元。

上万高速公路工程特点：

1、项目造价低、土建标段大。项目概算投资 46.88 亿元，平均每千米造价约 6165 万元，共 6 个路基标，2 个路面标，同比类似项目，造价最低，标段最大。

2、构造物多，协调难度大。全线 5 处与铁路交叉、3 处跨越军用光缆、多处跨地方道路，施工方案、交通安全维护方案需报铁路、军队、公路主管部门审核，各项报批手续繁杂，协调难度较大。地方环境复杂，征迁困难大，项目需永久征地 7125 亩，途经 4 个县（市）的 12 个乡镇，拆迁各类建筑物约 35050 平方米，拆迁电力、电讯线路 43247 米，征迁任务重，路地关系复杂。

3、地质复杂，施工技术难度大。全线有隧道 4 座共长 9337 米（单洞），隧道地质情况复杂，断层破碎带、软弱地带较多，裂隙水较丰富，质量安全管控难；路基土石方高液限土多，红

带绿施工

高速公路

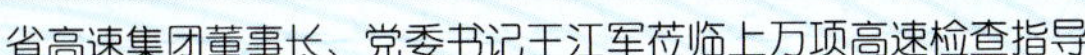
省高速集团董事长、党委书记王江军莅临上万项高速检查指导

碾压施工－有条不紊

砂岩路段多，爆破受民房干扰多，机械开挖进度慢费用高，填筑质量控制难。

4、项目管理创新改革，管理难度大。上万项目按交通部要求实施传统监理模式改革，监理管控经验不足；全线6个路基单位，多个标段项目经理被替换，多个标段项目经理为首任项目经理现场管理经验不足，且遭遇连续罕见多雨天气，时间紧任务重，施工管理难上加难。

上万高速自2014年12月底开工建设，2016年底建成通车，工程建设期24个月。为加快工程进度上万项目办适时制定并启动了“决战60天，开创新局面”、“大干70天，献礼五一节”、“大干30天，彻底扭转落后局面”，如期进入三阶段开展“围绕一个总目标，打好两场攻坚战，做好三个统筹推进活动”，上万高速实现主体工程基本完成。

沥青路面摊铺施工中

三县岭1号隧道

上边坡防护

中央分隔带绿化

九江绕城和都九高速

省委副书记、省长鹿新社视察九绕都九项目

省交通运输厅党委书记、厅长朱希视察九绕都九项目

省交通运输厅副厅长王昭春视察九绕都九项目

九绕项目和都九项目（星子至九江段）围绕实现年底全部建成通车运营的目标，项目办紧扣时间节点、精心管理、科学调度，确保了两个项目主体工程稳步推进，附属工程有序实施，项目建设呈现你追我赶、争先创优的强劲势头。全年，项目办在省交通运输厅、省高速集团和公路开发总公司的科学指导和关心支持下，围绕“典范项目、精品工程、景观长廊、和谐大道”的管理理念，组织参建各方一如既往保持高昂士气，一鼓作气打造优质精品，聚全员之力高速高效推动了项目建设目标任务的实施，九绕和都九项目（星子至九江段）两个项目于2014年12月26日建成通车。

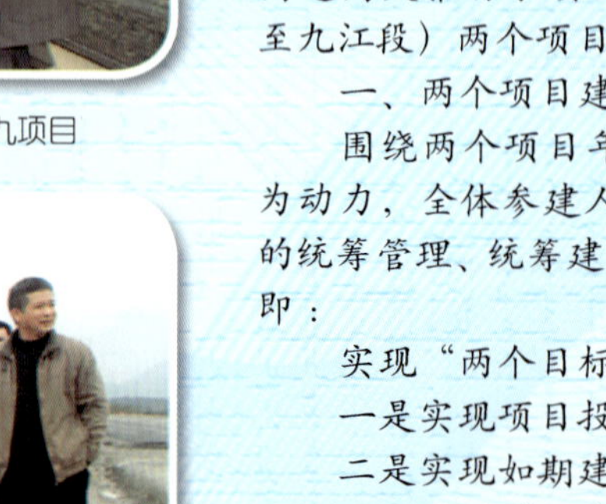

一、两个项目建设的主要成果

围绕两个项目年底全部建成通车这个中心任务，项目办变压力为动力，全体参建人员戮力同心，顽强拼搏，扎实落实了两个项目的统筹管理、统筹建设，项目建设管理实现两大目标，呈现四个亮点，即：

实现“两个目标”：

一是实现项目投资计划目标。

二是实现如期建成通车目标。

二、呈现“四大亮点”：

一是征迁协调工作和谐平稳。项目办通过与地方政府的紧密衔接、密切配合，征迁工作平稳扎实，和谐推进。未出现重大矛盾纠纷，未发生群体性上访闹访事件，未收到有理举报投诉，两个项目在交叉推进的过程中，实现了平稳征迁、和谐征迁。

省交通运输厅总工程师胡钊芳督导工地安全工作

星子秀峰特大桥

九江绕城高速公路

公路（星子至九江段）

省高速集团总经理任东红视察工地

江西公路开发总公司总经理陈立新察看九绕和都九项目

二是控制工程得以顺利突破。其中，九绕项目三座大桥均位于鄱阳湖核心区，包括1208米的鞋山湖特大桥，968米的丁家咀大桥，1369米的青山湖特大桥，以及都九项目（星子至九江段）1720米的温泉隧道共四大控制性工程。项目办通过加大投入、倒排工期，赶在枯水期完成了鄱阳湖三座特大桥下部构造，为实现项目总工期赢得了宝贵时间。温泉隧道在工期紧、任务重的压力下，项目办成立攻关小组，领导带队驻点施工标段，监理加强工序监管，施工企业利用隧道施工不受天气制约的特点，加班加点抢抓施工进度，顺利实现双幅贯通，为实现都九项目（星子至九江段）建成通车奠定了扎实基础。

项目办主任旷小林、党委书记栾丽察看工地施工

三是三个项目管理交叉推进。九绕项目2012年10月开工建设，都九项目（星子至九江段）2013年4月开工建设，都九项目（都昌至星子段）2014年元月启动相关前期工作，三个项目一前一后相继启动实施，项目办实行两块牌子一套人马合署办公，在不增加人员、不增设机构的情况下，一边抓在建工程管理，一边抓新建项目报批，三个项目交叉进行，逐步推进，开创了项目高效统筹实施的新典范。

省交通质监站对九绕高速进行交工验收

四是项目建设实现安全廉洁。在九绕和都九项目（星子至九江段）建设过程中，项目办严格执行省厅廉政建设“八条禁令”，全过程实施“平安工地”标准化施工，通过执行安全生产和廉政建设的管理制度、教育制度、检查制度、奖罚制度，狠抓安全和廉政工作责任制的落实，通过制度监督、教育监督、巡察监督，始终以史为鉴、以案为鉴，警钟长鸣，实现了项目建设管理无重特大安全生产事故、无违法违纪事件的发生，项目建设氛围和谐，干部队伍团结稳定。

九绕都九高速公路互通

鞋山湖梁板架设施工

中 铁 十 五 局 集

河北联合大学冀唐学院

国内最大规模的城市穿山越水隧道群南京九华山隧道

为现场施工人员发防暑药品

中铁十五局集团有限公司是集施工、设计、科研为一体的国家铁路工程施工总承包特级企业，房屋建筑工程施工、公路工程施工、水利水电工程施工、市政公用工程施工总承包一级企业，隧道工程专业承包，桥梁工程专业承包，公路路面专业承包，铁路铺轨架梁专业承包一级资质，城市轨道交通专业承包资质和地质灾害治理工程甲级施工企业，具有开展国外经济合作业务的资格，2001 年 4 月，按照国有企业建立现代企业制度的要求，正式改制为中铁十五局集团有限公司。

中铁十五局集团有限公司现有正式职工 2 万余人，下辖 10 个控股公司，16 个分公司和局属工程指挥部，专业技术管理人员 5000 余人，拥有大型机械设备 3000 余台（套），年施工能力可达 300 亿元以上。先后获国家级优质工程 30 余项，其中鲁班奖 9 项，詹天佑大奖 3 项，完成科技开发项目 91 项，获国家和省部级科技进步奖 18 项。

公司先后参加了 50 多条国铁干线和 300 多条高速公路建设，在市政建设，城市立交，高层建筑，通信电力，水利水电，地铁轻轨，国防洞库等领域业绩突出。近年来，每年完成税利在 6 亿元以上。

公司承建了亚洲规模最大、世界上行车速度最高的地下车站——广深港高铁福田站

团 有 限 公 司

公司承建的北京地铁 14 号线

严把质量关

公司承建的江西东昌高速公路 C8 标全线有大小结构物 47 座，平均 160 米一道结构物，其中大桥 3 座、中桥 5 座、暗桥 3 座、盖板涵 3 个、盖板通道 16 个，圆管涵 17 个，全线桩基 192 根，墩柱 107 个，盖梁 70 片，预制梁板 327 片，现浇箱梁 2 座，线路全长 7.51 千米。

中铁十五局集团有限公司已具备跨地区，跨行业，跨所有制和跨国经营的能力。各级领导和全体员工，将秉承“诚信，创新永恒；精品，人品同在”的企业价值观，全面贯彻安全管理方针，努力建设国内一流，国际知名的现代企业集团。

跨昌樟高速 D 匝道桥施工

铁路桥架梁现场

架梁现场

项目部青年志愿者和当地留守儿童合影

中铁十五局集团第

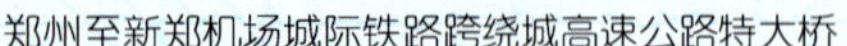
郑州至新郑机场城际铁路跨绕城高速公路特大桥

西汉高速公路郭家山隧道获火车头优质工程

中铁十五局集团第五工程有限公司是由国务院国资委主管，具有国家公路一级、市政一级、铁路二级、房建二级总承包资质及公路路基、路面、桥梁、隧道专业一级资质的大型建筑企业，前身为铁道兵部队。现有职工 4000 余人，各类专业技术人员 800 余名，各类大中型机械设备 400 余台（套），固资总额 1.56 亿元，年施工能力 50 亿元以上。

作为中国铁建系统进军公路建设市场的尖兵、全路首家通过 ISO9002 质量体系认证和英国皇家 UKAS 体系认证的精锐团队，公司坚持“诚信、创新永恒，精品、人品同在”的企业价值观和“不畏艰险，勇攀高峰，领先行业，创誉中外”的企业精神，以科技、人才、设备、管理等优势打造强大的市场竞争力和品牌影响力。近年来，先后承建了青藏铁路、秦沈客专、京沪高铁、大西客专、哈齐客专、成贵客专等重大铁路干线，沈大、西汉、大运、连霍、京福、杭瑞、蓝商、大广、二广、十天、沈海等国家高速公路，国内规模最大的城市穿山越水隧道群南京九华山隧道等市政工程，30 余项工程荣获鲁班奖、国优工程和省部级优质工程，沥青混凝土路面施工技术达到国际先进水平，钢筋混凝土框架桥涵顶进、50 米 T 梁现场预制和架设、大跨度隧道施工、预应力钢筋混凝土连续梁顶推及大坡度架梁等多项技术居国内同行业领先水平。先后创造了高速公路高架桥预制顶推 4.5 天／节、高速公路隧道钻爆法单口全断面月掘进和初衬 318.33 米、铁道工程箱桥架空顶进等 3 项全国纪录。先后荣获全国优秀施工企业、全国“安康杯”竞赛优胜企业九连冠及“连胜杯”、铁道部“火车头”奖杯、“安全生产先进单位”，河南省“守合同重信用企业”、省“质量管理先进企业”、省“AAA 级信誉企业”、省级“文明单位”、省“五一”劳动奖

G319 跨线桥现浇梁钢管柱贝雷支架施工

预制梁标准化架设

公司承建的德商高速项目

工 程 有 限 公 司

公司承建的神华准池铁路项目

山西临侯高速公路赵康枢纽获鲁班奖

状、省“综合实力50强”企业、省“建筑施工企业75强”，“中国铁建科技进步先进单位”等荣誉。2003年11月通过中国建筑业协会质量体系认证中心质量、职业健康和安全、环保“三合一”认证，2006年通过方圆认证中心复查换证。

宁都至定南（赣粤界）高速公路宁都至安远段是江西省“四纵六横八射”高速公路网主骨架“第四射”南昌至定南高速公路的中段，公司承建的宁安高速A1合同段起于泉南高速宁都县赖村镇附近的宁都南互通立交，全长18.9千米，为双向四车道高速公路，设计行车速度为80千米／小时，整体式路基宽24.5米，分离式路基宽度12.5米，设计荷载为：公路－Ⅰ级。

路基填筑打网格填筑

上边坡护面墙施工

上边坡绿化施工

路基填挖交接台阶开挖施工

公司承建的徐州三环项目

江西赣粤高速公路

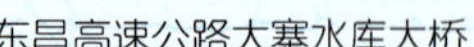
东昌高速公路大寨水库大桥

东昌高速公路东乡西互通

东昌高速公路干港河特大桥

赣粤工程公司承建的东乡至昌傅高速公路CP3标项目部位于本公司樟树临江养护站内，占地100多亩。施工路线全长18.78千米，起讫桩号为K135+800~K154+581，合同工期24个月，总造价2.06亿元。主要工程量为沥青混凝土路面中上面层101.3万平方米、沥青稳定碎石基层40.4万平方米、水稳基层81.1万平方米及级配碎石48.1万平方米。

该项目部紧紧围绕东昌项目办提出的打造“质效至优、安廉至善、生态至美”的建设目标，按照“人文指路、科技引路、品质筑路、清廉正路、和谐兴路，安全发展、生态发展、低碳发展”五路三发展的建设理念，秉持安全文明、绿色生态、低碳环保的可持续发展理念，坚持文明环保施工，着力创建平安建设示范项目，把东昌高速建成“安全舒适、环保节能、生态优美”的致富路、惠民路。

江西赣粤高速公路工程有限责任公司隶属于江西省高速公路投资集团，成立于1993年8月，拥有国家公路工程施工总承包一级资质，公路路面工程、路基工程、桥梁工程、隧道工程专业承包一级资质，市政工程总承包二级资质，交通工程交通安全设施施工专项资质，养护一、二、三类甲级资质，境外工程承包等资质，注册资本为10.067亿元。具备年完成产值超15亿元的能力，是集高速公路建设、养护、投融资、材料加工（沥青砼冷再生、乳化沥青、改性沥青加工）、机械设备租赁为一体的现代化综合性企业。

公司现设党群工作部、综合行政部、人力资源部、财务审计部、材料设备部、工程管理部、经营管理部、养护管理部、安全监管部、纪检监察室、法律事务部、工会等职能部门，下设路桥分公司、路面分公司、养护分公司、高科技材料分公司、设备租赁分公司和质量检测中心。现有专业一级建造师39人，各类专业技术人员103人，拥有各种土石方工程机械、路面工程机械、养护工程机械、桥梁设备、运输机械等大中型设备。

公司自成立以来，在负责昌九高速公路养护的基础上，承接了昌樟、昌泰、九景、彭湖、昌铜和温厚6条高速公路，养护里程突破800多千米。同时先后参加了省内大部分重点工程项目建设，主要有福银高速公路昌

东昌高速公路分离式路基

工程有限责任公司

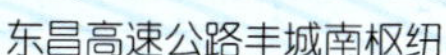
东昌高速公路丰城南枢纽

东昌高速公路高填方路段

九段，杭瑞高速公路九景段，沪瑞丽高速公路胡傅段，赣粤高速公路昌泰段，赣粤高速公路泰赣段，京福高速公路温沙段，泰井高速、瑞赣高速、石吉高速、昌奉高速、彭湖高速、德昌高速、永武高速、赣崇高速、德上高速、井睦高速、昌樟高速改扩建等，总里程达800千米，为高速公路养护和建设事业做出了显著贡献，多次受到江西省委、省政府的表彰，荣获中国建筑业协会鲁班奖、江西省政府十一五重点工程建设“先进施工单位”、全国安全生产施工企业等称号，并成功开拓了广西、湖南、四川和河南等省外及非洲海外市场。公司坚持“人才引领、科技强企”之路，先后引进了稀浆封层、微表处和冷再生等技术，成功生产SBS改性沥青和乳化沥青，尤其是冷再生技术的引进，填补了该项技术在江西省内的空白，“高速公路路面施工、高科技养护”两大品牌逐步形成。

东昌CP3白站XC800水稳振动搅拌设备改造

公司奉行“建养为主，多元并进，打响品牌，以信致远”的经营理念，倡导“团结、拼搏、创新、超越”的企业精神，坚持以“服务人民、奉献社会”为宗旨，努力争当高速公路建设的排头兵、高速公路养护的主力军。站在新的历史起点，公司合作共赢，愿与社会各界携手共进，共谋发展！

东昌CP3中央分隔带塔柏种植

东昌CP3水稳下基层摊铺现场

东昌CP3摊铺完成路段S形竹马设置安全维护

东昌CP3沥青上基层ATB-25摊铺现场

杭州市交通工程集团有限公司

钱江二桥连接线蚌埠互通

上三高速新昌段

绍诸高速土建

杭州市交通工程集团有限公司是浙江省首批获得公路工程一级总承包资质的骨干施工企业之一。公司拥有各类大型施工机械设备1500多台套，市值5.80亿元。公司以交通工程建设施工为主业，近年来，平均年完成主营业务产值35亿元，实现利税2.5亿元，合同履约率达100%。

公司作为浙江省交通基础设施建设的主力军，多年来承建了省内外一大批等级标准高、技术难度大的高速公路、桥梁、隧道、码头等工程项目。先后获得了交通部QC小组“优秀管理奖”、“鲁班奖”、“国家优质工程银奖”、浙江省“钱江杯”、浙江省“交通杯”、金华“双龙杯”、杭州“西湖杯”等多项荣誉奖杯。多年来连续被评为“国家重点施工企业”、“浙江省先进企业”、“浙江省文明单位”、杭州、温州和宁波等市“重点工程建设先进集体”，并连续六年被评为“浙江省AAA级企业”、“杭州市‘重合同、守信用’单位”等称号。通过了质量管理、环境管理及职业健康安全管理“三体系”认证。公司目前江西铜万高速公路在建工程为B5合同段。

公司坚持科技兴业、自主创新的战略思路，通过改革与创新提升企业管理水平和产品技术含量，在做大做强施工主业的同时，谋求跨行业、跨区域的发展机遇，进一步拓宽经营渠道，延伸产业链条，提高企业核心竞争力与抗风险能力。努力实现产业结构升级、创收模式优化，在创造经济效益的同时，承担更大的社会责任。

象山港大桥连接线工程

象山港大桥连接线工程

铜万高速横坑村大桥加装挡板

诸永高速东阳段

杭州湾大桥南接线

桥梁建设 完成甫田乡甫田村后背港桥等11座独立桥，共计桥梁全长440.58米，总投资1344万元，投资方式全部为车购税。

完成大洞乡山源村丁家山桥等8座桥危桥改造项目，共计桥梁全长292.49米，总投资546万元，投资方式全部为车购税。

渡口码头建设 清江乡车下渡口标准化建设工程项目位于修河中游的清江乡车下村，工程于2015年10月启动，年底正式建成，总投资21.80万元，其中争取上级专项资金12万元。

公路养护 至2015年底，养护里程全县农村公路总里程2415.04千米，其中县道16条253.14千米、乡道47条371.85千米、村道851条1790.05千米。

安全防范、水毁防治 安全防范。12月，在金水至株林公路金水、株林路口各设立一块大型车辆限制通行的公告牌，警示超重车辆绕行金株公路外蔡桥（危桥）。申报“十三五”安全生命防护工程项目数据，上报约440千米进入“十三五”安保项目库。

水毁防治。受汛期集中降雨和台风“苏迪罗”影响，交通基础设施遭受严重损失，全县农村公路冲毁路基6.8千米、路面16千米、桥梁18座232延米、护坡27处945立方米，冲毁挡墙23处641立方米，路基塌方132处17325立方米，造成直接经济损失3117万余元。投入210万余元清理所有塌方，加固路基缺口，完善警示标志。

道路运输 该县道路运输有班线客运、出租车、公交车、旅游车4种客运和货物运输方式。有长短途客运公司1个，城市出租车公司2个，城市公交车公司1个，旅游公司1个，农村公路综合服务站1个，农村客运站4个，候车亭98个，货运企业37家。有客运线路99条，客车158辆，旅游客车20辆，货运车辆2606辆。全县有公交车32辆，出租车130辆。全年客运量121万人，客运周转量10911万人千米；货运量408万吨，货运周转量89627万吨千米。

水路运输 水路运输有旅客运输、旅游运输、货物运输，全县有各类客运（旅游）船舶40艘，客位1514座。货运船舶53艘，总载重吨位46002吨，全年客运量9.6万人，客运周转量216万人千米；货运量107.3万吨，货运周转量14485万吨千米。港口沙石出口量188万吨。

汽车维修、船舶修造 汽车维修。全县有机动车维修业户256户，其中汽车维修业户有191户，（一类2户，二类型11户，三类178户），摩托车维修业户有52户。

船舶修造。该县有造船厂、航运公司两家有造船资质的企业，全年新建钢质自卸船7艘，实载吨位400吨/艘，动力300千瓦/艘；新建钢质挖沙船3艘/艘，动力300千瓦/艘。

（武宁县交通运输局）

修水县

公路建设 1. 修平高速公路路线全长79.68千米，采用双向四车道高速公路标准建设，路基宽度24.5米。工程投资估算55.48亿元，计划工期24个月。项目于2015年1月开工，分为10个路基标段和2个路面标段施工，累计完成投资额29.90亿元，占概算58.9%。12月实现路基单幅通车。

2. 走马岗大桥重建项目全长155米，桥宽24.5米，分两幅施工，计划工期为18个月，预算投资1500万元。3月20日，该桥重建项目开工，12月1日，该桥右幅桥梁建成通车。

3. 婺桃线东段公路改造项目。线路全长37.42千米，其中长坪（县界）至抱子石电站（含S304和S306连接线5.80千米）25.30千米按二级公路升级改造；抱子石电站至县城五杰广场12.12千米，按原有道路线型进行局部路面改建。项目总投资2.42亿元，工期16个月。12月，抱子石电站至县城五杰广场改建路段竣工通车。

4. 辽南公路增做工程。总投资4500万元，该项目主要包括：老路24.5千米改造修复、沿途4个乡镇的集镇路面拓宽、辽南线桃树桥至黄龙山公路和石坳至西堰河分洪渠4个项目。12月30日项目全面完成。

5. 东浒寨旅游公路项目东浒寨景区公路是该县重点旅游公路，全长3.05千米，工程预算投资1500万余元，项目计划资金1500万元，县级自筹1500万元。12月建成通车。

6. 农村客运网络化建设连通工程。全年完成客运网络公路47.8千米，项目于2015年3月开工,同年12月竣工。总投资3980万元,省级资金1434万元,自筹资金2546万元。

①何市镇、黄港镇何市—剧板桥—渎坑,四级公路8.6千米;②水源乡路口—水源石新,四级公路4千米;③漫江乡杜市—莫家祠,四级公路3.2千米;④宁州镇修水—桃里,四级公路7.9千米;⑤四都镇修水—六都—杨梅渡—梁口,四级公路4.5千米;⑥漫江乡山口镇征村乡杜市—尚丰,四级公路1.7千米;⑦黄龙乡黄龙—太阳垄—湖南,四级公路1.3千米;⑧四都镇上杭—四都界—武宁,三级公路2.2千米;⑨全丰镇全丰—官坑,四级公路6.4千米;⑩白岭镇白岭—邓家咀—荣春—桥亭,四级公路4.3千米;⑪西港镇铺上—坑口,四级公路3.7千米。2015年3月开工,同年12月竣工。

7. 县道升级改造项目。县道升级改造项目黄坊至靖林(黄坊—东港),三级公路10.2千米,2015年5月开工,同年12月竣工。项目总投资1530万元,计划资金510万元,自筹1020万元。

8. 通自然村公路建设。完成农村公路建设项目604.8千米,解决617个自然村通公路。至2015年底,全县农村公路总里程3862.5千米。总投资18144万元,计划资金5000万元,自筹资金13144万元。

桥渡隧建设 新建桥梁项目7个553延米,总投资1688.5万元,计划资金442.4万元,自筹资金1246.1万元。

①西港镇马祖湖桥全长145米,项目投资567万元,计划资金116万元,自筹资金451万元。2015年4月开工,同年12月竣工。

②溪口镇南田桥全长100米,项目投资184万元,计划资金80万元,自筹资金104万元。2014年9月开工,2015年10月竣工。

③黄龙乡圣丰桥全长50米,项目投资96.5万元,计划资金40万元,自筹资金56.5万元。2015年2月开工,同年10月竣工。

④白岭镇金塘湾桥全长24米,项目投资101万元,计划资金19.2万元,自筹资金81.8万元。2015年3月开工,同年9月竣工。

⑤太阳升镇黄沙中桥全长86米,项目投资250万元,计划资金68.8万元,自筹资金181.2万元。2014年8月开工,2015年12月竣工。

⑥东港乡万家坪桥全长70米,项目投资230万元,计划资金56万元,自筹资金174万元。2015年2月开工,同年12月竣工。

⑦东港乡龙罗湾桥全长78米,项目投资260万元,计划资金62.4万元,自筹资金197.6万元。2014年10月开工,2015年2月竣工。

危桥改造项目 危桥改造项目11个707.8延米,总投资2827.2万元,计划资金1413.4万元,县乡自筹1413.8万元。

(1)漫江乡漫江桥全长155米,项目投资800万元,计划资金279万元,自筹资金521万元。2013年10月开工,2015年3月竣工。

(2)大桥镇坳田桥全长25米,项目投资73万元,计划资金40万元,自筹资金33万元。2015年8月开工,同年12月竣工。

(3)全丰镇黄婆冲桥全长9.8米,项目投资24.7万元,计划资金12.7万元,自筹资金12万元。2015年6月开工,同年12月竣工。

(4)义宁镇任家铺桥全长21米,项目投资118万元,计划资金63万元,自筹资金55万元。2015年7月开工,同年12月竣工。

(5)白岭镇水口桥全长65米,项目投资149万元,计划资金91万元,自筹资金58万元。2014年8月开工,2015年10月竣工。

(6)白岭镇大湾桥全长43米,项目投资80万元,计划资金56万元,自筹资金24万元。2015年7月开工,同年12月竣工。

(7)上杭乡上杭大桥全长125米,项目投资485万元,计划资金212.5万元,自筹资金272.5万元。2014年3月开工,2015年9月竣工。

(8)渣津镇油榨桥全长65米,项目投资223.5万元,计划资金91万元,自筹资金132.5万元。2014年8月开工,2015年7月竣工。

(9)渣津镇先烈桥全长105米,项目投资470万元,计划资金189万元,自筹资金281万元。2014年8月开工,2015年10月竣工。

(10)全丰镇上源桥全长40米,项目投资140万元,计划资金64万元,自筹资金77万元。2014年5月开工,2015年5月竣工。

(11)东港乡东港桥全长54米,项目投资264万元,计划资金129.6万元,自筹资金134.4万元。2015年3月开工,同年10月竣工。

农村综合服务站建设 2014—2015年,全县在白岭、渣津、黄沙三个乡镇的集镇建设农村公路综合服务站3个。白岭农村公路综合服务站,渣津农村公路综合服务站,黄沙农村公路综合服务站。

渡船维修 7月,投资1.5万元,维修该县四都镇高沙渡口船舶。

渡口标准化建设项目 修水县杭口镇锅洲渡口标准化建设项目2015年10月开工,该项目总投资30.9万元,其中省级资金12万元,县乡配套资金18.9万元。

修水县新湾乡南茶渡口标准化建设项目,2015年10月开工,项目总投资29.9万元,其中省级资金12万元,县乡配套资金17.9万元。

公路养护 日常养护,至2015年底,该局农村公路养护总里程365.8千米,全年大中修公路7.5千米,投入资金386万元,日常养护投入经费525万元。

安保工程,实施安保工程30千米,设置波形护栏、防撞墙及防护墩,总投资300万元。

公路水毁和突发事件,2015年,该县雨水频繁,造成溪界线、溪大线、付布线、山复线、良大线、高余线、船马线、下潭线、罗庙线、郭何线等县、乡道严重受损,多处边坡塌方、路面损毁和路基掏空,全年水毁修复投入资金1000万余元:进行水毁防治620处、砌筑护坡25280立方米、修复挡土墙9780立方米,清理边坡塌方65800立方米。

公路绿化 2015年,公路绿化里程县、乡、村道分别为125千米、356千米、770千米;绿化率分别为80%、60%、52%。县、乡道全面硬化,村道全面达到硬化,好路率分别达82%、70%、55%。

(修水县交通运输局)

湖口县

公路建设 2015年,该县交通运输局在交通建设点多、面广、资金严重短缺的情况下,全面推进该县交通基础设施建设步伐,全年完成投资2350万余元,实施项目62个。

农村公路建设项目。完成大垅至海山(张青段)、段明冲至牛角湖、董埂至兰亭县、乡道升级改造8.80千米的建设任务和上级下达通25户以上自然村道路45千米的建设任务。

安保工程投入力度大。总投资200万余元的安保工程,县道全面完成,确保道路安全畅通。

会车点建设。全面完成县政府投资600万元的农村公路会车点建设,项目是该县重要的“连心工程”之一,按照每千米设置3~4个会车点,截至2015年底,1200个农村公路会车点全面完成,切实改善该县农村公路行车安全。

危桥改造 2015年,该局先后改造完成总投资267万余元的马影马影桥、马影道观桥、武山五星桥、付垅黄涧桥、大垅王斯桥5座危桥。

车站、港口、码头建设 2013年,西门渡口注册成立“西门渡口渡运有限责任公司”,并加强现场安全监管力度,水上连续27年来未发生一起重特大安全生产责任事故。

厂场建设 2012年11月,动工建设首家农村公路综合服务站。该站位于湖口县文桥集镇,按照四级站标准设计,占地面积5500平方米,建筑面积1500平方米,总投资500余万元。发挥建、管、养、运等综合功能。

公路养护 全县农村公路总里程1048.95千米,县道105.26千米,乡道275.38千米,村道612.31千米。完成全县公路实际养护里程589千米,其中县道87千米,乡村道502千米。实现县道养护全覆盖,乡道乡养,村道村养的目标。

道路运输 全县客运企业6家,客运车辆300辆。其中跨县以上班车41辆,县内班车95辆,公交车52辆,出租车108辆,3个农村客运站,客运线路28条,其中跨省线路11条,跨市线路5条,跨县线路5条,县内班线7条。全县公交线路进一步优化,公交线路增至7条,县政府加大财政对公交的投入力度,补贴由原来的24万元提高至82万元,使公交线路覆盖面更广,全县市民出行更加便捷。

水路运输 2015年,该县水路客运量83816人,客运周转量597834人千米,其中湖口—鞋山约0.8万人,周转量14万人千米,湖口—江湖两色约7.5万人,周转量45万人千米。旅客吞吐量合计205524人;货运量84060吨,货运周转量78663580吨千米。

(湖口县交通运输局)

星子县

公路桥梁建设 该县交通运输局全年完成交通基础设施建设投资8.8亿元,其中主要是新建昌九发展大道14.36千米,改造通组公路30千米,以及先后开工建设的沙湖山危桥改造项目、都九二期项目建设。截至2015年底,星子县公路通车里程920.60千米(高速30.4千米、国道68.59千米、省道12.87千米、县道92.59千米、乡道160.15千米、村道556千米),公路密度每百平方千米86.5千米,行政村通硬化路率100%。

都九(二期)加速推进 都九二期(星子至都昌段)项目位于星子县和都昌境内。该项目星子境内14.36千米,投资额14亿元,按双向四车道高速公路标准建设,建设周期3.5年。都九二期自2014年12月24日正式开工建设以来,截至年底,星子境内征地拆迁全部完成,辖区所涉一个标段的路基累计完成路基土石方75%,路基涵洞完成100%,部分桥梁开始架设;鄱阳湖特大桥10月施工单位进场,至此星子境内都九二期项目全部开工建设。

福银高速星子收费站关闭 为满足G70福银高速昌九段扩建工程的需要,经省交通运输厅审批同意,决定自2015年3月3日零时起,昌九高速公路星子收费站(福银高速K668+609)永久性关闭。同时,都九高速马回岭收费站正式启用。

昌九发展大道星子段通车 昌九发展大道星子段全长12.6千米,该工程总投资5亿元,按照一级公路建设,建设周期2年。于2014年5月7日项目开工,昌九大道星子段主干道于2015年底通车。

县城至横塘段升级为国道G532 将星子县城至蓼华段及蓼华至横塘段调整为国道G532的一段。G532星子县城经蓼华至横塘段公路线路总长为23千米(蓼温公路),其中星子县城至蓼华段按一级公路标准建设,蓼华段至横塘段按二级公路标准建设,国道G532蓼华镇扈家嘴至横塘段于2014年改造完工,总投资为44544万元。

蓼温公路660米连接线竣工 项目全称为蓼温公路扈家咀至鄱阳湖西大道延伸线路,全长660米,为二级公路标准,总投资为786.64万元,全部为地方政府自筹。项目于2015年12月中旬竣工通车,至此全长24.94公路的蓼温公路全线完工通车。

沙湖山桥完成主体建设 原沙湖山桥(危桥)2013年列入交通运输部危桥数据库。该工程于2015年5月正式启动项目建设。新建沙湖山桥位于原桥址上游约80米处,按全长106米,中桥设计标准建设。项目总投资660万元,其中地方政府自筹469万元,省级补助资金191万元,截至2015年年底,中桥的主体工程完工。

许园公路(一期)改造启动 项目全称为星子县许家堡至园艺场公路改造工程,全长为3.835千米。2015年7月10日,先期启动许园公路一期升级改造项目,全长1.52千米,按二级水泥公路标准建设,总投资为1000万元,全部为地方政府自筹。至2015年底,县交通运输局完成项目规划、设计、招投标等前期工作。

辖区公路网规划调整 为适用全县干线公路网布局的变化,自2015年6月25日始,对本县辖区内县乡道路线和规模范围进行调整,原有32条乡道,里程129.12千米,调整后有乡道38条,里程为157.63千米;原有县道5条,里程67.37千米,调整后有县道10条,里程99.46千米。

30千米通组公路完工 利用省交通运输厅"通自然村"和"客运网络"建设的优惠政策,截至年底,30千米通组公路改造任务全部完成,投入资金934万元,涉及9个乡镇40个村组,受益人口5万多人。

公共交通建设 更新出租车67台,率先启用新能源环保公交车,实现公交卡与九江市区的联网管理,全年办理老年人和残疾人免费卡4402张。

新客运站建设 该站位于县城峰德镇新区环山公路以南,占地3.34公顷,项目总投资2500万元,全部为九江长途汽车运输集团有限公司自筹,总建筑面积7022.38平方米,建设标准为县级一级车站。项目于2015年5月1日开工建设。

公交联网实行一卡通 星子金鹏巴士有限公司自9月10日起正式启用九江市、星子县公交IC卡"一卡通"系统。该县有公交车38辆,持有公交卡的市民有15000余人。

10月,首辆能源公交车试运行,县九江星子金鹏巴士有限公司引进电动公交车一辆投入城市公交线路的运行。该车采用新型动力电池作为动力系统，以纯电动运行，充满一次电可持续行驶250千米，开空调可行驶200千米，和传统汽柴油公交车相比，具有零排放、零污染及噪音小、安全性高等优越特性。该新能源公交车投放在县城南门至东林大佛景区旅游线路。

水运渡口管理 全县辖区内依法仅存内河型渡口2个，渡船2艘，年渡运量5000余人。水上成品油服务企业2家，年经营量5万吨。全年开展水上安全执法检查39次，专项整治3次，发现问题12起，下发整改通知书45份。

安全监管 全年开展“打非治违”、安全专项整治活动78人次，出动宣传车3次，开展安全咨询服务4次，组织开展安全生产大检查36次，整改和消除各类安全隐患28起，全年未发生一例重大事故和责任事故。

公路隐患排查全覆盖 为期2个月的实地勘察、测量、鉴定，先后对辖区7条县道和38条乡道完成安全隐患排查，发现存在130多处公路安全隐患，涉及公路里程240多千米。

（星子县交通运输局）

都昌县

2015年，该县交通运输局以“三个服务”（服务全县经济发展，服务新农村建设，服务人民群众安全出行）为宗旨，以“四个交通”（综合交通、智慧交通、绿色交通、平安交通）为主题，狠抓交通建设不放松，强化行业监管不动摇，严守交通安全不懈怠，努力推进全县交通运输事业健康发展，确保全县“十二五”交通各项工作圆满收官。

公路建设 09通乡项目调整增加项目。完成里泗至盐田、路口至石楻、土塘至官洞村及匡含至石横4个09通乡项目调整增加项目。该4条通乡调整项目总投资422.6万元，均于2015年12月完工通车。

乡道升级改造 完成程家至鉴玉、徐埠至刘垅、坂上至茅铺3个乡道升级改造项目，其中程家至鉴玉项目全长2.5千米，工程于2015年7月开工，10月竣工通车，完成总投资138万元。徐埠至刘垅，项目全长2.5千米，按四级公路标准建设，工程于2015年8月开工，同年11月竣工通车，完成总投资99万元。坂上至茅铺项目全长4.4千米，按四级公路标准建设竣工通车。

客运网连通工程 1. 杨坞至天井垅。全长5.1千米，按四级公路标准建设，工程于2015年6月开工，12月竣工通车，完成总投资221万元。

2. 东平至石火茂。全长0.6千米，按四级公路标准建设，工程于2015年5月开工，7月竣工通车，完成总投资40万元。

3. 大沙至横山、都中路至官山。该2条路首尾相连，工程于2015年4月开工，于11月竣工通车，完成总投资542万元。

通自然村公路建设 完成通自然村公路建设项目493个，380千米，按四级公路标准建设，总投资11400万元，投资方式为车购税。

桥梁建设 完成土塘镇牌楼中桥独立桥建设。桥梁全长39米，总投资85万元。

渡口码头建设 周溪镇棠荫渡口标准化建设项目，位于周溪镇泗山棠荫岛对岸。工程于2014年10月开工，2015年年底正式建成，总投资10万元。

公路养护 全县农村公路养护总里程2623.90千米，其中县道19条300.02千米，乡道232条719.67千米，村道1722千米，县道养护率100%，乡道养护率70%，村道养护率30%。

水、陆运输 全县水路运输企业9户，水运辅助企业3户，货运量250600万吨，货运周转量5664万吨千米，货运船舶47艘，总载重吨位30466吨，比上年增加132.76吨。港口经营企业16家，港口内贸进出量1803700吨，比上年增加171420吨。

道路运输 该县道路运输有客运公司6家，（其中国营客运企业1户，私营股份制客运企业5户），公交公司1家，出租车公司2家，农村客运站4个，农村候车亭160个，货运企业33户，有客运班线134条（其中省际班线15条，区际班线18条，县际班线24条，县内班线77条）。客车234辆6264座，公交车35辆，出租车106辆，货运车辆2039辆，12162吨，危货车辆183辆，2168.43吨，客运量225万人次，客运周转量9980万人千米，货运量260万吨，货运周转量35500万吨千米。

汽车维修，船舶修造 全县有机动车维修户51户，（一类1户，二类15户，三类35户）均经过年审,做到合法经营。

船舶修造 全县有民营股份制船舶修造企业1个,全年新建钢铁船8艘,其中执法艇2条,拖船2条,趸船5条,修理船舶6艘。

(都昌县交通运输局)

共青城市

2015年,该市交通运输局扎实推进交通基础设施建设,各项中心工作有序推进,圆满完成各项工作任务。

公路建设 2015年对以下项目进行建设。

①国道G532改造工程。共星大道(G532)属国道联络线,全长22千米,其中共青段11千米,一期实施4.3912千米,按一级公路标准建设。②燕滩线上阳塘至栗坂村县道升级改造工程全长1.2千米,按三级公路标准建设。③益民路建设项目全长1.6千米,按一级公路标准建设。④杨琪线江益至军山县道升级改造工程全长3.6千米,改造后为三级公路,分三段实施。2015年底全部竣工。⑤农村公路建设,该市农村公路建设项目库内建设任务完成。全年,上级交通运输部门下达25个项目共13.5千米农村公路库外项目建设计划,全部修建完成。

广场建设 该市农村公路乡镇综合服务站,占地面积0.67公顷,总投资约260万元,于2014年9月28日开工建设,2015年12月完工。

公路管理养护 全年投入养护资金380万元,对30余千米道路进行养护。投入17.4万元对甘露信用社至共青水闸路段进行路面维修;投入21万元对老屋岭至金湖镇公路进行维修,维修面积约1100平方米;投入32万元对老屋岭至金鸡山公路进行维修。

公路绿化、水毁防治 该市向上级部门争取资金10万余元,公路绿化共10千米;对金湖圩堤进行公路水毁防治,投入资金5万元;全部县乡公路均实现公路标准化,市辖区内无重大事故发生。

道路运输 共青城市有30辆客车、11辆公交车、60辆出租车。

客运量:公路1330万人次;铁路58123人次;货运量:公路24360万吨;铁路21090吨;水运190万吨。

水路运输 共青城境内共2个货运码头,金湖码头和共青码头。通航河道博阳河为VI-(3)级航道,总长22千米,最大通航能力1000吨级船舶,货运量150万吨,货运周转量6.8万吨千米。

汽车修理、检测 全市修理厂17家,其中二类修理厂3家、三类修理厂14个;驾校2个;检测站1个。

(共青城市交通运输局)

德安县

2015年,该县交通运输局启动县道升级改造工程项目,黄桶至金湖23.8千米,完成乡道升级改造工程杨梅刘至张家1.5千米,客运网络改造工程河东至上畈3千米、杨坊至大泉10.2千米,90个自然村公路项目61.5千米,涉及全县13个乡镇;完成上年"7·24"特大洪灾的45座危桥改造任务。

公路建设 ①省道S304(原德白线乌石门段)一级公路新建工程。线路全长5.94千米,含隧道、桥梁各1座。全线采用一级公路标准。项目分道路工程与隧道工程2个标段实施。道路合同价13161.89万元,隧道合同价5342万元。资金来源为地方自筹和上级补助。

②昌九高速"四改八"建设追加近亿元投资解决该县交通7大遗留问题。

③陈家湾渡改桥引道和相关附属工程,工程为陈家湾渡改桥东、西引道路面硬化,共长550米,采用三级公路标准,工程完工。合同价75.12万元。资金来源为地方自筹和上级补助。

④县4条县乡公路及客运网络升级改造,2015年,该县启动1条县级公路升级改造。黄桶至金湖县道升级改造工程,全长23.8千米,投资2600万余元,其中车购税项目补助资金952万元。该工程于2015年2月开工。改造后该条公路标准由四级提升到三级。完成1条乡道升级改造工程杨梅刘至张家1.5千米,投资75万元,其中车购税项目补助资金30万元。完成2条客运网络改造工程河东至上畈3千米、杨坊至大泉10.2千米,共投资1200万余元,其中车购税项目

补助资金264万元。

⑤完成该县90条通自然村公路改造，完成90个项目61.5千米自然村公路改造，涉及全县13个乡镇，总投资1466万元，其中上级部门项目补助资金492万元，该项目的完成，使全县90个自然村由原来的砂石路面改变成水泥路面，自然村通畅率提高到84%。

桥梁建设 危桥改造40座。2014年7月24日，该县遭遇特大洪灾，使多数桥梁受损，启动40座桥梁的改造工程，总投资2552.77万元，工程于2014年11月动工，2015年12月全部竣工。

公路养护德 投入85万元，对全县11个乡镇通乡主干道79.9千米农村公路进行养护。

投资731万元分2批建设1700个农村公路会车道，首批900个乡村公路会车道全面建成。

（德安县交通运输局）

九江县

公路建设 2015年，该县交通运输局公路建设总里程62.4千米，总投资1614.6万元，其中中央投资553.2万元，地方投资1061.4万元。

客运网络工程 江洲渡口至江洲镇，全长4.5千米，按四级公路标准设计，总投资225万元（中央投资90万元，地方自筹135万元），投资方式为上级补助和地方自筹，项目于当年完工。

连通工程项目建设 完成连通工程项目83个57.9千米，按四级公路标准建设，总投资1389.6万元，其中中央投资463.2万元，地方自筹926.4万元。

桥梁建设 渡改桥完成审计结算，通过竣工质检。5座渡改桥工程全面竣工，于2014年12月完成审计，总投资2354.24万元，其中中央补助1162.35万元，地方配套1191.89万元，并通过质检，评定为合格。

站场码头建设 狮子农村综合服务站于2012年纳入全省农村公路养护“百家试点”，该项目总投资500万元，其中省厅拨付100万元，县财政补助300万元，局自筹100万元，于2015年10月完成基建工作。

抓安全，促生产。该县召开水上交通安全专门会议2次，主办宣传栏6期，发放渡口渡运安全方面资料150份，下发专门文件9份，派出人员检查15批次，检查渡船258艘次，检查违章17次，现场纠正7次，限期整改10次。

公路养护 全年养护公路里程997千米，其中县道124千米，乡道180千米，村道693千米。养护投入资金649万元，其中修复水毁道路6.7千米，投入资金510万元。

（九江县交通运输局）

彭泽县

公路建设 张家湾—郭桥县道升级改造。该工程全长3.9千米，按三级公路标准建设，于2015年5月10开工建设，12月底完工。通自然村公路，全年建设项目147个，里程94.1千米，总投资2725.9万元。

公路养护 养护里程。全县农村公路通车里程为1566千米，其中县道120千米，乡道276千米，村道1170千米。全县有县道养护队4个，专业从事县道养护人员44人，乡村公路养护人数328人。

日常养护。正常养护补助标准分别是：县道2000元/千米/年，全年投入养护经费138万元。

里程维修。全年公路养护投资150万元，完成27条396千米县、乡公路养护任务，挖补坑槽15000平方米，小修6千米，中修8千米，安装减速带300米。

公路绿化、公路水毁防治 投入资金30万元，绿化农村公路县道25千米。

公路水毁防治。全县农村公路共发生路基损毁28600立方米，路面损毁8600平方米，涵洞240道，灾情发生后，县交通运输局投入应急资金及时进行抢修，确保农村公路安全畅通。

道路运输 该县有客货运公司3个，公交出租车公司1个，农村客运站11个，候车亭36个，有客车45辆，客运线12条，公交车辆47辆，出租车52辆，货运企业32家，货运车辆5270辆，客运量120万人次，货运量960万吨。

水路运输 全年县内水路运输新增船舶运力13461吨，全县水路运输总运力规模49831吨，水路旅客运输7.2万人次,客运周转量127万人千米,水路货运量340万吨,货运周转量400万吨千米,港口砂石出口量220万吨。

汽车维修 全县有机动车维修业户28户(二类8户、三类20户),均做到亮证、合法经营。

(彭泽县交通运输局)

瑞昌市

公路建设 桂林桥交叉路口改造工程。该工程位于省道婺桃线瑞昌至南义段与省道立肇线交叉路口,改造工程对立肇线方向进行渠化,加宽改造,改造路段长320米,工程投资80万元,工程由该市人民政府投资。

桥渡隧建设 新桂林大桥。该桥全长158米,项目总投资1200万元,由该市政府投资建设。

公路养护 市农村公路养护里程2078千米,其中县道215千米、乡道515千米、村道1348千米。市政府年度安排209万元用于农村公路养护。受台风"苏迪罗"影响,该市乐园、洪一、南义、范镇、花园乡镇道路水毁破坏严重,灾后防治重建项目3332米,市政府安排灾后防治重建资金117.67万元,省级养护补助资金239.3万元,全部用于灾后防治重建和日常养护。

道路运输 客运班线77条,其中跨省5条、高速10条、市县级11条、县内班线51条。客运车辆231辆,客运量900万人,客运周转量36000万人千米,农村班线客运价0.20元/千米。货运车辆3503辆,货运量860万吨,货运周转量54934万吨千米。

水路运输 水路运输船舶35艘(其中客船2艘),客运线路瑞昌码头镇至湖北武穴市长江轮渡,客运量62830人,旅客周转量314150人千米;货运量1700971吨,货运周转量8504855吨千米。

(瑞昌市交通运输局)

庐山区

2015年,该区交通运输局紧紧围绕"加快城乡一体,建设经济强区"的战略部署,全局上下团结一心,扎实工作确保交通运输工作任务的全面完成,实现农村公路网络建设的进一步完善及水上交通安全零事故。

公路建设 完成通25户以上自然村公路建设项目48个,共21.9千米,总投资626.6万元。

桥梁建设 全年申报"小危桥"改造项目2个,全部完工。

站场码头建设 庐山区姑塘农村公路综合服务站,规划用地面积0.62公顷。该项目主体封顶,内外装修于12月中旬完工。

公路养护 该区国土总面积495平方千米,全年完成路网规划调整工作,调整后县道90.71千米,乡道222.63千米,村道376.51千米。完成养护工程计划安排,下拨养护资金162.2万元,其中日常养护资金56.99万元,养护工程资金105.21万元,实施项目48个,切实保障道路畅通。

道路运输 庐山区道路旅客运输有旅游客运、公交车两种客运方式运作,旅游客运公司1家,公交公司1家,候车亭45个。客车74辆,公交车73辆,货运企业107户,货运车辆5032辆,年客运量438万人,年货运量1373万吨。

水路运输 全区水路运输总运力规模18393吨;水路货运量15835万吨,货运周转量3355万吨千米,港口砂石出口量达7401530万吨。

汽车维修 全区现有维修业户120户(一类11户、二类63户、三类46户)。

(庐山区交通运输局)

永修县

2015年,该县交通运输局各项工作取得较好成绩。

公路建设 12月26日,昌九大道永修段全面建成;全年新修农村公路105千米。

桥渡隧建设 1.10月30日,昌九大道修河大桥合拢,该桥总长999米,宽32米。

2.12月30日,吴罗线永丰大寨桥通车。该项目长37米,宽8.5米,工程总投资210万元。

3.12月7日,九合大桥危桥重建工程签订施工合同,该桥长107米,宽12米,引道长700米,工程总造价900万元。

车站、码头、厂站建设　1.渡口、码头建设。马口镇黎下渡口及码头规范化建设项目于当年11月开工,向上争取和各级筹措资金近30万元;吴城镇西庄渡口及码头规范化建设项目于当年11月开工;吴城镇荷溪渡口及码头实施规范化建设,项目于2014年11月开工建设,2015年1月完工。

2.通过申报筹建规划及筹措资金,马口农村综合服务站于2013年12月初正式动工,该项目占地面积1.07公顷,总建筑面积为1660平方米,其中综合楼建筑面积1183平方米,三层框架结构建筑总高度20米,2014年12月主体工程完工,附属工程于2015年7月开工,该工程已完工。

公路养护　县级公路养护为45千米;农村公路小修里程18千米;

道路运输　载客汽车152辆,3126客位;载货汽车1233辆,5523吨位。客运量266.7万人次,货运量123.4万吨。公路客运线路为40条。

水路运输　该县水路运输中无客运量和周转量,货运量为336.67万吨。

(永修县交通运输局)

新余市

2015年,全市交通运输系统紧紧围绕“发展至上、富民为先”目标,以“四个交通”(综合交通、智慧交通、绿色交通、平安交通)为发展主题,坚持改革创新、务实为民,主动适应经济发展新常态,全面推进全市交通运输建设提速、管理创新、服务升级、和谐发展,圆满完成全年各项目标任务。

基础设施建设　欧东公路建设强力推进。①2015年,欧东公路完成总投资9136万元,其中分宜段全线完工,仙女湖段完成项目路基主体工程,渝水段完成61%的路基土方。②农村公路建设全面完成。完成欧里至双林公路7.363千米路面改建工程,10月正式通车。完成县乡道改造21千米、客运网络化公路改造32.5千米、公路安全生命防护工程16.3千米、通自然村公路建设100千米。完成新建桥梁4座、农村公路危桥改造15座。③现代物流业持续发展。仙女湖中心物流园区新开工项目4个,完成项目3个,总投资8000万余元。全市新增物流企业29家(其中快递企业16家),新增普货运输车辆1504台,总吨位12165吨。获得国家AAAA级物流企业1户。④道路运输站场建设顺利推进。仙来公交枢纽站开工建设,高铁新区长途客运站完成项目设计立项,土地征用手续全部办齐。

交通运输　①公路水路运输稳步增长。道路运输完成旅客运输量1342万人次,旅客周转量71804万人千米,同比分别增长2.26%和1.73%;完成货物运输量17338万吨、货物周转量3206972万吨千米,分别增长10.4%和4.98%;水路运输完成旅客运输量38.8万人次,旅客周转量776万人千米;货物运输量82.3万吨,货物周转量255万吨千米。②公共交通持续发展。新增新能源公交车20辆。该市城区有新能源公交车140辆,占公交车总量60%。全市100%乡镇和98.73%的行政村通客车。6月17日,新余市第一个新农村示范村昌坊至新余城乡公交正式开通。延伸公交线路6条,延伸里程26.5千米,城市公交线路进一步优化。

运输行业管理　做好老旧黄标车淘汰工作。全年淘汰营运黄标车1353辆;严格交通运输市场执法。道路运输方面,出动执法人员1153人次,检查各类车辆6324辆次,查处违章137起。

运输安全　2015年,全市道路和水上未发生一起重、特大责任事故。水上交通安全生产和交通建设工程施工安全责任事故实现零死亡的目标,其中水上安全生产连续29年责任事故为零。

(邹建福　邓清华)

分宜县

2015年,结合分宜实际和快速超前发展的原则,做大交通运输供给总量,适应全县经济建设和社会效益新崛起的要求,不断提升交通运输服务水平,顺应人民群众对交通运输的新期待。

民生工程建设 完成2014年通自然村水泥路的建设,实现组组通目标;完成2015年度通自然村水泥路的计划上报,上报里程35千米;上报危桥改造计划8座323延米;农林场公路项目7个15.9千米;县乡道改造项目4个16.9千米;完成2014年度文明示范路51千米的验收工作。

运输生产 全县有道路货运企业89家,从事营运性货运车辆5556辆,31855吨,分别增长2.88%和15.5%。

运输行业监管 圆满完成春运任务。全县投入运营车辆305辆,完成客运量42.6万人次,完成客运周转量2343万人千米,未出现旅客滞留现象及重特大道路运输安全事故,圆满地完成春运工作任务。加大运输市场整治力度,规范经营行为。组织交警、城管等相关部门开展“打击黑车”专项行动,查处违法违规车辆168辆。

运输安全 水上交通安全,实现连续29年无安全事故发生。

(分宜县交通运输局)

渝水区

2015年,推进交通基础设施建设,强化道路运输行业管理,加强水上渡运和道路运输安全监管,各项工作进展顺利,全年目标任务顺利完成。

基础设施建设 完成余新公路建设、移交工作。余新公路在渝水区境内建设任务,全部完成,达到垫层通车条件,验收合格,于2015年10月30日正式移交。完成农村公路客运网络化连通工程项目47.9千米,自然村通水泥路项目40千米,新建独立桥梁4座261延米,县道路面改造项目4千米,县道安保工程处置隐患里程16.3千米,危桥改造7座236延米。

道路运输发展 全年新增货运企业22家,新增货运车辆1196辆,新增运力吨位10135吨。全区货运企业总数130家,货运车辆总数13405辆,农用车1650辆,总吨位130777吨,拥有客运公司3个,城乡公交公司3个,客运车队1个,拥有客运车辆139辆,班线48条,日发班次546班,拥有乡镇客运站9个,客运招呼站187个,拥有一类维修企业5家,二类维修企业20家,三类维修企业87家,拥有二类汽车驾驶培训学校2家。

运输安全生产 全年下发各类整改通知书、告知单25份,检查车辆4700余辆次,查处并纠正违章经营行为370辆次,全年未发生一起交通安全责任事故,水上交通连续29年实现安全渡运。

(渝水区交通运输局)

仙女湖区

2015年,该区严格按照“抓工程、促管理、带队伍、创成效”的工作思路,以求真务实的工作作风,以真诚服务的工作理念,不断提升交通运输行业精细化管理水平,切实巩固交通安全生产基础,全面推进交通运输事业又好又快发展。

运输管理 交通运输业持续发展。该区新增货运企业4家,新增车辆548辆,新增吨位数8861.5吨,有货运企业100家,有货运车辆15747辆,总吨位252960吨。全区二类以上维修企业15家,其中AA级维修企业13家,A级维修企业2家。6月17日,开通新余至欧里镇昌坊的城乡公交线路;7月9日,公交线路延伸至河下镇洋田村委。

行业安全监管常抓不懈。工程施工现场进行专项整治活动。交通工程施工、运输企业零事故,全区交通领域安全生产形势稳定。

(仙女湖区交通运输局)

高新区

2015年,该区以工业化为主线,以大开放为主战略，坚持以科学发展观为指导，扎实推进基础设施建设，强化交通运行业管理，提升交通运输服务水平，全面完成各项工作任务。

基础设施建设 完成农村公路通自然村建设项目24个16.1千米；危桥改造2座，69.54延米。

运输市场管理 对1户客运企业、12户货运企业、47家维修企业进行质量信誉考核，考核率100%。清理黄标车39辆，检查运输企业135户次，组织培训65人次。开展“道路运输平安年”“打非治非”等活动，运输行业秩序井然有序。确保无安全责任事故的发生。

（高新区交通运输局）

鹰潭市

2015年，全市交通运输系统按照“主攻项目，决战‘三区’，凸现特色，实现跨越”的总体要求，以推进交通建设为重点，全面加快交通运输事业转型升级步伐，圆满完成全年各项目标任务。

基础设施建设 全年完成农村公路484.2千米、桥梁5座，争取补助资金7888.4万元，完成总投资33113.5万元，新增通水泥路自然村464个，全市通水泥路自然村2467个，占自然村总数比例提高至74.5%。重点项目建设，鹰北公路客运枢纽站国土局审批通过购置土地手续，并报市政府审批；站场设计方案多次审查变更，提交市规划委员会审批。鹰北公交枢纽站场地主干道硬化施工完成，正在进行值班室内部装修和鹰北枢纽站的方案设计评审。鹰西短途客运站完成初步设计。鹰南公交枢纽站正在协调高压线迁移事宜，并形成鹰南枢纽站的方案设计。

科学发展能力 编制鹰潭市“十三五”交通运输综合发展规划和2015—2017年民族地区通乡、行政村干道公路改造项目库，以及“十三五”公路安全生命防护工程项目库；调整县乡道路网规划。

农村公路养护 用3年时间构建新型农村公路管理养护体制和运行机制，建立以政府财政资金投入为主的稳定养护资金渠道，申请省级的“7351”养护工程大中修补助资金。

运输行业管理 对全市“两客一危”道路运输车辆执行动态监督管理，有5997辆12吨以上普货车辆安装卫星定位装置；全市淘汰黄标车1103辆；质量信誉考核客运企业13家、公交企业4家、货运企业147家；全面推广应用机动车驾驶员计时培训系统，发挥驾训平台GPS监控功能，对驾校培训情况进行监控；投资50万余元完成12328信息平台建设，受理电话381件，办结361件，办结率94.8%，行业形象得到改善，服务效率得到提高。

专项整治 联合公安、城管部门开展打击“黑车”等非法营运专项整治，打击黑车80辆，违规经营车辆66辆；开展出租车市场专项整治，查处违规车辆557辆，纠正违章经营行为312起，受理举报投诉50多起，对66位出租汽车驾驶员进行违规再教育，出租车乱象得到有效遏制。

公交优先发展 鹰潭公交全年完成营运收入2680万元，总行驶里程1025.34万千米，客运量2800万人次，准班准点率91%。开通22路、25路、6路、老城区至高铁北站城市公交专线，开通贵溪、余江至高铁北站2条城际公交专线；新增新能源公交车30台，对公交车载GPS调度监控系统进行升级更换；实施《公交线路网络优化调整方案》；启动公交调度大楼建设前期工作，新建临时招呼站20座、电子站牌3座，城市公交有新提升。

招商引资 圆通速递有限公司鹰潭分公司注册资金5千万元，落户该市新产业园区。江苏星通北斗航天科技有限公司在该市投资5亿元建设江西星通北斗智慧物流在线交易和安全监管运营中心（省级平台）的投资协议签定，11月中旬完成注册。

（鹰潭市交通运输局）

贵溪市

2015 年,该市交通运输局全力推进"幸福贵溪",科学安排、精心组织、真抓实干,各项工作顺利完成。

县、乡道升级改造项目 总投资 3000 万余元的贵溪至泗塘县道升三级公路改造 19.6 千米,于 10 月 18 日完成工程招投标工作,项目正在进行征地、拆迁等工作;总投资 1600 万元的志光至夏埠县道升二级公路改造工程 3 千米,正在进行项目前期各项手续报批办理以及启动工程招投标程序,该工程 12 月底开工建设。乡道升级改造项目。孙家塘至曹家四级公路 2 千米、徐家至元竹四级公路 3 千米,2 条共计 5 千米任务完成,总投资约 350 万元。客运网络化连通工程项目。汪陆至太田四级公路 8.2 千米、高速挂线至里塘江家二级公路 3.3 千米,2 条共计 11.5 千米计划任务完成,总投资约 2000 万元;塔桥园艺场至杨前四级公路 7.7 千米在建项目,总投资约 600 万元;塘湾至冷水四级路面改造 8.1 千米即将开工,总投资约 800 万元。

交通基础设施建设 ①危桥改造项目。罗河镇屈碧桥等 3 座共计 139.14 延米危桥改造项目完成,总投资约 420 万元。罗河镇剑汪桥等 4 座共计 216.16 延米危桥改造在建项目,总投资约 439 万元。②新建独立桥梁项目。完成罗河镇姚家大桥西引桥 200 米,新建独立桥梁 1 座,总投资约 500 万元。在建项目雷溪镇姚家大桥东引桥全长 220 米,文坊镇岭上桥全长 43 米 2 座共计 263 延米新建独立桥梁项目,总投资约 720 万元。③25 户以上通自然村公路改造项目。完成 25 户以上通自然村公路改建项目 180 条共计 220 千米,总投资约 7700 万元;在建项目 25 户以上通自然村公路改造项目 76 条,共计 91.4 千米,总投资约 3200 万元。④安保项目。在建安保工程河潭镇段、河潭垦殖场段全长 17 千米项目,总投资约 130 万元。⑤市养公路的养护维修:完成贵溪—河潭—泗塘、贵溪—冷水段、龚资线贵溪段等 7 个出现严重路面破损,路基受雨水冲刷悬空、边坡挡土墙倒塌等路段 120 余千米路面平整维修,投入资金 95 万余元。⑥标准化渡口建设。开展 5 个标准化渡口项目(滨江乡的羊角渡渡口,鸿塘镇的横田渡口,白田乡的枫林湾渡口,河潭镇的河潭埠渡口,金屯镇的出山渡口)年底完工。⑦站场、候车亭发展建设。申报 200 个候车亭建设及 200 个候车亭升级改造。

运输生产 全市拥有客车 134 辆、出租车 138 辆、公交车 77 辆、货车 2931 辆,完成客运量 801 万人、客运周转量 12487 万人千米;完成公路货运量 980 万吨,货物周转量 178785 万吨千米。对全市道路运输行业开展安全生产隐患排查,排查班线客运企业(车队)3 家、危货企业 5 家,驾培企业 5 家、出租企业 2 家、公交企业 2 家、站场 2 家。并与 30 多家有一定规模的物流企业签订安全生产责任状。客运市场管理有序。春运期间对 95 台农客进行春检,年审公交车 54 台、出租车 138 辆。对 2 家出租车公司、3 家客运企业进行质量信誉考核,达到 AA 级。申报 2015 年 1 至 10 月各客运企业营运车辆燃油消耗数据的月报。4 月 30 日试运行贵溪火车站至鹰潭北站公交线。10 月在塘湾、彭湾实行城乡客运一体化。11 月启动新一轮出租汽车经营权许可及车辆更新工作,同时加强对出租车公司的监管力度,纠正各类违章行为 16 起,教育违章从业人员 16 人。查处非法营运车辆 840 辆,黑车 32 辆。纠正违章行为 148 起,完成罚没收入 46 万余元。2015 年,客运车辆年审率 89%。圆满完成 2014 年第一批燃油补助的发放。货运市场健康发展。全市现有 156 家物流企业,含新增物流企业 7 户。考核普货运输企业 21 户,危货运输企业 5 户。4 月 30 日至 9 月 30 日,开展全市道路危险货物运输专项整治工作,排查企业 5 户,限期整改 3 户。认真布置 2015 年度全市营运车辆的审验以及换证工作,年审率 85%。汽车维修及驾培管理工作稳步推进。维修企业质量信誉考核工作,考核一类维修企业 3 家,二类维修企业 11 家。其中江铜集团(贵溪)修理有限公司被评为全国诚信维修企业、贵溪市捷信汽车修配厂被评为全省诚信维修企业。完成 3600 余辆车的二级维护检测工作,严格营运车辆准入关及车辆燃油消耗量核查工作,不达标车辆不予办理道路运输证。全年新审批一级驾校 1 家,二级驾校 2 家,其中 1 家二级驾校完成验收工作,另 2 家争取年前完成验收工作。开展驾校质量信誉考核工作,在鹰潭市运管处统一安排下审核雄鹰、铜城、信江、城南4所驾校,审核结果均为达标。7月对全市的非法招生点进行一次全面排查,查扣3台非法招生车辆,净化我市驾校市场;下半年完成1600余学员申报培训考核。

汛期公路抢修抢通 制作50余块道路标牌、购买警示柱、反光锥筒等物资,针对汛期公路出现的大面积山体滑坡,路基悬空等地质灾害,及时进行除险、疏通、安放道路警示标牌,投入18万余元。开展公路安全生命防护工程隐患排查。向省厅申请拨付农村公路养护工程省补资金,审批地方配套资金291万元。逐一掌握全市农村公路的县、乡、村三级道路隐患内容、里程数据,并报省厅项目库备案。

路政巡查执法 开展治理货车超限超载检查40余次,查处违章车辆50余部,罚没款近5万元。对各类违法行为进行巡查加大打击力度。

安全生产 与基层单位签订责任书,责任书签订率100%,并跟踪检查和监督考核。2015年,全市有新建和续建公路工程项目279个,全年未发生生产安全事故,安全生产"三项指标"为零。全年未发生水上交通死亡事故,创下连续53年无水上交通安全事故的纪录。

车辆数、线路 客车134辆,2760客位;出租车138辆;公交车辆77辆;货车2931辆,44254吨位;农村客运班线69条。

客运量801万人次,客运周转量12487万人千米;货运量980万吨 ,货物周转量178785万吨千米。

公路总里程 总公路里程2868千米,其中乡道养护668.96千米,县道养护332.66千米。

(贵溪市交通运输局)

余江县

2015年,该县交通运输局紧紧围绕县交通改革发展目标,规范和推进交通行业管理,深抓项目建设,交通经济和社会发展按照年度规划目标全面完成,交通整体工作稳步扎实推进。

二级客运站建设 该县客运总站项目占地2.67公顷,总投资3170万元,于9月26日开工建设。危桥改造项目:完成春涛黄泥畔七脑中桥58米1座,总投资120万元;完成邓埠西坂中桥80米改造1座,总投资120万元;锦江书院桥完成下部结构,春涛洋源夏家桥完成桩基。农村通自然村公路改造:建设任务80千米,通过积极争取到115千米,全面完成。

管养并重 做好县养公路115千米,指导乡、村养护管理公路1208.71千米,确保县养公路的畅通。在刘中线、严毕线等路段增设安全防护墙268个,长约3000米,总投资30万余元。

运输市场 全局出动值勤人员145人次,查处危险品40余次,查处违章违规车辆50余辆,与客运业户签订安全责任状120份,发送客车6000余辆次,运输旅客28万人次,圆满完成春运任务;开展"道路运输安全年"活动和运输市场专项整治。查处打击非法营运车辆70辆次。

水上安全 对管辖范围内的浮桥、码头进行全年安全巡防和排查,确保水上交通安全零事故、零责任。

车辆数、线路 公交车25辆/415座、班线24条;出租车41辆/205座;客运班车84辆/1562座;货车8360辆(其中农用车237辆);物流企业278家,车辆8123辆。

通车里程 县道10条计127.456千米; 乡道84条计411.66千米; 村道680条计797.05千米。渡口7个, 汽车站15个, 浮桥2座。

完成客运量109万人次,客运周转量1513万人千米;货运量82532万吨,货物周转量1135270万吨千米。

(余江县交通运输局)

龙虎山风景名胜区

2015年,该区交通局按照景区"规划统领、项目带动、改革突破、跨越发展"总体工作要求,锐意进取,开拓创新,较好地完成各项工作。

重点项目建设 ①上清天师大道新建工程(二期),该路长2.17千米,总投资2041万元,于7月10日动工建设, 12月中旬全面竣工通车。②上清林场段铁路通道连接线新建工程,该路长0.47千米,总投资146万元,于7月20日动工建设,12 月底交验通车。③天洪公路续建工程,12 月底完成工程建设任务。④马祖岩公路新建工程,全长 8.7 千米,工程总投资约 3474 万元,公路三级,12 月底完成招投标工作。⑤圣井山公路路肩加宽硬化工程,于 6 月完成工程实施方案和工程施工图纸设计,工程长 2.5 千米,总投资 80 万余元,于 10 月开工建设。⑥钱家桥建设工程,于 12 月开工建设。⑦桂洲大桥工程,完成该项目立项批复、阶段施工图设计及图审批复。⑧国道 206 太阳能亮化工程,为配合景区寻梦龙虎山大型实景演出,景区对国道 206 仙人城至龙虎山集镇段进行亮化,全程 4.7 千米,使用 9 米双(单)臂太阳能路灯,工程总投资 280 万元,于 10 月开工建设。

农村公路建设 争取通自然村公路计划项目 13 条,7.5 千米,省厅补助资金 160 万元。所有项目在 11 月底全面完工及交验。

交通运输市场 全年办理道路运输证 2000 余个,极大方便物流企业。

统计资料 景区有客车 10 辆,农用车 10 辆,货车 1800 辆。

龙虎山景区公路里程 210 千米,其中地方养护 210 千米。

(龙虎山风景名胜区交通局)

赣州市

赣州市辖 2 区 1 市 15 个县和 3 个国家级经济技术开发区,人口 960.63 万人,面积 3.94 万平方千米。

高速公路建设 全市新增高速公路通车里程 101.26 千米。至此,全市高速公路通车总里程 1116.26 千米。全年开工高速公路建设项目 5 个,即:寻乌至全南、南昌至宁都、兴国至赣县、宁都至安远、安远至定南(含定南联络线)。是年,建成通车的高速公路项目 2 个。寻乌至全南高速公路和南昌至宁高速公路全线通车,通车里程 167 千米。

至年底,该市形成"三纵三横三联"的高速公路主骨架。赣州境内高速公路新增出省通道 4 个。即:寻全高速与福建省古武高速的对接,济广高速公路瑞寻段与广东省平兴段的对接,大广高速公路龙杨段与广东新丰段的对接,厦蓉高速公路赣崇段与湖南郴州段对接。

国省道管理与建设 赣州市公路管理局全年计划完成普通国省干线升级改造项目里程 80 千米,实际完成项目里程 83 千米;计划新开工升级改造项目 126 千米,实际开工项目里程 171 千米;完成路面大中修(含路面改造、灾毁恢复重建工程)499 千米,占年计划 121%;完成危桥改造 195 座,实施安保工程 172 千米,实施灾害防治工程 23 千米,分别占年计划 115%、100% 和 113%;建成 3 个市级、5 个县级综合养护中心,市、县两级"三位一体"公共服务体系基本形成;在全省率先完成 24 个固定监测点、19 个移动监测点、1 套车载预检设备的路网管理平台建设并正式投入使用和市公路管理局路网中心正式成立。赣州境内原有国道 4 条,计 932.02 千米。即:G105 长度 232.57 千米,G206 长度 258.18 千米。G319 长度 222.77 千米。G323 长度 218.50 千米。根据《国家公路网规划(2013 - 2030 年)》,国省道总里程 3680 千米,国道 11 条 2009 千米。国道 11 条分别为:G105、G206、G319、G323、G220、G236、G238、G356、G357、G535。赣州境内省道 22 条,计 1591.81 千米。其中:市公路管理局管养 14 条,计 1099.72 千米。有关县(市、区)交通运输局管养 8 条(段),计 492.09 千米。

农村公路建设 完成农村公路改造 3200 千米、危桥 100 座、新增 166.06 千米。全市农村公路总里程 25876.68 千米。赣州市各类公路通车总里程 29636.73 千米。

客货运输 全市营运货车 33440 辆,平均吨位 4.14 吨,完成货运量 18338 万吨,货运周转量

1853789 万吨千米,分别增长 12.37% 和 2.33%;全市营运客车 2711 辆,平均客位 30.51 座,完成客运量 8454 万人,客运周转量 541739 万人千米,分别增长 2.24% 和 1.70%,客货运输总量平稳增长。

城乡客运一体化 赣州市中心城区、上犹、南康、于都等地积极开展镇村公交试点工作,全市实行公交化运行的农村客运班线 101 条,车辆 211 辆;全市拥有跨省班线 315 条,跨设区市班线 44 条,跨县班线 151 条,县内班线 611 条,形成大中小齐全、高中低配套、长中短结合的道路旅客运输服务经营格局;全市开通高速客运班线 25 条,投入高二级以上客车 63 辆,形成至港澳、上海、浙江、广东、湖北、湖南及省内设区市的高速客运网络,实现 400 至 500 千米以内当日往返,800 千米以上朝发夕至,全市城乡客运服务水平显著提升,城乡客运一体化进一步发展。

城市客运 截至 2015 年底,全市拥有客运出租车 1801 辆、城市公交车 1168 辆,公交营运线路 157 条,总长 3371.4 千米,建成公共场站 5 处,在建 4 处,公共交通站点 500 米覆盖率 80%,满足城区群众的出行需要。

驾培市场 全市 114 所驾校进行改造升级,110 所驾校通过验收,4 所未完成资格条件改造工作的驾校整改到位;对教练车进行监测,查处违规教学车辆 65 起,查处异地培训、乱设点挂靠教练车辆 50 辆,驾培市场进一步净化。

安全生产 全市道路运输企业发生一般安全行车事故 5 起,死亡 4 人,与上年同期相比,死亡人数下降 50%,安全形势明显好转。

稽查力度不断加大 全年全市出动道路运政执法人员 51506 人次,检查、服务车辆 47706 辆次,查处各类违法违章车辆 3215 辆次(其中非法营运车辆 435 辆次、出租车违章 1440 辆次),打击非法营运的猖獗势头,有效净化道路运输市场。

路运输管理与生产 全市水运企业 65 户,拥有经营船舶 176 艘。其中沿海油船 1 艘,总吨位 2188 吨,载货吨位 3570 吨;省际运输船舶 51 艘,总吨位 19213 吨,载货吨位 30575;市区内普通货物运输 42 艘,载重吨位 3921 吨;市区内客运船舶 82 艘,2241 个客位。全年水路运输完成货运量 1605.5 万吨,货运周转量 50520 万吨千米;完成客运量 129.1 万人次,客运周转量 1316 万人千米。

物流产业 全年全市社会物流总额 5383.12 亿元,同比增长 2.96%;物流业增加值 150.24 亿元,增长 10.94%;社会物流总费用 365.28 亿元,增长 10.95%。

铁路、民航、海事 南昌铁路局赣州车务段:赣龙铁路扩能改造工程竣工通车,昌赣客专全线开工,该市正式迈入动车时代。全年全段发送旅客 1418.11 万人、货物 201.08 万吨。

赣州机场:完成旅客吞吐量 925101 人次,起降 13928 架次,货邮吞吐量 6058.7 吨,同比分别增长 17.49%、76.68%、9.31%;2015 年航空通达性持续增强,新增重庆福州航点,开通 10 条航线,通航城市达 13 个(北京、上海、广州、深圳、南昌、天津、厦门、成都、海口、杭州、昆明、重庆、福州),航点 14 个,至北京、南昌的航班保持每日两班,至上海每周 10 班,实现赣州与国内直辖市及热点城市的无缝对接,并可通过中转,顺利到达港澳台、东南亚等地区。运营航空公司有 7 家:国航、东航、南航、海航、厦航、川航及祥鹏航。

赣州港航分局:全年有 76 艘船舶登记申请检验发证,完成发证 59 艘,图纸审查 17 艘。同时,分局积极开展日常船舶检验工作,全年完成船舶法定检验 176 艘。辖区内未出现碍航事件,未出现因航标损毁造成的通航事故。

(李发淳)

章贡区

2015 年,章贡区交通运输局紧紧围绕赣南苏区振兴发展、章贡区“五区建设”目标,认真抓好农村公路建设管理养护、道路运输行业管理、物流业建设等各项工作,取得一定成绩。

公路建设管理养护 硬化农村公路路面。全区农村公路硬化、拓宽计划 19 千米,圆满完成 19.7 千米,占年计划 101.6%;抓实农村公路的升级改造工作。水西上禾至凌源公路的升级改造工程全部完成,顺利通车;做好全区农村公路养护管理工作。全区农村公路养护投入专项资金 294.5 万元用于维修破损路面;推进农村公交停车站场建设。完成沙河龙村、水西蛤湖、沙石东风等农村公交停车站场的建设工作;沙河镇华林—龙村、沙石镇—东风村的公交车正式营运。

物流业建设 ①总投资18亿元的赣州沙河物流中心项目,列入交通运输部公路运输“十二五”物流园区4000万元的投资补助项目,完成规划选址、方案设计、土地报批和招商及开发建设方案的审定与发布。②赣州水西综合货运码头项目完成立项备案、选址和用地预审及其他审批。③红土地物流分拨中心位于沙河工业园区内,占地8公顷,总投资1200万元,12月10日开业运营。④赣州金属产业商贸物流城项目经过3年多的建设,项目一期7万余平方米于2015年7月24日顺利开业。⑤赣州农产品批发大市场建设项目开工。章贡区从事物流经营者218户,个体运输经营者5710余户,市级规模物流企业7家,物流运输车辆6915辆,吨位32390吨。物流运输企业每年上缴税金1000余万元。

引进江西嘉旭物流有限公司。

对沙河物流中心、江西嘉旭物流有限公司、赣州骏达物流有限公司、赣州三江合置业有限公司项目推进跟踪服务,促进物流企业尽早产生经济效益。

安全生产 全年投入32车次进行公路路政巡查。特别是在汛期,处理倒塌行道树25株,公路滑坡37处,排除路障36处,动用机械处理塌方360立方米,修复水毁路基4.5千米,做挡土墙1270立方米,确保道路安全畅通。

(章贡区交通运输局)

赣县

2015年,赣县交通运输局重点抓好交通重点工程建设,认真组织实施全县农村公路建设、新建桥梁、危桥改造等民生工程,切实抓好城乡客运发展,大力发展城市公交和农村公交,全县交通运输环境进一步改善。

交通基础设施建设 交通重点工程扎实推进。①省道219赣县梅街至枫树坳段改造项目。该项目总投资1.8亿元,完成施工图设计的编制和批复工作。②县道升级改造项目。王母渡歧岭至阳埠、大田至大埠三江、攸镇至沙地、韩坊至信丰公路完成路基改造工程,工程进度完成80%以上;田村至白鹭公路完成招投标即将开工建设;湖江至江口战备公路A段恢复施工;正在优化石芫至江口段的线路设计问题。

民生工程顺利推进。①乡村公路项目。全年完成农村客运网络项目和通自然村公路项目227个205.2千米。②危桥改造工作。2014年计划项目共5座,其中大田二桥完成。沙地信坪桥主体工程完成。吉埠大桥下部构造完成。大埠圩桥下部构造及梁预制全部完成。阳埠乡阳坑桥老桥拆除,正在进行基础开挖;2015年计划项目4座,大田南坑桥开工建设。韩坊乡大营桥完成。阳埠枫岭一桥完成下部构造及梁预制。大龙桥完成下部构,年底完成通车。③安保工程。省道349线长洛至梅林公路安保工程完工;大田至王母渡公路安保工程正在招投标工作。④城乡客运发展情况。农村客运,全年更新客车16辆,新建农村客运站1个,新式候车亭14个,全县行政村通班车率90.5%。城市公交,陆续在公交101、129、139线上新增及更新12台大容量空调车投入使用,收回101、139线路的经营权,129线路收回4辆公交车全部实行公司经营。该县有公交车52辆,线路运营连通赣州,覆盖县城、茅店、储潭等规划区。

义源新区世行贷款项目平稳推进。2月,杏林大道、赣长连接线项目正式开工建设。截至2015年底,杏林大道完成挖方110500立方米,填方4000立方米;完成所有构造物施工;赣长连接线完成清淤泥5695立方米,挖方81000立方米,填方121000立方米,完成90%的构造物施工。世行贷款项目实际完成投资2624万元,完成约30%。

争资争项工作。全年向上级交通部门争取资金项目7211万元;完成县下达的固定资产投资任务8亿元。

港航管理工作。①农村客运船舶管理,组织全县40艘船舶成立顺意、水顺、合顺等三家船舶客运公司。②加强攸镇、汶潭、涌金门、湖江、江口、茅店等客货运码头的管理和维护。③争取湖江和攸镇乡镇客运船舶停靠码头的建设项目,完成码头选址、规划、测量、工程项目立项批复等工作。

客货运生产 全县拥有客车185辆,客位4960个,营运货车4820辆,载重吨位12281吨。发展道路运输生产。全年完成客运量612万人次,客运周转量38468万人千米;完成货运量1800万吨,货运周转量188015吨千米。2015年春运工作圆满完成，投入客车286辆，安全运送旅客51万人次，周转量3290万人千米，未造成旅客滞留现象，实现“安全、有序、平稳”的工作目标。全年新增汽车维修企业10户。

物流产业 着力抓好物流产业发展。全年组织两家企业参加国家A级物流企业评估申报。截至2015年底，全年新增营运车辆233辆，总数3533辆，新增货运吨位1780吨，总吨位数2.01万吨；新增物流企业4家，有物流企业35家，市规模以上物流企业9家；1—11月物流企业实现税收1056.73万元；红金汽车4S店实现税收666.2万元。

安全管理 全县有12个渡口16艘渡船，检查渡船192船次，发现并整改安全隐患10处；投入8万余元维修渡船6艘；完成南塘浓口溪、江口苎洲、江口塘、储潭水口塘流、攸镇圩等5个渡口标准化建设的前期工作。

抓好水上交通安全管理工作。全年检查船舶1350多船次，查处违章5起，确保水上交通安全和稳定。

及时抢修水毁公路。2015年雨季，导致大面积的县、乡、村公路及桥梁受损严重，特别是7月4日特大暴雨，导致1条县道、7条乡村道中断，该局及时启动应急预案，确保农村公路的畅通。

（赣县交通运输局）

上犹县

2015年，该县交通运输局紧紧围绕“同城发展、绿色赶超”战略，适应新常态，展现新作为，夯实交通基础设施建设，狠抓责任落实，全力以赴投身交通事业，保持交通运输行业持续、稳定、健康发展。

争资争项工作 该局向上级申报项目立项7项，申报项目上级补助资金20546万元，上级下达项目计划2亿元。①G220线遂川草林至上犹双溪段：中央车购税投资7040万元。②S548线上犹县城至树木园段：中央车购税投资8440万元。③集中连片特困地区县道升级改造项目（松木坑至杨梅）：中央车购税投资2142万元。④危桥改造项目：普通干线公路危桥改造项目（合河桥、向前桥）：省交通运输厅补助资金147万元；农村公路危桥改造项目（樟树下桥、下湾桥）：中央车购税投资140万元。⑤自然村（25户以上）通水泥公路建设项目：省补资金1615万元。⑥新建独立桥梁项目（下宵桥、豪角大桥）：中央车购税投资344万元。

公路交通基础设施建设 至2015年底，该县境内规划建设通车总里程2173.15千米，按行政等级分，国道76.25千米，省道133千米，县道249.62千米，乡道206.86千米，专用公路45.46千米，村道1461.97千米；按技术等级分，一级公路13.15千米，二级公路27.97千米，三级公路153.2千米，四级公路757.93千米，等外公路1220.9千米。

2015年，全县农村公路建设投资规模为8591万元。

①黄沙坑经双霄至黄埠（豪角上）公路工程寺下至双溪路段（县道升级改造项目），里程12.23千米，全线主体工程完工，工程总投资3000万余元；②省道S548线上犹县城至树木园公路改建工程陡水至梅水段，里程6.9千米，6.2千米主体工程完工，项目总投资1800万余元；③省道S548线上犹县城至树木园公路改建工程李田坑至陡水段，里程11.54千米，项目总投资约1.2亿元，完成两阶段施工图设计批复；④新增县道X872线上犹高桥至崇义龙勾公路改建工程里程5.13千米，项目总投资2600万余元，完成项目立项批复及一阶段施工图设计批复；⑤G220遂川草林至上犹双溪（赣州段）新建工程，里程17.6千米，项目总投资约4.0亿元，将可行性研究报告及相关专项评估报告报上级发改部门批复；⑥赣崇高速西互通连接线收费站至南塘段改建工程，里程1.7千米，项目总投资1700万余元，完成两阶段施工图设计批复；⑦龙口至社溪公路县道升级改造工程，里程14.1千米，项目总投资5000万余元，完成一阶段施工图设计批复工作；⑧紫阳松木坑至杨梅公路县道升级改造工程，里程15.3千米，项目总投资约5500万元，完成一阶段施工图设计批复工作。

运输行业情况 全县营运车辆拥有量852辆，其中营运货车798辆，营运客车106辆（其中：班车36辆、公交车55辆、出租车15辆），有客运企业7家（含公交、出租），客运线路40条（其中：

省际13条,县际7条,县内19条),全县乡镇通班车率100%,行政村通班车97.44%;完成客运量187.04万人次,旅客周转量25498.2万人千米;货运量313.03万吨,货物周转量42201.2万吨千米。辖区内有机动车维修企业181户(其中二类维修企业5户,三类维修企176户);货运企业(物流公司)4户;汽车租赁企业1户(租赁汽车11辆);驾驶员培训学校4家(二类);客运站场3家(其中:二级1家,三级2家);汽车综合性能检测站1家。

交通运输市场 全年出动宣传车120车次人,发放宣传单2000余份,检查客货运车辆560辆,查处非法营运车辆27辆。

全年水陆运输进行安全隐患排查86次,排查隐患22起。该县水上运输市场连续45年实现安全无事故。

全县道路运输市场进一步规范。在企业申报资料齐全的情况下,对行政审批增加联合评审会议及规范经营承诺两项制度,2015年,对县陡水湖出租公司及运达客运有限公司的延续经营进行许可。同意新成立赣州市客家旅游汽车有限公司上犹分公司;审核社溪至兰田、太安、石崇3条农村道路客运班线的道路通行条件。镇村公交试点工作进展顺利。2015年8月,该县被确定为江西省首批镇村公交发展试点县。重点实施"上太线"4个乡镇的农村班线公交化改造并开通社溪至大安、社溪至兰田、社溪至石崇3条镇村公交。12月10日,社溪片区镇村公交正式开通。

物流运输建设 该县新增赣州安德、赣丰腾峰2家物流企业,同时新增恒利、华宇2家县级规模以上物流企业。2015年,规模以上物流企业产值及税收约为2.5亿元及2500万元。此外,2015年,该县总工会组织物流企业成立全县物流企业联合工会,为物流企业发展提供工会组织保障。

全县14家物流企业总运力317辆3295.87吨位,增长23.57%。全县物流企业实现产值约2.5亿元,上缴营业税、车辆营运税、车船税、企业所得税等共计约2500万元,增长47.25%。

招商引资 该局招商项目落地的有:赣州华宇物流有限公司(总投资500万元)、上犹县恒通物流有限公司(总投资500万元)、江西中嘉科技有限公司(总投资2000万元)、赣州安德物流有限公司(总投资500万元),完成招商引资额为3500万元。

(上犹县交通运输局)

崇义县

交通工程建设 ①向上争项争资。将茶滩公路、思顺至齐云山公路、龙勾至感坑(上犹界)等8条乡村道123千米调整为县道,今后可按县道标准实施升级改造;向上申报通组公路建设计划100千米,可争取资金近1000万元;向上申报过埠大桥及10座中小桥实施危桥改造;向上申报县道大中修4千米,可争取资金200万元。②推进公路建设攻坚战工作。攻坚战6大项目(3个县道、2个国省道、1个大桥),3个县道项目完成施工图设计。龙勾—上犹高桥、过埠—上堡公路项目12月底前全面开工建设;2个国省道项目设计正在实施招标,11月中旬确定设计单位;过埠大桥完成招标。③按计划实施农村公路建设与管理。完成通组公路建设60千米;完成因高速公路建设损毁公路修复工程5万多平方米,完成投资约350万元;实施过埠—上堡公路修复工程及石子头地质灾害治理,实施乐洞、聂都水毁修复工程;建设道路安保工程。投入93万元启动关田—聂都(大水口)、麟潭—乐洞安保工程建设。④协调解决高速公路建设遗留问题。协调解决高速公路建设损毁农村公路修复资金370万余元,水改旱资金110万余元,收回垫税1400万元。调剂资金5万余元对高速公路关田工业园段损坏护栏、排水沟进行修复。

运输工作 全县拥有客车53辆,1661个客位。货车644辆,吨位1330。春运期间,安全运送旅客30.6万人次。

办理道路运输经营许可证109本、道路运输证96本,办理营运车辆季(年)审1962台次。

存在的问题 ①公路等级低路况较差。除已打造成养护样板路的上寡线长龙段、渔过线达三级标准外,其余县乡公路均为四级公路,因近服务年限,长期超负荷运行,大部分公路路面开裂、报板、下沉,升级改造迫在眉睫。②公路养护工程量大。全县大部分农村公路边沟、路肩、边坡、挡土墙等设施不健全,养护工程量大;公路水毁严重,清塌方、修挡墙、填路基施工量大,公路养护工作量大、成本高。③公路建设养护资金缺口较大。建造成本在每千米30万元左右的通组公路,上级只有8万元/千米补助,县乡公路升级改造成本每千米约600万元,补助仅50万元/千米,项目建设资金缺口巨大,严重影响一些交通项目建设。

(崇义县交通运输局)

南康区

2015年,南康区交通运输局紧紧围绕“同城发展、富民强区”发展战略,各项工作取得较好成绩,开创南康交通振兴发展的新局面。

高速公路建设 做好大广高速南康南互通、昌吉赣铁路客运专线等项目征地拆迁等工作。

1. 大广高速南康南互通工程:完成下穿赣韶铁路专项设计招标工作和方案设计等。自2014年12月施工单位进场施工,累计完成投资8993万元。

2. 南昌至赣州铁路客运专线工程:线路长度415.17千米,设计速度350千米/小时。涉及该区境内3.26千米,工程用地约71.33公顷。2015年,征地37.72公顷,房屋拆迁协议签订119189平方米,迁坟527座。

3. 赣深客专前期工作:协助铁四院对南康境内的三套线路方案进行现场勘测;赣深客专项目工可评审于11月底完成。

4. 赣韶铁路:做好赣韶铁路通车后续遗留问题的协调服务工作。核实“水改旱”面积1.38公顷,解决临时用地复垦补偿。

5. 横市服务区扩建:协调大广高速横市服务区改扩建的项目前期和征地拆迁工作,完成征地7.33公顷,项目于9月动工建设。

6. 赣州港铁路专线上跨赣定的协调工作:会同区口岸公司多次到高速公司、路政、交警等单位协调设计、施工等具体事宜,保证项目的顺利开工建设。

国省道公路管理与养护 全年完成整修路面18430平方米/6.15千米;整修路肩991926.6平方米/93941.7米;整理上下边坡167600平方米,清理边沟166533米;路面保洁5826.73千米;疏通涵洞630道;清理桥梁31座/413次;清理塌方2536立方米/29处;修复沿线设施54个;新建水沟562.16米;水泥路灌缝74.00千米;示范路创建31.96千米;路树刷白与安全标志刷新119.13千米。路肩培黄土24000立方米,修剪路树21333棵。整理土坡34786米,清理沿线垃圾1450立方米。建造2处以南康甜柚及家具为主题的人工景点,补种观赏性灌木1800余棵。

县乡公路建设与管理 全年累计完成交通固定资产投资19324万元。其中:农村公路建设项目完成投资17793万元。桥梁建设项目完成投资1531万元。

县道升级改造项目6个,计划规模72.7千米,完成25.7千米,完成投资10970万元。

乡道升级改造项目6个,计划规模6.7千米,完成3.1千米,完成投资551万元。

客运网络改造项目2个,计划规模9千米,完成9千米,完成投资1008万元。

危桥改造项目9座:浮石乡浮石桥、十八塘乡合江桥和龙华乡山溪大桥完成桥梁主体工程,横市镇的大元桥、排石下桥、三眼桥和镜坝镇田尾桥、蓉江街办下稍江桥及唐江镇百石桥完成桥梁下部构造施工。

渡改桥项目:三江乡三江大桥桥长332米,总投资1653万元,年内完成招投标工作。新建桥梁项目5个。

组织人员完成2014年度336.6千米通组水泥路项目验收工作,同时做好2015年度申报建设计划并组织实施,争取通组水泥路项目173个计131.6千米,2016年春节前全部完工,完成投资5264万元。

全年投资2763万元用于农村公路养护管理。全年县区道路实现年平均好路率84%,乡(镇)道实现平均好路率72.52%,提高公路通行能力。全年选择5条县道、4条乡道和17条村道创建文明样板路,投入234万余元安装标志牌572块、安全防撞柱658根,重点整治158.1千米道路的路面、路肩和水沟。

公路运输站场建设 ①横市、太窝2个农村公路综合服务站综合楼全部竣工,2个综合服务站争取上级补助资金360万元。②章惠渠红色旅游码头项目完成防洪评估、工可批复和土地预审,启动征地拆迁工作,该工程建设的第一批资金80万元获省港航局批复。③区公交总站、区汽车客运总站、南康汽车南站及乡镇汽车客运站项目进行规划选址和项目前期工作,结合公交发展规划,逐步完善城区公交候车亭的建设。④加快赣州市公路运输甩挂中心申报工作,结合南康区龙岭镇建设的中国中部综合物流园形成赣州市公路运输甩挂中心试点运营,由南康区公路甩挂运输联盟为主体进行申报赣州市公路运输甩挂试点项目。

道路客货运政管理和运输生产 全县拥有客车117辆,客位3835。货车2634辆,吨位5289。查处非法营运"黑车"69辆,其他道路违章行为180起。改造更新客车8辆,全区有机动车一类维修企业5户,二类维修企业23户,三类维修企业413户。有客运经营企业9户,拥有营运客车117辆,开通客运班线65条,全区班线50条(含毗邻县线路),通客运车辆的建制村数260个,建制村通客车率93.5%;公交线路10条,公交车辆149辆。全年完成客运量608万人次、旅客周转量38996万人千米。全区货运物流经营业户2758户,其中物流企业350户,拥有营运货车2634辆,全年完成货运量731万吨,完成货物周转量76297万吨千米。做好驾培机构质量信誉考核和驾培机构资格条件清理工作,全年培训学员11000余人。

物流产业 全区物流企业近350户,其中从事家具运输270户。对辖区内年营业额2000万元以上的一般纳税人物流企业给予政策优惠和扶持,成功培植扶持17户一般纳税人企业,其中国家AAA级的物流企业有4户,国家AA级物流企业1户,全年共完成税收6000多万元。依托互联网+物联网,建立南康综合物流信息平台,即中国中部物流信息网(域名:www. zgzbwl. com),逐步向第四方物流迈进,为南康区整体产业的转型升级与持续健康发展提供良好的枢纽服务。

安全管理 全区营运客车卫星定位装置安装率100%,重型货车卫星定位安装率92%;认真抓好安全生产隐患排查工作。全年查出运输企业、车站、桥梁公路等安全隐患30余起,重大安全隐患1起,查处交通运输企业违规行为5起,对违规企业进行处罚。利用GPS监控平台,对客车超速报警、疲劳驾驶、凌晨2点至5点运行的现象一经发现立即通报运输企业。全年全区道路、水路和公路建设未发生重、特大安全事故。

(南康区交通运输局)

大余县

2015年,该县交通运输局建设活力钨都、绿色南安、幸福大余,各项工作取得较好的成绩。

交通基础设施建设 1. 国道G323黄龙至五里山一级公路改造工程。路线全长14.1千米,争取上级补助资金9160万元,梅关大桥争取资金891万,其中10.9千米完工。剩余3.2千米及梅关大桥完成施工图设计。

2. 国道323至南方红军三年游击战争纪念馆公路建设。该项目中标单位抚州市阳光路桥工程有限公司,中标价1125.7万元。

3. 桥梁建设。县道斗峰山桥、村江坝桥于8月完工;中山桥完工,于元月中旬通车;坝上桥主体完工,2月底通车。

4. 县道升级改造工程建设。小内线小梅关至三角塘段,三角塘至吉村圩路段,浮江至吉村公路,龙山至灵潭公路,共计县道32.6千米,除丫山9月完工外,其他县道年底完工。

5. 吉村至内良天华山公路建设。该路线长约33.3千米,完成施工图设计,正向省市申报项目。

6. 康大连接线至黄坑陈毅隐蔽处公路建设。该路线长10.13(康大连接线—黄坑6.63千米,县城—建设村3.5千米)向上级申报立项,县城—建设客运网络做好近3千米,连结线—黄坑6.63千米做好并征地拆迁工作。

双争工作 该局争取上报资金超过1亿元,为历年来最多,其中该局争取8066.98万元,协同公路分局争取资金约2000万余元。

道路运输行业管理 货运企业。全县拥有营运货车1434辆,吨位3603.02吨;物流运输服务业13家:其中1家上规模的货运企业资产总额1985万元,有车辆166辆,总载重量1442吨,2015年实现税利590万元;危险品运输企业3户。

维修企业。一类维修企业1户,二类维修企业10户,三类维修企业70户,汽车综合性能检测站1家。普通货运车辆新增99辆,转出19辆;新增三类维修企业8户。

驾校情况。机动车驾驶员培训学校5家:其中二级4家,三级1家,年培训能力8160人次。

客运企业。县内有2户客运企业,营运客车77辆,座位数2612座,出租车11辆;城市公交24辆。开通客运班线31条,其中省际班线7条,投放客车19辆;市际1条,投放客车1辆;县际9条,投放客车21辆;县境内班线14条,投放客车27辆,全县乡镇通班车率100%,符合安全通客车条件的行政村通班车率96.7%;县内有二级客运站2个,四级客运站4个,客运候车亭35个。

春运期间,安全运送旅客100934人次,周转量12807685人千米,总班次6550班。实现春运安全零事故。

安全生产形势平稳 全年全交通行业未发生一起安全责任事故。

(大余县交通运输局)

信丰县

全县有货车约3985辆,可承运整车、零担货物至全国各地。京九铁路贯穿县境约70千米,客运站日接发旅客列车19列,货运站日吞吐量可达1000余吨。

主要交通项目建设 该局实施十个重大项目。①国道105绕城改建工程。该项目全长约20.13千米,总投资约5.66亿元,其中中央投资1.61亿元。完成项目施工图设计批复等前期工作。②大广高速信丰北互通工程。该项目全长3.37千米,总投资约1.07亿元。该项目于9月15日开工,年底完成路基土石方工程。③城东大道建设项目。该项目全长1498.14米,总投资3000万元,于2月5日开工。④汽车总站及公交总站项目。该项目占地总面积6.67公顷,按一级汽车站标准建设,总投资为1.25亿元。于9月30日开工。⑤农村公路危桥改造。全县18座农村公路危桥列入省交通运输厅危桥改造项目库,并下达投资计划,县政府给予18座危桥1000元/平方米的财政配套资金。完工15座,其中5座通车、10座完成主体工程,其中总投资9000万元的桃江大桥于6月底竣工通车。⑥谷山旅游度假区道路。该项目全长5.55千米,总投资约3000万元。完成施工图设计等前期工作。⑦城市公交营运体制改革工作。县委、县政府安排2000万元资金注册成立信丰县城市公共交通有限公司,收购原公共汽车有限公司,新购置20辆品牌空调公交车投入营运,国有公交公司于5月底投入营运。⑧完成文峰电子科技有限公司厂房、员工宿舍楼主体工程建设。⑨国道G105信丰县石井至西牛段公路改建工程。该项目全长8.6千米,总投资12229.56万元,于10月28日开工。⑩省道S317坪石至安西公路改建工程。该项目全长16千米,项目预算总金额为10653.96万元,按二级公路标准建设。

农村公路建设 完成农村公路建设里程284.2千米;成品油项目24.2千米全面完工;客运网络化连通工程14个60.6千米,完成4条11.6千米,剩余项目均完成施工图批复,正在进行招投标工作;县道升级(续建)项目2个13千米,其中青光至中段项目6.1千米完工,虎山樟树至小江山香6.9千米重新开工建设。新建独立桥梁。古陂镇月形下桥和小河镇长坝桥完工,铁石口镇长远大桥开工建设。该县安保工程处理隐患29.02千米,正在开展项目招投标工作。

道路运输 2015年春运期间,完成公路旅客运输75万余人次,圆满完成春运任务。全县有客运车辆328辆,客位7419个,其中班线客车216辆客位5946个,旅游客车4辆客位185个,公交车48辆1048座,出租车60辆240座。全年交通公路客运量和旅客周转量分别完成822万人和35218万人千米。②公路货运保持健康发展。全县有物流企业55户,其中市规模以上物流企业6家,引进总部经济广渠物流有限公司;全县有货车3091辆,总吨位10370吨。全年公路货运量和货运周转量分别完成1264万吨和140941万吨千米。③道路运输市场秩序明显好转。全年查处非法从事旅客运输经营的“黑车”55辆次,纠正其他道路运输违法行为200余起。

争资争项工作 争取到位上级补助资金6121.72万元,其中:农村通自然村公路建设项目补助资金3758.12万元,农村客运网络化连通工程补助资金1287.4万元,危桥改造补助资金934.4万元,其他农村公路建设、民生小桥补助资金126.8万元,水毁农村公路修复补助资金15万元。省公路局明确国道G105绕城改建工程中央固定资产车购税补助16105万元,上报省道S317坪石至安西公路升级工程2016年投资计划,向上申报国道G105石井至西牛公路改建工程6675万元的请款。

(信丰县交通运输局)

龙南县

交通基础设施建设 ①全县完成农村公路建设改造105千米,累计完成投资2625万元。②加大安全保通力度。其中2015年县道水毁抢修工程、学院公路破损路段修复工程建设全面完成。横黄公路虾公塘段滑坡治理工程稳步推进。龙关公路安保及路面修复工程加紧建设。横黄公路、桃洒公路、青茶公路等县道修复工程,工程总造价397万元,组织施工建设。③三南公路项目建设,项目工可审批前置工作完成。④九连山虾公塘滑坡治理工程开工建设。⑤国道G105线龙南东升至横岗一级公路改造工程项目,路线长55千米,总投资约2.3亿元,施工单位全面进场施工。⑥危桥改造项目建设。完成第二批养护大中修A11标路面改善工程,濂江桥、渡头桥、黄石迳桥等13座危桥改造任务,工程总投资约6000万余元;龙南镇新杨大桥通过公开招标,开工建设;临塘乡老镇中桥竣工通车;演教寺桥、中山危桥改造项目建成通车。⑦新建独立桥梁项目建设。金龙大道、金龙大桥项目前期工作完成;临塘乡博雅新桥完成工程招投标,正组织场地平整和征迁工作。

公路养护管理 ①农村公路养护工作。2015年,该县遭遇连续暴雨侵袭,造成多处路段出现塌方险情,投入水毁抢修资金103万元,车辆31辆次,机械设备202台班,清理塌方15000立方米,切实保障该县农村公路安全畅通。②国、省道路养护工作。全面整治寻茅线及国道G105路容路貌。完成油砂封面10000平方米,水泥路纵横缝灌缝15800米,沥青路面灌缝8000米,处治路面跳车8600平方米,修补水泥板角9800平方米,刷白路树30000棵,清理水沟588千米,割除高草25万平方米。清理塌方10800立方米,砂石路面水毁修复650500平方米,路基缺口8500平方米,修补坑槽25050平方米。③国省道公路路政管理。全年开展联合执法行动3次,开展路域环境整治活动3次,拆除违章建筑105平方米/4处,非公路标志115平方米/101处,清理占路堆积物67立方米/55处。全年查处路赔案件55起,结案率100%。

道路运输生产 狠抓交通行业管理。全县客车98辆,客座2462个,货车2622辆,吨位6585吨。全县完成客运量246万人,客运周转量15782万人千米;货运量899万吨,货运周转量90949万吨千米。强化营运车辆整治。查处非法载客面包车26部,客车4辆,危险品车辆4辆,货运车辆57辆,电动车7辆,出租车4辆。全县有机动车维修企业80户,其中一类维修企业1户,二类维修企业7户。

(龙南县交通运输局)

全南县

2015年,该县交通运输局紧紧围绕年初确定的目标任务,精心安排部署,认真履行部门职责,加快交通基础设施建设,强化交通运输管理,保持交通运输事业持续、平稳快速发展。

公路建设 寻茅线全南县绕城一级公路工程,该工程于2014年9月12日开工,截至2015年底,县绕城一级公路工程累计完成投资约8800万元,占合同价58.6%。农村客运网络化连通工程(增坊至黄埠、镇仔至龙寨)公路改建工程,项目于2015年8月初开工建设,截至2015年底完成总工程量51%。全年累计完成108千米农村公路改造任务。

公路养护 县道养护总里程达96.7千米,乡村道养护总里程564千米。

道路运输管理 全县拥有营运客车68辆计客位1926个。营运货车712辆,总吨位2054吨。圆满完成2015年春运工作任务,连续21年春运无旅客死亡交通事故。全年道路交通和公路建设安全事故为零。

截至2015年底,全县通客车建制村81个,通达率94%。同时,为加大整治客运市场秩序力度,2015年11月开始,该局联合公安、交警等部门开展为期2个月的集中整治行动,大力打击非法营运行为。

(全南县交通运输局)

定南县

2015 年,该县交通运输局按照"科学发展、赶超进位、争先创优"的工作要求,攻坚克难,真抓实干,交通基础设施建设不断完善,交通运输"三个服务"的能力和水平不断提高,各项工作取得显著成绩。

重点项目和农村公路建设 ①快速推进宁定高速(定南段)及其联络线工程建设。在全市率先完成征地拆迁工作,拆迁房屋 158 户,迁坟 1600 穴,发放征拆资金 1.54 亿元,截至年底,宁定高速公路(定南段)及联络线建设项目完成路基土石方 85%,隧道掘进完成 100%,完成投资额 20.1 亿元。

②加快推进三南大道(定南段)建设。将三南大道(定南段)重新争取为 G238 和国道 G535 升级改造项目。截至年底完成土石方工程 100%,桥涵完成 100%,防护完成 80%,垫层完成 87%,水泥稳层完成 80%,路面完成 50%。

③加快推进公路建设。全长 47.8 千米、投资约 8000 万元的 S226 小定线小江至定南县城路面改造建设项目于 2015 年 8 月全面完成。推进天花至九曲段三级公路改建工程实施,路线全长 7.82 千米中路基工程完成总量 98%;路面工程完成 7.22 千米。

④加快推进农村公路建设。乡道升级改造工程茶山排至修建公路项目完成前期工作。实施岭北镇乡道三头枫—南丰 5.7 千米的客运网络公路升级改造项目。2015 年,向上争取到 80 千米的通自然村公路建设项目。截至年底全面完成。

⑤加快推进桥梁项目工程建设。S226 小定线路段的车步二桥、车步三桥、月子桥危桥改造项目于 9 月完成公开招标。年底施工单位进场施工。桥梁工程中白沙桥、黄沙桥完工通车,九曲大桥、洋田小桥完成下部结构及预制梁,涵洞工程全面完工。民生工程项目跨河小桥 5 座全部完成。

公路管理与养护 该局与交管、公路等部门开展联合执法,处理 18 起超载案件。加大养护资金的投入。县财政全年拨付 156.3 万元专项用于农村公路养护。及时进行道路抢险修复工作。全年抢险修复损毁公路 10 余处,投入抢险资金 80 万余元。

道路运输 全县客车 68 辆,客座 1926 个,货车 1033 辆,吨位 3098。

运政执法 全年查办违章案件 54 宗,其中擅自改装车辆 18 宗,无上岗证 12 宗、未带上岗证 5 宗、出租车不打表 5 宗、非法营运 9 宗,查处非法营运面包车辆 5 部,罚款 104600 元,教育司乘人员 20 余人。

(定南县交通运输局)

安远县

2015 年,该县交通运输局完成争资争项 2.82 亿元;实现农村公路管养工作的全覆盖;安远渡运 30 年安全无事故。

交通建设 续建、改造和新建交通工程建设。公路建设总里程 270.74 千米,总投资 47483.9 万元。其中:省道改造和路面大修 62.94 千米,总投资 19255.9 万元;县道改造和新建 61.8 千米,总投资 24163 万元;通 25 户及以上自然村水泥路建设 146 千米,总投资 4065 万元。

新建桥梁 3 座,总长 216 米,总投资 1227 万元;危桥改造 4 座,总长 241.1 米,总投资 764 万元;在建桥梁 4 座,总长 287 米,总投资 799 万元。

对口支援 1. 资金上给予倾斜,交通运输部在 2014—2015 连续 2 年每年切块 2 亿元资金用于扶持安远交通建设。

2. 支持寻全高速 18 亿元。

3. 在政策上给予该县单独倾斜扶持政策,不仅享受罗霄山国省道、县道升级改造、农村客运网络化项目补助政策,大幅度减轻地方配套资金的压力。

4. 拓宽对口支援资金使用范围,从最初的农村公路拓宽到国省干线、县乡公路、旅游公路和产业公路等,三排桥至细塘尾、凤山至东风湖、镇岗至尊山围、过桥垄至福鳌塘公路等一批产业公路和旅游公路列入对口支援计划,最大限度支持安远产业和旅游业发展。

2015 年,该县争取资金 28128.4 万元,其中:①罗霄山县道升级改造 2 个项目:县道 X402 镇岗至孔田(镇岗至黄背段),省道S485寻乌至安远(太阳关至五里沥段),共23千米,计3214万元。②危桥改造项目(重石乡莲塘桥、天心镇凹下桥、鹤仔镇蔡屋桥、车头镇石角桥)4个,计318万元。③新建独立中桥(欣山镇天湖桥、版石镇岭东桥、镇岗乡东升桥、高云山乡沙含桥)4个,计206.4万元,(含追加孔田镇橙乡桥20米18万元)。④通25户及以上自然村水泥路146千米,计1460万元。⑤农村客运网络连通工程22885万元(含交通部对口支援农村公路改造20000万元):客运新建45.1千米,计18030.5万元(总投资28079万元)、客运改造54.9千米4854.5万元(总投资9513.5万元)。⑥龙布—崇坑安保资金45万元。

2014—2015年,该县累计争取各类交通补助资金5.6亿元。

交通基础设施建设 宁定高速(安远段)公路建设。安远县境内设计里程90.93千米(含互通及连接线),概算总投资62亿元。其中:宁安段56.45千米,概算投资37.82亿元;安定段34.48千米,概算投资24.28亿元。综合投资概算约每千米7000万元。

国道改造。2015年5月,启动G358安远县虎岗至和务段公路改建工程的工可、初步设计、用地预审、规划选址、环评等各项前期工作。当年12月30日,省公路局批复该项目工程可行性研究报告。

省道改扩建。总里程62.94千米,总投资19255.9万元,其中:

①S223(石镇线)龙布至牛犬山段路面大修工程,总里程11.79千米,总投资119万元,当年5月全面完工。②S219小坌至龙布段公路改造工程总里程19.5千米,总投资10112万元,当年9月全面完工并交工验收。③S223(石镇线)车头迳仔口至县城段,一标段里程9.69千米,总投资2024万元,当年10月完工并交工验收;二标段里程2.387千米,总投资3569万元,当年12月31日主路面完工通车。④S223(石镇线)塘村至龙布段路面大修工程总里程19.57千米,总投资3431.9万元,当年10月26日开工建设。

县道改造 总里程61.8千米,总投资24173万元,其中:①里田至心怀公路改造工程,总里程13.5千米,总投资4658.8万元,当年12月31日完成主路面12千米。②寻乌至安远公路改造工程,其中五里沥至安远段里程15.6千米,总投资2787.2万元,当年10月30日主路面全部完工;太阳关至五里沥段里程15千米,总投资4548万元,当年12月31日完成水泥路面铺设12千米。③凤山至东风湖公路改造工程总里程3.9千米,总投资2659万元,当年10月22日开工建设,截至当年12月31日,完成路基和桥涵工程80%。④镇岗至黄背公路改造工程总里程8千米,总投资3925万元,当年10月开工建设,截至当年12月31日,完成路基和桥涵工程40%。⑤虎岗至过桥垄公路改造工程总里程5.8千米,总投资5595万元,当年11月28日开工建设。

通25户及以上自然村水泥路建设 当年,下达建设计划146千米,12月31日全部完成,累计完成总投资约4065万元。

新建独立中桥和危桥项目 3座新建桥梁工程建设情况:版石镇岭东桥桥长92米,总投资725万元,当年12月25日完工;镇岗乡东升桥桥长94米,总投资414万元,当年10月开工,年底完成下部构造;高云山乡沙含桥桥长30米,总投资88万元,当年3月完工。

4座危桥改造项目建设情况:重石乡莲塘桥桥长47.04米,总投资87万元,当年9月28日完工;天心镇凹下桥桥长66.04米,总投资207万元,当年5月完工;鹤仔镇蔡屋桥桥长82.98米,总投资237万元;车头镇石角桥桥长45.04米,总投资233万元,2座危桥均于当年11月开工建设。

物流产业 全县物流企业有车辆157辆,吨位1175吨,上半年货运量185274吨,货运周转量14821920吨千米,上缴税收615.62万元。

增加养护投入 对243.2千米县道、562.3千米乡村道全部实施养护,县政府投入养护资金281万元。全年县、乡公路养护实际支出427.17万元,其中用于公路养护和维护工程214.2万元;用于水毁公路抢险、道路维修144.65万元;桥梁修护31.9万元;用于公路绿化36.42万元。

安远县道年平均好路率94.52%,乡道年平均好路率77.56%。

公路抢险、维修 3月以来,该县境内洪水暴雨频发,利园线、盘天线、天心至崇坑、黎洞至江头等县养路段水毁严重,发生多处山体塌方、路肩塌陷等灾情,投入水毁抢修资金65.35万元。协调高速办对黎洞至江头公路因修建高速损害道路投入资金59.3万元。

运输管理 公路运输工作。全县有货运车辆611辆,2308吨位,营运客车96辆,客运班线41条。新开通县城至凤山乡石口村等农村公交班线、县城至版石工业园等客运班线。

驾校管理。有5所三类驾校。

车站管理工作。县汽车总站有进站车辆96辆,班线41条,日均进站客车90辆,日发班次115班,日客流量1500人。

汽车总站2015年度安全运营无事故,企业效益稳定,完成营运收入2700万多元。

城市客运管理工作 有出租车公司1家,投入使用出租车32辆;公交公司1家,投入使用公交车22辆,开通运行公交线路5条。建设49个标准公交车站台,设立33个出租车专用停车位。新增出租车停车位8个,新增和调整城市公交车临时停靠点22个。

车辆维修行业管理 全县现有一类维修企业1家,二类维修企业4家,三类维修企业50家。

春运工作 2015春运期间,全县投入营运客车数4875辆次(其中:包车共计43辆次,加班车计128辆次),运送旅客11.86万人次,比上年增长0.8%,未发生客运伤亡事故。

组建"爱心车队" 2015年6月7日—9日,县交通运输局首次组建由20辆公交车、32辆出租车组成的"高考爱心车队",为期3天的免费助力高考,公交车运行115辆次,运送考生5750人次;出租车运行80辆次,运送考生650人次。

(安远县交通运输局)

寻乌县

2015年,该县农村公路在册总里程达1087.12千米,其中:县道公路484.56千米,乡道公路254.27千米,村(组)道公路348.28千米。全县农村公路桥梁6070.64延米/238座,其中:县道桥梁2233.22延米/ 97座,乡道2376.58延米/98座,村道桥梁1460.74延米/ 43座。全县15个乡(镇)、173个行政村和6个居委会通水泥路。

全县运输站点9个,其中县级汽车客运站1个,区乡级客运站8个,农村客运候车亭105个。全县有客货运输车辆429辆,其中客运车辆71辆2011客位,公交车19辆361客位,出租车30辆150客位,货运车辆309辆2149吨位。驾校4家;大中型物流企业5户。客运量214万人,客运周转量14643万人千米;货运量209万吨,货运周转量51918万吨千米。

交通基础设施建设与管理 高速公路吉潭出口扩宽工程建成通车。该县高速公路吉潭出口扩宽工程,路线长1.03千米,扩宽后达一级公路标准,工程于2014年8月开工,2015年4月完工。

长举大桥及新东大道长举段工程。长举桥新建工程,桥梁全长96米,双向四车道。新东大道长举段公路全长527米,工程于2012年11月开工建设,2015年4月完工。

农村公路建设。完成乡道四级水泥路改造5千米;开工建设乡道升级改造项目4千米。完成通组公路建设150千米。完成危桥改造4座220.92延米。

农村公路养护。2015年,全县列入正常养护的农村公路397千米,比2014年145千米增长1.7倍。实现全县农村公路养护全覆盖。

5月21日—26日,受连续降雨影响,该县11条农村公路出现不同程度塌方,该局及时清除受阻公路,保障农村公路安全和畅通。

客货运输 全县有客货运输车辆429辆,其中客运车辆71辆2011客位,公交车19辆361客位,出租车30辆150客位,货运车辆309辆2149吨位。驾校4家。大中型物流企业5家。客运量214万人,客运周转量14643万人千米;货运量209万吨,货运周转量51918万吨千米。

物流企业 至2015年末,发展大中型物流企业12家,其中市级规模以上物流企业5家。

(寻乌县交通运输局)

兴国县

2015年,该县交通运输基础设施建设投资13.34亿元。①兴赣高速公路征用土地全面完成,年内完成投资103630万元;②国道319兴国城区段改造工程全线收尾竣工,年内完成投资

1600万余元;③国道G323示范路创建工程A1标完工,完成投资1170.16万元;④赣州市第三批养护大中修工程3A12标主体工程完工,完成投资2771.76万元;⑤国道G238贺堂隆下至崇贤段公路改造工程开工改造,完成投资约2100万元;⑥梅窖三僚公路改造工程竣工通车,年内完成投资200万余元,累计完成总投资4200万余元;⑦县道华坪至杰村公路竣工通车,完成总投资约2700万元;⑧县道高兴至茶园公路改建工程于4月开工建设,全长20.6千米,完成工程投资约1100万元。⑨完成通自然村组公路改造399.7千米,完成投资11191.6万元;⑩开工建设农村客运候车亭16座,更新农村客运班车17辆。危桥改造方面。续建2014年计划7座计444.66米,累计完成投资1076万元。2015年计划改造27座计862.2米,至12月底,累计完成投资627万元。改造市养公路危桥10座,完成投资799.84万元。

积极配合县发改部门向上争取兴赣高速公路北延至昌宁高速公路黄陂枢纽项目、兴(国)泉(州)客货运铁路并在兴国设站项目、昌赣高铁兴国西站及站前路建设项目。完成城区凤凰大桥建设项目设计并通过专家组评审,完成国道G356兴国县城至均村段初步设计并通过专家组评审;编制《兴国县国民经济和社会发展第十三个五年规划纲要》,提出“四纵”(京九铁路、昌赣客专、兴赣高速及向北延伸、G238南惠线兴国段)、“四横”(兴泉铁路、泉南高速、G319、G356兴国段)为脉络的区域发展和确保2020年全县完成危桥改造和25户以上人口自然村通水泥路改造任务的建议。着手编制《兴国县交通运输发展第十三个五年规划(2016—2020)》。

公路养护 市养公路。管养192.82千米。①国道G323示范路创建工程A1标于2015年6月开工,8月完工,完成投资1170.2万元。②赣州市第三批养护大中修工程3A12标于2015年9月开工,全长14.244千米,完成投资2771.8万元。③整治路容路貌148.87千米。④完善G319厦成线、石镇线、上三线路面标线148.87千米。⑤新建及修复辖区路段沿线缺损钢护栏26.4千米。

县养公路。县道13条212.65千米、乡村公路1052.76千米。①在全县实施3条县道30.7千米、6条乡道67.80千米、9条村道37.97千米文明样板路;②新建水毁公路防护墙130米,现浇公路挡板77米,加固维修破损公路盖板涵38米,填补修复公路下沉混凝土路面坑槽26千米7755.6平方米,清理公路塌方5365立方米,维修加固桥梁(便桥)9座,投入使用资金120万余元。抗洪抢险保畅通:投入30万余元,抗洪抢险人数2250人次,调集50辆铲车等机械设备,清理公路塌方56处5365立方米,18条水毁中断交通的农村公路短时间内恢复通行。抗冰救灾:储备抗冰抢险救灾工业用盐43吨。公路安保工程:设置各种警示标志牌23块,设置减速带4处28米,下划震荡线9处476.85平方米,清除公路两侧枯树10余棵;对直辖县道和25座中桥以上桥梁设立养护责任牌和桥梁公示牌39块,年内投入安保资金20万余元。

危桥改造加固 实施农村公路危桥改造46座,完成总投资2821.84万元。其中,续改2014年桥梁9座(竣工5座),完成投资1355万元。新开工项目37座(竣工12座,在建7座、施工图批复2座、设计16座),完成投资1426.84万元。修加固桥梁(便桥)9座,完成投资40万元。

续改项目 续改2014年计划危桥7座(其中大桥1座、中桥6座)444.66米,完工3座238.16米,完成投资937万元。在建中桥4座206.5米,完成投资139万元。

续建并完成2014年独立中桥2座94米,累计完成投资279万元。

开工项目 市养公路完成10座桥,完成投资799.84万元。县养公路27座桥梁862.2米,完工2座58米,完成投资136万元。在建7座437.32米,累计完成投资491万元。

维修加固 2015年,县养农村公路日常养护维修加固桥梁(便桥)9座,投入资金40万余元。

道路运输 1.旅客运输。全县有8家道路客运企业,二级站1座、三级站7座、综合服务站2座、农村客运招呼站229座;有14条省际、7条市际,11条县际、26条农村客运班线,拥有客运车辆176辆客车运营。全年完成客运量552万人、客运周转量37106万人千米,同比分别增长1.9%、1.0%。

更新客运车辆20辆411座,新增县内农村客运班线2条。配发客车、货车道路运输证126份。兴邦出租汽车公司经营期满的28辆车司机和公司之间的经济合同纠纷经司法调解,矛盾仍未调和,其余 32 辆即将到期车又将面临类似问题。

2. 货物运输。新增货运业户 23 户,新增(迁入)营运货车 42 辆 313.405 吨。2015 年底,全县规模以上物流企业 3 户 43 辆车计 607.9 吨,其中危险货物运输企业有 1 户,危货运输车辆 18 辆,总吨位数 271 吨。全年完成货运量 456 万吨、货运周转量 47139 万吨千米,同比分别增长 1.0%、1.0%。

3. 驾驶员培训。全县有普通机动车驾驶员培训机构及考试中心 6 户,各类教学车辆 202 辆,实操教练员 275 人。全年培训合格驾驶员 9560 名。

4. 站场建设。全县有二级客运站场 1 座、三级客运站场 7 座、综合服务农站 2 座,五级客运站 2 个,农村客运候车亭 254 个(2015 年新建 16 个),公交站台 77 座、临时停靠点 220 个。

5. 车辆维修。至 2015 年底,全县有报备机动车维修业户 107 家,其中二类机动车维修业户 8 家、三类机动车维修业户 109 家,有二级汽车综合性能检测站 1 个。

6. 行业管理。全面完成道路运输行业企业资质信誉考评,金莹公司(危货)被省局评为 2014 年质量信誉 AAA 企业,6 家客运企业被评为 AA 企业;兴国、景源、平川三所驾校被省局评为 2014 年质量信誉考核 AA 驾校;考核二类以上维修企业 9 家、三类维修企业 82 家。

物流产业 全县有物流企业 51 户,货运经营业户 450 余户,营运货车 2100 多辆(80% 以上外挂赣县、泰和、抚州等地);规模以上物流企业 1 家;大型仓储企业 1 户。省际主要与珠三角地区和福建联系,来往运输建材、家具、服装等物品;省内主要与南昌、吉安、赣州联系,来往运输百货和副食品;县内主要外运脐橙、大米、服装。全年货运量 456 万吨、货运周转量 47139 万吨千米,同比分别增长 1.0%、1.0%。

(兴国县交通运输局)

瑞金市

2015 年,该市交通运输局上下紧紧围绕加速推进重点项目建设,服务经济中心大局,不断加快交通运输工作转型跨越发展。

农村公路建管养 1. 推进农村公路建设。①启动谢坊—石壁下公路、对坊—森峰公路瑞林至下坝路段、黄柏—瑞金公路等 3 个共计 46.7 千米罗霄山片区县道升级改造建设项目。②抓好 19.96 千米田坞片区主干道及新增 3 条片区道路和 2.93 千米梅岗至长征第一山路段改造,完成工程量分别为 50%、90%,完成投资分别为 1600 万元、650 万元。③争取 370.3 千米通自然村公路建设计划,完成建设任务。

2. 抓好农村公路水毁修复。5 月 18 日特大洪涝灾害,造成该市农村公路重大水毁,直接经济损失 1250 万元。调度项目资金 50 万余元,重点对瑞林至下坝、瑞林至丁陂、壬田至日东、瑞林至冈面等县道公路部分被毁的桥涵、路面工程进行修复,及时完成水毁县道公路灾后修复工作。清除路基塌方 114 处计 45600 立方米,回填路基 27.5 千米,整修路面 20.7 千米,修复涵洞 49 道,77 条被中断的道路全部抢通实现通车。

3. 规范农村公路养护管理。在县、乡、村公路安装养护责任牌 653 块。设安全标志 231 块、广角镜 11 块、减速梗 513 米。

道路运输管理 全市客车 227 辆,完成公路客运量 553 万人,客运周转量 35440 万人千米,增长 1.7%;货车 2265 辆,完成公路货运量 1208 万吨,货运周转量 122094 万吨千米,增长 4.1%。

1. 集中开展联合整治。出动稽查人员 1800 余人次,检查各类车辆 980 余辆次,纠正各类违章行为 360 起,查处非法营运“黑车”16 辆次。

2. 不断加强客运站场建设。一级汽车站项目可研报告上报省交通运输厅审批。瑞林农村综合服务站主体工程完工,附属工程施工进入扫尾。万田乡、武阳镇客运站竣工验收,黄柏乡客运站正在进行土地招拍,叶坪乡客运站正在征用土地。

物流载体建设 全年社会物流总额 160 亿元,增长 14.3%,物流业增加值 12 亿元,增长 20%,社会物流需求呈现增长态势。①全力加速物流载体建设。商贸物流园内烟草集并库、药品配送中心搬迁工作和安置区、园区主干道建设正全力推进。②精心培育物流企业发展。该市首批有 3 家物流企业参与申报全国第二十批 A 级物流企业,经过严格的审核和评估,该市有 2 家被评为 AA 级物流企业,1 家被评为 A 级物流企业。③不断激发物流发展活力。在工业发展专项资金中切块 300 万元,重点扶持在税收方面做出贡献且年度在本市工业物流收入超过500万元的公司。

安全生产 投入2.7万元资金对渡船进行大修,实现第25个渡运安全年。

交通核心竞争力 争项目争资金有新突破。全年争取资金2.92亿元,落实到位资金突破亿元,其中:县道升级改造资金6538万元,通自然村公路建设资金3703万元,客运网络连通工程资金2190.1万元,环城国道改造项目计划资金1.4亿元,田坞片区主干道改造资金2794万元。重点争取的项目主要包括46.7千米县道升级改造项目,370.3千米通组公路项目,16.8千米环城国道改造项目,19.96千米田坞片区主干道改造项目,并争取高速公路瑞金东站至罗汉岩一级国道兼城市功能建设,罗汉岩至石城交界处升一级国道建设和云石山至九堡县道升省道改造项目等3个项目列入“十三五”建设规划。

(瑞金市交通运输局)

会昌县

2015年,县交通运输局以“振兴苏区,发展交通”为主线,加大交通运输基础设施网络建设,加快交通运输发展方式转变,为全面建成小康社会提供坚实的交通运输保障。

全县公路总里程1765千米,比上年增加36千米;全县道路运输从业人员2071人,其中道路旅客运输经营从业人员468人,道路货物运输经营从业人员865人,其他738人;全县营运汽车拥有量1057辆,比上年减少16辆。其中,营运货车896辆,营运客车158辆(客车112辆3585座,出租车30辆,公交车16辆)。全县客运线路62条,与上年持平。其中,跨省线路17条,跨地(市)线路1条,跨县线路13条,县内线路31条,客运线路平均日发班次347班次。全县乡(镇)通班车率100%。汽车维修企业81户,其中一、二类维修企业7户。年内对未提供物流运输服务的企业进行清理,保留物流运输服务企业18家。拥有机动车驾驶员培训学校4家。

公路建设 全县公路总里程1765千米,其中高速公路84千米(厦蓉高速公路会昌段27千米,济广高速公路会昌段57千米),国道136千米,省道98千米,县道260千米,乡道391千米,专用公路20千米,村道776千米。路网密度65千米/百平方千米。

年内实施通自然村公路建设344千米,超额完成年度目标139千米,新增315个自然村通水泥路工程。会昌至永隆公路改造工程总投资1.63亿元,全线42.7千米,7月开工,至年底路基工程完成65%,完成投资3278万元。完成城区月亮湾桥、林岗桥、湘水桥等3座大桥拓宽工程建设。湘南三路建设进展顺利,完成投资600万元。

全年向上争取县道升级改造42.7千米、通自然村公路344千米、危桥改造5座、安保工程10.4千米、客运网络化连通工程建设计划15.4千米。积极主动对接,做好项目储备工作,完成国道206林岗至九州公路升级改造项目工可编制、评审和庄口至庄埠、珠兰至高排公路升级改造项目申报前期工作,为2016年的争资争项夯实基础。

客运路网建设 推进农村客运网络建设,公路网络不断优化。年内实施中村至半溪、会杉线至山新、黄沙园至塅脑、黄安至双树下、水泥厂至禾坪脑等5个共15.4千米客运网络化连通工程建设,提高农村客运班线技术等级。

运输行业管理 道路运输从业人员诚信考核1350人,培训道路运输客运驾驶员460人。

1月,更新县城至麻州豪华公交客车6辆,10月,新购宇通牌新能源纯电动公交车12辆并投入运营。

驾培管理 全县有机动车驾驶员培训学校4家,均为二级驾校,有教练车128辆,教练员148人,教学场地5.5万平方米,全年培训合格驾驶员6095人。

物流管理 全县货运车辆拥有896辆3450吨位,其中载货汽车661辆3268吨位,农用车235辆182吨位。货运车辆年审率90%。

全县有物流公司18家。其中,AA级物流公司1家:会昌县锦程物流有限公司,有货运车辆33辆415吨位,其中大型以上车辆25辆。

安全生产 交通运输呈平稳态势,全年未发生安全生产责任事故。

(会昌县交通运输局)

石城县

2015年,全县公路总里程1428.12千米,按行政等级分,高速公路26.53千米,国道80.57千米,省道0千米,县道231.00千米,乡道103.14千米,村道986.89千米;按技术等级划分,高速公路26.53千米,一级公路2.97千米,二级公路66.09千米,三级公路57.68千米,四级公路901.79千米,等外公路373.06千米;按路面类型分,有铺装路面[水泥(油)路面]1034.15千米,简易铺装路面6.05千米,未铺装路面387.93千米。境内公路密度为90.3千米/百平方千米。全县有公路桥梁333座计14809.3延米,其中大桥34座计7323.76延米;中桥91座计4372.54延米;小桥208座计3113延米。全县有危桥56座,计2703.2延米。全县有客运车辆141辆,其中班线客车84辆,公共交通汽车17辆,客运出租车40辆,输送旅客207万人次,客运周转量15309万人千米;有货运车辆1098辆计2180吨,完成货运量311万吨,货运周转量为33847万吨千米。

公路建设 旅游公路洋嵊坑至九寨温泉景区道路全面竣工、县道升级项目木兰至桐江公路完工,秋溪至桥头公路、睦富桥至八卦脑公路顺利推进。开工建设乡道升级项目2个/8.7千米,开工建设农村客运网络连通工程项目4个/15.9千米,开工建设通自然村公路73千米,完工60千米。计划投资26050万元,完成投资约19300万元。

县乡道升级改造 1. 洋嵊坑至九寨温泉景区道路改造工程全面竣工。路线全长1.4千米,全线于8月竣工通车。

2. 东坑至桐江公路(木兰至桐江段)改造工程完工。路线全长11.6千米。全线按三级公路标准建设,计划总投资3722万元。

3. 秋溪至桥头公路改造工程顺利推进。路线全长14.5千米,按三级公路技术标准建设。项目于2015年3月开工,至年底,完成40%路基工程。

4. 睦富桥至高田公路开工建设。路线全长约22.4千米,其中12.7千米列为2013年、2015年度罗霄山集中连片特困地区县道升级项目计划。项目于当年12月开工建设。

5. 高田至尽食下公路顺利推进。路线全长约17千米,采用三级公路标准建设,于当年5月开工,完成部分路基工程。

6. 城北滨江公园建设工程开工。工程包括城北大桥至睦富大桥间一河两岸道路及沿河景观工程。路线全长3.19千米,按二级公路标准设计,中标价9514.7万元。至年底,完成工程招标并开工建设。

7. 新河至洋溪公路改造工程竣工。路网调整后为县道913河龙至清潭的一段。全长2.2千米,改造后为四级公路,中标价179.9万元,工程于2015年11月全面竣工。

8. 乡道淮土—珠坑公路升级改造项目完成招标。全长3.4千米。四级公路标准,中标价327.51万元,完成招标工作。

9. 乡道大坪头—迳里公路升级改造项目完成招标。琴江镇古樟村大坪头—迳里公路,全长5.3千米,四级公路标准,至年底,完成招标工作。

10. 农村客运网络连通工程项目大由圩—固村公路开工。全长4.6千米,四级公路标准,中标价250.37万元,于2015年10月开工建设。

11. 农村客运网络连通工程项目良溪—高矶公路开工。全长4.1千米,四级公路标准,中标价187.18万元,于2015年12月开工建设。

12. 农村客运网络连通工程项目石田—罗源完成招标。全长4.9千米,四级公路标准,12月底完成招标。

桥梁建设 该县全力推进公路桥梁建设,庙子潭大桥、下村坪桥、月形桥、井湖坝桥、莲花桥、河背桥、黄泥岗桥全面竣工。睦富大桥、花园大桥、木兰二桥、水南大桥、丰山桥(红星桥)、高田桥、琴口桥、坝口桥、新屋下桥顺利推进。计划总投资5150万元,实际完成投资3310万元。

危桥重建 木兰乡桥下桥、白麻桥,珠坑乡石胜前桥、新塘排桥、清江溪桥是2015年危桥重建小桥项目,年底前全部完成招标工作。

县乡道路网调整规划 该局完成全县的县乡道路网调整规划。调整后,县道由231.00千米增加至305.37千米,乡道由103.63千米增加至291.33千米。

农村公路养护 5月19日,该县遭受特大洪灾,路基损毁131182立方米,水泥路面损毁62126平方米,砂石路面损毁248706平方米,涵洞损毁4220道,护坡损毁1002处30055平方米,驳岸损毁819处27420立方米,挡土墙损毁289处13776立方米,水沟损毁76870米,塌方281处114905立方米,中断公路2条,直接经济损失6772万元。

灾后重建,争取县投入资金900万余元。

县农村公路养护管理办法 ①总里程有增加,列入养护范围的农村公路总里程共计1267.8千米,比调整前增加85.8千米;②日常养护资金有提高,县养公路、乡(镇)养公路、村养公路分别增加至5500元/年·千米、3500元/年·千米、1500元/年·千米。③养护工程资金得到有效落实,县养公路、乡(镇)养公路、村养公路分别按7000元/年·千米、3500元/年·千米、1000元/年·千米进行落实。通过此次修订,正常年份用于农村公路养护资金达760万余元,每年每千米达6000元。

道路运输生产 全县有客运企业4户,有货运企业4户,年底新增货运企业16户,新增11辆115吨位货运车辆有物流企业16户。

客运车辆。全县有客运车辆141辆,其中班线客车84辆2294座,公共汽车17辆计343座,客运出租车40辆计200座。

全县输送旅客207万人次,客运周转量15309万人千米。

货运车辆。全县有货运车辆1098辆计2180吨,其中载货汽车753辆计2180吨,其他载货机动车345吨计345吨。全年新增货运车辆39辆计216吨。

全县货运量311万吨,货运周转量33847万吨千米。

道路运输站点 全县有客运站2个,其中二级站1个,即县中心客运站。乡(镇)客运站1个,即龙岗汽车站(三级),有农村汽车候车亭101个。该县完成10个新式候车亭建设,珠坑乡客运站完成主体工程建设。道路客运线路、班次:全县有客运线路51条,其中跨省线路13条,跨设区市线路3条,跨县线路5条,县内线路30条,年内新增石城至石狮省际班线一条,更新县城至江口、县城至绿水、县城至河协农村客运班线车辆3辆。年初开通县城至通天寨旅游公交。

全县日发客运班次342班,其中跨省线路30班次,跨设区市线9班次,跨县线路27班次,县内线路276班次。

机动车维修业 全县有车维修业170户,其中二类机动车维修业户5户、三类机动车维修业户89户、摩托车维修业户76户。有一所车辆综合性能检测机构。年内新增车辆维修业户11户。10月,县大众修理厂被撤销二类机动车维修资格。

新发展一所二类维修企业——石城县恒达汽车销售有限公司。

机动车驾驶员培训 全县有机动车驾驶员培训学校3所,全年培训3700余人次。

春运工作 春运期间,该县投入客车94辆,其中正班客车87辆,机动运力7辆,另外还有40辆出租车,城市公交车17辆,运输旅客118685人次,比上年下降2.78%,未发生旅客滞留现象和道路安全事故。

物流产业 县物流中心建设,完成投资约1.5亿元。全年发放物流产业发展引导资金财政补助1095万元。货运产业不断壮大,年内新增货运企业8家,完成税收1230万余元,较上年增长约100%。

(石城县交通运输局)

宁都县

交通基础设施建设 该县继续加大对公路建设的投入和项目主攻力度,重点工程和民生项目均推进顺利。

1. 南昌至宁都高速公路全长248千米,于2013年11月开工建设,其中宁都境内55千米,连接线长14.7千米,宁都境内总投资约50亿元。

2. 城市道路建设。宁都大道C段完成工程造价约8000万元。龙溪湾项目道路网建设全面开工,龙溪北路、龙溪南一路、龙溪南二路、翠微西路西延竣工在望;三环南路、梅江西路南延开工、永宁新城路网框架初具规模。

3. 干线公路改造初具规模。除完成国道G319宁都至赖村、昌厦公路县城至广昌段改造外,还实施省道S319蛇形排至黄陂至小布、S222洛口至来源、国道G356宁石亭至赖坊、国道G236七里至竹笮(外环路)、宁都大道C段等国省道改造项目计125千米,宁都大道C段、蛇形排至小布、洛口至来源完工,国道G356宁石亭至赖坊路基工程完工、外环路基本贯通。总投资超过13亿元。启动G236肖田至洛口、S222东韶至洛口、S319黄陂至大沽等3条62千米国省道改建项目建设。以上项目完成后,该县83%以上国省道达到二级公路以上标准。

4. 农村公路建设进展顺利。①县道会同至湛田完工,完成投资750万元,梅江至会同、小布至上潮公路开工;连陂至安福公路完工,总投资1500万元;翠微峰旅游公路完成施工图设计;②吴村至横江林场公路完工,石湖至湖岭公路石上段开工;③完成通自然村公路392千米,完成投资11760万元。

5. 危桥改造成效显著。东门大桥、石上大桥、竹笮新屋大桥和东车大桥、长胜上南大桥完成招投标工作,其中,东门大桥动工建设;田埠大桥、东江大桥、洛口谢坊大桥等项目正在进行招标前期工作。向上级申报小布赤坎桥、田埠溪口桥等15座717.1延米新建独立大中桥项目。

6. 场站建设启动实施。城市重点项目公交停车场建设以695万元网上交易成功,完成"三通一平"工作,正在实施雨污涵管、挡土墙等工程。

农村公路养护 ①农村公路养护投入进一步加大。投入养护资金830万元,其中,公路日常养护资金310万元、5月19日特大洪灾抢修资金160万元,赖沙塘至对坊、固厚至石城公路大中修360万元。②争取县财政安排500万元专项资金,对5月19日特大洪灾损毁的农村公路和桥梁进行及时修复。

道路运输 全县拥有载客营运汽车310辆,客位7108座,其中:班线客车240辆、6758座,出租车70辆、350座。在班线客车中,农村客运车辆占58%;货运:全县拥有营运货运车辆1243辆、吨位3568吨,其中:载货汽车653辆、吨位3011吨,其他机动车590辆、吨位557吨,载货汽车的牵引车9辆;挂车10辆、303吨;班线:开通跨省班线35条,跨区班线9条,区内班线6条,县内短途班线90条。累计建成4个等级客运站、农村客运候车亭112个,正筹建区三级站2个,农村综合服务站2个。

道路运输行业管理 1. 道路运输业继续保持良好的发展态势。2015年,全县营运货车拥有量1257辆,4066吨,营运客车245辆,6881座,公交车40辆,出租汽车70辆,客运班线141条,其中跨省班线35条,跨市班线9条,跨县班线6条,县内线路91条,有机动车维修企业59户,其中二类维修企业6户,驾驶员培训学校9家。

2. 客货运输实现安全畅通。完成客运量755万人,客运周转量32906万人千米;货运量523万吨,货运周转量33805万吨千米。

3. 继续开展客运市场整治。查扣非法营运车辆50辆,县车站封闭管理到位。

4. 民生工程建设加快推进。完成22座新式农村客运候车亭的选址,进入建设阶段。农村新客运站选址工作完成,行政村通班车率94%。

(宁都县交通运输局)

赣州经济开发区

2015年,该区紧紧围绕年初制定的工作目标,以民生工程建设、农村公路养护、公交等工作为重点,扎实有效地推进各项交通工作。

农村公路 1. 抓好民生工程项目建设。该区为民办36件实事,其中新建农村公路8千米,维修15000平方米。所有新建、维修项目完工。

2. 争取上级补助项目。争取上级补助农村公路项目计10千米,获上级补助100万元。

3. 集中开展一批大中型维修。全年维修农村公路约15000平方米,加固维修桥梁2座。

物流工作 1. 加快赣州综合商贸物流园区建设。占地199.47公顷,建筑面积360万平方米,系集商贸、物流、仓储、批发、零售、信息交流、会展中心、星级酒店、居住、企业总部办公功能于一体的商贸物流平台。截至2015年12月底,完成投资22亿元,累计完成投资63亿元,完成1号馆、3号馆、1~8号交易广场;建成临时仓储区和美食街;完成住宅项目"三通一平"。

2. 启动赣州经济技术开发区物流园(铜铝产业园物流基地)项目建设。赣州经济技术开发区物流园作为赣州区域性物流中心十大物流工程之一。2015年,该项目完成周边道路等基础设施立项工作和引进中通快递、德隆物流、力鼎物流等8个招商项目。

物流企业 截至2015年底,该区有工商登记注册的物流企业177户,较上年增加64户。其中新增灵通物流(AAA级)和万吉物流(AAA级)2户物流企业。截至年底,全区有4家国家A级物流企业(其中AAAA级1户,AAA级2户,AA级1户)。

(赣州经开区经济发展局)

于都县

2015年,该县交通运输局扎实推进交通重点项目建设和农村公路建设,进一步规范运输行业管理,加大农村公路养护工作力度,各项工作均取得一定成效。

重点项目建设 1. 国道323绕城改线工程:完成征地搬迁进场施工路段13.7千米,占96%。完成路基土石方298.6万立方米,桥梁2座桩基72根、桥墩20根,预制箱梁32片,涵洞44座/2413米,累计完成工程量12143.6万元,占合同价41.7%;

2. 于都大道改建工程:完成征地搬迁进场施工路段5.0千米,占95%,完成路基土石方50万立方米,桥梁1座桩基48根、桥墩8根,涵洞9座/500米,雨水管道2500米,累计完成工程量3600万元,占合同价24%;新建收费大棚项目竣工验收,并于9月正式投入运营;

3. 汽车客运南站:完成建设方案优化和施工图设计。

民生保障 1. 县道升级改造:葛坳至曲洋公路9千米全线开工建设,完成路基9千米,完成水泥路面4.3千米,完成投资720万元,占标段总工程量66%;高龙至黄麟公路24.9千米开工建设21.2千米,完成路基17千米,完成投资2370万元,占标段总工程量43%,黄麟乡标段开工建设;利村至新陂7.1千米全线开工建设,完成路基5千米;县城至新陂公路新陂段4.7千米开工建设,仙下至车溪至段屋公路19.3千米完成路基3千米。

2. 农村公路危桥重建:完成东流水桥、公馆桥、水口江桥等3座危桥改造项目;在建石岑水口桥、水口桥、澄江桥、鸡公坝、大庄排、城布桥6座桥完成招投标并开工建设,新田桥正在进行招投标。

3. 通自然村公路:全县通组公路建设完成158.2千米。

4. 农村公路养护:全年拨付农村公路日常养护补助资金179万元。

①推进文明样板路建设。安排创建经费216万元,创建文明样板路209.2千米。实施国道南昌至惠来公路三门大桥至罗江圩段、乡道靖石至屏山牧场路段、乡村道方家至茶亭公路等一批文明样板路。

②农村公路水毁抢修。累计投入农村公路水毁抢修资金238万元,修复县道县城至新陂公路破损路面、长潭至仙下公路倒塌挡土墙;修复梓山镇方家口至茶亭公路3.46千米路段路面修复工程;安排10万元专项资金用于汾坑大桥病害检测。

③落实农村公路养护责任牌。安装719块农村公路养护责任牌。

行业管理 1. 完成2015年春运任务。调集453辆客车参加春运,还适时启动江西长运、大余、全南、赣县等应急运力11辆,确保春运旅客乘车需求。春运期间,运送旅客56.3万人次,同比增长5.6%,运输秩序、服务质量、安全形势明显好于往年。

2. 客运市场秩序进一步规范。全县客运车辆335辆,客位10957个。营运货车1907辆,吨位5443。①整合道路市场客运资源。江西长运股份公司完成与于都长运和于都客运总站的股份制合作整合并派员进驻,在该县成立具有独立法人的子公司(于都方通长运有限公司)和站场建设运营公司(于都城南客运站有限公司),于都汽车客运南站、银坑农村公路综合服务站等运输站场移交给于都方通长运有限公司建设经营。②农村客运市场更加活跃,全年新增农村客运班线6条,新增客车10辆。③严厉查处非法营运“黑车”。全年查扣“黑车”50多辆。

3. 车辆技术管理和运输安全生产。①全年淘汰黄标货车64辆,黄标客车10辆,更新客车28辆。②抓好新增3.5吨货运车辆燃料核查工作,杜绝不符合条件的车辆进入该县运输市场,核查83辆,对其中6辆不达标车型未核发道路运输经营许可证及道路运输证。③严格落实“凌晨2时至5时禁止公路客车运行”制度,对违规运行的4家客运企业,采取约谈、停办业务、车辆停运等措施督促其整改。④全年完成2家四类班线客运企业及公交、出租车企业安全生产标准化达标工作，二类以上维修企业达标工作正在实施之中。

4. 驾培工作。①全县8所驾校（二类7所，三类1所）全部通过市运管局的达标验收。②加强驾校安全管理工作，进行安全大检查3次，日常检查做到每月一次，确保驾校培训安全。③严厉打击"黑驾校"和"黑教练车"非法从事驾驶员培训的行为，查处县城高速出口旁、国道323梓山路段旁2个非法培训点及2起不在核定场地练车行为。④开展驾校质量信誉考核及驾驶员诚信考核、继续教育工作，8所驾校全部获得AA级；开展驾驶员诚信考核2281人次，驾驶员继续教育876人次。

公交服务 ①公交车数量增加，由原来的21辆上升至31辆，并安装智能IC卡设备。②公交线路增加，班次加密。打造火车站至工业园K1路精品公交班线，新开通K2路公交班线。10月1日起又开通园区公交班线。③改善公交设施，对32个公交站台、站牌进行重新命名、设置，新增新龙都公交调度点，建成火车站站前广场首末站。④大力推广应用新能源公交车，县公交公司订购20辆纯电动公交车，12月底前投入运营，并在火车站附近新建1个公交车充电站。

全年开展道路运输安全检查16次，出动检查150余人次，下发整改通知18份，排除安全隐患63项次。利用GPS监控平台等科技手段监督公路运输安全管理工作。尤其是执行"凌晨2时至5时禁止公路客车运行"的规定。

（于都县交通运输局）

吉安市

交通重点工程 全年公路、港航等交通运输项目完成投资46.9亿元，比上年增长14.14%，其中高速公路建设完成26亿元，水运建设完成4.33亿元，农村公路建设完成13亿元，站场项目建设完成5455万元，其他项目建设完成3.02亿元。

新井冈山大桥建设 于2013年11月开工建设，截至2015年底，主桥合拢贯通，完成引道下面层沥青层、国道105平交优化等工程。累计完成项目投资7.6亿元，完成工程总量76%。

高速公路建设 该市境内在建高速公路有2条，分别是南昌至宁都高速公路和东乡至昌傅高速公路。昌宁高速永丰境内全长约46千米，项目于2013年10月开工，总投资41.6亿元，建成通车。东乡至昌傅高速公路项目新干境内全长13.98千米，总投资11亿元，项目完成投资4.6亿元。

公路运输枢纽项目 推动公路运输枢纽项目建设。井开区物流园累计完成项目投资3.2亿元，河西物流园累计完成项目投资3.5亿元，井冈山旅游客运站累计完成项目投资2200万元。罗霄山特困片区县级客运站建设项目遂川县客运站竣工，完成项目投资6100万元；农村客运站、候车亭建设进展顺利，4个农村客运站完工验收，另有3个客运站完工，正在开展报验工作，108个候车亭（牌）全部建设完工。

水运建设 赣江新干航电枢纽于2015年8月1日正式开工建设，累计完成投资4.32亿元。赣江石虎塘至神岗山三级航道整治工程项目前期工作加快推进。吉安港石溪头货运码头仓库工程完工，完成投资117万元。新干港河西综合码头综合楼、仓库、生活配套等项目完成招投标，完成土方回填、临时生活设施，完成投资50万元。泰和县沿溪综合货运码头工程于2015年6月正式获市发改委批复立项，正争资开工建设。

农村公路建设 全市完成县乡道升级改造、农村客运网络化连通工程、25户以上通自然村公路建设项目2610个2291千米，完成建设投资5.47亿元。全市实现100%的乡（镇）行政村通畅、83%的25户以上的自然村通畅。

完成危桥改造任务58座2106.93延米。做好农村公路安全隐患治理,督促县(市、区)完成农村公路安保工程建设15个193.94千米。

交通运输行业管理 1. 公共交通服务。加快推进城乡客运网络建设,全市运营公交线路136条,2569千米,比上年增长2.3%、1.9%。加快公交一体化建设,沿着吉安市吉泰走廊快速通道,开通中心城区至“三县四区”公交。开通吉泰走廊区域29个重点乡镇的城乡公交,全市城乡一体化客运网络日趋完善。

2. 节能减排和科技创新。购置40辆新能源环保公交车投入公交班线使用;全市淘汰、拆解高耗低效老旧船舶25艘,总吨位4807吨,功率2354.24千瓦,淘汰砂场吊机55台,更新高效、节能、安全的传输装卸机械53套。

3. 安全维稳。排查安全生产隐患93个,整改率100%。全市客运、危货运输企业安全生产达标考评全面完成。

物流产业升级 全市物流企业784家,同比增长27%;货运车辆4.8万辆,载重33.6万吨,货运船舶281艘,分别增长4%、15%、26%;物流从业人员13万余人;全年物流创税突破10亿元,达10.51亿元,同比增长12.6%。

物流园区建设 经过近4年的努力,建成、在建、规划建设的物流园共有24个。同时,扎实推进物流集聚区建设。2015年,井开区物流中心、吉安市河西综合物流园公路货运枢纽争取交通运输部专项补助投资计划,争取建设补助资金7000万元。

圆满完成春运工作,全市春运期间发送旅客1899.29万人次。

(吉安市交通运输局)

吉州区

重点项目建设 1. 蒙华煤运通道征地拆迁工作提前完成。蒙华铁路(吉州段)途径樟山6个行政村,总里程5.65千米,占地总面积16.71公顷。

2. 朱北公路建设全线完工。一期1.73千米、二期3.34千米完工。

3. 上吉线(吉州区段)全线贯通。全长6.7千米,拆迁农房8栋,厂房1栋,全线贯通。

4. 新井冈山大桥主体完工。建设项目涉及吉州区用地23.10公顷,大桥主体及引道完成主体工程。

交通基础设施建设 1. 农村公路建设项目26个共36.8千米,桥梁建设项目4座150延米。

客运网络改造类型项目建设项目5个17.8千米,完成2个2.3千米,其他3个15.5千米完成施工图设计,正在招投标工作。

通自然村公路项目21个19千米,12月底全部完成。

危桥项目4座,下湾桥全面完工,庵漓桥、磨湾桥、刁塘桥3座桥均完成招投标。

2. 2014年度,客运网络改造类型续建项目建设11个,计44.4千米,全面完工项目9个,计35.3千米;其余2条:兴桥至梅塘公路主体工程完工,2015年年底全面完工。

农村公路养护 抢修西四乡联网公路盖板涵坍塌一处,疏通双长线边沟约300米,投入资金10万余元对路面碎板、拱板进行抢修,投资147万元的西四乡联网公路(长塘至兴桥)路面改善工程完成招投标。

园区建设及物流发展 1. 吉安市河西综合物流园区公路货运枢纽工程一期投资2.6亿元,完成4.8万平方米仓储和2.08万平方米零担区建设,并交付使用。停车场大部分硬化。二期投资1.2亿元,完成1.8万平方米仓储主体工程建设,建筑面积6.3万平方米配送、甩挂等工程正在进行地基建设。

2. 物流业发展,全区物流企业一般纳税人企业15户、小规模纳税人企业4户,新增一般纳税人物流企业2户。1—11月,完成物流税收3023万元,同比增长79%。

(吉州区交通运输局)

青原区

重点项目建设 1. 新井冈山大桥征地拆迁及安置地路网建设:完成项目主体建设用地约34.67公顷;累计完成投资约600万元。

2. 广昌至吉安高速公路青原段:该项目业主

为省高速公路投资集团有限责任公司,设计单位于2015年2月15日向国家发改委和交通运输部报送施工图设计送审稿,项目设计前期工作完成。

3. 新国道105和旅游通道交叉节点、连心桥节点的小游园绿化工程:两个节点小游园绿化面积约9000平方米,挖填方11309立方米,总投资约200万元,6月动工建设。

农村公路基础设施建设 1. 继续抓好2014年未完工项目。2014年通自然村公路全部顺利完成;危桥改造项目1座,正进行附属工程施工;新建独立桥梁2座完成施工图设计审批,正进行招投标工作;县道升级改造项目1个2.2千米,进行图纸更改设计工作;乡道升级改造项目1个1千米完工;农村客运网络化连通工程共10个11.5千米,部分完工。

2. 2015年计划落实情况。市级下达青原区通自然村公路30个共20.9千米,12月底全面完成;农村客运网络化连通工程9个共21.6千米,完成3千米;危桥改造项目2个174.08延米,分别是西边大桥48.08延米和陂头大桥126延米,西边大桥完工,陂头大桥正在进行桩基施工;县道升级改造项目1个——将军山至宋溪,全长8.3千米,正在进行招投标工作。

(青原区交通运输局)

新干县

交通基础建设 1. 重点项目建设。赣江新干航电枢纽、东昌高速公路、昌吉赣客运专线三个重大项目相继开工建设,其中:赣江新干航电枢纽工程,大坝主体工程于8月开工建设,累计完成投资3.65亿元。东昌高速公路项目征地工作结束,完成征地86.07公顷,路基清表全部完成;赣江特大桥桩基、承台、墩身等正在施工,累计完成投资5.29亿元。先后完成余新公路拓宽改造,建设里程15.2千米,完成总投资2.97亿元;完成临江至三湖莲湖战备线项目,建设里程25.4千米,完成投资2870万;完成国道105至庙前公路升级改造项目后续扫尾工作。

2. 农村公路建设。全年完成农村公路建设211.3千米,其中通自然村水泥路159.6千米,县乡道公路升级项目5.1千米,安保工程40.8千米,客运网络化工程5.8千米,新建改造桥梁3座,完成投资6845万。

3. 物流基础设施建设。建成新干县第一座综合性商贸物流项目—城北物流园,项目于2009年12月正式开工建设,总投资约5亿元。完成建筑面积12万平方米,硬化路面8万平方米,全部完工;一、二期商铺投入使用,入驻物流企业达120多户。

4. 客运站场基础设施建设。该县城南、城北各有1个二级客运站,全县建有农村客运站7个,农村客运候车亭162个,公交站台40座。

客货运输 1. 城乡客运网络不断完善。全县有客运车辆104辆,跨县以上班线12条36辆,农村班线34条66辆,有公交车18辆,出租车50辆,乡镇班车通达率100%。

2. 汽车物流业快速发展。全年新增物流企业21家,新增物流车辆414辆,新增吨位7340.06吨,完成物流业税收8368万元,比上年增长68%。全县有汽车物流企业75家,货物配载企业27家,货运信息部25家,快递公司20家,从业人员2.6万余人;累计拥有物流车辆4776辆,总吨位约4.95万吨。

农村公路管养 抓好危桥修复、改建工作。认定上报新增危桥30座;完成赣江大桥的修复加固,工程历时近两年,投入资金227万余元。完成横路岗桥重建工作,在该桥上游新建桥宽8.5米的新桥,投入资金28.27万元,解决干庙公路沿线群众出行瓶颈问题。

实现全年安全生产零事故,交通运输安全形势保持稳定。

(新干县交通运输局)

吉水县

交通重点项目建设 1. 文峰大桥:完成工程建设并进行通车试运行。

2. 沿湖路绿化工程:绿化道路39千米。投资6608148元。

3. 沿湖路延伸线建设工程:沿线沟渠、边坡防护完工。

4. 石镇线工程:完成投资7000万元,完成水稳30千米。

5. 其他交通建设工程:①醪桥都陂现代农业示范园主干道和环形路建设工程:主干道全长564.6米,投资34.76万元,1月25日完工;环形路1203米,投资19.15万元,2月25日完工;②吉阳大桥西侧下游临时码头建设工程:2月17日完工,投资8.5万元。

农村公路建设 农村公路227.2千米,桥梁建设项目5座303.93延米。具体情况如下:

1. 县道升级项目:2个(高家边—富口10.2千米,毫石—卫生院1.4千米,共11.6千米),毫石—卫生院开工建设。

2. 乡道升级项目:2个开工建设。

3. 客运网络化项目:2个开工建设。

4. 农林场公路项目:农林场公路项目3个1.3千米,均开工建设。

5. 新建独立桥梁项目:1个,正在开展招投标前准备。

6. 危桥改造项目:2个完工44延米。

7. 通自然村项目:272个205千米,完工105千米。

道路运输工作 1. 春运工作。春运期间,该县班车日投放运力127辆3231座,出行2.72万车次,安全运送旅客57.92万人次,比上年增长2.16%;出租车日投放运力30辆,安全运输旅客4.77万人次;公交车日投放运力30辆,安全运输旅客26.48万人次。

2. 道路运输业。全县新增货运物流企业6家,累计54家;货运车辆8560辆,70996吨位,新增车辆362辆;有客运企业5家,营运客车131辆,客运班线67条,全县乡镇通班车率100%,行政村通班车率95.58%。公交车线路5条,投放公交车辆54辆;出租车公司2家,6月下旬新增30辆出租车,出租车总量60辆;新增维修企业7户,达127户,其中一类维修企业2户,二类维修企业13户,三类维修企业112户。危险货物运输企业2户。机动车驾驶员培训学校5家。

1—10月,货运物流产业实现地方税收1亿元,同比增长38%。

(吉水县交通运输局)

峡江县

重点工程建设 1. 樟吉高速公路互通口连接线"二改一"工程。至2015年底整体进度70%,实现单幅全线通车。

2. 农村公路和桥梁改(建)造工程。全年完成通25户以上自然村公路120千米;仁和象口桥完成桩基础建设;马埠夏塘桥完成招投标工作。农村危小桥改造方面,对全县20座危桥的改造进行设计。

3. 物流基地工程。全面建成集仓储、甩挂、招商物流信息平台、汽修一体的综合物流园区。划出一期66.67公顷土地红线图,完成清表工作;峡江县汽车及配件销售综合市场项目建设进展顺利,一期工程完工并投入使用。水边物流服务中心项目完成项目10.8公顷的土地报批工作。

提高农村公路好路率。该局投入养护资金66.6万元,养护里程84.3千米。

精心组织,量化考核 货运企业安全生产标准化达标。有13家货运企业通过上级部门验收。全县12吨以上货运车辆安装卫星定位装置工作,安装率87%。

县养示范路达标。峡水线—张公石公路为标准示范路创建项目,该公路全长7.63千米,投入防护资金12万余元,清理路肩15264米、完成标线3435平方米、设立警示标志牌10块,年底通过上级业务部门验收。

渡口标准化达标。积极争取项目资金,分别对该县境内的仁和、漳口、巴邱渡口进行标准化达标建设。年内开工的仁和渡口通过验收,投入使用。

引导企业转型,促进物流业发展提升。全县货车总量7519辆,99179吨;全县货运船舶总数达81艘,12.6万吨。新增货运物流企业53户,货运物流企业163户,其中一般纳税人企业139户,实现货运税收2.14亿元。

引进央企赤湾东方物流、中外运广州分公司、大型民营物流企业上海远成物流落户该县。

县乡公路等级提升。争取上级补助项目三大类3300万余元,主要争取农村客运网络化改造项目9.2千米、通村组公路计划120千米、象口危桥改造项目。

（峡江县交通运输局）

永丰县

重点工程建设 ①昌宁高速项目：昌宁高速过境永丰46千米，年底竣工通车。②藤田连接线项目3千米，年底竣工通车。③广吉高速项目：过境永丰35千米，协助做好项目前期工作。④绕城公路项目：完成招投标，征地拆迁基本完成，施工正在有序进行。4月全面完成工业大道、永吉线、永龙线绿化提升工程。

农村公路桥梁建设 县道升级改造项目沙溪其坑至中车公路5千米、不塘口至张家坑公路0.8千米年底竣工通车，中村至石马公路22.3千米8月施工队伍进场，君埠至八石丘2千米、君埠至君田脑公路6千米完成招标，施工队伍进场；乡道升级改造上溪乡坳子下至大坪3千米、潭头乡石陂至芹溪2.9千米改造完成；客运网络化连通工程项目沙溪至沙台0.9千米完工，大坳上至龙冈公路9.6千米、官山至石井公路2.5千米完成招标，施工队伍正陆续进场；争取危桥改造项目计划27座，年底全面完工；争取通自然村水泥路计划300千米，年底全面完成。

确保水上交通、渡口运输、路桥施工无亡人事故，杜绝道路运输较大以上事故，实现渡运连续33年安全无事故。

（永丰县交通运输局）

吉安县

交通基础设施建设 农村公路建设。农村公路项目共288个，共199.8千米。包括：①县道升级改造项目：桐坪街至镇政府公路0.7千米，完成。②乡道升级改造项目：项目4个，共4.9千米，开工建设项目3个，共3.5千米，完工里程2.7千米。③客运网络新建项目：项目1个，2.8千米，进行路基施工。④客运网络改造项目：项目3个，共8.1千米。开工建设项目1个，1.2千米，完工里程1.2千米。⑤农村自然村进村路项目：项目279个，共183.3千米，开工建设项目245个，共160千米，其中完工项目204个，共135千米。

危桥改造、新建桥梁 ①危桥改造计划为377.7延米/6座，完成333.66延米/5座，截至11月9日，完成投资额1290万余元。②新建桥梁项目：1个40延米，为敖城镇上园桥，完成勘测设计、施工图批复工作，正在进行招投标。

交通重点工程 投资4500万元的锦源大道扩改工程于7月完工，投资1.3亿元的凤凰至高塘城乡一体化建设示范工程，于12月底顺利通车。

完成县乡道规划调整工作 省公路局通过该县县乡道规划调整方案，调整后县道13条共计221.79千米，乡道65条共计593.41千米。

农村公路养护 全县农村公路2025.91千米，其中县道218.699千米，乡镇530.93千米，专道10.49千米，村道1265.79千米，县道专养公路好路率86.8%，乡村道养护好路率80.2%。安排资金12万余元对尚官线进行维护加固。投入资金18万余元设立桥梁公示牌，警示标志牌以及安装波形护栏1008米。

行业管理 大力发展物流服务、道路运输业。全年全县物流税收完成1.3亿元，全县拥有客车104辆2289座；新增货运车辆620辆5800吨，货运车辆总数3380辆13680吨；全县现有3家驾校，23家二类以上汽修企业，客运企业3户，货运企业（含物流公司）160余户（其中危险货物运输企业5户）。

规范辖区客运市场。全县现有农村客运班线41条，全县306个建制村通客车率95.4%。

运政、路政执法 上路巡查900人次，清除路障150余处，查处车辆超限15起，卸转运货物150多吨，纠违章300余次，查处立案件24件，处罚28万余元。

（吉安县交通运输局）

泰和县

交通基础设施建设 1. 公路建设稳步推进。全县完成通自然村水泥路项目295个计190千米,总投资4750万元;完成全县2013年至2014年计划项目515个计374千米,已竣工部分里程的验收工作;完成农林场2条路8千米、乡道升级改造4条19.9千米的施工图报批及批复工作;完成剩余县道升级改造项目4.8千米、螺溪镇藻苑村机场军用公路B标1.78千米、马市集中营景区公路2.17千米的招投标及合同签订工作。

2. 危桥改造有序进行。完成农村公路危桥改造公和桥、中龙街桥、乐群桥、乐群二桥、洲陂桥5座,其中公和桥为2014年续建项目。另完成8座危桥改造项目计281.95延米的施工图报批及批复工作,并对2座危桥改造和5座独立桥梁进行上报。

3. 重点项目。泰和大道南延工程二期16.5千米于3月30日通过验收,移交给县城管局管理;沿溪货运码头项目全面完成前期工作;南方物流园项目进行征地拆迁前期工作;广吉高速公路正在进行前期工作;昌吉赣客专施工单位进场施工,除与万安县争议地外,完成全部土地征收114公顷;县城客运总站规划总面积变更为6.19公顷,完成设计招标;灌溪和万合综合服务站主站楼及配套附属工程设施完工。

4. 农村公路管养。为确保全县农村公路安全畅通,全年坚持重抓养护工作,并安排专项资金约275万元,对文陂至永昌、沙村至浪川、乐群至冠朝、枫边至沙村、宁溪至枧头、敖城至三峰等公路进行修复,清理塌方1420多立方米、路肩54千米,修复水泥路面11000平方米、挡土墙4645立方米,安装防撞墩1121个、桥梁护杆389米、广角镜4面、各种警示牌158块和减速垄224米。

交通运输保障能力 1. 货运产业。鼓励企业调整运力结构,全力发展大型的集装箱及长挂汽车列车运输。全年新增货运(物流)企业40家,全县有货运企业70多家,货运税收达1亿多元;新增货运车辆495辆,计4228个吨位(其中低速货车87辆,计86个吨位),比上年分别增长9%和16%,全县货运车辆达4015辆,计25211个吨位。

2. 驾培市场。全县有驾校7所(其中二类驾校2所,三类驾校5所),年培训人数约10000人,极大地提高机动车驾驶员培训能力。

(泰和县交通运输)

安福县

交通建设 1. 重点工程项目建设。湛田桥改造工程,桥长82米。工程总投资927.14万元。工程于9月全面竣工。人马桥改造工程,桥梁全长26.02米,工程总投资320.33万元。工程于9月完工。安下至文家公路改造项目,项目前期工作就绪。

2. 农村公路建设。全县计划建设通自然村水泥路项目193个160千米,计划建设投资4800万元,实际完成项目193个160千米,完成建设资金4800万元,分别占年度计划100%;完成改造危桥17座小桥230延米,完成建设投资476万元,中桥7座419.46延米,春节前完成下部构造施工;完成新建独立桥梁3座87延米,完成建设投资205万元,占年度计划75%。

3. 县车辆检测中心项目。项目建设总投资约1700万元,建设前期工作完成。

运输经营管理 全县有营运车3730辆,同比增长6.3%。其中客车190辆5762座,减少28辆422座;公交车47辆1677座,出租车65辆325座,与上年持平;货车3428辆13926.8吨,增长3.4%、5.8%。年完成道路客运量326万人次,同比增长2%;客运周转量12074万人千米,增长2%,全县行政村班车通达率94.1%;货运量540万吨,增长18%;货运周转量160277万吨千米,增长18%。

物流产业 全年新增物流企业4家,全县有物流企业35家,其中一般纳税人企业19家(新增4家);全县物流企业运力17232吨,其中新增3300吨。完成物流产业税收4300万元。

农村公路管养 1. 全力以赴战洪灾保畅通,5月27日晚至5月28日上午,该县遭遇特大暴雨,导致全县农村公路大面积受损,部分公路遭到毁坏性破坏。农村公路路基塌方41718.5立方米,路基冲毁14044立方米,冲毁路面50300平方米,涵洞冲毁32道224米,冲毁桥梁25座/329延米,直接经济损失达960.85万元,造成32个行政村交通中断。调用挖机7台、铲车8台、自卸车12台,人员60人,清理路基塌方29202.95立方米,填充水毁路基9830.8立方米,抢修应急通行便道6处192米。与此同时,调派挖机3台、装载机4台、自卸汽车16辆参与重灾区浒坑镇的救援工作,确保公路安全畅通。

2. 创新举措提升公路养护水平。按照县道4000~5000元/年·千米,乡道1600元/年·千米,村道600元/年·千米的标准,与公路沿线乡镇签订县道养护合同60余份,乡、村道养护合同1000余份。

3. 公路养护示范工程建设。投入57万元资金,实施赤谷至马石公路7.8千米养护示范路工程。同时指导各乡镇开展建设一条2千米以上乡村公路养护示范路活动,

4. 公路重点维修改造工程。完成米竹洋公路竹江至甘洛段,柘石线路面维修工程,计52.3千米47438.2平方米,投入经费492.4万元。对柘田至石溪公路群英桥、官田至横屋公路花垅桥进行维修加固和拆除重建,投入资金53.39万元。

5. 做好公路生命防护工程调查工作。全县2167.82千米农村公路生命安全防护工程的调查统计,建立数据库工作(其中县道314.54千米,乡道672.72千米,村道1180.57千米)。

行业管理 1. 强化运输市场监管。积极开展"打非治违"执法活动,全年查处超越许可范围经营旅游包车、下乡组客班车、不按时发班、站外随意上下旅客等违章车113辆次,查处拒载拼客出租车9辆次,查处非法载客"黑车"29辆次,查处违章营运货车757辆次,净化市场。开展城区三轮电瓶车非法营运整治活动。查处非法营运电瓶三轮车300辆次。

2. 加强驾培市场管理。全县驾校有2所增加到5所,学员培训费由3280元下降到2680元,下降22.3%,进一步提升驾校培训教学质量,科目考试通过率由2014年80%提高到90%。

3. 认真开展运输行业质量信誉考核。通过考核,全县18家客货运输企业有14户达AA级,1户为A级企业,8户一、二类维修企业均为AA级企业;全县有1417名驾驶员通过再教育培训的诚信考核。

(安福县交通运输局)

井冈山市

2015年,桥梁建设项目和安保工程建设项目

1. 桥梁建设项目(危桥改造和新建独立桥梁):下达该市危桥改造项目共计4座/245.76延米,其中坳里桥全面完工,拿山一桥、南泥湾桥、光裕桥正在准备招标投标;新建独立桥梁项目岭背桥全面完工。

2. 安保建设项目:大陇至团山安保建设项目10月全面完成,处置隐患里程4.12千米。

交通运输行业监管 1. 公路养护管理。完成县、乡、村道路网调整工作,调整后全县农村公路总里程726.95,其中县道152.26,乡道260.06千米。

2. 道路运输管理。茨坪至中信梨坪免费公交于4月1日正式运行,两台车日发班9班次,新增的新城区B线公交,于9月15日正式开通,日发班11班次,运行正常。新城区(火车站)至茨坪线农村公交,该线公交改造后于10月10日正式营运,实行5元票价;1—10月,查处违法违章车辆120余辆,运输市场秩序明显好转。

3. 加大争资力度。做好项目的跟踪对接和报批、立项、申请工作,全年争取到上级补助资金4683万元。

(井冈山市交通运输局)

永新县

重点交通项目 1. 西禾路、红旗路东段建设项目。西禾路0.44千米,红旗路东段0.44千米,西禾路、红旗路东段建设项目路基、土石方均完成97%,桥梁、雨污水管网完成。

2. 县道升级项目。丰陂至里田公路18.8千米,一期混凝土路面建成通车,二期完成垫层通车;虹桥至杨桥公路(东兴桥至象形段)9.1千米完成垫层通车;芦溪至古竹段2千米,正在路基土石方施工;江口至白沙23.8千米、石桥至日光7.3千米等2个项目完成施工图审批,正在公开

招投标确定施工单位。

3. 农业科技示范园路面工程。路面全长6.6千米,完成招投标工作并签订施工合同,待路基完成交付立即进行路面施工。

农村公路建设项目 1. 客运网络连通工程项目。高市至芳塘2千米、垅中至碧波崖6千米和查步至下雨15.2千米3个项目,正在路基施工。

2. 农林垦项目。6个项目均完成施工图设计。

3. 新建独立中桥4座。即曹家桥46.84延米,进行下部构造施工;平南桥37.04延米建成通车;大垅桥37延米,完成施工图设计正在进行招投标工作;白堡桥195延米,完成施工图设计,正在进行招投标前期工作。

4. 安保工程。江畔至枫渡13.93千米完成施工图设计正准备招投标工作。

5. 危桥改造项目。秋溪三桥32延米进行下部构造施工。

6. 通自然村项目174千米。完成174千米的施工图设计,开工建设130千米,完成路面工程101千米。

道路运输 1. 圆满完成2015年春运任务。春运期间,全县投入客车151辆,发送旅客班次12866个,运送旅客39.52万人次,实现春运无责任伤亡事故,安全通畅的预期目标。

2. 持续开展道路运输市场整治工作。运管部门出动运政人员1000余人次,查处"黑车"30余辆,有效地维护运输市场秩序。

3. 加大对货运企业尤其是危货运输企业的安全生产监管力度。4月、9月安排检查组到经营所在地在广东茂名的危货运输企业——永新环球运输公司进行2次共6天的安全生产检查、教育培训和消防演练,对存在的安全隐患下达整改通知。

农村公路管养 坚持经常性养护与重点养护相结合,对管养权限内225.8千米农村公路及时完成路肩培土、坑槽填补、边沟清理等日常性养护和水毁抢修,全县干线公路平均好路率90%,农村公路平均好路率80%,农村公路路况明显好转;2015年汛期,因暴雨频繁造成部分农村公路无法通行,清除塌方2.52万余方,修复路面3.28千米,路基150多米,疏通水沟800多米;重点抓好里田至台岭养护示范路的路肩、水沟清理和道路绿化、修剪工作。此外,还着力加强路政管理,加大公路清障力度,制止在公路上晒枳壳晒粮200余处,清理堆积物30余处,清除非公路标牌10多块,切实依法维护路产路权,确保公路安全畅通。

行业安全监管 1. 持续开展交通运输安全生产检查活动。组织检查组46个,检查人员216人次对全县所有的客运站场、客运企业、危货企业、维修企业、综合检测站、驾驶员培训机构、普通货运企业及各交通工程施工工地进行全面的安全检查,发现隐患78个,现场整改38个,限期整改40个,有效地保障交通运输行业安全。

2. 全面开展农村公路安全排查整治工作。逐一排查所管养的县乡公路和道路上的206座桥梁,其中管养的县道上桥梁48座,存在安全隐患的桥梁34座,33座危桥已安装限载危桥标志,1座正在改造,剩余的乡、村道桥梁也逐一排查,建立台账。

安全生产专项整治 开展交通运输系统安全生产大检查"打非治违"专项整治工作。8月18日至21日,对全县的交通运输企业和农村公路施工工地进行一次全面的安全生产检查。5个检查组检查企业12家,排查隐患6起,整治隐患6起,整改率100%,整治违规违章行为2起。

开展危险化学品和易燃易爆品安全专项整治。8月29日至30日,对全县6家危险化学品生产企业进行一次全面的安全检查。

农村公路建设资金保障 对新建路基宽6.5米、路面宽4.5米及以上的水泥路,县财政每千米配套12万元;在原有3.5米宽水泥路的基础上改造拓宽至路基6.5米、路面宽4.5米及以上的,县财政每千米配套6万元;在原有路面3.5米标准的基础上改造拓宽路基至6.5米的,县财政每千米配套4万元。

(永新县交通运输局)

万安县

交通重点工程建设 ①万安赣江大桥拓宽改造工程完成全部桥台、墩柱、系梁工程和盖梁浇筑,T梁预制和架设全部完成,累计完成工程量55%,完成投资约5500万元;②S225坎夏线万安至夏造公路完成土石方工程148.05万立方米,双坑隧道全线贯通,桥梁完成下部构造混凝土施工3943立方米,完成全线桥涵、路基防护工程量75%,完成投资约12280万元;③万安至武术三级公路改建工程一期17.6千米完成路基和垫层16.6千米并开始水泥稳定碎石层工程施工。二期26.4千米完成土石方79.8万立方米,占二期路基土石方工程量62%,桥涵619.5延米,占二期桥涵总工程量20%。完成总投资约4800万元。④窑头至富坑口公路改建工程完成全线路基土石方工程量60%,完成全线桥涵、防护工程量40%,完成投资1146万元。⑤G356湄洲至西昌公路万安县石塘至芙蓉镇公路改建工程(即昌吉赣客专万安站连接线公路)项目前期工作,完成工程可行性研究报告编制等工作。

交通民生工程建设 2015年,自然村通水泥路建设项目252.3千米/255个,全面完工96.5千米/156个,正在施工项目155.8千米/99个;农村客运网络化连通工程窑头至连源公路11.5千米完成公开招标,开工建设,百加至慕塘公路12.08千米,于10月完成招投标工作,并开工;安保工程五丰至潞田公路11.31千米,于9月开工,于11月全面完工;新建独立桥梁千里山桥完工;危桥改造项目4个,其中3个桥于12月完工,九洲桥正在进行桩基施工。完成农村公路候车亭44个主体工程。

(万安县交通运输局)

遂川县

重点工程建设 1. 遂兴大桥项目建设。总投资1.06亿元,桥长306米,项目于2014年8月开工建设。左右幅桥梁全部合拢,南北端引道路基进行填土方工程施工。

2. 大广高速公路遂川连接线“二改一”(二级公路改造为一级公路)(城区段)产权调换房工程。工程于2014年4月完成招投标,共5个标段、10栋6层砖混房,项目总投资4600万元。完成5栋、6栋、9栋楼建设。

3. 久营公路大汾至滁州段“四改三”(四级公路改造为三级公路)工程。项目全长16.8千米,总投资6963万元。一期工程大汾至长岗坪段2.3千米完成通车,年底完成路面工程。二期工程西工业园区至滁州段,全长14.42千米。12月底开工建设。

4. 汽车客运站建设项目。占地面积4.33公顷,总建筑面积33360平方米,总投资6134万元。主体工程完工。

农村公路建设 1. 通自然村公路建设。通自然村公路总计划300千米,完工。

2. 农村公路综合服务站建设。新江综合服务站人员于6月全部落实到位,大坑、于田、左安、大汾综合服务站竣工,并集中在12月16日举行4个服务站的揭牌。

3. 农村危桥改造项目建设。余家山危桥改造工程全长97.12米,总投资260万余元。完成桥梁主体工程,进行桥面铺装施工阶段。

4. 客运网络连通工程。继续做好2014年客运网络化连通工程续建工作,总里程51.9千米,完工。客运网络化连通工程共计里程31千米,完工90%。

5. 县道升级改造项目。加快推进仙人井—牛头坳(大汾至戴家埔段)建设,并做好县道升级改造仙人井至牛头坳(滁州至营盘圩段)前期准备阶段,泉江—五斗江完成1.0千米垫层。

6. 新建桥梁项目。续建独立桥梁5座,谷团桥、中阁桥完工,石狮桥、太平桥完成招标,鑫苑桥正在申报调整计划。同时,齐山坝桥正在进行二次招标,余家山桥完成吊装,进行桥面施工。

争资跑项 累计向上争资8396.1万元。争取县乡道升级改造、农村客运网络化连通工程和危桥改造资金4145万元,通自然村(25户以上)项目建设资金3000万元。

道路运输行业监管 加强运输安全监管。2015年春运,该县投入班线客车135辆、公交车65辆、出租车80辆,共计280辆,春运期间,总计运送旅客80万人次,取得“四无”的好成绩,即无安全事故,无旅客滞留,无群众上访,无行业投诉,圆满完成2015年度春运工作。

物流产业 积极创造物流税收。全县物流企业共缴纳税费9800万元。加大物流招商引资力度。通过招商引资的渠道,指导乡镇引进外资近2亿元,新增注册物流企业4户。

(遂川县交通运输局)

宜春市

2015年,全市各级交通运输部门和交通人,团结奋进,攻坚克难,以超常规工作力度和务实的工作作风,全力推进全市交通运输发展,为全市经济社会快速发展发挥先行官作用。

推进交通基础设施建设 ①昌赣高铁宜春段、投资35.7亿元的丰城龙头山水电站枢纽工程开工建设。②昌樟高速公路四改八(四车道改为八车道)工程宜春段全面建成。③昌栗高速公路、昌宁高速公路宜春段建成,东昌高速公路宜春段和铜万高速公路建设工程正在加紧建设,进展顺利。④丰厚一级公路、万宜高速公路万载南连接线建成通车。⑤蒙华铁路市辖区内铜鼓、宜丰、上高县工程建设顺利推进,蒙华铁路建设,将改写铜鼓、宜丰县无铁路历史。⑥宜春明月山机场改扩建工程前期工作正在抓紧进行。⑦樟树港改扩建工程、樟树赣江药都(赣江第二)特大公路大桥、丰城新城汽车站正在全力推进。⑧中国汽车零部件工业公司投资50亿元,高端汽车商贸物流园落户高安市,建设集汽车销售、展示体验、维修保养、配套服务、物流仓储等于一体,占地面积318.8公顷,打造千亿级汽车物流企业,工程建设正在有序推进。⑨袁州区宜春至慈化公路经过3年奋战,工程基建成。⑩全市新建农村水泥公路1817条,里程1840.5千米,工程投资93327.13万元,进一步改善交通运输条件。

推动交通运输生产发展 全市拥有营运客车1528辆,座位46448个。营运班线668条,其中:省际班线81条,市际班线121条,县内班线77条。通班车行政村1698个,占行政村总数95.45%。全年完成道路客运量5185万人次,旅客周转量281668万人千米;拥有货运企业2141家。拥有营运货车55130辆,吨位748661吨,同比分别增长1.41%和3.1%,全年完成道路货运量18915万吨,货物周转量6217840万吨千米,分别增长7.42%和4.12%;二类以上汽车维修企业542家;出租车1590辆,增加66辆;汽车驾校86所,增加10所。水运企业105家,拥有营运船舶1114艘,吨位722107吨;全年完成水路货运量2474.3万吨,货物周转量335913万吨千米,分别增长2.61%和2.61%。

推进平安交通 全市举办交通运输安全学习班134期,参加学习21500人次,组织参加交通安全秩序整治人员3750人次,出动车辆62辆,检查艇2艘,检查营运车辆5157辆,营运船舶284艘,取缔非法营运车辆217辆,查处违章营运车辆1341辆,违章营运船舶25艘,排除交通安全隐患1024起,下发整改通知书1134份。全年全市实现道路水路客运无重大责任事故,一般事故大幅度下降,交通工程建设、水路运输和农村渡运无事故,保护交通运输平安。

推进交通物流升级 全年新建大型交通现代物流企业10户,完成投资1296亿,一家物流央企投资50亿元落户高安市,建设大型汽车商贸物流园,占地面积318.8公顷,工程建设正在顺利推进。央企投资20亿元改建樟树港码头、打造赣中水路运输物流中心,建设项目正在有序推进。高安、丰城、袁州、樟树、奉新等县市充分利用乡村邮政所站和宜春汽运公司覆盖全市1600多个农村客运班线网络化优势,在乡村设立农村超市1600多个,农村物流全覆盖。

(吴泽水)

袁州区

2015年,全区交通运输工作围绕抓改革,抓发展,抓管理,抓服务,凝心聚力,团结拼搏,全面完成各项工作任务,交通运输稳中向好,有力推进全区经济社会大发展。

基础设施建设　①宜春明月山机场扩建工程前期工作顺利进行。②昌栗高速袁州段20.68千米,于2013年8月开工建设,2015年12月28日建成通车。③宜春至慈化公路为省、市、区重点调度项目,连接宜春市与湖南文家市,全长74.1千米,工程投资10亿元。第一期工程全长64.7千米,完成油路工程。第二期工程全长9.4千米,于10月动工建设。④宜新公路袁州新城区段,全长4.88千米,工程投资1.5亿元,10月竣工通车。⑤下浦至彬江段,全长11.15千米,工程投资30272.2万元。⑥洞宜水泥公路全长16.09千米,工程投资4223万元,于7月建成通车。

民生工程建设　4月,该区公共交通运输有限责任公司借鉴丰樟高城乡客运一体化模式,按运行里程近、中、远分别实行1元、2元、3元票价。开通宜春至石湖,宜春至三阳2条公交线路,彬江、西村、新坊、南庙5条城乡客运班线也将实行公交一体化改造。新建农村水泥公路426条,里程489.9千米,工程投资21554万元,其中:新增通水泥公路25户以上自然村390个,里程342.2千米,工程投资7898.1万元;新建客运网络水泥公路5条、全长12.7千米,工程投资1368.9万元;新建客运网络水泥公路6条、全长23.5千米,工程投资2127.8万元;拓宽客运网络水泥公路9条、全长44.9千米,工程投资3809.1万元。新建农村公路桥梁2座,全长59延米,工程投资125万元;改造农村公路危桥3座,全长205.12延米,工程投资732万元,进一步改善农村公路交通条件。

交通运输业　全区拥有营运客车306辆,新增6辆,座位10949个。全年完成道路客运量1594.56万人次,旅客周转量12718万人千米。同比分别增长2.3%和2.3%。道路货运企业136家,营运货车4984辆,吨位37189吨。新增营运货车1077辆,吨位6548吨。全年完成货运量2628万吨,货物周转量128302万吨千米,分别增长0.69%和9.09%。新增城乡公交车8辆,三类以上汽车维修企业155家,增加13家,汽车驾校20所,增长3所,全年培训学员21000人次。

交通安全　全区全年举办安全管理人员“两客一危”、维修企业、驾校从业人员安全负责人等各类培训班5期,培训人数1241人,每月对普货运输驾驶员进行安全教育,培训人数2200多人。开展交通安全秩序整治活动8次,参加整治人员184人次,召开整治会议12次,印发文件10份,广播15次,张贴标语160条,办宣传栏10期,发放宣传单4000余份,取缔非法载客船舶3艘,消除农村渡运安全隐患4起,排查各类营运车辆2548辆,查处违章出租车26起、取缔非法营运面的278辆、营运货车35辆、异地经营出租车32辆、不按核定站点停靠的客班车28辆、查处改装营运车辆90辆、电动三(四)轮车21辆、取缔非法营运摩托车327辆、无证无牌客车2辆,行政处罚案卷486件,排除各种安全隐患100多起,排查公路运输安全隐患615处。全区全年实现道路客运无重大责任事故,货运一般事故大幅度下降,农村渡运、水路运输、交通工程建设施工零事故。

(李　庆)

樟树市

2015年,全市交通运输各项工作任务全面完成,交通运输稳中向好,有力推进全市经济社会快速发展。

重点工程建设　昌樟高速公路樟树段“四改八”(四车道改为八车道)扩建工程经过3年奋战,于11月6日建成通车。昌樟高速公路樟树连接线,2014年3月底开工建设,全长1.5千米,工程投资3000万元。于9月竣工通车。昌樟高速公路樟树连接线肖江公路大桥拓宽改造按“3+2”方案于3月开工建设,全长226米,宽17.5米,工程投资1100万元,于10月竣工通车。3月,东乡至昌傅高速公路樟树段动工建设。上阳旅游公路7月开工建设,里程3.28千米,工程投资1959万元,12月完成砂石路面。樟树市现代农业科技示范园区公路于2014年1月动工建设,全长16.69千米,工程投资7000万元,12月竣工。樟树赣江药都(赣江二桥)特大公路大桥建设有序推进。樟树港码头改建工程顺利推进。

民生工程建设　3月6日,全省率先在全市全面推行城乡客运1元票价,百姓坐客运班车进出城,无论远近,一律票价1元,刷卡9角。市财政每年新增补贴1822万元,为城乡居民乘车节约资金。新建167个自然村通水泥路167条,里程97.4千米,工程投资3686.5万元;新建示范镇水泥公路7条,里程7.5千米,工程投资568万元;新建客运网络水泥公路2条、全长9.1千米,工程投资856万元;改建客运网络水泥公路8条,全长27.5千米,工程投资1375万元;拓宽客运网络水泥公路1条,全长3.1千米,工程投资155万元;新建农村公路桥梁3座,全长112延米;改建农村公路危桥2座,全长73.06延米,进一步改善农村公路交通条件。

交通运输 拥有客车198辆,座位7383个。全年完成客运量949万人次,旅客周转量42705万人千米;道路货运企业136户,拥有营运货车2288辆,吨位2.1万吨。新增营运货车344辆,吨位3789吨。全年完成货运量2975万吨,货运周转量1051167万吨千米,同比分别增长8%和27%。公交车109辆;出租车196辆;汽车维修企业150户,增加5户;汽车驾校9所,全年培训学员10900余人。营运船舶83艘,吨位30692吨,全年完成货运52369万吨,货物周转量27423万吨千米,港口货物吞吐量126.3万吨。

交通安全 全年先后举办渡工、驾校教练员、道路客运、危货运输从业人员等各类交通安全培训10余期,参加学习人员1500人次。开展交通安全生产大检查8次,参加整治人员250人次,召开整治会议20余次,排查安全隐患84起,完成整改63起,检查危险货物运输企业27家次,抽查车辆35辆、从业人员51人,发现安全隐患22起,整改22起。印发安全相关文件18个,悬挂各类安全宣传横幅32条,发放交通安全宣传资料1000余份,办宣传栏5期,消除农村渡运安全隐患3起。强化打非治违市场整治,检查客运车辆287辆次,查处违章客车6辆,查处轿车、面包车"黑车"6辆,电动三轮摩托车、电动四轮车"黑的"4辆,警告劝离非法营运车辆26辆次。查处手续不齐全危货运输车辆4辆,无道路运输证货车10辆,查扣49辆号牌不清楚工程车辆,查获涉牌涉证工程车3辆,假牌套牌车辆12辆,无牌无证车辆286辆,查扣报废车2辆,"僵尸"车3辆,查处违章营运船舶7艘,排除安全隐患11处,检查出租226辆次,查处违规经营出租车23辆。出动运政执法人员1218人次,查处非法营运车辆24辆,查处违规营运客车58辆,查处违章营运货车176辆。通过整治交通运输安全生产秩序好转,有力推动交通安全新稳定。全市全年实现道路客运无重大责任事故,货运一般事故大幅度下降,农村渡运、水路运输,交通工程建设施工零事故。

(杨 波)

丰城市

2015年,全市交通运输工作,围绕建设《幸福丰城》总目标,团结一心,上下发力,全面完成各项工作目标任务,交通运输稳中有进,有力推进全市经济社会快速发展。

民生工程建设 昌樟高速公路丰城段,经过3年奋战,高标准、快速度建成通车。昌宁高速公路丰城段建成。东昌高速公路、昌吉铁路客车丰城段开工建设。丰厚一级公路竣工通车。丰城龙头山水电站枢纽工程,工程投资35.7亿元,是集发电、航运综合工程于一体,于9月动工建设,正在全力推进,该市进入高速公路、高速铁路、大港口时代。新建城市道路桥梁4座,全长119延米;新建农村水泥公路630条,全长480千米,工程投资21229万元,其中:新建通25户以上自然村水泥公路607条,全长400.7千米,工程投资16028万元;新增通水泥公路自然村607个。改建农村公路危桥2座,全长210.16延米,工程投资479.2万元;丰城新汽车客运站,建筑面积7000平方米,工程投资5000万元。2014年开工建设,工程正在紧张施工,站房主体工程基本完成。新建农村公路综合服务站1个,建筑面积2000平方米,工程投资90万。新建农村公路候车亭、公交站台42个,招呼牌23个,的士停靠点26个,工程投资220万元。

运输生产 全市拥有客车218辆,座位2695座。道路客运班线58条,同期增加1条,完成道路客运量1300万人次,旅客周转量85320.43万人千米,同比分别增长14.12%和13.72%;拥有道路货运企业166户,新增16家;营运货车4042辆,吨位36783万吨;全年完成道路货运量2595.87万吨,货运周转量721651.28万吨千米,分别增长14.07%和13.7%;公交车94辆,新增20辆;出租车250辆,新增50辆;机动车维修企业382户,新增11户;汽车驾校14所,新增1所;培训汽车驾驶员15000余人;水运企业11户;港埠企业1户;营运船舶433艘,吨位569654吨;水路运输货运量8640.5万吨,货物周转量254080万吨千米。

安全生产 在抓好安全标准化建设的车站、码头、交通运输企业、渡口的基础上,全年举办交通行业从事人员学习《新安全法》三期,参加学习人员600人次。先后开展水路道路运输等安全秩序整治活动30次,参加整治活动交通执法人员1452人次,出动整治车辆232辆次,检查艇30艘次,检查运输车辆1000余辆,检查运输船舶116艘,取缔非法运输车辆306辆;查处违章运输车辆202辆,船舶62艘,消除交通安全隐患12起。全年实现道路客运无重大责任事故,货运一般安全事故大幅度下降,水路运输、农村渡运、交通重点工程建设无事故的良好态势。

交通物流 丰城林安商贸物流城是广东省林安商贸物流集团责任公司,辐射赣中的现代商贸物流产业园区,梅林物流园工程投资50亿元,占地20公顷,总建筑面积100万平方米,相继建成营业。广东、福建、上海、浙江、江苏等客商纷纷到该市办大型现代物流业。全市拥有物流企业166家,新增16家;电商企业新增125家;宜汽丰城分公司利用运输点多,面广、线长有利条件,建立农村物流直达店32家,新增9家;市邮政局农村物流站12个,全市实现城乡物流网络化,农村物流全覆盖良好局面。

(沈壮华)

靖安县

2015年,全县交通运输工作围绕“四个交通”发展目标,团结奋进,上下发力,全面完成各项目标任务,交通运输稳中向好。

重点工程 环城北路一级水泥公路建设,里程12.26千米,路宽38米,工程投资2.16亿元。2013年8月开工建设,至12月底,项目主体工程完成。石境至武宁罗溪二级公路靖安县境内全长11.17千米,该工程按双向2车道二级公路标准建设,设计速度40千米/小时,大桥2座,工程投资1.6亿元。7月1日开工建设。新建农村水泥公路109条,全长72千米,新建通25户以上自然村水泥公路109条,里程72千米,工程投资981.6万元;新增通水泥公路25户以上自然村109个;新建客运网络水泥公路9条、全长46.9千米,工程投资1172万元;旅游水泥公路1条,全长11千米,工程投资480万元;新建农村公路桥梁5座,全长442延米,工程投资883.2万元。

民生工程 进一步推动城乡公交一体化,优化客运网络,实现城、乡、村无缝对接,将城乡公交线路延伸到高湖、宝峰,现有县城线路4条,周边乡镇5条,建设50余个公交候车亭。做好第二轮出租汽车公开招标工作,华夏出租车公司购置20辆捷达车投入运行。宜春汽运靖安分公司安排4辆快巴客车,开通靖安至南昌高速公路快巴,每天8班,由高速公路经西客站达南昌市中心。春运期间,投放运力47辆,累计运行2300班次,组织加班、包车50班次,运送旅客4.80万人次,全面完成为期40天的春运任务和清明、“五一”“十一”等重大节假日群众乘车需求。

运输生产 全县拥有客车43辆,座位2300座。有省、市、县营运线路24条,辐射福建、广东、上海、浙江、湖南等省市,全年完成道路客运量68.7万人次,旅客周转量7522.4万人千米,同比分别增3.3%和2.9%;道路货运企业65户,新增4户,营运货车994辆,吨位2.1万吨,分别增长1%和1.9%;完成道路货运量193万吨,货运周转量38828.5万吨千米,分别增长1%和1.9%;现代物流企业55户,新增3户;电商企业42家,新增15家;圆通等快递网点12家,新增3家;机动车维修企业32户,新增5户;汽车驾校3所;培训汽车驾驶员3000余人,同比增长12%;公交公司1家,营运公交车20辆,新增1辆;公交线路9条,新增1条;出租车企业1户,营运出租车20辆。

安全生产 全市全年举办交通运输行业从业人员参加新安全法学习、执法人员培训班4期,参加学习人员20人。开展“打非治违”专项行动和交通安全秩序整治活动1次,张贴标语18条,办宣传栏3期,组织宣传车2辆,9月—10月出动执法人员623人次,出动执法车180余辆次。检查车辆177辆次,检查客车48辆,查处各类违规违章车辆20辆,其中无牌无证车辆13辆,非危货车从事危险品运输2辆,电动三轮车违规载客5辆。对2辆轿车、6辆电动三轮车有违规载客嫌疑的车主予以警告教育,并下发通知书,限期整改到位。消除农村渡运安全隐患6起。全县全年实现道路客运无重大责任安全事故、农村渡运,交通工程建设无事故。

(刘　斌)

奉新县

2015年,全县交通运输工作贯彻稳增长、促改革、调结构、惠民生工作主线,凝心聚力,奋发有为,全面完成各项工作任务,推动交通运输事业发展稳中向好,助推全县经济和社会各项事业又好又快发展。

基础设施建设 天工大道经过近6年的奋战,于2015年12月初全线竣工通车,工程总投资2.79亿元,全长13.04千米,为双向6车道。天工大道投入使用后,将更好发挥昌铜高速的辐射作用,助推奉新发展。九百公路一期工程建设完成,全长14.5千米,为四级水泥路,工程总造价为5233.43万元。投资3.1亿元实施东华线、宋水线等5条86.2千米县内干道改造升级。

惠民工程 支持运输企业投384万元,购置8辆宇通全电动客车,自7月起投入城市公交运营。农村公路建设稳步推进,全年修建农村通组公路86.5千米,工程投资2422万元,新增通水泥路25户以上自然村138个,通过近3年的努力,新增通水泥路的25户以上自然村366个,从而使不通水泥路的25户以上自然村由725个下降到359个,为2020年全面实现25户以上自然村通水泥路目标打下坚实的基础,新建客运网络水泥路5条,里程6.7千米,工程投资320万元;林区水泥公路3条,里程2.3千米,工程投资100万元;垦区水泥公路5条,里程6.1千米,工程投资240万元。

交通运输 全县拥有客车81辆,座位2274个。全年客运量361.16万人次,旅客周转量14994.94万人千米;拥有道路货运企业157家,营运货车2368辆,吨位29362吨。新增营运货车320辆,吨位5349吨。全年完成货运量667.17万吨,货运周转量175748.94万吨千米,同比分别增长17%和18%。出租车40辆,汽车维修企业106户,增加11户,汽车驾校8所,全年培训学员5000余人。

交通安全 举办交通运输行业从业人员学习《新安全法》培训班16期,参加学习人员2286人。开展交通安全秩序整治活动6次,参加整治人员108人次,印发文件3个,广播7次,政府新闻网2次,张贴标语62条,办宣传栏5期,组织宣传车4辆,检查客车207辆,纠正违章51起,检查出租车91辆,取缔非法载客摩托车106辆,拐的78辆,电动车12辆,纠正客车违章216起,检查货运车317辆,取缔非法运输车13辆,纠正违章车辆304起,查处交通工程建设施工违章2起。全县全年实现道路客运无重大责任事故,货运一般事故大幅度下降,农村渡运、水路运输、交通工程建设施工零事故。

(魏振宇)

高安市

2015年,全市交通运输工作各项目标任务全面完成,交通运输呈现“四稳”良好局面。

基础设施建设 昌栗高速公路高安段、昌樟高速公路“四改八”(四车道改为八车道)工程高安段,经过3年奋战,相继建成通车。昌栗高速公路高安连接线一级公路,里程5.18千米,工程投资1.12亿元,昌樟高速公路“四改八”工程高安连接线一级公路,里程1.98千米,工程投资1972万元,先后竣工通车。城市道路2条,里程4.54千米,工程投资10741.8万元,城市道路桥梁2座,全长490延米,工程投资4799.4万元;高安汽车商贸物流产业园水泥公路1条,里程2.47千米,工程投资5000万元,动工建设。新建农村水泥公路349条,里程359.8千米,工程投资15436.9万元,其中:县道升级水泥公路1条,里程6.2千米,工程投资701万元;乡道升级水泥公路10条,里程38.1千米,工程投资3221.3万元;客运网络水泥公路36条,里程76.2千米,工程投资6015.2万元;林区水泥公路20条,里程42.5千米,工程投资3943万元;通自然村水泥公路282条,里程196.8千米,工程投资4565.4万元;新增通水泥公路自然村282个。农村公路安保建设项目2个,里程40.46千米,完成投资336万元。农村公路危桥改建2座全长99.08延米,工程投资129万元,新建农村公路独立桥梁6座238延米,工程投资899万元。高安港货运码头1个,新增泊位2个,工程投资100万元,竣工投入使用。高安汽车东站占地面积20000平方米,建筑面积,3645.27平方米,工程投资3000万元,建成投入营业。农村公路综合服务站1个,占地面积6667平方米,建筑面积1697.12平方米,工程投资450.56万元。

现代物流 高安现代物流园(年货物吞吐量2000万吨,货物周转量20亿吨千米,集仓储、配送、停车等)工程投资30亿元,于2013年动工建设,2015年10月建成,并投入使用。高安汽车商贸物流园,是由中国汽车零部件工业公司投资50亿元,建设于集汽车销售、展示体验、维修保养、配套服务、物流仓储于一体的高端汽车商贸物流园,并打造千亿级汽车物流产业,2014年开工建设。该市出现政府投资、招商引资、广大群众筹资办现代交通物流热。全市现代大型物流企业16户,新增4户;电商企业7家,新增3家。

交通运输保障能力 全市拥有客车264辆,座位7566座。道路客运班线67条,新增3条;全年完成道路客运量796万人次,旅客周转量23046万人千米;全市拥有汽运总集团3家,汽运子公司826家,新增186家;通班车行政村291个;通达率95.7%;营运货车22968辆,吨位29.98万吨,同比分别增长7.5%和0.8%;完成公路货运量10939万吨,货运周转量1569637万吨千米,分别增长4.5%和5%;公交公司2家,营运公交车41辆,开通公交线路6条;出租车公司2家,出租车180辆;二类以上机动车维修企业103家,新增16家;汽车驾校7所,新增1所;培训汽车驾驶员21044人,增长5.0%;水路运输船舶302艘,吨位1.58万吨,新增短途河沙营运船舶22艘,吨位5100吨;完成水路货运量53.4万吨,货物周转量534万吨千米。

交通行业监管 对市辖区的6所驾校进行全面整治验收;全市有驾培机构14所;通过整治,106家道路普通货运企业降为A级,2家普通货运企业降为B级。查处危货违章车辆56辆、非法改装车辆278辆,13起客运及公交车乱班、乱线违规经营行为,"黑的"经营12起,淘汰黄标车191辆。处理旅客投诉,解决旅客诉求,受理旅客投诉21起,结案率100%,旅客满意率100%。

(周世祥)

上高县

2015年,全县交通运输工作抓住机遇,乘势而上,全县交通运输工作取得令人瞩目的成绩。

重点工程建设 ①昌栗高速公路上高段主线工程,里程45.29千米,上高西、高安西连接线二级公路,里程12.61千米,经过2年3个月的奋战,于12月28日建成通车,总投资23亿元。昌栗高速公路上高东连接线(B)一级公路改造工程,里程5.7千米,工程投资8000万元,于2015年4月开工建设,12月竣工;②昌栗高速公路上高东连接线(A)一级公路,里程6.20千米,工程投资12350万元,于2015年6月开工建设;③蒙华铁路上高段,里程21.5千米,工程投资21亿元,2015年8月开工建设;④石镇线公路(石湖大桥)改建(新建)工程,总投资13500万元,其中公路工程3.77千米,完成工程总量的18%,桥梁工程全长248米,完成总工程量的65%;⑤新建通自然村水泥路100条,里程73千米,工程投资1682万元;⑥新增通水泥公路25户以上自然村100个;⑦新建农林场水泥公路2条,里程5.1千米,工程投资177.5万元;⑧新建县道升级水泥公路1条,里程1.2千米,工程投资144万元;⑨新建乡道升级水泥公路3条,里程8.5千米,工程总投资523.6万元;⑩新建客运网络公路3条,里程5千米,工程投资350万元;改建农村公路危桥1座,全长38米,工程投资110万元;新建农村公路桥梁2座,全长151延米,工程总投资349万元。

交通运输业 全县拥有客运企业4家,新增1家,拥有营运客车204辆、公交车72辆,总座位8832个,有出租车141辆。全年完成客运量992万人次,旅客周转量4256万人千米,同比分别增长4%和5%;道路货运企业117家,新增53家。有营运货车3242辆22532吨位,新增货运车辆1085台7972吨位,分别增长3%和40.82%。年完成货运量1040万吨,货运周转量40500万吨千米,分别增长6%和5%。汽车维修企业147家,减少50家。汽车驾校7所,新增1所,全年培训学员6248人,增长11.65%。采砂船舶19艘,运砂船舶38艘,吨位270吨,全年完成水运货运量32.8万吨,货物周转量62万吨千米。

行业管理 全县全年举办交通运输从业人员学习班2期,参加学习人员75人,先后召开会议6次,发文2个,发电视通告1个月,张贴标语30条,横幅16条。出动交通执法人员1763人次,执法车467辆次,检查营运车辆1428辆次,查处违章客车49辆、面包车"黑车"8辆,取缔非法载客两轮摩托262辆和三轮、四轮电动摩托车125辆;查处违规营运出租车26辆、手续不全危险品运输车辆7辆、无道路运输证货车11辆、超限、超载车辆387辆,查处驾校异地培训8起。

(潘泓羽)

宜丰县

2015年,全县交通运输工作,坚持稳中求进工作总基调,深入分析交通运输在新常态下呈现的新特征,努力提高交通运输发展的速度、质量和效益,圆满完成"十二五"各项工作任务,实现宜丰交通运输快速发展、科学发展、安全发展、协调发展。

基础设施建设 昌栗高速公路宜丰段经过2年多的奋战,于2015年12月建成正式通车,该路宜丰段全长16.6千米,设石市凌江枢纽和宜丰南互通出口;铜鼓至万载高速公路元月启动征地拆迁,12月完成路基工程量90%,桥梁工程量70%;宜丰联络线于11月启动征地拆迁工作;6月,完成潭山上山田至双峰东村公路改造工程;10月,完成武吉高速公路宜丰收费棚改扩建主体工程。蒙华铁路宜丰段8月启动征地拆迁。10月,该路控制工程九岭山隧道开工建设。该路全长1837千米,其中,宜丰境内47.4千米,途经黄岗、石花尖、车上、芳溪、石市5个乡镇(场)。

民生工程建设 全年完成农村公路建设里程129.6千米(其中通自然村公路93.5千米,国有农林场公路24.7千米,县道升级项目新庄至泗溪3.4千米,乡道升级项目澄塘雷神至茜坑3千米,客运网络项目洞山旅游公路板坑水库至敖桥段5千米),工程投资5875.54万元;新增通水泥路自然村158个,全县通自然村水泥路硬化率70%;启动石市凌江大桥、蛮古桥、花桥义源桥、天宝藤桥和潭山窑棚丈桥5座,298.1延米;危桥改造和车上林场洞上村冯家独立桥,31.08延米建设,工程投资1011万元,12月完成2座170.18延米,其余4座正在建设中。

运输保障能力 全年完成客运量240万人,客运周转量9380万人千米;货运量8828万吨,货运周转量502474万吨千米,同比分别增长-3%、-0.7%、1%、0.1%。全县货运公司154家,货运车辆880辆,117715吨,客运、公交及出租车增至400余辆,汽车修理厂、配件厂38家,驾校4家,道路运输业从业人员超过1.5万人,运输产业税收超过亿元。新增5个行政村通客车,全县217个行政村客车通达率95%。

行业管理 执法人员参照政法系统干警津贴标准发放特殊岗位执勤费,提高执法人员待遇。开展运输市场整治,组织稽查人员500余人次,查扣涉嫌非法营运面包车20辆、无经营许可证货运车辆11辆、出租车2辆、其他各类非法营运车辆73辆,净化市场经营环境。抓好春节等假日旅客运输工作,全县交通安全继续保持良好态势。

(漆志勇)

铜鼓县

2015年,全县交通运输工作围绕"四个交通"发展总目标,抢抓国家加大交通基础设施建设投入的历史机遇,突出重点,苦干实干,全面完成各项目标任务,全县交通运输事业持续、快速、健康发展,助推全县经济社会快速发展。

基础设施建设 铜万高速公路铜鼓段动工建设,路基主体工程全面有序推进;蒙华铁路铜鼓段里程28千米,工程投资30亿元,改写该县无铁路历史,梦华铁路建设将进入高铁时代。完成交通重点建设项目6个,工程投资5650万元,其中:续建项目3个,新建项目3个;新建25户以上自然村水泥公路65条,里程56.4千米,工程投资18052万元;新建客运网络水泥公路6条、里程26.6千米,工程投资1969万元;新建改造农村公路危桥7座,里程385.5延米,工程投资501万元;新建农村公路安保工程项目一个,里程9.98千米,工程投资40万元;新建林区水泥公路申报计划5条,里程33.9千米,工程投资1090万元;铜鼓至大梅公路改建工程,完成工程总量50%;澡头至三枣岭水泥公路动工建设,里程7.3千米,工程投资292万元,12月建成通车。

运输生产　全县拥有客车85辆,座位2695座。同比分别增长12%和16%;开通班线58条,同期增加2条,通客班车行政村89个,通达率90.8%;全年完成道路客运量243万人次,旅客周转量141166万人千米,同比分别增长17%和14%;出租车39辆;道路货运企业115家,增加12家;营运货车3625辆,吨位44587万吨,新增营运货车1419辆,吨位17453吨,分别增长39%和39%;全年完成货运量2167万吨,货运周转量581160万吨千米,分别增长68%和66%;大段库区水路客运量6.2万人次,增长36%;机动车维修企业79家,新增12家;汽车驾校3所,全年培训汽车驾驶员2000余人,增长6 %;现代物流企业11户,增加1户;电商企业7家;宜汽铜鼓分公司农村直销店9家;县邮政局农村物流代办站9个。形成城乡物流网络化,实现全县农村物流全覆盖。

县交通运输局组织开展对大段库区客运秩序排查6次,经常性检查50次,出动检查人员200余人次,排查出安全隐患18起,取缔非法客运船舶2艘,下发违法整改通知书并进行处罚,限期整改到位。并督促天柱峰景区公司进行整改落实,下发整改通知书5份。先后开展道路客运、出租车客运、公交车客运、机动车维修业等安全生产秩序开展专项整治活动,出动执法人员2100人次,检查车辆286辆次,取缔非法运输车辆40辆、查处各类违规车辆124辆次,非法运输行为得到有效遏制,进一步净化交通安全秩序。全县实现道路客运无重大责任事故,水路客运、交通重点工程建设施工无事故。

(吴繁荣)

万载县

2015年,全县交通运输工作围绕“四个交通”总目标,团结拼搏,勇于创新,上下发力,全面完成各项工作目标任务,全县交通运输稳中有进,有力推进全县经济社会快速发展。

基础设施建设　万宜高速公路万载连接线一级公路,里程6.67千米,工程投资1.2亿元,于12月1日竣工通车;昌栗高速公路万载段,经过3年的奋战,于12月28日建成通车;昌栗高速公路万载互通连接线一级公路,里程1.00千米,工程投资871.22万元,与主线同步建成通车;北外环线、西外环线及竹山洞公路项目变更为G220万载绕城一级公路;铜万高速公路万载段,路基土石方工程完成90%;新建农村县道升级水泥公路2条,里程14.4千米,工程投资1194.3万元。新建农村客运网络水泥公路10条,里程31.1千米,工程投资1100万元,正在建设水泥公路4条,里程12.6千米,工程投资567万元,正在施工;新建和改建乡道升级水泥公路3条,里程4.6千米,工程投资175万元。在建水泥公路2条,里程3.7千米;新建农村通25户以上自然村水泥公路185条,里程170千米,工程投资4250万元,改建农村公路危桥1座,全长60.08米,宽5米,工程投资81.09万元。新建农村公路独立桥梁8座,全长812延米,工程投资2340万元。

道路运输生产　全县拥有客车145辆,座位4830个,同比分别增长4.3%和4.5%。全年完成道路客运量392万人次,旅客周转量18274万人千米,分别增长0.77%和4.3%。新开通农村客运班线1条,延伸线路3条,行政村通客车率96%。拥有公交车47辆,新增7辆,开通公交线路10条,增加1条。全县道路货运企业267家,新增82家,全县拥有营运货车13349辆,吨位161850吨,分别增长26%和27.5%;完成道路货运量4067万吨,货物周转量386365万吨千米。分别增长4.3%和6.4%;机动车维修业444户,新增5户;驾校11所,新增1所;出租车102辆。

交通安全　县交通运输局组织安全检查48次,取缔非法载客摩托车40多辆,拐的、电动车12辆;查处非法营运车辆150多辆,对驾驶员面对面进行安全教育70多人次。全县实现道路客运无大的责任事故,交通重点工程建设无事故。

(胡爱仙)

抚州市

2015年,全市交通运输部门认真落实上级决策部署,不断加快交通运输事业提速升级步伐,圆满完成各项目标任务,取得较好成绩。

基础设施建设 高速公路建设。7条高速先后启动或加快推进,其中金抚高速公路(金溪至抚州)建设工程于2015年11月6日建成通车;昌宁高速公路(南昌至乐安至宁都)建设工程12月底全面竣工,通车在即;资光高速公路(资溪花山界至里木)建设工程、东昌高速公路(东乡至昌傅)建设工程、船广高速公路(船顶隘至广昌)建设工程进展顺利;广吉高速公路(广昌至吉安西延伸线抚州段)工程完成初步设计;抚州东外环项目工程可行性研究报告编制完成。

农村公路建设 年度819.7千米农村公路建设计划全面落实,路面工程完成533千米,累计完成投资1.53亿元。完成危桥改造项目14座471.45延米,累计完成投资3824万元。渡口标准化建设稳步实施,9个标准化渡口建设项目完成,累计完成投资100万元。

运输站场建设 抚州市综合客运枢纽站建设完成,提前达到预定目标。南丰太和、黎川熊村、崇仁河上、金溪陆坊、东乡瑶圩、广昌长桥6个农村公路综合服务站先后竣工投入使用。临川龙溪、荣山,宜黄南源,资溪高田,崇仁桃源,金溪石门、琅琚等7个客运站竣工待验。南丰白舍综合服务站完成基础工程,项目进展顺利。建成罗霄山脉连片扶贫项目乐安牛田(流坑)客运站及候车亭26个。

交通运输 全市拥有道路客运经营业户42家,客运车辆1460辆,33005客位,新增县际及以上班线客车37辆、旅游客车14辆、新型环保公交车57辆,运力结构进一步优化。客运线路709条,跨省80条,跨地(市)118条,跨县83条,县内428条。全市客运线路平均日发班次5979班次。拥有等级客运站60个,其中:一级站1个,二级站13个,三级站2个,四级站1个,五级站43个。年完成客运量4738万人次,旅客周转量184288万人千米。货运站8个,均为四级站;道路货物运输业户10048家,货运车辆39117辆,426130吨位,年完成货运量13324万吨,货物周转量4194997万吨千米。拥有机动车维修业户535户,汽车综合性能检测站7个,机动车驾驶员培训业户31户,其中一级6户,二级19户,三级6户。拥有农村客运站1182个,151个乡镇的1713个建制村通班车。年完成农村客运量2259万人次,旅客周转量88929万人千米。通过大力发展农村客运,行政村通车率94.8%。

全市水运企业22户,沿海8户,内河14户,拥有船舶147艘,212509载重吨,57949.25千瓦,年完成运量195万吨,周转量152800万吨千米。

行业管理 提高安全应急能力。组织开展道路运输平安年、“打非治违”、危险化学品和易燃易爆品等专项整治行动,全市交通运输安全生产保持平稳,特别是渡口运输连续31年安全无事故。

道路运输环境得到新改善。开展“打非治违”“五车”整治等专项活动,运输市场监管得到加强。查处非法经营车辆109起,异地经营出租车48起,其他案件70件。违规违法行为得到有效遏制,客运市场秩序显著好转。

运输服务水平再上新平台。开通12328交通服务监督电话,24小时受理广大市民和从业人员咨询、投诉电话。行政审批服务水平不断提升,全年受理审批事项78件,98.9%提前办结。行政中心交通窗口先后获得交通运输部“全国交通运输行业文明示范窗口”、市行政服务中心“年度先进窗口”荣誉称号。

(陈根玲)

宜黄县

2015年,该县交通运输局围绕"以发展升级为主题,大力打造三大战役升级版,全力实施四大战略,谱写建设美丽幸福新宜黄的新篇章"的总体要求,较好地完成各项工作任务。

交通基础设施建设 完成水北二桥建设工程、官仓至曹山景区旅游线改造工程、宜黄县西外环线延伸段、宜黄县百花洲建设的设计方案。危桥重建共4座,建成1座(党口桥),完成基础工程1座(中港中桥),完成下部结构、正在板梁预制1座(梨溪老桥),组织招投标1座(三附三桥)。建成通村组(25户以上)水泥路16千米。完成道路抢修10座(县道圳新线3处、投资约10万,县道棠南线4处、投资约35万,县养省道厚莲线3处、投资约18万)。占地面积0.2公顷,建设面积750平方米,总投资50万元的南源客运站12月竣工。完成公路养护200千米。完成省道厚莲线8座危桥的设计及地基铺设任务。完成"十三五"交通运输规划预编制,完成增加四类危桥项目库(南源乡港口桥)、2016年危桥改造项目(田西桥、湖坪桥、嫣家湾桥)和"十三五"危桥项目库的申报工作。

交通运输发展 对参加春运的126辆客车进行送检工作,合格率100%。春运期间发送客车4640车次,安全输送旅客32万人次,圆满完成春运工作。

加大稽查力度,打击违规行为。查处违法违规行为97起。加强对道路运输企业安全监管,对11户道路运输企业(危货运输2家)进行质量信誉考核,对4户普货、1户危货企业的安全主体、安全管理存在的隐患下达整改通知书。

重视职工培训,提高队伍素质。对全县从事营运驾驶员的从业资格证进行诚信等级考核,完成1100人次的签证工作。

全县拥有客运企业6户,客车118辆,客运线路53条,平均日发班车225班次,年客运量142.5万人次,客运周转量4404万人千米。开通农村客运线路49条,营运客车60辆,日发班次138车次,乡镇通客车率100%,138个行政村通班车率86.9%。全县有货物运输企业54家,各类货物运输车辆1246辆,其中货车831辆、5068吨位;农用车415辆、469吨位,年完成货运量106万吨,货运周转量67586万吨千米。

城市公交进一步发展,县旺安城市公交公司投入450万元购买8辆公交车运营,开辟5条公交车线路,建设公交站台24个。全县公交车辆21辆,392座位,里程由原来的45千米延伸至85.5千米,年客运量20万人次。该县有出租汽车50辆,其中11辆进行更新,有效缓解群众乘车难问题。

交通行业管理 全面落实渡口安全管理目标责任制。完成背风嵊渡口的标准化建设,观音山渡口完成单边码头阶梯栏杆和风雨亭建设,更新钢质渡船2艘。渡运安全29年无事故。

建立健全公路养护制度。县道安排固定民工40人。全年投入资金120万余元,对县道公路进行养护管理,有效地保障农村公路安全畅通。

(宜黄县交通运输局)

东乡县

2015年,该县交通运输局围绕经济建设中心,加快交通运输发展升级,实现"十二五"圆满收官,为"十三五"开局打下坚实基础。

交通基础设施建设 ①农村公路建设。全年完成农村公路建设80千米。②实施农村危桥改造(2013—2015年)三年规划,2015年改造31座。③省重点工程东昌高速公路建设进展顺利,征地迁拆工作结束,路基工程按计划推进。县属重点工程社会停车场——城南停车场工程10月开工建设。

运输市场管理 ①公交管理日趋规范有序。县城区公交有效运营车辆投放60辆,其中为策应县城创建APEC低碳示范城镇战略,新引进8米长纯电动公交车10辆,城区公交线路8条,通达里程68千米,新建公交站台32个。②大力发展农村客运。为配合杭长高铁开通营运,开通抚州至东乡城际公共交通,运营状况良好。③开展整治"五车"专项行动,查扣各类"五车"1248辆,报废销毁、补偿1206辆,申请"五车"补偿资金163

万余元。教育、劝导49名非法营运车主改行再就业,接待来人来访300余人次。查处各类乱停乱放车辆900余辆,拖走乱停乱放报废车辆15辆、工程车辆8台。全县拥有大中型客车123辆,2311座;客运班线36条,营运里程5000余千米;出租车122辆;公交车60辆;货车6476辆,78624吨位。乡镇通班车率100%,行政村通班车率80%。全年实现客运量320万人次,客运周转量26960万人千米;货运量900万吨,货运周转量93800万吨千米。

(东乡县交通运输局)

黎川县

2015年,该县交通运输局坚持稳中求进工作总基调,适应交通运输发展新常态,加快项目建设,各项工作取得较好成绩。

交通基础设施建设稳步推进 重点交通工程建设。完成高速公路黎川互通西移项目可行性分析、环评、风险评估、地灾及矿产、水土保持等报告,与省高速公路投资集团有限责任公司签订同意黎川高速互通西移协议。完成尚岛山庄进庄公路项目设计和设计图会审等前期工作。

农村公路建设。①争取政府对农村公路县级配套资金184.8万元。完成通自然村水泥路40千米、客运网络化连通工程项目2个共4.7千米、危桥改造项目2座63米。②完成县乡道路网规划调整,规划县道9条,其中新增2条、调整3条,总里程164.04千米。③完成“十三五”交通运输规划编制,争取到省交通运输厅46.2千米通自然村公路建设计划。④编制旅游公路项目2个、县道升级项目6个、站场建设项目2个,黎川东华山水景区旅游公路批复列入省旅游公路2015—2020年建设规划,黎川县综合物流中心项目列入抚州市“十三五”交通运输规划。⑤出台《黎川县农村公路养护管理办法》,农村公路养护资金列入县财政预算。

全县农村公路通水泥路里程710.8千米,占全县通车公路里程60%,全县100%乡镇、100%行政村通水泥(油)路,全县入网公路总里程979千米,其中高速46.67千米、省道133千米、县道169.6千米、乡道323.3千米、村道352.2千米。

道路运输 公交车辆以及鸿运出租车全部安装GPS系统,提升行业服务质量。全县公路营运车辆2596辆,其中客运车辆73辆,货运车辆2434辆,出租车45辆、公交车44辆。车辆结构进一步优化,中、高档客车占客运运力总量41.7%。农村公路通班车率提高,客运班线通达14个乡镇场,拥有班线50条,行政村通班车率94%。全年完成公路货运量539万吨,货运周转量151460万吨千米,分别比上年增长1.74%;公路旅客发送量200万人次,旅客周转量15759万人千米,均比上年减少1%。

(黎川县交通运输局)

南丰县

2015年,该县交通运输局围绕全县中心工作,发挥职能作用,抢抓新机遇,开拓进取、扎实工作,各项工作取得新成绩。

交通基础设施建设 该县全力推进公路、桥梁、渡口建设。新建环城北路、观必上旅游公路、南丰大桥、盱江浮桥、黄井大道扩建、南建大桥扩建等一批重点工程项目,重点工程项目投资额达1.38亿元。完成乡镇危桥改造5座及白舍镇杨村渡口1个。建成农村水泥公路40.3千米,完成投资1147万元,行政村全部修通水泥路。全县形成“畅、安、绿、美”的公路交通环境。

交通运输行业管理 该县通过对道路客运市场秩序的整顿和规范,投诉率比上年下降40%。全年查处“黑车”2辆次,查处三轮车、农用车载客28辆次。全年处罚未按时参加审验和二级维护的货运车辆500余辆次,比上年减少300辆次。至2015年底,全县拥有客运企业4家,县城内客运站2个、乡镇客运站6个,其中太和客运站为综合服务站。有客运车辆195辆,其中南丰长运公司38辆,永安客运公司60辆,吉通出租车公司60辆,城市公共交通总公司37辆。跨省班线7条、10辆,跨区班线2条、7辆,跨县班线5条、19辆,县内班线24条、62辆。年完成客运量320.96万人次(不含公交车400万人次),客运周转量17820.9万人千米;有货运企业54家,其中新增物流企业7家。全县拥有货运车辆2619辆，35000余吨，年创物流税收达1.5亿元。年完成货运量612万吨，货运周转量156374万吨千米。

交通安全生产 取缔非法渡口渡船，渡运安全实现连续54年无事故。全年未发生重特大安全责任事故。

（南丰县交通运输局）

南城县

2015年，该县交通运输局奏响"发展升级、小康提速、绿色崛起、实干兴县"最强音，续写交通运输转型发展新篇章，取得提质增效新业绩。

农村公路建设 该县年度获准建设总投资17970.1万元，共66个项目，其中农村公路改造项目37条总里程78.9千米、危桥重建项目26座1063延米、公路安保工程项目3个45.5千米。建设项目全面开工，年底完成公路改造68千米，石湾桥等15座危桥改造完工，其余加紧建设中。同时，麻姑山旅游公路拓宽工程完成招投标。至2015年底，全县农村水泥公路突破1000千米，占农村公路总里程65.47%，农村公路通车总里程1539.6千米。

运输服务 ①物流运输。启动长珠闽现代物流园建设，吸引"小、弱、散"物流运输企业抱团发展与境外物流业大户投资南城兴业，促进物流运输业进一步做强做优。全县新增货车510辆，货运汽车保有量5920辆，总运力81000吨位，物流企业238家，从业人员2万余人，年营业额40亿余元，纳税2.1亿余元，夯实长珠闽综合物流中心的基石。②公共交通服务。面对向莆铁路带给公路客运尤其是城乡客运发展的冲击和变化，促进农村班车与城市公交的联动共进。在不增加公共交通运力的情况下，91%的行政村通班车。全县拥有道路客运企业4家，长途客车59辆、农村班车107辆、城市公交车52辆、出租车100辆，二级汽车客运站2个、乡镇客运站8个、候车亭55个、公交站台28座；公交覆盖县城"两河三岸"，营运里程78千米，全年完成客运量475万人、客运周转量24415万人千米；完成货运量3057万吨、货运周转量759471万吨千米。

展示新形象 服务大局高效。全力推进河东工业大道北延伸段、麻姑山风景区旅游公路、城上线拓宽工程等县重点工程建设；争取交通建设上级专项补助资金4000万余元，引进南城宏源物流运输有限公司和南城飞鹏物流有限公司，年度分别纳税260万元，江西点金机电有限公司落户河东工业园区，进资2000万元，超额完成任务。

（南城县交通运输局）

广昌县

2015年，该县交通运输局围绕建设"美丽莲乡·幸福广昌"，加快交通运输事业转型升级，完成全年工作目标。

交通设施建设 重点工程项目扎实推进。全年完成投资99560万元。投资21.9亿元的船广高速公路建设进展顺利，截至年底，征地拆迁工作全面完成，完成建设投资9.79亿元；正式启动投资1300万元的雁塔大桥扩建工程、投资3074万元的半岛大桥新建工程、投资2600万元的甘竹大桥重建工程、投资1100万元的河东景观坝步行桥工程、投资1.11亿元的G528龙广线中坊桥至何家井公路升级改造工程。

农村公路建设 全年完成投资4349万元。①杨坊至塘坊、高洲至重田、尖峰黄坊至东营、清潭至杨溪等县道升级改造项目进展顺利；②通自然村水泥路建设项目完成2015年计划项目106.7千米；③苏区振兴与扶贫攻坚危房整村改造点道路建设项目，完成赤水杨坊港王组等4个改造点的道路测量勘察和工程设计；④独立中桥和危桥改造项目，完成长桥珠江二桥、长桥下埔桥、赤水留田桥、驿前横路桥、驿前尖石桥、苦竹南源桥6座66.24延米桥梁建设，并顺利通车；⑤甘竹朝华山桥危桥改造正在紧张实施。争取农村公路养护地方资金144万元；筹资300万元完成水毁公路修复。

交通服务设施日臻完善。科学调整和规划城区公交线路和公交站台，新建公交站台25个，全部投入使用；报废更新出租车30辆，购进新能源公交车6辆；平安驾校升级改造顺利通过市级验收，辉达驾培中心正在紧张筹建；中利机动车检测中心正式运营;长桥农村公路综合服务站主体工程和附属工程全面竣工。

交通运输发展 全县道路运输业户1180户,其中货物运输业户1118户,旅客运输业户4户,运输服务业户14户,汽车维修业户44户。营运车辆4764辆,其中客车97辆,客运班线33条,省际班线10条,市际班线8条,县际班线3条,县内班线12条,客运站6个,其中县城长途客运站1个,农村客运站5个,候车亭96个,全县乡镇通车率100%,行政村通车率95%;出租车30辆;城市公交车24辆;普货运输车辆4525辆,计50602吨,新增货车413辆,同比增长12.8%,总计6518吨。危险货物运输车辆88辆,计939吨。年客运量427万人次,旅客周转量37217万人千米,分别增长4%和2%;年货运量463.5万吨,货运周转量93678万吨千米,分别增长2.3%和2.4%。

(广昌县交通运输局)

资溪县

2015年,该县交通运输局围绕“生态立县,绿色发展”战略,加快推进重点项目建设,完成各项交通建设目标任务,取得较好成绩。

交通基础设施建设 做好资溪至光泽高速公路建设协调工作,全面完成征地和房屋征收工作,确保高速公路建设项目的顺利实施,截至12月底,累计完成投资17.15亿元,占投资总额的63.49%。启动国道316资溪境内改造协调工作。

农村公路建设 升级改造县道金欧线,工程全长16.3千米,按三级公路标准建设,总投资约1300万元,项目于2015年6月完成招标,7月动工兴建。启动昌初线昌坪至马林段线县道升级改造,工程全长17千米,建设标准为三级公路,项目于2015年9月完成招标工作,总投资约800万元。组织实施马头山镇柏泉桥(245万元)、鹤城镇熊家桥(159万元)、昌初线和平桥(192万元)、鹤城镇中洲独立桥(138万元)、鹤城镇周家危桥(79万元)5座危桥改造项目建设工作,总投资813万元。完成通自然村农村公路续建工程8千米/7个项目,实现7个自然村公路硬化。完成县乡道编制2016—2020年资溪县农村公路生命安全防护工程改造项目规划,将该县98.14千米县道,172.1千米乡道列入农村公路生命安全防护工程改造规划项目库。向上级交通部门争取农村公路客运网络化连通工程6.2千米。投入机械台班580多小时,人员489人次,设立警示提示标牌128块,投入县道水毁抢修经费28万多元。消除交通安全隐患41处,有效保障公路安全畅通。

运输行业管理 全县客运企业4家,客车96辆,客运站点6个,开通客运班线28条,年完成客运量100.6万人次,客运周转量4557.18万人千米;货运企业40户,货车1127辆,年完成货运量201万吨,货运周转量21507万吨千米。公交公司1家,车辆8台、线路4条、站台64个,年完成客运量8.31万人次、周转量42.38万人千米。出租汽车32辆,完成客运量42.6万人次。汽车维修企业9户。

(资溪县交通运输局)

临川区

2015年,该区交通运输局围绕年初确定的目标任务,全面推进交通基础设施建设和交通运输发展,较好地完成各项工作目标任务。

交通基础设施建设 重点工程项目建设进展顺利。①东昌高速公路建设紧张有序,至2015年底,全面完成征地工作,开始路基、桥涵施工。②临川区福银高速抚北互通至温泉风景区连接线工程扎实有效,至2015年底,土方工程和桥涵工程全部完成,路面基层完成98%,面层完成95%。③昌抚城际大道规划建设快速推进,该局与沿线相关单位就线路选址问题进行认真研究,开工在即。④抚金高速公路在该区境内13.04千米,2015年11月建成通车。

农村公路建设 ①完成通自然村公路145千米。②完成农村客运网络40千米。③完成危桥改造4座计105延米。④完成农村公路维修和路基抢修任务38处,使用资金260万余元。

依法行政 40天的春运工作,全区参加春运客车446辆,9865座,完成客运量107.38万人,同比增长4.9%,实现春运安全零事故,圆满完成2015年春运各项工作任务。该区有10个渡口,分布7个乡镇,10个村委会,有13艘渡船,确保渡运安全。

道路运输行业管理 ①1月10日至3月15日,在全区范围内集中开展打击“黑车”等非法营运专项整治行动。专项整治期间,出动执法人员200余人次,执法车辆30多辆次,查扣非法营运车辆96辆;②开展道路旅客运输、危险货物运输安全生产专项整治活动;③进行“五车整治”,收缴“五车”1000余辆,城区交通秩序大为好转。有公路客运站10个,其中一级站1个,二级站2个,三级站2个,四级站5个;驾培学校9家;客车395辆11099座,货车4532辆31954吨,客货运输从业人员6900余人。全年完成客运量918万人次,客运周转量81015万人千米,同比增长1.78%、1.95%;完成货运量622.9万吨,货运周转量59387万吨千米,增长1.55%、1.62%。

全区交通运输安全形势总体平稳,水运、渡口、道路运输和工程施工连续多年未发生安全生产事故。

(临川区交通运输局)

金溪县

2015年,县交通运输局努力适应新常态,较好完成年度工作任务,有效保障交通运输事业持续发展。

农村公路建设 该局加强乡道、危桥改造和自然村水泥路硬化建设计划的争取和建设力度,争取交通建设项目4个,落实建设项目补助资金1782.63万元。完成乡道升级改造里瑶—石门5.9千米,自然村公路硬化改造98.3千米;修复损毁桥梁和路面17处;改造建设竣工陆坊连下桥、陈坊积艾家桥2座危桥,全县农村公路网络持续完善,通畅程度提升。

重点工程项目建设 金抚高速和高速挂线公路建设项目分别于11月和10月竣工通车,对促进县域经济发展有着十分重要的意义。

交通运输安全整治 该局针对影响农村公路桥梁安全的超限超载等违法违规行为开展专项整治,派出路政、运政执法人员156人次、车辆28辆次,配合各乡镇开展专项整理工作,确保农村公路桥梁安全畅通;同时强化对水上交通安全监管,在撤渡建桥和渡口标准化建设的基础上,积极筹措资金,对存在安全隐患的现有渡船全部进行更新升级,全县水上交通运输安全便捷。至2015年底,全县拥有营运货车3067辆,客车101辆,出租车50辆,渡船3艘。年完成客运量680万人、旅客周转量28700万人千米;货运量676万吨、货物周转量186402万吨千米。交通运输保持平稳,未发生任何安全事故。

(金溪县交通运输局)

乐安县

2015年,该县交通运输局推进交通重点建设项目和重点工作,较好地完成各项目标任务。

交通基础设施建设 重点工程建设。①昌宁高速公路建设。南昌岗上至宁都高速公路全长235千米,乐安境内65千米,途经7个乡镇,自2013年9月昌宁高速公路(乐安段)征迁工作启动后,项目按计划在12月底建成通车。②厚发工业园区南北主干道改建工程长3.5千米,总投资3000万元,12月底建成通车。③国道G238马蹄潭大桥至县城段公路升级改造工程长16.4千米,投资3.5亿元,年底主体完工,完成投资额1.75亿元,完成总工程量50%。④国道G322宜黄黄陂至乐安鳌溪段新建工程建设项目(乐安谷岗至鳌溪段)全长30.15千米,按二级公路标准建设,投资规模4.77亿元,各项前期工作顺利进行。⑤戴坊至新干公路升级改造,是抚州公路网规划中的骨架公路,路线全长10.123千米,该项目上报获批准建设,二级公路标准,投资总估算5402万元,前期工作有序推进。⑥昌宁高速公路乐安北互通连接线公路全长5.12千米,投资5100万元,完成土石方99%,路基垫层铺设完成,工程建设有序推进。

农村公路建设 县道升级改造和红色旅游公路项目全面展开。①流坑至枫树下、银口至参陂、乐安至南村3个县道升级改造项目及万崇至湖坪红色旅游公路建设项目建设里程共计45.7千米,总投资9000万元。②银口至湖坪公路11月底建成通车。③乐安至南村公路A段建成通车。④

流坑至枫树下公路、流坑至水南段竣工通车,水南至枫树下段完成工程量50%。⑤万崇至湖坪红色旅游公路完成工程量40%。⑥省下达该县通村组公路计划89.7千米,至年底完成任务90%。投入50万余元用于维护县乡道的正常运行。组织80多人对4条山区道路112千米,进行清除路障工作。加强对危桥的改造和建设安保设施,重建危桥340延米/8座、倒塌的桥涵480延米/26道,84座危桥全部设置安全标志牌,限重限高。累计修复破损水泥路面层9680平方米,修补路基18670平方米,清除水毁塌方23000余方,实施安全保护工程18千米,有效保障农村公路畅通。全县乡镇、行政村通客车通达率分别达100%和98.3%。

道路运输行业管理 查处非法载客经营行为。出动执法人员150余人次,检查各类运输车辆80多辆次,查处非法经营车辆16辆,违法驾驶员培训点2处,纠正各类违章60余起,罚没金额7万余元。

货运企业质量信誉,对考核未达A级的企业下达整改书,对整改仍不到位要求企业退出运输市场,对122辆连续2年没有参加营运证年度审验的货车,注销其营运证。并对12吨以上的货车安装卫星定位装置。做好驾驶员从业资格诚信考核工作。对全县2200余个驾驶员的从业资格进诚信考核,合格率99.5%。全县客运车辆121辆,货运车辆175辆,年完成客运量100万人次,客运周转量21080万人千米;货运量107万吨,货运周转量20700万吨千米。

(乐安县交通运输局)

崇仁县

2015年,该县交通运输系统按照“建设幸福崇仁”的总体部署,交通运输事业取得新发展。

交通基础设施建设 ①全年完成建设投资5923.5万元,其中公路建设投资完成5296.5万元,农村公路养护完成投资237万余元,农村公路危桥改造完成投资370万元,渡口标准化项目工程建设完成投资20万元;②实施通村组公路新建路面硬化项目165个,计153.3千米,县道升级改造项目1个,计6.2千米和农村客运网络化连通工程项目3个,计8.9千米,分别完成投资3832.5万元、930万元、534万余元;③农村公路养护县道201.25千米,重点抢修和修铺崇丰公路,铺垫碎石500方,完成投资237万元;④5个危桥改造项目相继开工,3座新建独立桥稳步推进。至2015年底,全县境内公路总里程1879.22千米,其中:高速公路40.51千米、国道45.79千米、省道133.74千米、县道190.25千米、乡道404.68千米、村道626.19千米、乡村小道438.07千米,已硬化里程1249.39千米、占66.48%,未硬化里程629.83千米,占33.52%。

行业管理 道路运输业平稳发展。全年道路货运方面新注册企业8户、车辆151辆、吨位1456.56吨;新增4个行政村通班线客车;运输企业形象进一步提升,AA级以上企业占比98.6%;运输市场监管得到加强,在“两客一危”车辆普及,在线率95%的基础上,货运车辆安装GPS监控平台756辆、新装498辆,安装率70%;深入开展“六车”整治活动,查处“黑的”26辆,查处出租车违规和拐的、摩的60余起,开展驾校整治3次,下发整改通知书6份,客运市场秩序进一步好转。全县拥有营运汽车1895辆,其中营运货车1707辆、吨位21657.94吨位,有危货企业3家、车辆71辆、吨位1088吨,实际新增车辆151、吨位1456.56吨;营运载客汽车188辆、3265个座位(其中:大型客车19辆,中型客车73辆,出租车63辆,公交车33辆),比上年增加1辆、33个座位。县内公交线路6条,投放公交车33辆;客运班线46条、车辆92辆(其中省际班线6条、客车12辆,市际班线4条、车辆10辆,县际班线5条、客车17辆,县境内班线31条、客车53辆);全县乡镇通班车率100%,行政村通班车率94%、同比增长2.9个百分点。全年完成道路客运量107.45万人次,旅客周转量6757.66万人千米。

全年实现旅客运输安全零事故、零投诉、零死亡。渡口渡运实现连续35年渡运安全无事故

(崇仁县交通运输局)

上饶市

2015年,上饶市交通运输系统以“建设提速、管理创新、服务升级、和谐发展”为目标,适应新常态,抢抓新机遇,开拓创新,务实作为,较好地完成各项年度目标任务,交通运输事业提质提速迈出新步伐、取得新业绩。

交通基础设施建设 该市完成交通固定资产总投资30亿元,同比增长33%。争取部、厅公路建设项目计划2332千米、桥梁建设项目计划2231米/61座、上级项目补助资金3.96亿元。德上高速公路怀玉山连接线和上铅快速通道建成通车,上万高速公路、上广快速通道、福州港上饶码头项目加快推进。

农村公路建管 农村公路建设全面提速,完成农村公路建设2036千米,其中通自然村公路项目1600千米。完成各类桥梁项目52座,其中改造危桥46座。完成安保工程177千米。创建文明示范路300千米。全市农村公路综合好路率较上年提高1.2个百分点。上饶市农村公路管理处获得全国农村公路养护与管理先进集体。

交通运输保障 道路货运量、客运量仍保持全省前列。加强上武高速运营管理,收取通行费4053万元、实得2213万元,比上年分别增长3.8%、5%。认真贯彻优先发展城市公交战略,中心城市新增40台新能源公交车,新开通3条公交线路。上饶12328交通运输服务监督电话平台全面建成并开通营运。扎实开展节能减排工作,淘汰老旧、黄标车5028辆。

运输市场整治 先后举办3期近4000人次的从业人员培训班。贯彻驾培行业两项新国标,清理违规挂靠点68个。开展专项整治,查处各类非法营运车辆413起。排查“两客一危”重点运输企业52家、车辆2362辆,对未整改到位的104辆“本质超载”罐体车辆按规定程序注销道路运输证。开展水路运输市场整治,将全市13家水运企业列入落实安全生产主体责任名单。严厉打击危险化学品偷装偷卸行为。规范港区砂石开采运输行为。

交通工程质量监管 全市受监桥梁104座/8799延米、隧道5座/3601米、公路1096.8千米/163个项目。全年下发交通工程质量安全督查通报55份、工程质量抽查意见书18份。交通质监机构标准化建设取得显著成效,全省质监机构达标建设现场会在该市召开,市交通质监局成为全省唯一通过省局验收的市级质监机构达标单位。

交通行业安全监管 组织开展安全知识教育培训2000余人次。加快乡镇渡口标准化建设,完成改造项目7个、累计完成28个,其中11个项目通过省港航管理局验收。加强交通运输企业安全生产达标考核工作,对75户通过达标考评的运输企业进行发证,对450户交通运输企业达标考评情况进行统计摸底,对14个重点工程项目进行“平安工地”考核。

(上饶市交通运输局)

信州区

经济指标 交通系统累计完成财税任务1.21亿元,同比增长15.19%;完成物流产业税收约9130万元,占计划任务的106%,增长约10%,占全区物流税收总量近1/3,新引进物流企业14家。

重点工作 1. 物流产业稳步发展。全区累计完成物流产业税收3亿元,同比增长21.5%,占全区财税总量的七分之一强,总量位居全市第一。新引进物流企业37户,年纳税超百万达72户,新增货运车辆272辆,总运力13万吨,超额完成年初确定的新引进30户,年纳税超百万物流企业60户的目标。

2. 重点项目有序推进。国道320改建、上广快速通道2个项目共涉及土地征用240公顷,拆迁面积近12万平方米。国道320项目征地全部完成,完成拆迁 6.43 万平方米,占总数的 81%;上广项目征地完成 81.73 公顷,占 93%,拆迁面积 2.35 万平方米,占总数 68%。

3. 汽车园建设打造亮点。先后完成茅盘线 110 千伏高压线迁移作业、园区内三纵两横道路管网、机场路沿线 6 米高广告围挡的建设和 4 栋商业楼内外装饰,平行进口车试验基地落地并开通试运营,二手车市场在年内实行封顶,圆满完成全市经济巡查任务。

4. 农路管养夯实基础。总投资 700 万余元的农村公路综合服务站项目完工,该项目集农村客运、农副产品配送、公路养护中心、交通工程质监于一体,全面覆盖该区农村路网。

结合交通职能推进贫困村道路建设,3 个贫困村争取列入交通口项目库 18 个,完成 7 个,合计里程 2.4 千米,落实配套资金 19.2 万元。

自身建设 1. 运政管理显特色。货运抓发展,年吨位数增万吨以上,车辆总数、吨位总数占全市四分之一强;客运、危货运输抓安全,8 家客运企业、5 家危险品运输企业通过交通运输部安全标准化建设验收;全年出勤 639 人次,查处各类违章违规行为 300 余起,协助公安交警部门查扣各类违法车辆 700 余辆,净化道路运输市场环境。2015 年春运投入运力 256 辆,发车 20467 班次,发送旅客近百万人次,春运安全十年零事故。

2. 农路建设谋发展。2015 年,争取通自然村计划 30 千米,涉及 44 个自然村和 2 个贫困村,同时争取县道升级、客运网络化工程、国有林场通水泥路等 3 个重要农村公路项目,争取上级项目资金 507 万元。路网干线实现 30 千米县道干线全覆盖、乡村道路有重点的运行管理模式。

(信州区交通运输局)

上饶县

交通基础建设 1. 农村公路建设工作。投资 4590 万元完成通自然村公路硬化项目 167 个 153 千米;建设农林场项目 18 个 39.5 千米;开工建设新建独立大中桥项目 1 个 146 延米;完成农村客运网络化连通工程 8 个 29.9 千米。重点工程项目:完成省道 S203 灵山—上饶公路 35.8 千米项目立项、初步设计的审批;完成国道 320 南移工程征地面积 44.02 公顷,全线路面贯通。

2. 农村公路养护工作。投入 210 万元对姜湖、上杨、皂周等公路进行维护加固和设置安全警示牌等安保措施;河北至下会坑 18.89 千米和里洲至大坳 17.57 千米列入 2015 年文明样板路建设。2015 年投入资金 340 余万元。

道路运输行业 1. 道路运输市场实现多元化发展。

全县有客运企业 6 家,客车 188 部,三级客运站 1 个,开通各类客运班线 73 条;机动车维修企业 170 户,其中一类企业 19 户,二类企业 57 户,三类企业 94 户;驾驶员培训机构 10 个;完成客运量 511 万人次,客运周转量 21546 万人千米;完成货运量 4323 万吨,货运周转量 482960 万吨千米。

2. 有力维护运输市场秩序。出动执法人员 425 人次,检查源头企业 21 个,维修企业 3 个,下发整改通知书 3 份,处罚违规企业 3 家,整治和处理非法营运三轮车近 900 辆。

3. 交通安全管理取得新水平。保持全县水上安全、道路运输安全、公路施工安全生产的稳定,实现全县交通安全零事故。

(上饶县交通运输局)

广丰区

交通重点工程项目和基础设施建设 1. 上广快速通道项目广丰段路基及防护、排水工程全部完成,沥青路面主线摊铺完成 2.1 千米。信州区段完成路基土石方工程 130 万立方米、16 道涵洞工程,占已交付路段工程量 58%。朝阳镇洋坞尖隧道开工建设。大桥标段信江大桥开工前期准备工作。

2. 大石—湖里旅游公路项目于 2015 年 7 月 14 日开工建设,于 2015 年 12 月底完成路基建设。

3. 上广公路提升改造工程(二期)洋口段于 2015 年 7 月初开始施工,10 月底完成全部工程项目。

4. G353 宁德至福贡(广丰区大石—五都段)公路拓宽改造项目完成项目的立项及规划等前期工作。

5. 危桥改造计划17座，完成5座，其余12座正在实施中。

6. 建设完成五都、铜钹山2个农村公路综合服务站。

道路运输管理 1. 完成2015年春运工作。全区投入营运客车406辆，完成客运量1456128人次，比上年增长3.2%，连续12年无道路旅客运输安全责任事故和死亡人数为零。

2. 出动执法人员800余人次，累计检查货运车辆400余台次，走访沙石场、货物集散地、矿区60余处，对86台脱落扬撒车辆进行行政处罚，出动执法人员1200余人次，查处各类违章169台，其中查扣非法营运车辆153辆、其他违章车辆16辆。

3. 组织由30辆出租车和50余辆社会车辆组成的“高考爱心车队”为高考生提供无偿送考服务。

4. 出动执法人员600人次，依法查处非法轿车客运19起，非法面包车客运26起，非法货运车辆92起，未经许可擅自改装营运车辆16起，其他违章110起，进一步规范道路运输市场。

农村公路养护管理投入养护经费260万元，升级改造农村公路6.6千米；改造危桥5座；修复破损路面12000平方米；开展农村公路安全生命防护工程68.69千米。

交通运输安全生产 该区全年召开安全例会和安全工作会议15次，组织安全培训2次，悬挂横幅标语160幅，张贴小标语1000余幅，散发宣传资料10000余份，举办宣传板报（专栏）60余期，播放安全教育警示片10余场次，通过GPS、CDMA监控平台发送安全提示信息16000余条。组织开展交通运输安全生产大检查6次，日常督查150余次，检查客货车辆1500台次，查处违章行为205余起，查处违章案件5起，整改隐患38起；清排路障20处，完成公路波形防护栏设置80千米。

（广丰区交通运输局）

玉山县

重点工程建设 ①县城至高铁玉山南站连接线（金沙溪大桥至沧溪桥段），该项目于2015年10月10日竣工。工程总投资1.33亿元。②公交客运站（综合服务站）建设工作。投资4000万元兴建的玉山县公交客运站（综合服务站）建设项目位于玉清大道与津门路东南交界处，该项目年底全面完工。

农村公路建设 ①全面完成自然村公路项目135千米。②农村公路危桥改造验收情况。梨华线中干渠Ⅰ桥、建设中桥进入工程收尾阶段。张岭大桥，完成4个桩基。全面完成十里山大桥等8座危桥改造交工检测、验收工作。③投资500万余元抢修省道S306陇首至葛岭头段、县道X659南山段水毁工程。④县道升级改造。县道梨华线双明段2.7千米升级，开工建设。⑤申请调整乡道上陶至石头山公路为县道，并申报升级改造或改建。

创建文明样板路：县道紫花线、乡道周家坞至茗坞增设千米桩、路面标线、路树种植4000余棵，投资50万元。

道路运输管理 1. 完成春运工作。春运全县发送客运车辆7587辆次，输送旅客44.09万人次。未发生一起旅客滞留事件、未发生一起安全责任事故、未接到一起重大服务质量投诉。春运期间，检查车辆300余辆次，查处非法载客11起。春运期间发放省际临时班车牌336张。

2. 做好驾培机构两项国标初验工作。按国标对5家驾校进行初步验收。上述5家驾校均降为三级驾驶员培训机构，增设C2的培训业务。

3. 维护市场秩序助推行业发展。2015年查处各类违规车辆625辆次。

4. 加大招商引资力度、加快现代物流业发展。全年全县新增客运出租车50辆，货运运力稳中有升，新增普货企业24家，新增货运车辆230辆，新增吨位618吨，机动车维修企业新增10家。

5. 全面开展质量信誉考核、精心组织营运车辆审验工作。企业考核率、营运客车考核率、教练员考核率均达100%。年度审验农村客运班车141辆，公交车43辆，出租车150辆，货运车辆1033辆。

（玉山县交通运输局）

弋阳县

公路建设和管理 完成2014年度自然村公路100千米验收工作;完成2015年度通自然村125个,总投资2530万元自然村公路110千米申报工作。

全力推进上万高速重大项目建设。抓好上万高速公路弋阳段土地和房屋征拆工作。土地、清表、便道完成,迁坟1330座,房屋征收11户。

农村公路管理。出动宣传车27次,发放宣传资料3000份,处理乱堆乱放1800平方、教育纠正违章车辆180辆,切实维护好路产路权,保障农村公路安全、畅通;为确保公路畅通,投入资金110万元对县乡道重要路段进行日常养护和水毁路段抢修。

加强交通运输行业管理 提升交通运输服务能力。全县有客运企业10户,客运车辆321辆(其中:省际班线3辆、市际班线13辆、县际班线24辆、县内班线121辆),公交车60辆,开通公交线路9条;出租公司1家,出租车100辆;有普通货运业户1604户(其中三类危险货物运输1家),货运车辆4242辆,总吨位25320吨。全县17个乡镇(场)通班车率100%,155个行政村通班车率90%以上。

抓好城市公交出租客运管理。分批更新43台空调车,实行残疾军人和70周岁以上老人免费乘公交车。全县有公交车67辆,营运线路9条;出租车行业发展平稳,出租公司投资800万余元,分批更新出租车80辆。

(弋阳县交通运输局)

余干县

项目建设 1. 干越大桥。省道石宁线(S208)余干县干越大桥工程(马背嘴大桥扩建项目),项目全长1.71千米,总投资9000万元(其中上级补助749万元,县级配套8251万元)。项目于2013年11月正式开工建设,2015年1月28日建成通车。

2. 争取上级项目资金。2014年年底,向市交通主管部门申请拨付2011年、2012年、2013年通自然村公路的尾款,2015年3月,拨付1300万余元到位。

3. 农村公路建设情况。完成通自然村公路52千米,在建104千米。

督查2014年及以前通自然村公路的建设情况,截至5月底,完成172.8千米。

4. 李管线县道路面升级改造工程。县道升级改造项目李家渡至管枥全长7.2千米,总投资1265.11万元。上级主管部门立项,进入实施筹备阶段。

(余干县交通运输局)

婺源县

重点项目建设 1. 县城外环线项目建设总里程26.68千米,建设标准为一级公路(含十里铺至清华路口连接线2.35千米、汽车城连接线1.8千米),总投资7.19亿元,至10月,完成投资48179万元。

2. S201大二线:沥青面层完成8.01千米,汽配城连接线,1.8千米垫层完成,K39+600至K40+000段上基层水稳全部完成。

3. 十里铺至清华路口连接线路基工程完成土石方量61%,涵洞完成60%,10月进入招标阶段。

4. G237济宁线路基工程完成土石方量100%,涵洞完成100%;下呈大桥梁片架设完工,左幅桥面300米铺装全部完成;水泥稳定下基层完成左幅1千米,右幅500米,水泥稳定上基层完成200米。

5. G351台小线完成沥青面层1.3千米,土石方量40%,福洋大桥下部构造完成,梁板预制20片左右。福洋至高砂段场地清表完成,土石方涵洞施工。

6. 年内争取实现大二线全线完工;连接线完成路基工程;G237县城段沥青路面通车;G351福洋桥架梁片,完成路基工程。

7. 赋春至镇头新田至金家坞头专项公路,

26.1千米，三级公路标准，计划总投资8770万元。

农村公路建设 争取项目513.90千米，资金8368.8万元，其中：自然村计划项目308.1千米，补助资金2464.8万元；县乡道升级改造、农客网改造、安保、桥梁等项目计划37个209.90千米，补助资金5622.0万元。新增项目4个13.9千米，补助资金282万元。

2015年，农村公路建设任务是路面硬化500千米，新建桥梁25座，完成路面硬化406千米、新建桥梁7座。同时加强文明示范路创建工作，投资200万余元，对县道实施绿化提升工程。

公路养护 5月以来，由于连续暴雨，引发洪水、塌方、山体滑坡等地质灾害，县道万田庄至香屯、婺源至小港塌方132处，路面被冲毁1.16千米；自行车道旅游公路路基下侧塌方严重；江湾低源公路路面7处约500余米的水泥路面被冲毁；江湾大潋公路出现塌方十几次（处），水泥路面路基被冲空670余米；东头、晓容、钟吕等32条通村公路交通中断。冲毁路基1162723立方米；砂石路面1381120平方米，沥青路面147420平方米，水泥混凝土路面118215平方米；桥涵673道；挡墙62163立方米；山体滑坡塌方669651立方米，直接经济损失1.82亿元。灾情发生后，该局及时下拨水毁资金近100万元。

运输行业管理 2015年春运，全县安全运输旅客85万人次，票房收入较上年增长1.5%，打击外地非法营运客车22辆，非法售票点1处。

运输市场整治 出动运政稽查人员235人次，查扣非法营运车辆55辆，有效遏制非法营运车辆，取得阶段性成果。

（婺源县交通运输局）

万年县

交通项目建设 1. 总投资8160万元的疏港公路4月交工验收。

2. 总投资约2800万元镇垱线（珠田至陈营段）二级公路升级改造工程于9月开工建设。珠田境内完成土方40000立方米，桥桩基础完成2个，殷河大桥正在装机；陈营镇境内路基正在清表，300平方米场地完成。

3. 县道石垱线（石镇—梓埠）11.5千米改造完成，完成投资589万元；乡道（石镇—大黄）8.6千米改造完成投资542万元。

4. 2015年，农村公路新建改造计划完成130千米，完成投资3900万元。2015年，向上级单位争取到8座危桥改造计划，开工建设5座，其中大桥1座（越溪大桥）。10月，向上级单位争取到县乡道路面改造计划94千米，争取项目资金3760万元。正在实施县道黄柏刘至桐山、石镇至当下公路路面改造招投标工作，12月26日开标。

5. 万年港码头分两期建设，一期完工并投入运营，完成投资7000万余元，二期工程开始建设。

6. 全力配合上万高速建设。上万高速全长78千米（万年段28千米，投入资金16.8亿元）。征地、拆迁、交地进度在沿线县市名列第一。上万高速完成路基80%，全线盖板涵、圆管涵和桥梁的下部构造及基础完成。

7. 上万高速万年连接线（5.4千米，投资约8000万元）原设计为二级公路，现改为一级公路。项目工程造价县财政评审中心正在评审，环评等报批手续正在进行。

8. 青云农村公路综合服务站主体工程完工。

交通行业管理 该县有客运车辆262辆，班线21条（县际8条、市际6条、省际7条），完成客运量162.68万人次，同比增长2.87%；货运企业53家，货运车辆268台，完成货运量298.7万吨，货物周转量39925万吨千米，增长31.61%；水运企业3户，各类运输船舶84艘，完成水路货运量126.2万吨，货运周转量6223.05万吨千米，增长2.36%。

路政管理方面。交通路政大队清除路障62起，查处违章违法运输车辆142起，纠正损害公路违法行为72起，追偿公路损失34.3万余元。

运政管理方面。运管上路稽查出动1100人次，检查车辆2686辆次，查处擅自改装货车286辆，非法载客36辆。

港政管理方面。集中整治辖区内沙石船、非法载客船只，查安全隐患21处，全部整改到位。

（万年县交通运输局）

铅山县

农村公路网络化建设 1. 农村公路建设。完成通自然村公路路面硬化93.5千米。县道陈老线横山至伦潭段路面7.5千米硬化工程正在加紧施工。彭车线、港上线、虹五线改造工程。彭车线(彭村至沙坂段)全长约7千米,四级公路拟按三级公路升级改造,投资1400万元,10月15日开工建设,路面破碎完成60%;港上线(葛仙山港东至湖坊港上)12.6千米四级升三级改造,投资1500万元,9月1日开工建设,完成5千米路面拓宽,完成2千米水稳层;虹五线(虹桥至五都段)进行大中修,全长约4.16千米,投资439万元,10月8日开工建设, 12月底建成通车。

2. 樟太篁公路太源段水毁维修工程。太源段水毁维修工程路线长10.2千米,总投资389.31万元,完工。

3. 危桥改造。尤田桥、港背桥、柴家桥、虾公山桥、岩山嘴桥、青溪小桥、宋家畈小桥建成通车。康家垄大桥启动招投标;陈坊乡荆福桥桥面铺装;里江东桥、虹桥乡费家桥、青溪万年桥正在施工。

旅游公路建设 ①石塘至柏畈红色旅游公路。总投资3300万元,全长4.8千米,二级旅游公路。一标段完成80%的土石方,中洲小桥和大桥完成桥面铺装;二标段完成土石方,电站小桥完成,尤田大桥完成桥面铺装和护栏安装,二标段垫层铺筑完成80%。②车盘至篁村旅游公路。总投资1000万元,全长10.3千米,完工。

③车盘至北武夷旅游公路。总投资1800万元,全长10.2千米,其中三级公路7.2千米,四级公路3千米,于2015年5月开工建设。

交通重点工程项目建设 上饶经济开发区至铅山县城连接线。全长约14.67千米,在该县境内约5.96千米,全线按一级公路标准建设,总投资4亿元,11月底竣工通车。

农村公路养护管理 1. 全年养护农村公路里程804.34千米,清理水沟500多千米,清除杂草1400余千米,培育路肩200余千米,全县农村公路养护率100%。

2. 强化水毁公路的抢修,确保公路畅通。完成陈老线路基缺口混凝土挡墙30立方米,浆砌片石挡土墙300立方米,彭车线浆砌片石挡墙300立方米,港上线路面维修1千米,完成陈老线石涵段砂石路面大修7.0千米,新增涵管1道计8米,汛期清理塌方10000立方米,疏通100余处。

3. 建立安全生命防护工程基础数据库。对全县800余千米的农村公路进行基础数据统计申报工作,并争取到县、乡道的安全生命防护工程数据列入上级项目库。同时,完成陈老线安全生命防护工程160万余元工程量,新增安全警示标志200余块。

④加快新型物流产业发展。华林物流产业园建成仓储面积1800平方米,入园的电子商务配送企业及其他企业16家,形成汽车销售、汽车维修、服务代理一条龙服务。全年新增货运企业50余家。

⑤规范维修、驾培市场秩序。全年新增二类维修企业3家,三类维修业户6家。对2000余辆车进行二级维护和技术等级评定工作,对189辆客运车辆进行安全检测,辖区内4所驾校按照“新国标”要求改造,并通过验收;开展机动车驾驶培训管理系统升级试点工作,所有教练车安装人脸识别系统,并取得圆满成功。

⑥完善农村客运站亭建设。黄岗山汽车站、陈坊汽车站通过市运管局验收并投入使用。

交通安全生产管 圆满完成春运任务。春运期间,投放客车121辆,完成旅客运输40.4万人次,同比减少0.1% ,其中加班589辆,包车81辆,辖区内未发生一起重大责任事故;加大道路运输市场的监管力度。检查车辆650辆余次、查处“黑车”“ 黑的”120辆,客车15辆、危险品车8辆、其他违章车辆100辆,上网案件110件;处理非法客运案件24起,非法货运案件109起,非法危险货物运输案件3起,非法改装车辆案件10起,其他违法案件118起处。全县300余台货运车辆安装卫星定位装置,确保安全运行。抓好渡口的日常监管与浮桥安全管理。把牢春节等重大节日期间的渡口安全管护工作,全年例行检查船舶50艘次,发出停航整改通知书9份,消除渡运安全隐患;更换康家垅、宋家埠等渡口渡船2艘,确保该渡口的安全渡运。

(铅山县交通运输局)

鄱阳县

农村公路建设 2015 年,完成客运网络化公路 43.8 千米、通自然村公路 280 千米。全年启动建设的县乡公路改造项目 97.7 千米,12 月底完成 80 千米,

国省道建设 省道德三线延伸线(鄱莲快速通道)14.2 千米新建工程和国道芜汕线 G236(原省道石宁线)鄱阳游城至田畈街段(14 千米)和饶丰至珠湖农场段路面改建项目(16 千米)大中修工程于年底前竣工通车。

大中桥和危桥建设 饶埠上湖洲新建独立中桥和算卜、大仿二桥、港西等 5 座危桥改造项目全面完成。

物流产业发展 完成物流税收 8000 万余元,在物流产业办办理扶持资金奖返 4500 万余元。全县有 19 个乡镇实现物流企业税收收入。

公路运输管理 开展整治城区道路运输市场秩序工作。出动稽查人员 2000 余人次,查扣非法营运车辆 96 辆,对证据确凿的 46 辆非法营运的“黑车”进行从重处罚。全年未发生一起重特大安全事故和旅客滞留事件。完成道路客运量 1666 万人次,客运周转量 63989 万人千米;货运量 1327 万吨,货运周转量 237090 万吨千米。

(鄱阳县交通运输局)

横峰县

重点项目建设 上万高速公路征拆服务工作优质高效。世行贷款城铺大道扎实推进。规划四路、创业大道北延路基工程完成,兴安西大道开始管涵工程。世行贷款姚港公路开工建设。县城至港边乡公路施工单位于 10 月进场,正进行桥涵施工。上万高公路横峰出口互通连接线项目做好开工准备。项目总投资 9800 万元。红色旅游白沙岭至楼底公路 5 月完工。

项目规划 危桥改造规划。将全县 59 座危桥列入省危桥改造项目库,危桥改造数量列全市第二。

民生改善加快推进农村公路基础设施建设,完成通自然村公路 101.3 千米,完成危桥改造 5 座 109 延米,全县县道三级及以上公路占县道总里程 53.46%。乡道四级以上公路占乡道总里程 94.49%。在全市率先完成 25 户以上自然村通水泥路,自然村 100% 村村通水泥路。

加强农村公路水毁抢修和日常养护。投资 450 万余元对县道坑清线、山葛线,乡道葛新公路进行路面维修,汛期积极采取应急抢修方案,清理塌方 3000 余方,修复路面 4000 平方,危险路段新砌浆砌挡土墙 300 米,

文明交通创建 全县抽调公交车、出租车、教练车计 108 辆爱心助考车,高考期间免费接送考生 1172 人次。

主要亮点 交通建设稳增长。争取各类交通建设资金 5000 万元,其中通自然村公路 1360 万元,上万高速连接线 2000 万元,县乡道升级改造 600 万元,赭亭山景区等旅游公路 680 万元,公路养护和危桥改造 350 万元。重点交通项目和农村公路建设完成投资 8000 万元。

(横峰县交通运输局)

德兴市

交通建设情况 1. 自然村公路建设。争取 2015 年自然村公路建设 103.6 千米,完成 103.6 千米自然村公路建设,完成投资 3100 万余元。

2. 重点公路建设快速推进。抓好德上高速至合福高铁德兴站新建公路建设。该项目为续建项目,路线全长 5.69 千米,按照二级公路标准进行建设,项目预算总投资 12744.78 万元(施工合同价 8269.12 万元),2015 年 12 月建成通车。抓好祝梧公路建设。该项目为续建工程,路线全长 15.53 千米,总投资 4800 万元,按三级公路标准改造。该公路由德兴市公路分局负责建设,2015 年 11 月建成通车。抓好高铁三清山连接线项目建设(该项目包含一期和二期工程,一期工程为畈大至龙头山公路项目;二期为合福高铁德兴站经李宅至畈大港首服务区连接线项目)。一期项目按照二级公路标准建设,投资 1.93 亿元。开展

工程施工招投标。二期项目全长11千米,按二级公路标准设计建设,预计投资2.3亿元。抓好新岗山火车站配套公路项目前期工作。该项目为2015年新建项目,公路全长约6.2千米,按二级公路标准建设,预计总投资1亿元。

3. 危桥改造进展顺利。做好历年危桥改造建设。新村大桥、施家大桥、车畈中桥、土口中桥、南门山中桥、黄家大桥完工,新屋大桥、上呈中桥择期开工;做好2015年危桥改造建设。2015年上级下达7座危桥改造任务,加上德兴市自行改造3座,合计将改造危桥10座,年底完工。

4. 公路水毁维修正在开展。2015年6月2日至3日凌晨6时上饶市受暴雨侵袭,致使全市大部分公路被淹,投入资金50万余元做好交通基础设施水毁排查和抢修工作,确保道路通行安全。

道路运输管理 客运管理。完成客运量353万人次、客运周转量29394万人千米;公路货运量332万吨、公路货运周转量29336万吨千米,较上年有小幅增长。未发生交通等上报事故,实现“平安交通”的总目标。

公交车运营管理。公交总站正建设中,该项目总占地面积22973平方米,总建筑面积5367.82平方米,投资约1500万元,地勘工作完成,完成征地拆迁,设步设计完成待详审。

其他重点工作 开展现代物流园招商建设工作。谋划通过招商形式建设现代物流园,该项目选址在德昌高速公路德兴市新营出口处附近,占地约16.53公顷,项目总投资约8.52亿元。通过程序确定招商企业,并签订合同。

(德兴市交通运输局)

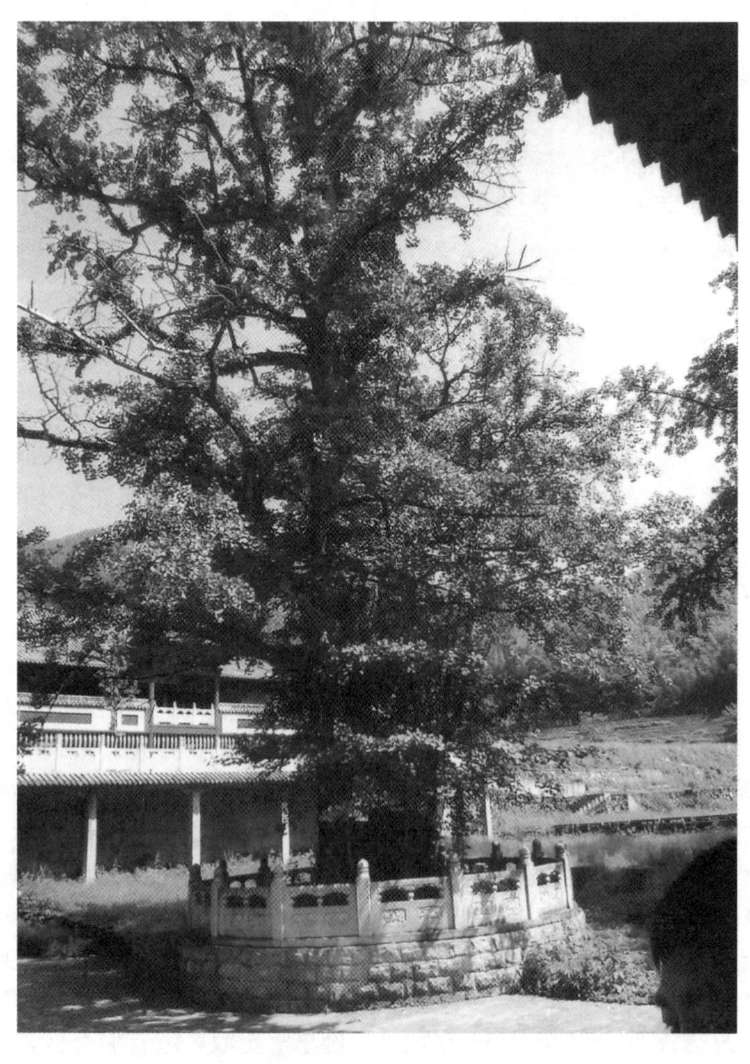

交通统计资料

全省交通主要统计指标

表 12

指标名称	计算单位	2015 年	2014 年	2015 年为 2014 年%或增减
一、公路、水路与国民经济的关系				
1. 生产总值与公路、水路货运量				
生产总值(按当年价格计算)	亿元	16723.78	15715	0.00
全社会公路货运量	万吨	115436	137782	83.78
全社会水路货运量	万吨	10894	9152	119.03
每万元国内生产总值的全社会公路货运量	吨	6.90	8.77	78.73
每万元国内生产总值的全社会水路货运量	吨	0.09	0.58	16.20
2. 全省人口与公路、水路客运量				
全省人口数	万人	4565.63	4542	
全社会公路客运量	万人	53689	59674	89.97
全社会水路客运量	万人	273	282	96.81
全省平均每人乘汽车数	次	11.76	13.14	89.49
全省平均每人乘轮船数	次	0.01	0.06	8.19
二、全省公路里程	千米	156625	155515	0.00
1. 按技术等级分				

续表 12

指标名称	计算单位	2015 年	2014 年	2015 年为 2014 年%或增减
(1)等级公路	千米	129948	128262	101.31
高速公路	千米	5058	4484	112.80
一级公路	千米	1952	1902	102.63
二级公路	千米	10148	9941	102.08
三级公路	千米	11586	10619	109.11
四级公路	千米	101204	101315	99.89
(2)等外公路	千米	26676	27254	97.88
等级公路占总里程比重	%	82.97	82.48	100.59
#二级以上公路	%	10.9	10.5	103.81
等外公路占总里程比重	%	17.03	17.52	97.20
2. 按路面类型分				
有铺装路面里程	千米	119007	116392	102.25
#沥青混凝土	千米	13485	11601	116.24
#水泥混凝土	千米	105522	104791	100.70
简易铺装路面里程	千米	4407	5132	85.87
未铺装路面里程	千米	33211	33992	97.70
铺装路面里程(含简易)占总里程比重	%	78.80	78.14	100.84
3. 按行政等级分				
国道公路	千米	6461	6211	104.03
#国家高速公路	千米	3353	3101	108.13
省道公路	千米	9687	9358	103.52
县道公路	千米	20606	20604	100.01
乡道公路	千米	29481	29448	100.11
专用公路	千米	704	706	99.72
村道公路	千米	89686	89187	100.56
4. 公路养护里程	千米	151271	150412	100.57
5、公路可绿化里程	千米	152343	151926	100.27
#公路绿化里程	千米	90022	89594	100.48
三、全省公路桥梁、隧道				
1. 全省公路桥梁总计	座	26794	26248	102.08
	延米	1434656	1361603	105.37
#特大桥	座	61	58	105.17
	延米	109862	105246	104.39
#大桥	座	2928	2733	107.14

续表 12

指标名称	计算单位	2015 年	2014 年	2015 年为 2014 年%或增减
	延米	702307	652511	107.63
2. 全省隧道	处	261	239	109.21
	米	252541	219995	114.79
四、公路密度及通达情况				
公路密度以国土面积算	千米/百平方千米	93.84	93.18	100.71
以人口数量算	千米/万人	34.48	34.39	100.26
全省通公路的乡镇比重	%	100	100	
全省通公路的行政村比重	%	100	100	
五、全省内河航道通航里程	千米	5716	5716	100.00
1. 等级航道	千米	2427	2427	100.00
一级航道	千米	156	156	100.00
二级航道	千米	175	175	
三级航道	千米	284	206	137.86
四级航道	千米	87	87	100.00
五级航道	千米	167	238	70.17
六级航道	千米	399	405	98.52
七级航道	千米	1160	1160	100.00
2. 等外航道	千米	3289	3289	100.00
等级航道所占比重	%	42.46	42.46	100.00
六、港口				
港口个数	个	59	59	100.00
港区个数	个	73	73	100.00
泊位个数	个	1839	1831	100.44
码头长度	米	73527	72338	101.64
七、汽车站场				
1. 汽车客运站	个	13458	13512	99.60
#等级站	个	978	1032	94.77
2. 道路客运班线	条	6890	6889	100.01
乡镇客班车通达率	%	97.59	100	97.59
建制村客班车通达率	%	94.8	93.3	101.61
3. 汽车货运站	个	56	56	100.00
八、民用汽车拥有量	辆			
九、营业性运输汽车拥有量	辆			

续表 12

指标名称	计算单位	2015 年	2014 年	2015 年为 2014 年%或增减
载客汽车	辆	16760	17211	97.38
	客位	466502	473621	98.50
载货汽车	辆	408565	438411	93.19
	吨位	3363542	3435892	97.89
十、民用运输船舶拥有量				
艘数	艘	3486	3775	91.87
净载重量	吨位	2192210	2354112	93.12
载客量	客位	10697	9876	108.31
标准箱位	TEU	2545	2874	88.55
功率	千瓦	660308	722264	91.42
1. 机动船				
艘数	艘	3459	3761	91.97
净载重量	吨位	2186669	2346501	93.19
载客量	客位	10697	9876	108.31
标准箱位	TEU	2545	2874	88.55
功率	千瓦	660308	722264	91.42
#拖船功率	千瓦	764	1382	155.28
2. 驳船				
艘数	艘	9	14	64.29
净载重量	吨位	5541	7611	72.80
标准箱位	TEU			
十一、运输量				
1. 全社会货运量	万吨	130279	151773	0.00
(1)铁路	万吨	3942.7	4821.3	0.00
(2)公路	万吨	115436	137784	83.78
(3)水路	万吨	10864	9162	118.90
(4)民航	万吨	6.3	5.7	0.00
公路运输在各种运输方式中所占比重	%	88.61	90.78	0.00
水路运输在各种运输方式中所占比重	%	8.36	6.04	0.00
2. 全社会货运周转量	亿吨千米	3753.24	3829.97	0.00
(1)铁路	亿吨千米	496.96	541.29	0.00
(2)公路	亿吨千米	3022.72	3073.31	98.35
(3)水路	亿吨千米	233.56	215.37	108.45
(4)民航	亿吨千米			

续表 12

指标名称	计算单位	2015 年	2014 年	2015 年为 2014 年% 或增减
公路运输在各种运输方式中所占比重	%	80.54	80.24	0.00
水路运输在各种运输方式中所占比重	%	6.22	5.62	0.00
3. 全社会客运量	万人	63403	68728	0.00
(1)铁路	万人	8458	7840	0.00
(2)公路	万人	53687	59676	89.96
(3)水路	万人	273	282	96.81
(4)民航	万人	985	930	0.00
公路运输在各种运输方式中所占比重	%	84.68	86.83	0.00
水路运输在各种运输方式中所占比重	%	0.43	0.41	0.00
4. 全社会旅客周转量	亿人千米	953.81	971.33	0.00
(1)铁路	亿人千米	668.72	654.50	0.00
(2)公路	亿人千米	284.74	316.46	89.98
(3)水路	亿人千米	0.35	0.37	94.59
(4)民航	亿人千米			
公路运输在各种运输方式中所占比重	%	29.85	32.58	0.00
水路运输在各种运输方式中所占比重	%	0.04	0.04	0.00
十二、公路、水路运输平均运距				
(1)公路货运	千米	261	223	117.04
(2)公路客运	千米	53	53	100.00
(3)水路货运	千米	214	235	91.06
(4)水路客运	千米	13	13	100.00
十三、城市(县城)客运				
全省公共汽车运营车数	辆	9806	9472	103.53
	标台	10897	10452	104.26
全省出租车运营车数	辆	17988	17499	102.79
全省客运轮渡运营船数	艘	2	3	66.67
全省公共汽车运营线路线长度	千米	21069	18763	112.29
全省公交专用车道长度	千米	46	49	93.88
全省公共交通客运量	万人次	225237	216600	0.00
#公共汽车	万人次	149854	150145	99.81
出租汽车	万人次	65981	66417	99.34
客运轮渡	万人次	38	38	0.00
十四、内河港口吞吐量				
1. 货物吞吐量	万吨	32675.0	30975.0	105.49

续表 12

指标名称	计算单位	2015 年	2014 年	2015 年为 2014 年% 或增减
#外贸	万吨	367.0	269.0	136.43
2. 集装箱吞吐量	万 TEU	36.2	32.1	112.77
3. 旅客吞吐量	万人	344.7	357.7	96.37
#离港	万人	181.1	181.87	99.58
十五、固定资产投资				
1. 固定资产投资完成额	亿元	729	456.48	159.70
高速公路	亿元	475.0	271.35	175..05
国省干线	亿元	147.2	93.93	156.71
汽车站场	亿元	7.7	11.82	65.14
农村公路	亿元	90	76.7	117.34
水路	亿元	9.1	2.68	339.55
其他	亿元			
2. 按行业划分				
水运业	亿元	9.1	2.68	339.55
内:航道建设	亿元	5.2	2.05	253.66
内:港口码头	亿元	3.9	0.63	619.05
公路运输业	亿元	719.9	453.8	158.64
内:公路投资	亿元	712.2	441.98	161.14
其他行业	亿元			
十六、船舶海损事故				
事故次数	件	4	2	200.00
死亡(失踪)人数	人	2	3	66.37
沉没船舶	艘	3	2	150.00

说明:国内生产总值增长速度按可比价格计算

全省公路旅客营业性运输工具拥有量

表 13

地区	载客汽车合计		按经营范围分																按燃料类型分	
			其中:卧铺车		1. 班车客运客车								2. 旅游客车		3. 包车客车		4. 其他客车		汽油车	柴油车
					小计		大型		中型		小型									
	车辆	客位	辆	客位	辆	客位	辆	客位	辆	客位	辆	客位	(辆)	(客位)	(辆)	(客位)	(辆)	(客位)	辆	辆
全省合计	16760	466502	297	12102	14304	377913	3660	159683	9385	201653	1259	16577	2135	82542	120	4747	201	1300	218	16474
南昌市	1579	50364	24	934	917	23935	314	12968	417	9659	132	1308	659	26429	0	0	0	0	0	1576

续表 13

地区	载客汽车合计		其中:卧铺车		按经营范围分														按燃料类型分	
					1.班车客运客车								2.旅游客车		3.包车客车		4.其他客车		汽油车	柴油车
					小计		大型		中型		小型									
	车辆	客位	辆	客位	辆	客位	辆	客位	辆	客位	辆	客位	(辆)	(客位)	(辆)	(客位)	(辆)	(客位)	辆	辆
景德镇市	553	17053	11	459	435	12817	84	4995	240	6257	111	1565	118	4236	0	0	0	0		550
萍乡市	1015	24258	5	215	893	21075	157	6252	690	14370	46	453	23	1139	48	1759	51	285	73	935
九江市	2855	73104	47	1941	2217	52738	382	16333	1498	32197	337	4208	616	20211	0	0	22	155		2855
新余市	306	9076	1	39	246	6698	76	3190	168	3478	2	30	38	1529	22	849	0	0	0	306
鹰潭市	427	10673	5	233	390	9312	61	2511	325	6751	4	30	37	1361	0	0	0	0	0	426
赣州市	2681	84799	116	4262	2488	76266	1070	46482	1333	28768	85	1016	168	7410	25	1123	0	0	75	2606
吉安市	1738	52665	27	1200	1485	41975	491	20512	880	19843	114	1620	231	9754	22	936	0	0		1738
宜春市	1528	46448	41	2033	1443	42838	336	17987	847	20959	260	3892	85	3610	0	0	0	0		1474
抚州市	1460	33005	20	786	1385	31445	194	7858	1066	21736	125	185134	1354	0	0	41	206	0	1460	
上饶市	2621	65057			2405	58814	495	20595	1867	37635	43	584	126	5509		80	87	654	70	2551

全省公路货物营运车辆拥有量

表 14

地区	货运车辆总计		一、营运载货汽车		其中:					二、其他载货机动车		三、轮胎式拖拉机	
					汽油车	柴油车	牵引车	挂车					
	(辆)	(吨位)	(辆)	(吨位)	(辆)	(辆)	(辆)	(辆)	(吨位)	(辆)	(吨位)	(辆)	(吨位)
全省合计	408565	3363542	363444	3316807	3246	254070	45291	60837	1707369	44337	45969	784	766
南昌市	39811	203681	39631	203501	0	37356	1756	519	14840	180	180	0	0
景德镇市	13304	98042	13304	98042	2865	6689	1843	1907	44971				
萍乡市	14671	87557	11993	84891	322	9157	818	1696	51509	2678	2666		
九江市	36886	247878	35070	245797		29232	2565	3273	94769	1816	2081		
新余市	36058	450988	34318	449635	0	19779	4227	10312	299916	1740	1353	0	0
鹰潭市	25207	364924	24331	364047	39	19779	4227	10312	299916	1740	1353	0	0
赣州市	36562	132049	30631	126737	0	28585	1084	962	26713	5147	4546	784	766
吉安市	48135	338784	34497	325237	20	23433	5206	5838	171318	13639	13547		
宜春市	55430	600861	53385	597917		26907	14091	12387	315868	2045	2944		
抚州市	43504	431078	39117	426130	0	26184	5793	7140	213770	4387	4948	0	0
上饶市	58997	407700	47167	394873		36042	3916	7209	192011	11830	12827		

全省水路运输工具拥有量

表15

指标	轮驳船总计					一、机动船				
	艘数(艘)	净载重量(吨位)	载客量(客位)	集装箱位(TEU)	功率(千瓦)	艘数(艘)	净载重量(吨位)	载客量(客位)	集装箱位(TEU)	功率(千瓦)
全省合计	3508	2380456	10697	2545	721532	3499	2374915	10697	2545	721532
南昌市	255	420355	213	2449	113344	253	419455	213	2449	113344
景德镇市	46	26705	0.0	0.0	9658	46	26705	0	0	9658
萍乡市										
九江市	497	567490	3913	0	175440	490	562849	3913	0	175440
新余市	72	12170	2505	0.0	7297	72	12170	2505	0	7297
鹰潭市	201	7608	0.0	0.0	3607	201	7608	0	0	3607
赣州市	395	53232	2325	0.0	23242	395	53232	2325	0	23242
吉安市	456	251798	445	0.0	81440	456	251798	445	0	81440
宜春市	1114	722107	180	96	209622	1114	722107	180	96	209622
抚州市	128	142934	0	0.0	47272	128	142934	0	0	47272
上饶市	344	176057	1116	0	50610	344	176057	1116	0	50610

指标	1. 客轮			2. 货轮				集装箱船			
	艘数(艘)	载客量(客位)	功率(千瓦)	艘数(艘)	净载重量(吨位)	集装箱位(TEU)	功率(千瓦)	艘数(艘)	净载重量(吨位)	集装箱位(TEU)	功率(千瓦)
全省合计	294	10697	18828	3203	2374915	2545	701940	1	1691	94	660
南昌市	2	213	587	250	419455	2449	112581	1	1691	94	660
景德镇市				46	26705		9658				
萍乡市											
九江市	87	3913	7459	402	562849		167393				
新余市	63	2505	4266	9	12170		3031				
鹰潭市				201	7608		3607				
赣州市	85	2325	2477	310	53232		20765				
吉安市	16	445	1784	440	251798		79656				
宜春市	5	180	208	1109	722107	96	209414				
抚州市				128	142934		47272				
上饶市	36	1116	2047	308	176057		48563				

续表 15

指标	2. 货船			3. 拖船		二、驳船						
	#油船					合计			油驳		货驳	
	艘数（艘）	净载重量（吨位）	功率（千瓦）	艘数（艘）	功率（千瓦）	艘数（艘）	净载重量（吨位）	集装箱位（TEU）	艘数（艘）	净载重量（吨位）	艘数（艘）	净载重量（吨位）
全省合计	77	248198	75698	2	764	9	5541	0	3	1341	6	4200
南昌市				1	176	2	900		2	900		
景德镇市						0	0					
萍乡市												
九江市	39	153018	46218	1	588	7	4641		1	441	6	4200
新余市						0	0					
鹰潭市						0	0					
赣州市	1	3570	1500			0	0					
吉安市						0	0					
宜春市	9	35241	9956			0	0					
抚州市	28	56369	18024			0	0					
上饶市						0	0					

全省公路旅客货物运输量

表 16

单位名称	旅客运输量		货物运输量	
	客运量（万人）	旅客周转量（万人千米）	货运量（万吨）	货物周转量（万吨千米）
全省总计	53687	2847402	115436	30227179
南昌市	3019	304955	10397	2326736
景德镇市	1814	101442	2956	1131150
萍乡市	6361	111674	3069	530770
九江市	8873	470050	10117	2266587
新余市	1253	67505	15603	3712446
鹰潭市	1968	74181	3565	1907957
赣州市	8854	606868	8738	2173508
吉安市	4771	325545	9685	3899032
宜春市	4189	267962	17628	5302885
抚州市	4378	184288	13324	4194997
上饶市	8207	332932	20354	2781111

全省水路旅客运输量

表 17

地区	客运量(万人)			旅客运输量(万人千米)		
	合计	机动船	驳船	合计	机动船	驳船
全省合计	273.3	273.3	—	3466	3466	—
南昌市	—			—		
景德镇市	—			—		
九江市	45.3	45.3		622	622	
新余市	38.8	38.8		776	776	
鹰潭市	0.0			0		
赣州市	129.1	129.1		1316	1316	
吉安市	—			—		
抚州市	—			—		
上饶市	45.4	45.4		408	408	

全省水路货物运输量

表 18

地区	全省合计		内河运输量		沿海运输量		远洋运输量	
	运量(万吨)	周转量(万吨千米)	运量(万吨)	周转量(万吨千米)	运量(万吨)	周转量(万吨千米)	运量(万吨)	周转量(万吨千米)
合计	10893.9023	2335617.2970	10416.9023	1825577.2970	477.0	510040.0000		
南昌市	1050.0002	396489.0644	1050.0002	396489.0644				
景德镇市	180.0000	32400.00527	180.0000	32400.00527				
萍乡市	0.0000	0						
九江市	1206.200	500508.0358	885.0002	220408.0358	321.2	280100		
新余市	37.8666	45431.69858	37.8666	45431.69858				
鹰潭市	240.8001	1926.000313	240.8001	1926.000313				
赣州市	2714.1006	78910.011	2707.6006	67690.011	6.5	11220		
吉安市	1976.1004	600356.0691	1873.2004	425216.0691	102.9	175140		
宜春市	2474.3005	335913.0546	2474.3005	335913.0546				
抚州市	206.4000	157820.0186	160.0000	114240.0186	46.4	43580		
上饶市	808.1336	185863.3393	808.1336	185863.3393				

2015 年全省港口吞吐量(按港口分)

表 19

港口	货物吞吐量				集装箱吞吐量			旅客吞吐量		利用自然岸坡完成船舶货物装卸量(吨)
	合计(万吨)	其中:外贸	#出港	外贸	箱数(万 TEU)	重量(万吨)	货重	合计(万人)	出港	
全省总计	32675.1	366.8	19638.0	222.3	36.2	498.6	426.4	344.7	181.1	196.9
1. 长江干流小计	10424.9	278.5	6193.4	161.1	25.5	357.2	306.5	16.7	8.3	8.4
九江港	10424.9	278.5	6193.4	161.1	25.5	357.2	306.5	16.7	8.3	8.4
其中:瑞昌港区	4201.9	0.0	3511.9	0.0	2.4	29.5	25.1	16.7	8.3	8.4
城西港区	1400.1	278.5	604.9	161.1	23.1	327.7	281.4	0.0	0.0	0.0
城区港区	772.4	0.0	225.6	0.0	0.0	0.0	0.0	0.0	0.0	0.0
湖口港区	3416.5	0.0	1282.0	0.0	0.0	0.0	0.0	0.0	0.0	0.0
彭泽港区	634.0	0.0	569.0	0.0	0.0	0.0	0.0	0.0	0.0	0.0
2. 长江支流小计	22250.2	88.3	13444.6	61.2	10.7	141.4	119.9	328.0	172.8	188.5
九江市	11171.5	0.0	11013.8	0.0	0.0	0.0	0.0	51.3	25.7	117.3
都昌港	2643.7	0.0	2618.6	0.0	0.0	0.0	0.0	0.0	0.0	0.0
星子港	729.7	0.0	729.8	0.0	0.0	0.0	0.0	0.0	0.0	0.0
庐山区港	896.1	0.0	763.9	0.0	0.0	0.0	0.0	0.0	0.0	0.0
湖口港	2426.8	0.0	2426.3	0.0	0.0	0.0	0.0	20.6	10.2	0.0
修水港	107.5	0.0	107.5	0.0	0.0	0.0	0.0	0.3	0.2	107.5
武宁港	88.9	0.0	88.9	0.0	0.0	0.0	0.0	9.6	4.9	9.8
永修港	4278.8	0.0	4278.8	0.0	0.0	0.0	0.0	20.8	10.4	0.0
赣州市	1729.0	0.0	8.1	0.0	0.0	0.0	0.0	129.2	64.5	0.0
赣州港	407.2	0.0	8.1	0.0	0.0	0.0	0.0	10.8	5.4	0.0
崇义港	35.5	0.0	0.0	0.0	0.0	0.0	0.0	11.8	5.9	0.0
上犹港	45.7	0.0	0.0	0.0	0.0	0.0	0.0	54.1	27.0	0.0
寻乌港	44.6	0.0	0.0	0.0	0.0	0.0	0.0	0.0	0.0	0.0
龙南港	73.3	0.0	0.0	0.0	0.0	0.0	0.0	0.0	0.0	0.0
信丰港	110.5	0.0	0.0	0.0	0.0	0.0	0.0	0.0	0.0	0.0
南康港	140.7	0.0	0.0	0.0	0.0	0.0	0.0	0.0	0.0	0.0
石城港	147.6	0.0	0.0	0.0	0.0	0.0	0.0	0.0	0.0	0.0
瑞金港	87.5	0.0	0.0	0.0	0.0	0.0	0.0	0.0	0.0	0.0
会昌港	93.2	0.0	0.0	0.0	0.0	0.0	0.0			0.0
宁都港	148.7	0.0	0.0	0.0	0.0	0.0	0.0	0.0	0.0	0.0
于都港	153.7	0.0	0.0	0.0	0.0	0.0	0.0	0.0	0.0	0.0
兴国港	79.6	0.0	0.0	0.0	0.0	0.0	0.0	0.0	0.0	0.0

续表 19

港口	货物吞吐量				集装箱吞吐量			旅客吞吐量		利用自然岸坡完成船舶货物装卸量(吨)
	合计(万吨)	其中:外贸	#出港	外贸	箱数 箱数(万TEU)	重量(万吨)	货重	合计(万人)	出港	
赣县港	161.2	0.0	0.0	0.0	0.0	0.0	0.0	52.5	36.2	0.0
吉安市	1520.0	0.0	0.0	0.0	0.0	0.0	0.0	29.4	23.4	0.0
万安港	154.0	0.0	0.0	0.0	0.0	0.0	0.0	18.0	12.0	0.0
泰和港	196.0	0.0	0.0	0.0	0.0	0.0	0.0	0.0	0.0	0.0
吉安港	235.0	0.0	0.0	0.0	0.0	0.0	0.0	6.0	6.0	0.0
吉水港	241.0	0.0	0.0	0.0	0.0	0.0	0.0	5.4	5.4	0.0
峡江港	224.0	0.0	0.0	0.0	0.0	0.0	0.0	0.0	0.0	0.0
新干港	155.0	0.0	0.0	0.0	0.0	0.0	0.0	0.0	0.0	0.0
吉安县港	215.0	0.0	0.0	0.0	0.0	0.0	0.0	0.0	0.0	0.0
永丰港	100.0	0.0	0.0	0.0	0.0	0.0	0.0	0.0	0.0	0.0
宜春市	1593.7	0.0	788.1	0.0	0.0	0.0	0.0	0.0	0.0	0.0
樟树港	120.7	0.0	6.7	0.0	0.0	0.0	0.0	0.0	0.0	0.0
丰城港	1326.4	0.0	781.4	0.0	0.0	0.0	0.0	0.0	0.0	0.0
高安港	53.0	0.0	0.0	0.0	0.0	0.0	0.0	0.0	0.0	0.0
上高港	26.1	0.0	0.0	0.0	0.0	0.0	0.0	0.0	0.0	0.0
袁州港	6.0	0.0	0.0	0.0	0.0	0.0	0.0	0.0	0.0	0.0
万载港	17.5	0.0	0.0	0.0	0.0	0.0	0.0	0.0	0.0	0.0
宜丰港	12.0	0.0	0.0	0.0	0.0	0.0	0.0	0.0	0.0	0.0
奉新港	32.0	0.0	0.0	0.0	0.0	0.0	0.0	0.0	0.0	0.0
新余市	82.3	0.0	0.0	0.0	0.0	0.0	0.0	77.6	38.8	0.0
新余港	64.3	0.0	0.0	0.0	0.0	0.0	0.0	77.6	38.8	0.0
分宜港	18.0	0.0	0.0	0.0	0.0	0.0	0.0	0.0	0.0	0.0
抚州市	620.0	0.0	0.0	0.0	0.0	0.0	0.0	0.0	0.0	0.0
临川港	391.0	0.0	0.0	0.0	0.0	0.0	0.0	0.0	0.0	0.0
南城港	130.0	0.0	0.0	0.0	0.0	0.0	0.0	0.0	0.0	0.0
金溪港	99.0	0.0	0.0	0.0	0.0	0.0	0.0	0.0	0.0	0.0
南昌市	3238.5	88.3	373.5	61.2	10.7	141.4	119.9	0.0	0.0	71.2
南昌县港	67.0	0.0	67.0	0.0	0.0	0.0	0.0	0.0	0.0	71.2
南昌港	3054.5	88.3	306.5	61.2	10.7	141.4	119.9	0.0	0.0	
进贤县港	117.0	0.0	0.0	0.0	0.0	0.0	0.0	0.0	0.0	33.0
上饶市	1678.2	0.0	1126.8	0.0	0.0	0.0	0.0	40.5	20.4	0.0
玉山港	1.9	0.0	0.0	0.0	0.0	0.0	0.0	5.9	3.0	

续表 19

港口	货物吞吐量				集装箱吞吐量			旅客吞吐量		利用自然岸坡完成船舶货物装卸量(吨)
	合计(万吨)	其中:外贸	#出港	外贸	箱数 箱数(万TEU)	重量(万吨)	货重	合计(万人)	出港	
上饶县港	15.4	0.0	0.0	0.0	0.0	0.0	0.0	0.0	0.0	
铅山港	40.5	0.0	0.0	0.0	0.0	0.0	0.0	0.0	0.0	
横峰港	3.9	0.0	0.0	0.0	0.0	0.0	0.0	0.0	0.0	
弋阳港	76.5	0.0	0.0	0.0	0.0	0.0	0.0	12.8	6.4	
余干港	971.6	0.0	828.9	0.0	0.0	0.0	0.0	0.0	0.0	
万年港	109.2	0.0	21.0	0.0	0.0	0.0	0.0	1.8	0.9	
鄱阳港	459.2	0.0	276.9	0.0	0.0	0.0	0.0	20.0	10.1	
鹰潭市	449.0	0.0	0.0	0.0	0.0	0.0	0.0			0.0
鹰潭港	449.0	0.0	0.0	0.0	0.0	0.0	0.0			0.0
景德镇市	168.0	0.0	134.3	0.0	0.0	0.0	0.0	0.0	0.0	0.0
景德镇港	122.0	0.0	92.0	0.0	0.0	0.0	0.0	0.0	0.0	0.0
乐平港	46.0	.0.0	42.3	0.0	0.0	0.0	0.0	0.0	0.0	0.0

南惹古道

人物简介

陈　江　男,1956年9月出生,江西抚州人,大专文化,中共党员,现任江西赣东路桥建设集团有限公司工程师。31年来,陈江总是出满勤、挑重担,加班加点,毫无怨言,就像一头永远不知疲倦的老黄牛,为江西路桥事业奉献自己的青春和热血。2008—2014年连续7年被抚州市公路局评为“先进个人”,2015年被中共江西省委、省政府评为“江西省劳动模范”。

对路桥事业充满热爱。陈江自1976年进入公路队伍以来,就没有离开过路桥,先后参与建设抚州至上顿渡段、206国道广昌城郊路段、206国道南城朱良段、鹰瑞高速公路A8标、抚北大桥等工程。1988年在206国道南城朱良段沥青路面工程施工中,他被查出身患肿瘤,被迫离开工地,但病情一好转,他又立即投入工作,为抚州路桥事业默默奉献着。

对待工作任劳任怨。陈江自诩漂泊路人,一直以路桥为业、工地为家,随路漂泊,吃苦耐劳。领导分配什么就做什么,而且在每个岗位都做得很出色。做施工员时能经受住野外冬天寒冷和夏天酷热,做资料员时能耐住性子与枯燥的数据打交道,保证资料规范、整洁、准确、及时。

对待家庭亏欠太多。为做好工作,陈江可谓是舍小家顾大家。正如他妻子所说:“他每天起早摸黑地在单位工作，很少顾家，没日没夜，没早没晚，就连周末、节假日也都有一大堆工作要处理，仿佛单位离开他就不能运转了，人家一下班就轻松无事，而他却永远没有下班的时候。”

（省交通工会）

李　庚　男，1985 年 3 月出生，汉族，江西萍乡人，大专学历，现任江西省高速公路投资集团有限责任公司宜春管理中心湘东管理所收费班长。自 2005 年参加工作以来，他默默坚守着收费岗位，用高度的工作热情、优质的文明服务和精湛的收费技能服务着南来北往的司乘朋友，用心践行着“我是春风，轻轻地吹”的服务理念，谱写一曲高速人把责任扛在肩上的无私奉献赞歌。2015 年被中共江西省委、省政府授予“江西省劳动模范”。

业务精湛，技能一流。为提高业务技能，李庚注重学习，勤于思考，总结摸索出一套“比较学习法”，得到集团的认可，并在全系统内推广。同时，他还积极组织全班人员认真学习各项法律法规、收费政策以及业务知识，通过学习不断提高全班人员的理论修养和业务技能。在李庚的带领下，收费 3 班成为一个富有凝聚力、战斗力的集体，多次被评为中心所优秀班组。

英勇顽强，不怕牺牲。近年来，许多不法司机为逃避高速公路通行费用，绞尽脑汁，想尽设法，甚至采取野蛮手段进行逃费，严重破坏收费秩序。李庚长期奋战在“打逃”一线，与不法行为英勇斗争，维护国家财产安全。2015 年 2 月 4 日晚上 20：00 左右，安徽籍司机陈某等二人驾驶车牌为湘 D50139 的大货车从湘东站 103 车道出口，采取人垫钢板方法进行逃费，被经验丰富的李庚发现，在接受处理的过程中，司机强行冲岗逃逸，李庚等人在站负责人的带领下乘车追踪，直到湖南境内莲易高速普济桥处才将该车拦下。逃费司机对“追逃”人员的劝告不但置之不理，而且围打工作人员，李庚为保护同事的安全上前制止，结果身中两刀，当场倒在地上，鲜血直流。

情系车主、奉献社会。“服务不是大道理，却需要我们从一点一滴做起”，这是李庚经常说的一句话。工作中，他想司乘人员之所想，急司乘人员之所急，经常为过往的车辆送水、送药、指路、垫付通行费等，充分展示交通人的良好形象。2014 年 7 月 15 日，李庚值中班，在入口车道发现一个黑色的公文包，打开一看，里面有现金、存折和银行卡，就马上交到值班领导手上，通过包内相关信息联系到失主，失主把包领走的时候再三感谢李庚，想当面予以重谢，却被李庚婉言谢绝，并称这是自己应该做的。

（省交通工会）

李建云　男，1975 年 5 月出生，江西赣州人，高中文化，现任宜春汽车运输股份有限公司城西分公司驾驶员。十多年来，他情系运输事业，汗洒平凡岗位，创下连续安全行车 194 万千米的惊人业绩。2014 年，被江西省道路运输协会评为“安全行车百万公里优秀驾驶员标兵”；2015 年，被中共江西省委、省政府授予“江西省劳动模范”称号。

“小心驶得万年船，只要旅客乘上车，就要对他们的生命安全负责。”行车中，他一贯严格要求自己，牢固树立“安全第一、预防为主”的思想，自觉执行安全行车的各项规章制度，遵守交通规则和操作规程。无论何时、何地都保持着清醒的头脑。会车时，做到“宁停三分，不抢一秒，礼让三先”；转弯时，牢记“靠右、鸣号、减速”三要素。

李建云的字典里，从来没有“休息日”“节假日”。他把工作看成生活的一部分，加班加点成为他的一种习惯。不管家里有多忙，只要接到出车指令，他都即刻“出征”，毫不犹豫，从无怨言。2010 年大年三十晚，李建云正与家人在一起吃团圆饭，忽然接到单位的一个电话，称车站里有一批刚从外地回来的旅客急需回家。李建云二话没说，就赶回单位出车，为让这批旅客尽早能与家人团圆，李建云又把他们逐个送到家门口。当他回到家时，家人都已经进入梦乡。

“宁可百次检查空，不让一颗螺丝松。”李建云爱车就像爱自己的家人一样。只要出车，他都要对车辆进行严查细看,大到刹车系统、灯光照明系统、油路、电路,小到底盘的每个螺丝钉都仔细检查到位,绝不图一时之快而简化作业程序。李建云驾驶的车辆在任何时候都是性能最好的,外表及内饰最干净的,也从未发生过责任事故或车辆责任故障。

"个人的形象,就是企业的形象。"他把每次行车都当作一次展示公司形象的"窗口",坚持出车提前半个小时到岗位,对车辆进行检查,清洁卫生;上车时对旅客做到文明礼貌、服务周到、扶老携幼、按时发班;行车中做到不甩客,不宰客,文明行车,礼貌待人。他还积极配合乘务员做好"危险三品"检查,发现可疑危险物品立即开包检查,做好说服解释工作,坚决杜绝"危险三品"进站入车。

(省交通工会)

李康生 男,1964年出生,中共党员,现任赣州市公路管理局南康分局三益道班班长。参加工作30年来,一直扎根在南康公路第一线,在平凡的工作岗位上始终如一,默默奉献。他带领的养护道班连续多年获得赣州市交通公路系统"先进集体"、"先进工会小组"等称号;他本人2005年被评为"赣州市劳动模范",2013年被赣州市交通运输局评为"优秀共产党员",2014年荣获赣州"最美养路工"称号,2015年被中共江西省委、省政府评为"江西省劳动模范"。

不断学习,提升素养。参加工作以来,李康生坚持勤奋好学、孜孜不倦。在思想素质方面,能积极主动地加强对党的创新理论学习,不断提升政治理论水平。在业务素质方面,为能更好地胜任工作,通过向书本学、同行学、实践学,提升业务水平。在道德品质方面,能积极加强党性锻炼,培养高尚情操,努力塑造优秀党员的形象。

身先士卒,模范带头。2001年,各公路分局要抽调一个养路队到邻县异地养护,部分职工找各种理由请假,李康生却主动请缨,带领队员驻进蟠龙养路队,圆满完成上级交给的任务。异地养护返回后,大多数职工想到距南康县城较近的养路队工作,一来可以安排子女到县城上学,二来县城条件较好。但李康生带着家人义无反顾到离南康县城较远的唐江大道班工作,他晴天一身汗,雨天一身泥,带领唐江大道班职工在短短2个月时间内就使所管养的路段焕然一新,在年底公路局组织的检查中被评为精品路段。

扎根基层,勇挑重担。公路是经济发展的翅膀,李康生扎根基层,不管岗位多辛苦,担子多重,都无怨无悔。90年代初105国道翻修,大量车辆绕道从赣丰线经康唐线过南康,一时间赣丰线车流量成倍增长,路面出现大量下沉和大坑、大槽。担任凤岗养路队队长的李康生带领5名职工在没有任何外援的情况下,用拖拉机从县城运乳化沥青修补坑槽。为加快修补进度,李康生因地制宜,采用在下沉路段靠边深挖水沟,再用水泥拌料填补的方法,不仅使下沉不再向外扩张,而且提高填补速度,确保该路段在国道整修期间的安全畅通。他每天坚持在路上,日复一日,年复一年,骄阳似火,能看到他有力的挥动着扫帚,汗水浸湿衣裳;暴雨倾盆,能看到他奋力清理水沟,雨水浸透全身;日暮西山,能看到他略显疲惫的背影还在清理路旁的堆积物。李康生用自己的实际行动书写着一名共产党员的风采,用自己执着追求和默默付出,为人民出行保驾护航。

(省交通工会)

施余平 男,1965年8月出生,江西新余人,中专文化,现任江西新余长运有限公司驾驶员。30年来,他汗洒驾驶室,情系旅客,兢兢业业战斗在客运生产一线,创造安全行驶160万千米的记录。2012—2014年,连续3年被公司评为"劳动模范",2015年,被中共江西省委、省政府评为"江西省劳动模范"

牢树安全第一理念。行车中,施余平严格遵守交通规则和安全行车规程,不开英雄车,不酒后开车,不强行超车;在相互会车时,他牢记"宁停三分,不抢一秒,礼让三先";在转弯时,他严格按照"靠右、鸣号、减速"来操作。

认真做好车辆检修。不论是三九寒冬,还是三伏炎夏,他都坚持做好出车前与收班后的车辆检查,不带病行驶。施余平还是一名节油能手,在长期的实践过程中,他摸索出“慢起步、柔进档、中速行驶”有效节油方法,特别是对天然气车节能效果更佳,1年为公司节约天然气2332立方米。

情系旅客,服务群众。每当遇到有困难的旅客,他总是主动帮助,为他们排忧解难。2010年“春运”期间,一位从外地回新余的民工途中财物被盗,到南昌汽车站时已身无分文。施余平得知情况后,主动为该民工买了返回新余的车票,到达新余后,由于时间太晚,没有去乡下的车,施余平又热心地安排其吃饭、住宿,直至第二天送上回乡的汽车。事后,民工带着女儿来到公司,要当面酬谢施余平,被施余平婉言谢绝,并称“这点小事应该的”。

（省交通工会）

王　琦　男,1981年5月出生,江西萍乡人,大专文化,中共党员,现任萍乡市公路管理局湘东分局白竺道班班长。他以道班为家、以事业为重,被誉为“大山的儿女”。他爱岗敬业、无私奉献,长年坚守在地处偏僻的公路上。他恪尽职守、吃苦耐劳,时刻保障着公路畅通。连续多年被市局和分局评为“先进工作者”、“工会积极分子”;2014年,被萍乡市评为“首届十佳最美劳动者”;同年,荣获全省交通运输系统“文明职工标兵”称号。2015年,被中共江西省委、省政府授予“江西省劳动模范”荣誉称号。

不怕脏累,在平凡的岗位上体验着生活的充实。“夏天一身汗,冬天一身霜,晴天一身土,雨天一身泥”是他工作最真实的写照。白竺道班负责319国道萍莲段11千米和长白线8千米的养护任务,这一路段海拔高、坡陡弯多、气候复杂多变,被称为“魔鬼路段”,日常养护十分艰险。王琦毫无怨言,总是带着队友,靠着锹、镐等简易养护工具作业,每天工作10小时以上。长期的劳累,使他显现出与年龄不相符的沧桑,但他却有着另一番别样的体验,正如他自己所说:“所干的活儿虽然很累、很脏,但正是这种脏和累,让我体验到生活的充实和快乐。”

不惧病痛,在道路的养护中担当起肩上的责任。他始终以高度负责的敬业精神,精心地养护着脚下的每一段道路。2013年,春季水毁公路抢修的时候,他生病了,上路干活一用劲就疼痛难忍,但他依然面带微笑,强打精神,直到圆满完成任务才去医院做手术。

王琦同许许多多的公路人一样,用汗水挥洒阳光,用青春书写华章,在自己的岗位上风雨兼程,一往无前。在平凡的工作岗位上,吟唱着不平凡的奉献之歌。

（省交通工会）

文　林　男,1982年1月出生,大学本科学历,中共党员,现任江西省公路桥梁工程有限公司工程师。2010年8月,他因工作突出,被选派参加江西援疆项目——克孜勒苏柯尔克孜自治州阿克陶县江西二大道建设,担任项目经理。进入新的岗位以后,他时刻以党员标准要求自己,处处发挥先锋模范作用,用实际行动履行一个共产党员的誓言。2014年,被交通运输部表彰为“职工标兵”。2015年,被中共省委、省政府评为“江西省劳动模范”。

从零开始,边学边干。为能够迅速进入工作角色,他边工作,边学习,不懂的问题虚心向同事请教。从党的边疆方针政策、中央新疆工作座谈会精神到《企业工程管理学》,从《如何做一名好员工》到《职业化培训》,他如饥似渴地补充营养,不断丰富自己,提升自己,使自己的思想水平和业务能力得到全面提高,在短时间内实现角色转变。

不提条件,只讲奉献。作为项目管理人员,他不怕吃苦,不怕受累。在他的时间表里,没有周末,也没有节假日。除了工作还是工作,不知干了多少个通宵。工作上的压力,加上水土和气候差异,到阿克陶不久,文林就瘦了整整5公斤。即便如此,他还是把全部时间和精力投入到工作中。工作中,他严格执行承包合同,制订周密的阶段性工期计划,做到计划上墙,对照执行,决不拖延。加强技术创新,采取分段流水施工工艺,最大限度利用劳动力资源。

正直无私,彰显责任。援疆项目建设是惠及阿克陶各族群众的实事好事,是德政工程,更是民心工程,为杜绝豆腐渣工程的出现,他牢固树立“百年大计,质量第一”的工作理念,一手抓建设进度,一手抓工程质量、长年吃住在工地。施工中,除严格执行国家有关规范标准外,他还重视新科技应用和技术革新,为江西二大道项目成为江西援建项目的优质工程、精品工程奠定坚实的基础。工作中,他时刻以一名党员的标准严格要求自己,戴标牌,践承诺,艰苦奋斗,爱岗敬业,开拓创新,体现江西援疆企业良好的对外形象和社会担当。

(省交通工会)

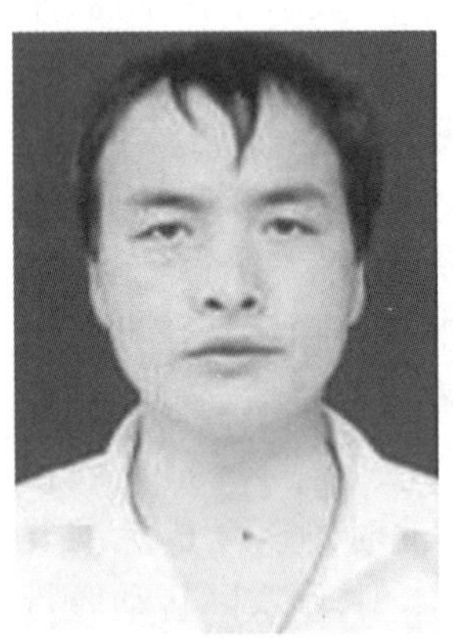

周建中 男,1974年10月出生,江西安福人,大专文化,中共党员,现为吉安公路局安福分局竹江养路队队长。他所管养的路段公路完好率保持在98%以上,创全市好路率最高水平。从2000年起,周建中连续15年被分局评为先进年产者;连续6年被市公路局评为先进生产者;连续2年被评为县劳动竞赛先进个人。2015年,被中共江西省委、省政府评为“江西省劳动模范”。

爱岗敬业,扎实肯干。成家后,周建中将所有家事丢给妻子,一门心思扑在工作上。18年来,经常放弃节假日休息,加班加点,从没请过事假,每年工作超过300天,从不计较加班费。2013年中秋、国庆双节长假,他原打算回家与儿女共度佳节,但单位临时下达紧急养护任务,他毅然放弃休假,满怀对儿女的内疚奔赴岗位,迅速投入工作中去。

认真负责,任劳任怨。在调查管养路段病害时,他工作严谨,反复又反复,一直到没有差错,对路面修复性作业。他坚持钻研能否修复得更彻底,做到既节约材料又能更好的保证路面修复后的使用期。2011年7月,上级组织养护检查,竹江道班管养线路有21千米,时间紧,任务重,又有几位职工被抽调到其他线上,为不耽搁时间,周建中抢着任务最重的打草来做,早上6点到达目标路段,腰上挎着打草机,一剪就是三四个小时。饿了就在农户家里倒点开水,泡碗方便面吃,累了就在树荫下休息一会,喝口水,仅用3天时间就剪完单边21千米的长草,圆满完成生产任务。

心怀同事,关爱他人。在生活上他悉心关爱着每一个职工,对下属嘘寒问暖,事无巨细。职工有困难都会向他倾诉,他都会在第一时间给予帮助。道班有一名叫彭建生的职工,家在农村,爱人没有工作,老父亲身体不好需要照顾。周建中经常帮助他,在安排工作时总是就近安排,让他有时间兼顾。每逢节假日,为让别人回家团聚,他总是主动留下来值班。谁家有个红白喜事,他都像自己的事一样忙前忙后。一次,养护工小练在修剪路树时突然晕倒,他连忙开着清扫车,送到附近医院诊治,垫付医药费,并在床边守候,直到小练好转醒来。

(省交通工会)

周家忠 男,1968年7月出生,江西省宜春市人,初中文化,中共党员,现为宜春市公路管理局施工队长。2012年,荣获“江西省五一劳动奖章”称号。2015年,被中共江西省委、省政府授予“江西省劳动模范”称号。

充实的养路工生涯。1990年,周家忠成为樟树三桥养路队一名普通养路工人,他埋头苦干,勤奋学习,不断积累工作经验。9年艰苦岁月,砥砺他的年少青春,打牢他走向工程技术岗位的基础。1998年暴雨洪水无情地摧毁着洪塘养路队管养的三水线,沿线多处塌方,淤泥阻塞管道,积水蔓延,严重阻断交通。面对狂风暴雨,周家忠没有畏惧,带领全队职工,拎起铁锹奋战在暴雨中,及时把路面的积水排泄到河流中去,直到傍晚才疏通所有的管道。从此,周家忠“倔牛”的外号不胫而走。

不悔的摊铺机操作手生涯。1999年,周家忠借调直属分局开始他的摊铺手工作。2002年,宜春城区道路改扩建工程启动,工期紧、要求高、压力大,而且交通不能中断。为保证工程如期完成,周家忠只有抓住晚上有利时机,加班加点。一天晚上,正当大家干得热火朝天,摊铺机却停止工作,周家忠凭着十几年操作经验,很快发现是刮板链条出故障,随即他拿起工具钻进摊铺机料斗维修。在调试过程中,机械夺去他左手的中指,但周家忠不抱怨、不叫苦,以大局为重,到医院处理完后继续负伤工作。在他这种敬业精神感召下,全队职工团结拼搏,忘我工作,如期完成任务,得到上级领导好评。

辛酸而温馨的家庭生活。说起家庭,人高马大的周家忠心里很不是滋味,父亲常年多病,平时因工作忙也没有太多时间陪老人家。2014年,父亲查出直肠癌,也因经济拮据没有条件做手术,发作时最多吃点止痛药,现在已是骨瘦如柴。女儿自上学以后,就没有陪她逛过一次街、去过一次公园,学习更加没有时间去关心。他把一切家事都交给妻子。好在妻子任劳任怨、勤劳踏实,默默无闻地支撑起这个家。正因为有爱、有理解、有支持,这个家庭正为着他们的梦想努力前行。

“但得众生皆得饱,不辞羸病卧残阳。”周家忠多年来一直保持昂扬的精神状态,勤勤恳恳做事,老老实实做人,没有丝毫的做作。时刻以一个优秀共产党员的标准严格要求自己,不愧是一头倔强、踏实、奉献的“老黄牛”。

(省交通工会)

卢志敏　男,江西省南康市人。生于1965年,于2010年进入赣州市公共交通总公司担任驾驶员,现服务于一分公司公交精品线路K2路。15年间,他始终用自己的实际行动诠释着全心全意为人民服务的宗旨,以自己的热情、耐心、爱心对待每一位乘客。他所驾驶的车辆创造零事故,零投诉,零违章的记录,以优质的服务得到众多乘客和同事的好评。2011年,他被评为总公司“十大节油明星”,荣获市“五一劳动奖章”。2012年,被评为“十佳感动赣州人物”。2012年,荣获省“五一劳动奖章”。2015年,被中共江西省委、省政府授予“江西省劳动模范”称号。

全心全意为乘客服务。他始终如一地坚持用思想文明、语言文明、行为文明、仪表文明作为自己的行动指针,用自己的汗水踏踏实实地履行职责。他急乘客所急,想乘客所想。他总是微笑着迎接上车的每一位乘客,露出满脸的笑容说声“你好”。遇有老、弱、病、残、孕时,他及时给予必要的帮助,等他们坐好位置后,再不急不躁地缓慢驶离站台。当车辆出现故障不能语音报站时,他就自备扩音器,耐心地为车上的乘客报出每一个站台。每一位乘客下车时,他依然不忘微笑地对他们说声“再见”。他始终把工作放在第一位,把自己的本职工作放在重中之重的位置,时刻心系乘客。为了工作,他愿意为公司和乘客付出属于自己的时间,过年过节仍在公交服务一线。无论寒暑,总能让自己在最佳状态工作,毫不懈怠,这使得他安全出色地完成公司的各项任务。“五一”、“十一”、春节期间,客流量增大,客运任务繁重,驾驶员紧缺,加之又有包车任务,卢志敏经常披星戴月,早晨出门家人还在熟睡,晚上回家家人已进入梦乡,很少有时间和家人相聚。

信息化时代的公交车实行无人售票,这给从事服务工作的驾驶员带来新的课题。经过刻苦潜心钻研,勇于搜索,大胆实践,卢志敏总结推出具有时代特点的高层次的服务方法:爱心是一个驾驶员最起码的行为准则,一个驾驶员如果对乘客缺乏爱心,就很难做到优质服务。每个驾驶员每天都要面对几百名甚至上千名乘客,公交企业的产品就是服务,为乘客提供优质温馨的服务是驾驶员义不容辞的责任,这更体现细节在驾驶员工作中的重要性。一个笑脸,一句热情的话语,甚至一个眼神都有可能影响服务的质量。随着社会的发展,对服务工作的具体要求越来越高,对待乘客是笑脸相迎,对乘客年龄长者长辈称呼,对同事称呼兄弟姐妹。坚持文明用语,讲究语言艺术。扶老携幼,随时提醒乘客请慢行,请不要拥挤,看好自己包裹,随身携带物品,预防扒手,注意安全,请慢下,换乘车次等温情式的服务方法,使乘客听后倍感亲切、文雅、自然、舒心。大多数乘客都能与驾驶员和谐相处,遇到极少数无理要求而不能得到满足的乘客要耐心细心的解释清楚,灵活处理,用自己的真诚感化乘客,达到驾乘的相互理解、相互尊重、相互帮助、相互服务的目的,营造一个文明的车厢和谐氛围。卢志敏把关爱献给乘客,他驾驶的车辆营业收入在车队中名列前茅,为公司创收做出自己最大的努力。

刻苦钻研驾修技术。卢志敏深深知道,要想成为一名合格的驾驶员,不仅要有扎实的驾驶技术,还要懂得维修技术。他经常学习有关技术常识,钻研车辆构造,研究新型的汽车配置与节能办法。通过学习和实践,他总结出八个字:脚轻手快、轻踩慢带。在驾驶车辆时,他规范操作,车辆节油名列前茅。他坚持做好爱车例保工作,并且能够及时发现故障并报修,使车辆始终能在最佳状态运作。

(李发淳)

樊友庆 男,1974年1月出生,江西南昌人,大学本科学历,中共党员,高级工程师,现为江西省高速公路投资集团安定项目办副主任。自1995年参加工作以来,一直奋战在高速公路建设一线,先后参与泰赣、瑞赣、寻全等高速公路的建设和管理工作。他所负责的研究课题《高速公路路侧安全问题及对策研究》被省公路学会评为2011年度科学技术三等奖,个人先后10次被省高等级公路管理局评为先进工作者。2015年,被中共江西省委、省政府评为"江西省劳动模范"。

坚定执着,扎根高速。1995年7月,樊友庆从省交通学校毕业后,进入省高等级公路管理局工作,从此与高速公路结下不解情缘。20年来,他开过压路机,做过护路员,干过项目经理。睡过-10℃的边沟,扫过地面温度60℃的马路。晴天一身灰,雨天一身泥,不管条件多么艰苦,他都默默地坚持下来。他说:"干一行就应该爱一行,自己既然选择高速公路行业,就应该把工作干好。"朴实的话语中,却折射出他内心的坚定和执着。2006年7月,瑞赣高速公路开工建设,樊友庆主动请缨,要求参与瑞赣项目建设。前期工作由于人员少,作为工程处负责人的樊友庆,每天要徒步30千米进行现场勘查,收集项目建设的第一手资料和数据。晚上回来还要整理内业,经常一忙就是一个通宵。他坚持5个多月,从没喊过苦累。他参建的高速公路总长突破700千米,如一条条巨龙飞跃于赣鄱大地。

爱岗敬业,坚持创新,高速高效。认真做事才能把事做对,用心做事才能把事做好。樊友庆不论是干监理工作,还是做业主管理,或是组织现场施工,都做得十分出色。原来省内高速公路多数采用2波的钢护栏,2007年参与瑞赣高速公路的建设后,樊友庆发现赣南地区高填深挖路段较多,原有的2波钢护栏难以满足安全防护的需求,于是开始尝试高速公路路侧安全问题的课题研究。他结合全省高速公路路基边坡几何特征和路侧安全特点,首次划分路侧安全水平等级并推荐相应的护栏形式,提出改善高速公路路侧安全性能的建议措施和路侧障碍物处理对策,得到业内专家的广泛认可。2014年9月,樊友庆调任安定项目办副主任,分管现场和安全。他虽然拥有20多年的项目建设和管理经验,但仍然坚持开着车辗转于每一个施工点巡查。他针对现场存在的问题,创造性地提出"桥梁墩身钢筋保护层厚度'两度三点'控制工法""T梁底腹板钢筋胎架法施工工法""钢筋笼360度胎架制作使用及轨道直螺纹连接工法",总结出"混凝土外观质量控制指导方案及考核办法",并在全线推广,大大提升安定高速公路项目的施工效率和标准化管理水平。

无私奉献,舍己为公。在工作中认真要求,一丝不苟,在生活中随性洒脱,乐于助人。与他共事多年的同事,给樊友庆贴上这样的标签,他是同事心中的"老大哥",谁有什么困难,他都会第一时间站出来给予帮助。他是施工队眼中的"黑包公",对于任何影响质量和安全的问题他都会毫不留情面要求现场改正。作为一个手持价值数十亿项目的管理者,很多人找他帮忙,都被他婉拒,廉洁从业,一心为公,将每一分钱花在刀刃上,尽最大可能为老百姓提供优质安全的高速公路服务产品。

工作中严肃认真的樊友庆,在家人面前,他一直是一个"索取者"。2015年安定项目正在组织"大干100天"劳动竞赛活动,他便主动留在工地上,一待就是2个多月。孩子问他为什么不回家,他强忍着对孩子的思念说爸爸要工作。谈起家人,樊友庆心中满是愧疚。2013年9月,正值寻全高速公路建设施工的高峰期,时任寻全项目办副主任的樊友庆接到父亲病危的电话,却因为项目关键控制性工程亟须突破而抽不开身,就这样他错过见父亲的最后一面。樊友庆的妻子原来是寻乌县交通局的一名干部,为支持樊友庆的工作和照顾家庭,先后换6家单位,辗转于吉安、南昌和赣州3地，作出巨大的牺牲。

如今，樊友庆已是不惑之年，先后完成10多个高速公路项目的建设和改扩建任务。他说，身为一名高速公路建设者，他希望自己永远在路上，用实际行动去回报社会，努力为江西的高速公路事业奋斗终身。

（省交通工会）

吕太清　男，1971年出生，吉安遂川人，初中文化，中共党员，现为吉安公路局遂川公路分局沙田道班班长。吕太清自1994年退伍成为一名养护工人以来，始终秉承“不积跬步，无以至千里”的信念，干一行爱一行，不论在何岗位、何工种，面对急难险重任务都冲锋在前，在平凡的岗位上作出不平凡的贡献。2008—2013年，连续5次荣获吉安市公路系统“先进工作者”称号。2013年，荣获“吉安市十大最美劳动者”称号。2014—2015年。荣获吉安市公路系统“标兵”称号。2015年，荣获“吉安市第七届职工职业道德建设十佳标兵”称号。同年，被中共江西省委、省政府授予“江西省劳动模范”称号。

抢险保通，危急关头显军人本色。2008年1月下旬，南方多省遭遇百年一遇的冰冻灾害，旅客出行和货物运输受到严重影响。吕太清时任曲尺岭道班班长，他每天顶风冒雪带领6名队员驱车行进于新公路线上，撒盐除冰，清理路障，抢修损毁公路。1月26日下午，气温再次骤降，曲尺岭路段急剧结冰，几十辆车被堵在半山腰，司乘人员饥寒交迫、苦不堪言。吕太清接报后，心急如焚，不顾彼劳，又立即带领大伙赶往受灾路段撒盐除冰。有些车辆严重超载，他就与队员们用手推肩挑帮助司机把汽车推上320米长的陡坡。长时间处于抗冰斗争一线，他双脚被冻裂，走路一瘸一拐，袜子被血水沾住脱不下，但他仍无怨无悔。21年来，吕太清处置各类险情达50多次，先后三次负伤。在同事眼中，他是拼命三郎：在领导眼里，他就是危急关头最值得信赖的先锋战士！

痴心养护，多年实践成行家。在道班中，他的养护技术顶尖，熬制沥青、灌缝、修补路面坑槽、割草清淤、操作养护机械样样精通。2010年，吕太清转任沙田道班班长，负责管养遂川县最繁忙的105国道巾石路段。该路段车流量大、超载现象严重、地质条件恶劣，经常路面沉陷、唧泥、翻浆。他经过观察，发现通过传统压浆、结构层开挖处理等方式解决处理后的路面，一定周期内还会发生反复，原因是没有根本解决路基压实度、路基含水量高等问题。他与同事反复研究实践，决定采用干拌水泥碎石桩加固路基的方法，不仅解决上述路面病害，还具有施工周期短、造价低、环境污染少、不影响通车等特点。仅此一项，每年为分局节约资金10万元。此外，吕太清带头运用公路“创可贴”技术，使龟裂路面修补更简便快捷实用。

关怀他人，无悔奉献显本色。吕太清出身工人家庭，父亲是一名钨矿爱岗敬业的老党员。受父亲影响，吕太清养成不怕吃苦、敢于担当、关爱他人的品质。职工郭卫民80多岁的老母长期卧病在床，智障女儿需要照顾，吕太清尽量安排他少值班，周末常去他家帮干家务、农活，先后组织道班11名职工为其借款10万余元，每年春节还带礼物去看望。梁小芸丈夫患尿毒症，为让她多点时间照顾丈夫，吕太清与队员们商议，尽量安排些轻松的事给她，周末替她值班，在其丈夫做手术时，又组织捐款2000多元。十多年来，他捐助困难职工9人累计两万余元。

荣誉面前，依然甘当“铺路石”，厚积而薄发。多年来出色的业绩与无悔地奉献，让他得到同事与领导的交口称赞。在荣誉面前，他依然保持着以前的工作作风，每天提前半小时上班，打扫卫生，整理工具，列出当天工作计划。然后，和队员们一起上路，修补坑槽、整治路屑、清理水沟，最后一个回家。他早已习惯与路为伴，哪怕生活单调、艰辛，也依然乐此不疲。

（省交通工会）

夏小燕　女，1979年1月出生，江西瑞昌人，本科学历，中共党员，现任九江市公路管理局瑞昌分局技术股股长。她自2000年进入该分局以来，一直在工程施工一线工作，先后担任过机械设备操作手、施工员、质检员、技术负责人、工程技术股长等职。2012—2014年，连续3年被九江市公路管理局表彰为先进个人。2013年，被九江市授予“五一巾帼标兵”称号。2015年，被中共江西省

委、省政府评为“江西省先进工作者”。

她是一个平凡的人。她从菁菁校园一步踏入尘土飞扬的公路工程建设工地,整天走的是坑洼不平的土石路,呼吸的是漫天弥漫的灰尘,吃的是不定时的简单工餐,睡的是简易板床。但她没有任何怨言,十余年在平凡岗位上默默奉献,辛勤耕耘,愉快地工作,出色地完成任务。

她是一个敬业的人。她的身影总是奔忙在工地上,对进场材料的质量,施工工艺等全程跟踪。经过几年项目管理工程师、工程部长等技术岗位的艰苦历练,技术、管理水平全面提升。2013 年,她担起立肇线二级公路改造工程项目办总工重任,全面把控项目实施中的工程质量、进度、安全、协调等工作,交出一份令人满意的答卷。

她是一个进取的人。十多年的工作征程,她没有停下求学的脚步,参加北京交通大学公路工程与管理和解放军理工大学的土木工程专业函授学习,使自己的专业知识技术不断得到丰富和提高。她时刻铭记自己是一名中国共产党员,在思想上和行动上践行着党员的先进性。

她是一个讲求奉献的人。十多年来,她坚持工作、生活在工程建设的第一线,把最美好的青春岁月都奉献在野外的施工场地,这期间她成家、生育,舍弃太多与家人共享天伦的美好时刻。对于周围人的困难,她总不吝于伸出热情的手. 帮助大家。

(省交通工会)

俞祖旺　男,1962 年 11 月出生,大学学历,中共党员,高级工程师,现为上饶公路局万年分局局长。俞祖旺始终牢记全心全意为人民服务的宗旨,爱岗敬业,勤奋工作,以对党和人民事业高度负责的精神,默默地为公路事业无私奉献,取得令人瞩目的成绩。他多次被省、市公路系统评为先进工作者、劳动模范、优秀党员、十佳管理标兵。2012 年,荣获上饶市“五一劳动奖章”。2013 年荣获江西省“五一劳动奖章”、上饶市“劳动模范”。2015 年,被中共江西省委、省政府评为“江西省先进工作者”。

爱岗敬业,谱写公路建设新篇章。俞祖旺视事业为生命,以奉献为己任,励精图治,勤奋工作。自参加工作以来,先后参与建设 320 国道、黎温高速、灵罗一级公路、上乐公路等 15 个建设项目,总里程达 280 千米,参建的 15 个项目全部被评为优良工程。2015 年是迎国检之年,他建章立制,制定《万年公路工程建设管理办法》,亲自担任组长,强化巡查处罚力度,带头执行工程质量风险抵押金制度。做到分工明确,奖罚分明,为提升万年公路工程建设质量和管理水平奠定基础。

改变工作方式,坚持“白加黑、夜总汇”的干劲。自迎检工作开展以来,他以身作则,靠前指挥,基本放弃“五一”“十一”节假日及正常的双休日,努力奋战在迎检战线最前沿。在他的带领下,万年公路工程质量和进度在上饶市公路局组织的考评中名列前茅,所在分局被上饶市公路管理局评为“迎国检先进单位”。

大胆创新,勇担科技创新的带头人。为解决长期困扰公路建设中遇到的技术难题,他提出应力松弛理论,即将应力应变累计叠加通过结构的变化改变为应力应变分散;提出大粒径水泥稳定碎石基层的方案,有效地克服水泥路面板强度不够的问题。2015 年,在水泥混凝土抗折强度研究中,他又提出浮力理论,改变传统的水泥混凝土抗折强度设计思路和方法,在不添加任何外加剂的情况下,提高抗折强度 10%,节约水泥用量 12%,节约工程建设资金 50 余万元,实现社会效益和经济效益双丰收。

公生明,廉生威。在多年工程建设中,他始终保持克己奉公、清正廉洁、朴素为人的高尚情怀。在工程招投标中,严格按程序办事,做到公开、公正、公平。严格工程变更管理,控制工程成本。

(省交通工会)

李斌荣　男,1972 年 12 月出生,江西莲花县人,中共党员,现任莲花县公路管理站副站长。二十年来,他甘为公路“孺子牛”,任劳任怨、兢兢业业、无私奉献的为公路事业付出的艰辛和努力。

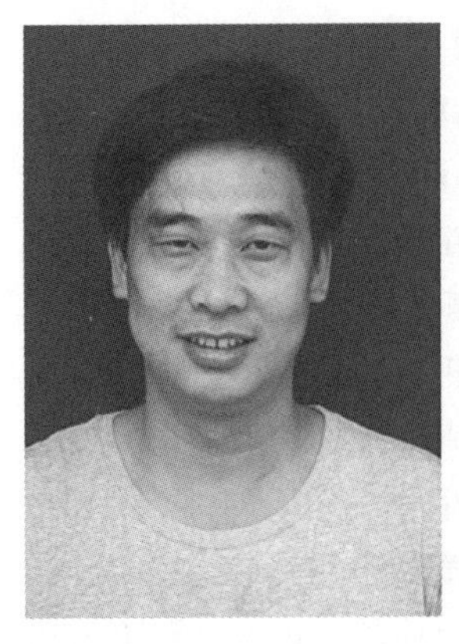

他没有轰轰烈烈的事迹，只有默默地奉献于他钟情的农村公路养护事业，在平凡的岗位上做出不平凡的业绩。2015 年，李斌荣被中共江西省委、省政府授予“江西省先进工作者”称号。

牢记宗旨，把路放在心上。“修桥补路积公德”，作为农村公路养护工人，不但要有“铺路石”的奉献精神，而且有“雷锋式”的助人为乐品德。李斌荣牢记党的宗旨，时刻把服务农村群众畅通、便捷、平安出行放在心上，经常为农村公路养护工作做好事，为社会做好事。

钻研业务，把心放在路上。李斌荣是一名退伍军人，因公路养护专业性较强，以前没有接触。他为尽快适应农村公路养护工作，为更快地融入工作当中去，更好地为社会主义新农村建设服务，他勤奋工作，虚心学习，模范带头，不怕艰苦，认真钻研农村公路养护的基本知识和操作技能，不断提高业务水平，成为农村公路养护的“行家里手”。

爱岗敬业，四季走在路上。他始终从群众切身利益出发，为百姓出行、安全生产，提高农村公路使用寿命等各方面尽心尽力。2012 年 7 月的一天，天空突然暴风骤雨，河水暴涨，到处水汪汪的一片。他冒雨巡查公路途经良坊镇湾溪村马拿山自然村时，发现马拿山桥被湍急大洪水冲垮，他立即叫其他同事继续去查看灾情，自己一个人冒雨赤脚站在水中，指挥和劝导过往车辆和行人返回，设置安全标志，一直值守到下半夜 2 点多，确保车辆行人的安全万无一失。第二天，由于冒雨赤脚站在水中，他嘴唇发紫，高烧不退住进医院。

带头苦干，汗水洒在路上。在办公室看不到他的身影，每天从早到晚，都和工友们一道工作在公路上。他在工作中有股“拼命三郎”精神，重活、脏活他抢着干，从不叫苦叫累，夏战三伏，冬战三九，天气越热，修补公路坑槽越忙，一次次抢险排障，一次次深夜而归。“尽力把路修的平坦些，让群众能够舒适平安到家！”凭着这朴实的信念，李斌荣默默地用实际行动奉献着。正是他和众多养路工人的精心呵护，莲花县的农村公路才显得更加宽阔、平坦、整洁。

（萍乡市交通运输局）

熊武勇　男，1964 年 10 月 12 日出生，1984 年 7 月参加工作，中共党员，高级工程师，现任江西省水上搜救中心鄱阳湖分中心主任、党支部书记。自从事水上救助打捞工作以来，熊武勇始终坚持“大胆改革、锐意进取，勇于探索、开拓创新，一切从群众利益出发”的工作理念，同班子成员一道带领全体干部职工顺利完成由企业化管理的事业单位向公益化的水上救助打捞单位的转变，多次圆满完成国家和省内重大水上搜救任务，为保障人民群众生命财产安全屡立新功，受到各级领导的充分肯定和高度评价。

用理论武装头脑，带领干部职工顺利完成单位转型。2011 年，有着 50 多年历史的省航务管理局港航工程处打捞队成建制成立分中心。面对单位转型带来的巨大挑战，面对从过去以打捞经营为主、公益救助为辅到现在主要担负水上公益救助任务的转变，面对上级对分中心建设的殷切期盼，面对干部、职工对分中心今后发展的热切关注，熊武勇的选择依然是：不惧挑战，直面困难。面对这些摆在面前的难题，熊武勇的回答是：不等不靠，从思想理论中寻找方法，从干部、职工中集思广益。作为一名理想信念坚定的共产党员，熊武勇特别注重学习贯彻党中央的方针政策和最新的思想理论，认真学习中共十八大、十八届三中、四中全会精神，带动干部职工理论学习、转变观念，统一思想，增强献身社会公益事业的使命感和责任感，顺利做好分中心的转型各项工作，为分中心日后发展奠定坚实的基础。

用制度规范工作，带领干部职工严格按制度办事。分中心成立时间短，底子薄、问题多，为规范各项工作有序开展，熊武勇组织各科室人员按照上级制度规定结合单位实际建章立制，共制定《党风廉政建设工作制度》《考勤制度》《值班管理制度》《船舶调度制度》《安全生产管理手册》《安全生产奖惩规定》《安全生产事故责任追究制度》等 23 项针对性强、操作性好的管理制度。熊武勇重视对制度的落实，带头遵守执行各项制度，对发现违反规定的人员和问题,坚决按照相关规定执行,绝不姑息迁就。通过严格制度落实,分中心上下都形成按章办事的良好风气。

加强知识学习和练兵建设,不断提升处置水上突发事件的应变能力。为适应全省水运经济蓬勃发展的新形势,有效地履行水上救助职责,作为单位的带头人,熊武勇深知不断学习各种知识的重要性。他除坚持在工作之余学习水上搜救的新技术和新理论外,更加注重干部、职工的学习与培训。在单位内营造出一种传帮带、你追我赶,讲求实效的学习氛围。为能尽快熟悉掌握水上救助技术,他以超乎寻常的耐力,学以致用、学用相融。并带领分中心全体员工把学到的新知识、新技能运用到实际工作中,推动分中心转型、发展和稳定。分中心先后开展了水上救助技能培训、起重机械操作人员培训、潜水员培训、船舶驾驶员培训及潜水作业资格证培训、安全专题教育培训、船员基本安全培训等多种培训,新进人员90%以上取得大专学历,进一步提高干部职工的综合素质。为进一步提升分中心处置水上突发事件的应变能力,熊武勇特别注重以练兵的形式来锤炼摔打队伍。近年来,分中心通过全员大练兵、攻坚组培训、骨干集训等形式,开展打造铁军等近20个训练课目的综合训练,积极参加地方政府、部队举办的各种水上搜救演习。2012年,参加由江西省交通运输厅、九江市人民政府主办的“2012江西省处置水上突发事件应急演练”;2014年,参加由江西省交通运输厅、新余市人民政府主办的“2014新余市仙女湖景区水上突发事件应急演练”;2015年,参加由江西省公安消防总队举行的“应急2015”江西省水域救援实战演习。通过各种不同形式的练兵,分中心应对突发事件的本领明显增强。

用奉献守护安宁,出色完成各种急难险重任务。2015年6月1日,“东方之星”号客轮不幸翻沉,牵动着全国人民的心。6月2日上午9时许,接到上级搜救指令后,熊武勇立即组织动员本单位搜救力量,同时按照上级要求协调南昌市水利防洪抢险机动队、湖口港埠打捞公司等搜救力量,在半小时内就组建起一支包括15名搜救经验丰富的潜水员在内的共31人组成江西省交通运输厅搜救队,携带专业搜救装具,以最快的速度从南昌、九江出发,并在第一时间赶赴湖北监利救援现场,参加“东方之星”号客轮翻沉事件救援工作。根据现场指挥部的安排,江西省交通运输厅搜救队到达救援现场后,就争分夺秒投入工作。面对水流急、风浪大,江水浑浊、能见度低,舱内空间狭小、杂物多等诸多困难,熊武勇积极配合带队领导指挥,始终按照精心制定的搜救方案,灵活调配人员编组,重点抓好水下搜救的具体实施以及搜救间隙的装备维护保养工作,为搜救行动的顺利开展起到承上启下的作用。作为队伍的搜救一线具体组织协调者,熊武勇自始至终同队员们一起并肩作战,鼓励大家不畏艰险、迎难而上,他这种忘我的工作作风,激发队员们的战斗意志。在此次搜救任务中,江西省交通运输厅搜救队成功打捞起3具遇难者遗体,出色地完成各项任务。熊武勇以高度的政治责任感和一名水上搜救工作者的职业使命感投入到救援工作,充分展示他多次参加各种水上搜救工作所积累的丰富组织协调经验,也充分展示他敢于拼搏、勇于奉献的良好精神风貌。至2015年,熊武勇带领分中心全体人员成功救助救援各类遇险船舶24艘,救助救援遇险人员35人,搜寻落水人员26人,挽回经济损失上亿元。

用真情关爱职工,共创和谐家园。为官一任,造福一方。熊武勇是一名从基层成长起来的干部,他想职工之所想、急职工之所急,制定亲民政策,坚持民主管理。分中心一线干部、职工长期在趸船上值守,条件比较艰苦,为尽快改善他们的工作环境,他想方设法为一线购置空调、饮水机等生活设施,并对厨房、卫生间等进行整修。为使大家共享改革红利,分中心制定《职工绩效工资分配办法》《船员及潜水员水上作业津贴实施办法》,面向一线倾斜。他特别关心困难职工、弱势群体的生活情况,始终按照“进万家门,知万家事,解万家难,暖万家心”的要求,建立困难职工档案,制定帮困计划,落实帮困责任。每当有干部职工因病入院,他都会亲自探望慰问,让他们深深地感到组织的温暖和关心。为鼓励职工子女求学上进,成为国家有用之才,每当有职工子女被本科以上院校录取时,都会给予适当奖励。一系列民心工作的开展,为分中心的稳定发展、构建和谐社会奠定坚实的基础。

一分耕耘,一分收获。熊武勇本人2004年被评为全省交通系统先进生产(工作)者;2005年荣获第九届江西省职工职业道德建设先进个人;

2006年披中共省交通运输厅党委评为优秀共产党员、被省交通运输厅授予劳动模范称号;2007年被中国海员建设工会全国委员会授予金锚奖;2016年1月23日,被中共江西省委、省政府授予“全省综合性应急救援三等功”;同年9月29日,被交通运输部授于“2014～2015年全国交通运输行业文明职工标兵”光荣称号。

（陈　康）

宋金博　男,1982年10月出生,江西交通职业技术学院路桥工程系专职教师,副教授,高级工程师,建造师,交通部监理工程师,天津大学桥梁与隧道专业博士生,江西省科学研究院GIS研究所客座研究员,江西省公路学会会员,江西省公路学会青年委员会委员,江西省交通运输工程档案馆技术顾问。作为一名青年教师,他热爱教育事业,潜心教书育人,兢兢业业,乐于奉献,关爱学生,勇于探索,在三尺讲台上,挥洒和奉献着他无悔的青春;在平凡的岗位上,做出不平凡的业绩。

悉心育人,孜孜不倦。在教学上,他忠实履行学院“培养高端技能型人才”的理念。在教学过程中,他注重引导启发学生,调动学生动手操作的积极性,提高学生实践操作技能。在教学方法及手段上,针对职业教育的特点,他勇于求新求变。在担任《桥梁现场检测》课程教学时,他一改过去全班一个设计小组一个设计参数的传统做法,硬是在1个月的时间内,通过精心推敲测算,将传感器的设置由跨中改在梁端和四分之一处,由单一的梁板检测拓展到墩台、基础、支座等多个结构中,为每个学生设置完全不同且又符合工程实际的原始参数,取得良好的教学效果。在担任《桥梁设计软件》课程时,由于信息技术日新月异,教学用标准图与模型总不能与教材同步,任课老师每每要面对讲解桥梁结构及原理而没有标准图的尴尬。作为该课程的教师,宋金博在研究教学方法、吃透教材的同时,还利用休息时间,绘制一张又一张标准图。同时,又在学院的支持下,成立绘制教学标准图兴趣小组,组织学生完成多门课程的标准图绘制工作,提高学生的团队精神、绘图能力和专业知识水平。2012年,在十二届全国多媒体课件大赛中,由宋金博主持申报的《产品设计流程》《路桥施工供电》两个课件分别获得全国高校二等奖及优秀奖的好成绩。2013年,在第十三届“挑战杯”中国大学生课外学术科技作品竞赛江西赛区决赛中,由宋金博指导的学生团队,在全省57所高校317件作品中荣获大赛一等奖。2015年6月1日,在第十四届“挑战杯”中国大学生课外学术科技作品竞赛江西赛区决赛中,由宋金博指导的学生团队,在全省78所高校372件作品中,再次荣获大赛一等奖,江西交通职业技术学院代表队也因此成为“挑战杯”江西赛区历史上唯一一个连续4年蝉联两届冠军的优胜团队。

学思并重,治学严谨。“要想给学生一杯水,自己必须先有一桶水。”这是宋金博常挂在口头的一句话,他是这样说的,也是这样做的。宋金博在繁重的教学工作之余,一直坚持有目的、有步骤地学习与专业和教学相关的新知识新技术,并取得一定的成绩。2009年,宋金博被学院派送到南京参加国家路桥学科骨干教师培训,短短9天时间,白天他如饥似渴地专心听讲.晚上则到实验室动手操作复习白天的课程内容。返校后,他认真整理学习笔记,悉心钻研学习内容。经过坚持不懈的努力,终于在2010年10月获得学院首个国家知识产权局授权专利证书,他所带领的团队已经取得各类国家专利140余项。2011年12月,他远赴云南参加“交通运输部公路桥梁安全风险评估宣贯研讨会”。回校后,他认真总结研讨会上的主要思想并且结台本校的实际情况,最终与交通部公路安全风险研究中心签订产学研合作协议,联合申报交通运输部科技项目“鄱阳湖生态经济区公路旧桥健康状况分析与加固关键技术研究”,带动学院教师对新技术的学习,为学院路桥新技术理论与实践教学、路桥新技术实验室的建设乃至专业的建设与发展起到较大的推动作用。

潜心科研,硕果累累。古语云:林木茂盛,必先固其根。教师要出色地完成传道、授业、解惑任务,尤其是教师要持久地进行教育科研工作,必须有扎实的功底。从踏上工作岗位的第一天开始,他就积极地参加各类培训以及学术会议。领导的关怀,良好的基础,顽强的学习毅力再加上科学的学习方法,已经使他逐步成为学校的教科研骨干。

他先后主持江西省教育厅青年基金科技项目1项,骨干参与国家自然科学基金项目2项,江西省科技厅科技项目3项,江西省教育厅教改课题2项,江西省交通厅科技项目3项,省部级精品课程3项,南昌市知识产权局专利实施项目2项。先后获得各类国家知识产权局授权专利36项,国家版权局软件著作权2项,获得国家教学成果二等奖1项,省级教学成果奖2项。多项科研成果正在在实施科技成果转化,其主持的江西省科技厅工业支撑项目“基于WEBGIS的交通工程档案管理系统”成功应用于江西省交通运输工程档案馆;用以进行抚州到吉安,福州到银川,九江西外环等多条省内高速公路的工程档案管理,取得很好的社会以及经济效果。他所领导的科技创新团队研发的“基于大数据的桥梁日常养护巡检系统”,可以对桥梁安全状况进行快速评判,对于桥梁日常管理与养护能够起到非常积极的作用。整个项目获得多项省部级科研基金支持且具备多项自主知识产权,已经在南昌市艾溪湖大桥、生米大桥等多座桥梁的日常养护中成功应用,并产生良好的社会和经济效益。

爱生如子,谆谆教导。宋金博担任多年辅导员工作,在学生管理工作中,他坚守“以人为本、以学生为主体”的理念,除关爱学生日常学习生活,还注重学生的个性发展,因材施教,重视激发学生的自我管理能力。有一次,班上有位同学有一段时间经常没有上课,宋金博得知消息后,马上组织班上同学到处寻找,并立刻与学生家长联系,动用所有可以帮忙的老师与同学,搜寻所有可能的栖身之所,终于在一个偏僻的网吧找到学生。见到学生后,筋疲力尽的他并没有严厉地指责,也没有大声地训斥,只是平静地将大家对他的关心、父母对他的期盼告诉学生,告诫他以后不要这样放纵自己。这个学生看着宋老师因劳累忧心而苍白憔悴的脸庞,听着宋老师语重心长的话语,难以压抑内心的情绪放声痛哭。经过这件事后,该同学感受到学校、老师和同学对他的关爱,受到深刻的教育,人也变得越来越成熟懂事。面对即将毕业的学生,宋金博总是不留余力,因势利导,循循善诱,培养学生的自信、自强、自尊。同时从学生的实际出发,帮助学生树立正确的择业观和就业观。他还积极参加学院组织的各种招聘会,帮助学生分析岗位,指导学生选择适合自己的岗位,希望他们在人生路上跨出正确的一步。

几分耕耘,几分收获。宋金博用实际行动诠释一名普通青年教师称号的时代内涵,书写一曲点亮自己、照亮别人的“红烛”精神的赞歌。曾荣获全国职业教育先进个人,国家级教育成果二等奖,全国多媒体课件大赛二等奖,江西交通优秀工程师,2015年9月9日,获“江西省教书育人楷模”殊荣。

(刘 婷 李 智)

“龚全珍班组” 4月9日,“龚全珍班组”授牌仪式在江西高速集团泰和管理中心莲花管理所举行,全国道德模范、感动中国人物龚全珍出席仪式并为莲花所“龚全珍”班组授牌。仪式上,“老阿姨”龚全珍亲手将刻有“龚全珍班组”五个大字的金色牌匾交到莲花管理所负责人手中,并殷切寄语班组:“我相信我们班组一定会创造出最优良的服务。”

位于泉南高速公路赣湘省界的莲花管理所,在“映山红”文化品牌建设的框架下,拓展品牌内涵,精心打造“龚全珍”班组,大力弘扬龚全珍“坚守信仰、淡泊名利、艰苦奋斗、无私奉献”的精神,为司乘人员提供友善、文明、热情、周到的优质服务,使之辟为传递红色文化和江西高速公路企业精神的一扇窗口,创建江西西大门闪亮的红色文化名片。“龚全珍班组”的内涵诠释为坚守、传承、奉献,宗旨是倾力奉献自我、倾情服务他人、倾心铸就品牌,并提出“四情”管理理念,即深情:学习龚全珍坚守理想,传承信仰的优良品质和红色基因,以龚全珍对革命的赤诚之情来服务过往司乘。真情:学习龚全珍务实为民、心系群众的人生追求,用源自内心的情感、包容体贴的态度消除司乘人员旅途的疲惫,对过往司乘做到有问必答、有求必应。温情:学习龚全珍甘于平凡、乐于奉献的高尚情操,实现与司乘零距离、无缝隙服务,情如家人,同时将爱心播撒到社会的各个角落。激情:学习龚全珍与时俱进、锐意进取的鲜明个性,深挖亮点特色,注重管理创新,着力提升路况水平,为司乘提供高效便捷、文明规范的出行服务。

自2015年初开展“龚全珍班组”创建以来,一方面,莲花所通过道德讲堂的形式,邀请龚全珍事迹报告团成员为员工讲述龚全珍先进事迹,并组织员工参观“龚全珍工作室”,让员工经历道德的洗礼、心灵的涤荡,感受信仰的力量,领悟老阿姨的人生追求和崇高信念。另一方面,员工们积极投身“服务暖人心、平安值千金”春运便民服务、义务献血、文明交通劝导、帮扶关爱留守儿童等社会志愿服务活动,播撒爱心,传递爱的正能量,以自己的一言一行奉献社会,用实际行动践行龚全珍精神和社会主义核心价值观。“龚全珍班组”的创建,得到龚全珍的倾力支持,她许可莲花所使用她的肖像权进行岗亭布置,并亲笔签名赠予班组。“龚全珍班组”的员工们表示,将以这次授牌为巨大荣耀、责任和担当,谨记“老阿姨”的谆谆教导,以最优的服务、最美的微笑迎接四方宾客。

“龚全珍班组”三尺岗亭,传承大爱。他们以龚全珍老阿姨为榜样,用实际行动践行“坚守信仰、淡泊名利、艰苦奋斗、无私奉献”的精神,倾力奉献自我,倾情服务他人,倾心铸就品牌,“像龚全珍那样做事做人”—这是班组所有人作出的光荣承诺。

2015 年 8 月末,又是一年一度开学的日子,“龚全珍班组”在当地乡村干部的引导下来到莲花县神泉乡,分别与 2 名贫困学生结成“助学对子”,开始无偿资助她们完成从小学到大学的全部学业。五洲小学三年级学生彭萧玉学习成绩十分优异,一直在班上名列前茅。但因母亲患病,需要大笔的治疗费用,父亲为照顾和两个尚在读书的女儿,只能在家里靠打零工维持一家人的生活,一家人有 3 口要靠低保过日子。坪里小学四年级学生花慧美一家 4 口挤住在 80 年代建起的老房子里,家里唯一有点现代气息的就是放在桌子上的一台电视机,这个贫寒的家中唯一的财富就是花慧美贴满墙壁的奖状。“龚全珍班组”的员工每到一户贫困学生家里,为受助学生送上新书包、台灯、文具盒、彩笔等全套学习用品以及 200 元助学金,同时鼓励她们坚定信心、克服困难、刻苦学习,掌握各种知识技能,通过自己的努力走出逆境。受助学生表示:非常感谢“龚全珍班组”及社会各界的关心和帮助,一定会好好学习,用实际行动来回报社会。心系教育,捐资助学,一直是龚全珍老阿姨不懈追求的目标。“龚全珍班组”以自己的一言一行奉献社会,而通过助学活动,“龚全珍班组”的干部和员工内心也收获责任、奉献,同时将这种正能量传播到社会各个角落。他们经常到驻地附近的升坊敬老院看望孤寡老人,送上各种物品和爱心慰问金;利用休息时间去莲花县荷花博览园,捡拾垃圾,清理漂浮物。

“龚全珍班组”苦练内功,打牢基本功,短时间内,所有收费员都达到“单车发卡时间不超过 5 秒,单车收费时间不超过 25 秒,车型判别准确率 90% 以上”的要求,基本做到“判断车型一次准,打印票据一次好,收费找零一次对,唱收唱付一口清”的服务水平。一年多来,“龚全珍班组”以龚全珍老阿姨为榜样,把老阿姨精神融入三尺岗亭,他们为过往司乘人员义务提供便民服务,定期慰问孤寡老人,经常开展志愿者义务劳动、义务献血、捐资助学等各项公益活动,取得广泛的社会影响,展示江西高速的良好形象。2016 年 4 月 27 日,被交通运输部、全国总工会授予“2015 年感动交通十大年度人物”殊荣。

(省交通工会)

2015 年度全省交通运输系统先进个人

全国劳动模范

（中委〔2015〕246 号）

柯胜锋 九江市东方出租汽车公司驾驶员
何水标 江西省高速公路投资有限责任公司赣州管理处养护中心主任

全国先进工作者

（中委〔2015〕246 号）

吴雄生 宜春市公路管理局路政执法支队支队长

全国五一劳动奖章获得者

（全国总工会 2016 年 1 月表彰）（总工发〔2016〕5 号）

敖志凡 江西省交通工程咨询监理中心总监理工程师

感动交通年度人物

（交通运输部 2016 年 4 月 28 日表彰）

省高速集团泰和管理中心莲花管理所“龚全珍班组”

全国交通运输系统劳动模范

（人力资源与社会保障部、交通运输部 2015 年 5 月 5 日表彰）

胡　虎 江西长运股份有限公司高客分公司驾驶员高级技师
魏　敏 （女）景德镇长运有限公司汽车总站副站长党支部书记工会主席
罗政民 萍乡市公共交通总公司二分公司 2 路驾驶员

全国交通运输系统先进工作者

（人力资源与社会保障部、交通运输部 2015 年 4 月 27 日表彰）

刘圣卿 江西省高速公路联网管理中心通信监控科副科长
张伦喜 上饶市港航管理分局鄱阳机修所副所长
汪兴泉 婺源县交通运输局局长
谌小生 宜春市公路管理局高安分局珠湖道班班长
叶祖庆 江西省公路路政总队赣州支队十一大队大队长
黄春贵 江西省路港工程有限公司驾驶员
吴广贤 抚州市公路局广昌分局养护中心班长
王　斌 吉安市公路管理局吉水分局乌江道班班长
刘计忠 江两省高速公路投资集团公司泰和管理中心泰和北所党支部书记所长

全国五一巾帼标兵

（全国总工会2015年4月20表彰）（总工发〔2015〕8号）

魏　敏　景德镇长运有限公司汽车总站副站长
熊　姝　江西长运股份有限公司徐坊客运站站务员

2014～2015年度全国交通运输行业文明职工标兵

（交通运输部　2016年09月29日表彰）

熊武勇　江西省水上搜救中心鄱阳湖分中心主任
叶祖庆　江西省公路路政管理总队赣州高速公路路政管理支队十一大队大队长
刘圣卿　江西省高速公路联网管理中心通信监控科副科长
严文晖　江西省横峰县交通运输局规建股股长
李媛媛（女）　江西省高速集团抚州管理中心南昌东管理所收费员

2014～2015年度全国交通运输行业精神文明建设先进工作者

（交通运输部　2016年09月29日表彰）

巫过房　江西省高速公路投资集团有限责任公司团委书记
朱　熹（女）　江西省公路运输管理局党办副主任科员

全国交通运输系统“六五”普法工作先进个人

（交通运输部2016年4月发布）

刘燕萍　江西省港航管理局政策法规处副处长
聂玉洁　江西省交通运输厅宣传处干事

全国优秀船员

（国家海事局、中国海员建设工会全国委员会2015年6月25日发布）

江政良　江西省港航局九江分局都昌航道处赣道政601艇船长

全国优秀船员家属

（中国海员建设工会2015年6月25日表彰）

张花梅　江西省港航局船员家属

2015年春运“情满旅途”活动先进个人

（交通运输部、公安部、国家安监总局、全国总工会、团中央2015年4月3日表彰）
（交运发〔2015〕92号）

田　勇　江西新世纪汽运集团有限公司赣州客运站
周进旗　江西南昌长运有限公司高速客运分公司
熊道红　江西省高速公路投资有限责任公司
熊　芬　江西省港航管理局

全国交通运输教育帮扶突出贡献个人

(全国交通运输职业教育教学指导委员会2016年5月16日表彰)

胡文英 江西省交通职业技术学院教师

江西省优秀共产党员

(中共江西省委 2016年6月30日表彰)(中共江西省委 江西省人民政赣字〔2016〕39号)

叶祖庆 江西省公路路政总队赣州支队十一大队大队长

江西省劳动模范

(中共江西省委 江西省政府2016年4月29日表彰)

(中共江西省委 江西省人民政府赣字〔2016〕39号)

陈 江 江西赣东路桥建设集团有限公司工程师

樊友庆 江西省高速公路投资集团安定项目办副主任

胡 虎 江西长运高客分公司驾驶员、高级技师

李 庚 江西省高速公路投资集团宜春管理中心湘东管理所收费班长

李建云 宜春汽车运输股份有限公司

李康生 赣州市公路管理局南康分局三益道班班长

施余平 江西新余长运有限公司驾驶员

王 琦 萍乡市公路管理局湘东分局白竺道班班长

文 林 江西省公路桥梁工程有限公司工程师

吴广贤 抚州市公路局广昌分局道班班长

周家忠 宜春市公路管理局施工队长

周建中 吉安公路局安福分局竹江养路队队长

卢志敏 赣州市公共交通总公司一分公司公交K2路驾驶员。

李斌荣 萍乡市莲花县公路管理站

江西省先进工作者

(中共江西省委江西省政府2016年4月29日表彰)

夏小燕 九江市公路局瑞昌分局技术股股长

俞祖旺 上饶市公路局万年分局局长

谌小生 宜春市公路局高安分局珠湖道班班长

吕太清 吉安市公路局遂川分局沙田道班班长

高红艳 赣粤高速公路股份有限公司温厚收费所南昌南站收费二班班长

江西省五一劳动奖章获得者

(江西省总工会2016年4月29日表彰)(江西省总工会赣工字〔2016〕4号)

李 华 吉安市公路局泰和分局禾市道班班长

秦文华 江西长运吉安公共交通有限责任公司驾驶员

王兰荣 赣粤高速公路股份有限公司服务区管理中心昌九分中心主任

“十二五”全省安全生产工作先进个人

（江西省政府 2016 年 5 月 3 日表彰）

熊德彬　景德镇长运有限公司总经理
肖燕鸿　江西新世纪汽运集团有限公司技术安全部副部长
于文金　省交通建设工程质量监督管理局科长

江西省综合性应急救援三等功

（省政府 2016 年 1 月 23 日表彰）

熊武勇　省水上搜救中心鄱阳湖分中心主任

江西省教书育人楷模

（省政府 2016 年 1 月表彰）

宋金博　江西交通职业技术学院路桥工程系副教授

江西省五一巾帼标兵

（江西省总工会 2016 年 3 月表彰）

赵　华　江西省交通科学研究院高级工程师
周　娟　江西交通职业技术学院教师
郑薇娜　江西长运股份有限公司徐坊客运站(2015 年 4 月表彰)
徐俊芳　省高速集团泰和管理中心石城管理所石城南收费站(2015 年 4 月表彰)
应真红　江西省高速集团物资公司(2015 年 4 月表彰)
周　燕　九江市公路管理局瑞昌分局(2015 年 4 月表彰)
高红艳　省高速集团昌樟管理处温厚所南昌南站(2015 年 4 月表彰)

全省十四届职业道德标兵

（省总工会、省职业道德办赣工决字[2015]9 号）

王　崎　萍乡市公路管理局道班班长(地方推荐)

全省十四届职业道德先进个人

（省总工会、省职业道德办赣工决字[2015]9 号）

程　岗　九江长运运业股份有限公司高速客运分公司驾驶员
袁满花　九江长运股份物资贸易有限公司部门主管
欧阳娜　江西交通职业技术学院副教授(地方推荐)

江西省优秀工会工作者

（江西省总工会 2015 年 11 月 5 日）

陈秋华　江西省交通设计研究院有限责任公司工会主席
周亚玲　江西省港航管理局上饶分局工会干事
胡招梅　九江市公路管理局武宁分局副局长兼工会主席
李　涛　九江长途汽车运输集团有限公司工会副主席

易德才 宜春汽车运输股份有限公司工会副主席

江西省优秀企业家

(江西省企业联合会、江西省企业家协会 2016 年 3 月 29 日发布)

谭生光 赣粤高速股份有限责任公司总经理

(省交通工会)

全省交通运输系统优秀共产党员(90 人)

(江西省交通运输厅 2015 年 7 月 1 日表彰)

王林水 省公路局管理局办公室主任
廖志清 省公路管理局后勤中心党支部书记
刘政军 省交通工程集团公司经营部部长
文　林 省公路桥梁工程公司第一分公司党支部副书记
李小平 省公路工程公司工程管理部部长
安永娜 省交通集团投资公司路通房地产开发有限公司职工
魏金晶 省公路管理局交通通信总站站长
任　康 省公路管理局交通通信总站站长
吴义林 江西公路科研设计院副院长
庞建基 江西国际集装箱码头有限责任公司董事长
綦　伟 省港航管理局南昌分局工程师
黄春贵 省路港工程局司机
张孔义 省航道工程局机修所所长
姚红良 省港航设计院副院长
刘宣旺 省水上搜救中心鄱阳湖分中心
王华涛 省航务勘察设计院高级工程师
段茂君 省港航管理局财务审计处处长
涂序龙 省港航管理局财务审计处副处长
皮爱国 南昌龙头岗码头综合处副处长
蔡宣灿 省公路运转管理局车辆技一代管理处副处长
王茂江 省公路运输管理局后勤服务中心职工
马　丹 省交通技工学校一部办公室主任
漆志然 江西公路开发总公司工程养护部部长
李国辉 江西公路开发总公司梨温高速公路公司鹰潭处处长
谌菊辉 江西工路开发总公司万年管管理中心鄱阳管理处收费班班长
李启明 江西赣粤高速昌樟管理处梅林收费所所长
王力青 江西赣粤高速昌泰公司泰和收费所所长
泰水祥 江西赣粤高速工程公司工程部经理
叶剑勇 江西赣粤高速方兴公司副总工程师
胡　洁 江西赣粤高速嘉圆公司预算部经理
刘　际 省高速集团赣州管理中心瑞金省界管理所副所长
王万平 省高速集团赣州管理中心泰赣养护中心副主任
肖　斌 省高速集团抚州管理中心工程队副队长

陈石风　管高运集团抚州管理中心幽兰管理所收费班长
陈燕琴　省高速集团宜春管理中心养护中心综合行政邓经理
范福强　省高速集团泰和管理中心养护中心生产调度室主任
胡明亮　省高速集团景德镇管理中心信息分中心主任助理
陈　勇　省高速集团上高管理中心养护应急管理所副所长
国景秋　江西畅行公司庐山中心服务区负责人
朱丽娟　天驰高速科技发展有限公司材料检测部部长
朱广元　江西高速传媒有限公司恙经理
陈建新　省高速公路物资有限公司党办主任
许荣发　嘉和工程咨询监理有限公司副总经理
李秋平　省高速集团养护管理经理
陈志斌　省高速集团萍乡至洪口界高速公路建设项目办公室政监处副处长
张红字　省高速集团万载至宜春高速公路项目建设办公室副主任兼总工程师
毛学军　省高速集团九江绕城高速公路建设项目办公事工程技术处处长
方宏龙　省高速集团金溪至抚州高速公路建设项目办公室党委副书记、纪委书记、政监处长
熊睬峰　省高速集团南昌至宁都高速公路建设项目办公室工程劳安处处长
李　寻　省高速集团南昌至上栗高速公路建设项目办公室管段工程师
谢　华　省高速集团南昌至九江高速公路改扩建通远试验段建设项目办公室政监处副处长
淦　洪　省交通运输厅昌樟高速公路改扩建项目办工程处副处长
王敏军　江西交通职业技术学院教务处处长
张和平　江西交通职业技术学院工会副主席
徐林林　江西交通职业技术学院机电工程系数控教研室主任
于文金　省交通工程质量监督站安监科科长
江淑华　省高速公路联网管理中心赣州分中心出纳
周绍芹　省高速公路联网管理中心综合科副科长
李　竞　省交通运输厅规划办公室科长
余明华　省对外经济联络办公室正科级纪检员
刘传跃　省交通工会办公室主任
余国胜　省交通干部学员培训处科员
胡兵华　省交通设计研究院有限责任公司市政设计分院副院长
吴廷楹　省交通设计研究院有限责任公司第四公路设计分院院长
习小华　省交通科学研究院高级工程师
周小勇　江西交通工程咨询监理中心试验检测中心副主任
王　玉　省交通运输厅应急指挥中心副主任
康孝萍　省公路路政管理总队南昌高速路政支队团支部书记
艾晓勇　省公路路政管理总队南昌高速路政支队三大队副大队长
朱　震　省公路路政管理总队赣州高速路政支队九大队大队长
肖　星　省公路路政管理总队赣州高速路政支队业务科科员
龚进生　省公路路政管理总队吉安高速路政支队财务科科员
邹小华　省公路路政管理总队吉安高速路政支队三大队中队长
熊文明　省公路路政管理总队宜春高速路政支队财务科科长
唐莉琼　省公路路政管理总队宜春高速路政支队团支部书记
邓定宇　省公路路政管理总队九江高速路政支队一大队副大队长

余志勇　省公路路政管理总队九江高速路政支队五大队中队长
张金平　省公路路政管理总队上饶高速路政支队二大队大队长
袭德林　省公路路政管理总队上饶高速路政支队八大队中队长
陈　军　省公路路政管理总队抚州高速路政支队综合科科员
马建明　省公路路政管理总队抚州高速路政支队一大队中队长
单红英　省公路路政管理总队景德镇高速路政支队业务科科长
陈　鹏　省公路路政管理总队萍乡高速路政支队一大队副大队长
邹云洁　省公路路政管理总队新余高速路政支队综合科科员
蔡万全　省公路路政管理总队鹰潭高速路政支队副支队长
吴　欣　省交通运输厅运输处主任科员
廖晓峰　省交通运输厅基本建设监管处主任科员
毛　茂　省交通运输厅组织人事处副处长
王丽琴　省交通运输厅离退休干部管理处干部
金明盛　省交通运输厅机关后勤服务中心副主任

全省交通运输系统优秀党务工作者(40 人)

(江西省交通运输厅 2015 年 7 月表彰)

罗剑华　省公路管理局党委办公室党委干事、团委书记
张换水　省公路工程监理公司党支部书记
张　利　省交通工程集团公司监察室主任
张桂钦　省港航建设投资有限公司机关党支部书记、综合部副经理
万鹤令　省港航管理局南昌分局南昌地方海事处党支部书记
曾　艳　省路港工程局党委办公室党务干事
余　刚　省航道工程局机关党支部书记
龚　欢　省水上搜救中心鄱阳湖分中心党务干部
许海远　省港航管理局党委办公室副主任
朱　熹　省公路运输管理局党委办公室副主任科员
刘春艳　省公路运输管理局财务审计处主任科员
梅春华　江西公路开发总公司梨温高速公路公司党委办公室主任
吴重武　江西公路开发总公司万年管理中心泾口管理处党支部书记
孙玉蓉　江西公路开发总公司恒辉物业公司党支部书记
熊　云　江西赣粤高速党群工作部党务干事
邓平吉　江西赣粤高速工程公司党委副书记
欧阳龙　江西赣粤高速昌九管理处党群工作部副经理
段青良　江西赣粤高速九景管理处党群工作部经理
郝昭帏　省高速集团赣州管理中心党委办公室副主任
王　伟　省高速集团抚州管理中心党委办公室主任
朱晓兵　省高速集团宜春管理中心湘东管理所党支部书记
孙咏晖　省高速集团泰和管理中心碧溪所党支部副书记
黄文平　省高速集团景德镇管理中心江湾所党支部宣传委员
刘小燕　省高逐集团上高管理中心机关党支部组织委员
夏睿德　省高速集团党委办公室党务干事
王建霞　省高速集团第三党支部组织委员、收费管理部经理

徐佩英　江西交通职业技术学院党办主任、机关党总支副书记
夏冬媛　省高速公路联网管理中心机关党支部书记、通信监控科科长
黄晓东　省交通设计研究院有限责任公司党委办公室主任、政治监察处处长
程振华　省交通科学研究院检测中心党支部书记、隧道与沿途中心副主任
郭锁敏　江西交通工程咨询监理中心水运监理分公司党支部书记
万怡书　省公路路政管理总队南昌高速支队六大队党支部书记
叶祖庆　省公路路政管理总队赣州高速支队十一大队党支部书记
曾德正　省公路路政管理总队吉安高速路政支队机关党支部书记
余进军　省公路路政管理总队九江高速路政支队机关党支部书记
倪建国　省公路路政管理总队抚州高速路政支队机关党支部书记
周朝萍　省公路路政管理总队萍乡高速路政支队综合科党务干事
孔祥旗　省公路路政管理总队鹰潭高速路政支队机关党支部书记
董荣钦　省公路路政管理总队机关党支部书记
陈志光　省交通运输厅直属机关团委书记党委办公室副调研员
徐佩英　江西交通职业技术学院

全省交通运输行业文明职工标兵(142名)

（江西省交通运输厅2015年12月21日表彰）

余志雄　南昌市农村公路管理所养护科科员
雷　昀(女)　南昌市公路运输管理处监察室副主任
刘晓明　九江市港航管理局武宁分局局长、
刘伟峰　九江市城市客运管理处副处长
赵庆兵　景德镇市公共交通公司一分公司驾驶员
罗来君　景德镇长运有限公司驾驶员
赖清香(女)　萍乡市公路运输管理处直属所运管员
戴建勇　萍乡市公共交通总公司驾驶员
龚军保　新余市公路管理所所长
艾建彬　新余高新区交通运输局所长
程　静(女)　鹰潭市公路运输管理处办公室主任
黄　龙　江西长运鹰潭公共交通有限公司驾驶员
叶太才　大余县交通运输局局长
温先茂　石城县交通运输局养护站副站长
周文赞　宜春市公共交通总公司副总经理
曹晓松　宜春市综合交通枢纽营运管理有限公司物业管理部保洁监察员
廖文晖　横峰县交通运输局计划基建股股长
吴解乐　余干县交通运输局办公室主任
肖炳仁　吉安市新佳出租车有限公司市中心城区出租车行业党支部书记
张丽琴(女)　吉安市交通运输局直属一所副所长
汤　凯　抚州市公共交通总公司机务科长
涂晓娟(女)　江西抚州长运有限公司黎川分公司窗口售票员
龚浩藩　南昌市公路管理局南昌分局广福道班班长
丁达峰　九江市公路管理局瑞昌分局路政大队长
李　斌　九江市公路管理局武宁分局盘溪道班班长

孙春发　赣州市公路管理局安远分局高级工程师
蒋　宇(女)　景德镇市公路管理局浮梁分局生产办副主任
黄金萍　宜春市公路管理局宜丰分局车上道班班长
吕太清　吉安市公路管理局遂川分局沙田道班班长
许承心　吉安市公路管理局峡江分局福民养路队队长
李小兵　新余市公路管理局渝水分局项目经理
王忠岗　抚州市公路管理局东乡分局养路工人
吴广贤　抚州市公路管理局广昌分局养护中心班长
王　琦　萍乡市公路管理局湘东分局白竺道班班长
叶站清　鹰潭市公路管理局贵溪公路分局3国道杨家道班班长
张劲涛　上饶市宏优公路勘察设计院勘察设计二所所长
侯恭勤　上饶市公路管理局广丰分局路政大队队长
胡　强　江西省公路管理局信息数据中心副主任
高　纯(女)　江西省公路管理局交通通信总站运营办主任
徐　滨　江西省公路工程监理公司检测中心副主任
陈景诚　江西路通科技有限公司总经理助理
俞海鹏　江西省公路工程有限责任公司项目经理
罗　新　江西省交通建设工程有限公司第二事业部经理
朱孟照　江西省公路工程有限责任公司项目副经理
晏小明　江西路通房地产开发有限公司成本合约部经理
余小晴　江西省交通建设工程有限公司事业部第四分部副经理
陈协雯　江西省交通工程集团投资有限公司海威房地产开发有限公司合约管理部副经理
耿　振　江西省交通工程集团投资有限公司海威房地产开发有限公司合约管理部经理
文　昊　江西省交通工程集团投资有限公司海威房地产开发有限公司地产营销策划部副经理
魏金晶　江西省交通建设工程有限公司第一公司项目经理
吴萃萃(女)　江西省港航管理局运输管理处副主任科员
黄燕琴(女)　江西省港航建设投资有限公司赣江石虎塘航电枢纽管理处维护部副经理
游伟林　江西省港航管理局界牌航电枢纽管理处水工所副所长
黄春贵　江西省路港工程局驾驶员
邹传宇　江西省航道工程局疏浚工程处江洪号船长
刘宣旺　江西省水上搜救中心鄱阳湖分中心救捞大队副队长
岳红斌　江西省航务勘察设计院高级工程师
廖昌霞(女)　江西省港航设计院办公室科员
余亚洲　江西省港航管理局南昌港航分局航道处号道政船船长
黄旭东　新建县地方海事处科员
胡　翔　九江市地方海事局直属执法监察大队大队长
江政良　江西省港航管理局九江分局都昌航道处处长助理
徐卫名　江西省港航管理局九江分局海事员
李　江　江西省港航管理局景德镇分局船检高级工程师
叶宗瑾　景德镇地方海事处副处长
李　琳　江西省港航管理局萍乡分局办公室科员
杨小军　江西省港航局新余分局分宜县海事处处长
童斯达　江西省港航管理局鹰潭分局法规科科长

伍　晟　江西省港航管理局赣州分局海事科科员
黄盛辉　江西省港航管理局赣州分局崇义县地方海事处副处长
吕志刚　丰城市地方海事处处长助理
付水华　丰城市地方海事处副处长
程婷婷(女)　江西省港航管理局上饶分局团委书记
王　莹　江西省港航管理局上饶分局党办干事
肖光亮　江西省港航管理局吉安分局轮机长
彭晓南　江西省港航管理局吉安分局万安县地方海事处海事执法员
刘小军　江西省港航管理局吉安分局安全监管科科员
谌治胜　江西省港航管理局抚州分局综治办主任
张春生　江西省公路运输管理局后勤服务中心管理员
汪　波　江西省交通技工学校一部保卫科干事
袁　科　江西省公路运输管理局行政服务中心科员
陈　卉(女)　江西公路开发总公司梨温高速公路公司鹰潭西收费站收费员
陈洪祥　江西公路开发公司万年管理中心工程养护处副处长
丁剑丽(女)　江西公路开发总公司恒辉物业有限责任公司梨温高速上饶服务区管理员
徐宏涛　江西公路开发总公司养护公司机务部部长
李　翔　江西赣粤高速公路股份有限公司昌九管理处邹家河所收费班长
高红艳(女)　江西赣粤高速公路股份有限公司昌樟管理处温厚收费所收费班长
聂　斌　江西赣粤高速公路股份有限公司昌泰公司峡江收费所收费班长
胡伟飞　江西赣粤高速公路股份有限公司九景管理处工程部经理
成安洪　江西赣粤高速公路工程有限责任公司安监部经理
刘雪萍(女)　江西赣粤高速公路股份有限公司职工之家机场分部经理
廖庆华　江西赣粤高速公路股份有限公司方兴公司项目部经理
何小娇(女)　江西省高速集团赣州管理中心瑞金省界管理所收费员
黄水清　江西省高速集团赣州管理中心赣县管理所收费班长
肖　斌　江西省高速集团抚州管理中心工程队副队长
李媛媛(女)　江西省高速集团抚州管理中心南昌东管理所收费员
艾书清　江西省高速集团宜春管理中心宜春收费站副站长
李　庚　江西省高速集团宜春管理中心湘东管理所收费班长
郭　玮(女)　江西省高速集团泰和管理中心井冈山管理所收费班长
郭　震　江西省高速集团泰和管理中心兴国管理所养护站技术员
陈　超　江西省高速集团景德镇管理中心塔岭管理所收费员
刘善军　江西省高速集团景德镇管理中心德上管理所驾驶员
陈　钢　江西省高速集团上高管理中心工程养护部干事
金秋平(女)　江西省高速集团上高管理中心上高管理所收费班长
罗时春　江西畅行高速公路服务区开发经营有限公司南城中心南城服务区负责人
陈嫣嫣(女)　江西省嘉和工程咨询监理有限公司工会副主席
王军秀(女)　江西高速传媒有限公司副总经理
万国树　江西省高速公路物资有限公司赣州沥青库主任
傅小兵　江西省高速公路投资集团有限责任公司法律事务部员工
张勇明　江西交通职业技术学院高职副教授
高　青(女)　江西省高速公路联网管理中心南昌分中心职工

汪　燕(女)　江西省高速公路联网管理中心上饶分中心德兴管理处职工
张学平　江西省高速公路联网管理中心宜春分中心职工
陈曼瑞　江西省高速公路联网管理中心技术设备科职工
唐先亮　江西省高速公路联网管理中心收费结算科副科长
黎　川　江西省高速公路联网管理中心稽查科职工
邹燕飞(女)　江西省交通干部学院后勤处处长
邓　赞(女)　江西省交通干部学院培训处处长
孙功慧　江西省交通设计研究院有限责任公司高级工程师
甘　洋　江西省交通设计研究院有限责任公司助理工程师
曾国良　江西省交通科学研究院桥梁工程师
张冬兵　江西省交通科学研究院工程师
熊伟峰　江西交通咨询公司机电监理公司副经理
何　鎏　江西省交通运输厅应急指挥中心(信息中心)助理工程师
王　静(女)　江西省交通运输厅应急指挥中心(信息中心)值班员
戴胜雄　江西省高速公路路政管理总队南昌高速公路路政管理支队五大队外勤中队长
郭明洁(女)　江西省高速公路路政管理总队南昌高速公路路政管理支队路政员
叶祖庆　江西省高速公路路政管理总队赣州高速公路路政管理支队十一大队大队长兼党支部书记
罗　威　江西省高速公路路政管理总队吉安高速公路路政管理支队八大队外勤中队长
李　明　江西省高速公路路政管理总队吉安高速公路路政管理支队二大队路政员
张　涛　江西省高速公路路政管理总队宜春高速公路路政管理支队一大队副大队长
熊　茸(女)　江西省高速公路路政管理总队九江高速公路路政管理支队路政员
汤德生　江西省高速公路路政管理总队上饶高速公路路政管理支队三大队内业中队长
涂圣彬　江西省高速公路路政管理总队上饶高速公路路政管理支队四大队外勤中队长
熊　燕(女)　江西省高速公路路政管理总队抚州高速公路路政管理支队三大队路政员
陈　军(女)　江西省高速公路路政管理总队抚州高速公路路政管理支队路政员
付　强　江西省高速公路路政管理总队景德镇高速公路路政管理支队三大队副大队长
黄　辰　江西省高速公路路政管理总队萍乡高速公路管理支队三大队路政中队长
曾显福　江西省高速公路路政管理总队新余高速公路路政管理支队一大队外勤中队长
熊　健　江西省高速公路路政管理总队鹰潭高速公路路政管理支队外勤中队长
潘秀英(女)　江西居友物业服务中心党支部书记
聂玉洁(女)　江西交通编辑部编辑

2013—2014年全省交通运输行业精神文明建设先进工作者(66名)

(江西省交通运输厅2015年12月21日表彰)

吴卫平　南昌市城市客运管理处信息科科长
申　静(女)　九江市道路运输管理局庐山区分局副局长
孙　琳(女)　景德镇市交通运输局党办主任
汤文德　萍乡市公共交通总公司党委书记、总经理
吴　玮(女)　鹰潭市交通运输局党委办公室副主任
晏小宜(女)　宜春市交通运输局秘书科副科长
李　斌　上饶市交通工程质量监督局办公室主任
郭水平　吉安市交通运输局机关党委专职副书记
余白婷(女)　九江市公路管理局宣教科副科长

段　家(女)　南昌市公路管理局宣传教育处科员
施发明　景德镇市公路管理局乐平分局党总支副书记兼工会主席
肖武生　吉安市公路管理局吉安分局办公室主任
熊小红(女)　新余市公路管理局分宜分局政工股股
韩红芳(女)　上饶市公路通信信息中心主任兼书记
熊志远　江西省公路工程有限责任公司党群部副部长、机关支部书记
秦小明　江西路通科技有限公司总经理
傅　瑾(女)　江西省公路管理局信息数据中心副主任
倪　磊　江西省港航管理局党办副主任科员
李清宇　江西交远物流有限公司综岔彳亏政部主管
徐卫君　江西省港航管理局界牌航电枢纽管理处党办副主任
曾　艳(女)　江西省路港工程局党办主任
章　骏　江西省航道工程局党办科员
龚　欢(女)　江西省水上搜救中心鄱阳湖分中心纪检员
纪彩霞(女)　江西省港航管理局南昌分局党办主任
王小东　江西省港航管理局九江分局党办主任
程纪品　江西省港航管理局景德镇分局党办主任
苏小玲(女)　江西省港航管理局鹰潭分局党办主任
赖宗良　江西省港航管理局赣州分局党办干事
王　智　江西省港航管理局宜春分局党办主任
徐建发　江西省港航管理局上饶分局鄱阳航道处支部书记
邹　勇　江西省港航管理局吉安分局党办科员
唐相国　江西省港航管理局抚州分局办公室科员
朱　熹(女)　江西省公路运输管理局党办副主任科员
杨红霞(女)　江西交通印刷厂副厂长
缪德良　江西公路开发总公司党委办公室副主任、团委书记
梅春华　江西公路开发总公司梨温高速公路公司党办主任兼机关党支部书记
蔡志荣　江西赣粤高速公路股份有限公司昌泰公司党群部干事
曹云龙　江西赣粤高速公路股份有限公司九景管理处鄱阳收费所党支部书记
王超坚　江西省高速集团赣州管理中心工会副主席
王　伟(女)　江西省高速集团抚州管理中心党办主任
陈　琼(女)　江西省高速集团宜春管理中心团委副书记
周　骁　江西省高速集团泰和管理中心吉安西管理所党支部书记
孙承学　江西省高速集团上高管理中心党办主任
程　超(女)　江西畅行高速公路服务区开发经营有限公司党群部干事
刘　健　江西省高速公路投资集团有限责任公司宣传文化干事
刘晓冰(女)　江西交通职业技术学院党办干事
左行山　江西高速公路联网管理中心吉安分中心职工
王冬强　江西省高速公路联网管理中心景德镇分中心职工
全　钢　江西省高速公路联网管理中心抚州分中心职工
况卫华(女)　江西省交通运输厅规划办公室工会副主席
余明华　江西省交通运输厅对外经济联络办公室正科级纪检员
钟恢万　江西省交通干部学院科员

彭　博　江西省交通设计研究院有限责任公司团委副书记
方　华(女)　江西交通工程咨询监理中心党办主任
彭思嘉(女)　江西省交通运输厅应急指挥中心(信息中心)综合科科员
李丽琴(女)　江西省高速公路路政管理总队南昌高速公路路政管理支队综合科科员
徐江前　江西省高速公路路政管理总队赣州高速公路路政管理支队综合科科员
杨　茜(女)　江西省高速公路路政管理总队宜春高速公路路政管理支队副科长
张凯波　江西省高速公路路政管理总队九江高速公路路政管理支队三大队党支部书记
余　剑　江西省高速公路路政管理总队上饶高速公路路政管理支队党支部书记
邓　俊(女)　江西省高速公路路政管理总队景德镇高速公路路政管理支队综合科副科长
邹云洁(女)　江西省高速公路路政管理总队新余高速公路路政管理支队团支部书记
程芦洪(女)　江西省高速公路路政管理总队鹰潭高速公路路政管理支队纪委书记兼工会主席
张建明　江西省交通运输厅规划处主任科员、厅机关工会主席
陈　浩　江西省交通运输厅后勤服务中心综合科科员
黄　金　中国交通报社驻江西记者站记者

全省“十二五”农村公路养护管理工作先进个人(520人)

(江西省交通运输厅2016年7月26日表彰)

縻向荣　徐华兴　甘正阳　阳伟明　廖晓峰　曹裕霖　涂海燕　胡晋谊
邓艳冬　万海飚　黄　金　张志辉　瞿　强　聂小萍　张建新　刘恒明
曾　敏　陈志光　王　秦　王以斌　肖振发　王华平　詹　白　涂清艳
任　重　吴小欢　甘海花　李文召　周　玮　葛文洁　龙华春　胡　强
林　俊　于延楼　林天发　徐晓霞　谭志兵　艾剑锋　张悦悦　熊道红
夏睿德　刘长明　阮　琦　况丽华　洪梅雪　曾突飞　舒森琴　杨　帆
陈　强　黄国标　黄生平　黄　炬　肖仁义　贾丙海　洪土斌　徐远明
卢世军　郭捷菲　吴幸华　汪　丹　王胜华　许　俊　周　斌　刘彬兵
王螈螈　杨　伟　金明盛　陈　浩　万　娜　彭文韬　熊继忠　李慧华
华世钧　易符良　万国辉　熊孙龙　朱之文　徐　霖　曹彩凤　樊　铭
邱鑫贵　王志荣　魏小飙　熊　伟　黄玉俊　李新华　易　明　黄　鸿
龙海燕　鲁东成　李　城　秦文升　胡品槐　曾　辉　唐海霞　赵国刚
周　欣　李金星　胡子全　张　辉　徐娟娟　邓鳞河　熊建平　程　曦
李伟平　胡贤有　李国清　袁兴湖　李昆华　陈寅中　张　杨　李魁德
漆志然　李练兵　邝　达　潘　皓　刘金枝　鄢梅珏　郑婵娟　文凤飞
吴爱景　李建军　桂希贤　蓝　飞　蒋文文　吁新华　罗洪松　陶勇根
宗　娜　郭　崛　颜华平　刘　彧　欧阳景峰　孙德谦　李小娟　郭震山
王振晓　李桂兰　张　青　万仁春　柳　亮　李春林　李晓晖　饶美生
方　屈　张迎庆　胡海清　陈祥峰　陈　霞　钟镒方　李玉英　李　甫
谢良锋　谢海平　梁　俊　万　翔　李荣清　杜宏伟　李　平　龚亦文
施一文　肖清红　杨霞燕　蒋　凌　熊　峰　李　治　唐忆瑜　朱志钢
李瑞花　吴　超　万小春　赖健莹　赖志钦　赖　彦　邓同辉　顾苏建
刘建福　肖宏宇　曾玉斌　谢行焕　傅艳红　唐　滨　肖　江　邝丽平
谢晓明　董育文　罗　希　张　晨　陈　胜　毛学嵩　陈　雯　张　焱
刘　畅　张福明　陈　远　林　远　李　亮　黄　宇　周　辉　艾晓勇

李元　杜永斌　陈欣　曾海生　王永忠　胡昊　肖智兴　谢永东
万新如　曹昱　欧阳启智　刘诗浩　卢小刚　黄建武　柳万婵　谭亮
龚鹏程　龚亮　卢江梅　王小飞　王晓春　李志成　喻炜　李强
黄建　万欣　李昊　闵武彪　毛李欣　陈新平　陈建红　付礼和
杨志华　饶英才　万光辉　殷新华　周峰　熊燕　王坤　金有海
江华　巫昕　李秦　涂奔　刘新文　张峥　黄文凯　蔡万全
邹军　李志永　陈明杰　刘卫　涂志刚　谭鸿鹏　饶小青　魏建华
刘频　尚政　刘伟肇　赖斌　曹和沈　胡玉锋　伍志斌　葛崇华
詹春龙　习志祥　沈水斌　徐珍彪　吴学军　张小平　范琳军　陈磊
温建华　郑光军　王贤会　吴胜德　黎翔　王正亮　宁金河　胡景昌
孙德才　钟圣　王李萍　彭彤　江波　甘涂发　谢云峰　刘志祥
刘萍　何勤学　刘振忠　喻小文　刘茶云　艾志凯　祝见闻　胡成名
童细样　张文兵　雷健　李师伊　邱兴华　魏潮础　李洋　张志强
黄明　曾陆根　封小冬　彭建麟　王雪涛　钟平　黄桂均　吴福民
谢庆寿　朱晓文　卓富生　闰赓　黄卫萍　邱崇茂　余南猛　晏勇
赵山　肖留华　欧阳朝霞　李珉　张民　温之泗　黄意根　孙荣
卢环　袁梅辉　方扬　陈永红　钟德海　吴荣华　夏君　吴承琴
方旺林　何炳清　汪海良　张卫鸣　蒋永华　方小平　方宁　陈平富
龙海武　廖琼妮　稂涛　龚付逊　赵洪军　肖忠增　温检平　古金华
王法江　刘铁平　肖华文　肖秋云　陈承智　曾博　杨蕾　陈佐光
张新明　杨锋义　廖亮华　刘云良　钱立俊　唐林　易小龙　邹晓裴
徐琪光　刘宏伟　黄忠福　张浏颖　邓康　林旭　王寻湖　何延明
刘文功　涂国良　洪海平　谢凌云　成林华　彭取龙　李劲松　王立伟
桂永忠　陈远勇　周江华　夏青苗　徐游喜　孙财福　万三建　龙昌辉
周敏　卢清虎　王士凯　舒爱玲　周燕　程双红　方伟　刘志兵
黄建福　聂殚　何奎林　林云跃　姚迪江　陈云耀　魏祥朝　荣光华
刘柳兰　胡莉花　胡震　王胜　廖文成　张善权　张翔　夏金根
彭荣生　琚有发　官兵荣　黄志强　金键　郭俊杰　肖云贵　雷迅
梁增铧　熊旭　丁福林　雷炜　钟宏丽　魏琳财　邱礼庆　黎晨
蔡华玲　刘树荣　杨家圣　应孔荣　赖东林　刘雪梅　李国良　甘新众
赵华琴　毛政红　黄铭　敖晓斌　程少华　黄建民　陈晓龙　徐小军
胡海云　黄金萍　胡荣　谢金韶　占永春　宋建星　查帅坤　柴贵胜
周坤山　郑日文　祝海平　范谢羿　徐江发　姜德荣　李其军　陈抽水
熊光俊　叶金生　李永平　李伟红　郭嗣柄　黄文智　江伟伟　周小东
邓芳宜　黄小平　周建中　何茂斌　张卫华　李爱龙　简文武　尹道初
刘其昌　刘林平　姚旭磊　龚俊辉　万筱勇　甘水才　周晓凤　赵小波
吴木荣　郭宏　吴爱龙　吴新陈　石木贵　饶国华　韩翔　龚忠蔚
崔赣涛　彭大　张建扬　郑闽　晏金华　谢中雄　邱林生　陈新发
易彩英　王遐莽　李秋平　周剑光　何水标　金波　晏群　旷福天
钟梓荣　漆冬　叶宗勇　秦美香　杨美群　刘军　廖迎春　梁国卿

（省交通运输厅办公室）

2015 年度全省交通运输系统先进集体

第四届全国文明单位

(中央精神文明建设指导委员会 2015 年 2 月 28 日发布)

江西省高速集团有限责任公司宜春管理中心
江西省高速集团有限责任公司景德镇管理中心
江西省高速集团有限责任公司赣州管理中心
赣粤高速股份有限责任公司九景管理处鄱阳收费站
上饶市道路运输管理局

全国五一劳动奖状获得单位

(全国总工会 2016 年 4 月表彰)

江西新世纪汽运集团有限公司

全国工人先锋号

(全国总工会 2016 年 4 月 29 日表彰)

江西南昌公共交通运输集团有限责任公司四分公司 25 线路
江西省高速集团公路开发公司梨温公司鹰潭西收费站

全国五一巾帼标兵岗

(全国总工会 2015 年表彰)

赣州市公路局全南公路分局陈君华道班
江西省交通运输 12328 服务监督电话

全国巾帼文明岗

(全国妇联 2015 年 4 月 20 日表彰)

宜春市公共交通总公司 7 路外线
抚州管理中心熊村管理所
江西长运股份有限公司徐坊客运站李红服务组

感动交通十大人物组织奖

(交通运输部中华全国总工会 2016 年 4 月 27 日表彰)

江西省交通运输厅

2014—2015 年度全国交通运输行业精神文明建设先进单位

(交通运输部　2016 年 09 月 29 日表彰)

江西省公路管理局(机关)
吉水县道路运输管理所

江西省高速公路投资集团有限责任公司上高管理中心
赣州市交通运输局
江西省公路路政管理总队景德镇高速公路路政管理支队

2014—2015 年度全国交通运输行业文明示范窗口

（交通运输部　2016 年 09 月 29 日表彰）

江西 12328 交通运输服务监督电话服务中心
南昌公交运输集团五公司 228/229 路
九江市地方海事局政务中心
宜春市公路管理局路政执法支队
江西省高速公路投资集团有限责任公司景德镇管理中心江湾收费站

全国交通运输系统先进集体

（人力资源社会保障部、交通运输部 2016 年 5 月表彰）

赣州市公共交通总公司 102 路线

全国交通运输工作先进单位

（交通运输部 2016 年月表彰）

赣州市公交总公司

全国公路养护管理先进单位

（交通运输部 2016 年 6 月 16 日表彰）

江西省交通运输厅

全国交通运输十大文化品牌称号获得单位

（交通运输部 2015 年 4 月 24 表彰）

江西高速公路投资集团泰和管理中心“微笑映山红”

全国绿色公路交通示范项目

（交通运输部 2016 年 6 月颁布）

昌樟高速公路

全国交通运输系统“六五”普法工作先进集体

（交通运输部 2016 年 4 月发布）

江西省公路运输管理局
江西省高速公路投资集团有限责任公司
江西省公路路政管理总队赣州高速公路路政管理支队一大队

全国交通企业管理现代化创新成果和示范单位

（中国交通企业管理协会、交通行业优秀企业管理成果评审委员会 2015 年 12 月发布）

江西高速公路集团景德镇管理中心

全国公路交通系统模范班组

(中国海员建设工会 2015 年 12 月 28 日表彰)

赣州市公路管理局赣县分局江口道班
鹰潭公路管理局贵溪分局杨家道班
鹰潭公路管理局余江分局前山道班
吉安市公路管理局吉水分局乌江道班
宜春市公路管理局勘察设计院测设所
九江市公路管理局庐山分局三公里道班
江西省高速集团公路开发公司梨温公司玉山管理处
江西省高速集团赣粤公司昌泰公司峡江收费所
江西省高速集团赣州管理中心瑞金省界管理所
江西省高速集团景德镇管理中心江湾女子礼仪收费班

全国交通运输教育帮扶贡献奖单位

(全国交通运输职业教育教学指导委员会 2016 年 5 月 16 日发布)

江西交通职业技术学院

中国上市公司优秀董事会“金圆桌奖”

(中国证监会 2016 年 3 月发布)

赣粤高速公路股份公司

全国百佳示范服务区

(交通运输部 2016 年 4 月发布)

赣粤高速庐山服务区

全国优秀服务区

(交通运输部 2016 年 4 月发布)

吉安服务区　奉新服务区　铜鼓服务区　彭泽服务区
鄱阳服务区　峡江服务区　石钟山服务区

全国春运“情满旅途”活动先进集体

(中国海员建设工会 2015 年 4 月 3 日表彰)

江西宜春汽车运输股份有限公司城西分公司
九江港航管理局

“全国维修行业诚信企业”获得单位

(中国汽车维修行业协会 2016 年 1 月 26 日印发)

江西广甸宝德汽车销售服务有限公司
江西运通汽车技术服务有限公司
江西绿地名凯汽车销售服务有限公司
江西华宏名众汽车有限公司
江西省和平汽车销售服务有限公司
南昌东之星汽车维修服务有限公司

南昌万宝行汽车销售服务有限公司
南昌市昌九汽车修理有限公司
南昌宝泽汽车销售服务有限公司
赣州市兴达利汽车贸易有限公司
赣州华宏汽车有限公司
江西宜春汽车运输股份公司汽车维修总厂
吉安欧亚汽车销售有限公司
上饶市宏旭汽车有限公司
九江市兆方江丰汽车销售服务有限公司
九江恒明汽车贸易有限公司九
萍乡经济开发区蓝盾汽车修理厂
江西华健汽车有限公司
江西铜业集团(贵溪)物流有限公司
南昌富源丰田汽车销售服务有限公司
江西诚兴汽车维修有限公司
江西长运汽车技术服务有限公司
赣州同益汽车销售服务有限公司
万载县永诚汽车修理厂
宜春市新亿汽车销售服务有限公司
吉安新运通汽车技术服务有限公司
上饶市天恒汽车有限公司
抚州铭豪汽车发展有限公司
江顺达一站式汽车服务有限公司
萍乡运通汽车技术服务有限公司
新余广甸汽车销售服务有限公司
江西省翔笛汽车服务有限公司

第十四届江西省文明单位

(江西省文明办 2016 年 4 月 28 日表彰)

江西省交通运输厅
江西省港航管理局
江西省公路运输管理局
江西省高速投资集团有限责任公司
江西省交通职业技术学院
省交通干部学院
省交通建设工程质量监督管理局
赣州市交通运输局
宜春市交通运输局
上饶市交通运输局
抚州市交通运输局
余江县交通运输局
武宁县交通运输局
万载县交通运输局
横峰县交通运输局
峡江县交通运输局
省港航管理局南昌分局
省港航管理局九江分局
省港航管理局景德镇分局
省港航管理局新余分局
省港航管理局鹰潭分局
省港航管理局赣州分局
省港航管理局宜春分局
省港航管理局上饶分局
省港航管理局抚州分局
省航道工程局
江西交远物流有限公司
省港航建设投资有限公司
南昌市港航管理处
九江市港航管理局
九江港航管理局武宁分膈
九江港航管理局瑞昌分局
九江港口管理局瑞昌分局
九江港航管理局都昌分局
岁乙江港航管理局湖口分局
九江港口管理局湖口分局
九江海事局
万安县地方海事处
江西赣粤高速公路股份
有限公司梨温高速公路公司
梨温高速公路公司赣浙收费处
梨温高速公路公司玉山管理处
梨温高速公路公司上饶管理处
梨温高速公路公司鹰潭管理处
梨温高速公路公司东乡管理处
省高速公路集团景鹰高速公路公司
景鹰高速公路公司鄱阳管理处
景鹰高速公路公司浮梁管理处
景鹰高速公路公司桥隧管理处
赣粤高速九景高速公路信息中心
赣粤高速公路泉港收费所
省高速公路集团昌泰高速公路公司
省高速公路集团抚州管理中心
抚州高速公路管理中心南昌东管理所

抚州高速公路管理中心临川管理所
省高速公路集团宜春管理中心
省高速公路集团泰和管理中心
省高速公路集团景德镇管理中心
景德镇高速公路管理中心景德镇北管理所
景德镇高速公路管理中心婺源管理所
省高速公路集团上高管理中心
上高高速公路管理中心梅棠管理所
江西畅行高速公路服务区开发经营有限公司(本部)宜春中心服务区
江西畅行高速公路服务区开发经营有限公司宁都东服务区
江西畅行高速公路服务区开发经营有限公司庐山中心婺源服务区
赣粤高速公路工程有限责任公司
省公路管理局交通通信总站
省公路工程监理公司
南昌市农村公路管理所
赣州市公路管理局南康分局
武宁公路管理分局
安义公路管理分局
瑞昌公路管理分局
修水公路管理分局
星子公路管理分局
九江市公路管理局
宜春市公路管理局
宜春市公路管理局靖安分局
宜春市公路管理局上高分局
宜春市公路管理局铜鼓分局
景德镇市公路管理局
景德镇市公路管理局浮梁分局
萍乡市公路管理局
萍乡市公路管理局安源分局
新余市公路管理局
新余公路管理局分宜分局
新余公路管理局渝水分局
上饶市公路管理局广丰分局
上饶市公路管理局玉山分局
上饶市公路管理局横峰分局
上饶市公路管理局弋阳分局
上饶市公路管理局铅山分局
上饶市公路管理局德兴分局
上饶市公路管理局婺源分局
上饶市公路管理局万年分局
上饶市公路管理局余干分局
吉安市公路管理局
吉安市公路管理局吉安分局
吉安市公路管理局泰和分局
吉安市公路管理局遂川分局
吉安市县乡公路管理处
遂川县农村公路管理所
抚州市公路管理局
抚州赣东公路设计院
抚州市公路管理局崇仁分局
吉安市公路管理局吉安分局
南昌市公路运输管理处
景德镇市公路运输管理处
萍乡市公路运输管理处
萍乡市湘东区交通运输局
新余市公路运输管理局
南昌市出租汽车有限公司
南昌市第二出租汽车公司
九江市道路运输管理局城区分局
九江市道路运输管理局庐山区分局
萍乡市公共交通总公司
江西新余长运有限公司
铅山县公路运输管理所
省高速公路路政管理总队新余路政支队
赣州高速公路路政管理支队
上饶高速公路路政管理支队
上饶高速公路路政管理支队五大队
上饶高速公路路政管理支队六大队
吉安高速公路路政管理支队七大队

全省十四届职业道德建设标兵单位

(省总工会、省职业道德办赣工字〔2015〕9 号)

宜春市公路管理局
江西昌泰高速有限责任公司南安收费所(地方推荐)

全省十四届职业道德建设先进单位

（省总工会、省职业道德办赣工字〔2015〕9号）

江西赣粤高速公路股份有限公司昌樟管理处泉港收费所
新余市公路管理局渝水分局（地方推荐）

江西省五一劳动奖状获得单位

（江西省总工会赣工字〔2016〕4号）

江西交通职业技术学院
宜春市公路管理局
江西昌泰高速有限责任公司南安收费所（地方推荐）

江西省工人先锋号

（江西省总工会2016年4月表彰）（江西省总工会赣工字〔2016〕4号）

江西南昌公共交通运输集团有限责任公司10/11路
上饶市公路管理局横峰分局笔架山道班
江西吉安长运有限公司客运中心站“映山红”服务班
江西省高速集团泰和管理中心吉安西管理所永新收费站“映山红”收费班组
江西省高速集团泰和管理中心“龚全珍班组”
赣州市公路局瑞金分局沙子岗道班（2015.11）
江西长运鹰潭市公交公司23路公交线（2015.11）
江西抚州公路局单赣东路桥建设集团工程部（2015.11）

江西省五一巾帼标兵岗

（江西省总工会2015年4月20日表彰）

江西省高速集团公路开发总公司万年管理中心瑞洪收费站
江西省高速集团抚州管理中心蒋巷管理所
江西省高速集团昌泰公司吉安南收费所刘艺巾帼班组
江西省高速集团嘉和工程咨询监理有限公司市场开发部
南昌公共交通运输集团有限责任公司22路公交线
江西新世纪汽运集团赣州客运站业务科
江西省航道工程局财审科

江西省巾帼文明岗

（江西省妇联2015年3月表彰）

江西省高速集团景德镇管理中心三清山管理所三清山收费站
江西省高速集团畅行公司庐山中心服务区

“十二五”全省安全生产工作先进单位

（江西省政府2016年5月3日表彰）

江西省高速公路投资集团有限责任公司

2015年“江西经济十件大事”功勋企业

(省人大2016年5月颁发)

江西省高速公路投资集团有限责任公司
江西公路开发总公司
赣粤高速公路股份有限公司

江西省模范职工之家、模范职工小家

(江西省总工会2015年11月5日)

全省模范职工之家2家:
江西宜春市公路管理局上高分局工会委员会
江西宜春汽车运输股份有限公司丰城二分公司工会委员会
全省模范职工小家5家:
九江市公路管理局永修分局江上道班工会小组
新余市公路管理局渝水分局综合养护中心工会小组
江西长运有限公司汽车总站高客服务组工会小组
江西长运股份有限公司徐坊客运站工会小组
江西宜春汽车运输股份有限公司城北分公司站务组工会小组

(省交通工会)

2015年度全省交通运输工作先进单位

(江西省交通运输厅2016年1月18日)

宜春市交通运输局
南昌市交通运输局
上饶市交通运输局
新余市交通运输局
吉安市交通运输局
省公路运输管理局
省高速公路投资集团公司
省交通建设工程质量监督管理局
省交通干部学院
省港航管理局
江西交通职业技术学院
江西交通工程咨询监理中心
省交通科研院

全省交通运输安全生产工作先进单位

(江西省交通运输厅2016年1月19日表彰)

宜春市交通运输局
南昌市交通运输局
萍乡市交通运输局
吉安市交通运输局
上饶市交通运输局
新余市交通运输局
九江市交通运输局
省高速公路投资集团公司

省交通建设工程质量监督管理局　　省港航管理局
省公路运输管理局　　省公路管理局

全省交通运输目标管理工作先进单位

（江西省交通运输厅 2016 年 1 月表彰）

江西交通职业技术学院

全省交通运输行业文明示范窗口(125 个)

（江西省交通运输厅 2015 年 12 月 21 日表彰）

南昌市港航管理处
九江市交通运输窗口
九江市公共交通集团公司第四营运公司 25 路女子车队
九江长途汽车站
景德镇市交通专业服务大厅
江西景德镇长运有限公司汽车总站分公司
萍乡市公路运输管理处驻市行政服务中心窗口
萍乡市公共交通总公司 IC 卡中心
分宜县交通局运输服务窗口
新余市交通运输局行政审批服务科
贵溪市公路运输管理所
鹰潭市交通运输局行政服务科
赣州市公共交通总公司火车站公交场站综合管理部
赣州市城市客运管理处
江西新世纪汽运集团有限公司赣州客运站
江西宜春汽车运输股份有限公司宜春汽车站
宜春市交通运输局行政服务窗口
宜春市公共交通总公司 2 路线
上饶市交通运输局行政服务大厅
玉山县行政服务中心交通运输局窗口
吉安市道路运输管理处直属二所
吉安市港航管理处
吉安市县乡公路管理处工程技术科
广昌县公路运输管理所
崇仁县行政服务中心交通窗口
宜春市公路管理局宜春市行政服务中心公路窗口
宜春市公路管理局上高分局路政执法大队
服务监督电话
江西国际集装箱码头有限责任公司
江西省港航管理局界牌航电枢纽管理处船闸管理所
江西省路港工程局检测中心
江西省航道工程局机修所
江西省水上搜救中心鄱阳湖分中心潜水组

新建县地方海事处
南昌地方海事处
九江市地方海事局政务中心
庐山区地方海事处
武宁县地方海事处
景德镇地方海事处
凰岗船闸管理所
仙女湖地方海事处
贵溪市地方海事处
上犹县地方海事处
丰城市地方海事处政务大厅
江西省港航管理局宜春分局政务中心
余干县地方海事处
江西省港航管理局上饶分局政务中心
万安县地方海事处
泰和县地方海事处
吉安地方海事处
宜春市公路管理局万载分局路政执法大队
赣州市公路管理局直属分局路政大队
景德镇市路政管理处
九江市公路管理局瑞昌路政大队
九江市公路管理局瑞昌路政大队武宁盘溪道班
南昌市公路管理局温圳治超站
南昌市公路管理局高坊岭分局路政大队
吉安市公路管理局安福分局路政大队
吉安市公路管理局八都治超站
新余市公路管理局分宜山塘下治超站
新余市公路管理局渝水分局路政大队
抚州市公路管理局广昌分局新安道班
抚州市公路管理局乐安分局马安山道班
抚州市公路管理局南城分局路政大队
江西萍乡湘东超限超载车辆检查站
萍乡市公路管理局莲花分局路政执法大队
上饶市公路管理局玉山治超站
上饶市公路管理局广丰分局路政大队
上饶市公路管理局婺源分局江湾道班
上饶市公路管理局弋阳分局徐家道班
江西省交通工程集团公司三清山环山公路管理处
江西省公路管理局信息数据中心
江西省公路管理局交通通信总站江西 12328 交通运输
江西省港航管理局抚州分局办证大厅
江西省公路运输管理局行政服务中心
江西公路开发总公司梨温公司鹰潭西收费站

江西公路开发总公司梨温公司赣浙收费处
江西公路开发总公司万年管理中心泾口管理处瑞洪收费站
江西公路开发总公司万年管理中心浮梁管理处赣皖桃墅收费站
江西公路开发总公司恒辉物业公司三清山服务区
江西赣粤高速公路股份有限公司昌九管理处通远收费所
江西赣粤高速公路股份有限公司昌九管理处昌北收费所
江西赣粤高速公路股份有限公司昌樟管理处铜鼓收费所
江西赣粤高速公路股份有限公司昌樟管理处奉新收费所
江西赣粤高速公路股份有限公司昌泰公司吉安南收费所
江西赣粤高速公路股份有限公司昌泰公司峡江收费所
江西赣粤高速公路股份有限公司九景管理处景德镇收费所
江西赣粤商递公路股份有限公司九景管理处湖口收费所
江西赣粤高速公路股份有限公司服务区管理中心吉安分中心
江西省高速集团赣州管理中心赣州西管理所
江西省高速集团赣州管理中心赣州北管理所
江西省高速集团抚州管理中心广昌管理所
江西省高速集团抚州管理中心南昌东管理所
江西省高速集团抚州管理中心赣闽界熊村管理所
江西省高速集团宜春管理中心宜春收费站
江西省高速集团宜春管理中心萍乡管理所萍乡收费站
江西省高速集团泰和管理中心养护中心“映山红”养护班组
江西省高速集团泰和管理中心莲花管理所赣湘界界化垄收费站
江西省高速集团景德镇管理中心江湾管理所江湾收费站
江西省高速集团景德镇管理中心三清山管理所三清山收费站
江西省高速集团上高管理中心梅棠管理所
江西省高速集团上高管理中心上菁管理所
江西畅行高速公路服务区开发经营有限公司宜春中心服务区
江西畅行高速公路服务区开发经营有限公司南城中心服务区
江西省高速公路联网管理中心鹰潭分中心
江西省高速公路联网管理中心通信监控科
江西省交通运输厅应急指挥中心(信息中心)信息管理科
江西省公路路政管理总队南昌高速公路路政管理支队四大队
江西省公路路政管理总队赣州高速公路路政管理支队一大队
江西省公路路政管理总队吉安高速公路路政管理支队五大队
江西省公路路政管理总队吉安高速公路路政管理支队六大队
江西省公路路政管理总队宜春高速公路路政管理支队六大队
江西省公路路政管理总队九江高速公路路政管理支队二大队
江西省公路路政管理总队九江高速公路路政管理支队八大队
江西省公路路政管理总队上饶高速公路路政管理支队五大队
江西省公路路政管理总队上饶高速公路路政管理支队六大队
江西省公路路政管理总队抚州高速公路路政管理支队三大队
江西省公路路政管理总队抚州高速公路路政管理支队五大队
江西省公路路政管理总队景德镇高速公路路政管理支队二大队

江西省公路路政管理总队萍乡高速公路路政管理支队三大队
江西省公路路政管理总队新余高速公路路政管理支队二大队
江西省公路路政管理总队鹰潭高速公路路政管理支队一大队
江西省交通运输厅行政审批窗口
江西居友物业服务中心

2013—2014 年度全省交通运输行业精神文明建设先进单位

(江西省交通运输厅 2015 年 12 月 21 日表彰)

江西省高速公路投资集团有限责任公司
江西交通工程咨询监理中心
江西省高速集团泰和管理中心
宜春市公路管理局
赣州市交通运输局
九江市港航管理局
上饶市道路运输管理局
江西省交通工会
江西省高速公路联网管理中心
江西省水上搜救中心鄱阳湖分中心

全省交通运输系统先进基层党组织(40 个)

(中共江西省交通运输厅党委 2015 年 7 月 1 日表彰)

省公路工程有限责任公司第二分公司党支部
省公路工程监理公司党支部
省公路管理局交通通信总站党支部
江西交远物流有限公司党支部
省港航管理局南昌分局南昌航道处党支部
省航道工程局疏浚工程处党支部
省港航设计院党支部
省水上搜救中心鄱阳湖分中心党支部
省公路运输管理局后勤服务中心党支部
江西公路开发总公司梨温高速公路公司党委
江西公路开发总公司万年管理中心泾口管理处党支部
江西公路开发总公司养护公司党支部
江西赣粤高速昌九管理处田塘收费所党支部
江西赣粤高速昌樟管理处温厚收费所党支部
江西赣粤高速昌泰公司吉安北收费所党支部
江西赣粤高速九景管理处景德镇收费所党支部
省高速集团赣州管理中心赣州北管理所党支部
省高速集团赣州管理中心赣州西管理所党支部
省高速集团抚州管理中心宜黄管理所党支部
省高速集团抚州管理中心南昌东管理所党支部
省高速集团宜春管理中心莲花所党支部

省高速集团泰和管理中心莲花所党支部
省高速集团景德镇管理中心党委
省高速集团上高管理中心梅棠管理所党支部
江西畅行公司泰和东中心服务区党支部
省高速公路物资有限公司党支部
江西交通职业技术学院管理系党总支
省高速公路联网管理中心机关党支部
省交通设计研究院有限责任公司第一公路设计分院党支部
省交通科学研究院道路研究所党支部
江西交通工程咨询鉴理中心第四党支部
省公路路政管理总队赣州高速路政支队一大队党支部
省公路路政管理总队吉安高速路政支队三大队党支部
省公路路政管理总队宜春高速路政支队五大队党支部
省公路路政管理总队九江高速路政支队二大队党支部
省公路路政管理总队上饶高速路政支队五大队党支部
省公路路政管理总队抚州高速路政支队五大队党支部
省公路路政管理总队景德镇高速路政支队一大队党支部
省公路路政管理总队机关党支部
省交通运输厅机关第五党支部

全省“十二五”公路养护管理工作先进单位(20个)

（江西省交通运输厅2015年12月21日表彰）

上饶市交通运输局
吉安市交通运输局
赣州市交通运输局
宜春市公路管理局
吉安市公路管理局
九江市公路管理局
上饶市公路管理局
省高速集团宜春管理中心
泰和管理中心
昌樟管理处
梨温高速公路公司
抚州管理中心
赣州管理中心
景德镇管理中心
上高管理中心
赣州高速公路路政管理支队
九江高速公路路政管理支队
南昌高速公路路政管理支队
省政府上高超限超载检查站
泰和超限超载检查站

（省交通运输厅办公室）

江西省优秀企业

（江西省企业联合会、江西省企业家协会2016年3月29日发布）

赣粤高速公路股份公司

江西省服务行业龙头企业

（江西省服务行业发展领导小组2016年2月17日发布）

江西省高速公路投资集团有限责任公司

江西公路开发总公司
赣粤高速公路股份公司

江西省“最美乡村公路”“最美高速公路”“最美服务区”

(江西省交通运输厅、江西广播电视台2015年11月11日发布)

“最美乡村公路”

婺源江湾大潋公路
铜鼓县天柱峰乡道
石城县琴江镇小别村乡道
井冈山国际山地自行车赛道
武宁大堰城乡村公路
程城县大岔至通天寨北门公路
鹰潭龙虎山“新游线”
安远县车头镇村村通公路
南昌黄嵩至山背公路
萍乡武功山164县道

“最美高速公路”

沪昆高速公路南昌至樟树段
杭瑞高速公路景婺黄段
南昌至铜鼓高速公路
沪昆高速公路昌金段
杭瑞高速公路九景段
南昌东外环高速公路
永修至武宁高速公路
泰和至井冈山高速公路
井冈山厦坪至睦村高速公路
福银高速公路温沙段
南昌至德兴高速公路
沪昆高速公路梨园至温圳段

“江西高速公路最美服务区”

庐山西海服务区
樟树服务区
宜春服务区
军山湖服务区
吉安服务区
庐山服务区
龙虎山服务区
石城服务区
奉新服务区
南城服务区
泰和东服务区
彭泽服务区
三清山服务区
石钟山服务区
萍乡服务区

“江西省劳模创新工作室”

(省总工会2016年3月7日)

省交通科研院“江祥林创新工作室”

(省交通工会)

2015 年度省交通运输厅厅直单位取得高级专业技术职务任职资格人员

2015 年度厅直单位取得高级专业技术职务任职资格人员一览表

姓名	取得专业技术资格名称	所在单位
魏建华	教授级高级工程师	江西省交通设计研究院有限责任公司
李勇飞	教授级高级工程师	江西省交通设计研究院有限责任公司
丁　伟	教授级高级工程师	江西省交通设计研究院有限责任公司
于文金	教授级高级工程师	江西省交通工程质量监督站
吴幸华	教授级高级工程师	江西省交通工程质量监督站
徐义标	教授级高级工程师	江西交通咨询公司
邝仲平	教授级高级工程师	江西省高速公路投资集团有限责任公司
邹国平	教授级高级工程师	江西省高速公路投资集团有限责任公司
吴文清	教授级高级工程师	江西省高速公路投资集团有限责任公司
刘红生	教授级高级工程师	江西省高速公路联网管理中心
张利萍	高级工程师	江西省路港工程局
李建寨	高级工程师	江西省路港工程局
刘文清	高级工程师	江西省路港工程局
郭志龙	高级工程师	江西省路港工程局
黄定军	高级工程师	江西省航务勘察设计院
张顺顺	高级工程师	江西省航务勘察设计院
熊南萍	高级工程师	江西省航道工程局
张孔义	高级工程师	江西省航道工程局
童国和	高级工程师	江西省港航管理局鹰潭分局
俞洪达	高级工程师	江西省港航管理局鹰潭分局
张元桥	高级工程师	江西省港航管理局上饶分局
鲍有明	高级工程师	江西省港航管理局上饶分局
綦　伟	高级工程师	江西省港航管理局南昌分局
周先志	高级工程堕	江西省港航管理局九江分局
陈影彬	高级工程师	江西省港航管理局九江分局
李　竞	高级工程师	江西省交通运输厅规划办公室
程振华	高级工程师	江西省交通科学研究院
时　宁	高级工程师	江西省交通科学研究院

姓名	取得专业技术资格名称	所在单位
张志勇	高级工程师	江西省交通科学研究院
朱　俊	高级工程师	江西省交通科学研究院
邹　涛	高级工程师	江西省交通科学研究院
徐道根	高级工程师	江西省交通工程集团投资公司
晏小明	高级工程师	江西省交通工程集团投资公司
宋心琳	高级工程师	江西省交通工程集团公司
吴云根	高级工程师	江西省交通工程集团公司
熊　涛	高级工程师	江西省交通工程集体公司
余道辉	高级工程师	江西省交通工程集体公司
张　凯	高级工程师	江西省交通工程集体公司
刘政军	高级工程师	江西省交通工程集体公司
文　林	高级工程师	江西省公路桥梁工程有限公司
黄振瑶	高级工程师	江西省公路桥梁工程监理咨询中心
黄卫国	高级工程师	江西省公路桥梁工程监理咨询中心
傅　珂	高级工程师	江西省公路科研设计院
雷　凡	高级工程师	江西省公路科研设计院
赵　军	高级工程师	江西省公路科研设计院
叶景福	高级工程师	江西省公路管理局交通通信总站
刘宇虹	高级工程师	江西省公路工程有限责任公司
宋金博	高级工程师	江西交通职业技术学院
刘　华	高级工程师	江西交通职业技术学院
王遐莽	高级工程师	江西省高速公路投资集团有限责任公司
吴永进	高级工程师	江西省高速公路投资集团有限责任公司
魏高飞	高级工程师	江西省高速公路投资集团有限责任公司
秦水祥	高级工程师	江西省高速公路投资集团有限责任公司
孙　皓	高级工程师	江西省高速公路投资集团有限责任公司
张扬江	高级工程师	江西省高速公路投资集团有限责任公司
熊　霁	高级工程师	江西省高速公路投资集团有限责任公司
徐　霖	高级工程师	江西省高速公路投资集团有限责任公司
周云峰	高级工程师	江西省高速公路投资集团有限责任公司
蔡建华	高级工程师	江西省高速公路投资集团有限责任公司
谢雄伟	高级工程师	江西省高速公路投资集团有限责任公司
吴永强	高级工程师	江西省高速公路投资集团有限责任公司
李　翠	高级工程师	江西省高速公路投资集团有限责任公司
钟德浩	高级工程师	江西省高速公路投资集团有限责任公司
张小雷	高级工程师	江西省高速公路投资集团有限责任公司

姓名	取得专业技术资格名称	所在单位
薛志辉	高级工程师	江西省高速公路投资集团有限责任公司
邓鳞河	高级工程师	江西省高速公路投资集团有限责任公司
朱丽娟	高级工程师	江西省高速公路投资集团有限责任公司
王斯倩	高级工程师	江西省高速公路投资集团有限责任公司
鲁东成	高级工程师	江西省高速公路投资集团有限责任公司
易　明	高级工程师	江西省高速公路投资集团有限责任公司
周　平	高级工程师	江西交通咨询公司
邓秋雯	高级工程师	江西交通咨询公司
陈雪玲	高级工程师	江西交通咨询公司
姚仕源	高级工程师	江西公路开发总公司万年管理中心
王　健	高级工程师	江西公路开发总公司万年管理中心
陈海兵	高级工程师	江西公路开发总公司梨温公司
雷　毅	高级工程师	江西省高速联网管理中心
刘圣卿	高级工程师	江西省高速公路联网管理中心
陈曼瑞	高级工程师	江西省高速公路联网管理中心
唐先亮	高级工程师	江西省高速公路联网管理中心
陈钊正	高级工程师	江西省高速公路联网管理中心
黄　琦	高级工程师	江西省交通设计研究院有限责任公司
董　伟	高级工程师	江西省交通设计研究院有限责任公司
聂望兴	高级工程师	江西省交通设计研究院有限责任公司
王继成	高级工程师	江西省交通设计研究院有限责任公司
王　捷	高级工程师	江西省交通设计研究院有限责任公司
钟　毅	高级工程师	江西省交通设计研究院有限责任公司
杨卫华	高级工程师	江西省交通设计研究院有限责任公司
黄继军	高级工程师	江西省交通设计研究院有限责任公司
杨　飞	高级工程师	江西省交通设计研究院有限责任公司
廖海亮	高级工程师	江西省交通设计研究院有限责任公司
张鹏展	高级工程师	江西省交通设计研究院有限责任公司
阮　轶	高级工程师	江西省交通设计研究院有限责任公司
田德锋	高级工程师	江西省交通设计研究院有限责任公司
余小江	高级工程师	江西省交通设计研究院有限责任公司
陈文俊	高级工程师	江西省交通设计研究院有限责任公司
朱馥君	高级工程师	江西省交通设计研究院有限责任公司
方水平	高级工程师	江西省交通设计研究院有限责任公司
范永利	高级工程师	江西省交通设计研究院有限责任公司
游乐平	高级工程师	江西省交通设计研究院有限责任公司

姓名	取得专业技术资格名称	所在单位
周志华	高级工程师	江西省交通设计研究院有限责任公司
周建勇	高级工程师	江西省交通设计研究院有限责任公司
万茂宽	高级经济师	江西公路路政管理总队鹰潭高速公路路政管理支队
卢江梅	高级经济师	江西公路路政管理总队宜春高速路政管理支队
陈　强	高级经济师	江西省高速公路投资集团有限责任公司
李平锋	高级经济师	江西赣粤高速公路工程有限责任公司
潘锦华	高级经济师	江西省高速公路投资集团有限责任公司
汪　丹	高级经济师	江西省高速公路联网管理中心
万绍煌	高级经济师	江西省高速公路投资集团抚州管理中心
毛卫华	高级会计师	江西公路开发总公司
雷　玲	高级会计师	江西公路开发总公司
余文仁	高级会计师	江西省公路工程有限责任公司
喻智勇	高级会计师	江西省港航建设投资有限公司
王雪梅	高级会计师	江西省交通工程集团公司
陆箴侃	高级会计师	江西公路开发总公司
陈茂斌	高级会计师	江西省公路桥梁工程有限公司
章龙俊	高级会计师	江西省高速公路投资集团有限责任公司
张　敏	高级会计师	江西赣粤高速公路股份有限公司服务区管理中心
王　琳	高级会计师	江西省交通科学研究院
尚　丹	高级会计师	江西省公路桥梁工程监理咨询中心
何世松	高职教授	江西交通职业技术学院
邱海菊	高职教授	江西交通职业技术学院
段祥宇	高职副教授	江西交通职业技术学院
付慧敏	高职副教授	江西交通职业技术学院
高　萍	高职副教授	江西交通职业技术学院
胡凡玮	高职副教授	江西交通职业技术学院
刘桂云	高职副教授	江西交通职业技术学院
李彩丽	高职副教授	江西交通职业技术学院
裴丽娜	高职副教授	江西交通职业技术学院
蒲玥新	高职副教授	江西交通职业技术学院
孙浩静	高职副教授	江西交通职业技术学院
魏海燕	高职副教授	江西交通职业技术学院
叶津凌	高职副教授	江西交通职业技术学院
张康潜	高职副教授	江西交通职业技术学院
张　铮	高职副教授	江西交通职业技术学院
赵娟芳	高职副教授	江西交通职业技术学院

姓名	取得专业技术资格名称	所在单位
潘　娟	高级实验师	江西交通职业技术学院
宣　滨	高级实验师	江西交通职业技术学院
刘杨青	高级工程师	江西省交通设计研究院有限责任公司
邢　文	高级工程师	江西省交通设计研究院有限责任公司
张　翀	高级工程师	江西省交通设计研究院有限责任公司

（王　硕　赵　晖）

南惹古道

农村公路养护管理办法

(中华人民共和国交通运输部令 2015年第22号)

《农村公路养护管理办法》已于2015年11月3日经第20次部务会议通过,现予公布,自2016年1月1日起施行。

部长 杨传堂

2015年11月11日

第一章 总 则

第一条 为规范农村公路养护管理,促进农村公路可持续健康发展,根据《公路法》《公路安全保护条例》和国务院相关规定,制定本办法。

第二条 农村公路的养护管理,适用本办法。

本办法所称农村公路是指纳入农村公路规划,并按照公路工程技术标准修建的县道、乡道、村道及其所属设施,包括经省级交通运输主管部门认定并纳入统计年报里程的农村公路。公路包括公路桥梁、隧道和渡口。

县道是指除国道、省道以外的县际间公路以及连接县级人民政府所在地与乡级人民政府所在地和主要商品生产、集散地的公路。

乡道是指除县道及县道以上等级公路以外的乡际间公路以及连接乡级人民政府所在地与建制村的公路。

村道是指除乡道及乡道以上等级公路以外的

连接建制村与建制村、建制村与自然村、建制村与外部的公路,但不包括村内街巷和农田间的机耕道。

县道、乡道和村道由县级以上人民政府按照农村公路规划的审批权限在规划中予以确定,其命名和编号由省级交通运输主管部门根据国家有关规定确定。

第三条　农村公路养护管理应当遵循以县为主、分级负责、群众参与、保障畅通的原则,按照相关技术规范和操作规程进行,保持路基、边坡稳定,路面、构造物完好,保证农村公路处于良好的技术状态。

第四条　县级人民政府应当按照国务院的规定履行农村公路养护管理的主体责任,建立符合本地实际的农村公路管理体制,落实县、乡(镇)、建制村农村公路养护工作机构和人员,完善养护管理资金财政预算保障机制。

县级交通运输主管部门及其公路管理机构应当建立健全农村公路养护工作机制,执行和落实各项养护管理任务,指导乡道、村道的养护管理工作。

县级以上地方交通运输主管部门及其公路管理机构应当加强农村公路养护管理的监督管理和技术指导,完善对下级交通运输主管部门的目标考核机制。

第五条 鼓励农村公路养护管理应用新技术、新材料、新工艺、新设备,提高农村公路养护管理水平。

第二章　养护资金

第六条　农村公路养护管理资金的筹集和使用应当坚持"政府主导、多元筹资、统筹安排、专款专用、强化监管、绩效考核"的原则。

第七条　农村公路养护管理资金主要来源包括:

(一)各级地方人民政府安排的财政预算资金。包括:公共财政预算资金;省级安排的成品油消费税改革新增收入补助资金;地市、县安排的成品油消费税改革新增收入资金(替代摩托车、拖拉机养路费的基数和增量部分)。

(二)中央补助的专项资金。

(三)村民委员会通过"一事一议"等方式筹集的用于村道养护的资金。

(四)企业、个人等社会捐助,或者通过其他方式筹集的资金。

第八条　各级地方人民政府应当按照国家规定,根据农村公路养护和管理的实际需要,安排必要的公共财政预算,保证农村公路养护管理需要,并随农村公路里程和地方财力增长逐步增加。鼓励有条件的地方人民政府通过提高补助标准等方式筹集农村公路养护管理资金。

第九条　省级人民政府安排的成品油消费税改革新增收入补助资金应当按照国务院规定专项用于农村公路养护工程,不得用于日常保养和人员开支,且补助标准每年每公里不得低于国务院规定的县道7000元、乡道3500元、村道1000元。

经省级交通运输主管部门认定并纳入统计年报里程的农村公路均应当作为补助基数。

第十条　省级交通运输主管部门应当协调建立成品油消费税改革新增收入替代摩托车、拖拉机养路费转移支付资金增长机制,增幅不低于成品油税费改革新增收入的增量资金增长比例。

第十一条　省级交通运输主管部门应当协调建立省级补助资金"以奖代补"或者其他形式的激励机制,充分调动地市、县人民政府加大养护管理资金投入的积极性。

第十二条　县级交通运输主管部门应当统筹使用好上级补助资金和其他各类资金,努力提高资金使用效益,不断完善资金监管和激励制度。

第十三条　企业和个人捐助的资金,应当在尊重捐助企业和个人意愿的前提下,由接受捐赠单位统筹安排用于农村公路养护。

村民委员会通过"一事一议"筹集养护资金,由村民委员会统筹安排专项用于村道养护。

第十四条　农村公路养护资金应当实行独立核算,专款专用,禁止截留、挤占或者挪用,使用情况接受审计、财政等部门的审计和监督检查。

第三章　养护管理

第十五条　县级交通运输主管部门和公路管理机构应当建立健全农村公路养护质量检查、考核和评定制度,建立健全质量安全保证体系和信用评价体系,加强检查监督,确保工程质量和安全。

第十六条　农村公路养护按其工程性质、技术复杂程度和规模大小,分为小修保养、中修、大修、改建。

养护计划应当结合通行安全和社会需求等因

素,按照轻重缓急,统筹安排。

大中修和改建工程应按有关规范和标准进行设计,履行相关管理程序,并按照有关规定进行验收。

第十七条 农村公路养护应当逐步向规范化、专业化、机械化、市场化方向发展。

第十八条 县级交通运输主管部门和公路管理机构要优化现有农村公路养护道班和工区布局,扩大作业覆盖面,提升专业技能,充分发挥其在公共服务、应急抢险和日常养护与管理中的作用。

鼓励将日常保养交由公路沿线村民负责,采取个人、家庭分段承包等方式实施,并按照优胜劣汰的原则,逐步建立相对稳定的群众性养护队伍。

第十九条 农村公路养护应逐步推行市场化,实行合同管理,计量支付,并充分发挥信用评价的作用,择优选定养护作业单位。

鼓励从事公路养护的事业单位和社会力量组建养护企业,参与养护市场竞争。

第二十条 各级地方交通运输主管部门和公路管理机构要完善农村公路养护管理信息系统和公路技术状况统计更新制度,加快决策科学化和管理信息化进程。

第二十一条 县级交通运输主管部门和公路管理机构应当定期组织开展农村公路技术状况评定,县道和重要乡道评定频率每年不少于一次,其他公路在五年规划期内不少于两次。

路面技术状况评定宜采用自动化快速检测设备。有条件的地区在五年规划期内,县道评定频率应当不低于两次,乡道、村道应当不低于一次。

第二十二条 省级交通运输主管部门要以《公路技术状况评定标准》为基础,制定符合本辖区实际的农村公路技术状况评定标准,省、地市级交通运输主管部门应当定期组织对评定结果进行抽查。

第二十三条 地方各级交通运输主管部门和公路管理机构应当将公路技术状况评定结果作为养护质量考核的重要指标,并建立相应的奖惩机制。

第二十四条 农村公路养护作业单位和人员应当按照《公路安全保护条例》规定和相关技术规范要求开展养护作业,采取有效措施,确保施工安全、交通安全和工程质量。

农村公路养护作业单位应当完善养护质量和安全制度,加强作业人员教育和培训。

第二十五条 负责农村公路日常养护的单位或者个人应当按合同规定定期进行路况巡查,发现突发损坏、交通中断或者路产路权案件等影响公路运行的情况时,及时按有关规定处理和上报。

农村公路发生严重损坏或中断时,县级交通运输主管部门和公路管理机构应当在当地政府的统一领导下,组织及时修复和抢通。难以及时恢复交通的,应当设立醒目的警示标志,并告知绕行路线。

第二十六条 大型建设项目在施工期间需要使用农村公路的,应当按照指定线路行驶,符合荷载标准。对公路造成损坏的应当进行修复或者依法赔偿。

第二十七条 县、乡级人民政府应当依据有关规定对农村公路养护需要的挖砂、采石、取土以及取水给予支持和协助。

第二十八条 县级人民政府应当按照《公路法》《公路安全保护条例》的有关规定组织划定农村公路用地和建筑控制区。

第二十九条 县级交通运输主管部门和公路管理机构应在当地人民政府统一领导下,大力整治农村公路路域环境,加强绿化美化,逐步实现田路分家、路宅分家,努力做到路面整洁无杂物,排水畅通无淤积,打造畅安舒美的农村公路通行环境。

第四章 法律责任

第三十条 违反本办法规定,在筹集或者使用农村公路养护资金过程中,强制向单位和个人集资或者截留、挤占、挪用资金等违规行为的,由有关交通运输主管部门或者由其向地方人民政府建议对责任单位进行通报批评,限期整改;情节严重的,对责任人依法给予行政处分。

第三十一条 违反本办法规定,不按规定对农村公路进行养护的,由有关交通运输主管部门或者由其向地方人民政府建议对责任单位进行通报批评,限期整改;情节严重的,停止补助资金拨付,依法对责任人给予行政处分。

第三十二条 违反本办法其他规定,由县级交通运输主管部门或者公路管理机构按照《公路法》《公路安全保护条例》相关规定进行处罚。

第五章 附 则

第三十三条 本办法自2016年1月1日起施

行。交通运输部于2008年4月发布的《农村公路管理养护暂行办法》（交公路发〔2008〕43号）同时废止。

公路工程建设项目招标投标管理办法

（中华人民共和国交通运输部令　2015年第24号）

《公路工程建设项目招标投标管理办法》已于2015年12月2日经第23次部务会议通过，现予公布，自2016年2月1日起施行。

部长　杨传堂

2015年12月8日

公路工程建设项目招标投标管理办法

第一章　总　　则

第一条　为规范公路工程建设项目招标投标活动，完善公路工程建设市场管理体系，根据《中华人民共和国公路法》《中华人民共和国招标投标法》《中华人民共和国招标投标法实施条例》等法律、行政法规，制定本办法。

第二条　在中华人民共和国境内从事公路工程建设项目勘察设计、施工、施工监理等的招标投标活动，适用本办法。

第三条　交通运输部负责全国公路工程建设项目招标投标活动的监督管理工作。

省级人民政府交通运输主管部门负责本行政区域内公路工程建设项目招标投标活动的监督管理工作。

第四条　各级交通运输主管部门应当按照国家有关规定，推进公路工程建设项目招标投标活动进入统一的公共资源交易平台进行。

第五条　各级交通运输主管部门应当按照国家有关规定，推进公路工程建设项目电子招标投标工作。招标投标活动信息应当公开，接受社会公众监督。

第六条　公路工程建设项目的招标人或者其指定机构应当对资格审查、开标、评标等过程录音录像并存档备查。

第二章　招　　标

第七条　公路工程建设项目招标人是提出招标项目、进行招标的项目法人或者其他组织。

第八条　对于按照国家有关规定需要履行项目审批、核准手续的依法必须进行招标的公路工程建设项目，招标人应当按照项目审批、核准部门确定的招标范围、招标方式、招标组织形式开展招标。

公路工程建设项目履行项目审批或者核准手续后，方可开展勘察设计招标；初步设计文件批准后，方可开展施工监理、设计施工总承包招标；施工图设计文件批准后，方可开展施工招标。

施工招标采用资格预审方式的，在初步设计文件批准后，可以进行资格预审。

第九条　有下列情形之一的公路工程建设项

目,可以不进行招标:

(一)涉及国家安全、国家秘密、抢险救灾或者属于利用扶贫资金实行以工代赈、需要使用农民工等特殊情况;

(二)需要采用不可替代的专利或者专有技术;

(三)采购人自身具有工程施工或者提供服务的资格和能力,且符合法定要求;

(四)已通过招标方式选定的特许经营项目投资人依法能够自行施工或者提供服务;

(五)需要向原中标人采购工程或者服务,否则将影响施工或者功能配套要求;

(六)国家规定的其他特殊情形。

招标人不得为适用前款规定弄虚作假,规避招标。

第十条 公路工程建设项目采用公开招标方式的,原则上采用资格后审办法对投标人进行资格审查。

第十一条 公路工程建设项目采用资格预审方式公开招标的,应当按照下列程序进行:

(一)编制资格预审文件;

(二)发布资格预审公告,发售资格预审文件,公开资格预审文件关键内容;

(三)接收资格预审申请文件;

(四)组建资格审查委员会对资格预审申请人进行资格审查,资格审查委员会编写资格审查报告;

(五)根据资格审查结果,向通过资格预审的申请人发出投标邀请书;向未通过资格预审的申请人发出资格预审结果通知书,告知未通过的依据和原因;

(六)编制招标文件;

(七)发售招标文件,公开招标文件的关键内容;

(八)需要时,组织潜在投标人踏勘项目现场,召开投标预备会;

(九)接收投标文件,公开开标;

(十)组建评标委员会评标,评标委员会编写评标报告、推荐中标候选人;

(十一)公示中标候选人相关信息;

(十二)确定中标人;

(十三)编制招标投标情况的书面报告;

(十四)向中标人发出中标通知书,同时将中标结果通知所有未中标的投标人;

(十五)与中标人订立合同。

采用资格后审方式公开招标的,在完成招标文件编制并发布招标公告后,按照前款程序第(七)项至第(十五)项进行。

采用邀请招标的,在完成招标文件编制并发出投标邀请书后,按照前款程序第(七)项至第(十五)项进行。

第十二条 国有资金占控股或者主导地位的依法必须进行招标的公路工程建设项目,采用资格预审的,招标人应当按照有关规定组建资格审查委员会审查资格预审申请文件。资格审查委员会的专家抽取以及资格审查工作要求,应当适用本办法关于评标委员会的规定。

第十三条 资格预审审查办法原则上采用合格制。

资格预审审查办法采用合格制的,符合资格预审文件规定审查标准的申请人均应当通过资格预审。

第十四条 资格预审审查工作结束后,资格审查委员会应当编制资格审查报告。资格审查报告应当载明下列内容:

(一)招标项目基本情况;

(二)资格审查委员会成员名单;

(三)监督人员名单;

(四)资格预审申请文件递交情况;

(五)通过资格审查的申请人名单;

(六)未通过资格审查的申请人名单以及未通过审查的理由;

(七)评分情况;

(八)澄清、说明事项纪要;

(九)需要说明的其他事项;

(十)资格审查附表。

除前款规定的第(一)、(三)、(四)项内容外,资格审查委员会所有成员应当在资格审查报告上逐页签字。

第十五条 资格预审申请人对资格预审审查结果有异议的,应当自收到资格预审结果通知书后3日内提出。招标人应当自收到异议之日起3日内作出答复;作出答复前,应当暂停招标投标活动。

招标人未收到异议或者收到异议并已作出答复的,应当及时向通过资格预审的申请人发出投标邀请书。未通过资格预审的申请人不具有投标资格。

第十六条　对依法必须进行招标的公路工程建设项目,招标人应当根据交通运输部制定的标准文本,结合招标项目具体特点和实际需要,编制资格预审文件和招标文件。

资格预审文件和招标文件应当载明详细的评审程序、标准和方法,招标人不得另行制定评审细则。

第十七条　招标人应当按照省级人民政府交通运输主管部门的规定,将资格预审文件及其澄清、修改,招标文件及其澄清、修改报相应的交通运输主管部门备案。

第十八条　招标人应当自资格预审文件或者招标文件开始发售之日起,将其关键内容上传至具有招标监督职责的交通运输主管部门政府网站或者其指定的其他网站上进行公开,公开内容包括项目概况、对申请人或者投标人的资格条件要求、资格审查办法、评标办法、招标人联系方式等,公开时间至提交资格预审申请文件截止时间 2 日前或者投标截止时间 10 日前结束。

招标人发出的资格预审文件或者招标文件的澄清或者修改涉及到前款规定的公开内容的,招标人应当在向交通运输主管部门备案的同时,将澄清或者修改的内容上传至前款规定的网站。

第十九条　潜在投标人或者其他利害关系人可以按照国家有关规定对资格预审文件或者招标文件提出异议。招标人应当对异议作出书面答复。未在规定时间内作出书面答复的,应当顺延提交资格预审申请文件截止时间或者投标截止时间。

招标人书面答复内容涉及影响资格预审申请文件或者投标文件编制的,应当按照有关澄清或者修改的规定,调整提交资格预审申请文件截止时间或者投标截止时间,并以书面形式通知所有获取资格预审文件或者招标文件的潜在投标人。

第二十条　招标人应当合理划分标段、确定工期,提出质量、安全目标要求,并在招标文件中载明。标段的划分应当有利于项目组织和施工管理、各专业的衔接与配合,不得利用划分标段规避招标、限制或者排斥潜在投标人。

招标人可以实行设计施工总承包招标、施工总承包招标或者分专业招标。

第二十一条　招标人结合招标项目的具体特点和实际需要,设定潜在投标人或者投标人的资质、业绩、主要人员、财务能力、履约信誉等资格条件,不得以不合理的条件限制、排斥潜在投标人或者投标人。

除《中华人民共和国招标投标法实施条例》第三十二条规定的情形外,招标人有下列行为之一的,属于以不合理的条件限制、排斥潜在投标人或者投标人:

(一)设定的资质、业绩、主要人员、财务能力、履约信誉等资格、技术、商务条件与招标项目的具体特点和实际需要不相适应或者与合同履行无关;

(二)强制要求潜在投标人或者投标人的法定代表人、企业负责人、技术负责人等特定人员亲自购买资格预审文件、招标文件或者参与开标活动;

(三)通过设置备案、登记、注册、设立分支机构等无法律、行政法规依据的不合理条件,限制潜在投标人或者投标人进入项目所在地进行投标。

第二十二条　招标人应当根据国家有关规定,结合招标项目的具体特点和实际需要,合理确定对投标人主要人员以及其他管理和技术人员的数量和资格要求。投标人拟投入的主要人员应当在投标文件中进行填报,其他管理和技术人员的具体人选由招标人和中标人在合同谈判阶段确定。对于特别复杂的特大桥梁和特长隧道项目主体工程和其他有特殊要求的工程,招标人可以要求投标人在投标文件中填报其他管理和技术人员。

本办法所称主要人员是指设计负责人、总监理工程师、项目经理和项目总工程师等项目管理和技术负责人。

第二十三条　招标人可以自行决定是否编制标底或者设置最高投标限价。招标人不得规定最低投标限价。

接受委托编制标底或者最高投标限价的中介机构不得参加该项目的投标,也不得为该项目的投标人编制投标文件或者提供咨询。

第二十四条　招标人应当严格遵守有关法律、行政法规关于各类保证金收取的规定,在招标文件中载明保证金收取的形式、金额以及返还时间。

招标人不得以任何名义增设或者变相增设保证金或者随意更改招标文件载明的保证金收取形式、金额以及返还时间。招标人不得在资格预审期间收取任何形式的保证金。

第二十五条　招标人在招标文件中要求投标人提交投标保证金的,投标保证金不得超过招标标段估算价的2%。投标保证金有效期应当与投标有效期一致。

依法必须进行招标的公路工程建设项目的投标人,以现金或者支票形式提交投标保证金的,应当从其基本账户转出。投标人提交的投标保证金不符合招标文件要求的,应当否决其投标。

招标人不得挪用投标保证金。

第二十六条 招标人应当按照国家有关法律法规规定,在招标文件中明确允许分包的或者不得分包的工程和服务,分包人应当满足的资格条件以及对分包实施的管理要求。

招标人不得在招标文件中设置对分包的歧视性条款。

招标人有下列行为之一的,属于前款所称的歧视性条款:

(一)以分包的工作量规模作为否决投标的条件;

(二)对投标人符合法律法规以及招标文件规定的分包计划设定扣分条款;

(三)按照分包的工作量规模对投标人进行区别评分;

(四)以其他不合理条件限制投标人进行分包的行为。

第二十七条 招标人应当在招标文件中合理划分双方风险,不得设置将应由招标人承担的风险转嫁给勘察设计、施工、监理等投标人的不合理条款。招标文件应当设置合理的价格调整条款,明确约定合同价款支付期限、利息计付标准和日期,确保双方主体地位平等。

第二十八条 招标人应当根据招标项目的具体特点以及本办法的相关规定,在招标文件中合理设定评标标准和方法。评标标准和方法中不得含有倾向或者排斥潜在投标人的内容,不得妨碍或者限制投标人之间的竞争。禁止采用抽签、摇号等博彩性方式直接确定中标候选人。

第二十九条 以暂估价形式包括在招标项目范围内的工程、货物、服务,属于依法必须进行招标的项目范围且达到国家规定规模标准的,应当依法进行招标。招标项目的合同条款中应当约定负责实施暂估价项目招标的主体以及相应的招标程序。

第三章 投 标

第三十条 投标人是响应招标、参加投标竞争的法人或者其他组织。

投标人应当具备招标文件规定的资格条件,具有承担所投标项目的相应能力。

第三十一条 投标人在投标文件中填报的资质、业绩、主要人员资历和目前在岗情况、信用等级等信息,应当与其在交通运输主管部门公路建设市场信用信息管理系统上填报并发布的相关信息一致。

第三十二条 投标人应当按照招标文件要求装订、密封投标文件,并按照招标文件规定的时间、地点和方式将投标文件送达招标人。

公路工程勘察设计和施工监理招标的投标文件应当以双信封形式密封,第一信封内为商务文件和技术文件,第二信封内为报价文件。

对公路工程施工招标,招标人采用资格预审方式进行招标且评标方法为技术评分最低标价法的,或者采用资格后审方式进行招标的,投标文件应当以双信封形式密封,第一信封内为商务文件和技术文件,第二信封内为报价文件。

第三十三条 投标文件按照要求送达后,在招标文件规定的投标截止时间前,投标人修改或者撤回投标文件的,应当以书面函件形式通知招标人。

修改投标文件的函件是投标文件的组成部分,其编制形式、密封方式、送达时间等,适用对投标文件的规定。

投标人在投标截止时间前撤回投标文件且招标人已收取投标保证金的,招标人应当自收到投标人书面撤回通知之日起5日内退还其投标保证金。

投标截止后投标人撤销投标文件的,招标人可以不退还投标保证金。

第三十四条 投标人根据招标文件有关分包的规定,拟在中标后将中标项目的部分工作进行分包的,应当在投标文件中载明。

投标人在投标文件中未列入分包计划的工程或者服务,中标后不得分包,法律法规或者招标文件另有规定的除外。

第四章 开标、评标和中标

第三十五条 开标应当在招标文件确定的提交投标文件截止时间的同一时间公开进行;开标地点应当为招标文件中预先确定的地点。

投标人少于3个的,不得开标,投标文件应当当场退还给投标人;招标人应当重新招标。

第三十六条　开标由招标人主持,邀请所有投标人参加。开标过程应当记录,并存档备查。投标人对开标有异议的,应当在开标现场提出,招标人应当当场作出答复,并制作记录。未参加开标的投标人,视为对开标过程无异议。

第三十七条　投标文件按照招标文件规定采用双信封形式密封的,开标分两个步骤公开进行:

第一步骤对第一信封内的商务文件和技术文件进行开标,对第二信封不予拆封并由招标人予以封存;

第二步骤宣布通过商务文件和技术文件评审的投标人名单,对其第二信封内的报价文件进行开标,宣读投标报价。未通过商务文件和技术文件评审的,对其第二信封不予拆封,并当场退还给投标人;投标人未参加第二信封开标的,招标人应当在评标结束后及时将第二信封原封退还投标人。

第三十八条　招标人应当按照国家有关规定组建评标委员会负责评标工作。

国家审批或者核准的高速公路、一级公路、独立桥梁和独立隧道项目,评标委员会专家应当由招标人从国家重点公路工程建设项目评标专家库相关专业中随机抽取;其他公路工程建设项目的评标委员会专家可以从省级公路工程建设项目评标专家库相关专业中随机抽取,也可以从国家重点公路工程建设项目评标专家库相关专业中随机抽取。

对于技术复杂、专业性强或者国家有特殊要求,采取随机抽取方式确定的评标专家难以保证胜任评标工作的特殊招标项目,可以由招标人直接确定。

第三十九条　交通运输部负责国家重点公路工程建设项目评标专家库的管理工作。

省级人民政府交通运输主管部门负责本行政区域公路工程建设项目评标专家库的管理工作。

第四十条　评标委员会应当民主推荐一名主任委员,负责组织评标委员会成员开展评标工作。评标委员会主任委员与评标委员会的其他成员享有同等权利与义务。

第四十一条　招标人应当向评标委员会提供评标所必需的信息,但不得明示或者暗示其倾向或者排斥特定投标人。

评标所必需的信息主要包括招标文件、招标文件的澄清或者修改、开标记录、投标文件、资格预审文件。招标人可以协助评标委员会开展下列工作并提供相关信息:

(一)根据招标文件,编制评标使用的相应表格;

(二)对投标报价进行算术性校核;

(三)以评标标准和方法为依据,列出投标文件相对于招标文件的所有偏差,并进行归类汇总;

(四)查询公路建设市场信用信息管理系统,对投标人的资质、业绩、主要人员资历和目前在岗情况、信用等级进行核实。

招标人不得对投标文件作出任何评价,不得故意遗漏或者片面摘录,不得在评标委员会对所有偏差定性之前透露存有偏差的投标人名称。

评标委员会应当根据招标文件规定,全面、独立评审所有投标文件,并对招标人提供的上述相关信息进行核查,发现错误或者遗漏的,应当进行修正。

第四十二条　评标委员会应当按照招标文件确定的评标标准和方法进行评标。招标文件没有规定的评标标准和方法不得作为评标的依据。

第四十三条　公路工程勘察设计和施工监理招标,应当采用综合评估法进行评标,对投标人的商务文件、技术文件和报价文件进行评分,按照综合得分由高到低排序,推荐中标候选人。评标价的评分权重不宜超过10%,评标价得分应当根据评标价与评标基准价的偏离程度进行计算。

第四十四条　公路工程施工招标,评标采用综合评估法或者经评审的最低投标价法。综合评估法包括合理低价法、技术评分最低标价法和综合评分法。

合理低价法,是指对通过初步评审的投标人,不再对其施工组织设计、项目管理机构、技术能力等因素进行评分,仅依据评标基准价对评标价进行评分,按照得分由高到低排序,推荐中标候选人的评标方法。

技术评分最低标价法,是指对通过初步评审的投标人的施工组织设计、项目管理机构、技术能力等因素进行评分,按照得分由高到低排序,对排名在招标文件规定数量以内的投标人的报价文件进行评审,按照评标价由低到高的顺序推荐中标候选人的评标方法。招标人在招标文件中规定的参与报价文件评审的投标人数量不得少于3个。

综合评分法,是指对通过初步评审的投标人的评标价、施工组织设计、项目管理机构、技术能力等因素进行评分,按照综合得分由高到低排序,推荐中标候选人的评标方法。其中评标价的评分权重不得低于50%。

经评审的最低投标价法,是指对通过初步评审的投标人,按照评标价由低到高排序,推荐中标候选人的评标方法。

公路工程施工招标评标,一般采用合理低价法或者技术评分最低标价法。技术特别复杂的特大桥梁和特长隧道项目主体工程,可以采用综合评分法。工程规模较小、技术含量较低的工程,可以采用经评审的最低投标价法。

第四十五条 实行设计施工总承包招标的,招标人应当根据工程地质条件、技术特点和施工难度确定评标办法。

设计施工总承包招标的评标采用综合评分法的,评分因素包括评标价、项目管理机构、技术能力、设计文件的优化建议、设计施工总承包管理方案、施工组织设计等因素,评标价的评分权重不得低于50%。

第四十六条 评标委员会成员应当客观、公正、审慎地履行职责,遵守职业道德。评标委员会成员应当依据评标办法规定的评审顺序和内容逐项完成评标工作,对本人提出的评审意见以及评分的公正性、客观性、准确性负责。

除评标价和履约信誉评分项外,评标委员会成员对投标人商务和技术各项因素的评分一般不得低于招标文件规定该因素满分值的60%;评分低于满分值60%的,评标委员会成员应当在评标报告中作出说明。

招标人应当对评标委员会成员在评标活动中的职责履行情况予以记录,并在招标投标情况的书面报告中载明。

第四十七条 招标人应当根据项目规模、技术复杂程度、投标文件数量和评标方法等因素合理确定评标时间。超过三分之一的评标委员会成员认为评标时间不够的,招标人应当适当延长。

评标过程中,评标委员会成员有回避事由、擅离职守或者因健康等原因不能继续评标的,应当及时更换。被更换的评标委员会成员作出的评审结论无效,由更换后的评标委员会成员重新进行评审。

根据前款规定被更换的评标委员会成员如为评标专家库专家,招标人应当从原评标专家库中按照原方式抽取更换后的评标委员会成员,或者在符合法律规定的前提下相应减少评标委员会中招标人代表数量。

第四十八条 评标委员会应当查询交通运输主管部门的公路建设市场信用信息管理系统,对投标人的资质、业绩、主要人员资历和目前在岗情况、信用等级等信息进行核实。若投标文件载明的信息与公路建设市场信用信息管理系统发布的信息不符,使得投标人的资格条件不符合招标文件规定的,评标委员会应当否决其投标。

第四十九条 评标委员会发现投标人的投标报价明显低于其他投标人报价或者在设有标底时明显低于标底的,应当要求该投标人对相应投标报价作出书面说明,并提供相关证明材料。

投标人不能证明可以按照其报价以及招标文件规定的质量标准和履行期限完成招标项目的,评标委员会应当认定该投标人以低于成本价竞标,并否决其投标。

第五十条 评标委员会应当根据《中华人民共和国招标投标法实施条例》第三十九条、第四十条、第四十一条的有关规定,对在评标过程中发现的投标人与投标人之间、投标人与招标人之间存在的串通投标的情形进行评审和认定。

第五十一条 评标委员会对投标文件进行评审后,因有效投标不足3个使得投标明显缺乏竞争的,可以否决全部投标。未否决全部投标的,评标委员会应当在评标报告中阐明理由并推荐中标候选人。

投标文件按照招标文件规定采用双信封形式密封的,通过第一信封商务文件和技术文件评审的投标人在3个以上的,招标人应当按照本办法第三十七条规定的程序进行第二信封报价文件开标;在对报价文件进行评审后,有效投标不足3个的,评标委员会应当按照本条第一款规定执行。

通过第一信封商务文件和技术文件评审的投标人少于3个的,评标委员会可以否决全部投标;未否决全部投标的,评标委员会应当在评标报告中阐明理由,招标人应当按照本办法第三十七条规定的程序进行第二信封报价文件开标,但评标委员会在进行报价文件评审时仍有权否决全部投标;评标委员会未在报价文件评审时否决全部投标的,应当在评标报告中阐明理由并推荐中标候选人。

第五十二条 评标完成后,评标委员会应当向招标人提交书面评标报告。评标报告中推荐的中标候选人应当不超过3个,并标明排序。

评标报告应当载明下列内容:

(一)招标项目基本情况;

(二)评标委员会成员名单;

(三)监督人员名单;

(四)开标记录;

(五)符合要求的投标人名单;

(六)否决的投标人名单以及否决理由;

(七)串通投标情形的评审情况说明;

(八)评分情况;

(九)经评审的投标人排序;

(十)中标候选人名单;

(十一)澄清、说明事项纪要;

(十二)需要说明的其他事项;

(十三)评标附表。

对评标监督人员或者招标人代表干预正常评标活动,以及对招标投标活动的其他不正当言行,评标委员会应当在评标报告第(十二)项内容中如实记录。

除第二款规定的第(一)、(三)、(四)项内容外,评标委员会所有成员应当在评标报告上逐页签字。对评标结果有不同意见的评标委员会成员应当以书面形式说明其不同意见和理由,评标报告应当注明该不同意见。评标委员会成员拒绝在评标报告上签字又不书面说明其不同意见和理由的,视为同意评标结果。

第五十三条 依法必须进行招标的公路工程建设项目,招标人应当自收到评标报告之日起3日内,在对该项目具有招标监督职责的交通运输主管部门政府网站或者其指定的其他网站上公示中标候选人,公示期不得少于3日,公示内容包括:

(一)中标候选人排序、名称、投标报价;

(二)中标候选人在投标文件中承诺的主要人员姓名、个人业绩、相关证书编号;

(三)中标候选人在投标文件中填报的项目业绩;

(四)被否决投标的投标人名称、否决依据和原因;

(五)招标文件规定公示的其他内容。

投标人或者其他利害关系人对依法必须进行招标的公路工程建设项目的评标结果有异议的,应当在中标候选人公示期间提出。招标人应当自收到异议之日起3日内作出答复;作出答复前,应当暂停招标投标活动。

第五十四条 除招标人授权评标委员会直接确定中标人外,招标人应当根据评标委员会提出的书面评标报告和推荐的中标候选人确定中标人。国有资金占控股或者主导地位的依法必须进行招标的公路工程建设项目,招标人应当确定排名第一的中标候选人为中标人。排名第一的中标候选人放弃中标、因不可抗力不能履行合同、不按照招标文件要求提交履约保证金,或者被查实存在影响中标结果的违法行为等情形,不符合中标条件的,招标人可以按照评标委员会提出的中标候选人名单排序依次确定其他中标候选人为中标人,也可以重新招标。

第五十五条 依法必须进行招标的公路工程建设项目,招标人应当自确定中标人之日起15日内,将招标投标情况的书面报告报对该项目具有招标监督职责的交通运输主管部门备案。

前款所称书面报告至少应当包括下列内容:

(一)招标项目基本情况;

(二)招标过程简述;

(三)评标情况说明;

(四)中标候选人公示情况;

(五)中标结果;

(六)附件,包括评标报告、评标委员会成员履职情况说明等。

有资格预审情况说明、异议及投诉处理情况和资格审查报告的,也应当包括在书面报告中。

第五十六条 招标人应当及时向中标人发出中标通知书,同时将中标结果通知所有未中标的投标人。

第五十七条 招标人和中标人应当自中标通知书发出之日起30日内,按照招标文件和中标人的投标文件订立书面合同,合同的标的、价格、质量、安全、履行期限、主要人员等主要条款应当与上述文件的内容一致。招标人和中标人不得再行订立背离合同实质性内容的其他协议。

招标人最迟应当在中标通知书发出后5日内向中标候选人以外的其他投标人退还投标保证金,与中标人签订书面合同后5日内向中标人和其他中标候选人退还投标保证金。以现金或者支票形式提交的投标保证金,招标人应当同时退还投标保证金的银行同期活期存款利息,且退还至投标人的基本账户。

第五十八条 招标文件要求中标人提交履约保证金的,中标人应当按照招标文件的要求提交。履约保证金不得超过中标合同金额的10%。招标人不得指定或者变相指定履约保证金的支付形式,由中标人自主选择银行保函或者现金、支票等支付形式。

第五十九条 招标人应当加强对合同履行的管理,建立对中标人主要人员的到位率考核制度。

省级人民政府交通运输主管部门应当定期组织开展合同履约评价工作的监督检查,将检查情况向社会公示,同时将检查结果记入中标人单位以及主要人员个人的信用档案。

第六十条 依法必须进行招标的公路工程建设项目,有下列情形之一的,招标人在分析招标失败的原因并采取相应措施后,应当依照本办法重新招标:

(一)通过资格预审的申请人少于3个的;

(二)投标人少于3个的;

(三)所有投标均被否决的;

(四)中标候选人均未与招标人订立书面合同的。

重新招标的,资格预审文件、招标文件和招标投标情况的书面报告应当按照本办法的规定重新报交通运输主管部门备案。

重新招标后投标人仍少于3个的,属于按照国家有关规定需要履行项目审批、核准手续的依法必须进行招标的公路工程建设项目,报经项目审批、核准部门批准后可以不再进行招标;其他项目可由招标人自行决定不再进行招标。

依照本条规定不再进行招标的,招标人可以邀请已提交资格预审申请文件的申请人或者已提交投标文件的投标人进行谈判,确定项目承担单位,并将谈判报告报对该项目具有招标监督职责的交通运输主管部门备案。

第五章 监督管理

第六十一条 各级交通运输主管部门应当按照《中华人民共和国招标投标法》《中华人民共和国招标投标法实施条例》等法律法规、规章以及招标投标活动行政监督职责分工,加强对公路工程建设项目招标投标活动的监督管理。

第六十二条 各级交通运输主管部门应当建立健全公路工程建设项目招标投标信用体系,加强信用评价工作的监督管理,维护公平公正的市场竞争秩序。

招标人应当将交通运输主管部门的信用评价结果应用于公路工程建设项目招标。鼓励和支持招标人优先选择信用等级高的从业企业。

招标人对信用等级高的资格预审申请人、投标人或者中标人,可以给予增加参与投标的标段数量,减免投标保证金,减少履约保证金、质量保证金等优惠措施。优惠措施以及信用评价结果的认定条件应当在资格预审文件和招标文件中载明。

资格预审申请人或者投标人的信用评价结果可以作为资格审查或者评标中履约信誉项的评分因素,各信用评价等级的对应得分应当符合省级人民政府交通运输主管部门有关规定,并在资格预审文件或者招标文件中载明。

第六十三条 投标人或者其他利害关系人认为招标投标活动不符合法律、行政法规规定的,可以自知道或者应当知道之日起10日内向交通运输主管部门投诉。

就本办法第十五条、第十九条、第三十六条、第五十三条规定事项投诉的,应当先向招标人提出异议,异议答复期间不计算在前款规定的期限内。

第六十四条 投诉人投诉时,应当提交投诉书。投诉书应当包括下列内容:

(一)投诉人的名称、地址及有效联系方式;

(二)被投诉人的名称、地址及有效联系方式;

(三)投诉事项的基本事实;

(四)异议的提出及招标人答复情况;

(五)相关请求及主张;

(六)有效线索和相关证明材料。

对本办法规定应先提出异议的事项进行投诉的,应当提交已提出异议的证明文件。未按规定提出异议或者未提交已提出异议的证明文件的投诉,交通运输主管部门可以不予受理。

第六十五条 投诉人就同一事项向两个以上交通运输主管部门投诉的,由具体承担该项目招标投标活动监督管理职责的交通运输主管部门负责处理。

交通运输主管部门应当自收到投诉之日起3个工作日内决定是否受理投诉,并自受理投诉之日起30个工作日内作出书面处理决定;需要检验、检测、鉴定、专家评审的,所需时间不计算在内。

投诉人缺乏事实根据或者法律依据进行投诉的，或者有证据表明投诉人捏造事实、伪造材料的，或者投诉人以非法手段取得证明材料进行投诉的，交通运输主管部门应当予以驳回，并对恶意投诉按照有关规定追究投诉人责任。

第六十六条　交通运输主管部门处理投诉，有权查阅、复制有关文件、资料，调查有关情况，相关单位和人员应当予以配合。必要时，交通运输主管部门可以责令暂停招标投标活动。

交通运输主管部门的工作人员对监督检查过程中知悉的国家秘密、商业秘密，应当依法予以保密。

第六十七条　交通运输主管部门对投诉事项作出的处理决定，应当在对该项目具有招标监督职责的交通运输主管部门政府网站上进行公告，包括投诉的事由、调查结果、处理决定、处罚依据以及处罚意见等内容。

第六章　法律责任

第六十八条　招标人有下列情形之一的，由交通运输主管部门责令改正，可以处三万元以下的罚款：

（一）不满足本办法第八条规定的条件而进行招标的；

（二）不按照本办法规定将资格预审文件、招标文件和招标投标情况的书面报告备案的；

（三）邀请招标不依法发出投标邀请书的；

（四）不按照项目审批、核准部门确定的招标范围、招标方式、招标组织形式进行招标的；

（五）不按照本办法规定编制资格预审文件或者招标文件的；

（六）由于招标人原因导致资格审查报告存在重大偏差且影响资格预审结果的；

（七）挪用投标保证金，增设或者变相增设保证金的；

（八）投标人数量不符合法定要求不重新招标的；

（九）向评标委员会提供的评标信息不符合本办法规定的；

（十）不按照本办法规定公示中标候选人的；

（十一）招标文件中规定的履约保证金的金额、支付形式不符合本办法规定的。

第六十九条　投标人在投标过程中存在弄虚作假、与招标人或者其他投标人串通投标、以行贿谋取中标、无正当理由放弃中标以及进行恶意投诉等投标不良行为的，除依照有关法律、法规进行处罚外，省级交通运输主管部门还可以扣减其年度信用评价分数或者降低年度信用评价等级。

第七十条　评标委员会成员未对招标人根据本办法第四十一条第二款（一）至（四）项规定提供的相关信息进行认真核查，导致评标出现疏漏或者错误的，由交通运输主管部门责令改正。

第七十一条　交通运输主管部门应当依法公告对公路工程建设项目招标投标活动中招标人、招标代理机构、投标人以及评标委员会成员等的违法违规或者恶意投诉等行为的行政处理决定，并将其作为招标投标不良行为信息记入相应当事人的信用档案。

第七章　附　　则

第七十二条　使用国际组织或者外国政府贷款、援助资金的项目进行招标，贷款方、资金提供方对招标投标的具体条件和程序有不同规定的，可以适用其规定，但违背中华人民共和国的社会公共利益的除外。

第七十三条　采用电子招标投标的，应当按照本办法和国家有关电子招标投标的规定执行。

第七十四条　本办法自2016年2月1日起施行。《公路工程施工招标投标管理办法》（交通部令2006年第7号）、《公路工程施工监理招标投标管理办法》（交通部令2006年第5号）、《公路工程勘察设计招标投标管理办法》（交通部令2001年第6号）和《关于修改〈公路工程勘察设计招标投标管理办法〉的决定》（交通运输部令2013年第3号）、《关于贯彻国务院办公厅关于进一步规范招投标活动的若干意见的通知》（交公路发〔2004〕688号）、《关于公路建设项目货物招标严禁指定材料产地的通知》（厅公路字〔2007〕224号）、《公路工程施工招标资格预审办法》（交公路发〔2006〕57号）、《关于加强公路工程评标专家管理工作的通知》（交公路发〔2003〕464号）、《关于进一步加强公路工程施工招标评标管理工作的通知》（交公路发〔2008〕261号）、《关于进一步加强公路工程施工招标资格审查工作的通知》（交公路发〔2009〕123号）、《关于改革使用国际金融组织或者外国政府贷款公路建设项目施工招标管理制度的通知》（厅公路字〔2008〕

40 号）、《公路工程勘察设计招标评标办法》（交公路发〔2001〕582 号）、《关于认真贯彻执行公路工程勘察设计招标投标管理办法的通知》（交公路发〔2002〕303 号）同时废止。

关于修改《国内水路运输管理规定》的决定

（中华人民共和国交通运输部令　2015 年第 5 号）

《关于修改〈国内水路运输管理规定〉的决定》已于 2015 年 5 月 8 日经第 6 次部务会议通过，现予公布。

部长　杨传堂

2015 年 5 月 12 日

关于修改《国内水路运输管理规定》的决定

交通运输部决定对《国内水路运输管理规定》（交通运输部令 2014 年第 2 号）作如下修改：

一、将第十条“（二）外商投资企业的经营许可”删除。

二、将第三十五条第一款修改为“具有许可权限的部门可以根据国内水路运输实际情况，决定是否准许外商投资企业经营国内水路运输。”条文序号作相应调整。

本决定自 2015 年 5 月 12 日起施行。

《国内水路运输管理规定》根据本决定作相应修正，重新发布。

国内水路运输管理规定

（2014 年 1 月 3 日交通运输部发布 根据 2015 年 5 月 12 日交通运输部《关于修改〈国内水路运输管理规定〉的决定》修正）

第一章　总　　则

第一条　为规范国内水路运输市场管理，维护水路运输经营活动各方当事人的合法权益，促进水路运输事业健康发展，依据《国内水路运输管理条例》制定本规定。

第二条　国内水路运输管理适用本规定。

本规定所称水路运输，是指始发港、挂靠港和目的港均在中华人民共和国管辖的通航水域内使用船舶从事的经营性旅客运输和货物运输。

第三条　水路运输按照经营区域分为沿海运输和内河运输，按照业务种类分为货物运输和旅客运输。

货物运输分为普通货物运输和危险货物运输。危险货物运输分为包装、散装固体和散装液体危险货物运输。散装液体危险货物运输包括液化气体船运输、化学品船运输、成品油船运输和原油船运输。普通货物运输包含拖航。

旅客运输包括普通客船运输、客货船运输和滚装客船运输。

第四条　交通运输部主管全国水路运输管理工作，并按照本规定具体实施有关水路运输管理工作。

县级以上地方人民政府交通运输主管部门主管本行政区域的水路运输管理工作。县级以上地方人民政府负责水路运输管理的部门或者机构（以下统称水路运输管理部门）具体实施水路运输管理工作。

第二章　水路运输经营者

第五条　申请经营水路运输业务，除个人申请经营内河普通货物运输业务外，申请人应当符合下列条件：

（一）具备企业法人资格。

（二）有明确的经营范围，包括经营区域和业务种类。经营水路旅客班轮运输业务的，还应当有班期、班次以及拟停靠的码头安排等可行的航线营运计划。

（三）有符合本规定要求的船舶，且自有船舶运力应当符合附件1的要求。

（四）有符合本规定要求的海务、机务管理人员。

（五）有符合本规定要求的与其直接订立劳动合同的高级船员。

（六）有健全的安全管理机构及安全管理人员设置制度、安全管理责任制度、安全监督检查制度、事故应急处置制度、岗位安全操作规程等安全管理制度。

第六条　个人只能申请经营内河普通货物运输业务，并应当符合下列条件：

（一）经工商行政管理部门登记的个体工商户；

（二）有符合本规定要求的船舶，且自有船舶运力不超过600总吨；

（三）有安全管理责任制度、安全监督检查制度、事故应急处置制度、岗位安全操作规程等安全管理制度。

第七条　水路运输经营者投入运营的船舶应当符合下列条件：

（一）与水路运输经营者的经营范围相适应。从事旅客运输的，应当使用普通客船、客货船和滚装客船（统称为客船）运输；从事散装液体危险货物运输的，应当使用液化气体船、化学品船、成品油船和原油船（统称为危险品船）运输；从事普通货物运输、包装危险货物运输和散装固体危险货物运输的，可以使用普通货船运输。

（二）持有有效的船舶所有权登记证书、船舶国籍证书、船舶检验证书以及按照相关法律、行政法规规定证明船舶符合安全与防污染和入级检验要求的其他证书。

（三）符合交通运输部关于船型技术标准、船龄以及节能减排的要求。

第八条　除个体工商户外，水路运输经营者应当配备满足下列要求的专职海务、机务管理人员：

（一）海务、机务管理人员数量满足附件2的要求；

（二）海务、机务管理人员的从业资历与其经营范围相适应：

1. 经营普通货船运输的，应当具有不低于大副、大管轮的从业资历；

2. 经营客船、危险品船运输的，应当具有船长、轮机长的从业资历。

（三）海务、机务管理人员所具备的业务知识和管理能力与其经营范围相适应，身体条件与其职责要求相适应。

第九条　除个体工商户外，水路运输经营者按照有关规定应当配备的高级船员中，与其直接订立一年以上劳动合同的高级船员的比例应当满足下列要求：

（一）经营普通货船运输的，高级船员的比例不低于25%；

(二)经营客船、危险品船运输的,高级船员的比例不低于50%。

第十条 交通运输部具体实施下列水路运输经营许可:

(一)省际客船运输、省际危险品船运输的经营许可;

(二)国务院国有资产监督管理机构履行出资人职责的水路运输企业及其控股公司的经营许可。

省级人民政府水路运输管理部门具体实施省际普通货船运输的经营许可。省内水路运输经营许可的具体权限由省级人民政府交通运输主管部门决定,向社会公布。但个人从事内河省际、省内普通货物运输的经营许可由设区的市级人民政府水路运输管理部门具体实施。

第十一条 申请经营水路运输业务或者变更水路运输经营范围,应当向其所在地设区的市级人民政府水路运输管理部门提交申请书和证明申请人符合本规定要求的相关材料。

第十二条 受理申请的水路运输管理部门不具有许可权限的,当场核实申请材料中的原件与复印件的内容一致后,在5个工作日内提出初步审查意见并将全部申请材料转报至具有许可权限的部门。

第十三条 具有许可权限的部门,对符合条件的,应当在20个工作日内作出许可决定,向申请人颁发《国内水路运输经营许可证》,并向其投入运营的船舶配发《船舶营业运输证》。申请经营水路旅客班轮运输业务的,还应当向申请人颁发该班轮航线运营许可证件。不符合条件的,不予许可,并书面通知申请人不予许可的理由。

《国内水路运输经营许可证》和《船舶营业运输证》应当通过全国水路运政管理信息系统核发,并逐步实现行政许可网上办理。

第十四条 除购置或者光租已取得相应水路运输经营资格的船舶外,水路运输经营者新增客船、危险品船运力,应当经其所在地设区的市级人民政府水路运输管理部门向具有许可权限的部门提出申请。

具有许可权限的部门根据运力运量供求情况对新增运力申请予以审查。根据运力供求情况需要对新增运力予以数量限制时,依据经营者的经营规模、管理水平、安全记录、诚信经营记录等情况,公开竞争择优作出许可决定。

水路运输经营者新增普通货船运力,应当在船舶开工建造后15个工作日内向所在地设区的市级人民政府水路运输管理部门备案。

第十五条 交通运输部在特定的旅客班轮运输和散装液体危险货物运输航线、水域出现运力供大于求状况,可能影响公平竞争和水路运输安全的情形下,可以决定暂停对特定航线、水域的旅客班轮运输和散装液体危险货物运输新增运力许可。

暂停新增运力许可期间,对暂停范围内的新增运力申请不予许可,对申请投入运营的船舶,不予配发《船舶营业运输证》,但暂停决定生效前已取得新增运力批准且已开工建造、购置或者光租的船舶除外。

第十六条 交通运输部对水路运输市场进行监测,分析水路运输市场运力状况,定期公布监测结果。

对特定的旅客班轮运输和散装液体危险货物运输航线、水域暂停新增运力许可的决定,应当依据水路运输市场监测分析结果作出。

采取暂停新增运力许可的运力调控措施,应当符合公开、公平、公正的原则,在开始实施的60日前向社会公告,说明采取措施的理由以及采取措施的范围、期限等事项。

第十七条 《国内水路运输经营许可证》的有效期为5年。《船舶营业运输证》的有效期按照交通运输部的有关规定确定。水路运输经营者应当在证件有效期届满前的30日内向原许可机关提出换证申请。原许可机关应当依照本规定进行审查,符合条件的,予以换发。

第十八条 发生下列情况后,水路运输经营者应当在15个工作日内以书面形式向原许可机关备案,并提供相关证明材料:

(一)法定代表人或者主要股东发生变化;

(二)固定的办公场所发生变化;

(三)海务、机务管理人员发生变化;

(四)与其直接订立一年以上劳动合同的高级船员的比例发生变化;

(五)经营的船舶发生重大以上安全责任事故;

(六)委托的船舶管理企业发生变更或者委托管理协议发生变化。

第十九条 水路运输经营者终止经营的,应当自终止经营之日起15个工作日内向原许可机关办理注销手续,交回许可证件。

已取得《船舶营业运输证》的船舶报废、转让或者变更经营者,应当自发生上述情况之日起15个工作日内向原许可机关办理《船舶营业运输证》注销、变更手续。

第三章　水路运输经营行为

第二十条　水路运输经营者应当保持相应的经营资质条件,按照《国内水路运输经营许可证》核定的经营范围从事水路运输经营活动。

已取得省际水路运输经营资格的水路运输经营者和船舶,可凭省际水路运输经营资格从事相应种类的省内水路运输,但旅客班轮运输除外。

已取得沿海水路运输经营资格的水路运输经营者和船舶,可在满足航行条件的情况下,凭沿海水路运输经营资格从事相应种类的内河运输。

第二十一条　水路运输经营者不得出租、出借水路运输经营许可证件,或者以其他形式非法转让水路运输经营资格。

第二十二条　从事水路运输的船舶应当随船携带《船舶营业运输证》,不得转让、出租、出借或者涂改。《船舶营业运输证》遗失或者损毁的,应当及时向原配发机关申请补发。

第二十三条　水路运输经营者应该按照《船舶营业运输证》标定的载客定额、载货定额和经营范围从事旅客和货物运输,不得超载。

水路运输经营者使用客货船或者滚装客船载运危险货物时,不得载运旅客,但按照相关规定随船押运货物的人员和滚装车辆的司机除外。

第二十四条　水路运输经营者不得擅自改装客船、危险品船增加载客定额、载货定额或者变更从事散装液体危险货物运输的种类。

第二十五条　水路运输经营者应当使用规范的、符合有关法律法规和交通运输部规定的客票和运输单证。

第二十六条　水路旅客运输业务经营者应当拒绝携带国家规定的危险物品及其他禁止携带的物品的旅客乘船。船舶开航后发现旅客随船携带有危险物品及其他禁止携带的物品的,应当妥善处理,旅客应当予以配合。

第二十七条　水路旅客班轮运输业务经营者应当自取得班轮航线经营许可之日起60日内开航,并在开航的15日前通过媒体并在该航线停靠的各客运站点的明显位置向社会公布所使用的船舶、班期、班次、票价等信息,同时报原许可机关备案。

旅客班轮应当按照公布的班期、班次运行。变更班期、班次、票价的,水路旅客班轮运输业务经营者应当在变更的15日前向社会公布,并报原许可机关备案。停止经营部分或者全部班轮航线的,经营者应当在停止经营的30日前向社会公布,并报原许可机关备案。

第二十八条　水路货物班轮运输业务经营者应当在班轮航线开航的7日前,向社会公布所使用的船舶以及班期、班次和运价,并报原许可机关备案。

货物班轮运输应当按照公布的班期、班次运行;变更班期、班次、运价或者停止经营部分或者全部班轮航线的,水路货物班轮运输业务经营者应当在变更或者停止经营的7日前向社会公布,并报原许可机关备案。

第二十九条　水路旅客运输业务经营者应当以公布的票价销售客票,不得对相同条件的旅客实施不同的票价,不得以搭售、现金返还、加价等不正当方式变相变更公布的票价并获取不正当利益,不得低于客票载明的舱室或者席位等级安排旅客。

第三十条　水路运输经营者从事水路运输经营活动,应当依法经营,诚实守信,禁止以不合理的运价或者其他不正当方式、不规范行为争抢客源、货源及提供运输服务。

水路旅客运输业务经营者为招揽旅客发布信息,必须真实、准确,不得进行虚假宣传,误导旅客,对其在经营活动中知悉的旅客个人信息,应当予以保密。

第三十一条　水路旅客运输业务经营者应当就运输服务中的下列事项,以明示的方式向旅客作出说明或者警示:

(一)不适宜乘坐客船的群体;

(二)正确使用相关设施、设备的方法;

(三)必要的安全防范和应急措施;

(四)未向旅客开放的经营、服务场所和设施、设备;

(五)可能危及旅客人身、财产安全的其他情形。

第三十二条　水路运输经营者应当依照法律、行政法规和国家有关规定,优先运送处置突发事件所需物资、设备、工具、应急救援人员和受到突发事件危害的人员,重点保障紧急、重要的军事运输。

水路运输经营者应当服从交通运输主管部门对关系国计民生物资紧急运输的统一组织协调,按照要求优先、及时运输。

水路运输经营者应当按照交通运输主管部门的要求建立运输保障预案,并建立应急运输、军事运输和紧急运输的运力储备。

第三十三条 水路运输经营者应当按照国家统计规定报送运输经营统计信息。

第四章 外商投资企业和外国籍船舶的特别规定

第三十四条 外商投资企业申请从事水路运输,除满足本规定第五条规定的经营资质条件外,还应当符合下列条件:

(一)拟经营的范围内,国内水路运输经营者无法满足需求;

(二)应当具有经营水路运输业务的良好业绩和运营记录。

第三十五条 具有许可权限的部门可以根据国内水路运输实际情况,决定是否准许外商投资企业经营国内水路运输。

经批准取得水路运输经营许可的外商投资企业外方投资者或者外方投资股比等事项发生变化的,应当报原许可机关批准。原许可机关发现外商投资企业不再符合本规定要求的,应当撤销其水路运输经营资质。

第三十六条 符合下列情形并经交通运输部批准,水路运输经营者可以租用外国籍船舶在中华人民共和国港口之间从事不超过两个连续航次或者期限为30日的临时运输:

(一)没有满足所申请的运输要求的中国籍船舶;

(二)停靠的港口或者水域为对外开放的港口或者水域。

第三十七条 租用外国籍船舶从事临时运输的水路运输经营者,应当向交通运输部提交申请书、运输合同、拟使用的外籍船舶及船舶登记证书、船舶检验证书等相关证书和能够证明符合本规定规定情形的相关材料。申请书应当说明申请事由、承运的货物、运输航次或者期限、停靠港口。

交通运输部应当自受理申请之日起20个工作日内,对申请事项进行审核。对符合规定条件的,作出许可决定并且颁发许可文件;对不符合条件的,不予许可,并书面通知申请人不予许可的理由。

第三十八条 临时从事水路运输的外国籍船舶,应当遵守水路运输管理的有关规定,按照批准的范围和期限进行运输。

第五章 监督检查

第三十九条 交通运输部和水路运输管理部门依照有关法律、法规和本规定对水路运输市场实施监督检查。

第四十条 对水路运输市场实施监督检查,可以采取下列措施:

(一)向水路运输经营者了解情况,要求其提供有关凭证、文件及其他相关材料。

(二)对涉嫌违法的合同、票据、账簿以及其他资料进行查阅、复制。

(三)进入水路运输经营者从事经营活动的场所、船舶实地了解情况。

水路运输经营者应当配合监督检查,如实提供有关凭证、文件及其他相关资料。

第四十一条 水路运输管理部门对水路运输市场依法实施监督检查中知悉的被检查单位的商业秘密和个人信息应当依法保密。

第四十二条 实施现场监督检查的,应当当场记录监督检查的时间、内容、结果,并与被检查单位或者个人共同签署名章。被检查单位或者个人不签署名章的,监督检查人员对不签署的情形及理由应当予以注明。

第四十三条 水路运输管理部门在监督检查中发现水路运输经营者不符合本规定要求的经营资质条件的,应当责令其限期整改,并在整改期限结束后对该经营者整改情况进行复查,并作出整改是否合格的结论。

对运力规模达不到经营资质条件的整改期限最长不超过6个月,其他情形的整改期限最长不超过3个月。水路运输经营者在整改期间已开工建造但尚未竣工的船舶可以计入自有船舶运力。

第四十四条 水路运输管理部门应当建立健全水路运输市场诚信监督管理机制和服务质量评价体系,建立水路运输经营者诚信档案,记录水路运输经营者及从业人员的诚信信息,定期向社会公布监督检查结果和经营者的诚信档案。

水路运输管理部门应当建立水路运输违法经营行为社会监督机制，公布投诉举报电话、邮箱等，及时处理投诉举报信息。

水路运输管理部门应当将监督检查中发现或者受理投诉举报的经营者违法违规行为及处理情况、安全责任事故情况等记入诚信档案。违法违规情节严重可能影响经营资质条件的，对经营者给予提示性警告。不符合经营资质条件的，按照本规定第四十三条的规定处理。

第四十五条　水路运输管理部门应当与当地海事管理机构建立联系机制，按照《国内水路运输管理条例》的要求，做好《船舶营业运输证》查验处理衔接工作，及时将本行政区域内水路运输经营者的经营资质保持情况通报当地海事管理机构。

海事管理机构应当将有关水路运输船舶重大以上安全事故情况及结论意见及时书面通知该船舶经营者所在地设区的市级人民政府水路运输管理部门。水路运输管理部门应当将其纳入水路运输经营者诚信档案。

第六章　法律责任

第四十六条　水路运输经营者未按照本规定要求配备海务、机务管理人员的，由其所在地县级以上人民政府水路运输管理部门责令改正，处1万元以上3万元以下的罚款。

第四十七条　水路运输经营者或其船舶在规定期限内，经整改仍不符合本规定要求的经营资质条件的，由其所在地县级以上人民政府水路运输管理部门报原许可机关撤销其经营许可或者船舶营运证件。

第四十八条　从事水路运输经营的船舶超出《船舶营业运输证》核定的经营范围，或者擅自改装客船、危险品船增加《船舶营业运输证》核定的载客定额、载货定额或者变更从事散装液体危险货物运输种类的，按照《国内水路运输管理条例》第三十四条第一款的规定予以处罚。

第四十九条　水路运输经营者违反本规定，有下列行为之一的，由其所在地县级以上人民政府水路运输管理部门责令改正，处2000元以上1万元以下的罚款；一年内累计三次以上违反的，处1万元以上3万元以下的罚款：

（一）未履行备案义务；

（二）未以公布的票价或者变相变更公布的票价销售客票；

（三）进行虚假宣传，误导旅客或者托运人；

（四）以不正当方式或者不规范行为争抢客源、货源及提供运输服务扰乱市场秩序；

（五）使用的运输单证不符合有关规定。

第五十条　水路运输经营者拒绝管理部门根据本规定进行的监督检查或者隐匿有关资料或瞒报、谎报有关情况的，由其所在地县级以上人民政府水路运输管理部门予以警告，并处2000元以上1万元以下的罚款。

第五十一条　违反本规定的其他规定应当进行处罚的，按照《国内水路运输管理条例》执行。

第七章　附　　则

第五十二条　本规定下列用语的定义：

（一）自有船舶，是指水路运输经营者将船舶所有权登记为该经营者且归属该经营者的所有权份额不低于51%的船舶。

（二）班轮运输，是指在固定港口之间按照预定的船期向公众提供旅客、货物运输服务的经营活动。

第五十三条　依法设立的水路运输行业组织可以依照法律、行政法规和章程的规定，制定行业经营规范和服务标准，组织开展职业道德教育和业务培训，对其会员的经营行为和服务质量进行自律性管理。

水路运输行业组织可以建立行业诚信监督、约束机制，提高行业诚信水平。对守法经营、诚实信用的会员以及从业人员，可以给予表彰、奖励。

第五十四条　经营内地与香港特别行政区、澳门特别行政区，以及大陆地区与台湾地区之间的水路运输，不适用于本规定。

在香港特别行政区、澳门特别行政区进行船籍登记的船舶临时从事内地港口之间的运输，在台湾地区进行船籍登记的船舶临时从事大陆港口之间的运输，参照适用本规定关于外国籍船舶的有关规定。

第五十五条　载客12人以下的客船运输、乡镇客运渡船运输以及与外界不通航的公园、封闭性风景区内的水上旅客运输不适用本规定。

第五十六条　本规定自2014年3月1日起施行。2008年5月26日交通运输部以交通运输部令2008年第2号公布的《国内水路运输经营资质管理规定》、1987 年 9 月 22 日交通部以(87)交河字 680 号文公布、1998 年 3 月 6 日以交水发〔1998〕107 号文修改、2009 年 6 月 4 日交通运输部以交通运输部令 2009 年第 6 号修改的《水路运输管理条例实施细则》、1990 年 9 月 28 日交通部以交通部令 1990 年第 22 号公布、2009 年交通运输部令 2009 年第 7 号修改的《水路运输违章处罚规定》同时废止。

关于修改《公路建设市场管理办法》的决定

(中华人民共和国交通运输部令 2015 年第 11 号)

《关于修改〈公路建设市场管理办法〉的决定》已于 2015 年 6 月 19 日经第 8 次部务会议通过,现予公布。

部长 杨传堂
2015 年 6 月 26 日

关于修改《公路建设市场管理办法》的决定

交通运输部决定对《公路建设市场管理办法》(交通运输部令 2011 年第 11 号)作如下修改:

将第二十四条修改为:"公路建设项目依法实行施工许可制度。国家和国务院交通运输主管部门确定的重点公路建设项目的施工许可由省级人民政府交通运输主管部门实施,其他公路建设项目的施工许可按照项目管理权限由县级以上地方人民政府交通运输主管部门实施"。

本决定自 2015 年 6 月 26 日起施行。

《公路建设市场管理办法》根据本决定作相应修改,重新发布。

公路建设市场管理办法

(2004 年 12 月 21 日交通部发布 根据 2011 年 11 月 30 日交通运输部《关于修改〈公路建设市场管理办法〉的决定》第一次修正 根据 2015 年 6 月 26 日交通运输部《关于修改〈公路建设市场管理办法〉的决定》第二次修正)

第一章　总　　则

第一条　为加强公路建设市场管理，规范公路建设市场秩序，保证公路工程质量，促进公路建设市场健康发展，根据《中华人民共和国公路法》《中华人民共和国招标投标法》《建设工程质量管理条例》，制定本办法。

第二条　本办法适用于各级交通运输主管部门对公路建设市场的监督管理活动。

第三条　公路建设市场遵循公平、公正、公开、诚信的原则。

第四条　国家建立和完善统一、开放、竞争、有序的公路建设市场，禁止任何形式的地区封锁。

第五条　本办法中下列用语的含义是指：

公路建设市场主体是指公路建设的从业单位和从业人员。

从业单位是指从事公路建设的项目法人，项目建设管理单位，咨询、勘察、设计、施工、监理、试验检测单位，提供相关服务的社会中介机构以及设备和材料的供应单位。

从业人员是指从事公路建设活动的人员。

第二章　管理职责

第六条　公路建设市场管理实行统一管理、分级负责。

第七条　国务院交通运输主管部门负责全国公路建设市场的监督管理工作，主要职责是：

（一）贯彻执行国家有关法律、法规，制定全国公路建设市场管理的规章制度；

（二）组织制定和监督执行公路建设的技术标准、规范和规程；

（三）依法实施公路建设市场准入管理、市场动态管理，并依法对全国公路建设市场进行监督检查；

（四）建立公路建设行业评标专家库，加强评标专家管理；

（五）发布全国公路建设市场信息；

（六）指导和监督省级地方人民政府交通运输主管部门的公路建设市场管理工作；

（七）依法受理举报和投诉，依法查处公路建设市场违法行为；

（八）法律、行政法规规定的其他职责。

第八条　省级人民政府交通运输主管部门负责本行政区域内公路建设市场的监督管理工作，主要职责是：

（一）贯彻执行国家有关法律、法规、规章和公路建设技术标准、规范和规程，结合本行政区域内的实际情况，制定具体的管理制度；

（二）依法实施公路建设市场准入管理，对本行政区域内公路建设市场实施动态管理和监督检查；

（三）建立本地区公路建设招标评标专家库，加强评标专家管理；

（四）发布本行政区域公路建设市场信息，并按规定向国务院交通运输主管部门报送本行政区域公路建设市场的信息；

（五）指导和监督下级交通运输主管部门的公路建设市场管理工作；

（六）依法受理举报和投诉，依法查处本行政区域内公路建设市场违法行为；

（七）法律、法规、规章规定的其他职责。

第九条　省级以下地方人民政府交通运输主管部门负责本行政区域内公路建设市场的监督管理工作，主要职责是：

（一）贯彻执行国家有关法律、法规、规章和公路建设技术标准、规范和规程；

（二）配合省级地方人民政府交通运输主管部门进行公路建设市场准入管理和动态管理；

（三）对本行政区域内公路建设市场进行监督检查；

（四）依法受理举报和投诉，依法查处本行政区域内公路建设市场违法行为；

（五）法律、法规、规章规定的其他职责。

第三章　市场准入管理

第十条　凡符合法律、法规规定的市场准入条件的从业单位和从业人员均可进入公路建设市场，任何单位和个人不得对公路建设市场实行地方保护，不得对符合市场准入条件的从业单位和从业人员实行歧视待遇。

第十一条　公路建设项目依法实行项目法人负责制。项目法人可自行管理公路建设项目，也可委托具备法人资格的项目建设管理单位进行项目管理。

项目法人或者其委托的项目建设管理单位的组织机构、主要负责人的技术和管理能力应当满足拟建项目的管理需要,符合国务院交通运输主管部门有关规定的要求。

第十二条 收费公路建设项目法人和项目建设管理单位进入公路建设市场实行备案制度。

收费公路建设项目可行性研究报告批准或依法核准后,项目投资主体应当成立或者明确项目法人。项目法人应当按照项目管理的隶属关系将其或者其委托的项目建设管理单位的有关情况报交通运输主管部门备案。

对不符合规定要求的项目法人或者项目建设管理单位,交通运输主管部门应当提出整改要求。

第十三条 公路工程勘察、设计、施工、监理、试验检测等从业单位应当按照法律、法规的规定,取得有关管理部门颁发的相应资质后,方可进入公路建设市场。

第十四条 法律、法规对公路建设从业人员的执业资格作出规定的,从业人员应当依法取得相应的执业资格后,方可进入公路建设市场。

第四章 市场主体行为管理

第十五条 公路建设从业单位和从业人员在公路建设市场中必须严格遵守国家有关法律、法规和规章,严格执行公路建设行业的强制性标准、各类技术规范及规程的要求。

第十六条 公路建设项目法人必须严格执行国家规定的基本建设程序,不得违反或者擅自简化基本建设程序。

第十七条 公路建设项目法人负责组织有关专家或者委托有相应工程咨询或者设计资质的单位,对施工图设计文件进行审查。施工图设计文件审查的主要内容包括:

(一)是否采纳工程可行性研究报告、初步设计批复意见;

(二)是否符合公路工程强制性标准、有关技术规范和规程要求;

(三)施工图设计文件是否齐全,是否达到规定的技术深度要求;

(四)工程结构设计是否符合安全和稳定性要求。

第十八条 公路建设项目法人应当按照项目管理隶属关系将施工图设计文件报交通运输主管部门审批。施工图设计文件未经审批的,不得使用。

第十九条 申请施工图设计文件审批应当向相关的交通运输主管部门提交以下材料:

(一)施工图设计的全套文件;

(二)专家或者委托的审查单位对施工图设计文件的审查意见;

(三)项目法人认为需要提交的其他说明材料。

第二十条 交通运输主管部门应当自收到完整齐备的申请材料之日起20日内审查完毕。经审查合格的,批准使用,并将许可决定及时通知申请人。审查不合格的,不予批准使用,应当书面通知申请人并说明理由。

第二十一条 公路建设项目法人应当按照公开、公平、公正的原则,依法组织公路建设项目的招标投标工作。不得规避招标,不得对潜在投标人和投标人实行歧视政策,不得实行地方保护和暗箱操作。

第二十二条 公路工程的勘察、设计、施工、监理单位和设备、材料供应单位应当依法投标,不得弄虚作假,不得串通投标,不得以行贿等不合法手段谋取中标。

第二十三条 公路建设项目法人与中标人应当根据招标文件和投标文件签订合同,不得附加不合理、不公正条款,不得签订虚假合同。

国家投资的公路建设项目,项目法人与施工、监理单位应当按照国务院交通运输主管部门的规定,签订廉政合同。

第二十四条 公路建设项目依法实行施工许可制度。国家和国务院交通运输主管部门确定的重点公路建设项目的施工许可由省级人民政府交通运输主管部门实施,其他公路建设项目的施工许可按照项目管理权限由县级以上地方人民政府交通运输主管部门实施。

第二十五条 项目施工应当具备以下条件:

(一)项目已列入公路建设年度计划;

(二)施工图设计文件已经完成并经审批同意;

(三)建设资金已经落实,并经交通运输主管部门审计;

(四)征地手续已办理,拆迁基本完成;

(五)施工、监理单位已依法确定;

(六)已办理质量监督手续,已落实保证质量和安全的措施。

第二十六条　项目法人在申请施工许可时应当向相关的交通运输主管部门提交以下材料：

（一）施工图设计文件批复；

（二）交通运输主管部门对建设资金落实情况的审计意见；

（三）国土资源部门关于征地的批复或者控制性用地的批复；

（四）建设项目各合同段的施工单位和监理单位名单、合同价情况；

（五）应当报备的资格预审报告、招标文件和评标报告；

（六）已办理的质量监督手续材料；

（七）保证工程质量和安全措施的材料。

第二十七条　交通运输主管部门应当自收到完整齐备的申请材料之日起20日内作出行政许可决定。予以许可的，应当将许可决定及时通知申请人；不予许可的，应当书面通知申请人并说明理由。

第二十八条　公路建设从业单位应当按照合同约定全面履行义务：

（一）项目法人应当按照合同约定履行相应的职责，为项目实施创造良好的条件；

（二）勘察、设计单位应当按照合同约定，按期提供勘察设计资料和设计文件。工程实施过程中，应当按照合同约定派驻设计代表，提供设计后续服务；

（三）施工单位应当按照合同约定组织施工，管理和技术人员及施工设备应当及时到位，以满足工程需要。要均衡组织生产，加强现场管理，确保工程质量和进度，做到文明施工和安全生产；

（四）监理单位应当按照合同约定配备人员和设备，建立相应的现场监理机构，健全监理管理制度，保持监理人员稳定，确保对工程的有效监理；

（五）设备和材料供应单位应当按照合同约定，确保供货质量和时间，做好售后服务工作；

（六）试验检测单位应当按照试验规程和合同约定进行取样、试验和检测，提供真实、完整的试验检测资料。

第二十九条　公路工程实行政府监督、法人管理、社会监理、企业自检的质量保证体系。交通运输主管部门及其所属的质量监督机构对工程质量负监督责任，项目法人对工程质量负管理责任，勘察设计单位对勘察设计质量负责，施工单位对施工质量负责，监理单位对工程质量负现场管理责任，试验检测单位对试验检测结果负责，其他从业单位和从业人员按照有关规定对其产品或者服务质量负相应责任。

第三十条　各级交通运输主管部门及其所属的质量监督机构对工程建设项目进行监督检查时，公路建设从业单位和从业人员应当积极配合，不得拒绝和阻挠。

第三十一条　公路建设从业单位和从业人员应当严格执行国家有关安全生产的法律、法规、国家标准及行业标准，建立健全安全生产的各项规章制度，明确安全责任，落实安全措施，履行安全管理的职责。

第三十二条　发生工程质量、安全事故后，从业单位应当按照有关规定及时报有关主管部门，不得拖延和隐瞒。

第三十三条　公路建设项目法人应当合理确定建设工期，严格按照合同工期组织项目建设。项目法人不得随意要求更改合同工期。如遇特殊情况，确需缩短合同工期的，经合同双方协商一致，可以缩短合同工期，但应当采取措施，确保工程质量，并按照合同规定给予经济补偿。

第三十四条　公路建设项目法人应当按照国家有关规定管理和使用公路建设资金，做到专款专用，专户储存；按照工程进度，及时支付工程款；按照规定的期限及时退还保证金、办理工程结算。不得拖欠工程款和征地拆迁款，不得挤占挪用建设资金。

施工单位应当加强工程款管理，做到专款专用，不得拖欠分包人的工程款和农民工工资；项目法人对工程款使用情况进行监督检查时，施工单位应当积极配合，不得阻挠和拒绝。

第三十五条　公路建设从业单位和从业人员应当严格执行国家和地方有关环境保护和土地管理的规定，采取有效措施保护环境和节约用地。

第三十六条　公路建设项目法人、监理单位和施工单位对勘察设计中存在的问题应当及时提出设计变更的意见，并依法履行审批手续。设计变更应当符合国家制定的技术标准和设计规范要求。

任何单位和个人不得借设计变更虚报工程量或者提高单价。

重大工程变更设计应当按有关规定报原初步设计审批部门批准。

第三十七条　勘察、设计单位经项目法人批准,可以将工程设计中跨专业或者有特殊要求的勘察、设计工作委托给有相应资质条件的单位,但不得转包或者二次分包。

监理工作不得分包或者转包。

第三十八条 施工单位可以将非关键性工程或者适合专业化队伍施工的工程分包给具有相应资格条件的单位,并对分包工程负连带责任。允许分包的工程范围应当在招标文件中规定。分包工程不得再次分包,严禁转包。

任何单位和个人不得违反规定指定分包、指定采购或者分割工程。

项目法人应当加强对施工单位工程分包的管理,所有分包合同须经监理审查,并报项目法人备案。

第三十九条 施工单位可以直接招用农民工或者将劳务作业发包给具有劳务分包资质的劳务分包人。施工单位招用农民工的,应当依法签订劳动合同,并将劳动合同报项目监理工程师和项目法人备案。

施工单位和劳务分包人应当按照合同按时支付劳务工资,落实各项劳动保护措施,确保农民工安全。

劳务分包人应当接受施工单位的管理,按照技术规范要求进行劳务作业。劳务分包人不得将其分包的劳务作业再次分包。

第四十条 项目法人和监理单位应当加强对施工单位使用农民工的管理,对不签订劳动合同、非法使用农民工的,或者拖延和克扣农民工工资的,要予以纠正。拒不纠正的,项目法人要及时将有关情况报交通运输主管部门调查处理。

第四十一条 项目法人应当按照交通部《公路工程竣(交)工验收办法》的规定及时组织项目的交工验收,并报请交通运输主管部门进行竣工验收。

第五章 动态管理

第四十二条 各级交通运输主管部门应当加强对公路建设从业单位和从业人员的市场行为的动态管理。应当建立举报投诉制度,查处违法行为,对有关责任单位和责任人依法进行处理。

第四十三条 国务院交通运输主管部门和省级地方人民政府交通运输主管部门应当建立公路建设市场的信用管理体系,对进入公路建设市场的从业单位和主要从业人员在招投标活动、签订合同和履行合同中的信用情况进行记录并向社会公布。

第四十四条 公路工程勘察、设计、施工、监理等从业单位应当按照项目管理的隶属关系,向交通运输主管部门提供本单位的基本情况、承接任务情况和其他动态信息,并对所提供信息的真实性、准确性和完整性负责。项目法人应当将其他从业单位在建设项目中的履约情况,按照项目管理的隶属关系报交通运输主管部门,由交通运输主管部门核实后记入从业单位信用记录中。

第四十五条 从业单位和主要从业人员的信用记录应当作为公路建设项目招标资格审查和评标工作的重要依据。

第六章 法律责任

第四十六条 对公路建设从业单位和从业人员违反本办法规定进行的处罚,国家有关法律、法规和交通运输部规章已有规定的,适用其规定;没有规定的,由交通运输主管部门根据各自的职责按照本办法规定进行处罚。

第四十七条 项目法人违反本办法规定,实行地方保护的或者对公路建设从业单位和从业人员实行歧视待遇的,由交通运输主管部门责令改正。

第四十八条 从业单位违反本办法规定,在申请公路建设从业许可时,隐瞒有关情况或者提供虚假材料的,行政机关不予受理或者不予行政许可,并给予警告;行政许可申请人在1年内不得再次申请该行政许可。

被许可人以欺骗、贿赂等不正当手段取得从业许可的,行政机关应当依照法律、法规给予行政处罚;申请人在3年内不得再次申请该行政许可;构成犯罪的,依法追究刑事责任。

第四十九条 投标人相互串通投标或者与招标人串通投标的,投标人以向招标人或者评标委员会成员行贿的手段谋取中标的,中标无效,处中标项目金额5‰以上10‰以下的罚款,对单位直接负责的主管人员和其他直接责任人员处单位罚款数额5%以上10%以下的罚款;有违法所得的,并处没收违法所得;情节严重的,取消其1年至2年内参加依法必须进行招标的项目的投标资格并予以公告;构成犯罪的,依法追究刑事责任。给他人造成损失的,依法承担赔偿责任。

第五十条 投标人以他人名义投标或者以其

他方式弄虚作假，骗取中标的，中标无效，给招标人造成损失的，依法承担赔偿责任；构成犯罪的，依法追究刑事责任。

依法必须进行招标的项目的投标人有前款所列行为尚未构成犯罪的，处中标项目金额5‰以上10‰以下的罚款，对单位直接负责的主管人员和其他直接责任人员处单位罚款数额5%以上10%以下的罚款；有违法所得的，并处没收违法所得；情节严重的，取消其1年至3年内参加依法必须进行招标的项目的投标资格并予以公告。

第五十一条　项目法人违反本办法规定，拖欠工程款和征地拆迁款的，由交通运输主管部门责令改正，并由有关部门依法对有关责任人员给予行政处分。

第五十二条　除因不可抗力不能履行合同的，中标人不按照与招标人订立的合同履行施工质量、施工工期等义务，造成重大或者特大质量和安全事故，或者造成工期延误的，取消其2年至5年内参加依法必须进行招标的项目的投标资格并予以公告。

第五十三条　施工单位有以下违法违规行为的，由交通运输主管部门责令改正，并由有关部门依法对有关责任人员给予行政处分。

（一）违反本办法规定，拖欠分包人工程款和农民工工资的；

（二）违反本办法规定，造成生态环境破坏和乱占土地的；

（三）违反本办法规定，在变更设计中弄虚作假的；

（四）违反本办法规定，不按规定签订劳动合同的。

第五十四条　违反本办法规定，承包单位将承包的工程转包或者违法分包的，责令改正，没收违法所得，对勘察、设计单位处合同约定的勘察费、设计费25%以上50%以下的罚款；对施工单位处工程合同价款5‰以上10‰以下的罚款；可以责令停业整顿，降低资质等级；情节严重的，吊销资质证书。

工程监理单位转让工程监理业务的，责令改正，没收违法所得，处合同约定的监理酬金25%以上50%以下的罚款；可以责令停业整顿，降低资质等级；情节严重的，吊销资质证书。

第五十五条　公路建设从业单位违反本办法规定，在向交通运输主管部门填报有关市场信息时弄虚作假的，由交通运输主管部门责令改正。

第五十六条　各级交通运输主管部门和其所属的质量监督机构的工作人员违反本办法规定，在建设市场管理中徇私舞弊、滥用职权或者玩忽职守的，按照国家有关规定处理。构成犯罪的，由司法部门依法追究刑事责任。

第七章　附　　则

第五十七条　本办法由交通运输部负责解释。

第五十八条　本办法自2005年3月1日起施行。交通部1996年7月11日公布的《公路建设市场管理办法》同时废止。

公路建设项目代建管理办法

（中华人民共和国交通运输部令　2015年第3号）

《公路建设项目代建管理办法》已于2015年5月4日经第5次部务会议通过，现予公布，自2015年7月1日起施行。

部长　杨传堂

2015年5月7日

公路建设项目代建管理办法

第一章 总 则

第一条 为提高公路建设项目专业化管理水平,推进现代工程管理,根据《公路法》等有关法律、行政法规,制定本办法。

第二条 公路建设项目的代建活动,适用本办法。

本办法所称代建,是指受公路建设项目的项目法人(以下简称"项目法人")委托,由专业化的项目管理单位(以下简称"代建单位")承担项目建设管理及相关工作的建设管理模式。

第三条 交通运输部负责指导全国公路代建工作并对公路代建市场进行监督管理。

省级交通运输主管部门负责本行政区域内公路代建工作和代建市场的监督管理。

第四条 项目法人具备交通运输主管部门规定的能力要求的,可以自行进行项目建设管理。项目法人不具备规定的相应项目建设管理能力的,应当按照本办法规定,委托符合要求的代建单位进行项目建设管理。

代建单位依合同承担项目质量、安全、投资及工期等管理责任。

第五条 公路建设项目代建可以从施工阶段开始,也可以从初步设计或者施工图设计阶段开始。

第六条 公路建设项目代建应当遵循择优选择,责权一致,界面清晰,目标管理的原则。

第七条 各级交通运输主管部门应当依法加强代建市场管理,将代建单位和代建管理人员纳入公路建设市场信用体系,促进代建市场健康发展。

第二章 代建单位选择及代建合同

第八条 高速公路、一级公路及独立桥梁、隧道建设项目的项目法人,需要委托代建时,应当选择满足以下要求的项目管理单位为代建单位:

(一)具有法人资格,有满足公路工程项目建设需要的组织机构和质量、安全、环境保护等方面的管理制度;

(二)承担过5个以上高速公路、一级公路或者独立桥梁、隧道工程的建设项目管理相关工作,具有良好的履约评价和市场信誉;

(三)拥有专业齐全、结构合理的专业技术人才队伍,工程技术系列中级以上职称人员不少于50人,其中具有高级职称人员不少于15人。

高速公路、一级公路及独立桥梁、隧道以外的其他公路建设项目,其代建单位的选择,可由省级交通运输主管部门根据本地区的实际进行规范。

项目法人选择代建单位时,应当从符合要求的代建单位中,优先选择业绩和信用良好、管理能力强的代建单位。

省级交通运输主管部门可以根据本地公路建设的具体需要,细化代建单位的要求。鼓励符合代建条件的公路建设管理单位及公路工程监理企业、勘察设计企业进入代建市场,开展代建工作。

第九条 代建单位派驻工程现场的建设管理机构、专职管理人员应当满足项目建设管理工作需要。代建项目现场负责人、技术负责人、工程管理部门负责人应当在代建单位工作3年以上,且具有10年以上的公路建设行业从业经验、高级以上专业技术职称,以及至少2个同类项目建设管理经历。

代建单位派驻现场的管理人员和技术人员不得在其他公路建设项目中兼职。

第十条 代建单位应当依法通过招标等方式选择。采用招标方式的,应当使用交通运输部统一制定的标准招标文件。

代建单位在递交投标文件时,应当按照要求列明本单位在资格、能力、业绩、信誉等方面的情况以及拟任现场管理人员、技术人员及备选人员的情况。

评标可以采用固定标价评分法、技术评分合理标价法、综合评标法以及法律、法规允许的其他评标方法,并应当重点评价代建单位的建设管理能力。

第十一条 项目法人应当与所选择的代建单位签订代建合同。

代建合同应当包括以下内容:

(一)代建工作内容;

(二)项目法人和代建单位的职责、权利与义务;

(三)对其他参建单位的管理方式;

(四)代建管理目标;

(五)代建工作条件;

(六)代建组织机构;

(七)代建单位服务标准;

(八)代建服务费及支付方式;

(九)履约担保要求及方式、利益分享办法;

(十)绩效考核办法及奖励办法、违约责任、合同争议的解决方式等。

第十二条 代建服务费应当根据代建工作内容、代建单位投入、项目特点及风险分担等因素合理约定。

第十三条 代建项目实行目标管理。代建单位依据代建合同及其他参建单位签订的合同中约定的管理目标,细化、分解工程质量、安全、进度、投资、环保等目标责任,开展建设管理工作,制定代建管理的各项制度,确保目标实现。

第十四条 项目法人依据代建合同对代建单位的管理和目标控制进行考核和奖惩,督促代建单位严格履行合同。代建服务费宜按照工程进度和目标考核情况分期支付。

第十五条 由于征地拆迁或者资金到位不及时等非代建单位原因造成工期延误等管理目标无法实现的,项目法人和代建单位应当依据合同约定,合理调整代建管理目标。

第三章 代建管理

第十六条 项目法人依据代建合同对项目实施过程进行监督。

项目法人的主要职责包括:

(一)依法承担公路建设项目的工程质量和安全等管理责任;

(二)严格执行国家基本建设程序和有关规定,依法组织办理相关审批手续,督促相关参建单位落实相关要求;

(三)审定代建单位工作方案、项目管理目标和主要工作计划,定期组织检查与考核;

(四)可以授权代建单位依法选定勘察设计、施工、材料设备供应等单位,代表项目法人与上述单位签订合同,明确项目法人、代建单位与上述单位的权利义务。项目法人直接与勘察设计、施工、材料设备供应等单位签订合同的,应当在合同中明确代建单位对上述单位的管理职责;

(五)配合地方人民政府和有关部门完成征地拆迁工作;

(六)筹措建设资金,及时支付工程建设各项费用;

(七)检查项目质量、安全管理及强制性标准执行等情况,审核代建单位报送的一般、较大及重大设计变更方案,依法办理相关变更手续,督促代建单位依据概算严格控制工程投资;

(八)组织项目交工验收、竣工决算并做好竣工验收准备工作;

(九)其他法定职责。

第十七条 订立、变更、终止代建合同,项目法人应当向省级交通运输主管部门备案。

项目法人发现代建单位在建设管理中存在过失或者偏差行为,可能造成重大损失或者严重影响代建管理目标实现的,应当对代建单位法人代表进行约谈,必要时可以依据代建合同的约定终止代建合同。

第十八条 项目法人不得有以下行为:

(一)干预代建单位正常的建设管理行为;

(二)无故拖欠工程款和代建服务费;

(三)违反合同约定要求代建单位和施工单位指定分包或者指定材料、设备供应商;

(四)擅自调整工期、质量、投资等代建管理目标;

(五)国家规定和合同约定的其他禁止性行为。

第十九条 代建单位依据合同开展代建工作。主要职责包括:

(一)严格执行国家基本建设程序和有关规定,协助项目法人办理相关审批手续并落实相关要求,配合国家有关部门依法组织检查、考核等,负责落实整改;

(二)协助项目法人或者受项目法人委托,组织编制招标文件,完成勘察设计、施工、监理、材料

设备供应等招标工作;

(三)对勘察设计、施工、监理、材料设备供应、技术咨询等单位进行合同管理,根据合同约定,细化、分解项目管理目标,落实目标责任;

(四)依据相关法规和合同,履行工程质量、安全、进度、计量、资金支付、环境保护等相关责任,审核、签发项目建设管理有关文件;

(五)依据合同协助完成征地拆迁工作;

(六)拟定项目进度计划、资金使用计划、工程质量和安全保障措施等,并报经项目法人同意;

(七)审定一般设计变更并报送项目法人,协助项目法人办理较大及重大设计变更报批手续;

(八)组织中间验收,协助项目法人组织交工验收;

(九)承担项目档案及有关技术资料的收集、整理、归档等工作,组织有关单位编制竣工文件;

(十)负责质量缺陷责任期内的缺陷维修工作管理,配合项目法人准备竣工验收相关工作;

(十一)代建合同约定的其他职责。

第二十条　代建单位不得有以下行为:

(一)以围标、串标等非法行为谋取中标;

(二)将代建管理业务转包或者分包;

(三)在所代建的项目中同时承担勘察设计、施工、供应材料设备,或者与以上单位有隶属关系及其他直接利益关系;

(四)擅自调整建设内容、建设规模、建设标准及代建管理目标;

(五)与勘察设计、施工、材料设备供应单位等串通,谋取不正当利益或者降低工程质量和标准,损害项目法人的利益;

(六)国家规定和合同约定的其他禁止性行为。

第二十一条　代建单位应当依法接受交通运输主管部门及其他有关部门的监督、检查和审计部门的审计。

第二十二条　代建单位具有监理能力的,其代建项目的工程监理可以由代建单位负责,承担监理相应责任。代建单位相关人员应当依法具备监理资格要求和相应工作经验。代建单位不具备监理能力的,应当依法招标选择监理单位。

第二十三条　勘察设计、施工、监理、材料设备供应等单位应当按照相关法规和合同约定,接受代建单位管理,依法承担相应职责和工程质量终身责任。

第二十四条　各级交通运输主管部门及所属监督机构应当依法加强公路代建项目的监督管理,重点对国家法律、法规、政策落实情况,基本建设程序及强制性标准执行情况,代建合同履约情况等进行监督检查,发现问题及时通知项目法人和代建单位进行整改。

第二十五条　交通运输部建立公路建设项目代建单位信用评估制度,在全国统一的公路建设市场信用信息平台上及时发布代建单位的信用信息。对违法违规、扰乱代建市场秩序或者违反本办法第二十条规定的代建单位,列入黑名单。

省级交通运输主管部门应当及时收集并记录代建单位的信用情况,建立代建单位信用等级评估机制。

第二十六条　项目法人和代建单位违反本办法及相关法规,由交通运输主管部门或者其他相关部门依法给予相应处罚。

第四章　附　　则

第二十七条　本办法自2015年7月1日起施行。

江西省公路条例

（江西省第十二届人民代表大会常务委员会第二十次会议通过）

第一章　总　　则

第一条　为了加强公路建设和管理，促进公路事业发展，适应经济建设和人民生活需要，根据《中华人民共和国公路法》《公路安全保护条例》《收费公路管理条例》等有关法律、行政法规的规定，结合本省实际，制定本条例。

第二条　在本省行政区域内从事公路的规划、建设、养护、经营、使用和管理，适用本条例。

本条例所称公路，按其在公路路网中的地位分为国道、省道、县道、乡道和村道，按技术等级分为高速公路、一级公路、二级公路、三级公路和四级公路。公路包括公路桥梁、公路隧道和公路渡口。

专用公路的管理按照有关法律法规执行。

第三条　县级以上人民政府应当加强对公路工作的领导，将公路发展纳入国民经济和社会发展规划，将公路建设、养护和管理所需经费纳入本级财政预算。

第四条　省人民政府交通运输主管部门主管全省公路工作，并负责全省高速公路的监督、管理工作。省公路管理机构具体负责除高速公路外其他公路的监督、管理和指导工作。

设区的市、县（市、区）人民政府交通运输主管部门按照职责主管本行政区域内所辖路段的公路的监督、管理工作。设区的市、县（市、区）公路管理机构按照职责具体负责所辖路段的公路的监督、管理工作。

本省行政区域内国道、省道、县道的建设、养护管理体制由省人民政府确定。

乡（镇）人民政府负责本行政区域内乡道的建设、养护和管理以及村道的组织建设、养护和管理。

第五条　县级以上人民政府发展改革、财政、公安、建设、城乡规划、国土资源、工商、水利、林业、环境保护等部门应当在各自职责范围内做好与公路相关的工作。

第六条　任何单位和个人不得破坏或者非法占用公路、公路用地及公路附属设施。

禁止任何单位和个人在公路上非法设卡、收费和拦截车辆。

第二章　公路规划和建设

第七条　公路规划应当符合国家公路网规划要求，根据国民经济和社会发展以及国防建设需要编制，并与城乡规划、土地利用总体规划、林地保护利用规划、旅游发展规划、环境保护规划和其他方式的交通运输发展规划等相协调。

第八条　公路规划依照《中华人民共和国公路法》规定的职权和程序编制。

公路规划编制应当坚持科学、规范的原则，并进行专家论证。

公路规划批准后，除涉及国防的内容外，应当向社会公布。

经批准的公路规划应当严格执行。确需修改的，由原编制机关提出修改方案，报原批准机关批准。

第九条　新建、改建公路项目应当符合公路规划，对未纳入公路规划或者与公路规划不一致的公路建设项目，不予批准。

公路建设应当按照国家和省规定的基本建设程序、技术规范和标准以及建设工程有关规定执行。公路建设项目按照国家有关规定实行法人负责制度、招标投标制度、工程监理制度、工程合同管理制度和工程质量责任追究制度。

第十条　公路建设资金可以采取下列方式筹集：

（一）财政拨款，包括依法征税筹集的公路建设专项资金转为的财政拨款；

（二）国内外金融机构或者外国政府贷款、

赠款;

(三)国内外企业或者其他组织、个人的投资、捐款;

(四)依法出让公路收费权的收入;

(五)开发、经营公路的公司依法发行股票、公司债券;

(六)法律、法规或者国家、省人民政府规定的其他方式。

第十一条 公路建设用地,应当依法办理用地手续。公路建设用地的征收、补偿和拆迁安置等,由公路沿线县(市、区)人民政府负责组织实施。

公路建设用地的征地补偿费、安置补助费、地上附着物和青苗的补偿费等标准,按照国家和省人民政府有关规定执行。

自县级以上人民政府发出拟征地公告之日起,当地人民政府及其有关部门,在拟建公路的建筑控制区内不得再批准建设建筑物、构筑物。

第十二条 新建、改建公路应当统筹规划客货运站(点)、服务区(停车区)、养护中心、超限检测站、路政执法站、交通流量观测站等公路附属设施,并与公路主体工程同步设计、同步建设。

新建、改建公路应当按照公路工程技术规范的要求设置安全设施,并与公路主体工程同时设计、同时施工、同时投入使用。已建成的公路应当按照安全、经济、实用的原则,逐步完善安全设施。

第十三条 新建、改建公路施工期间,施工单位应当按照规定设置明显的施工标志、安全标志和相应的防护设施。

禁止非施工车辆和人员擅自进入施工现场以及施工完毕尚未投入试运营的路段。

第十四条 公路建设项目完工后,建设单位应当组织交工验收,验收合格后投入试运营。试运营之前,应当明确试运营期间的管理和养护单位。

公路建设项目试运营期满,并符合竣工验收条件的,交通运输主管部门、公路管理机构应当组织竣工验收。未经验收或者验收不合格的,不得交付使用。

第十五条 改建公路涉及对原有公路改线的,县级以上人民政府应当在改建公路立项时,确定改建后未并入新公路的原有公路的管理和养护单位,并在改建公路建成交付使用之日起三个月内,组织有关部门办理管理和养护移交手续。原有公路永久性停止使用的,应当按照国家有关规定作报废处理,并向社会公告。

第十六条 公路调整为城市道路的,应当由所在地设区的市或者县(市、区)人民政府提出调整意见,按照国家和省有关规定办理。

公路调整为城市道路的,应当自调整之日起三十日内办理交接手续,由设区的市或者县(市、区)人民政府指定有关部门接收并履行管理和养护职责。

第十七条 公路工程保修期和保修范围由合同约定,在保修期和保修范围内发生因施工原因造成质量问题的,施工单位应当履行保修义务,并对造成的损失依法承担赔偿责任。

第十八条 公路工程建设单位应当按照国家和省有关档案管理的规定,及时收集、整理公路建设项目各环节的文件资料,建立健全公路建设项目档案,并在公路建设工程竣工验收后,及时向档案管理部门和其他有关部门移交建设项目档案。

第三章 公路养护

第十九条 公路管理机构应当按照国家和省有关标准和规范,实施公路养护管理,建立公路养护检查、巡查制度和养护档案。

公路管理机构应当公示公路养护作业单位名称、养护路段以及联系电话。公路养护作业单位应当定时进行养护巡查,按照规定的技术规范和操作规程实施养护作业,并建立公路养护台账,记录养护巡查、检测、作业以及其他相关信息。

第二十条 省人民政府交通运输主管部门应当根据路网运行情况,提出全省公路养护资金分配方案,报省人民政府批准,并根据国家有关规定,适时调整全省公路养护工程费和小修保养费的定额标准。

县级以上人民政府交通运输主管部门、公路管理机构应当按照公路等级、里程、路况、交通量、养护定额及养护规范,编制公路养护计划,统筹安排公路养护工程施工。

第二十一条 公路养护应当推行养护管理和养护作业分离,选择具有养护资质的单位承担公路养护作业,实行合同管理。

鼓励通过向社会公开招标投标等方式,择优选择养护作业单位。

第二十二条 公路管理机构应当提前向社会

公示公路养护大修、中修等工程作业及路况信息。

公路养护作业单位应当按照维修合同约定的工期、时段进行大修、中修等工程作业。

第二十三条　公路养护作业单位需要临时占用公路路面进行日常养护作业的，应当保证通行和养护作业的安全。

公路养护作业人员应当遵守公路安全作业规程，穿着统一的安全标志服；公路养护车辆、机械设备作业时，应当设置明显的作业标志，开启危险报警闪光灯。

因公路养护影响公路正常通行的，公路管理机构应当及时告知公安机关交通管理部门，公安机关交通管理部门应当依法加强交通安全管理，维护道路交通秩序，公路养护作业单位应当配合维护道路交通秩序。

第二十四条　公路管理机构应当定期对公路桥梁进行检查。需要进行检测的，应当委托具有相应资质的机构进行检测。

公路桥梁经检测荷载等级达不到原标准的，应当设置明显的限载标志，并及时采取维修和加固等养护措施；经检测发现公路桥梁严重损坏影响通行安全的，应当先行设置禁止通行和绕行标志，并及时采取修复措施。

第二十五条　公路突发事件的应急管理应当纳入县级以上人民政府突发事件应急管理体系，由县级以上人民政府统一领导，交通运输主管部门、公路管理机构具体负责组织实施，其他相关部门按照各自职责负责公路突发事件的应急处置工作。

公路管理机构、公路经营管理者应当根据国家和省有关规定制定应急预案，组建应急队伍，定期组织应急培训与演练，储备必要的应急救援物资，确保恶劣天气、地质灾害、重大交通事故等紧急情况发生时抢修救援需要。

第四章　公路线路和通行

第二十六条　公路管理机构应当建立公路管理档案，对公路、公路用地和公路附属设施调查核实、登记造册，并逐级上报省人民政府交通运输主管部门。

第二十七条　新建村镇、开发区、学校及货物集散地、商业网点、农贸市场等公共场所，与公路建筑控制区边界外缘的距离，国道、省道不少于五十米，县道、乡道不少于二十米，村道不少于十米，并尽可能在公路一侧建设。

第二十八条　规划铁路、水利、供电、给排水、通信、油气管线等设施时，需要上跨、下穿或者并行于既有或者规划公路的，应当征求有管辖权的人民政府交通运输主管部门或者公路管理机构的意见，保证既有公路的安全畅通和规划的相互协调。

第二十九条　因修建铁路、机场、水利、供电、给排水、通信等建设工程需要占用、挖掘公路，跨越、穿越公路修建桥梁、渡槽，架设、埋设管线等设施或者增设平交道口的，应当依照《中华人民共和国公路法》《公路安全保护条例》的有关规定办理批准手续。施工单位应当编制施工路段现场管理方案，设置规范、清晰、齐全的施工标志和安全标志，加强现场管理。公路管理机构应当加强对施工路段现场的监督管理。

前款规定的施工需要分流或者中断交通的，应当报经公安机关交通管理部门、有管辖权的人民政府交通运输主管部门或者公路管理机构批准并发布公告。

第三十条　在公路、公路用地和公路建筑控制区范围内设置照明、通信、标志、管线、信号灯等设施，由其所有权人或者管理人负责维护和管理，不得遮挡公路标志，不得妨碍安全视距，不得影响交通安全及公路建设。

公路管理机构发现前款规定的设施有缺损、移位、变形等情形，影响公路安全畅通的，应当及时通知其所有权人或者管理人修复、处理；影响交通安全的，应当及时通知公安机关交通管理部门处理。

第三十一条　超过公路、公路桥梁、公路隧道限载、限高、限宽、限长标准的车辆，不得在公路、公路桥梁和公路隧道行驶。载运不可解体物品的车辆确需超限行驶的，应当依照《公路安全保护条例》的有关规定向有管辖权的公路管理机构申请办理超限运输许可。

第三十二条　县级以上人民政府应当将货运车辆超限超载治理工作纳入本级政府年度工作目标考核，建立健全治理工作协调机构，加强货运车辆超限超载运输综合治理。

县级以上人民政府应当组织建设货运车辆超限超载运输治理信息平台，完善监控网络。交通运输主管部门、公路管理机构、公安机关交通管理部门等有关部门应当利用超限超载运输治理信息平台,及时登记、抄告、公示货运车辆超限超载违法行为及处罚情况。

第三十三条 设区的市和县(市、区)人民政府交通运输主管部门、公路管理机构对货运源头单位比较集中的区域,可以采取巡查和派驻行政执法人员等方式,加强货运车辆检查,从源头减少超限超载违法运输行为的发生。

货运源头单位所在地乡(镇)人民政府应当支持、配合做好货运源头治理工作。

第三十四条 省人民政府交通运输主管部门应当编制全省公路超限检测站建设规划,报省人民政府批准后实施。

公路超限检测站应当配置符合国家规定的设施、设备,并在站内显著位置公示监督电话、超限认定标准和超限检测程序。

第三十五条 公路管理机构和公安机关交通管理部门应当依托公路超限检测站,对货运车辆进行超限超载检测、检查;对货运车辆故意避站绕行、短途驳载等行为,可以利用移动检测设备等流动检测方式进行检查。

经流动检测认定的超限超载车辆,应当就近引导至公路超限检测站或者交通运输主管部门、公路管理机构指定的场所进行处理。

第三十六条 公路管理机构可以在公路的重要路段和节点,设置货运车辆超限超载动态检测技术监控设备。

对经动态检测技术监控设备检测显示超限超载的货运车辆,公路管理机构应当责令货运车辆驾驶人在规定的时限内到指定的地点接受处理。逾期不接受处理的,公路管理机构可以将有关技术监控记录资料移交公安机关交通管理部门,由公安机关交通管理部门对其超载行为依法处理。

第三十七条 公安机关交通管理部门发现已经投入使用的公路存在交通安全隐患,需要对公路限速进行调整的,或者配套设施存在交通安全隐患,需要完善安全设施的,由公安机关交通管理部门向当地人民政府提出书面建议,当地人民政府应当及时作出处理决定。公路管理机构接到处理决定后,应当按照公路工程技术标准进行排查和处置。

第三十八条 禁止车辆在装载物着地的情况下行驶。

车辆装载物易抛洒、滴漏、飞扬、散落、污染的,应当采取厢式密闭等有效防护措施。

第三十九条 通过公路渡口的车辆和人员,应当遵守渡口管理的规定,服从渡口管理人员的调度和指挥。

公路渡口营运管理单位应当合理安排运力,提高渡运效率,严禁超载,确保渡运安全。

第五章 高速公路特别规定

第四十条 国内外经济组织投资建设高速公路按照国家有关规定实行特许经营。

特许经营高速公路建设项目应当依法采取招标投标方式选定投资者,并由交通运输主管部门与投资者签订特许经营协议。

第四十一条 高速公路防护、排水、安全设施,监控、通信、收费系统,养护管理、路政管理、交通安全管理、超限运输检测、交通量观测等专用场所、设施,以及经营服务设施,应当与高速公路主体工程同步设计、同步建设、同步验收使用。

已建成的高速公路未按照国家和省有关规定建设前款规定的系统、场所和设施的,由交通运输主管部门督促高速公路经营管理者限期补建。

第四十二条 高速公路经营管理者应当按照国家规定的技术规范和操作规程,对高速公路进行养护,使其经常处于良好的技术状态。

第四十三条 高速公路大修、中修和专项工程养护应当采用招标方式选定养护作业单位。

对高速公路进行大修、中修和实施专项工程改造,应当考虑工程实施对交通的影响。确需封闭一条以上车道时,应当采取安全管理措施,避免发生阻塞,保证安全通行。

对高速公路的日常养护作业,应当避开车流高峰时段。

第四十四条 上跨高速公路的公路桥梁、下穿高速公路的道路、收费站连接线,应当在高速公路建成后移交给所在地县(市、区)人民政府指定的有关部门养护、管理。

第四十五条 高速公路经营管理者经依法批准后可以收取车辆通行费。通行高速公路的货运车辆,其车辆通行费按照省人民政府有关规定,采取计重收费的方式收取。

车辆通行费的收费标准,应当依照价格法律、行政法规的规定进行听证,并按照法定程序审查批准。

第四十六条　高速公路经营管理者应当在收费站显著位置公布收费站名称、审批机关、收费标准、收费单位、收费起止年限、监督电话等内容,文明收费,接受监督。

通行高速公路的车辆应当足额交纳车辆通行费。车辆通行费的减免按照国家有关规定执行,任何单位和个人不得随意减免。符合减免规定的车辆,在通行高速公路收费站时,应当主动出示相关证件,经查验后方可通行。

第四十七条　高速公路经营管理者应当根据车流量开通足够的收费道口,保证车辆畅通。

第四十八条　车辆通行高速公路,不得有下列拒交、逃交、少交车辆通行费的行为:

(一)调换或者使用伪造的通行卡或者凭证;

(二)假冒法定减免费车辆;

(三)采取冲磅、跳磅、刹磅等非法方式妨碍正常计重;

(四)干扰联网收费系统正常运行;

(五)其他拒交、逃交、少交车辆通行费的行为。

高速公路经营管理者对依法应当交纳而拒交、逃交、少交车辆通行费的车辆,有权拒绝其通行,并要求其补交应交纳的车辆通行费。

第四十九条　车辆通行高速公路收费站,应当减速慢行,不得有下列扰乱高速公路经营管理秩序的行为:

(一)强行冲卡;

(二)故意堵塞高速公路收费道口;

(三)侮辱、威胁、殴打收费人员;

(四)其他扰乱高速公路经营管理秩序的行为。

第五十条　自高速公路两侧用地外缘起向外八十米范围内广告设施的设置,应当由省人民政府交通运输主管部门统一规划,并加强管理。

设置高速公路广告设施应当符合规划要求,不得影响高速公路通行安全,并依法办理相关手续。

第五十一条　省人民政府交通运输主管部门应当统一规范全省高速公路服务区、停车区的经营管理。

高速公路经营管理者负责高速公路服务区、停车区的经营管理,服务区设施应当处于良好状态,保证安全,保持清洁、卫生。

高速公路服务区、停车区内的停车场、公共厕所、供电、供水、加油、汽车维修等应当昼夜提供服务。停车场、公共厕所、饮用水服务应当免费。

高速公路服务区、停车区因故无法提供部分服务的,高速公路经营管理者应当通过可变信息板等设施及时发布信息,并采取措施尽快恢复服务。

第五十二条　在高速公路服务区内提供商品或者服务,应当明码标价。

高速公路服务区所在地工商、价格、环保、卫生、公安、食品药品等有关部门应当依法加强服务区经营活动的监督管理。

第五十三条　在高速公路上发生交通事故的,公安机关交通管理部门、交通运输主管部门应当立即派员赶赴现场,组织抢救伤者和保护财产。公安机关交通管理部门负责调查事故现场,处理交通事故,维持事故现场的交通秩序,并通知清障施救单位进行清障施救;交通运输主管部门负责调查处理路产损失。

第五十四条　遇有高速公路严重损毁、恶劣气象条件或者重大交通事故等严重影响车辆安全通行的情形时,交通运输主管部门和公安机关交通管理部门应当及时相互通报路况信息。公安机关交通管理部门应当视情况依法采取交通分流、限速通行、间断放行等交通管制措施,及时发布交通管制信息,并根据实际情况派交通警察现场指挥。

高速公路恢复通行条件后,公安机关交通管理部门应当及时解除交通管制措施,并通知高速公路经营管理者。

第六章　乡道村道特别规定

第五十五条　县(市、区)人民政府负责本行政区域内乡道、村道事业发展,组织协调交通运输、国土资源等部门做好乡道、村道的规划、建设、养护和管理工作。

村民委员会在县级人民政府交通运输主管部门、乡(镇)人民政府的指导帮助下,负责做好本村村道建设和日常养护的组织实施工作。

第五十六条　县级以上人民政府应当加大对乡道、村道建设的投入,安排资金对乡道、村道建设和养护实行定额补助。乡(镇)人民政府应当采取措施筹措资金用于乡道、村道的建设和日常养护。

村民委员会应当遵循村民自愿、量力而行的原则,筹集村道的建设、养护资金。

鼓励单位和个人捐助资金,用于乡道、村道的建设和养护。鼓励利用冠名权、绿化经营权、广告经营权、路边资源开发经营权等方式筹集社会资金,用于乡道、村道的建设和养护。

第五十七条 乡道、村道建设应当尽量利用现有道路进行改建和扩建。

乡道应当按照四级以上公路技术标准建设,路面宽度应当不低于双车道标准。村道建设标准应当根据当地实际需要和经济条件确定,一般不低于四级公路技术标准。

第五十八条 乡道、村道建设应当重视排水和防护工程的设置,提高公路抗灾能力。在陡坡、急弯、沿河、村庄和人群聚集地路段应当设置必要的安全、防护设施和警示标志,保持行车安全。

乡道、村道建设应当根据需要,将农村客运候车亭与主体工程同步设计、同步建设。

第五十九条 乡(镇)人民政府可以聘请技术人员和村民代表参与乡道、村道建设质量的监督工作。

乡道、村道建设项目由县级人民政府交通运输主管部门组织验收,合格后方可交付使用。

第六十条 乡道、村道的养护,应当做到路基稳定、路面路肩整洁、构筑物完好、排水畅通,保证正常、安全使用。

乡道、村道的养护,可以采取建立群众性、专业性养护组织,或者由个人分段承包等方式进行。

鼓励采用公开招标投标等方式,择优选择养护作业单位。

第六十一条 县(市、区)、乡(镇)人民政府应当加强对乡道、村道上超限超载运输行为的治理,保持乡道、村道处于良好的技术状态。

县(市、区)人民政府交通运输主管部门或者乡(镇)人民政府可以在乡道、村道的出入口设置必要的限高、限宽设施,但不得影响消防和卫生急救等应急通行需要,不得向通行车辆收费。

第六十二条 村民委员会应当将村道的管理纳入村规民约,村规民约中有关村道管理的内容不得违反法律、法规的规定。

第六十三条 乡(镇)人民政府应当根据本地实际,编制和实施乡道、村道的大修、中修养护工程计划,县级人民政府交通运输主管部门应当给予技术指导。

第七章 监督管理

第六十四条 县级以上人民政府交通运输主管部门、公路管理机构应当履行监督管理职责,依法检查和制止侵占、损坏、污染公路、公路用地、公路附属设施及其他违反公路法律、法规的行为。

第六十五条 县级以上人民政府交通运输主管部门、公路管理机构应当加强行政执法队伍建设,配备与公路技术等级、通车里程相适应的执法人员和装备。

公路行政执法人员应当具备相应的专业知识和业务能力,按照规定参加行政执法岗位培训,取得行政执法证件,方可从事公路监督检查工作。

第六十六条 公路行政执法人员依法进行监督检查时,有权向公路经营管理者、使用者和其他有关单位、个人了解情况,查阅、复制有关资料,必要时可以录音、录像。有关单位和个人应当配合,不得拒绝、阻碍。

公路行政执法人员依法进行监督检查时,应当有两名以上人员参加,统一着装,佩戴统一标志,并向当事人主动出示行政执法证件。

用于公路监督检查的专用车辆,应当设置统一标志和示警灯。

第六十七条 县级以上人民政府交通运输主管部门、公路管理机构应当建立健全公路监督检查工作制度,在办公场所和相关网站公开执法主体、执法依据、执法程序等,接受社会公众的监督。

第六十八条 县级以上人民政府交通运输主管部门、公路管理机构应当建立投诉举报制度,公开投诉举报电话、通信地址或者电子邮件信箱,在收到投诉举报后,应当在三十日内依法处理,并答复投诉举报者。

第八章 法律责任

第六十九条 违反本条例第十九条第二款规定,公路养护作业单位未按规定的技术规范和操作规程进行养护作业的,由县级以上人民政府交通运输主管部门、公路管理机构责令限期改正,处一万元以上五万元以下的罚款;拒不改正的,由省人民政府交通运输主管部门吊销其资质证书。

第七十条　违反本条例第三十一条规定，超过公路、公路桥梁、公路隧道限载、限高、限宽、限长标准的车辆在公路上行驶的，由县级以上人民政府交通运输主管部门、公路管理机构责令改正，可以处五百元以上五千元以下的罚款；情节严重的，可以处五千元以上三万元以下的罚款；对公路造成损害的，应当依法承担赔偿责任。

第七十一条　违反本条例第三十八条第二款规定，造成公路路面损坏、污染的，由县级以上人民政府交通运输主管部门、公路管理机构责令改正，可以处五百元以上五千元以下的罚款。

第七十二条　违反本条例第四十八条第一款规定，拒交、逃交、少交车辆通行费的，由省人民政府交通运输主管部门处应交通行费五倍的罚款。

第七十三条　违反本条例第四十九条、第六十六条第一款规定，扰乱高速公路经营管理秩序，或者拒绝、阻碍公路行政执法人员依法执行职务，构成违反治安管理行为的，由公安机关依照《中华人民共和国治安管理处罚法》处罚；构成犯罪的，依法追究刑事责任。

对高速公路经营管理者造成损失或者造成人身损害的，依法承担民事赔偿责任。

第七十四条　县级以上人民政府交通运输主管部门、公路管理机构、有关部门及其工作人员，违反本条例规定，有下列行为之一的，对直接负责的主管人员和其他直接责任人员依法给予处分；构成犯罪的，依法追究刑事责任：

（一）对未消除违法状态的超限超载运输车辆予以放行的；

（二）收缴的罚款不按规定上缴国库的；

（三）违法扣留车辆及其他有效证件的；

（四）发现违法行为或者接到对违法行为的投诉举报后不依法查处的；

（五）其他玩忽职守、徇私舞弊、滥用职权的行为。

第九章　附　　则

第七十五条　本条例自2015年12月1日起施行。1998年10月23日江西省第九届人民代表大会常务委员会第五次会议通过，2008年9月27日江西省第十一届人民代表大会常务委员会第五次会议第一次修正，2010年9月17日江西省第十一届人民代表大会常务委员会第十八次会议第二次修正的《江西省高速公路管理条例》同时废止。

2015年度交通运输文件、文献名称辑录

1. 铁路危险货物安全监督管理规定（中华人民共和国交通运输部令　2015年第1号）

2. 铁路建设工程质量监督管理规定（中华人民共和国交通运输部令　2015年第2号）

3. 公路建设项目代建管理办法（中华人民共和国交通运输部令　2015年第3号）

4. 关于修改《公路水运工程监理企业资质管理规定》的决定（中华人民共和国交通运输部令　2015年第4号）

5. 关于修改《国内水路运输管理规定》的决定（中华人民共和国交通运输部令　2015年第5号）

6. 关于修改《中华人民共和国船舶污污海洋环境应急防备和应急处置管理规定》的决定（中华人民共和国交通运输部令　2015年第6号）

7. 中华人民共和国海事行政许可条件规定（中华人民共和国交通运输部令　2015年第7号）

8. 中华人民共和国海上海事行政处罚规定（中华人民共和国交通运输部令　2015年第8号）

9. 中华人民共和国内河海事行政处罚规定（中华人民共和国交通运输部令　2015年第9号）

10. 公路工程设计施工承包管理办法（中华人民共和国交通运输部令　2015年第10号）

11. 关于修改《公路建设市场管理办法》的决定（中华人民共和国交通运输部令　2015年第11号）

12. 关于修改《交通建设项目委托审计管理

办法》的决定(中华人民共和国交通运输部令 2015年第12号)

13.关于修改《经营公性公路建设项目资人招标投标管理规定》的决定(中华人民共和国交通运输部令 2015年第13号)

14.关于修改《水运工程施工监理规定(试行)》的决定(中华人民共和国交通运输部令 2015年第14号)

15.关于修改《快递业务经营许可管理办法》的决定(中华人民共和国交通运输部令 2015年第15号)

16.关于修改《外商独资船务公司审批管理暂行办法》的决定(中华人民共和国交通运输部令 2015年第16号)

17.关于修改《机动车维修管理规定》的决定(中华人民共和国交通运输部令 2015年第17号)

18.关于修改《交通行政复议规定》的决定(中华人民共和国交通运输部令 2015年第18号)

19.邮政普遍服务监督管理办法(中华人民共和国交通运输部令 2015年第19号)

20.中华人民共和国内河船舶船员值班规则(中华人民共和国交通运输部令 2015年第20号)

21.中华人民共和国内河船舶船员适任考试和发证规则(中华人民共和国交通运输部令 2015年第21号)

22.农村公路养护管理办法(中华人民共和国交通运输部令 2015年第22号)

23.铁路专用设备缺陷产品召回管理办法(中华人民共和国交通运输部 2015年第23号)

24.公路工程建设项目招标投标管理办法(中华人民共和国交通运输部 2015年第24号)

25.关于修改《港口经营管理规定》的决定(中华人民共和国交通运输部令 2014年第22号)(2015年1月20日发布)

26.《内河运输船舶标准化管理规定》(中华人民共和国交通运输部令 2014年第23号)(2015年1月20日发布)

27.江西省公路条例(江西省十二届人民代表大会常务委员会第二十次会议通过)

28.关于印发集中联合开展打击“黑车”等非法营运专项整治工作方案的通知(江西省公路运输管理局 赣运法稽字〔2015〕〔1号)

29.关于印发《江西省2015年道路春运工作方案》的通知(江西省公路运输管理局 赣运客货字〔2015〕1号)

30.关于印发江西省道路运输车辆卫星定位系统企业监控平台运营商备案办法(试行)的通知(江西省公路运输管理局 赣运科技字〔2015〕3号)

31.关于认真做好驾培机构资格条件达标改造验收和培训能力核定工作的通知(江西省公路运输管理局 赣运驾培字〔2015〕2号)

32.关于做好2014年度全省机动车维修企业质量信誉考核工作的通知(江西省公路运输管理局 赣运车技字〔2015〕4号)

33.关于做好全省道路客运、货运企业和汽车客运站2014年度质量信誉考核工作的通知(江西省公路运输管理局 赣运客货字〔2015〕3号)

34.关于认真做好2014年度全省驾培机构质量信誉考核工作的通知(江西省公路运输管理局 赣运驾培字〔2015〕3号)

35.关于废止有关规范性文件的通知(江西省公路运输管理局 赣运法稽字〔2015〕6号)

36.关于2015年第一季度“黑名单”制度落实情况的通报(江西省公路运输管理局 赣运从业资格字〔2015〕3号)

37.关于印发2015年道路运输行业纠风工作实施方案的通知(江西省公路运输管理局 赣运监察字〔2015〕1号)

38.关于开展“我为党旗添光彩”主题书画摄影比赛的通知(江西省公路运输管理局 赣运宣字〔2015〕3号)

39.关于开展2015年“安全生产月”活动的通知(江西省公路运输管理局 赣运安监字〔2015〕6号)

40.关于加强道路运输车辆档案管理的通知(江西省公路运输管理局 赣运车技字〔2015〕7号)

41.关于举办2015年中国技能大赛—第七届全国交通运输行业“PPG杯”汽车维修车身涂装(水性漆)竞赛江西分赛区选拔赛的通知(江西省公路运输管理局 赣运车技字〔2015〕8号)

42.关于开展全省机动车驾驶培训教练员素质提升全员培训的通知(江西省公路运输管理局

赣运驾培字〔2015〕4 号）

43. 关于做好 2015 年全省道路运输行业节能减排工作的通知（江西省公路运输管理局　赣运车技字〔2015〕9 号）

44. 关于印发《全省道路运输依法行政知识竞赛活动方案》的通知（江西省公路运输管理局　赣运宣字〔2015〕5 号）

45. 关于进一步规范教练员从业资格证件发放工作的通知（江西省公路运输管理局　赣运驾培字〔2015〕5 号）

46. 关于 2014 年度全省城市客运企业质量信誉 AAA 级企业名单的通报（江西省公路运输管理局　赣运城客字〔2015〕6 号）

47. 关于举办 2015 年中国技能大赛——第七届全国交通运输行业“宇通杯”城市公交驾驶员职业技能竞赛江西分赛区选拔赛的通知（江西省公路运输管理局　赣运城客字〔2015〕7 号）

48. 关于印发深入开展向柯胜锋同志学习活动方案的通知（江西省公路运输管理局　赣运宣字〔2015〕8 号）

49. 关于开展 2015 年度机动车检测维修专业技术人员职业水平考试工作的通知（江西省公路运输管理局　赣运车技字〔2015〕10 号）

50. 关于对 2014 年度全省驾培机构质量信誉考核情况的通报（江西省公路运输管理局　赣运驾培字〔2015〕6 号）

51. 关于印发加强全省运管文化建设意见的通知（江西省公路运输管理局　赣运宣字〔2015〕9 号）

52. 关于印发《江西省机动车驾驶员培训市场整治工作实施方案》的通知（江西省公路运输管理局　赣运驾培字〔2015〕7 号）

53. 关于公布 2014 年度全省机动车维修质量信誉考核 AAA 级企业的通报（江西省公路运输管理局　赣运车技字〔2015〕12 号）

54. 关于公布 2014 年度全省道路客货运输企业、汽车客运站质量信誉考核结果的通知（江西省公路运输管理局　赣运客货字〔2015〕13 号）

55. 关于公布工商登记前置改后置的道路运输行政审批项目的通知（江西省公路运输管理局　赣运法稽字〔2015〕14 号）

56. 关于全省道路运输依法行政知识竞赛结果的通报（江西省公路运输管理局　赣运宣字〔2015〕11 号）

57. 关于切实加强冬季全省道路运输安全监管和应急工作的通知（江西省公路运输管理局　赣运安监字〔2015〕12 号）

58. 关于全省第二届机动车驾驶培训教练员规范化教学职业技能竞赛获奖结果的通报（江西省公路运输管理局　赣运驾培字〔2015〕11 号）

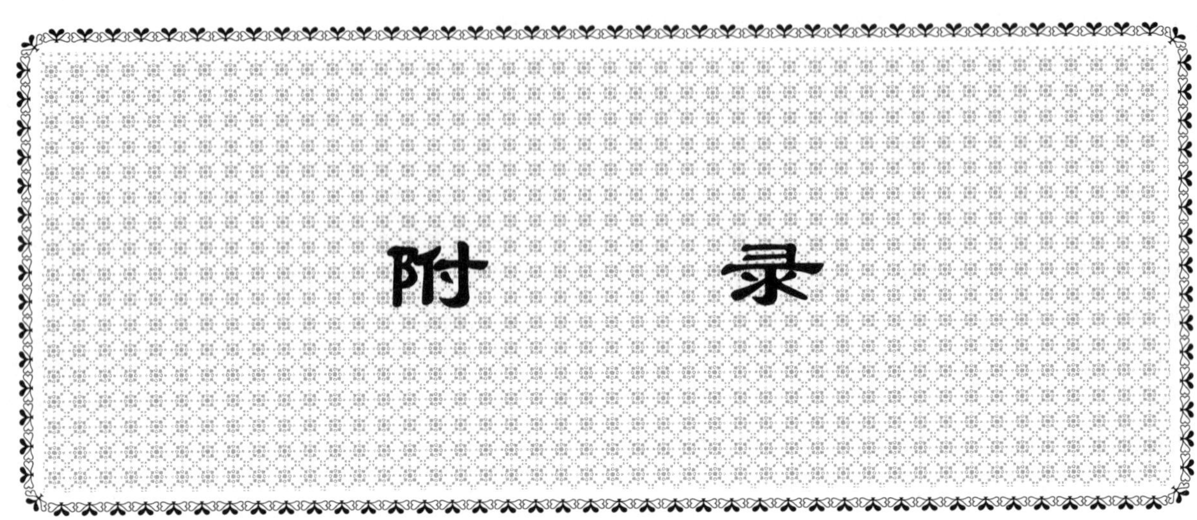

铁 路

【概况】 2015 年,南昌铁路局(以下简称铁路局)管辖赣闽两省全部和湘鄂浙三省部分铁路。全局车站 451 个(江西省境内 202 个)。截至年底,铁路局管辖铁路营业里程 7502.4 千米(江西省境内 3872.3 千米)。其中,国家铁路营业里程 3767.9 千米(江西省境内 2498.3 千米),合资铁路营业里程 3734.4 千米(江西省境内 1374.1 千米)。线路延展里程 15199.5 千米,同比增加 1652.2 千米、增长 12.2%。复线里程 4318.7 千米,复线率 57.6%,同比增加 4.6 个百分点;电气化里程 5874.8 千米,电化率 78.3%,同比增加 2.5 个百分点;时速 120 千米及以上铁路营业里程 4902.2 千米,时速 160 千米及以上铁路营业里程 3523.5 千米,时速 200 千米及以上铁路营业里程 3173.2 千米,时速 250 千米及以上铁路营业里程 1785.1 千米。

(刘 仁)

【基建投资】 2015 年,铁路局完成大中型基建项目投资 442.39 亿元(含合资铁路项目),完成计划的 100%;完成更新、改造项目投资 12.66 亿元,完成计划的 98.97%。

(刘 仁)

【客货运输】 2015 年,铁路局旅客发送量 17820.8 万人,完成计划的 97.6%,同比增长 11.3%;货物发送量 6801.9 万吨,完成计划的 81.9%,同比下降 18.1%;换算周转量 1665.44 亿吨千米,完成计划的94.1%,同比持平,其中,旅客周转量1005.11亿人千米,完成计划的96.6%,同比增长7.6%;货物周转量660.33亿吨千米,完成计划的90.5%,同比下降9.6%。货车周转时间2.55天,完成计划的101.2%,同比持平。货物列车平均总重2675吨,完成计划的92.7%,同比下降7.3%;货运机车日产量104.5万吨千米,完成计划的96.5%,同比下降3.2%;货运机车日车422千米,超计划102.4%,同比增长3.0%。

(刘 仁)

【重点物资运输】 215年,铁路局运送煤炭1603.1万吨,同比减少498.2万吨、下降23.7%;运送粮食16.2万吨,同比减少49.4万吨、下降756.4%;运送化肥82.5万吨,同比减少35.9万吨、下降30.3%;运送石油298.7万吨,同比减少7.0万吨、下降2.3%;运送金属矿石1279.5万吨,同比减少659.0万吨、下降34.0%;运送钢铁745.1万吨,同比减少13.9万吨、下降1.8%。

(刘 仁)

【列车运行图调整】 2015年,全国铁路调整列车运行图7次,铁路局编制局管内施工分号图3次,做好合福高速、赣瑞龙铁路两条新线开通运行图和"7·1"图、年底图等方案编制,实现年底调整图旅客列车开行对数422.5对,同比增加51对,运力增长13.7%。为适应防洪防汛需求,首次组织编制汛期调整图,将防洪压力大的鹰厦、峰福等铁路4对直通旅客列车分流到昌福铁路运行。

(刘 仁)

【合福高铁开通运营】 2015年6月28日,随着福州、上饶、合肥南等站多趟高铁动车陆续首发,合福高铁开通运营。合福高铁是京福台快速铁路的重要组成部分,也是京沪高铁的延伸线,跨越皖、赣、闽三省,全长810千米,项目概算1019.95亿元。闽赣段全长466.8千米(其中江西省境内183.2千米),设有车站11个。合福高铁开通运营后,南昌至合肥铁路旅行时间由原来近7小时压缩至4小时左右,南昌、福州、合肥等省会城市形成"5小时交通圈",进入"省际同城时代"。

(刘 仁)

【南昌至鹿特丹国际货运班列开行】 2015年11月24日,江西首趟中欧(南昌—鹿特丹)国际铁路货运班列从横岗站开出。通过开行中欧班列,江西实现与"一带一路"沿线国家的互联互通,对进一步提升全省对外开放水平、拓宽外贸物流渠道、加快现代物流体系建设和促进产业升级起到积极作用。

(刘 仁)

【赣瑞龙铁路开通运营】 2015年12月26日,赣瑞龙铁路开通运营。赣瑞龙铁路西起江西省赣州市赣县,东至福建省龙岩市,正线全长250.2千米(江西省境内11 3.6千米),设计运行时速200千米。赣瑞龙铁路是连接赣南和闽西中央苏区的首条快速铁路,大幅缩短赣南苏区与海西经济区的时空距离,并借助龙厦铁路融入全国快速铁路网,促进赣南、闽西地区人员、物资、信息、文化交流,为革命老区经济社会发展打造致富快速路。

(刘 仁)

【昌赣客运专线建设】 昌赣客运专线由昌九城际铁路股份有限公司负责建设。全年完成投资52亿元,完成年计划的100%;路基完成1017.9万立方米,完成年计划的106%;桥梁完成41293成桥米,完成年计划的122.1%;完成预制箱梁86孔,完成年计划的150.9%;隧道完成5289.2成洞米,完成年计划的126.2%;涵渠完成1 502.4横延米,完成年计划的157.2%。

【瑞九铁路建设】 瑞九铁路全年完成投资21亿元,完成年计划的100%;路基工程年累完成245.8万立方米,完成年计划的99.1%,开累完成587.9万立方米,完成总量的99.1%;桥梁工程年累完成14009成桥米,完成年计划的89.7%,开累完成25955.2成桥米,完成总量的90%;预制箱(T)梁累计完成349孔(472片),完成总量的81.5%(78.7%);架设箱(T)梁累计完成230孔(142片),完成总量的44.1%(23.7%);隧道工程年累完成7957.7成洞米,完成年计划的103.3%,开累完成10836成洞米,完成总量的89.5%。

(刘 仁)

【南昌车站客发 2817.5 万人】 2015 年,南昌车站旅客发送量 2817.5 万人,同比增长 9.23%;运输收入 35.65 亿元,同比增长 35.1%。

(刘 仁)

【南昌车务段货发 879.29 万吨】 2015 年,南昌车务段货栃发送量 879.29 万吨,运输收入 14.47 亿元。

(刘 仁)

【景德镇开展铁路 2015 年春运“第一日”活动】 2 月 4 日,景德镇市护路办、景德镇火车站和景德镇铁路派出所联合在火车站广场举办 2015 年铁路春运“第一日”活动暨爱路护路宣传活动。活动中,悬挂铁路安全管理条例宣传画,发放印有铁路春运火车时刻表宣传手册 2000 份,铁路安全常识宣传单 7000 份,练习册 1000 本。

15 名南铁青年志愿者先后到候车室、站台上、出口处给上下车的旅客发放宣传单、讲解铁路安全常识,帮助旅客拿行李、沏茶倒水、抱小孩等便民服务,收到群众的一致好评。

(洪耀祖)

【九景衢铁路三标段景德镇区段征地拆迁任务全部完成】 11 月 27 日,景德镇市金岭大道沿线东面的一栋厂房里,传来一阵挖掘机的轰鸣声,4 台挖掘机和铲车一同作业,开始拆除某陶瓷有限公司 3 座面积达 6000 平方米的厂房。这是九景衢铁路 JQJXZQ—3 标段景德镇区段内建设用地范围最后一栋建筑物。

九景衢铁路 JQJXZQ—3 标段景德镇区段,经过珠山区、昌江区、浮梁县和陶瓷工业园区,全长 15.8 千米,共需拆迁发电厂等 12 家企业的厂房和 150 户民房。这些拆迁户分布在城区和城乡接合部,征地拆迁量大,拆迁工作难度大。自 2014 年 4 月开工建设以来,建设单位九景衢铁路江西公司和施工单位中铁十七局集团项目部均成立外协征拆部。为保证铁路建设用地,全市、区(县)、乡(镇)都成立相应的铁路建设推进协调办公室,同心协力推进拆迁工作。铁路沿线拆迁征地工作得到周边群众的理解和支持,累计完成红线内征用土地 56.37 公顷,施工临时用地 17.6 公顷,拆迁企业厂房 33057 平方米,民房 47828.9 平方米,拆迁附属物面积 26980 平方米。

(洪耀祖)

【抚州铁路】 2015 年,抚州市境内拥有铁路 5 条计 337.7 千米,其中沪昆铁路过境东乡县 23 千米,鹰厦铁路过境资溪县 30.3 千米,向乐铁路伸入临川、崇仁、乐安 82.8 千米,向莆铁路过境抚州 158 千米,沪昆铁路杭南长客运专线(简称“杭长客专”)过境东乡 33.6 千米。

(陈根玲)

【抚州火车站有两对直达北京、兰州列车停靠】 从 5 月 20 日起,厦门首开至兰州直达特快列车。厦门到北京直达特快列车改走永莆、昌福线,上述两对列车均停靠抚州火车站。至此,每天有 62 趟列车途经抚州火车站,旅客从抚州站乘车将有两对直达列车往返北京和兰州。

新增开的厦门至兰州 Z126/7 次,返程车次为 Z128/5 次。列车经由杭深、永莆、昌福、京九、武九、京广、漯宝、焦柳、陇海线运行,沿途停靠莆田、三明北、抚州、南昌、武昌、信阳、平顶山西、洛阳、西安、宝鸡、天水、陇西、兰州。7:05 从厦门出发,11:56 到达抚州,停车 3 分钟开出,第二天 11:30 到达终点站兰州。列车从抚州至兰州耗时 23.5 小时,比 T306 次节省时间约 2 小时。该趟列车的开行,使抚州市旅客增加一条往返大西北的通道。另外,搭乘该列车到兰州,可通过兰新高铁中转前往青海、新疆等地将更便捷。

本次全国铁路调图后,厦门—北京西 K308/5、K307/6 次快速旅客列车提升等级为直达特快列车,车次改为 Z308/7,并改经杭深、永莆、昌福、昌九城际、京九线运行,沿途停靠莆田、三明北、抚州、南昌西、九江、阜阳、菏泽、聊城、衡水、北京西。17:32 从厦门出发,23:03 到达抚州,停车 5 分钟开出,第二天 12:04 到达终点站北京西。列车从抚州至北京西耗时 12 小时 56 分,比 Z72 次节省 47 分钟。

(陈根玲)

【大唐抚州发电公司铁路专线开通】 10 月 4 日上午 8 点 58 分,一列 10 节车皮载有 700 吨燃煤的火车缓缓驶入江西大唐国际抚州发电有限责任公司,经过采样、卸煤、输煤后,煤从斗轮机倾泻而下。这是该公司进场的第一列运煤火车，标志着大唐抚州发电公司铁路专用线正式全线开通运行，成为2015年全国唯一在时速超过200千米电气化高速客运铁路上开站接轨的铁路专用线。该工程于2014年1月20日开工，2015年8月30日经南昌铁路局验收合格。

大唐抚州发电公司设计煤种为高热值的内蒙古满世蒙泰混煤，经秦皇岛海运至莆田港，再经过向莆铁路、电厂铁路专用线运送至厂区。这条铁路专用线是该公司新建两台100万千瓦级机组的一项重要配套工程，全长10.478千米，总投资4.1亿元，接轨于向莆铁路，在临川区腾桥镇建站中转，终点电厂站，可同时供两列火车到达、卸运，能满足设计能力为年450万吨燃煤量。该铁路专用线是大唐抚州发电公司唯一的进煤通道，承担着该公司所有燃料的运输任务。大唐抚州发电公司1号机组2015年底投产发电。

（陈根玲）

民用航空

【概况】 2015年，江西机场共完成运输起降90074架次，旅客吞吐量985万次，货邮吞吐量6.25万吨。其中，南昌昌北国际机场完成运输起降66808架次，旅客吞吐量748.8万人次，货邮吞吐量5.11万吨，通航城市达49个，驻场过夜飞机增至13架。

（蒋护纹）

【运输生产平稳增长】 2015年，江西机场共完成运输起降90074架次，同比增长3.89%；旅客吞吐量985万次，同比增长5.9%；货邮吞吐量6.25万吨周比增长10.4%。其中南昌昌北国际机场完成运输起降66808架次，同比增长2.63%；旅客吞吐量748.8万人次，同比增长3.4%；货邮吞吐量5.11万吨，同比增长10.9%。赣州机场旅客吞吐量突破90万人次，吉安机场成为省内第二家达到50万万人次的支线机场，景德镇、宜春机场旅客吞吐量均超过40万人次。国际（地区）航线方面，总体发展势头良好，南昌昌北国际机场首次开通日本和印度尼西亚航线，恢复直飞香港航线，全年共实现旅客吞吐量47.5万人次，同比增长73%。

（蒋护纹）

【航班网络显著优化】 截至2015年，昌北国际机场定期通航点达到49个，同比净增3个，深圳、昆明、重庆、海口、青岛等9条重点航线得到加密，航线网络通达性在巩固的基础上进一步提高。先后开通国际（地区）航线14条，其中定期航线5条。南昌＝泰国航班量实现翻番（每周19班），并且恢复南昌＝香港航线，首次开通南昌飞日本正班和柬埔寨暹粒等旅游包机，为国际航线市场注入新鲜活力。支线机场航线网络快速发展，赣州机场新增通航点2个，航线1条；井冈山机场新增通航点1个，航线1条；宜春机场新增通航点4个，航线2条，九江机场由于改扩建工程而停航。航空公司引进方面，2015年，该公司新引进青岛航空、香港航空、亚洲航空、春秋航和北部湾航空等5家航空公司在南昌经营定期航线。

（蒋护纹）

【安全态势总体平稳】 2015年，集团公司所辖6个机场未发生责任原因造成的航空运输及空防安全事故及严重事故征候，安全形势总体平稳。航班正常性管理效果明显，南昌机场航班正常率进入全国前十。各机场服务质量明显改善，圆满完成抗战胜利70周年纪念活动、“春运”“两会”等重大运输保障任务。

（蒋护纹）

【服务质量稳中有升】 2015年，集团公司围绕安全品质年的目标，强化顶层设计、加大安全投入，实施精细化管理,安全管理体系持续完善,积极开展平安机场建设,集团公司荣获江西省综治先进单位20连贯。打造公司“安全讲堂”、积极开展“安康杯”技能竞赛、学习宣贯新《安全生产法》,全员法治思维和规章意识得到强化。不断丰富“红色服务”品牌内涵,以旅客体验为导向,持续开展满意度提升工程,各机场服务品质稳中有升,南昌机场旅客整体满意度达到4.81分,各支线机场旅客满意度全部达到年初预定目标。

(蒋护纹)

【发展环境持续改善】 2015年,省委、省政府主要领导亲自推动江西民航发展,南昌市委、市政府主要领导现场调研南昌机场发展,各级政府重视民航、支持机场的力度有所加强,更加重视从体制、政策、资金等方面支持民航发展。江西航空实现首航,首架飞机落户南昌,南昌昌北国际机场驻场过夜飞机增至13架。国际(地区)航线发展良好,首次开通日本和印度尼西亚航线全年实现国际旅客吞吐量47.5万人次同比增长73%,基本保持50%以上的增长速度,国际旅客市场前景良好。

(蒋护纹)

【基本建设稳步推进】 2015年,集团公司持续加强建设运营对接工作,克服资金、人才短缺等不利因素,各重点建设项目继续稳步推进。与上饶市政府签订《上饶三清山机场管理体制协议》,分公司管理架构初步搭建完毕,建设运营对接工作全面展开。南昌机场1号航站楼整体改造工程正式启动,改造完成后可以保障200万/年的国际旅客吞吐量。赣州机场机坪扩建工程通过行业验收投入使用,整体扩建工程开工。吉安机场扩建工程获批,飞行区扩建工程动工。九江市政府与集团公司联合成立改造工作领导小组,九江机场改造工程稳步推进。历经5年筹备建设,井冈山民航大酒店竣工开业,开业半年多已接待局方、机场、航空公司等单位50余次培训、会议、疗养工作,发展形势看好。民航基金项目和集团公司重点固投项目稳步推进。

(蒋护纹)

【景德镇民航3月27日起执行夏秋航班时刻】 景德镇市民航航班将于3月27日—10月29日执行夏秋航班时刻,景德镇至北京、西安、福州等地航班变化大。

换季后航班有所调整,大多数还是在更利于旅客出行的下午和晚上。变动最大的是景德镇至北京的航班,除每天一班航班外,3月28日至5月30日景德镇至北京航班每星期一、二、三、四、六各增一航班。其中,每周一起飞时间分别为下午17:05分和晚上20:45分,每周二、六的起飞时间分别为下午17:40分和晚上21:05分,每周三的起飞时间分别为上午11:10分和晚上21:05分,每周四的起飞时间分别为下午13:50分和晚上21:05分,每周五的起飞时间为晚上20:45分,每周日的起飞时间为晚上21:05分。变化较大的还有每周一、三、五的景德镇至西安的起飞时间由下午14:30分调整到晚上21:00分,景德镇至福州的起飞时间由上午10:20分调整到下午16:50分。略有调整的是每天一班的景德镇到上海的起飞时间调整到晚上20:50分,景德镇到深圳的起飞时间调整到上午11:00分;每周一、三、五、七的景德镇到广州的起飞时间调整到晚上21:20分,景德镇到成都的起飞时间调整到下午17:00分,景德镇至厦门的起飞时间调整到晚上23:20分。

此次景德镇至北京每星期增加五班,主要是为满足广大市民乘机出行需求。同时,景德镇民航局与机场、航空公司还积极协调,对航班和时刻进行优化,为即将到来的旅游旺季更大地方便市民出行,推动瓷都旅游经济发展。并提醒旅客出行前最好电话咨询详细情况,机场售票电话:0798-8581666。

(洪耀祖)

【江西制造的直升机收获订单】 9月13日,亚洲最具影响力的直升机专业展会——第三届天津国际直升机博览会落下帷幕。该届天津直博会是展现江西航空产业实力的一个大舞台。“江西军团”在展会上“秀”出了20多款直升机、无人直升机和机载设备等产品,AC311A、AC322等一批江西制造、研发的新机型首发,亮出了品牌、收获了订单,彰显出江西省航空产业的勃勃生机。

(洪耀祖)

【九江城市候机楼运营情况通过复核】 2015年11月13日上午,江西省机场集团公司会同省商务厅空港口岸管理处及省财政厅企业处相关领导到九江长运运业公司，按照《南昌昌北机场城市候机楼建设运营规范》要求，实地对九江城市候机楼建设运营情况进行验收复核。

通过听取汇报和现场检查，验收小组对九江城市候机楼建设运营情况表示肯定。在对候机楼运营情况汇报时，运业公司副总经理威强对候机楼下一步发展提出将候机楼建设列入交通基础设施规划；开通行李、宠物托运业务；开通机场至候机楼旅客行李直接交付班车托运业务；实行机场专线大巴公交化运行模式等合理化建议。

（九江市长运公交集团）

【九江庐山机场改扩建工程及迁址新建可行性方案评估会在九江宾馆举行】 2015年6月3日，九江机场改扩建工程及迁址新建可行性评估会议在九江宾馆举行，九江市政府副市长石荣国，副秘书长江彪等相关市委领导出席，市发改委、市建设局、市国土局、市交通局、市规划局、市旅发委、市公路局、九江机场分公司等部门领导以及上海民航新时代设计院、同济大学交通运输学院、江西省交通运输厅、九江建筑设计院等专家共同参加会议。会议由江西省机场集团副总经理李运昌主持。

与会专家全面审阅《九江庐山机场（民用部分）改扩建工程对九江市社会经济发展的影响评估》，会上听取了九江市相关局委有关人员对该专题的建议介绍，经过充分讨论，形成初步意见。

（九江民航管理局）

【赣州机场分公司】 2015年赣州机场完成旅客吞吐量925101人次，起降13928架次，货邮吞吐量6058.7吨，同比分别增长17.4%、76.68%、9.31%；2015年航空通达性持续增强，新增重庆福州航点，共开通10条航线，通航城市达13个（北京、上海、广州、深圳、南昌、天津、厦门、成都、海口、杭州、昆明、重庆、福州），航点达14个，至北京、南昌的航班保持每日两班，至上海每周10班，实现赣州与国内直辖市及热点城市的无缝对接，并可通过中转，顺利到达港澳台、东南亚等国际地区。运营航空公司有7家：国航、东航、南航、海航、厦航、川航及祥鹏航。

分公司积极配合航空发展公司大力抓航线促市场，走访周边地市，建立航旅联盟，与旅行社签订淡季促销合作协议，力争提高客座率。通过报纸、微信、广播等平台发布航班信息动态，为旅客提供更便捷了解航班时刻和优惠政策的渠道。

优化航线布局，新开重庆—赣州—福州航线，不仅打通赣州市与西部重要中心城市重庆的空中通道，也打开赣州市赴台的快捷通道，该航线2015年运输旅客5万人次，平均每班455人次，班均客座率约70%。

引进厦门航空就赣州机场作为训练基地，赣州机场的航空性收益和起降架次都有所增加，共安全保障厦航训练飞行5217架次。并与江西登云通用航空有限公司签订《机场使用协议（意向书）》。

（赣州机场分公司）

索　引

说　明

1. 本索引内容为条目主题词及相关人名、地名、单位名、文件与事物名称。
2. 词条按汉语拼音首字母顺序排列。
3. 词条后的数字表示所在页码,a 代表左栏,b 代表右栏。重复出现的词以多个页码表示。
4. 年鉴的特载、专文、文献文件与附录未编入索引。

B

C

D

E

F

G

K

L

M

N

P

Q

R

S

T

W

吉林省建设集团有限公司

东昌高速项目办领导检查工地现场

底基层试验段摊铺

上基层试验段摊铺

吉林省建设集团有限公司是由吉林省江城路桥工程有限公司是集公路桥梁工程施工，房屋建筑工程施工，隧道工程施工，市政公用工程、水利工程施工，建筑设计，房地产开发，建材生产，养殖，旅游，现代化农业等多元经营为一体的大型企业集团。

集团公司有26个全资子公司，资产总额50亿元，净资产30亿元。共有员工12000人，其中各类工程技术人员1568人；公司具有公路工程施工总承包一级、市政公用工程总承包一级、房屋建筑工程施工总承包一级、桥梁工程专业承包一级、公路路面专业承包一级、公路路基专业承包一级、隧道专业承包一级等多个国家施工总承包、专业承包资质，还具有建筑设计甲级资质，水利水电工程施工总承包二级、房地产开发、物业管理等多项配套的专业资质。集团公司年总产值达100亿元以上。

集团近年来各项事业迅猛发展，已分别在广东、江西、河北、辽宁、吉林等省份承建了多个高速公路及大型桥梁及市政工程建设施工项目，工程质量与工程进度得到了业主的一致好评；在房屋建筑工程施工、房地产开发、建筑设计、新型建材生产、旅游、现代化农业、城市供热、物业管理等行业都取得了可喜业绩。

公司承建的江西东昌高速CP1标段全长31.1千米，含大桥11座、中小桥28座、分离立交11座、互通立交4处、服务区1处。全线为全封闭，全立交，双向四车道高速公路。

在东昌高速CP1标项目经理鞠洪全及常务副经理徐风飚等一班人的带领下，该标段制定了各种施工方案，确保每个结构层都能有效的衔接，并高度重视，科学组织，超前安排，增加机械设备、人员及督促抓紧备料。施工劳务人员齐心协力，实行24小时作业制，领导班子成员跟班督导，做好现场的组织指挥、协调、指导、控制等服务工作。该标段强化安全施工管理，对相关作业人员提前进行了安全培训及技术交底工作，确保施工生产在安全稳定的环境下进行。

上基层试验段摊铺　　东昌高速驻地标准化建设　　消防演练

赣州市交通运输局

新建成的宁安高速公路

赣州市章江大道

2016年，赣州市交通运输局领导班子紧紧围绕市委“六大攻坚战”重大决策部署，解放思想、内外兼修、北上南下，全面加快推进交通基础设施建设，为赣州市打好六大攻坚战，同步实现小康目标提供了坚强的交通运输保障。市局被评为全省交通运输工作先进单位、全市绩效考核先进单位、省级文明单位。

（一）着力推进重大项目建设，扩投资稳增长效应明显。全年交通基础设施建设完成投资333.7亿元，位居全省第一，受到省厅嘉奖和市委市政府的高度肯定。其中高速公路建设完成投资102.8亿元，建成兴赣、宁安、安定（含定南联络线）3条高速公路，开工建设广吉高速公路，全市高速公路通车里程达1441千米，是全省通车里程最长的设区市；国省道升级改造和大中修完成投资同比增长161.62%；农村公路建设完成投资同比增长131.16%。黄金机场改扩建累计完成投资5.16亿元，瑞金机场项目前期加快推进。物流项目建设完成投资62.23亿元，同比增长235.49%。

壮观的赣州大桥

（二）着力推进政策项目落实，北上争资争项成绩显著。交通运输部将赣州市18个县（市、区）交通基础设施建设列入《“十三五”交通扶贫规划》，项目和资金规模均位列全省首位。省交通运输厅全年共安排国省道建设补助资金10.3亿元，占全省计划总额的20%；安排农村公路建设补助资金10.21亿元，均创历年新高。

（三）着力推进交通民生工程建设，交通扶贫成效突出。农村公路建管养一体化建设成为全省样板，被评为全省“十二五”农村公路养护管理先进，江西新世纪汽运集团有限公司获全国五一劳动奖状。积极探索农村公路养护就业扶贫新模式，挂点帮扶的宁都县小布镇入选全省“十大休闲旅游小镇”。

收费员进行半军事化训练

（四）着力推进行业管理创新，支撑保障能力明显提升。运输保障能力不断增强，道路运输市场更加有序规范，公路治超全面推进、成效明显，高速公路行车环境大为改观。交通依法行政的能力和水平明显提升。全年未发生一起重大安全生产责任事故和群体上访、越级上访事件。

（五）着力推进交通投融资体制改革，交通持续发展能力明显增强。新组建了赣州市交通投资集团，交通建设融资创新迈出坚实步伐。全省第一个落实国省道建设项目贷款；全市农村公路建设申请农发行融资贷款130亿元，占全省交通系统申请农发行农村公路建设融资贷款总额的39.6%。

赣州至香港的客运班线

腾飞中的赣州航空事业

赣州市公共交通总公司

"优选公交、绿色文明出行"倡导活动启动仪式

"培育文明风尚 弘扬公交时代精神"迎新春文艺晚会

赣州市公共交通总公司成立于1957年10月，隶属于赣州市交通运输局，是赣州市中心城区唯一一家公共交通国有企业，主要从事城市公共交通运营等业务。

公司现有员工1925人，中心城区共有9个公交场站，建有公交候车亭668座，公交候车点1167个，现在中心城区开通了62条公交线路，营运线路总长度达1791.1千米，拥有公交营运车辆703台，日发班次3420趟，运输旅客20余万人次。基本形成了分布合理、换乘方便的城市公共交通线网格局。目前，所有公交车全部实现了GPS调度、3G监控和IC卡刷卡系统运用，出租车安装了GPS和视频监控，开通了掌上公交和刷手机卡乘车消费业务。

"培育文明风尚 弘扬公交时代精神"迎新春文艺晚会

近年来，赣州市公共交通总公司始终秉承"责任、尊重、感恩、奉献"的企业经营发展价值理念，解放思想，真抓实干，致力于为人民群众提供安全、方便、舒适、快捷的公交出行服务，倾力打造"平安、优质、环保、和谐、幸福公交"取得了初步成效。

公司连续四年被省运管局评为质量信誉考核"AAA"级城市公交客运企业。公交102路2013年度被评为"全国工人先锋号"，2014年度被评为"全国交通系统先进集体"；出租车公司"朗逸班组"2014年度获得全国出租汽车行业优秀班组称号；公交11路被评为"江西省工人先锋号"。2016年3月20日，经过省交通运输厅、省财政厅等部门层层筛选和综合评比，赣州市成功列为全省首批"公交城市"创建试点城市。

赣州公交总公司

城市公交快速发展

赣州火车站南广场公交换乘区

中国铁建大桥工程

景鹰高速公路

景婺黄高速公路鲛岭隧道

沈大高速公路

南昌西外环

中国铁建大桥工程局集团有限公司是世界500强中国铁建所属的中央企业，具有在江、河、湖、海等各种地质、水文条件下修建各类桥梁的能力。其前身是铁道兵第三师，1984年1月兵改工为铁道部第十三工程局，2001年6月改制为中铁十三局集团有限公司，2014年3月改建为中国铁建大桥工程局集团有限公司。

集团公司拥有43个类别的111项资质。其中：铁路、公路工程施工总承包资质为特级，铁道行业设计为甲（Ⅱ）级，公路行业设计为甲级，桥梁、市政、水利水电、城轨、房建等61项资质为一级。先后通过质量管理体系、环境管理体系和职业健康安全管理体系认证。

集团公司在半个多世纪发展中，获得多项荣誉。其中，鲁班奖11项，詹天佑奖7项，国家优质工程奖20项，国家科技进步奖7项，国家技术发明二等奖1项，国家级工法21项，国家授权专利300多项，其中国家发明专利30多项，填补国内技术空白40余项。中铁建大桥工程局集团第一工程有限公司座落于美丽如画的海滨城市——大连，前身系铁道兵三师，建于1948年，注册资本8000万元。现有职工2000余人，中、高级技术职称人员2000多人，年施工能力10亿以上。公司有着辉煌的业绩和良好的社会信誉。目前，施工足迹遍布全国各地。

京珠高速

局集团有限公司

余姚市兰墅桥

石吉高速路基工程

公司承建的铜鼓至万载A3标起于铜鼓县三都镇境内，位于三都镇大槽村，经大槽口（两县交界处），在山谷的南面布线过宜丰县黄岗镇的兰家、烟竹丘、坪田村、京东桥、肖角塘、狮子脑，与A4标段起点相接，路线全长7.816千米。标段合同金额24324万元。项目部取得的成绩有："铜万高速公路2015年8月份月度检查考核"获得路基标第三名；"铜万项目办2016年4月份月度检查评比"获得路基标第三名。

乐温高速公路

梁板浇筑施工

兰家大桥梁板架设

路基施工

石中高速公路

中交一公局桥隧

灌江口大桥全景

温州大桥主桥

风姿飒爽的长岭大桥

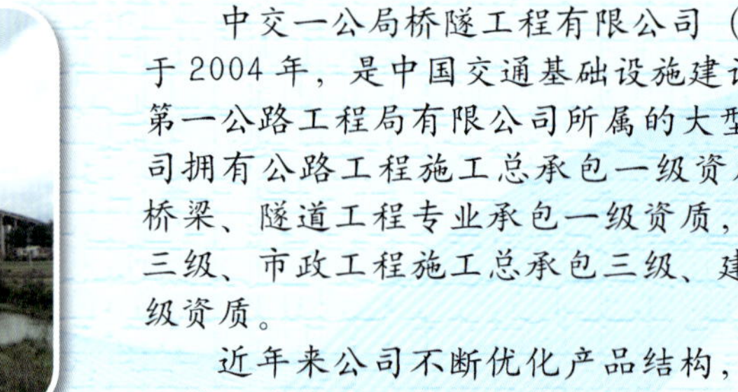

中交一公局桥隧工程有限公司（以下简称公司），创建于2004年，是中国交通基础设施建设的领军企业——中交第一公路工程局有限公司所属的大型国有独资子公司。公司拥有公路工程施工总承包一级资质和公路路基、路面、桥梁、隧道工程专业承包一级资质，铁路工程施工总承包三级、市政工程施工总承包三级、建筑工程施工总承包三级资质。

近年来公司不断优化产品结构，积极向铁路、市政工程等领域拓展，使公司的生产规模和经营质量均实现了新的飞跃。公司工程遍及全国二十余个省、市、自治区，涉及路基、桥梁、路面、市政、铁路、隧道、地铁等领域。公司参建了京沪高铁、哈大高铁、沪昆客专等多条高速铁路；承建了温州大门大桥、江苏省临海高等级公路灌江口大桥；承建了“襄随高速第一隧”——保康分离式特长隧道，其左洞长4689米，右洞长4622米、内蒙古首条高铁呼张客运专线中全线最长、施工难度最大的隧道——东土村隧道，该隧道全长4560米；承建了武汉市地铁六号线三标和七号线十三标两个地铁盾构施工项目。

公司承建的宁都至定南（赣粤界）高速公路宁都至安远段新建工程A9标，起点（桩号K90+440）位于于都县铁

人字形骨架整齐划一

江苏宿淮高速公路淮安西枢纽互通　荣获国家土木工程“詹天佑大奖”

工程有限公司

江苏连徐高速公路——荣获国家土木工程“詹天佑大奖”

哈大铁路客运专线工程经理部四分部拉林河特大桥北河叉段

山垅镇畔田村南侧山坡，线路经丰田村、中坑村、下到靖石乡的田东村、在杨梅村设靖石互通，终于靖石互通之后（桩号K102+700）。本标段主线全长为12.26千米，合同总工期为18个月，合同造价3.48亿元。项目建设者们克服了重重困难，在建设过程中分别荣获2015年度第一、二季度综合评比第三名，第一阶段综合评比第二名；2016年度第二季度及第二阶段综合评比双第一的良好成绩，建设成果得到各方的一致好评。

靖石互通全景

凭借公司承建的一批“高、难、新、尖”的国家级和省部级重点精品工程，在行业内树立了良好的品牌形象。公司曾荣获“全国优秀施工企业”、“全国工程建设优秀品牌施工企业”、“中国AAA级信用企业”、“北京市实施用户满意工程（企业类）先进单位”等荣誉。公司将以“五商中交”战略为引领，按照一公局的统一部署和要求，以提升管理效益为目标，解放思想，勇于创新，为客户创造超值回报，为国家的交通基础建设做出新的更大的贡献！

武汉地铁六号线三标“汉光一号”盾构机掘进施工

成型后的高速公路效果

陕西秦岭终南山隧道——亚洲第一隧道

辛勤“书写”宁安A9壮丽画卷

中铁二十一局

省交通厅质监站领导、项目办领导到漕源村一号高架桥现场检查指导工作

项目经理王永奇汇报三兴水库高架桥水中桩施工方案

项目部职工收看“拒腐防变每月一课”视频

中铁二十一局集团有限公司是集工程建设、科研开发、房地产开发、矿产资源开发、商贸经营于一体的国有特大型建筑施工企业集团。集团公司现有员工13000余名，各类专业技术人员5000余名，其中教授级高工25名、中高级职称人员1600余名。具有铁路工程施工总承包特级资质；公路、房建、水利水电、矿山、市政、通信工程施工总承包一级资质；桥梁、隧道、公路路基、铁路铺轨架梁工程专业承包一级资质，城市轨道交通工程专业资质；地质灾害治理工程甲级资质；对外承包工程经营资格和对外援助成套项目A级实施企业资格；铁道行业设计甲（II）级资质。

集团公司先后完成青藏铁路、福厦高铁、京石高铁、兰新高铁、兰渝铁路、包西铁路、贵广高铁、宁西高铁、中南铁路通道和正在修建的宝兰客专、昌吉赣铁路、蒙华铁路等60多条国家铁路干线工程建设；完成都汶高速、达陕高速、十天高速、青兰高速、西商高速、济广高速等40多条高等级公路建设，年完成产值200亿元以上。先后获得中国建筑工程鲁班奖、詹天佑奖和国家优质工程金奖、全国百项精品工程奖30多项，省（部）级优质工程奖60多项，国家、省（部）科技进步奖20多项，国家和省部级工法30多项、专利20多项，创中国建筑施工企业新纪录6项。

三兴水库高架桥桩基施工现场

公司2015年2月26日中标江西铜鼓至万载高速公路B6标，全长6.84千米，主要

T梁预制场及存梁区

省交通厅质监局、项目办联合检查内业资料

项目部召开“大干四季度”施工动员大会

工程量有桥梁5座长1783米,涵洞18道长963延米,路基长5.07千米,挖填土石方277万立方米,防护及排水工程2.2万立方米。工程造价2.4亿元，合同工期16个月。铜万高速B6标项目部坚持以“快”制胜，以“优”创誉的施工理念，认真落实业主和监理的要求，加强施工安全、质量、进度和环保管理，持续掀起施工大干高潮，抓重点，攻难点，抢晴天、战雨天，全面实现各阶段的任务目标。桥面铺装及护栏工程平整度好、刷毛到位、护栏线型平顺、内实外美，中线高程、横断面高程、钢筋网格尺寸及对角线误差等质量标准全部达到规范要求。全线12家土建施工单位，中铁二十一局铜万高速B6标项目部先后获得业主月度评比第一名2次，月度评比第二名1次，第三名1次，全线一阶段评比第二名1次，按合同工期圆满完成了施工任务，向江西人民交出了一份合格答卷。

三方检测路基交验现场

正在施工的K51+950复式涵洞

夜间进行钢筋笼直螺纹套筒连接施工

项目办组织全线高墩施工安全防护观摩会

架通横跨X550县道的漕源村二号高架桥

中铁十七局集团

东昌高速路面专题会

召开技术交底会

小型构造物预制场

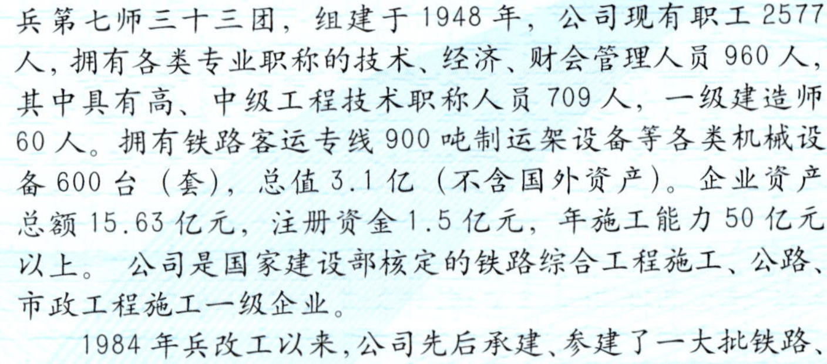

中铁十七局集团有限公司前身是中国人民解放军铁道兵第七师三十三团，组建于1948年，公司现有职工2577人，拥有各类专业职称的技术、经济、财会管理人员960人，其中具有高、中级工程技术职称人员709人，一级建造师60人。拥有铁路客运专线900吨制运架设备等各类机械设备600台（套），总值3.1亿（不含国外资产）。企业资产总额15.63亿元，注册资金1.5亿元，年施工能力50亿元以上。 公司是国家建设部核定的铁路综合工程施工、公路、市政工程施工一级企业。

1984年兵改工以来，公司先后承建、参建了一大批铁路、公路、市政、水利水电、房建等工程建设项目，尤其在长大隧道、高难度桥梁、铁路客专、高速铁路、高等级公路、大型市政等领域具有较强的技术优势，其中鹰厦、包兰、贵昆、成昆、襄渝、青藏一期、二期、南同蒲复线、大秦一、二期、宝中、京九、西康、株六复线、菏日复线、阳涉、沙蔚、西合、胶新、胶新、渝怀、浙赣、赣龙、精伊霍、贵阳枢纽等30多条铁路干线、支线的建设任务。截止目前，公司共修建铁路600余千米、公路700余千米，桥梁140000余米、隧道40000余米，各类房屋210000余平方米，所承建的工

细集料场雨棚

透层施工

三工程有限公司

右幅底基层试验段施工

白站

程质量合格率达到100%，优良率达90%以上。内昆铁路花土坡特大桥、京九铁路泰和赣江特大桥、上海奉浦特大桥等荣获我国建筑行业最高奖——“鲁班奖”。建立现代企业制度以来，公司以稳健的经营理念，完整的产业链、雄厚的技术优势、优良的装备实力和精诚合作的管理团队，开拓进取，成为中国大型施工企业排头兵。公司始终以科学的管理，优良的设备，一流的工程质量，一流的产品，一流的服务奉献给社会。在新的发展机遇下，公司将以更新的姿态迎接新时代的挑战，在日趋激烈的市场竞争中再铸辉煌。

公司承建的东昌高速公路路面工程CP2标段位于江西省樟树市、新干县。路线进入樟树市境内，路线平行京九铁路走向，为避免高速公路对阁山镇向西的发展空间的分割，设阁山特大桥从阁山的规划区外围通过后，路线往南偏西紧邻京九铁路走向，路线进入新干县境内，到达本标段终点。主要施工内容为路面结构层、路面附属及安全设施预埋管线、绿化及环保设施等工程施工。

上面层施工

声屏障施工

缝隙式排水沟施工

中交一公局第六

承秦高速瀑河大桥

重庆巫奉高速公路

禾丰隧道进口端削竹式洞门施工

中交一公局第六工程有限公司成立于1971年2月，座落在美丽的滨海新区（塘沽）。2006年10月，中交集团独家发起创立了中国交通建设股份有限公司，同年12月，在香港联交所整体上市，成为具有国际资本背景的国有控股企业。中交一公局第六工程有限公司是中交集团的三级子公司，隶属于中交集团的中交第一公路工程局有限公司。

公司是具有独立法人资格的公路工程施工总承包一级和市政公用工程施工总承包一级企业，具有公路路基、路面、桥梁、隧道、地基与基础工程等专业承包一级资质。

公司业务涉及公路、市政、港口、铁路、房建、轻轨、水电和地基与基础工程八个行业领域，工程项目分布在全国20多个省、市、自治区。其中所承建的乐温高速公路A3标、昌泰高速A6标、河北青银高速公路10合同、江西梨温高速A10合同、张石高速路面1标荣

哈大客专拉林河特大桥

工 程 有 限 公 司

重庆轻轨交通一号线

禾丰隧道出口端施工现场

获中交集团优质工程奖；江苏省连徐高速公路E—5、E—7、D1标荣获“詹天佑”奖；天津津蓟高速19合同获得“国家银质工程奖”；京沪高速二期工程（天津段）获天津“海河杯金奖”；常张高速获国家银质奖。

公司承建的宁都至定南（赣粤界）高速公路宁都至安远段新建工程A7标段位于江西省赣州市于都县境内，路线起点位于晓龙山隧道中间，桩号为K73+800，终点桩号为K78+365.978，路线全长4.57千米。合同工期18个月，合同金额2.89亿元。

晓龙山隧道端墙式洞门

路基防护施工

隧道安全施工

沈丹客专

中 交 一 公 局 桥 隧

施工中的温州大门大桥

灌江口大桥

桥隧公司承建的京沪高铁跨阳澄湖桥段

陕西秦岭终南山特长隧道

中交一公局桥隧工程有限公司（以下简称公司），创建于2004年，是中国交通基础设施建设的领军企业——中交第一公路工程局有限公司所属的大型国有独资子公司。公司注册地点为北京市丰台区科学城星火路10号，注册资金30008万人民币。公司拥有公路工程施工总承包一级资质和公路路基、路面、桥梁、隧道、土石方工程专业承包一级资质。

近几年，公司不断优化产品结构，积极向铁路、市政工程等领域拓展，使企业的生产规模和经营质量均实现了新的飞跃。目前公司工程遍及全国十九个省份，在建项目涉及路基、桥梁、路面、市政、铁路、隧道、地铁等领域。并且公司承建的多项工程被评为“部优”和“省优”，其中连徐高速公路和宿淮高速公路获国家土木工程“詹天佑大奖”。公司参建的武汉市轨道交通一号线汉口北延长线工程、成武高速公路、沪昆客专湖南段、九江绕城高速公路、谷竹高速公路、京石二通道、十房高速公路等多项国家及省市重点工程相继建成通车，使公司的品牌知名度进一步提高；公司获得“全国优秀施工企业”、“公路建设行业诚信百佳企业”、“北京市实施用户满意工程（企业类）先进单位”等多项殊荣。

公司承建的铜鼓至万载高速公路B3标，位于宜春市宜丰县芳溪镇境内，起点桩号为K31+870，位于省道S227及

宿淮高速公路淮安西枢纽互通

工 程 有 限 公 司

连徐高速公路

京沪高铁跨娄江大桥

长胜河西侧，终点桩号为K35+520，位于芳溪镇香源村大风水库库尾北侧山体，全长3.65千米。本标段主要以路基、隧道为主，路基挖方46万方，填方63万方。隧道两座，狮子垴隧道为连拱隧道全长301米，周公岭隧道为分离式隧道，左线长1580米，右线长1545米。

面对国家宏观政策和新的形势，公司将抓住和用好这一重要战略机遇期，秉承“诚信、合作、人本、创新”的核心价值观，发扬“敢打硬仗、善打硬仗、攻必克、战必胜”的工作作风，认真践行科学发展观，巩固传统市场、拓展新型业务，注重经营质量、提高盈利水平，将公司打造成为综合实力更强的现代化企业，为客户创造超值回报，为国家的交通基础建设做出新的更大的贡献！

张呼铁路客运专线特大桥

武汉地铁6号线“汉光一号”盾构机通过验收

宁安高速隧道二衬钢筋绑扎施工

哈大铁路客运专线

山东鲁中公路

省道 S238 线高淄路延长工程

长春至深圳线青临（鲁苏界）高速公路

京福高速江西境内温家圳至沙塘隘段

山东鲁中公路建设有限公司是国家建设部审定的大型施工企业。始建于 1958 年，2001 年 12 月改制为股份制企业，注册资本 4.00113 亿元。

公司现有资质主要有：公路工程施工总承包一级资质；桥梁工程专业承包一级资质；公路路基工程专业承包一级资质；公路路面工程专业承包一级资质；公路交通工程（公路安全设施）专业承包一级资质；市政公用工程施工总承包二级资质；公路养护二类甲级资质；工程测绘丙级资质；城市园林绿化叁级资质；试验检测公路工程综合乙级资质；物业管理三级资质等。并通过了 ISO9001 国际质量体系认证以及质量管理、环境管理、职业健康安全管理“三标一体”认证、交通运输建筑施工企业安全标准化一级达标认证。

在近 60 年的公路专业施工发展历程中，公司足迹遍布祖国 10 多个省、市、自治区、直辖市，修建了 30 余项高等级公路和大型桥梁。凭借着专业的施工和过硬的质量，公司先后获得多项荣誉，多次受到交通部、各省市人民政府、交通厅、公路局等单位嘉奖。被授予山东省“五星级”单位及国家级“守合同，重信用”单位。

济广高速江西境内鹰潭至瑞金段

建 设 有 限 公 司

滨莱高速淄博段路面维修工程

混凝土集中拌合场一角

公司承建的宁都至定南（赣粤界）高速公路宁都至安远段新建工程路基路面施工 A13 标段，主线长度 18.6 千米（含版石互通立交 1 处），工程主要位于江西省安远县重石乡和版石镇境内；含路基防护排水、绿化环保等工程项目，合同总造价 4.069 亿元。

鲁中公路将以崭新的面貌，继续秉承“幸福、尊严，团结、和谐、争创一流”的企业文化，致力于筑造高品质公路、桥梁，为社会、员工和所有合作伙伴创造最大价值。持续拓展发展空间，参与并赢得从区域到全国乃至国际的市场竞争，力争跻身国内一流公路建筑商和公路全领域服务提供商。

路基边坡防护工程

宁安高速罗屋高架桥

在宁安项目率先采用小构预制喷淋养生

青海丹拉国道主干线

铜 万 高 速 公路

省交通厅领导检查指导工作

集团领导视察施工现场

铜万高速第一阶段评比第一名

江西省交通工程集团公司（以下简称“江西交工”）系江西省唯一公路工程施工总承包特级企业，成立于1997年，资产规模超百亿元。公司秉承“团结、拼搏、高效、创新”的企业精神，以雄厚的实力，在省外，先后出色完成以福建龙长高速为代表的路面工程，以河南郑石高速宋庄分离式立交桥为代表的桥梁工程，以浙江杭千高速四孔连拱隧道即南峰、善岭隧道为代表的隧道工程；在省内，先后创造了江西公路史上的“四个模式”：以项目总承包模式成功完成温厚高速公路建设，以风险投资模式成功完成三清山环山旅游公路的开发、建设及后期运营管理，以委托融资模式成功完成320国道大城至万载公路改造建设，以设计施工总承包模式成功完成宜春至安福公路改造。所建工程质量优良，曾被授予中国质量万里行质量诚信跟踪荣誉企业、历年省级“AAA”特级信用企业、江西省优秀企业。

2015年1月12日，江西省交通工程集团公司一举中标铜万高速公路A4标。

由江西省交通工程集团公司承建的铜万高速A4标地形为花岗岩区域，桩基施工难度大，部分桩基为水中桩，80%墩柱是高墩施工，安全风险较大。铜万高速A4标项目部根据合同工期要求，严格按照业主总体工程

A4 标 项 目 部

施工现场观摩会

严把质量关

安排和部署，迅速掀起施工生产大干热潮。各个部门协同配合，抢进度的同时，安全、质量毫不松懈，在第一阶段、第二阶段施工考核评比中连续获得第一名的好成绩，受到业主和监理单位的高度好评，为江西省交通工程集团公司在江西高速公路市场赢得了良好信誉，也为按期完成主体工程打下了坚实基础。

铜万高速第二阶段评比第一名

跨 S227 省道防护棚搭设

钢筋棚

官山大桥架通半幅

江西赣东路桥建

东昌高速梁场

宁安高速白站建设

中分带开口封闭

江西赣东路桥建设集团有限公司是隶属于抚州市公路局的一家国有控股企业。公司于1955年成立，现注册资金为3亿元。经过50年的风风雨雨，公司逐步发展成为下设 5家子公司和在11个省、市、自治区设立分公司的集团企业。近年来，公司实施三大战略，走出了一条以公路建设为主业、多元化、超常规、跨越式发展的现代化企业集团之路。

实施人才战略，提升了人才队伍的整体素质。公司通过岗位培训、技能比武、实战演练等多种形式进行人才培养，不拘一格引进高级技术人才，打破常规使用人才，使公司的专业技术队伍的素质大幅提升。拥有经受了各大建设项目锤炼的优秀管理团队。

实施品牌战略，提升了公司在路桥建设市场的知名度。多年来，赣东路桥集团通过“以狠抓质量树品牌、以坚守诚信保品牌、以文化建设铸品牌”的品牌战略，使成为省内乃至国内路桥建设的知名企业，公司连年被省、市公路局评为“先进单位”、“先进集体”称号。

实施市场战略，提升了公司的经营产值和经济效益。近年来，公司引进竞争机制，大力开展精细化管理，不断改革创新，实现了“立足抚州、面向全省、走向全国”的战略目标。仅2011年一年，公司就在外省市中

抚北大桥大桥全景

设集团有限公司

交通安全管制

沥青拌合站建设

标9项，中标金额达13.13亿元。

公司将继续恪守“为社会而存、为业主而想、为企业而强，为员工而富”的宗旨，树立“质量第一”的观念，安全生产和文明施工，凭着卓越的品质、专业的精神，以现代化管理为手段走科技兴企之路，为公路建设事业的发展做出积极贡献，开辟崭新的历史篇章。

沥青砼摊铺现场

绿化修剪

有序碾压

抚州迎宾大道延伸段

江苏恒基路

苏通长江公路大桥（中国建设工程鲁班奖）

沪瑞国道宜兴至溧水高速（中国土木工程詹天佑奖）

江苏沿江高速公路（全国公路交通优质工程）

江苏恒基路桥有限公司是一家国有大型交通工程施工企业，注册资本50182万元，具有公路工程施工总承包一级资质、市政公用工程施工总承包一级资质、港口与航道工程二级资质、公路工程试验乙级资质，可承接高等级公路、特大型桥梁、市政工程、港口和航务工程、具有独立承包国际工程资格，年施工能力20亿元，已通过ISO9001质量管理体系、OHSAS18001职业健康安全管理体系和ISO14001环境管理体系认证。

一直以来，公司坚持以质量求生存，靠信誉促发展，业务范围覆盖了江苏、浙江、安徽、江西、湖北、山西、广东等近十个省份，先后承建高等级公路900千米（其中高速公路500千米）；承建了苏通大桥、江西瑶湖大桥、京杭运河常金大桥等一大批有影响的特大型桥梁，共创国家级、部（省）市级优质工程30多项，其中：沪宁高速江苏段、苏通长江公路大桥荣获“鲁班奖”；沪瑞国道主干线宜兴至溧水高速、京杭运河常州段改线工程荣获“詹天佑奖”；杭宁高速浙江段二期工程等2项工程荣获“国家优质工程奖”；京沪高速淮江段荣获“交通部优质工程奖”；江苏沿海高速盐城至南通段、江苏沿江高速公路、江苏徐州至宿迁高速公路、江苏汾水至灌云高速、江苏宁淮高速公路等7项工程荣获“全国公路交通优质工程奖”；沪宁高速扩建江苏段等4项工程荣获江苏省“扬子杯优质工程奖”；山西太原至佳县高速荣获山西省“汾水杯质量奖”……，彰显了恒基路桥团队的战斗力。

多年来，公司始终坚持“以人为本”的发展思路，大力加强人才队伍建设，不断探索管理创新，积极推进企业文化建设，企业影响力断增强，先后荣获“中国建筑业路桥建设综合实力100强”、“全国青年文明号”、“江苏省五一劳动奖状”等数十项荣誉称号。

杭宁高速浙江段（国家优质工程奖）

桥　有　限　公　司

"两学一做"重温入党誓词

公司党工团积极参与社会志愿服务活动

目前，公司承建的宁都至定南（赣粤界）高速公路安远至定南段AP2合同段采用双向四车道高速公路标准建设，采用高等级沥青混凝土路面，设计年限15年，投资总额270116381元。

公司安定高速AP2标项目经理部坚持"诚信为本，创新为魂"的建设理念，大力发扬"团结拼搏、开拓创新、优质高效、勇当先锋"的企业精神，不断提高现代化管理水平，全力筑就安定精品，在项目办开展的一阶段、二阶段目标任务综合考核中，连续荣获"优胜单位"；在月度考核中4次被评为"第一名"，赢得了监理和业主的一致好评，向江西人民提交了一份满意的答卷。

沥青面层碾压

面层摊铺

缝隙式排水沟滑模施工

沥青拌和楼

江苏沿海高速盐通段（全国公路交通优质工程）

云南阳光道桥

平远街锁龙诗高速公路第三合同段

罗村口富宁高速公路第十合同段

西南绕城高速公路连接线第二合同段

思（茅）小（勐养）高速公路第十二合同段

云南阳光道桥股份有限公司成立于1958年2月，自公司2014年11月项目招标开始，公司坚持“立足云南、面向全国、走向世界”的发展理念，坚定不移实施“走出去”战略和“树品牌”战略。公司具有公路工程施工总承包一级资质和公路路基工程、公路路面工程、土石方工程和桥梁工程专业承包一级及预拌商品混凝土二级等资质，拥有对外经济合作业务经营权。下属一个房地产开发公司、一个物业管理公司、一个劳务公司、一个试验检测公司、一个国际工程公司和一个监理处，集道路、桥梁、隧道、房屋、机场等综合施工、监理、设计及房地产开发和物业管理为一体，拥有从美、英、德、法、意、日、澳、韩等国等国进口的大中型成套的机械设备500多台套，年施工能力达20亿元人民币以上。

由云南阳光道桥股份有限公司承建的铜万高速 B4合同段起于宜丰县芳溪镇香源村大丰水库库尾，路线走向基本与S227省道平行，大致呈东北西南走向，沿线主要城镇：宜丰县芳溪镇、万载县罗城镇，终点位于万载县罗城镇藏溪村；标段全长6.44千米，项目部下设分别为技术部、测量部、安全部、材料部、试验室、计划合同部、资料部等7个职能部室。

大理丽江调整公路第九合同段

祥云临沧公路第二合同段

大丰水库大桥

B4合同段沿线山高谷深，悬崖陡峭，需要穿越20多个山峰及山谷。在这连绵起伏的崇山峻岭间修路架桥，该项目部克服了设备与材料进出场的“交通运输关”，克服了施工设备难有用武之地的施工“场地受限关”，克服了开山填壑进行路基施工的“啃硬骨头关”，克服了在山腰上挖钻桩基、两幅桥梁不对称、斜交桥梁等梁板架设的“难度关”等，全体员工顽强拼搏，在确保安全的前提下保质保量的完成了任务。

芳溪互通

昆明长水国际机场跑道足尺试验段铺筑现场

铜万高速全线第一片梁架设

安（宁）楚（雄）高速公路第四合同段

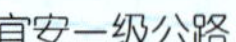

宜安一级公路

三清山环山旅游公路

禾丰枢纽互通航拍效果图

江西交通工程集团承建的江西省宁都至安远高速公路新建工程A8标段起讫里程为：K78+000～K90+440，在禾丰镇黄田村K79+500与厦蓉高速相交处设置禾丰枢纽，连接厦蓉高速。路线全长12.44千米。线路总体呈北南走向。中标价321932454元。

江西省交通工程集团公司系江西省唯一公路工程施工总承包特级企业，成立于1997年，现有注册资本117543万元，资产规模超百亿元。现有2千余名各类专业技术人员，公路、市政、机电、房建等专业一级建造师总计123名。近三年完成公路工程总产值近200亿元，缴纳各类税金约7亿元。

公司为江西省交通基本建设主力军，目前下属子公司主要有江西省交通建设工程有限公司，江西省公路桥梁工程有限公司（前身为江西省公路桥梁工程局，成立于1962年），江西省公路工程有限责任公司（前身为江西省公路机械工程局，成立于1995年）、江西省交通集团投资有限公司等。公司下属其他机构还具有相应的工程勘察甲级、工程设计甲级、工程咨询甲级资质，以及房屋建筑和物业管理资质。

江西省交通工程集团公司是全国首批公路建设百家诚信企业、首届江西最具影响力企业。集团主要从事公路、桥梁、隧道、市政、房建、水利水电等基础设施勘察设计、施工、养护、招投标咨询代理和项目代建管理，以及交通基础设施投资、园林绿化、软件研发、沥青供应和房地产开发业务等，旗下业务足迹遍及全国各地。改革开放后以商业、施工模式创新，在高速公路标准化建设、安保工程实施、设计施工总承包和投

井睦高速公路

路 A8 合 同 段

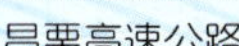
昌栗高速公路

昌宁高速公路场站

融资等方面，创造了江西交通公路建设史上的多个第一；是具有较强投融资实力的多元化发展企业，是省内科研技术力量最强施工企业，是具有强烈国际意识和社会责任感的企业，南昌市新八一大桥、浙江杭千和黄衢南高速、江西景婺黄（常）高速、井睦高速设计施工总承包项目，以及高安瑞阳新区安置房建设和丰厚一级公路BT项目等代表的省内外优质项目，受到社会各届高度好评，彰显企业雄厚投资建设管理实力。

钢筋场（桩基、墩柱钢筋绑扎）

现浇箱梁围封

墩柱养生

畔田大桥桥梁施工安全防护

浙江省交通工程

申苏浙皖高速李家巷大型枢纽

云景高速景宁出口处

金属声屏障

浙江省交通工程建设集团是浙江省唯一一家具有国家公路工程施工总承包特级资质及公路行业设计甲级资质的专业公路施工企业，同时具有公路路基工程专业承包一级、公路路面工程专业承包一级、桥梁工程专业承包一级、市政公用工程施工总承包一级、隧道工程专业承包一级、公路交通工程专业承包交通安全设施和港口与航道工程施工总承包二级资质，是浙江省内规模最大、实力最强的交通工程施工企业。

集团下设 6 家分公司，11 家全资子公司、4 家控股公司和 1 家参股公司。现有职工 5000 余名，各类经营管理和专业技术人员超过 4000 名，有各种先进施工机械及试验检测仪器 5000 余台（套）；总资产超 70 亿元人民币，年施工能力超 300 亿元人民币。

集团相继承担了沪杭甬、杭州湾跨海大桥、舟山连岛工程等浙江省内各条高速公路施工及其他交通工程建设；集团积极实施“走出去”发展战略，走出浙江，跨出国门，足迹遍及新疆、贵州、湖北、江西、福建、黑龙江等国内多个省份，并在非洲刚果（布）、多哥、安哥拉、赞比亚等国家承建多个项目，获得了当地政府和业主的肯定和好评，打响了“浙江交工”品牌。

公司承建的铜鼓到万载高速公路 P3 合同段路线全长 27.044 千米，含主线桥梁 14 座，分离立交桥 6 座，枢纽互通 1 处，一般互通立交 2 处，服务区 1 处，设计标准为全封闭、双向四车道高速公路。项目建设工期共计 21 个月，主要工程有级配碎石底基层、水稳基层、沥青混凝土面层及排水工程等，设计年限 15 年。

杭州湾大桥工程一标

建设集团公司

级配碎石底基层

沥青碎石上基层

摊铺施工

水稳下基层

沥青上面层

钢板铺设的机料运输通道

杭州之江大桥（钱江七桥）

中国铁建二十三局集

江西省交通运输厅领导一行观摩 AP1 标施工现场

项目部负责人在工地一线

常张高速公路获交通部优质工程一等奖

中基层标准化施工

中国铁建二十三局集团第一工程有限公司，前身为组建于1948年11月的中国人民解放军铁道兵第四师第十六团，是国务院国资委管理的世界500强企业——中国铁建股份有限公司的下属企业；是具有公路、市政工程施工总承包一级，铁路、水利水电、房屋建筑施工总承包二级，和桥梁、隧道、机场场道、公路路基及路面专业承包一级资质的大型国有建筑施工企业。公司现有职工2735人，其中各类专业技术及管理人员1029人，高级专业技术职务132人，具有一级建造师职业资格121人；拥有机械设备557台套，拥有国家专利技术8项、22项省部级工法，年施工能力达40亿元。

公司坚持以质量为本、以科技创新为依托，出色的完成了50多项高难技术的桥隧工程。以建设世界第六的双塔混合梁斜拉桥——九江长江公路大桥（主跨818米）、张花高速公路花垣河大桥(双肢变截面空心墩高84.52米)等深水高墩大跨度桥梁为代表，在大型双壁钢围堰、大直径深水桩基础施工、空心薄壁高墩施工技术等方面日臻成熟；承建石武高铁黄龙寺隧道（8.7千米）、沪昆高铁铜堡隧道、大瑞铁路大坡岭隧道（14.5千米）等工程，研发了CRTS II型板式无砟轨道施工、隧道仰拱模架施工等技术，长大隧道技术创新取得新进展，获国家专利技术3项。

哈齐客专齐泰特大桥

团第一工程有限公司

AP1 标获得安定高速第二阶段考评第一名

中南铁路通道邬家庄特大桥左右线

在传统领域中，公司一如既往的保持良好势头，尤其是在江西高速公路市场，近几年先后参建的景膺、澎湖、德昌、德上等完工项目获得业主、监理单位及上级领导的一致好评，业绩、信誉评价高；参建的昌栗、昌樟、铜万、东昌、安定等项目正在施工，在各级检查、评比中名列前茅，安全质量放心可控。

由中铁二十三局集团第一工程有限公司承建的宁都至定南（赣粤界）高速公路安远至定南新建工程 AP1 标，全长 25 千米，总体呈南北走向。起点位于安远县城北工业园规划区以东车头镇三排村境内，接宁都至定南高速公路宁都至安远段终点，途径安远县车头镇、欣山镇、新龙乡、凤山乡、镇岗乡、孔田镇，终点位于安远县孔田镇和务村境内。

拌合站

底基层摊铺

沥青面层施工

交通管制

岳阳市公路桥

铜万项目梁板预制场标准化建设现场观摩会

铜万项目桥台锥坡防护现场观摩会

湖南省衡阳至桂阳高速公路第15合同段

湖南省浏阳（黄泥界）至醴陵高速公路第12合同段

岳阳市公路桥梁基建总公司组建于1992年，现为国家公路工程施工总承包一级企业，同时拥有市政公用工程施工总承包一级、桥梁工程专业承包一级、公路路面工程专业承包一级、公路路基工程专业承包一级、公路交通工程交通安全设施专业承包、隧道专业施工二级、房建三级等资质。公司注册资金3亿元，拥有固定资产12亿元，年生产能力30亿元，位居“湖南省施工总承包企业20强”，享有“路桥岳家军”盛誉。

公司下设七个分公司，现有职工1378人，其中各类专业技术人员868人，中级职称311人，高级职称55人，享受国务院特殊津贴专家1人，具有一级建造师资质55人。

公司组建以来，业绩遍及湘、贵、赣、浙、粤、桂、川、渝、鄂、豫、皖、津、甘、新、琼、藏、内蒙古等17个省、市、自治区，承建了160多个工程项目，其中60多个被评为“优质工程”；公司还参与了斯里兰卡、孟加拉、巴基斯坦、马达加斯加等亚非国家的公路桥梁援建，受到了国家交通运输部、援外主管部门的高度评价。公司不断推进技术革新，凭借全国领先的沥青路面施工水平，大举进军BT市场，先后投资修建了岳阳市巴陵东路续建工程、武广客运专线岳阳火车站广场、岳阳中心城区42条道路油化提质改造等一大批市政工程项目，总投资超过20亿元，

湖南省郴州至宁远高速公路土建工程第15合同段

梁基建总公司

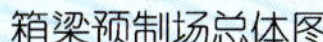
箱梁预制场总体图

建设中的T梁场一览

均优质高效完成施工任务，受到广泛好评。公司承建的铜鼓至万载高速公路B7合同段起于万载县三兴镇湖源村，终于万载县鹅峰乡石笋村，全长7.36千米，合同工期16个月，合同金额2.18亿元。

公司秉承“干一项工程，树一块牌子，创一方信誉，拓一片市场”的发展使命，注重企业文化建设，经过多年的发展建设，培育了以“务实求新，团结拼搏，科学管理，争创一流”的企业精神为核心的企业文化，建立了适应市场竞争需求的现代企业制度，公司发展软实力全面提升；创新人本理念，汇聚集体智慧，开辟了“路桥大讲堂”，打造了“岳阳路桥青年论坛”，企业精神文明建设取得了丰硕成果。

布仔里分离式立交桥台锥坡施工

岳里大桥

湖源村分离桥台锥坡外观

30m T梁预制场

安定联络线B2合同段

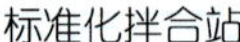
标准化拌合站

沥青拌合站

江西赣粤高速公路工程有限责任公司成立于2001年8月，拥有国家公路工程施工总承包一级资质，公路路面工程专业承包一级资质，公路路基工程专业承包一级资质，桥梁工程专业承包一级资质，隧道工程专业承包一级资质，公路交通工程交通安全设施施工专项资质，养护一、二、三类甲级资质和边坡病害处治乙级等资质，注册资本为10082.1万元。具备年完成产值超过10亿元的能力，是集公路、桥梁、隧道、交通安全设施施工、高科技养护（冷再生施工、乳化沥青、改性沥青加工）、机械设备租赁为一体的现代化专业施工企业。

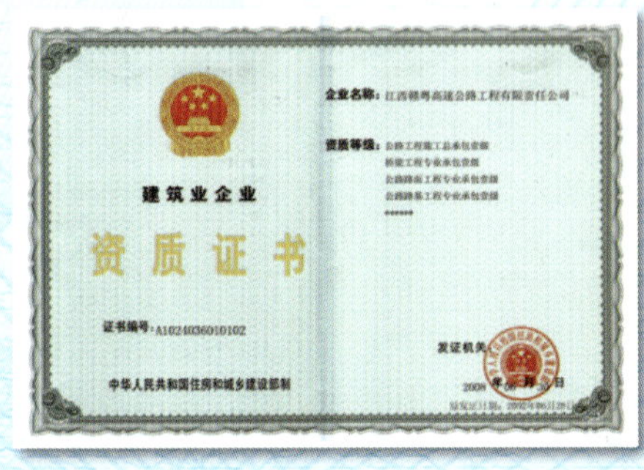

公司资质证书

公司自成立以来，在负责昌九高速公路养护的同时，先后参加了大量高速公路工程项目建设，主要有福银高速公路昌九段、昌奉高速公路、彭湖高速公路、德昌高速公路、永武高速公路等，总里程达360千米，为江西省的高速公路养护和建设事业做出了显著贡献，多次受到江西省委、省政府的表彰，荣获全国安全生产施工企业等称号。坚持“科技兴企”之路，先后引进了稀浆封层、微表处和冷再生等技术，成功生产SBS改性沥青和乳化沥青，尤其是冷再生技术的引进，填补了该项技术在江西省内的空白，“高速公路路面施工、高科技养护”两大品牌逐步形成。

框格锚杆施工

安定联络线B2合同段位于定南县境内，途径定南县鹅公镇穆湖村、龙塘镇柏木村、天九镇太康村、宾光村，全长8.1千米。为加快施工进度，降低工程造价，打造低碳节能环保工程，部分路堤H＜8m路段采用植物纤维毯防护。该工艺采用多种特性草种混播，达到既能防水固坡，减噪降尘，又能四季常青，三季有花，与周围环境相协调，形成自然地美感。达到经济效益、社会效益和生态效益并重的目的。

在今年安定项目办二阶段评比中，安定联络线B2合同段通过项目部各部门的努力、各产建施工队伍的同心协力，在评比过程中获得全线第三名的好成绩。

路基土石方施工现场　　路基交验现场　　东江大桥水中桥梁施工

安远至定南高速公路A7合同段

全省重点工程项目代表团来到A7标施工现场观摩

每周例会

江西省交通工程集团公司系江西省唯一公路工程施工总承包特级企业，成立于1997年，资产规模超百亿元。近三年完成公路工程总产值近200亿元。

江西省交通工程集团公司拥有公路工程施工总承包特级资质，路基、桥梁、隧道、路面工程专业承包一级资质，房屋建筑工程总承包二级、市政公用工程总承包三级、公路交通工程专业承包交通安全设施分项资质。公司是江西省内具有悠久历史的公路建设骨干企业，承建了建国以来江西绝大多数省内国省公路重要路段。改革开放后以商业、施工模式创新，在高速公路标准化建设、安保工程实施、设计施工总承包和投融资等方面，创造了江西交通公路建设史上的多个第一。

公司凭借其良好的信誉、雄厚的实力承建了安远至定南高速A7合同段施工任务，该标段全长3.27千米(另鹅公枢纽及定南联络线3.126千米)，路基挖土方为339万方、路基填方291万方，高架桥2座，匝道桥2座，涵洞31座，防护排水2.45万立方米。

为顺利完成该合同段的任务，公司组建了强有力的领导班子及成员。经理部制定了一系列措施。多次召开劳务队伍动员大会，明确目标、鼓舞士气。经过A7标全体成员共同努力，本项目无一例安全事故的发生，在经理部采取了严格的管理，强有力的措施后，在一阶段评比中取得了全线第一名的好成绩。

A7标不仅仅在质量和进度处于全线领先水平，并且勇于创新，积极利用新工艺、新技术、新设备破解施工难题，取得了一定的成绩，项目办先后在A7标举办线外薄壁墩砼外观质量试验施工首件观摩会、T梁胎架法施工首件观摩会、薄壁墩滑膜施工首件观摩会、满堂支架施工首件观摩会以及植物纤维毯边坡防护首件施工观摩会。

一线工人安全培训

试验墩

盘龙山高架桥

植物纤维毯防护绿化

中交一公局厦门

福建宁连高速互通

福建厦漳跨海大桥

渝湘高速特大桥

中交一公局厦门工程有限公司隶属于中交第一公路工程局有限公司，是世界500强（2015年位列第165位）——中国交建的三级全资子公司。 公司是以承建高等级公路和高技术桥梁、隧道、城市轨道、市政工程以及铁路工程为主的大型国有施工企业，具有国家建设部核定的公路工程施工总承包一级、市政公用工程施工总承包一级、路基工程专业承包一级、路面工程专业承包一级、桥梁工程专业承包一级、隧道工程专业承包一级等多项专业承包资质，企业注册资本金达5亿元人民币。

公司自成立以来，坚持“以人为本，科技兴企”的经营理念，承接了大量技术含量高、施工难度大、工艺结构复杂的全国重点工程，涉足了悬索桥、斜拉桥、长大隧道、深水基础、高铁、盾构等高新技术施工领域，年施工能力达70亿元，修建了各类等级公路1850余千米，各类桥梁450余座，各类隧道80余座。所建工程获“中国建筑工程鲁班奖”、“詹天佑土木工程大奖”等；公司获“全国优秀施工企业”、“公路建设百家诚信企业”等多项国家级、省部级荣誉；连续多年在福建、海南、贵州、浙江等区域获评“AA”信用等级，是一家企业文化优秀、

上面层试验段施工

水稳基层立模施工

京沪高铁

工 程 有 限 公 司

泉州田安大桥

漳州新江东大桥

人才资源丰富、综合实力雄厚、发展潜力巨大的施工企业。

公司承建的东乡至昌傅高速公路路面工程AP1合同段为双向四车道，含主线34.618千米及起点枢纽互通一座，东乡西互通及东乡停车区一处，设计内容包括路面工程及路面排水设施工程等。

站在新的历史起点上，中交一公局厦门公司将始终秉承“固基修道，履方致远”的企业使命，发扬“自强奋进、永争第一”的企业精神和精益求精的“工匠精神”，倡导“超越自我、快乐工作、健康生活”的企业理念，深入推进“强好优”战略新格局。在“五商中交”的引领下，同心同德，同向同梦，走“四化”发展之路，主动适应新常态、迎接新挑战、播种新希望、再创新辉煌！

重庆奉云高速连拱小间距隧道

东昌高速单表观摩台帽施工

东昌高速航拍

厦门快速公交（BRT）2号线

四川公路桥梁建

重庆渝湘高速武陵山大桥

湖北宜昌长江大桥

三河场立交桥

南溪二桥航拍全景

四川公路桥梁建设集团有限公司是由四川省人民政府批准成立的国有独资大型企业，注册资金30亿元。公司为国家公路工程施工总承包特级资质和公路行业甲级设计资质企业，从事路桥施工、路桥投资收费、水电开发、房地产开发、矿藏开发、证券投资等业务。公司下辖50多个全资和控股分、子公司，员工13000多人，年营业收入300多亿元，是四川交通系统首家A股上市公司。

公司坚持“立足四川、服务全国、跻身世界、开拓发展”的经营方针，60多年来，共修建公路1.8万余千米，其中高等级公路8000余千米，大型桥梁2000多座，以及隧道、机场、码头、水坝、市政工程等，以“优质高效、信守合同”赢得了业界的良好赞誉，工程优良率达95%以上。

公司在高速公路路面及特大型桥梁施工方面有较强实力，多项施工技术处于国内或世界先进水平，多次荣获国家及部、省级科技进步奖、科技成果奖和优质工程奖。

近年来，公司坚持“一业为主、两翼并举、多元发展”的战略，在巩固路桥施工主业优势的同时，稳步推进基础建设投资和资本运营。公司先后投资建设了宜宾长江大桥等5个独立大桥BOT工程项目，以及成德绵高速公路、成自泸高速公路、自隆高速公路、内威荣高速公路等高速公路BOT项目；投资开发了四川巴河流域水电开发项目、甘孜州巴郎河和小金川流域水电开发项目、达州市西外新区房产开

雅康项目全景图

设集团有限公司

万州三桥

宜宾长江大桥

发项目等；投资了厄立特里亚克尔克贝特多金属矿项目和厄立特里亚阿斯马拉铜多金属矿项目；并在医药、证券行业进行了成功的开拓。

公司承建的江西都九高速公路C7合同段鄱阳湖二桥桥位位于都昌县老爷庙水域，全长5.2596千米，管段内共设置桥梁2座，共长3866米，其中特大桥为鄱阳湖二桥，标段合同金额6.6亿元，建设工期30个月。

公司多次被评为“四川省国有建筑企业综合实力首强”及“最佳效益首强”，“四川省大型企业集团经营规模10强”及“综合实力10强”，并荣获了“全国五一劳动奖状”、“全国抗震救灾英雄集体”、“全国文明单位”、“全国先进基层党组织”、“四川省重点建设AAA等级信誉企业”、“四川省建筑业先进企业”、“四川省先进单位”、“四川省最佳文明单位”等荣誉称号，八次跻身“中国企业500强”。

成都机场路东延线锦江大桥

女娘山隧道

重庆巫山长江大桥

柏杨湾隧道

华蓥山隧道

水电开发

江西省现代路

驻地建设

安全宣传活动

都九高速C3标桥梁施工

江西省现代路桥工程总公司成立于1993年2月，注册资本金5.1亿元。公司拥有国家公路工程施工总承包一级，公路路面、路基、桥梁工程专业承包一级，市政公用工程施工总承包二级资质及交通设施工程分项资质，2003 年获商务部颁发的中华人民共和国对外承包工程经营资格证书，银行信用等级3A ，并顺利通过了ISO9001 国际质量体系认证、环境管理体系认证、职业健康安全管理体系认证。

目前，公司总资产达9.8亿元，拥有各类大型公路、桥梁工程配套设备和先进的试验检测仪共406台（套），德国产"林泰阁"4000及3000、2000型沥青砼搅拌站，宝马压路机、ABG摊铺机、日本产小松平地机，美国产CAT320挖掘机等一大批世界一流水平原装进口设备被广泛使用于各施工工地，为创优质工程奠定了坚实的基础。

总公司自成立以来，面对国内外异常激烈的工程建设市场，以"建一流企业、创一流业绩、树一流形象"为宗旨，遵循"立足国内，拓展国际；主营路桥，多元经营"的经营理念，秉承"依法治企、科技兴企、质量建企、人才强企"的经营方针，不断弘扬"团结、创新、务实、高效"的企业精神，积极、稳妥地拓展市场，先后在国内外承接了一大批国家重点工程，吉莲高速、奉铜高速、抚吉高速、瑞赣高速、鹰瑞

铜万高速P2标水稳基层摊铺

上武高速S6标紫溪大桥

桥 工 程 总 公 司

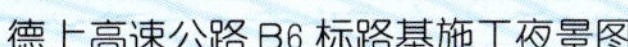
德上高速公路 B6 标路基施工夜景图

吉莲高速公路 B4 路基施工图

高速、上武高速、广州西外环高速、广东广佛高速、湖南潭衡高速等百余各项目，足迹遍布大江南北、长成内外。同时，总公司还冲出国门，打入国际市场，先后承接了也门曼拉一级公路、伊拉克哥美特大桥、科威特加尔汗大桥和戈扎里高速公路等工程；在工程施工中，公司始终按照“安全防范精细到位，质量管理精益求精，环境保护精心呵护，成本控制精打细算”的管理方针，以雄厚的技术力量、先进的机械设备、丰富的施工经验、出色的施工业绩，受到社会各界和业主的广泛好评，在激烈的市场竞争中赢得了地位，并取得了良好社会效益和经济效益，多次获业主嘉奖，连续多年被省政府、省交通厅评为优秀单位，2005 年被江西省人民政府评为“江西省‘十五’重点工程建设先进单位”等称号。

公司承建的铜鼓至万载高速公路 P2 合同段起于宜丰县黄岗镇黄岗中学后侧，终于芳溪镇花田村。双向四车道高速公路设计，设置机电及交安工程等沿线设施，合同段内有一般互通立交 2 处，分别为黄岗互通，芳溪互通；路线全长 20.12 千米。

“雄关漫道真如铁，而今迈步从头越”，今后公司将继续坚持走科学发展之路，抢抓机遇，以开拓创新、诚信务实的品牌形象，积极参与市场竞争，努力为客户提供优质、高效的服务，真诚与国内外同行及广大朋友建立广泛密切的联系和合作，争创国内一流、国际知名企业，携手共创中国交通事业的美好明天！

水稳基层摊铺

上基层摊铺

沥青拌合站建设

安全减速措施

喷洒水泥浆

中 铁  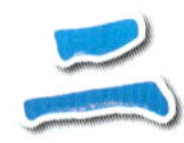 局 集

宁安高速全面冲刺实现全线贯通

阿尔及利亚高速公路 M3 标段

宁安高速公路通车

中铁十二局集团有限公司是世界500强企业——中国铁建股份有限公司成员单位，是山西省第一家具有铁路和房建施工总承包“双特级”、铁道行业和建筑行业设计“双甲级”资质企业，同时还具备公路、水利水电、市政公用、通信工程等施工总承包一级，隧道、桥梁、路基、路面、地基与基础、机场场道、铺轨架梁、轨道交通、机电设备安装、地质灾害治理等专业承包一级等各类资质近百项，拥有对外承包工程经营资格证书。

公司始终以市场为导向不断深化改革管理，积累并形成了强大的综合竞争优势。企业总资产400亿元，拥有各类机械设备7000余台（套），综合机械化施工程度90%以上。企业技术中心为中国铁建系统第一个国家认定企业技术中心，拥有专利技术360多项、工法关键技术350多项。全集团年施工能力500亿元以上，生产经营规模在中国铁建名列榜首。

作为全行业率先建立现代企业制度的大型施工企业集团，公司先后参加了南北同蒲、广深、京九、青藏等80多条铁路干支线以及武广、郑西、甬台温等新一轮铁路客运专线建设，承建了京珠、京福、同三等“五纵七横”国道主干线和多项国家干线公路网项目，特别是以六跨黄河、四跨长江、二跨海湾为代表的桥梁施工品牌，以乌鞘岭隧道、秦岭终南山隧道、山西雁门关隧道等为代表的长大隧道快速掘进施工品牌，已得到

浮槎1号大桥全桥T架设安全顺利贯通

团 有 限 公 司

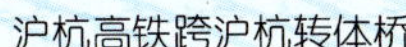

沪杭高铁跨沪杭转体桥

宁安搅拌站整体布局

市场的广泛认同。企业创省部级科技进步奖5项、省部以上优质工程百余项，获国家科技进步特等奖2项，有6项工程荣膺国家建筑工程最高奖——鲁班奖。2006年以来以“走出去”战略为依托，先后在阿尔及利亚、以色列、安哥拉等国家承接30多项施工任务，以优异的工程质量赢得了相关所在国的高度认可。

公司承建的宁都至定南（赣粤界）高速公路宁都至安远段新建工程A11标，标段起点位于过长龙河南侧的山头（于都县和安远县县界），向南经安远县浮槎乡枫树排、浮槎乡浮槎村，在浮槎乡南侧与A12标段相接，标段全部在安远县境内，路线里程长5.347千米。该项目部以全线最晚进场，最早结束，连续两年被业主综合评比为第一名，给业主交了一份满意的答卷。

终南山隧道

宁安路基整平效果

填方段台阶开挖效果

武汉天兴洲长江大桥

公司投资建设的南昌龙头岗综合码头一期工程

中铁十二局集团办公大楼

中交一公局厦门工程有限公司都九 CP2 项目部

福建泉厦高速公路

福建泉州田安大桥

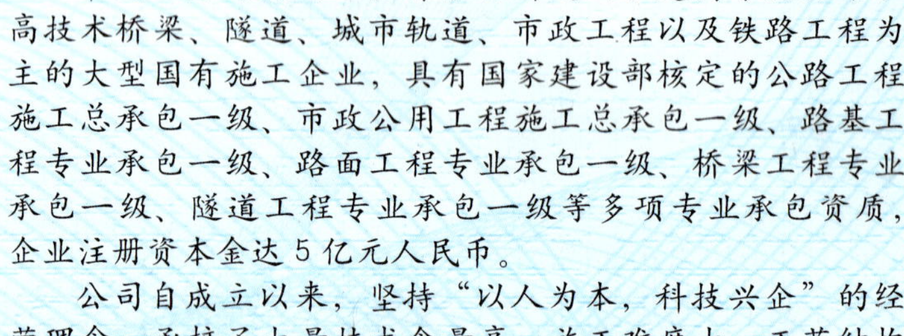

中交一公局厦门工程有限公司是以承建高等级公路和高技术桥梁、隧道、城市轨道、市政工程以及铁路工程为主的大型国有施工企业，具有国家建设部核定的公路工程施工总承包一级、市政公用工程施工总承包一级、路基工程专业承包一级、路面工程专业承包一级、桥梁工程专业承包一级、隧道工程专业承包一级等多项专业承包资质，企业注册资本金达5亿元人民币。

水稳基层两侧支模施工情景

公司自成立以来，坚持“以人为本，科技兴企”的经营理念，承接了大量技术含量高、施工难度大、工艺结构复杂的全国重点工程，涉足了悬索桥、斜拉桥、长大隧道、深水基础、高铁、盾构等高新技术施工领域，年施工能力达70亿元，修建了各类等级公路1850余千米，各类桥梁450余座，各类隧道80余座。是一家企业文化优秀、人才资源丰富、综合实力雄厚、发展潜力巨大的施工企业。

2015年，中交一公局厦门工程有限公司中标承建都昌至九江高速公路都昌至星子段新建工程CP2合同段，自2015年4月进场以来，都九CP2项目始终秉承“习惯符合标准，标准成为习惯，结果达到标准”施工理念，狠抓管理，成效明显：其中主体工程的各项指标在历次检查中均名列前茅，附属工程在全线率先使用路沿石滑模、水稳基层侧向模板施工工艺，更因为路肩墙、缝隙式排水沟等施工规范、内优外美，受到业主及管理处的一致推崇，两次获得业主的月度考核第一名，被誉为都九线上的“质量标兵”。

沥青路面施工现场

重庆永川长江大桥

公司简介 >>>
Company Introduction

北京华瑞达测控技术有限责任公司是一个以军、民用电子自动测试技术开发为主体的高科技实体，是国内最早从事故障诊断设备研制的单位。公司1996年由中国船舶重工集团公司和中国船舶重工集团公司第709研究所共同出资成立。公司成立以来，先后开发出了基于VXI、PXI、GPIB、ISA、USB等多种总线结构的系列化自动测试诊断设备和总线测试模块。公司研发的电路板级、系统级测试诊断系统在国内处于领先地位，数字电路测试技术已达到世界领先水平。

公司总部设在北京，科研生产中心设在武汉。公司研发的产品已先后应用到了陆军、海军、空军、战略支援部队、火箭军等各个军兵种及航天、航空、船舶、汽车、轨道、电子等民用市场；测试范围覆盖了数字、模拟、数模混合及射频微波电路。

公司具有完备的质量管理体系，公司从1999年开始按照国家军用标准GJB9001B-2009和国家标准GB/T19001—2008/ISO9001:2008的要求，建立了军、民品质量管理体系，并于2000年通过了新时代认证中心的审核，取得了军、民品质量管理体系资质证书，通过换版和复评始终保持有效运行。公司质量体系适用于：BDS系列电子装备自动测试诊断系统ATE(含测试程序组合TPS)的设计、开发、生产和服务。公司高度重视质量管理体系的建设，重视对质量体系的保持和完善，始终坚持以顾客为关注焦点，重视质量管理职责和承诺的落实，并不断改进质量管理体系的有效性。产品质量是公司持续发展的保证，公司始终以“技术卓越，锐意创新，产品优良，持续改进，顾客满意”作为公司的质量方针，指导公司各项工作的开展。

2009年以来，公司陆续取得了武器装备承制的各项资质。

公司秉承“质量第一　用户至上”的宗旨，时刻以满足用户需求作为公司产品和技术发展的方向和动力，我们将竭诚为用户提供最专业最完善的自动化测试解决方案。

产品手册 >>

PRODUCT MANUALS

北京华瑞达测控技术有限责任公司